**Buch-Updates**
Registrieren Sie dieses Buch
auf unserer Verlagswebsite.
Sie erhalten dann
Buch-Updates und weitere,
exklusive Informationen
zum Thema.

Galileo
BUCH UPDATE

**Und so geht's**
> Einfach **www.galileodesign.de** aufrufen
<<< Auf das Logo **Buch-Updates** klicken
> Unten genannten **Zugangscode** eingeben

**Ihr persönlicher Zugang
zu den Buch-Updates**       168879073834

Monika Gause

# Adobe Illustrator CS4

Das Praxisbuch zum Lernen und Nachschlagen

Liebe Leserin, lieber Leser,

jeder, der schon einmal mit Illustrator gearbeitet hat, weiß, dass diese Software ihren Anwendern unzählige Möglichkeiten bietet und viel Platz für Kreativität und Freiraum lässt. Manchmal liegt jedoch genau hier das Problem: Will man kreativ sein und eine ansprechende Illustration erstellen, hat man nur eine leere weiße Fläche vor sich, die gefüllt werden will. Hat man dagegen eine konkrete Aufgabe, muss man genau wissen, welche Funktionen und Werkzeuge die Software bietet, um zum gewünschten Ziel zu gelangen.

Wie gut ist es da, ein Buch wie dieses zur Hand zu haben, das alle Funktionen ausführlich erklärt und im praktischen Einsatz zeigt, und gleichzeitig durch seine liebevolle Gestaltung und unzähligen Illustrationen Inspiration für die eigene Arbeit bietet. Monika Gause schafft es auch in der dritten Auflage Ihres Bestsellers, ihre Begeisterung für Adobe Illustrator auf Papier zu bannen und verrät auch dieses Mal zahlreiche Tipps und Tricks aus ihrer jahrelangen Praxis. Schritt für Schritt steigen Sie so tiefer in die Arbeit mit Illustrator ein und können das Tool am Ende genauso kreativ einsetzen, wie es die Autorin tut. Selbst alte Vektorhasen und Umsteiger von FreeHand werden hier noch den einen oder anderen Tipp erhalten und das Buch als fundiertes Nachschlagewerk bei der täglichen Praxis nutzen können.

Als besonderes Special finden Sie auf der Buch-DVD nicht nur alle Beispielgrafiken des Buches, sondern auch ca. 1,5 Stunden Video-Lektionen, in denen Sie einem erfahrenen Trainer einmal live bei der Arbeit zuschauen können.

Sollten Sie Fragen, Lob oder Anmerkungen zum Buch haben, so freue ich mich über Ihre Mail. Nun wünsche ich Ihnen erst einmal viel Spaß beim Lesen und bei der Arbeit mit Illustrator.

**Katharina Geißler**
Lektorat Galileo Design
katharina.geissler@galileo-press.de

www.galileodesign.de
Galileo Press • Rheinwerkallee 4 • 53227 Bonn

## TEIL I Programmoberfläche und grundlegende Einstellungen

| 1 | Die Arbeitsumgebung in Illustrator CS4 | 33 |
| 2 | Neue Funktionen | 47 |
| 3 | Vektorgrafik-Grundlagen | 51 |
| 4 | Arbeiten mit Dokumenten | 57 |

## TEIL II Objekte erstellen

| 5 | Geometrische Objekte und Transformationen | 89 |
| 6 | Pfade konstruieren und bearbeiten | 127 |
| 7 | Freihand-Werkzeuge | 165 |
| 8 | Farbe | 189 |
| 9 | Flächen und Konturen gestalten | 243 |

## TEIL III Objekte organisieren und bearbeiten

| 10 | Vektorobjekte bearbeiten und kombinieren | 289 |
| 11 | Hierarchische Struktur: Ebenen, Aussehen | 329 |
| 12 | Transparenzen und Masken | 365 |
| 13 | Spezial-Effekte | 393 |

## TEIL IV Spezialobjekte

| 14 | Text und Typografie | 433 |
| 15 | Diagramme | 491 |
| 16 | Muster und Symbole | 521 |
| 17 | 3D-Live-Effekte | 555 |
| 18 | Dateien platzieren und mit Pixeldaten arbeiten | 575 |

## TEIL V Ausgabe und Optimierung

| 19 | Austausch, Weiterverarbeitung, Druck | 609 |
| 20 | Web- und Bildschirmgrafik | 647 |
| 21 | Personalisieren und Erweitern | 683 |
| 22 | Von FreeHand zu Illustrator | 707 |
| 23 | Werkzeuge und Kurzbefehle | 741 |
| 24 | Glossar | 751 |
| 25 | Die DVD zum Buch | 763 |
| | Beispiel- und Übungsdateien | 770 |
| | Index | 779 |

# Inhalt

| | | |
|---|---|---:|
| Über dieses Buch | ............................................................ | 29 |
| Danke | ............................................................................... | 30 |

**TEIL I Programmoberfläche und grundlegende Einstellungen**

**1 Die Arbeitsumgebung in Illustrator CS4** ............... 33

| 1.1 | Herzlichen Glückwunsch! | .......................................... | 33 |
|---|---|---|---:|
| 1.2 | Der Arbeitsbereich | ................................................... | 33 |
| | Dokumentfenster | ............................................... | 33 |
| | Werkzeugbedienfeld | ......................................... | 34 |
| | Bedienfelder (Paletten) | ..................................... | 35 |
| | Dock | ................................................................. | 37 |
| | Steuerungsbedienfeld | ...................................... | 39 |
| | Allgemeine Bedienfeld-Optionen | ....................... | 39 |
| | Werte in Bedienfeldern einrichten | .................... | 39 |
| | Maßeinheiten in den Eingabefeldern | ................. | 40 |
| | Voreinstellungen | .............................................. | 40 |
| | Kontextmenü | .................................................... | 40 |
| | Menübefehle verwenden | .................................. | 40 |
| 1.3 | Der Anwendungsrahmen | ......................................... | 41 |
| | Anwendungsrahmen | ......................................... | 41 |
| | Dokumentfenster | .............................................. | 42 |
| 1.4 | Adobe Bridge | ........................................................... | 43 |
| 1.5 | Online-Zusammenarbeit | .......................................... | 45 |
| | Voraussetzungen | .............................................. | 45 |
| | Meeting eröffnen | .............................................. | 45 |
| | Bildschirm freigeben | ......................................... | 46 |

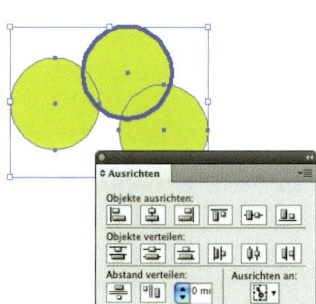

**2 Neue Funktionen** .................................................... 47

| 2.1 | Dokument-Eigenschaften | ........................................ | 47 |
|---|---|---|---:|
| | Mehr Seiten | ...................................................... | 47 |
| | Beschnittzugabe | ............................................... | 47 |
| 2.2 | Grafik-Bearbeitung | ................................................... | 47 |
| | Verläufe | ............................................................ | 47 |
| | Schnittmasken | .................................................. | 48 |
| | Aussehen-Eigenschaften | ................................... | 48 |
| | Grafikstile | ......................................................... | 48 |
| | Auswahl | ........................................................... | 48 |
| | Pfadtexte | .......................................................... | 48 |
| | Tropfenpinsel-Werkzeug | ................................... | 48 |
| | Konturlinie | ....................................................... | 48 |

| | | |
|---|---|---|
| 2.3 | Import | 49 |
| | TIFF | 49 |
| 2.4 | Produktion | 49 |
| | Separationenvorschau | 49 |
| | Farbenblindheit-Proof | 49 |
| 2.5 | Benutzeroberfläche | 49 |
| | Applikationsrahmen | 49 |
| | Filter-Menü | 49 |
| | Ausrichten | 49 |
| | Magnetische Hilfslinien | 50 |
| | Scrollen in Bedienfeldern | 50 |
| | Kuler auf deutsch | 50 |
| | Beispiel-Dateien und Bibliotheken | 50 |
| | ConnectNow | 50 |
| | Venus | 50 |

## 3 Vektorgrafik-Grundlagen — 51

| | | |
|---|---|---|
| 3.1 | Warum wir mit Vektoren zeichnen | 51 |
| 3.2 | Funktionsweise von Vektorgrafik | 52 |
| | Gerade Linien: Strecken | 52 |
| | Geometrische Figuren | 52 |
| | Freie Pfade | 52 |
| | Objekte | 53 |
| | Eigenschaften | 54 |
| | Farbflächen | 54 |
| | Papierhintergrund | 54 |
| | Kombinieren, Transformieren, Verformen | 56 |
| | Seitenbeschreibung | 56 |

## 4 Arbeiten mit Dokumenten — 57

| | | |
|---|---|---|
| 4.1 | Dokumente erstellen und öffnen | 57 |
| | Neues Dokument erstellen | 57 |
| | Dokument öffnen | 59 |
| | Dokumenteinstellungen ändern | 60 |
| | Papierfarbe simulieren | 60 |
| | Farbmanagement | 61 |
| 4.2 | Im Dokument navigieren | 62 |
| | Zeichenfläche | 62 |
| | Arbeitsfläche/Montagefläche | 62 |
| | Statusleiste | 63 |
| | Vergrößerungsstufe verändern/Zoomen | 63 |
| | Ansicht verschieben | 64 |
| | Vorschau und Pfadansicht | 64 |
| | Überdruckenvorschau | 65 |

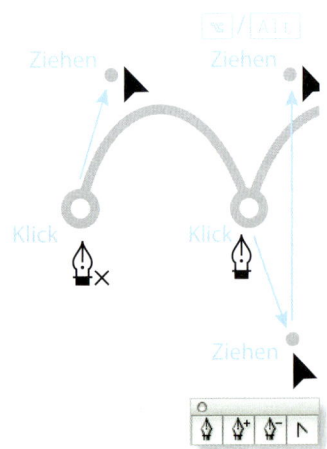

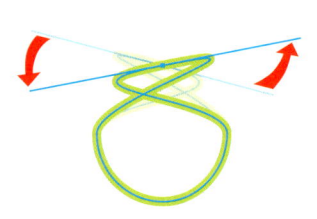

| | Pixelvorschau | 65 |
|---|---|---|
| | Dokumentansicht speichern | 66 |
| | Mehrere Dokumentfenster öffnen | 66 |
| 4.3 | »Mehrseitige« Dokumente mit Zeichenflächen | 67 |
| | Zeichenflächen-Modus aufrufen | 67 |
| | Neue Zeichenflächen erstellen | 67 |
| | Zeichenfläche skalieren | 68 |
| | Zeichenfläche duplizieren | 68 |
| | Zeichenflächenoptionen | 69 |
| | Zeichenfläche löschen | 69 |
| | Zeichenflächen-Modus verlassen | 69 |
| | Zeichenfläche auswählen | 69 |
| | Zwischen Zeichenflächen blättern | 70 |
| 4.4 | Maßeinheiten und Lineale | 70 |
| | Voreinstellungen Maßeinheiten | 70 |
| | Maßeinheiten des Dokuments | 70 |
| | Lineale | 71 |
| | Bildachse | 71 |
| | Positionen, Maße und Informationen anzeigen | 72 |
| | Abstände messen | 72 |
| 4.5 | Raster und Hilfslinien | 73 |
| | Raster | 73 |
| | Am Raster ausrichten | 73 |
| | Hilfslinien | 74 |
| | Objekte an Hilfslinien ausrichten | 76 |
| | Objekte an Punkten ausrichten | 76 |
| | Magnetische Hilfslinien/Smart Guides | 76 |
| | Layoutraster erstellen: In Raster teilen | 79 |
| 4.6 | Widerrufen und wiederherstellen | 81 |
| | Rückgängig | 81 |
| | Wiederholen | 81 |
| | Letzte Version der Datei | 81 |
| 4.7 | Dokumente speichern | 82 |
| | Speichern | 82 |
| | Zwischenspeichern | 84 |
| | Versionen | 84 |
| | Metadaten | 85 |

**TEIL II Objekte erstellen** .................................................. 87

**5  Geometrische Objekte und Transformationen** ....... 89

5.1  Geometrische Objekte erstellen ............................. 89
    Gerade – Liniensegment ..................................... 90
    Bogen ................................................................ 91
    Spirale ............................................................... 92

|  |  |  |  |
|---|---|---|---|
|  |  | Rechteck/Quadrat und Ellipse/Kreis ............... | 94 |
|  |  | Abgerundetes Rechteck ..................... | 94 |
|  |  | Polygon ............................................ | 95 |
|  |  | Stern ............................................... | 95 |
|  |  | Anmerkungen zur Tabelle »Offene-Form-Werkzeuge« ................................. | 97 |
|  |  | Anmerkungen zur Tabelle »Geschlossene-Form-Werkzeuge« ..................... | 98 |
|  | 5.2 | Objekte auswählen und anordnen ......................... | 100 |
|  |  | Objekte auswählen ............................................ | 100 |
|  |  | Auswahlen speichern ......................................... | 102 |
|  |  | Die Stapelreihenfolge ändern ............................ | 102 |
|  | 5.3 | Objekte bearbeiten .................................................... | 104 |
|  |  | Löschen ............................................................. | 104 |
|  |  | Copy & Paste .................................................... | 104 |
|  |  | Duplizieren ........................................................ | 105 |
|  |  | Ausblenden ....................................................... | 105 |
|  |  | Fixieren ............................................................. | 105 |
|  | 5.4 | Gruppen ......................................................................... | 106 |
|  |  | Objekte gruppieren ........................................... | 106 |
|  |  | Objekte in einer Gruppe auswählen ................. | 106 |
|  |  | Ein Objekt hinzufügen ..................................... | 107 |
|  |  | Gruppe auflösen .............................................. | 107 |
|  | 5.5 | Objekte transformieren ............................................. | 107 |
|  |  | Referenzpunkt .................................................. | 108 |
|  |  | Begrenzungsrahmen ........................................ | 108 |
|  |  | Die Transformationswerkzeuge ....................... | 109 |
|  |  | Objekte verschieben ........................................ | 110 |
|  |  | Objekte drehen ................................................ | 111 |
|  |  | Objekte spiegeln ............................................. | 111 |
|  |  | Objekte skalieren ............................................ | 112 |
|  |  | Objekte verbiegen (Scheren) .......................... | 113 |
|  |  | Frei-transformieren-Werkzeug ........................ | 117 |
|  |  | Transformieren-Bedienfeld ............................. | 118 |
|  |  | Erneut transformieren ..................................... | 119 |
|  |  | Einzeln transformieren .................................... | 120 |
|  | 5.6 | Ausrichten und Verteilen ........................................... | 121 |
|  |  | Objekte ausrichten .......................................... | 121 |
|  |  | Objekte gleichmäßig verteilen ........................ | 124 |
|  |  | Ausrichten von Schnittmasken ....................... | 125 |
|  |  | Ausrichten von gruppierten Objekten ............ | 125 |
| **6** | | **Pfade konstruieren und bearbeiten** ................... | **127** |
| 6.1 | | Pfade und Bézierkurven ............................................ | 127 |

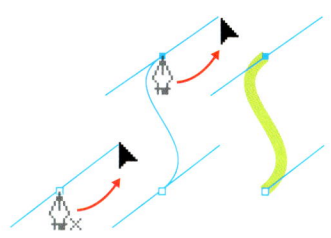

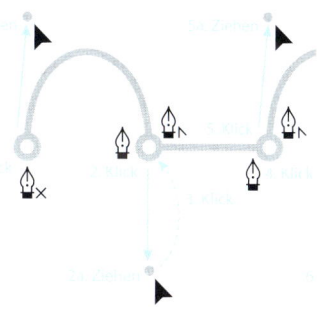

|  |  | Die Anatomie eines Pfads | 127 |
|---|---|---|---|
| 6.2 | | Mit dem Zeichenstift arbeiten | 128 |
|  |  | Werkzeuge zum Zeichnen | 128 |
|  |  | Vorbereitungen | 128 |
|  |  | Eckpunkte anlegen | 129 |
|  |  | Übergangspunkte – Kurvenformen zeichnen | 130 |
|  |  | Übergangspunkt als Startpunkt | 131 |
|  |  | Eine Kurve folgt auf einen Eckpunkt | 132 |
|  |  | Ein Eckpunkt folgt auf eine Kurve | 132 |
|  |  | Korrekturen durchführen | 133 |
| 6.3 | | Punkte und Pfadsegmente auswählen | 140 |
|  |  | Vorschau oder Pfadansicht | 141 |
|  |  | Aktive Pfade, Pfadsegmente und Ankerpunkte | 141 |
|  |  | Anzeige der Grifflinien | 142 |
|  |  | Ein Pfadsegment auswählen | 142 |
|  |  | Einen Ankerpunkt auswählen | 143 |
|  |  | Modifizierungsmöglichkeiten | 143 |
|  |  | Punkte mit dem Auswahlrechteck auswählen | 143 |
|  |  | Objekte mit dem Direktauswahl-Werkzeug auswählen | 144 |
|  |  | Smart Guides – magnetische Hilfslinien | 144 |
|  |  | Pfade und Punkte ausblenden | 144 |
|  |  | Übersicht der Modifikationstasten | 145 |
| 6.4 | | Punkte bearbeiten | 145 |
|  |  | Ankerpunkte bewegen | 145 |
|  |  | Punkte transformieren | 146 |
|  |  | Punkte horizontal und/oder vertikal zentrieren | 147 |
|  |  | Punkte ausrichten und anordnen | 147 |
|  |  | Mit Grifflinien den Kurvenverlauf anpassen | 148 |
|  |  | Eckpunkte und Übergangspunkte konvertieren | 148 |
|  |  | Eckpunkte mit anschließenden Kurvensegmenten | 150 |
|  |  | Kurven direkt bearbeiten | 151 |
|  |  | Form-ändern-Werkzeug | 151 |
| 6.5 | | Pfade nachbearbeiten | 152 |
|  |  | Auf einem Pfad Ankerpunkte hinzufügen | 152 |
|  |  | Ankerpunkte automatisch hinzufügen | 154 |
|  |  | Pfade verlängern | 154 |
|  |  | Neuen Pfad mit einem bestehenden Pfad verbinden | 154 |
|  |  | Offene oder geschlossene Pfade? | 155 |
|  |  | Pfade schließen | 155 |
|  |  | Endpunkte von zwei Pfaden zusammenfügen | 156 |
|  |  | Pfade zerschneiden | 157 |
|  |  | Pfadsegmente oder Ankerpunkte löschen | 158 |
|  |  | Sich selbst überschneidende Pfade | 158 |

| | | |
|---|---|---|
| 6.6 | Strategien zum Zeichnen von Vektoren | 159 |
| | Handskizzen als Grundlage | 159 |
| | Vorlagen | 159 |
| | Umgang mit Details | 160 |
| | Form-Werkzeuge benutzen | 160 |
| | Erst denken, dann zeichnen | 160 |
| | Schwungvoll und handgezeichnet | 161 |
| | Kreuzende Formen (z. B. in Schriften und Logos) | 161 |
| | Wie viele Punkte dürfen es denn sein? | 162 |
| | Verwendung der Grifflinien | 163 |
| | Lernen Sie aus gelungenen Illustrationen | 163 |
| | Prüfen | 163 |

## 7 Freihand-Werkzeuge … 165

| | | |
|---|---|---|
| 7.1 | Freihand-Objekte erzeugen | 165 |
| | Buntstift | 166 |
| | Pinsel-Werkzeug | 170 |
| | Kalligrafische Pinsel | 172 |
| 7.2 | Flächen malen | 175 |
| | Tropfenpinsel-Werkzeug | 176 |
| | Arbeitsweise des Tropfenpinsels | 177 |
| | Grafikstile für den Tropfenpinsel | 178 |
| 7.3 | Objekte intuitiv bearbeiten und Pfade vereinfachen | 178 |
| | Pfade vereinfachen | 179 |
| | Messer-Werkzeug | 181 |
| | Radiergummi-Werkzeug | 181 |
| | Löschen-Werkzeug | 182 |
| 7.4 | Freihand-Auswahl | 182 |
| | Lasso-Werkzeug | 182 |
| 7.5 | Objekte intuitiv deformieren mit den Verflüssigen-Werkzeugen | 183 |
| | Verkrümmen-Werkzeug | 184 |
| | Strudel-Werkzeug | 184 |
| | Zusammenziehen-Werkzeug | 184 |
| | Aufblasen-Werkzeug | 184 |
| | Ausbuchten-Werkzeug | 184 |
| | Kristallisieren-Werkzeug | 185 |
| | Zerknittern-Werkzeug | 185 |
| | Verflüssigen-Werkzeuge zum Deformieren anwenden | 185 |

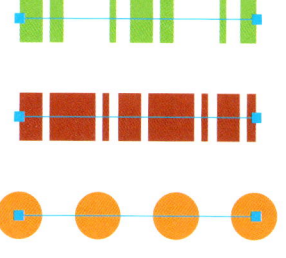

## 8 Farbe … 189

| | | |
|---|---|---|
| 8.1 | Farbmodelle | 189 |

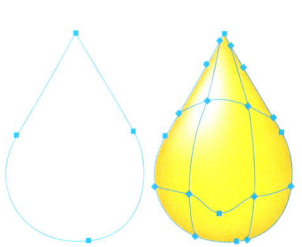

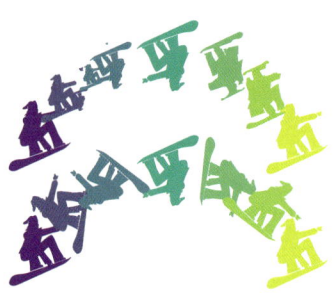

|  | RGB | 189 |
|---|---|---|
|  | CMYK | 190 |
| 8.2 | Farbmanagement | 190 |
|  | Farbmanagement vorbereiten | 191 |
|  | Farbmanagement über Bridge Center einrichten | 191 |
|  | Farbeinstellungen in Illustrator | 192 |
|  | Farbprofile zuweisen | 196 |
| 8.3 | Dokumentfarbmodus | 196 |
| 8.4 | Farben anwenden und definieren | 197 |
|  | Objektfarben – lokale und globale Farbfelder | 197 |
|  | Kontur und Fläche | 198 |
|  | Füllung und Kontur im Werkzeugbedienfeld | 198 |
|  | Arbeiten mit dem Farbwähler | 199 |
|  | Arbeiten mit dem Farbe-Bedienfeld | 200 |
|  | Farben mit der Pipette übertragen | 202 |
| 8.5 | Farbharmonien erarbeiten | 202 |
|  | Farbhilfe-Bedienfeld | 202 |

|  | Barrierefreiheit von Farbkombinationen | 205 |
|---|---|---|
| 8.6 | Mit Kuler arbeiten | 206 |
|  | Kuler-Bedienfeld | 206 |
| 8.7 | Farbdefinitionen speichern | 208 |
|  | Farbfelder-Bedienfeld | 208 |
|  | Farbfeld-Arten im Farbfelder-Bedienfeld | 209 |
|  | Funktionen und Kennzeichnungen im Farbfelder-Bedienfeld | 210 |
|  | Farbfelder in das Farbfelder-Bedienfeld aufnehmen | 213 |

|  | Farbfeldoptionen bzw. Neues Farbfeld | 214 |
|---|---|---|
|  | Prozessfarbe definieren | 216 |
|  | Volltonfarbe definieren | 216 |
|  | Tonwert-Farbfeld definieren | 217 |
|  | Graustufen-Farbfeld definieren | 217 |
|  | Verlauf-Farbfeld anlegen | 218 |
|  | Muster-Farbfeld anlegen | 218 |
|  | Farbfelder aus verwendeten Farben erstellen | 218 |
|  | Mit Farbfeldern arbeiten | 218 |
|  | Farbgruppen erstellen | 220 |
|  | Mit Farbgruppen arbeiten | 220 |
|  | Mit Farbfeldbibliotheken arbeiten | 221 |
| 8.8 | Interaktive Farbe verwenden | 224 |
|  | Farbharmonien in Farbgruppen bearbeiten | 225 |
|  | Farben in Objekten ändern | 228 |
| 8.9 | Farbfilter | 240 |
|  | Farbbalance einstellen (Farben einstellen) | 240 |
|  | Sättigung erhöhen (Sättigung verändern) | 241 |

|  |  |  |
|---|---|---|
|  | In Graustufen konvertieren | 241 |
|  | In CMYK konvertieren, in RGB konvertieren | 242 |
|  | Horizontal, Vertikal, Vorne->Hinten angleichen | 242 |

# 9 Flächen und Konturen gestalten ... 243

9.1 Standard-Konturoptionen ... 243
  Kontur-Bedienfeld ... 243
9.2 Pinselkonturen ... 245
  Pinsel-Bedienfeld ... 246
  Pinselkontur als Eigenschaft zuweisen ... 247
  Pinselkontur von einem Objekt entfernen ... 247
  Pinselkonturen editieren – Optionen ... 247
  Bildpinsel ... 248
  Spezialpinsel ... 250
  Musterpinsel ... 251
  Kalligrafiepinsel ... 253
  Pinsel-Bibliotheken laden ... 253
  Pinsel umfärben ... 253
  Pinselspitzen selbst erstellen ... 254
  Pinsel duplizieren ... 254
  Pinsel-Muster ... 257
  Pinselkonturen in Pfade umwandeln ... 259
9.3 Pfeilspitzen ... 260
9.4 Auswahlen auf Farb- und Objektbasis ... 260
  Zauberstab-Werkzeug – Objektauswahl ... 261
  Objekte mit gleichen Attributen über das Menü auswählen ... 262
9.5 Verläufe ... 263
  Verlauf-Bedienfeld ... 263
  Arbeiten mit dem Verlaufsregler ... 265
  Verlauf-Werkzeug ... 266
  Verlaufsanmerkungen verwenden ... 268
  Verläufe an Objekten anwenden ... 269
  Verlauf in das Farbfelder-Bedienfeld übernehmen ... 270
  Verläufe und Volltonfarben ... 270
  Verlaufsobjekte verformen ... 270
  Probleme mit dem Mittelpunkt ... 271
  Verläufe umwandeln ... 271
  Konischer Verlauf ... 272
9.6 Gitterobjekte – Verlaufsgitter ... 275
  Verlaufsgitter erzeugen ... 275
  Verlaufsgitter bearbeiten ... 278
  Verlaufsgitter zurückwandeln ... 285

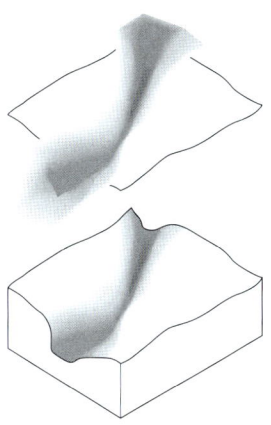

## TEIL III Objekte organisieren und bearbeiten ............... 287

### 10 Vektorobjekte bearbeiten und kombinieren ........ 289

10.1 Objekte kombinieren ................................................. 289
    Gruppieren ................................................. 290
    Zusammengesetzter Pfad ................................................. 290
    Zusammengesetzte Form ................................................. 291
    Zusammengesetzte Form erstellen ................................................. 292
    Zusammengesetzte Form umwandeln ................................................. 294
10.2 Pathfinder – Objekte zerteilen ................................................. 295
    Pathfinder-Funktionen ................................................. 295
    Pathfinder-Effekte ................................................. 298
    Andere Methoden, um Objekte zu zerteilen ..... 299
10.3 Linien in Flächen umwandeln ................................................. 300
    Die Funktion Konturlinie ................................................. 300
    Der Effekt Konturlinie ................................................. 301

10.4 Formen und Objekte »überblenden« ................................................. 307
    Angleichung erstellen ................................................. 307
    Farben, Transparenzen, Effekte, Symbole und Gruppen angleichen ................................................. 308
    Angleichung-Optionen ................................................. 310
    Fertige Angleichungsgruppen verändern ........... 311
10.5 »Malen« mit Vektoren ................................................. 314
    Interaktiv malen – Live Paint ................................................. 314
    Malgruppe erstellen ................................................. 316
    Malgruppe bearbeiten ................................................. 316

10.6 Objekte mit »Hüllen« verzerren ................................................. 323
    Verzerrungshülle Verkrümmung ................................................. 323
    Verzerrungshülle Gitter ................................................. 324
    Eigene Verzerrungshülle ................................................. 324
    Gemeinsame Einstellungen für alle Verzerrungshüllen ................................................. 325
    Verzerrungshüllen ändern und bearbeiten ..... 326
    Verkrümmungen als Effekt anwenden ............... 328

### 11 Hierarchische Struktur: Ebenen, Aussehen .......... 329

11.1 Ebenen ................................................. 329
    Ebenen-Bedienfeld ................................................. 329
    Aufbau des Ebenen-Bedienfelds ................................................. 330
    Bedienfeldoptionen (Paletten-Optionen) ......... 331
    Vorlagenebenen ................................................. 332
    Gruppen ................................................. 332
    Ebenen erstellen ................................................. 333
    Ebenenoptionen ................................................. 333
    Elemente im Ebenen-Bedienfeld auswählen ...... 335

|     |                                                    |     |
| --- | -------------------------------------------------- | --- |
|     | Elemente duplizieren                               | 335 |
|     | Ebenen zusammenfügen                               | 335 |
|     | Neue Ebenen für ausgewählte Objekte erstellen      | 336 |
|     | Ebenen und Elemente verschieben                    | 337 |
|     | Ebenen beim Einfügen merken                        | 337 |
|     | Elemente löschen                                   | 337 |
|     | Elemente im Ebenen-Bedienfeld finden               | 337 |
|     | Einsatz von Ebenen                                 | 338 |
|     | Verstecken und Fixieren                            | 339 |
| 11.2 | Objekt- und Ziel-Auswahl im Ebenen-Bedienfeld     | 339 |
|     | Objekte im Ebenen-Bedienfeld auswählen             | 339 |
|     | Alle Objekte einer Ebene auswählen                 | 340 |
|     | Objekte verschieben und duplizieren                | 340 |
|     | Ziel                                               | 340 |
|     | Aussehen verschieben und duplizieren               | 341 |
|     | Ebenen und Aussehen-Eigenschaften                  | 341 |
| 11.3 | Objekte mit Schnittmasken formen                  | 342 |
|     | Schnittmasken erstellen                            | 343 |
|     | Schnittsätze editieren                             | 343 |
|     | Mit Schnittmasken arbeiten                         | 344 |
|     | Schnittmaske zurückwandeln                         | 345 |
| 11.4 | Im Isolationsmodus arbeiten                       | 345 |
|     | Isolationsmodus aufrufen                           | 345 |
|     | Im Isolationsmodus arbeiten                        | 346 |
|     | Isolationsmodus beenden                            | 346 |
| 11.5 | Aussehen-Eigenschaften                            | 346 |
|     | Aussehen-Bedienfeld                                | 347 |
|     | Konturen und Flächen anlegen                       | 348 |
|     | Auswahl auf der Basis von Eigenschaften            | 349 |
|     | Eigenschaften zuordnen                             | 350 |
|     | Eigenschaften bearbeiten                           | 350 |
|     | Eigenschaften für neue Objekte                     | 350 |
|     | Sichtbarkeit von Eigenschaften                     | 351 |
|     | Aussehen-Attribute anordnen                        | 351 |
|     | Aussehen und Gruppen/Ebenen/Symbole                | 351 |
|     | Aussehen umwandeln                                 | 352 |
|     | Aussehen-Attribute vom Objekt entfernen            | 352 |
|     | Aussehen löschen                                   | 353 |
| 11.6 | Aussehen-Eigenschaften übertragen                 | 353 |
|     | Pipette                                            | 353 |
| 11.7 | Aussehen-Eigenschaften speichern                  | 355 |
|     | Grafikstile                                        | 355 |
|     | Anzeige-Optionen des Grafikstile-Bedienfelds       | 355 |
|     | Grafikstil zuweisen                                | 356 |
|     | Grafikstil vom Objekt entfernen                    | 356 |

To design is much more than simply to assemble, to order or to edit. To design is to transform Prose into poetry.

| Verbindung lösen | 356 |
| Grafikstil erstellen | 356 |
| Grafikstil duplizieren | 357 |
| Grafikstil-Optionen | 357 |
| Attribute eines Grafikstils ändern | 357 |
| Grafikstile kombinieren | 357 |
| Grafikstil löschen | 358 |
| Grafikstil-Bibliotheken verwenden | 358 |
| Grafikstil-Bibliotheken erstellen | 358 |

## 12 Transparenzen und Masken — 365

Dokumente und Transparenz — 365

### 12.1 Deckkraft und Füllmethode — 365

| Transparenz-Bedienfeld | 366 |
| Füllmethoden-Menü | 366 |
| Die Füllmethoden | 368 |
| Transparenzen zuweisen | 369 |
| Schwarz und Weiß | 370 |
| Objekte mit einer bestimmten Deckkraft oder Füllmethode auswählen | 370 |
| Transparenz und Gruppen | 370 |
| Transparenzeinstellungen zurücksetzen | 372 |

### 12.2 Deckkraftmasken — 374

| Deckkraftmaske erstellen | 374 |
| Verknüpfung von Objekt und Deckkraftmaske | 376 |
| Freistellungsoption (Maskieren) | 376 |
| Deckkraftmaske invertieren | 377 |
| Deckkraftmaske bearbeiten | 377 |
| Maskengruppe bearbeiten und ergänzen | 377 |
| Deckkraftmaske deaktivieren | 378 |
| Deckkraftmaske vom Objekt entfernen | 378 |
| Deckkraft definiert Aussparung | 378 |

### 12.3 Transparenz-Effekte — 381

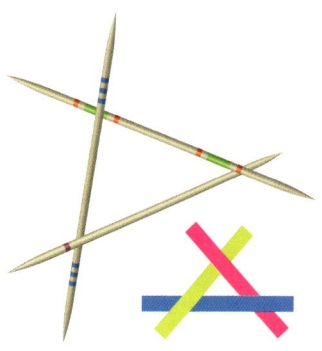

| Hart mischen und Weich mischen | 381 |
| Schlagschatten, Weiche Kante, Schein | 381 |

### 12.4 Transparenzen reduzieren — 381

| Transparenzquellen | 382 |
| Arbeitsweise des Flatteners | 382 |
| Problemfälle | 383 |
| Einstellungen für die Transparenzreduzierung | 384 |
| Transparenzreduzierungsvorgaben einrichten | 386 |
| Transparenzreduzierung für Speichern und Kopieren | 386 |
| Reduzierungsvorschau | 386 |

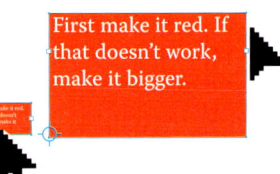

| | | |
|---|---|---|
| | Beispiele | 389 |
| | Objekte manuell reduzieren | 389 |
| 12.5 | Transparenz speichern | 390 |
| | AI (Illustrator) | 390 |
| | EPS | 390 |
| | PDF | 390 |

| | | |
|---|---|---|
| **13** | **Spezial-Effekte** | **393** |
| 13.1 | Arbeitsweise von Effekten | 393 |
| 13.2 | Allgemeines zu Effekten | 394 |
| | Effekt erneut anwenden | 395 |
| | Anordnung von Effekten im Aussehen-Bedienfeld | 395 |
| | Effekte editieren | 396 |
| | Effekte vom Objekt löschen | 398 |
| | Effekte umwandeln | 398 |
| 13.3 | Konstruktionseffekte | 398 |
| | In Form umwandeln | 398 |
| | Ecken abrunden | 399 |
| | Frei verzerren | 400 |
| | Transformieren | 400 |
| | Kontur nachzeichnen | 401 |
| | Konturlinie | 401 |
| | Pfad verschieben | 402 |
| | Schnittmarken | 402 |
| | Pathfinder | 403 |
| | Pfeilspitzen | 403 |
| 13.4 | Zeichnerische Effekte | 404 |
| | Scribble-Effekt | 405 |
| | Zickzack und Aufrauen | 407 |
| | Tweak | 409 |
| | Wirbel | 409 |
| | Zusammenziehen und aufblasen | 410 |
| | Verkrümmungsfilter | 410 |
| 13.5 | Bildbearbeitungseffekte | 412 |
| | Werte und Auflösung | 412 |
| | Filter- und Effekte-Galerie | 413 |
| | Photoshop-Filter anwenden | 414 |
| | Photoshop-Effekte und SVG | 414 |
| 13.6 | Special Effects | 414 |
| | Blendenflecke | 415 |
| | Schlagschatten | 416 |
| | Weiche Kante | 418 |
| | Schein nach außen | 418 |
| | Schein nach innen | 419 |

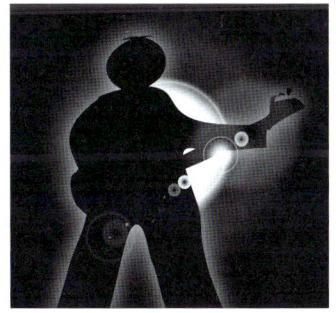

| | | |
|---|---|---|
| Dokument-Rastereffekt-Einstellungen | | 424 |
| In Pixelbild umwandeln | | 426 |
| Farben bearbeiten (früher: Farbfilter) | | 426 |
| 3D | | 426 |
| Mosaik | | 427 |
| SVG-Filter | | 428 |

**TEIL IV Spezialobjekte** ............................................................. 431

**14 Text und Typografie** ............................................................. 433

| | | |
|---|---|---|
| 14.1 | Textobjekte erzeugen | 433 |
| | Textausrichtung | 434 |
| | Punkttext erstellen | 434 |
| | Flächentext erstellen | 434 |
| | Pfadtext erstellen | 435 |
| 14.2 | Texte und Textobjekte auswählen | 435 |
| | Auswahloptionen | 436 |
| | Zeichen auswählen, Text-Cursor verwenden | 436 |
| | Textobjekt auswählen | 437 |
| | Textpfad auswählen | 437 |
| 14.3 | Textobjekte bearbeiten | 437 |
| | Textobjekte transformieren | 437 |
| | Textbereich des Flächentexts skalieren | 438 |
| | Flächentextform transformieren | 438 |
| | Flächentextform bearbeiten | 438 |
| | Kontur und Füllung zuweisen | 439 |
| | Randabstände einrichten | 439 |
| | Spalten und Zeilen einrichten | 440 |
| | Textbreite an Flächenbreite anpassen | 441 |
| | Objekte umfließen | 441 |
| | Text am Pfad verschieben | 442 |
| | Abstand der Zeichen eines Pfadtexts | 443 |
| | Ausrichten der Zeichen auf dem Pfad | 444 |
| | Verkettete Textobjekte | 446 |
| | Verkettungen anzeigen | 446 |
| | Textobjekte verketten | 446 |
| | Textobjekte zwischen verkettete Objekte einfügen | 447 |
| | Alle Textobjekte einer Kette auswählen | 447 |
| | Verkettungen lösen | 447 |
| 14.4 | Texte importieren | 448 |
| | Kopieren/Einsetzen | 448 |
| | Text laden | 448 |
| | Textdateien öffnen | 449 |
| | Texte aus alten Illustrator-Dateien – Legacy Text | 450 |

| | |
|---|---|
| Fremdsprachentexte | 451 |
| 14.5 Texte editieren | 451 |
| Nicht druckbare Zeichen | 451 |
| Sprachen zuweisen | 451 |
| Anführungszeichen definieren | 452 |
| Groß- und Kleinschreibung ändern | 452 |
| Satz- und Sonderzeichen | 452 |
| Glyphen-Bedienfeld | 453 |
| Rechtschreibprüfung | 455 |
| Wörterbuch bearbeiten | 456 |
| Suchen und ersetzen | 456 |
| 14.6 OpenType | 458 |
| 14.7 Mit Schrift arbeiten | 459 |
| Fonts: Schriften | 459 |
| Schriften vermessen | 459 |
| Zeilenabstand | 460 |
| Laufweite und Kerning | 460 |
| 14.8 Zeichen formatieren | 460 |
| Das Zeichen-Bedienfeld | 461 |
| Steuerungsbedienfeld und Schrift-Menü | 462 |
| Schriftfamilie | 462 |
| Schriftgrad | 463 |
| Zeilenabstand | 463 |
| Kerning | 463 |
| Laufweite | 464 |
| Stauchen und Strecken | 464 |
| Grundlinienversatz | 465 |
| Drehung | 465 |
| Sprache | 465 |
| Unterstrichen und Durchgestrichen | 465 |
| Kapitälchen | 465 |
| Hochgestellt/Tiefgestellt – Indexziffern | 466 |
| Schriftdarstellung am Bildschirm verbessern | 466 |
| Umbrüche verhindern | 467 |
| Asiatische Optionen | 467 |
| Zeichenformatierungen auf andere Objekte übertragen | 467 |
| Schriftart suchen | 467 |
| 14.9 Absätze formatieren | 469 |
| Das Absatz-Bedienfeld | 469 |
| Textausrichtung | 470 |
| Einzüge | 471 |
| Abstände zwischen Absätzen | 471 |
| Hängende Interpunktion und optischer Randausgleich | 472 |

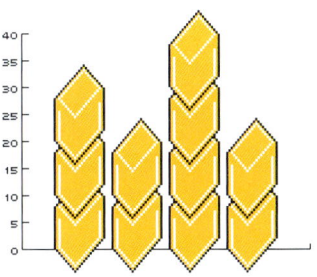

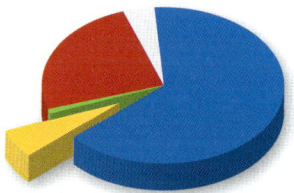

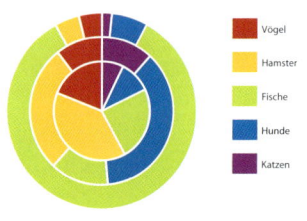

| | | |
|---|---|---|
| | Satz-Engine | 472 |
| | Adobe Einzeilen- und Alle-Zeilen-Setzer | 472 |
| | Silbentrennungswörterbücher | 473 |
| | Silbentrennung | 473 |
| | Abstände (früher: Ausrichtung) | 475 |
| 14.10 | Tabulatoren | 476 |
| | Tabulatoren setzen | 476 |
| | Positionen der Tabulatoren definieren | 477 |
| 14.11 | Zeichen- und Absatzformate | 480 |
| | Formate anlegen | 480 |
| | Formate editieren | 481 |
| | Formate laden | 481 |
| | Formate anwenden | 481 |
| | Override – Abweichung | 482 |
| | Formate löschen | 482 |
| 14.12 | Füllung, Kontur, Effekt | 482 |
| | Einfache Aussehen-Optionen | 482 |
| | Komplexe Aussehen-Optionen | 483 |
| | Konturschrift | 485 |
| | Überdrucken von Schwarz | 485 |
| | Spezialeffekte | 486 |
| | Button erstellen | 486 |
| | Schrift mit Verläufen gestalten | 487 |
| | Text in Masken umwandeln | 487 |
| | Grunge-Look | 487 |
| | Transparente Fläche eines Flächentexts | 488 |
| 14.13 | Von Text zu Grafik | 488 |
| | Text in Pfade umwandeln | 488 |
| | Glättung von Text beim Speichern in Bitmap-Formate | 489 |
| | Illustrative Typografie | 490 |

## 15 Diagramme 491

| | | |
|---|---|---|
| 15.1 | Ein Diagramm erstellen | 491 |
| | Das »Arbeitsblatt« für die Dateneingabe | 492 |
| | Kategorien und Legenden | 493 |
| | Dateneingabe | 493 |
| | Datenimport | 494 |
| | Diagramm-Elemente | 495 |
| 15.2 | Kreisdiagramme | 495 |
| | Farben und Schriften ändern | 497 |
| 15.3 | Säulen- und Balkendiagramme | 498 |
| | Vertikales Balkendiagramm oder Säulendiagramm | 498 |
| | Gestapeltes vertikales Balkendiagramm | 501 |

| | | |
|---|---|---|
| | Horizontales Balkendiagramm | 502 |
| | Gestapeltes horizontales Balkendiagramm | 502 |
| | Eigene Balkendesigns | 503 |
| | Diagrammdesigns aus anderen Dokumenten laden | 509 |
| | Diagrammdesigns ändern | 509 |
| 15.4 | Linien- und Flächendiagramme | 510 |
| | Liniendiagramm | 510 |
| | Farben und Schriften ändern | 511 |
| | Eigene Punkte-Designs | 512 |
| | Flächendiagramm | 513 |
| 15.5 | Kombinierte Diagramme | 513 |
| 15.6 | Streudiagramme | 515 |
| | Streudiagramm oder Punktdiagramm | 515 |
| | Eigene Punkte-Designs | 516 |
| 15.7 | Netzdiagramme | 516 |
| | Netzdiagramm oder Radardiagramm | 516 |
| 15.8 | Diagramme weiterbearbeiten | 517 |
| | Allgemeine Hinweise zur Diagrammbearbeitung | 517 |
| | Diagramme skalieren | 518 |
| | Diagramm 3D | 518 |
| | Dynamische Daten | 518 |
| | Diagramme »umwandeln« | 520 |

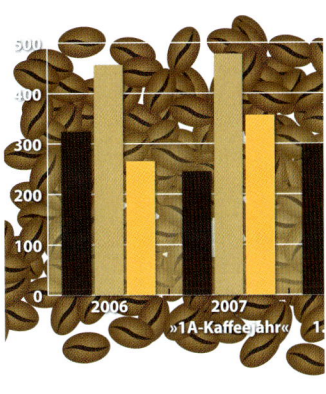

## 16 Muster und Symbole ... 521

| | | |
|---|---|---|
| 16.1 | Füllmuster | 521 |
| | Muster anwenden | 522 |
| | Ausrichtung der Muster-Kachelung | 522 |
| | Muster mit Objekten transformieren | 522 |
| | Nur Muster transformieren | 523 |
| | Muster zurücksetzen | 523 |
| | Muster und Verzerrungen | 523 |
| | Musterfelder laden | 524 |
| | Muster umfärben | 524 |
| | Muster bearbeiten | 524 |
| | Muster planen | 525 |
| | Muster erstellen | 526 |
| | Pinsel-Muster | 529 |
| | Musterfüllung umwandeln | 534 |
| | Muster und Speicherplatz | 534 |
| 16.2 | Symbole | 535 |
| | Symbole verwenden | 536 |
| | Symbole-Bedienfeld | 536 |
| | Symbole auswählen | 537 |

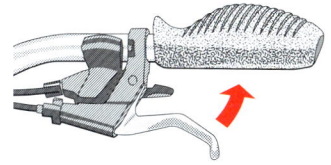

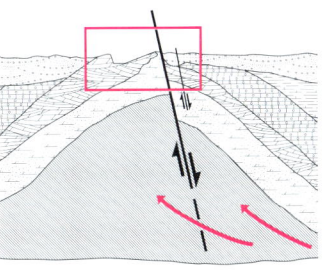

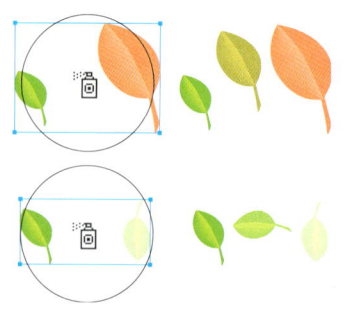

| | |
|---|---|
| Symbol duplizieren | 537 |
| Symbol löschen | 537 |
| Symbol auf der Zeichenfläche platzieren | 537 |
| Einer Instanz ein neues Symbol zuordnen | 538 |
| Verknüpfung mit Symbol aufheben | 538 |
| Instanzen und Symbolsätze eines bestimmten Symbols auswählen | 538 |
| Neues Symbol erstellen | 539 |
| Symbol ersetzen | 539 |
| Bestehendes Symbol bearbeiten | 539 |
| Symbole umfärben | 540 |
| Symbol-Bibliotheken laden | 540 |
| Symbol in das Symbole-Bedienfeld übernehmen | 541 |
| Symbol-Bibliotheken speichern | 541 |
| Symbolsätze und Symbol-Werkzeuge | 541 |
| Symbol-Werkzeuge | 542 |
| Symbol-aufsprühen-Werkzeug | 543 |
| Symbol-verschieben-Werkzeug | 545 |
| Symbol-stauchen-Werkzeug | 545 |
| Symbol-skalieren-Werkzeug | 546 |
| Symbol-drehen-Werkzeug | 547 |
| Symbol-färben-Werkzeug | 548 |
| Symbol-transparent-gestalten-Werkzeug | 549 |
| Symbol-gestalten-Werkzeug | 549 |
| Aufbau eines für Symbole geeigneten Grafikstils | 550 |
| Skalierbare Konturen für Symbole | 551 |
| Symbole und Flash | 553 |

## 17    3D-Live-Effekte  555

| | |
|---|---|
| 17.1 3D-Objekte erzeugen | 556 |
| Grundformen | 556 |
| Extrudieren und abgeflachte Kante | 556 |
| Eigene Kantenprofile hinzufügen und verwenden | 558 |
| Kreiseln | 559 |
| 17.2 Objekte im Raum ausrichten | 560 |
| Lokale und globale Achsen | 560 |
| Drehen | 561 |
| 17.3 Schattierung und Beleuchtung | 563 |
| Beleuchtung positionieren | 564 |
| 17.4 Oberflächen-Mapping | 568 |
| Flächenaufteilung | 568 |
| Grafikmaterial anlegen | 568 |
| Grafiken zuweisen | 569 |
| 3D-Effekte auf andere Objekte übertragen | 571 |

17.5 3D-Effekte in Vektorpfade umrechnen .................. 574

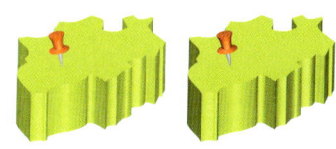

**18 Dateien platzieren und mit Pixeldaten arbeiten** 575

    Bildauflösung ...................................................... 576
    Farbe ..................................................................... 576
18.1 Externe Dateien integrieren ........................................ 577
    Verknüpfen oder einbetten? ............................. 577
    Öffnen, Einfügen, Platzieren, Drag & Drop ........ 578
    Schmuckfarben in platzierten Dateien ............... 579
    Photoshop- und TIFF-Dateien importieren ........ 580
    PDF importieren ................................................ 582
    EPS-Dateien importieren .................................. 583
    FreeHand-Dateien importieren ......................... 583
    CorelDraw-Dateien importieren ........................ 583
    Objekte aus Flash-Dateien importieren ............. 584
18.2 Grafikdaten verwalten .............................................. 584
    Steuerungsbedienfeld ....................................... 584
    Verknüpfungen-Bedienfeld ............................... 584
    Verknüpfungen automatisch aktualisieren ........ 588
18.3 Bilddaten bearbeiten ................................................. 588
    Pixelgrafik mit Vektorwerkzeugen bearbeiten .... 588
    Graustufen und Bitmaps kolorieren ................... 589
    Bilder maskieren ............................................... 591
    Freiform-Masken auf Bilder anwenden ............. 591
    Filter .................................................................. 592
18.4 Pixeldaten vektorisieren ............................................ 593
    Welche Vektorisierung ist für mein Motiv
    geeignet? ............................................................ 594
18.5 Live Trace – Interaktiv nachzeichnen ........................ 595
    Nachzeichner-Objekte erstellen ........................ 595
    Optionen ........................................................... 596
    Einstellungen als Nachzeichnervorgabe speichern 601
    Original bearbeiten ........................................... 601
    Empfehlungen zur Aufbereitung der Bilder ........ 602
    Umwandeln – Live-Verknüpfung lösen .............. 602
    Weiterbearbeitung der umgewandelten Objekte 603
    Verbindung mit Interaktiv malen ....................... 603

**TEIL V Ausgabe und Optimierung** .................................. 607

**19 Austausch, Weiterverarbeitung, Druck** ................ 609

19.1 Export für Layout und Bildbearbeitung .................... 609
    Exportieren und Speichern einzelner Zeichen-
    flächen .............................................................. 610

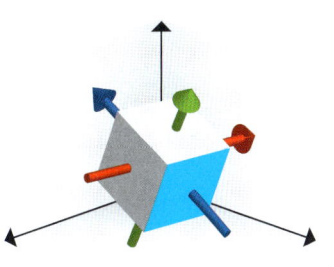

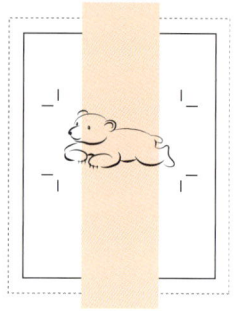

| | | |
|---|---|---|
| | EPS | 611 |
| | FreeHand | 613 |
| | CorelDraw | 613 |
| | WMF/EMF | 613 |
| | AutoCAD DWG/DXF | 613 |
| | InDesign – Copy & Paste | 613 |
| | Photoshop – Copy & Paste | 614 |
| | Photoshop – PSD | 614 |
| | TIFF (Tagged Image File Format) | 615 |
| | BMP | 616 |
| | Macintosh PICT | 616 |
| | TARGA | 616 |
| | Microsoft Office | 616 |
| | TXT | 616 |
| 19.2 | Ausgabe als PDF | 617 |
| | PDF erstellen | 617 |
| | Allgemein | 618 |
| | Komprimierung | 619 |
| | Marken und Anschnitt | 620 |
| | Ausgabe | 620 |
| | Erweitert | 620 |
| 19.3 | Grafiken für den Druck vorbereiten | 622 |
| | Bildauflösung | 622 |
| | Komplexität | 622 |
| | Registerungenauigkeit/Passerungenauigkeit | 623 |
| | Überdrucken | 625 |
| | Überfüllungen anlegen | 626 |
| | Beschnittzugabe/Druckerweiterung | 628 |
| | Tiefschwarz | 629 |
| | Gesamt-Farbauftrag | 630 |
| | Soft-Proof | 631 |
| | Überdruckenvorschau | 631 |
| | Separationenvorschau | 631 |
| | Schwarzdefinitionen korrigieren | 632 |
| | Transparenzen | 633 |
| | Effekte, Filter | 633 |
| | Verläufe | 633 |
| | Schnittmarken | 633 |
| | Text in Pfade umwandeln | 634 |
| | Schneid-Plotten und Gravieren | 634 |
| 19.4 | Ausdrucken | 635 |
| | Allgemein | 635 |
| | Marken und Anschnitt/Beschnittzugabe | 638 |
| | Ausgabe | 639 |
| | Grafiken | 640 |

| | |
|---|---|
| Farbmanagement | 642 |
| Erweitert | 643 |
| Übersicht | 644 |
| Druckvorgaben speichern | 644 |
| Problemanalyse | 644 |

## 20 Web- und Bildschirmgrafik — 647

| | |
|---|---|
| 20.1 Screendesign mit Illustrator | 647 |
| Datei einrichten | 647 |
| Pixelvorschau und Ausrichten | 648 |
| Linien im Web- und Screendesign | 648 |
| Barrierefreiheit | 649 |
| Slices | 649 |
| Slices bearbeiten | 650 |
| Für Web und Geräte speichern | 652 |
| Übergabe an Photoshop und Fireworks | 658 |
| 20.2 Bildformate: WBMP, GIF, JPEG und PNG | 658 |
| WBMP – Wireless Bitmap | 658 |
| GIF – Graphics Interchange Format | 659 |
| JPG – Joint Photographic Expert Group | 660 |
| PNG – Portable Network Graphics | 661 |
| Imagemaps | 661 |
| 20.3 SVG | 662 |
| Datei einrichten | 662 |
| Transparenz, Filter, Effekte | 663 |
| Interaktivität | 663 |
| Speicheroptionen | 664 |
| 20.4 Flash | 666 |
| Datei einrichten | 666 |
| Symbole | 668 |
| 9-Slice-Skalierung | 669 |
| Flash-Text-Optionen | 669 |
| SWF speichern | 672 |
| Illustrator- und SWF-Dateien in Flash importieren | 675 |
| Copy & Paste | 676 |
| 20.5 FXG | 676 |
| 20.6 Video und Film | 677 |
| Video-Vorlagen | 677 |
| Video-Safe Areas | 678 |
| Pixelseitenverhältnis (Pixel Aspect Ratio, PAR) | 678 |
| Dateien für Video vorbereiten | 678 |
| Für After Effects und Premiere speichern | 680 |
| Pfade kopieren und einsetzen | 680 |

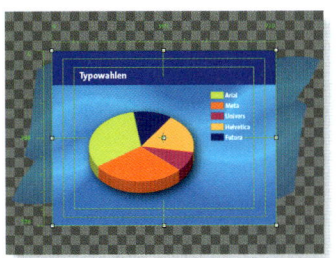

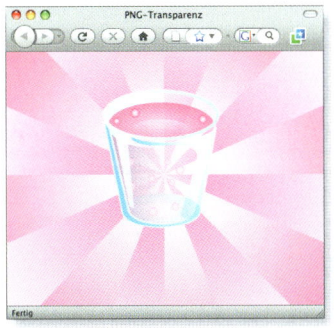

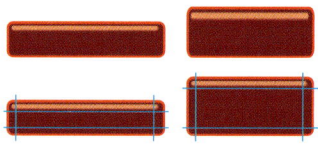

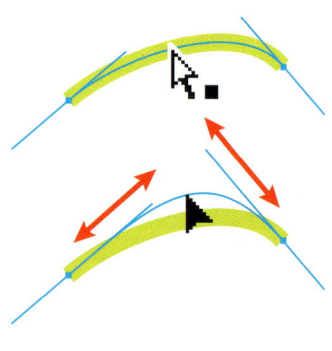

| | Illustrator-Dateien in Video-Projekte importieren | 680 |
|---|---|---|
| | Wichtige Einstellungen in After Effects | 681 |
| **21** | **Personalisieren und Erweitern** | **683** |
| 21.1 | Anpassen | 683 |
| | Benutzerdefinierte Arbeitsbereiche | 683 |
| | Vorlagen | 684 |
| | Dokumentprofile | 685 |
| | Tastaturbefehle | 686 |
| 21.2 | Automatisieren | 688 |
| | Aktionen | 688 |
| | Aktionen-Bedienfeld | 688 |
| | Stapelverarbeitung | 695 |
| | Skripte | 699 |
| | Adobe AIR, Patchpanel und SwitchBoard | 700 |
| 21.3 | Variablen | 701 |
| | Variablen mit dem Bedienfeld verwalten | 702 |
| | Datensatz erfassen | 703 |
| | Variablen sperren/entsperren | 704 |
| 21.4 | Erweitern | 705 |
| | Plug-ins installieren | 705 |
| | Plug-ins anwenden | 705 |
| | Plug-ins programmieren | 705 |
| | Adobe-Plug-ins und Services aktualisieren | 706 |
| **22** | **Von FreeHand zu Illustrator** | **707** |
| 22.1 | Illu will meine Farben konvertieren! | 707 |
| | Farbmanagement | 708 |
| 22.2 | Arbeitsumgebung | 708 |
| | Bedienfelder gruppieren, verankern und andocken | 708 |
| | Hilfslinien | 709 |
| | Die Werte sind ungenau | 709 |
| | Arbeit sparen durch Automatisierung | 710 |
| | Kooperation mit anderen Applikationen | 710 |
| 22.3 | Objekte, Gruppen, Ebenen, Seiten und Dokumente | 710 |
| | Seiten (Zeichenflächen) und der Lineal-Nullpunkt | 711 |
| | Zeichenflächen verschieben und löschen | 712 |
| | Mit Zeichenflächen arbeiten | 712 |
| | Wo kommen all die Ebenen her? | 712 |
| 22.4 | Auswählen | 713 |
| | Werkzeuge | 713 |
| | Ausgewählte Punkte | 714 |

| | | |
|---|---|---|
| | Auswahlrechteck | 714 |
| | Darunterliegende auswählen und das Kontextmenü | 714 |
| | Nach Objekteigenschaften suchen | 715 |
| | Bildschirmdarstellung der Auswahl | 715 |
| | Isolierte Gruppe | 715 |
| 22.5 | Konstruieren und Zeichnen | 716 |
| | Form-Werkzeuge | 716 |
| | Pfade zeichnen | 717 |
| | Von Eck- in Kurvenpunkte (und zurück) | 717 |
| | Pfade verbinden und weiterführen | 718 |
| | Pfadsegmente interaktiv verformen | 718 |
| | Pfade zerschneiden | 718 |
| | Pfade schließen | 718 |
| | Zusammengesetzte Pfade | 719 |
| | Einzelpfade verbinden | 719 |
| | Pfadrichtung | 719 |
| | Sprühdose und Symbole | 720 |
| | Automatisch vektorisieren | 720 |
| 22.6 | Objekte bearbeiten | 720 |
| | Objekte transformieren | 720 |
| | Transformationsgriffe | 721 |
| | Einrasten, Positionierungshilfe | 721 |
| | Objekte klonen | 722 |
| | Objekte ausrichten und verteilen | 722 |
| | Pfade zusammenfassen und Pathfinder-Operationen | 722 |
| | Und wo finde ich »Innen einfügen«? | 723 |
| | Konturen in Flächen umwandeln | 723 |
| | Pfade aufräumen – Vereinfachen | 723 |
| | Umwandeln | 723 |
| 22.7 | Füllungen, Konturen, Eigenschaften | 724 |
| | Objekt-Eigenschaften/Aussehen | 724 |
| | Effekte | 724 |
| | Kalligrafische Pfade | 725 |
| | Pinsel | 725 |
| | Pfeilspitzen | 725 |
| | Farbe editieren | 726 |
| | Farbfelder: global, lokal | 726 |
| | Farbton | 727 |
| | Kachelfüllungen | 727 |
| | Verläufe | 727 |
| 22.8 | Spezial-Objekte und -Effekte | 728 |
| | Mischungen/Angleichungen | 728 |
| | Verzerren | 728 |

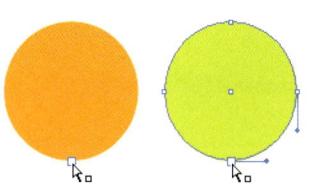

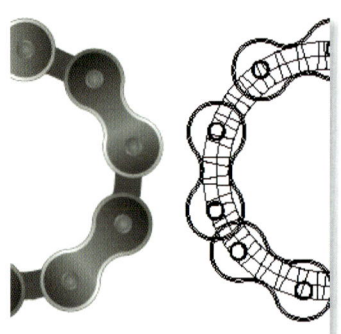

|  |  |  |
|---|---|---|
|  | Hüllenobjekte | 728 |
|  | Live-Effekte | 728 |
|  | 3D | 729 |
|  | Transparenz | 730 |
| 22.9 | Text | 731 |
|  | Textobjekte, Pfadtexte, Textfelder | 731 |
| 22.10 | Ausgabe | 732 |
|  | Softproof | 732 |
|  | Für Ausgabe sammeln | 732 |
|  | PDF | 733 |
|  | PSD speichern | 733 |
|  | Flash und SWF | 733 |
| 22.11 | FreeHand-Dateien migrieren | 733 |
|  | Vorbereitung in FreeHand | 733 |
|  | Über die Zwischenablage importieren | 738 |

## 23  Werkzeuge und Kurzbefehle ... 741

| 23.1 | Die Werkzeugpalette | 741 |
|---|---|---|
| 23.2 | Verborgene Werkzeuge | 742 |
| 23.3 | Tastatur-Kurzbefehle | 743 |
|  | Menübefehle | 743 |
|  | Bedienfelder-Funktionen | 747 |
|  | Textbearbeitung | 748 |
|  | Objektbearbeitung | 749 |
|  | Sonstige | 749 |
|  | Bedienfeldsymbole im Dock | 750 |

## 24  Glossar ... 751

## 25  Die DVD zum Buch ... 763

| Beispieldateien | 763 |
|---|---|
| Demoversionen_Plugins | 763 |
| Testversionen_Adobe | 768 |
| Video-Training | 769 |
| Beispiel- und Übungsdateien | 770 |

**Index** ... 779

### Schritt für Schritt: Vektorgrafik-Grundlagen

Objekte sinnvoll anlegen .................................................. 54

### Schritt für Schritt: Arbeiten mit Dokumenten

Mit magnetischen Hilfslinien gestalten ............................ 78

### Schritt für Schritt: Geometrische Werkzeuge

Ein Dala-Pferdchen aus Grundformen ............................ 99
Stapelreihenfolge ändern ................................................. 102
Objekte manuell transformieren ..................................... 109
Transformationswerkzeuge mit der Dialogbox anwenden 110
Isometrie eines Packungsdesigns .................................... 114
Erneut transformieren ...................................................... 119
Ausrichten ......................................................................... 122

### Schritt für Schritt: Pfade konstruieren und bearbeiten

Eine Vogel-Silhouette zeichnen ....................................... 134

### Schritt für Schritt: Farbe

Farbschema finden und anwenden .................................. 204
Farben reduzieren ............................................................ 237

### Schritt für Schritt: Flächen und Konturen gestalten

Strichelung mit sauberen Ecken ...................................... 255
Fade-In und Fade-Out ...................................................... 257
Eine kleine Illustration mit Verläufen ............................. 272
Mit Verlaufsgittern illustrieren ........................................ 280
Einen konischen Verlauf erstellen ................................... 286

### Schritt für Schritt: Vektorobjekte bearbeiten und kombinieren

Reinzeichnung eines Logos .............................................. 303
Mit Überblendungen illustrieren ..................................... 311
»Interaktiv malen« anwenden .......................................... 318

### Schritt für Schritt: Hierarchische Struktur

Kartengrafik ..................................................................... 359

### Schritt für Schritt: Transparenzen und Masken

Aussparungsgruppe .......................................................... 372
Umfangreichere Aussparungsgruppen ............................ 379

### Schritt für Schritt: Filter und Effekte

Konturierter Text .............................................................. 403
Kreuzschraffur .................................................................. 406
Ein Orden mit Rosette ...................................................... 420

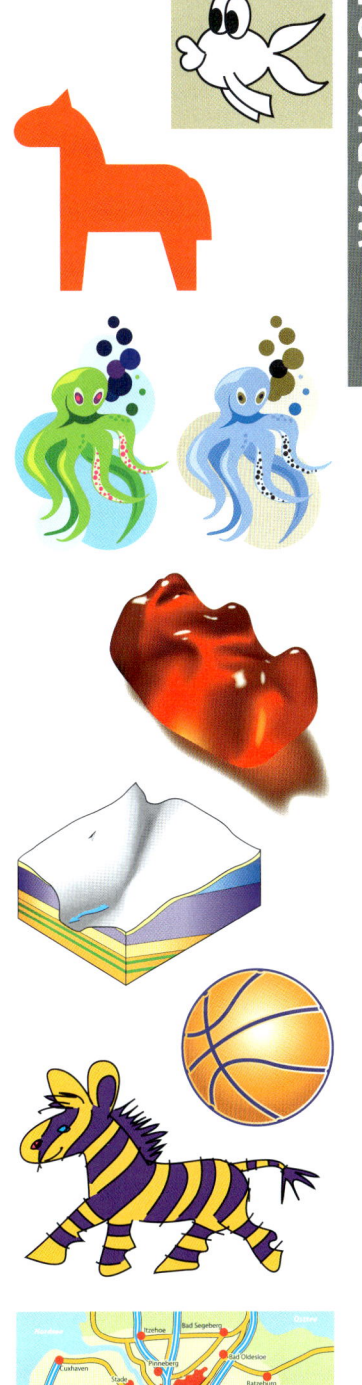

### Schritt für Schritt: Text und Typografie

| | |
|---|---|
| Schrift auf einem Stempel | 444 |
| Tabulatoren einsetzen | 478 |

### Schritt für Schritt: Diagramme

| | |
|---|---|
| Ein Balkendesign erstellen, zuweisen und mit Farbfeldern weiterbearbeiten | 505 |
| 3D-Tortendiagramm | 518 |

### Schritt für Schritt: Muster und Symbole

| | |
|---|---|
| Einfache Muster erstellen | 526 |
| Ein unregelmäßiges Muster erstellen | 529 |
| Symbole erstellen und anwenden | 551 |

### Schritt für Schritt: 3D-Live-Effekte

| | |
|---|---|
| Eine 3D-Grafik erstellen | 566 |
| Ein Buch visualisieren | 571 |

### Schritt für Schritt: Dateien platzieren und mit Pixeldaten arbeiten

| | |
|---|---|
| Bilder mehrfarbig kolorieren | 589 |
| Platzierte Bilder einrahmen | 592 |
| Logo vektorisieren | 603 |

### Schritt für Schritt: Web- und Bildschirmgrafik

| | |
|---|---|
| Slices für Web speichern | 654 |
| Eine 3D-Animation erstellen | 671 |

### Schritt für Schritt: Personalisieren und Erweitern

| | |
|---|---|
| Aktion und Stapelverarbeitung zum Umfärben von Objekten | 696 |

### Checklisten

| | |
|---|---|
| Mit dem Zeichenstift arbeiten | 164 |
| Datei für Folienplot | 302 |
| Was ist was (im Ebenen-Bedienfeld)? | 334 |
| Eine zusätzliche Kontur oder ein zusätzliches Objekt? | 349 |
| Objekte lassen sich nicht bearbeiten | 364 |
| Transparenz | 391 |
| Effekt-Grafiken analysieren | 411 |
| (Logo-)Vektorisierung | 606 |
| Auswahl des Dateiformats | 621 |
| Im Layout platzieren und drucken | 645 |
| Programmvorgaben anpassen | 687 |
| Entscheidungsfindung in Sachen Skripte | 701 |

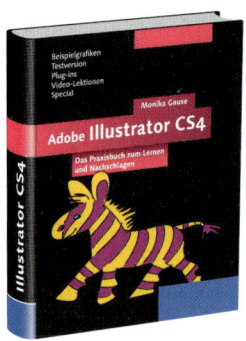

# Über dieses Buch

Bevor Sie beginnen, einige Erklärungen zum Gebrauch dieses Buchs und ein paar persönliche Worte.

**Gebrauch des Praxisbuchs**

Auch wenn ich dieses Buch in erster Linie als Handbuch und Nachschlagewerk geschrieben habe, können Sie damit selbstverständlich Illustrator erlernen. In diesem Fall folgen Sie dem Praxisbuch von vorne bis hinten – es beginnt mit den Vektor-Grundlagen und geht dann über die einfachen Werkzeuge und Funktionen hin zu immer komplexeren Dingen.

In fast jedem Kapitel finden Sie **Schritt-für-Schritt-Workshops**, mit denen Sie die besprochenen Funktionen anhand praktischer Beispiele vertiefen können. Neben den hervorgehobenen Schritt-für-Schritt-Anleitungen gibt es viele nicht ganz so ausführlich gefasste Anleitungen, sodass tatsächlich sehr viele Techniken abgedeckt sind. Auch wenn einige dieser Workshops vielleicht nicht exakt zu dem Ergebnis führen, welches Sie sich für eine konkrete Aufgabe vorstellen – machen Sie trotzdem mit. Sie lernen dabei die Techniken kennen, die Sie benötigen, um die Effekte zu bauen, die Sie eigentlich geplant hatten.

**Checklisten** fassen besondere Fragestellungen kurz und übersichtlich zusammen. Sie können die Listen auch zum praxisnahen Einstieg in ein Thema verwenden und sich dieses anhand der Stichworte der Checkliste erarbeiten.

> **Tipps und Hinweise**
>
> In farbigen **Tipp- und Hinweis-Boxen** finden Sie nützliche Anmerkungen aller Art. Die Randnotizen beschleunigen Ihren Workflow, weisen auf besondere Stolpersteine hin oder geben Zusatzinformationen für Fortgeschrittene.

**Abbildungen**

Die Abbildungen zeigen besprochenene Funktionen möglichst isoliert und demonstrieren dabei deren praktischen Einsatz. Vor allem wenn Sie nicht wissen, wie die Funktion heißen könnte, mit der sich eine Grafik realisieren ließe, sollen Ihnen die Abbildungen dabei helfen, einen bestimmten Effekt oder eine Vorgehensweise schneller zu finden. Viele Abbildungen finden Sie als Illustrator-Dokumente zum »Auseinandernehmen« auf der beiliegenden DVD, geordnet nach den Kapitelnummern. Analysieren Sie die Dokumente, um deren Aufbau zu verstehen.

Und nun möchte ich Ihnen die Werkzeug-Typen vorstellen. Sie werden sich in diesem Buch an einigen Stellen einmischen und kommentieren. Es sollte eigentlich nur eine Tropfenpinsel-Illustration werden, aber nach und nach bekamen weitere Werkzeuge ein Gesicht. Ich hoffe, die Typen bereiten Ihnen ebenso viel Spaß wie mir.

**Kontakt**

Auf der Website www.galileopress.de können Sie sich mit Ihrer Registrierungsnummer, die vorne im Buch abgedruckt ist, einloggen und erhalten dort zusätzliches Material zum Download. Über die Website von Galileo Press oder per E-Mail an den Verlag können Sie auch Kontakt mit mir aufnehmen, um Fragen, Anregungen und Kritik loszuwerden.

Viele Tipps zu Illustrator habe ich auf meiner Website www.vektorgarten.de gesammelt. Ich bin natürlich neugierig und interessiere mich sehr für Ihre Herangehensweise, Ihre Erfahrungen mit Illustrator und mit meinem Buch und für die Arbeiten, die Sie mit beider Hilfe erstellen. Ich freue mich auf Ihre Post.

## Danke

Auch in der dritten Runde hat dieses Buch wieder viel Arbeit gemacht. Nicht nur mir. Vielen Dank an das Team von Galileo Press, allen voran meinen Lektorinnen Anne Scheibe und Katharina Geißler sowie an die Herstellerin Lissy Hamann, die mich in den letzten Monaten betreut und unterstützt haben.

Ein großes Dankeschön auch an die Plug-in-Entwickler – dafür dass sie Illustrator um viele nützliche Tools erweitern und für die Erlaubnis, ihre Programme auf die DVD zu brennen.

Teri Pettit hat mir geholfen, einige Spezialitäten der Anwendung von Effekten und das neue Verhalten der Aussehen-Palette besser zu verstehen. Thank you very much.

Meinen Leserinnen und Lesern ein Dankeschön für Ihre/Eure Reaktionen, Fragen und die Erinnerung daran, wie es sich anfühlt, Illustrator neu zu erlernen. Danke den DiskutantInnen bei mediengestalter.info, hilfdirselbst.ch und traum-projekt.com für den anregenden Austausch, Euer Lob und Eure Kritik.

Herzlichen Dank an meine Familie und Freunde für Euer Mittragen und Ertragen und ein ganz besonderes Dankeschön an Klaus, der auf so vieles verzichtet hat. Wir holen das jetzt alles nach.

Monika Gause

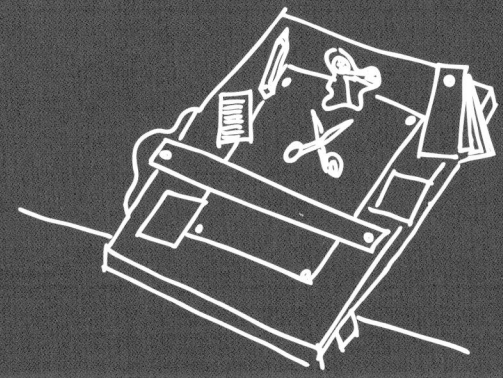

# TEIL I
## Programmoberfläche und grundlegende Einstellungen

# 1 Die Arbeitsumgebung in Illustrator CS4

## 1.1 Herzlichen Glückwunsch!

Wir, die Benutzer, haben in dieser Illustrator-Version einiges erreicht. Etliche unserer Wünsche wurden von den Entwicklern aufgenommen und in Verbesserungen umgesetzt. Allerdings musste Illustrator 22 Jahre alt werden, ehe Adobe derart tiefgreifende Änderungen in bestehenden Elementen des Programms vogenommen hat. Im Januar 1987 erlaubte Illustrator als erste Software das Editieren von Bézier-Kurven durch Klicken und Ziehen der Punkte und Grifflinien mit der Maus. In den letzten Jahren gab es etwas an Funktionalität aufzuholen und so werden Sie Illustrator vielleicht gar nicht wiedererkennen, wenn Sie das Programm jetzt starten.

Beim ersten Öffnen empfängt Illustrator Sie mit einem **Startbildschirm** in erfrischenden Gelbtönen.

Der sinnvollste Bestandteil des Fensters ist allerdings das kleine Kästchen links unten, denn alle Angebote dieser Seite erreichen Sie auch auf anderem Weg – und um Illustrator zu lernen, haben Sie ja dieses Buch. Also setzen Sie dort ein Häkchen, so kommt Illustrator zukünftig immer gleich zur Sache – ohne Begrüßung.

▲ Abbildung 1.1
Seit Version 1.0 dabei: Botticellis »Geburt der Venus«

## 1.2 Der Arbeitsbereich

Der Arbeitsbereich mit der Zeichenfläche, der Menüleiste, dem Werkzeugbedienfeld und dem Steuerungsbedienfeld bildet zusammen mit diversen weiteren Bedienfeldern die Elemente in Illustrator, die Ihnen zur Erstellung Ihrer Illustration zur Verfügung stehen, in denen Sie Einstellungen vornehmen und Vorgaben sowie Eigenschaften verwalten.

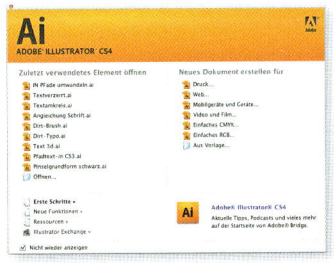

▲ Abbildung 1.2
Der Startbildschirm

**Dokumentfenster**
Illustrator öffnet seine Dateien in Dokumentfenstern, in denen die **Zeichenflächen** – jeweils umrandet von einer schwarzen Linie – mit der Grafik oder einem Ausschnitt davon in einer frei

bestimmbaren Vergrößerungsstufe dargestellt werden. Die Größe der Zeichenflächen bestimmen Sie beim Erstellen eines neuen Dokuments oder zu einem späteren Zeitpunkt im Zeichenflächen-Modus.

▲ **Abbildung 1.3**
Illustrator-Arbeitsoberfläche: Macintosh- (links) und Windows-Version (rechts). Per Voreinstellung ist das Werkzeugbedienfeld in der einspaltigen Version am linken Bildschirmrand angedockt.

Der auffälligste Unterschied von Vektor-Software wie Illustrator zu vielen anderen Programmen ist der Raum um die Zeichenflächen herum – die **Montagefläche**. Dieser Stauraum steht zum Erstellen kleiner Nebenzeichnungen oder zum vorübergehenden »Aufbewahren« von nicht benötigten Teilen Ihrer Illustration zur Verfügung, also von grafischem Stückwerk, das nicht mitgedruckt werden soll.

Am unteren Rand des Dokumentfensters sehen Sie auf der linken Seite die **Statusleiste**; hier werden u. a. die Vergrößerungs- bzw. Zoom-Stufe und verschiedene andere Informationen über das Dokument angezeigt (Statusleiste siehe Kapitel 4).

Die Anzeige des Dokumenttitelbalkens und der Menüleiste lässt sich ausblenden – dies geschieht auch oft unabsichtlich. Drücken Sie die Taste F, um durch die vier unterschiedlichen Bildschirmmodi zu wechseln.

### Werkzeugbedienfeld

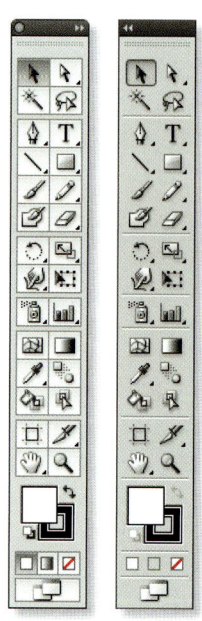

▲ **Abbildung 1.4**
Zweispaltiges Werkzeugbedienfeld in Mac OS und Windows

Am linken Rand des Bildschirms finden Sie die Werkzeuge zur Erstellung, Bearbeitung und Auswahl von Vektorobjekten, zusammengefasst im **Werkzeugbedienfeld**. Mit dem Menübefehl FENSTER • WERKZEUGE blenden Sie das Bedienfeld ein oder aus. Je nach Bildschirmgröße und persönlichen Vorlieben können Sie das Werkzeugbedienfeld ein- oder zweispaltig anzeigen lassen –

zum Umschalten zwischen den beiden Modi klicken Sie auf den Button mit dem Doppelpfeil am oberen Rand des Bedienfelds ⬛⬛ oder ⬛ (wenn das Bedienfeld angedockt ist). Wie alle anderen Bedienfelder können Sie auch dieses mit dem Mauszeiger am oberen Rand »anfassen« und verschieben.

Wenn Sie den Cursor über dem Feld eines Werkzeugs stillhalten, wird der Name des Werkzeugs als Tooltip – in der deutschen Version »QuickInfo« genannt – eingeblendet. Das gesamte Instrumentarium lernen Sie in diesem Buch natürlich noch kennen.

Um ein Werkzeug auszuwählen, klicken Sie mit der Maus darauf oder verwenden den Tastaturbefehl, der mit dem Namen angezeigt wird. Das aktive Tool ist auf dem Mac durch eine graue Unterlegung und unter Windows durch eine Umrandung hervorgehoben.

Auf vielen Werkzeug-Buttons ist rechts unten ein kleines Dreieck zu finden. Wenn Sie auf den Button klicken und die Maus gedrückt halten, werden weitere Werkzeuge angezeigt, die zusammen mit dem angezeigten eine Gruppe bilden. Bewegen Sie den Cursor mit gedrückter Maustaste bis zu dem gewünschten Werkzeug, um es nach dem Loslassen zu aktivieren.

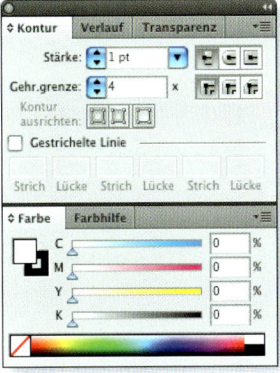

▲ Abbildung 1.5
Bedienfeldgruppe aus Kontur-Bedienfeld, Verlauf-Bedienfeld und Transparenz-Bedienfeld mit »angedocktem« Farbe-Bedienfeld

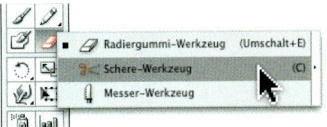 

◀ Abbildung 1.6
Wählen Sie ein Werkzeug aus einer Gruppe, oder lassen Sie die Werkzeuggruppe als separates Bedienfeld darstellen.

Lassen Sie die Maustaste los, wenn sich der Cursor auf dem Pfeil am Ende des Bedienfelds befindet, wird die Werkzeuggruppe als eigenständiges Bedienfeld »abgerissen«. Sie können sie dann durch Klicken und Ziehen der Titelleiste verschieben. Mit einem Klick in das Schließfeld wird sie wieder geschlossen.

Sie können ein Werkzeuggruppen-Bedienfeld auch mehrfach »abreißen« und für Ihre Arbeit strategisch günstig im Dokumentfenster verteilen.

▲ Abbildung 1.7
Werkzeuggruppen: Schließen-Buttons links oben bei Mac OS und rechts oben bei Windows

### Bedienfelder (Paletten)

Die meisten Objekteigenschaften, alle Farb- und Muster-Bibliotheken, viele Werkzeug-Optionen und etliche Operationen werden über **Bedienfelder** aufgerufen und gesteuert.

Rufen Sie die Bedienfelder, die Sie für eine Operation benötigen, aus dem Menü Fenster oder über den Shortcut auf, der im Fenster-Menü jeweils hinter dem Bedienfeldnamen angezeigt wird. Per Voreinstellung sind die gebräuchlichsten Bedienfelder im »Dock« am rechten Bildschirmrand verankert (mehr zum Dock auf den folgenden Seiten). Je nach der unter Fenster • Arbeits-

**Tooltipps de-/aktivieren**

Die Anzeige von Tooltips steuern Sie, indem Sie unter Voreinstellungen • Allgemein… die Option QuickInfo anzeigen aktivieren bzw. deaktivieren.

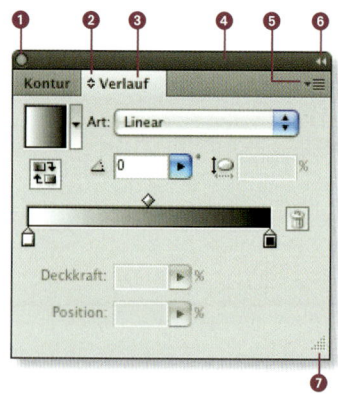

▲ **Abbildung 1.8**
Bedienfeldgruppe in Mac OS

> **Bedienfelder/Paletten?**
>
> Seit Version CS3 hat die Bezeichnung **Bedienfeld** die »Palette« offiziell abgelöst.

**Abbildung 1.9** ▶
Gruppieren des Farbe-Bedienfelds mit dem Aussehen-Bedienfeld. Ziehen Sie den Reiter in den Kopfbereich des Bedienfelds.

BEREICH gewählten Option handelt es sich dabei um unterschiedliche Zusammenstellungen von Bedienfeldern.

Ein Häkchen vor dem Eintrag im Fenster-Menü bedeutet, dass das Bedienfeld aktiv ist. Die meisten Bedienfelder sind in Gruppen zusammengestellt und werden als Gruppe geöffnet.

Um eine Bedienfeldgruppe wieder zu schließen, klicken Sie auf den Schließen-Button ❶. Anstatt sie zu schließen, können Sie Bedienfeldgruppen auch auf ihr Symbol reduzieren – »minimieren« –, indem Sie auf den Doppelpfeil-Button ❻ (bzw. die dunkle Kopfleiste des Bedienfelds klicken). Betätigen Sie den Button erneut, wird die Gruppe wieder komplett dargestellt.

Sie können Bedienfelder und Bedienfeldgruppen frei über den Bildschirm bewegen und positionieren. Um ein Bedienfeld zu bewegen, klicken und ziehen Sie die Titelleiste ihres Fensters ❹.

Einige Bedienfelder lassen sich in ihrer Größe verändern, z. B. das Verlauf-Bedienfeld. Klicken und ziehen Sie dafür das Größenfeld rechts unten im Bedienfeldfenster ❼.

In der Standardansicht finden Sie in Illustrator mehrere Bedienfelder zu Gruppen zusammengefasst. Dies ermöglicht eine platzsparende Handhabung der Hilfsfenster.

Wenn Sie ein Bedienfeld aus einer Gruppe in den Vordergrund holen wollen, klicken Sie auf den Reiter mit ihrem Namen ❸. Mit einem Rechtsklick (Mac `ctrl` + Klick) auf den Reiter rufen Sie ein Kontextmenü auf, in dem Sie neben den bereits erwähnten Optionen außerdem den Befehl zum Schließen eines einzelnen Bedienfelds geben können.

Um ein Bedienfeld aus einer Gruppe zu entfernen, ziehen Sie dessen Reiter aus der Gruppe heraus.

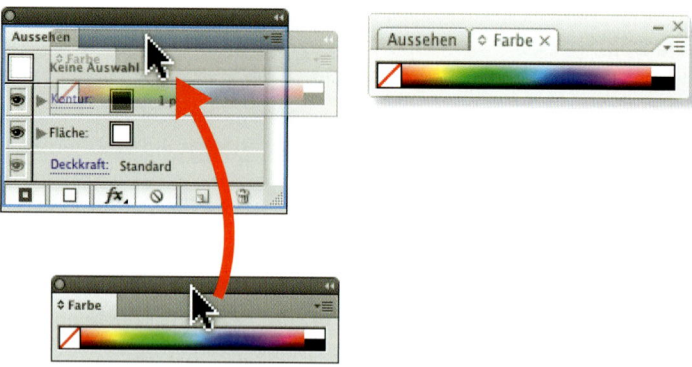

Sie können die Bedienfelder auch nach Ihren Bedürfnissen neu gruppieren: Wenn Sie den Reiter eines Bedienfelds in den Kopfbereich eines anderen Bedienfelds oder einer anderen Gruppe hineinziehen – der Bereich wird dabei blau hervorgehoben –, bildet das Programm eine neue Gruppe aus diesen beiden Bedienfeldern bzw. fügt das Bedienfeld der bestehenden Gruppe hinzu.

◄ **Abbildung 1.10**
Verankern des Farbe-Bedienfelds am Aussehen-Bedienfeld

Unter ein einzelnes Bedienfeld oder unter eine Bedienfeldgruppe können Sie weitere Bedienfelder »andocken«, indem Sie deren Reiter unter die Funktionsbuttons des anderen Bedienfeldfensters ziehen. Auf diese Art verankerte Bedienfelder bewegen sich dann beim Verschieben des »Mutter-Bedienfelds« mit.

Jeweils ein Doppelklick auf den Reiter ❸ (bzw. den hellgrauen Titelbereich) wechselt zwischen der Standardansicht der Bedienfelder mit allen Optionen und der Darstellung, bei der nur die Titelleiste sichtbar ist, hin und her. Einige Bedienfelder lassen sich in mehreren Schritten minimieren; dies lösen Sie durch einen Klick auf den Button ❷ im Reiter aus.

Alle Bedienfelder verfügen über ein eigenes Bedienfeldmenü, das spezielle Optionen für das Bedienfeld und oft auch weitere Funktionen anbietet. Rufen Sie dieses Bedienfeldmenü mit einem Klick auf den Menü-Button ❺ auf.

**Alle Bedienfelder verstecken** | Drücken Sie ⇆, um alle Bedienfelder auszublenden. Um sie wieder anzuzeigen, drücken Sie die Tabulatortaste erneut.

### Dock

Am linken und rechten Bildschirmrand können Bedienfelder verankert werden. Das »Andocken« ermöglicht es, die Bedienfelder auf die Symbol-Darstellung zu reduzieren, um Platz auf dem Bildschirm zu gewinnen und dennoch bei Bedarf schnell auf die Arbeitsmittel zugreifen zu können. Die Dock-Funktionalität kommt Ihnen vor allem entgegen, wenn nur ein Monitor zur Verfügung steht, zum Beispiel an einem Notebook.

Die Steuerung der Dockanzeige nehmen Sie mit den Symbolen in der grauen Titelleiste des Docks vor.

Klicken Sie auf den Titelbalken bzw. auf den Doppelpfeil ▸▸, um den Andockbereich zu erweitern oder ihn auf Symbole zu

---

**Gruppieren/Verankern verhindern**

Möchten Sie ein unabsichtliches Gruppieren oder Verankern von Bedienfeldern verhindern, drücken Sie beim Schieben des Bedienfelds ⌃/Strg.

**Bedienfelder nach vorne holen**

Ein Bedienfeld können Sie auch noch in den Vordergrund holen, wenn Sie eine Farbe oder Grundobjekte für ein Symbol oder einen Pinsel auf seinen Reiter ziehen. Lesen Sie mehr dazu in Kapitel 8.

**Gedockte Bedienfeldgruppen**

Diese verschieben Sie, indem Sie die »Griffleiste« oberhalb der Gruppe anfassen und verschieben.

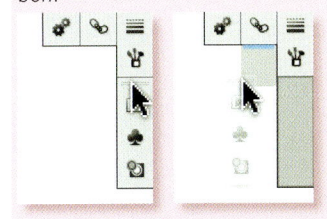

---

1.2 Der Arbeitsbereich | **37**

verkleinern. Klicken und ziehen Sie am linken Rand des Docks – der Cursor zeigt ↔, um die Breite der Andockfelder zu verändern.

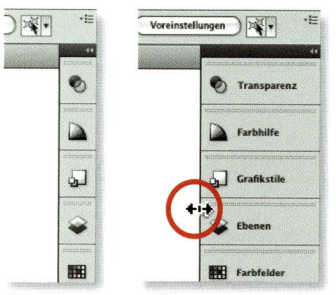

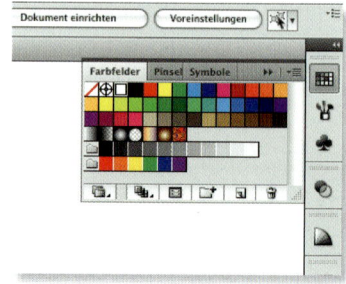

▲ **Abbildung 1.11**
Bedienfelder im Dock (von links): auf Symbole reduziert, Symbole mit Titel, Andockbereich erweitert, Anzeige eines einzelnen Bedienfelds

Um Bedienfelder in den Andockbereich zu bewegen, ziehen Sie ihren Reiter oder – bei einer Bedienfeldgruppe – den Kopfbereich an den rechten oder linken Bildschirmrand bzw. in ein bereits bestehendes Dock.

Sie können Bedienfelder sowohl in den auf Symbole reduzierten als auch in den erweiterten Andockbereich verschieben – die Bedienfeldanzeige im Dock passt sich an die jeweilige Darstellung an.

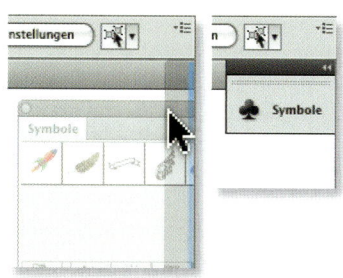
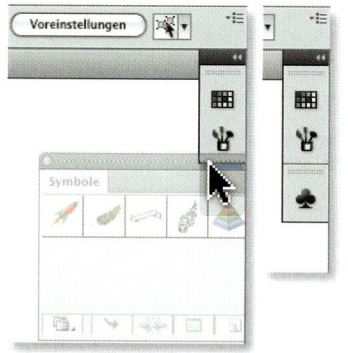
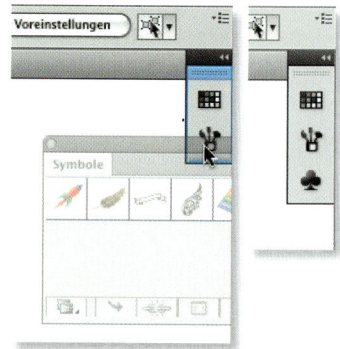

▲ **Abbildung 1.12**
Verankern von Bedienfeldern im Dock (von links): Erstellen eines neuen Andockbereichs, Verankern eines einzelnen Bedienfelds, Verankern eines Bedienfelds in einer Bedienfeld-Gruppe

▲ **Abbildung 1.13**
Mehrere Andockbereiche können nebeneinander angeordnet sein.

Im Dock verankerte Bedienfelder verkleinern Sie auf das Symbol, indem Sie auf den Button Auf Symbole minimieren oben rechts im Bedienfeld klicken. Oder aktivieren Sie die Option Bedienfelder automatisch auf Symbole minimieren unter Voreinstellungen • Benutzeroberfläche: Dann werden Bedienfelder minimiert, sobald Sie neben ihre Fläche klicken.

Ein in Symbolform dargestelltes Bedienfeld zeigen Sie an, indem Sie auf sein Symbol klicken.

## Steuerungsbedienfeld

Im Steuerungsbedienfeld bietet Illustrator zentral und situationsabhängig die gebräuchlichsten Transformations- und Bearbeitungsmöglichkeiten an, die Sie sich anderenfalls in Bedienfeldern und Menüs zusammensuchen müssten. Über das Steuerungsbedienfeld lassen sich aber auch die Spezialbedienfelder aufrufen, wenn Sie deren detailliertere Optionen benötigen.

Beim ersten Start von Illustrator ist das Steuerungsbedienfeld unter der Menüleiste platziert. Sie können es am linken Rand an der angedeuteten Fensterleiste anfassen und wie andere Bedienfelder an jeden beliebigen Ort auf dem Bildschirm verschieben. Da die Leiste in ihren Ausmaßen jedoch etwas unhandlich ist, ist es empfehlenswert, es irgendwo am Bildschirmrand zu belassen.

> **Bedienfelder über das Steuerungsbedienfeld aufrufen**
>
> Klicken Sie auf einen blau unterstrichenen Eintrag im Steuerungsbedienfeld, um das passende Bedienfeld aufzurufen.

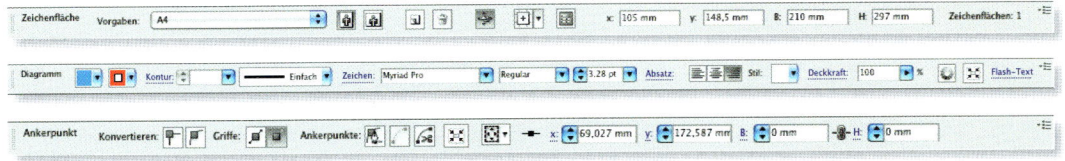

▲ **Abbildung 1.14**
Das Steuerungsbedienfeld zeigt kontextbezogen – je nach ausgewähltem Objekt – wichtige Funktionen an. Von oben sind aktiviert: Zeichenflächen-Werkzeug, Diagramm, Ankerpunkt.

Das Steuerungsbedienfeld passt sich an die Breite Ihres Bildschirms an, indem es Optionen auslässt, für die kein Platz mehr ist. Sie können aber auch selbst Einfluss darauf nehmen, welche Optionen angezeigt werden. Rufen Sie dazu in der Leiste ganz rechts das Bedienfeldmenü ≡ auf, und entfernen Sie das Häkchen vor den Optionen, die Sie nicht benötigen, indem Sie die entsprechenden Menüpunkte auswählen. Ein erneuter Aufruf der Menüposition fügt die Option wieder zum Steuerungsbedienfeld hinzu.

## Allgemeine Bedienfeld-Optionen

Den Hintergrund-Grauton der Bedienelemente und Bedienfelder können Sie in der Helligkeit verändern, um ihn z. B. an die Benutzeroberfläche von Videobearbeitungsprogrammen anzupassen. Rufen Sie Voreinstellungen • Benutzeroberfläche auf, und verschieben Sie den Regler.

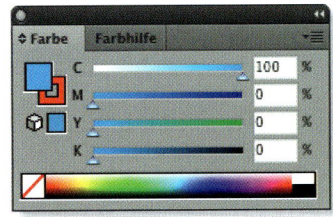

▲ **Abbildung 1.15**
Dunkle Darstellung der Bedienelemente

## Werte in Bedienfeldern einrichten

Für Einstellungen, die Sie in Bedienfeldern vornehmen, stehen Ihnen meistens verschiedene Wege offen. Entweder Sie wählen eine Position aus einem Ausklappmenü, oder Sie betätigen einen Schieberegler; oft bietet Illustrator auch Eingabefelder an, in die Sie alphanumerische Werte eintragen können.

Sie können solche Eingabefelder auch für einfache Berechnungen nutzen, mit den Operatoren + für Addition, – für Subtraktion, * für Multiplikation, / für Division sowie % für Prozent-

1.2 Der Arbeitsbereich | 39

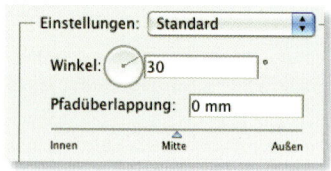

▲ **Abbildung 1.16**
Winkel- und Schieberegler sowie jeweils zugehörige Eingabefelder in der Dialogbox des Scribble-Effekts

| Maßeinheit | Abkürzung |
|---|---|
| Millimeter | mm |
| 0,25 Millimeter | Q |
| Zentimeter | cm |
| Zoll (Inch) | " |
| Punkt | Pt |
| Pica | Pc |
| Pixel | Px |

▲ **Tabelle 1.1**
Abkürzungen für Maßeinheiten

berechnung. Um den aktuellen Wert in die Kalkulation einzubeziehen, setzen Sie die Einfügemarke vor oder nach den bereits eingetragenen Wert und geben einen mathematischen Ausdruck dazu ein. Bestätigen Sie Ihre Eingabe mit ⏎.

### Maßeinheiten in den Eingabefeldern

In den Eingabefeldern werden üblicherweise die Maßeinheiten verwendet, die Sie als Vorgaben in den Voreinstellungen oder im aktuellen Dokument bestimmt haben.

Möchten Sie in einzelnen Fällen andere Einheiten verwenden, können Sie diese direkt in Eingabefelder eintragen – Illustrator rechnet die Werte nach der Eingabebestätigung in die voreingestellte Maßeinheit um.

Die Maßeinheiten geben Sie mit einer der Abkürzungen ein, die in Tabelle 1.1 aufgeführt sind.

### Voreinstellungen

Unter Mac OS finden Sie die Illustrator-Voreinstellungen im Menü ILLUSTRATOR • VOREINSTELLUNGEN. Unter Windows sind die Voreinstellungen im Menü BEARBEITEN zu erreichen. Im gesamten Buch referenzieren wir die Voreinstellungen daher ohne den übergeordneten Menüpfad.

Die Beschreibung der Voreinstellungen finden Sie jeweils bei den Funktionen und Befehlen, die davon betroffen sind.

### Kontextmenü

Das Kontextmenü stellt Ihnen situationsabhängig die jeweils gebräuchlichsten Menübefehle zur Verfügung. Unter Mac OS rufen Sie es auf, indem Sie Ctrl drücken und die Maustaste klicken. Bei Verwendung einer Mehr-Tasten-Maus bzw. unter Windows erscheint das Kontextmenü mit einem Klick auf die rechte Maustaste.

Aufgrund der teilweise tief verschachtelten Menübefehle ist das Kontextmenü eine praktische Einrichtung. Damit Sie sich an die Verwendung gewöhnen, sollten Sie es in den unterschiedlichsten Situationen einfach »auf Verdacht« aufrufen und Befehle darüber auswählen, soweit sie zur Verfügung stehen.

▲ **Abbildung 1.17**
Kontextmenü

### Menübefehle verwenden

Viele Befehle und Steuerungsmöglichkeiten finden Sie in Illustrators Bedienfeldern – vor allem im Werkzeugbedienfeld. Dennoch sind einige Funktionen nur über Menübefehle zu erreichen.

**Shortcuts |** Für etliche dieser Menübefehle haben die Entwickler Tastaturkürzel oder »Shortcuts« eingerichtet – diese sind jeweils hinter dem Menüeintrag angegeben, und wir haben sie natürlich in dieses Buch aufgenommen. Es kann jedoch vorkommen, dass ein Shortcut in der deutschen Programmversion nicht funktioniert.

Die Tastaturbefehle können Sie an Ihre eigenen Bedürfnisse anpassen (zum Personalisieren siehe Kapitel 21).

**Untermenüs |** Ein Pfeil ▶ hinter einem Menüeintrag kennzeichnet diesen Eintrag als den Oberbegriff einer Gruppe von Befehlen, die Sie aus einem Untermenü auswählen.

**Menüeinträge mit ...**

Menüeinträge, hinter deren Namen eine Ellipse – drei Punkte ... – folgt, werden nicht direkt ausgeführt, sondern rufen eine Dialogbox auf, in die Sie Optionen eingeben müssen.

## 1.3 Der Anwendungsrahmen

Mit dieser Version wurde für Mac-Anwender der **Anwendungsrahmen** eingeführt, der eine einheitliche Oberfläche für alle Adobe-Programme über Betriebssystemgrenzen hinweg bildet. Die Abweichungen von den Richtlinien der Betriebssystemhersteller haben etliche Anwender beider Systeme irritiert. Gerade für Mac-Anwender bietet der Anwendungsrahmen jedoch zusätzliche Möglichkeiten, die Ihnen vielleicht nützen, mit den Systemfenstern allein jedoch bisher nicht möglich waren. PC-Nutzer benutzen Software seit jeher in diesem Rahmen, und die folgenden Abschnitte treffen auf den PC teilweise nicht zu.

▲ **Abbildung 1.18**
Die Größe des Anwendungsrahmens können Sie bestimmen, indem Sie seine Außenkanten oder Ecken entsprechend ihren Bedürfnissen verschieben. So können Sie z. B. auf großen Bildschirmen zwei Programme nebeneinander im Blick behalten.

**Anwendungsrahmen**
Der Anwendungsrahmen vereinigt alle getabbten (mehr zum »Tabbing« lesen Sie im folgenden Abschnitt) Illustrator-Fenster und -Bedienfelder in einem großen Fenster, das sich komplett verschieben oder aus- bzw. einblenden lässt.

Auf dem Mac ist der Anwendungsrahmen per Voreinstellung ausgeschaltet. Mac-User aktivieren ihn, indem sie das Häkchen vor FENSTER • ANWENDUNGSRAHMEN EINSCHALTEN.

◀ **Abbildung 1.19**
Der Anwendungsrahmen mit der Menüleiste ❷, der Anwendungsleiste (nicht auf dem PC) ❸ und darin den Buttons für die Fenstersteuerung ❶, dem Steuerungsbedienfeld ❹ sowie einigen getabbten Dokumenten ❺

Klicken und ziehen Sie jetzt in der Anwendungsleiste ❸, um den Anwendungsrahmen zu verschieben. Klicken Sie den Schließen-, Ausblenden- und Minimieren-Button ❶, um die damit verbundenen Aktionen auszuführen.

Als Mac-Anwender haben Sie die Wahl: Falls Sie sich also entschieden haben, den Anwendungsrahmen nicht zu benutzen, können Sie auch die Anwendungsleiste ausblenden, indem Sie Fenster • Anwendungsleiste auswählen.

### Dokumentfenster

Dokumentfenster können Sie in Illustrator CS4 »tabben«, sodass die Fenster in einem großen Rahmen zusammenhängen. Dies lässt sich für einige oder für alle offenen Dokumentfenster einstellen. Sie haben jedoch auch die Möglichkeit, Dokumente immer in unabhängigen Fenstern zu öffnen.

▲ **Abbildung 1.20**
Aufrufen nicht mehr darstellbarer Fenster

**Zwischen Fenstern wechseln |** Getabbte Fenster liegen wie unabhängige Fenster übereinander. Wechseln Sie zwischen den Fenstern, indem Sie auf den gewünschten Reiter klicken. Sind mehr Fenster geöffnet, als Reiter in den Anwendungsrahmen hineinpassen, wird ein Pfeil angezeigt. Klicken Sie darauf, um ein Menü aller Fenster aufzurufen.

**Fenster anordnen |** Wenn Sie die Fenster nebeneinander anordnen möchten, wählen Sie Fenster • Anordnen • Nebeneinander. Um wieder alle Fenster überlappend darzustellen, wählen Sie Fenster • Anordnen • Alle Fenster zusammenführen.

**Abbildung 1.21** ▶
Nebeneinanderliegende Dokumentfenster

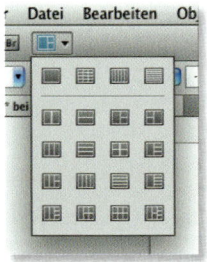

▲ **Abbildung 1.22**
Auswahl des Aufteilungsschemas unter Dokumente anordnen

Die Anordnung der Fenster auf dem Bildschirm bestimmen Sie entweder, indem Sie die Unterteilungen mit dem Cursor verschieben, oder durch Auswahl eines Aufteilungsschemas im Menü DOKUMENTE ANORDNEN in der Anwendungsleiste.

**Objekte zwischen Dokumenten kopieren**

Sind Dokumentfenster getabbt, ist es möglich, Objekte durch Verschieben auf ein anderes Tab in das zugehörige Dokument zu kopieren. Diese Möglichkeit verlieren Sie, wenn Sie Dokumentfenster voneinander lösen.

**Fenster verbinden und voneinander lösen** | Um ein Fenster aus der getabbten Darstellung herauszulösen, wählen Sie FENSTER • ANORDNEN • IN FENSTER VERSCHIEBBAR MACHEN oder ziehen seinen Reiter aus der Titelleiste heraus.

Ziehen Sie die Titelleiste des Fensters wieder in die Tab-Reihe hinein bzw. ziehen Sie es in den Titelbereich eines anderen Fensters, um eine neue Fenstergruppe zu erzeugen – lassen Sie die Maustaste los, wenn der blaue Rahmen angezeigt wird. Wählen Sie FENSTER • ANORDNEN • ALLE FENSTER ZUSAMMENFÜHREN, um wieder alle Dokumentfenster zu gruppieren.

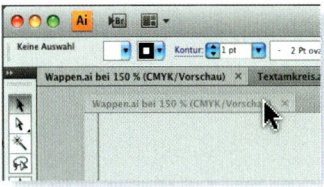

◤ **Abbildung 1.23**
Ein Fenster verschiebbar machen

◂ **Abbildung 1.24**
»Tabben« zweier Dokumente durch Verschieben der Titelleiste eines der Fenster

## 1.4 Adobe Bridge

Mit allen Adobe-Programmen und mit der Creative Suite erhalten Sie Adobe Bridge, einen Dateibrowser, den Sie alternativ zur Oberfläche Ihres Betriebssystems bzw. als Bild- und Grafik-Datenbank verwenden können.

Eine Vorschaufunktion für Adobe-Dateien und die verbreiteten Austauschformate ist integriert. Die zu Ihren Dateien angelegten Metadaten können Sie anzeigen und als Sortierkriterium verwenden – zu Ihren Illustrator-Dateien werden auch verwendete Farben und angelegte Farbfelder angezeigt.

◤ **Abbildung 1.25**
Das Programmicon von Adobe Bridge

In BRIDGE HOME können Sie sich speziell für Illustrator zusammengestellte Links und Tipps anzeigen lassen.

 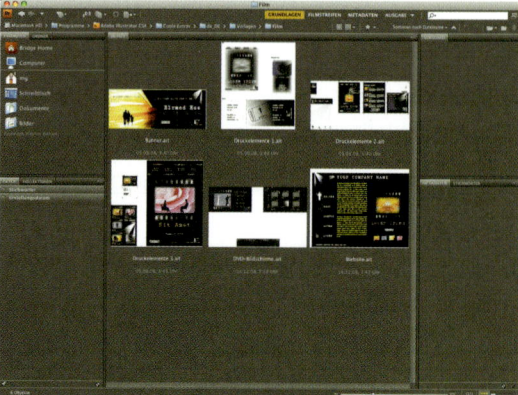

▲ **Abbildung 1.26**
Adobe Bridge: Illustrator-Bereich (links) und »coole Extras« im Dateibrowser (rechts)

**Illustrator aufrufen** | Haben Sie in Bridge eine Illustrator-Datei aktiviert, öffnen Sie sie entweder durch einen Doppelklick oder, indem Sie DATEI • ÖFFNEN MIT • ADOBE ILLUSTRATOR CS4 wählen.

**In Illustrator platzieren** | Möchten Sie eine im Dateibrowser ausgewählte Datei in einer Illustrator-Datei platzieren, rufen Sie DATEI • PLATZIEREN • IN ILLUSTRATOR aus dem Menü auf.

**Skripte und Stapelverarbeitung** | Bei der Installation wurden bereits einige programmbezogene Skripte eingerichtet. Diese rufen Sie im Menü WERKZEUGE • ILLUSTRATOR auf.

**Farbmanagement** | Das Farbmanagement für alle Creative-Suite-Anwendungen synchronisieren Sie in Bridge unter BEARBEITEN • CREATIVE SUITE-FARBEINSTELLUNGEN… (zum Farbmanagement siehe Kapitel 8, »Farbe«).

**Hilfe und Tipps** | Zusätzlich zu der in Illustrator integrierten Programmhilfe finden Sie im Illustrator-Bereich von Adobe Bridge Links zu Foren, Online-Magazinen sowie regelmäßig aktualisierte Fallstudien bekannter und weniger bekannter Arbeiten. Wählen Sie BRIDGE HOME, und konfigurieren Sie sich diesen Bereich je nach den Produkten, die Sie interessieren, um relevante Informationen darüber zu erhalten.

▲ **Abbildung 1.27**
Durch Verschieben der Icons wird Bridge für den persönlichen Bedarf konfiguriert.

## 1.5 Online-Zusammenarbeit

Bereits seit geraumer Zeit experimentiert Adobe mit Online-Konferenzen und -Schulungsangeboten auf der Basis von ConnectNow. Diese Technik hat jetzt auch ihren Weg in die Applikationen der Creative Suite gefunden und ermöglicht Ihnen neue Wege der Kommunikation und Zusammenarbeit mit Kunden und Kollegen sowie interessante Schulungsangebote.

▲ Abbildung 1.28
Das Icon von ConnecNow

### Voraussetzungen

Um ConnectNow zu nutzen, benötigen Sie eine kostenlose Adobe ID. Mit dieser lassen sich übrigens auch andere Dienste nutzen, wie die Online-Schulungen oder Downloads bei Adobe Exchange. Melden Sie sich unter *https://www.adobe.com/cfusion/membership/index.cfm* an.

Alle Teilnehmer eines ConnectNow-Meetings benötigen eine aktuelle Version des Flash Players (mindestens Version 9 r47). Wer seinen Bildschirm freigeben möchte, benötigt außerdem das ConnectNow-Add-in.

### Meeting eröffnen

Um ein Meeting zu starten, wählen Sie in Illustrator DATEI • MEINEN BILDSCHIRM FREIGEBEN. Sie werden aufgefordert, Ihre Adobe ID und das zugehörige Passwort einzugeben. Nachdem der Meeting-Raum eingerichtet ist, erhalten Sie dessen URL, die Sie den anderen Teilnehmern senden können, um diese zu dem Treffen einzuladen. Mit der kostenlosen Version können Sie pro Sitzung zwei andere Teilnehmer einladen.

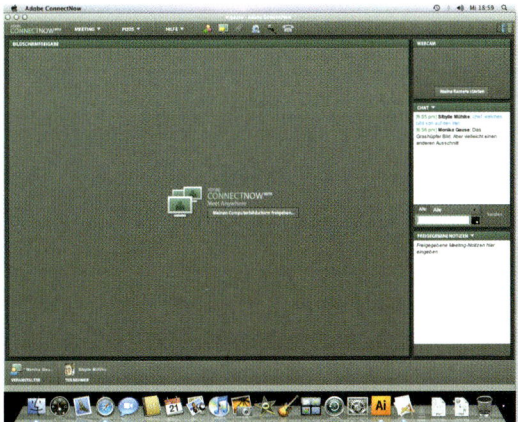 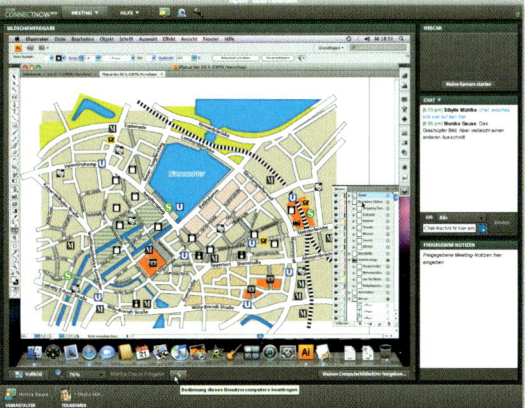

▲ Abbildung 1.29
Meeting-Bildschirm (links); Anzeige des eigenen Bildschirms auf dem Computer des anderen Teilnehmers (rechts)

> **Online-Hilfe**
>
> Weitere Hilfestellung erhalten Sie im Online-Handbuch unter:
> *http://help.adobe.com/de_DE/Acrobat.com/ConnectNow*

### Bildschirm freigeben

Wenn Sie den anderen Teilnehmern Ihren Bildschirminhalt zeigen möchten, klicken Sie auf den Button MEINEN COMPUTERBILDSCHIRM FREIGEBEN. Sie sollten vorher alle Anwendungen schließen, in denen vertrauliche Inhalte zu sehen sind.

Sie können den Kollegen auch die Steuerung Ihres Computers übergeben. Damit geben Sie jedoch die komplette Kontrolle aus der Hand – Ihr Gegenüber kann nicht nur die Adobe-Applikationen steuern, sondern gegebenenfalls auch die Systemeinstellungen manipulieren.

## 2    Neue Funktionen

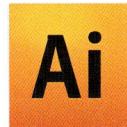

Die spektakulärste Neuerung in Illustrator CS4 ist der Bruch mit dem Prinzip des einseitigen Dokuments. Auch darüber hinaus wurden viele lang gehegte Wünsche der Anwender erfüllt. Vor allem hat Adobe an der Benutzerfreundlichkeit gearbeitet, sodass sich Funktionen besser vermitteln.

### 2.1    Dokument-Eigenschaften

**Mehr Seiten**
Ein Illustrator-Dokument kann jetzt mehrere Zeichenflächen (Seiten) in unterschiedlichen Größen enthalten. Diese lassen sich frei im Dokument – auch überlappend – positionieren, einzeln ausdrucken oder als mehrseitiges PDF exportieren.

**Beschnittzugabe**
Endlich lässt sich die Beschnittzugabe nicht mehr nur beim Ausgeben des Dokuments, sondern als Dokumenteigenschaft definieren. Damit hat auch eine AI-Datei einen korrekten Beschnittrahmen, wodurch sich das Platzieren in Layoutprogrammen flexibler gestaltet.

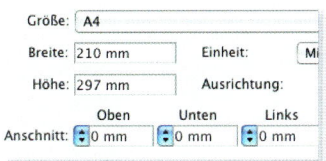

▲ Abbildung 2.1
Bestimmen der Beschnittzugabe beim Erstellen eines neuen Dokuments

### 2.2    Grafik-Bearbeitung

**Verläufe**
Mit dem überarbeiteten Verlauf-Werkzeug können Verlaufsrichtung, -größe und -farben einfacher und sicherer direkt am Objekt eingestellt werden. Darüber hinaus können Sie die Deckkraft einzelner Verlaufsfarben separat definieren. Damit wird der Workaround über Deckkraftmasken in den meisten Fällen nicht mehr nötig sein.

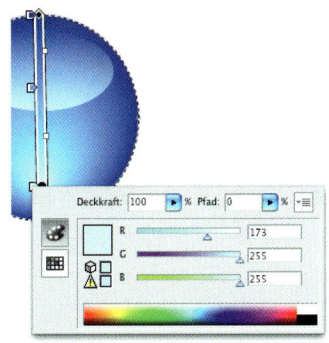

▲ Abbildung 2.2
Die Verlaufsanmerkungen erlauben das Editieren des Verlaufs direkt am Objekt.

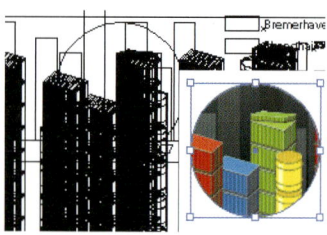

▲ **Abbildung 2.3**
Nur der sichtbare Teil der Schnittmaske ist aktiv.

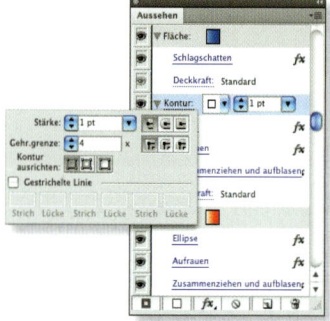

▲ **Abbildung 2.4**
Editieren von Eigenschaften im Aussehen-Bedienfeld

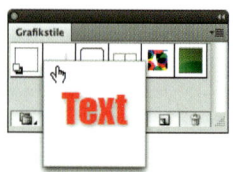

▲ **Abbildung 2.5**
Bessere Vorschau des Grafikstils

▲ **Abbildung 2.6**
Malen mit dem Tropfenpinsel

### Schnittmasken
Die Teile eines Objekts, die durch die Schnittmaske ausgeblendet sind, sind in Illustrator CS4 nicht mehr aktiv und können daher nicht mehr unabsichtlich bearbeitet werden.

### Aussehen-Eigenschaften
Dieses bisher schon sehr mächtige Aussehen-Bedienfeld wurde um die nützliche Funktion erweitert, einzelne Eigenschaften ausblenden zu können. Das erleichtert das Ausprobieren und kann den Bildschirmaufbau beschleunigen. Darüber hinaus können alle Eigenschaften direkt im Aussehen-Bedienfeld nicht nur angesehen, sondern auch bearbeitet werden.

### Grafikstile
Grafikstile lassen sich jetzt zu bereits bestehenden Objekteigenschaften hinzufügen, anstatt diese immer zu ersetzen. Darüber hinaus wurde die Vorschau der Stile vergrößert und um eine Vorschau-Option mit einem Text-Beispiel erweitert.

### Auswahl
Die Änderungen bei Aussehen und Grafikstilen gehen mit Ergänzungen im Auswahl-Menü einher: Die Suche nach identischen Eigenschaften ist jetzt möglich.

### Pfadtexte
Pfadtexte werden von der Satzengine seit Neuestem viel besser ausgeglichen. Ein Nachbessern von Kerningeinstellungen bei extrem gebogenen Pfaden, wie sie vor allem in der Kartografie vorkommen können, ist damit in sehr vielen Fällen nicht mehr nötig.

### Tropfenpinsel-Werkzeug
Über dieses neue Werkzeug können sich Vektor-Neulinge sicher genauso freuen wie Comic-Zeichner. Es besitzt die Optionen des Kalligraphiepinsels, wandelt Konturen jedoch unmittelbar in Pfade um und kombiniert dabei mehrere Pfade zu einer gemeinsamen Form.

### Konturlinie
In Illustrator CS3 bestand einer der nervigsten Bugs darin, dass die Anwendung der Funktion KONTURLINIE zum Entstehen einer aberwitzigen Anzahl überflüssiger Ankerpunkte führte. Dieser Bug wurde bereinigt.

## 2.3 Import

### TIFF

Optionen, die bisher lediglich beim Platzieren von Photoshop-Dateien zur Verfügung standen, können Sie jetzt auch für TIFF-Dateien nutzen. Damit können Sie z.B. TIFFs mit Transparenz importieren.

▲ Abbildung 2.7
Separationenvorschau

## 2.4 Produktion

### Separationenvorschau

Überdrucken-Optionen müssen bei komplexen Objekten häufig überprüft werden. Die neue Separationenvorschau ermöglicht dies jetzt zumindest zu einem großen Teil direkt in Illustrator.

### Farbenblindheit-Proof

Sie können Ihre Arbeit am Bildschirm auf zwei der verbreitetsten Arten der Farbenblindheit überprüfen, um zu testen, ob Ihre Webseiten-Designs oder Info-Grafiken für Betroffene lesbar sind.

▲ Abbildung 2.8
Proof: Farbenblindheit

## 2.5 Benutzeroberfläche

### Applikationsrahmen

Illustrators Bedienelemente lassen sich im Applikationsrahmen zusammenfassen oder einzeln »schwebend« verschiebbar machen. Dokumente können Sie komplett oder einzeln aneinander andocken. Damit haben Sie viele Freiheiten, Ihre Arbeitsoberfläche nach Ihren Wünschen zu gestalten.

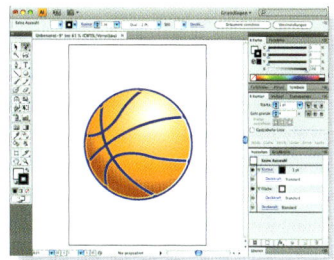

▲ Abbildung 2.9
Applikationsrahmen

### Filter-Menü

Die Koexistenz von Filtern und Effekten wurde beendet, und das Filter-Menü wurde komplett entfernt. Funktionen, die bisher nur als Filter zur Verfügung standen, wurden entweder in Effekte umgewandelt oder ins Objekt-Menü verschoben.

### Ausrichten

Das Ausrichten von Objekten an einem Basisobjekt war schon lange möglich. Dies war jedoch vor allem Neueinsteigern nicht bekannt. Daher ist das Basisobjekt nun hervorgehoben, und die Möglichkeit wird durch eine Menüauswahl noch besser vermittelt.

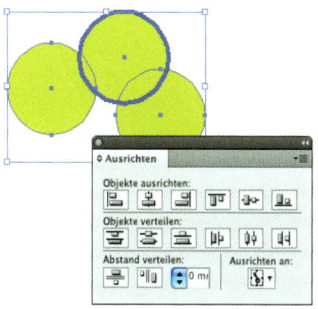

▲ Abbildung 2.10
Ausrichten am Objekt

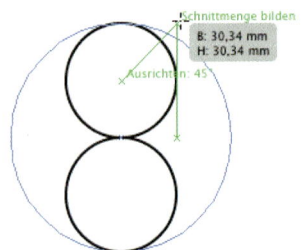

▲ Abbildung 2.11
Funktionen der magnetischen Hilfslinien

▲ Abbildung 2.12
Kuler-Bedienfeld

▲ Abbildung 2.13
Neue Symbole und Pinsel

### Magnetische Hilfslinien
Die »schlauen Hilfslinien« lassen sich in Illustrator CS4 einfacher handhaben und wurden um sinnvolle Funktionen erweitert, zum Beispiel reagieren sie jetzt tatsächlich auf Objektdimensionen, nicht mehr nur auf die Cursorposition. Per Voreinstellung sind sie neuerdings aktiviert.

### Scrollen in Bedienfeldern
Wenn Ihre Maus ein Scrollrad besitzt, können Sie damit jetzt auch in Bedienfeldern scrollen. Das ist äußerst praktisch, wenn das Ebenen-Bedienfeld sehr viele Einträge umfasst.

### Kuler auf deutsch
Das Kuler-Bedienfeld, das bisher nur in der US-Version von Illustrator implementiert war, steht jetzt in allen lokalisierten Versionen – also auch der deutschen – zur Verfügung. Die Kuler-Community hilft beim Finden von Farbharmonien für Ihre Designs.

### Beispiel-Dateien und Bibliotheken
Adobe hat Pinsel und Symbole im derzeit sehr gefragten Grunge- und Foliage-Stil sowie Wappen-Elemente als Bibliotheken zugekauft. Darüber hinaus haben einige bekannte Designer Beispiel-Illustrationen und Schritt-für-Schritt-Anleitungen beigesteuert.

### ConnectNow
Mit diesem auf Acrobat basierenden Dienst können sich bis zu drei Teilnehmer online »treffen« und gemeinsam an Dokumenten arbeiten.

### Venus
Und auch Venus ist wieder dabei. Wenn Sie ⌘ + Alt + ⇧ bzw. Strg + Alt + ⇧ beim Aufrufen des Befehls ÜBER ILLUSTRATOR gedrückt halten, kommt sie zum Vorschein.

▲ Abbildung 2.14
Venus in ihrer alternativen »About«-Box

# 3 Vektorgrafik-Grundlagen

Illustrator gehört zur Gruppe der vektorbasierten Grafik-Software. Das bedeutet, dass Linien und Flächen durch mathematische Funktionen beschrieben werden und nicht mittels einzelner Bildpunkte bzw. »Pixel«, die eine bestimmte Farbe besitzen. Auf diese Art definierte Formen sind die einzelnen Objekte, aus denen die gesamte Grafik aufgebaut wird.

[Pixel]
Das Kunstwort aus den Begriffen »Picture« und »Element« bezeichnet einen Bildpunkt als kleinste Einheit einer Bilddatei.

## 3.1 Warum wir mit Vektoren zeichnen

Wenn Sie schon einmal auf dem Computer ein Bild bearbeitet haben, kennen Sie sicher pixelbasierte Grafikformate, wie sie beispielsweise Digitalkameras oder Scanner liefern. Starkes Vergrößern macht solche Abbildungen oft unansehnlich, denn entweder werden die Ränder und Kanten gezackt, also treppenartig abgestuft, oder das Bild wirkt nach dem Skalieren verschwommen. Der Computer kann vorhandene Bildpunkte vervielfachen, um sie zu vergrößern, was zu dem Treppeneffekt führt, oder er interpoliert zwischen zwei benachbarten Pixeln, das heißt, er lügt einen eigentlich nicht vorhandenen Wert dazwischen. Das wiederum wirkt bei größeren Skalierungsfaktoren wie ein Weichzeichner, sodass das Bild alle harten Kanten verliert.

▲ Abbildung 3.1
Pixelgrafik: In der Vergrößerung sieht man die Bildpunkte, aus denen die Grafik zusammengesetzt ist.

In der Vektorgrafik dagegen, bei der, wie erwähnt, alle Objekte mit mathematischen Funktionen beschrieben und gespeichert sind, wird das dargestellte Bild erst im Moment der Ausgabe auf dem Bildschirm oder auf einem Drucker in ein Koordinatensystem von Bildpunkten umgerechnet – und zwar immer in der Auflösung, die das Ausgabegerät darstellen kann. Vektorgrafik ist also frei skalierbar.

Ein weiterer Anwendungsbereich für Vektorgrafik ist das Ansteuern von Schneideplottern und Fräsen, um z. B. großformatige Beschriftungen herzustellen. Früher haben Werbetechniker zu diesem Zweck eine kleine Vorlage groß projiziert, nachgezeichnet und von Hand ausgeschnitten. Mit Vektor-Software im Computer und dem Schneideplotter ist es nun ein Kinderspiel.

▲ Abbildung 3.2
Bézierkurven: In der Vergrößerung sieht man eine scharfe Linie.

## 3.2 Funktionsweise von Vektorgrafik

Es gibt verschiedene Vorgehensweisen, um Formen mathematisch zu definieren. Gemeinsam ist ihnen, dass immer die Außenbegrenzung einer Form bzw. der Verlauf einer Linie berechnet wird, unterschiedlich allerdings sind die Algorithmen, die dazu verwendet werden.

Illustrator arbeitet nach der Methode, die der französische Ingenieur Pierre Bézier für seine Arbeit bei Renault entwickelt hat. Das bedeutet, dass die Form jeder Linie mit einem Kurvenalgorithmus beschrieben wird, der nach seinem Erfinder »Bézierkurve« genannt wird. In Illustrator werden alle Linien, die aus einzelnen oder mehreren Kurven aufgebaut sind, als **Pfade** bezeichnet.

Kommen Sie mit auf einen kleinen Ausflug in die Welt der Geometrie, um besser zu verstehen, wie Vektorelemente konstruiert werden.

▲ Abbildung 3.3
Pierre Bézier in Bézierpfaden

### Gerade Linien: Strecken

»Gehen Sie vom Leuchtturm 400 Meter geradeaus in Richtung Nordwest« beschreibt eine Strecke, also eine gerade Verbindung zwischen zwei Punkten. Allerdings ist diese »relative« Beschreibung mithilfe eines Startpunkts, eines Winkels – hier in Form der Himmelsrichtung – und der Streckenlänge unhandlich. Besser zu bestimmen ist eine Strecke, indem man zwei Punkte absolut in einem Koordinatensystem definiert.

▲ Abbildung 3.4
Streckenbeschreibung durch Angabe von Winkel (Richtung) und Länge; Foto: Lotus Head, stock.xchng

### Geometrische Figuren

Wenn Sie mit mathematischen Angaben Strecken platzieren können, dann ist es damit auch möglich, Quadrate, Rechtecke, Sterne und andere geometrische Figuren darzustellen.

Eine weitere Herausforderung ist die Beschreibung eines Kreises, denn dabei reicht das Verbinden von Punkten mit Strecken nicht mehr aus, da der Kreis aus einer gekrümmten Linie besteht. Die Krümmung ist jedoch eindeutig durch den Radius des Kreises zu definieren.

Die angesprochenen Algorithmen reichen bereits aus, um viele verschiedene Objekte darzustellen, indem geometrische Figuren aneinandergereiht oder kombiniert werden. Allerdings versagen diese Methoden bei unregelmäßigen Krümmungen – hier kommt Herr Bézier ins Spiel.

▲ Abbildung 3.5
Der Flaschenumriss besteht nur aus Strecken und Kreissegmenten.

### Freie Pfade

Um zu verstehen, wie Pierre Bézier beliebige gekrümmte Linien definiert, sehen wir uns einen Kurvenverlauf zwischen zwei Punkten an. Er verwendet dabei eine mathematische Methode mit vier Punkten, um eine *Näherung* jeder darzustellenden Kurve berechenbar zu machen.

Zwei dieser Punkte stellen die Begrenzungspunkte der Kurve dar, die beiden anderen sind die Endpunkte der Kurventangenten aus den Begrenzungspunkten.

In Illustrator – wie in manchen anderen Vektorprogrammen auch – bestimmen Sie den Kurvenverlauf intuitiv, indem Sie an den Tangenten-Endpunkten ziehen. Die Punkte werden in Illustrator »Griffpunkte«, die Tangenten »Grifflinien« genannt.

Wir wollen Sie hier nicht mit mathematischen Funktionen quälen, aber ein wenig wollen wir Ihnen schon erklären, wie Herr Bézier das Problem gelöst hat. Um Sie nicht zu verwirren, gebrauchen wir dazu die in Illustrator verwendeten Ausdrücke ANKERPUNKTE, GRIFFLINIEN und GRIFFPUNKTE – zur Veranschaulichung dient die Abbildung 3.6.

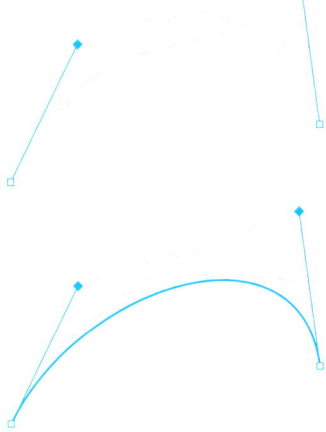

▲ **Abbildung 3.6**
Kurvennäherung

Wenn man aus zwei Ankerpunkten zwei Linien herauszieht, die Grifflinien, ergeben sich an deren Enden zwei Punkte, die Griffpunkte. Werden nun die Strecken zwischen Ankerpunkten und den zugehörigen Griffpunkten sowie die Strecke zwischen den beiden Griffpunkten halbiert und die entstehenden Punkte miteinander verbunden, ergibt sich eine »Kurve« mit fünf Ecken. Setzt man diese Halbierung der entstehenden Strecken mehrfach fort, kann man bereits den exakteren Verlauf der Kurve erahnen. Um die Krümmung exakt zu beschreiben, müsste man die Halbierung der Strecken *unendlich* oft fortsetzen. Aber dann würden wir mit Vektorzeichnungen nie fertig werden. Also hört das Programm eben irgendwann damit auf und gibt sich mit einer *annähernden* Beschreibung der Kurve zufrieden, die aber immer noch exakt genug ist, um ordentlich damit arbeiten zu können.

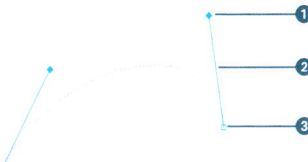

▲ **Abbildung 3.7**
Ankerpunkte ❸, Grifflinien ❷ und Griffpunkte ❶

**Casteljau-Algorithmus**
Die Kurvennäherung mithilfe der Unterteilungen wird nach Paul de Casteljau benannt. Er hatte noch vor Bézier eine äquivalente Methode entdeckt. Sein Arbeitgeber Citroën behandelte seine Entdeckung allerdings als Firmengeheimnis. Daher hatte Pierre Bézier den Ruhm.

## Objekte

Vektor-Software referenziert die Teile eines Bildes nicht als eine Anhäufung von Pixeln, sondern speichert die logischen Einheiten des Bildes als Objekte.

Das kleinste mögliche Objekt ist ein einzelner Punkt. Normalerweise besteht ein Objekt mindestens aus einem Pfad, also aus mehreren Punkten. Objekte können miteinander zu komplexeren oder umfangreicheren Objekten kombiniert werden. Alle Kombinationen müssen durch Befehle ausgelöst werden – Objekte, die übereinandergelegt werden, kombinieren sich nicht automatisch, sondern bleiben in einem »Stapel« als eigenständige Objekte bestehen. Stellen Sie sich diese Arbeitsweise vor wie beim Arbeiten mit Formen, die Sie aus farbigem Papier ausschneiden und übereinanderlegen.

▲ **Abbildung 3.8**
Papier-Collage

> **Interaktiv malen**
>
> Die Konstruktion von Vektorobjekten mit offenen Pfaden ist seit Illustrator CS2 dank der Funktion INTERAKTIV MALEN möglich (siehe Kapitel 10).

## Eigenschaften

Die Merkmale eines Objekts werden als »Eigenschaften« des Objekts behandelt. Dadurch kann nicht nur die Form, sondern auch ihr Erscheinungsbild viel einfacher bearbeitet werden, ohne sich um die anderen Objekte kümmern zu müssen.

Moderne Vektor-Software ist in der Lage, einem Objekt nicht nur eine Strichstärke als Kontur und eine Farbe als Füllung der Fläche zuzuweisen, sondern kann auch Verläufe, Muster, unregelmäßige Pinselstriche und diverse Effekte, die bisher eher aus der pixelbasierten Bildbearbeitung bekannt waren, als Eigenschaft verarbeiten. Darüber hinaus kann ein Objekt nicht nur eine einzige Eigenschaft aus jeder Gattung haben, sondern durchaus mehrere, die sich gegenseitig beeinflussen.

## Farbflächen

Möchten Sie einen Bereich des Dokuments mit Farbe versehen, müssen Sie also immer ein Objekt in der entsprechenden Form zeichnen und mit der Eigenschaft »Flächenfarbe« versehen. Es ist in der Konzeption von Vektorgrafik nicht vorgesehen, einen durch mehrere Objekte begrenzten Bereich zu füllen, wie dies in der pixelbasierten Grafik möglich ist. Und es ist nicht nötig, mit dem Buntstift-Werkzeug einen Bereich durch »Strichlieren« auszumalen (Abbildung 3.10), wie Sie es auf dem Papier machen würden.

▲ Abbildung 3.9
Füllwerkzeug in Photoshop

▲ Abbildung 3.10
»Strichlierte Füllung« in der Pfadansicht

## Papierhintergrund

Das Dokument selbst und seine Zeichenflächen (Seiten) sind transparent. Wenn Sie eine Hintergrundfarbe benötigen, muss auch dafür ein Element – z. B. ein Rechteck – erzeugt werden, denn die Seite selbst ist kein Objekt. Mehr zu diesem Thema finden Sie in der Einleitung zu Kapitel 12, »Transparenz«.

Die Prozessfarbe »Weiß« (mehr zu Prozess- und Volltonfarben finden Sie in Kapitel 8), die als CMYK in jeweils 0 % definiert ist, entspricht der Papierfarbe. Wo sie angewendet ist, wird also nicht gedruckt.

▲ Abbildung 3.11
Skizze

### Schritt für Schritt: Objekte sinnvoll anlegen

**1** **Der falsche Weg: Linien einfach nachzeichnen**

Der erste Schritt beim Vektorisieren besteht darin, die bestehenden Formen mit dem Zeichenstift nachzuzeichnen. Werden jedoch die Linien in dieser Skizze einzeln und getrennt voneinander konstruiert, dann entstehen beim Anlegen der Flächen Pro-

▲ Abbildung 3.12
Falsch konstruiertes Objekt

bleme (Abbildung 3.12), denn die Fläche kann nur in dem vom Pfad umschlossenen Raum angelegt werden.

### 2  Korrekte Planung der Zeichnung

Daher muss beim Zeichnen der Grundobjekte bereits bedacht werden, welche Objekte später wie gefüllt werden sollen. Diese werden als ganze, in der Regel auch geschlossene Flächen angelegt. Der Konturverlauf muss dafür hinter anderen Objekten fortgeführt werden. Im Beispiel gilt dies für den Körper, die Augen, die hintere Flosse und das Maul.

▲ Abbildung 3.13
Sinnvoll angelegte Zeichnung

### 3  »Unterbrechen« der Kontur

Das Unterbrechen der Konturen – z. B. an den Augen – wird in diesem Fall dadurch erreicht, dass entsprechende Objekte in der Stapelreihenfolge darüber liegen und mit ihrer Flächenfarbe die dahinterliegenden Konturen verdecken (Abbildung 3.13).

▲ Abbildung 3.14
Das Objekt lässt sich wie gewünscht füllen.

### 4  Genauigkeit

Das Überdecken eines Objekts durch ein anderes ist auch nützlich, um saubere »Abschlüsse« von Elementen zu gestalten. Diese müssen nicht exakt konstruiert werden, sondern erhalten durch die Anordnung im Objektstapel eine saubere Kante, wie in diesem Beispiel die hintere Flosse (Abbildung 3.15). Oben liegende Objekte sparen die darunterliegenden beim Druck aus (lesen Sie dazu mehr in Kapitel 19.3, »Grafiken für den Druck vorbereiten«).

▲ Abbildung 3.15
Hintere Flosse

▲ Abbildung 3.16
Variation der Figur

### 5  Spätere Änderungen

Ein Vorteil dieser Vorgehensweise besteht darin, dass später noch Änderungen an Details ausgeführt werden können. Auch wenn Variationen (Abbildung 3.16) oder Animationen der Figuren erstellt werden sollen, ist es nötig, sie in ihre einzelnen Bestandteile aufzutrennen.

### 6  Umgebung füllen, Fläche in weiß

Auch wenn das dargestellte Objekt aus einer Fläche ausgespart werden soll, verwenden Sie diese Konstruktionsart. Der Fischkörper wird mit einer weißen Fläche gefüllt. Dazu erstellen Sie ein Rechteck, das in den Hintergrund gestellt wird und die gewünschte Farbe erhält (Abbildung 3.17).

▲ Abbildung 3.17
Das Objekt wird ausgespart.

▲ Abbildung 3.18
Kombinieren von Objekten

**Kombinieren, Transformieren, Verformen**

Mit Vektorobjekten können Sie »rechnen«. Die Formen lassen sich z. B. voneinander subtrahieren bzw. zueinander addieren, drehen, spiegeln oder in einem Strudel verzerren. Als Ergebnis erhalten Sie wieder exake Pfade.

**Seitenbeschreibung**

Eine Illustrator-Datei basiert auf dem »Portable Document Format« (PDF). Dabei handelt es sich um eine Seitenbeschreibung, bei der Objekte mit ihren Eigenschaften in einem absoluten Koordinatensystem angeordnet werden können. So bleiben alle in dem Dokument integrierten Objekte frei im Zugriff und editierbar.

Das PDF-Format hat Adobe aus »PostScript« weiterentwickelt. »PostScript« ist eine Seitenbeschreibungssprache, die ebenfalls von Adobe stammt und die schon lange als eine Grundlage dient, auf der ein Computer mit einem Drucker oder Belichter kommuniziert.

# 4 Arbeiten mit Dokumenten

Die besondere Funktionalität eines Programms spiegelt sich natürlich in der Art wider, wie Dokumente angelegt und eingerichtet werden, und darin, welche Hilfsmittel für die Arbeit mit dem Programm vorhanden sind. Was Vektorgrafik über lange Zeit von Rastergrafik unterschieden hat, war die beruhigend hohe Zahl möglicher Rückgängig-Schritte.

▲ **Abbildung 4.1**
Illustrator CS4 Datei- und Vorlagen-Icon

## 4.1 Dokumente erstellen und öffnen

Falls Sie bisher andere Vektorgrafik-Software benutzt haben, besteht sicher der auffälligste Unterschied in Illustrators Einsatz von Farbmanagement. Beim Erstellen einer neuen Datei geschieht dies im Hintergrund – beim Öffnen einer Datei bemerken Sie es dagegen häufiger.

### Neues Dokument erstellen

Es gibt zwei Möglichkeiten zur Erstellung neuer Dokumente. Erzeugen Sie ein vollkommen neues Dokument, so erhalten Sie eine Datei, die einige Standardvorgaben enthält.

Alternativ lässt sich eine Datei aus einer Vorlage erstellen. Wenn Sie eine Komplettinstallation von Illustrator durchgeführt haben, wurden einige Vorlagendateien auf Ihrem Computer gespeichert.

Eine Vorlagendatei ist wie ein Zeichenblock, von dem Sie ein Blatt abreißen, um darauf zu arbeiten. Eine aus einer Vorlage erzeugte Datei kann vordefinierte besondere Farbfelder, die für die Arbeit benötigten Grafikelemente oder auch Teile der Zeichnung enthalten (zum Arbeiten mit Vorlagen- und Start-Dateien siehe Kapitel 21, »Personalisieren und Erweitern«).

**Neue Datei erstellen |** Um eine neue Datei zu erstellen, wählen Sie DATEI • NEU… – Shortcut ⌘/[Strg]+[N]. Anschließend geben Sie Ihre Optionen in die Dialogbox ein.

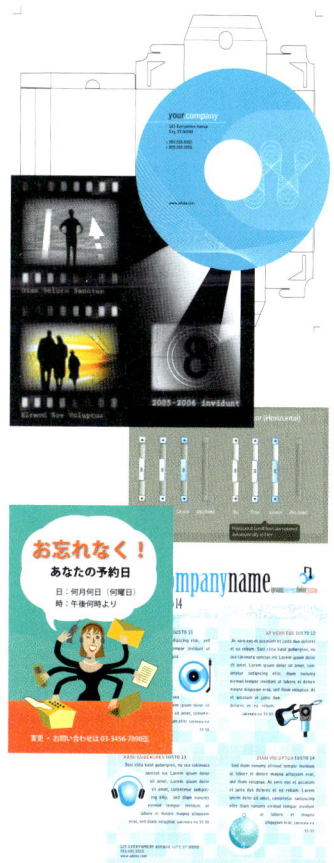

▲ **Abbildung 4.2**
Einige der installierten Vorlagen-Dateien

**Abbildung 4.3** ▶
Die Dialogbox NEUES DOKUMENT

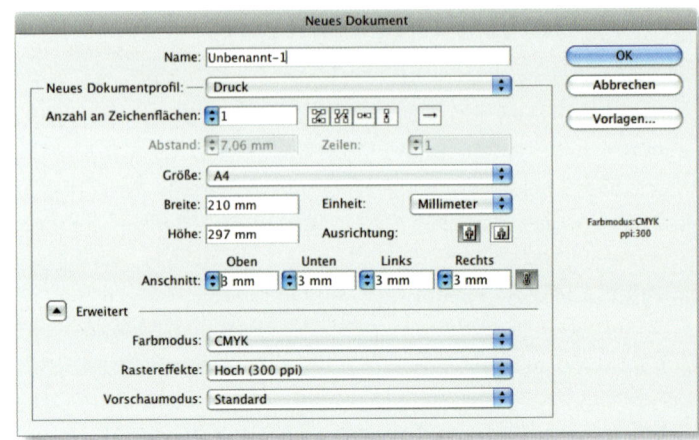

---

**Maximalgröße mehrerer Seiten**

Illustrators Arbeitsfläche misst etwa 5,80 m in der Breite und Höhe. Falls Sie über die Dialogbox mehrere Seiten anlegen, müssen diese – nebeneinander gelegt – auf diese Fläche passen. Anderenfalls erhalten Sie einen entsprechenden Warnhinweis.

---

**Wahl des Farbmodus**

Wählen Sie den Farbmodus im Hinblick auf die Weiterverarbeitung des Dokuments. Das ist in der Regel CMYK, falls das Dokument gedruckt wird, RGB für bildschirmbasierte Ausgabemedien (mehr zu Farben folgt in Kapitel 8, zur Ausgabe siehe Kapitel 19 und 20).

---

**Weitere Optionen**

Erstellen Sie ein neues Dokument mit dem Dokumentprofil VIDEO UND FILM, dann können Sie zusätzlich das Transparenzraster bestimmen. Ein Dokument auf Basis des Profils MOBILE GERÄTE lässt sich mit dem Button DEVICE CENTRAL dort in der Vorschau sehen.

---

▶ NEUES DOKUMENTPROFIL: Wählen Sie eines aus sechs Profilen, die bereits die wichtigsten Einstellungen im Hinblick auf verschiedene Ausgabemedien enthalten.

▶ ANZAHL AN ZEICHENFLÄCHEN: Mehrere Seiten (bis zu 100) können Sie durch Eingabe der Anzahl erzeugen. Auf diesem Weg erhalten Sie jedoch nur Zeichenflächen identischer Größe.

▶ ANORDNUNG: Wählen Sie mit den Buttons die Anordnung der Zeichenflächen. Diese bestimmt über deren fortlaufende Nummerierung.

▶ ABSTAND: Hier geben Sie den gewünschten Abstand ein, den die Zeichenflächen (zuzüglich der Beschnittzugabe) voneinander haben sollen.

▶ GRÖSSE: Geben Sie hier die Größe der einzelnen Seite(n) an. Im Ausklappmenü finden Sie einige für die jeweiligen Ausgabemedien gebräuchliche, vordefinierte Formate. Geben Sie die Maße direkt in die Felder BREITE und HÖHE ein, falls Ihr gewünschtes Format nicht im Menü ist.
Für eine einzelne Zeichenfläche akzeptiert Illustrator Werte von 1 bis 16 383 Pt, das entspricht 0,36 bis 5 779,55 mm. Sie können also Dokumente bis zu etwa 5,80 Meter Breite und Länge anlegen.

▶ EINHEIT: Geben Sie hier die Maßeinheit für das Dokument ein, die in den Seitenlinealen und in Dialogboxen verwendet werden soll. Die Angabe betrifft nur die allgemeine Maßeinheit z. B. zur Positionierung von Elementen – die Angabe von Schriftgrößen und die Breite von Konturen wird nicht beeinflusst.

▶ AUSRICHTUNG: Klicken Sie die Buttons für Hoch- oder Querformat, falls Sie die Angaben für Höhe und Breite gegeneinander austauschen möchten.

- ANSCHNITT: Ein dort eingegebener Wert wird für alle Zeichenflächen des Dokuments identisch als sichtbare Begrenzung angelegt. Deaktivieren Sie den Ketten-Button, um unterschiedliche Werte für OBEN, UNTEN, LINKS und RECHTS einzugeben. Beim Drucken oder Speichern eines PDF können Sie auf den eingestellten Wert zugreifen. Mehr zum Thema Beschnittzugabe finden Sie Kapitel 19.3, »Grafiken für den Druck vorbereiten«.
- FARBMODUS: Ein Illustrator-Dokument wird immer in einem der beiden Farbmodi CMYK oder RGB angelegt. Wählen Sie den für die Aufgabe geeigneten Farbmodus aus.
- RASTEREFFEKTE: In diesem Feld bestimmen Sie die Auflösung, die für die Berechnung von Rastereffekten verwendet wird (siehe Kapitel 13). Für den Druck wählen Sie HOCH (300 PPI).
- VORSCHAUMODUS: Der Vorschaumodus ist die Anzeigeart, in der Sie am Dokument arbeiten. Für bildschirmbasierte Medien ist PIXEL geeignet – den Modus ÜBERDRUCKEN sollten Sie nur vorübergehend einsetzen, da er sehr rechenintensiv ist.

**Beschneidungsrahmen**

Eine AI-Datei, die mit Beschnittzugabe im Layout platziert werden soll, können Sie jetzt in Illustrator im Endformat anlegen und die gewünschte Beschnittzugabe definieren.

**Ohne Dialogbox** | Möchten Sie mit den Einstellungen, die Sie für das zuletzt erstellte neue Dokument verwendet haben, eine weitere Datei erzeugen, drücken Sie ⌘+⌥+N bzw. Strg+Alt+N.

**Neu aus Vorlage** | Um eine neue Datei auf der Basis einer Vorlage zu erstellen, wählen Sie DATEI • NEU AUS VORLAGE... – Shortcut ⌘/Strg+⇧+N.
Standardmäßig zeigt Illustrator in dieser Dialogbox nicht wie im Öffnen-Dialog den zuletzt benutzten Ordner an, sondern den Vorlagenordner im Illustrator-Verzeichnis auf Ihrer Festplatte. Navigieren Sie zur gewünschten Datei, und klicken Sie auf den Neu-Button (zum Vorlagenerstellen siehe Kapitel 21). Es wird eine neue Datei erstellt.

**»Normale« Dateien als Vorlage**

In der Dialogbox NEU AUS VORLAGE können Sie jede Illustrator-Datei auswählen – nicht nur als Dateityp »Vorlage« gespeicherte Dokumente.

»Normale« Illustrator-Dateien werden als Kopie geöffnet, die Sie unter einem neuen Namen speichern müssen.

Umgekehrt wird beim ÖFFNEN von Vorlagendateien *immer* eine Kopie erzeugt, selbst wenn Sie das Dokument über den Dialog ÖFFNEN... auswählen.

**Dokument öffnen**

Um ein Dokument zu öffnen, wählen Sie DATEI • ÖFFNEN... – Shortcut ⌘/Strg+O. Navigieren Sie zum gewünschten Dokument, und bestätigen Sie mit OK.

Handelt es sich um alte Illustrator-Dateien oder Fremdformate wie z. B. Adobe/Macromedia FreeHand-Dateien, enthalten diese eventuell Farbdefinitionen verschiedener Farbmodi. In diesem Fall zeigt Illustrator eine Dialogbox mit einem Warnhinweis, und Sie müssen sich für einen Farbmodus entscheiden. Die Farben des anderen Modus werden konvertiert.

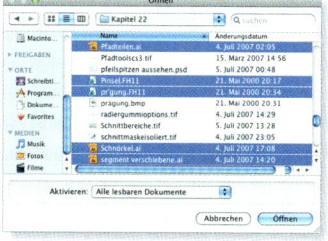

▲ Abbildung 4.4
Es ist möglich, mehrere Dateien gemeinsam zu öffnen – aktivieren Sie weitere Dateien, indem Sie ⇧ bzw. für nicht aufeinanderfolgende Dateien ⌘/Strg drücken und die Dokumente anklicken.

**Zuletzt verwendete Dateien |** Um eines der zuletzt verwendeten Dokumente erneut zu öffnen, wählen Sie es aus dem Menü DATEI • LETZTE DATEIEN ÖFFNEN.

**Durchsuchen |** Der Befehl DATEI • DURCHSUCHEN... öffnet Adobe Bridge – eine Software, mit der Sie Ihre Dokumente verwalten können. Bridge lässt sich komfortabler öffnen, indem Sie den Button GEHE ZU BRIDGE im Steuerungsbedienfeld anklicken.

▲ Abbildung 4.5
Button GEHE ZU BRIDGE

### Dokumenteinstellungen ändern

Um nachträglich die Optionen eines Dokuments zu ändern, wählen Sie DATEI • DOKUMENT EINRICHTEN... – Shortcut ⌘+⌥+P bzw. Strg+Alt+P, oder klicken Sie auf den Button DOKUMENT EINRICHTEN im Steuerungsbedienfeld.

In dieser Dialogbox können Sie jedoch nur einige der Dokumenteinstellungen ändern, wie z. B. die Größe der Beschnittzugabe, Transparenz- oder Typografieoptionen.

Um die Größe einzelner Artboards zu ändern, klicken Sie auf den Button ZEICHENFLÄCHEN BEARBEITEN oben rechts in der Dialogbox. Mehr zu diesem Funktionsbereich folgt in Abschnitt 4.2.

> **Illustrator CS3 und früher**
>
> In älteren Illustrator-Versionen können Sie die Größe der Zeichenfläche nachträglich unter DATEI • DOKUMENT EINRICHTEN ändern. Dabei wird das aktuelle Dokument von seiner Mitte aus vergrößert und der Linealnullpunkt verschiebt sich. Objekte werden nicht gelöscht.

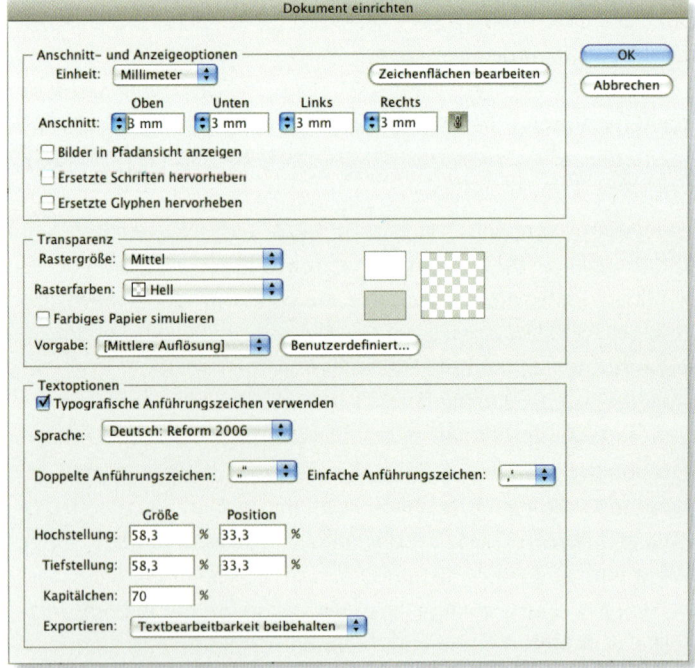

Abbildung 4.6 ▶
Optionen für die Beschnittzugabe sowie für Transparenz im Dialog DOKUMENT EINRICHTEN.
Die Dialogbox wurde insgesamt übersichtlicher gestaltet, das lästige Umblättern zwischen den einzelnen Optionengruppen entfällt.

### Papierfarbe simulieren

Wird Ihre Grafik auf farbigem Papier produziert, können Sie bereits am Bildschirm die Auswirkung der Papierfarbe auf die Druckfarbe simulieren.

▲ Abbildung 4.7
Das Aussehen der Druckfarben auf farbigem Papier wird simuliert.

In der Optionsgruppe Transparenz aktivieren Sie Farbiges Papier simulieren und klicken in das obere der beiden Farbfelder, um den Farbwähler aufzurufen. Richten Sie dort die gewünschte Farbe ein. Die Farbe wird nur am Bildschirm angezeigt – nicht gedruckt.

## Farbmanagement

Farbmanagement ist in Illustrator seit einigen Versionen ein fest integrierter Bestandteil. Die Voreinstellung für das Farbmanagement in Illustrator wie in allen Anwendungen der Creative Suite ist *aktiviert*.

> **Farbmanagement**
>
> Das Thema Farbmanagement vertiefen wir in Kapitel 8.

**Erstellen eines neuen Dokuments |** Erstellen Sie ein neues Dokument, wird das dem Dokumentfarbraum entsprechende Farbprofil in das Dokument eingebettet, sofern die Farbmanagement-Richtlinien entsprechend eingestellt sind.

> **Farbmanagement: Aus**
>
> Haben Sie unter Bearbeiten • Farbeinstellungen… in den Farbmanagement-Richtlinien für CMYK bzw. RGB die Option Aus gewählt, wird kein Farbprofil eingebettet (CMYK bzw. RGB ohne Tags).

**Öffnen von Dokumenten |** Bei aktiviertem und entsprechend eingerichtetem Farbmanagement erscheint eine Warnung, sobald Sie ein Dokument öffnen, das mit keinem oder einem anderen als dem aktuell von Illustrator verwendeten Farbprofil versehen ist. Das Farbprofil gibt an, für welche Ausgabesituation das Dokument erstellt wurde.

Sie haben in beiden Fällen drei Möglichkeiten, den Farbprofil-Konflikt zu lösen – halten Sie ggf. Rücksprache mit den weiterverarbeitenden Betrieben bzw. mit dem Ersteller des Dokuments:

- Eingebettetes Profil verwenden bzw. Beibehalten (Kein Farbmanagement): Behalten Sie das eingebettete bzw. kein Profil. Diese Option ist in den meisten Fällen zu empfehlen. Zu einem späteren Zeitpunkt ist es immer noch möglich, ein anderes Profil zuzuweisen.
- Farben des Dokuments in den Arbeitsfarbraum konvertieren: Das eingebettete Profil wird verworfen, und stattdessen wird das in den Farbmanagement-Richtlinien eingestellte Profil eingebettet. Die Farbwerte werden so verändert, dass die Farbdarstellung möglichst identisch zur ursprünglichen Darstellung bleibt. Diese Einstellung sollten Sie vermeiden.
- Eingebettetes Profil löschen: Das eingebettete Profil wird entfernt – das Dokument unterliegt nicht mehr dem Farbmanagement.
- Profil zuweisen: War bisher kein Profil eingebettet, können Sie entweder das Profil des Arbeitsfarbraums zuweisen oder ein Profil frei auswählen. Dabei ändern sich die Farbwerte nicht, die Darstellung der Farben auf dem Bildschirm und im Ausdruck kann ggf. einen deutlichen Unterschied zeigen.

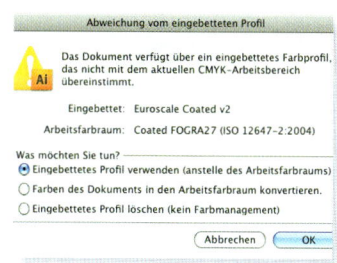

▲ Abbildung 4.8
Warnung bei Farbprofil-Konflikt

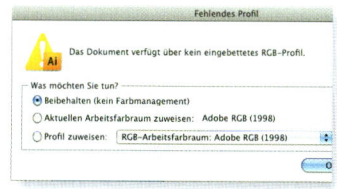

▲ Abbildung 4.9
Warnung bei nicht vorhandenem Farbprofil

**Farbprofil ändern** | Möchten Sie einem Dokument ein anderes Farbprofil zuweisen, wählen Sie BEARBEITEN • PROFIL ZUWEISEN… Die Optionen entsprechen den Einstellungen, die Ihnen zur Verfügung stehen, wenn beim Öffnen eines Dokuments ein Farbprofil-Konflikt auftritt.

## 4.2 Im Dokument navigieren

Illustrator-Dokumente bestehen nicht nur aus den druckbaren Flächen – um die Zeichenflächen herum ist zusätzlicher Raum. Und es gibt weitere Besonderheiten, durch die sich die Navigation innerhalb eines Illustrator-Dokuments von der Handhabung in anderen Programmen unterscheidet.

> **Mehrere Seiten vor CS4**
>
> In älteren Illustrator-Versionen können Sie nur eine Seite in Ihrem Dokument anlegen!

### Zeichenfläche

Das Dokumentformat, das Sie in der Dialogbox NEUES DOKUMENT eingerichtet haben, sehen Sie als symbolisches »Blatt« – bzw. als mehrere Blätter, wenn es mehrere Seiten gibt – vor sich im Dokumentfenster liegen ❸, ❻.

Diese »Blätter« – sie werden Zeichenflächen genannt – stellen den Bereich der Datei dar, in dem Sie Grafiken platzieren können, die gedruckt werden sollen.

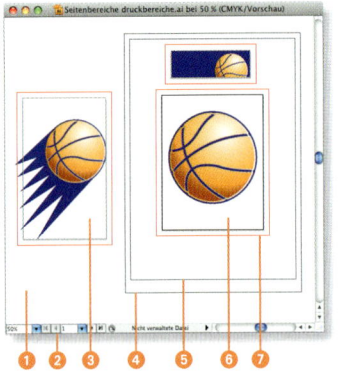

▲ Abbildung 4.10
Arbeitsfläche ❶, Statusleiste ❷, Zeichenfläche ❸, Seitenformat ❹ druckbarer Bereich ❺, aktive Zeichenfläche ❻, Anschnitt ❼

**Begrenzung ausblenden** | Falls Sie lieber ohne die Anzeige des Zeichenflächen-Begrenzungsrahmens arbeiten und Ihre Grafik später an das Format anpassen möchten, blenden Sie die Zeichenfläche aus, indem Sie ANSICHT • ZEICHENFLÄCHE AUSBLENDEN wählen.

**Tatsächlich druckbare Fläche anzeigen** | Die Größe einer Zeichenfläche und das Papierformat Ihres Druckers stimmen nicht immer überein. Wählen Sie ANSICHT • SEITENAUFTEILUNG EINBLENDEN, um das im derzeit ausgewählten Drucker vorhandene Papierformat auf der Zeichenfläche anzuzeigen. Es wird mithilfe zweier gestrichelter Linien dargestellt: Die äußere dieser beiden Linien ❹ kennzeichnet das eingestellte Papierformat, die innere ❺ die Fläche, die der Drucker auf diesem Format bedrucken kann (zum Drucken siehe Kapitel 19).

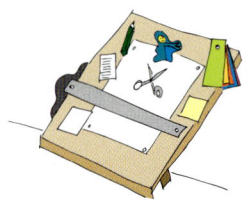

▲ Abbildung 4.11
Wie bei der Arbeit am Reißbrett haben Sie um Ihr Illustrator-Dokument reichlich Fläche zum Ablegen zur Verfügung.

### Arbeitsfläche/Montagefläche

Der auffälligste Unterschied zu vielen anderen Programmen ist der Raum um die Zeichenfläche herum – die Arbeitsfläche ❶. Die Arbeitsfläche steht zum Zeichnen oder zum »Aufbewahren« von Teilen Ihrer Grafik zur Verfügung.

Beim Scrollen im Dokument kann es passieren, dass plötzlich eine leere Fläche vor Ihnen liegt. Dann ist meist nicht Ihre Zeichnung gelöscht – Sie blicken nur auf einen unbenutzten Teil der Arbeitsfläche. Haben Sie auf einer Zeichenfläche gearbeitet, holen Sie die Grafik auf der aktiven Zeichenfläche am schnellsten wieder in den Mittelpunkt, indem Sie den Shortcut ⌘/Strg+0 verwenden. Mit ⌘+⌥+0 bzw. Strg+Alt+0 blenden Sie alle Zeichenflächen ein.

### Statusleiste

Am unteren linken Rand des Dokumentfensters sehen Sie die Statusleiste ❷. In der Statusleiste wird die Vergrößerungsstufe angezeigt, und es steht ein Aufklappmenü zur Verfügung, um die Zoom-Stufe zu wechseln. In einem weiteren Aufklappmenü blättern Sie durch das Dokument.

Darüber hinaus können Sie sich eine weitere Status-Information anzeigen lassen – rufen Sie ein Menü der möglichen Informationen auf, indem Sie auf den Pfeil rechts neben dem Anzeigetext klicken.

**Modifikationsmöglichkeit |** Drücken Sie ⌥/Alt, und rufen Sie das Menü EINBLENDEN auf, um einige zusätzliche Optionen zu erhalten, z. B. die Anzahl der Tage bis Weihnachten oder die aktuelle Mondphase.

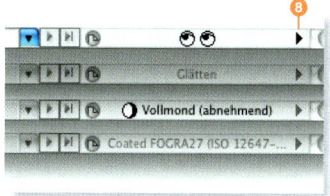

▲ **Abbildung 4.12**
Die Statusleisten der Dokumente zeigen »Augen«, aktuelles Werkzeug, Mondphase, Farbprofil des Dokuments (von oben). Ein Klick auf den Pfeil ❽ öffnet das Aufklappmenü.

### Vergrößerungsstufe verändern/Zoomen 🔍

Jede Stelle Ihrer Illustrator-Datei können Sie in beliebigen Vergrößerungsstufen zwischen 3,13 und 6400% betrachten, also z. B. wie mit einer Lupe heranzoomen, um Details zu bearbeiten.

**Zoom-Werkzeug |** Wählen Sie das Zoom-Werkzeug 🔍 – Shortcut Z –, um die Ansicht eines Bereichs zu vergrößern oder zu verkleinern. Klicken Sie in die Mitte des Bereichs, an den Sie heranzoomen möchten. Zoomen Sie wieder heraus, indem Sie ⌥/Alt drücken und klicken.

Um schneller eine große Vergrößerung zu erhalten, klicken und ziehen Sie einen Auswahlrahmen um den Bereich, den Sie vergrößern möchten. Um den Auswahlrahmen während des Aufziehens zu verschieben, halten Sie die Leertaste und schieben den Rahmen.

Während Sie ein beliebiges Werkzeug verwenden, drücken und halten Sie ⌘/Strg+Leertaste, um temporär zum Zoom-Werkzeug zu wechseln. Drücken Sie zusätzlich ⌥/Alt, um herauszuzoomen.

> **Vergrößerungsstufe**
>
> Illustrator berechnet die Vergrößerungsstufe nach einer fest programmierten Vermutung über die Monitorauflösung. Löst der Monitor Grafik jedoch feiner oder gröber auf, stimmt die Vermutung mit der Wirklichkeit nicht überein und die berechnete Vergrößerungsstufe trifft nicht zu. Wundern Sie sich nicht darüber.

> **Zoomen per Scrollrad**
>
> Falls Sie eine Maus mit Scrollrad verwenden, drücken Sie ⌥/Alt und bewegen das Scrollrad, um die Vergrößerungsstufe zu verändern.

**Menübefehl** | Wählen Sie Ansicht • Einzoomen (Shortcut ⌘/Strg+⇧+=) bzw. Ansicht • Auszoomen (Shortcut ⌘/Strg+-) um die Ansicht in voreingestellten Sprüngen zu vergrößern oder zu verkleinern.

Die Ansicht der Zeichenfläche lässt sich mit dem Befehl Ansicht • In Fenster einpassen – Shortcut ⌘/Strg+0 – an die Größe des Dokumentfensters anpassen.

Möchten Sie eine Darstellung, die der Originalgröße der Zeichnung auf der aktiven Zeichenfläche zumindest annäherungsweise entspricht (siehe hierzu den Kasten »Vergrößerungsstufe« auf der vorherigen Seite), wählen Sie Ansicht • Originalgrösse – Shortcut ⌘/Strg+1.

> **Mit dem Scrollrad die Ansicht verschieben**
>
> Drücken Sie ⌘/Strg, um horizontal zu scrollen. Drücken Sie zusätzlich ⇧, um den Scrollvorgang zu beschleunigen.

**Navigator-Bedienfeld** | Rufen Sie das Navigator-Bedienfeld unter Fenster • Navigator – im Dock ❄ – auf, und stellen Sie die Vergrößerungsstufe mithilfe des Schiebereglers ein. Oder aktivieren Sie den aktuellen Wert, der links neben dem Regler angezeigt wird, mit einem Doppelklick, und geben Sie einen neuen ein. Verschieben Sie die Ansicht, indem Sie auf den roten Rahmen klicken und ziehen.

Das Navigator-Bedienfeld zeigt immer die Vorschau Ihres Dokuments an – selbst wenn Sie in der Pfadansicht arbeiten. Über das Bedienfeldmenü haben Sie die Möglichkeit, alle Elemente auszublenden, die nicht auf einer Zeichenfläche liegen. Die Farbdarstellung kann von der Arbeitsfläche abweichen.

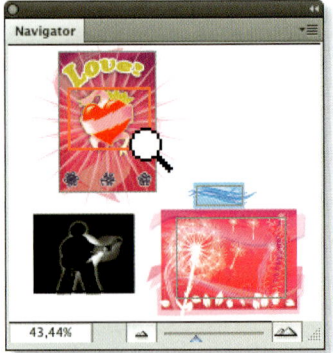

▲ **Abbildung 4.13**
Das Navigator-Bedienfeld: Drücken Sie ⌘/Strg, um direkt im Bedienfeld einen Vergrößerungsbereich aufzuziehen.

**Statusleiste** | Wählen Sie in der Statusleiste die gewünschte Vergrößerungsstufe aus dem Ausklappmenü, oder geben Sie sie direkt in das Feld ein.

**Ansicht verschieben** ✋

Um Zeichenflächen oder die Arbeitsfläche innerhalb des Dokumentfensters zu verschieben, können Sie alternativ zu den Bildlaufleisten (Scrollbars) das Hand-Werkzeug ✋ verwenden.

Wählen Sie das Werkzeug aus dem Werkzeugbedienfeld – Shortcut H –, und klicken und ziehen Sie mit dem Werkzeug, um die Zeichenfläche zu verschieben.

Während Sie ein anderes Werkzeug benutzen – ausgenommen sind lediglich die Text-Werkzeuge –, können Sie jederzeit temporär zum Hand-Werkzeug wechseln, indem Sie die Leertaste drücken und halten.

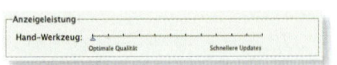

▲ **Abbildung 4.14**
Beschleunigen Sie den Bildschirmaufbau bei der Arbeit mit dem Hand-Werkzeug, indem Sie Voreinstellungen • Einheiten und Anzeigeleistung aufrufen und den Regler in Richtung Schnellere Updates schieben.

**Vorschau und Pfadansicht**

Normalerweise stellt Illustrator Ihre Grafik im **Vorschaumodus** dar. Im Vorschaumodus sind alle Aussehen-Eigenschaften von

Objekten und Ebenen wie Farb- und Verlaufsfüllungen, Linienstärken, Transparenzen und Effekte sichtbar. Dieser Modus entspricht in etwa dem gedruckten Ergebnis.

Einige Arbeiten lassen sich schneller und besser erledigen, wenn Sie Kontureneffekte und Füllungen nicht anzeigen lassen, sondern nur die Pfade, aus denen Ihre Illustrationen bestehen. In diesem **Darstellungsmodus** überdecken die Objekte einander nicht. Da keine komplexen Füllungen berechnet werden müssen, wird der Bildschirmaufbau beschleunigt.

Um zur Pfad-Darstellung zu wechseln, wählen Sie ANSICHT • PFADANSICHT – Shortcut ⌘ / Strg + Y . In der Pfadansicht wechselt der Menüeintrag zu VORSCHAU. Wählen Sie diesen Eintrag VORSCHAU aus, oder verwenden Sie den Shortcut erneut, um wieder die farbige Version anzuzeigen. Den Befehl zum Wechseln zwischen Vorschau und Pfadansicht erreichen Sie auch im Kontextmenü – es darf beim Aufrufen des Kontextmenüs jedoch kein Objekt aktiviert sein.

### Überdruckenvorschau

Die Überdruckenvorschau simuliert zusätzlich zur normalen Vorschau, wie sich die Überdrucken-Eigenschaft einzelner Objekte auswirkt, wenn Sie Ihre Grafik im Offsetverfahren drucken (Überdrucken funktioniert unter Umständen nicht so, wie Sie es erwarten, lesen Sie daher bitte in Kapitel 19 mehr zu dem Thema).

Selbstverständlich stellt die Ansicht nur eine Näherung des Druckergebnisses dar – sie ist umso besser, je exakter Ihre Arbeitsumgebung kalibriert ist.

Um die Überdruckenvorschau anzuzeigen, wählen Sie ANSICHT • ÜBERDRUCKENVORSCHAU – Shortcut ⌘ + ⌥ + ⇧ + Y bzw. Strg + Alt + ⇧ + Y .

### Pixelvorschau

In der Pixelvorschau sehen Sie, wie Ihre Objekte in das Pixelraster eingepasst werden. Bei Auswahl dieses Vorschaumodus wird die Option AN PIXEL AUSRICHTEN aktiviert, mit deren Hilfe Sie Objekte optimal an Pixeln ausrichten können, sodass waagerechte und senkrechte Kanten immer auf ganzen Pixeln positioniert sind und damit nicht weichgezeichnet werden.

Die Pixelvorschau zeigen Sie an, indem Sie ANSICHT • PIXELVORSCHAU – Shortcut ⌘ / Strg + ⇧ + Y – aus dem Menü wählen. Illustrator aktiviert ANSICHT • AN PIXEL AUSRICHTEN dann automatisch – Sie können es jedoch deaktivieren (zu Webgrafik siehe Kapitel 20).

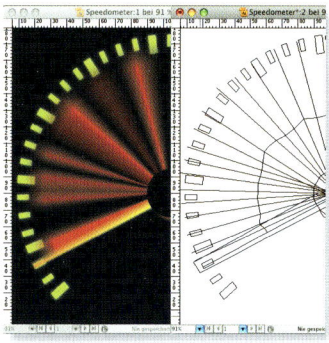

▲ **Abbildung 4.15**
Vorschau (links), Pfadansicht (rechts)

**»Kontur aufteilen«?**

Aufgrund eines Übersetzungsfehlers zeigt der Fenstertitel den Begriff »Kontur aufteilen« an, wenn die Pfadansicht aktiv ist.

**Einzelne Ebenen in Pfadansicht**

Sie können auch nur die Objekte einzelner Ebenen als Pfade anzeigen lassen (zu Ebenen siehe Kapitel 11).

▲ **Abbildung 4.16**
Objekte überdrucken

▲ **Abbildung 4.17**
AN PIXEL AUSRICHTEN: nicht aktiviert (oben), aktiviert (unten)

## Dokumentansicht speichern

Eine einmal eingerichtete Ansicht eines Dokuments in einer bestimmten Vergrößerungsstufe und dem Ansichtsmodus – Pfadansicht oder Vorschau – können Sie im Dokument abspeichern.

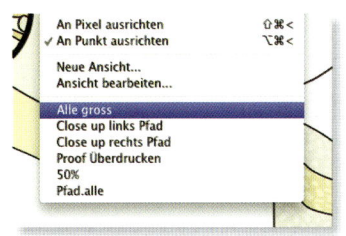

▲ **Abbildung 4.18**
Gespeicherte Ansichten im Menü

**Ansicht speichern |** Um eine eingerichtete Ansicht zu speichern, wählen Sie ANSICHT • NEUE ANSICHT... Geben Sie anschließend einen Namen in die Dialogbox ein, und klicken Sie auf OK. Sie können bis zu 25 Ansichten je Dokument speichern.

In einer Ansicht wird nicht nur die Zoom-Stufe, sondern auch die Ebenensichtbarkeit gespeichert. Auf diesem kleinen Umweg können Sie unterschiedliche Ebenenkompositionen – wie Sie sie z. B. aus Photoshop kennen – einfach verwalten.

**Achtung:** Vermeiden Sie die Verwendung von Zeichen wie Klammern (), Schrägstrichen / oder Bindestrichen -. Illustrator CS3 und CS4 können nicht alle Sonderzeichen im Menü darstellen – Illustrator CS2 quittierte die Verwendung sogar mit einem Absturz.

**Ansicht aufrufen |** Rufen Sie die Ansichten auf, indem Sie ihre Namen im Menü ANSICHT auswählen.

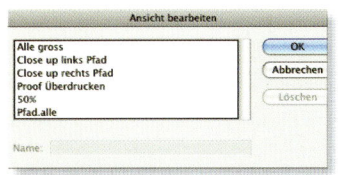

▲ **Abbildung 4.19**
Ansicht bearbeiten

**Ansichten verwalten |** Um Ansichten umzubenennen oder zu löschen, wählen Sie ANSICHT • ANSICHT BEARBEITEN... Aktivieren Sie den Namen der Ansicht in der Liste, und klicken Sie auf den Button LÖSCHEN, oder geben Sie die gewünschte Änderung in das Textfeld ein.

## Mehrere Dokumentfenster öffnen

Von einem Dokument lassen sich gleichzeitig mehrere Fenster öffnen. So können Sie an unterschiedlichen Details der Zeichnung oder in anderen Darstellungsmodi in verschiedenen Fenstern arbeiten, anstatt häufig die Ansicht verschieben zu müssen.

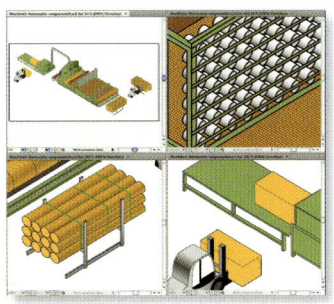

▲ **Abbildung 4.20**
Fenster nebeneinander anordnen

Öffnen Sie ein neues Fenster, indem Sie FENSTER • NEUES FENSTER auswählen. Sie haben die Möglichkeit, mehrere Fenster automatisch auf dem Bildschirm anzuordnen. Wählen Sie FENSTER • ANORDNEN • ÜBERLAPPEND bzw. FENSTER • ANORDNEN • NEBENEINANDER, um die Fenster auf dem Bildschirm anzuordnen (siehe Kapitel 1).

Die Position der beim Speichern des Dokuments geöffneten Fenster wird gesichert und beim nächsten Öffnen wieder genauso angeordnet – auch beim Übertragen der Datei auf die andere Plattform.

## 4.3 »Mehrseitige« Dokumente mit Zeichenflächen

Zeichenflächen definieren Teile in Ihrer Grafik, die separat ausgegeben – gedruckt oder exportiert – werden können. Sie gingen aus den Schnittbereichen hervor, die daher in Illustrator CS4 nicht mehr zur Verfügung stehen. Zeichenflächen können Sie einsetzen, um mehrseitige Dokumente anzulegen, unterschiedliche Alternativen eines Designs in einer Datei zu entwickeln oder um mehrere zu einem Werk gehörende Elemente vorzubereiten – wie Banner für eine Website oder Teile für einen Flash-Film. Sie können bis zu 100 Zeichenflächen unterschiedlicher Größen anlegen, die sich auch überlappen dürfen.

▲ **Abbildung 4.21**
Bearbeitung einer Zeichenfläche im Zeichenflächenmodus

### Zeichenflächen-Modus aufrufen

Wählen Sie das Zeichenflächen-Werkzeug – Shortcut ⇧ + O –, oder klicken Sie in der Dialogbox DOKUMENT EINRICHTEN auf den Button ZEICHENFLÄCHEN BEARBEITEN, um in den Zeichenflächen-Modus zu gelangen.

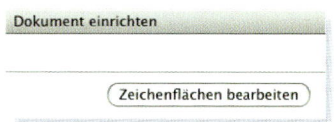

▲ **Abbildung 4.22**
Der Button ZEICHENFLÄCHEN BEARBEITEN

### Neue Zeichenflächen erstellen

Neben der Option, mehrere nebeneinanderliegende Zeichenflächen identischer Größe beim Erstellen der Datei anzulegen (siehe Abschnitt 4.1), können Sie diese auch zu einem späteren Zeitpunkt im Zeichenflächen-Modus definieren bzw. in diesem Modus vorhandene Zeichenflächen editieren.

**Mit Zeichenflächen-Werkzeug** | Ziehen Sie mit dem Cursor ein Rechteck an der gewünschten Position auf der Arbeitsfläche in der gewünschten Größe auf. Sofern ANSICHT • MAGNETISCHE HILFSLINIEN (siehe Abschnitt 4.5) aktiv ist, zeigen diese die Außenkanten bestehender Zeichenflächen an, sodass Sie eine neue Zeichenfläche daran ausrichten können.

> **Zeichenfläche zu klein?**
>
> Wenn Sie mit dem Zeichenflächen-Werkzeug auf ein Objekt auf der Zeichenfläche klicken (anstatt zu klicken und zu ziehen), wird eine Zeichenfläche in der Größe des Objekts erzeugt.

**In derselben Größe wie vorhandene Zeichenfläche** | Aktivieren Sie mit dem Zeichenflächen-Werkzeug eine bestehende Zeichenfläche. Anschließend klicken Sie auf den Button NEUE ZEICHENFLÄCHE im Steuerungsbedienfeld. Sie erhalten jetzt einen Platzierungscursor (»Place-Gun«). Mit diesem klicken Sie an die gewünschte Position auf der Arbeitsfläche, um dort die Zeichenfläche zu erstellen. Modifizierungsmöglichkeit:

▶ Drücken Sie ⌥/Alt und klicken Sie die Position an, bleibt der Platzierungscursor bestehen, und Sie können weitere Seiten anlegen.

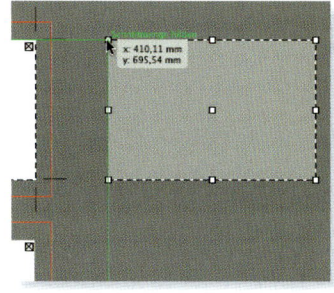

▲ **Abbildung 4.23**
Platzierungscursor mit einer neuen Zeichenfläche. Die grünen Hilfslinien markieren die Ausrichtung in Relation zu bestehenden Seiten.

> **Zeichenflächen umsortieren?**
> Die Nummerierung der Zeichenflächen wird durch die Reihenfolge ihrer Erstellung bestimmt. Sie können die Sortierung nicht ändern.

**Innerhalb einer bestehenden Zeichenfläche** | Soll eine neue Zeichenfläche innerhalb einer bestehenden aufgezogen werden, drücken Sie ⇧ und klicken und ziehen dann die neue Fläche auf.

**Zeichenfläche skalieren**
Aktivieren Sie eine Zeichenfläche, und ziehen Sie an einer Kante oder Ecke, um die Größe anzupassen.

> **Hoch- und Querformat**
> Zwischen den beiden Ausrichtungen wechseln Sie mit den Buttons ▯ ▭ im Steuerungsbedienfeld.

**Größe numerisch eingeben** | Klicken Sie auf eine Zeichenfläche, und wählen Sie eines der voreingestellten Maße aus dem Menü Vorgaben im Steuerungsbedienfeld.

Alternativ geben Sie die gewünschte Position in die Eingabefelder x bzw. y und die Maße in die Felder B und H im Steuerungsbedienfeld ein. Die Positionsangabe bezieht sich auf den Mittelpunkt der Zeichenfläche.

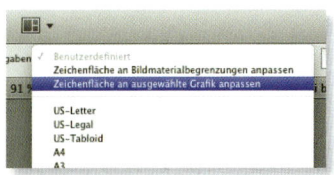

▲ Abbildung 4.24
Anpassen der Zeichenfläche per Menü Vorgaben im Steuerungsbedienfeld

**An die Größe einer Grafik anpassen** | Eine Zeichenfläche können Sie automatisch an die Größe des Begrenzungsrahmens einer darin enthaltenen Grafik anpassen. Falls Sie für die Anpassung nicht die gesamte Grafik, sondern nur bestimmte Elemente verwenden wollen, aktivieren Sie diese. Wählen Sie dann aus dem Menü Vorgaben im Steuerungsbedienfeld bzw. in den Zeichenflächenoptionen ▤ den Eintrag Zeichenfläche an Bildmaterialbegrenzungen anpassen bzw. Zeichenfläche an ausgewählte Grafik anpassen. Unabhängig davon, ob die gleichnamige Option (unter Voreinstellungen • Allgemein) gesetzt ist, werden die Vorschaubegrenzungen des Objekts verwendet.

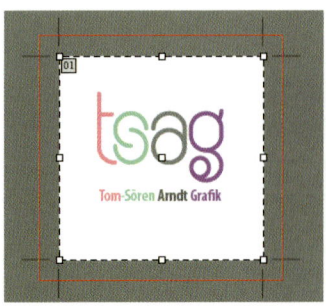  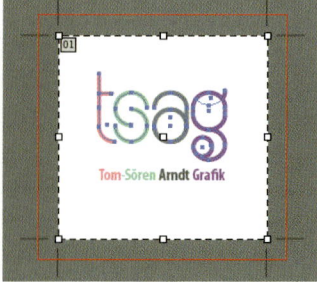 

▲ Abbildung 4.25
Die Zeichenfläche kann an die komplette Grafik auf der Zeichenfläche (links) oder an ausgewählte Objekte (rechts) angepasst werden.

> **Grauer Hintergrund**
> AUßerhalb der Zeichenflächen ist das Dokument grau. Wenn Sie diese Fläche lieber in weiß hätten, wählen Sie Ansicht • Zeichenfläche(n) ausblenden.

**Zeichenfläche duplizieren**
Eine bestehende Zeichenfläche duplizieren Sie, indem Sie ⌥/Alt drücken und die Zeichenfläche verschieben. Sie haben die

Wahl, ob dabei die Objekte dupliziert werden, die ganz oder teilweise auf der Zeichenfläche liegen. Dazu klicken Sie auf den Button BILDMATERIAL MIT ZEICHENFLÄCHE VERSCHIEBEN/KOPIEREN.

**Zeichenflächenoptionen**

Aktivieren Sie eine Zeichenfläche, und doppelklicken Sie auf das Zeichenflächen-Werkzeug, oder klicken Sie auf den Button ZEICHENFLÄCHENOPTIONEN im Steuerungsbedienfeld, um die Optionen für den Bereich (sowie für das Zeichenflächen-Werkzeug) zu setzen.

▶ VORG.: Wählen Sie aus dem Menü eine gebräuchliche Größe, oder geben Sie die Maße unter Breite bzw. Höhe ein. Möchten Sie beim Eingeben einer neuen Größe die Proportionen erhalten, aktivieren Sie die entsprechende Option.

▶ POSITION: Legen Sie die Position der Zeichenfläche auf der Arbeitsfläche anhand ihres Mittelpunkts fest.

▶ ANZEIGE: Zusätzlich zu den Begrenzungen der Zeichenfläche blenden Sie weitere Informationen ein (siehe Abbildung 4.27).

▶ PIXEL-SEITENVERHÄLTNIS: Diesen Wert geben Sie für die Zeichenflächenlineale ein, damit diese unabhängig von der Maßeinheit des Dokuments gerätespezifische Pixel anzeigen (Video, siehe Kapitel 20).

▶ BEREICHE AUSSERHALB DER ZEICHENFLÄCHE ABBLENDEN: Ist das Zeichenflächen-Werkzeug ausgewählt, wird nur die Fläche innerhalb der aktiven Zeichenfläche in normaler Helligkeit dargestellt – der übrige Bereich des Dokuments ist abgedunkelt. Wählen Sie außerdem, ob diese Anzeige beim Bewegen einer Zeichenfläche in Echtzeit aktualisiert werden soll.

**Zeichenfläche löschen**

Wählen Sie das Zeichenflächen-Werkzeug, aktivieren Sie eine Zeichenfläche, klicken Sie auf den Button ZEICHENFLÄCHE LÖSCHEN, drücken Sie ←, oder klicken Sie den Schließen-Button oben rechts in der jeweiligen Zeichenfläche an, um diese zu löschen. Die darauf liegenden Objekte bleiben erhalten.

**Zeichenflächen-Modus verlassen**

Beenden Sie die Erstellung von Zeichenflächen, indem Sie ein anderes Werkzeug auswählen oder Esc drücken.

**Zeichenfläche auswählen**

Für den Ausdruck oder beim Speichern und Exportieren können Sie die Zeichenflächen bestimmen, die berücksichtigt werden sollen (siehe Kapitel 19). Beim Speichern älterer Illustrator-For-

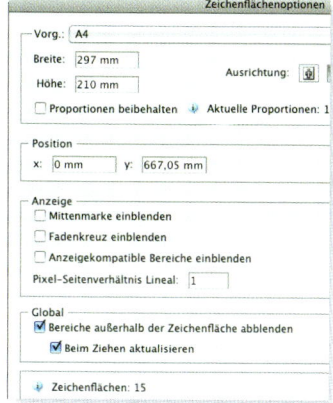

▲ **Abbildung 4.26**
ZEICHENFLÄCHENOPTIONEN

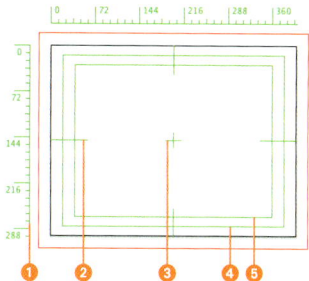

▲ **Abbildung 4.27**
Anzeige-Optionen einer Zeichenfläche: Zeichenflächenlineale ❶, Fadenkreuz ❷, Mittenmarke ❸, anzeigekompatible Bereiche (aktionssicherer Bereich ❹, titelsicherer Bereich ❺)

> **Anzeige-Optionen**
>
> Um die Anzeige-Optionen zu ändern, müssen Sie nicht die Zeichenflächenoptionen aufrufen, sondern können dazu auch das Menü im Steuerungsbedienfeld verwenden.

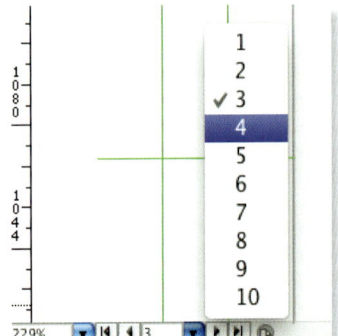

▲ **Abbildung 4.28**
Auswählen einer Zeichenfläche aus dem Menü in der Statusleiste

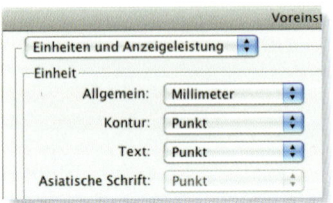

▲ **Abbildung 4.29**
VOREINSTELLUNGEN: Einheiten und Anzeigeleistung

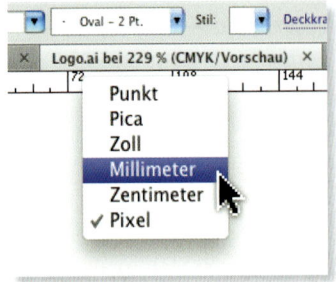

▲ **Abbildung 4.30**
Mit ctrl+Klick bzw. Rechtsklick unter Windows auf das Lineal rufen Sie ein Menü auf, in dem Sie die Maßeinheit auswählen können.

mate können Sie wahlweise jede Zeichenfläche als einzelne Datei oder eine Datei mit allen Objekten erstellen (s. Abschnitt 4.7).

### Zwischen Zeichenflächen blättern

Die aktive Zeichenfläche ist im Bearbeitungsmodus mit einem schwarzen Rahmen versehen, während die übrigen Zeichenflächen in einem etwas helleren Grau umrandet sind. Wenn Sie ein Objekt aktivieren oder mit dem Auswahl-Werkzeug auf eine Zeichenfläche klicken, wird diese automatisch aktiviert.

Alternativ verwenden Sie das Menü in der Statusleiste, um gezielt zu einzelnen Zeichenflächen zu springen, bzw. »blättern« Sie mit den Pfeil-Buttons ⏮, ◀, ▶, ⏭.

Im Zeichenflächenmodus wechseln Sie zwischen den Zeichenflächen mit ⌥/Alt und →, ↓ bzw. ←, ↑.

## 4.4 Maßeinheiten und Lineale

In Illustrator arbeiten Sie immer mit absoluten Maßen in einem definierten Koordinatensystem. Das Dokumentformat gibt die Größenverhältnisse vor. Die Maßeinheiten für drei verschiedene Aufgabenbereiche können Sie getrennt anpassen.

### Voreinstellungen Maßeinheiten

Maßeinheiten legen Sie unter VOREINSTELLUNGEN • EINHEITEN UND ANZEIGELEISTUNG fest.

▶ ALLGEMEIN: Die hier angegebene Maßeinheit wird in den Linealen dargestellt – sofern Sie nicht für das Dokument eine andere Einheit festlegen – und ist die Grundlage des Dokumentrasters. Sie wird für Größenangaben, Abstände und Positionierungen von Objekten verwendet.

▶ KONTUR: In dieser Einheit bestimmen Sie Konturstärken.

▶ TEXT/ASIATISCHE SCHRIFT: Hier legen Sie fest, in welcher Einheit Sie Schriftgrößen definieren möchten. Das Auswahlmenü ASIATISCHE SCHRIFT kann nur dann verwendet werden, wenn Sie unter VOREINSTELLUNGEN • SCHRIFT das Kästchen ASIATISCHE OPTIONEN EINBLENDEN aktivieren.

### Maßeinheiten des Dokuments

Die in den Voreinstellungen bestimmten Maßeinheiten werden für alle neuen Dokumente übernommen. Möchten Sie die allgemeine Maßeinheit eines Dokuments nachträglich ändern, wählen Sie DATEI • DOKUMENT EINRICHTEN – SHORTCUT ⌘+⌥+P bzw. Strg+Alt+P. In älteren Illustrator-Versionen finden Sie die Option im Bereich ZEICHENFLÄCHE.

In dem Aufklappmenü unter EINHEIT legen Sie die neue Maßeinheit nur für dieses Dokument fest.

## Lineale

Am Rand des Dokumentfensters können Sie sich Lineale einblenden lassen, die die Abmessungen der Arbeitsfläche in der aktuellen Maßeinheit anzeigen. Wählen Sie ANSICHT • LINEALE EINBLENDEN – Shortcut ⌘/Strg+R –, um die Anzeige der Lineale zu aktivieren.

Der Standard-Nullpunkt der Lineale – also der Punkt, an dem beide Lineale den Wert 0 anzeigen – befindet sich in der linken unteren Ecke der ersten Zeichenfläche des Dokuments. Dies kann abweichen, wenn Sie beim Anlegen des Dokuments mehrere Zeichenflächen mit Anschnitt definieren.

**Nullpunkt verschieben |** Falls Sie zu Konstruktionszwecken den Nullpunkt an einer anderen Stelle benötigen, können Sie ihn frei positionieren. Klicken Sie in das Feld links oben im Dokumentfenster, an dem die beiden Lineale sich treffen, und ziehen Sie zu der Stelle, an die Sie den Nullpunkt positionieren möchten. Während Sie ziehen, zeigt ein Fadenkreuz die neue Position des Nullpunkts an.

Für die Positionierung des Nullpunkts können Sie alle Hilfen verwenden, die Ihnen zur Positionierung von Objekten in Illustrator zur Verfügung stehen, wie Hilfslinien oder das Ausrichten an Ankerpunkten.

Wenn Sie den Nullpunkt verändern, verschieben sich **Muster**, die Sie Objekten zugewiesen haben (Muster siehe Kapitel 16).

Ebenso ändert sich das zugrunde gelegte **Pixelraster** des Dokuments (Pixelraster siehe Kapitel 20). Überprüfen und korrigieren Sie daher sowohl den Nullpunkt als auch die Position mehrerer Zeichenflächen sorgfältig, wenn Sie Screendesigns anlegen wollen.

**Nullpunkt zurücksetzen |** Um den Nullpunkt zurückzusetzen, klicken Sie mit dem Auswahl-Werkzeug auf eine Zeichenfläche und doppelklicken auf die Kreuzungsstelle der Lineale links oben im Dokumentfenster.

## Bildachse

Per Voreinstellung arbeitet Illustrator mit einer waagerechten Grundachse für die Konstruktion und Transformation von Objekten. Dies können Sie unter VOREINSTELLUNGEN • ALLGEMEIN ändern. Geben Sie einen anderen Winkel unter BILDACHSE ein, und Elemente werden daraufhin in dieser Lage erstellt.

> **Zeichenflächenlineale**
>
> Diese Lineale blenden Sie über das Menü ANSICHT ein. Sie sind jedoch nur »Augenpulver«. Ihre Werte dienen nicht zur Positionsbestimmung. Illustrator besitzt je Dokument nur ein allgemeines Koordinatensystem.

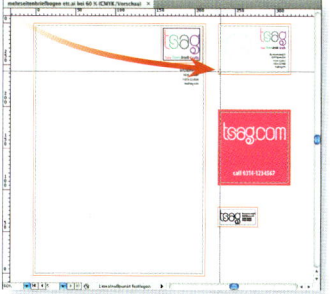

▲ **Abbildung 4.31**
Nullpunkt verschieben

▲ **Abbildung 4.32**
Vor allem das Editieren von Objekten in isometrischen Zeichnungen (hier: Größenänderung) wird mit einer angepassten Bildachse vereinfacht.

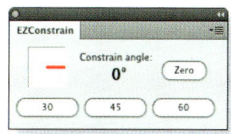

▲ **Abbildung 4.33**
Wenn Sie die Grundachse häufig umstellen müssen, hilft das kostenlose Plug-in EZConstrain, das die Umstellung in einem Bedienfeld ermöglicht.

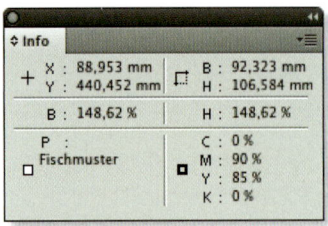

▲ **Abbildung 4.34**
Das Info-Bedienfeld während einer Skalierung mit optionaler Anzeige der Farbwerte

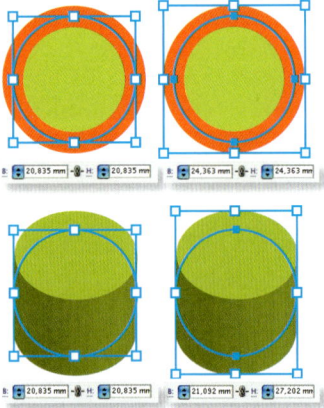

▲ **Abbildung 4.35**
Ohne (links) und mit (rechts) Vorschaubegrenzungen verwenden

**Linealwerte in Dialogfelder**

Illustrator übernimmt die mit dem Lineal gemessenen Werte in Transformieren-Dialogboxen: Abstände werden in der Verschieben- und der Winkel in der Drehen-Dialogbox eingestellt.

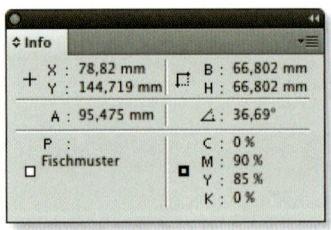

▲ **Abbildung 4.36**
Das Info-Bedienfeld zeigt die mit dem Mess-Werkzeug ermittelten Werte an.

## Positionen, Maße und Informationen anzeigen

Positionen und einige Objekteigenschaften sowie die Parameter von Transformationen, die Sie durchführen, werden im Info-Bedienfeld angezeigt. Rufen Sie dieses unter Fenster • Info auf – Shortcut ⌘/Strg+F8, im Dock.

Die Maße im Bedienfeld berechnet Illustrator in der eingestellten Einheit, Farbwerte entsprechend dem Dokument-Farbmodus.

**Objektinformationen** | Im oberen Bereich sehen Sie die Position (X- und Y-Werte) des ausgewählten Objekts und dessen Abmessungen (B- und H-Angaben). Die Werte berücksichtigen die Position und die Abmessungen der Pfade. Möchten Sie die Stärke von Konturen oder durch Effekte entstandene Flächen in die Messung einschließen, aktivieren Sie Vorschaubegrenzungen verwenden unter Voreinstellungen • Allgemein…

Wählen Sie Optionen einblenden im Bedienfeldmenü, um außerdem die Farbwerte bzw. das Muster von Füllung und Kontur des aktivierten Objekts im unteren Bereich des Bedienfelds anzuzeigen.

**Transformationen** | Verwenden Sie Transformations- oder Mess-Werkzeuge, werden deren Parameter in der mittleren Reihe des Info-Bedienfelds eingeblendet.

▶ A: Stellt die zurückgelegte Distanz beim Verschieben bzw. den Abstand eines Punkts zum vorher gesetzten Punkt dar.
▶ H: Hier sehen Sie den Vergrößerungsfaktor beim Skalieren.
▶ ⊿: Mit diesem Symbol wird der Drehwinkel bei der Verwendung des Drehen-Werkzeugs gekennzeichnet.
▶ ∡: Zeigt den Winkel an, wenn Sie das Verlauf- oder Mess-Werkzeug verwenden oder ein Objekt verschieben.
  ▶ Verwenden Sie das Spiegeln-Werkzeug, zeigt das Symbol den Spiegelungswinkel.
  ▶ Wenn Sie das Verbiegen-Werkzeug verwenden, wird hier der Winkel der Verbiegungsachse angezeigt.
▶ ⌀: Dieses Symbol kennzeichnet den Umfang der Verbiegung, wenn Sie das Verbiegen-Werkzeug verwenden.

## Abstände messen

Die Abstände zwischen Objekten oder die Winkelung einer Kante müssen Sie nicht ausrechnen, stattdessen können Sie beide mit dem Mess-Werkzeug ermitteln.

Wählen Sie das Mess-Werkzeug, klicken Sie auf den ersten Messpunkt, und ziehen Sie das Werkzeug zum zweiten Messpunkt. Pfade und Punkte wirken »magnetisch« und lassen den zweiten Messpunkt innerhalb einer engen Toleranz einrasten.

Im Info-Bedienfeld werden die X- und Y-Koordinaten des ersten Messpunkts, die gemessene Breite B und Höhe H, die ermittelte Distanz A und der Winkel ⌂ zwischen den beiden Messpunkten angezeigt. Die Werte bleiben stehen, bis Sie ein neues Werkzeug wählen bzw. mit einem Tastaturbefehl temporär ein Werkzeug aktivieren.

## 4.5 Raster und Hilfslinien

Zahlreiche Funktionen erleichtern Ihnen das exakte Positionieren, Verschieben und Ausrichten von Objekten. Neben den hier aufgeführten Rastern und Hilfslinien besteht auch noch die Möglichkeit, die Position eines oder mehrerer Objekte an anderen Objekten zu orientieren.

### Raster

Als Konstruktionshilfe können Sie sich das Dokumentraster anzeigen lassen. Das Raster liegt über oder unter Ihrer Grafik und wird nicht gedruckt.

Wenn Sie das Raster benötigen, wählen Sie Ansicht • Raster einblenden – Shortcut ⌘+<//Strg+ +. Die Rasterweite, die Farbe und die Art, in der das Raster angezeigt wird, definieren Sie unter Voreinstellungen • Hilfslinien und Raster… (mit einem Doppelklick auf das Mess-Werkzeug sind Sie schneller dort). Unter Art haben Sie die Wahl zwischen den sehr deutlichen Linien und den weniger aufdringlichen Punkten.

Der Wert Rasterlinie alle legt die Hauptunterteilungen fest – im Eingabefeld Unterteilungen wird das Raster verfeinert: Geben Sie hier einen Wert größer als 1 ein, um die jeweilige Anzahl zusätzlicher Rasterfelder zu erzeugen. Die Option Raster im Hintergrund positioniert das Raster hinter den Grafikobjekten.

### Am Raster ausrichten

Sie können Ihre Objekte mithilfe des Rasters positionieren; dafür muss das Raster nicht sichtbar sein.

Um das Raster als Positionierungshilfe zu verwenden, wählen Sie Ansicht • Am Raster ausrichten – Shortcut ⌘+⇧+< bzw. Strg+⇧+ +. Punkte und Pfade werden damit vom Raster »angezogen«, sobald sie in der Nähe des Rasters bewegt werden. Die Anziehung wirkt nicht auf die Außenbegrenzung des Objekts – z. B. durch eine starke Kontur –, sondern auf den Pfad.

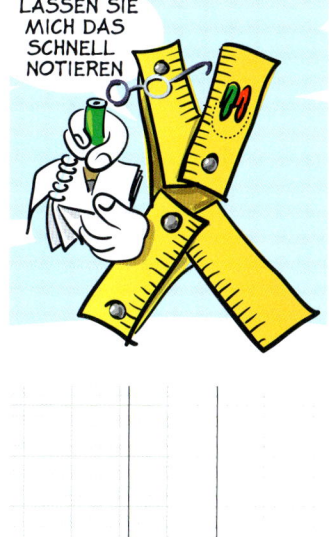

▲ **Abbildung 4.37**
Dokumentraster als Linien und als Punkte

| Magnetische Hilfslinien |
|---|
| Ist Am Raster ausrichten aktiviert, können Sie nicht mit magnetischen Hilfslinien arbeiten. |

| Störrische Werkzeuge |
|---|
| Wenn Sie das Gefühl haben, dass Sie Punkte nicht mehr dort setzen können, wo Sie wollen, kann das daran liegen, dass Am Raster ausrichten aktiviert ist. |

▲ **Abbildung 4.38**
Objekte am Raster ausrichten

### Hilfslinienfixierung

Hilfslinien sind seit Illustrator CS3 standardmäßig nach dem Erstellen nicht fixiert und können daher unmittelbar neu positioniert werden.

Sobald Sie die Hilfslinien ausblenden, werden sie jedoch automatisch fixiert und bleiben dies auch beim Wiedereinblenden.

### Hilfslinien und Ebenen

Hilfslinien werden als Objekte der aktuellen Arbeitsebene zugeordnet und im Ebenen-Bedienfeld angezeigt.

Um im Ebenen-Bedienfeld die Übersicht zu behalten, richten Sie eine eigene Ebene für alle Hilfslinien ein (zu Ebenen siehe Kapitel 11).

▲ **Abbildung 4.39**
Hilfslinie aus dem Lineal ziehen

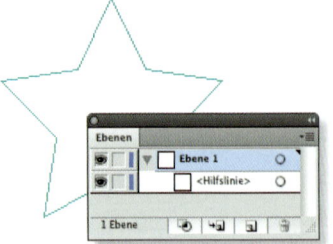

▲ **Abbildung 4.40**
Aus einem Objekt umgewandelte Hilfslinie – Darstellung im Ebenen-Bedienfeld (rechts)

## Hilfslinien

Häufig ist das Dokumentraster zu unflexibel, und Sie benötigen Ausrichtungshilfen in unregelmäßigen Abständen. Zu diesem Zweck sind Hilfslinien gedacht. Hilfslinien sind wie die Bleistift-Markierungen, mit denen man früher einen Reinzeichenkarton zu Beginn der Arbeit einteilte, um Objekte auszurichten.

Hilfslinien können gerade Linien oder freie Vektorformen sein, und Sie können sie nicht nur auf, sondern auch außerhalb der Zeichenfläche nach Bedarf frei positionieren. Wenn Sie sie gerade nicht benötigen, blenden Sie sie einfach aus. Wie das Raster werden auch Hilfslinien nicht gedruckt.

**Mit dem Lineal erzeugen |** Um eine Hilfslinie zu generieren, gehen Sie wie folgt vor:

1. Blenden Sie die Lineale ein, falls diese nicht sichtbar sind – Shortcut ⌘/[Strg]+[R].
2. Soll die Hilfslinie an einem Ankerpunkt eines Objekts ausgerichtet werden, aktivieren Sie die Option Ansicht • An Punkt ausrichten, falls sie nicht bereits aktiv ist.
3. Wenn Sie mehrere Ebenen eingerichtet haben: Wählen Sie die Ebene aus, auf der die Hilfslinie erstellt werden soll.
4. Möchten Sie eine horizontale Hilfslinie erstellen, klicken Sie in das Lineal am oberen Fensterrand (für eine vertikale Hilfslinie klicken Sie in das Lineal am linken Fensterrand) und ziehen bis zur gewünschten Stelle im Dokument. Sobald Sie mit dem Cursor den Linealbereich verlassen, wird eine gepunktete Vorschau der Linie angezeigt.

Soll die Hilfslinie an einem Ankerpunkt einrasten, ziehen Sie auf diesen Punkt, bis der Cursor zu ▷ wechselt.

**Modifikationsmöglichkeiten |** Drücken Sie ⇧ beim Ziehen der Hilfslinie, um diese an den in der aktuellen Zoom-Stufe angezeigten Linealunterteilungen einzurasten. Drücken Sie beim Ziehen ⌥/[Alt], um die Ausrichtung der Hilfslinie von vertikal auf horizontal und umgekehrt zu ändern.

**Hilfslinie auf einer Zeichenfläche |** Wechseln Sie zum Zeichenflächen-Werkzeug, aktivieren Sie eine Zeichenfläche, und ziehen Sie eine Hilfslinie, um diese nur auf der ausgewählten Zeichenfläche zu erstellen. Löschen Sie die Zeichenfläche, beibt die Hilfslinie jedoch erhalten.

**Aus einem Objekt erzeugen |** Aktivieren Sie das Objekt, und wählen Sie Ansicht • Hilfslinien • Hilfslinien erstellen – Shortcut ⌘+[5] bzw. [Strg]+ Num [5].

**Sperren/Lösen |** Hilfslinien sind nach dem Erstellen nicht fixiert. Sollen Hilfslinien vor Veränderungen geschützt werden, aktivieren Sie ANSICHT • HILFSLINIEN • HILFSLINIEN SPERREN – Shortcut ⌘+⌥+, bzw. Strg+Alt+,. Möchten Sie die Hilfslinien editieren, deaktivieren Sie die Sperrung wieder.

**Positionieren |** Um eine Hilfslinie exakt zu positionieren, aktivieren Sie sie, indem Sie darauf klicken. Geben Sie dann die horizontale oder vertikale Position ins Steuerungsbedienfeld oder in das Transformieren-Bedienfeld in das Eingabefeld x bzw. y ein.

**Duplizieren |** Um eine Hilfslinie zu duplizieren, deaktivieren Sie zunächst die Fixierung. Anschließend drücken Sie ⌥/Alt und klicken und ziehen die Hilfslinie, um eine Kopie an der gewünschten Position zu erzeugen.

**Anzeige ändern |** Unter VOREINSTELLUNGEN • HILFSLINIEN UND RASTER… können Sie Farbe und Anzeigeart der Hilfslinien bestimmen. Lesen Sie hierzu den Abschnitt »Raster« weiter oben.

**Zurückwandeln |** Aktivieren Sie eine Hilfslinie, und wählen Sie ANSICHT • HILFSLINIEN • HILFSLINIEN ZURÜCKWANDELN – Shortcut ⌘+⌥+5 bzw. Strg+Alt+5, um aus einer Hilfslinie ein Vektorobjekt zu erzeugen. Alternativ drücken Sie ⌘+⌥+⇧ bzw. Strg+Alt+⇧ und doppelklicken auf die Hilfslinie.

**Löschen |** Um alle Hilfslinien im Dokument zu löschen, wählen Sie ANSICHT • HILFSLINIEN • HILFSLINIEN LÖSCHEN. Möchten Sie einzelne Hilfslinien löschen, deaktivieren Sie zunächst die Fixierung, wählen die Hilfslinie mit dem Auswahl-Werkzeug ▸ aus und drücken ←.

> **Hilfslinien verschwinden beim Aktivieren**
>
> Wenn die Ansichtsoption ECKEN AUSBLENDEN aktiv ist und Sie eine Hilfslinie aktivieren, so wird diese unsichtbar.

▲ **Abbildung 4.41**
Hilfslinie durch Eingabe eines Werts im Steuerungsbedienfeld exakt positionieren

> **Hilfslinien und Auswahl**
>
> Hilfslinien sind Objekte. Das bedeutet, dass Hilfslinien mitausgewählt werden, wenn Sie Objekte mit einem Auswahlrechteck selektieren.
>
> Wählen Sie Objekte dagegen mit dem Lasso aus, bleiben Hilfslinien inaktiv.

---

**Weitreichende Folgen von falsch gelöschten Hilfslinien**

Wenn Sie Hilfslinien mit dem Direktauswahl-Werkzeug (weißer Pfeil) auswählen und dann löschen, bleiben zwei Ankerpunkte an den äußeren Rändern der Arbeitsfläche bestehen. Dies hat zur Folge, dass Sie zu einem späteren Zeitpunkt Probleme bekommen, wenn Sie alles auswählen und verschieben oder in ein anderes Dokument kopieren möchten. Wählen Sie daher Hilfslinien mit dem Auswahl-Werkzeug (schwarzer Pfeil) aus, wenn Sie sie löschen möchten. Wenn Sie den hier gezeigten Warnhinweis erhalten haben, können Sie die einzelnen Ankerpunkte mit OBJEKT • PFAD • AUFRÄUMEN entfernen.

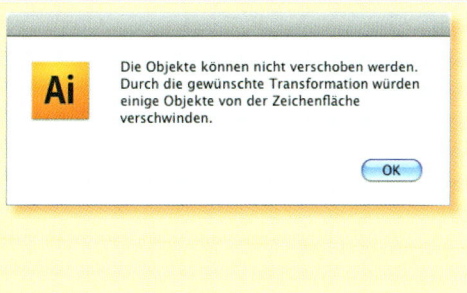

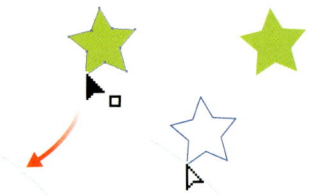

▲ **Abbildung 4.42**
Objekte an Hilfslinien ausrichten

### Objekte an Hilfslinien ausrichten

Damit Sie die Hilfslinien zum Ausrichten verwenden können, müssen Sie die Option ANSICHT • AM PUNKT AUSRICHTEN aktivieren – Shortcut ⌘+⌥+< bzw. Strg+Alt++. Die Ausrichtung von Objekten an Hilfslinien erfolgt nach der Position des Cursors beim Verschieben des Objekts, es sei denn, Sie aktivieren magnetische Hilfslinien. Dann rasten die Begrenzungsrahmen der Objekte an Hilfslinien ein.

Sie müssen gegebenenfalls die Anzeige des Begrenzungsrahmens deaktivieren – ANSICHT • BEGRENZUNGSRAHMEN AUSBLENDEN –, damit Sie beim Ziehen an einem Punkt nicht unabsichtlich das Objekt verformen, anstatt es zu verschieben (siehe Kapitel 5 »Geometrische Objekte und Transformationen«).

Klicken Sie also die Stelle an, die Sie an der Hilfslinie ausrichten möchten, und ziehen sie an die Hilfslinie. Befindet sich der Cursor innerhalb der Anziehungsdistanz, wechselt das Cursor-Symbol ▷, und das Objekt wird an der Hilfslinie ausgerichtet.

> **Ausrichten**
>
> In vielen Fällen empfiehlt sich die Verwendung von Illustrators umfangreichen Ausrichten-Funktionen (siehe Kapitel 5).

### Objekte an Punkten ausrichten

Ist die Option AM PUNKT AUSRICHTEN aktiviert, können Sie Objekte nicht nur an Hilfslinien, sondern auch an den Anker- und Mittelpunkten anderer Objekte ausrichten.

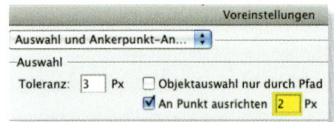

▲ **Abbildung 4.43**
Voreinstellung zur Einrasttoleranz

**Voreinstellung Einrasttoleranz |** Den Bereich, innerhalb dessen die »Anziehungskraft« von Hilfslinien und Objekten wirksam ist, regeln Sie unter VOREINSTELLUNGEN • AUSWAHL UND ANKERPUNKT-ANZEIGE. Geben Sie einen Wert zwischen 1 und 8 in das Eingabefeld AN PUNKT AUSRICHTEN ein. Je höher der Wert ist, umso stärker ist die Anziehung.

### Magnetische Hilfslinien/Smart Guides

Ein Sonderfall sind die magnetischen Hilfslinien – eigentlich eher ein Arbeitsmodus von Illustrator, in dem Objekte aufeinander »magnetisch« reagieren und auf diese Art einfach aneinander ausgerichtet werden können. Die magnetischen Hilfslinien schalten Sie ein, indem Sie ANSICHT • MAGNETISCHE HILFSLINIEN wählen – Shortcut ⌘/Strg+U. Standardmäßig aktiviert, aber optional ist die Möglichkeit, mit KONSTRUKTIONSLINIEN zu arbeiten. Die Konstruktionslinien helfen Ihnen, Objekte in frei einstellbaren Winkeln an anderen Objekten auszurichten.

Wenn Sie Objekte mit den Form-Werkzeugen oder mit dem Zeichenstift erstellen oder Objekte bearbeiten, zeigen die magnetischen Hilfslinien Ausrichtungslinien zu bereits bestehenden anderen Objekten, zu Hilfslinien sowie zur Geometrie der Zeichenfläche auf.

> **Drehwinkel »magnetisch«?**
>
> In InDesign besitzen die magnetischen Hilfslinien fortgeschrittene Funktionen wie das Angleichen von Abständen und Drehwinkeln. Diese stehen in Illustrator leider nicht zur Verfügung.
>
>

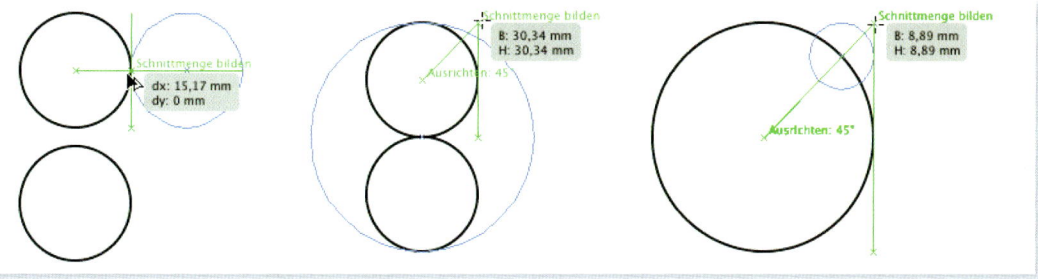

▲ Abbildung 4.44
Magnetische Hilfslinien: Angezeigt sind Ausrichtungs- und Konstruktionslinien, Texttipps (grüne Schrift) sowie Messbeschriftungen (graue Kästchen).

**Modifikationsmöglichkeit |** Drücken Sie ⌘/Strg, um das Verhalten älterer Illustrator-Versionen zu emulieren, in denen die Ausrichtung anhand der Position des Cursors erfolgte – beim Verschieben von Objekten müssen Sie dann auch den Punkt anklicken, den Sie ausrichten möchten.

**Optionen |** Die Optionen für die magnetischen Hilfslinien legen Sie in den Voreinstellungen fest. Neben der Farbe der Linien und der Pfadbeschriftungen haben Sie folgende Optionen:

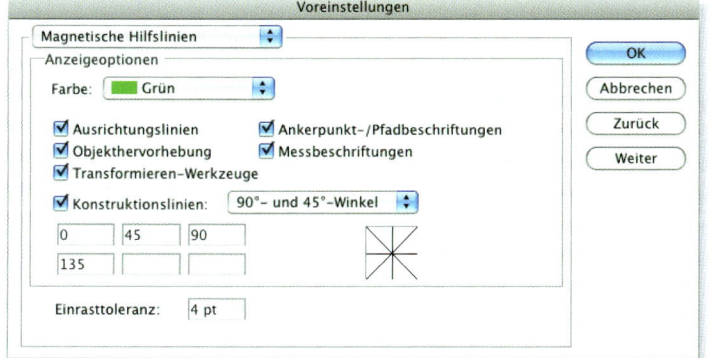

◀ Abbildung 4.45
Voreinstellungen für magnetische Hilfslinien

- AUSRICHTUNGSLINIEN: Die Ausrichtungslinien helfen beim Ausrichten von Objekten an den Positionen und Abmessungen anderer Objekte.
- OBJEKTHERVORHEBUNG: Diese Option hebt diejenigen Objekte hervor, die gerade magnetisch wirken.
- TRANSFORMIEREN-WERKZEUGE: Ist diese Option aktiviert, können Sie die magnetischen Hilfslinien auch beim Transformieren – Drehen, Spiegeln, Verbiegen, Skalieren – verwenden.
- ANKERPUNKT/PFADBESCHRIFTUNGEN (alt: TEXTTIPPS): Zu den Hilfslinien wird eine textliche Erklärung angezeigt, z. B. die

**Hilfslinien funktionieren nicht**

Ist die Option AM RASTER AUSRICHTEN aktiviert, können magnetische Hilfslinien nicht benutzt werden.

### Genauigkeit

Auf die Messbeschriftungen können Sie sich nicht verlassen. Die Angaben weichen um tausendstel Millimeter ab.

### Konstruktionslinien

Besonders nützlich ist das Konstruktionslinien-Feature der magnetischen Hilfslinien für die Erstellung isometrischer Zeichnungen.

Daher finden Sie im Winkel-Menü einige Voreinstellungen mit den entsprechenden Winkeln.

Positionen von Ankerpunkten, (virtuellen) Schnittpunkten oder Ausrichtungswinkel.

- MESSBESCHRIFTUNGEN: Beim Erstellen von Objekten werden deren Maße, beim Verschieben Winkel und Abstände in einem grauen Kästchen angezeigt.
- KONSTRUKTIONSLINIEN: Geben Sie hier bis zu sechs Winkel ein, in denen Konstruktionslinien erzeugt werden. Wählen Sie entweder aus den vordefinierten Zusammenstellungen, oder geben Sie Winkel frei ein.
- EINRASTTOLERANZ: Geben Sie eine Distanz an, innerhalb welcher der Cursor von einem Objekt angezogen wird.

### Schritt für Schritt: Mit magnetischen Hilfslinien gestalten

In diesem Workshop zeichnen Sie die Oberseite eines Würfels, ohne zuvor Hilfslinien aus den Linealen zu ziehen.

#### 1 Magnetische Hilfslinien einrichten

Rufen Sie VOREINSTELLUNGEN • MAGNETISCHE HILFSLINIEN auf. Aktivieren Sie alle Anzeige-Optionen der magnetischen Hilfslinien – die Messbeschriftungen benötigen Sie nicht unbedingt, falls sie Ihnen im Weg sind, deaktivieren Sie sie. Für die Konstruktionslinien aktivieren Sie die 90°- UND 45°-WINKEL aus dem Menü. Aktivieren Sie die magnetischen Hilfslinien im Menü ANSICHT.

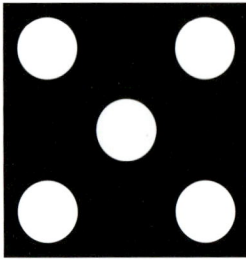

▲ Abbildung 4.46
Diesen Würfel konstruieren Sie mit magnetischen Hilfslinien.

#### 2 Zwei Objekte zentrieren

Mit dem Rechteck-Werkzeug [ ] zeichnen Sie bei gedrückter Umschalttaste [⇧] ein Quadrat. Mit dem Ellipse-Werkzeug [ ] klicken Sie auf den Mittelpunkt – der Tooltipp zeigt MITTE an –, drücken [⌥]/[Alt] (um den Kreis von der Mitte aus aufzuziehen) und ebenfalls die Umschalttaste [⇧] und ziehen den mittleren Kreis auf.

Abbildung 4.47 ▶
Mit dem Ellipse-Werkzeug wird aus der Mitte heraus ein Kreis aufgezogen.

 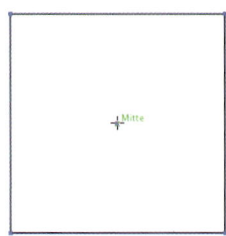 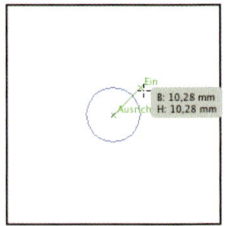

#### 3 Ein Objekt duplizieren und im 45°-Winkel verschieben

Mit dem Auswahl-Werkzeug [ ] aktivieren Sie den Kreis, drücken [⌥]/[Alt], um den Kreis beim Verschieben zu duplizieren, sowie

⌘/Strg , um die Konstruktionslinien anzuzeigen. Ziehen Sie den Kreis in Richtung der linken oberen Ecke.

### 4  Ein Objekt an zwei anderen Objekten ausrichten

Drücken Sie erneut ⌥/Alt sowie ⌘/Strg , klicken Sie auf die Mitte des mittleren Kreises, und verschieben Sie diesen nach rechts oben bis zu dem Punkt, an dem sich die Konstruktionslinie mit der Ausrichtungslinie aus dem Kreis links oben kreuzt.

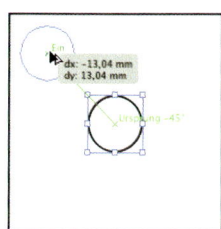
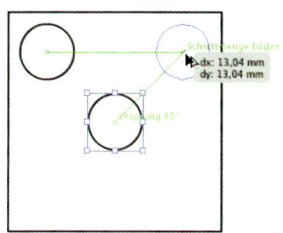

◀ **Abbildung 4.48**
Der bestehende Mittelkreis wird zunächst im 45°-Winkel nach links oben dupliziert – seine genaue Endposition bestimmen Sie nach Ihren Vorlieben (links). Dann erzeugen Sie ein weiteres Duplikat nach rechts oben – die Ausrichtungslinie zeigt, wann Sie die Höhe des linken oberen Kreises erreicht haben (rechts).

### 5  Objekte ausgerichtet zu anderen zeichnen

Wechseln Sie wieder zum Ellipse-Werkzeug ◯, und bewegen Sie den Cursor über den Mittelpunkt des mittleren und des oberen linken Kreises. Bewegen Sie den Cursor nach links unten, und klicken Sie auf den Punkt, an dem sich die Ausrichtungslinien aus den Mittelpunkten kreuzen. Von dort ziehen Sie mit gedrückter ⌥/Alt -Taste einen Kreis nach links bis zur Ausrichtungslinie auf. Verfahren Sie nach der gleichen Methode für den Punkt rechts unten.

> **Viele Objekte**
>
> Befinden sich sehr viele Objekte in Ihrer Datei, z. B. nach dem Umwandeln von Angleichungen, können magnetische Hilfslinien den Bildschirmaufbau beim Bearbeiten deutlich bremsen.

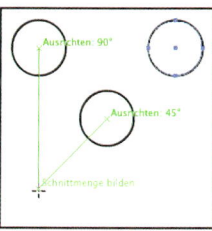
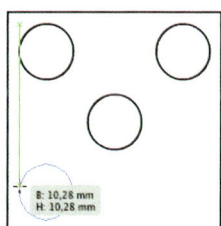
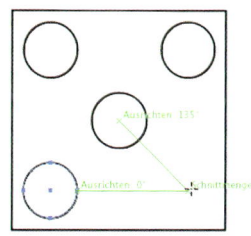
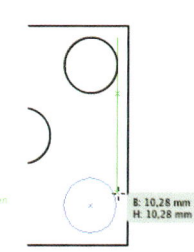

▲ **Abbildung 4.49**
Im Schnittpunkt der Konstruktionslinien aus mittlerem und linkem oberen Kreis beginnen Sie einen neuen Kreis (links), den Sie in derselben Größe wie den oberen aufziehen (2. von links). Ebenso verfahren Sie rechts.

### Layoutraster erstellen: In Raster teilen

Viele Layoutprogramme haben Funktionen, um ein Layoutraster zu erstellen, also automatisch eine Seite in regelmäßige Zeilen und Spalten mit Abständen einzuteilen. Illustrator hat zwar nicht so eine Funktion, aber Sie können eine andere Operation zu die-

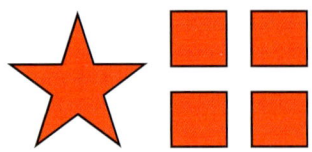

▲ **Abbildung 4.50**
Das Ausgangsobjekt muss nicht rechteckig sein.

**Abbildung 4.51** ▶
Die Dialogbox IN RASTER TEILEN

▲ **Abbildung 4.52**
IN RASTER TEILEN kann ein Layoutraster erzeugen.

sem Zweck nutzen: IN RASTER TEILEN erzeugt aus beliebigen Ursprungsobjekten (diese müssen nicht zwingend rechteckig sein) mehrere nicht gruppierte oder verbundene, regelmäßig angeordnete Rechtecke. Die Ursprungsobjekte werden bei der Operation gelöscht.

Um ein Layoutraster generieren zu lassen, erstellen Sie zunächst ein Objekt in der linken oberen Ecke des Bereichs, über den sich das Layoutraster ausdehnen soll – also z. B. die Zeichenfläche abzüglich eines Randabstands. Aktivieren Sie das Objekt, und wählen Sie OBJEKT • PFAD • IN RASTER TEILEN…, um den Befehl anzuwenden. In der Dialogbox geben Sie die Anzahl der Rechtecke, deren Ausmaße und Abstände ein.

- ▶ ANZAHL: Geben Sie die Anzahl der Zeilen und Spalten ein. Sobald Sie mehr als die Standardeinstellung 1 eingeben, werden die übrigen Eingabefelder aktiviert.
- ▶ HÖHE/BREITE/ABSTAND: Geben Sie alternativ Höhe bzw. Breite oder den jeweiligen Abstand ein. Der andere Wert wird anhand von Anzahl und Gesamthöhe errechnet.
- ▶ GESAMTHÖHE/-BREITE: Die Standardeinstellung sind die Ausmaße des Begrenzungsrahmens der Ursprungsobjekte. Um das Layoutraster zu erstellen, geben Sie hier die Höhe und die Breite der zu bedruckenden Fläche ein.
- ▶ HILFSLINIEN HINZUFÜGEN: Diese Option erzeugt Hilfslinien an den Kanten der Rechtecke. Es sind keine »echten« Hilfslinien, sondern eine Gruppe normaler Pfade.

Um das Layoutraster fertigzustellen, löschen Sie die erzeugten Rechtecke, aktivieren die Gruppe der »Hilfslinien«-Pfade und wählen ANSICHT • HILFSLINIEN • HILFSLINIEN ERSTELLEN, damit die Pfade in echte Hilfslinien umgewandelt werden.

> **Hilfslinien neben dem Objekt**
>
> In die Version CS4 hat sich wohl ein kleiner Fehler eingeschlichen: So werden die hinzugefügten Hilfslinien häufig neben dem Objekt positioniert – und dies nicht nur, wenn das Ursprungsobjekt neben einer Zeichenfläche liegt.

## 4.6 Widerrufen und wiederherstellen

Wenn Sie bisher an die Arbeitsweise der Bildbearbeitung gewöhnt waren, müssen Sie sich beim Widerrufen von Arbeitsschritten in der Vektorgrafik ein wenig umgewöhnen.

**Rückgängig**

Einer der wichtigsten Befehle – nicht nur in Illustrator – macht den vorherigen Arbeitsschritt rückgängig. Möchten Sie den letzten Befehl widerrufen, wählen Sie BEARBEITEN • RÜCKGÄNGIG – Shortcut ⌘/Strg+Z.

Und hier kommen wir zu einem wichtigen Unterschied zwischen Vektorgrafik und Bildbearbeitung: Wenn Sie ⌘/Strg+Z erneut drücken, werden weiter zurückliegende Schritte widerrufen. Die Anzahl der widerrufbaren Arbeitsschritte ist durch den verfügbaren Arbeitsspeicher begrenzt und kann nicht eingestellt werden. In den meisten Fällen wird der Befehl, den Sie widerrufen, im Menüeintrag aufgeführt.

Sollte es nicht möglich sein, Schritte zu widerrufen – oder wiederherzustellen (siehe unten), sind die Befehle im Menü grau dargestellt. Die Anzahl der aktuell widerrufbaren Schritte können Sie sich in der Statusleiste anzeigen lassen: Wählen Sie dazu die Option EINBLENDEN • ANZAHL RÜCKGÄNGIG-SCHRITTE aus dem Menü der Statusleiste.

Der Widerrufen-Befehl kann sogar aufgerufen werden, nachdem Sie eine Datei gespeichert – aber noch nicht geschlossen – haben.

**Wiederholen**

Widerrufene Arbeitsschritte können Sie auch wiederherstellen. Wählen Sie dazu BEARBEITEN • WIEDERHOLEN – Shortcut ⌘/Strg+⇧+Z.

**Letzte Version der Datei**

Möchten Sie zu dem Arbeitsstand zurückkehren, an dem Sie die Datei zuletzt gespeichert haben, wählen Sie DATEI • ZURÜCK ZUR LETZTEN VERSION – Shortcut F12. Da Sie mit diesem Befehl einen beträchtlichen Teil Ihrer Arbeit verlieren könnten (dieser Befehl ist nicht widerrufbar), fragt Illustrator noch einmal nach, ob Sie das wirklich wollen.

Wenn Sie also eine Variante Ihrer Illustration ausprobieren möchten, ist es wahrscheinlich besser, zu diesem Zweck ein Duplikat zu erstellen – z.B. mit dem Befehl DATEI • KOPIE SPEICHERN –, anstatt später zur letzten Version zurückkehren zu müssen.

> **Protokoll?**
>
> Im Gegensatz zu Photoshop gibt es in Illustrator kein Protokoll- oder History-Bedienfeld. Durch die zuletzt angewendeten Funktionen bewegen Sie sich mit dem Befehl RÜCKGÄNGIG.

▲ **Abbildung 4.53**
Anzeige der Rückgängig-Schritte in der Statusleiste

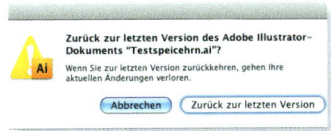

▲ **Abbildung 4.54**
Warnung vor dem Verlust der aktuellen Version

> **Alternative**
>
> Statt zur letzten Version zurückzukehren, speichern Sie den aktuellen Stand unter einem neuen Namen und öffnen die Datei der Vorversion.

## 4.7 Dokumente speichern

Beim Speichern – wie beim Exportieren – schreibt Illustrator Ihre Grafik in eine Datei. Der Unterschied zwischen beiden Optionen besteht in der Datenstruktur der Dateien.

Dateiformate werden in »nativ« und »nicht nativ« aufgeteilt. Native Formate zeichnen sich dadurch aus, dass ein Programm darin alle Merkmale des Dateiinhalts speichern und wieder so auslesen kann, dass sie voll editierbar sind.

Dank Version Cue ergeben sich diverse zusätzliche Möglichkeiten, eine Datei zu speichern.

### Speichern

Sie haben mehrere Möglichkeiten, Ihre Illustrator-Grafik zu speichern. Mit dem Befehl SPEICHERN UNTER erzeugen Sie eine neue Datei auf Ihrem Speichermedium – die gesicherte Grafik wird nach dem Speichervorgang auf dem Bildschirm angezeigt. Möchten Sie dagegen eine Kopie der bearbeiteten Grafik erstellen und anschließend am Original weiterarbeiten, wählen Sie KOPIE SPEICHERN. Der Befehl SPEICHERN steht nur zur Verfügung, wenn bereits eine Datei auf dem Speichermedium angelegt ist.

Um eine neue Datei anzulegen, wählen Sie DATEI • SPEICHERN UNTER… (Shortcut ⌘/Strg+⇧+S) oder DATEI • KOPIE SPEICHERN… (Shortcut ⌘+⌥+S bzw. Strg+Alt+S).

1. Wählen Sie den gewünschten Befehl.
2. Navigieren Sie zum gewünschten Speicherort, geben Sie einen Dateinamen ein, und wählen Sie das Dateiformat ADOBE ILLUSTRATOR (AI).
3. Klicken Sie auf den Button SICHERN/SPEICHERN.
4. Legen Sie die Formatoptionen fest.

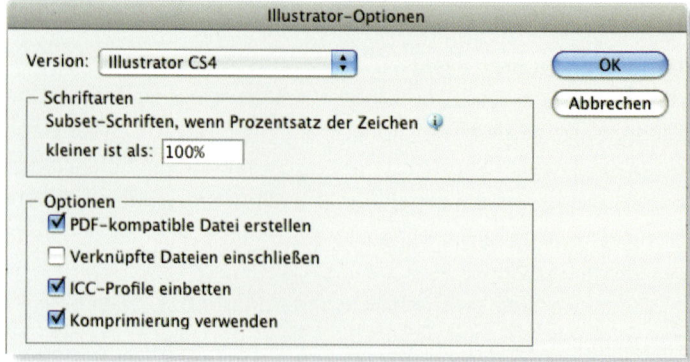

> VERSION: Wählen Sie aus dem Menü, zu welcher Illustrator-Version die Datei kompatibel sein soll. Speichern Sie Ihre Datei

---

**Native Formate**

Illustrator kann fünf native Formate speichern: AI (Adobe Illustrator), PDF (Portable Document Format), EPS (Encapsulated PostScript), FXG (Flash XML Graphics) und SVG (Scalable Vector Graphic). Mehr zu Dateiformaten in Kapitel 19.

**Wiederherstellung bei Absturz**

Illustrator erzeugt **keine** temporären Dateien für eine Wiederherstellung des Dokuments im Falle eines Absturzes.

**EPS, PDF, SVG, FXG**

Die Dateiformate EPS, PDF, SVG und FXG werden in Kapitel 19 und 20 besprochen.

**Abbildung 4.55 ▶**
Die Dialogbox ILLUSTRATOR-OPTIONEN: Die Transparenz-Optionen der Dialogbox (nicht in der Abbildung zu sehen) werden in Kapitel 12 besprochen.

**Datenverlust möglich**

Da ältere Versionen teilweise nur sehr wenige Features unterstützen, die Sie in Illustrator CS4 selbstverständlich benutzen, verlieren Sie beim Speichern in älteren Versionen die Editierbarkeit wenigstens einiger Objekte.

auf jeden Fall einmal in der aktuellen Version. Benötigen Sie außerdem eine Datei, die zu einer älteren Programmversion kompatibel ist, speichern Sie diese zusätzlich.

- SCHRIFTARTEN: Für die Verwendung einer Illustrator-Datei in Layout-Software sind die eingesetzten Schriften eingebettet. Mit dieser Option definieren Sie, ob der gesamte Font oder nur die verwendeten Zeichen eingebettet werden. Im Eingabefeld legen Sie fest, wie hoch der Anteil der verwendeten Zeichen an einem Font sein muss, damit der komplette Font eingebettet wird.

  Hat ein Font sehr viele Zeichen – OpenType-Fonts können über 65 000 Zeichen enthalten –, würde die Datei mit einer komplett eingebetteten Schrift unnötig groß, da Sie nur selten alle Zeichen in der Datei verwenden.

- PDF-KOMPATIBLE DATEI ERSTELLEN: Wenn Sie die Datei auch in anderen Programmen der Creative Suite verwenden möchten, um sie z. B. in InDesign zu platzieren oder in Photoshop zu öffnen, aktivieren Sie diese Option. Sind viele Bilder in Ihrem Dokument platziert (verknüpft), kann sich durch die PDF-Kompatibilität eine erheblich größere Datei ergeben, da alle Bilder in den PDF-Part eingebettet werden.

- VERKNÜPFTE DATEIEN EINSCHLIESSEN: Wählen Sie diese Option, dann werden externe Dateien, die Sie platziert haben, in die Illustrator-Datei eingebettet. Diese Option ist praktisch für die Weitergabe fertiggestellter Dateien. Sie sollten sie aber nur wählen, wenn Sie die externen Dateien nicht mehr weiterbearbeiten müssen.

- ICC-PROFILE EINBETTEN: Die eingestellten Farbprofile werden im Dokument gespeichert. Haben Sie dem Dokument ein Farbprofil zugewiesen, ist diese Option aktiviert.

  Deaktivieren Sie ICC-PROFILE EINBETTEN, wenn Sie das Farbprofil nicht in die Datei einbetten möchten.

- KOMPRIMIERUNG VERWENDEN: Die Komprimierung erzeugt eine merklich kleinere Datei, allerdings dauert der Speichervorgang länger.

  Adobe empfiehlt, die Option zu deaktivieren, falls das Speichern länger als acht Minuten dauert. In derartigen Fällen bringt das Deaktivieren der PDF-Kompatibilität jedoch häufig eher eine Besserung als das Deaktivieren der Komprimierung.

**In ältere Illustrator-Formate speichern |** Wählen Sie unter VERSION ein älteres Illustrator-Format, dann erhalten Sie eine zusätzliche Option, die darüber bestimmt, wie Illustrator mit mehreren Zeichenflächen umgeht. Normalerweise werden alle Zeichenflächen in eine Datei gespeichert und die Formatbegrenzungen

---

**Eingebettete Schriften**

Die eingebetteten Schriften stehen Ihnen für die Bearbeitung der Datei nicht zur Verfügung. Zu diesem Zweck muss eine Schrift auf Ihrem System installiert sein.

**PDF-kompatibel speichern?**

Wenn eine Illustrator-Datei sich nicht mehr öffnen lässt, ist es in manchen Fällen trotzdem möglich, die Inhalte mithilfe des PDF-Parts der Datei zumindest teilweise zu retten. Dazu platzieren Sie die problematische Datei in einem neuen Illustrator-Dokument.

**Sicherungskopien**

Auch wenn Illustrator ein stabiles Programm ist, gilt wie überall: Bewahren Sie Zwischenstände auf, und speichern Sie sorgfältig.

**Absturz beim Speichern**

Sollte bei der Verwendung des Befehls SPEICHERN ein Programmabsturz auftreten, führt dies meist zum Verlust der gesamten Datei. Speichern Sie also regelmäßig Zwischenstände mit SPEICHERN UNTER.

**Abbildung 4.56** ▶
Zusätzliche Optionen zum Speichern mehrerer Zeichenflächen in alten Illustrator-Formaten

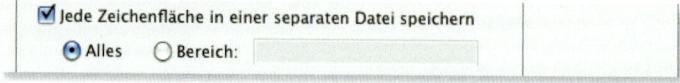

jeweils mit Hilfslinien markiert. Falls Sie Einzelseiten benötigen, ändern Sie die Optionen:

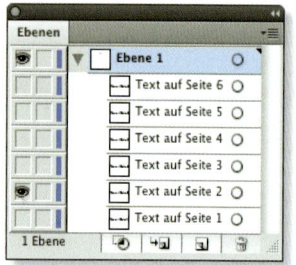

▲ **Abbildung 4.57**
Ein Bug ist dafür verantwortlich, dass beim Speichern einer einzelnen Zeichenfläche in ein altes Illustrator-Format alle Texte auf allen Zeichenflächen ebenfalls in die Datei gespeichert werden.

Aktivieren Sie die Option JEDE ZEICHENFLÄCHE IN EINER SEPARATEN DATEI SPEICHERN. Geben Sie dann zusätzlich die Seiten ein, die einzeln gespeichert werden sollen.

### Zwischenspeichern

Ist die Datei einmal gespeichert, lassen sich Zwischenstände einfach mit dem Befehl DATEI • SPEICHERN – Shortcut ⌘/Strg+S – sichern. Das ist praktisch. Mit der Zeit wird die Datei durch dieses Verfahren jedoch größer als nötig.

Daher sollten Sie von Zeit zu Zeit, mindestens aber bei Fertigstellung des Dokuments, den Befehl SPEICHERN UNTER… verwenden, um eine komplett neue, kompaktere Datei zu schreiben. Wenn Sie auf Sicherheit bedacht sind, speichern Sie diese außerdem unter einem neuen Namen.

---

**Platzieren einer bestimmten Zeichenfläche in InDesign**

Möchten Sie eine bestimmte Seite einer AI-Datei in InDesign platzieren, rufen Sie DATEI • PLATZIEREN über das Menü auf. Aktivieren Sie im Platzieren-Dialog IMPORTOPTIONEN ANZEIGEN.

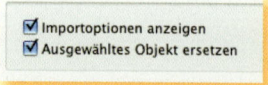

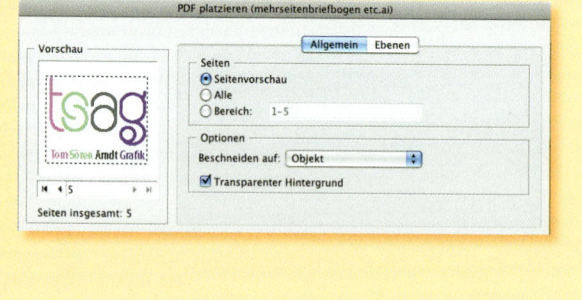

In der folgenden Dialogbox (Abbildung rechts) haben Sie dann die Möglichkeit, eine Zeichenfläche auszuwählen.

---

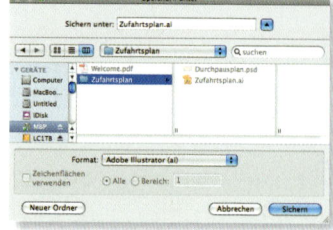

▲ **Abbildung 4.58**
Die Dialogbox EINCHECKEN

### Versionen

Wenn Sie Zugriff auf Version-Cue-Arbeitsbereiche haben, ist es möglich, die unterschiedlichen Arbeitsstände mit diesem Hilfsmittel zu verwalten. Versionen sind als unterschiedliche Zustände einer Datei gespeichert.

Das Version-Cue-Modul, mit dem Sie Ihre Projekte und Versionen verwalten, finden Sie in Adobe Bridge; das Speichern und Öffnen der Versionen ist direkt aus Illustrator möglich.

**Datei mit Version Cue verwalten** | Sie können nur Versionen von Dateien speichern, die bereits mit Version Cue verwaltet werden – Sie müssen die Datei also zunächst in einem Version-

Cue-Arbeitsbereich speichern. Dazu verwenden Sie den Befehl DATEI • EINCHECKEN... Die Version-Cue-Arbeitsbereiche werden automatisch im ADOBE DIALOG geöffnet. Wählen Sie ein Projekt aus, und bestätigen Sie mit SPEICHERN. Anschließend geben Sie einen Kommentar zu der Version ein, der mitgespeichert wird.

**Metadaten**

Um Ihre Dokumente besser katalogisieren, recherchieren und verwalten zu können sowie zur Optimierung der Workflows über Unternehmensgrenzen hinweg, setzen viele Arbeitsgruppen auf Metadaten.

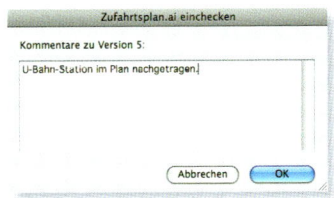

▲ **Abbildung 4.59**
Eingabe eines Kommentars zu einer Version

Mithilfe der von Adobe entwickelten XMP-Technologie (eXtensible Metadata Platform) lassen sich umfangreiche Metainformationen in Dokumente der Dateiformate Illustrator, PDF, EPS, SVG, GIF, JPEG, Photoshop oder TIFF einbetten und in Publishing-Workflows austauschen.

Möchten Sie XMP-Informationen zu Ihrer Illustrator-Datei abspeichern, rufen Sie DATEI • DATEIINFORMATIONEN... – Shortcut ⌘+⌥+⇧+I bzw. Strg+Alt+⇧+I – auf. Tragen Sie Ihre Angaben in die entsprechenden Dialogfelder ein.

▲ **Abbildung 4.60**
Die Versionen einer Illustrator-Datei können Sie in der Statusleiste aufrufen.

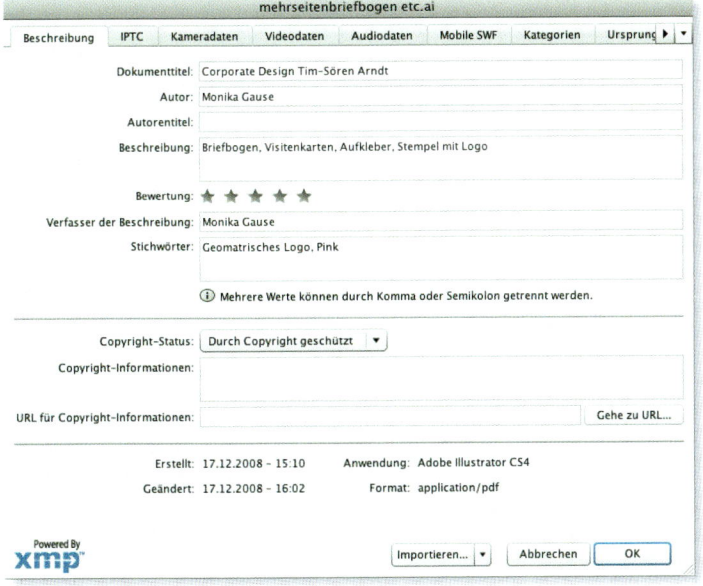

◄ **Abbildung 4.61**
Dateiinformationen

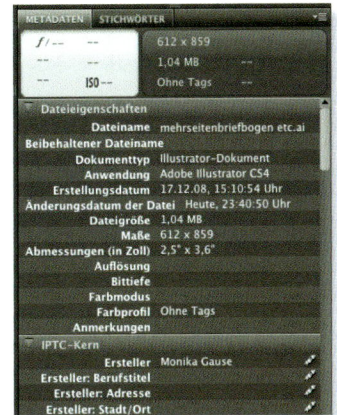

▲ **Abbildung 4.62**
Anzeige der Metadaten in Adobe Bridge

▶ BESCHREIBUNG: Der Bereich BESCHREIBUNG enthält Informationen zum Dokumentinhalt und -autor sowie Informationen zu Nutzungsrechten. Möchten Sie Informationen zu Nutzungsrechten speichern, wählen Sie aus dem Menü COPYRIGHT-STATUS die Option DURCH COPYRIGHT GESCHÜTZT oder PUBLIC

Domain und geben die gewünschten Informationen in die entsprechenden Felder ein.

▶ Ursprung: Unter Ursprung stehen Informationen zum Bearbeitungsverlauf der Datei zur Verfügung. Mit einem Klick auf den Kalender-Button können Sie das aktuelle Datum sehr schnell eintragen.
Im Aufklappmenü Dringlichkeit kennzeichnen Sie die redaktionelle Priorität des Dokuments.

**Metadaten speichern |** Sollen die eingegebenen Daten außerhalb der Illustrator-Datei gespeichert werden, rufen Sie den Eintrag Exportieren… aus dem Menü Importieren… am unteren Rand der Dialogbox auf.

**Metadaten-Vorlage |** Die Dateiinformationen lassen sich schneller anlegen, wenn Sie mit Metadaten-Vorlagen arbeiten. Erstellen Sie sich einen Satz allgemeiner Informationen innerhalb der Dateiinformationen-Dialogbox, und exportieren Sie diesen als Vorlage. Rufen Sie dann Importieren… auf, und wählen Sie diese Datei, um deren Metadaten in die aktuelle Datei zu übernehmen.

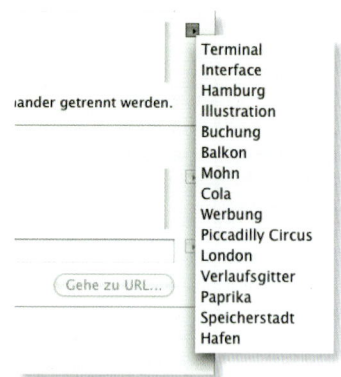

▲ Abbildung 4.63
Metadaten, die Sie bereits in Bridge angelegt haben, stehen als Menüauswahl zur Verfügung.

**TEIL II**
**Objekte erstellen**

# 5  Geometrische Objekte und Transformationen

Die wenig spektakulären geometrischen Objekte wirken zunächst nicht so, als ließen sich die damit erzeugten einfachen Formen über die Übungsphase hinweg für die praktische Arbeit gebrauchen. Dennoch sind sie eine wichtige Basis, auf der Sie durch Transformation und Kombination wesentlich komplexere Formen entwickeln können. Zum einen sparen Sie durch diese Vorgehensweise Zeit, und zum anderen sind die mit den Werkzeugen erstellten Formen viel exakter als handgezeichnete.

## 5.1  Geometrische Objekte erstellen

Illustrator bietet Ihnen zwei Gruppen von Werkzeugen, mit denen Sie einfache geometrische Objekte erstellen können: Objekte mit offenen Pfaden – die **Linien** – und Objekte, die von einem geschlossenen Pfad begrenzt werden – die **Formen**.

▲ **Abbildung 5.2**
Linien-Werkzeuge

▲ **Abbildung 5.3**
Form-Werkzeuge – das Blendenflecke-Werkzeug (rechts) finden Sie in Kapitel 13, »Spezialeffekte«.

▲ **Abbildung 5.1**
Einsatz der Form-Werkzeuge für geometrische Grundformen

> **Werkzeugbedienfeld: Füllfarbe**
>
>
>
> Im Werkzeugbedienfeld sehen Sie die aktuelle Füllfarbe – die Fläche. Rechts: Dieses Symbol erscheint, wenn keine Fläche ausgewählt ist. Zu Farben, Flächen und Konturen siehe Kapitel 8.

> **Übersicht**
>
> Eine Übersicht der Modifikationsmöglichkeiten finden Sie im Anschluss an die Vorstellung der Werkzeuge.

> **Werkzeugbedienfelder mehrfach »abreißen«**
>
> Möchten Sie sich »Mauswege« ersparen, können Sie sich auch mehrere Bedienfelder derselben Gruppe erzeugen und diese strategisch günstig an verschiedenen Stellen der Arbeitsfläche ablegen. Mehr zum Abtrennen von Werkzeuggruppen in Kapitel 1.
>
>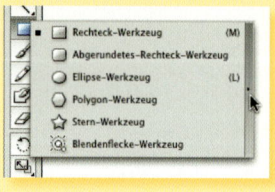

Die Werkzeuge für Linien und Formen finden Sie im Bedienfeld unter dem Linien- bzw. unter dem Rechteck-Werkzeug. Mit diesen Werkzeugen lassen sich einfach geometrische Objekte erzeugen, die Sie anschließend wie selbst erstellte Pfade bearbeiten können (dazu mehr in den folgenden Kapiteln).

Die geometrischen Werkzeuge sind alle in der gleichen Weise zu bedienen. Mit der Maus:
1. Werkzeug auswählen
2. Startposition für das Objekt durch Klicken festlegen
3. mit gedrückter Maustaste das Objekt aufziehen, bis es die gewünschte Größe erreicht hat

Direkt nach dem Erstellen handelt es sich bei den Formen um ganz normale Vektorpfade. Einzelne Optionen wie die Anzahl der Zacken eines Sterns oder die Eckenrundung lassen sich im Gegensatz zu vergleichbaren Formen in FreeHand, CorelDraw oder Inkscape nicht mehr ändern.

**Mit der Maus und Modifizierungstasten** | Wenn Sie beim »Aufziehen« bestimmte Tasten auf der Tastatur gedrückt halten, können Sie einige der Parameter interaktiv steuern. Die Tasten wirken bei den meisten Werkzeugen gleich oder ähnlich. Um die Erzeugung eines Objekts abzuschließen, lassen Sie zuerst die Maustaste und dann erst die Modifizierungstasten los.

Modifizierungstasten wirken auch dann noch, wenn die Erzeugung des Objekts bereits begonnen hat. Verschiedene Tasten zusammen angewandt, kombinieren deren Wirkungen.

**Oder numerisch** | Um die Form eines Objektes numerisch zu bestimmen, klicken Sie nur an den gewünschten Startpunkt auf der Arbeitsfläche und lassen die Maustaste wieder los. In der dann erscheinenden Dialogbox können Sie die erforderlichen Größen eintragen.

Einstellungen, die Sie mithilfe von Tastenkombinationen oder im Dialogfeld vornehmen, werden als Grundeinstellung für das nächste Objekt übernommen, das mit dem jeweiligen Werkzeug erzeugt wird.

**Gerade – Liniensegment**
Wählen Sie das Werkzeug mit dem Shortcut ⇧+: . Eine Gerade erstellen Sie, indem Sie den Startpunkt klicken und in die gewünschte Richtung ziehen.
Klicken Sie mit dem Liniensegment-Werkzeug-Cursor auf die Zeichenfläche, um die Dialogbox für die numerische Eingabe aufzurufen.

Neben der Eingabe von Länge und Winkel der Linie kann die Option LINIE FÜLLEN angekreuzt werden, mit der ein Objekt in der aktuell eingestellten Füllfarbe erzeugt wird. Diese Option hat keine sichtbaren Auswirkungen, solange die Linie eine Gerade bleibt.

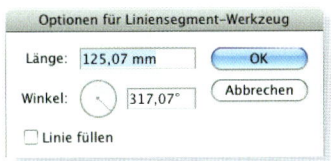

▲ **Abbildung 5.4**
Liniensegment: Dialogbox für die numerische Eingabe

## Bogen

Mit dem Werkzeug für Bogensegmente erzeugen Sie Viertelbögen oder geschlossene dreieckige Formen mit einer konkav oder konvex gewölbten Seite.

Klicken Sie mit dem Bogen-Werkzeug-Cursor auf die Zeichenfläche, um die Dialogbox für die numerische Eingabe aufzurufen. Eine Vorschau zeigt die Wirkung Ihrer Optionen an.

◄ **Abbildung 5.5**
Die Dialogbox des Bogensegment-Werkzeugs für die numerische Eingabe der Optionen

- Der Referenzpunkt legt den Start der Kurve innerhalb des virtuellen Objekt-Rechtecks fest. Um den Referenzpunkt auszuwählen, klicken Sie einen der vier Punkte an. Er wird dann schwarz hervorgehoben.
- LÄNGE DER ACHSEN bestimmt die Größe des Bogensegments durch Angabe der horizontalen und vertikalen Dimension des virtuellen Objekt-Rechtecks. Die x-Achse verläuft horizontal, die y-Achse vertikal.
- ART: Dieses Menü gibt an, ob eine offene Kurve oder eine geschlossene Form gezeichnet wird.
- BASISACHSE legt die Achse fest, die als erste aufgezogen wird. Die andere Achse wird dann im rechten Winkel darauf konstruiert. Das Bogensegment wird zwischen dem Referenzpunkt und dem Ende der zuletzt gesetzten Achse gezeichnet.
- STEIGUNG bestimmt, ob das Vierteloval konkav oder konvex gezeichnet wird. Ein Wert von 0 erzeugt eine Gerade. Mit positiven Werten bis +100 ist die Kurve konvex, mit negativen Werten bis –100 ist sie konkav. Ein Wert von +50 oder –50 erzeugt einen regelmäßigen Kreisbogen. Der Wert kann auch an dem Schieberegler unter dem Eingabefeld eingestellt werden.

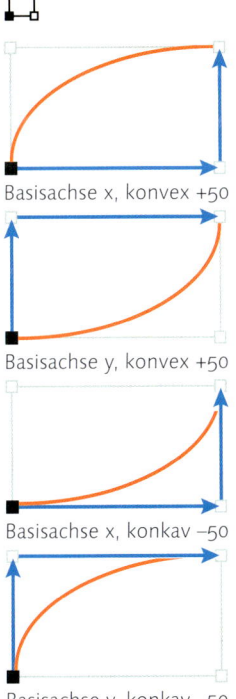

Basisachse x, konvex +50

Basisachse y, konvex +50

Basisachse x, konkav –50

Basisachse y, konkav –50

▲ **Abbildung 5.6**
Verschiedene Konstruktionen aus dem Referenzpunkt unten links

> **Bogen: Offen oder geschlossen**
>
> Illustrator kann nicht nur geschlossene, sondern auch offene Pfade füllen. Dafür werden einfach die beiden Endpunkte des Pfades »virtuell« verbunden, und die Fläche, die sich dabei ergibt, wird gefüllt.
>
> Es ist ein Unterschied, ob Sie ein Bogensegment vom Typ offen (links) oder geschlossen (rechts) erstellen. An einer gefüllten Welle sehen Sie, was vorgeht (unten).
>
>

**Abbildung 5.7** ▶
Erzeugung von Spiralen durch numerische Eingabe der Parameter

▲ **Abbildung 5.8**
Aufbau einer Spirale

▲ **Abbildung 5.9**
Eine Spirale wie diese mit konzentrischem, gleichmäßigem Radius können Sie nicht mit dem Spirale-Werkzeug erstellen.

▶ BOGEN FÜLLEN: Wenn dieses Kontrollkästchen angekreuzt ist, wird das Objekt mit der aktuell eingestellten Farbe gefüllt.
**Achtung!** Illustrator füllt auch offene Pfade, nicht nur geschlossene Formen (siehe Tipp »Bogen: Offen oder geschlossen«).

### Spirale

Die geometrisch korrekte Konstruktion von Spiralen ist ohne dieses Werkzeug sehr schwierig. Das Spirale-Werkzeug macht daraus ein Kinderspiel. Mit diesem Werkzeug können Sie allerdings nur Spiralen konstruieren, deren Windungen sich nach innen verjüngen – ein gleichmäßiger Abstand lässt sich auf diesem Weg nicht realisieren.

Klicken Sie auf Ihrer Arbeitsfläche den Punkt an, an dem die Spirale beginnen soll. Anschließende Bewegungen der Maus verändern die Größe und die Ausrichtung des Objekts.

Klicken Sie mit dem Spirale-Werkzeug-Cursor auf die Zeichenfläche, um die Dialogbox für die numerische Eingabe aufzurufen:

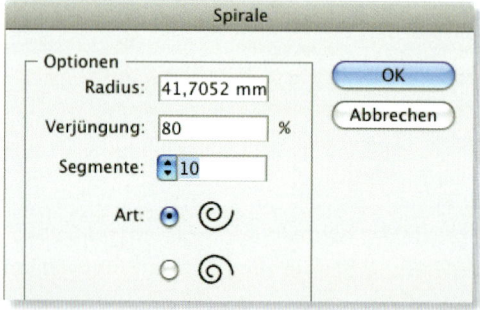

▶ RADIUS: Bestimmt die Größe der Spirale. Dabei entspricht der Radius der Höhe bzw. Breite des ersten (äußeren) Segments. Dieses ist in Abbildung 5.8 rot dargestellt.

▶ VERJÜNGUNG: Mit dem Wert VERJÜNGUNG bestimmen Sie die Dichte der Windungen. Um den unter VERJÜNGUNG eingegebenen Prozentwert wird das jeweils folgende Segment im Verhältnis zum vorhergehenden verkleinert. Sie können Werte zwischen 5 und 150 % eingeben.

Die maximale Dichte ist mit 99 erreicht, denn mit einem Wert von 100 entsteht ein Kreis, bei dem alle Spiralelemente quasi übereinanderliegen. Ein Wert von 5 erzeugt eine maximale Lichte, damit entsteht nur ein Bogensegment.

▶ SEGMENTE: Gibt an, aus wie vielen Teilsegmenten die Spirale aufgebaut wird. Ein Teilsegment ist eine Viertelwindung in der Spirale. Nach jedem Segment folgt ein Ankerpunkt.

▶ Art: Hier können Sie auswählen, ob die Spirale links oder rechts gewunden gezeichnet wird.

## Rechteckige ▦ oder radiale Raster ◉

Mit diesen Werkzeugen erstellen Sie Rechtecke oder Ovale, die durch Linien unterteilt sind. Wenn Sie einzelne Rasterkästchen mit Farbe füllen möchten, verwenden Sie die Funktion Interaktiv malen (siehe Kapitel 10). Die Aufteilung kann gleichmäßig oder logarithmisch sein. Ohne Modifizierung werden Objekte mit gleichmäßiger Aufteilung erzeugt.

Klicken Sie mit einem der Werkzeug-Cursor auf die Zeichenfläche, um die Dialogbox für die numerische Eingabe zu öffnen.

▲ Abbildung 5.10
Ein radiales Raster als Grundlage für die Konstruktion eines »Japanische Postersonne«-Designs.

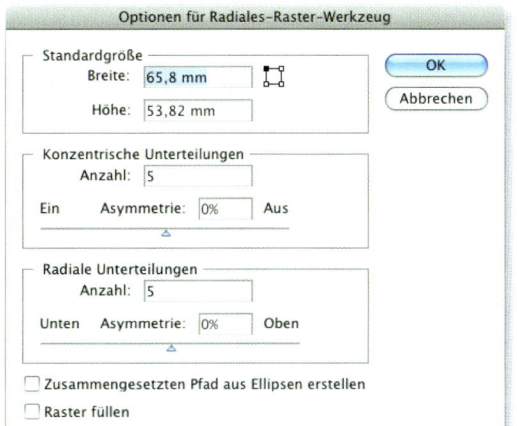
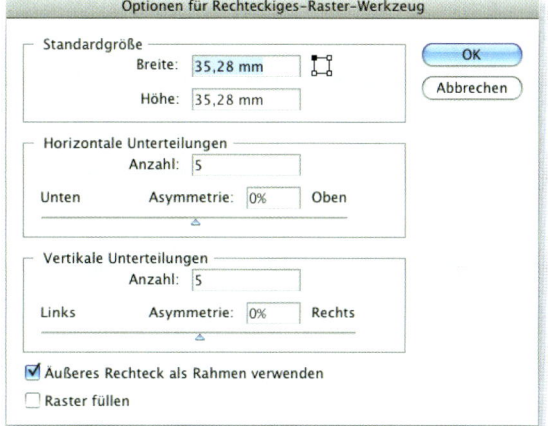

▲ Abbildung 5.11
Dialogboxen für das Radiales-Raster- und das Rechteckiges-Raster-Werkzeug

▶ Der Referenzpunkt ⌷ bestimmt, in welche Richtung das Raster konstruiert wird. Auch radiale Raster werden nicht vom Mittelpunkt, sondern vom Referenzpunkt aus erzeugt.

**Achtung!** Es macht wenig Sinn, einen anderen Referenzpunkt als den Punkt unten links zu wählen, da sonst die Positionsangaben in den Dialogboxen in die Irre führen!

▶ Breite/Höhe: Diese Einträge definieren die Größe des Objekts, indem sie die Maße des Begrenzungsrahmens festlegen.

▶ Unterteilungen Anzahl: Beim Rechteck-Raster lässt sich mit diesen Eingabefeldern die Anzahl der Zeilen (horizontal) und der Spalten (vertikal) eingeben, die innerhalb des Objekts erzeugt werden. Beim radialen Raster wird entsprechend die Anzahl der Ringe (konzentrisch) und der Tortenstücke (radial) gewählt.

▶ Unterteilungen Asymmetrie: Die Größe der Unterteilungssegmente kann gleichmäßig sein – dies entspricht einem Asym-

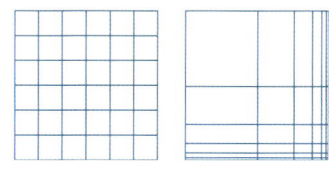

▲ Abbildung 5.12
Rechteckiges Raster: gleichmäßige und logarithmische Aufteilung

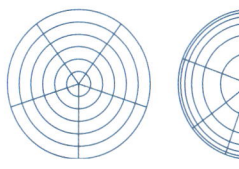

▲ Abbildung 5.13
Radiales Raster: Gleichmäßige und logarithmische Aufteilung

5.1 Geometrische Objekte erstellen | 93

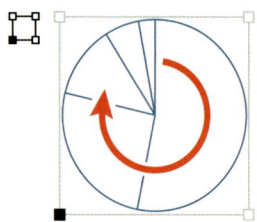

▲ **Abbildung 5.14**
Radiale Asymmetrie: Die Tortenstücke werden bei positiven Eingabewerten im Uhrzeigersinn kleiner.

▲ **Abbildung 5.15**
Äußeres Rechteck als Rahmen: Statt vier einzelner Linien links ist rechts ein Rahmen.

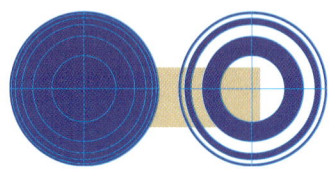

▲ **Abbildung 5.16**
Mit der Option Zusammengesetzter Pfad können die Zwischenräume zwischen den Ellipsen abwechselnd gefüllt und durchsichtig sein.

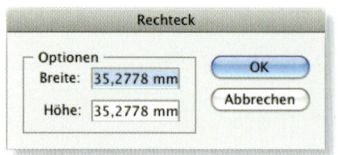

▲ **Abbildung 5.17**
Rechteck-Optionen

metriewert von 0 %. Bei anderen Asymmetriewerten erfolgt die Unterteilung logarithmisch. Die maximal einstellbare Asymmetrie liegt bei 500 %. Um anfängliche Probeergebnisse zu erhalten, beginnen Sie am besten mit Werten zwischen 50 % und 80 %. Der Schieberegler, der jeder Eingabe zugeordnet ist, tut hier gute Dienste.

Beim rechteckigen Raster beziehen sich OBEN und UNTEN sowie RECHTS und LINKS auf den Referenzpunkt. UNTEN und LINKS bedeutet eine größere Dichte in Richtung des Referenzpunkts, und OBEN und RECHTS verdichten die Unterteilung vom Referenzpunkt weg.

Bei der radialen Asymmetrie des radialen Rasters ist es noch komplizierter: Positive Werte bewirken, dass die Tortenstücke (radiale Unterteilungen) bezogen auf den Referenzpunkt im Uhrzeigersinn kleiner werden. Negative Werte dagegen verdichten das Raster gegen den Uhrzeigersinn.

Die Verdichtung der Ringe (konzentrisches Raster) erfolgt mit positiven Werten von innen nach außen, mit negativen Werten entsprechend von außen nach innen.

▶ ÄUSSERES RECHTECK ALS RAHMEN VERWENDEN: Mit diesem Kontrollkästchen können Sie beim rechteckigen Raster bestimmen, dass die Außenbegrenzung nicht als vier einzelne Linien, sondern als Rechteckform generiert wird.

▶ RASTER FÜLLEN: Sie können dieses Objekt dann auch automatisch mit der aktuell eingestellten Füllung versehen.

▶ ZUSAMMENGESETZTEN PFAD AUS ELLIPSEN ERSTELLEN: Ohne dieses Kontrollkästchen aktiviert zu haben, werden die ineinander verschachtelten Ovale/Kreise nur gruppiert. Die Generierung eines zusammengesetzten Pfades macht Sinn, wenn Sie die erzeugten Rasterringe abwechselnd füllen wollen. Mehr zu zusammengesetzten Pfaden finden Sie in Kapitel 10.

### Rechteck/Quadrat und Ellipse/Kreis

Wählen Sie das Rechteck-Werkzeug durch einen Klick auf sein Symbol im Werkzeugbedienfeld oder indem Sie den Shortcut [M] drücken. Das Ellipse-Werkzeug erreichen Sie mit dem Shortcut [L]. Klicken und ziehen Sie mit diesen Werkzeugen ein Rechteck bzw. ein Oval auf.

Klicken Sie mit dem Rechteck-Werkzeug-Cursor auf die Zeichenfläche, um die Dialogbox für die numerische Eingabe aufzurufen.

### Abgerundetes Rechteck

Klicken und ziehen Sie mit diesen Werkzeugen ein Rechteck mit abgerundeten Ecken auf. Wie alle anderen Eigenschaften der geometrischen Objekte ist auch der Eckenradius nicht »live«, sodass bei einer nachträglichen Skalierung die ursprünglichen perfekten Viertelkreis-Rundungen ebenfalls verändert werden. Sie müssen also ein Rechteck, das Sie mit diesem Werkzeug erzeugen, gleich in der benötigten Größe aufziehen.

Klicken Sie mit dem Abgerundetes-Rechteck-Werkzeug-Cursor auf die Zeichenfläche, um die Dialogbox für die numerische Eingabe aufzurufen.

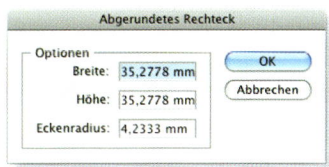

▲ **Abbildung 5.18**
Abgerundetes-Rechteck-Optionen

## Polygon

Mit dem Polygon-Werkzeug erstellen Sie gleichmäßige Vielecke. Ein Polygon wird immer vom Mittelpunkt aus erzeugt.

Achtung: Der Mittelpunkt, den Illustrator nach der Erstellung des Objekts anzeigt, ist der Mittelpunkt des Begrenzungsrahmens. Dieser entspricht bei Polygonen mit ungerader Eckenanzahl nicht dem geometrischen Zentrum.

Klicken Sie mit dem Polygon-Werkzeug-Cursor auf die Zeichenfläche, um den Dialog für die numerische Eingabe aufzurufen.

| **Rundungen proportional** |
|---|
| Rundungen, die von einer Größenveränderung nicht beeinflusst sind, erhalten Sie mit dem Effekt ABGERUNDETES RECHTECK (Filter und Effekte siehe Kapitel 13). |

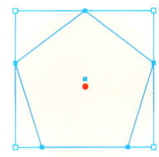

▲ **Abbildung 5.19**
Konstruktionsmittelpunkt des Fünfecks (rot) im Vergleich zu dem auf der Zeichenfläche angezeigten Mittelpunkt (blau)

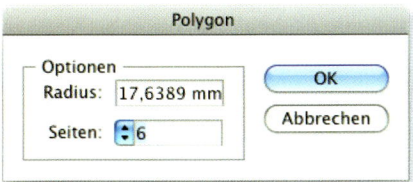

▲ **Abbildung 5.20**
Dialogbox für die numerische Definition eines Polygons

## Stern

Das Aussehen des Sterns wird durch den Innenradius (❶ Radius 1) und den Außenradius (❷ Radius 2) definiert.

Klicken Sie mit dem Stern-Werkzeug-Cursor auf die Zeichenfläche, um den Dialog für die numerische Eingabe aufzurufen.

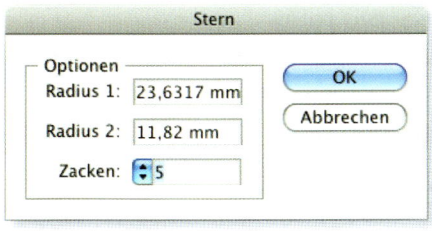
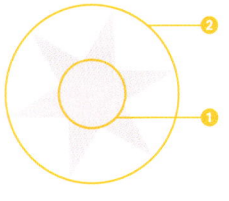

▲ **Abbildung 5.21**
Dialogbox für die numerische Definition eines Sterns

| **Polygon mit Mittelpunkt** |
|---|
| Falls Sie den geometrischen Mittelpunkt eines Polygons zu Konstruktionszwecken benötigen, gehen Sie wie folgt vor:<br>1. Setzen Sie einen Punkt mit dem Zeichenstift.<br>2. Verwenden Sie diesen Punkt als Mittelpunkt für die Konstruktion des Polygons.<br>3. Gruppieren Sie den Ankerpunkt aus Schritt 1 und das Polygon. In der Pfadansicht wird der Ankerpunkt als Kreuz angezeigt. |

## ÜBERSICHT: OFFENE-FORM-WERKZEUGE

| Taste | Linie | Bogen | Spirale | Rechteckiges R. | Radiales Raster |
|---|---|---|---|---|---|
| Leertaste | Verschieben des Objekts | Verschieben des Objekts | Verschieben des Objekts | Verschieben des Objekts | Verschieben des Objekts |
| ⇧ | Linien werden an 45°-Winkeln ausgerichtet | Bogen haben eine symmetrische Kurve | richtet die Spirale in 45°-Winkeln aus | erzeugt ein Quadrat | erzeugt einen Kreis |
| ⌥ | Zeichnen der Linie aus dem Mittelpunkt | Zeichnen des Bogens aus dem Mittelpunkt | erhöht oder senkt je nach Bewegungsrichtung des Cursors die Anzahl der Windungen | Zeichnen des Rasters vom Mittelpunkt aus | Zeichnen des Rasters vom Mittelpunkt aus |
| < / Ö | erzeugt viele Objekte aus demselben Ursprungspunkt | erzeugt viele Objekte aus demselben Ursprungspunkt | erzeugt viele Objekte aus demselben Ursprungspunkt | erzeugt viele Objekte aus demselben Ursprungspunkt | erzeugt viele Objekte aus demselben Ursprungspunkt |
| ⌘ / Strg | | | verändert die Dichte der Windungen je nach Bewegungsrichtung des Cursors | | |
| Cursor bewegen | | | dreht die Spirale | | |
| ↑ | | gestaltet die Kurve steiler | erhöht die Anzahl der Segmente | erhöht die Anzahl horizontaler Teilungen | erhöht die Anzahl der Ringe |
| ↓ | | gestaltet die Kurve flacher | senkt die Anzahl der Segmente | senkt die Anzahl horizontaler Teilungen | senkt die Anzahl der Ringe |
| → | | | widerruft ⌘ / Strg | erhöht die Anzahl vertikaler Teilungen | erhöht die Anzahl der Segmente |
| ← | | | | senkt die Anzahl vertikaler Teilungen | senkt die Anzahl der Segmente |
| C | | wechselt zwischen offener Kurve und geschlossener Form | | verändert die Aufteilung der Spalten logarithmisch | verändert die Aufteilung der Ringe logarithmisch |
| F | | wechselt die Basisachse zwischen X und Y | | verändert die Aufteilung der Zeilen logarithmisch | verändert die Aufteilung der Segmente logarithmisch |
| R | | | kehrt die Windungsrichtung der Spirale um | | |
| V | | | | verändert die Aufteilung der Zeilen logarithmisch | verändert die Aufteilung der Segmente logarithmisch |
| X | | wechselt zwischen konkaver und konvexer Kurve | | verändert die Aufteilung der Spalten logarithmisch | verändert die Aufteilung der Ringe logarithmisch |

## Anmerkungen zur Tabelle »Offene-Form-Werkzeuge«

**Tastenkombinationen** | Drücken Sie mehrere Tasten zusammen, so addieren sich deren Wirkungen.

**Leertaste** | Mit der Leertaste kann das gesamte Objekt während des Erstellens verschoben werden. Wird die Leertaste, nicht aber die Maustaste losgelassen, nachdem das Objekt neu positioniert ist, kann an der Form des Objekts weitergearbeitet werden.

▲ **Abbildung 5.22**
Links nur mit ⌐/Ö, rechts wurde zusätzlich die Leertaste gedrückt.

**Bogen** | Ein symmetrischer Bogen ❶ lässt sich um seinen Scheitelpunkt spiegeln. Die Stärke der Krümmung bestimmt, ob der Bogen steiler oder flacher ❹ ist.

Die Option KONKAVE und KONVEXE KURVE ❸ wirkt sich nur bei geschlossenen Formen aus. Die Modifikationstaste C für eine geschlossene Form können Sie sich gut merken, wenn Sie an das englische »closed« denken ❷.

**Spirale** | Die Anzahl der Windungen können Sie mit den Modifikationstasten ↑ oder ↓ nur verändern, wenn nicht gleichzeitig die Maus bewegt wird ❻. Ein Tastendruck bewirkt eine Veränderung um eine Viertelwindung. Die Segmente werden am Mittelpunkt hinzugefügt oder gelöscht.

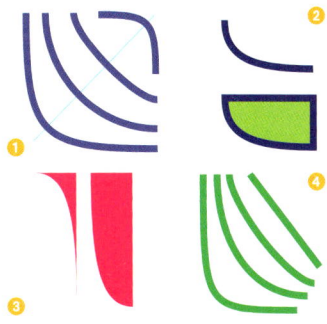

▲ **Abbildung 5.23**
Modifikationsmöglichkeiten bei der Arbeit mit dem Bogen-Werkzeug

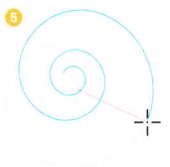  

◄ **Abbildung 5.24**
Modifikationsmöglichkeiten bei der Arbeit mit dem Spirale-Werkzeug

Soll mit ⌘/Strg die Dichte der Windungen ❼ verändert werden, müssen Sie die Maus bewegen. Vom Mittelpunkt weg wird die Spirale lichter, in umgekehrter Richtung nimmt die Dichte zu.

Die Umkehrung der Richtung ❺ erfolgt durch eine Spiegelung der Spirale entlang der Achse zwischen Cursor und Mittelpunkt.

**Rechteckiges und Radiales Raster** | Hier kann sowohl die Anzahl der horizontalen ❽ bzw. vertikalen ❾ Unterteilungen geändert werden als auch deren Aufteilung.

Die Aufteilung der Spalten oder Ringe wird mit jedem Druck der Tasten C bzw. X logarithmisch um 10% ❿ nach links oder rechts bzw. innen oder außen gestaucht. Die Aufteilung der Reihen bzw. die radialen Segmente ⓫ mit F bzw. V erfolgt entsprechend.

▲ **Abbildung 5.25**
Modifikationsmöglichkeiten der Raster-Werkzeuge

## ÜBERSICHT: GESCHLOSSENE-FORM-WERKZEUGE

| Taste | Rechteck | Abgerundetes Rechteck | Kreis | Polygon | Stern |
|---|---|---|---|---|---|
| Leertaste | Verschieben des Objekts | Verschieben des Objekts | Verschieben des Objekts | Verschieben des Objekts | Verschieben des Objekts |
| ⇧ | erzeugt ein Quadrat | erzeugt eine quadratische Form | erzeugt einen Kreis | richtet das Objekt waagerecht aus | richtet die oberste Spitze senkrecht aus |
| ⌥ | Zeichnen des Objekts vom Mittelpunkt aus | Zeichnen des Objekts vom Mittelpunkt aus | Zeichnen des Objekts vom Mittelpunkt aus | | Die Kanten zur jeweils übernächsten Spitze erscheinen durchgezogen |
| `<`/`ö` | erzeugt viele Objekte aus demselben Ursprungspunkt | erzeugt viele Objekte aus demselben Ursprungspunkt | erzeugt viele Objekte aus demselben Ursprungspunkt | erzeugt viele Objekte aus demselben Ursprungspunkt | erzeugt viele Objekte aus demselben Ursprungspunkt |
| ⌘/Strg | | | | | lässt den Innenradius einrasten, damit Zacken verlängert oder verkürzt werden können |
| Cursor bewegen | | | | dreht das Objekt | dreht das Objekt |
| ↑ | | vergrößert den Eckenradius | | erhöht die Anzahl der Polygon-Seiten | erhöht die Anzahl der Zacken |
| ↓ | | verkleinert den Eckenradius | | senkt die Anzahl der Polygon-Seiten | senkt die Anzahl der Zacken |
| → | | verwendet den höchstmöglichen Eckenradius | | | |
| ← | | setzt den Eckenradius auf 0 (normales Rechteck) | | | |

### Tipp

Den Standard-Eckenradius richten Sie unter VOREINSTELLUNGEN • ALLGEMEIN ein.

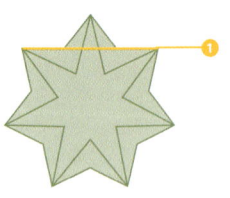

▲ Abbildung 5.26
Zackenformen eines Sterns

### Anmerkungen zur Tabelle »Geschlossene-Form-Werkzeuge«

**Abgerundetes Rechteck** | Die Tasten ↑ und ↓ zum Vergrößern bzw. Verkleinern des Radius der abgerundeten Ecken wirken nur, wenn die Maus nicht bewegt wird.

Durch Einstellen des größtmöglichen Eckenradius wird an der kürzeren Seite ein Halbkreis erzeugt.

**Stern** | Mit ⌥/Alt erzeugen Sie einen Stern, bei dem die Kanten zur jeweils übernächsten Spitze durchgezogen erscheinen ❶. Drücken Sie während des Aufziehens ⌘+⌥ bzw. Strg+Alt, erhalten Sie ebenfalls diese Form, sie lässt sich jedoch durch Loslassen der Tasten nicht mehr rückgängig machen.

**Schritt für Schritt: Ein Dala-Pferdchen aus Grundformen**

### 1  Der Körper

Aktivieren Sie Ansicht • Magnetische Hilfslinien, falls diese ausgeschaltet sind. Wählen Sie das Abgerundetes-Rechteck-Werkzeug. Klicken und ziehen Sie damit den Rumpf des Pferdchens auf. Wenn Sie die endgültige Größe bestimmt haben, drücken Sie →, bevor Sie die Maustaste loslassen. Damit wird der Eckenradius auf die maximale Größe eingestellt.

▲ Abbildung 5.27
Die Konstruktion des Dala-Pferdchens

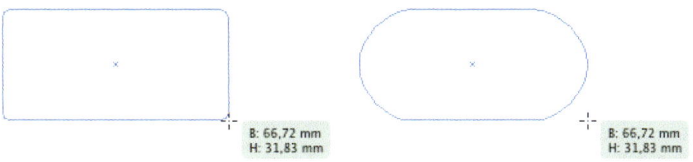

◀ Abbildung 5.28
Zeichnen des Rumpfes

### 2  Hals

Wechseln Sie zum Bogensegment-Werkzeug. Damit ziehen Sie den Hals von rechts unten nach links oben auf. Beginnen Sie auf der Höhe des Mittelpunkts des Rumpfes – der Hals sollte etwa so breit sein wie ein Drittel der Körperlänge (siehe Abbildung 5.29). Mit der Taste C erstellen Sie einen geschlossenen Bogen. Drücken Sie F, um den Bogen zu spiegeln, falls nötig.

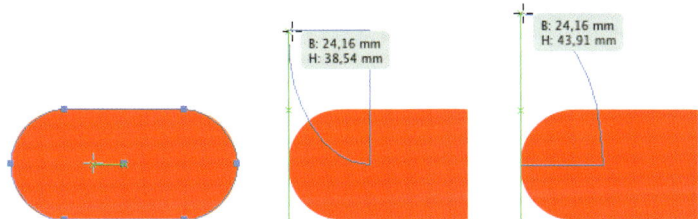

◀ Abbildung 5.29
Den Hals setzen Sie etwas links vom Mittelpunkt des Rumpfes an (links) und ziehen nach links oben (Mitte). Schließen Sie den Bogen, und spiegeln Sie ihn, falls nötig, mit den Modifikationstasten (rechts).

### 3  Kopf

Setzen Sie das Bogen-Werkzeug am oberen Punkt des Halses an, drücken Sie F, um den Bogen umzukehren, und ziehen Sie nach links ❶. Den unteren Bogen des Mauls setzen Sie an der Spitze des eben erstellten Bogens an, dann kehren Sie die Form wieder mit F um und ziehen nach rechts ❷. Die Lücke schließen Sie mit einem Rechteck ❸.

▼ Abbildung 5.30
Konstruktion des Kopfes

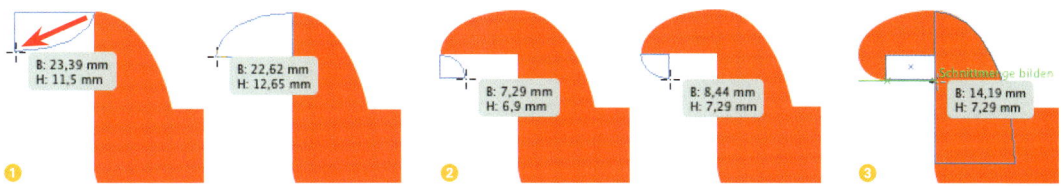

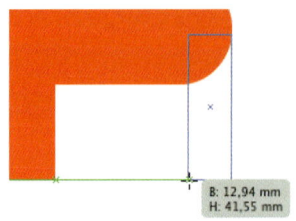

▲ Abbildung 5.31
Konstruktion der Beine

▼ Abbildung 5.32
Zeichnen der Ohren mit dem Polygon-Werkzeug

### 4  Beine

Mit dem Rechteck-Werkzeug ziehen Sie die Vorderbeine vom Scheitelpunkt der Brust nach unten rechts. Die Hinterbeine ziehen Sie ebenfalls vom Scheitelpunkt nach unten links. Die magnetischen Hilfslinien zeigen die Unterkante der Vorderbeine an.

### 5  Ohren

Wählen Sie das Polygon-Werkzeug, und klicken und ziehen Sie eine Form auf. Die Anzahl der Seiten reduzieren Sie mit ⬇ auf drei. Ziehen Sie die Form in der gewünschten Größe fertig auf. Mit dem Auswahl-Werkzeug ▶ verschieben Sie das Dreieck an seinen Platz.

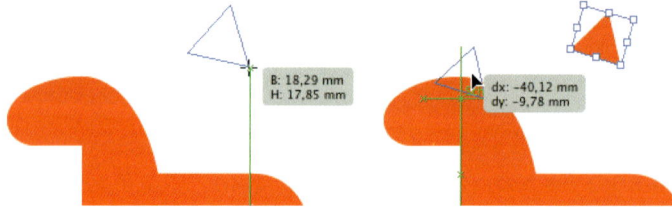

### 6  Abschließende Arbeiten

Konstruieren Sie den Schwanz mit einem weiteren Bogensegment. Die Beine können Sie nach unten konisch zulaufen lassen, indem Sie mit dem Direktauswahl-Werkzeug einzelne Punkte auswählen und verschieben (mehr dazu in Kapitel 6).

▲ Abbildung 5.33
Dala-Pferdchen

## 5.2  Objekte auswählen und anordnen

Gerade in komplexeren Illustrationen mit sehr vielen Objekten ist der sichere Umgang mit den drei Auswahl-Werkzeugen, Stapelreihenfolge und Objektgruppen gleichzeitig besonders schwierig und grundlegend für eine erfolgreiche Bewältigung der Aufgabe.

▲ Abbildung 5.34
Auswahl-Werkzeug, Direktauswahl-Werkzeug und Gruppenauswahl-Werkzeug

### Objekte auswählen

Bevor Sie Objekte verändern können, müssen Sie diese auswählen. Für die Auswahl einzelner Objekte sind zwei der drei Auswahl-Werkzeuge zuständig. Mit dem (schwarzen) Auswahl-Werkzeug ▶ aktivieren Sie das gesamte Objekt, während Sie mit dem (weißen) Direktauswahl-Werkzeug ▷ Teile eines Objekts wie Pfadsegmente, Punkte etc. oder Teile einer Objektgruppe auswählen können.

Wenn Sie ein Objekt mit dem Auswahl-Werkzeug (schwarzer Pfeil) anklicken, wird durch eine Outline und die Hervorhebung der Punkte in der Farbe der Ebene angezeigt, dass das Objekt

nun aktiv ist. Bei gefüllten Objekten können Sie hierfür auf die Fläche klicken. Bei ungefüllten Objekten muss direkt der Pfad bzw. die Kontur angeklickt werden (siehe dazu auch den Tipp »Objektauswahl nur durch Pfad« auf der nächsten Seite).

Mit ⇧ lassen sich **mehrere Objekte nacheinander auswählen** und zusammen aktivieren. Die gleiche Wirkung erzielen Sie mit einem Auswahlrechteck, das Sie mit dem Auswahl-Werkzeug über mehrere Elemente aufziehen (siehe Abbildung 5.36). Illustrator aktiviert dabei alle Objekte, die von dem Auswahlrechteck berührt werden. Dieses Verhalten läst sich nicht umstellen.

**Achtung!** Das Auswahlrechteck darf nicht auf der Fläche einer Figur oder auf einem Pfad beginnen, da Sie sonst dieses Objekt ungewollt verschieben (siehe Tipp »Objektauswahl nur durch Pfad« auf der nächsten Seite).

Um ein Objekt wieder aus der Auswahl herauszunehmen, drücken Sie ⇧ und klicken das entsprechende Objekt erneut an. Die Reihenfolge »erst Modifizierungstaste und dann erst Maustaste bedienen« muss unbedingt beachtet werden, da Sie sonst Ihre restliche Auswahl verlieren.

**Darunter-/darüberliegende auswählen |** Ist ein Objekt durch ein anderes **verdeckt**, können Sie es aktivieren, indem Sie das vordere auswählen, an eine Stelle klicken, die innerhalb des gewünschten Objekts liegt, und aus dem Kontextmenü den Befehl Auswahl • Nächstes Objekt darunter anwenden. Das funktioniert auch in umgekehrter Richtung mit Auswahl • Nächstes Objekt darüber.

Der gleichnamige Befehl aus dem Hauptmenü aktiviert dagegen das jeweils nächste Objekt in der Stapelreihenfolge – unabhängig vom Klickpunkt.

**Alles auswählen |** Alle Objekte im Dokument wählen Sie aus, indem Sie ⌘/Strg+A drücken oder über das Menü unter Auswahl • Alles auswählen aufrufen. Es werden die Objekte auf allen Zeichenflächen aktiviert.

Mit ⌘+⌥+A bzw. Strg+Alt+A wählen Sie alle Objekte auf der aktiven Zeichenfläche aus.

**Auswahl umkehren |** Unter Umständen sind gerade die Objekte einfacher mit der Maus zu erreichen, die Sie eigentlich nicht auswählen möchten. In diesem Fall könnte der Befehl Auswahl • Auswahl umkehren Abhilfe schaffen. Mit seiner Hilfe ist es möglich, die aktuell aktivierten Objekte zu deaktivieren und dafür alle nicht ausgewählten Objekte auszuwählen. Auch dieser Befehl wirkt über alle Zeichenflächen.

> **Auswahl-Werkzeuge wechseln**
>
> Zwischen den Auswahl-Werkzeugen wechseln Sie temporär, indem Sie die Tasten ⌘/Strg und/oder ⌥/Alt drücken:
>
> Mit ⌘/Strg wechseln Sie jeweils zum vorher benutzten Auswahl-Werkzeug. Drücken Sie zusätzlich bzw. alternativ ⌥/Alt, um das dritte Werkzeug zu wählen.

▲ **Abbildung 5.35**
Ein Objekt ohne Füllung muss durch Klick auf die Linie ausgewählt werden. Der Cursor zeigt an, ob ein Objekt unter ihm liegt.

▲ **Abbildung 5.36**
Aufziehen eines Auswahlrechtecks über mehrere Objekte

▲ **Abbildung 5.37**
Um mit dem Klickpunkt den grünen Kreis auszuwählen, verwenden Sie das Kontextmenü. Über das Hauptmenü würde der gelbe Kreis ausgewählt.

> **Hinweis: »Alles auswählen«**
>
> Sind Hilfslinien nicht gesperrt – wie es seit Illustrator CS3 voreingestellt ist –, werden sie bei Verwendung des Befehls Alles auswählen ebenfalls aktiviert.

5.2 Objekte auswählen und anordnen

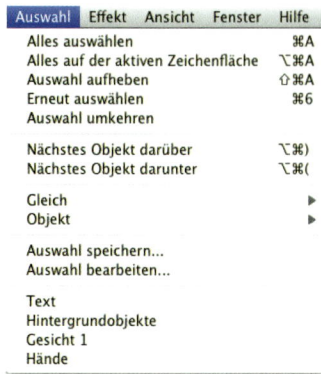

▲ **Abbildung 5.38**
Menü Auswahl mit eigenen gespeicherten Auswahlen

**Auswahl aufheben** | Möchten Sie alle Objekte deselektieren, klicken Sie mit dem Auswahl-Werkzeug einfach auf einen leeren Platz auf der Zeichenfläche, oder verwenden Sie den Befehl Auswahl • Auswahl aufheben – Shortcut ⌘+⇧+A bzw. Strg+⇧+A.

### Auswahlen speichern

Falls Sie häufiger dieselben Objekte selektieren müssen, lohnt es sich, die vorgenommene Auswahl zur späteren Verwendung in der Datei zu speichern. Dies ist auch bei einer Auswahl möglich, die Objekte auf mehreren Ebenen einschließt (zu Ebenen siehe Kapitel 11).

Wenn Sie Ihre Auswahl erstellt haben, wählen Sie Auswahl • Auswahl speichern…. Geben Sie einen Namen in die Dialogbox ein. Die Auswahl wird anschließend unter diesem Namen im Auswahl-Menü aufgelistet.

Benötigen Sie eine Auswahl nicht mehr oder möchten Sie Auswahlen umbenennen, rufen Sie die Dialogbox unter Auswahl • Auswahl bearbeiten… auf.

### Die Stapelreihenfolge ändern

Illustrator behandelt Ihre Arbeitsfläche wie einen Posteingangskorb: Es legt ein neues Objekt immer obendrauf. Das bedeutet, dass von gefüllten Formen, die an gleichen oder ähnlichen Positionen auf der Arbeitsfläche liegen, immer nur die vorderste komplett sichtbar ist.

Wie im Posteingangskorb auch können Sie Ihre Illustrator-Objekte neu stapeln. Wählen Sie das Objekt aus, dessen Anordnung im Stapel Sie verändern möchten, und rufen Sie dann über das Menü Objekt • Anordnen… bzw. im Kontextmenü unter Anordnen die gewünschte Option auf. Sie können Objekte jeweils um einen Schritt nach vorne oder hinten schieben oder ganz nach vorne bzw. ganz nach hinten bringen.

Wenn Sie mit mehreren Ebenen arbeiten, erfolgt diese Neuordnung nur innerhalb der aktiven Ebene. Mehr zu Ebenen finden Sie in Kapitel 11.

### Schritt für Schritt: Stapelreihenfolge ändern

**1  Aufgabe**

Öffnen Sie die Datei »Objektstapel.ai« von der DVD. Der Plan wurde im Nachhinein um einige Objekte ergänzt, und diese müssen jetzt in die richtige Stapelreihenfolge gebracht werden.

---

**Objektauswahl nur durch Pfad**

In der originalen Grundeinstellung aktiviert Illustrator gefüllte Objekte, wenn Sie auf die Füllung klicken. Wenn Sie ein Auswahlrechteck aufziehen und dabei mit einem Klick auf die Füllung eines Objekts starten, verschieben Sie dieses Objekt.

Falls dieses Verhalten Sie stört, können Sie es in den Voreinstellungen ändern. Wählen Sie dazu Voreinstellungen • Auswahl & Ankerpunkt-Anzeige, und aktivieren Sie die Option Objektauswahl nur durch Pfad. Nun müssen Sie den Pfad anklicken oder mit dem Auswahlrechteck überschneiden, um ein Objekt zu aktivieren.

◀ **Abbildung 5.39**
Plan vorher (links) und nachher (rechts)

### 2 Problem 1: »Liegewiese« links unten

Das grüne Objekt links unten überdeckt die Bäume. Es bestehen zwei Möglichkeiten: Sie können die Bäume auswählen und nach vorne stellen – für die Auswahl der Bäume müssten Sie jedoch in die Pfadansicht wechseln.

In unserem Fall ist es einfacher: Die »Liegewiese« kann – zusammen mit dem hellgrünen Hintergrund – ganz unten in den Objektstapel geordnet werden.

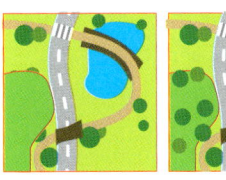

▲ **Abbildung 5.40**
Problem »Liegewiese«

Aktivieren Sie also das Hintergrundelement, drücken Sie dann ⇧, und wählen Sie das »Liegewiese«-Objekt aus, und wählen Sie anschließend OBJEKT • ANORDNEN • IN DEN HINTERGRUND, oder verwenden Sie den Shortcut ⌘/Strg+⇧+(.

### 3 Problem 2: »Straßenbrücke«

Die Brücke sollte zwar *über* der Straße, aber *unter* dem Fußweg liegen. Sie könnten die Brücke auswählen und so lange einen Schritt nach hinten schieben, bis sie sich an der richtigen Position befindet. Allerdings ist nicht bekannt, wie viele Schritte dafür notwendig wären, denn auch Objekte, die sich nicht in der Nähe befinden, können im Objektstapel zwischen der Brücke und dem Weg liegen.

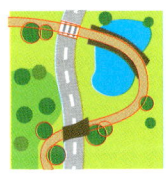

▲ **Abbildung 5.41**
Problem »Straßenbrücke«

Also müssen Sie auch in diesem Fall eine andere Vorgehensweise wählen: Aktivieren Sie den »Fußweg« und alle Objekte, die ihn überlagern sollen (siehe Abbildung 5.41). Gehen Sie am besten so vor, dass Sie zunächst die kleinteiligen Objekte auswählen und zum Schluss den »Fußweg« – achten Sie darauf, dass Sie bei jedem Klick eine Stelle treffen, an der kein bereits ausgewähltes Objekt liegt. Anschließend rufen Sie OBJEKT • ANORDNEN • IN DEN VORDERGRUND – Shortcut ⌘/Strg+⇧+) – auf.

**Alternative: dahinter einfügen**

An dieser Stelle könnten Sie auch nur das Brückenobjekt ausschneiden – ⌘/Strg+X, dann den »Fußweg« auswählen und die Brücke dahinter einfügen – ⌘/Strg+B. Mehr dazu im folgenden Abschnitt.

### 4 Problem 3: »Baum«

Unten in der Mitte der Grafik befindet sich der letzte Problemfall: ein Baum, der nach vorne geholt werden muss. Hier gehen wir

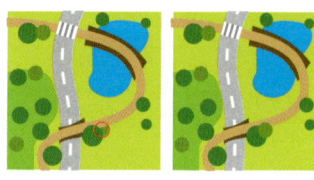

▲ **Abbildung 5.42**
Problem »Baum«

das Risiko ein und bewegen das Objekt schrittweise durch den Objektstapel.

Aktivieren Sie den Baum, und wählen Sie gegebenenfalls mehrfach OBJEKT • ANORDNEN • SCHRITTWEISE NACH VORNE – besser geht es mit dem Shortcut ⌘+⌥+⇧+V bzw. Strg+Alt+⇧+V.

## 5.3 Objekte bearbeiten

### Löschen

Aktivierte Objekte können mit BEARBEITEN • LÖSCHEN oder mit der Löschtaste von der Arbeitsfläche entfernt werden. Haben Sie unabsichtlich ein Element gelöscht, widerrufen Sie den Arbeitsschritt.

### Copy & Paste

Mithilfe der Zwischenablage können Sie Objekte sowohl innerhalb eines Dokuments wie auch zwischen zwei Dokumenten und sogar zwischen verschiedenen Applikationen – vor allem innerhalb der CreativeSuite – austauschen.

**Kopieren und Ausschneiden** | Um Objekte von einem Dokument in ein anderes zu übertragen, können Sie – wie in jeder anderen Applikation auch – die Zwischenablage benutzen.

Aktivieren Sie das Objekt, und wählen Sie BEARBEITEN • KOPIEREN bzw. AUSSCHNEIDEN. Auf der Tastatur benutzen Sie ⌘/Strg+C zum Kopieren und ⌘/Strg+X, um Objekte auszuschneiden. Dies funktioniert sowohl innerhalb des Programms als auch zwischen Illustrator und anderen Programmen.

**Einfügen** | Wenn Sie ein Objekt aus der Zwischenablage in ein Dokument einfügen möchten, wählen Sie BEARBEITEN • EINFÜGEN oder ⌘/Strg+V. Das eingefügte Objekt wird in der Mitte des aktuellen Fensters platziert – nicht in der Mitte der Arbeitsfläche oder des Dokuments. In der Stapelreihenfolge der Objekte wird es ganz vorne angeordnet. Fügen Sie ein Objekt in ein Dokument ein, wird bei dieser Aktion die Zwischenablage nicht geleert – stattdessen können Sie weitere Kopien des Objekts einfügen.

Wenn Sie ein Objekt vor einem anderen im Stapel einfügen möchten, aktivieren Sie dieses und wählen BEARBEITEN • DAVOR EINFÜGEN oder drücken die Tastenkombination ⌘/Strg+F. Entsprechend funktioniert es, ein Objekt hinter einem anderen zu platzieren, mit BEARBEITEN • DAHINTER EINFÜGEN oder dem Shortcut ⌘/Strg+B.

---

**Arbeiten mit zusammengeführten Fenstern**

Ziehen Sie ein Objekt auf den Reiter eines anderen Dokuments, um es in dieses Dokument zu kopieren. Mehr dazu in Abschnitt 1.3, »Der Anwendungsrahmen«.

---

**Zwischenablage**

Die Zwischenablage können Sie auch benutzen, um Objekte zwischen Illustrator und anderen Programmen auszutauschen (zum Austausch siehe Kapitel 17 und 19). Gegebenenfalls muss das Format der Zwischenablage umgestellt werden, wenn Sie Objekte in andere Applikationen einfügen möchten. Sehen Sie sich dazu die Hinweise in den jeweiligen Abschnitten an.

---

▲ **Abbildung 5.43**
DAVOR EINFÜGEN fügt in einem Stapel das Objekt aus der Zwischenablage vor dem aktiven Objekt ein.

Wenn kein Objekt auf der Arbeitsfläche aktiviert ist, während Sie einen der beiden Befehle benutzen, wird das Objekt aus der Zwischenablage mit Davor einfügen ganz vorne bzw. mit Dahinter einfügen ganz hinten angeordnet.

Zusätzlich können beide Funktionen dazu dienen, ein anderes Problem zu lösen, denn ein davor bzw. dahinter eingefügtes Objekt wird nicht in der Seitenmitte, sondern relativ zum Koordinaten-Nullpunkt an der gleichen Position platziert, die es im Ursprungsdokument hatte.

Wenn Sie mit mehreren Ebenen arbeiten, erfolgt diese Objektanordnung nur innerhalb der aktiven Ebene. Mehr zu Ebenen finden Sie in Kapitel 11.

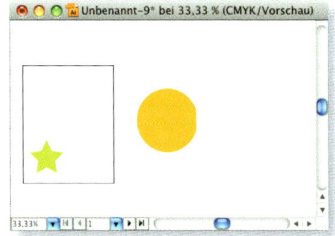

▲ **Abbildung 5.44**
Ein ganz normal eingefügtes Objekt (gelb) liegt in der Mitte des Dokumentfensters – ein davor eingefügtes Element (grün) liegt an seinem ursprünglichen Platz auf der Zeichenfläche (schwarzer Rahmen).

### Duplizieren

Die Methode des Kopierens und Einsetzens lässt sich bequem zum Kopieren von Objekten verwenden. Einfacher geht es allerdings, wenn Sie ein oder mehrere Objekte aktivieren und mit gedrückter ⌥/Alt-Taste an eine andere Position ziehen. Dabei bleibt das ursprünglich ausgewählte Objekt an seinem Platz, und eine Kopie wird verschoben.

Auch in den Dialogboxen der Transformationswerkzeuge können Sie anwählen, dass eine Kopie statt des Originals bearbeitet wird. Und in Kapitel 11, »Ebenen, Aussehen«, lernen Sie eine weitere Methode kennen.

### Ausblenden

Sie können einzelne aktivierte Objekte mit dem Menü Objekt • Ausblenden • Auswahl ausblenden.

Wenn Ihnen beim Bearbeiten von Objekten darüberliegende Objekte im Wege sind, hilft der Menüpunkt Objekt • Ausblenden • Sämtliches Bildmaterial darüber weiter.

Um ausgeblendete Objekte wieder sichtbar zu machen, wählen Sie Objekt • Alles einblenden.

Wie Sie mit dem Aus- und Einblenden von Ebenen verfahren, lesen Sie in Kapitel 11.

> **Hinweis: Haupt-Ebenen**
>
> Sowohl der Befehl Alles einblenden als auch Alle entsperren haben keinen Einfluss auf die Einstellungen der Sichtbarkeit oder Fixierung, die in der obersten Hierarchie des Ebenen-Bedienfelds vorgenommen wurden (also Haupt-Ebenen).

### Fixieren

Wenn Sie die Position und die aktuellen Eigenschaften eines Objektes schützen möchten oder wenn dieses Objekt die Bearbeitung anderer Objekte behindert, wählen Sie nach der Aktivierung Objekt • Fixieren • Auswahl oder die Tastaturkombination ⌘/Strg+2. Sie können dieses Objekt dann nicht mehr aktivieren und versehentlich ändern.

Mit Objekt • Alle entsperren – Shortcut ⌘+⌥+2 bzw. Strg+Alt+2 – werden alle Fixierungen wieder aufgehoben.

## 5.4 Gruppen

Wenn Sie mehrere unterschiedliche Objekte dauerhaft oder auf Zeit als Einheit behandeln wollen, können Sie diese zu einer Gruppe zusammenfügen. Dadurch wird die Anordnung der Objekte zueinander gesichert, und Sie sparen sich das mühsame Aktivieren einzelner Objekte, wenn Sie alle zusammen transformieren möchten.

Darüber hinaus liegen alle Objekte einer Gruppe an aufeinanderfolgenden Positionen in der Stapelreihenfolge. Durch eine Gruppierung lassen sich also Probleme der Anordnung lösen bzw. vermeiden – es ist allerdings nicht möglich, nicht zur Gruppe gehörende Objekte zwischen die Elemente der Gruppe zu stapeln.

▲ **Abbildung 5.45**
Gruppierte Objekte können wie ein Objekt transformiert werden.

### Objekte gruppieren

Um eine Gruppe zusammenzufügen, aktivieren Sie die entsprechenden Objekte und wählen dann OBJEKT • GRUPPIEREN oder drücken die Tasten ⌘/Strg+G.

Gruppen können hierarchisch verschachtelt werden, d.h., Gruppen können Teile einer anderen Gruppe sein.

▲ **Abbildung 5.46**
Gruppen können weiter mit anderen Gruppen und mit einzelnen Objekten zu übergeordneten Gruppen zusammengefasst werden.

### Objekte in einer Gruppe auswählen

Um ein einzelnes Objekt, einen Pfad oder seine Punkte innerhalb einer Gruppe zu aktivieren, verwenden Sie das Direktauswahl-Werkzeug.

▲ **Abbildung 5.47**
Aktivieren von Objekten mit dem Gruppenauswahl-Werkzeug

Für die Aktivierung einer Gruppe innerhalb einer Gruppe muss das Gruppenauswahl-Werkzeug verwendet werden. Mit diesem Tool können Sie sich auch durch die Gruppenhierarchie arbeiten. Ein Klick mit dem Gruppenauswahl-Werkzeug auf ein Objekt einer Gruppe aktiviert dieses Objekt, jeder weitere Klick auf dasselbe Objekt wählt die nächste hierarchisch übergeordnete Gruppe dazu aus.

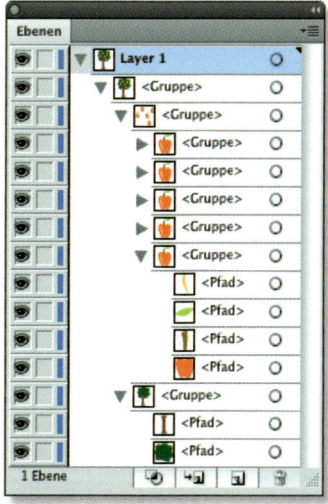

▲ **Abbildung 5.48**
Darstellung einer verschachtelten Gruppierung im Ebenen-Bedienfeld

**Ein Objekt hinzufügen**

Um einer Grupe ein Objekt hinzuzufügen, ist es nicht nötig, die Gruppe aufzulösen. Stattdessen positionieren Sie das Element an der gewünschten Stelle, schneiden es aus und aktivieren das Objekt innerhalb der Gruppe, vor welches das Element eingefügt werden soll. Wählen Sie anschließend BEARBEITEN • DAVOR EINFÜGEN.

Alternativ verwenden Sie das Ebenen-Bedienfeld (siehe Kapitel 11, »Hierarchische Struktur«) oder den Isolationsmodus (siehe den folgenden Abschnitt).

**Gruppe auflösen**

Eine aktivierte Gruppe kann mit dem Menü OBJEKT • GRUPPIERUNG AUFHEBEN oder der Tastenkombination ⌘/Strg+⇧+G wieder getrennt werden. Damit wird die jeweils hierarchisch erste Gruppe aufgehoben, aber tiefer verschachtelte Gruppen bleiben bestehen.

Wenn Sie eine Gruppe auflösen, werden die Objekte nicht wieder auf die Ebenen »zurückgelegt«, auf denen sie vor der Gruppierung lagen. Illustrator »merkt« sich diese Information nicht.

### Teile in Gruppen bearbeiten

Um die einer Gruppe untergeordneten Elemente zu bearbeiten, können Sie den Isolationsmodus verwenden. In diesem Bearbeitungsmodus ist nur das gewünschte Objekt auf der Zeichenfläche bearbeitbar und seine Gruppierung temporär aufgehoben – alle anderen Objekte sind jetzt nicht zugänglich und abgedimmt. Mehr zum Isolationsmodus finden Sie in Kapitel 11.

## 5.5 Objekte transformieren

Verschieben, Drehen, Spiegeln, Skalieren, Verbiegen und Verzerren sind die Standard-Umformungen, die Illustrator für Objekte anbietet.

Es ist nicht notwendig, Vektorobjekte sofort in ihrer endgültigen Form zu erstellen, da sie ohne Qualitätseinbußen transformierbar sind. Das vereinfacht Entwurf und Konstruktion, denn ausgehend von einer Grundform können Sie verschiedene Transformationen oder Einstellungen ausprobieren.

Auch wenn ein Objekt beim Verschieben keine Umformung erfährt, ist es in Illustrator wegen seiner ähnlichen Handhabung den Transformationen zugeordnet.

Die verschiedenen Möglichkeiten, um Objekte zu transformieren, sind:
1. mithilfe des Begrenzungsrahmens
2. mit den spezifischen Transformationswerkzeugen
3. über die Menübefehle unter OBJEKT • TRANSFORMIEREN oder TRANSFORMIEREN im Kontextmenü
4. mit dem Frei-transformieren-Werkzeug
5. mit dem Transformieren-Bedienfeld

▲ **Abbildung 5.49**
Transformationswerkzeuge (von links): Drehen, Spiegeln, Skalieren, Verbiegen und das nicht zu den Transformationen gehörige Form-ändern-Werkzeug (siehe Kapitel 6)

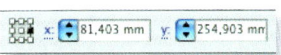

▲ **Abbildung 5.50**
Eingabe der Position eines Objekts im Steuerungsbedienfeld (Ausschnitt), links das Referenzpunktsymbol

### Mehrere Vorgehensweisen

Sie erreichen dasselbe Ergebnis oft auf mehreren verschiedenen Wegen. Probieren Sie alle einmal aus, und entscheiden Sie sich für die Methode, die Ihrer Arbeitsweise am besten entspricht.

▲ **Abbildung 5.51**
Wenn ein Objekt aktiviert und ein Werkzeug ausgewählt ist, wird der Referenzpunkt angezeigt. Original ist er in der Mitte des Begrenzungsrahmens des Objekts.

▲ **Abbildung 5.52**
Das Attribute-Bedienfeld

▲ **Abbildung 5.53**
Der Begrenzungsrahmen umschließt die äußersten Punkte aller aktivierten Objekte.

### Referenzpunkt

Alle Transformationen beziehen sich auf einen **Referenzpunkt**, der für die Berechnung der Transformation so etwas wie der Nullpunkt ist. Bei einer Drehung ist es beispielsweise der Punkt, um den die Drehung vorgenommen wird.

Voreingestellt als Referenzpunkt ist der rechnerische Mittelpunkt des Begrenzungsrahmens eines Objekts. Sie können den Referenzpunkt aber auch selbst bestimmen.

Wenn Sie mehrere Transformationen direkt hintereinander verwenden, wird der einmal definierte Referenzpunkt auf die folgenden Umformungen übertragen.

Es ist umständlich, den Referenzpunkt für eine Transformation nachträglich in ein exaktes Verhältnis zum Objekt (z. B. einen bestimmten Abstand) zu bringen. Wenn Sie also diese Genauigkeit benötigen, markieren Sie am besten den gewünschten Mittelpunkt mit Hilfslinien, konstruieren dann das Objekt und transformieren es anschließend.

**Objekt-Mittelpunkt** | Den Mittelpunkt von Objekten, die Sie mit dem Ellipse-Werkzeug, dem Rechteck- oder Abgerundetes-Rechteck-Werkzeug erstellen, zeigt Illustrator standardmäßig an. Sie können jedoch für jedes Objekt individuell bestimmen, ob der Mittelpunkt seines Begrenzungsrahmens (der in den wenigsten Fällen dem geometrischen Mittelpunkt des Objekts entspricht) eingeblendet werden soll. Dazu verwenden Sie das Attribute-Bedienfeld – Shortcut ⌘/Strg+F11, im Dock am Symbol zu erkennen – und klicken auf den Button MITTE AUSBLENDEN bzw. MITTE EINBLENDEN.

Da der Mittelpunkt »magnetisch« ist, können Sie ihn verwenden, um Objekte z. B. beim Verschieben daran auszurichten.

### Begrenzungsrahmen

Der Begrenzungsrahmen ist ein Hilfsmittel, um intuitiv Transformationen durchführen zu können. Um ihn anzeigen zu lassen, müssen Sie den Menüpunkt ANSICHT • BEGRENZUNGSRAHMEN EINBLENDEN angewählt haben.

Wenn Sie nun mit dem Auswahl-Werkzeug ein Objekt, eine Gruppe oder mehrere Objekte und/oder Gruppen aktivieren, wird ein Rechteck angezeigt, das alle ausgewählten Objekte umschließt. Dieser Begrenzungsrahmen ist außerdem an den Ecken und in der Mitte der Seiten mit »Anfassern« versehen, die zur Durchführung der Transformation notwendig sind.

Sollte das aktivierte Objekt vorher bereits transformiert worden sein, muss der Begrenzungsrahmen nicht immer im rechten Winkel zur Arbeitsfläche angezeigt werden, da sich das Programm die letzte Ausrichtung des Rahmens merkt. Mit dem Menüpunkt Objekt • Transformieren • Begrenzungsrahmen zurücksetzen können Sie, wenn nötig, den Rahmen wieder senkrecht stellen lassen.

### Die Transformationswerkzeuge

Mit diesen Werkzeugen für Drehen , Spiegeln 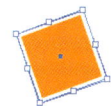, Skalieren 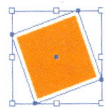 und Verbiegen  können Sie Objekte manuell oder durch die Eingabe der Parameter in der jeweils zugehörigen Dialogbox umformen. Beim manuellen Transformieren mit den Werkzeugen haben Sie folgende Modifizierungsmöglichkeit:

▶ 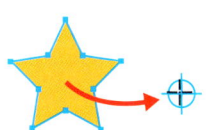 erlaubt, je nach Tool, in 45°-Schritten vorzugehen bzw. die Objekt-Proportionen beizubehalten.

▲ **Abbildung 5.54**
Objekt nach einer Drehung (Mitte) und mit ausgerichtetem Begrenzungsrahmen (rechts)

> **Transformationswerte**
>
> Die magnetischen Hilfslinien zeigen den Skalierungsfaktor, Winkel und die Spiegelungsachse an. Wenn Sie diese Anzeige nicht wünschen, deaktivieren Sie unter Voreinstellungen • Magnetische Hilfslinien die Option Messwerte.

### Schritt für Schritt: Objekte manuell transformieren

**1** **Objekt erstellen und Werkzeug wählen**
Erzeugen Sie ein neues Illustrator-Dokument, und erstellen Sie einen Stern mit dem Stern-Werkzeug. Deaktivieren Sie den Stern nicht, und wählen Sie das Drehen-Werkzeug, indem Sie darauf klicken oder – schneller – die Taste [R] drücken. Der Referenzpunkt für die Drehung wird angezeigt.

▲ **Abbildung 5.55**
Der Original-Referenzpunkt wird angezeigt.

**2** **Referenzpunkt neu setzen**
Sie könnten das Objekt jetzt um den angezeigten Referenzpunkt drehen, aber in dieser Übung setzen Sie vor dem Drehen zunächst einen neuen Referenzpunkt.

Klicken Sie auf einen Punkt etwas rechts vom Objekt, oder klicken und ziehen Sie den Referenzpunkt an eine andere Position. Achten Sie darauf, den bestehenden Referenzpunkt beim Klicken und Ziehen genau zu treffen – der Cursor muss ein Fadenkreuz darstellen –, ansonsten würden Sie das Objekt transformieren.

▲ **Abbildung 5.56**
Referenzpunkt verschieben

**3** **Objekt transformieren**
Klicken Sie auf das Objekt oder auf irgendeine Stelle der Arbeitsfläche, und beobachten Sie, wie Ihr Objekt transformiert wird, wenn Sie das Werkzeug bewegen.

Je weiter entfernt vom Referenzpunkt Sie klicken, um mit der Umwandlung zu beginnen, desto besser ist Ihre Kontrolle über die Veränderung des Objekts, da der »Hebel« größer ist.

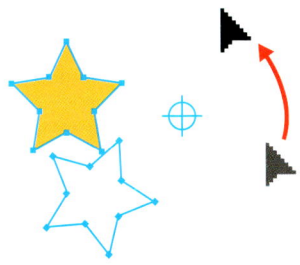

▲ **Abbildung 5.57**
Klicken und ziehen Sie, um das Objekt zu drehen.

## Schritt für Schritt: Transformationswerkzeuge mit der Dialogbox anwenden

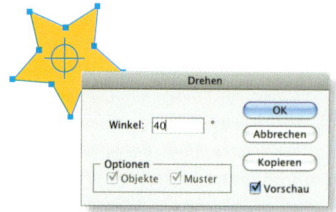

▲ **Abbildung 5.58**
Winkel eingeben – die Vorschau zeigt das Resultat.

### 1  Objekt erstellen und Werkzeug wählen

Erzeugen Sie ein neues Illustrator-Dokument, und zeichnen Sie einen Stern mit dem Stern-Werkzeug. Deaktivieren Sie den Stern nicht.

### 2  Transformation um den Mittelpunkt

Doppelklicken Sie auf das Drehen-Werkzeug. Der Referenzpunkt wird in die Mitte des Objekts gesetzt und die Dialogbox geöffnet.

Wundern Sie sich nicht, falls sich das Objekt schon beim Aufrufen eines Transformieren-Dialogs bewegt. Wenn Sie die Vorschau-Option einmal benutzt haben, ist sie beim nächsten Aufruf der Dialogbox aktiv und wird auch gleich mit einem im Eingabefeld vorhandenen Wert auf Ihr Objekt angewendet.

Aktivieren Sie die Vorschau, und geben Sie einen Winkel ein. Klicken Sie auf OK, um die Transformation auszuführen.

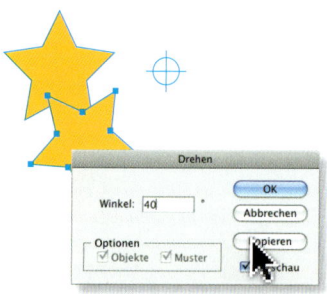

▲ **Abbildung 5.59**
Winkel eingeben und kopieren

### 3  Mit alternativem Referenzpunkt transformieren

Wählen Sie das Drehen-Werkzeug, drücken Sie ⌥/[Alt] und klicken auf eine Stelle auf der Arbeitsfläche, um den Referenzpunkt neu zu bestimmen. Nach dem Klick öffnet sich die Dialogbox.

Aktivieren Sie die Vorschau, geben Sie einen Winkel ein, und klicken Sie auf den Button KOPIEREN, um das Objekt an seinem Platz zu belassen und stattdessen eine Kopie zu erzeugen und im selben Schritt zu drehen.

---

> **Objekt oder Muster?**
>
> Mit den Kontrollkästchen OBJEKT und MUSTER in der Dialogbox der Transformationswerkzeuge bestimmen Sie, ob Sie nur das Objekt, nur das Muster des Objekts oder beides transformieren wollen. Mehr zum Transformieren von Mustern finden Sie in Kapitel 16, »Muster und Symbole«.

### Objekte verschieben

Um ein Objekt manuell zu verschieben, klicken Sie es mit dem Auswahl-Werkzeug an und ziehen es an die gewünschte Position. Aktivierte Objekte können auch mit den Cursortasten [↑], [↓], [→] und [←] in der entsprechenden Richtung bewegt werden.
Beim Verschieben haben Sie folgende Modifizierungsmöglichkeiten:

- ▶ [⇧] lässt nur Verschiebungen im 45°-Winkel zu.
- ▶ ⌥/[Alt]: Eine Kopie des Originalobjekts wird erzeugt und verschoben.

Wählen Sie das Auswahl-Werkzeug, aktivieren Sie das zu verschiebende Objekt, und drücken Sie [↵] oder die Eingabetaste, um die Dialogbox aufzurufen – alternativ doppelklicken Sie auf das Auswahl-Werkzeug oder wählen aus dem Menü OBJEKT • TRANSFORMIEREN • VERSCHIEBEN – Shortcut ⌘/[Strg]+[⇧]+[M].

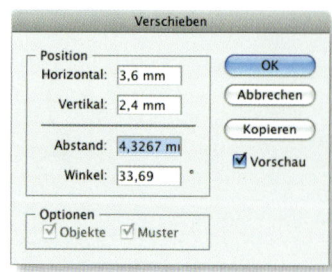

▲ **Abbildung 5.60**
Die Dialogbox VERSCHIEBEN

Die Verschiebung des Objekts erfolgt hiermit immer relativ zur bisherigen Position.

Um ein Objekt absolut an einer bestimmten Stelle auf der Arbeitsfläche neu zu positionieren, müssen Sie das Transformieren-Bedienfeld benutzen, das weiter unten erklärt wird.

**Illustrator rechnen lassen**

In den Eingabefeldern können Sie auch Berechnungen vornehmen lassen: Setzen Sie den Cursor hinter die bereits eingetragene Zahl, und geben Sie eine der Rechenarten +, -, *, / sowie eine Zahl ein.

**Die Cursortasten funktionieren nicht**

Wenn Sie ein Objekt mit den Cursortasten verschieben wollen, es sich aber auf der Zeichenfläche nicht bewegt, überprüfen Sie unter VOREINSTELLUNGEN • ALLGEMEIN die Option SCHRITTE PER TASTATUR. Steht diese auf 0, kann keine Verschiebung stattfinden. Diese Option enthält den Standardwert für die Verschiebung mit den Cursortasten.

### Objekte drehen

Wählen Sie das Werkzeug im Werkzeugbedienfeld, oder drücken Sie R.

- **Drehen mit dem Drehen-Werkzeug**
  Nach dem Mausklick führen Sie das Drehen-Werkzeug auf der Arbeitsfläche um den Referenzpunkt herum, um ein aktiviertes Objekt zu drehen.

- **Drehen mit dem Begrenzungsrahmen**
  Um ein Objekt mit dem Begrenzungsrahmen zu drehen, bewegen Sie den Auswahl-Cursor an der Außenkante des Rahmens entlang. Wenn der Cursor dieses Drehen-Symbol anzeigt, können Sie klicken und den Cursor ziehen, um das Objekt zu drehen.

- **Drehen mit der Dialogbox für numerische Eingabe**
  Durch Eingabe des Winkels in der Dialogbox drehen Sie Objekte um den definierten Referenzpunkt.
  Negative Winkel bewirken eine Drehung im Uhrzeigersinn, positive gegen ihn.

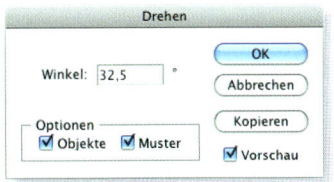

▲ **Abbildung 5.61**
Die Dialogbox DREHEN

**Negativ oder positiv?**

Möchten Sie ein Objekt in dieselbe Richtung drehen, die das Werkzeug-Icon anzeigt, dann geben Sie einen positiven Wert ein.

### Objekte spiegeln

Wählen Sie das Spiegeln-Werkzeug aus dem Werkzeugbedienfeld, oder drücken Sie O.

- **Spiegeln mit dem Spiegeln-Werkzeug**
  Entlang einer virtuellen Achse, die durch den Referenzpunkt verläuft, wird das Objekt gespiegelt. Beim manuellen Spiegeln bewegen Sie mit dem Cursor diese Achse und relativ dazu das Objekt.

- **Spiegeln mit der Dialogbox für die numerische Eingabe**
  Die virtuelle Achse verläuft durch den Referenzpunkt. Sie haben die Möglichkeit, entweder eine horizontale, eine vertikale oder eine Achse im frei definierbaren Winkel von –360 bis 360° anzugeben.

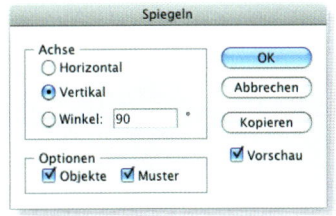

▲ **Abbildung 5.62**
Die Dialogbox SPIEGELN

Eine Achse von 0° verläuft vom Referenzpunkt aus horizontal nach links, andere Werte werden gegen den Uhrzeigersinn von dieser Position berechnet.

▲ **Abbildung 5.63**
Beim manuellen Spiegeln bewegen Sie mit dem Cursor die Achse – das Objekt folgt der Bewegung.

▲ **Abbildung 5.64**
Spiegeln eines Objekts (blau umrandet) um den bezeichneten Referenzpunkt, Achse (rot) im Winkel von 45°, 280° und 15° (von links)

### Objekte skalieren

Wählen Sie das Skalieren-Werkzeug aus dem Werkzeugbedienfeld, oder drücken Sie [S].

▶ **Skalieren mit dem Skalieren-Werkzeug**

Dieses Werkzeug dient dazu, die Größe eines Objekts oder einer Objektgruppe zu verändern. Die Handhabung ist am einfachsten mit dem originären Referenzpunkt in der Mitte des Objekts. Ein Referenzpunkt außerhalb des Objekts vervielfacht die Wirkung der Transformation.

▲ **Abbildung 5.65**
Beschränkung der Skalierung auf die Breite

Wenn Sie nach dem Klicken den Cursor zur gegenüberliegenden Seite des Referenzpunkts bewegen, wird das Objekt zusätzlich gespiegelt (siehe Abbildung 5.66).

Sie haben folgende Modifizierungsmöglichkeiten:

▶ Ohne Modifizierung wird das Objekt je nach Cursor-Bewegung ungleichmäßig in Höhe und Breite verändert.

▲ **Abbildung 5.66**
Ziehen Sie den Cursor auf die gegenüberliegende Seite des Referenzpunkts, um ein Objekt beim Skalieren gleichzeitig zu spiegeln.

▶ [⇧] erhält die Proportionen des Objekts beim Skalieren, sofern Sie in einem 45°-Winkel ziehen. Horizontale Cursor-Bewegungen verbreitern das Objekt nur, vertikale verändern nur die Höhe.

▶ **Skalieren mit dem Begrenzungsrahmen**

Auch mit den Anfassern des Begrenzungsrahmens können Sie Objekte in der Größe verändern. Bewegen Sie den Cursor über die Anfasser, bis er eines der folgenden Symbole anzeigt:

▶ ↔, um nur die Breite des Objekts zu verändern
▶ ↕, um nur die Höhe des Objekts zu verändern
▶ ↘, um Höhe und Breite des Objekts zu verändern

Wenn eines dieser Zeichen erscheint, können Sie klicken und ziehen. Die entsprechende Transformation wird sofort angezeigt. Sie haben folgende Modifizierungsmöglichkeiten:

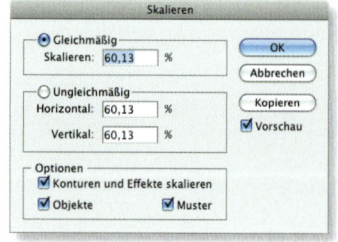

▲ **Abbildung 5.67**
Die Dialogbox Skalieren

5 Geometrische Objekte

- ⇧ und Cursor ↖ erhalten beim Skalieren die Proportionen des Objekts, egal in welche Richtung Sie den Cursor bewegen.
- ⌥/Alt verwendet den Objektmittelpunkt als Referenzpunkt bei der Skalierung.
- **Skalieren mit der Dialogbox für numerische Eingabe**
Das Kontrollkästchen KONTUREN UND EFFEKTE SKALIEREN muss aktiviert werden, wenn Sie die Konturen und Effekte zusammen mit dem Objekt skalieren wollen, damit beispielsweise Linien beim Vergrößern entsprechend dicker werden. Ob diese Option automatisch aktiviert wird, richtet sich nach der gleichnamigen Einstellung unter VOREINSTELLUNGEN • ALLGEMEIN.

▲ **Abbildung 5.68**
Originalobjekt mit angewandtem Pinselstrich-Effekt (links), Konturen und Effekte sind mit skaliert (Mitte), Konturen und Objekte sind nicht mit skaliert (rechts).

**Objekte gleichmäßig nach allen Seiten skalieren** | Ein Sonderfall der Skalierung tritt ein, wenn Sie eine unregelmäßige Fläche gleichmäßig nach allen Seiten erweitern oder »schrumpfen« möchten – so wie einen Pfannkuchenteig, der in der Pfanne zerläuft, oder ein eingelaufenes Kleidungsstück. Für dieses Problem können Sie nicht das Skalieren-Werkzeug verwenden, sondern müssen die Pfade »verschieben«.

Aktivieren Sie das Objekt, und wählen Sie den Menübefehl OBJEKT • PFAD • PFAD VERSCHIEBEN… aus. Der Befehl lässt sich sowohl auf Objekte mit offenen Pfaden als auch auf geschlossene Formen anwenden – wirkt jedoch bei offenen Pfaden anders. Wenn Sie ihn auf eine Objektgruppe anwenden, wird jeder in der Gruppe enthaltene Pfad umgeformt.

Nach dem Menüaufruf erscheint eine Dialogbox für numerische Eingabe:
- VERSATZ: Geben Sie positive Werte ein, um die Fläche zu erweitern, und negative, um sie schrumpfen zu lassen.
- LINIENECKEN und GEHRUNGSGRENZE: Diese Eingabeoptionen werden detailliert in Abschnitt 9.1, »Standard-Konturoptionen«, erklärt.

### Objekte verbiegen (Scheren)
Das Verbiegen-Werkzeug können Sie nur aus dem Werkzeugbedienfeld auswählen.
- **Verbiegen mit dem Verbiegen-Werkzeug**
Wenn Sie das Verbiegen-Werkzeug manuell verwenden, erfolgt die Verbiegung in der Richtung, die sich aus dem Referenzpunkt und der Cursor-Position ergibt. Die Verbiegung wird umso stärker, je weiter Sie den Cursor von der Stelle auf der Arbeitsfläche wegbewegen, die Sie bei Beginn der Transformation angeklickt haben (Startpunkt).

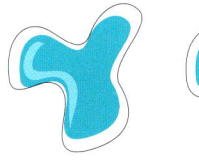

▲ **Abbildung 5.69**
Der Unterschied zwischen Skalieren und Pfad verschieben: die blaue Fläche skaliert (links) und mit PFAD VERSCHIEBEN (rechts)

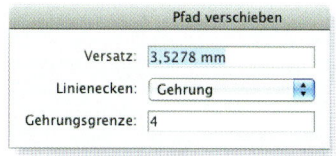

▲ **Abbildung 5.70**
Die Dialogbox PFAD VERSCHIEBEN

> **Offene Pfade verschieben**
>
> PFAD VERSCHIEBEN, auf einen offenen Pfad angewendet, erweitert diesen zu einer Fläche (siehe Kapitel 10, »Vektorobjekte bearbeiten und kombinieren«).

**Abbildung 5.71** ▶
In frühen Versionen von Grafikprogrammen hieß diese Funktion »Scheren«. Stellen Sie sich ein Objekt vor, das an den Hälften einer Schere befestigt ist und durch Öffnen und Schließen der Schere verbogen wird.

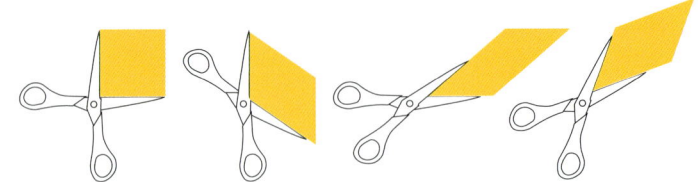

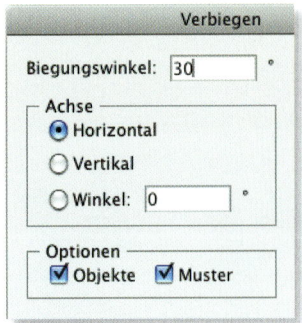

▲ **Abbildung 5.72**
Die Dialogbox VERBIEGEN

Das Transformieren eines Objekts mit dem Werkzeug ist sehr intuitiv, da die Ergebnisse von der Wahl Ihres Startpunkts abhängen. Kleine Werkzeug-Bewegungen können zu extremen Verzerrungen führen.

Sie haben folgende Modifizierungsmöglichkeit:

- ⇧ beschränkt den Transformations-Winkel auf die Horizontale, die Vertikale bzw. auf 45°-Winkel.

▶ **Verbiegen mit der Dialogbox für numerische Eingabe**
Die Verbiegen-Operation verformt das Objekt in Richtung einer definierbaren Achse um einen wählbaren Verbiegungswinkel. Die Achse gibt die Richtung (also die Ausrichtung der Schere), der Winkel die Stärke der Verbiegung (also den Winkel der Scherenhälften zueinander) vor.

### Schritt für Schritt: Isometrie eines Packungsdesigns

▲ **Abbildung 5.73**
Die fertiggestellte Isometrie

#### 1  Datei und Hilfslinien

Richten Sie sich für diese Aufgabe ein neues Dokument im A4-Hochformat ein. Zeigen Sie die Lineale an, indem Sie ANSICHT • LINEALE EINBLENDEN wählen oder ⌘/Strg+R drücken. Aktivieren Sie außerdem ANSICHT • MAGNETISCHE HILFSLINIEN. Ziehen Sie sich Hilfslinien ungefähr in die Mitte des Blatts, indem Sie erst in das Lineal an der linken Seite des Fensters klicken und bis in die Mitte des Blatts ziehen. Dann klicken und ziehen Sie die Hilfslinie aus dem oberen Lineal.

#### 2  Erste Grundformen erstellen

Als ersten Schritt der Isometrie erstellen Sie das Packungsdesign in der Aufsicht. Dafür erzeugen Sie drei Rechtecke – für den Anfang irgendwo auf dem Blatt.

Fangen Sie mit dem großen gelben Rechteck an: Wählen Sie das Rechteck-Werkzeug, und klicken Sie auf das Blatt. In die Dialogbox geben Sie die Größe ein – siehe Abbildung 5.74.

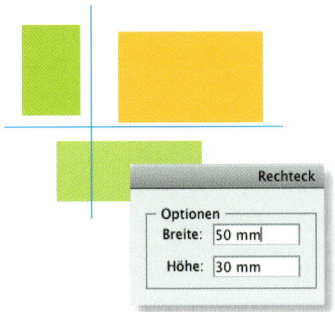

▲ **Abbildung 5.74**
Erstellen des gelben Rechtecks

#### 3  Einfärben

Um das Rechteck mit einer Füllung zu versehen und die Kontur zu löschen, wenden Sie das Steuerungsbedienfeld an.

Um die Kontur zu löschen, rufen Sie das Pulldown-Menü unter Kontur ❶ auf. Wählen Sie das Symbol für Ohne ❷.

Rufen Sie das Menü unter Fläche ❷ auf, und wählen Sie eine Farbe aus.

### 4   Weitere Grundformen erstellen

Wiederholen Sie Schritt 2, um die weiteren Grundformen zu erstellen. Geben Sie folgende Werte ein: für das Rechteck links eine Breite von 20 mm und eine Höhe von 30 mm und für das Rechteck unten eine Breite von 50 mm und eine Höhe von 20 mm. Gehen Sie vor wie in Schritt 3, um auch diese Rechtecke zu färben.

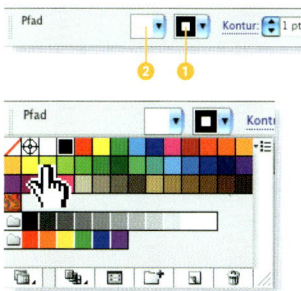

▲ **Abbildung 5.75**
Auswahl der Farben im Steuerungsbedienfeld

### 5   Grundformen positionieren

Positionieren Sie die Rechtecke jetzt auf dem Blatt. Klicken und ziehen Sie die Rechtecke an den Hilfslinien in Position – siehe Abbildung 5.76.

### 6   Design der Flächen

Fügen Sie noch einige weitere Objekte auf den Flächen hinzu. Verwenden Sie die Form-Werkzeuge, um geometrische Objekte zu erstellen, und färben Sie sie ein.

▲ **Abbildung 5.76**
Objekte an Hilfslinien ziehen

Anschließend gruppieren Sie jeweils diejenigen Objekte, die zu einer Seite der Packung gehören. Verwenden Sie das Auswahl-Werkzeug, um das Auswahlrechteck über einer Seite aufzuziehen. Achten Sie darauf, dass wirklich nur Objekte aktiviert sind, die zu der Seite gehören. Dann drücken Sie ⌘/Strg+G.

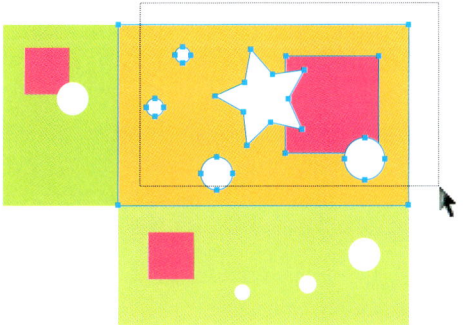

◀ **Abbildung 5.77**
Auswählen der Objekte für die Gruppierung

### 7   Transformieren der Objekte

Beginnen Sie mit der großen Fläche – diese wird in der isometrischen Ansicht die Oberseite sein. Aktivieren Sie die Gruppe dieser Grundfläche mit dem Auswahl-Werkzeug. Dann wählen Sie das Drehen-Werkzeug und klicken auf den Referenzpunkt: die Kreuzung der beiden Hilfslinien. Dann klicken und ziehen Sie mit dem Werkzeug an der anderen Seite des Objekts. Halten Sie dabei ⇧, um die Drehung auf 45°-Winkel einzuschränken. Drehen Sie das Objekt um 45° gegen den Uhrzeigersinn. Dann wechseln Sie zum Skalieren-Werkzeug, drücken ⌥/Alt und klicken erneut auf den Referenzpunkt. Geben Sie eine unproportionale Skalierung von »58%« bei Vertikal ein.

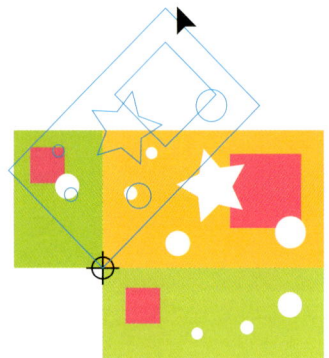

▲ **Abbildung 5.78**
Drehen und Skalieren der großen Fläche

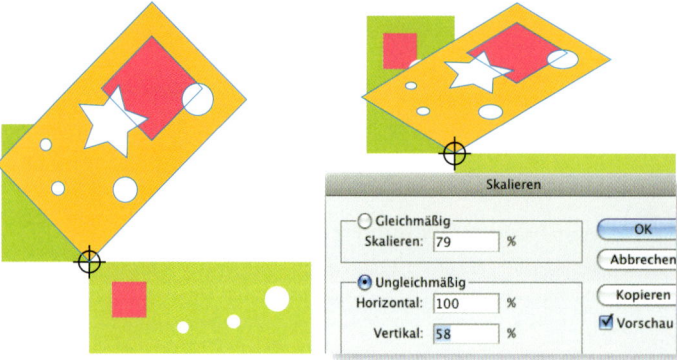

Das vordere (untere) Rechteck drehen Sie ebenfalls im ersten Schritt mit dem Drehen-Werkzeug 45° gegen den Uhrzeigersinn um den Schnittpunkt der beiden Hilfslinien. Dann wählen Sie das Skalieren-Werkzeug. Halten Sie ⌥/Alt, klicken Sie auf den Referenzpunkt, und geben Sie bei Horizontal »58%« und bei Vertikal »100%« in die Dialogbox ein. Wechseln Sie zurück zum Drehen-Werkzeug, drücken Sie erneut ⌥/Alt, und klicken Sie auf den Referenzpunkt. Geben Sie »-30°« für die Drehung ein.

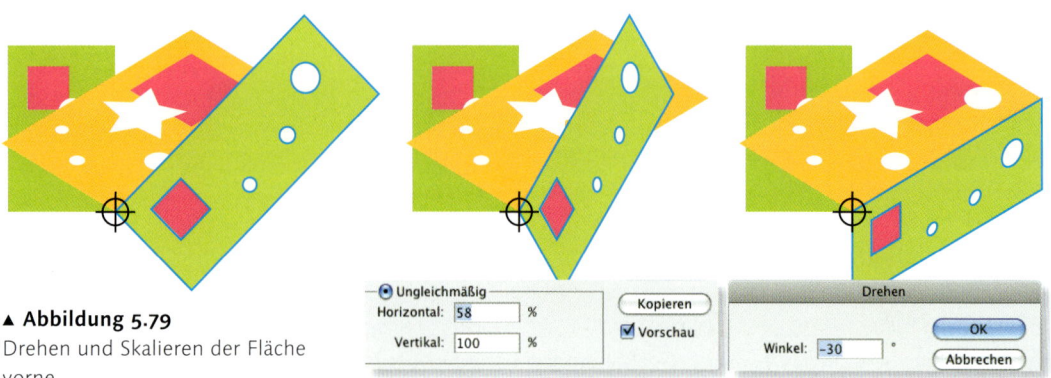

▲ **Abbildung 5.79**
Drehen und Skalieren der Fläche vorne

Aktivieren Sie jetzt das übrig gebliebene Teil links. Drehen Sie es 45° gegen den Uhrzeigensinn um den Schnittpunkt der Hilfslinien. Wechseln Sie zum Skalieren-Werkzeug, klicken Sie mit gedrückter ⌥/Alt-Taste den Referenzpunkt, und skalieren Sie das Objekt horizontal um 58%. Dann wechseln Sie wieder zum Drehen-Werkzeug, klicken den Referenzpunkt und klicken mit dem Drehen-Werkzeug auf die untere Ecke. Diese ziehen Sie an die Kante des rechten Objekts. Dank der magnetischen Hilfslinien rastet sie dort ein.

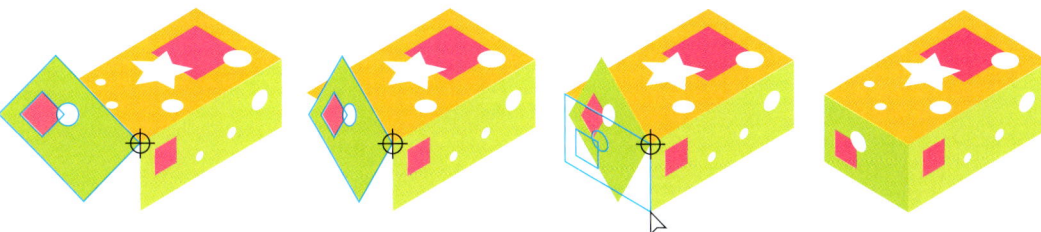

▲ **Abbildung 5.80**
Drehen und Skalieren der Fläche links

**Frei-transformieren-Werkzeug – perspektivisch verzerren**
Eines für alles – das Frei-transformieren-Werkzeug bietet Ihnen in einem Tool alle Funktionen des Begrenzungsrahmens und zusätzlich noch die Möglichkeit, Objekte zu verzerren. Dieses Werkzeug ist sinnvoll, wenn Sie lieber mit deaktiviertem Begrenzungsrahmen arbeiten.

Aktivieren Sie die Objekte, die Sie transformieren möchten, zunächst mit dem Auswahl-Werkzeug, und wählen Sie erst dann aus dem Bedienfeld das Frei-transformieren-Werkzeug aus – Shortcut [E]. Sobald das Frei-transformieren-Tool aktiv ist, wird für die ausgewählten Objekte automatisch ein Begrenzungsrahmen angezeigt.

**Begrenzungsrahmen anwenden**

Wie Sie mit einem Begrenzungsrahmen die Transformationen Verschieben, Drehen, Spiegeln und Skalieren durchführen, ist bei den jeweiligen Operationen beschrieben.

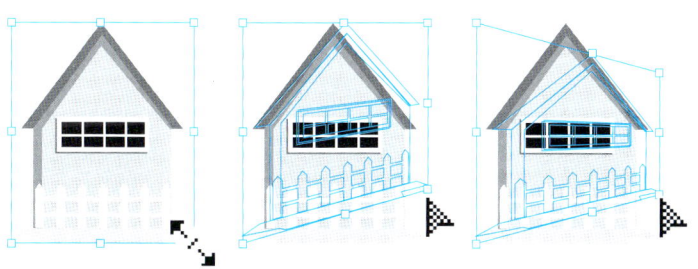

◀ **Abbildung 5.81**
Perspektivische Verzerrung mit dem Frei-transformieren-Werkzeug: ungleichmäßig (Mitte), gleichmäßig (rechts)

Um ein Objekt perspektivisch zu verzerren, klicken Sie zuerst auf einen Eck-Anfasser, drücken erst dann ⌘/Strg+⇧ oder ⌘+⌥+⇧ bzw. Strg+Alt+⇧ für eine gleichmäßig perspektivische Verzerrung und ziehen in horizontaler oder vertikaler Richtung. **Achtung!** Halten Sie unbedingt die Reihenfolge ein, da sonst der Begrenzungsrahmen mit seinen Anfassern nicht mehr sichtbar ist!

Um ein Objekt zu verbiegen, klicken Sie auf einen Seiten-Anfasser, drücken ⌘/Strg+⌥/Alt und ziehen das Objekt in die gewünschte Form. Klicken Sie auf den Anfasser an der Ober-

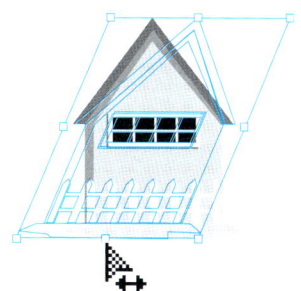

▲ **Abbildung 5.82**
Verbiegen

oder Unterseite für horizontales Verbiegen und auf den linken oder rechten Seite für vertikales Verbiegen. Es besteht folgende Modifizierungsmöglichkeit:

▶ ⇧ erhält beim horizontalen Verbiegen die Höhe und beim vertikalen Verbiegen die Breite des Objekts.

**Transformieren-Bedienfeld**

Die Transformationen VERSCHIEBEN, SKALIEREN, DREHEN, VERBIEGEN sowie VERTIKAL und HORIZONTAL SPIEGELN können Sie numerisch auch im Transformieren-Bedienfeld vornehmen.

Um das Bedienfeld anzeigen zu lassen, muss das Häkchen vor dem Menüpunkt FENSTER • TRANSFORMIEREN aktiviert werden.

Sobald Sie ein oder mehrere Objekte auswählen, werden im Bedienfeld die Parameter des zugehörigen Begrenzungsrahmens bezogen auf den definierten Referenzpunkt angezeigt. Auf diesen Referenzpunkt beziehen sich auch die Transformationen, die Sie mithilfe des Bedienfelds vornehmen. Um eine andere Stelle des Objekts als Referenz zu verwenden, klicken Sie auf eines der kleinen Kästchen im Referenzpunktsymbol ▦ des Transformieren-Bedienfelds.

▶ **Verschieben mit dem Transformieren-Bedienfeld**

Diese Operation erfolgt *absolut*, indem Sie die neue Position des Objekts im Koordinatensystem angeben. Legen Sie den Referenzpunkt ❶ fest, und geben Sie die X- und Y-Koordinate in das entsprechende Feld ❸ ein.

▶ **Skalieren mit dem Transformieren-Bedienfeld**

Geben Sie die gewünschten Werte in die Kästchen B (Breite) und H (Höhe) ein ❺. Wenn Sie beim Skalieren die Proportionen beibehalten möchten, aktivieren Sie das Kettensymbol rechts daneben. Dann muss nur einer der beiden Werte eingegeben werden, und der andere wird automatisch berechnet. Alternativ geben Sie einen Wert ein, drücken ⌘/Strg und ↵. Der andere Wert wird proportional eingetragen.

▶ **Drehen mit dem Transformieren-Bedienfeld**

Geben Sie den gewünschten Wert in dem Feld neben dem Winkelsymbol ❷ ein. Negative Werte drehen im, positive gegen den Uhrzeigersinn.

▶ **Verbiegen mit dem Transformieren-Bedienfeld**

An dieser Stelle können Sie durch Eingeben des Verbiegungswinkels ❹ das Objekt nur horizontal verbiegen (neigen).

▶ **Spiegeln mit dem Transformieren-Bedienfeld**

Mit dem Transformieren-Bedienfeld können Sie ohne Variationen nur um 180° spiegeln, indem Sie im Bedienfeldmenü ▾≡ entweder HORIZONTAL oder VERTIKAL SPIEGELN aufrufen.

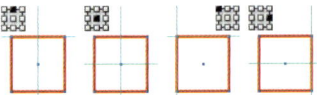

▲ Abbildung 5.83
Die blauen Hilfslinien kennzeichnen den eingegebenen Punkt. Das Quadrat wird je nach Referenzpunkt ausgerichtet.

**Koordinatensystem**

Lesen Sie mehr über Illustrators Koordinatensystem in Abschnitt 4.4, »Maßeinheiten und Lineale«.

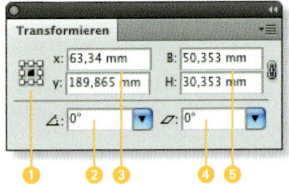

▲ Abbildung 5.84
Das Transformieren-Bedienfeld und der Referenzpunkt

**Vorschaubegrenzungen**

Die im Transformieren-Bedienfeld angezeigten Werte für Position und Größe des Objekts berücksichtigen die Option VORSCHAUBEGRENZUNGEN VERWENDEN unter VOREINSTELLUNGEN • ALLGEMEIN (siehe Kapitel 4).

Sie haben folgende Modifizierungsmöglichkeiten über das Bedienfeldmenü :

- Für alle Transformationen, die das Transformieren-Bedienfeld anbietet, können Sie auswählen, ob Sie das Objekt, sein Muster oder beides zusammen transformieren möchten. Standardmäßig ist die Option NUR OBJEKT TRANSFORMIEREN aktiviert.
- Beim Skalieren mit dem Transformieren-Bedienfeld haben Sie wie beim Skalieren per Dialogbox auch die Option, Konturen und Effekte mit dem Objekt zu skalieren.

**»Klonen«**

Illustrator hat keinen eigenständigen Befehl für das »Klonen« von Objekten. Benutzen Sie dazu entweder KOPIEREN und DAVOR EINFÜGEN oder im Transformationsdialog den Button KOPIEREN zusammen mit Nullwerten in den Eingabefeldern.

**Erneut transformieren**

Um die letzte Transformation mit denselben Einstellungen auf dasselbe oder ein anderes Objekt erneut anzuwenden, wählen Sie im Menü OBJEKT • TRANSFORMIEREN • ERNEUT TRANSFORMIEREN – Shortcut ⌘/Strg+D. Sollten Sie bei der letzten Transformation statt des Originals eine Kopie erzeugt und bearbeitet haben, wird auch mit dieser Option eine Kopie erstellt und transformiert.

### Schritt für Schritt: Erneut transformieren

**1   Die Grundform**

In dieser kleinen Übung setzen wir ERNEUT TRANSFORMIEREN ein, um ein Zifferblatt zu erstellen. Zunächst erzeugen Sie eine Grundform:

◀ **Abbildung 5.85**
Wir verwenden einen Stern als Grundform.

Sie können Ihre Grundform aber beliebig komplex gestalten. Wenn Sie mehrere Objekte kombinieren, sollten Sie diese aktivieren und gruppieren, bevor Sie fortfahren.

**2   Die Transformation**

Für ein Zifferblatt brauchen wir insgesamt elf Kopien des Grundobjekts, die in 30°-Schritten gedreht werden. Um die erste Drehung aufzuzeichnen, aktivieren Sie das Grundobjekt und wählen das Drehen-Werkzeug aus.

Drücken Sie ⌥/Alt, und klicken Sie als neuen Referenzpunkt den zukünftigen Mittelpunkt des zu erzeugenden Ziffer-

**Transformieren-Effekt**

In vielen Zusammenhängen ist der Transformieren-Effekt dem Befehl ERNEUT TRANSFORMIEREN vorzuziehen (zu Effekten siehe Kapitel 13).

blatts an. Geben Sie »30« als Wert für die Drehung ein, und benutzen Sie zur Bestätigung nicht OK, sondern den Button KOPIEREN.

**Abbildung 5.86** ▶
Geben Sie den Drehwinkel ein. Nicht vergessen: Wählen Sie den Mittelpunkt des Zifferblatts als neuen Referenzpunkt!

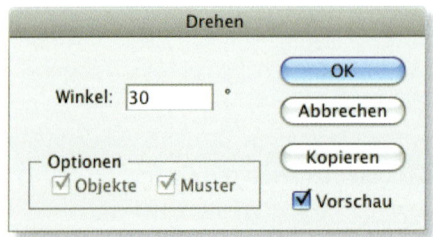

### 3   Die weiteren Schritte

Um das Zifferblatt fertigzustellen, wiederholen Sie OBJEKT • TRANSFORMIEREN • ERNEUT TRANSFORMIEREN oder die Tastenkombination ⌘/Strg+D, bis das Zifferblatt komplett ist, also noch zehn Mal.

▲ **Abbildung 5.88**
Das »Zifferblatt«

▲ **Abbildung 5.87**
Der Menübefehl ERNEUT TRANSFORMIEREN

Sie können den Befehl ERNEUT TRANSFORMIEREN auch dann anwenden, wenn Sie die Ausgangstransformation manuell, also nicht numerisch erzeugt haben. ■

### Einzeln transformieren

Wenn Sie mehrere Objekte gleichzeitig transformieren, werden diese bei einer Umwandlung wie eine Gruppe behandelt, auch wenn die Objekte nicht gruppiert sind. Das heißt, sie werden relativ zu einem gemeinsamen Referenzpunkt transformiert. Wenn für jedes Objekt sein eigener Referenzpunkt gelten soll, verwenden Sie die Dialogbox, die über das Menü OBJEKT • TRANSFORMIEREN • EINZELN TRANSFORMIEREN aufgerufen wird (siehe Abbildung 5.90). Sie haben damit die Möglichkeit, Objekte einzeln um den gleichen Wert zu vergrößern, zu verschieben und zu drehen oder mit dem Button KOPIEREN statt OK zu duplizieren und die Kopien entsprechend umzuwandeln.

▲ **Abbildung 5.89**
Zusammen um 30° gedreht (Mitte), einzeln um 120° gedreht mit der Zusatzoption ZUFALLSWERT. Der zufällige Wert wird zwischen 1 und dem eingegebenen Wert generiert.

Sehr interessant für die Illustration von Naturmotiven ist die Option ZUFALLSWERT, um beispielsweise eine realistischer anmutende Verteilung und Ausrichtung von Blumen auf einer Wiese zu erreichen.

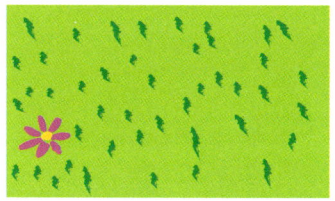

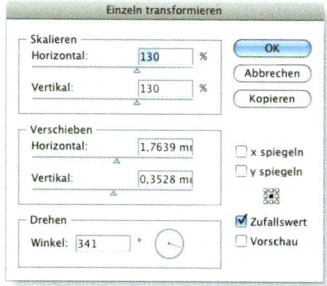

▲ **Abbildung 5.91**
Alle Blumen sind Klone dieser einen, die erst grob über die »Wiese« gestreut und anschließend mit dem Befehl Einzeln transformieren bearbeitet wurden.

▲ **Abbildung 5.90**
Einzeln transformieren

Mit den Schiebereglern lassen sich nur sehr geringe Werte einstellen, die Funktion akzeptiert jedoch die direkte Eingabe von Skalierungen zwischen −4000 und +4000 % und Verschiebungen zwischen −1411,1111 und +1411,1111.

### Symbolinstanzen einzeln transformieren

Symbolsätze können Sie mit der Funktion nicht bearbeiten. Wenn Sie jedoch einen Symbolsatz zunächst mit Objekt • Umwandeln in einzelne Instanzen aufsplitten und die Gruppe auflösen, dann können Sie die Instanzen anschließend einzeln transformieren. Mehr zu Symbolen in Kapitel 16.

## 5.6 Ausrichten und Verteilen

Ordnung ist das halbe Leben. Sehr praktisch ist daher die Möglichkeit, Objekte und einzelne Ankerpunkte (mehr dazu in Kapitel 6) aneinander auszurichten oder zu verteilen. So können Sie sich ganz auf den Entwurf Ihrer Illustration konzentrieren und sparen den unnötigen Einsatz von Hilfslinien.

### Objekte ausrichten

Objekte werden mit dem Ausrichten-Bedienfeld ausgerichtet. Wählen Sie Fenster • Ausrichten, um das Bedienfeld aufzurufen – Shortcut ⇧ + F7 ; im Dock klicken Sie auf das Symbol .

Wählen Sie mindestens zwei Objekte aus, und klicken Sie in der oberen Zeile des Ausrichten-Bedienfelds (Objekte ausrichten) das gewünschte Symbol an, um die Objekte entsprechend dem abgebildeten Symbol zueinander auszurichten (siehe Infobox »Ausrichten-Bedienfeld« am Ende dieses Kapitels). Die Funktion bietet Ihnen die Option, Objekte zusätzlich anhand der Zeichenfläche (siehe Kapitel 4) auszurichten.

Normalerweise erfolgt die Ausrichtung anhand des virtuellen Rechtecks, das alle Objekte umgibt – dieser Modus wird als Ausrichten an Auswahl bezeichnet.

Es bestand schon lange die Möglichkeit, ein Referenzobjekt zu bestimmen, dessen Begrenzungen als Basis für die Ausrichtung verwendet werden. In Version CS4 wurde die Ausrichtung an einem Basisobjekt endlich nutzerfreundlich gestaltet, sodass die Option einfach aufzufinden und anzuwenden ist.

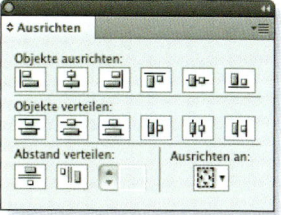

▲ **Abbildung 5.92**
Das Ausrichten-Bedienfeld – Sie finden viele der Optionen auch im Steuerungsbedienfeld.

Die Vorgehensweise beim Ausrichten und Verteilen werden wir Ihnen gleich in einer Schritt-für-Schritt-Anleitung verdeutlichen.

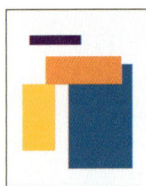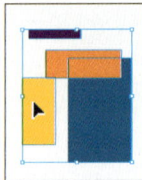

**Abbildung 5.93** ▶
Links: Originalobjekte und an der Zeichenfläche ausgerichtet
Rechts: Bestimmung eines Objekts, an dem die Ausrichtung erfolgt

Sollen Objekte sowohl waagerecht als auch senkrecht ausgerichtet werden, müssen Sie die horizontale und die vertikale Ausrichtung nacheinander ausführen.

### Schritt für Schritt: Ausrichten

#### 1 An der Seite ausrichten

In dieser Übung führen Sie verschiedene typische Arbeitsabläufe mit dem Ausrichten-Bedienfeld durch. Öffnen Sie zunächst die Datei »Ausrichten.ai« von der DVD. In dieser Datei werden Sie nacheinander verschiedene Objekte aneinander ausrichten.

Rufen Sie das Ausrichten-Bedienfeld auf, falls es nicht bereits angezeigt wird, und positionieren Sie das Bedienfeld in der Nähe der Seite.

Zunächst benötigen Sie eine Referenz für die Ausrichtung des ganzen Satzspiegels auf der Mitte der Seite: Aktivieren Sie den Text, wählen Sie An Zeichenfläche ausrichten aus dem Menü Ausrichten an rechts unten im Ausrichten-Bedienfeld, falls es nicht bereits ausgewählt ist. Dies erkennen Sie am Symbol, das im Menü dargestellt wird: An Auswahl ausrichten (Grundeinstellung), An Basisobjekt ausrichten, An Zeichenfläche ausrichten.

Um die Ausrichtung des Textes an der Zeichenfläche durchzuführen, klicken Sie auf den Button Horizontal zentriert ausrichten.

Die im Menü Ausrichten an ausgewählte Option wird automatisch auf die Grundeinstellung An Auswahl ausrichten zurückgesetzt, wenn Sie die Objekte deaktivieren. Diese automatische Umstellung fand in Illustrator CS3 nicht statt, das kann anfangs etwas ungewohnt sein.

#### 2 An Referenzobjekt ausrichten

Die »Headline« ist jetzt Ihr Referenzobjekt für die folgenden Ausrichtungen. Einige Objekte müssen rechtsbündig mit der Head-

▲ **Abbildung 5.94**
Ausgangssituation der Schritt-für-Schritt-Anleitung

▲ **Abbildung 5.95**
Auswählen der Ausrichtungsoption

▲ **Abbildung 5.96**
Ausrichtung der Headline

line ausgerichtet werden. Aktivieren Sie die Headline, den grünen und den gelben Kasten sowie den Stern.

Wählen Sie aus dem Menü Ausrichten an die Option An Basisobjekt ausrichten . Das im Objektstapel oben liegende Objekt – der Stern – wird automatisch als Basisobjekt bestimmt und zur Kennzeichnung mit einer fetten Outline versehen. Klicken Sie auf die Headline, um diese als Basisobjekt zu bestimmen – drücken Sie dabei keine Modifizierungstasten –, und verwenden Sie anschließend den Button Rechts ausrichten .

In dieser Übung werden Sie mit den beteiligten Objekten keine weitere Ausrichtung durchführen. Sollten Sie jedoch für weitere Ausrichtungen mit den aktivierten Objekten ein anderes Referenzobjekt benötigen, müssen Sie vorher die Aktion Basisobjekt abbrechen aus dem Bedienfeldmenü ausführen oder ein anderes Objekt anklicken.

▲ **Abbildung 5.97**
Nachdem Sie die Objekte und die Ausrichtungsmethode ausgewählt haben, ändern Sie das Basisobjekt, indem Sie auf das gewünschte Objekt klicken.

### 3 Einfache Ausrichtung

Es müssen jetzt zwei Ausrichtungen mit unterschiedlichen Objekten durchgeführt werden:
1. der blaue Kasten und die Headline: links ausrichten 
2. der blaue und der grüne Kasten: oben ausrichten 

Aktivieren Sie für jeden Schritt die beteiligten Objekte, und klicken Sie auf den entsprechenden Button.

▲ **Abbildung 5.98**
Ausrichten des grünen Kastens

### 4 Ausrichtung an Referenzobjekt

Abschließend führen Sie noch eine »Ausrichtung unten« des gelben Kastens am Referenzobjekt blauer Kasten durch. Aktivieren Sie die beiden Kästen, klicken Sie auf den blauen Kasten, und wählen Sie den Button Unten ausrichten .

▲ **Abbildung 5.99**
Ausrichtung am Referenzobjekt

**Optionen** | Direkt auf dem Bedienfeld sowie im Bedienfeldmenü können Sie folgende Optionen und Einstellungen vornehmen:
▶ Ausrichten an: Hier wechseln Sie zwischen den »Operationsmodi« der Ausrichtenfunktionen An Auswahl ausrichten , An Zeichenfläche ausrichten , An Basisobjekt ausrichten . Wenn Sie einzelne Ankerpunkte ausgewählt haben, springt letzterer auf An Basisankerpunkt ausrichten .

Ein Symbol kennzeichnet die gewählte Ausrichtungsart, die sofort aktiv ist und angewendet wird. Wenn Sie die Objekte deaktivieren, springt die Einstellung automatisch auf An Auswahl ausrichten zurück.

**Ausrichten in Illustrator CS3**

In Illustrator CS3 muss der Ausrichtungsmodus in zwei Schritten aktiviert werden: Zunächst wählen Sie die Referenz aus dem Menü, und im zweiten Schritt aktivieren Sie die Ausrichtung.

▶ Vorschaubegrenzungen verwenden: Als originäre Grundeinstellung werden Objekte anhand ihrer Objektgrenzen (Mitte der Außenlinie) ausgerichtet. Wenn Objekte eine starke Außenlinie aufweisen, führt diese Einstellung nicht immer zum gewünschten Ergebnis.

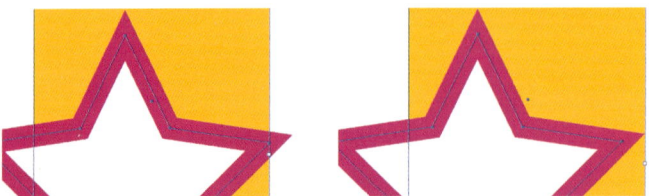

**Abbildung 5.100** ▶
Mit der Option Vorschaubegrenzungen verwenden wird z. B. die Linienstärke berücksichtigt: Objekte Rechts ausgerichtet (rechts mit Option Vorschaubegrenzungen)

Mit der Option Vorschaubegrenzungen verwenden aus dem Bedienfeldmenü werden die sichtbaren Außenbegrenzungen als Referenz zum Ausrichten von Objekten verwendet, also mit Linienstärken und/oder Effekten.

### Objekte gleichmäßig verteilen

Beim Verteilen werden die betreffenden Objekte mit gleichmäßigen Abständen zueinander versehen. Die verschiedenen Möglichkeiten sind:

▶ Alle Objekte werden gleichmäßig über den Raum verteilt, ausgerichtet an ihren Außenkanten bzw. ihrem Mittelpunkt, begrenzt von den beiden äußersten Objekten.
▶ Der Raum zwischen den Objekten wird gleichmäßig aufgeteilt.
▶ Ein frei definierbarer Abstand wird zwischen den Objekten eingerichtet.

Ist beim Verteilen von Objekten die Ausrichtung an der Zeichenfläche oder der Schnittkante aktiviert, werden die äußeren Objekte an die jeweiligen Ränder verschoben.

**Objekte verteilen** | Im Ausrichten-Bedienfeld sind die Symbole in der zweiten und dritten Reihe, Objekte verteilen und Abstand verteilen, für das Verteilen von Objekten zuständig.

Aktivieren Sie die Objekte, die verteilt werden sollen. Achten Sie darauf, dass in dem Wertefeld Auto eingetragen ist, und klicken Sie dann den gewünschten Button im Ausrichten-Bedienfeld an. Sie können Objekte verteilen auch mit dem Ausrichten kombinieren, indem Sie nach der ersten eine weitere Operation des Ausrichten-Bedienfelds durchführen.

> **Aneinander stoßen**
> Um Objekte exakt aneinander stoßen zu lassen, verwenden Sie die Funktion Abstand verteilen mit dem Wert 0.

 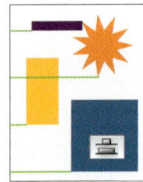

▲ **Abbildung 5.101**
Die Objekte werden anhand ihrer Außenkanten oder ihrer Mittelpunkte gleichmäßig verteilt.

**Verteilen eines definierten Abstands** | Um einen definierten Abstand zwischen den Objekten zu verteilen, gehen Sie folgendermaßen vor:

1. Aktivieren Sie die Objekte, die Sie verteilen möchten.
2. Wählen Sie aus dem Menü AUSRICHTEN AN die Option AN BASISOBJEKT AUSRICHTEN. Das im Stapel oben liegende Objekt wird hervorgehoben, und erst jetzt wird das Feld für die Eingabe des Abstands aktiv.
3. Klicken Sie auf das Objekt, von dem aus der Abstand verteilt werden soll. Es wird hervorgehoben.
4. Tragen Sie den gewünschten Abstand in das Feld AUTO im Bedienfeld ein.
5. Klicken Sie den gewünschten Button HORIZONTAL VERTEILEN: ABSTAND bzw. VERTIKAL VERTEILEN: ABSTAND im Ausrichten-Bedienfeld an, um den Abstand zwischen den Objekten einzurichten.

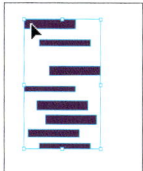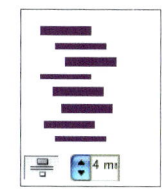

▲ **Abbildung 5.102**
Beim Verteilen der Objekte mit frei definiertem Abstand muss ein Referenzobjekt bestimmt werden.

### Ausrichten von Schnittmasken

Mit Illustrator CS3 wurde ein ärgerliches Fehlverhalten des Programms behoben – ein mit einer Schnittmaske versehenes Objekt wird jetzt korrekt anhand der Schnittmaske (statt wie bisher an den Außenkanten des beschnittenen Objekts) ausgerichtet (zu Schnittmasken siehe Kapitel 11, »Hierarchische Struktur«).

### Ausrichten von gruppierten Objekten

Isolieren Sie Gruppen oder zusammengesetzte Formen (zum Isolationsmodus siehe Abschnitt 11.4), und richten Sie dann die Bestandteile aneinander aus. Es ist nicht möglich, einzelne Objekte, die Bestandteile verschiedener Gruppen sind, aneinander auszurichten.

▲ **Abbildung 5.103**
Ein beschnittenes Objekt (blau) wird korrekt an der Oberkante der Schnittmaske mit einem zweiten Objekt (rechts) ausgerichtet.

## Ausrichten-Bedienfeld

### Ausrichtung (ohne Referenzobjekt)
Mittenausrichtungen ⬚ und ⬚ erfolgen bezogen auf die rechnerische horizontale bzw. vertikale Mitte des virtuellen Rechtecks, das alle aktivierten Objekte umschließt.

Bei Randausrichtungen 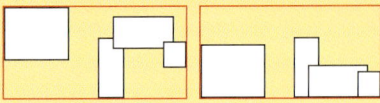 erfolgt die Anordnung der ausgewählten Kanten aller aktivierten Objekte an der entsprechenden Kante des virtuellen Begrenzungsrechtecks (in der Grafik rot gekennzeichnet).

### Ausrichtung (mit Referenzobjekt)
Anstatt auf das virtuelle umgebende Rechteck bezieht sich die Definition der Mitte bzw. der Kanten auf das Referenzobjekt (in der Grafik grün). Das heißt, seine Mitte oder seine rechte Kante bestimmen die Position der Mitte oder der rechten Kanten aller ausgerichteten Objekte.

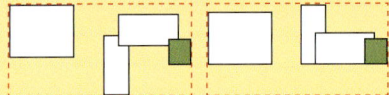

### Verteilung (ohne Referenzobjekt)
Die Mittelpunkte ⬚ ⬚ bzw. Kanten  aller aktivierten Objekte werden gleichmäßig zwischen den Extrempositionen verteilt. Für die Ermittlung der Extrempositionen werden jedoch nicht die Gesamtobjekte, sondern nur ihre jeweils auszurichtenden Kanten (rot) bewertet.

### Verteilung (mit Referenzobjekt)
Zwischen den Mittelpunkten oder Kanten der beteiligten Objekte wird der im Eingabefeld definierte Abstand eingerichtet.

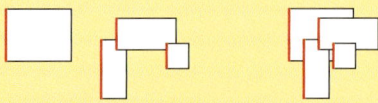

### Abstand verteilen (ohne Referenzobjekt)
Die aktivierten Objekte werden in horizontaler ⬚ oder vertikaler ⬚ Richtung so auf der Fläche des virtuellen Rechtecks verteilt, dass ein gleichmäßiger Abstand zwischen ihnen entsteht. Die Durchführung ist nur sinnvoll, wenn ausreichend Platz vorhanden ist, um alle Objekte neben- oder übereinander anzuordnen.

### Abstand verteilen (mit Referenzobjekt)
Zwischen den Außenbegrenzungen der beteiligten Objekte wird der im Eingabefeld definierte Abstand eingerichtet.

# 6   Pfade konstruieren und bearbeiten

## 6.1   Pfade und Bézierkurven

Im vorigen Kapitel haben Sie gelernt, wie Sie mit den Werkzeugen von Illustrator Formen erzeugen und Objekte transformieren. Dabei sind – ganz unbemerkt – Pfade ins Spiel gekommen.

Pfade bilden in Illustrator, wie in allen Vektorprogrammen, die Grundlage aller Formen. Das Zeichenstift-Werkzeug (bzw. die Zeichenfeder, wie das Werkzeug auch genannt wird) ist die native Methode, um Pfade Punkt für Punkt aufzubauen. In diesem Kapitel lernen Sie auch die Kurven des Herrn Bézier im Detail kennen (zu Bézierkurven siehe Kapitel 3, »Vektorgrafik-Grundlagen«).

### Die Anatomie eines Pfads

Die wesentlichen Bestandteile eines Pfads sind die **Ankerpunkte**, durch die er geformt wird. Der Teil eines Pfads zwischen zwei Punkten wird **Pfadsegment** ❶ genannt.

Geschlossene Pfade schließen einen Raum komplett ein; bei offenen Pfaden fehlt ein Pfadsegment. Die beiden nicht verbundenen Punkte an den Enden eines offenen Pfads werden als **Endpunkte** ❷ bezeichnet – auch wenn eigentlich einer von ihnen ein Anfangspunkt ist, denn Pfade haben eine Richtung. Illustrator arbeitet mit zwei Typen von Ankerpunkten:

▲ Abbildung 6.1
Zeichenwerkzeuge, von links: Zeichenstift, Ankerpunkt hinzufügen, Ankerpunkt löschen, Ankerpunkt konvertieren

- **Eckpunkte** ❸, an denen der Pfad seinen Verlauf abrupt ändert, also eine Ecke ausbildet.
- **Übergangspunkte** ❹, an denen der Pfad kontinuierlich ins benachbarte Pfadsegment übergeht. Solche Punkte sind auch als »Kurvenpunkte« bekannt.

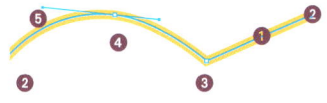

▲ Abbildung 6.2
Bestandteile eines Pfads

Den Kurvenverlauf zwischen den Ankerpunkten bestimmen Kurventangenten, die **Grifflinien** ❺, deren Länge und Ausrichtung durch Bewegen der **Griffpunkte** an ihrem Ende beeinflusst werden kann.

Pfade können keine »Abzweigungen« besitzen, sondern immer nur je einen Anfangs- und Endpunkt. Über zusätzliche Optionen wie »inverse Kinematik« ist es in anderen Programmen (z. B. in

▲ Abbildung 6.3
Geschlossener Pfad (oben) und offener Pfad (unten)

### Grifflinien greifen?

Auch wenn die Kurventangenten in Illustrator GRIFFLINIEN heißen, können Sie diese Linien selbst nicht anfassen und bewegen.

Flash sowie einigen Diagramm-Programmen) möglich, mehrere Pfade so zu verknüpfen, dass sich komplette Pfade oder auch nur einige ihrer Segmente nach mathematischen Gesetzmäßigkeiten abhängig voneinander bewegen. Diese Funktionalität besitzt Illustrator nicht.

## 6.2 Mit dem Zeichenstift arbeiten

### Werkzeuge zum Zeichnen

Anders als wir es beim Zeichnen auf Papier gewohnt sind, werden beim Konstruieren mit dem Zeichenstift-Werkzeug die Linien nicht gezogen, sondern es werden einzelne Ankerpunkte gesetzt, die Illustrator dann verbindet.

Sie erzeugen sowohl Eckpunkte als auch Übergangspunkte mit demselben Werkzeug; lediglich das Vorgehen, wie Sie mit dem Werkzeug den Punkt setzen, bestimmt darüber, welche Art von Ankerpunkt generiert wird.

Natürlich können Sie auch nachträglich einen Eckpunkt in einen Übergangspunkt umformen – konvertieren – und umgekehrt.

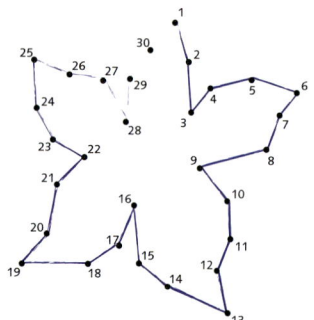

▲ **Abbildung 6.4**
Der Zeichenstift funktioniert wie ein umgekehrtes Punkte-verbinden-Spiel: Sie setzen die Punkte, und Illustrator verbindet sie.

Neben dem Zeichenstift-Werkzeug finden Sie Spezialwerkzeuge für das Hinzufügen, Löschen und Konvertieren von Punkten. Während der Erstellung eines Pfads können Sie den Zeichenstift temporär, also vorübergehend, mithilfe von Modifizierungstasten in die verschiedenen Zeichenwerkzeuge umwandeln. Um rationell mit dem Zeichenstift zu arbeiten und beim Zeichnen im Fluss zu bleiben, empfiehlt es sich, diese Modifizierungstasten einzusetzen.

Der Cursor des Zeichenstift-Werkzeugs nimmt dabei verschiedene Formen an und zeigt Ihnen anhand seines Symbols, welche Aktion an der jeweiligen Stelle unter dem Cursor mit einem Klick möglich ist:

- einen neuen Pfad beginnen
- den Pfad mit einem Ankerpunkt weiterführen
- einen Ankerpunkt auf einem bestehenden Pfad hinzufügen
- einen Punkt von einem Pfad löschen
- einen Punkt konvertieren
- an einem Endpunkt ansetzen, um den Pfad weiterzuführen
- an einen bestehenden Pfad anschließen
- den Pfad schließen

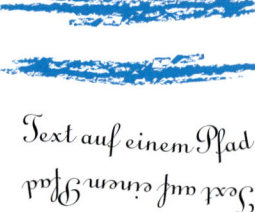

▲ **Abbildung 6.5**
In welcher Reihenfolge Sie die Punkte setzen, bestimmt die Richtung des Pfads. Die Pfadrichtung wirkt sich beispielsweise auf die Kontur von Pinselstrichen und auf die Ausrichtung eines Textes auf einem Pfad aus.

### Vorbereitungen

Die standardmäßig von Illustrator angezeigten Ankerpunkte und Griffe sind sehr klein. Dies ist besonders auf den aktuellen sehr hoch auflösenden Monitoren ein großes Problem, da die Punkte nur schwer zu greifen sind.

Sie können jedoch für die Größe der Punkte zwischen drei Optionen auswählen. Rufen Sie VOREINSTELLUNGEN • AUSWAHL UND ANKERPUNKT-ANZEIGE auf, um die Punktgröße einzustellen.

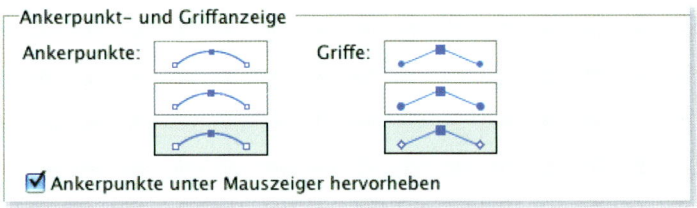

◀ Abbildung 6.6
Voreinstellungen für die ANKERPUNKT-ANZEIGE

▶ ANKERPUNKTE/GRIFFE: Sie haben die Möglichkeit, die Größe der Ankerpunkte unabhängig von der Größe der Griffe einzustellen. Die grau hinterlegte Option ist aktuell eingestellt. Klicken Sie auf eine andere Darstellung, um diese auszuwählen.

▶ ANKERPUNKTE UNTER MAUSZEIGER HERVORHEBEN: Befindet sich ein Ankerpunkt unter dem Mauszeiger, können Sie diesen zusätzlich hervorheben lassen – dies ist hilfreich, wenn Sie einen Punkt finden müssen, solange kein Objekt aktiviert ist.

▲ Abbildung 6.7
Darstellungsgrößen von Ankerpunkten und Griffen: klein (links) bis groß (rechts)

## Eckpunkte anlegen

Die einfachsten Formen, die Sie in Vektorprogrammen erzeugen können, sind offene Linien oder Polygone, also Pfade aus geraden Segmenten, die nur aus Eckpunkten ohne Grifflinien bestehen. Ein Polygon, also eine vieleckige Form, erzeugen Sie mit folgenden Arbeitsschritten:

1. Wählen Sie das Zeichenstift-Werkzeug aus.
2. Bewegen Sie das Werkzeug an eine Position auf der Zeichenfläche, an der sich kein anderer Pfad befindet ❶; der Cursor muss das Symbol ✏︎ anzeigen. Erzeugen Sie durch einen kurzen Klick den Startpunkt Ihres Objekts ❷.
3. Klicken Sie nun nacheinander auf die Stellen der Zeichenfläche, an denen Sie die folgenden Eckpunkte Ihres Polygons setzen wollen ❸, ❹, ❺. Der Cursor muss dabei das Symbol ✏︎ anzeigen.
4. Um die Eingabe eines Pfads zu beenden, haben Sie zwei Möglichkeiten:
    a. Klicken Sie wieder auf den Startpunkt, dann entsteht ein geschlossener Pfad. Der Cursor wandelt dabei seine Einfügemarke in ✏︎.
    b. Wenn Sie das Objekt als offenen Pfad abschließen wollen, halten Sie die Modifizierungstaste ⌘/Strg gedrückt und

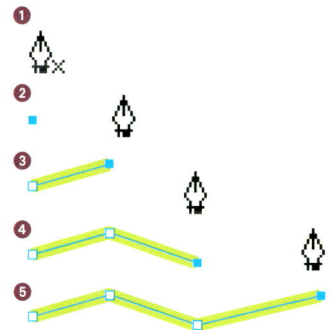

▲ Abbildung 6.8
Eckpunkte anlegen

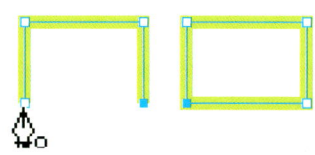

▲ Abbildung 6.9
Einen Pfad durch Klick auf den Anfangspunkt schließen

klicken auf eine leere Stelle der Arbeitsfläche. Alternativ können Sie auch ein neues Werkzeug auswählen.

**Übung** | Um die Vorgehensweise zu trainieren, öffnen Sie die Datei »Geraden-zeichnen.ai« auf der DVD und zeichnen die Formen, wie direkt auf der Zeichenfläche beschrieben.

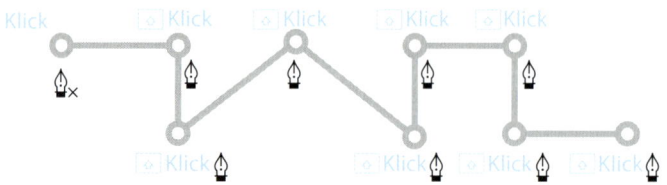

▲ **Abbildung 6.10**
Eine der Übungen zum Zeichnen von Eckpunkten auf der DVD

### Übergangspunkte – Kurvenformen zeichnen

Übergangspunkte dagegen bilden keine Ecken aus, sondern ermöglichen einen homogenen Übergang zwischen zwei Kurventeilen. Wie zwei Kurvensegmente in einem Kurvenpunkt ineinander übergehen, bestimmen die Länge und Richtung ihrer Tangenten. Diese Grifflinien werden beim Erstellen des Pfads aus den Ankerpunkten »herausgezogen«.

▲ **Abbildung 6.11**
Die Krümmung eines Kurvensegments wird durch die Grifflinien der beiden benachbarten Ankerpunkte bestimmt. Einen Kurvenverlauf können Sie nur sauber zeichnen, wenn Sie ihn mit beiden Tangenten steuern.

▲ **Abbildung 6.12**
Herausziehen der Griffe im Vergleich: Beim Herausziehen in Richtung des Pfads (links) wird der Pfad glatt weitergeführt (unten). Werden die Griffe gegen die Pfadrichtung herausgezogen (rechts), entsteht beim Weiterführen des Pfads eine Schleife (unten).

So erzeugen Sie einen Übergangspunkt mit dem Zeichenstift-Werkzeug:
1. Erstellen Sie den Startpunkt des Pfads.
2. Wenn Sie den folgenden Ankerpunkt setzen, ziehen Sie den Cursor mit weiterhin gedrückter Maustaste vom Klickpunkt weg ❶.
Durch dieses Ziehen erstellen Sie die Tangenten, die den Kurvenverlauf bestimmen. Diese Grifflinien sollten Sie immer in Pfadrichtung aus dem Ankerpunkt herausziehen, da sonst eine Schleife im Pfad entsteht (siehe Abbildung 6.13).

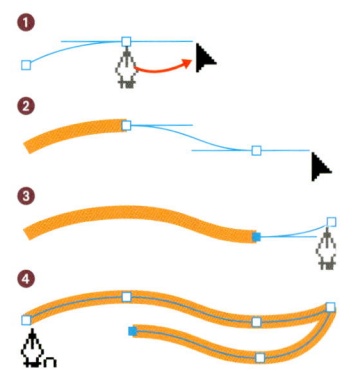

▲ **Abbildung 6.13**
Übergangspunkte

Das Programm generiert bei der Aktion gleichmäßig lange Grifflinien zu beiden Seiten des Punkts. Die eine Tangente bestimmt die Form der Kurve zum vorher gesetzten Punkt, die andere Grifflinie legt den Kurvenverlauf zum nachfolgenden Ankerpunkt ❷ fest. Ein so erzeugter Ankerpunkt wird von Illustrator als Übergangspunkt definiert.

3. Gehen Sie genauso vor, um auch die folgenden Punkte als Kurvenpunkte zu erstellen.
   Möchten Sie zwischendurch einen Eckpunkt setzen ❸, klicken Sie so, wie weiter oben beschrieben, nur kurz auf die gewünschte Stelle der Zeichenfläche, ohne zu ziehen.
4. Klicken Sie zuletzt wieder auf den Startpunkt, um den Pfad zu schließen ❹.

**Übung |** Um die Vorgehensweise zu trainieren, öffnen Sie die Datei »Kurven-zeichnen.ai« auf der DVD und zeichnen die Formen, wie direkt auf der Zeichenfläche beschrieben.

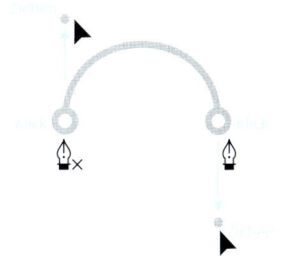

▲ **Abbildung 6.14**
Eine der Übungen zum Zeichnen von Kurvenpunkten auf der DVD

### Übergangspunkt als Startpunkt

Sie können einen Übergangspunkt auch bereits als Startpunkt erzeugen (siehe Abbildung 6.15). Gehen Sie dabei wie folgt vor:

1. Setzen Sie den Startpunkt, und ziehen Sie gleich die Grifflinie heraus ❶, wie eben beschrieben.
2. Erstellen Sie die folgenden Punkte entweder als Eck- oder Übergangspunkte.
3. Wenn Sie einen geschlossenen Pfad erstellen, ziehen Sie beim abschließenden Klick auf den Startpunkt noch einmal die Grifflinien aus dem Startpunkt ❷, um zu beiden Seiten des Ankerpunkts ein Kurvensegment auszubilden.

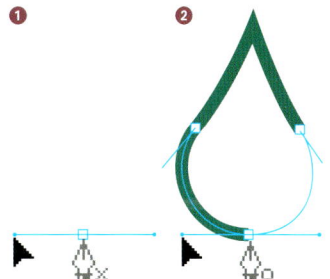

▲ **Abbildung 6.15**
Übergangspunkt als Startpunkt

**Übung |** Um die Vorgehensweise zu trainieren, öffnen Sie die Datei »Geschlossene-Formen-zeichnen.ai« auf der DVD und zeichnen die Formen, wie direkt auf der Zeichenfläche beschrieben.

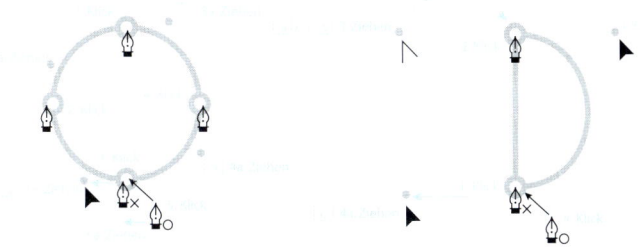

▲ **Abbildung 6.16**
Zwei der Übungen zum Zeichnen von geschlossenen Formen auf der DVD

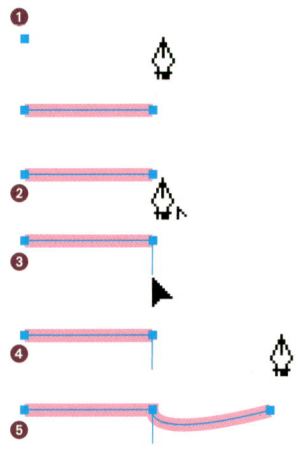

▲ Abbildung 6.17
Eine Kurve folgt auf einen Eckpunkt.

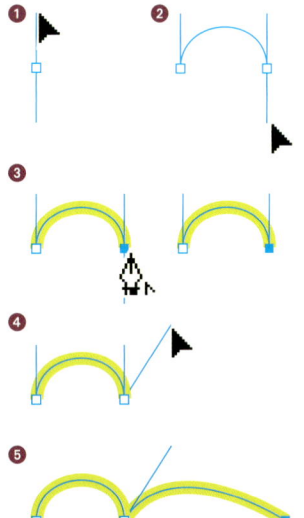

▲ Abbildung 6.18
Ein Eckpunkt folgt auf eine Kurve.

### Eine Kurve folgt auf einen Eckpunkt

Ein Eckpunkt muss nicht unbedingt von zwei geraden Pfadsegmenten eingeschlossen sein, er kann auch einem Kurvensegment folgen oder vor einem Kurvensegment angeordnet sein. Einen Eckpunkt, dem ein Kurvensegment folgt, erstellen Sie wie folgt:

1. Zunächst erstellen Sie eine Gerade mit einem Startpunkt und einem Eckpunkt ❶.
2. Lassen Sie die Maustaste los, und bewegen Sie den Cursor über den zuletzt gesetzten Ankerpunkt ❷. Der Cursor zeigt hierbei einen kleinen Pfeil neben der Zeichenfeder.
3. Klicken Sie auf den Punkt und ziehen mit gedrückter Maustaste eine Tangente – die Grifflinie – aus dem Ankerpunkt heraus ❸. Dann lassen Sie die Maustaste los. Diese Aktion verändert zunächst nichts an Ihrer Zeichnung.
4. Erst wenn Sie einen weiteren Punkt setzen ❹, wird klar, dass das Programm die neue Linie als Kurvensegment generiert ❺.

### Ein Eckpunkt folgt auf eine Kurve

Soll der Eckpunkt dem Kurvensegment folgen, dann verfahren Sie so (siehe Abbildung 6.18):

1. Setzen Sie einen Übergangspunkt als Startpunkt ❶.
2. Der nächste Punkt soll zwar ein Eckpunkt werden, Sie benötigen aber die Grifflinie, daher vervollständigen Sie die Kurve mit einem weiteren Übergangspunkt ❷.
3. Klicken Sie mit dem Cursor einmal auf den eben erstellten Punkt. Die weiterführende Grifflinie wird entfernt ❸.
4. Um ein weiteres Kurvensegment anzuschließen, aber den Eckpunkt zu erhalten, drücken Sie ⌥/Alt und ziehen die Grifflinie aus dem Punkt ❹.
5. Führen Sie die Linie weiter ❺.

**Übung |** Um die Vorgehensweise zu trainieren, öffnen Sie die Datei »Eck-Kurven-zeichnen.ai« auf der DVD und zeichnen die Formen, wie direkt auf der Zeichenfläche beschrieben.

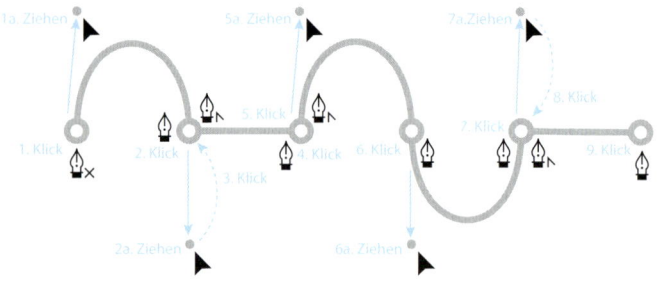

▲ Abbildung 6.19
Eine der Übungen zum Zeichnen von gebrochenen Kurven auf der DVD

**Modifikationsmöglichkeiten** | Ankerpunkte anlegen

- ⇧ : Während Sie die Ankerpunkte durch Mausklick setzen, halten Sie die Modifikationstaste ⇧ gedrückt, um Pfadsegmente waagerecht, senkrecht oder in einem 45°-Winkel zu zeichnen.
- ⇧ : Ziehen Sie Griffpunkte mit der Taste ⇧ , werden diese waagerecht, senkrecht oder in einem 45°-Winkel angelegt.
- ⇧ : Möchten Sie einen neuen Punkt direkt über einen bestehenden Ankerpunkt setzen und dabei gegebenenfalls eine Schleife erzeugen, drücken Sie die Modifikationstaste ⇧ und klicken erst dann den Punkt.
  Dies funktioniert jedoch nicht beim zuletzt gesetzten Punkt – es muss mindestens ein weiterer Punkt dazwischen liegen (siehe Abbildung 6.20).
- Leertaste: Wenn Sie die Leertaste drücken, noch während Sie einen Ankerpunkt klicken, können Sie den neuen Punkt verschieben. Illustrator erstellt dabei zunächst eine Vorschau des entstehenden Pfadsegments, sodass es möglich ist, beim Erstellen des Ankerpunkts das Segment noch nachzurichten.
  Auf diesem Weg lässt sich so etwas wie ein »Gummiband-Modus« in Illustrator erreichen.
- ⌘/Strg : Wechseln Sie temporär zum zuletzt verwendeten Auswahl-Werkzeug (Auswahl, Direkt- oder Gruppenauswahl).
- ⌥/Alt : Mit dieser Taste wechseln Sie temporär zum Ankerpunkt-konvertieren-Werkzeug ⌐ .

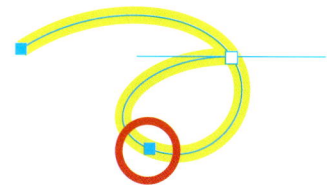

▲ **Abbildung 6.20**
Ein Punkt muss mindestens zwischen den beiden übereinanderliegenden Punkten liegen, wenn Sie eine Schleife bilden wollen.

▲ **Abbildung 6.21**
Korrigieren des Segments beim Setzen des Punkts

---

**Beim Zeichnen Zoomen und Ausschnitt verschieben**

Zoomen Sie zum Zeichnen an das Motiv heran, sodass Sie immer die etwa zwei bis drei folgenden Pfadsegmente im Blick haben. Zum Nacharbeiten der Pfade kann es nötig sein, näher heranzuzoomen. Wenn Sie während der Arbeit zoomen oder den Fensterausschnitt verschieben müssen, sollten Sie Werkzeugwechsel vermeiden. Verwenden Sie stattdessen Kurzbefehle: Mit ⌘/Strg +Leertaste erreichen Sie temporär das Zoom-Werkzeug, drücken Sie zusätzlich ⌥/Alt , um auszuzoomen. Mit der Leertaste erreichen Sie das Hand-Werkzeug zum Verschieben des Fensterinhalts.

Wichtig: Achten Sie darauf, beim Zoomen nicht versehentlich das Objekt oder den Ankerpunkt zu deaktivieren, an dem Sie gerade zeichnen. Üben Sie die Vorgehensweise des Zoomens und Verschiebens.

---

### Korrekturen durchführen

Häufig werden Sie direkt beim Zeichnen eines Pfads ungünstig gesetzte Punkte bemerken. Leider stellen sich Fehler meistens erst im Zusammenspiel mehrerer Punkte heraus.

Die Arbeit mit dem Zeichenstift geht besser von der Hand, wenn Sie sie »in einem Rutsch« durchführen – d. h., wenn Sie in einem ersten Durchgang den Pfad erstellen und erst im zweiten Durchgang die Feinjustierung der Ankerpunkte und Grifflinien mithilfe des Direktauswahl- und des Ankerpunkt-konvertieren-Werkzeugs vornehmen.

Als sinnvoll erweist sich allerdings manchmal die Anwendung des Rückgängig-Befehls. Um den gerade erstellten Punkt zu widerrufen, wählen Sie im Menü die Anweisung BEARBEITEN • RÜCKGÄNGIG: ZEICHENSTIFT (Shortcut: ⌘/Strg+Z).

Der zuletzt gesetzte Punkt wird samt generiertem Pfadsegment entfernt, und der davor erzeugte Ankerpunkt wird aktiviert, sodass es möglich ist, sofort wieder ein neues Segment anzuschließen.

---

**Zusammenfassung: Punkt-Merkmale**

Beim Erstellen der beiden Ankerpunkt-Arten haben Sie erfahren, dass sich Eckpunkte und Übergangspunkte durch die Handhabung ihrer Grifflinien unterscheiden.

Eckpunkte haben entweder keine, eine oder zwei Tangenten. Die Grifflinien eines Eckpunkts können unabhängig voneinander bewegt werden und in unterschiedliche Richtungen zeigen. Übergangspunkte dagegen besitzen immer zwei Grifflinien, die eine durchgehende Linie bilden und sich nur gemeinsam bewegen lassen.

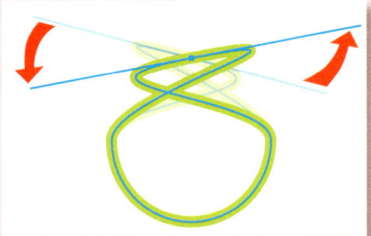

---

▲ **Abbildung 6.22**
Eine einfache Form; Aufteilung der Zeichnung (unten)

### Schritt für Schritt: Eine Vogel-Silhouette zeichnen

Beim Erstellen von Pfaden mit dem Zeichenstift wird meist nach einer Vorlage gearbeitet, da man sonst die Proportionen des Gesamtobjekts allzu leicht aus dem Blick verliert. So halten Sie es auch in dieser Übung.

**1 Planung**

Öffnen Sie die Illustrator-Datei »Vorlage Vogel.ai« von der DVD. Die Vorlage für die Zeichnung ist bereits in der Datei enthalten. Sehen Sie sich die Vorlage an, und planen Sie, wie Sie die Zeichnung aus Einzelteilen aufbauen und wo Sie Punkte setzen wollen. In diesem Fall ist es günstig, folgende Teile einzeln zu zeichnen: den Vogelkörper, die Beine und jeweils die einzelnen Äste. Sie können Einzelteile zu einem späteren Zeitpunkt zu einer Form kombinieren.

Beim Nachzeichnen ist es vorläufig nicht so wichtig, dass Sie die vorgegebene Form genau treffen. Es kommt eher darauf an, dass Sie alle Punkte korrekt als Eck- oder Übergangspunkte setzen und möglichst die benötigten Grifflinien sofort mit erzeugen, denn so sparen Sie sich beim Nacharbeiten viel Arbeit und vor allem zeitraubende Werkzeugwechsel.

**2  Vorbereitungen**

Rufen Sie VOREINSTELLUNGEN • AUSWAHL- UND ANKERPUNKTANZEIGE auf, und stellen Sie die ANKERPUNKT- UND GRIFFANZEIGE auf die jeweils untere – größte – Anzeigeform. So treffen Sie die Punkte besser.

Klicken Sie im Werkzeugbedienfeld auf das Fläche-Symbol, um es zu aktivieren. Dann klicken Sie auf das Symbol OHNE. So stellen Sie sicher, dass der Bereich, den Sie gerade zeichnen wollen, nie durch eine Füllung des Objekts verdeckt wird. Klicken Sie dann auf das Kontur-Symbol, und stellen Sie hier eine zu Ihrer Vorlage stark kontrastierende Farbe ein, indem Sie im Farbfelder-Bedienfeld auf das gewünschte Farbfeld klicken. Wählen Sie die Farbe jedoch nicht zu grell. Auf der schwarzen Vorlage ist Rot eine gute Wahl. Rufen Sie FENSTER • KONTUR auf, und geben Sie 0,2 Pt als Konturstärke ein (mehr zu Farben von Flächen und Konturen finden Sie in Kapitel 8, »Farbe« und 9, »Flächen und Konturen gestalten«).

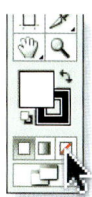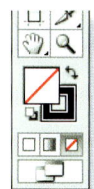

▲ **Abbildung 6.23**
Einstellen der Fläche OHNE

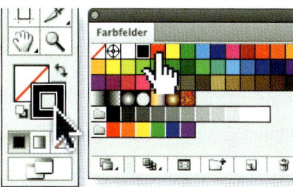

▲ **Abbildung 6.24**
Wahl einer Farbe für die Kontur

Jetzt klicken Sie noch einmal kurz auf das Direktauswahl-Werkzeug im Werkzeugbedienfeld – damit Sie später temporär zu diesem wechseln können – und wählen dann das Zeichenstift-Werkzeug.

**3  Als Start eine Kurve aus einem Eckpunkt**

Sie beginnen an der Flügelspitze und zeichnen den Vogel im Uhrzeigersinn. Die Richtung, in der Sie zeichnen, wählen Sie je nach Motiv und Ihren persönlichen Vorlieben – sie hat hier keine Bedeutung für das Ergebnis. Klicken Sie mit dem Zeichenstift-Werkzeug den ersten Punkt, halten Sie die Maustaste gedrückt und ziehen die Griffpunkte heraus. Achten Sie hauptsächlich auf die Grifflinie, die das folgende Kurvensegment bestimmen wird – diese ziehen Sie ein Drittel so lang wie das Pfadsegment. Die nicht benötigte Grifflinie, die das Pfadsegment am Rücken formen wird, »brechen« Sie später ab, wenn die Form geschlossen wird.

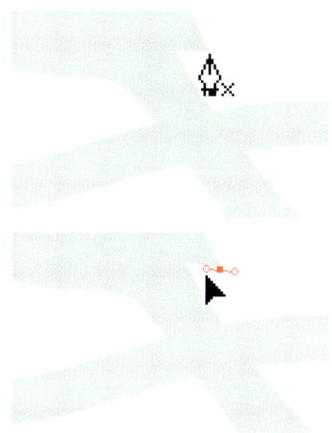

▲ **Abbildung 6.25**
Setzen des Startpunkts durch Klicken und Ziehen der Grifflinie

**Vorlagenfarbe**

Die Abbildungen hier im Buch zeigen eine graue Vorlage. Diese wurde nur gewählt, damit der Pfad, die Punkte und die Griffe im Druck besser zu erkennen sind. Für das Nachzeichnen ist häufig eine kontrastreichere Vorlage besser geeignet.

**4  Eckpunkte mit Kurvensegmenten zu beiden Seiten**

Der nächste Punkt ist ebenfalls ein Eckpunkt – und zu beiden Seiten schließen Kurven an. Sie klicken also auf die Ecke und ziehen gleich die Griffe heraus. Achten Sie jetzt auf das in der Pfadrichtung nach hinten zeigende Pfadsegment, und ziehen Sie den Griff passend ein: etwa ein Drittel der Pfadlänge. Dann lassen Sie die Maustaste los.

Drücken Sie ⌥/Alt, um temporär zum Ankerpunkt-konvertieren-Werkzeug zu wechseln (der Cursor zeigt das Symbol) und klicken und ziehen Sie damit den vorderen Griff in Richtung

6.2 Mit dem Zeichenstift arbeiten | 135

des Pfads – wieder auf etwa ein Drittel der Pfadlänge. Der Griff wurde abgebrochen, der Punkt ist jetzt ein Eckpunkt.

**Abbildung 6.26** ▶
Setzen Sie einen Kurvenpunkt (links und Mitte), wechseln Sie temporär zum Ankerpunkt-konvertieren-Werkzeug, und brechen Sie den Griff ab (rechts).

### 5   Zwei weitere Punkte dieser Art

Am folgenden Punkt lernen Sie eine andere Methode des Abbrechens von Griffen kennen. Setzen Sie auch hier zunächst einen Übergangspunkt, und ziehen Sie dabei die Griffe so, dass das hinter dem Punkt liegende Pfadsegment angepasst wird. Dann lassen Sie die Maustaste los und bewegen den Cursor über den Ankerpunkt – der Cursor wechselt zu ⌃. Drücken Sie ⌥/Alt, und klicken und ziehen Sie den Griff neu aus dem Punkt heraus in die gewünschte Richtung.

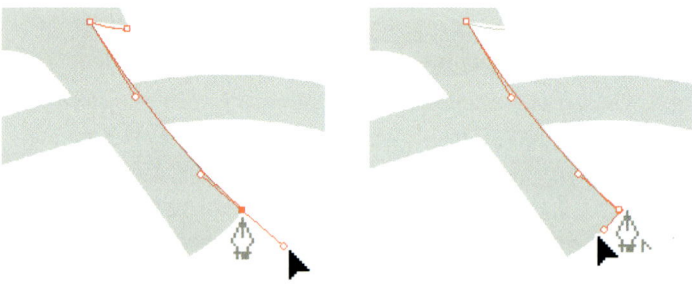

**Abbildung 6.27** ▶
Beginnen Sie mit einem normalen Kurvenpunkt (links). Dann wird nicht der bestehende Griff abgebrochen, sondern einfach ein neuer gezogen (rechts).

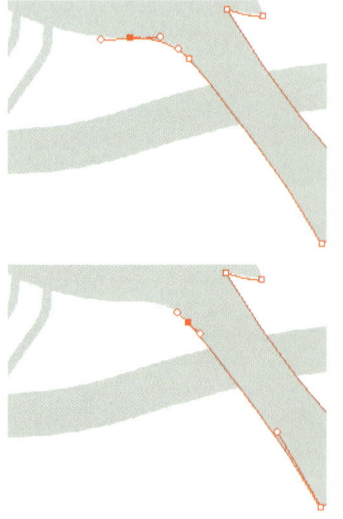

▲ **Abbildung 6.28**
Hier benötigen Sie die beiden Kurvenpunkte.

Setzen Sie noch einen weiteren Eckpunkt nach einer der beiden Vorgehensweisen.

### 6   Eine enge Kurve

Jetzt müssen Sie sich überlegen, wo Sie die Kurvenpunkte setzen, um den Bauch des Vogels zu formen. Probieren Sie zunächst die »Minimallösung«: Den Übergang vom Schwanz zum Bauch bilden Sie mit zwei Punkten, dann setzen Sie einen weiteren am Hals. Klicken und ziehen Sie kurz vor dem Übergang in die enge Kurve einen Punkt. Ziehen Sie die Griffe nicht zu weit heraus, da das folgende Pfadsegment sehr kurz wird. Nach der engen Kurve setzen Sie einen weiteren Kurvenpunkt und ziehen die Griffe ebenfalls nur kurz heraus.

Wechseln Sie jetzt mit ⌘/Strg temporär zum Direktauswahl-Werkzeug – der Cursor ▹ zeigt es an – und ziehen Sie den vorderen Griff des eben gesetzten Punkts etwas weiter heraus, damit die Form des Bauchs sich gleich besser beurteilen lässt.

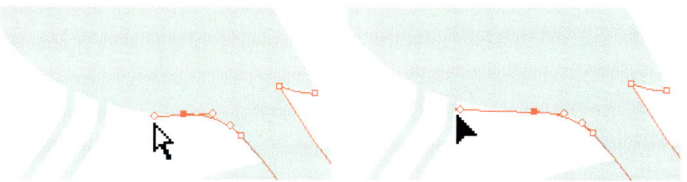

◄ **Abbildung 6.29**
Verlängern Sie die vordere Grifflinie.

> **Ups!**
>
> Falls Sie beim Verschieben doch versehentlich einen Ankerpunkt setzen, widerrufen Sie den Schritt sofort mit ⌘/Strg+ Z. Normalerweise können Sie anschließend weiterzeichnen, als wäre nichts gewesen. Achten Sie jedoch trotzdem auf den Cursor: Zeigt dieser ein kleines Kreuz, würden Sie einen neuen Pfad anfangen. In diesem Fall müssen Sie noch einmal auf den vorherigen Punkt klicken und dort auch die Grifflinie noch einmal ziehen (siehe dazu den Abschnitt »Pfade verlängern« auf Seite 154).

**7  Die Arbeitsfläche im Fenster verschieben**

Spätestens jetzt müssen Sie sicher etwas weiter nach oben scrollen. Benutzen Sie entweder die Scrollbalken, oder drücken und halten Sie die Leertaste, und verschieben Sie mit dem Handcursor die Zeichenfläche auf dem Monitor. Klicken Sie erst, wenn die Hand erschienen ist, und lassen Sie nach dem Verschieben erst die Maustaste, dann die Leertaste los. Ansonsten würden Sie einen Ankerpunkt setzen.

**8  Eine weite Kurve**

Den abschließenden Ankerpunkt für den Bauch setzen Sie an der Stelle, an der der Pfad seine Richtung wechselt. Ziehen Sie die Griffe aber nur so kurz heraus, wie es für den Hals benötigt wird.

◄ **Abbildung 6.30**
Es gehört etwas Fingerspitzengefühl dazu, die richtigen Punkte zu finden.

**9  Der Schnabel**

Für den Schnabel brauchen Sie drei Punkte; Anfang und Ende liegen dabei senkrecht untereinander. Setzen Sie einen Kurvenpunkt als Übergang vom Hals zum Schnabel.

Klicken Sie dann auf die Schnabelspitze, um dort einen Eckpunkt zu setzen. Der nächste Eckpunkt ist ebenfalls offensichtlich – klicken Sie darauf.

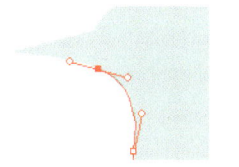 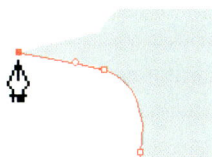 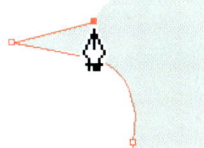

◄ **Abbildung 6.31**
Der Schnabel besteht aus einem Kurvenpunkt, gefolgt von zwei Eckpunkten. Die Oberseite des Schnabels ist also eine Gerade.

▼ **Abbildung 6.32**
Kopfrundung und Übergang zum Rücken

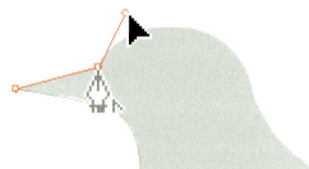

### 10  Abschluss

Klicken Sie erneut auf den eben gesetzten Punkt und ziehen gleich einen Griff heraus. Hinter dem Kopf setzen Sie einen Kurvenpunkt und gleich einen weiteren, um die enge Kurve zu formen.

Abschließend bewegen Sie den Cursor über den Startpunkt – der Cursor ◊₀ signalisiert, dass Sie den Pfad hier schließen können. Klicken Sie auf den Startpunkt und ziehen gleich einen ganz langen Griff heraus, der den Rücken formt.

**Abbildung 6.33** ▶
Wenn Sie den Pfad schließen und dabei den Griff für den Rücken ziehen, wird der anfangs gesetzte Griff auch wieder verformt.

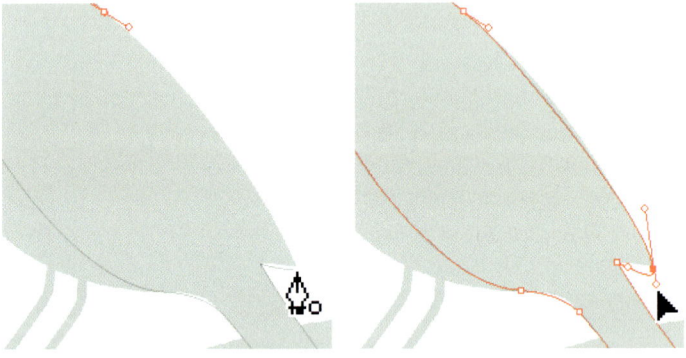

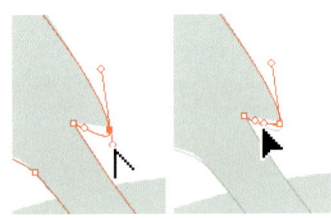

▲ **Abbildung 6.34**
Richten des ersten Griffs

Dabei verschieben Sie den ersten Griff, den Sie gebildet haben. Greifen Sie daher diesen Griff erneut mit dem Cursor und drücken Sie dabei ⌥/Alt, um ihn »abzubrechen«.

### 11  Korrekturarbeiten

An einigen Stellen ist jetzt Nacharbeiten nötig. Wechseln Sie zum Direktauswahl-Werkzeug ▶. Für Arbeiten an Punkten oder Griffen müssen die Ankerpunkte zunächst aktiviert werden. Dazu bewegen Sie das Direktauswahl-Werkzeug über den gewünschten Punkt – der Cursor wechselt zum Symbol ▶₀. Klicken Sie nun auf den Punkt, um ihn zu aktivieren – der Punkt wird dabei ausgefüllt dargestellt, alle anderen Punkte sind »hohl«.

Wenn Sie Griffe verschieben möchten, aktivieren Sie den zugehörigen Ankerpunkt (die Griffe werden angezeigt). Dann klicken und ziehen Sie den Grif in die gewünschte Position. Bei Kurvenpunkten werden immer beide Griffe synchron bewegt.

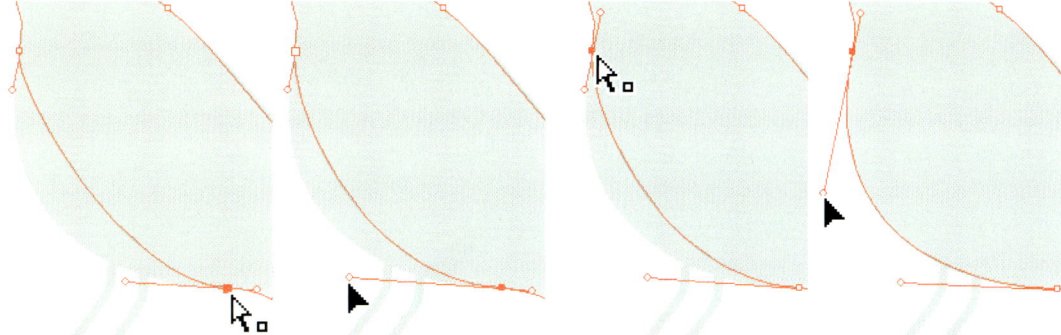

Muss auch ein Punkt verschoben werden, aktivieren Sie ihn zunächst und verschieben ihn dann.

▲ **Abbildung 6.35**
Der Bauch wird nachgerichtet. Dazu verwenden Sie die Griffe beider angrenzenden Ankerpunkte – sie sollten in die gleiche Länge gezogen werden.

**12  Konturen für sich arbeiten lassen**
An den Beinen des Vogels sparen Sie sich viel Arbeit, wenn Sie nicht außen um die Form herumfahren, sondern nur einen offenen Pfad zeichnen und die Form durch eine starke Kontur erzeugen. Das ist hier möglich, weil die Beine über die gesamte Länge eine einheitliche Stärke haben. Zeichnen Sie also einen Pfad in der Mitte eines Beins. Dann geben Sie eine stärkere Kontur im Steuerungsbedienfeld ein. Zoomen Sie an das Bein heran (mit ⌘/Strg+Leertaste erhalten Sie die Lupe) und probieren Sie aus, mit welcher Konturstärke Sie die gewünschte Dicke erreichen (zum Umwandeln von Konturen in Flächen lesen Sie mehr in Kapitel 10, »Vektorobjekte bearbeiten und kombinieren«).

Wenn das eine Bein fertiggestellt ist, wechseln Sie zum Auswahl-Werkzeug, drücken ⌥/Alt und klicken und verschieben das Bein, um eine Kopie zu erzeugen.

**Einen neuen Pfad beginnen**
Wenn Sie einen neuen Pfad beginnen möchten, deaktivieren Sie sicherheitshalber vorher alle noch ausgewählten Pfade. Wenn ein offener Pfad aktiviert ist, kann es sein, dass Sie diesen versehentlich fortführen, anstatt einen neuen Pfad zu zeichnen.

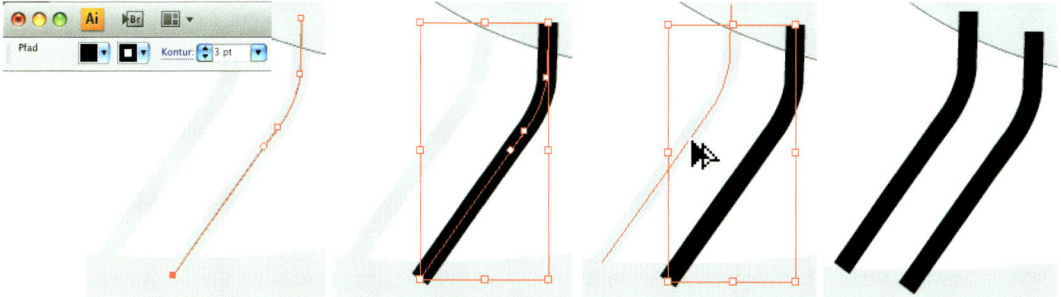

▲ **Abbildung 6.36**
Das Bein wurde in der Mitte der Linie in der Vorlage gezeichnet, mit einer starken Kontur versehen und dupliziert.

**13  Konturstärken nutzen**
Für die Äste nutzen Sie die gleiche Vorgehensweise und führen diese anschließend noch weiter. Zeichnen Sie jeden Ast einzeln, und weisen Sie ihm jeweils eine passende Konturstärke zu.

▼ **Abbildung 6.37**
Eine Kontur wird in eine Fläche umgewandelt und anschließend verformt.

Dann aktivieren Sie alle Äste und wählen OBJEKT • PFAD • KONTURLINIE. Die Äste werden in Flächen umgewandelt. Mit ⇧+X vertauschen Sie Flächen- und Konturfarbe.

Jetzt wählen Sie das Direktauswahl-Werkzeug 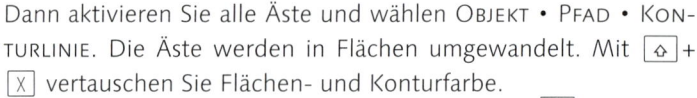, aktivieren die einzelnen Ankerpunkte und verschieben diese, um die gewünschte Form zu erreichen.

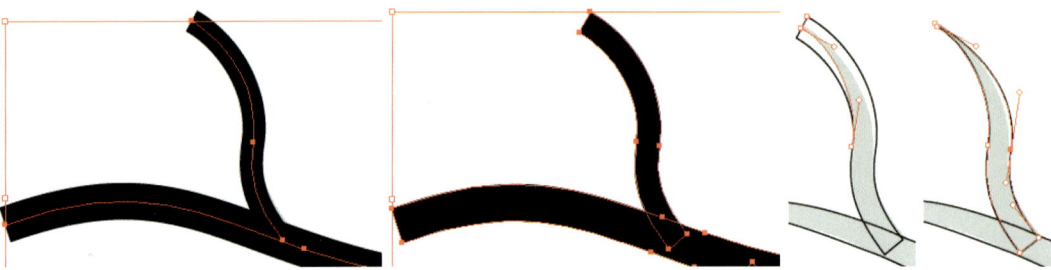

## 6.3 Punkte und Pfadsegemente auswählen

Pfade sind nach dem Erstellen selten in der optischen Form, die gewünscht ist. Zum Nacharbeiten müssen Sie Punkte bewegen oder umwandeln, Grifflinien nachrichten und Pfadsegmente verformen. Voraussetzung dafür ist, dass die entsprechenden Ankerpunkte bzw. Pfadsegmente ausgewählt werden.

Mit dem »normalen« Auswahl-Werkzeug , das Sie bereits in Kapitel 5 kennengelernt haben, können Sie nur ganze Objekte auswählen; zur Aktivierung einzelner Punkte oder Pfadsegmente dient das Direktauswahl-Werkzeug .

Bei der Arbeit mit den Auswahl-Werkzeugen gibt Ihnen – wie beim Zeichenstift – der Cursor wertvolle Hinweise darauf, welche Aktion Sie an einer bestimmten Stelle ausführen können:

- der normale Cursor des Auswahl-Werkzeugs
- das Objekt aktivieren
- das Objekt an einem seiner Ankerpunkte »greifen«
- der normale Cursor des Direktauswahl-Werkzeugs
- ein Pfadsegment oder das komplette Objekt aktivieren und verschieben
- einen Ankerpunkt aktivieren und verschieben

Beim Ausführen von Aktionen zeigt der Cursor weitere Symbole:
- Verschieben eines Objekts, Ankerpunkts oder Griffs
- Einrasten an einem Punkt beim Verschieben
- Duplizieren eines Objekts
- Einrasten an einem Punkt beim Duplizieren

### FreeHand-Umsteiger

Umsteiger, die die Werkzeuge von FreeHand gewohnt sind, werden die Auswahl-Werkzeuge als gewöhnungsbedürftig empfinden. Illustrator verwendet das Auswahl-Werkzeug und das Direktauswahl-Werkzeug sehr spezifisch, denn das Programm macht einen Unterschied zwischen der Auswahl eines Objekts und der eines Ankerpunkts.

### Vorschau oder Pfadansicht

Üblicherweise erstellen Sie Ihre Grafiken im Vorschaumodus. Manchmal ist es aber auch sinnvoll, die Ansicht schnell zu wechseln, denn in der Pfadansicht sind die Farben, Konturen und Füllungen der Objekte nicht aktiv. So wird es möglich, Pfade zu bearbeiten, die in der Vorschau nicht sichtbar sind.

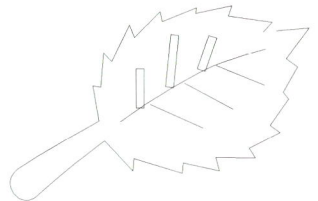

◄ **Abbildung 6.38**
In der Pfadansicht erkennen Sie auch von breiten Konturen den Pfadverlauf, Sie können Konturen von Flächen unterscheiden, und die Füllung stört nicht bei der Auswahl von Ankerpunkten.

Bei der Arbeit mit dem Auswahlrechteck oder dem Lasso sind gefüllte Flächen oder breite Konturen oft hinderlich; auch deshalb ist es sinnvoll, gelegentlich in die Pfadansicht zu wechseln und zur Weiterbearbeitung Ihrer Auswahl in den Vorschaumodus zurückzukehren – Shortcut in beide Richtungen: ⌘/Strg+Y. Auswahlen gehen dabei nicht verloren. Mehr zu Ansichten finden Sie in Kapitel 4, »Arbeiten mit Dokumenten«.

**Auswahl wird nicht angezeigt**

Wenn Sie zwar etwas ausgewählt haben, die Auswahl jedoch nicht angezeigt wird, haben Sie vielleicht unabsichtlich die Ecken ausgeblendet.

Wählen Sie ANSICHT • BEGRENZUNG EINBLENDEN, um die Anzeige wieder zu aktivieren.

### Aktive Pfade, Pfadsegmente und Ankerpunkte

Illustrator zeigt in der Bildschirmdarstellung an, welche Pfade, Ankerpunkte und Grifflinien aktiv sind und bearbeitet werden können.

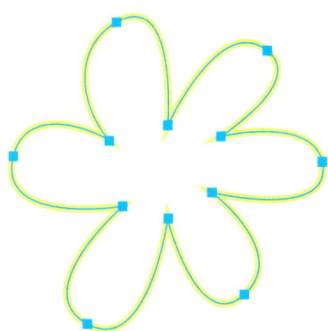
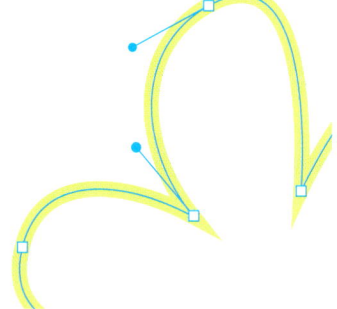
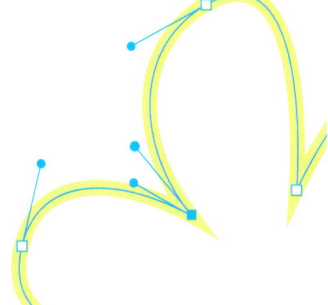

▲ **Abbildung 6.39**
Ist ein Objekt ausgewählt, werden alle seine Ankerpunkte als gefüllte Quadrate angezeigt. Sie können einzelne Punkte oder deren Grifflinien nicht verändern.

▲ **Abbildung 6.40**
Wenn ein Pfadsegment ausgewählt ist, sind alle Ankerpunkte des Objekts nicht gefüllt. Die Grifflinien, die die Form des aktiven Segments bestimmen, sind sichtbar.

▲ **Abbildung 6.41**
Ist ein Ankerpunkt ausgewählt, wird er als gefülltes Quadrat angezeigt. Die anderen Punkte des Objekts sind ungefüllt.
Die Grifflinien des aktiven Ankerpunkts sowie die Grifflinien der benachbarten Pfadsegmente sind sichtbar.

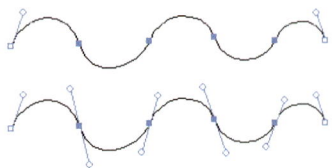

▲ Abbildung 6.42
Voreingestellte Darstellung der Grifflinien (oben) und mit Anzeige aller Griffe (unten)

▲ Abbildung 6.43
Buttons zum Einblenden aller Griffe im Steuerungsbedienfeld

### Ankerpunkt-Anzeige
Beachten Sie die Voreinstellungen für die Anzeige von Ankerpunkten.

### Verdecktes auswählen
Liegen viele Objekte übereinander, können Sie sich die Auswahl der unten liegenden Objekte auch dadurch erleichtern, dass Sie die Option OBJEKTAUSWAHL NUR ÜBER PFAD unter VOREINSTELLUNGEN • ALLGEMEIN aktivieren.

### Anzeige der Grifflinien

Per Voreinstellung zeigt Illustrator nur die Grifflinien eines einzeln ausgewählten Punkts je Objekt an. Sind an einem Objekt mehrere Punkte ausgewählt, werden nur die Grifflinien dargestellt, die jeweils an die äußeren Pfadsegmente dieser Auswahl angrenzen. Möchten Sie die Grifflinien aller ausgewählten Punkte anzeigen lassen, aktivieren Sie unter VOREINSTELLUNGEN • AUSWAHL & ANKERPUNKT-ANZEIGE die Option BEI AUSWAHL VON MEHREREN ANKERPUNKTEN GRIFFE ANZEIGEN.

Dieselbe Einstellung können Sie auch über die Buttons GRIFFE im Steuerungsbedienfeld vornehmen, die eingeblendet werden, sobald Ankerpunkte ausgewählt sind. Drücken Sie den Button GRIFFE EINBLENDEN (links) bzw. den Button GRIFFE AUSBLENDEN (rechts).

### Ein Pfadsegment auswählen

Gehen Sie wie folgt vor, um ein Pfadsegment auszuwählen:
1. Falls das Objekt aktiviert ist (also alle Punkte als gefüllte Quadrate angezeigt werden), heben Sie zunächst die Auswahl auf, indem Sie neben das Objekt klicken, oder Sie nutzen den Menübefehl AUSWAHL • AUSWAHL AUFHEBEN (Shortcut ⌘/Strg + ⇧ + A).
2. Wählen Sie das Direktauswahl-Werkzeug aus dem Werkzeugbedienfeld.
3. Bewegen Sie den Cursor über das Pfadsegment – also den Bereich zwischen zwei Punkten –, das Sie auswählen möchten. Sie müssen den Pfad sehr genau treffen, anderenfalls aktivieren Sie das gesamte Objekt statt das einzelne Pfadsegment.
4. Klicken Sie auf das Pfadsegment. Handelt es sich um eine Kurve, müssen jetzt Grifflinien angezeigt werden. Alle Punkte des Pfads werden als nicht gefüllte Quadrate dargestellt.

**Auswahl von Pfadsegmenten über das Menü** | Über das Auswahl-Menü haben Sie weitere Möglichkeiten, Punkte auszuwählen. Aktivieren Sie ein Objekt, und wählen Sie die Funktion AUSWAHL • OBJEKT • GRIFFLINIEN. Damit werden alle Pfadsegmente des Objekts aktiviert.

Dieser Befehl ist nützlich, wenn Sie ein Objekt in einem Schritt an allen Ankerpunkten zerschneiden möchten: Schneiden Sie zu diesem Zweck das Objekt nach dem Auswählen der Grifflinien aus, und fügen Sie es wieder in das Dokument ein.

## Einen Ankerpunkt auswählen

Gehen Sie folgendermaßen vor, um einen Punkt auszuwählen:
1. Aktivieren Sie das Objekt, falls Sie eine bessere Orientierung über die Position der Ankerpunkte haben möchten.
2. Holen Sie sich das Direktauswahl-Werkzeug aus dem Werkzeugbedienfeld.
3. Bewegen Sie den Cursor über den Punkt, den Sie auswählen möchten. Dieser wird deutlich hervorgehoben, sofern die Voreinstellung ANKERPUNKTE UNTER MAUSZEIGER HERVORHEBEN aktiv ist. Zusätzlich dient Ihnen der Cursor als Orientierungshilfe.

Das Direktauswahl-Werkzeug zeigt normalerweise über einem Objekt das Symbol. Sobald sich der Pfeil aber über einem Ankerpunkt befindet, wechselt er die Marke in.
4. Wenn Sie den gewünschten Ankerpunkt gefunden haben, aktivieren Sie ihn durch einen kurzen Klick.

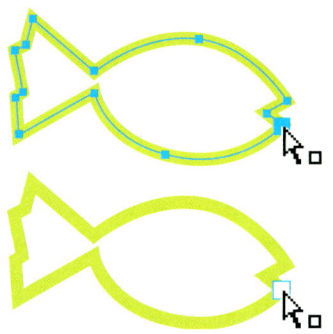

▲ **Abbildung 6.44**
Hervorhebung eines Ankerpunkts unter dem Direktauswahl-Werkzeug bei aktiviertem (oben) und nicht aktiviertem Objekt (unten)

## Modifizierungsmöglichkeiten

▶ ⇧: Weitere Punkte wählen Sie aus, indem Sie die Taste ⇧ drücken und die zusätzlichen Punkte anklicken.

▶ ⇧: Wenn Sie einen Ankerpunkt wieder aus der Auswahl herausnehmen möchten, drücken Sie ebenfalls ⇧ und klicken den bereits aktivierten Punkt an.

### Ab CS3: Punkt auswählen

Falls Sie es noch von früheren Versionen gewohnt sind: Das Objekt muss nicht mehr deaktiviert werden, bevor Sie einen Punkt auswählen können.

### Für Fortgeschrittene: Alle Ankerpunkte eines Objekts auswählen

Sobald alle einzelnen Ankerpunkte eines Objekts ausgewählt sind, verhält sich Illustrator so, als wäre das Objekt ausgewählt. Dazu ein einfacher Versuch: Wenn Sie alle Ankerpunkte eines Kreises auswählen (links) und diese mit dem Ausrichten-Bedienfeld oben ausrichten (siehe Kapitel 5), müssten im Ergebnis theoretisch alle Punkte in einer Reihe stehen (Mitte). Praktisch passiert jedoch gar nichts, denn Illustrator hat die Auswahl nach seiner Logik nicht auf »alle einzelnen Punkte«, sondern auf »das Objekt« gesetzt, und ein einzelnes Objekt bewegt sich nicht, wenn man es an seiner oberen Kante ausrichtet (rechts).

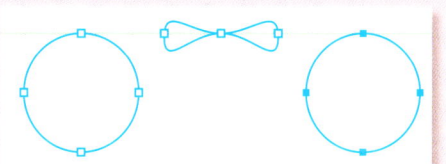

## Punkte mit dem Auswahlrechteck auswählen

Alternativ aktivieren Sie einen Punkt, indem Sie ein Auswahlrechteck darüber aufziehen.

Mit einem weiteren Auswahlrechteck und gedrückter ⇧-Taste wählen Sie zusätzliche Punkte aus.

Sie können auch mehrere Methoden kombinieren, indem Sie die Auswahl beispielsweise mit einem Auswahlrechteck starten und einzelne Punkte, wie oben beschrieben, wieder von der Auswahl abziehen oder hinzufügen.

### Auswahlrechteck & Hilfslinien

Bei der Verwendung des Auswahlrechtecks aktivieren Sie auch Hilfslinien, die im Arbeitsbereich liegen.

Möchten Sie die Aktivierung von Hilfslinien vermeiden, verwenden Sie das Lasso statt des Auswahlrechtecks (zum Lasso-Werkzeug siehe Kapitel 7).

**Abbildung 6.45** ▶
Punktauswahl mit dem Direktauswahl-Werkzeug

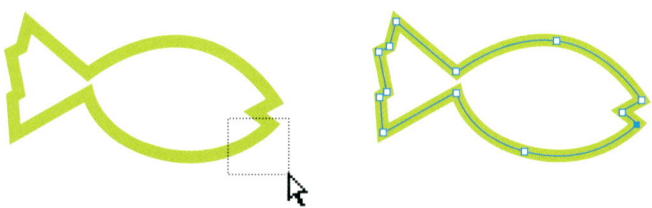

Das Auswahlrechteck ist besonders effektiv in der Pfadansicht, weil dann Konturen und Füllungen nicht stören.

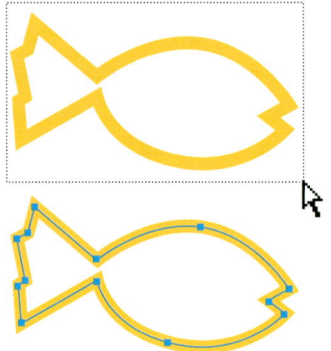

Wenn Sie jedoch mit dem Direktauswahl-Werkzeug ein Auswahlrechteck um das gesamte Objekt ziehen, wählen Sie das Objekt aus (siehe den Hinweis »Alle Ankerpunkte eines Objekts auswählen« auf der vorherigen Seite).

### Objekte mit dem Direktauswahl-Werkzeug auswählen

Mit dem Direktauswahl-Werkzeug können Sie statt einzelner Bestandteile eines Pfads auch ein gefülltes Objekt insgesamt aktivieren, indem Sie auf seine Fläche klicken.

Wenn sich das Werkzeug über einem Objekt befindet, ändert der Cursor sein Symbol in ▸▪.

▲ **Abbildung 6.46**
Objektauswahl mit dem Direktauswahl-Werkzeug

### Smart Guides – magnetische Hilfslinien

Eine andere Möglichkeit, um Pfade – auch verborgene – zu identifizieren, ist die Option Ansicht • Magnetische Hilfslinien. Wenn Sie diesen Modus einschalten, zeigt Illustrator alle Pfade unter dem Cursor an sowie in der Standardeinstellung die Position von Ankerpunkten. Der Shortcut zum Ein- und Ausschalten ist ⌘/Strg+U.

Magnetische Hilfslinien stehen nicht zur Verfügung, wenn die Option Am Raster ausrichten aktiv ist.

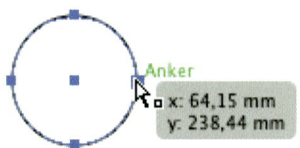

▲ **Abbildung 6.47**
Smart Guides zeigen Pfade, Punkte sowie Grifflinien an, und sie machen alle Objekte magnetisch.

### Pfade und Punkte ausblenden

Wenn Sie die Anzeige der Grifflinien, Pfade und Punkte stört, wählen Sie die Menüoption Ansicht • Ecken ausblenden.

Sie haben dann zwar keinen Anhaltspunkt mehr, welche Elemente Ihrer Grafik gerade aktiv sind, unter dem Cursor liegende Ankerpunkte werden trotzdem weiterhin hervorgehoben.

Aufgrund des in Photoshop sehr gebräuchlichen Shortcuts ⌘/Strg+H wird die Pfadanzeige häufig unabsichtlich ausgeblendet. Möchten Sie sie wieder einblenden, rufen Sie Ansicht • Begrenzung einblenden auf. Bei dieser Bezeichnung kann es sich nur um einen Übersetzungsfehler handeln, und es ist zu hoffen, dass Adobe sie in einem Update wieder auf das bekannte Ecken einblenden korrigiert.

## Übersicht der Modifikationstasten

| Werkzeug | Anwendung der Modifikationstasten | Auswirkung |
|---|---|---|
| ✒ | ⇧ beim Setzen eines Punkts | Pfadsegment waagerecht, senkrecht oder im 45°-Winkel erzeugen |
| ✒ | ⇧ beim Ziehen eines Griffpunkts | Griff waagerecht, senkrecht oder im 45°-Winkel ziehen |
| ✒ | ⇧ und auf vorhandenen Ankerpunkt (keinen Endpunkt) klicken | einen neuen Punkt direkt über den bestehenden Ankerpunkt setzen (Schleife im Pfad) |
| ✒ | Leertaste während des Setzens eines Punkts | diesen Punkt verschieben (Gummibandmodus) |
| ✒ | ⌘/Strg | temporär zum zuletzt verwendeten Auswahl-Werkzeug ▶, ▶ oder ▶ |
| ✒ | ⌥/Alt | temporär zum Ankerpunkt-konvertieren-Werkzeug ⋀ |
| ▶ | ⇧ | zusätzliche Punkte auswählen |
| ▶ | ⇧ beim Verschieben eines Punkts, Pfadsegments oder Griffs | waagerecht, senkrecht oder im 45°-Winkel verschieben |
| ▶ ▶ | ⌘/Strg | temporär zu ▶ |
| ▶ | ⌥/Alt | temporär zu ▶ |
| ▶ | ⌥/Alt | temporär zu ▶ |
| ▶ | ⌘/Strg | temporär zum zuletzt verwendeten Auswahl-Werkzeug ▶ oder ▶ |
| ▶ | ⌘+⌥/Strg+Alt | temporär zum jeweils anderen Auswahl-Werkzeug ▶ oder ▶ |

▲ Tabelle 6.1
Modifikationstasten für Zeichenstift- und Auswahl-Werkzeuge

## 6.4 Punkte bearbeiten

Sie können einzelne oder mehrere Ankerpunkte zusammen bewegen bzw. anderweitig transformieren, um die Form eines Pfads zu ändern. Pfadsegmente lassen sich direkt anfassen und bearbeiten, oder das Segment wird mithilfe der Grifflinien in die richtige Form gebracht.

**Ankerpunkte bewegen**
Um einen Ankerpunkt zu bewegen, aktivieren Sie ihn mit dem Direktauswahl-Werkzeug und ziehen ihn an die gewünschte Position.

Solange nicht bereits das gesamte Objekt aktiviert ist, können Sie in einem Zug einen Punkt auswählen und verschieben, ohne die Maustaste zwischendurch loszulassen.

Ist das Objekt dagegen selektiert und Sie möchten einen Ankerpunkt bewegen, klicken Sie den Punkt einmal mit dem Direktauswahl-Werkzeug an und klicken und ziehen den Punkt in einem zweiten Schritt.

Alternativ lassen sich aktivierte Ankerpunkte mit den Pfeiltasten ⬆, ⬇, ➡ und ⬅, der Funktion OBJEKT • VERSCHIEBEN oder per Eingabe der neuen Position in das Transformieren- bzw. das Steuerungsbedienfeld bewegen.

**Modifizierungsmöglichkeiten** | Ankerpunkte bewegen
- ⇧: Mit der ⇧-Taste verschieben Sie Ankerpunkte in festen 45°-Winkelungen. Da diese Taste gleichzeitig dazu dient, mehrere Punkte auszuwählen, müssen Sie die Modifikationstaste und die Maus in der richtigen Reihenfolge bedienen.

Der sicherste Weg, um einen oder mehrere Punkte in einem festen 45°-Winkel zu verschieben, umfasst folgende Schritte:
1. Aktivieren Sie zunächst alle Ankerpunkte, die Sie zusammen verschieben wollen.
2. Lassen Sie die Maustaste los, nachdem Sie alle gewünschten Punkte ausgewählt haben. Klicken Sie einen der aktiven Punkte an, und halten Sie die Maustaste gedrückt.
3. Betätigen und halten Sie zusätzlich die Modifikationstaste ⇧. Ziehen Sie den geklickten Punkt an die gewünschte Position; die anderen aktiven Ankerpunkte bewegen sich synchron mit.

Auch wenn Sie nur einen Ankerpunkt verschieben wollen, sollten Sie diesen Ablauf einhalten.

### Punkte transformieren

Nicht nur komplette Formen, auch mehrere Ankerpunkte, die Sie zusammen ausgewählt haben, können Sie gemeinsam mit den Transformations-Werkzeugen bearbeiten.

Sehr praktisch ist diese Vorgehensweise beispielsweise beim »Abknicken« einer Form.

Um das Bein zu beugen, wie in Abbildung 6.48 gezeigt, verfahren Sie wie folgt:
1. Erstellen Sie, falls nötig, Kurvenpunkte an der geplanten Beugestelle.
2. Aktivieren Sie mit dem Lasso oder mit dem Direktauswahl-Werkzeug die Ankerpunkte auf dem Teil des Pfads, der umgebogen werden soll ❶.

---

**Auswahl-Werkzeug temporär**

Wie in vielen anderen Grafikprogrammen lässt sich auch in Illustrator das Auswahl-Werkzeug temporär aufrufen, während Sie ein anderes Werkzeug benutzen. Allerdings wechseln Sie dabei immer zum zuletzt verwendeten Auswahl-Werkzeug – das kann neben dem Direktauswahl-Werkzeug auch eines der beiden anderen Auswahl-Werkzeuge sein.

Wenn Sie während der Erstellung eines Pfads einen der vorher gesetzten Punkte verschieben wollen, müssen Sie das Direktauswahl-Werkzeug verwenden. Klicken Sie deshalb noch einmal kurz auf das Direktauswahl-Werkzeug, bevor Sie den Zeichenstift aufrufen.

3. Wählen Sie das Drehen-Werkzeug aus den Transformations-Werkzeugen ❷.
4. Klicken Sie einen Referenzpunkt, und ziehen Sie die Beugung in die richtige Position ❸.

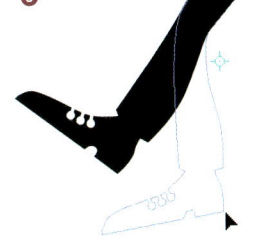

▲ **Abbildung 6.48**
Mehrere Ankerpunkte gemeinsam TRANSFORMIEREN

### Punkte horizontal und/oder vertikal zentrieren

Für das einfache Ausrichten von Punkten steht Ihnen in Illustrator der Befehl DURCHSCHNITT BERECHNEN zur Verfügung. Komplexere Anordnungen können Sie mit dem Ausrichten-Bedienfeld realisieren (dazu mehr im nächsten Absatz). Mit der Funktion DURCHSCHNITT BERECHNEN können Sie mehrere Punkte eines oder mehrerer Objekte horizontal und/oder vertikal auf eine jeweilige Mittelachse zentrieren.

Aktivieren Sie die auszurichtenden Objekte oder Punkte und rufen den Menübefehl OBJEKT • PFAD • DURCHSCHNITT BERECHNEN... auf – Shortcut ⌘+⌥+J bzw. Strg+Alt+J.

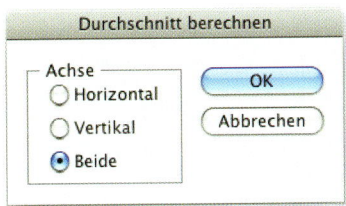

◀ **Abbildung 6.49**
Die Dialogbox DURCHSCHNITT BERECHNEN

Geben Sie mit den Optionsbuttons die Richtung der ACHSE an, entlang derer die Ankerpunkte vermittelt werden sollen. Um Punkte nur in vertikaler Richtung zu verschieben, geben Sie eine waagerechte Achse an und umgekehrt. Verwenden Sie diese Funktion anstelle des Ausrichtens zum Beispiel, um eine Linie, die nur aus zwei Punkten besteht, »gerade zu rücken«.

Da Illustrator einen Durchschnitt bildet, werden zumindest die Punkte in den Extrempositionen verschoben.

### Punkte ausrichten und anordnen

Die Funktionen des Ausrichten-Bedienfelds können Sie auch auf Punkte anwenden. Die Erklärung dieser Funktionen finden Sie in

▲ **Abbildung 6.50**
DURCHSCHNITT BERECHNEN auf die Punkte zweier Objekte angewendet

Kapitel 5, »Geometrische Objekte und Transformationen«. Es ist jedoch nicht möglich, alle Punkte eines Pfads zusammen auszurichten (siehe Hinweis »Alle Ankerpunkte eines Objekts auswählen« auf Seite 143).

Um Punkte aneinander auszurichten, gehen Sie wie folgt vor:

1. Aktivieren Sie die Punkte mit dem Direktauswahl-Werkzeug oder dem Lasso. Der zuletzt ausgewählte Punkt dient als Bezugspunkt für die Ausrichtung, d. h., seine Position verändert sich nicht.
2. (Optional) Wählen Sie den Bezug im Menü Ausrichten an.
3. Rufen Sie die gewünschte Ausrichtungsart mit einem Klick auf den entsprechenden Button im Ausrichten-Bedienfeld oder im Steuerungsbedienfeld auf. Die Option Vorschaubegrenzungen verwenden wird ignoriert.

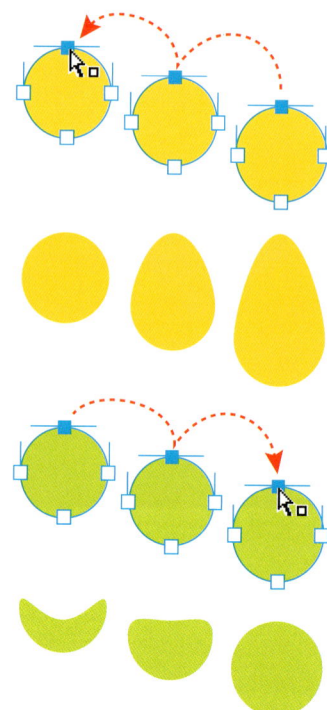

▲ **Abbildung 6.51**
Ausrichten der aktivierten Punkte: Bezugspunkt links (gelb), Bezugspunkt rechts (grün)

### Mit Grifflinien den Kurvenverlauf anpassen

Selten wird der Kurvenverlauf eines Pfads, den Sie neu erstellen, sofort Ihren Anforderungen entsprechen. Meistens müssen die einzelnen Pfadsegmente nachträglich angepasst werden. Dazu verändern Sie die Grifflinien an den Ankerpunkten, indem Sie die zugehörigen Griffpunkte bewegen.

1. Wählen Sie das Direktauswahl-Werkzeug, und bewegen Sie es über den Pfad. Direkt über einem Ankerpunkt zeigt der Cursor das Symbol. Wenn ein Pfadsegment oder die Füllung des Objekts unter dem Zeiger ist, nimmt der Cursor das Symbol an.
2. Klicken Sie auf ein Pfadsegment, um die zugehörigen Grifflinien der beiden benachbarten Punkte anzuzeigen. Mit einem Klick auf einen Punkt dagegen werden die Grifflinien beidseitig dieses Ankerpunkts sichtbar.
3. Bewegen Sie nun die Grifflinien mithilfe der Griffpunkte, und verändern Sie so die Krümmung des Kurvensegments.

▲ **Abbildung 6.52**
Ankerpunkt aktivieren und eine Grifflinie verändern

Werden nach dem Aktivieren eines Punkts oder eines Segments keine Grifflinien angezeigt, sind diese noch im Ankerpunkt versteckt. Lesen Sie dazu mehr im nächsten Abschnitt.

### Eckpunkte und Übergangspunkte konvertieren

Wenn Sie einmal versehentlich beim Zeichnen den falschen Typ eines Ankerpunkts gesetzt haben, ist das kein Problem. Sie können jederzeit einen Eckpunkt in einen Kurvenpunkt umwandeln und umgekehrt.

Verwenden Sie dafür das Ankerpunkt-konvertieren-Werkzeug oder temporär den Zeichenstift zusammen mit der Modifikationstaste ⌥/Alt.

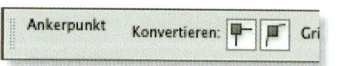

▲ **Abbildung 6.53**
Ankerpunkt-konvertieren-Funktionen im Steuerungsbedienfeld

Während Sie das Ankerpunkt-konvertieren-Werkzeug nur jeweils an einem Punkt einsetzen können, lassen sich die Funktions-Buttons ANKERPUNKTE IN ECKE bzw. IN ÜBERGANG KONVERTIEREN aus dem Steuerungsbedienfeld auf mehrere Punkte gleichzeitig anwenden.

**Eckpunkt umwandeln** | Um einen Eckpunkt in einen Kurvenpunkt umzuwandeln, gehen Sie so vor:
1. Aktivieren Sie den Pfad, und bewegen Sie das Ankerpunkt-konvertieren-Werkzeug über den Punkt.
2. Klicken und ziehen Sie dabei die Kurventangenten, also die Grifflinien, in Pfadrichtung aus dem Ankerpunkt heraus.
   Bei einem bereits bestehenden Objekt ist oft die Pfadrichtung nicht bekannt. Sie müssen also gegebenenfalls ausprobieren, ob die Kurve nach dem Herausziehen der Kurventangente weiterhin glatt verläuft. Bildet der Pfad eine Schleife, steht die Grifflinie gegen die Pfadrichtung!
3. Das Programm generiert die Grifflinien gleichmäßig lang nach beiden Seiten. Meistens benötigen Sie jedoch für die beiden benachbarten Kurventeile unterschiedlich lange Tangenten. Lassen Sie deshalb nach dem Herausziehen die Maustaste los, wählen Sie das Direktauswahl-Werkzeug, und richten Sie damit die Grifflinien nach.

**Übergangspunkt umwandeln** | Wenn Sie einen Kurvenpunkt in einen Eckpunkt umwandeln wollen, sind folgende Schritte notwendig:
1. Aktivieren Sie den entsprechenden Ankerpunkt mit dem Direktauswahl-Werkzeug. Dabei werden die Grifflinien sichtbar.
2. Je nachdem, wie die beiden benachbarten Pfadsegmente gestaltet werden sollen, ist das Vorgehen unterschiedlich:
   ▶ Wollen Sie, dass eines oder beide angrenzenden Pfadsegmente zu Kurven werden, müssen Sie die Grifflinien lediglich »abbrechen«. Bewegen Sie mit dem Ankerpunkt-konvertieren-Werkzeug einen der Griffpunkte. Dadurch wird an diesem Punkt eine Ecke ausgebildet, denn die gegenüberliegende Tangente bleibt in ihrer ursprünglichen Position. Möchten Sie die andere Grifflinie ebenfalls verändern, wechseln Sie zum Direktauswahl-Werkzeug und richten diese Tangente nach.
   ▶ Soll eines der benachbarten Pfadsegmente eine Gerade werden, gehen Sie genauso vor wie oben beschrieben. Die zu dem geraden Pfadsegment gehörige Tangente wird jedoch nicht mehr benötigt. Deshalb müssen Sie diese

▲ **Abbildung 6.54**
Um einen Eckpunkt in einen Übergangspunkt umzuwandeln, müssen die Grifflinien herausgezogen werden.

### Eck- in Kurvenpunkte

Das Umwandeln von Eckpunkten in Kurvenpunkte geschieht destruktiv, d. h., Griffe werden neu generiert und vorhandene Griffe »überschrieben«.

Soll ein Griff erhalten werden, markieren Sie dessen Position mit Hilfslinien – diese rasten an Griffpunkten ein – und richten den neuen Griff an den Hilfslinien aus.

Alternativ arbeiten Sie mit magnetischen Hilfslinien (siehe Abbildung 6.59).

▲ **Abbildung 6.55**
Das Ankerpunkt-konvertieren-Werkzeug dient auch dazu, Grifflinien »abzubrechen«, also einen Übergangspunkt in einen Eckpunkt zu konvertieren.

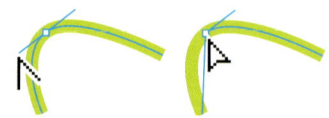

▲ **Abbildung 6.56**
Die Grifflinie wird in den Punkt geschoben.

Grifflinie in den Ankerpunkt zurückschieben. Dabei ist es wichtig, dass Sie den Punkt genau treffen. Achten Sie deshalb auf das Symbol des Cursors, der Ihnen mit einem weißen Pfeil ▷ anzeigt, wenn Sie über dem Ankerpunkt sind und die Maustaste loslassen können.

▶ Falls Sie einen Eckpunkt ohne Grifflinien benötigen, weil beide angrenzenden Pfadsegmente gerade verlaufen sollen, klicken Sie mit dem Ankerpunkt-konvertieren-Werkzeug nur kurz auf den Ankerpunkt, dann verschwinden die Grifflinien automatisch.

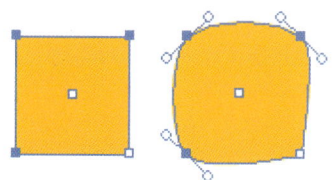

▲ **Abbildung 6.57**
Eckpunkte in Übergangspunkte umgewandelt

**Umwandlungsfunktionen |** Aktivieren Sie einen oder mehrere Punkte, und rufen Sie die Funktion AUSGEWÄHLTE ANKERPUNKTE IN ECKE UMWANDELN ⊢ bzw. AUSGEWÄHLTE ANKERPUNKTE IN ÜBERGANG UMWANDELN ⌐ durch einen Klick auf den jeweiligen Button im Steuerungsbedienfeld auf.

Bei der Erzeugung von Eckpunkten werden alle Griffe in den Punkt zurückgeschoben. Wandeln Sie sie dagegen in Übergangspunkte um, generiert Illustrator automatisch Grifflinien, die zum Verlauf der angrenzenden Pfade passen.

### Eckpunkte mit anschließenden Kurvensegmenten

▲ **Abbildung 6.58**
Ein Eckpunkt verbindet zwei Kurvensegmente.

Ein Pfadsegment zwischen zwei Eckpunkten muss nicht zwangsläufig eine Gerade sein, das Segment kann auch als Kurve anschließen. Sie müssen dazu jedoch die zugehörigen Grifflinien aus den benachbarten Eckpunkten herausziehen:

1. Wählen Sie den Pfad aus.
2. Klicken Sie mit dem Ankerpunkt-konvertieren-Werkzeug auf den entsprechenden Ankerpunkt, und ziehen Sie die Grifflinien heraus. Der Punkt wird dabei zum Übergangspunkt!
3. Bewegen Sie nun mit dem gleichen Werkzeug einen der Griffpunkte an eine andere Position. Dabei »brechen« Sie die Grifflinie ab, und der Ankerpunkt wird zurück zum Eckpunkt konvertiert.
4. Wählen Sie das Direktauswahl-Werkzeug, und justieren Sie die Grifflinien und damit das Pfadsegment nach.

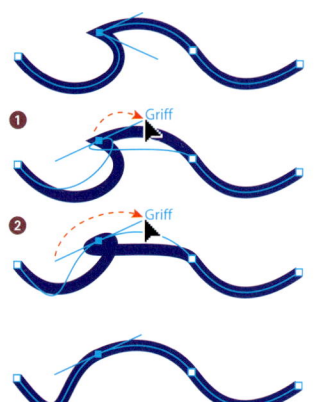

▲ **Abbildung 6.59**
Umwandlung eines Eck- in einen Kurvenpunkt bei Erhaltung einer Grifflinie

**In Kurvenpunkt zurückwandeln |** Soll eine vorhandene Grifflinie beim Umwandeln eines Eck- in einen Kurvenpunkt original erhalten bleiben, haben Sie die Möglichkeit, die Position des Griffpunkts mit Hilfslinien zu markieren oder mit magnetischen Hilfslinien zu arbeiten:

1. Aktivieren Sie ANSICHT • MAGNETISCHE HILFSLINIEN – Shortcut ⌘/Strg+U.

2. Wählen Sie das Ankerpunkt-konvertieren-Werkzeug , und ziehen Sie neue Grifflinien aus dem Punkt. Bewegen Sie den Cursor auf die Position des Griffpunkts, den Sie erhalten möchten. Die magnetischen Hilfslinien zeigen den Griff an ❶.
3. Falls die Position der beiden Grifflinien jetzt vertauscht ist und der Pfad eine Schleife beschreibt, nehmen Sie das Direktauswahl-Werkzeug und ziehen den zu erhaltenden Griff an seine korrekte Position ❷.

**Kurven direkt bearbeiten, Pfadsegmente verschieben**

Anstatt die Form eines Kurvensegments über die Grifflinien zu manipulieren, können Sie das Segment auch direkt bearbeiten:
1. Wenn das Objekt, das Sie verändern möchten, insgesamt aktiv ist, müssen Sie zunächst die Auswahl aufheben und den Pfad erneut mit dem Direktauswahl-Werkzeug aktivieren.
2. Klicken Sie auf den gewünschten Teil des Pfads und ziehen den Cursor seitlich, um in einem Zug das entsprechende Pfadsegment zu aktivieren und seinen Kurvenverlauf zu verändern. Achtung! Bei dieser Aktion verändern die Grifflinien nur ihre Länge, ihr Winkel aber bleibt gleich!

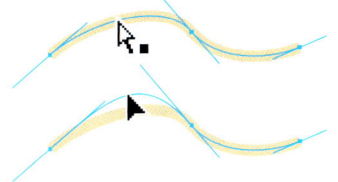
▲ **Abbildung 6.60**
Direktes Verformen eines Pfadsegments

**Form-ändern-Werkzeug**

Mit dem Drehen-Werkzeug ist es ohne Schwierigkeiten möglich, die Krümmung eines einigermaßen geraden Pfads zu verändern, wie das obige Beispiel mit der Beugung des Beins zeigt.

Ist ein Pfad allerdings mit Details versehen, wie beispielsweise der Rand eines Blatts oder die Kante einer Briefmarke, eignen sich die Transformieren-Werkzeuge nicht, denn damit können Sie nur den Verlauf des Pfads verändern, nicht aber seine Strukturdetails erhalten.

Für solche Operationen ist das Form-ändern-Werkzeug vorgesehen, das Sie im Werkzeugbedienfeld in einer Gruppe mit dem Skalieren-Werkzeug und dem Verbiegen-Werkzeug finden. Damit verhält sich ein Pfad beim Verformen so, als ob er aus Gummi wäre: Die Details des Pfads passen sich der Formänderung mit an. Gehen Sie wie folgt vor, um einen Pfad mit dem Form-ändern-Werkzeug zu bearbeiten:
1. Wählen Sie zunächst die Ankerpunkte bzw. die Pfadsegmente aus, die von der Verformung betroffen sein sollen, wobei diese auch zu verschiedenen Objekten gehören können ❶. Aktivieren Sie aber Objekte *nicht* als Ganzes! Am besten geht das mit dem Lasso oder einem Auswahlrechteck, das vom Direktauswahl-Werkzeug erzeugt wird.

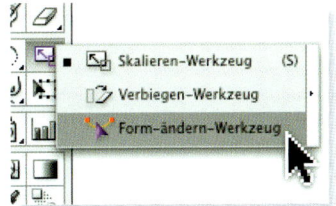
▲ **Abbildung 6.61**
Form-ändern-Werkzeug im Werkzeugbedienfeld

**Abbildung 6.62** ▶
Die Arbeit mit dem Form-ändern-Werkzeug ist etwas umständlich.

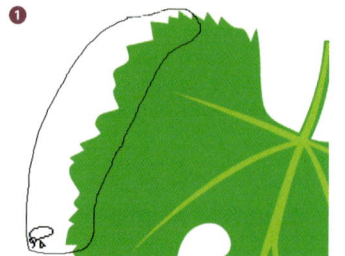

2. Holen Sie sich nun das Form-ändern-Werkzeug, und klicken Sie auf die Stelle des Pfads, die als Fokus für die Verformung dienen soll ❷; dabei setzt Illustrator dort einen Punkt mit einem Rahmen ▣. Mit der ⇧-Taste können Sie auch mehrere Fokuspunkte setzen ❸ (Abbildung 6.63).

**Abbildung 6.63** ▶
Mit dem Form-ändern-Werkzeug wird der Pfad nicht einfach verschoben, vielmehr entsteht eine Rundung, auf der die Details erhalten bleiben.

▼ **Abbildung 6.64**
Mit der ⇧-Taste erreichen Sie eine Beschränkung der Verformung beispielsweise in horizontaler Richtung.

3. Klicken und ziehen Sie anschließend einen der Fokuspunkte, um die gewünschte Veränderung auszuführen ❹. Wenn Sie dabei die Modifikationstaste ⇧ gedrückt halten, werden Werkzeugbewegungen in 45°-Winkelungen erzwungen.

## 6.5 Pfade nachbearbeiten

Objekte werden meist nicht »in einem Stück« konstruiert; oft müssen Pfade durch Ankerpunkte ergänzt oder mehrere einzelne Teile zu einem gesamten Pfad zusammengesetzt werden. Hierfür stellt Ihnen Illustrator verschiedene Werkzeuge und Methoden zur Verfügung.

### Auf einem Pfad Ankerpunkte hinzufügen

▲ **Abbildung 6.65**
Pfade mit vielen Punkten (links) sind schwierig als Ganzes nachzurichten.

Wenn ein Pfadverlauf nicht so ganz Ihren Vorstellungen entspricht, ist es manchmal notwendig, hier oder dort einen Ankerpunkt auf dem Pfad hinzuzufügen. Beachten Sie dabei aber, dass zusätzliche Punkte Ihnen zwar mehr Detailkontrolle geben, andererseits können zu viele Ankerpunkte aber auch Probleme verursachen, weil es schwieriger wird, lange homogene Kurvenschwünge gleichmäßig und ohne Dellen zu erzeugen.

**Die Werkzeuge** | Ankerpunkte hinzufügen
Zwei Werkzeuge können Sie alternativ benutzen, um einen Pfad durch Ankerpunkte zu ergänzen:

- **Zeichenstift** : Über einem aktiven Pfad verwandelt sich der Zeichenstift *automatisch* in das temporäre Ankerpunkt-hinzufügen-Werkzeug. Der Cursor zeigt das mit dem Symbol an. Um einen Ankerpunkt hinzuzufügen, klicken Sie an der gewünschten Stelle auf den ausgewählten Pfad. Der neue Punkt wird auch in Kurvensegmenten so eingefügt, dass sich die Krümmung nicht verändert. Der Punkt bleibt aktiv, und seine Grifflinien sind sichtbar.
  Achtung: Wenn Sie es versäumt haben, den Pfad vorher zu aktivieren, erzeugen Sie mit dieser Aktion einen *neuen* Pfad, anstatt nur einen zusätzlichen Punkt auf einem bestehenden Pfad anzulegen! Hilfreich kann hier sein, dass der Zeichenstift zusammen mit der ⌘/Strg -Taste temporär zum zuletzt benutzten Auswahl-Werkzeug wird.

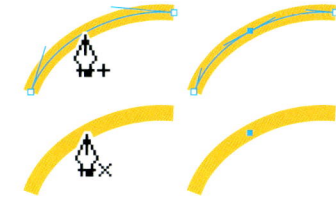

▲ **Abbildung 6.66**
Ob ein neuer Punkt (oben) oder ein neuer Pfad entsteht (unten), erkennen Sie am Cursor-Symbol des Zeichenstifts.

- **Ankerpunkt-hinzufügen-Werkzeug** : Sie können das Werkzeug auch permanent aus dem Werkzeugbedienfeld auswählen. Das Vorgehen, um einen Ankerpunkt hinzuzufügen, entspricht dem oben beschriebenen. Wenn Sie mit dem Ankerpunkt-hinzufügen-Werkzeug direkt arbeiten, ist es allerdings nicht notwendig, den Pfad vorher zu aktivieren. Sie müssen lediglich den richtigen Pfad ziemlich genau treffen.
  Da das permanente Ankerpunkt-hinzufügen-Werkzeug nur auf bestehenden Pfaden funktioniert, ist für Illustrator-Neulinge die Fehleranfälligkeit geringer.

**Automatisch Punkte löschen**

Das Verhalten des Zeichenstifts, über einem aktiven Pfad temporär das Ankerpunkt-hinzufügen-Werkzeug bzw. das Ankerpunkt-löschen-Werkzeug bereitzustellen, können Sie mit der Option AUTOM. HINZUF./LÖSCHEN AUS unter VOREINSTELLUNGEN • ALLGEMEIN deaktivieren.

**Eck- oder Kurvenpunkt** | Ankerpunkte hinzufügen
Wenn Sie einen Pfad neu zeichnen, müssen Sie einen Übergangspunkt durch das Herausziehen der Grifflinien festlegen. Setzen Sie dagegen einen Ankerpunkt nachträglich auf einen bestehenden Pfad, haben Sie diese Möglichkeit nicht. Das ist auch nicht nötig, denn Illustrator setzt automatisch den passenden Ankerpunkt-Typ.

Auf einem Pfadsegment, das eine Gerade bildet, wird der neue Punkt als Eckpunkt definiert. Setzen Sie nachträglich einen Ankerpunkt auf ein Segment, das auch nur die geringste Krümmung aufweist, erzeugt Illustrator einen Übergangspunkt. Die zugehörigen Grifflinien passt das Programm automatisch an, sodass der

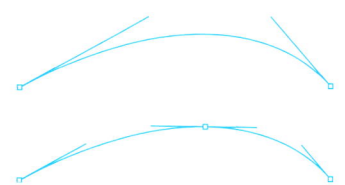

▲ **Abbildung 6.67**
Illustrator setzt den korrekten Übergangspunkt und kürzt die vorhandenen Grifflinien.

Pfadverlauf nach dem Setzen des Punkts genauso aussieht wie vorher.

### Ankerpunkte automatisch hinzufügen

Ein Sonderfall ist es, wenn Sie auf allen Segmenten eines Pfads *jeweils* zwischen zwei Ankerpunkten einen zusätzlichen Punkt benötigen, z. B. als zusätzliche Fixierpunkte, bevor Sie Verflüssigen-Operationen anwenden.

Dafür ist die Menüfunktion OBJEKT • PFAD • ANKERPUNKTE HINZUFÜGEN vorgesehen, die Sie auf aktivierte Objekte anwenden. Eine mehrfache Benutzung dieses Befehls teilt die vorher entstandenen Pfadsegmente weiter auf. Bei unregelmäßig gekrümmten Pfadsegmenten (z. B. von Ovalen) werden die Ankerpunkte nicht mittig zwischen die bestehenden Punkte hinzugefügt.

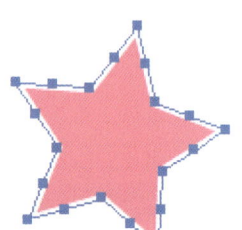
▲ **Abbildung 6.68**
Ankerpunkte wurden mit der entsprechenden Menüfunktion hinzugefügt.

### Pfade verlängern

Sie können an einem der Endpunkte eines bestehenden Pfads ein neues Pfadsegment ansetzen. Dazu gehen Sie wie folgt vor:

1. Wenn der Endpunkt, an dem Sie den Pfad verlängern wollen, ohne Markierung schwer zu treffen ist, beispielsweise bei breiten Konturen, aktivieren Sie zuerst das Objekt.
2. Wählen Sie den Zeichenstift, und bewegen Sie ihn über einen Endpunkt, bis der Cursor das Symbol ✎ zeigt.
3. Klicken Sie auf den Endpunkt, oder klicken und ziehen Sie, um gegebenenfalls die Grifflinie für eine Krümmung sofort mitzugenerieren.
4. Erzeugen Sie nun weitere Ankerpunkte wie beim Erstellen eines neuen Pfads.

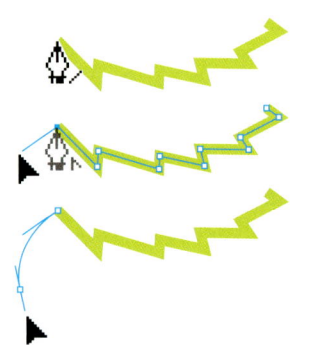
▲ **Abbildung 6.69**
Pfad am Endpunkt fortführen

▲ **Abbildung 6.70**
Pfadrichtung umkehren

Achtung: Beim Verlängern eines Pfads mit dieser Methode wird möglicherweise die Pfadrichtung geändert. Sie verläuft nach dem Ansetzen des Pfads in Richtung des geklickten Endpunkts und weiter zu den ergänzten Ankerpunkten.

Die Umkehrung der Pfadrichtung kann dazu führen, dass richtungsabhängige Konturen nicht mehr so aussehen, wie Sie es wünschen. Klicken Sie gegebenenfalls im Anschluss an das Verlängern mit dem Zeichenstift den gegenüberliegenden Endpunkt an, um die Pfadrichtung wieder zu korrigieren. Dabei darf jedoch nicht der andere Endpunkt aktiv sein.

### Neuen Pfad mit einem bestehenden Pfad verbinden

Das Anhängen eines Pfads funktioniert auch in der anderen Reihenfolge, indem Sie zuerst einen neuen Pfad zeichnen, den Sie zum Abschluss mit einem bestehenden Pfad verbinden. Denn treffen Sie beim Zeichnen eines Pfads auf den Endpunkt eines vorhandenen offenen Pfads, werden beide miteinander verbunden.

Und so wird's gemacht:

1. Zeichnen Sie mit dem Zeichenstift einen neuen Pfad, und lassen Sie den zuletzt gesetzten Ankerpunkt aktiv.
2. Bewegen Sie das Werkzeug über den Endpunkt eines bereits bestehenden offenen Pfads, bis der Cursor einen Endpunkt mit dem Symbol ⌂ anzeigt.
3. Klicken Sie auf dieses Pfadende und verbinden damit Ihren neuen mit dem bestehenden zu einem gesamten Pfad.

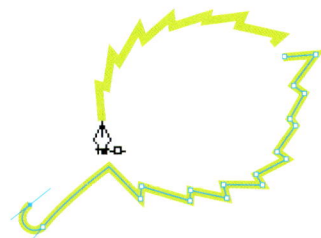

▲ Abbildung 6.71
Klicken Sie auf den Endpunkt eines offenen Pfads, und schließen Sie an diesen an.

Beachten Sie bitte, dass sich auch bei dieser Operation die Pfadrichtung und damit richtungsabhängige Eigenschaften umkehren können – wie im letzten Abschnitt beschrieben.

### Offene oder geschlossene Pfade?

Illustrator-Pfade können offen oder geschlossen sein. Das Dokumentinformationen-Bedienfeld zeigt an, ob ein Pfad geschlossen ist. Aktivieren Sie dazu den Pfad und wählen im Bedienfeldmenü des Dokumentinformationen-Bedienfelds den Eintrag OBJEKTE.

Offene Pfade sind an jedem Ende durch Punkte begrenzt, bei geschlossenen Pfaden sind Anfangs- und Endpunkt identisch.

Nach der Illustrator-Begriffserklärung ist »der Bereich, der innerhalb eines Pfads ist«, die Fläche eines Objekts, die gefüllt werden kann. Um diesen Raum zu definieren, werden bei offenen Pfaden die beiden Endpunkte virtuell mit einer Geraden verbunden. In Illustrator können also sowohl geschlossene als auch offene Pfade mit einer Füllung versehen werden – aber …

… **Achtung!** Nicht jedes andere Vektorprogramm behandelt offene Pfade so wie Illustrator. Wenn Sie Dateien erstellen, die für den Austausch bestimmt sind, wie beispielsweise Logos, empfiehlt es sich, alle Pfade zu schließen, die als Form gefüllt werden sollen.

#### Einfacher »ausmalen«

Weitergehende Füllmöglichkeiten eröffnet Ihnen die Interaktiv-malen-Funktion (zu Füllungen siehe Kapitel 9, zu Interaktiv malen siehe Kapitel 10).

#### Clipart-Anbieter

Wenn Sie Ihre Illustrationen bei Clipart-Anbietern wie istockphoto einreichen, werden Dateien häufig daraufhin getestet, ob alle Pfade geschlossen sind.

### Pfade schließen

Damit Sie sich spätere Korrekturen ersparen, ist es nützlich, Pfade sofort bei der Erstellung zu schließen, indem Sie als letzten Schritt noch einmal auf den Startpunkt klicken.

Es ist aber auch möglich, einen Pfad nachträglich per Menübefehl zu schließen – jedoch immer nur jeweils einen Pfad.

Aktivieren Sie das Objekt mit dem Auswahl-Werkzeug. Alternativ können Sie auch die beiden offenen Endpunkte mit dem Direktauswahl-Werkzeug bzw. mit dem Lasso auswählen. Anschließend wählen Sie den Befehl OBJEKT • PFAD • ZUSAMMEN-

▲ Abbildung 6.72
Egal, wie nahe zwei Punkte beieinanderliegen, wenn die Ankerpunkte nicht exakt übereinander platziert sind, wird beim Zusammenfügen eine Linie dazwischen erzeugt.

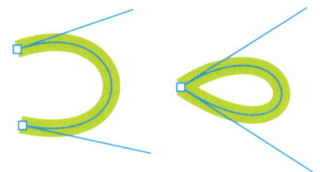

▲ **Abbildung 6.73**
Die Form rechts besteht aus zwei übereinanderliegenden Punkten. Wird das Objekt geschlossen, bleibt nur ein Ankerpunkt bestehen.

> **Schneller zusammenfügen**
>
> Aktivieren Sie zwei Endpunkte des gleichen Pfads oder von zwei verschiedenen Zeichenwegen und drücken Sie den Shortcut ⌘+⇧+⌥+J bzw. Strg+⇧+Alt+J, dann werden die beiden Punkte in einem Zug übereinander positioniert und zu einem Punkt zusammengefügt, ohne eine Dialogbox aufzurufen. Der vereinte Ankerpunkt wird ein Eckpunkt.

Fügen... (Shortcut ⌘/Strg+J) oder verwenden den Button Ausgewählte Endpunkte verbinden aus dem Steuerungsbedienfeld.

Zwischen den Endpunkten erzeugt das Programm eine Gerade als Verbindung; die ehemaligen Endpunkte konvertieren zu Eckpunkten.

Wenn beide Endpunkte exakt übereinanderliegen, vereint Illustrator sie mit dem obigen Menübefehl zu einem einzigen Punkt. In diesem Fall wird die Dialogbox Zusammenfügen aufgerufen, in der Sie die Wahl haben, ob an dem zusammengefügten Ankerpunkt ein Übergang oder eine Ecke erzeugt werden soll. Um Punkte übereinanderzulegen, bevor Sie den Pfad schließen lassen, wählen Sie einen Endpunkt aus und schieben ihn über den anderen Endpunkt, bis der Cursor das Symbol ▷ anzeigt.

Illustrator kann die Endpunkte auch rechnerisch übereinanderlegen. Wählen Sie dazu beide Endpunkte aus. Rufen Sie die Menüfunktion Objekt • Pfad • Durchschnitt berechnen... auf. In der zugehörigen Dialogbox geben Sie als Option Beide ein. Um den Pfad zu schließen und die beiden Punkte zu vereinen, gehen Sie so vor, wie im letzten Absatz beschrieben.

Am Beispiel einer Herzform sieht das so aus:

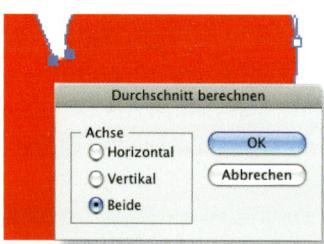

▲ **Abbildung 6.74**
Um die Herzform zu schließen, lassen Sie zunächst die Ankerpunkte übereinanderrechnen.

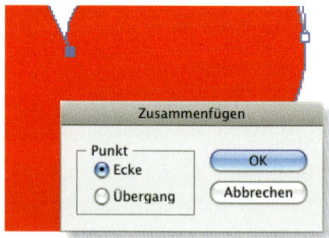

▲ **Abbildung 6.75**
Anschließend fügen Sie die Punkte zusammen. An dieser Stelle muss eine Ecke entstehen.

### Endpunkte von zwei Pfaden zusammenfügen

Auch Endpunkte von zwei verschiedenen offenen Pfaden lassen sich per Menü zusammenfügen. Achten Sie darauf, dass die betreffenden Pfade nicht zu verschiedenen Gruppen gehören oder auf unterschiedlichen Unterebenen liegen.

Sollten die Pfade nicht korrekt positioniert sein, sodass die beiden Endpunkte, die vereint werden sollen, nicht genau übereinanderliegen, sind folgende Schritte notwendig:

1. Wählen Sie den Pfad mit dem Auswahl-Werkzeug aus.
2. Klicken Sie einen Endpunkt dieses Pfads noch einmal an und ziehen ihn über den Endpunkt des anderen Pfads, mit dem er

▲ **Abbildung 6.76**
Endpunkte von zwei Pfaden genau übereinander positionieren

zusammengefügt werden soll, bis das Symbol ▷ als Cursor erscheint.

Achtung! Sie müssen den Pfad direkt an dem zu positionierenden Endpunkt »anfassen«, da diese Anzeige nur an der Cursor-Position erfolgt! Damit Sie den Pfad am Endpunkt verschieben können, müssen Sie gegebenenfalls im Menü Ansicht den Begrenzungsrahmen ausblenden.

3. Aktivieren Sie nun mit dem Lasso die beiden Endpunkte, die Sie verbinden möchten, und rufen Sie die Dialogbox Objekt • Pfad • Zusammenfügen… auf, in der Sie wie oben beschrieben den Typ des vereinten Ankerpunkts festlegen – Shortcut ⌘/Strg+J.

Falls die Punkte nur marginal auseinanderliegen oder Ihnen die exakte Pfadform nicht ganz so wichtig ist, aktivieren Sie die beiden Endpunkte und lassen sie mit der Menüfunktion Durchschnitt berechnen… übereinander positionieren.

**Pfade zerschneiden**

Umgekehrt ist es natürlich auch möglich, Pfade zu zerschneiden. Dazu verwenden Sie entweder das Schere-Werkzeug oder einen Funktionsbutton im Steuerungsbedienfeld:

**Schere-Werkzeug** ✂ | Mit dem Schere-Werkzeug können Sie einen Pfad an jeder beliebigen Stelle trennen. Der Pfad muss dazu nicht aktiviert sein. Bewegen Sie das Schere-Werkzeug über die gewünschte Position, und klicken Sie damit auf den Pfad.

Nach dem Schneiden eines geschlossenen Pfads erhalten Sie einen offenen Pfad. Nach dem Schneiden eines offenen Pfads sind zwei offene Pfade vorhanden. An den Schnittstellen liegen jeweils zwei Ankerpunkte exakt übereinander. Das Segment, das in der Pfadrichtung lag, ist nach dem Schneiden automatisch aktiviert, und es ist in der Stapelung über dem anderen platziert. Verlaufsfüllungen weist Illustrator nach dem Schneiden beiden Teilformen mit den Einstellungen des Quellobjekts zu.

Wenn Sie Ankerpunkte mit dem Schere-Werkzeug genau treffen wollen, sollten Sie die Menüoption Ansicht • Magnetische Hilfslinien aktivieren. Um einen Pfad genau an Ankerpunkten zu trennen, ist die folgende Funktion jedoch besser geeignet.

**Pfad an ausgewählten Ankerpunkten ausschneiden** | Aktivieren Sie die Ankerpunkte, an denen Sie den Pfad auftrennen möchten, und verwenden Sie den Button im Steuerungsbedienfeld.

▲ Abbildung 6.77
Punkte zusammenfügen

**Mehrere Pfade zusammenfügen**

Wie beim Schließen von Pfaden ist es auch beim Zusammenfügen mit den Bordmitteln von Illustrator leider nicht möglich, mehrere Pfade gleichzeitig zusammenzufügen, wie es häufig bei importierten CAD-Dateien nötig wäre. Skripte und Plug-ins helfen in diesen Fällen jedoch weiter.

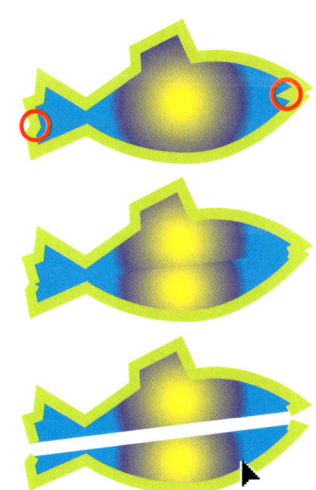

▲ Abbildung 6.78
Nach dem ersten Schnitt ist der Pfad offen, nach dem zweiten Schnitt sind es zwei Pfade.

6.5 Pfade nachbearbeiten | **157**

> **Löschen mit der Löschtaste**
>
> Beachten Sie bitte, dass das Löschen von Ankerpunkten mit der Löschtaste dazu führen kann, dass einzelne Ankerpunkte ohne Funktion in der Grafik zurückbleiben. Schauen Sie sich dazu bitte auch das Beispiel in Abbildung 6.79 an!

## Pfadsegmente oder Ankerpunkte löschen

Pfadsegmente oder Ankerpunkte können mit verschiedenen Funktionen gelöscht werden. Dabei differieren auch die Ergebnisse:

- **Pfadsegment löschen:** Klicken Sie mit dem Direktauswahl-Werkzeug auf ein Pfadsegment, und wählen Sie im Menü BEARBEITEN • LÖSCHEN, oder drücken Sie einfach die Löschtaste. Illustrator entfernt nur das Pfadsegment, die begrenzenden Ankerpunkte bleiben erhalten.
- **Ankerpunkt mit der Löschtaste entfernen:** Aktivieren Sie einen Punkt mit dem Direktauswahl-Werkzeug, und drücken Sie die Löschtaste. Der Punkt *und* die beiden angrenzenden Pfadsegmente werden entfernt, die benachbarten Ankerpunkte bleiben jedoch erhalten. Der Pfad ist nach dieser Operation aufgetrennt – ein geschlossener Pfad ist also anschließend offen, und aus einem offenen Pfad werden zwei offene Pfade.
- **Ankerpunkt-löschen-Werkzeug:** Um das Auftrennen des Pfads zu vermeiden, also wirklich nur den Ankerpunkt zu löschen, verwenden Sie das Ankerpunkt-löschen-Werkzeug.
- **Ankerpunkt-löschen-Funktion:** Sollen mehrere Ankerpunkte in einem Schritt gelöscht werden, aktivieren Sie sie mit dem Direktauswahl- oder dem Lasso-Werkzeug und verwenden den Button AUSGEWÄHLTE ANKERPUNKTE ENTFERNEN im Steuerungsbedienfeld. Wie bei der Verwendung des Ankerpunkt-löschen-Werkzeugs wird der Pfad auch mit dieser Funktion nicht getrennt.
- **Einzelnen Ankerpunkt (ohne Pfad) löschen:** Ankerpunkte, die nicht Bestandteil eines Pfads sind, haben keine Funktion. Diese herrenlosen Überbleibsel sind nur in der Pfadansicht als kleine Kreuzchen zu erkennen. Im Laufe der Arbeit sammeln sich erfahrungsgemäß unbemerkt etliche davon an.

Zum Aufräumen einer Grafik gehört es deswegen auch, solche verwaisten Punkte zu löschen. Führen Sie dazu den Menübefehl AUSWAHL • OBJEKT • EINZELNE ANKERPUNKTE aus, um alle Einzelpunkte zu aktivieren, und entfernen Sie diese anschließend mit der Löschtaste.

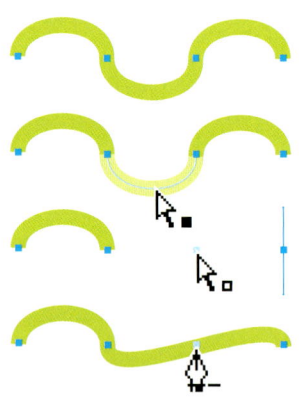

▲ **Abbildung 6.79**
Von oben: Original, Löschen eines Pfadsegments, Löschen eines Ankerpunkts mit der Löschtaste, Anwendung des Ankerpunkt-löschen-Werkzeugs

### Sich selbst überschneidende Pfade – Füllregel-Eigenschaft

Die meisten Pfade umlaufen ein Objekt, ohne sich dabei selbst in den Weg zu kommen. Sie können Schleifen jedoch gezielt einsetzen, um »Löcher« in einer Form zu erzeugen, d. h. einen Bereich, der von der zugewiesenen Füllung ausgenommen ist.

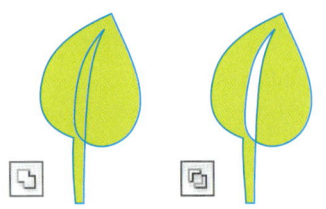

▲ **Abbildung 6.80**
Füllregel: NICHT-NULL (links), GERADE-UNGERADE (rechts)

Diese Löcher entstehen nicht automatisch an einer Schleife, sondern Sie müssen dazu die entsprechende Füllregel-Eigenschaft im Attribute-Bedienfeld festlegen. So gehen Sie dabei vor:

▶ Rufen Sie das Bedienfeld im Menü unter FENSTER • ATTRIBUTE auf – Shortcut ⌘/Strg+F11.
Die Füllregel bestimmen Sie mit zwei Buttons, die sich rechts im Bedienfeld befinden.
Sie haben die Wahl zwischen zwei Füllregeln: NICHT-NULL und GERADE-UNGERADE (mehr zu Füllregeln in Kapitel 10).

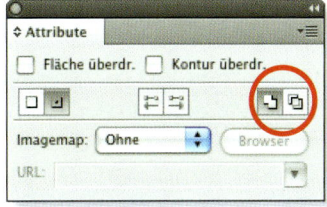

▲ Abbildung 6.81
Attribute-Bedienfeld: Füllregeln

## 6.6 Strategien zum Zeichnen von Vektoren

Vielleicht ist bei Ihnen nun nach dem Lesen dieses Kapitels der Eindruck entstanden, dass das Konstruieren von Vektorobjekten schrecklich kompliziert ist. Das wäre tatsächlich der Fall, wenn Sie jede Form vom ersten bis zum letzten Ankerpunkt mit dem Zeichenstift-Werkzeug erzeugen müssten, aber so ist es glücklicherweise nicht. Es gibt viele Strategien, wie Sie sich die Arbeit erleichtern können – und mit der Zeit stellt sich auch die nötige Übung beim Verwenden der Zeichenfeder ein.

### Handskizzen als Grundlage

Viele Entwürfe für Zeichnungen und Layouts entstehen auf dem Zeichenblock als »Daumennagel-Skizze«. Solche Vorlagen in Illustrator »freihändig« anzufertigen, ist nicht so einfach. Scannen Sie deshalb Ihre Handskizze ein, und setzen Sie den Scan in Ihre Illustrator-Datei als Zeichenhilfe auf einer Vorlagen-Ebene ein (zu Vorlagen siehe Kapitel 11, zu Pixelbildern siehe Kapitel 18).

▲ Abbildung 6.82
Skizze als Grundlage: eingescannt (oben), Vektorskizze (unten)

Wenn Sie mit einem Grafiktablett arbeiten, sind auch das Bleistift- oder das Tropfenpinsel-Werkzeug gut zum Skizzieren geeignet. Diese Arbeitsweise erspart Ihnen das Digitalisieren.

### Vorlagen

Bearbeiten Sie die Vorlagen, die Sie vektorisieren. Erhöhen Sie vorab den Kontrast, um Details besser erkennen zu können, und entfernen Sie Rauschen oder Störungen. Je höher der Kontrast der Vorlage ist und je schärfer deren Kanten sind, umso exakter können Sie Ihre Pfade ausrichten.

Für einige Arbeiten kann es auch sinnvoll sein, in Illustrator zwei unterschiedlich bearbeitete Vorlagen passgenau übereinanderzuplatzieren und je nach Bedarf einzublenden.

Bei (fotorealistischen) Illustrationen, die Sie nach Fotovorlagen erstellen, ist vielleicht das folgende Vorgehen nützlich: Verwen-

▲ Abbildung 6.83
Fotovorlage (links), tongetrennt (rechts)

den Sie in Photoshop den Posterisieren-Befehl unter Bild • Anpassungen • Tontrennung, und passen Sie die Anzahl der Stufen nach Bedarf an, um die bestimmenden Farbflächen der Vorlage erkennbar zu machen. Die so entstandenen Flächen können Ihnen als Anhaltspunkt für die Formgebung in Ihrer Illustration dienen. Wenn Sie die tongetrennte und die normale Version in der Illustrator-Datei als Vorlage direkt übereinanderplatzieren, so können Sie nach Bedarf hin- und herwechseln.

### Umgang mit Details

Vor allem beim Illustrieren von Portraits verlieren Sie sich nicht zu schnell in Details. Eine zu hohe Genauigkeit in der Mundpartie lässt Lippen beispielsweise sehr schnell rissig aussehen (siehe Abbildung 6.84), da Details in der Vektorgrafik sich durch ihre scharfen Kanten immer auffallend von der Umgebung abheben. Achten Sie darauf, dass der Grad der Genauigkeit über das gesamte Bild einheitlich ist.

Und falls es gewünscht ist, Partien durch Detailreichtum aus der Gesamtillustration hervorzuheben, achten Sie darauf, dass der Unterschied »gewollt« aussieht und es nicht so wirkt, als hätten Sie in den weniger detaillierten Bereichen keine Lust mehr gehabt.

▲ **Abbildung 6.84**
Zu hohe Detailtreue (oben) kann auch zu unerwünschten Wirkungen führen.

### Form-Werkzeuge benutzen

Benutzen Sie Illustrators Form-Werkzeuge, um sich die Arbeit zu vereinfachen. Viele Formen, die Sie selbst mühsam konstruieren müssten, generiert Ihnen das Programm nach der Eingabe einiger Parameter ganz automatisch. Andere Objekte lassen sich ableiten, indem Sie die Grundformen mit den Transformieren-Werkzeugen bearbeiten.

Solche generierten Objekte können Sie anschließend wie selbst gezeichnete Pfade bearbeiten oder zerschneiden, falls Sie nur Teile davon benötigen (zu den Form-Werkzeugen siehe Kapitel 5).

Oder Sie kombinieren verschiedene einfache Formen zu einer komplexeren. Die dafür benötigten Werkzeuge und Funktionen lernen Sie in Kapitel 10 kennen. Lesen Sie auch die Checkliste »Logo-Vektorisierung« in Kapitel 18 mit weiteren Tipps.

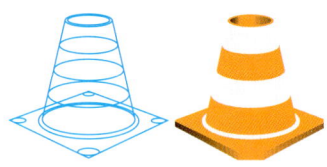

▲ **Abbildung 6.85**
Viele Grafikteile lassen sich mit den Form-Werkzeugen aufbauen.

▲ **Abbildung 6.86**
Interaktiv malen hilft, um offene Pfade als füllbare Formen zu nutzen.

### Erst denken, dann zeichnen

Bei komplexeren Konstruktionen erleichtern Sie sich die Arbeit, indem Sie darüber nachdenken, wie Sie Illustrators Konstruktionsfunktionen (z. B. die Pathfinder-Operationen oder die Funktion Interaktiv malen) einsetzen können. Damit sparen Sie sich viel Arbeit. Es müssen jedoch auch hier einige Bedingungen gegeben sein – so funktionieren z. B. einige Pathfinder nicht oder nur eingeschränkt mit offenen Pfaden (siehe Kapitel 10). Lernen Sie diese Funktionen eingehend kennen, so können Sie auch im Produktionsstress ihr ganzes Potenzial ausschöpfen.

### Schwungvoll und handgezeichnet

Verwenden Sie das Bleistift-, Pinsel- oder Tropfenpinsel-Werkzeug, um einen handgezeichneten »Look« zu erreichen. Zeichnen Sie auf einem Grafiktablett schnell und mit hohen Glättungseinstellungen, wenn schwungvolle Formen gefragt sind. Arbeiten Sie mit höherer Genauigkeit, um natürliche Formen exakt nachzuzeichnen.

Bedenken Sie, dass Sie auch Pfade, die Sie mit diesen »Freihand-Werkzeugen« erstellen, mit dem Zeichenstift nachbearbeiten können (zu Bleistift und Pinsel siehe Kapitel 7).

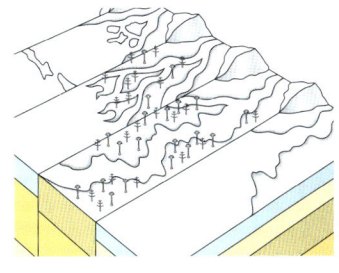

▲ **Abbildung 6.87**
Natürliche Formen lassen sich schneller mit dem Zeichenstift zeichnen als konstruieren.

### Kreuzende Formen (z. B. in Schriften und Logos)

Je ungenauer und grober skizziert eine Vorlage ist, umso wichtiger ist es, gleichzeitig flexibel zu bleiben und saubere Formen und Übergänge zu erzeugen. Zeichnen Sie jede der kreuzenden Formen für sich, und kombinieren Sie sie erst später in einem zweiten Schritt mithilfe von Pathfinder-Funktionen oder als zusammengesetzte Formen (siehe Kapitel 10). So erreichen Sie, dass die Kurven jeweils durchgehend sind und sauber wirken.

Darüber hinaus haben Sie auf diese Art eine bessere Möglichkeit, Korrekturen an Strichstärken oder der exakten Positionierung der Einzelformen auszuführen.

▲ **Abbildung 6.88**
Formen mit überkreuzenden Linien werden zusammenhängend gezeichnet (links). Dabei entstehen »Brüche« der Kurven (übertriebene Darstellung). Im Vergleich: Zeichnen der Einzelformen und Kombinieren als zusammengesetzte Form (Mitte und rechts – eine zusätzliche Form deckt den Strich an der Nase ab). Die Kurven »brechen« nicht, und Änderungen (wie z. B. rechts) sind einfacher durchzuführen.

## Wie viele Punkte dürfen es denn sein?

Das Motto für gelungene Pfade sollte sein: »So viele Ankerpunkte wie nötig, aber so wenige wie möglich«. Das ist einfach gesagt, aber gerade für Anfänger nicht immer so einfach zu beurteilen. Da kann es eine gute Hilfe sein, mit den entsprechenden Illustrator-Funktionen Pfade in kleinen Schritten zu vereinfachen und zu beobachten, wo automatisch Punkte gesetzt werden, solange die Form eines Pfads optisch nicht merklich leidet.

Zu viele Punkte erhöhen die Dateigröße und die Komplexität Ihrer Pfade. Bei zu vielen Punkten können Ihre Dateien unter Umständen von einigen Belichtungsgeräten nicht mehr verarbeitet werden. Theoretisch können Sie jede Kurve aus zwei Punkten erzeugen. Praktisch gelingt das nicht immer, wenn Kurven mathematisch nicht so regelmäßig sind, wie es auf den ersten Blick aussieht.

Punkte sollten Sie zu beiden Seiten einer Kurve setzen – an der Stelle, an der der Pfad beginnt, seine Richtung zu ändern. Dies ist an Eckpunkten einfach zu entscheiden. Bei Kurven, die ihre Steigung ändern, gehört Erfahrung dazu.

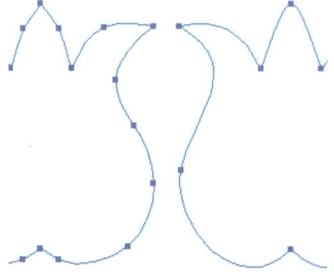

▲ **Abbildung 6.89**
Der Pfad (links) wurde mit Objekt • Pfad • Vereinfachen bearbeitet (rechts). Ankerpunkte werden von der Funktion ökonomisch gesetzt.

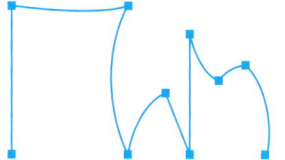

▲ **Abbildung 6.90**
An einer Ecke muss ein Punkt gesetzt werden – der Pfad ändert abrupt seine Richtung.

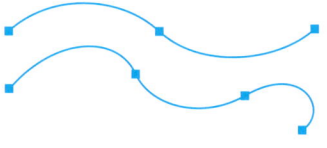

▲ **Abbildung 6.91**
Auch bei einer Schlangenlinie fällt die Entscheidung leicht: Wo der Pfad in eine andere Richtung abbiegt, muss ein Punkt gesetzt werden.

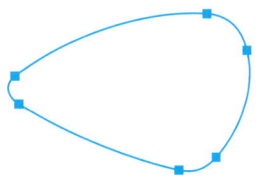

▲ **Abbildung 6.92**
Schwierig wird es, wenn der Pfad nicht seine Richtung, sondern nur seine Steigung ändert. Hier muss der Punkt gefunden werden, an dem die Änderung stattfindet.

Wenn Sie merken, dass sich durch Verändern der Griffe ein bestimmtes Kurvensegment nicht wie gewünscht (oder der Vorlage entsprechend) biegen lässt, suchen Sie eine andere Position für einen oder beide beteiligten Ankerpunkte.

**Abbildung 6.93** ▶
Mit der Position der beiden markierten Punkte lässt sich die Kurve nicht formen (links). Die Punkte wurden an bessere Positionen verschoben (rechts).

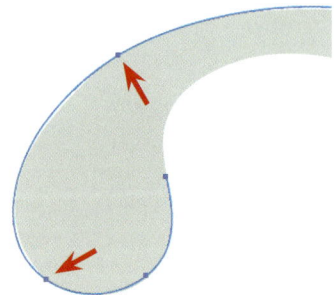
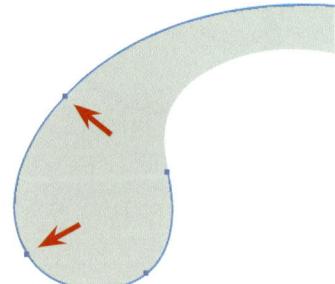

## Verwendung der Grifflinien

Zur Definition einer Kurve benötigen Sie die Grifflinien aus den Punkten beidseitig des Pfadsegments. Gewöhnen Sie sich deshalb daran, immer beide Tangenten zu setzen (zu Bézierpfaden siehe Kapitel 3).

Grifflinien sollten etwa so lang sein wie ein Drittel der Kurve, die sie steuern. Wenn ein Kurvensegment auf eine Gerade folgt, sollte die Grifflinie die Richtung der Geraden fortsetzen, damit am Übergang keine Ecke entsteht. Wenn Sie merken, dass Sie extrem lange Grifflinien setzen müssen, um eine Kurve zu erzeugen, sollten Sie zusätzliche Ankerpunkte in Ihrer Zeichnung anlegen.

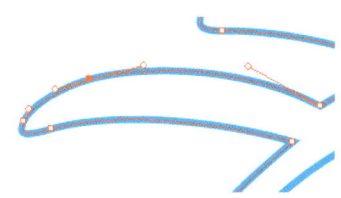

▲ Abbildung 6.94
Die Länge der Grifflinien entspricht etwa einem Drittel der Länge des Pfadsegments.

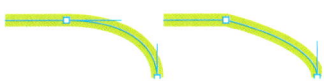

▲ Abbildung 6.95
Übergang von einer Geraden in eine Kurve

## Lernen Sie aus gelungenen Illustrationen

Wann immer Sie Illustrator- oder andere Vektordateien von Kollegen bekommen, schauen Sie »unter die Haube« – Illustrator kann viele Vektordateiformate problemlos öffnen (zu Austauschformaten siehe Kapitel 18 und 19). Analysieren Sie die Konstruktionsweise mithilfe des Ebenen-Bedienfelds (zu Ebenen siehe Kapitel 11). Aktivieren Sie Objekte und Punkte – lernen Sie, wenn es gut gemacht ist. Wenn Sie es nicht optimal finden, probieren Sie, ob es besser geht.

In den vergangenen Jahren sind viele kostenlose Clipart-Archive entstanden, die sehr hochwertige Arbeiten kostenlos zum Download anbieten. Verwenden Sie die Grafiken nicht einfach weiter, sondern untersuchen Sie auch deren Aufbau.

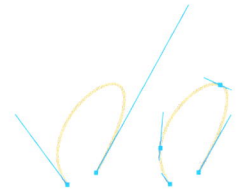

▲ Abbildung 6.96
Eine extreme Grifflinien-Konstruktion erschwert die Arbeit in hohen Zoom-Stufen.

»Spicken« können Sie auch bei den Schriftenherstellern. Wandeln Sie die Fonts renommierter Firmen in Zeichenwege um, und vergleichen Sie den Kurvenverlauf, die gesetzten Punkte sowie Winkelung und Verhältnis der Tangenten (zum Umwandeln von Text in Pfade siehe Kapitel 14).

## Prüfen

Um zu prüfen, ob Ihre eigenen Formen gelungen sind, ist es nützlich, die Grafik auszudrucken, das Blatt umzudrehen und es gegen das Licht zu halten – oder drucken Sie Ihre Grafik gleich spiegelverkehrt aus, wenn Ihr Druckertreiber dies unterstützt. In der spiegelverkehrten Ansicht erkennen Sie viele Problemfälle besser.

Haben Sie Logos oder Schriften gezeichnet, drucken Sie diese in unterschiedlichen Größen aus.

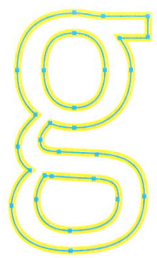

▲ Abbildung 6.97
In Pfade umgewandelte Schrift

▲ Abbildung 6.98
In der Ebenenfarbe werden Pfade hervorgehoben.

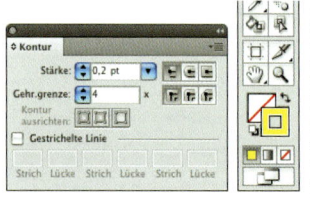

▲ Abbildung 6.99
Zeichnen Sie mit der Fläche OHNE und einer dünnen Kontur in einer Kontrastfarbe zum jeweiligen Hintergrund.

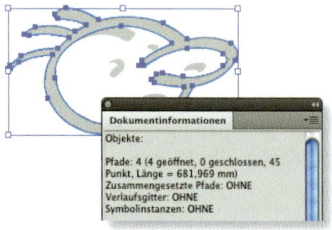

▲ Abbildung 6.100
Nicht verbundene einzelne Pfade werden zum Problem, wenn Sie das Objekt füllen wollen.

### Weitere Tipps

Beachten Sie auch die Checkliste »(Logo-)Vektorisierung« in Kapitel 18 mit weiteren Hinweisen.

### Checkliste: Mit dem Zeichenstift arbeiten

**Vorlagenebene |** Falls Sie ein Pixelbild als Vorlage verwenden, richten Sie eine Vorlagenebene ein. Arbeiten Sie nach einer Vektorskizze, hellen Sie deren Farbe auf, und sperren Sie die entsprechende Ebene (zu Ebenen siehe Kapitel 11).

**Aufteilung in Ebenen |** Richten Sie Ebenen für die einzelnen Teile der Illustration ein, sodass Sie einzelne Elemente einfach ausblenden und fertiggestellte Bereiche sperren können.

**Ebenenfarbe |** Pfade werden in der Farbe der Ebene hervorgehoben. Stellen Sie diese so ein, dass sich der Pfad gut von dahinterliegenden Vorlagen abhebt.

**Hilfslinien |** Nutzen Sie Hilfslinien und magnetische Hilfslinien (siehe Kapitel 4), um sich die Konstruktion zu vereinfachen.

**Kontur und Fläche |** Für das Zeichnen mit dem Zeichenstift arbeiten Sie mit der Fläche OHNE sowie einer dünnen Kontur (bis 0,2 Punkt) in einer gut zu den Vorlagen kontrastierenden Farbe (siehe Kapitel 8 und 9). Nutzen Sie auch die Möglichkeit, einzelne Ebenen in der Pfadansicht anzeigen zu lassen.

**Erst zeichnen |** Zeichnen Sie den Pfad zwar so genau wie möglich; kleinere Unreinheiten korrigieren Sie jedoch erst in einem zweiten Durchgang. Dies erspart Ihnen Werkzeugwechsel und minimiert das Risiko, den Pfadverlauf unabsichtlich zu unterbrechen.

**Shortcuts |** Nutzen Sie die Modifikationstasten zum Werkzeugwechsel. Wenn Ihnen diese Arbeitsweise noch zu ungewohnt ist, reißen Sie das Zeichenstift-Untermenü aus dem Werkzeugbedienfeld ab und positionieren es in der Nähe Ihrer Zeichnung.

**Pfade schließen |** Wenn Sie eine flächige Form zeichnen, schließen Sie den Pfad. Offene Pfade können bei Pathfinder-Operationen und beim Austausch mit anderen Programmen und Anwendern unerwartete Ergebnisse verursachen.

**Konstruktionsfunktionen |** Nutzen Sie die Formwerkzeuge und die Konstruktion mit dem Pathfinder sowie das Umwandeln von Konturen in Flächen so oft wie möglich (siehe Kapitel 5 und 10).

**Fertige Ebenen fixieren |** Sobald Sie einen Abschnitt Ihrer Zeichnung fertiggestellt haben, sperren Sie dessen Ebene, um unabsichtliche Änderungen zu vermeiden.

**Übung macht den Meister |** Die Arbeit mit dem Zeichenstift braucht viel Fingerfertigkeit und Erfahrung für die richtige Position der Ankerpunkte. Haben Sie also Geduld, und trainieren Sie es häufig. Es wird Ihnen später locker und flüssig von der Hand gehen.

**Motivation |** Wenn Sie es sich aussuchen können, nehmen Sie sich als erstes Projekt ein einfaches Motiv vor, das Ihnen gefällt. Steigern Sie nach und nach die Komplexität der Vorlagen. So haben Sie regelmäßig Erfolgserlebnisse.

# 7 Freihand-Werkzeuge

Zu den bereits vorhandenen, traditionelle Medien imitierenden Illustrator-Werkzeugen wie Bleistift, Pinsel und Cutter gesellt sich in Version CS4 der Tropfenpinsel, der eine sehr intuitive Möglichkeit bietet, Vektorobjekte zu erzeugen und zu bearbeiten.

Die nachgeahmten Werkzeuge mit der Maus zu bedienen, ist nicht immer ganz bequem, denn damit können Sie nur den Pfadverlauf eingeben. Die Eigenschaften der Werkzeugspitze sind auf eine frei definierbare Einstellung fixiert.

Illustrator unterstützt deshalb – wie andere Programme auch – Grafiktabletts, die den Gebrauch der digitalisierten Zeichenstifte, Pinsel etc. mit einem »natürlichen Feeling« versehen.

Das von Illustrator (unter anderen) unterstützte »Wacom Intuos 3« bietet neben der Erkennung des Drucks, den Sie mit dem Zeichenstift auf die Unterlage ausüben, auch eine Erkennung der Neigung, in welcher der Stift gehalten wird, sodass es möglich ist, beim Zeichnen mit diesem Tablett gleichzeitig mehrere Merkmale des Strichs zu erfassen. So können Sie den Durchmesser der Werkzeugspitze durch den ausgeübten Druck, den Winkel des Stifts zum Tablett und durch seine Drehung steuern.

Grafiken, die damit erstellt werden, erinnern in ihrer Dynamik schon sehr an Arbeiten mit handwerklichen Methoden.

▲ Abbildung 7.1
Einsatzbeispiele für Freihand-Werkzeuge

▲ Abbildung 7.2
Freihand-Werkzeuge: Buntstift, Glätten, Löschen, Pinsel, Tropfenpinsel, Radiergummi

## 7.1 Freihand-Objekte erzeugen

Die Werkzeuge Buntstift, Pinsel, Glätten, Löschen, Tropfenpinsel und Radiergummi bieten eine grundsätzlich andere Herangehensweise an die Erstellung einer Grafik als das Zeichenstift-Werkzeug, das ja eher konstruierend angewendet wird. Mit Werkzeugen, die einen Freihandpfad erzeugen, ziehen Sie eine Linie so, wie Sie es auf einem Blatt Papier machen würden, erhalten aber als Ergebnis einen vektorisierten Illustrator-Pfad, den Sie mit allen üblichen Werkzeugen bearbeiten können. Die Ankerpunkte für den erzeugten Freihandpfad und deren Grifflinien

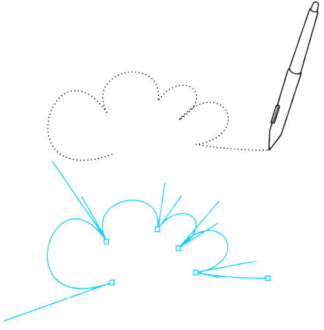

▲ Abbildung 7.3
Illustrator berechnet die Punkte für den Freihandpfad, den Sie zeichnen.

> **Freihand-Tools und Einrasten**
>
> Ein Merkmal verbindet alle Freihand-Tools, egal womit sie eingegeben werden: Sie rasten nicht an Hilfslinien ein.

> **Grafiktablett-Benutzung**
>
> Bitte lesen Sie die grundlegenden Bedienungshinweise zu Ihrem Grafiktablett im Handbuch nach.

werden von Illustrator nach den Voreinstellungen berechnet, die Sie für das jeweilige Werkzeug eingerichtet haben.

Mit dem Buntstift-, dem Pinsel- und dem Tropfenpinsel-Werkzeug zeichnen Sie neue Pfade oder führen Korrekturen an bestehenden Pfaden aus. Das Glätten- und das Löschen-Werkzeug dienen nur zur Nachbearbeitung von Pfaden.

### Buntstift

Mit dem Buntstift zeichnen Sie wie auf dem Papier oder in Programmen zur Bildbearbeitung, indem Sie das Werkzeug ansetzen und ziehen. Neue Pfade, die Sie mit dem Buntstift-Werkzeug zeichnen, werden mit den aktuellen Kontur-Eigenschaften versehen, also normalerweise mit den zuletzt benutzten.

Einfacher als auf dem Papier ist es, mit dem Buntstift einen Teil eines bestehenden Pfads zu ersetzen, denn Sie können den Pfad einfach korrigieren, ohne vorher radieren zu müssen.

Der Buntstift ist weniger dazu geeignet, Formen exakt zu konstruieren, er ist dennoch ein nützliches Werkzeug, um organische oder unregelmäßige Formen zu zeichnen.

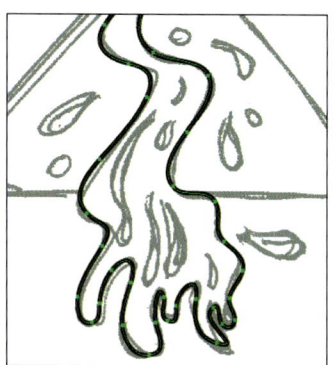

**Abbildung 7.4** ▶
Ideales Anwendungsgebiet für das Buntstift-Werkzeug sind organische Formen wie die handgezeichnete Vorlage (links) oder die Umrisse von Landkarten (rechts). Zoomen Sie beim Zeichnen nah an den zu bearbeitenden Bereich heran, um ein möglichst genaues Ergebnis zu erstellen.

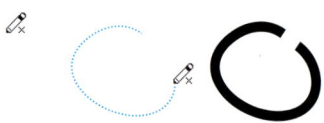

▲ **Abbildung 7.5**
Mit dem Buntstift einen offenen Pfad zeichnen

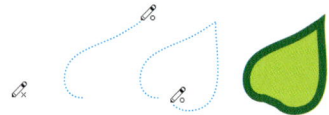

▲ **Abbildung 7.6**
Einen geschlossenen Pfad zeichnen

**Mit dem Buntstift zeichnen** | Um mit dem Buntstift einen neuen Pfad zu zeichnen, führen Sie folgende Schritte aus:

1. Aktivieren Sie das Buntstift-Werkzeug – Shortcut N.
2. Setzen Sie den Cursor mit der Maus oder dem Stift des Grafiktabletts an die Stelle der Arbeitsfläche, an der Sie den Pfad beginnen wollen. Achten Sie dabei auf das Cursor-Symbol, damit Sie wirklich einen neuen Pfad zeichnen und nicht einen bestehenden, noch aktivierten Pfad ändern!
3. Beginnen Sie, den Pfad zu zeichnen. Während Sie die Linie entstehen lassen, wird ihr Verlauf gestrichelt angezeigt.
   ▶ Mauseingabe: Mausbenutzer klicken und ziehen den gewünschten Pfad. Wenn der Strich fertig gezeichnet ist, lassen Sie einfach die Maustaste los.

- Grafiktablett: Setzen Sie den Stift auf die aktive Fläche des Grafiktabletts, und ziehen Sie den Pfad. Wenn der Strich beendet werden soll, heben Sie den Stift vom Tablett ab.
4. Illustrator berechnet den Pfad. Je nach Stärke der eingestellten Glättung erzeugt das Programm Korrekturen am Pfadverlauf.

**Pfad korrigieren** | Mit dem Buntstift-Werkzeug können Sie bestehende Pfade intuitiv verändern:
1. Aktivieren Sie den zu korrigierenden Pfad.
2. Rufen Sie das Buntstift-Werkzeug auf – Shortcut [N].
3. Bewegen Sie den Cursor an die Nähe der Stelle des Pfads, die Sie korrigieren möchten ❶, bis das Symbol ∅ angezeigt wird. Wie nahe Sie den Cursor dabei an den Pfad heranführen müssen, damit das Änderungssymbol aktiv ist, bestimmen Sie in den Voreinstellungen des Buntstift-Werkzeugs (siehe unten).
4. So führen Sie die Korrektur aus:
   - Teil im Pfadverlauf ersetzen: Wenn Sie nur einen Teil innerhalb eines Pfadverlaufs ändern wollen, klicken Sie an der Stelle auf den Pfad, an der die Korrektur beginnen soll, und beenden die Eingabe an einer anderen Stelle direkt über dem Pfad ❷.
   Der Linienteil zwischen Korrekturanfang und Korrekturende wird durch den neuen Pfadverlauf ersetzt. Der Rest der Linie bleibt in seiner bisherigen Form bestehen.
   - Pfadanfang oder Pfadende ersetzen: Wenn Sie die Korrekturlinie vom ursprünglichen Pfad weg führen und die Veränderung nicht wieder direkt über dem Pfad beenden, wird der alte Pfadverlauf ab dem Korrekturstartpunkt bis zu seinem bisherigen Pfadende gelöscht und durch die neu generierte Linie ersetzt (siehe Abbildung 7.8).
5. Das Programm zeigt eine Vorschau der Korrektur als gestrichelte Linie an. Erst wenn Sie die Buntstift-Eingabe beenden, wird der Pfadverlauf korrigiert und neu erstellt.

**Pfade verbinden** | Illustrator kann mit dem Buntstift eine Verbindung zwischen zwei bereits existierenden Pfaden herstellen. Dazu sind folgende Schritte nötig (siehe Abbildung 7.9):
1. Aktivieren Sie die beiden zu verbindenden Pfade.
2. Rufen Sie das Buntstift-Werkzeug auf – Shortcut [N].
3. Setzen Sie mit dem Cursor an einem Endpunkt der beiden aktivierten Pfade an, und beginnen Sie, die Verbindungslinie zu zeichnen.
4. Bevor Sie den neuen Pfadteil beenden, drücken Sie die Modifizierungstaste ⌘/[Strg]. Dabei ändert der Cursor das Symbol in ✏︎.

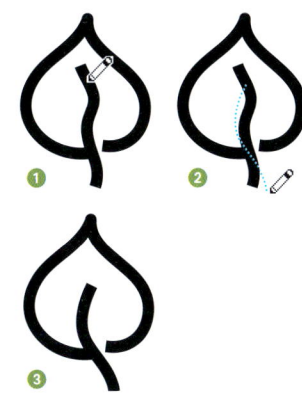

▲ **Abbildung 7.7**
Pfad korrigieren

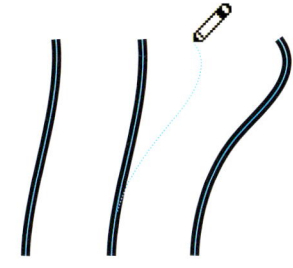

▲ **Abbildung 7.8**
Pfad korrigieren

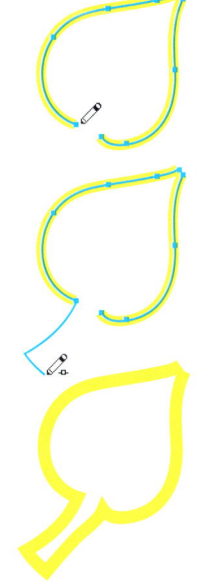

▲ **Abbildung 7.9**
Zwei Pfade mit dem Buntstift zusammenfügen

> **Buntstift oder Pinsel?**
>
> Das Buntstift-Werkzeug wertet im Gegensatz zum Pinsel-Werkzeug Zusatzinformationen wie Strichstärke etc. beim Einsatz eines Grafiktabletts nicht aus!

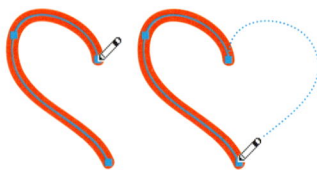

▲ **Abbildung 7.10**
An einen Pfad ansetzen

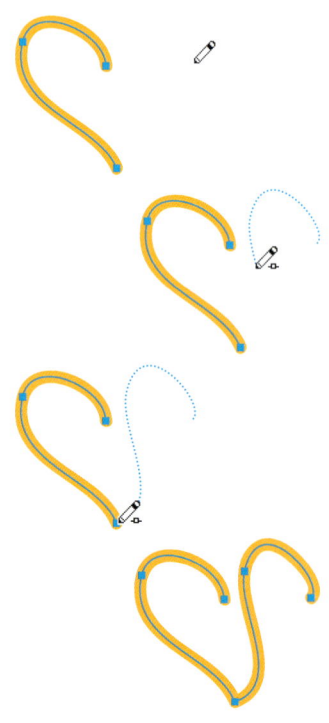

▲ **Abbildung 7.11**
An einen Pfad ansetzen

5. Ziehen Sie die Linie bis zu einem der Endpunkte des anderen aktivierten Pfads.
6. Lassen Sie zuerst die Maustaste, dann ⌘/Strg los.
7. Illustrator verbindet die neue Linie mit den bestehenden Linien zu einem gesamten Pfad.

**Pfade ergänzen** | Um mit dem Buntstift-Werkzeug an einen bestehenden Pfad einen neu gezeichneten Pfadteil anzusetzen, sind folgende Schritte notwendig:

1. Aktivieren Sie den bestehenden Pfad.
2. Rufen Sie das Buntstift-Werkzeug auf – Shortcut N.
3. Zeichnen Sie ein neues Pfadteil:

   ▶ Linie am Ende eines Pfads ansetzen: Setzen Sie mit dem Cursor an einem der beiden bestehenden Endpunkte des aktivierten Pfads an, und zeichnen Sie den neuen Pfadteil. Eventuell müssen Sie die Einstellung Ausgewählte Pfade bearbeiten in den Buntstift-Optionen deaktivieren.
   Illustrator verbindet die neue Linie automatisch mit dem bestehenden Pfad.

   ▶ Linie an einer beliebigen Stelle der Arbeitsfläche starten: Setzen Sie mit dem Cursor an einer beliebigen Stelle der Arbeitsfläche an und beginnen Sie, den neuen Pfadteil zu zeichnen. Drücken Sie die Modifizierungstaste ⌘/Strg, bevor Sie den neuen Pfadteil beenden. Der Cursor ändert das Symbol in ✏. Ziehen Sie die Linie bis zu einem der Endpunkte des aktivierten Pfads. Lassen Sie erst die Maustaste, dann ⌘/Strg los.
   Illustrator verbindet die neue Linie mit der bestehenden zu einem gesamten Pfad.

**Modifikationsmöglichkeiten** | Um einen geschlossenen Pfad mit dem Buntstift zu zeichnen, drücken Sie die Modifikationstaste ⌥/Alt, nachdem Sie begonnen haben, den Pfad zu zeichnen. Der Cursor wechselt das Symbol in ✏. Halten Sie die Taste gedrückt, solange Sie zeichnen. Wenn Sie die Eingabe beenden wollen, lassen Sie zuerst die Maustaste, danach ⌥/Alt los. Die Modifikationstaste bewirkt, dass Illustrator selbst dann einen geschlossenen Pfad erzeugt, wenn die Eingabe nicht in der Nähe des Pfadanfangs beendet wird.

Drücken Sie ⌥/Alt, bevor Sie mit dem Zeichnen beginnen, um vom Buntstift-Werkzeug temporär zum Glätten-Werkzeug zu wechseln.

**Voreinstellungen** | Mit einem Doppelklick auf das Buntstift-Werkzeug im Werkzeugbedienfeld rufen Sie die Dialogbox Optionen für Buntstift-Werkzeug auf.

◄ **Abbildung 7.12**
Die Dialogbox Optionen für Buntstift-Werkzeug

- Genauigkeit: Die Genauigkeit, mit der Ihre Handbewegung in einen Pfad umgesetzt wird, bestimmen Sie, indem Sie entweder mit dem Schieberegler oder numerisch im zugehörigen Eingabefeld angeben, ab welchem räumlichen Abstand zum vorherigen ein neuer Ankerpunkt gesetzt werden soll.
  Sie können einen Wert zwischen 0,5 und 20 Pixel einstellen. Geben Sie einen niedrigen Wert ein, wird bereits nach einer kleinen Positionsänderung des Cursors ein neuer Punkt gesetzt; die Cursor-Bewegung wird also sehr genau umgesetzt. Bei größeren Werten entstehen entsprechend weniger Punkte und damit ein geglätteter Pfad.
  Ob Punkte gesetzt werden, hängt aber nicht allein von der zurückgelegten Strecke ab, sondern auch von der Form der gezeichneten Linie. Ist die erzeugte Linie fast gerade, sind nur wenige Ankerpunkte nötig, um den Pfad zu beschreiben.
  Darüber hinaus ist für die Genauigkeit, mit der Illustrator Ihre Bewegung umsetzt, auch noch die Geschwindigkeit maßgebend, mit der Sie zeichnen, denn bei einem schnelleren Strich entstehen weniger Punkte und damit eine dynamischere Linienform.
- Glättung: Mit diesem prozentualen Wert bestimmen Sie, wie stark Kurven vom Programm *nach* der Eingabe geglättet werden sollen. Werte zwischen 0 bis 100 % sind möglich.
  Je nach Höhe des Werts gleicht Illustrator die Krümmungen so an, dass sie einen homogenen Verlauf nehmen. Bei höheren Werten kann sich der von Ihnen gezeichnete Pfad durch die Glättung stark ändern.
- Neue Buntstiftkonturen füllen: Aktivieren Sie diese Option, um jeden neu erstellten Pfad mit der aktuell eingestellten Fül-

▲ **Abbildung 7.13**
Oben schnell und unten langsam gezeichneter Pfad, bei einer Genauigkeit von 2 px, Glättung 0.

**Genauigkeit und Zoomstufe**

Die Genauigkeit variiert mit der Zoomstufe, in der Sie in Ihrem Dokument arbeiten: In höheren Vergrößerungsstufen orientiert sich der gezeichnete Pfad enger an Ihrer Stiftführung.

### Viele Striche zeichnen

Falls Sie viele neue Pfade dicht nebeneinander erzeugen müssen, wie es beim Zeichnen von Schraffuren der Fall ist, haben Sie zwei Möglichkeiten, um nicht ständig versehentlich den eben gezeichneten Pfad durch einen neuen zu ersetzen:

Entweder Sie schalten in den Voreinstellungen die Option AUSGEWÄHLTE PFADE BEARBEITEN grundsätzlich aus, oder Sie lassen Illustrator einen neu gezeichneten Pfad immer sofort nach seiner Fertigstellung deaktivieren.

lung zu versehen. Ist im Werkzeugbedienfeld OHNE voreingestellt, wird dem neuen Objekt trotz dieser Option natürlich keine Fläche zugeordnet.

Da Buntstift-Pfade häufig zur Erstellung von schmückenden Details verwendet werden, die nur aus einer Kontur bestehen sollen, ist diese Option sehr nützlich (mehr zu Konturen in Kapitel 9).

▶ AUSWAHL BEIBEHALTEN: Mit diesem Kontrollkästchen bestimmen Sie, ob ein BUNTSTIFT-PFAD nach Beendigung der Eingabe aktiv bleiben soll.

▶ AUSGEWÄHLTE PFADE BEARBEITEN: Deaktivieren Sie diese Option, wenn Sie vermeiden möchten, dass gegebenenfalls ein noch aktivierter Pfad verändert wird, sobald Sie mit dem Buntstift eine neue Linie in seiner unmittelbaren Nähe ansetzen.

### Pinsel-Werkzeug

Der wichtigste Unterschied zwischen PINSEL und BUNTSTIFT ist die Fähigkeit des Pinsel-Werkzeugs, Druck und Neigung eines Stifts auf dem Grafiktablett auszuwerten, in Eigenschaften eines Pinselstrichs umzusetzen und diese Parameter mit dem Pfad zu speichern.

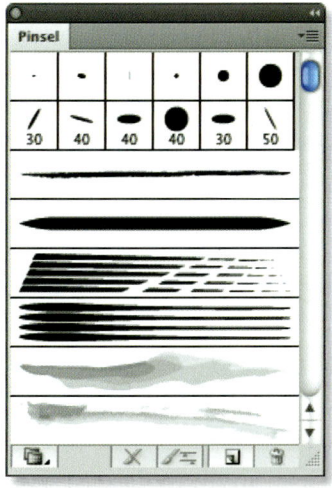

▲ Abbildung 7.14
Das Pinsel-Bedienfeld (ergänzt durch Pinsel aus Bibliotheken) in der Miniaturansicht

**Einstellungen im Pinsel-Bedienfeld** | Dem Pinsel-Werkzeug aus dem Werkzeugbedienfeld sind die Einstellmöglichkeiten im Pinsel-Bedienfeld zugeordnet. Das Bedienfeld rufen Sie mit FENSTER • PINSEL auf – Shortcut [F5], im Dock. Im Pinsel-Bedienfeld legen Sie fest, mit welcher Pinselspitze das Werkzeug arbeiten soll und wie die Eingabe mit einem Grafiktablett umgesetzt wird.

Wenn Sie das Pinsel-Bedienfeld zum ersten Mal öffnen, stehen je nach Dokumentprofil unterschiedliche Pinsel-Kategorien zur Verfügung. Die Spitzen werden in der Miniaturansicht angezeigt, in der die Kategorien der verschiedenen Spitzen nicht zu identifizieren sind. Um auch die Pinsel-Kategorien anzeigen zu lassen, ändern Sie die Ansicht des Pinsel-Bedienfelds im Bedienfeldmenü in LISTENANSICHT. An dem rechten Symbol in der Liste erkennen Sie nun, welche Pinselspitze zu welcher Pinsel-Kategorie gehört: Kalligrafiepinsel, Bildpinsel oder Musterpinsel.

### Pinsel zeichnet nicht

Wenn statt das normale Pinsel-Cursors das Symbol Ø erscheint und Sie daher den Pinsel nicht benutzen können, liegt dies daran, dass das Pinsel-Bedienfeld keine Pinsel enthält. Laden Sie diese aus einer Bibliothek.

Da von diesen nur die Kalligrafiepinsel alle Parameter eines Grafiktabletts auswerten, dienen sie als Grundlage für diese Einführung.

Wenn Sie wollen, dass nur die KALLIGRAFIE-PINSELSPITZEN im Bedienfeld angezeigt werden, wählen Sie EINBLENDEN: KALLIGRAFIEPINSEL aus dem Bedienfeldmenü des Pinsel-Bedienfelds und deaktivieren die restlichen. Mehr zu den anderen Pinsel-Kategorien finden Sie in Kapitel 9, »Flächen und Konturen gestalten«.

Pfaden, die Sie mit dem Pinsel-Werkzeug zeichnen, wird von Illustrator immer eine Pinselkontur zugewiesen. Das Programm verwendet dazu entweder die aktuell eingestellte Pinselkontur oder – falls Sie keine ausgewählt haben – die erste Kontur im Pinsel-Bedienfeld.

**Mit dem Pinsel einen Pfad erstellen** | Um mit dem Pinsel-Werkzeug einen neuen Pfad zu erstellen, gehen Sie wie folgt vor:

1. Rufen Sie das Pinsel-Werkzeug aus dem Werkzeugbedienfeld auf – Shortcut B.
2. Wählen Sie eine Kalligrafie-Pinselspitze aus dem Pinsel-Bedienfeld.
3. Führen Sie den Cursor mit der Maus oder dem Stift des Grafiktabletts an die Stelle der Arbeitsfläche, an welcher der Pinselstrich beginnen soll. Der Cursor zeigt das Symbol.
4. Zeichnen Sie jetzt den Pfad.
   - Mit der Maus: Klicken Sie, und ziehen Sie die Linie. Um die Eingabe zu beenden, lassen Sie die Maustaste los.
   - Mit dem Grafiktablett: Setzen Sie den Stift mit leichtem Druck auf das Grafiktablett, und ziehen Sie die Linie. Wenn Sie die Eingabe beenden wollen, heben Sie den Stift vom Tablett ab.
   
   Der Pfad wird in Echtzeit auf dem Bildschirm dargestellt.
5. Je nachdem, welcher Wert für die Glättung eingestellt ist, führt Illustrator entsprechende Korrekturen am Pfadverlauf durch.

**Pfad nachbearbeiten und verbinden** | Mit dem Pinsel-Werkzeug können Sie nicht nur Pfade ändern, die Sie mit dem Pinsel gezeichnet haben, denn sobald Sie z. B. einer konstruierten geometrischen Form eine Pinselspitze aus dem Pinsel-Bedienfeld als Kontur zuweisen, besteht die Möglichkeit, auch diesen Pfad mit dem Pinsel-Werkzeug zu editieren.

Die Arbeitsschritte, um Pfade mit dem Pinsel-Werkzeug nachzubearbeiten, zu korrigieren oder zu verbinden, entsprechen denen, die bereits bei den vergleichbaren Optionen des Buntstift-Werkzeugs beschrieben wurden. Lediglich die Modifikationsparameter eines Grafiktabletts werden auch bei der Korrektureingabe zusätzlich mit erfasst.

Lesen Sie deshalb bitte die ausführliche Beschreibung zur Korrektur eines Pfads mit dem Buntstift-Werkzeug weiter oben in diesem Kapitel.

▲ **Abbildung 7.15**
Mit verschiedenen Kalligrafiepinseln gezeichnetes Porträt

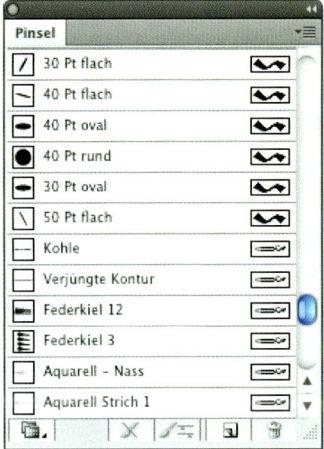

▲ **Abbildung 7.16**
Das Pinsel-Bedienfeld in der Ansicht LISTE

▲ **Abbildung 7.17**
Verwendung eines Pinsels zum Skizzieren (oben, in Grau), Ausführung mit Bildpinseln, Kolorierung mit Kalligrafiepinseln

▲ **Abbildung 7.18**
Mit einem Kalligrafiepinsel erstellte Typografie

**Abbildung 7.19** ▶
Die Dialogbox OPTIONEN FÜR PINSEL-WERKZEUG

> **Pinselpfad in Fläche wandeln**
> 
> Möchten Sie einen mit dem Kalligrafiepinsel erzeugten Pfad detaillierter bearbeiten und ihn zu diesem Zweck umwandeln, wählen Sie den Befehl OBJEKT • AUSSEHEN UMWANDELN.

▲ **Abbildung 7.20**
Mit Transparenzeinstellungen simulieren Sie Aquarell- oder Marker-Illustrationen.

**Modifikationsmöglichkeiten** | Pinsel-Werkzeug

▶ ⌥/Alt : Um einen geschlossenen Pfad mit dem Pinsel anzulegen, drücken Sie die Modifikationstaste ⌥/Alt, nachdem Sie begonnen haben, den Pfad zu zeichnen. Dabei ändert sich das Cursorsymbol in ✏︎.

**Voreinstellungen** | Mit einem Doppelklick auf das Werkzeug in dem Werkzeugbedienfeld rufen Sie die Dialogbox OPTIONEN FÜR PINSEL-WERKZEUG auf. Auch die Eingabemöglichkeiten in dieser Dialogbox finden Sie vergleichbar beim Buntstift-Werkzeug weiter oben erläutert.

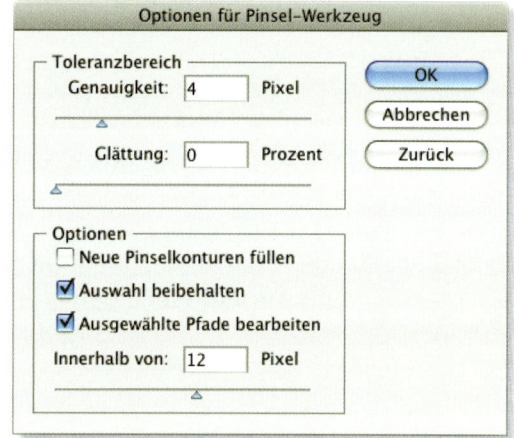

### Kalligrafische Pinsel

Die Kalligrafiepinsel finden Sie in der Auswahl der Pinselspitzen in dem Pinsel-Bedienfeld. Falls im Bedienfeld keine Pinselspitzen zu sehen sind, öffnen Sie eine Bibliothek mit dem Befehl PINSEL-BIBLIOTHEK ÖFFNEN • KÜNSTLERISCH • KALLIGRAFISCH im Bedienfeldmenü ▼≡ oder mit dem Button MENÜ PINSEL-BIBLIOTHEKEN.

In der Listen- oder Miniaturen-Darstellung des Bedienfelds sind die Kalligrafiepinsel oben angeordnet.

Klicken Sie in eine der Auswahlzeilen oder auf eine Miniatur, um eine Pinselspitze auszuwählen.

Mit einem Doppelklick rufen Sie die optionalen Einstellmöglichkeiten zu der Pinselspitze auf. Für kalligrafische Pinselspitzen wird damit die Dialogbox KALLIGRAFIEPINSELOPTIONEN geöffnet.

**Optionen** | Mit den KALLIGRAFIEPINSELOPTIONEN steuern Sie die Form und das Verhalten der Pinselspitze entsprechend der Handhabung Ihres Stifts.

Druck, Neigungswinkel, Ortung und Drehung des Stifts auf dem Grafiktablett werden als Parameter mit dem Pfad gespeichert, sodass Sie auch einen fertig gezeichneten Pfad durch Änderungen der Pinsel-Optionen verändern können.

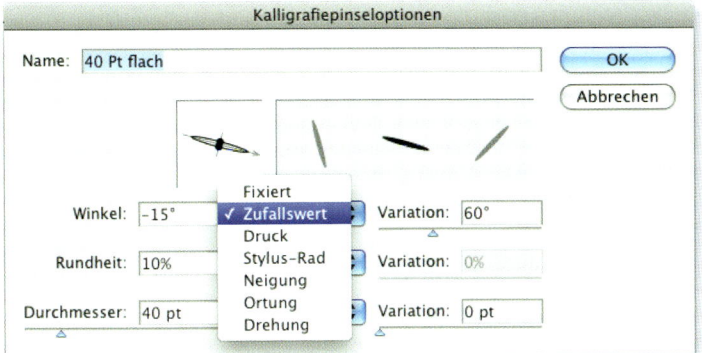

◄ **Abbildung 7.21**
Die Dialogbox
Kalligrafiepinseloptionen

- Name: Zur einfachen Identifizierung können Sie jeder Pinselspitze einen Namen zuordnen.
- Pinselspitze Koordinaten-Darstellung: Die Form der Pinselspitze können Sie durch Manipulation des Piktogramms oder numerisch in den entsprechenden Eingabefeldern verändern. Um die Pinselspitze intuitiv zu editieren, ziehen Sie an den schwarzen Punkten bzw. drehen das Koordinatenkreuz.
- Winkel: Mit diesem Eingabefeld definieren Sie den Winkel, in dem die Spitze auf dem Blatt zeichnet. Dieser Winkel beeinflusst die entstehende Konturenstärke nur, wenn die Spitze nicht rund ist.
- Rundheit: Diese Eingabe bestimmt die gewünschte Form der Pinselspitze zwischen einem gleichmäßigen Kreis und einem flachen Oval. Flache Spitzen verhalten sich wie Breitfedern, vollkommen runde ermöglichen keine Änderungen in der Konturenstärke.
- Durchmesser: Mit dem Pinseldurchmesser legen Sie fest, wie dick die Kontur wird. Das Eingabefeld Stärke im Kontur-Bedienfeld vervielfacht die Breite der Kontur zusätzlich.
  Während die Stärkeeinstellung aber auf die gesamte Kontur wirkt, können Sie mit einem variablen Pinseldurchmesser und der Verwendung eines Grafiktabletts eine sehr dynamische Linienführung erreichen.
- Variation: Für jede der Pinseleigenschaften können Sie bestimmen, wie stark die Kontur variieren darf. Je höher der Wert ist, desto größer ist der Einfluss der Stiftführung auf die generierte Kontur.
  Bei Verwendung der Maus variieren Durchmesser, Rundung und Winkel während des Zeichnens nicht.

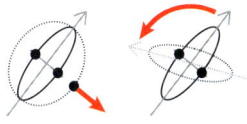

▲ **Abbildung 7.22**
Anpassen mit der Koordinaten-Darstellung

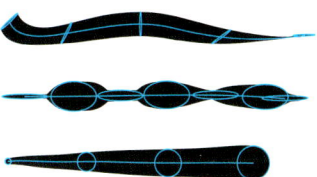

▲ **Abbildung 7.23**
Die Eigenschaften einer Pinselspitze – Winkel, Rundung, Durchmesser – und ihre jeweilige Wirkung auf den Pinselstrich

**Stift-Optionen nutzen**

Die speziellen Stiftfunktionen Druck, Stylus-Rad, Neigung, Ortung und Drehung stehen nur zur Verfügung, wenn ein Treiber für ein Grafiktablett auf Ihrem Computer installiert ist.
Bei der Erstellung eines kalligrafischen Pfads mit der Maus können Sie die speziellen Stiftfunktionen auch dann nicht nutzen und nicht simulieren, wenn ein Treiber installiert ist.

7.1 Freihand-Objekte erzeugen | **173**

▲ **Abbildung 7.24**
Stiftsteuerung-Menü

> **Grafiktablett: Weitere Werkzeuge**
>
> Auch mit den Symbol- und Verflüssigen-Werkzeugen sowie dem Spezialpinsel können Sie das Grafiktablett einsetzen.

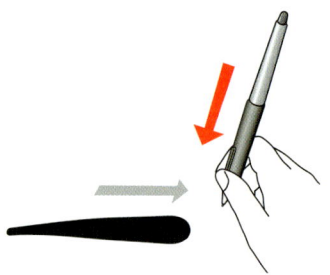

▲ **Abbildung 7.25**
Die Pinselspitze reagiert auf veränderten Druck des Stifts auf das Grafiktablett.

▲ **Abbildung 7.26**
Wacom »ArtMarker« und »GripPen«

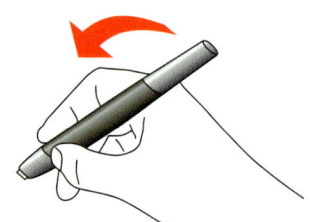

▲ **Abbildung 7.27**
Neigung: Der Winkel des Stifts zum Tablett steuert die Dynamik.

**Optionen für die Stifteingabe** | Für die drei Pinseleigenschaften Durchmesser, Rundheit und Winkel bestimmen Sie in einem Ausklappmenü, durch welchen Parameter des Grafiktabletts Sie die jeweilige Option steuern wollen. Da Sie mit jeweils einer Eingabeoption für die Stiftbewegung drei verschiedene Eigenschaften des Pinselstrichs kombinieren können, ist es Ihnen möglich, während des Zeichnens nicht nur die Form des Pfads, sondern auch die Stärke seiner Kontur nach Ihren Vorstellungen zu steuern.

Einige dieser Einstellungen nützen Ihnen *nur* bei der Arbeit mit bestimmten Wacom-Tabletts. Für die Einstellungen Drehung und Stylus-Rad benötigen Sie darüber hinaus bestimmte Eingabestifte: den »ArtMarker« (siehe Abbildung 7.26) bzw. den »Airbrush«.

Folgende Optionen sind jeweils in den Ausklappmenüs für Durchmesser, Rundheit und Winkel verfügbar:

▶ Fixiert: Verwenden Sie die Einstellung Fixiert, um den im Eingabefeld definierten Wert festzustellen und damit willkürliche Einflüsse zu unterbinden.
Wenn Sie ein Gefühl für die Stiftführung mit den Auswirkungen auf die Linienstärke bekommen wollen, testen Sie sich einfach durch alle Steuerungsmöglichkeiten, indem Sie jeweils zwei Pinseleigenschaften fixieren und nur eine der Eingaben variieren.

▶ Zufallswert: Die Eigenschaft, für die Sie diese Option wählen, steuert Illustrator mit einem Zufallswert, der sich während des Zeichnens nicht verändert. Erst bei einem neuen Ansetzen des Stifts wird vom Programm eine andere zufällige Einstellung vorgenommen.

▶ Druck: Bei dieser Auswahl steuern Sie die dynamische Veränderung der jeweiligen Pinseleigenschaft durch den Druck, den Sie mit dem Stift auf das Tablett ausüben (siehe Abbildung 7.25).
Höherer Druck bewirkt für den Winkel der Pinselspitze eine Drehung gegen den Uhrzeigersinn, für die Rundheit ein runderes Aussehen, und der Durchmesser wird erhöht.
Viele Grafiktabletts werden mit verschiedenen Stiftminen ausgeliefert. Eine gefederte Mine, wie z. B. Wacoms »Pinselspitze« (siehe Abbildung 7.28), gibt Ihnen mehr Kontrolle über die drucksensitive Steuerung.

▶ Stylus-Rad: Das Stylus-Rad ist ein spezielles Merkmal des Eingabe-Werkzeugs »Wacom Airbrush«. Damit können Sie die Pinseleigenschaft durch Drehung an diesem Regler steuern, der mit einem Scrollrad vergleichbar ist.

- NEIGUNG: Wählen Sie NEIGUNG, wenn Sie WINKEL, RUNDHEIT bzw. DURCHMESSER beim Zeichnen durch Veränderung des Neigungswinkels des Stifts variieren möchten (siehe Abbildung 7.27).

  Eine stärkere Stiftneigung bewirkt bei der Option WINKEL eine Drehung des Winkels der Pinselspitze gegen den Uhrzeigersinn, bei der Option RUNDHEIT eine stärkere Rundung bzw. bei der Option DURCHMESSER einen größeren Durchmesser der Spitze.

- ORTUNG: Die ORTUNG ist die Richtung, in die der Stift während des Zeichnens geneigt wird (siehe Abbildung 7.29).

  Falls Sie den Parameter ORTUNG zur Steuerung des DURCHMESSERS verwenden, können relativ abrupte Änderungen der Linienstärke erfolgen.

  Gute Ergebnisse mit sehr weichen Übergängen erhalten Sie bei der Steuerung des WINKELS durch den Parameter ORTUNG. Neigen Sie den Stift nach rechts oder nach vorne, wird der Winkel gegen den Uhrzeigersinn gedreht, bei einer Neigung nach links oder hinten wird er im Uhrzeigersinn gedreht.

- DREHUNG: Wenn Sie während des Zeichnens den Stift um seine Längsachse drehen, wird DURCHMESSER, WINKEL oder RUNDHEIT verändert (siehe Abbildung 7.30). Diese Funktion können Sie nur mit dem »Wacom ArtMarker« benutzen. Er hat auch eine spezielle ovale Griffform, die für den nötigen Halt beim Drehen sorgt.

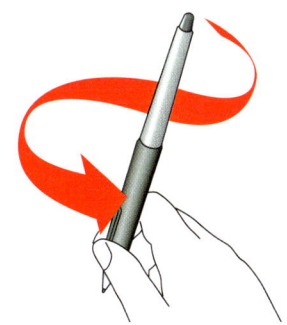

▲ **Abbildung 7.28**
Alternative Wacom-Stiftmine »Pinselspitze« (vergrößert)

▲ **Abbildung 7.29**
ORTUNG: Die Richtung der Neigung steuert die Veränderung der Pinselspitze.

▲ **Abbildung 7.30**
DREHUNG: Der ArtMarker wird um seine Längsachse gedreht.

## 7.2 Flächen malen

Noch einfacher als Buntstift und Pinsel arbeitet der neue Tropfenpinsel (im Original heißt er »Blob-Brush«). Mit ihm können Sie kalligrafisch arbeiten oder die Möglichkeiten eines Grafiktabletts nutzen und – es werden gleich Flächen erzeugt. Der Tropfenpin-

**Tropfenpinsel universell**

Mit dem Tropfenpinsel können Sie alle bestehenden Flächen bearbeiten, egal mit welchem Werkzeug diese ursprünglich erzeugt wurden – vorausgesetzt, die Flächen besitzen keine Kontur.

sel ist damit das Pendant zum Radiergummi-Werkzeug (siehe Kapitel 8), mit dem Sie die erzeugten Flächen korrigieren.

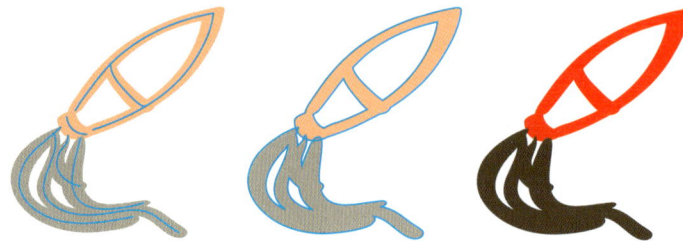

**Abbildung 7.31** ►
Anders als ein Kalligrafiepinsel (links) erzeugt der Tropfenpinsel (Mitte) direkt Flächen und vereinigt gleichfarbige Flächen bereits beim Malen miteinander.

**Tropfenpinsel-Werkzeug**
Der Tropfenpinsel ist das Werkzeug der Wahl, wenn Sie keine geometrisch exakten Formen benötigen, aber dafür möglichst ohne komplizierte Nacharbeit unmittelbar nach dem Zeichnen mit Flächen weiterarbeiten möchten. Mit dem Tropfenpinsel malen Sie nicht nur direkt eine Fläche, sondern kombinieren darüber hinaus übereinanderliegende Formen mit gleichen Eigenschaften (Fläche, Transparenz, Stile).

| **Flächen- oder Konturfarbe?** |
|---|
| Der Tropfenpinsel malt nur Flächen, verwendet dazu jedoch die als Kontur eingestellte Farbe. Ist keine Kontur-Farbe eingestellt, verwendet er die Flächenfarbe. Ist auch keine Flächenfarbe gewählt, verwendet er die zuletzt benutzte Farbe. |

**Fläche malen |** So arbeiten Sie mit dem Tropfenpinsel:
1. Wählen Sie das Tropfenpinsel-Werkzeug, Shortcut ⇧ + B .
2. Doppelklicken Sie auf sein Symbol im Werkzeugbedienfeld, um die Formeigenschaften einzustellen, oder wählen Sie einen Kalligrafiepinsel im Pinsel-Bedienfeld.
3. Wenn Sie sicherstellen wollen, dass bestehende Flächen (z. B. eine Vorskizze) nicht verändert werden, sperren Sie die Objekte oder deren Ebene. Dies ist dann unerlässlich, wenn Sie mit einer bereits verwendeten Farbe arbeiten wollen.
4. Legen Sie in einem der entsprechenden Bedienfelder eine Farbe für die Kontur (siehe den nebenstehenden Hinweis) fest. Möchten Sie einen Grafikstil anwenden, wählen Sie auch diesen aus dem Grafikstile-Bedienfeld.
5. Beginnen Sie die Zeichnung. Die Form muss nicht »in einem Rutsch« gezeichnet werden. Setzen Sie das Werkzeug zwischenzeitlich ab und führen die Zeichnung dann fort, fügt Illustrator die Formen automatisch zusammen, solange Sie die Farbe nicht ändern. Mit < bzw. ⇧ + < verkleinern bzw. vergrößern Sie den Werkzeugdurchmesser bei der Arbeit.
6. Führen Sie Korrekturen entweder mit dem Radiergummi-Werkzeug durch, oder wählen Sie das Direktauswahl- bzw. das Zeichenstift-Werkzeug, und bearbeiten Sie die Pfade.

▲ **Abbildung 7.32**
Korrekturen mit dem Zeichenstift- und Direktauswahl-Werkzeug (rechts unten) sind meist exakter, glatter und schneller erledigt als Korrekturen mit Radiergummi und Tropfenpinsel (links unten).

**Optionen |** Doppelklicken Sie das Tropfenpinsel-Werkzeug im Werkzeugbedienfeld, um dessen Voreinstellungen zu definieren.

Die Beschreibung der Optionen für den Toleranzbereich finden Sie weiter oben beim Buntstift-Werkzeug, die der Standard-Pinseloptionen beim Pinsel-Werkzeug.

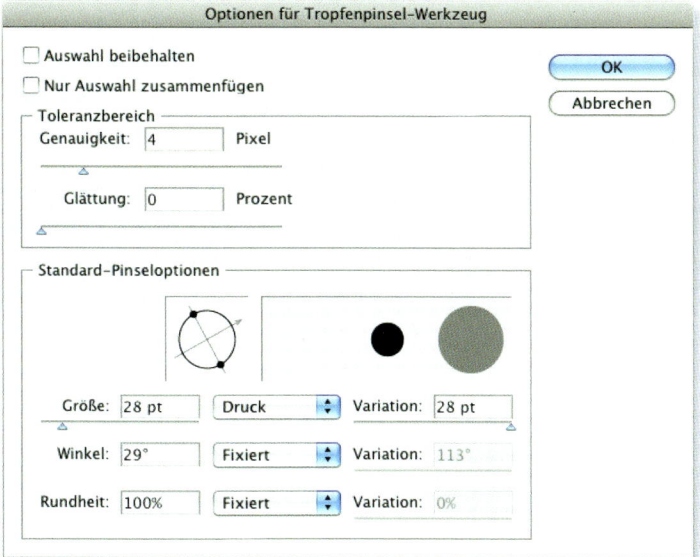

◄ **Abbildung 7.33**
Die Dialogbox OPTIONEN FÜR TROPFENPINSEL-WERKZEUG

- AUSWAHL BEIBEHALTEN: Setzen Sie hier ein Häkchen, wird die eben gezeichnete bzw. bearbeitete Pinselfläche nicht deaktiviert. So können Sie sehen, welche Objekte zusammengefügt wurden.
- NUR AUSWAHL ZUSAMMENFÜGEN: Kreuzen Sie diese Option an, werden nur die auf der Zeichenfläche selektierten Objekte beim Zusammenfügen neuer mit bestehenden Flächen berücksichtigt. Die beiden Optionen können nicht gemeinsam aktiviert werden.
- STANDARD-PINSELOPTIONEN: Die hier getroffenen Optionen werden ignoriert, sobald Sie im Pinsel-Bedienfeld einen Kalligrafiepinsel anklicken.

### Arbeitsweise des Tropfenpinsels

Damit Sie später weniger Überraschungen erleben, sollten Sie den Tropfenpinsel und seine Arbeitweise systematisch ausprobieren. Nach folgenden grundsätzlichen Prinzipien arbeitet das Werkzeug beim Zusammenfügen von Flächen:
- Mit dem Tropfenpinsel-Werkzeug können alle Vektorpfade bearbeitet werden, die keine Kontur besitzen.
- Das Tropfenpinsel-Werkzeug kann auch in eine Gruppe hineinwirken. Schneiden Sie zwei Gruppen, erfolgt nur eine Bearbeitung der Objekte der obersten Gruppe. Symbolinstanzen werden nicht bearbeitet.

▲ **Abbildung 7.34**
Tropfenpinsel: Ausgangssituation

▲ **Abbildung 7.35**
Verbinden von Objekten durch Übermalen mit dem Tropfenpinsel; geänderte Stapelreihenfolge der Objekte

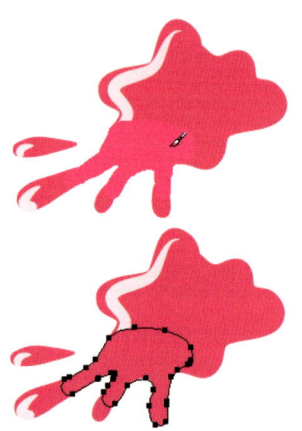

▲ Abbildung 7.36
Da ein andersfarbiges Objekt zwischen dem neuen und dem bestehenden Pfad liegt, werden die Flächen nicht zusammengefügt.

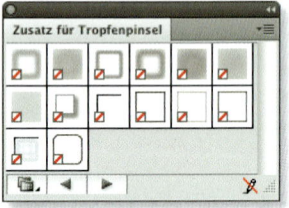

▲ Abbildung 7.37
Die Grafikstil-Bibliothek Zusatz für Tropfenpinsel

▲ Abbildung 7.38
Die Objekte im Logo wurden mit dem Buntstift-Werkzeug gezeichnet und anschließend mit Zeichenstift-Werkzeugen bereinigt.

- Wenn Sie Objekte bearbeiten möchten, stellen Sie für die Arbeit mit dem Tropfenpinsel dieselbe Farbe und sonstige Aussehen-Eigenschaften bzw. Grafikstile ein.
- Es werden nur gleichfarbige Objekte zusammengefügt, die in der Stapelreihenfolge direkt übereinanderliegen. Liegt ein Objekt mit anderen Eigenschaften dazwischen, erzeugt Illustrator ein gesondertes Objekt aus dem Pinselstrich.
- Es werden alle geschnittenen Pfade miteinander vereinigt, die übereinstimmende Eigenschaften besitzen.
- Zusammengefügt wird mit dem vordersten Objekt. Es findet also eine Veränderung der Stapelreihenfolge statt – vergleichbar dem Gruppieren.

### Grafikstile für den Tropfenpinsel

Rufen Sie das Grafikstile-Bedienfeld auf, und laden Sie über das Bedienfeldmenü oder den Button Menü »Grafikstil-Bibliotheken« den Zusatz für Tropfenpinsel. Dort finden Sie einige voreingestellte Grafikstile speziell für den Einsatz in illustrativen Arbeiten, die Techniken wie Aquarell- oder Ölmalerei andeuten, indem die Ränder weichgezeichnet, die Deckkraft reduziert oder die Formen plastisch gestaltet werden.

## 7.3 Objekte intuitiv bearbeiten und Pfade vereinfachen

Selbstverständlich lassen sich alle mit Freihand-Werkzeugen erstellten Pfade mit den Zeichenstift-Werkzeugen bearbeiten und korrigieren. Illustrator bietet jedoch auch Werkzeuge, mit denen Sie Objekte genauso intuitiv bearbeiten, wie Sie sie mit Pinsel und Buntstift zeichnen können. Mit den Freihand-Bearbeitungswerkzeugen haben Sie die Möglichkeit, Pfade und Objekte zu korrigieren, löschen, zerschneiden und – ganz neu – zu radieren.

### Glätten-Werkzeug

Das Glätten-Werkzeug dient zur nachträglichen Glättung eines Pfads oder einzelner seiner Bereiche. Stellen Sie sich das Glätten-Werkzeug nicht wie ein »Bügeleisen« für Ihren Pfad vor – vielmehr zeichnen Sie damit einen geänderten Verlauf. Illustrator übernimmt allerdings nicht die neu gezeichnete Linie, sondern erzeugt nach Beendigung der Eingabe eine Zwischenstufe zwischen dem ursprünglichen Pfad und dem mit dem Glätten-Werkzeug gezeichneten.

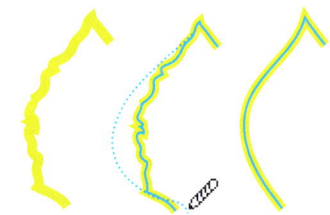

▲ **Abbildung 7.39**
Der Pfad wird dem Glätten-Werkzeug angeglichen.

**Pfad glätten |** So arbeiten Sie mit dem Glätten-Werkzeug:
1. Aktivieren Sie den Pfad, den Sie glätten möchten.
2. Holen Sie sich das Glätten-Werkzeug.
   Wenn Sie gerade mit dem Buntstift- oder dem Pinsel-Werkzeug arbeiten, drücken Sie ⌥/Alt, um vorübergehend zum Glätten-Werkzeug zu wechseln.
3. Setzen Sie das Werkzeug dort am Pfad an, wo Sie mit dem Glätten starten wollen. Klicken Sie, und ziehen Sie den Cursor am bestehenden Pfad entlang.
4. Das Programm berechnet den »geglätteten« Pfadverlauf.

> **Glättung und Zoomstufe**
>
> Die Stärke der Glättung ist auch abhängig von der Zoom-Stufe, in der Sie arbeiten – die Wirkung des Werkzeugs ist in einer niedrigen Zoom-Stufe stärker.

**Voreinstellungen |** Mit einem Doppelklick auf das Werkzeug im Werkzeugbedienfeld rufen Sie die Dialogbox OPTIONEN FÜR GLÄTTEN-WERKZEUG auf. Sie können die Werte per Schieberegler oder numerisch eingeben.

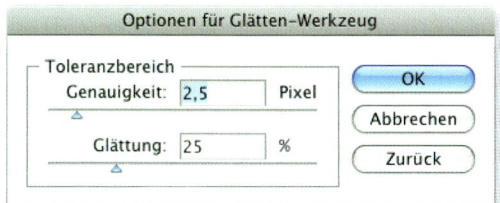

◀ **Abbildung 7.40**
Die Dialogbox OPTIONEN FÜR GLÄTTEN-WERKZEUG

▶ GENAUIGKEIT: Dieser Wert legt fest, wie genau der von Illustrator erstellte geglättete Pfad der Cursor-Bewegung folgt.
▶ GLÄTTUNG: Mit dieser Einstellung bestimmen Sie, wie stark der Pfad nach Beendigung der Eingabe geglättet wird.

Lesen Sie zu den Optionen auch die Hinweise zu der entsprechenden Einstellung für das Buntstift-Werkzeug weiter oben.

### Pfade vereinfachen

Je nach den gewählten Werkzeug-Optionen können Pfade, die mit den Freihand-Werkzeugen erstellt wurden, mehr Punkte enthalten, als zur Beschreibung ihrer Form notwendig sind. Das

▲ **Abbildung 7.41**
Fehler beim Anwenden eines Musterpinsels durch zu viele Punkte (links) – nach Vereinfachen des Pfads (rechts)

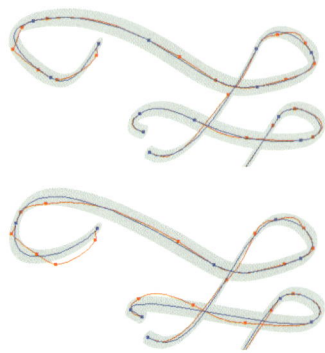

▲ **Abbildung 7.42**
Kurvengenauigkeit 50% (oben) und 0% (unten)

**Abbildung 7.43** ▶
Die Dialogbox VEREINFACHEN

**Pfad geöffnet?**

Es passiert leider häufig, dass ein ursprünglich geschlossener Pfad nach dem Vereinfachen geöffnet ist.

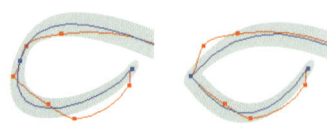

▲ **Abbildung 7.44**
Winkel-Schwellenwert 105% (links) und 106% (rechts), Originalpfad in Rot

▲ **Abbildung 7.45**
GERADE LINIEN

erschwert die Nachbearbeitung und führt manchmal – bei sehr vielen Punkten – zu Schwierigkeiten beim Anwenden von Musterpinseln (siehe Abbildung 7.41) und bei der Ausgabe der Datei.

Die Anzahl der Ankerpunkte können Sie von Illustrator reduzieren lassen. Aktivieren Sie dazu den Pfad oder einen Pfadabschnitt (z. B. können Sie die Eckpunkte eines Pfads von der Auswahl ausschließen, um sie vor Veränderungen zu schützen), und wählen Sie im Menü OBJEKT • PFAD • VEREINFACHEN… In der zugehörigen Dialogbox VEREINFACHEN definieren Sie, wie das Programm diesen Befehl ausführen soll. Während Sie die Einstellungen vornehmen, sollten Sie das Kontrollkästchen VORSCHAU aktivieren.

Die Vereinfachungsoptionen können auf ausgewählte Abschnitte des Pfads angewendet werden – die Option GERADE LINIEN wirkt sich jedoch immer auf den gesamten Pfad aus.

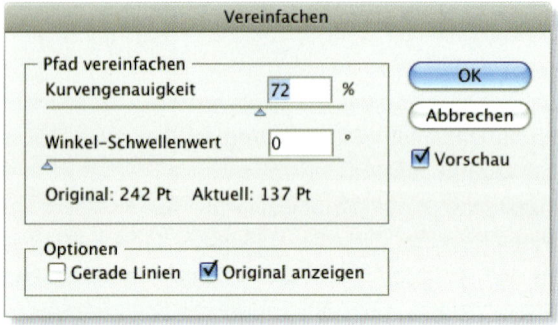

**Optionen** | Pfade vereinfachen

▶ KURVENGENAUIGKEIT: Da dieser Befehl alle Ankerpunkte außer Anfangs- und Endpunkt – bzw. alle aktivierten Ankerpunkte – verändert, bestimmen Sie hier mit einem Prozentwert zwischen 0 und 100, wie genau sich der neue Pfadverlauf am alten orientieren soll. Je höher der Wert ist, desto genauer bleibt der Pfadverlauf erhalten.

**Achtung!** Werte ab 85% können dazu führen, dass Punkte hinzugefügt werden. Beachten Sie die Anzahl der Punkte (ORIGINAL und AKTUELL) – diese werden angezeigt, sobald Sie die VORSCHAU aktivieren.

▶ WINKEL-SCHWELLENWERT: Durch Eingabe eines Schwellenwerts größer als 0 können Sie die Position von Eckpunkten vor Veränderungen sichern. Mit einem kleinen Wert werden nur Eckpunkte erhalten, an denen der Pfad seine Richtung deutlich ändert. Je größer der Wert ist, desto mehr Eckpunkte bleiben bestehen. Es sei denn, die Einstellung GERADE LINIEN ist gesetzt – dann bleiben mehr Eckpunkte erhalten, je kleiner Sie den Schwellenwert wählen (zu Eckpunkten siehe Kapitel 6).

- Gerade Linien: Mit dieser Option erstellen Sie gerade Linien zwischen den Punkten des Pfads, die bei der Vereinfachung verbleiben.
  
  Diese Einstellung kann eine große Hilfe bei der Optimierung von geometrischen Zeichnungen sein, die Sie mit der Live-Trace-Funktion (Interaktiv nachzeichnen) vektorisieren.
- Original anzeigen: Aktivieren Sie diese Option, wird die Originalform des Pfads in Rot dargestellt. So können Sie durch den direkten Vergleich schneller Werte finden, welche die ursprüngliche Form des Objekts beim Vereinfachen nicht beeinträchtigen.

### Messer-Werkzeug

Mit dem Messer-Werkzeug, das Sie in einer Gruppe mit dem Radiergummi- und dem Schere-Werkzeug finden, arbeiten Sie wie mit einem Skalpell.

**Pfade zerschneiden** | Messer-Werkzeug

Klicken und ziehen Sie den gewünschten Schnitt über die Objekte. Illustrator zerschneidet die Objekte und bildet dabei neue geschlossene Pfade, die jeweils die Aussehen-Eigenschaften des Quellobjekts besitzen.

Es werden nur *aktivierte* Objekte zerschnitten, die entweder mit einer Füllung versehen und/oder geschlossen sind. Haben Sie kein Objekt ausgewählt, werden *alle* gefüllten und/oder geschlossenen Objekte zerschnitten, durch die der Schnitt führt, *egal* auf welcher Ebene sie liegen – soweit sie nicht fixiert oder ausgeblendet sind!

Die neuen Objekte sind nicht gruppiert oder anderweitig verbunden, sodass Sie diese nach dem Schneiden sofort weiterverarbeiten können.

▲ Abbildung 7.46
Je ein geschlossener (Stern) und ein offener Pfad (Welle) mit (grün) und ohne Füllung (orange) werden zerschnitten. Auf dem Pfad der orangen Welle sind die Punkte markiert.

**Modifikationsmöglichkeit** | Messer-Werkzeug

- ⌘/Alt: Mit dieser Modifikationstaste erzeugen Sie einen geraden Schnitt. Führen Sie dabei den Schnitt so, wie Sie das Linien-Werkzeug handhaben (siehe Kapitel 5).
- Drücken Sie ⌘+⇧/Alt+⇧, um gerade Schnitte in 45°-Winkeln auszuführen.

### Radiergummi-Werkzeug

Dieses Werkzeug verbindet die Möglichkeiten des Messer-Werkzeugs mit den Optionen eines Kalligrafie-Pinsels. Auch das Radiergummi arbeitet entweder an aktivierten oder an allen Objekten, durch die Sie das Werkzeug führen. Im Unterschied zum Messer-Werkzeug lassen sich mit dem Radiergummi auch

▲ Abbildung 7.47
Das Radiergummi-Werkzeug zerteilt Pinselkonturen und Verläufe (unten: Pfadansicht).

▲ Abbildung 7.48
Ursprünglich gerade Linien wurden nach dem Durchtrennen mit dem Radiergummi merklich verformt.

### Radiergummi und Wacom

Wenn Sie den drucksensitiven Stift eines Grafiktablett umdrehen, wird automatisch das Radiergummi-Werkzeug gewählt. Die Anzeige im Werkzeugbedienfeld springt nicht um.

▲ Abbildung 7.49
Anwendung des Löschen-Werkzeugs

offene ungefüllte Pfade zerschneiden. Die Anwendung des Radiergummis an offenen Pfaden führt jedoch häufig zu unerwünschten Verformungen der Restpfade.

**Optionen** | Öffnen Sie die Werkzeug-Optionen mit einem Doppelklick auf das Werkzeug oder mit der Taste ⏎. Die Einstellungsmöglichkeiten entsprechen denen der Kalligrafie-Pinsel.

**Modifikationsmöglichkeiten** | Radiergummi-Werkzeug
- Mit ⇧ erzeugen Sie Linien im 45°-Winkel.
- Drücken Sie ⌥/Alt, um eine Rechteckform aufzuziehen, die von den Objekten entfernt wird.
- Durch Drücken der Leertaste vor dem Benutzen des Werkzeugs wechseln Sie vorübergehend zum Hand-Werkzeug.
- Drücken Sie < bzw. ⇧ + < zum Verkleinern oder Vergrößern der Werkzeugspitze.

**Löschen-Werkzeug**
Mit dem Löschen-Werkzeug können Sie unabhängig von vorhandenen Ankerpunkten einzelne Bereiche eines Pfads entfernen.

**Teile eines Pfads ausradieren** | Löschen-Werkzeug
Klicken und ziehen Sie das Werkzeug über den Bereich eines aktivierten Pfads, den Sie löschen möchten. Beim Ansetzen des Löschen-Werkzeugs müssen Sie den Pfad ziemlich genau treffen. Es ist aber nicht notwendig, anschließend dem Pfadverlauf exakt zu folgen.

## 7.4 Freihand-Auswahl

Neben dem Auswahl-Rechteck, das Sie mit den Auswahl-Werkzeugen über mehrere Objekte aufziehen können, gibt es das Lasso-Werkzeug zur freihändigen Auswahl einzelner oder mehrerer Punkte bzw. Pfadsegmente – je nachdem, wie Sie das Werkzeug führen.

**Lasso-Werkzeug**
Um einzelne oder mehrere Ankerpunkte mit dem Lasso zu aktivieren, wählen Sie das Lasso-Werkzeug aus dem Werkzeugbedienfeld – Shortcut Q – und klicken und ziehen es um das oder die Objektteile herum, als würden Sie diese einkreisen.

Der Cursor muss nicht bis zum Startpunkt zurückgezogen werden. Illustrator schließt die Auswahl auf dem kürzesten Weg, wenn Sie die Maustaste loslassen.

Damit alle Punkte eines Objekts ausgewählt werden, umrunden Sie das gesamte Objekt mit dem Lasso. Sofern Sie mit dem Lasso nur Teile eines oder mehrerer Objekte erfassen, werden nur die Ankerpunkte aktiviert, die sich innerhalb der Lasso-Auswahl befinden.

Wenn Sie die mit dem Lasso aktivierten Punkte verschieben wollen, verwenden Sie das Direktauswahl-Werkzeug.

▲ **Abbildung 7.50**
Die Objekte werden aktiviert, wenn Sie sie ganz umkreisen.

**Modifikationsmöglichkeiten** | Lasso-Werkzeug
- ⇧ verwenden Sie, um Ankerpunkte zur Auswahl hinzuzufügen.
- ⌥/Alt : Zusammen mit der ⌥/Alt -Taste werden ausgewählte Punkte deaktiviert.

▲ **Abbildung 7.51**
Der grüne Kreis wird ganz ausgewählt, von drei anderen Objekten werden nur einzelne Punkte erfasst.

## 7.5 Objekte intuitiv deformieren mit den Verflüssigen-Werkzeugen

Etwas flapsig ausgedrückt, bilden die Verflüssigen-Werkzeuge die »Küchengeräte-Abteilung« des Programms. Die Wirkung vieler dieser Bearbeitungswerkzeuge ist vergleichbar mit Mixer, Knethaken oder Fleischklopfer. Illustrator nennt die Werkzeuge Verkrümmen, Strudel, Zusammenziehen, Aufblasen, Ausbuchten, Kristallisieren und Zerknittern.

Pfade reagieren schnell auf Bewegungen mit diesen Tools. Die verformten Pfade werden im Übergang zu den nicht deformierten Teilen der Objekte weich geglättet, sodass sich die Verflüssigen-Werkzeuge sehr gut eignen, um natürliche oder dynamische Formen aus geometrischen Figuren zu erzeugen.

▲ **Abbildung 7.52**
Verflüssigen-Werkzeuge: Verkrümmen, Strudel, Zusammenziehen, Aufblasen, Ausbuchten, Kristallisieren, Zerknittern

◂ **Abbildung 7.53**
Anwendung der Verflüssigen-Werkzeuge

Die Verflüssigen-Werkzeuge verformen die Objekte, die ausgewählt wurden. Beim Klicken mit dem Werkzeug wird der bearbeitete Pfad dünn farbig angezeigt.

Falls keine Objekte aktiviert sind, verflüssigen Sie die Objekte, die sich beim Klicken innerhalb des Wirkungsradius des Werk-

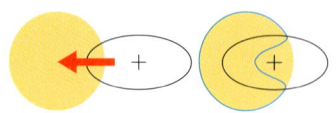
▲ Abbildung 7.54
Verkrümmen-Werkzeug

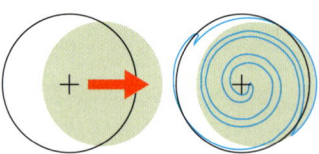
▲ Abbildung 7.55
Strudel-Werkzeug

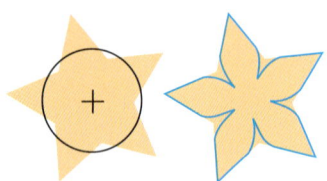
▲ Abbildung 7.56
Zusammenziehen-Werkzeug

▲ Abbildung 7.57
Aufblasen-Werkzeug

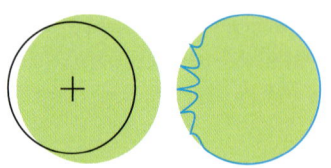
▲ Abbildung 7.58
Ausbuchten-Werkzeug

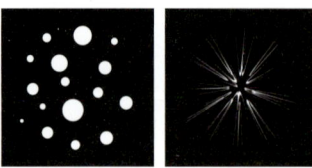
▲ Abbildung 7.59
Ausbuchten-Werkzeug

zeug-Cursors befinden, und zwar egal auf welcher Ebene. Die Verflüssigen-Werkzeuge können Sie auf Pfade sowie auf Verzerrungshüllen, Verlaufsgitter und eingebettete Bilder anwenden.

Abhängig von der Größe der Werkzeugspitze sind nicht die kompletten Objekte von der Verformung betroffen, sondern nur einzelne Pfadsegmente. Wenn Sie sichergehen möchten, dass nur bestimmte Objekte oder Objektteile in die Verflüssigen-Operation einbezogen werden, wählen Sie diese vorher aus.

### Verkrümmen-Werkzeug

Mit diesem Werkzeug – Shortcut ⇧+R – erzeugen Sie in den von der Operation betroffenen Pfaden ovale Dellen in der Richtung, in der Sie das Werkzeug bewegen.

Die Werkzeugspitze ist eine ovale Form in einer frei definierbaren Größe und Winkelung. Die Einbeulung des Pfads ist umso größer, je näher der Mittelpunkt des Werkzeugs dem bearbeiteten Pfad kommt (siehe Abbildung 7.54).

### Strudel-Werkzeug

Das Strudel-Werkzeug verwirbelt Pfade in einer Art virtuellem Mixer. Pfade, die sich im Wirkungsbereich des Werkzeugs befinden, werden in Richtung des Werkzeug-Mittelpunkts gezogen und in einer Spirale um ihn gewickelt (siehe Abbildung 7.55).

### Zusammenziehen-Werkzeug

Das Zusammenziehen-Werkzeug zieht Pfade und Punkte, die sich in seinem Radius befinden, wie ein Magnet in seinen Mittelpunkt (siehe Abbildung 7.56).

### Aufblasen-Werkzeug

Das Aufblasen-Werkzeug verschiebt Punkte und Pfadsegmente von seinem Mittelpunkt nach außen, sodass eine optische Wirkung wie beim Aufblasen eines bedruckten Luftballons entsteht.

Dieses Werkzeug ist vor allem bei der gleichzeitigen Anwendung auf mehrere zusammengehörende Objekte interessant (siehe Abbildung 7.57).

Die Verformung beschränkt sich auf den »heißen« Bereich der Werkzeugspitze.

### Ausbuchten-Werkzeug

Das Ausbuchten-Werkzeug formt viele kleine Kurven in einen Pfad, indem es den Pfad an einigen Punkten fixiert und die Segmente zwischen diesen Punkten in seinen Mittelpunkt zieht (siehe Abbildung 7.58 und 7.59).

**Kristallisieren-Werkzeug**

Das Kristallisieren-Werkzeug arbeitet umgekehrt: Es erzeugt Ankerpunkte auf dem Pfad und bewegt diese Punkte als Spitzen von seinem Wirkungsradius weg. Die zwischen den Punkten liegenden Pfadsegmente werden gebogen (siehe Abbildung 7.60).

▲ Abbildung 7.60
Kristallisieren-Werkzeug

**Zerknittern-Werkzeug**

Das Zerknittern-Werkzeug faltet einen Pfad wie eine seismische Messkurve (siehe Abbildung 7.61).

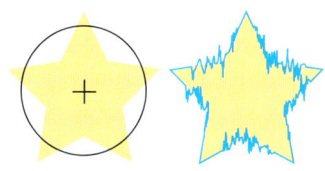

▲ Abbildung 7.61
Zerknittern-Werkzeug

**Verflüssigen-Werkzeuge zum Deformieren anwenden**

Die Art des Gebrauchs ist bei allen Verflüssigen-Werkzeugen gleich:

1. Wählen Sie eines der Verflüssigen-Werkzeuge im Werkzeugbedienfeld aus.
2. Der Wirkungskreis der Werkzeugspitze wird als Oval unter dem Cursor angezeigt. Sie können die Größe des »heißen« Bereichs der Spitze nach Ihren Wünschen anpassen, indem Sie zusammen mit der Modifikationstaste ⌥/Alt die Maus klicken und ziehen. Modifizieren Sie zusätzlich mit ⇧, erhalten Sie eine gleichmäßig runde Werkzeugspitze.
3. Nun kommen wir zum Verformen:
    ▶ Aktivierte Pfade: Aktivieren Sie eines oder mehrere Objekte oder einzelne Pfadsegmente. Klicken und ziehen Sie mit dem Werkzeug über die Pfade, oder halten Sie einfach die Maustaste über den aktivierten Objektteilen gedrückt, ohne zusätzlich das Werkzeug zu bewegen.
    ▶ Keine Pfade sind aktiviert: Wenn keine Objekte aktiviert sind, bewegen Sie die Werkzeugspitze über die Objekte, die Sie verflüssigen möchten. Klicken Sie erst über den Objekten, und beginnen Sie dann zu ziehen.
    **Achtung!** Dabei werden alle Objekte auf allen Ebenen deformiert, die sich im »heißen« Bereich der Werkzeugspitze befinden, sofern sie nicht ausgeblendet oder fixiert sind!
4. Wenn das jeweilige Werkzeug in Aktion ist, bewegen sich die Pfadsegmente der von der Verflüssigung betroffenen Objekte mit dem Werkzeug. Kreuzen Sie mit dem Cursor weitere aktivierte Pfadsegmente, werden diese ebenfalls in die Bearbeitung einbezogen.
5. Um die Anwendung des Werkzeugs zu beenden, lassen Sie die Maustaste los bzw. heben den Stift vom Grafiktablett ab.
6. Wiederholen Sie gegebenenfalls die Schritte ab 3, denn in manchen Fällen ist ein mehrfaches Ansetzen des Werkzeugs in Folge wirkungsvoller als eine lange Anwendung.

**Optionen für alle Werkzeuge!**

Bitte beachten Sie, dass Größe, Winkel und Intensität, die Sie für eines der Verflüssigen-Werkzeuge eingeben, in alle anderen übernommen werden.

Wenn die beiden Parameter für das Ergebnis in Ihrer Grafik wichtig sind, sollten Sie diese überprüfen, bevor Sie das Werkzeug anwenden.

▲ Abbildung 7.62
Eingebettete Bilder können mit den Verflüssigen-Werkzeugen verformt werden.

**Abbildung 7.63** ▶
Die Form der Haare wurde mit dem Verkrümmen-Werkzeug nachgerichtet.

**Modifikationsmöglichkeiten |** Verflüssigen-Werkzeuge
- ⇧ : Beschränkt die Werkzeugbewegung auf waagerechte oder senkrechte Winkel.
- Cursor-Bewegung: Da die Werkzeuge mit einer kleinen Verzögerung arbeiten, erzeugt ein verändertes Bewegungstempo der Werkzeuge andere Ergebnisse.

**Optionen |** Alle Verflüssigen-Werkzeuge
Mit einem Doppelklick auf eines der Verflüssigen-Werkzeuge im Werkzeugbedienfeld rufen Sie die zugehörigen Optionen auf.

**Abbildung 7.64** ▶
Die Optionen des Strudel-Werkzeugs

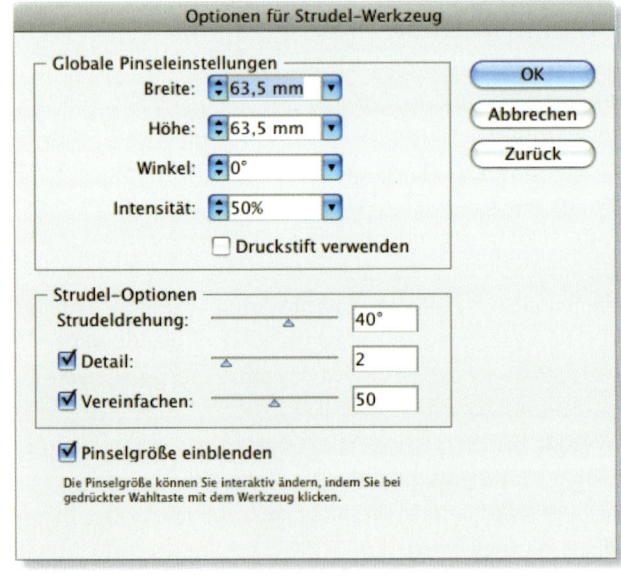

▲ **Abbildung 7.65**
Mit dem Verkrümmen-Werkzeug bearbeitete Kopien einer komplexeren Form (rechts unten)

- BREITE bzw. HÖHE: Hier geben Sie die Breite und Höhe des ovalen Wirkungsbereichs der Werkzeugspitze ein. Sie können einen festen Wert aus dem Ausklappmenü auswählen oder einen frei definierten direkt in das Textfeld eingeben.
Die Maßeinheiten, die in VOREINSTELLUNGEN • EINHEITEN UND ANZEIGELEISTUNG im Bereich ALLGEMEIN eingestellt sind, kommen hier zur Anwendung.

Bei allen Werkzeugen können Sie die Form und damit den »heißen« Bereich der Werkzeugspitze auch manuell anpassen – siehe dazu die Anleitung auf Seite 185.

▶ Winkel: Eine ovale Spitze muss nicht waagerecht ausgerichtet sein. Geben Sie hier einen Winkel ein, um den Wirkungsbereich schräg zu stellen.

▶ Intensität: Bei Mauseingabe bestimmt dieser Wert, wie schnell die Verformung durch das Werkzeug erfolgt.
Wenn Sie nur geringe Deformationen erreichen möchten, müssen Sie einen sehr niedrigen Intensitätswert einstellen.
Bei der Eingabe mit einem Stift auf dem Grafiktablett muss das Kontrollkästchen Druckstift verwenden aktiviert werden. Die numerische Werteingabe wird damit abgeschaltet, denn dann bestimmt der auf den Stift ausgeübte Druck die Schnelligkeit und damit die Intensität der Verformung.

▶ Pinselgrösse einblenden: Diese Option ist originär in den Voreinstellungen aktiviert.
Das schwarze Oval unter dem Cursor vermittelt Ihnen ein Gefühl dafür, welche Pfade in den Wirkungsbereich des Werkzeugs einbezogen werden (siehe auch Breite/Höhe).
Deaktivieren Sie die Anzeige durch Entfernen des Häkchens.

▶ Detail: Mit diesem Wert geben Sie an, wie detailliert die Verformung sein soll. Ein höherer Wert generiert eine feingliedrigere Verformung. Das heißt, die Anzahl der zusätzlich erzeugten Ankerpunkte ist größer als bei einem niedrigen Wert. Die Vorgabe kann zwischen 1 und 10 variieren.

▶ Zusätzliche Option der Werkzeuge Verkrümmen, Strudel, Zusammenziehen und Aufblasen:
  ▶ Vereinfachen: Mit dieser Option geben Sie an, wie stark der Pfad nach der Verflüssigen-Operation optimiert wird.
  Beim Vereinfachen wird die Anzahl der Punkte reduziert, die den Pfad bilden. Stellen Sie mit dem Schieberegler ein, wie genau Illustrator dabei vorgehen soll. Höhere Werte erzeugen weniger Punkte und damit glattere Pfade.

▶ Zusätzliche Option des Strudel-Werkzeugs:
  ▶ Strudeldrehung: Je höher der Wert der Strudeldrehung ist, desto stärker und schneller erfolgt die Drehung. Positive Werte bewirken eine Drehung gegen den Uhrzeigersinn, negative Werte im Uhrzeigersinn.

▶ Zusätzliche Optionen der Werkzeuge Ausbuchten, Kristallisieren und Zerknittern:
  ▶ Komplexität steuert die Reaktionszeit des Werkzeugs – ein höherer Wert lässt das Werkzeug in kürzeren Abständen reagieren. Ein sehr niedriger Komplexitätswert bewirkt

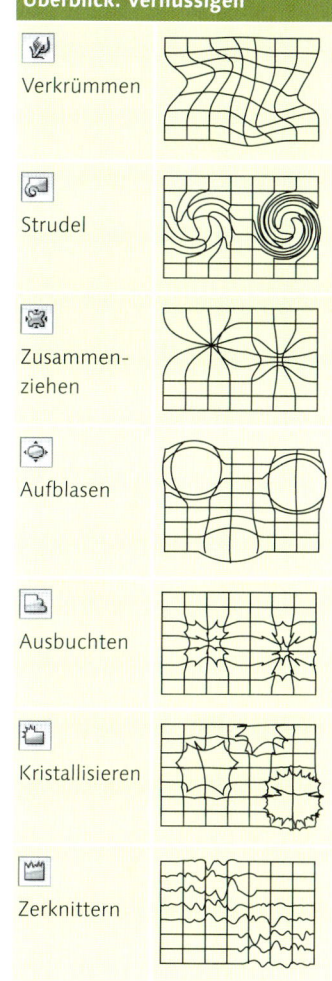

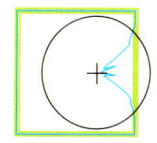 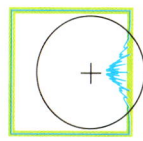

▲ **Abbildung 7.66**
Verschiedene Stufen der Komplexität

7.5 Objekte intuitiv deformieren | **187**

▲ **Abbildung 7.67**
Von oben: Pinsel verschiebt Ankerpunkt, Pinsel verschiebt wegführende Griffe

keine Änderung, wenn keine Ankerpunkte im Wirkungsbereich des Werkzeugs liegen.

- Pinsel verschiebt Ankerpunkt: Mit dieser Option bestimmen Sie, ob das Werkzeug Ankerpunkte, die bereits auf dem Pfad vorhanden sind, verschieben darf. Wenn Sie Pinsel verschiebt Ankerpunkt aktivieren, erzielen Sie extremere Verformungen des Pfads.
- Pinsel verschiebt hinführende/wegführende Griffe: Steuern Sie hiermit, welche Grifflinien verändert werden – die Bezeichnung »hinführend« bzw. »wegführend« bezieht sich auf die Pfadrichtung.

▶ Zusätzliche Optionen des Zerknittern-Werkzeugs:
- Horizontal/Vertikal: Mit diesen Werten geben Sie an, wie stark die Verformung in horizontaler bzw. vertikaler Richtung erfolgen soll.

  Beim Zerknittern-Werkzeug wirkt die Bewegungsrichtung der Werkzeugspitze nicht auf die Richtung der Verformung!

# 8 Farbe

Seit Jahrhunderten beschäftigen sich Naturwissenschaftler, Künstler und Philosophen damit, das Naturphänomen Farbe zu erklären und die sichtbare Welt zu ordnen. Die verschiedensten Farbmodelle sollen dabei helfen, Farben messbar und zuverlässig beschreibbar zu machen, damit sie in unseren täglich gebrauchten Medien exakt reproduzierbar sind. Farben werden in diesen Modellen auf unterschiedlichste Weise kategorisiert und mit numerischen Werten geordnet.

Von jedem Farbmodell existieren wiederum verschiedene Varianten, die Farbräume. Sie werden definiert durch den begrenzten Farbumfang, den bestimmte Geräte oder Vermittlungsmethoden darstellen können. Die numerischen Werte, die die Farben beschreiben, beziehen sich jeweils auf einen solchen Farbraum. Gleiche Werte charakterisieren deshalb in einem anderen Farbraum ganz andere Farben.

Die gebräuchlichsten Farbmodelle – auch in Illustrator – sind RGB und CMYK.

▲ **Abbildung 8.1**
Das RGB-Farbmodell erzeugt Farben mit farbigen Lichtquellen.

▲ **Abbildung 8.2**
Im CMYK-Modell für den Druck werden für das menschliche Auge Mischfarben erzeugt, indem unterschiedlich große Rasterpunkte in den Prozessfarben Cyan, Magenta, Gelb und Schwarz versetzt angeordnet werden.

## 8.1 Farbmodelle

### RGB

RGB ist ein Farbmodell zur Beschreibung additiv gemischter Farben. Aktive Lichtquellen mit gleicher Stärke in den Grundfarben Rot, Grün und Blau addieren sich im menschlichen Auge zu weißem Licht. Werden die Grundfarben in unterschiedlicher Intensität gemischt, interpretiert das Auge dies als farbiges Licht. Je nachdem, welche Lichtquelle schwächer ist oder ganz fehlt, kann damit ein weiter Bereich des sichtbaren Farbspektrums erzeugt werden.

Dabei ist es für das Auge ohne Belang, ob die Farben direkt übereinanderprojiziert werden, wie beispielsweise bei alten Röhren-Beamern, oder ob die drei aktiven Farblichtquellen aus kleinen nebeneinanderliegenden Punkten aufgebaut werden, die das verhältnismäßig geringe Auflösungsvermögen des Auges ausnut-

 **Exkurs: L*a*b-Farbmodell**
Im Gegensatz zu anderen Farbmodellen beschreibt das L*a*b-Modell, wie Farben aussehen, und nicht, wie ein Gerät sie mischt.

Daher wird dieser Standard der CIE (Commission Internationale d'Eclairage) von Farbmanagementsystemen als Referenz verwendet. In Illustrator können Sie L*a*b verwenden, um Volltonfarben zu erstellen und am Bildschirm darzustellen.

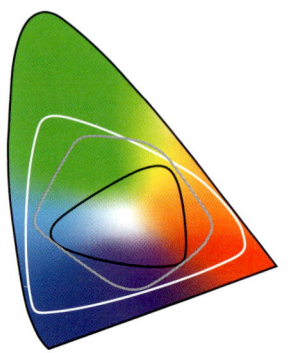

▲ **Abbildung 8.3**
Der »Schuh« stellt das vom menschlichen Auge wahrnehmbare Farbspektrum dar. Die inneren Rahmen kennzeichnen die darstellbaren Farben in verschiedenen Farbmodellen.
▶ Weißer Rahmen: RGB-Farbraum
▶ Grauer Rahmen: Pantone-Farbraum
▶ Schwarzer Rahmen: CMYK-Farbraum

### Darstellbarer Farbraum

Der darstellbare Farbraum aus dem Umfang der von uns wahrnehmbaren Farben ist bei subtraktiver Farbmischung, und damit auch bei CMYK, wesentlich kleiner als bei der additiven Farbmischung mit aktiven Lichtquellen im Farbmodell RGB.

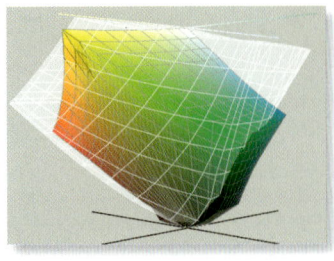

▲ **Abbildung 8.4**
Vergleich der Farbräume »Adobe RGB« und »Europe ISO Coated FOGRA 27« in Apples ColorSync-Dienstprogramm

zen, um eine fertig gemischte Farbe vorzutäuschen. Mit dieser Methode arbeiten Monitore und Displays.

Schwarz wird durch das Fehlen aller Farbinformationen wahrgenommen. Neutrales Grau entsteht, wenn die Intensität der Grundfarben gleichmäßig reduziert ist, z. B. R–G–B: 87–87–87.

#### CMYK

CMYK ist ein Farbmodell zur Beschreibung der subtraktiven Farbmischung. Aus dem Farbspektrum einer weißen Lichtquelle, das von einer Fläche reflektiert wird, filtern Farben, die auf der Fläche vorhanden sind, Bereiche des Spektrums heraus. Das Auge erreichen also nur Teile des ursprünglich weißen Lichts, die von uns als Farbe wahrgenommen werden. Da der Teil des weißen Lichts, der bei der Reflexion absorbiert wird, mit dem Farbauftrag auf der reflektierenden Fläche beeinflusst werden kann, spricht man hier von subtraktiver Farbmischung.

Durch kleine farbige Punkte auf einer Fläche, die das weiße Licht filtern, entsteht im menschlichen Auge ein Farbeindruck, der nicht den einzelnen Farben der Punkte entspricht, sondern einer Mischung daraus. Diese Auflösungsschwäche des menschlichen Auges macht man sich beim Vierfarbdruck zunutze, indem Raster aus Punkten der Komplementärfarben zu Rot/Grün/Blau, nämlich Cyan/Magenta/Gelb, auf einen weißen Träger gedruckt werden, um so bei der Reflexion einer Lichtquelle dem Betrachter ein breites Farbspektrum zu simulieren.

Wenn die Farben Cyan, Magenta und Gelb übereinandergedruckt werden, sollten wir theoretisch »Schwarz« sehen oder, anders ausgedrückt, überhaupt keine Farbe erkennen. Hier weichen Theorie und Praxis voneinander ab, denn in unserem Auge entsteht dabei ein recht »schmutziges Graubraun«. Deshalb wird beim Druck ein schwarzes Raster hinzugefügt, um gute Schwarz- und Grautöne sowie saubere Hell-/Dunkelabstufungen erzeugen zu können. Daher ist für dieses Farbmodell die Bezeichnung CMYK gebräuchlich, nach den entsprechenden Farbbezeichnungen Cyan/Magenta/Yellow/Key in der englischen Sprache. Die Bezeichnung »Key« anstelle von »Black« für »Schwarz« wurde gewählt, um bei der Abkürzung »B« eine Verwechslung mit »Blue« bzw. »Blau« auszuschließen.

## 8.2 Farbmanagement

Farbe wird von jedem Ein- oder Ausgabegerät auf eine andere Weise erfasst oder wiedergegeben. Dabei kommen unterschiedliche Farbmodelle zur Anwendung. Sowohl die technischen

Fähigkeiten der Geräte als auch die verwendeten Farbmodelle schränken den darstellbaren Farbumfang (Gamut) ein. Durch das Farbmanagement sollen nun die einzelnen Farbmodelle und der Farbumfang der beteiligten Geräte und Prozesse in Einklang gebracht werden. Farbmanagement hat die Aufgabe, Farbe konstant und vorhersehbar zu reproduzieren.

Die Optimierung der Bilddaten anhand drucktechnischer Kennlinien – wie es in der Vergangenheit üblich war – setzt voraus, dass die für Erfassung, Verarbeitung und Wiedergabe der Farbinformationen benutzten Geräte dasselbe Farbmodell verwenden. Durch den Einsatz offener, digitaler und modularer Systeme ist das aber nicht mehr sichergestellt. Farben müssen also unabhängig von gerätespezifischen Farbmodellen definiert werden. Mit dem ICC-Profil können die Steuersignale der Geräte mit einem Farbort im farbmetrischen Referenzfarbraum (XYZ oder LAB) verknüpft werden und damit den Gamut eines Geräts beschreiben.

### Farbmanagement ist aktiv!
Das Farbmanagement ist per Voreinstellung aktiviert. Damit nicht eventuell für Ihren Workflow ungeeignete Optionen Ihre Arbeit ruinieren, sollten Sie sich mit dem Farbmanagement beschäftigen und sich auch mit Ihren Dienstleistern absprechen.

### Farbmanagement vorbereiten
Der erste Schritt ist die **Kalibrierung Ihres Monitors**. Verwenden Sie dazu unter Mac OS die Funktion KALIBRIEREN…, die Sie unter SYSTEMEINSTELLUNGEN • MONITORE • FARBEN finden.

Unter Windows verwenden Sie ADOBE GAMMA und das Kontrollfeld ANZEIGE (um die Grafikkarte zu justieren) aus der SYSTEMSTEUERUNG. Noch besser ist der Einsatz externer Messtechnik und Profilierungssoftware, die Sie von verschiedenen Anbietern erhalten.

### Bildschirmkalibrierung
Ihr Monitor sollte etwa eine halbe Stunde in Betrieb sein, bevor Sie mit der Kalibrierung beginnen.

Da ein Farbeindruck immer von der Umgebungsfarbe beeinflusst wird, sollten Sie einen neutral grauen Bildschirmhintergrund einrichten.

Zu den Kalibrierungsfunktionen der beiden Betriebssysteme Mac OS und Windows stehen Online-Hilfen zur Verfügung.

### Farbmanagement über Bridge Center einrichten
Adobe hat in seinen wichtigen Applikationen Photoshop, InDesign und Illustrator eine gemeinsame Farbmanagement-Architektur mit identischen Einstellungen implementiert. Darüber hinaus lassen sich diese Applikationen synchronisieren, sodass Sie applikationsübergreifend mit konsistenten und vorhersagbaren Bildschirmfarben arbeiten können. Dies ist eine wichtige Grundlage für den reibungslosen Ablauf Ihrer Gestaltungs-, Proof- und Druck-Workflows. Setzen Sie neben Illustrator andere Anwendungen der Creative Suite ein, dann richten Sie die Farbmanagement-Einstellungen über Adobe Bridge ein. Mit dem Button GEHE ZU BRIDGE [Br] in der Anwendungsleiste (Mac) bzw. der Menüleiste (Windows) rufen Sie die Bridge aus Illustrator auf. In Bridge wählen Sie BEARBEITEN • CREATIVE SUITE-FARBEINSTELLUNGEN – Shortcut [⌘]/[Strg]+[⇧]+[K].

**Abbildung 8.5** ▶
Die Dialogbox SUITE-FARBEINSTELLUNGEN in Adobe Bridge

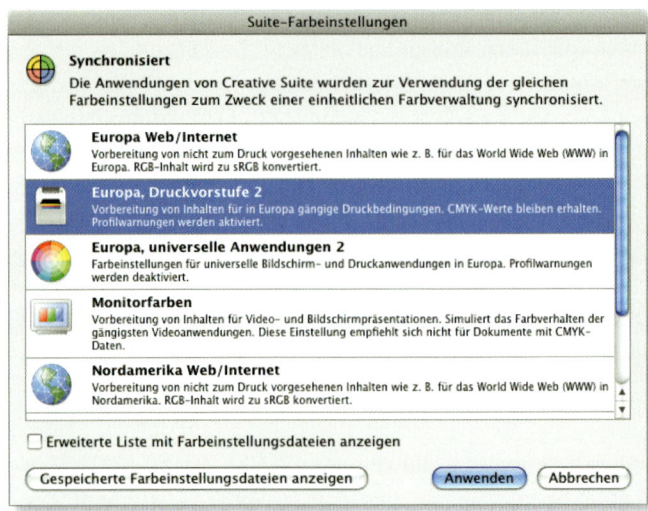

Hier finden Sie die Auswahl der von Adobe mitgelieferten Farbeinstellungsdateien (CSF). Wenn Sie eine dieser Einstellungen anklicken und anschließend mit dem Button ANWENDEN bestätigen, wird diese Einstellung in alle Applikationen übernommen, und sie sind synchronisiert.

### Farbeinstellungen in Illustrator

Um die Voreinstellungen für das Farbmanagement in Illustrator einzurichten, rufen Sie BEARBEITEN • FARBEINSTELLUNGEN auf – Shortcut ⌘/Strg+⇧+K. Bewegen Sie die Maus über die Ausklappmenüs, dann wird im Feld BESCHREIBUNG (unten) jeweils ein kurzer Hilfetext zu den Optionen angezeigt.

**Abbildung 8.6** ▶
Die Dialogbox FARBEINSTELLUNGEN

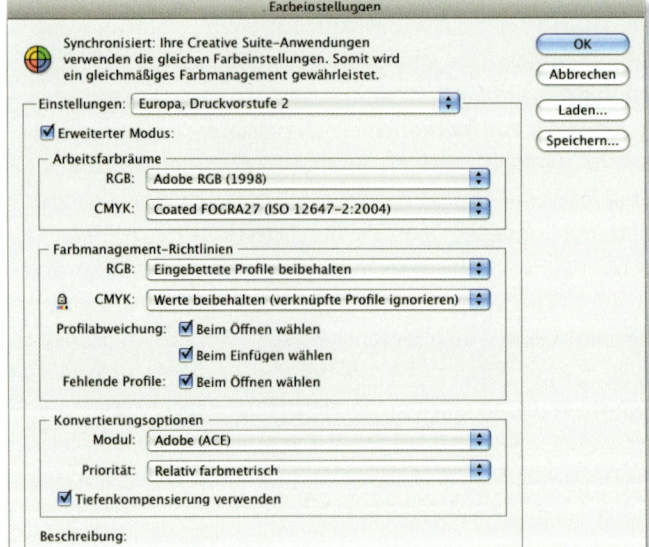

**Synchronisierung** | Das Icon signalisiert, ob die Farbeinstellungen der zur Creative Suite gehörenden Programme identisch sind. Definieren Sie Ihre Farbmanagement-Richtlinien über Adobe Bridge, werden die Einstellungen automatisch synchronisiert. Sobald Sie lokal in einer der Applikationen Änderungen am Farbmanagement vornehmen, sind die Einstellungen der Creative-Suite-Anwendungen nicht mehr synchron.

▲ Abbildung 8.7
Die Creative-Suite-Anwendungen sind synchronisiert (links) bzw. nicht synchronisiert (rechts).

**Einstellungen** | Wählen Sie eine der vorkonfigurierten EINSTELLUNGEN aus dem Aufklappmenü. Diese fassen die von Adobe empfohlenen Optionen für den jeweils im Namen kenntlichen Einsatzzweck zusammen. Falls Sie wenig Erfahrungen mit Farbmanagement haben, sollten Sie keine Änderungen an den Optionen der EINSTELLUNGEN vornehmen.

### Farbmanagement deaktivieren

Wählen Sie ADOBE ILLUSTRATOR 6.0 EMULIEREN, um das Farbmanagement »auszuschalten«.

In dieser Einstellung bettet Illustrator keine Farbprofile in Ihre Dokumente ein.

Beachten Sie jedoch, dass sich das Farbmanagement nicht ganz deaktivieren lässt.

**Arbeitsfarbräume** | Wählen Sie hier jeweils für RGB und CMYK Ihren bevorzugten Arbeitsfarbraum aus. Der Arbeitsfarbraum ist ein Übergangsfarbraum (für die Bearbeitung des Dokuments) und wird jedem neuen Dokument automatisch zugewiesen. Darüber hinaus bestimmt er die Anzeige eines Dokuments ohne eingebettetes Profil (Untagged).

Erstellen Sie Dokumente für den Druck, sollten Sie einen möglichst großen RGB-Arbeitsfarbraum wählen, z. B. ADOBE RGB (1998). Bei der Vorbereitung von Grafik für das Web empfiehlt sich der »kleinste gemeinsame Nenner« sRGB IEC61966, der den »Standardmonitor« der Web-User simuliert. Wählen Sie als RGB-Arbeitsfarbraum **nicht** das Farbprofil Ihres Monitors aus.

Als CMYK-Arbeitsfarbraum wählen Sie einen für das anvisierte Druckverfahren geeigneten Farbraum.

### Weiterführende Informationen

Als weiterführende Lektüre (nicht nur) für die Behandlung abweichender Farbprofile empfehle ich den Ratgeber »PDF/X und Colormanagement« *(www.cleverprinting.de)*.

**Farbmanagement-Richtlinien** | Hier legen Sie fest, wie Illustrator Dokumente behandelt, in die kein Farbprofil oder ein vom aktuellen Arbeitsfarbraum abweichendes Profil eingebettet ist.

- AUS: Mit dieser Option werden die eingebetteten Farbprofile gelöscht. Das Profil des aktuellen Arbeitsfarbraums wird **nicht** eingebettet, aber zur Anzeige des Dokuments verwendet.
- EINGEBETTETE PROFILE BEIBEHALTEN: Das vom Ersteller der Datei ursprünglich eingebettete Profil bleibt erhalten.
- IN ARBEITSFARBRAUM UMWANDELN: Statt des ursprünglichen Profils wird das Profil des Arbeitsfarbraums zugewiesen. Farben werden entsprechend konvertiert.
- NUMMERN BEIBEHALTEN (VERKNÜPFTE PROFILE IGNORIEREN): Diese Einstellung steht Ihnen für CMYK zur Verfügung. Wählen Sie NUMMERN BEIBEHALTEN, dann werden Farben nicht vom Farbmanagement konvertiert, wenn Sie eine Datei mit

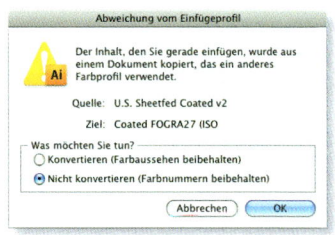

▲ Abbildung 8.8
NUMMERN BEIBEHALTEN verhindert eine CMYK-zu-CMYK-Konvertierung beim Platzieren von Grafiken.

abweichendem Farbprofil mit der Option VERKNÜPFEN platzieren (siehe auch »Sicherer CMYK-Workflow«).

▲ **Abbildung 8.9**
Farbatlas

Da das Farbprofil Ihnen einen Anhaltspunkt darüber gibt, für welches Zielmedium das Dokument bestimmt war, ist zu empfehlen, ein abweichendes Farbprofil beim Öffnen beizubehalten bzw. ein fehlendes Profil nicht zu ersetzen. Zu einem späteren Zeitpunkt besteht immer noch die Möglichkeit, mit BEARBEITEN • PROFIL ZUWEISEN ein anderes Profil in die Datei einzubetten.

**Sicherer CMYK-Workflow |** Möchten Sie sicherstellen, dass Bild- und Grafikdateien im CMYK-Farbmodus nicht durch das Farbmanagement konvertiert werden, bietet Adobe für Illustrator und InDesign den »sicheren CMYK-Workflow« an. Unter Farbmanagement-Richtlinien für CMYK sollte die Einstellung WERTE BEIBEHALTEN (VERKNÜPFTE PROFILE IGNORIEREN) ausgewählt sein.

▲ **Abbildung 8.10**
Umwandlung eines reinen Schwarz in ein 4C-Schwarz

Bei der Definition von CMYK-Farben nach einem Farbatlas wurde das Ausgabemedium bereits berücksichtigt, sodass in diesem Fall meistens keine Umwandlung der Farben gewünscht ist. Das größte Problem der Konvertierung zwischen zwei verschiedenen CMYK-Farbräumen besteht in der Umwandlung eines reinen Schwarz (CMYK 0/0/0/100) in ein Schwarz, das sich aus allen vier Druckfarben zusammensetzt. Dieses Verhalten ist vor allem bei Vektorgrafik mit vielen feinen Konturen sowie für schwarzen Fließtext unerwünscht, da im Druck auftretende Registerungenauigkeiten im schlimmsten Fall dazu führen, dass Text und Grafik unleserlich werden.

**Profil-Abweichungen |** Die eben besprochenen FARBMANAGEMENT-RICHTLINIEN kommen beim Öffnen oder Platzieren eines Dokuments in Illustrator ohne weitere Nachfrage sofort zur Anwendung, es sei denn, Sie aktivieren die Optionen unter PROFIL-ABWEICHUNGEN. Mit den Optionen erreichen Sie, dass Illustrator vor jedem Öffnen eines Dokuments mit abweichendem Farbprofil nachfragt, was geschehen soll. Ihre FARBMANAGEMENT-RICHTLINIEN sind in dieser Dialogbox vorausgewählt.

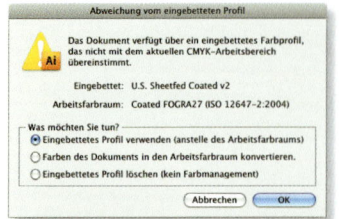

▲ **Abbildung 8.11**
Mit aktivierter Option BEIM ÖFFNEN WÄHLEN zeigt Illustrator diese Warnung, wenn Sie ein Dokument öffnen, das ein abweichendes Farbprofil besitzt.

Aktivieren Sie die Optionen BEIM ÖFFNEN bzw. BEIM EINFÜGEN WÄHLEN, um die größtmögliche Flexibilität und Kontrolle beim Umgang mit Farbprofilen zu erhalten.

Beachten Sie beim Platzieren von Grafik, dass Dokumente ihre eingebetteten Farbprofile nur behalten, wenn sie mit der Option VERKNÜPFEN platziert werden. Betten Sie eine Grafik beim Platzieren in Ihr Illustrator-Dokument ein, so wird dieser das Farbprofil des Illustrator-Dokuments zugewiesen.

**Konvertierungsoptionen** | Unter MODUL wählen Sie das CMM – Color Management Modul – also die Farbmanagement-Engine aus. Diese Engine rechnet die Farben anhand der Geräteprofile in den Zielfarbraum um. CMMs unterscheiden sich in Details. Wählen Sie eines der Module aus der Liste aus, und wechseln Sie dieses nicht ohne einen triftigen Grund – so lernen Sie mit der Zeit die Ergebnisse der Farbraumkonvertierungen immer besser einzuschätzen.

Wählen Sie aus den in Ihrem System installierten Engines. Die Adobe-Engine ADOBE (ACE) steht Ihnen inzwischen nicht mehr nur in Adobe-Anwendungen zur Verfügung. Das Color Management-Modul kann auch in andere Applikationen eingebunden werden, sodass ein programmübergreifendes einheitliches Farbmanagement möglich ist.

Mit der Wahl der PRIORITÄT (Methode, Wiedergabeabsicht) geben Sie vor, wie das Farbmanagement diejenigen Farbpositionen behandeln soll, die außerhalb der Reichweite – Color Gamut genannt – des Zielmediums liegen.

- PERZEPTIV: Farben werden so im Zielfarbraum abgebildet, dass das Verhältnis der Abstände der Farben zueinander erhalten bleibt. Die absoluten Farben können sich dabei verändern. Diese Wiedergabeabsicht eignet sich gut, wenn viele Farben signifikant außerhalb des Zielfarbraums liegen.
- SÄTTIGUNG: Die Sättigung der Farben bleibt erhalten, die Farbtöne können sich ändern. Die Methode wird vor allem für Geschäftsgrafiken empfohlen, sollte jedoch in der professionellen Druckvorstufe nicht verwendet werden.
- RELATIV FARBMETRISCH: Bezugspunkt für die Verschiebung der Farben vom Quell- in den Zielfarbraum ist der Weißpunkt des jeweiligen Farbraums. Farben, die außerhalb des Zielfarbraums liegen, werden auf den nächstreproduzierbaren Buntton abgebildet.
- ABSOLUT FARBMETRISCH: Die Ausgabe verhält sich wie mit der Option RELATIV FARBMETRISCH. Es wird aber der Weißpunkt des Quellfarbraums erhalten. Diese Wiedergabeabsicht eignet sich ausschließlich für das Proofen.

**Tiefenkompensierung verwenden** | Diese proprietäre Adobe-Einstellung sorgt dafür, dass der Schwarzpunkt des Quellfarbraums auf den Schwarzpunkt des Zielfarbraums gerechnet wird. Ist die Option aktiviert, nutzen Sie also das zur Verfügung stehende dynamische Spektrum optimal aus. Das macht sich z. B. bei der Zeichnung in dunklen Bereichen Ihrer Bilder bemerkbar.

---

**Verwendung von ColorSync**

Falls Sie unter MacOS APPLE COLORSYNC als MODUL einstellen, achten Sie darauf, im ColorSync-Dienstprogramm unter EINSTELLUNGEN • CMMs nicht die Einstellung AUTOMATISCH auszuwählen. Mit dieser Einstellung könnten Sie nicht feststellen oder gar bestimmen, welche Engine zum Einsatz kommt.

**Wiedergabeabsicht?**

Alternativ zum Begriff »Rendermethode« ist die Bezeichnung »Wiedergabeabsicht« gebräuchlich, die sich vom englischen »Rendering Intent« herleitet.

**Farbprofile zuweisen**

Beim Speichern können Sie das in den Farbeinstellungen für den Dokumentfarbraum passende Profil in das Dokument einbetten. Wurde dem Dokument ein Farbprofil zugewiesen, so ist in der Dialogbox SPEICHERN die Option ICC-PROFIL SPEICHERN aktiv. Deaktivieren Sie sie, um kein Profil einzubetten.

Möchten Sie einer Datei zu einem späteren Zeitpunkt ein anderes Profil zuweisen oder ein eingebettetes Profil löschen, wählen Sie BEARBEITEN • PROFIL ZUWEISEN...

◀ Abbildung 8.12
Die Dialogbox PROFIL ZUWEISEN

Wählen Sie FARBMANAGEMENT NICHT AUF DIESES DOKUMENT ANWENDEN, um ein eingebettetes Profil zu entfernen, oder RGB- bzw. CMYK-ARBEITSFARBRAUM, um den in den Illustrator-Farbeinstellungen derzeit eingerichteten Farbraum zuzuweisen. Alternativ wählen Sie ein Profil aus dem Aufklappmenü.

Möchten Sie wissen, welches Farbprofil in Ihrem Dokument eingebettet ist, verwenden Sie das Dokumentinformationen-Bedienfeld oder rufen den Eintrag EINBLENDEN • FARBPROFIL DES DOKUMENTS in der Statusleiste links unten im Dokument-Fenster auf.

▲ Abbildung 8.13
Anzeige des Farbprofils in der Statusleiste

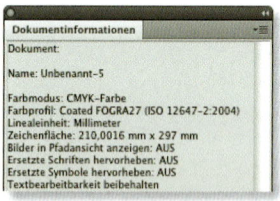

▲ Abbildung 8.14
Das Dokumentinformationen-Bedienfeld

## 8.3 Dokumentfarbmodus

Illustrator kann sowohl mit CMYK-Farbräumen als auch mit RGB-Farbräumen arbeiten, jedoch nur in einem Farbmodus pro Dokument. Der Modus ist für jedes Dokument frei wählbar.

**Farbmodus für ein neues Dokument** | Bereits beim Erstellen eines neuen Dokuments müssen Sie den Farbmodus bestimmen, mit dem Sie arbeiten wollen.

Wählen Sie den Farbmodus entsprechend dem zukünftigen Einsatz Ihrer Grafik aus. CMYK sollten Sie einstellen, wenn Ihre Datei für den Druck erstellt wird, RGB dagegen, um sie in einer Bildschirmpräsentation zu verwenden. In dem so voreingestellten Farbmodus werden Farben im Dokument gespeichert – unabhängig davon, in welchem Farbmodus Sie die Farben beim Mischen definieren.

In den Dokumentprofilen ist der Farbmodus bereits voreingestellt (siehe Kapitel 4 zum Erstellen neuer Dokumente).

> **Farbmodus wechseln?**
>
> Bei einem Wechsel des Dokumentfarbmodus wird jede im Dokument definierte Prozessfarbe entsprechend den in den Farbeinstellungen definierten Profilen umgerechnet. Dabei können Veränderungen der Farbdefinition entstehen, sodass die Farbe z. B. bei einer Konvertierung von CMYK nach RGB und wieder zurück zu CMYK voraussichtlich nicht mehr Ihrer ursprünglich angelegten Farbe entspricht (siehe Abbildung 8.15).

**Farbmodus einstellen bzw. ändern** | Den Dokumentfarbmodus bestimmen Sie in der Dialogbox NEUES DOKUMENT – Shortcut ⌘/Strg+N.

Möchten Sie den Farbmodus eines geöffneten Dokuments ändern, wählen Sie DATEI • DOKUMENTFARBMODUS • CMYK-FARBE bzw. RGB-FARBE.

▲ Abbildung 8.15
Aus M 25/Y 100 wird nach Umwandlung in den RGB-Modus und anschließender Rückwandlung C 1,17/M 26,56/Y 92,97.

## 8.4 Farben anwenden und definieren

Das **Farbfelder-Bedienfeld** verwaltet und speichert Farben, Farbtöne, Farbgruppen, Verläufe und Muster. Zusätzlich haben Sie die Farbfelder über das **Steuerungsbedienfeld** ständig im Zugriff. Um Farbfelder in verschiedenen Dokumenten zu benutzen, können Sie **Farbfelder-Bibliotheken** anlegen.

Das **Farbe-Bedienfeld** ist ein Werkzeug, um Farben zu »mischen« und Farbtöne zu erzeugen. Weitaus mächtigere Werkzeuge, um mit Farben zu experimentieren und Farbdefinitionen anzulegen, stehen Ihnen in der **Farbhilfe** und in **Interaktive Farbe** zur Verfügung. Verläufe definieren Sie im **Verlauf-Bedienfeld** (siehe Kapitel 9, »Flächen und Konturen gestalten«).

Zusammen mit vielen anderen Eigenschaften werden die Farben, die einem Objekt zugeordnet sind, im **Aussehen-Bedienfeld** zusammengefasst (zu Aussehen siehe Kapitel 11).

### Objektfarben – lokale und globale Farbfelder

In Illustrator ist Farbe eine Objekt-Eigenschaft. Sie können die Farbe für jedes Objekt einzeln einstellen und diesem direkt zuordnen. Bei umfangreichen Grafiken wird dieses Verfahren allerdings schnell sehr aufwendig. Meist ist es vorteilhafter, Farben im Farbfelder-Bedienfeld zu verwalten, denn dann ist es möglich, eine einmal definierte Farbe auf mehrere Objekte anzuwenden und die Farbe für diese Objekte gleichzeitig zu ändern.

Illustrator unterscheidet jedoch zwischen lokalen und globalen Farbfeldern.

**Lokale Farbfelder** | Nach der Zuweisung eines lokalen Farbfelds auf ein Objekt bricht die Verbindung zwischen Farbfeld und Objekt ab, sodass eine nachträgliche Änderung der Farbe in dem Farbfeld nicht automatisch auf das Objekt angewendet wird.

**Globale Farbfelder** | Bei globalen Farbfeldern bleibt die Verbindung zwischen Objekt und Farbfeld bestehen. Wenn Sie die Farbe in einem globalen Farbfeld ändern, wird diese Eigenschaft bei allen Objekten aktualisiert, die dieses Farbfeld verwenden.

**CMYK-Farben im RGB-Modus?**

In Illustrator-Versionen vor CS4 werden Prozessfarben auch im RGB-Dokumentfarbmodus als CMYK-Farben bezeichnet.

▲ Abbildung 8.16
Zugriff auf die Farbfelder im Steuerungsbedienfeld

|  | Englisch | Deutsch |
|---|---|---|
| **CMYK** | Cyan<br>Magenta<br>Yellow<br>Key | Cyan<br>Magenta<br>Gelb<br>Schwarz |
| **HSB** | Hue<br>Saturation<br>Brightness | Farbton<br>Sättigung<br>Helligkeit |
| **RGB** | Red<br>Green<br>Blue | Rot<br>Grün<br>Blau |

▲ Tabelle 8.1
Farbmodelle

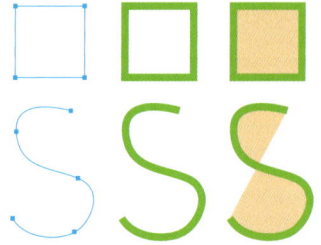

▲ **Abbildung 8.17**
Eine Kontur ist der mit Eigenschaften versehene Pfad, eine Fläche der umschlossene Raum. Bei einem offenen Pfad werden die beiden Endpunkte auf kürzestem Wege verbunden, um den Raum für die Füllung zu bestimmen.

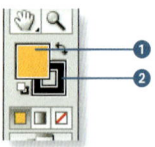

▲ **Abbildung 8.18**
Die Fläche- und Kontur-Felder im Werkzeugbedienfeld

**Fläche und Kontur tauschen**

Der Austausch der Farben für Fläche und Kontur funktioniert nicht, wenn als Füllung ein Verlauf eingestellt ist, da Verläufe nicht auf Konturen angewendet werden können.

▲ **Abbildung 8.19**
Konturen sind nicht immer erwünscht.

▲ **Abbildung 8.20**
Füllungen können auch stören.

### Kontur und Fläche

Farben können sowohl dem Pfad selbst, d. h. der Kontur, als auch dem vom Pfad umschlossenen Raum, d. h. der Fläche, zugeordnet werden.

**Fläche bzw. Füllung |** Anstelle des in der Illustrator-Terminologie gebrauchten Begriffs »Fläche« bevorzugen und verwenden wir in diesem Buch an einigen Stellen den Terminus »Füllung«, da sein Wortsinn teilweise eine klarere Zuordnung erlaubt.

Mit einem offenen Pfad ist es eigentlich nicht möglich, eine Fläche zu definieren, trotzdem kann Illustrator einen offenen Pfad mit einer Füllung versehen. Das Programm füllt dabei die Fläche, die sich ergäbe, wenn die beiden Endpunkte des Pfades auf kürzester gerader Strecke verbunden würden. Ein Pfadsegment entlang dieser virtuellen Linie wird allerdings nicht erzeugt. Das erkennen Sie, wenn Sie dem Objekt eine Kontur zuweisen.

### Füllung und Kontur im Werkzeugbedienfeld

Die Farben, die aktuell für Fläche und Kontur ausgewählt sind, bzw. die Füllung und Kontur des aktivierten Objekts werden im Werkzeugbedienfeld in den Feldern FLÄCHE ❶ und KONTUR ❷ angezeigt.

**Farbwerkzeuge|** Werkzeugbedienfeld
Über das Werkzeugbedienfeld haben Sie verschiedene, oft gebrauchte Funktionen zum Farbhandling dauernd im Zugriff:

- Das im Werkzeugbedienfeld jeweils obenauf liegende Farbfeld können Sie mithilfe des Farbe-Bedienfelds ändern.
  Um das unten liegende Feld nach oben zu holen, klicken Sie es an – Shortcut zum Hin- und Herwechseln: [X].
- Mit einem Klick auf den Doppelpfeil ↰ tauschen Sie die eingestellten Farben für FLÄCHE und KONTUR gegeneinander aus – Shortcut [⇧]+[X].
- Mit einem Klick auf das Schwarz-Weiß-Symbol setzen Sie die AUSSEHEN-Eigenschaften von Füllung und Linie auf die Standardwerte weiße Fläche und schwarze Kontur in der Stärke 1 Punkt – Shortcut [D].
- Kontur und Fläche eines Objekts müssen nicht zwangsläufig mit einer Farbe versehen sein – oft ist eine Kontur und/oder eine Füllung sogar unerwünscht. Für diese Fälle ist die Eigenschaft OHNE vorgesehen. Mit einem Klick auf das Symbol setzen Sie diese Eigenschaft für FLÄCHE bzw. KONTUR – Shortcut [#].

Auch OHNE kann jederzeit wieder gegen eine Farbdefinition ausgetauscht werden.

**Kontur und Fläche neuer Objekte** | Werkzeugbedienfeld
Für ein Objekt, das Sie neu zeichnen, wendet Illustrator immer die aktuell eingerichteten Farbfelder aus dem Werkzeugbedienfeld an. Da Farbe eine Objekteigenschaft ist, kann sie jedoch jederzeit umdefiniert werden.

**Arbeiten mit dem Farbwähler**
Um die Farbe für Fläche oder Kontur im Werkzeugbedienfeld zu ändern, gehen Sie wie folgt vor:
1. Doppelklicken Sie auf das Feld FLÄCHE oder das Feld KONTUR im Werkzeugbedienfeld, um die Dialogbox FARBWÄHLER aufzurufen.
2. Definieren Sie die neue Farbe im Farbwähler, und bestätigen Sie mit OK.

> **Achtung bei aktiviertem Objekt**
> Ist ein Objekt aktiv, werden Änderungen an den Einstellungen der Farbauswahl-Felder im Werkzeugbedienfeld direkt auf das aktivierte Objekt angewendet!

▲ **Abbildung 8.21**
Links: Kontur und Füllung
Mitte: keine Füllung
Rechts: keine Kontur

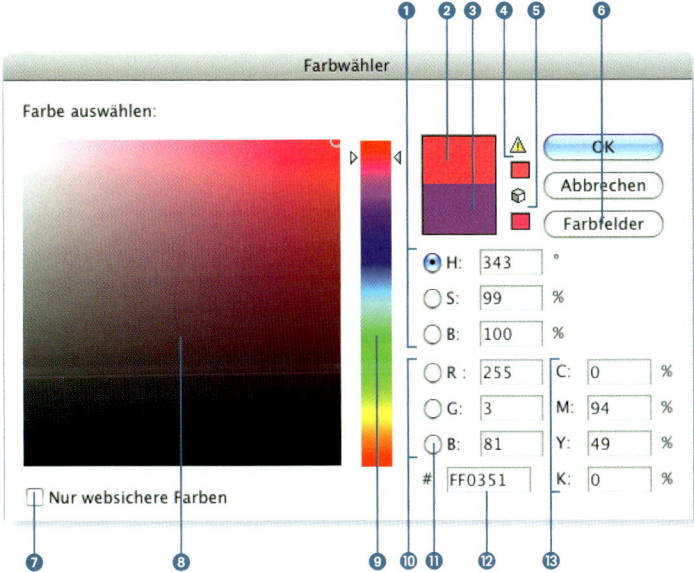

◄ **Abbildung 8.22**
Der Farbwähler: Farbwerte-Eingabefelder ❶ ❿ ⓭, neu gemischte Farbe ❷, aktuelle Farbe ❸, Farbumfangswarnung ❹, Websafe-Warnung ❺, Anzeige der Farbfelder ❻, Farbspektrum ❽, Farbregler ❾, Hex-Feld ⓬

Im Farbwähler können Sie Farben nach verschiedenen Farbmodellen definieren: CMYK ⓭, HSB ❶, RGB ❿ und RGB-Websafe (216 websichere Farben) ❼. Für Webdesigner ist die Möglichkeit interessant, RGB als Hexadezimalwerte ⓬ einzugeben.

**Farben einstellen** | Farbwähler
Der Farbwähler bietet umfangreiche Möglichkeiten, um Farben intuitiv oder numerisch einzustellen:
▸ Intuitiv bestimmen Sie Farben auf Basis des HSB- oder des RGB-Farbmodells mithilfe des Farbspektrums ❽ und des Farbreglers ❾, indem Sie in die Felder hineinklicken bzw. klicken und ziehen. Wählen Sie mit einem der Optionsbuttons H, S, B bzw. R, G, B ⓫ die Farbeigenschaft, auf deren Grundlage Sie Ihre Farbe auswählen wollen. Das entsprechende Attribut wird

> **[HSB- bzw. HLS-Farbmodell]**
> Dieses Farbmodell wurde auf der menschlichen Farbwahrnehmung aufgebaut. Farben werden durch ihre Eigenschaften Hue (Farbton), Saturation (Sättigung) und Brightness bzw. Luminance (Helligkeit) beschrieben.

**[RGB-Websafe]**
Die websicheren Farben sind eine Untergruppe aus dem RGB-Farbraum. Die Palette enthält die 216 Farben, die sowohl in der 8-Bit-Systemfarbpalette des Mac- als auch des Windows-Betriebssystems vorhanden sind. Diese Farben werden auf Monitoren im 256-Farben-Modus betriebssystem- und browserübergreifend weitgehend identisch dargestellt. Dank des technischen Fortschritts sind websichere Farben inzwischen nur noch in Ausnahmefällen von Belang.

> **Farbe wird konvertiert**
>
> Egal in welchem Farbmodell Sie die Farbe definieren, sie wird von Illustrator in den Dokumentfarbmodus konvertiert.
> Dafür werden die Profile verwendet, die im Farbmanagement unter BEARBEITEN • FARBEINSTELLUNGEN… eingestellt sind.

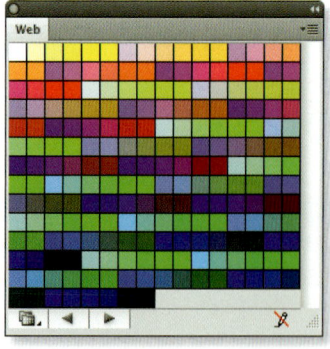

▲ **Abbildung 8.23**
Die websicheren Farben

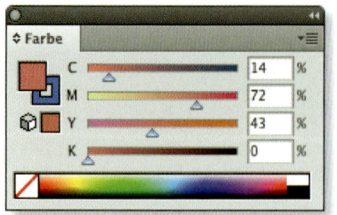

▲ **Abbildung 8.24**
Das Farbe-Bedienfeld

dann in den Farbregler übernommen. Im abgebildeten Screenshot sehen Sie an dem aktivierten Button »Hue« (H), dass im Farbregler der Farbton vorbestimmt wird. Sättigung und Helligkeit suchen Sie durch einen Klick in das Farbspektrum aus.

▶ Um Farben numerisch zu definieren, geben Sie die entsprechenden Werte in die Eingabefelder für H, S und B ❶ oder R, G und B ❿ bzw. C, M, Y und K ⓭ ein. Je nach Farbmodell steht Ihnen ein unterschiedlicher Werteumfang zur Verfügung.
Für Gradeinheiten (°) ist eine Spanne von 0 bis 360 erlaubt, bei prozentualen Anteilen (%) sind Werte zwischen 0 und 100 möglich. RGB-Werte richten sich nach dem dezimalen 8-Bit-Wert zwischen 0 bis 255.

▶ Hexadezimalwerte tragen Sie in das Hex-Feld (#) ⓬ ein.
Sie können Hex-Werte auch über die Zwischenablage aus anderen Programmen bzw. HTML-Dokumenten kopieren. Illustrator versteht allerdings nur die sechsstellige Notierung von Farben, keine Kurzformen. Achten Sie beim Kopieren des Werts aus dem HTML-Code darauf, dass das Nummernzeichen (#) nicht mit übertragen wird.

▶ Ihre neu gemischte Farbe zeigt Illustrator in dem Feld ❷ über der Farbe an, die beim Aufruf des Farbwählers eingerichtet war ❸. So ist eine optische Beurteilung der Änderung möglich.

▶ Wenn Sie eine HSB- oder RGB-Farbe definieren, die im CMYK-Farbraum nicht darstellbar ist (also außerhalb des Gamuts liegt), warnt Illustrator im Farbwähler mit dem Zeichen ⚠ und zeigt in dem Farbfeld darunter den nächstliegenden im Vierfarbmodus druckbaren Farbton an ❹. Sie übernehmen diese Farbe, indem Sie auf das Warndreieck ⚠ klicken.

▶ Ist eine nicht-websichere Farbe ausgewählt, wird das im Farbwähler mit dem Zeichen 🧊 ebenfalls signalisiert und die nächstliegende websichere Farbe ❺ angezeigt. Die Übernahme erfolgt durch einen Klick auf den Würfel.

▶ Mit dem Button FARBFELDER ❻ rufen Sie eine Liste der im Farbfelder-Bedienfeld eingerichteten Farben auf.

### Arbeiten mit dem Farbe-Bedienfeld

Das Farbe-Bedienfeld ermöglicht es Ihnen, Farben für ein Objekt oder einen Verlauf direkt und ohne Umweg über die Farbfelder zu bestimmen. Dies kann Änderungen an den Farbdefinitionen zu einem späteren Zeitpunkt jedoch unnötig verkomplizieren.

**Farbe-Bedienfeld anzeigen** | Rufen Sie das Bedienfeld mit dem Menübefehl FENSTER • FARBE auf – Shortcut [F6] – oder klicken Sie im Dock auf das Symbol 🎨.

Falls das Farbe-Bedienfeld nicht alle Optionen anzeigt, die in der Abbildung zu sehen sind, wählen Sie im Bedienfeldmenü  den Befehl OPTIONEN EINBLENDEN.

**Farben einstellen** | Farbe-Bedienfeld
Links oben im Farbe-Bedienfeld erkennen Sie die Kontur- und Fläche-Felder als Miniaturen wieder. Im Farbe-Bedienfeld können Sie Farben numerisch oder mithilfe von Farbreglern definieren sowie durch einen Klick in die Farbspektrumleiste auswählen. Ist ein Objekt aktiv, werden Farbänderungen direkt angewendet.

- Die Einstellungen im Farbe-Bedienfeld wirken sich auf die aktuelle Kontur bzw. Füllung aus, je nachdem, welches Auswahlfeld oben liegt und damit aktiv ist. Auch im Farbe-Bedienfeld können Sie die Aktivierung der beiden Anzeigen durch Klick oder Shortcut [X] wechseln.
- Wählen Sie im Bedienfeldmenü  das Farbmodell, in dem Sie Ihre Farbe definieren wollen. Auch Farben, die Sie im Farbe-Bedienfeld festlegen, werden von Illustrator in den Dokumentfarbmodus umgerechnet und so gespeichert.
- Die numerische Eingabe in die einzelnen Textfelder der verschiedenen Farbmodelle erfolgt auf die gleiche Weise, wie es weiter oben beim Farbwähler beschrieben ist.
- Um Ihre Farbe mit den Farbreglern zu bestimmen, bewegen Sie eines der kleinen Einstelldreiecke. Der Farbbalken über dem Regler zeigt jeweils an, wie die geänderte Farbe aussieht; entsprechend wird auch der Inhalt des Farbfelds für Kontur bzw. Fläche geändert.
- Die dritte Möglichkeit, im Farbe-Bedienfeld eine Farbe auszuwählen, ist wieder etwas intuitiver angelegt. Wenn Sie Ihren Cursor über der Farbspektrumleiste platzieren, ändert sich die Marke in ein Pipetten-Symbol. Klicken Sie nun in die Leiste und ziehen die Pipette über das Spektrum, bewegen sich die Farbregler synchron dazu, und die Farbe im Farbfeld für Kontur bzw. Fläche wechselt adäquat.
- Um Schwarz oder Weiß zu definieren, klicken Sie in das entsprechende Feld rechts neben der Farbspektrumleiste.
- OHNE, also »ohne Kontur« bzw. »ohne Fläche«, stellen Sie mit einem Klick in das Feld  am linken Ende des Spektrums ein.
- Die Signale  und  haben dieselbe Bedeutung, wie oben beim Farbwähler beschrieben, auch das Handling ist gleich. Das Warndreieck erscheint im Farbe-Bedienfeld allerdings nur im RGB-Dokumentfarbmodus.

### Schnell zum Farbe-Bedienfeld

Das Farbe-Bedienfeld können Sie auch über das Werkzeugbedienfeld aufrufen. Klicken Sie dazu auf das Farb-Symbol, oder tippen Sie ein Komma [,]. Haben Sie vorher ein Objekt ausgewählt, das entweder keine Füllung oder eine Verlaufsfüllung enthält, wird diesem die angezeigte Farbe zugewiesen.

### Per Click&Drag zuweisen

Wenn Sie im Farbe-Bedienfeld eine Farbe gemischt haben und diese einem bestehenden Objekt zuordnen möchten, ziehen Sie das Kontur- oder Fläche-Feld (je nachdem, für welches Sie die Farbe gemischt haben) direkt auf das Objekt, *ohne* es zu aktivieren. Wenn Sie das Objekt vorher auswählen, werden seine aktuellen Farben im Farbe-Bedienfeld abgebildet. Damit würden Sie Ihre gerade erstellte Mischung verlieren.

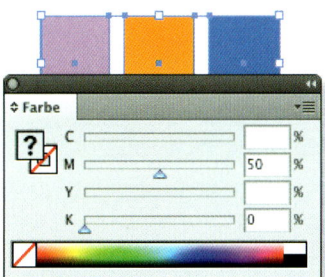

▲ **Abbildung 8.25**
Enthalten die Farben mehrerer aktivierter Objekte identische Anteile einer Prozessfarbe, lassen sich diese gemeinsam ändern.

**Zuletzt benutzte Farbe**

Wenn Sie einem Objekt einen Verlauf, ein Muster oder die Eigenschaft OHNE zuweisen, wird im Farbe-Bedienfeld auch die zuletzt benutzte Farbe angezeigt. Klicken Sie gegebenenfalls darauf, um sie zu verwenden.

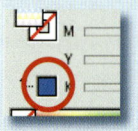

▲ **Abbildung 8.26**
Mit einem Doppelklick rechts neben dem Eingabefeld wechselt die RGB-Werteangabe zwischen Prozent und numerisch.

**Exkurs: The natural system of colours**

Nahezu alle Farbharmonie-Werkzeuge basieren auf dem Natürlichen Farbsystem. Dieses wurde 1776 von dem Engländer Moses Harris formuliert. Es versucht darzustellen, wie »materially, or by the painter's art« aus Primärfarben weitere Farben gemischt werden können. Harris unterscheidet zwei Harmonien: die der »prismatic colors« aus den Grundfarben Zinnoberrot, Ultramarin und Königsgelb und die Harmonie der »compound colors« der aus den Grundfarben gemischten Töne Orange, Grün und Purpur.

▲ **Abbildung 8.27**
Umfärben nach Harmonieregeln

**Modifikationsmöglichkeit** | Farbe-Bedienfeld

▶ ⇧ oder ⌘/Strg : Drücken Sie ⇧ und bewegen einen Farbregler, dann laufen die anderen Regler mit, sodass sich nur die Intensität der Farbe ändert. Diese Methode funktioniert nicht im HSB-Modell.

▶ ⇧ : Drücken Sie ⇧ , und klicken Sie auf die Farbspektrumleiste, um den angezeigten Farbmodus zu ändern.

**Optionen** | Farbe-Bedienfeld

Im Bedienfeldmenü  können Sie zwei Operationen auf die ausgewählte Farbe anwenden – INVERTIEREN und KOMPLEMENTÄR. Beide Befehle führen eine mathematische Berechnung des Farbwerts aus, der dem rechnerischen Inversions- bzw. Komplementärwert des eingestellten Farbtons entspricht.

⌘/Strg + Z widerruft die letzte Änderung, die Sie im Farbe-Bedienfeld vorgenommen haben.

Mit dem Befehl NEUES FARBFELD ERSTELLEN öffnen Sie die gleichnamige Dialogbox. Richten Sie dort zusätzliche Optionen ein, und speichern Sie die definierte Farbe als Farbfeld.

**Farben mit der Pipette übertragen**

Farbe, Transparenz, Kontur-Eigenschaften etc. können Sie mit dem Pipette-Werkzeug von einem Objekt auf ein anderes übertragen. Aber beachten Sie bitte, dass die Pipette voreingestellt *alle* Aussehen-Eigenschaften eines ausgewählten Objekts aufnimmt.

Die Vorgehensweise wird zusammen mit dem Aussehen-Bedienfeld in Kapitel 11 erläutert.

## 8.5 Farbharmonien erarbeiten

Zu den schwierigsten Aufgaben in der Gestaltung gehört die Entwicklung von Farbschemata, die harmonische Farben für ein Layout beinhalten. Entsprechend gefragt sind Tools, die das Experimentieren mit Farben auf der Basis der Harmonieregeln unterstützen. Das Experimentieren mit den Harmonieregeln ist nur eine Seite von Illustrators **Interaktiver Farbe**. Zu einem mächtigen Werkzeug wird es durch die Zugriffsmöglichkeit auf sämtliche definierten Farben – lokal oder global.

**Farbhilfe-Bedienfeld**

Mit dem Farbhilfe-Bedienfeld entwickeln Sie Farbharmonien auf der Basis der klassischen Farbharmonieregeln und einem auswählbaren Variationsschema. Wählen Sie FENSTER • FARBHILFE aus dem Menü, um das Bedienfeld anzeigen zu lassen. Im Dock besitzt das Bedienfeld das Symbol .

Im Bedienfeld wird zunächst nach der gewählten Harmonieregel ❷ aus einer Basisfarbe ❶ eine Farbgruppe erstellt. Anschließend baut Illustrator aus den Farben dieser Farbgruppe ❺ (oberhalb mit dem kleinen schwarzen Dreieck gekennzeichnet) das Rasterschema der Farbvariationen ❹ auf. Die Abstufungen entstehen nach den Variationsschemata FARBTÖNE/SCHATTIERUNGEN, WARM/KALT und STRAHLEND/GEDECKT ❸, die sich über das Bedienfeldmenü aufrufen lassen und über dem Rasterschema eingeblendet sind.

Eine nach den Harmonieregeln erstellte Farbkombination lässt sich als Farbgruppe speichern. Ebenfalls können Sie beliebige Farben aus den Farbvariationen als Farbgruppe speichern oder direkt zur Gestaltung von Objekten verwenden. Es ist auch möglich, auf Basis einer im Bedienfeld angezeigten Farbe neue Farbharmonien zu generieren.

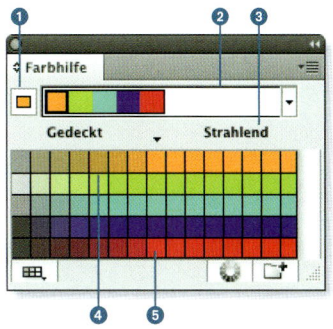

▲ **Abbildung 8.28**
Das Farbhilfe-Bedienfeld

## Farbharmonien

**Analog ❻:** Farben, die im Farbkreis sehr dicht nebeneinander liegen.
**Monochromatisch ❼:** Variationen der Sättigung einer Farbe.
**Schattierungen ❽:** Die Grundfarbe wird mit Schwarz abgemischt.
**Zusammengesetzt (Compound):** Kombination aus »erdigen« Tönen, die Anteile aller drei Primärfarben enthalten.

**Komplementär ❾:** Die Farben liegen auf dem Farbkreis gegenüber.
**Teilkomplementär ❿:** Eine Farbe wird kombiniert mit den beiden Nachbarfarben ihrer Komplementärfarbe.
**Hoher Kontrast:** Verschiedene Formen kontrastreicher Zusammenstellungen – abgeleitet aus der Teilkomplementär-Regel.

**Triade ⓫:** Drei Farben, die auf dem Farbkreis gleich weit voneinander entfernt sind.
**Tetrade:** Vier Farben mit identischem Abstand – eine Sonderform der Doppel-Komplementär-Regel.
**Pentagramm:** Fünf Farben, deren Abstand identisch ist.

**Farbharmonien generieren** | Farbhilfe-Bedienfeld
▶ ALS BASISFARBE SETZEN ❶: Auf dem Button wird die Farbe des zuletzt ausgewählten Objekts, die im Farbe-Bedienfeld definierte oder im Farbfelder-Bedienfeld ausgewählte Farbe angezeigt. Klicken Sie darauf, um diese Farbe als Basisfarbe für die Erzeugung der Farbharmonien festzulegen. Möchten Sie die Basisfarbe ändern, wählen Sie zunächst eine andere Farbe aus und klicken den Button erneut an.
▶ HARMONIEREGELN ❷: Wählen Sie aus diesem Menü die Harmonieregeln, nach denen aus der Grundfarbe eine Farbgruppe

▲ **Tabelle 8.2**
Farbharmonieregeln

▲ **Abbildung 8.29**
Einschränkung auf Farbbibliotheken Altertum (Mitte) und Russische Plakatkunst (rechts)

8.5 Farbharmonien erarbeiten | **203**

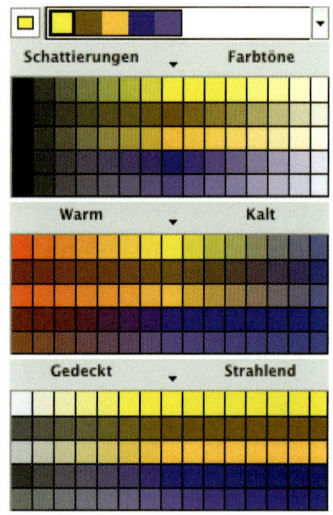

▲ **Abbildung 8.30**
Variationsschema (von oben):
FARBTÖNE/SCHATTIERUNGEN,
WARM/KALT, STRAHLEND/GEDECKT

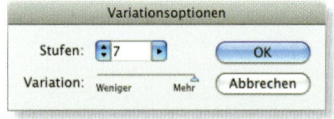

▲ **Abbildung 8.31**
VARIATIONSOPTIONEN (im Menü als
FARBHILFEOPTIONEN)

▲ **Abbildung 8.32**
Eine Farbe aus der Grafik
aufnehmen

gebildet wird. Um das Menü anzuzeigen, klicken Sie einmal kurz auf das Pfeilsymbol.

- AUF FARBBIBLIOTHEK BESCHRÄNKEN : Aktivieren Sie eine Bibliothek aus diesem Menü, um die Auswahl der Farben in den Farbvariationen auf in dieser Farbbibliothek enthaltene Farbtöne einzugrenzen. Auf die Art ist es möglich, z. B. nur mit Pantone-Farben zu arbeiten. Wählen Sie die Option OHNE aus, um die Eingrenzung aufzuheben.
- FARBEN BEARBEITEN : Mit einem Klick auf den Button oder durch Auswahl des Befehls aus dem Bedienfeldmenü rufen Sie die Funktion INTERAKTIVE FARBE auf (siehe Abschnitt 8.7).
- FARBGRUPPE IN FARBFELDBEDIENFELD SPEICHERN : Mit diesem Befehl speichern Sie die eingestellte Farbharmonie als Farbgruppe im Farbfelder-Bedienfeld. Alternativ wählen Sie mehrere Farben in den Farbvariationen aus – drücken Sie dazu ⌘ / Strg – und speichern diese als Farbgruppe.

**Variationsschema auswählen** | Farbhilfe-Bedienfeld

- FARBTÖNE/SCHATTIERUNGEN ANZEIGEN: Aus den Grundfarben werden Variationen zwischen den Extremen »Abgedunkelt« und »Aufgehellt« berechnet.
- WARM/KALT ANZEIGEN: Die Variationen bewegen sich zwischen warmen (rot) und kalten Farbtönen (blau).
- STRAHLEND/GEDECKT ANZEIGEN: Mit dieser Option variiert Illustrator die Leuchtkraft der Farben.

**Optionen** | Farbhilfe-Bedienfeld

- FARBHILFEOPTIONEN: In den Optionen des Farbhilfe-Bedienfelds steuern Sie die Anzahl der Felder in den Farbvariationen und mit dem Regler die Stärke der Variation. Erhöhen Sie die Anzahl der Stufen auf bis zu 20, oder senken Sie die Stärke der Variation, um feinere Abstufungen zu erhalten.

**Schritt für Schritt: Farbschema finden und anwenden**

**1  Auswählen einer Basisfarbe**

Öffnen Sie die Datei »Farbschema.ai« von der DVD. Die Grafik soll ein anderes Farbschema erhalten. Da Sie mindestens das Farbfelder- und das Farbhilfe-Bedienfeld parallel benötigen, ziehen Sie beide aus dem Dock heraus.

Deaktivieren Sie alle Elemente der Grafik. Nehmen Sie eine Farbe mit der Pipette auf, stellen Sie sie im Farbe-Bedienfeld ein, oder klicken Sie auf ein Farbfeld. Die Farbe wird als Basisfarbe im Farbhilfe-Bedienfeld angezeigt.

### 2. Einstellen einer Harmonieregel

Wählen Sie eine Harmonieregel aus dem Menü – die zugehörigen Farben werden jeweils im Menü dargestellt. Entspricht eine Farbharmonie Ihren Vorstellungen, dann folgt der nächste Schritt. Falls Ihnen keine Farbkombination zusagt, können Sie jederzeit die Basisfarbe wechseln, indem Sie auf ein Feld aus den Farbvariationen klicken. Diese Farbe wird dann im Button BASISFARBE angezeigt – klicken Sie darauf, um alle Farbharmonien auf die neue Farbe berechnen zu lassen.

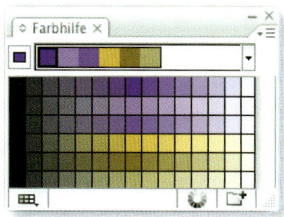

▲ Abbildung 8.33
Harmonieregel »Linke Komplementärfarbe«

### 3. Variationsart bestimmen

Als weitere Möglichkeit des Experimentierens mit Farben probieren Sie die alternativen Variationsarten aus dem Menü FARBTÖNE/SCHATTIERUNGEN, WARM/KALT oder STRAHLEND/GEDECKT.

### 4. Einschränken auf Farbbibliothek

Sind Sie darauf angewiesen, nur Farben aus einer bestimmten Bibliothek (z. B. HKS, Pantone), Tonalität (z. B. Barock, Erdtöne), für definierte Einsatzbereiche (z. B. Business, Kinder) oder für einen Einsatzbereich mit technischen Ansprüchen (z. B. Webfarben) nutzen zu können, verwenden Sie das Menü unten links, um die Farbvariationen darauf einzuschränken.

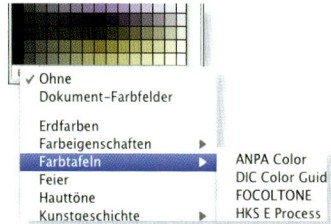

▲ Abbildung 8.34
Auf Farbtafeln einschränken

### 5. Farbgruppe speichern

Sind Sie mit der Farbkombination zufrieden, speichern Sie die Farben als Farbgruppe, indem Sie auf den Button FARBGRUPPE SPEICHERN im Farbhilfe-Bedienfeld klicken.

### 6. Anwenden der Farben

Um die Farben auf die Grafik anzuwenden, ziehen Sie die Symbole aus den Farbvariationen auf die einzelnen Teile der Illustration – Sie müssen die Objekte nicht auswählen. Sie können jede Farbe aus den Farbvariationen verwenden – nicht nur die direkt zur Farbharmonie gehörenden Farben, denn alle Farben im Grid harmonieren miteinander.

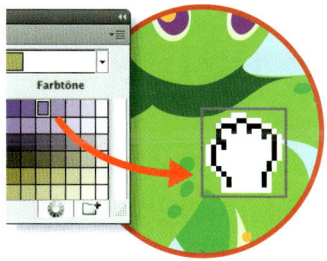

▲ Abbildung 8.35
Einfärben

### Barrierefreiheit von Farbkombinationen

Etwa 10 % der Menschen sind farbenblind. Daher sollten Sie darauf achten, Ihre Grafik so zu gestalten, dass die Bildaussage für alle zugänglich ist. In Illustrator können Sie sich einen Softproof anzeigen lassen, der simuliert, wie Ihre Grafik unter den beiden am weitesten verbreiteten Arten der Farbfehlsichtigkeit wirkt.

Um den Proof einzurichten, wählen Sie ANSICHT • PROOF EINRICHTEN • FARBENBLINDHEIT (PROTANOPIE) bzw. FARBENBLINDHEIT

▲ Abbildung 8.36
Umgefärbte Grafik

(Deuteranopie). Dann wählen Sie Ansicht • Farbproof, sodass das Häkchen gesetzt ist.

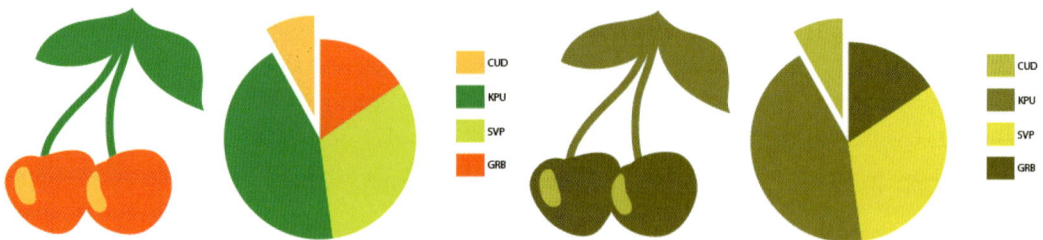

▲ Abbildung 8.37
Bei der Grafik jeweils links (Kirsche) ist der Inhalt anhand der Form zu erkennen. Ein Diagramm sollte jedoch eindeutig gefärbt sein, so dass die Legende exakt zuzuordnen ist.

## 8.6 Mit Kuler arbeiten

Nachdem das Problem, taugliche Farbkombinationen für Designs zu finden, lange Zeit den Autoren von Plug-ins und der Webentwickler-Gemeinschaft vorbehalten war und sie etliche Programme und Dienste dazu geschaffen haben, hat sich auch Adobe darum gekümmert. In der Ende 2006 gegründeten Online-Community Kuler erstellen die Nutzer Farbharmonien und tauschen und diskutieren diese.

### Kuler-Bedienfeld

Die Verbindung zu Kuler stellen Sie über das Kuler-Bedienfeld her. Rufen Sie diese unter Fenster • Erweiterungen • Kuler auf. Im Dock besitzt das Kuler-Bedienfeld das Symbol .

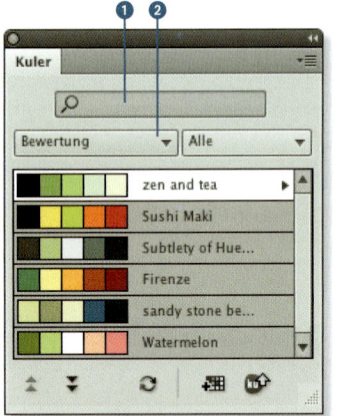

▲ Abbildung 8.38
Das Kuler-Bedienfeld: Auswahl-Menü ❷, Suchfeld ❶

Das Bedienfeld listet automatisch die von den Kuler-Nutzern am höchsten bewerteten Farbharmonien auf. Die Farbharmonien in Kuler enthalten bis zu fünf Farben. Dies ist momentan die höchste Anzahl Farben, die Kuler je Farbkombination verwalten kann.

**Farbharmonien durchblättern |** Mit den Buttons und blättern Sie durch die Farbharmonien.

**Andere Auswahl anzeigen |** Neben den am besten bewerteten Harmonien können Sie in Kuler auch solche anzeigen lassen, die zuletzt hinzugefügt oder am häufigsten heruntergeladen wurden. Wählen Sie im Auswahl-Menü ❶ aus, welche Harmonien Sie sehen möchten. Um die Liste neu zu laden, verwenden Sie den Button Schemas Aktualisieren .

▲ Abbildung 8.39
Auswahl der Farbharmonien nach Bewertung, Aktualität, Zufall und eigenen Kategorien

Darüber hinaus haben Sie die Möglichkeit, bis zu vier definierbare Themen zu »abonnieren« und in diesem Menü anzeigen zu lassen. Gehen Sie wie folgt vor:
1. Rufen Sie aus dem Menü ANZUZEIGENDE SCHEMAS AUSWÄHLEN die Optionen BENUTZERDEFINIERT auf. Geben Sie ein Suchwort – ein Schlagwort oder auch den Namen eines Nutzers, dessen Farbzusammenstellungen Ihnen gefallen – in eines der Felder ein. Geben Sie weitere Suchwörter in die anderen Felder ein.
2. Bestätigen Sie mit SPEICHERN.
3. Rufen Sie Ihre Suchwörter im Menü ANZUZEIGENDE SCHEMAS AUSWÄHLEN auf, um die Farbharmonien anzusehen.
4. Möchten Sie eines der Suchwörter entfernen, klicken Sie auf das Minus-Zeichen neben dem Begriff.

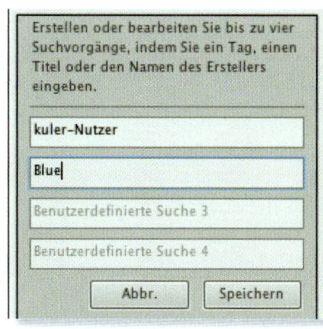

▲ Abbildung 8.40
Abonnieren der Farbharmonien eines Nutzers oder nach einem Stichwort

**Kuler durchsuchen** | Geben Sie ein Suchwort in das Suchfeld ein, das in den Titeln, Nutzernamen oder den Schlagwörtern der Farbharmonien recherchiert wird. Die Ergebnisse zeigt Ihnen das kuler-Bedienfeld als Farbharmonien an.

**Details anzeigen** | Finden Sie heraus, wer eine Farbkombination hochgeladen hat und wie sie bewertet ist, indem Sie die Farbharmonie zunächst mit einem Klick aktivieren und dann den Cursor über den Pfeil ▶ rechts neben den Namen bewegen. Ein Popup-Fenster zeigt die gewünschten Informationen. Klicken Sie auf den Pfeil, um ein Aufklappmenü mit weiteren Optionen anzuzeigen. Dort können Sie die Farbharmonie unter anderem online in der Kuler-Community aufrufen.

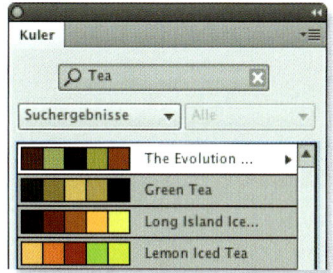

▲ Abbildung 8.41
Suchergebnis »Tea«

▲ Abbildung 8.42
Details einer Farbharmonie

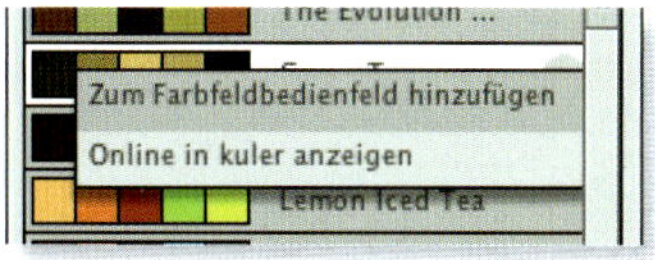

**Farbharmonien importieren** | Möchten Sie eine Farbharmonie aus dem Kuler-Bedienfeld in Ihrem Dokument benutzen, klicken Sie darauf, um sie zu aktivieren. Zeigen Sie das Aufklappmenü mit einem Klick auf den Pfeil ▶ an, und wählen Sie ZUM FARBFELDBEDIENFELD HINZUFÜGEN.

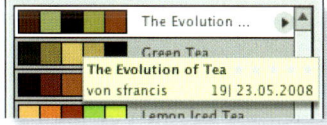

▲ Abbildung 8.43
Den Farbfeldern hinzufügen

**Eigene Farbgruppen in kuler veröffentlichen** | Möchten Sie in Kuler selbst etwas veröffentlichen, benötigen Sie zunächst ein Konto in der Community. In dieses Konto loggen Sie sich ein und führen dann in Illustrator folgende Schritte durch:
1. Erstellen Sie eine Farbgruppe. Diese sollte nicht mehr als fünf Farben enthalten. Sind es mehr, werden nur die ersten fünf verwendet.
2. Aktivieren Sie die Farbgruppe im Farbfelder-Bedienfeld.
3. Klicken Sie auf den Button UPLOAD im Kuler-Bedienfeld.

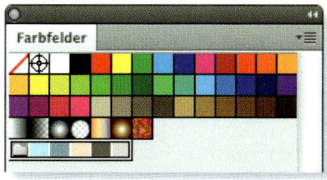

▲ Abbildung 8.44
In der Farbfelder-Bedienfeld ausgewählte Farbgruppe

4. In der Kuler-Weboberfläche geben Sie einen Namen und die Schlagwörter (Tags) für die Farbgruppe ein. Anschließend veröffentlichen oder speichern Sie die Farbgruppe.

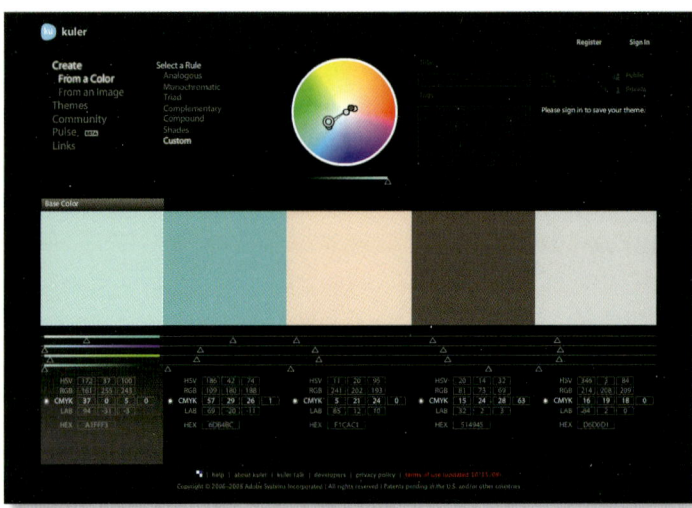

▲ **Abbildung 8.45**
Die Kuler-Oberfläche

## 8.7 Farbdefinitionen speichern

Das Pipette-Werkzeug erleichtert zwar den Austausch von Farben zwischen Objekten, doch noch mehr Arbeit können Sie sich sparen, wenn Sie eine einmal eingerichtete Farbe bzw. einen Verlauf, ein Muster etc. als **Farbfeld** im aktuellen Illustrator-Dokument speichern. Zusammengehörige Farbfelder können Sie zu **Farbgruppen** kombinieren.

Um einheitliche Farbfelder auch für andere Dokumente zur Verfügung zu stellen, besteht die Möglichkeit, **Farbfelder** in **Bibliotheken** zu organisieren, die unabhängig von den Dokumenten gespeichert werden.

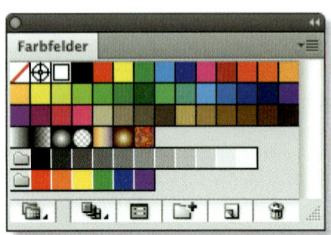

▲ **Abbildung 8.46**
Farbfelder-Bedienfeld in der Miniaturen-Ansicht

### Farbfelder-Bedienfeld

Die Verwaltung der gespeicherten Farbfelder und Farbgruppen nehmen Sie im Farbfelder-Bedienfeld vor. Wählen Sie den Menüpunkt FENSTER • FARBFELDER, um das Farbfelder-Bedienfeld auf dem Bildschirm anzeigen zu lassen. Im Dock klicken Sie das Symbol ▦ an.

▲ **Abbildung 8.47**
Farbfelder-Bedienfeld in der Ansicht als Liste

## Farbfeld-Arten im Farbfelder-Bedienfeld

Farbfelder können folgende Objekteigenschaften aufnehmen: OHNE (Farbe), PROZESSFARBE, VOLLTONFARBE, TONWERT, GRAUSTUFEN, VERLAUF, MUSTER und PASSERMARKEN.

Die verschiedenen Farbfeld-Arten haben ihren Ursprung vor allem in den Anforderungen, die für die Ausgabe auf Belichtern und Druckmaschinen abgedeckt werden müssen.

- **Ohne**: Wenn Sie das Farbfeld OHNE auf einen Pfad bzw. auf eine Fläche anwenden, wird eine eventuell zugeordnete Kontur bzw. Füllung entfernt. Illustrator legt das Farbfeld OHNE automatisch mit jeder neuen Datei an, es kann weder gelöscht noch verändert werden.
- **Prozessfarbe (alt: CMYK-Farbe)**: Prozessfarben sind Mischwerte aus den vier Grundfarben des Drucks: Cyan, Magenta, Gelb und Schwarz. Aus dem Druckbereich sind sie auch als »Skalenfarben« bekannt.
  CMYK-Farben werden immer dann eingesetzt, wenn so viele Farben in einem Dokument vorhanden sind, dass es unpraktisch und unwirtschaftlich ist, einzelne vorgemischte Druckfarben zu verwenden, wie beispielsweise beim Druck von Farbfotos oder vielfarbigen Illustrationen.
- **Volltonfarbe**: Volltonfarben sind bereits fertig gemischt, bevor sie in die Druckmaschine gefüllt werden. Mit Volltonfarben statt mit Prozessfarben zu arbeiten ist sinnvoll, wenn im Dokument weniger als vier Farben eingesetzt werden.
  Volltonfarben können Prozessfarben auch als zusätzliche Farbe ergänzen, um eine spezielle Farbe für ein Logo oder eine Farbe außerhalb des CMYK-Farbraums zu reproduzieren. Beispiele dafür sind Neonfarben, Metallic, einige Pastelltöne und viele sehr intensive Farben.
  Für jede verwendete Volltonfarbe wird eine eigene Druckplatte benötigt. In der Druckterminologie werden solche Farben »Schmuckfarben« genannt. Zu den verbreiteten Druckfarben-Systemen für Volltöne zählen das HKS- und das Pantone-System. Illustrator stellt neben einigen weiteren Systemen auch deren Farbtabellen als Farbbibliotheken bereit (zu Farbbibliotheken siehe Seite 221).
  Die Einrichtung von Volltonfarben eignet sich auch, um Separationsauszüge für eine Drucklackierung oder andere Veredelungsverfahren zu generieren.
- **Buchfarbe**: Der überwiegende Teil der Schmuckfarben ist durch die Umsetzung in CMYK nicht darstellbar, dafür sehr viel besser im Lab-Farbraum, dessen Verwendung jedoch auch nicht in jedem Zusammenhang möglich oder sinnvoll ist. Daher wurden Buchfarben eingeführt. Anders als traditionelle Farb-

[Farbwerteatlas]
Die Farbwirkung wird immer auch durch das verwendete Papier beeinflusst. Auf Naturpapieren sehen Farben anders aus als auf Kunstdruckpapieren, wie sie für Fotokalender verwendet werden. Bestimmen Sie Farben daher möglichst nach Referenzmustern, die auf einem ähnlichen Papier gedruckt sind, wie Sie es für die Produktion geplant haben. Farbmusterbücher oder Farbwerteatlanten bekommen Sie im Fachbuchhandel (siehe Abbildung 8.9).

▲ **Abbildung 8.48**
Farbfächer

**Buchfarben im Detail**

Mehr zu Buchfarben finden Sie im Abschnitt »Buchfarben-Optionen« auf Seite 222.

▲ **Abbildung 8.49**
Unterschiedliche Tonwerte der Farbe Cyan (Ausschnittsvergrößerung)

▲ **Abbildung 8.50**
In fotorealistischen Illustrationen werden viele Verlaufsflächen verwendet, um eine plastische Wirkung zu erzielen.

### Achtung mit Passermarken

Verwenden Sie das Passermarken-Farbfeld nicht, um »Tiefschwarz« in einer Grafik zu erzielen. Für einen flächigen Einsatz erzeugt diese Eigenschaft einen zu hohen Farbauftrag und damit Probleme beim Trocknen im Druckverfahren. Wenn Sie die Eigenschaft für Text einsetzen, besteht die Gefahr, dass die Randschärfe der Buchstaben leidet, sobald die Druckfarben nicht exakt genug übereinandergedruckt werden. Der Text wird dadurch schwerer lesbar.

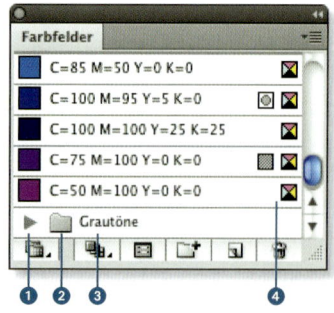

▲ **Abbildung 8.51**
In der ersten Spalte ❶ der Liste ist das Farbfeld mit der zugehörigen Farbe eingeordnet, in der zweiten Spalte ❸ finden Sie den Namen des Farbfelds, und auf der rechten Seite der Liste ❹ werden die Kennzeichnungssymbole angezeigt. Gruppen ❷ sind eingerückt und befinden sich immer am unteren Ende der Liste.

felder enthalten Buchfarben zwei Farbdefinitionen: die CMYK-Übertragung ⊠ und den exakteren Lab-Wert ▦. Basierend auf verschiedenen Einstellungen kommt die eine oder die andere Definition zur Anwendung.

▸ **Tonwert**: Ein Tonwert entsteht, wenn eine Farbe in der Intensität verringert wird, definiert durch den prozentualen Anteil seiner Grundfarbe. Werte zwischen 0 und 100 % sind möglich.
Tonwert-Farbfelder können nur auf der Grundlage bereits bestehender globaler Farbfelder mit CMYK-Farben oder Volltonfarben erzeugt werden. Tonwert-Farbfelder bleiben mit ihrer Grundfarbe verknüpft, sodass sich auch der Tonwert automatisch ändert, wenn Sie die Grundfarbe bearbeiten.

▸ **Graustufen**: Graustufen sind Abstufungen zwischen »Schwarz« und »Weiß«, definiert durch den prozentualen Anteil von »Schwarz«. Es lassen sich Werte zwischen 0 und 100 % eingeben. Eine Kontur oder Fläche, deren Farbeigenschaft als Graustufenwert definiert ist, wird bei der Vierfarbseparation nur auf dem Schwarz-Auszug ausgegeben.

▸ **Verlauf**: Ein Verlauf ist ein gerechneter Übergang zwischen zwei oder mehr Farben bzw. zwischen Tonwerten derselben Farbe (siehe Kapitel 9, »Flächen und Konturen gestalten«).

▸ **Muster**: Muster sind Rapporte aus Vektor-, Pixel- oder Textobjekten (siehe Kapitel 16, »Muster und Symbole«).

▸ **Passermarken**: Bei der Zuordnung als Kontur- oder Flächen-Eigenschaft erzeugt das Passermarken-Farbfeld ⊕ einen 100 %igen Farbauftrag auf *allen* Farbauszügen eines Dokuments. Wie der Wortsinn aussagt, wird dieses Farbfeld zur Erzeugung von Passermarken gebraucht, die eine passgenaue Ausrichtung der Druckplatten erlauben. Das Passermarken-Farbfeld wird mit jeder neuen Datei automatisch angelegt, es kann weder gelöscht noch verändert werden. Die Passermarken-Farbe wird auch als »Registration« bezeichnet.

▸ **Farbgruppe**: Eine Farbgruppe 🗀 enthält Prozess- oder Volltonfarbfelder oder eine Kombination aus beiden, jedoch keine Muster- und Verlaufsfelder oder das Passermarken-Farbfeld. Sie können entweder bestehende Farbfelder nachträglich in Farbgruppen einsortieren oder Farbgruppen mithilfe von Farbfelder-Bedienfeld und INTERAKTIVE FARBE entwickeln.

### Funktionen und Kennzeichnungen im Farbfelder-Bedienfeld

Das Farbfelder-Bedienfeld bietet mit seinen verschiedenen Ansichten, den Kennzeichnungen und den zur Verfügung gestellten Funktionen eine gute Basis für die Verwaltung der Farben, Verläufe und Muster im gesamten Dokument.

**Miniaturen-Ansicht – Listen-Ansicht** | Farbfelder-Bedienfeld
Das Farbfelder-Bedienfeld können Sie sich als KLEINE, MITTLERE und GROSSE MINIATUREN sowie als KLEINE und GROSSE LISTE anzeigen lassen.

Beim ersten Aufruf des Farbfelder-Bedienfelds sehen Sie die darin abgelegten Farben als kleine Miniaturen. Um auch die Namen der Farbfelder und die zugehörigen Kennzeichnungen sichtbar zu machen, wählen Sie aus dem Bedienfeldmenü ▼≣ den Darstellungsmodus LISTE aus.

> **CS3: Bedienfeld-Darstellung**
>
> Aufgrund eines Bugs in Illustrator CS3 bleibt eine veränderte Einstellung der Bedienfeld-Ansicht nach Beenden und Neustart des Programms nicht erhalten.

▼ **Tabelle 8.3**
Kennzeichnung der Farbfelder

| Farbfeld | Miniaturenansicht | Listenansicht |
|---|---|---|
| Globale Farbfelder | Dreieck rechte untere Ecke ◪ | ▨ |
| Lokale Farbfelder | voll ausgefüllte Felder | keine Kennzeichnung |
| Prozessfarben | | ⊠ bzw. ▮▮ (je nach Dokumentfarbmodus) |
| Volltonfarben | Punkt rechte untere Ecke ◱ | ◉ und ⊠ (CMYK), ▮▮ (RGB) bzw. ▮ (L*a*b) |
| Graustufen | | ▨ |
| Tonwert-Farbfelder | | Prozentzahl |
| Verläufe | Miniatur des Verlaufs, z. B. ▮ | Miniatur des Verlaufs, z. B. ▮ |
| Muster | Miniatur des Musters, z. B. ▦ | Miniatur des Musters, z. B. ▦ |
| Passermarken | ⊕ | ⊕ |

**Funktionsbuttons** | Farbfelder-Bedienfeld
Mit den Buttons am unteren Rand des Farbfelder-Bedienfelds ist es z. B. möglich, die Liste nach den Farbfeld-Arten zu filtern, Bibliotheken aufzurufen oder Farbfelder aus dem Bedienfeld zu entfernen. Wenn Sie einen Filtermodus aufrufen, wird das Bedienfeld in die Ansicht umgeschaltet, in der diese Filterung zuletzt angezeigt wurde.

▶ MENÜ FARBFELDBIBLIOTHEKEN ❶ : In diesem Menü stehen alle im Programmordner vorhandenen sowie die im Benutzerordner gespeicherten selbst definierten Farbbibliotheken zur Auswahl. Außerdem können Sie hier bequem den Inhalt des Farbfelder-Bedienfelds als Bibliothek speichern.

▶ MENÜ »FARBFELDARTEN EINBLENDEN« ❷ : Wählen Sie aus dem Menü, welche Farbfeldarten im Bedienfeld angezeigt werden sollen. Der Button zeigt jeweils das Symbol des aktuellen Bedienfeldinhalts an.

▶ FARBFELDOPTIONEN ❸ : Der Button ist nur aktiv, wenn ein Farbfeld ausgewählt ist. Mit diesem Befehl rufen Sie die Optionen auf, die für das ausgewählte Farbfeld zur Verfügung stehen.

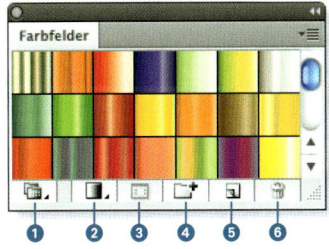

▲ **Abbildung 8.52**
Anzeige der Verlaufsfelder

▲ **Abbildung 8.53**
Muster-Farbfelder

### Keine Farbfelder?

Ist das Farbfelder-Bedienfeld leer, prüfen Sie zunächst anhand des Symbols auf dem Button Menü »Farbfeldarten einblenden«, ob vielleicht die Anzeige auf Farbfelder, Verlaufsfelder, Musterfelder oder Farbgruppen eingeschränkt ist. Wenn trotz der Anzeige Alle Farbfeldarten kein Farbfeld zu sehen ist, dann sind keine Farbfelder im Dokument angelegt. Dies passiert vor allem, wenn Sie eine Rasterdatei direkt in Illustrator öffnen.

### Ansicht für alle Farbfeld-Typen

Wenn Sie eine Bedienfeldansicht – große, mittlere bzw. kleine Miniaturen oder große bzw. kleine Liste – aus dem Bedienfeldmenü wählen und dabei ⌥/Alt drücken, wird die gewählte Ansicht bei allen Farbfeld-Typen für die jeweilige Einzelanzeige verwendet.

### Deaktivieren vor dem Sortieren

Achten Sie darauf, dass kein Objekt auf der Zeichenfläche ausgewählt ist, wenn Sie Farbfelder manuell sortieren, da sonst das jeweils angeklickte Farbfeld als Eigenschaft für die aktiven Objekte übernommen wird.

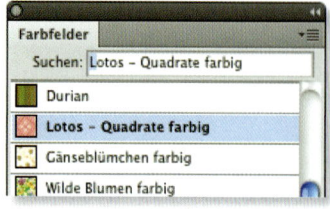

▲ **Abbildung 8.54**
Bereits bei Eingabe des ersten Buchstabens springt die Anzeige zu einem Treffer.

- Neue Farbgruppe ❹: Sind Farbfelder aktiviert, können Sie diese mit einem Klick auf den Button in eine Gruppe zusammenfügen. Ist kein Farbfeld aktiv, wird eine leere Gruppe erzeugt.
- Neues Farbfeld ❺: Mit diesem Button kann ein neues Farbfeld angelegt werden. Wie Sie dabei vorgehen, ist weiter unten beschrieben.
- Farbfeld löschen ❻: Der Papierkorb-Button ist nur aktiv, wenn Sie ein Farbfeld ausgewählt haben. Mit einem Klick auf den Button löschen Sie das aktive Farbfeld aus dem Bedienfeld.

**Farbfelder sortieren** | Farbfelder-Bedienfeld
Sie können das Farbfelder-Bedienfeld nach logischen Kriterien sortieren lassen oder die Reihenfolge der Felder manuell ändern.
- Nach Name sortieren: Wählen Sie im Bedienfeldmenü den Befehl Nach Name sortieren, um das Bedienfeld entsprechend sortieren zu lassen.
- Nach Art sortieren: Dieser Menüpunkt im Bedienfeldmenü sortiert das Bedienfeld nach den Farbfelder-Arten in der folgenden Reihenfolge: Ohne, Passerkreuze, Lokale Farben, Globale Farben, Verläufe, Muster und Farbgruppen. Tonwert-Farbfelder ordnet Illustrator nach den Grundfarben ein, aus denen sie generiert wurden.
- Manuell sortieren: Um das Bedienfeld manuell zu sortieren, klicken Sie ein Farbfeld an und ziehen es an eine andere Position.

**Farbfelder schnell finden** | Farbfelder-Bedienfeld
Es ist möglich, ein gewünschtes Farbfeld schnell zu finden, indem Sie es anhand einiger Buchstaben des Feldnamens suchen lassen. Rufen Sie dazu im Bedienfeldmenü den Befehl Suchfeld einblenden auf. In das nun angezeigte Textfeld können Sie Teile des Namens eingeben, um das entsprechende Farbfeld direkt anzuspringen. Während Sie Buchstaben eingeben, springt die Aktivierung jeweils zum ersten passenden Treffer. Die Anzeige ändert sich gegebenenfalls zu einem besseren Treffer, während Sie weitere Zeichen eingeben.

Der eingegebene Suchbegriff kann nicht aus dem Suchfeld gelöscht werden. Möchten Sie einen anderen Begriff suchen, geben Sie diesen einfach ein. Leider kommt das Suchfeld nicht mit Sonderzeichen zurecht – dazu gehören auch Umlaute.

## Neue Farbfelder in das Farbfelder-Bedienfeld aufnehmen

Wenn Sie ein neues Farbfeld im Farbfelder-Bedienfeld anlegen wollen, stehen Ihnen verschiedene Wege zur Verfügung.

**Neues Farbfeld... |** Wenn Sie den Befehl entweder aus dem Bedienfeldmenü wählen oder den Button am unteren Rand des Bedienfelds anklicken, dann erscheint die Dialogbox NEUES FARBFELD. Der im Farbe-Bedienfeld bzw. Werkzeugbedienfeld aktuell definierte Farbwert ist als Vorgabe in der Dialogbox eingestellt. Die Farbe kann so durch OK übernommen oder mit den Optionen der Dialogbox verändert werden.

Diese Möglichkeit, ein Feld im Bedienfeld anzulegen, besteht nur für Prozess- und Volltonfarben sowie für Graustufen. Details zu den einzelnen Farbtypen finden Sie auf den folgenden Seiten.

- Modifikationsmöglichkeiten: Wenn Sie gleichzeitig mit der Betätigung des Buttons NEUES FARBFELD mit der Tastatur modifizieren, können Sie direkt diverse Optionen in der Dialogbox voreinstellen:
  - ⌘/Strg: Das Farbfeld wird als Volltonfarbe angelegt.
  - ⇧: Eine CMYK-Farbe wird als LOKAL definiert.
  - ⌘/Strg+⇧: Eine globale Prozessfarbe ist vordefiniert.
  - ⌥/Alt: Ohne eine Dialogbox zu öffnen, wird ein lokales Prozessfarbfeld angelegt.
  - ⌥/Alt+⇧: Eine globale Prozessfarbe wird erzeugt, ohne die Dialogbox anzuzeigen.

**Farbe etc. in das Farbfelder-Bedienfeld ziehen |** Fertig konfigurierte Farben, Tonwerte und Verläufe können aus den entsprechenden Bedienfeldern bzw. Füllmuster können von der Zeichenfläche in das Farbfelder-Bedienfeld gezogen werden, um sie dort in einem eigenen Farbfeld zu speichern. Neu angelegte Farben und Farbtöne sind zunächst als *lokale* Eigenschaften definiert, die Sie gegebenenfalls mithilfe der Dialogbox FARBFELDOPTIONEN in globale Farben umdefinieren müssen.

Modifikationsmöglichkeiten: Verwenden Sie beim Ziehen der Farbe die Modifizierungstasten, um Optionen direkt einzurichten:
- ⌘/Strg: Das Farbfeld wird als Volltonfarbe angelegt.
- ⌘/Strg + ⇧: Die CMYK-Farbe wird als GLOBAL definiert.
- ⌥/Alt: Ziehen Sie die Farbe über ein bestehendes Farbfeld, um dessen Definition zu ersetzen.

---

**»Neues Farbfeld« ausgegraut**

Wenn sich der Befehl NEUES FARBFELD nicht benutzen lässt, besitzt wahrscheinlich die aktuell aktive – im Vordergrund liegende – Fläche oder Kontur die Eigenschaft OHNE ⊘.

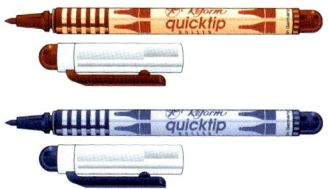

▲ Abbildung 8.55
Färben Sie Objekte um, indem Sie globale Farbfelder neu definieren.

**Win: Farbfeld per Tastatur**

Windows-Nutzer haben die Möglichkeit, das Farbfelder-Bedienfeld mit der Tastatur zu bedienen. Dazu drücken Sie Strg + Alt und klicken in das Bedienfeld. Sobald der Inhalt umrahmt ist, drücken Sie den ersten Buchstaben einer Farbe, um diese aufzurufen, oder navigieren mit ↑ und ↓.

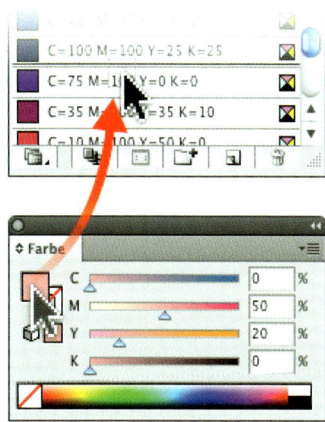

▲ Abbildung 8.56
So ziehen Sie die Miniatur einer Farbe aus dem Farbe-Bedienfeld in das Farbfelder-Bedienfeld.

### Wenn ein Bedienfeld in einer Gruppe nicht im Vordergrund liegt

Eine Farbe lässt sich nicht so einfach auf das Farbfelder-Bedienfeld ziehen, wenn dieses in einer Gruppe »versteckt« ist. Anders als in Illustrator CS3 ist es aber nicht mehr nötig, zuerst die Bedienfelder nebeneinanderzulegen, damit Sie etwas darauf ziehen können. Ziehen Sie das Farbfeld (oder zum Beispiel die Grafik, die Sie in ein Symbol umwandeln möchten) auf den Reiter des Bedienfelds, und warten Sie einen Moment, bis das Bedienfeld automatisch in den Vordergrund geholt wird. Nun bewegen Sie die Farbe (oder die Grafik) in das Bedienfeld, um daraus das Farbfeld (oder das Symbol) zu definieren. Sind die Bedienfelder auf die Symboldarstellung minimiert, ziehen Sie die Farbe oder die Grafik auf das Symbol des Bedienfelds.

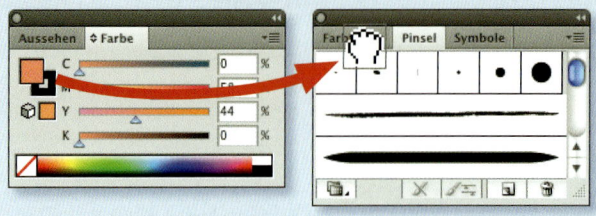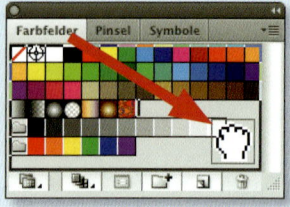

| **Aktivierte Farbtonfelder** |
|---|
| Beim Erstellen eines neuen Farbfelds sollte kein Farbtonfeld aktiviert sein, da bei aktiviertem Farbtonfeld dieses dupliziert wird, anstatt die Dialogbox zu öffnen. |

| **Ab CS3: Name wie Farbdefinition** |
|---|
| Möchten Sie, dass Illustrator den Namen Ihres Farbfelds aktualisiert, sobald Sie die Definition ändern, dann ändern Sie auf keinen Fall die Schreibweise. |

### Farbfeldoptionen bzw. Neues Farbfeld

Die beiden Dialogboxen FARBFELDOPTIONEN und NEUES FARBFELD unterscheiden sich lediglich durch den Titelbalken.

Die Dialogbox FARBFELDOPTIONEN wird geöffnet, wenn Sie auf ein Feld im Farbfelder-Bedienfeld doppelklicken bzw. es aktivieren und die Anweisung FARBFELDOPTIONEN… im Bedienfeldmenü oder mit dem Button aufrufen.

Der Dialog NEUES FARBFELD wird angezeigt, sobald Sie per Button oder im Bedienfeldmenü ein neues Farbfeld erzeugen.

Bei Verlaufs- und Musterfeldern ist lediglich die Änderung des Farbfeldnamens möglich.

▶ FARBFELDNAME: Der Name der Farbe wird u. a. im Farbfelder-Bedienfeld angezeigt. Per Voreinstellung verwendet Illustrator die Farbdefinition als Namen. Dieser Name wird aktualisiert, wenn Sie die Definition zu einem späteren Zeitpunkt ändern. Dazu muss das Farbfeld jedoch im Dokumentfarbmodus angelegt sein und die Schreibweise der Farbdefinition intakt bleiben.

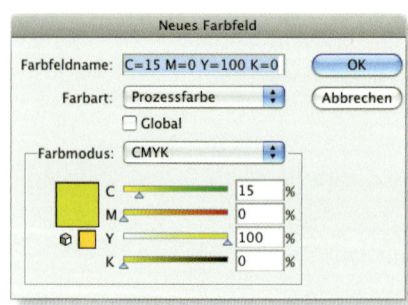

**Abbildung 8.57** ▶
Die Dialogbox NEUES FARBFELD

- Farbart: Mit diesem Aufklappmenü bestimmen Sie, auf welche Art die Farbe im Druck reproduziert wird. Sie haben die Wahl zwischen Prozessfarbe und Volltonfarbe.
    - Einstellung im Dokumentfarbmodus CMYK-Farbe: Eine Prozessfarbe wird in die Grundfarben des Drucks Cyan, Magenta, Gelb und Schwarz zerlegt. Volltonfarben dagegen druckt man als vorgemischte Farbtöne. Von jeder Volltonfarbe wird eine separate Druckplatte erzeugt.
    - Einstellung im Dokumentfarbmodus RGB-Farbe: Sollten Sie ausschließlich für Bildschirm, Projektion o. Ä. gestalten – also im Dokumentfarbmodus RGB-Farbe –, können Sie für die Farbart sowohl Prozess- als auch Volltonfarbe wählen, da Ihre Farben nicht vierfarbsepariert werden müssen.
- Global: Mit diesem Kontrollkästchen bestimmen Sie, ob eine Farbe global oder lokal angelegt werden soll. Nur bei Farbfeldern mit globalen Farben bleibt nach der Zuordnung der Farbe als Eigenschaft für ein Objekt die Verknüpfung zwischen dem Farbfeld und dem Objekt aufrechterhalten. Darüber hinaus ist es möglich, von globalen Farbfeldern Farbtöne zu erzeugen.
    - Bei der Farbart Volltonfarbe ist diese Option nicht aktiv, weil Volltonfarben von Illustrator grundsätzlich als globale Farben definiert werden.
    - Auf die Farbseparation hat die Option Global keine Auswirkung.
- Farbmodus: Wählen Sie aus diesem Ausklappmenü, in welchem Farbmodus Sie die Farbe definieren möchten – die Anzeige der Schieberegler wechselt nach Ihrer Auswahl.
    **Achtung!** Wenn Sie als Farbart Prozessfarbe ausgewählt haben, rechnet Illustrator die von Ihnen definierte Farbe in den Dokumentfarbmodus um. Hier bilden nur Graustufen eine Ausnahme (zu Graustufen siehe Seite 217). Haben Sie dagegen Volltonfarbe aktiviert, bestimmt die Farbdefinition lediglich die Bildschirmanzeige Ihrer Farbe. Das Druckergebnis hängt ausschließlich von der Farbmischung in der Druckmaschine ab.
- Signalisierung ⚠ und 🔲: Die Kennzeichnung der Farben, die im Vierfarbdruck nicht darstellbar sind ⚠, und der Hinweis auf websichere Farben 🔲 entspricht der Signalisierung, wie sie weiter oben beim Farbwähler beschrieben wurde. Auch die Handhabung ist gleich.
- Vorschau: Objekte, denen das bearbeitete Farbfeld als Eigenschaft zugeordnet wurde, zeigen die Änderungen, die Sie in der Dialogbox vornehmen, sofort an, wenn Sie das Kontrollkästchen Vorschau aktivieren.

**Tonwerte definieren**

Für Illustrationen benötigen Sie häufig Tonwerte Ihrer Farbfelder. Tonwerte können Sie jedoch nur von Vollton- oder globalen Farbfeldern erstellen.

**Farbfeld in anderem Farbmodus**

Wenn Sie ein Farbfeld dauerhaft in einem anderen Farbmodus als dem aktuellen Dokumentfarbmodus speichern möchten – also beispielsweise ein RGB-Farbfeld in einem CMYK-Dokument – ist das nur möglich, wenn Sie diese Farbe in der Farbart Volltonfarbe definieren!

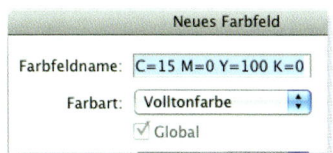

▲ **Abbildung 8.58**
Volltonfarbe, Global-Option

**Volltonfarben separieren**

In Programmen der Adobe Creative Suite lässt sich im Drucken-Dialog für jede Volltonfarbe bestimmen, ob sie separiert werden soll. Diese Möglichkeit sollten Sie jedoch nur in einem gut abgestimmten Workflow verwenden.

| **Prozessfarbe nach Farbwerteatlas** |
|---|
| Da die Farbmischung von Druckfarben am Bildschirm nur simuliert werden kann, sollten Sie Prozessfarben nach einem »Farbwerteatlas« bestimmen, vor allem, wenn Ihr Monitor nicht kalibriert ist (siehe Abschnitt 8.2, »Farbmanagement«). |

**Prozessfarbe definieren**

1. Rufen Sie entweder NEUES FARBFELD… aus dem Bedienfeldmenü auf oder die FARBFELDOPTIONEN mit einem Doppelklick auf eine Farbe im Farbfelder-Bedienfeld.
2. Stellen Sie PROZESSFARBE im Ausklappmenü FARBART ein.
3. Wählen Sie den Farbmodus entsprechend der obigen Ausführungen zu diesem Thema bei den Erläuterungen der Dialogbox FARBFELDOPTIONEN.
4. Aktivieren Sie, wenn nötig, die Option VORSCHAU.
5. Definieren Sie die Farbe mit den Reglern oder durch Eintragen der Werte in die Eingabefelder. Zwischen den Textfeldern können Sie mit ⇥ navigieren.
Achten Sie gegebenenfalls auf die Vierfarbsignalisierung mit dem Warndreieck ⚠ bzw. auf den Hinweis auf websichere Farben durch den Farbwürfel 🎲.
6. Bestimmen Sie mit dem Kontrollkästchen GLOBAL, ob die neu definierte Prozessfarbe global oder lokal verwendet werden soll.
7. Tragen Sie den gewünschten Farbfeldnamen ein.
8. Bestätigen Sie Ihre Eingaben mit OK.

| **Volltonfarbe nach Farbfächer** |
|---|
| Für eine Volltonfarbe wird bei der Belichtung ein eigener Farbauszug erstellt. Sie sollten deshalb Volltonfarben nach den Druckmustern in Farbfächern der unterschiedlichen Volltonsysteme auswählen. Das endgültige Aussehen der Volltonfarbe bestimmen allerdings die für den Druck gemischte Farbe und das bedruckte Papier – die Farbdefinition in der Datei hat darauf keinen Einfluss. |

**Volltonfarbe definieren**

1. Rufen Sie entweder die Dialogbox NEUES FARBFELD oder FARBFELDOPTIONEN auf. Achtung: Pantone- oder HKS-Farben legen Sie nicht auf diesem Weg an, sondern indem Sie die entsprechende Farbfeldbibliothek aufrufen und die Farbe auswählen.
2. Stellen Sie VOLLTONFARBE im Ausklappmenü FARBART ein. Volltonfarben sind immer global!
3. Wählen Sie den Farbmodus entsprechend der obigen Ausführungen zu diesem Thema bei den Erläuterungen der Dialogbox FARBFELDOPTIONEN.
4. Aktivieren Sie, wenn nötig, die Option VORSCHAU.
5. Definieren Sie die Farbe mit den Reglern oder durch Eintragen der Werte in die Eingabefelder. Zwischen den Textfeldern können Sie mit ⇥ navigieren.
6. Tragen Sie den gewünschten Farbfeldnamen ein.
7. Bestätigen Sie Ihre Eingaben mit OK.

| **Separation beim Drucken** |
|---|
| Nur wenn Sie Volltonfarben über die Dialogbox DRUCKEN… separieren lassen, werden die Farbfelddefinitionen für die Separation verwendet. |

Beachten Sie bitte: Auch wenn Sie Volltonfarben in der Datei im CMYK-Modus definieren, steuern Sie normalerweise damit nicht die Farbseparation, sondern nur die Bildschirmdarstellung und die Farbmischung auf Desktop-Druckern!

Die Bildschirmdarstellung der Volltonfarbe sowie der Ausdruck auf Desktop-Druckern kann deshalb nur eine angenäherte Simulation der letztendlich gedruckten Farbe sein.

**Tonwert-Farbfeld definieren**

Ein Tonwert-Farbfeld kann nur aus einer globalen Prozessfarbe oder aus einer Volltonfarbe erzeugt werden.
Ein Tonwert-Farbfeld erzeugen Sie wie folgt:
1. Wählen Sie aus dem Farbfelder-Bedienfeld eine Volltonfarbe oder eine globale Prozessfarbe aus. Sie können auch ein Objekt aktivieren, dem Sie eine solche Farbe zugewiesen haben.
2. Die aktive Farbe wird im Tonwert-Farbbalken im Farbe-Bedienfeld angezeigt. Tragen Sie die Intensität in das Eingabefeld ein, oder bewegen Sie den Regler an die gewünschte Position. Sie können Tonwerte zwischen 0 und 100 % eingeben: 0 % bedeutet kein Farbauftrag, 100 % liefert volle Intensität.
3. Wenn Sie den Tonwert als Farbfeld speichern möchten, ziehen Sie die Miniatur des Tonwerts aus dem Farbe-Bedienfeld in das Farbfelder-Bedienfeld, oder betätigen Sie den Button NEUES FARBFELD im Farbfelder-Bedienfeld. Das Tonwert-Farbfeld erhält den Namen des Farbfelds der Grundfarbe – die Intensität wird als Prozentwert an den Namen angefügt.

**Achtung!** Mit einem Doppelklick auf ein Tonwert-Farbfeld wird die Dialogbox FARBFELDOPTIONEN zur *Quellfarbe* aufgerufen! Änderungen, die Sie darin vornehmen, wirken sich auf die Quellfarbe und auf *alle* damit verbundenen Tonwert-Farbfelder aus! Der Wert eines Tonwert-Farbfelds lässt sich nicht einfach ändern.

**Graustufen-Farbfeld definieren**

Graustufen, die Sie auf ein Objekt als Eigenschaft anwenden, werden bei der Vierfarbseparation im Belichter nur im Auszug für die schwarze Druckplatte ausgegeben. Solche Graustufen-Farbfelder bleiben auch bei einem Wechsel des Dokumentfarbmodus in der Originaldefinition erhalten und werden nicht konvertiert.
So definieren Sie ein Graustufen-Farbfeld:
1. Rufen Sie über das Bedienfeldmenü ▼≡ des Farbfelder-Bedienfelds oder den Button NEUES FARBFELD 🔳 die Dialogbox NEUES FARBFELD auf.
2. Stellen Sie PROZESSFARBE im Ausklappmenü FARBART ein.
3. Deaktivieren Sie das Kontrollkästchen GLOBAL.
   Hinweis: In Illustrator können »echte« Graustufen nur als *lokales* Farbfeld angelegt werden!
4. Wählen Sie den Menüpunkt GRAUSTUFEN in dem Ausklappmenü FARBMODUS. Der Graustufenbalken wird angezeigt.
5. Definieren Sie den gewünschten Grauwert mit dem Farbregler oder durch Eintragen des numerischen Werts in das Eingabefeld.

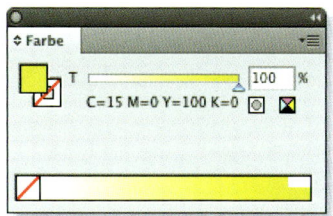

▲ **Abbildung 8.59**
Tonwert einer Volltonfarbe

**Änderung der Quellfarbe**

Ein Tonwert-Farbfeld bleibt immer mit dem Farbfeld der Quellfarbe verbunden. Änderungen an der Definition der Quellfarbe bewirken auch eine Veränderung aller zugehörigen Tonwert-Farbfelder!

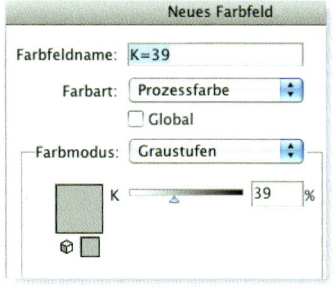

▲ **Abbildung 8.60**
Definition eines Graustufen-Farbfelds

**Achtung: Umwandlung!**

Wenn Sie den Farbmodus GRAUSTUFEN wählen, aber das Farbfeld als GLOBAL anlegen oder die Farbart VOLLTONFARBE einstellen, wandelt Illustrator das Farbfeld eigenmächtig und ohne Warnhinweis in eine vierfarbdefinierte CMYK-Farbe um! Das wird erkennbar, sobald Sie für das neu angelegte Farbfeld noch einmal die Farbfeld-Optionen aufrufen.

> **Verlaufswinkelung**
>
> Die Winkelung des Verlaufs ist objektbezogen, sie wird *nicht* im Farbfeld gespeichert. Hätte jedes Verlauf-Farbfeld einen spezifischen Winkel, wäre die Handhabung sehr kompliziert.

6. Tragen Sie den gewünschten Farbfeldnamen ein.
7. Bestätigen Sie Ihre Eingaben mit OK.
8. Überprüfen Sie, ob das neue Farbfeld in der Listen-Darstellung des Farbfelder-Bedienfelds durch das Symbol ▣ markiert ist.

### Verlauf-Farbfeld anlegen

Um ein neues Verlauf-Farbfeld anzulegen, erstellen Sie zunächst den Verlauf im Verlauf-Bedienfeld. Ziehen Sie die Miniatur des Verlaufs aus dem Verlauf-Bedienfeld in das Farbfelder-Bedienfeld. Da die Definitionen aus dem Verlauf-Bedienfeld auch im Farbe-Bedienfeld angezeigt werden, können Sie alternativ den Button NEUES FARBFELD ▣ betätigen. Verlauf-Farbfelder sind immer global. Zur Erstellung und zur Arbeit mit Verläufen siehe Kapitel 9.

### Muster-Farbfeld anlegen

Die Erstellung und die Arbeit mit Mustern ist ausführlich in Kapitel 16, »Muster und Symbole«, beschrieben.

### Farbfelder aus verwendeten Farben erstellen

Seit Illustrator CS3 haben Sie die Möglichkeit, entweder alle im Dokument verwendeten Farben oder die Farben ausgewählter Objekte als globale Farbfelder zum Farbfelder-Bedienfeld hinzuzufügen. Die Funktion berücksichtigt alle in Verläufen oder Verlaufsgittern definierten Farben sowie Farben von Objekten auf gesperrten Ebenen. Es werden jedoch nicht automatisch Verlaufs- oder Musterfelder erzeugt.

Aktivieren Sie das Objekt, dessen Farben Sie als Farbfelder generieren möchten, und rufen Sie den Befehl AUSGEWÄHLTE FARBEN HINZUFÜGEN auf; oder deaktivieren Sie alle Objekte, und wählen Sie VERWENDETE FARBEN HINZUFÜGEN aus dem Bedienfeldmenü des Farbfelder-Bedienfelds. Die Farbfelder werden erzeugt und den Objekten zugewiesen.

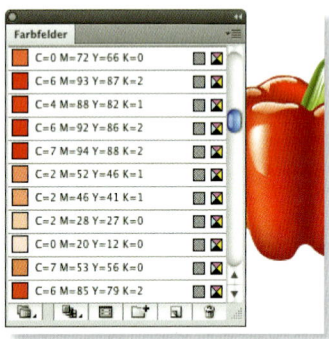

▲ **Abbildung 8.61**
Verwendete Farben hinzufügen

### Mit Farbfeldern arbeiten

Die zentrale Speicherung von Farben, Farbtönen, Verläufen und Mustern in den Farbfeldern eines Dokuments ist vor allem dann von Nutzen, wenn Sie Änderungen zeitsparend durchführen möchten. Sie sollten Farbfelder direkt ab Beginn der Arbeit an einem Dokument einsetzen, um den vollen Nutzen daraus zu ziehen.

**Farbfelder zuweisen** | Wenn Sie den Inhalt eines Farbfelds der Kontur bzw. der Fläche eines Objekts als Eigenschaft zuweisen wollen, sind folgende Schritte erforderlich:
1. Wählen Sie das gewünschte Objekt aus.

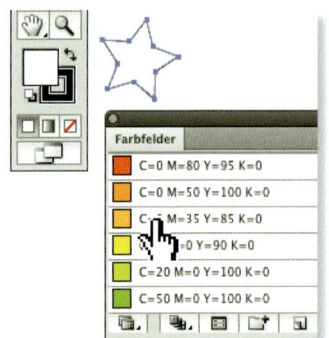

▲ **Abbildung 8.62**
Farbfelder zuweisen

2. Klicken Sie im Werkzeugbedienfeld auf das Feld FLÄCHE, sofern Sie eine Füllung zuweisen möchten, oder auf das Feld KONTUR, um die Kontur mit einer Eigenschaft zu versehen.
3. Mit einem Klick auf die gewünschte Farbe, einen Verlauf oder ein Muster im Farbfelder-Bedienfeld schließen Sie die Aktion ab.

**Verläufe und Konturen**
Verläufe können Sie nicht auf Konturen anwenden.

**Farben über das Steuerungsbedienfeld zuweisen** | Alternativ wählen Sie das Farbfeld im Steuerungsbedienfeld aus. Klicken Sie dazu kurz in das Farbfeld des Ausklappmenüs FLÄCHE bzw. KONTUR, um dort die Farbfelder-Auswahl einzublenden. Durch einen erneuten Klick auf das gewünschte Farbfeld in der Auswahl weisen Sie die Eigenschaft zu.

**Farbfelder duplizieren** | Um ein Farbfeld zu duplizieren, aktivieren Sie das entsprechende Farbfeld und wählen den Befehl FARBFELD DUPLIZIEREN im Bedienfeldmenü aus. Alternativ ziehen Sie das Farbfeld auf den Button NEUES FARBFELD.
Modifizierungsmöglichkeit:
▸ Drücken Sie ⌘/Strg, und klicken Sie weitere Farbfelder an, um diese zur Auswahl hinzuzufügen und anschließend gemeinsam zu duplizieren.

▲ Abbildung 8.63
Die Farbfelder-Auswahl im Steuerungsbedienfeld

**Farbfelder ersetzen** | Um ein Farbfeld zu ersetzen, halten Sie ⌥/Alt gedrückt und ziehen eine Farbe oder einen Verlauf aus dem Farbe-Bedienfeld, dem Farbhilfe-Bedienfeld, dem Werkzeugbedienfeld bzw. dem Verlauf-Bedienfeld oder einer Bibliothek auf das Farbfeld, das Sie ersetzen wollen. Achten Sie darauf, dass dieses durch einen Rahmen hervorgehoben wird, bevor Sie die Maustaste loslassen.
Ersetzen Sie eine globale Farbe, werden die Objekte aktualisiert, die dieses Farbfeld verwenden.

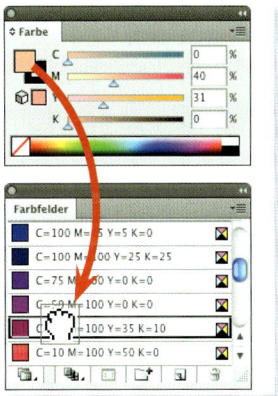
▲ Abbildung 8.64
Farbfeld ersetzen: Achten Sie auf die Hervorhebung!

**Globale Farbfelder zusammenfügen** | Wenn Sie gleiche oder ähnliche Farben dokumentweit vereinheitlichen möchten, z. B. um die Anzahl der Sonderfarben zu reduzieren, können Sie Farbfelder mit globalen Farben bzw. Verläufe oder Muster zusammenfügen. Dazu aktivieren Sie zunächst das Farbfeld, das die anderen ersetzen soll. Anschließend wählen Sie zusätzlich die Farbfelder aus, die Sie ersetzen wollen, und klicken im Bedienfeldmenü auf den Befehl FARBFELDER ZUSAMMENFÜGEN.
Objekte, denen die ersetzten Farbfelder zugeordnet waren, werden aktualisiert.

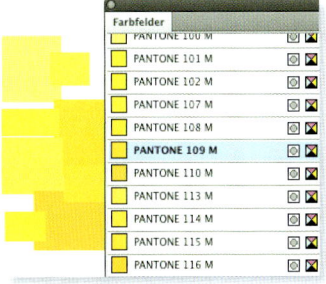
▲ Abbildung 8.65
Volltonfarben zusammenfügen

> **Farbfelder und Speicherplatz**
>
> Farbfelder – aber vor allem Musterfelder – kosten Speicherplatz, deshalb ist es nützlich, den Inhalt des Bedienfelds zu reduzieren, wenn Sie die Datei versenden möchten.

> **Farbfelder in neuen Dokumenten**
>
> Farbfelder, die Sie in einem Dokument konfiguriert haben, werden nicht automatisch als Voreinstellung für neue Dokumente übernommen. Wenn Sie die Einstellung für neue Dokumente editieren möchten, öffnen Sie das entsprechende Dokumentprofil und legen dort die gewünschten Farbfelder an.

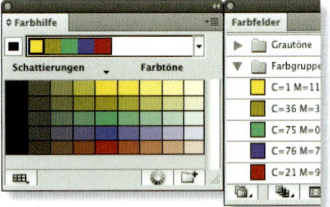

▲ **Abbildung 8.66**
Beim Speichern einer Gruppe aus dem Farbhilfe-Bedienfeld wird nur die Farbharmonie übernommen.

> **Interaktive Farbe**
>
> Alle Farbfelder, die Sie in der Funktion INTERAKTIVE FARBE zum Umfärben von Objekten oder beim Experimentieren mit Farbharmonien verwenden möchten, müssen in einer Farbgruppe gespeichert sein.

**Farbfelder löschen** | Aktivieren Sie das oder die Farbfelder, die Sie löschen möchten. Anschließend wählen Sie FARBFELD LÖSCHEN aus dem Bedienfeldmenü oder betätigen den Button FARBFELD LÖSCHEN .

Löschen Sie ein Farbfeld mit einer globalen Farbe, geht die Farbeigenschaft in Objekten, die dieses Farbfeld verwenden, nicht verloren. Sie wird vom Programm in eine lokale Farbe ohne Verbindung zu einem Farbfeld umgewandelt. Da eine Volltonfarbe nur global sein kann, wird diese gegebenenfalls in die Farbart CMYK-Farbe konvertiert.

**Nicht benutzte Farbfelder löschen** | Die Übersicht im Farbfelder-Bedienfeld wird besser, wenn Sie nicht benötigte Farbfelder löschen.

Verwenden Sie aus dem Bedienfeldmenü den Befehl ALLE NICHT VERWENDETEN AUSWÄHLEN, um die in Ihrem Dokument unbenutzten Farben, Verläufe, Muster etc. zu aktivieren. Anschließend löschen Sie die aktiven Farbfelder.

### Farbgruppen erstellen

Organisieren Sie beliebige zusammengehörende Farben sowie Farbharmonien mit dem Farbfelder-Bedienfeld oder der LiveColor-Funktion zu Farbgruppen.

- **Farbfelder-Bedienfeld**: Aktivieren Sie mehrere Farbfelder, und rufen Sie NEUE FARBGRUPPE… aus dem Menü des Farbfelder-Bedienfelds auf, oder klicken Sie auf den gleichnamigen Button unten im Bedienfeld .

  Alternativ aktivieren Sie eines oder mehrere Objekte und klicken  an, um eine Farbgruppe aus den in diesen Elementen verwendeten Farben zu erstellen.

- **Farbhilfe-Bedienfeld**: Die im Farbhilfe-Bedienfeld eingestellte Farbharmonie speichern Sie mit dem Befehl aus dem Bedienfeldmenü oder einem Klick auf den Button FARBGRUPPE IN FARBFELDBEDIENFELD SPEICHERN .

- **Interaktive Farbe**: In der Dialogbox INTERAKTIVE FARBE klicken Sie ebenfalls auf den Button NEUE FARBGRUPPE , um die eingestellte Farbharmonie als Farbgruppe zu speichern.

### Mit Farbgruppen arbeiten

Farbgruppen lassen sich zu einem späteren Zeitpunkt ergänzen oder auflösen.

**Ein Farbfeld zur Farbgruppe hinzufügen** | Ziehen Sie ein bestehendes Farbfeld an die gewünschte Stelle in der Farbgruppe, oder ziehen Sie es auf das Ordnersymbol. Um gleichzeitig ein neues Farbfeld zu erstellen und es einer Farbgruppe hinzuzufügen, aktivieren Sie die Farbgruppe mit einem Klick auf das Ordner-Symbol und klicken auf den Button NEUES FARBFELD.

**Farbgruppen auflösen |** Möchten Sie die Gruppierung von Farbfeldern entfernen und den Inhalt einer Farbgruppe wieder in normale Farbfelder zurückwandeln, aktivieren Sie die Gruppe durch einen Klick auf das Ordner-Symbol und wählen GRUPPIERUNG DER FARBGRUPPE AUFHEBEN aus dem Menü des Farbfelder-Bedienfelds.

**Farbgruppen löschen |** Um die Farbgruppe und alle darin enthaltenen Farbfelder zu löschen, aktivieren Sie die Farbgruppe und klicken auf den Button FARBFELD LÖSCHEN. Drücken Sie dabei ⌥/Alt, um die Farbgruppe ohne Nachfrage zu löschen.

### Mit Farbfeldbibliotheken arbeiten

Die mit Illustrator fertig gelieferten Farbfeldbibliotheken sind Farbensammlungen aus verschiedenen Farbmodellen wie z. B. Pantone, HKS etc.

**Farbfeldbibliothek laden |** Bei der Installation des Programms werden die vorgefertigten Farbfeldbibliotheken im Illustrator-Ordner unter dem Verzeichnispfad …/Adobe Illustrator CS4/Vorgaben/Farbfelder/ abgespeichert. Um eine dieser Bibliotheken aufzurufen, stehen Ihnen drei Möglichkeiten zur Verfügung: Entweder lassen Sie sich das Bibliotheksverzeichnis im Menü unter FENSTER • FARBFELDBIBLIOTHEKEN anzeigen oder im Bedienfeldmenü des Farbfelder-Bedienfelds unter FARBFELDER-BIBLIOTHEK ÖFFNEN bzw. mit dem gleichnamigen Button unten links im Farbfelder-Bedienfeld. Wählen Sie dann eine der aufgeführten Bibliotheken aus.

Farbfeldbibliotheken werden in einer eigenen Bedienfeldgruppe geöffnet. Bibliotheken, die Sie zusätzlich aufrufen, fügt Illustrator ebenfalls dieser Bedienfeldgruppe hinzu.

Möchten Sie eine Farbfeldbibliothek nach jedem Start von Illustrator anzeigen lassen, wählen Sie die Funktion GLEICHE POSITION aus dem Bedienfeldmenü. Der Menüpunkt wird mit einem Haken versehen. Wenn Sie das Bedienfeld nicht mehr benötigen, geben Sie noch einmal den Befehl GLEICHE POSITION. Damit wird der Haken vor dem Menüpunkt wieder entfernt, und beim nächsten Programmstart ruft Illustrator diese Bibliothek nicht mehr auf.

**Mehrere Farbfelder aktivieren**

Um viele hintereinander liegende Farbfelder in einer oder mehreren Reihen zu aktivieren, klicken Sie das erste Farbfeld der Reihe an, halten ⇧ und klicken dann auf das letzte Farbfeld, das Sie auswählen wollen. Die dazwischenliegenden werden automatisch mit aktiviert.
Um mehrere Farbfelder zu aktivieren, die nicht direkt nebeneinanderliegen, klicken Sie auf das erste, modifizieren dann mit ⌘/Strg und wählen nacheinander die anderen gewünschten Farbfelder dazu aus.

▲ Abbildung 8.67
Eine Pantone-Farbbibliothek

**Gleiche Position**

Der Befehl GLEICHE POSITION gilt nicht für die *ganze* Bedienfeldgruppe, sondern nur für die jeweils aktive Bibliothek. Die Funktion steht jetzt auch für Verlaufs- und Muster-Bibliotheken zur Verfügung.

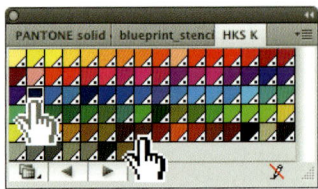

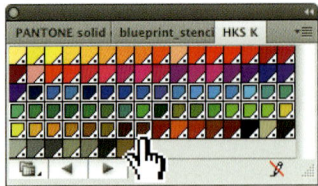

▲ **Abbildung 8.68**
Klicken Sie das erste und zusammen mit der Taste ⇧ das letzte gewünschte Farbfeld an, um auch die dazwischenliegenden Farbfelder mit auszuwählen.

**Farbfeldbibliotheken durchblättern** | Durch die vorhandenen Bibliotheken »browsen« Sie mit folgenden Optionen:

- Aus dem Menü wählen: Soll eine im Bibliothek-Bedienfeld angezeigte Farbfeldbibliothek durch eine andere ersetzt werden, rufen Sie die Farbbibliothek mit dem Menü im Bibliothek-Bedienfeld auf.
- Vorherige/nächste Bibliothek laden: Mit den Pfeil-Buttons laden Sie die Bibliotheken der Reihenfolge nach.

**Farbfelder aus Bibliotheken übernehmen** | Um ein Farbfeld aus einer der Farbfeld-Bibliotheken in das Farbfelder-Bedienfeld des aktuellen Dokuments zu übernehmen, gibt es mehrere Wege:

- Ein Klick auf ein Farbfeld in einer Farbfelder-Bibliothek fügt dieses dem Farbfelder-Bedienfeld hinzu.
- Aktivieren Sie die gewünschten Felder in der Bibliothek (siehe Abbildung 8.68). Wählen Sie anschließend aus dem Bedienfeldmenü der Farbfelder-Bibliothek den Menüpunkt Zu Farbfeldern hinzufügen.
- Ziehen Sie das oder die gewünschten Farbfelder aus der Bibliothek in das Farbfelder-Bedienfeld.
- Weisen Sie einem Objekt ein Farbfeld aus der Bibliothek zu. Damit wird es automatisch in das Farbfelder-Bedienfeld übernommen.

**Buchfarben-Optionen** | Rufen Sie Volltonfarben… aus dem Menü des Farbfelder-Bedienfelds auf, um zu definieren, wie Buchfarben in Prozessfarben umgerechnet werden.

**Abbildung 8.69** ▶
Volltonfarbenoptionen

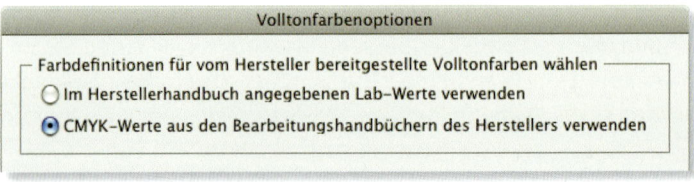

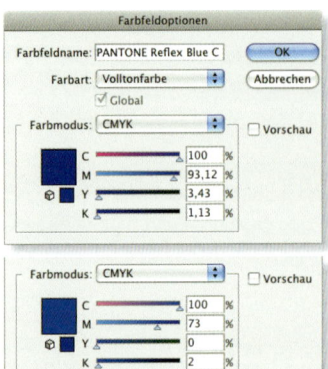

▲ **Abbildung 8.70**
Umwandlung von Pantone Reflex Blue mit Option Lab (oben) CMYK (unten)

Sprechen Sie auf jeden Fall mit Ihrem Dienstleister darüber, welche Einstellung unter den gegebenen Umständen vorzuziehen ist.

- Lab-Werte verwenden: Diese Option führt dazu, dass Buchfarben auf Basis der vom Hersteller definierten Lab-Werte anhand der Farbmanagement-Einstellungen in CMYK-Werte umgewandelt werden. Damit erhalten Sie zwar eventuell eine genauere Annäherung an die Volltonfarbe, dies kann jedoch zulasten der Konsistenz der Farbe über mehrere Programme und Anwendungen hinweg geschehen.
- CMYK-Werte verwenden: Mit dieser Option wird die Buchfarbe anhand der CMYK-Definition des Herstellers umgewan-

delt. Diese Option ist häufig vorzuziehen, da mithilfe der Überdruckenvorschau bzw. der Option ÜBERDRUCKEN SIMULIEREN beim Drucken von Fall zu Fall auf die Umwandlung mithilfe der Lab-Werte zurückgegriffen werden kann.

Die CMYK-Definition ermitteln die Hersteller auch unter der Maßgabe, so wenige Prozessfarben wie möglich zu mischen.

**Farben aus anderen Dokumenten laden |** Um Farbfelder aus einer anderen Illustrator-Datei in das aktuelle Dokument zu laden, sind zwei Vorgehensweisen möglich:

- Wählen Sie aus dem Bedienfeldmenü des Farbfelder-Bedienfelds den Befehl FARBFELDER-BIBLIOTHEK ÖFFNEN • ANDERE BIBLIOTHEK… In dem aufgerufenen Öffnen-Dialog wählen Sie die gewünschte Illustrator-Datei aus, deren Farbfelder Sie übernehmen möchten. Alle Farbfelder der anderen Datei werden in einem eigenen Bibliothek-Bedienfeld angezeigt.
- Wenn Sie nur einige Farben aus einer anderen Illustration benötigen, kopieren Sie dort die Objekte, denen die gewünschten Farbfelder zugeordnet sind, in die Zwischenablage, und fügen Sie die Objekte ins aktuelle Dokument ein. Dabei werden globale Farbfelder automatisch in das Farbfelder-Bedienfeld eingefügt. Lokale Farbfelder müssen Sie nötigenfalls aus den Farben der Objekte erstellen. Die nicht benötigten eingefügten Objekte können Sie nach der Übernahme der Farben löschen.

Haben eingefügte Farbfelder den gleichen Namen, aber eine andere Farbdefinition als Farbfelder im Arbeitsdokument, tritt ein Farbfeld-Konflikt auf. Handelt es sich dabei um Volltonfarben, werden die Farbdefinitionen der aktuellen Datei beibehalten. Bei Prozessfarben erscheint die Dialogbox FARBFELDKONFLIKT. Sie haben folgende Auswahl:

- FARBFELDER ZUSAMMENFÜGEN: Die Farben des aktuellen Dokuments werden beibehalten.
- FARBFELDER HINZUFÜGEN: Die Farbfelder werden dem Farbfelder-Bedienfeld hinzugefügt, und den Namen wird eine fortlaufende Nummer angehängt.

**Farbfelder-Bibliotheken selbst erstellen |** Beim Speichern als Bibliothek werden alle Farbfelder verwendet, die sich im Farbfelder-Bedienfeld befinden. Löschen Sie also zunächst alle Farbfelder, die Sie nicht in der Bibliothek benötigen – die Farbfelder PASSERMARKEN und OHNE werden ohnehin nicht in eine Bibliothek gespeichert. Anschließend erstellen Sie die Bibliothek mit der Funktion FARBFELDBIBLIOTHEK ALS AI SPEICHERN… aus dem Menü des Farbfelder-Bedienfelds.

**Bibliotheken verwenden**

Bibliotheken sind nicht an das Dokument gebunden. Deshalb ist es sinnvoll, Farben, Verläufe und Muster, die Sie in mehreren Illustrationen verwenden wollen, in eigenen Farbfelder-Bibliotheken zusammenzuführen und abzuspeichern.

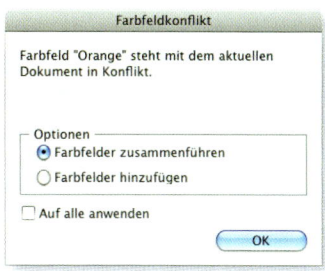

▲ **Abbildung 8.71**
Die Dialogbox FARBFELDKONFLIKT

▲ **Abbildung 8.72**
Aufrufen benutzerdefinierter Bibliotheken

| **Bibliotheken und Benutzerprofile** |
|---|
| Der von Illustrator vorgeschlagene Standard-Speicherort für eigene Farbfelder- (sowie Pinsel-, Symbol- und Grafikstil-) Bibliotheken liegt in Ihrem Benutzerordner. Das bedeutet, dass andere Benutzer Ihres Computers diese Bibliotheken nicht verwenden können. Wenn Sie die Bibliotheken anderen Nutzern zugänglich machen möchten, sollten Sie also einen anderen Ort wählen. |

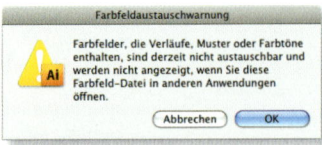

▲ Abbildung 8.73
Die Dialogbox FARBFELD-AUSTAUSCHWARNUNG

Speichern Sie die Bibliothek im vorgeschlagenen Standard-Ordner, wird sie in das Farbfelder-Bibliotheken-Untermenü unter dem Punkt BENUTZERDEFINIERT aufgenommen.

Farbfeld-Bibliotheken besitzen kein Farbprofil. Wenn Sie Farbfelder in Dokumenten mit einem anderen Dokumentfarbmodus verwenden, werden die Farben konvertiert.

**Farben in der Creative Suite 4 austauschen |** Um Farbfelder zwischen Illustrator, Photoshop und InDesign auszutauschen, müssen Sie die Farbfelder zunächst aus der jeweiligen Applikation exportieren. Wählen Sie dazu aus dem Bedienfeldmenü des Farbfelder-Bedienfelds des entsprechenden Programms den Punkt FARBFELDER FÜR DEN AUSTAUSCH SPEICHERN – in Illustrator wählen Sie FARBFELDBIBLIOTHEK ALS ASE SPEICHERN.

Verlaufs-, Muster- und Farbtonfelder können nicht in andere Applikationen übernommen werden und sind daher nicht in den Austauschbibliotheken enthalten.

In InDesign müssen Sie die einzelnen Farbfelder aktivieren, bevor diese exportiert werden können.

## 8.8 Interaktive Farbe verwenden

Mit der Funktion LIVE COLOR – in der deutschen Version INTERAKTIVE FARBE – haben Sie zum einen die Möglichkeit, im Farbkreis mit Farbharmonien zu experimentieren, und zum anderen ist die Funktion ein mächtiges Werkzeug zur Veränderung der in der Grafik verwendeten Farben. INTERAKTIVE FARBE unterstützt Sie nicht nur bei der kreativen Tätigkeit, sondern erleichtert auch die Produktion, zum Beispiel können Sie mit wenigen Schritten eine in Prozessfarben aufgebaute Illustration für den Zweifarbendruck modifizieren.

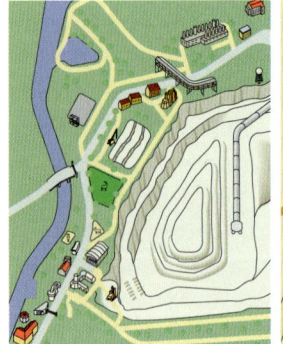
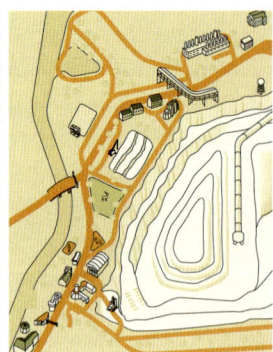

## Farbharmonien in Farbgruppen bearbeiten

Der BEARBEITEN-Part der Funktion INTERAKTIVE FARBE dient vor allem zur Detail-Anpassung von Farbgruppen – selbstverständlich ist es auch möglich, Farbgruppen neu zu erstellen. Durch das integrierte Farbrad erinnert LIVE COLOR stark an die seit einigen Jahren im WWW verbreiteten Farbharmonie-Werkzeuge.

**Interaktive Farbe im Modus Bearbeiten anzeigen |** Um Farbgruppen zu bearbeiten, deaktivieren Sie alle Objekte und verwenden eine der folgenden Methoden, LIVE COLOR aufzurufen:
- mit einem Doppelklick auf das Ordnersymbol einer Farbgruppe im Farbfelder-Bedienfeld
- durch Anklicken des Buttons FARBGRUPPE BEARBEITEN ODER ANWENDEN im Farbfelder-Bedienfeld (dieser erscheint nur, wenn eine Farbgruppe aktiviert ist)
- durch Anklicken des Buttons FARBEN BEARBEITEN ODER ANWENDEN im Farbhilfe-Bedienfeld

**Funktionsmodi |** INTERAKTIVE FARBE besitzt zwei Bereiche: BEARBEITEN und ZUWEISEN (mehr zu Letzterem im nächsten Abschnitt). Sind keine Objekte auf der Zeichenfläche ausgewählt, bietet die Dialogbox nur die Möglichkeit BEARBEITEN an.

▲ **Abbildung 8.74**
Online-Farbschema-Hilfe:
*www.colorschemedesigner.com*

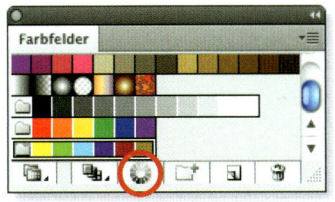

▲ **Abbildung 8.75**
Der Button FARBGRUPPE BEARBEITEN ODER ANWENDEN

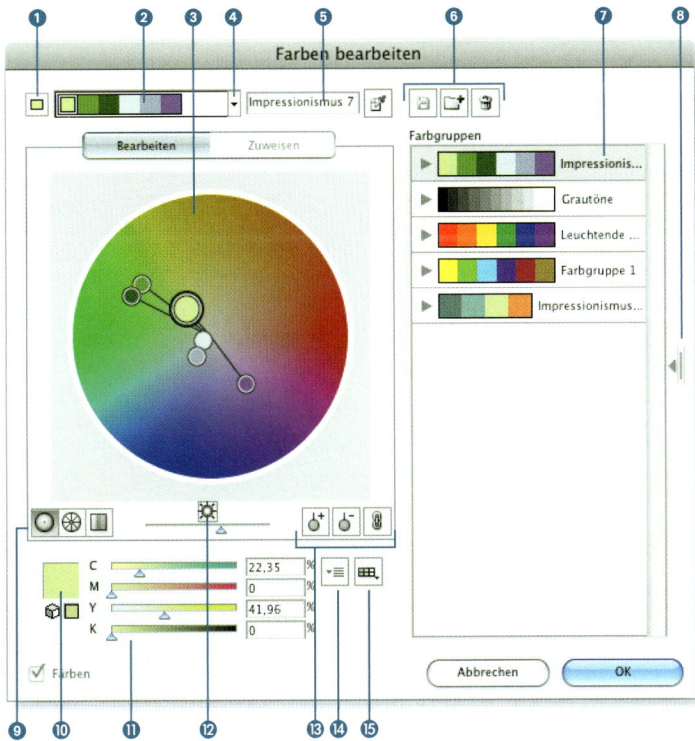

◀ **Abbildung 8.76**
Die Dialogbox INTERAKTIVE FARBE im Modus »Bearbeiten«: Basisfarbe ❶, aktive Farben ❷, Farbrad ❸, Menü HARMONIEREGELN ❹, Name der aktiven Farbgruppe ❺, Verwalten von Farbgruppen: ÄNDERUNGEN SPEICHERN, NEUE FARBGRUPPE, FARBGRUPPE LÖSCHEN ❻, Farbgruppen des Dokuments ❼, Farbgruppenspeicher ein- und ausblenden ❽, Anzeigeart des Farbrads: geglättet, segmentiert, Farbkontrollstreifen ❾, Button FARBWÄHLER ❿, Farbregler für ausgewählte Farbe bzw. globale Einstellungsregler ⓫, Auswahl des Modus der Farbanpassungsregler bzw. Umschalten auf globale Farbeinstellung ⓮, Wechsel der Anzeige zwischen Sättigung/Farbton und Helligkeit/Farbton ⓬, Farbe hinzufügen/entfernen, Verknüpfung der Harmonie aufheben (in Balkendarstellung: Zufallsgeneratoren) ⓭, Farbfeldbibliothek zur Beschränkung der Farbgruppe auswählen ⓯

8.8 Interaktive Farbe verwenden | **225**

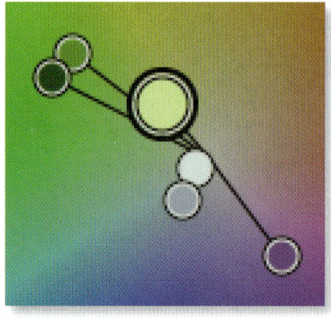

▲ **Abbildung 8.77**
Die Basisfarbe ist mit einem größeren Kreis gekennzeichnet.

| Harmonieregeln – Übersicht |
|---|
| Eine Übersicht über die Harmonieregeln finden Sie in Tabelle 8.2. |

| Übereinanderliegende Farben |
|---|
| Wenn Farben im Farbrad übereinanderliegen, wechseln Sie die Darstellungsform zwischen Helligkeit und Sättigung, um auf alle Farben zugreifen zu können. |

Wenn Sie INTERAKTIVE FARBE per Doppelklick auf eine Gruppe aufgerufen haben, werden die zugehörigen Farbfelder automatisch im Feld AKTIVE FARBEN ❷ und der Gruppenname im Feld ❺ neben dem Harmonieregelmenü ❹ angezeigt. Das Farbrad ❸ zeigt die Farben der ausgewählten Gruppe in den Kreissymbolen. Die Basisfarbe ist mit einem größeren Symbol repräsentiert als die abhängigen Farben.

**Gruppe auswählen |** Um eine andere Gruppe zu bearbeiten, wählen Sie diese im Farbgruppenspeicher ❼. Verwenden Sie den Button ❽ am rechten Rand der Dialogbox, um die Liste ein- und auszublenden.

**Harmonieregel auswählen |** Möchten Sie die Gruppe mit einer anderen Harmonieregel anhand der Basisfarbe neu zusammenstellen, wählen Sie die Regel im Harmonieregelmenü ❹. Die Anordnung der Farben auf dem Farbrad stellt die zugrunde liegende Regel, also das Verhältnis der Farben zueinander, anschaulich dar.

**Farbrad-Darstellung |** Für die Darstellung des Farbrads können Sie mit den Buttons ❾ zwischen drei Arten wählen:

▶ GEGLÄTTETES FARBRAD ⊙: Die Standardeinstellung, in der jedes einzelne Pixel für eine andere Farbe steht.
▶ SEGMENTIERTES FARBRAD ✲: Das Farbrad wird in zwölf Segmente unterteilt, die jeweils sechs Abstufungen besitzen.
 Nur in den beiden Farbrad-Darstellungen lassen sich der Gruppe Farben hinzufügen.
▶ FARBKONTROLLSTREIFEN ▮: Die in der aktuellen Zusammenstellung enthaltenen Farben werden als Balken dargestellt.
 Nur in dieser Darstellungsform können Sie Zufallsoperationen auf die Farbgruppe anwenden.
▶ SÄTTIGUNG UND FARBTON ☼ /HELLIGKEIT UND FARBTON ☼ AUF FARBRAD ANZEIGEN ⓬: Mit diesem Button wechseln Sie zwischen den beiden Anzeigearten auf dem Farbrad. SÄTTIGUNG UND FARBTON zeigt von der Mitte nach außen jeweils Variationen der Sättigung einer Farbe, die Helligkeit bleibt konstant. HELLIGKEIT UND FARBTON zeigt von innen nach außen Variationen der Helligkeit mit konstanter Sättigung.
Bewegen Sie den Cursor über das Sonnensymbol, dann zeigt die QuickInfo an, welche Darstellungsart aktiv ist. Mit dem Schieberegler steuern Sie die Helligkeit, falls Sättigung/Farbe aktiv ist bzw. die Sättigung, falls Helligkeit/Farbe aktiv ist. Auch hier sehen Sie in der QuickInfo, welchen Wert Sie anpassen können.

**Farbgruppen bearbeiten** | Klicken und ziehen Sie eine Farbe im **Farbrad**, um diese neu zu definieren. Solange die Farben in der Gruppe miteinander verbunden sind, bewegen sich alle Farben der Gruppe entsprechend der Harmonieregel.

Alternativ aktivieren Sie eine Farbe, indem Sie auf ihr Kreissymbol klicken, und stellen Sie sie mithilfe der Farbregler ⓫ unter dem Farbrad ein. Wählen Sie aus dem Menü ⓮ den Farbraum, in dem Sie die Einstellung vornehmen möchten.

Oder doppelklicken Sie auf eine Farbe, um die Änderung im Farbwähler durchzuführen (siehe Abschnitt 8.4).

Halten Sie den Cursor in der **Balkendarstellung** über einem Balken, erscheint ein kleines Symbol rechts unten im Balken. Klicken Sie darauf, um ein Farbspektrum aufzurufen und in diesem die Farbe neu einzustellen.

Um alle Farben einer Gruppe gleichmäßig zu bearbeiten, wählen Sie aus dem Menü ⓮ die Option GLOBALE ANPASSUNG. Mit den daraufhin sichtbaren Reglern passen Sie die Sättigung, Helligkeit, Farbtemperatur und Luminanz an.

**Gruppenbearbeitungsfunktionen** | Die Funktionsbuttons haben folgende Auswirkungen:

- VERKNÜPFUNG DER HARMONISCHEN FARBEN AUFHEBEN/HARMONISCHE FARBEN VERKNÜPFEN: Sollen einzelne Farben der Gruppe unabhängig von den anderen bearbeitet werden, heben Sie die Verknüpfung auf, indem Sie auf das Symbol VERKNÜPFUNG AUFHEBEN klicken. Um die Verbindung wieder herzustellen, klicken Sie auf FARBEN VERKNÜPFEN.
- FARBE HINZUFÜGEN (nur in Farbrad-Darstellung): Mit diesem Tool fügen Sie der Gruppe eine Farbe hinzu. Wählen Sie zunächst das Werkzeug, und klicken Sie anschließend mit dem Werkzeug auf die gewünschte Farbe im Farbrad.
- FARBE ENTFERNEN (nur in Farbrad-Darstellung): Wählen Sie dieses Werkzeug, um eine Farbe durch Anklicken im Farbrad zu löschen. Eine Hervorhebung beim Überfahren mit dem Werkzeug zeigt die jeweils betroffene Farbe an.

**Farben im Websafe-Spektrum/im druckbaren Bereich** | Ist eine Farbe außerhalb des Websafe-Spektrums oder im gewählten CMYK-Farbraum nicht darstellbar, zeigt LIVE COLOR dies durch die Symbole und an und blendet eine passende Farbe ein. Klicken Sie auf deren Symbol, um die Farbdefinition ins Websafe-Spektrum bzw. auf die nächste druckbare Farbe zu ändern.

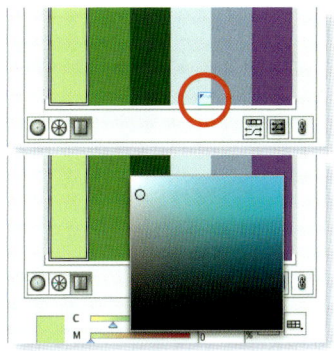

▲ Abbildung 8.78
Aufrufen des Farbspektrums

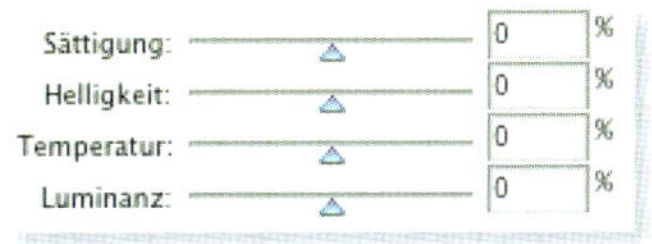

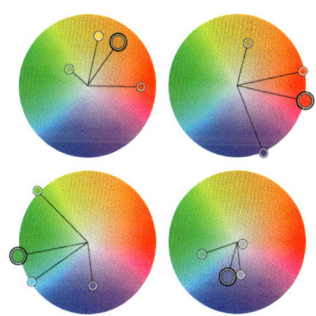

▲ Abbildung 8.79
Regler zur globalen Anpassung der Farben

▲ Abbildung 8.80
Verknüpfte Farben können nur entsprechend der Harmonieregel verändert werden.

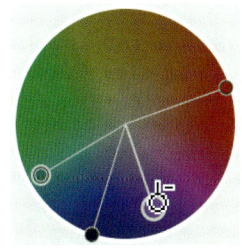

▲ Abbildung 8.81
Hervorheben einer Farbe vor dem Entfernen

8.8 Interaktive Farbe verwenden | **227**

▲ **Abbildung 8.82**
Darstellung des Farbrads mit Einschränkung auf die HKS-K-Bibliothek

---

**Mit Zuweisen experimentieren**

Die Zuweisen-Funktion von Interaktive Farbe verfügt über eine Vielzahl von Optionen und eine noch größere Menge von Reglern und Menüs, in denen Sie diese Einstellungen ausführen. Nehmen Sie sich ausreichend Zeit, um alles kennenzulernen.

---

**Live Color ist nicht »live«!**

Live Color (Interaktive Farbe) ist nicht auf die gleiche Weise live (interaktiv) wie andere Funktionen mit diesem Namensbestandteil (Abpausen, Malen, Effekte), denn sobald Sie die Dialogbox mit OK bestätigt haben, wird die Grafik umgefärbt. Dies können Sie nur widerrufen. Zu einem späteren Zeitpunkt lassen sich die Optionen nicht verändern.

---

▲ **Abbildung 8.83**
Illustrator blendet die Pfade automatisch aus, wenn Live Color aufgerufen wird (rechts).

---

**Optionen** | Bei der Zusammenstellung der Farbgruppe haben Sie folgende Option:

▸ Beschränkt auf Farben in Farbbibliothek: Wählen Sie aus diesem Menü eine Farbbibliothek, auf die die Auswahl der Farben eingeschränkt werden soll, z. B. eine Pantone- oder HKS-Bibliothek. Die Darstellung des Farbrads ändert sich entsprechend, und der Name der ausgewählten Bibliothek wird über dem Menü eingeblendet. Um diese Einstellung wieder aufzuheben, wählen Sie Ohne.

**Farbgruppen speichern und verwalten** | Aus Live Color heraus haben Sie Zugriff auf die Farbgruppen im Farbfelder-Bedienfeld:

▸ Änderungen an Farbgruppe speichern: Ihre Modifikation wird in die bestehende Farbgruppe gesichert.
▸ Neue Farbgruppe: Erstellen Sie eine neue Farbgruppe aus den im Farbrad angezeigten Farben – bestehende Farbgruppen bleiben intakt.
▸ Farbgruppe löschen: Löschen Sie die aktivierte Farbgruppe (auch aus dem Farbfelder-Bedienfeld).

### Farben in Objekten ändern

Mit dem Zuweisen-Modus der Funktion Interaktive Farbe ändern Sie die Farben von Objekten auf der Zeichenfläche – unabhängig davon, welche Art Farbfelder definiert sind.

Mit Interaktive Farbe können Sie Farben in Verläufen, Verlaufsgittern, Mustern und Symbolen ändern. Die geänderten Verläufe und Musterfelder werden als neue Farbfelder abgelegt. Symbole werden direkt editiert. Möchten Sie die Version mit den Originalfarben erhalten, sollten Sie vor der Anwendung von Interaktive Farbe eine Kopie des Symbols erstellen.

**Interaktive Farbe im Modus »Zuweisen« anzeigen** | Sind die Objekte aktiviert, die Sie umfärben möchten, haben Sie folgende Möglichkeiten, die Funktion Interaktive Farbe aufzurufen:

▸ Verwenden Sie das Menü Bearbeiten • Farbe bearbeiten • Bildmaterial neu färben… Anders als der Name des Befehls suggeriert, kann jedoch keine Pixelgrafik bearbeitet werden.
▸ Klicken Sie auf den Button Farben bearbeiten oder anwenden im Fabhilfe-Bedienfeld oder im Steuerungsbedienfeld.

Klicken Sie anschließend auf den Button Zuweisen, falls der Modus nicht bereits automatisch gewählt wurde. Der Übersichtlichkeit halber blendet Illustrator die Anzeige der Pfade Ihrer Grafik auf der Zeichenfläche aus und behält nur die Anzeige des Begrenzungsrahmens bei.

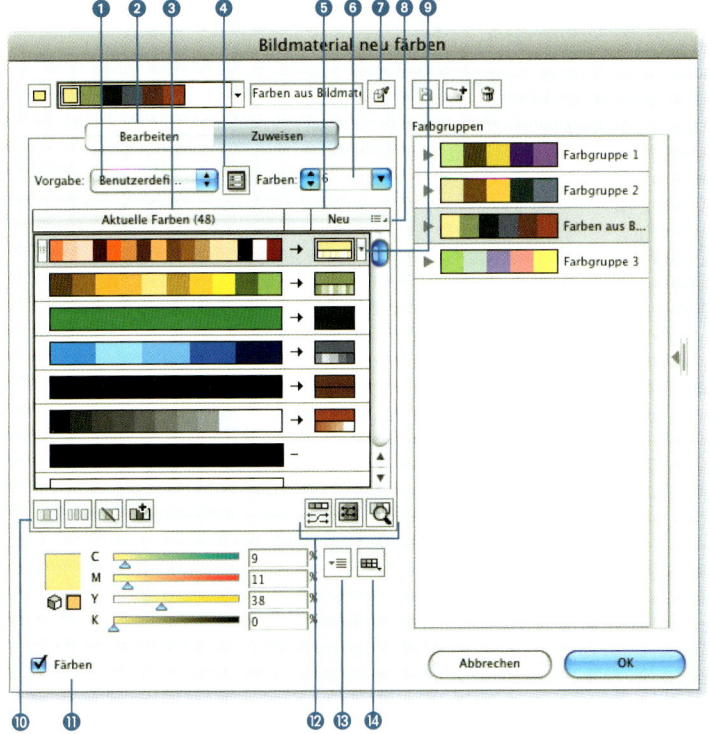

◄ **Abbildung 8.84**
Dialogbox INTERAKTIVE FARBE im Modus ZUWEISEN: Farbänderungsvorgaben ❶, Umschalten in den Modus BEARBEITEN ❷, Spalte AKTUELLE FARBEN ❸, Farbreduktionsoptionen ❹, Spalte NEU ❺, Begrenzung der Farbanzahl ❻, Aufnehmen der Farben aus der ausgewählten Grafik ❼, Sortierung der neuen Farben ändern ❽, Auswahl der Einfärbemethode ❾, Buttons zum Zusammenfassen der Farben ❿, Option FÄRBEN ⓫, Zufallsgenerator und Anzeige der ursprünglichen Farben ⓬, Menüauswahl Farbmodus für Farbregler ⓭, Menüauswahl Farbbibliothek ⓮

Die in Ihrer Grafik enthaltenen Farben werden in der Spalte AKTUELLE FARBEN ❸ angezeigt. Daneben – in der Spalte NEU ❺ – sehen Sie die Liste der neuen Farben. Eine neue Farbe ersetzt jeweils die aktuellen Farben derselben Reihe, wenn beide mit dem Pfeil ➔ verbunden sind. Ist in der Spalte NEU keine Farbe angelegt, bleibt die aktuelle Farbe unverändert erhalten.

Die Sortierreihenfolge der aktuellen Farben erfolgt wahlweise nach Farbton oder Helligkeit. Dies bestimmen Sie in den FARBREDUKTIONSOPTIONEN ❹. Die Sortierung der neuen Farben können Sie mit dem Sortierungsmenü ❽ – unabhängig von den aktuellen Farben – ändern.

Haben Sie INTERAKTIVE FARBE dagegen über den Button im Farbhilfe-Bedienfeld aufgerufen, listet die Spalte NEU die Farben aus der in der Farbhilfe aktuell eingestellten Farbgruppe auf. Wählen Sie diesen Weg, wenn Sie ein komplett neues Farbschema einrichten möchten.

Die Option FÄRBEN ⓫ sollten Sie aktivieren, damit Sie die Auswirkungen Ihrer Einstellungen an der Grafik auf der Zeichenfläche beurteilen können. Ist die Option deaktiviert, wenn Sie auf OK klicken, werden nur Veränderungen an Farbgruppen durchge-

**Inhalt der Spalte »Neu«**

Anders als beim Aufrufen über die Farbhilfe listet die Spalte NEU die aktuellen Farben der Grafik auf, wenn Sie LIVE COLOR über das Menü oder das Steuerungsbedienfeld aufrufen.

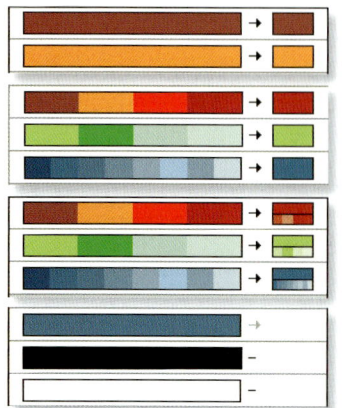

▲ Abbildung 8.85
Zuordnung neuer zu aktuellen Farben: (von oben) keine Veränderung; jeweils mehrere aktuelle Farben werden zu einer neuen Farbe; Tonwertabstufungen oder Variationen der neuen Farben bilden verschiedene aktuelle Farben ab; es sind keine neuen Farben zugeordnet.

führt. Die Grafik bleibt unangetastet. Sie können also mit den Farben bestehender Illustrationen experimentieren.

**Umfärben** | Um die Zuordnung der aktuellen und neuen Farben zu ändern, haben Sie folgende Möglichkeiten:

▶ Wählen Sie eine andere Harmonieregel aus dem Menü.
▶ Wechseln Sie in den Modus BEARBEITEN, und editieren Sie die Farben im Farbrad (siehe Seite 226).
▶ Wählen Sie eine Farbgruppe aus dem Farbgruppenspeicher.
▶ Wählen Sie eine der Vorgaben aus dem Menü ❶.
▶ Reduzieren Sie die Anzahl der Farben ❻.
▶ Ändern Sie die Sortierung in der Spalte AKTUELLE FARBEN oder NEU ❽.
▶ Stellen Sie die Farbkombinationen in den Balken der Spalte AKTUELLE FARBEN neu zusammen.
▶ Verwenden Sie die Zufalls-Buttons ❿ ⓬.
▶ Ändern Sie die Definition der neuen Farben.

**Farben reduzieren** | Um die Anzahl der verwendeten Farben in Ihrer Grafik zu reduzieren, wählen Sie aus dem Menü FARBEN ❻ die gewünschte Menge aus oder geben eine Zahl direkt in das Feld ein. Eine Reduzierung tritt auch auf, wenn Sie eine Farbgruppe auswählen, die weniger Farben enthält als die Grafik.

INTERAKTIVE FARBE fasst in diesem Fall automatisch Farben zusammen (die Zusammenfassung erfolgt auf der Basis interner Kriterien), die einer neuen Farbe zugewiesen werden. Welche Farben zusammengefasst werden, sehen Sie an den Farbzeilen. Sie können die Zusammenstellungen entweder mithilfe der Sortierung der aktuellen Farben oder durch Klicken und Ziehen der Farben auf einen anderen Balken ändern.

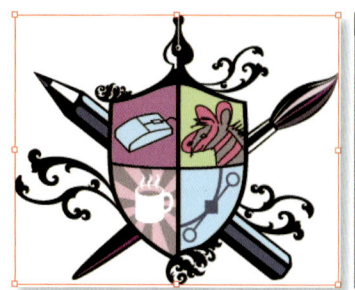  

▲ Abbildung 8.86
Ausgangsbild (links), Ergebnis (rechts), Umwandlungsregel (Mitte): Mehrere Farben im linken Balken werden zusammengefasst. Die Balken der neuen Farben zeigen zweigeteilt oben die exakte Farbe, unten die Abstufungen, die durch die Einfärbe-Methode entstehen. Der Pfeil zeigt an, dass eine Umwandlung vorgenommen wird.

Mit der Einstellung Färbungsmethode in den Farbreduktionsoptionen oder im Menü ❾ müssen Sie anschließend wählen, wie der zwischen den aktuellen Farben vorhandene Farb- oder Tonwertunterschied mit der neuen Farbe umgesetzt werden soll.

Je nach Ihren Einstellungen in den Farbreduktionsoptionen werden Schwarz, Weiß und Grau mit anderen Farben zusammengefasst oder bleiben separat erhalten.

**Sortierung der neuen Farben** | Durch einen Klick auf den Button in der Spalte Neu ❽ rufen Sie das Sortierungsmenü auf. Eine Änderung der Sortierung der Farben verursacht eine neue Zuordnung von aktuellen zu neuen Farben.

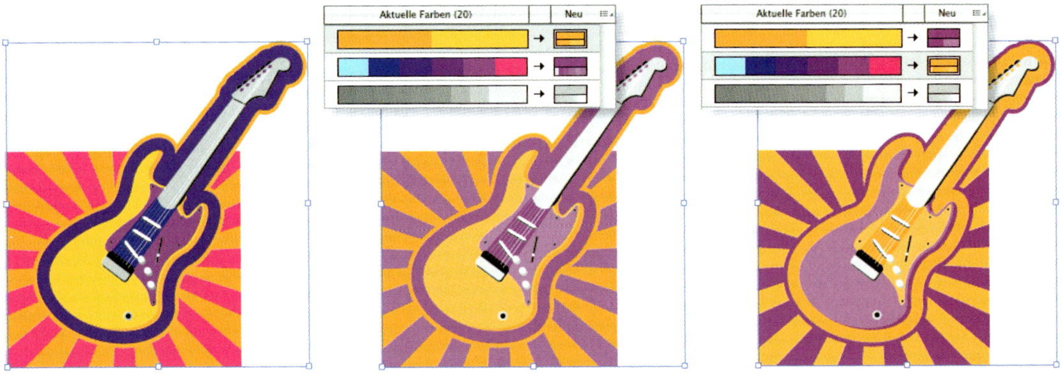

▼ **Abbildung 8.87**
Änderung der Sortierung von Farbton vorwärts (Mitte) auf Helligkeit – von dunkel zu hell (rechts)

Beim Zuweisen einer Farbharmonie oder einer Farbgruppe bleibt die Reihenfolge der Farben darin vorerst erhalten. Um eine bessere Übereinstimmung der Abfolge von Farben oder zumindest Helligkeitsstufen und damit ein dem Original ähnlicheres Ergebnis zu erhalten, passen Sie die Reihenfolge von aktuellen und neuen Farben aneinander an.

**Umfärben nach dem Zufallsprinzip** | Um schnell und unkompliziert verschiedene Möglichkeiten zu testen, die Ihnen mit der eingestellten neuen Farbgruppe zur Verfügung stehen, verwenden Sie die Zufallsfunktionen ⓬.

- Farbreihenfolge beliebig ändern: Vertauscht die Reihenfolge der neuen Farben (ohne eine Gesetzmäßigkeit).
- Sättigung und Helligkeit werden zufällig geändert: Sättigung und Helligkeit aller neuen Farben außer der Basisfarbe werden verändert.

▲ **Abbildung 8.88**
Farbreihenfolge beliebig ändern (oben), Sättigung und Helligkeit zufällig ändern (unten)

▲ **Abbildung 8.89**
Kennzeichnung der Basisfarbe der Aktuellen Farben

**Aktuelle Farben auswählen** | Um Optionen für einzelne Farben in den Farbzeilen »manuell« zu setzen, müssen Sie diese auswählen. Klicken Sie auf eine Farbe, um diese zu aktivieren. Die Aktivierung wird mit einem Rahmen dargestellt. Verwenden Sie, um nebeneinanderliegende, oder ⌘/[Strg], um einzelne weitere Farben auszuwählen.

**Farben verschieben** | Illustrator nimmt die Zuordnung aktueller zu neuen Farben nach rein rechnerischen Gesichtspunkten vor. Es ist eher unwahrscheinlich, dass diese Zuordnung Ihnen auf Anhieb zusagt. Sie können die Farben jedoch durch Klicken und Ziehen manuell umsortieren.

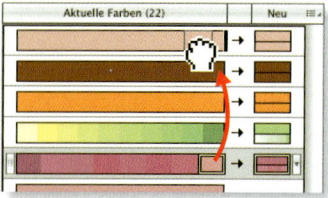
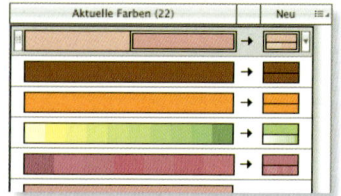

**Abbildung 8.90** ▶
Manuelles Verschieben einer Farbe auf eine andere Farbzeile

Um eine einzelne aktuelle Farbe in eine bestehende andere Zeile zu integrieren, wählen Sie sie aus und ziehen sie an die gewünschte Stelle.

**Farbzeile verschieben** | Soll eine komplette Farbzeile in eine andere Zeile integriert werden, bewegen Sie die Maus links neben das Farbfeld und klicken und ziehen die Zeile mit dem Button.

**Farbzeile hinzufügen** | Benötigen Sie eine neue Zeile, um Farben aus anderen Zeilen herauszulösen, dann verwenden Sie den Button NEUE ZEILE, um eine leere Zeile zu generieren. Diese wird immer unterhalb der letzten Zeile angelegt, und es ist zunächst keine neue Farbe zugeordnet.

**Farben in neuer Zeile zusammenfassen** | Sollen aus mehreren Zeilen einzelne Farben herausgelöst und in einer neuen Zeile kombiniert werden, aktivieren Sie die einzelnen Farben und klicken auf den Button FARBEN ZU EINER ZEILE ZUSAMMENFÜGEN. Es entsteht eine neue Zeile unterhalb der definierten Farbreihen, d. h. der Zeilen, denen eine neue Farbe zugewiesen ist.

Der erstellten Zeile ist zunächst keine neue Farbe zugewiesen – alle werden in eine der enthaltenen Farben umgewandelt.

> **Rückschritt nicht möglich**
>
> Planen Sie sorgfältig, ob Sie Farben separieren, verschieben, in einer neuen Farbzeile zusammenfassen oder eine leere Zeile erstellen (siehe »Farbe in der Spalte ›Neu‹ anlegen« auf der folgenden Seite).

▲ **Abbildung 8.91**
Neue Farbzeile (unten) – von der Farbe Weiß ist sie durch die graue Umrandung zu unterscheiden.

**Abbildung 8.92** ▶
Farben zu einer Zeile zusammenfügen: Die neue Zeile wird unterhalb der definierten Farbzeilen angelegt.

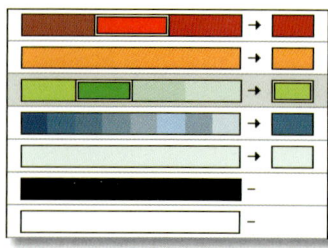
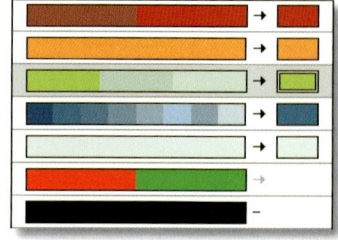

**Farben separieren |** Um einzelne oder mehrere Farben aus einer Farbzeile herauszulösen und dafür jeweils eine eigene Zeile anzulegen, aktivieren Sie die Farben und verwenden den Befehl Farben auf mehrere Zeilen aufteilen . Auch diese Zeilen werden unterhalb der definierten Farbzeilen angelegt und erhalten zunächst keine neue Farbe.

**Farbe in der Spalte »Neu« anlegen |** Nachdem Sie Farben aus Zeilen herausgelöst oder neu kombiniert haben, kann es sein, dass die Anzahl der »aktiven Farben« in der ausgewählten Farbgruppe nicht ausreicht, um für alle Zeilen eine neue Farbe zur Verfügung zu stellen. Weitere Farben in der Spalte Neu legen Sie an, indem Sie in eine leere Zeile der Spalte Neu klicken. Bestätigen Sie die daraufhin erscheinende Dialogbox, dann wird eine neue Farbe in der obersten freien Zeile der Spalte Neu angelegt. Sie haben leider keine Einflussmöglichkeit darauf, in welcher Zeile die neue Farbe angelegt wird.

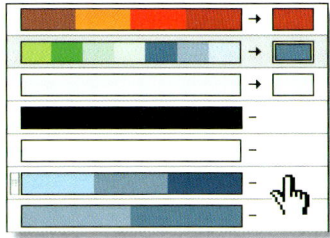 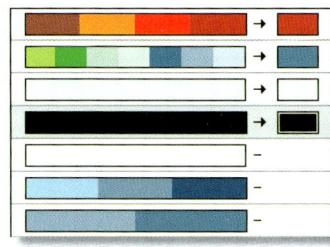

◀ Abbildung 8.93
So fügen Sie einer aktuellen Harmonie eine Farbe hinzu: Auch wenn Sie in eine andere Reihe klicken (links), die Farbe wird immer an der ersten freien Stelle angelegt (rechts).

Legen Sie Zeilen, die Sie mit neuen Farben versehen möchten, also vorzugsweise oberhalb von Schwarz und Weiß an, z. B. mit den Funktionen Farben zu einer Zeile zusammenfügen oder Farben auf mehrere Zeilen aufteilen .

**Neue Farbe einstellen |** Möchten Sie die Definition einer Farbe in der Spalte Neu ändern, haben Sie folgende Möglichkeiten:

▶ Aktivieren Sie die Farbe, und verwenden Sie die Regler, um die Farbe einzustellen. Wählen Sie einen Farbmodus aus dem Menü .
▶ Um zwei neue Farben gegeneinander auszutauschen, klicken und ziehen Sie eine Farbe auf die andere.
▶ Möchten Sie eine der aktuellen Farben als neue Farbe verwenden, klicken und ziehen Sie diese aus der Farbzeile auf die neue Farbe, die Sie ersetzen möchten.
▶ Aktivieren Sie die neue Farbe, und wechseln Sie in den Modus Bearbeiten. Im Farbrad ist die Farbe hervorgehoben, und Sie können sie verschieben. Wenn Sie nur die eine Farbe verän-

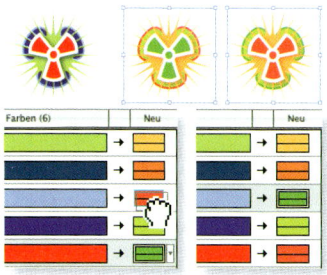

▲ Abbildung 8.94
Vertauschen zweier Farben in der Spalte Neu (oben: Grafik – aktuelle Farben, vor und nach Farbtausch)

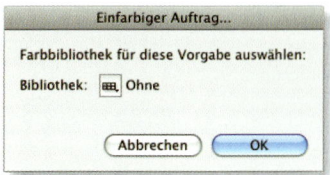

▲ **Abbildung 8.95**
Auswahl einer Farbbibliothek zu einer Vorgabe

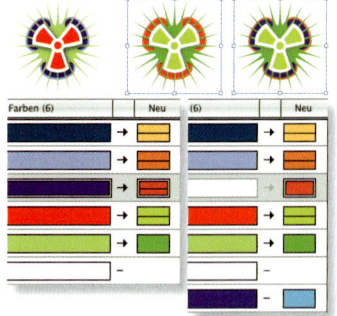

▲ **Abbildung 8.96**
Die ausgewählte Farbe (links) wird vom Umfärben ausgeschlossen: Sie wurde in eine neue Zeile unten angefügt. In der Spalte Neu wurde in diesem Fall ebenfalls eine neue Farbe angelegt, da die ausgewählte Farbgruppe weitere Farben enthielt (oben: Grafik – aktuelle Farben, vor und nach dem Ausschließen).

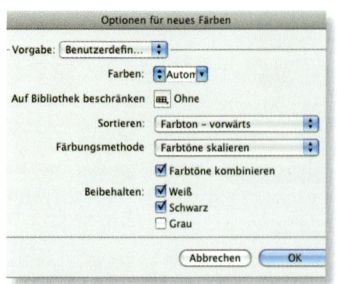

▲ **Abbildung 8.97**
Die Dialogbox Farbreduktionsoptionen/Optionen für neues Färben

dern möchten und nicht die komplette Harmonie, denken Sie daran, die Verknüpfung der harmonischen Farben zu lösen 🖉.

▸ Doppelklicken Sie auf die Farbe, und stellen Sie die gewünschte Änderung im Farbwähler ein, oder wählen Sie eine Farbe aus den Farbfeldern des Dokuments.

**Einschränkung der Farbwahl auf Bibliotheken |** Eine Einschränkung der neuen Farben auf bestimmte Farbbibliotheken nehmen Sie entweder bei Auf Bibliothek beschränken 🖽, nach der Auswahl einer Vorgabe im Menü oder in der Dialogbox Farbreduktionsoptionen 🖽 vor.

Die Option Auf Bibliothek beschränken lässt sich einsetzen, um zu einer Farbe den nächstliegenden HKS- oder Pantone-Wert zu ermitteln. Beachten Sie, dass das Ergebnis von Ihrer Einstellung in den Volltonfarben-Optionen abhängt (s. Abschnitt 8.7).

**Aktuelle Farben einstellen |** Möchten Sie zu einem späteren Zeitpunkt wieder die ursprünglichen Farben der Grafik in die Spalte Neu aufnehmen, verwenden Sie den Button Farben aus ausgewähltem Bildmaterial erfassen 🖉.

**Farben oder Farbzeilen vom Umfärben ausschließen |** Wenn Sie eine Farbe nicht verändern möchten, aktivieren Sie diese Farbe und klicken auf den Button Ausgewählte Farben werden ausgeschlossen 🖽. Es ist möglich, den Befehl gleichzeitig auf mehrere ausgewählte Farben anzuwenden.

Soll eine ganze Farbzeile nicht umgefärbt werden, klicken Sie auf den Pfeil ➔, der die aktuelle und die neue Farbe verbindet. Der Pfeil wird zu einem Strich – klicken Sie auf diesen, um das Umfärben wieder zu aktivieren.

**Farbreduktionsoptionen/Optionen für neues Färben |** Die Umwandlung der Farben können Sie mit Einstellungen steuern, die teilweise global und zum Teil nur auf einzelne Farben oder Farbreihen angewendet werden. Die Einstellungen nehmen Sie einzeln über Buttons und Menüs in der Dialogbox Interaktive Farbe oder global für alle Farben in den Farbreduktionsoptionen vor. Diese rufen Sie mit dem Button 🖽 auf.

Ihre Optionen werden erst beim Schließen der Farbreduktionsoptionen in die Vorschau der Grafik übernommen. Die Farbzeilen reflektieren jedoch Ihre Einstellungen sofort.

▸ Vorgabe: In dieser Liste finden Sie eine Reihe von typischen Farbreduzierungseinstellungen, z. B. auf ein bis drei Farben, zusammen mit den dazu am besten passenden weiteren Optionen. Diese können Sie unverändert oder als Anhaltspunkt für die Arbeit mit LIVE COLOR übernehmen. Sobald Sie einzelne Einstellungen ändern, wechselt die Bezeichnung im Menü zu BENUTZERDEFINIERT.

Alternativ finden Sie diese Vorgaben im Hauptmenü unter BEARBEITEN • FARBEN BEARBEITEN • MIT VORGABE NEU FÄRBEN.

▲ Abbildung 8.98
Die Reduzierungsvorgaben im Menü

- FARBEN: Hier bestimmen Sie die Anzahl der Farben. Die Einstellung finden Sie auch direkt in der Dialogbox INTERAKTIVE FARBE im gleichnamigen Menü.
- AUF BIBLIOTHEK BESCHRÄNKEN: Wählen Sie eine Farbbibliothek, auf die die Auswahl der neuen Farben eingeschränkt werden soll. Wenn Sie hier eine Schmuckfarben-Bibliothek auswählen, verwenden Sie nicht die Färbungsmethode FARBTÖNE/SCHATTIERUNGEN oder FARBTON-VERSCHIEBUNG. (Illustrator lässt deren Kombination mit Schmuckfarben-Bibliotheken leider ohne Warnung zu.)

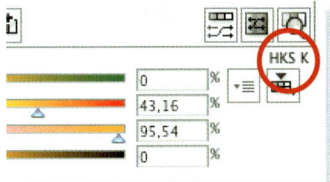

▲ Abbildung 8.99
Anzeige der ausgewählten Bibliothek

Die ausgewählte Bibliothek wird in INTERAKTIVE FARBE angezeigt. Mit dem Button ▦ lässt sich diese Auswahl ebenfalls durchführen.

- SORTIEREN: Mit der Option SORTIEREN bestimmen Sie die Reihenfolge der Farben in der Spalte AKTUELLE FARBEN. Sie können die Reihenfolge nach Farbton oder Helligkeit einrichten. Mit Ihrer Auswahl beeinflussen Sie die Umwandlung der Farben.
- FÄRBUNGSMETHODE/EINFÄRBE-METHODE: Legen Sie fest, wie die Farben in einer Reihe durch die jeweils zugeordnete neue Farbe repräsentiert werden. Sie können für jede Reihe eine unterschiedliche Methode wählen.

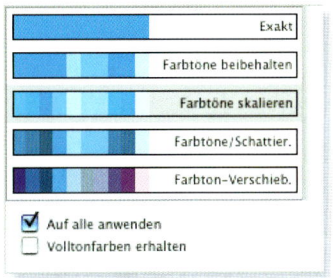

▲ Abbildung 8.100
Auswahl der Färbungsmethode/Einfärbe-Methode

Soll einer Reihe eine abweichende Methode zugewiesen werden, bewegen Sie die Maus über die Reihe und klicken auf den Pfeil ▯, der rechts neben dem Farbfeld in der Spalte NEU erscheint. Deaktivieren Sie die Option AUF ALLE ANWENDEN.

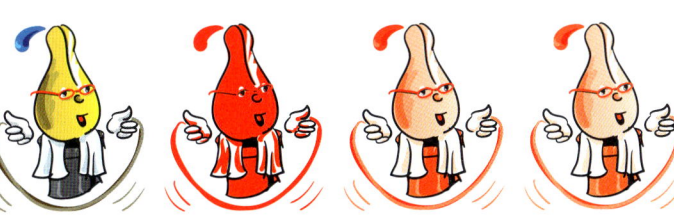

- EXAKT: Die neue Farbe wird exakt, nicht abgestuft, angewendet. Damit ist in der Regel der Verlust von Helligkeits- oder Farbunterschieden verbunden.
- FARBTÖNE BEIBEHALTEN: Wurden in der aktuellen Version der Grafik Tonwertabstufungen verwendet – wie es häufig der Fall ist, wenn globale oder Volltonfarben eingesetzt sind –, werden diese bei der Umsetzung in die neuen Far-

▲ Abbildung 8.101
Reduzierung auf eine Farbe, Schwarz und Weiß werden nicht verändert; Färbungsmethode (von links nach rechts): Original, Exakt, Farbtöne beibehalten, Farbtöne skalieren, Farbtöne/Schattierungen, Farbton-Verschiebung

▲ Abbildung 8.102
FARBTÖNE BEIBEHALTEN (links): Vor allem im dunkelgrauen Körper geht Zeichnung verloren. Dies geschieht nicht mit FARBTÖNE SKALIEREN (rechts).

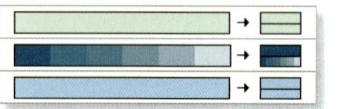

▲ Abbildung 8.103
Farbtöne kombinieren: In der mittleren Reihe wurden zusammengehörige Farbtöne gesammelt.

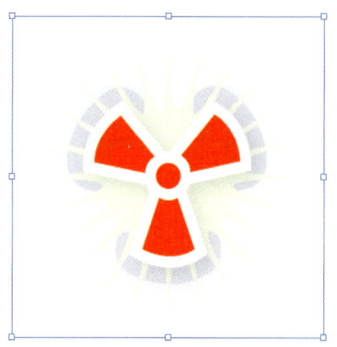

▲ Abbildung 8.104
Anzeige »gefundener« Farben vor der insgesamt gedimmten Grafik

ben exakt erhalten. Diese Einstellung kann zu Zeichnungsverlusten führen, wenn die neue Farbe heller ist als die dunkelste aktuelle Farbe einer Reihe.

- FARBTÖNE SKALIEREN (Standardeinstellung): Die dunkelste aktuelle Farbe einer Reihe wird durch die neue Farbe ersetzt. Alle anderen Farben dieser Reihe erhalten eine neu berechnete Tonwertabstufung der neuen Farbe.
- FARBTÖNE/SCHATTIERUNGEN (nur wenn Volltonfarben nicht erhalten werden): Mit dieser Option wird in einer Reihe zunächst die Farbe mit der mittleren Helligkeit gesucht. Diese Farbe wird durch die »reine« neue Farbe ersetzt. Hellere Farben in der Reihe erhalten Abstufungen der neuen Farbe, bei dunkleren Farben wird Schwarz hinzugefügt.
- FARBTON-VERSCHIEBUNG (nur wenn Volltonfarben nicht erhalten werden): Zunächst wird die dominante Farbe der Zeile AKTUELLE FARBEN als Basisfarbe für die Konvertierung ermittelt. Diese Basisfarbe wird durch die neue Farbe ersetzt. Die anderen Farben werden entsprechend ihrem Verhältnis zur Basisfarbe in Farbton, Sättigung und Helligkeit verändert.
- FARBTÖNE KOMBINIEREN: Verwenden Sie diese Option, um alle Tonwerte einer globalen Farbe in einer Reihe zusammenzufassen. Die Zusammenfassung in einer Reihe nimmt Illustrator auch dann vor, wenn keine Reduzierung stattfindet. Die Option eignet sich in Verbindung mit der Färbungsmethode FARBTÖNE BEIBEHALTEN.
- BEIBEHALTEN: Hier sind die Farben aufgelistet, die typischerweise nicht umgewandelt werden – Weiß, Schwarz und Grautöne. Denken Sie daran: Wenn Sie in Verbindung mit der Vorgabe ZWEIFARBIGER AUFTRAG Grautöne oder Schwarz beibehalten, verwenden Sie drei Druckfarben.

**Originalfarbe in der Grafik anzeigen |** Besonders bei sehr feinen Farbabstufungen ist es nicht immer möglich, zu erkennen, wo genau in der Grafik eine Farbe vorkommt. Um bestimmte Farben zu finden, verwenden Sie den Button KLICKEN SIE AUF DIE FARBEN, UM SIE IM BILDMATERIAL ZU FINDEN . Die bearbeitete Grafik wird insgesamt auf der Zeichenfläche abgedimmt. Wenn Sie jetzt eine Farbe in der Spalte AKTUELLE FARBEN auswählen, werden nur Objekte hervorgehoben, die mit dieser Farbe versehen sind. Die Anzeige der Ursprungsfarben funktioniert auch, wenn bereits Umwandlungseinstellungen vorgenommen wurden.

Klicken Sie erneut auf den Button, um den Anzeigemodus zu beenden.

**Zurücksetzen** | Möchten Sie nach umfangreichen Änderungen der Einstellungen wieder zum Ursprungszustand zurückkehren, bleibt Ihnen meist nur, den Dialog INTERAKTIVE FARBE mit dem Button ABBRECHEN zu schließen. Nach geringfügigen Manipulationen kann der Befehl AKTUELLE FARBEN EINSTELLEN manchmal die Farbeinstellungen zurücksetzen.

Haben Sie in der Spalte NEU die Reihenfolge der Farben einer Farbgruppe geändert, dann doppelklicken Sie auf deren Namen im Farbgruppenspeicher (aufgrund der Änderung ist er kursiv dargestellt), um die ursprüngliche Reihenfolge wiederherzustellen. Die Neuzuweisungssymbole ➔ müssen aktiv sein.

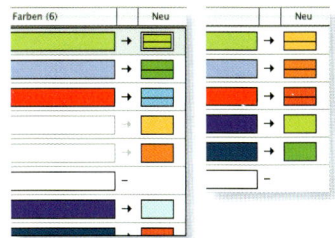

▲ **Abbildung 8.105**
Wiederherstellen der Reihenfolge in einer Gruppe

**Zurückwandeln?** | Obwohl die Funktion ein »Interaktiv« im Namen führt, ist sie – anders als von gleichnamigen Funktionen gewohnt – nicht »live«. Sie können also nur mit BEARBEITEN • RÜCKGÄNGIG Ihre Einstellungen »zurückwandeln«. Und dies auch nur, solange es die Rückschritte zulassen.

### Schritt für Schritt: Farben reduzieren

**1** **Grafik auswählen und Live Color aufrufen**
Öffnen Sie die Datei »Livecolor.ai« von der DVD. Aktivieren Sie alle Objekte der Grafik mit ⌘/Strg+A. Rufen Sie INTERAKTIVE FARBE auf, indem Sie auf den Button im Steuerungsbedienfeld klicken. Bei dieser Grafik werden Sie zunächst mit der Zuordnung der Farben experimentieren. Anschließend wird die Grafik gezielt auf eine Darstellung mit wenigen Druckfarben reduziert.

▲ **Abbildung 8.106**
Die Originalgrafik

**2** **Eine neue Harmonieregel zuweisen**
Experimentieren Sie zunächst mit den Objektfarben, indem Sie alternative Harmonieregeln aus dem Menü auswählen.

Weisen Sie auch andere Farbgruppen aus dem Farbgruppenspeicher zu – und testen Sie erneut die Harmonieregeln.

▼ **Abbildung 8.107**
Von links: Zuweisen einer alternativen Harmonieregel, Zuweisen einer anderen Farbgruppe, Zuweisen einer anderen Farbgruppe und Harmonieregel

▲ Abbildung 8.108
Verändern der nicht verknüpften Farben auf dem Farbrad

### 3  Mit dem Farbrad arbeiten

Anschließend wechseln Sie in den Bereich BEARBEITEN. Verändern Sie die Farbharmonie intuitiv durch Verschieben der Farben auf dem Farbrad. Lösen Sie die Verknüpfung der Harmonie 🔗, um einzelne Farben individuell verändern zu können.

### 4  Zufallsgenerator

Wenn Ihnen die Zusammenstellung der Farbharmonie grundsätzlich gefällt, die Verteilung der Farben auf den Objekten jedoch noch nicht, wechseln Sie wieder zurück zu ZUWEISEN, und wenden Sie die Zufallsfunktionen 🔀 und 🔁 an. So ist es möglich, schnell die Kombinationen durchzuspielen, die Ihnen die aktiven Farben an den Objekten bieten.

▲ Abbildung 8.109
Zuweisen der neuen Farben mit zufälliger Sortierung

### 5  Zurücksetzen

Bevor Sie jetzt die Grafik gezielt auf wenige Farben aus einer vorgegebenen Bibliothek reduzieren, setzen Sie Ihre bisherigen Änderungen zurück. Rufen Sie FARBEN AUS AUSGEWÄHLTEM BILDMATERIAL ERFASSEN durch einen Klick auf den Button 📝 auf. Falls dieser Schritt nicht zum gewünschten Ergebnis führt (dass die Farben in den Spalten AKTUELLE FARBEN und NEU identisch sind), schließen Sie die Dialogbox mit ABBRECHEN.

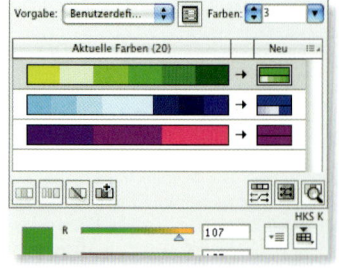

▲ Abbildung 8.110
Beschränkung auf drei Farben aus der HKS-Bedienfeld

### 6  Farben reduzieren

Die Farben der Grafik sollen auf zwei Farben der Bibliothek HKS K und Schwarz reduziert werden. Wählen Sie aus dem Menü FARBEN die Anzahl »3« und aus dem Menü AUF FARBBIBLIOTHEK BESCHRÄNKEN • FARBTAFELN 📚 die Bibliothek HKS K. Der Name der ausgewählten Bibliothek wird sowohl im Titel der Dialogbox als auch über dem Menü-Button FARBBIBLIOTHEK angezeigt.

### 7 Reduktionsoptionen

Rufen Sie die FARBREDUKTIONSOPTIONEN auf. Die Anzahl der Farben sowie die Einschränkung auf die Bibliothek sind hier bereits eingestellt. Stellen Sie darüber hinaus unter SORTIEREN die Option FARBTON VORWÄRTS oder RÜCKWÄRTS ein. Damit werden ähnliche Farbtöne in einer Reihe kombiniert. Unter FÄRBUNGSMETHODE wählen Sie FARBTÖNE SKALIEREN.

### 8 Neue Farben auswählen

Die automatisch zugewiesenen HKS-Farbtöne werden Sie in diesem Schritt ändern. Beginnen Sie mit der Reihe der Grüntöne. Doppelklicken Sie auf das Farbfeld in der Spalte NEU. Der Farbwähler wird geöffnet. Falls er nicht automatisch die HKS-Farbfelder auflistet, wechseln Sie mit dem Button FARBFELDER in diese Darstellung. Da in der Reihe der Grüntöne ein großer Umfang an Helligkeitsstufen mit der neuen Farbe abgebildet werden muss, sollten Sie einen dunkleren Ton als neue Farbe bestimmen. Bestätigen Sie mit OK.

Weisen Sie anschließend der Reihe mit den violetten Farbtönen die Farbe Schwarz – HKS 88 – zu.

Abschließend wählen Sie noch eine neue Farbe für die Blautöne.

### 9 Farbe durch Verschieben zuweisen

Deaktivieren Sie jetzt mit dem Optionsfeld unten links die Anzeige der neuen Farbe, und vergleichen Sie die Darstellung. Dabei fällt auf, dass in den Augen des Kraken Details verloren gegangen sind: Der mittlere Violett-Ton sollte eine andere Farbe erhalten. Aktivieren Sie diesen Ton, und überprüfen Sie Ihre Feststellung noch einmal, indem Sie die Funktion FARBE IM BILDMATERIAL FINDEN verwenden.

Schieben Sie anschließend diesen mittleren Ton in einen der anderen beiden Balken.

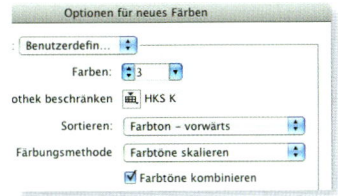

▲ Abbildung 8.111
Dialogbox FARBREDUKTIONSOPTIONEN/OPTIONEN FÜR NEUES FÄRBEN

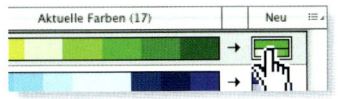

▲ Abbildung 8.112
Aufrufen des Farbwählers mit einem Doppelklick auf die Farbe in der Spalte NEU

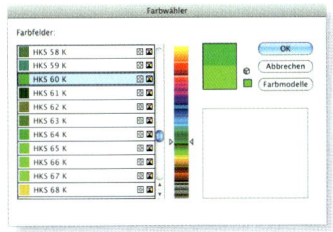

▲ Abbildung 8.113
Der Farbwähler in der Farbfelder-Ansicht

▲ Abbildung 8.115
Vergleich der Augen mit der Originalgrafik (links) und Ändern der Farbdefinition (oben), um den Kontrast wiederherzustellen

▲ Abbildung 8.114
Die fertiggestellte Grafik

Die Grafik ist jetzt fertiggestellt. Schließen Sie die Dialogbox, indem Sie mit OK bestätigen. Die Originalgrafik sollten Sie aufheben, da INTERAKTIVE FARBE keine Live-Eigenschaft ist.

| Position der Farbfilter im Menü |
|---|
| Bei diesen Funktionen handelt es sich um die Farbfilter, die ab Version CS3 eine neue Heimat im Menü gefunden haben. In älteren Illustrator-Versionen finden Sie sie unter FILTER • FARBFILTER. |

## 8.9 Farbfilter

Oft ist es sinnvoll oder notwendig, die Farben mehrerer Objekte gleichzeitig zu beeinflussen oder umzuwandeln, beispielsweise um eine gemeinsame »Farbwelt« zu organisieren. Die darauf spezialisierten Funktionen finden Sie unter BEARBEITEN • FARBEN BEARBEITEN.

### Farbbalance einstellen (Farben einstellen)

Wie beim Einsatz von Filtern in der Fotografie gibt Ihnen das Programm mit diesem Tool weitgehende Einwirkungsmöglichkeiten an die Hand, um die Farbstimmung Ihrer Grafik zu verändern.

Aktivieren Sie mehrere Objekte in Ihrer Grafik, deren Farben Sie einstellen wollen, und rufen Sie unter BEARBEITEN • FARBEN BEARBEITEN • FARBBALANCE EINSTELLEN… die zugehörige Dialogbox auf.

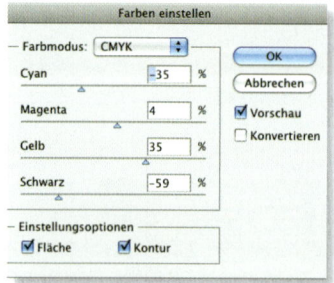

▲ **Abbildung 8.116**
Die Dialogbox FARBEN EINSTELLEN

Wählen Sie mit den Kontrollkästchen im unteren Teil der Dialogbox, ob sich die Einstellungen auf die FLÄCHE (Füllung), die KONTUR oder auf beide beziehen sollen.

Wenn Sie die Option VORSCHAU aktivieren, werden die Einstellungen direkt auf die ausgewählten Objekte angewendet.

Die anderen Einstellmöglichkeiten in der Dialogbox ändern sich je nachdem, welchen FARBMODUS Sie in dem gleichnamigen Ausklappmenü anwählen: GRAUSTUFEN, RGB, CMYK oder GLOBAL.

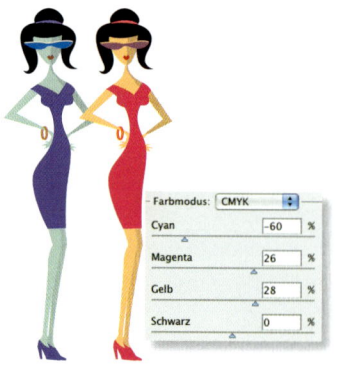

▲ **Abbildung 8.117**
Farbfilter FARBEN EINSTELLEN, Original (links)

**Globale Farben |** Bei Objekten, denen eine globale Prozessfarbe oder eine Volltonfarbe als Eigenschaft zugeordnet ist, wird im Ausklappmenü FARBMODUS die Menüauswahl GLOBAL angezeigt. Zwei Möglichkeiten stehen zur Verfügung:

▶ TONWERT ändern: Mit diesem Regler verändern Sie gleichzeitig die Farbintensität aller ausgewählten Objekte.
▶ GLOBALE in LOKALE FARBEN umwandeln: Dazu wählen Sie in dem Ausklappmenü den Farbmodus aus – je nach Dokumentfarbmodus CMYK bzw. RGB – und kreuzen die Option KONVERTIEREN an. Nun werden die Regler für die entsprechenden Grundfarben eingeblendet. Anschließend passen Sie mit den Schiebereglern die Farbmischungen gleichmäßig für alle ausgewählten Objekte an. Wenn Sie die Eingabe mit OK been-

den, werden die entsprechenden Farben der Objekte in lokale Farben konvertiert, und die Verbindung zu den Farbfeldern ist gekappt.

**Lokale Farben** | Bei Objekten, die lokale Farben als Eigenschaft aufweisen, verändern Sie mit den Reglern in der Dialogbox gleichzeitig die Anteile der einzelnen Grundfarben in den Farbmischungen aller ausgewählten Objekte. Die Regelungsmöglichkeiten richten sich nach dem Dokumentfarbmodus, entweder Cyan, Magenta, Gelb und Schwarz bei CMYK bzw. Rot, Grün und Blau bei RGB.

**Farbe in Graustufen umwandeln** | Wenn Sie farbige Objekte in grau abgestufte umwandeln möchten, wählen Sie in dem Ausklappmenü FARBMODUS den Menüpunkt GRAUSTUFEN aus, aktivieren die Option KONVERTIEREN und passen gegebenenfalls mit dem Regler SCHWARZ den Grautonwert an. Die Farben sind danach lokal, Verbindungen zu Farbfeldern wurden aufgelöst.

### Sättigung erhöhen (Sättigung verändern)

Diesen Filter setzen Sie ein, wenn Sie nur die Sättigung der Farben ausgewählter Objekte verringern oder erhöhen möchten. Geben Sie einen Wert zwischen –100 % und +100 % an, oder verwenden Sie den Schieberegler. Niedrigere Werte verringern die Sättigung, höhere Werte verstärken sie. Die Veränderung wirkt sich sowohl auf die Füllung als auch auf die Kontur aus (zu Sättigung und HSB/HLS-Farbmodell siehe Abschnitt 8.4).

### In Graustufen konvertieren

Dieser Befehl konvertiert die Farben der aktiven Objekte in Graustufen, basierend auf deren Luminanzwert, also ihrer Helligkeit. Der Befehl wird direkt ohne Einstellmöglichkeit angewendet. Sie können die Funktion auch auf Muster und eingebettete Pixelbilder anwenden.

**Globale und lokale Farben**

Am einfachsten ist es, entweder nur globale oder nur lokale Farben gemeinsam mit Farbfiltern zu bearbeiten. Sollte es doch einmal notwendig sein, globale und lokale Farben gemischt zu editieren, müssen Sie zunächst die globalen Farben in lokale Farben umwandeln, bevor Sie alle gemeinsam einstellen können. Gehen Sie dazu so vor, wie links unter »Globale Farben« beschrieben.

**Grauumwandlung besser**

Auch wenn Sie nur Farben in graue Tonwerte konvertieren möchten, ist der Filter FARBEN EINSTELLEN dem Graustufen-Filter vorzuziehen, da Sie dort auch gleichzeitig die Helligkeit einstellen können. Einen noch größeren Einfluss auf das Ergebnis haben Sie mit der Funktion INTERAKTIVE FARBE.

▲ **Abbildung 8.118**
Sättigung verändert

▲ **Abbildung 8.119**
In Graustufen konvertieren

8.9 Farbfilter | **241**

▲ **Abbildung 8.120**
Mit den Angleichen-Filtern lassen sich z. B. in der Kartografie regelmäßige Farbübergänge erstellen (unten). Hier erweist es sich auch als besonders praktisch, dass Konturen nicht angegriffen werden.

### In CMYK konvertieren, in RGB konvertieren
Abhängig vom Dokumentfarbmodus ist einer der beiden Befehle aktiv – der Filter konvertiert Graustufen in CMYK- bzw. RGB-Farben. Der Filter wird direkt und ohne Dialogbox ausgeführt!

### Horizontal, Vertikal, Vorne->Hinten angleichen
Diese Filter werden auf mindestens drei Objekte angewendet – die Objekte dürfen *nicht mit globalen* Farben gefüllt sein. Sie erzeugen Farbabstufungen zwischen den Objekten an den Extrempositionen auf der Zeichenfläche in horizontaler bzw. vertikaler Richtung oder in der Stapelreihenfolge und weisen diese Abstufungen den dazwischenliegenden Objekten zu. Die Farben der Konturen bleiben unverändert. Die Filter werden direkt ausgeführt!

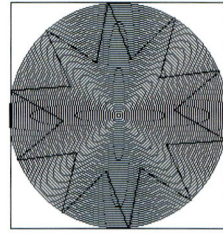

▲ **Abbildung 8.121**
Neben der in Abbildung 8.120 demonstrierten Anwendung für kartografische Arbeiten können Sie mit den Angleichen-Funktionen auch in Einzelflächen konvertierte Verläufe umfärben.

### Farben invertieren
Mit diesem Filter erzeugen Sie ein »Negativ« Ihrer Grafik.

### Schwarz überdrucken
Siehe dazu Kapitel 19, »Austausch, Weiterverarbeitung, Druck«.

▲ **Abbildung 8.122**
Original, Invertieren

# 9 Flächen und Konturen gestalten

Bei der Gestaltung von Flächen und Konturen gibt Illustrator Ihnen zusätzlich zu den Standardoptionen einige mächtige Funktionen an die Hand. Während Pinsel eine sehr freie Gestaltung von Konturen gestatten, sind Verlaufsgitter Spezialobjekte für mehrfarbige Flächen.

## 9.1 Standard-Konturoptionen

Aussehen-Eigenschaften, die dem Pfad zugewiesen sind, werden in Illustrator **Kontur** genannt. Konturen definieren sich nicht nur durch ihre Farbe (bzw. ein Muster) und die Strichstärke. Als weitere Standard-Eigenschaften sind Strichelung, Eckenverhalten sowie Endung festzulegen.

▲ **Abbildung 9.1**
Verlaufsgitter wurden für den Körper eingesetzt, Mähne und Schweif sind mit Pinseln gezeichnet.

**Kontur-Bedienfeld**
Im Kontur-Bedienfeld verwalten Sie die Strichstärke, das Linienmuster, die Ausrichtung der Kontur und die Formen der Enden und der Ecken eines Pfads.

Um das Kontur-Bedienfeld anzeigen zu lassen, wählen Sie im Menü FENSTER • KONTUR – Shortcut ⌘/Strg+F10 oder klicken im Dock auf .

Falls nicht alle Optionen des Bedienfelds dargestellt sind, ändern Sie die Ansicht mit einem Doppelklick auf den Reiter oder über den entsprechenden Befehl im Bedienfeldmenü .
Aktivieren Sie das Objekt, dessen Kontur Sie bearbeiten wollen, und definieren Sie die Eigenschaften, indem Sie im Kontur-Bedienfeld die gewünschten Werte angeben.

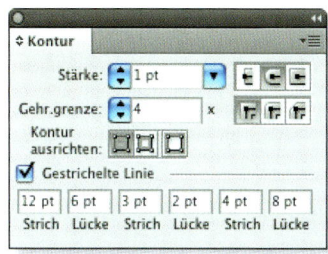

▲ **Abbildung 9.2**
Kontur-Bedienfeld mit allen Optionen

- STÄRKE: Legen Sie die Strichstärke numerisch im Eingabefeld fest, oder rufen Sie einen Eintrag aus dem Ausklappmenü auf, das Illustrator am rechten Rand des Felds anbietet. Der Doppelpfeil links neben dem Feld erhöht bzw. reduziert den Eingabewert jeweils um einen Zähler.
Das Programm berechnet die Linienstärke in der Maßeinheit, die unter VOREINSTELLUNGEN • EINHEITEN UND ANZEIGELEIS-

> **Konturstärke und Größenanzeige**
> Ob die Konturstärke bei der Berechnung der Objektgröße berücksichtigt wird, bestimmen Sie mit der Option VORSCHAU-BEGRENZUNGEN VERWENDEN unter VOREINSTELLUNGEN • ALLGEMEIN.

▲ **Abbildung 9.3**
Konturen werden üblicherweise gleichmäßig beidseitig des Pfads angelegt.

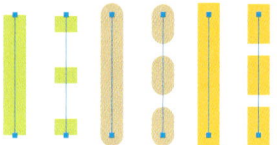

▲ **Abbildung 9.4**
Linienenden-Einstellungen

> **Hervorstehende Linienenden?**
>
> Diese Linien sind nützlich für Zeichnungen aus CAD-Programmen, die häufig als eine Sammlung von Einzelpfaden importiert werden. Mit abgeflachten Enden fallen die aufgetrennten Pfade auf (links) – hervorstehende Enden verbergen die Schnitte (rechts).

▲ **Abbildung 9.5**
Ecken-Einstellungen

▲ **Abbildung 9.6**
Die Spitze ist 4,5-mal so lang, wie die Kontur stark ist. Bei einer Gehrungsgrenze unter 4,6 wird die Spitze also abgeflacht.

TUNG festgelegt ist. Die Einträge im Aufklappmenü sind jedoch immer in der Einheit »Punkt« dargestellt. Auch die Werte des Menüs können Sie nicht nach Ihren Bedürfnissen konfigurieren.

Wenn Sie die Stärke in einer anderen als der voreingestellten Maßeinheit eingeben möchten, tippen Sie deren Abkürzung nach der Zahl ein. Illustrator rechnet den Wert sofort in die Standard-Maßeinheit um. Eine Tabelle der Kürzel für die Maßeinheiten finden Sie in Kapitel 1.

Achten Sie beim Eingeben eigener Einheiten darauf, dass Sie vorher den kompletten Feldinhalt aktivieren – das erreichen Sie mit einem dreifachen Mausklick in das Feld.

▶ LINIENENDE: Mit den Optionsbuttons bestimmen Sie, wie die Linienenden offener Pfade bzw. die Enden der Teillinien einer Strichelung aussehen. Drei Varianten stehen zur Auswahl:

  ▶ ABGEFLACHTE LINIENENDEN : Bei dieser Form wird die Linie direkt am Endpunkt abgeschnitten.

  ▶ ABGERUNDETE LINIENENDEN: Hier wird die Linie am Endpunkt mit dem Radius einer halben Linienstärke gerundet.

  ▶ HERVORSTEHENDE LINIENENDEN: Das Linienende ist quadratisch und ragt eine halbe Linienstärke über die Endpunkte des Pfads hinaus.

▶ ECKENFORM: Diese Optionsbuttons legen die Form der Ecken eines Pfads fest.

Auch wenn es die Anordnung der Buttons nahelegt, müssen Sie Eckenformen nicht zwingend zusammen mit den optisch entsprechenden Linienenden verwenden.

Zwischen folgenden Eckenformen können Sie wählen:

  ▶ GEHRUNGSECKEN: Mit dieser Option werden spitze Ecken an den ECKPUNKTEN eines PFADS erzeugt. Legen Sie in dem Eingabefeld links die Gehrungsgrenze fest (siehe Abbildung 9.6).

  ▶ ABGERUNDETE LINIENECKEN: Die Ecken eines Pfads werden gerundet.

  ▶ ABGEFLACHTE LINIENECKEN: Bei dieser Eckenform wird die Spitze abgeschnitten.

▶ GEHRUNGSGRENZE: Diese Eingabe hat nur Auswirkungen auf Gehrungsecken. Pfadecken, denen diese Form zugewiesen ist, werden bei spitzen Winkeln sehr lang. Mit der Gehrungsgrenze legen Sie die Toleranzschwelle fest, ab welcher Länge Illustrator eine Ecke als abgeflachte Ecke ausbilden soll. Bis zu zwei Nachkommastellen sind möglich.

  ▶ Die Ecke wird abgeflacht, wenn die Länge der Ecke den Wert übersteigt, der sich aus der Multiplikation der eingegebenen Gehrungsgrenze mit der Linienstärke ergibt. Je höher der Wert ist, desto spitzer können die Ecken werden, bevor das Programm die abgeflachte Form anwendet.

▶ Kontur ausrichten: Diese Option ist nur bei geschlossenen Pfaden aktiv. Üblicherweise wird in Vektorgrafik-Software die Konturstärke von der Mitte des Pfades nach beiden Seiten angelegt. In Illustrator können Sie ab Version CS2 bestimmen, ob Sie die Kontur auf die Mitte des Pfads ▫, auf die Innenseite ▫ oder auf die Außenseite ▫ der Form legen möchten.

**Achtung**: Wenn Sie eine solche Kontur in eine Fläche umwandeln möchten, verwenden Sie nicht den Befehl Objekt • Pfad • Konturlinie, denn der erkennt nur Konturen, die auf der Mitte des Pfads angeordnet sind. Der Menüpunkt Objekt • Aussehen umwandeln setzt dagegen auch komplexere Konturen in Flächen um.

▶ Gestrichelte Linie: Um einen Pfad als gestrichelte Linie zu bestimmen, aktivieren Sie dieses Kontrollkästchen. In den Eingabefeldern darunter definieren Sie jeweils die Länge von Strich und Lücke.

  ▶ Geben Sie nur einen Wert in das erste Feld ein, werden alle Teilstriche und Lücken in dieser Länge erzeugt.
  ▶ Unterschiedliche Strich- und Lückenlängen legen Sie durch entsprechende Maße in den ersten beiden Feldern fest.
  ▶ Da mehrere Wertfeld-Paare hintereinander angeordnet sind, können Sie damit auch kompliziertere Strichelungsarten verwirklichen.

**Haarlinie** | Die im Kontur-Bedienfeld nicht verfügbare Konturstärke »Haarlinie« verursacht auf jedem Ausgabegerät eine Kontur in der kleinsten darstellbaren Stärke. Diese Konturen sind im Offsetdruck nicht reproduzierbar, werden jedoch von mancher Plot-Software verwendet, um Pfade zu kennzeichnen, entlang denen geschnitten werden soll. Darüber hinaus können in platzierten oder geöffneten Dokumenten aus anderen Programmen Haarlinien enthalten sein. Illustrator zeigt im Kontur-Bedienfeld die Stärke 0 Pt an, wenn eine Haarlinie vorhanden ist.

Die einzige Möglichkeit, in Illustrator Haarlinien zu erzeugen, besteht über die Pathfinder-Funktion Kontur aufteilen.

## 9.2 Pinselkonturen

Die Optionen des Kontur-Bedienfelds decken nur einen Grundbedarf an Gestaltungsmöglichkeiten für Linien ab.

Möchten Sie weitergehende grafische Stile für Pfade festlegen, sind Pinselspitzen als Kontureigenschaften eine gute Wahl. Pinsel

▲ **Abbildung 9.7**
Konturausrichtung

> **Gepunktete Linie**
>
> Eine punktierte Linie erreichen Sie mit den Optionen Runde Linienenden, Gestrichelte Linie und der Eingabe 0 für den Strich. Wählen Sie die Breite der Lücke mindestens 1,5-mal so groß wie die Linienstärke.

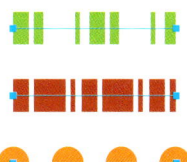

▲ **Abbildung 9.8**
Unterschiedliche Strichelungen:
grün: 10 | 3 | 6 | 20 | 3 | 6 Pt
rot: 10 | 3 | 20 | 3 | 3 | 4 Pt
orange: 0 | 34 Pt

▲ **Abbildung 9.9**
Viele Objekte sind mit einem Pinsel einfach konstruiert.

▲ **Abbildung 9.10**
MUSTERPINSEL (rechts) ersetzen die unsaubere Eckenführung von gestrichelten Konturen (links).

können Sie sowohl für üppige Rahmendesigns verwenden als auch dafür, die Nachteile der Standardkonturen zu umgehen.

Pinsel sind aber auch hervorragend für Einsatzzwecke geeignet, die mit der Verzierung einer Kontur nichts zu tun haben. Da das Prinzip von Pinseln darauf beruht, Vektorobjekte entlang eines Pfads anzuordnen und zu verformen, können Sie Pinsel vielfältig verwenden.

Pinselspitzen sind nicht an das Pinsel-Werkzeug gebunden, vielmehr kann jeder Vektorpfad eine Pinselspitze als Kontur-Eigenschaft annehmen. Die Pinselspitzen selbst sind normale Vektorobjekte und somit beliebig skalier- und verformbar.

Die Pinselspitzen des aktuellen Dokuments finden Sie im Pinsel-Bedienfeld. Pinsel-Bibliotheken speichern Pinselspitzen extern zur einfachen dokumentübergreifenden Verwendung.

### Dokumentprofil und Pinsel

Je nach Dokumentprofil (DRUCK, WEB, VIDEO) ist das Pinsel-Bedienfeld mit unterschiedlichen Pinseln »bestückt«. Es sind nicht immer Beispielpinsel für alle vier Pinselarten vorhanden, teilweise müssen diese bei Bedarf aus einer der Pinsel-Bibliotheken übernommen werden, die mit dem Programm geliefert werden. Wie Sie Pinsel-Bibliotheken laden, ist etwas weiter unten beschrieben.

### Pinsel-Bedienfeld

Im Pinsel-Bedienfeld verwalten Sie die Pinsel für das aktuelle Dokument, wählen Pinselspitzen für das Pinsel-Werkzeug aus und weisen Pfaden Pinselspitzen als Kontur-Eigenschaft zu.

Das Pinsel-Bedienfeld rufen Sie mit dem Menübefehl FENSTER
• PINSEL auf – Shortcut [F5], im Dock.

**Miniaturansicht oder Liste** | Das Pinsel-Bedienfeld verfügt über zwei Anzeigemodi, zwischen denen Sie im Bedienfeldmenü wählen können:

▸ die Miniaturansicht, in der nur die Piktogramme der Pinselspitzen sichtbar sind. Die Pinselformen sind in dieser Ansicht gut zu erkennen. Der Name eines Pinsels wird eingeblendet, sobald Sie den Cursor länger über seinem Symbol halten.
▸ die Listenansicht, die auch den Namen der Pinsel und die Kennzeichnung für die Pinselart aufweist.

**Pinselarten** | Illustrator kennt vier Pinselarten: BILDPINSEL, SPEZIALPINSEL, MUSTERPINSEL und KALLIGRAFIEPINSEL.

**Funktionsbuttons** | Mit den Buttons am unteren Rand des Pinsel-Bedienfelds ist es möglich, folgende Aktionen durchzuführen. Auf die einzelnen Funktionen gehen wir weiter unten ein.

▸ Pinsel-Bibliotheken aus dem Menü laden
▸ Pinselkonturen von Objekten entfernen
▸ Konturoptionen für ein ausgewähltes Objekt aufrufen
▸ Neue Pinsel anlegen
▸ Pinsel aus dem Pinsel-Bedienfeld löschen

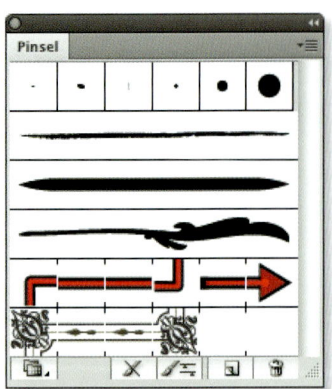

▲ **Abbildung 9.11**
Miniaturansicht des Pinsel-Bedienfelds

**Anzeigeoptionen** | Um im Bedienfeld eine bessere Übersicht zu behalten, besteht die Möglichkeit, die Anzeige zu beschränken.

▸ **Nicht verwendete Pinsel aus dem Bedienfeld löschen:** Wenn Sie all jene Pinsel aus dem Pinsel-Bedienfeld tilgen wollen, die in Ihrer Illustration nicht in Gebrauch sind, geben Sie im Bedienfeldmenü die Anweisung ALLE NICHT VERWENDETEN AUSWÄHLEN.
Anschließend löschen Sie die aktivierten Positionen, indem Sie im Bedienfeld auf den Papierkorb-Button 🗑 klicken.

▸ **Nur bestimmte Pinselarten anzeigen:** Wählen Sie die Pinselarten aus, die Sie im Bedienfeld anzeigen lassen wollen, indem Sie im Bedienfeldmenü die Optionen EINBLENDEN: …PINSEL einzeln ein- oder ausschalten, also mit einem Häkchen versehen oder das Häkchen entfernen.

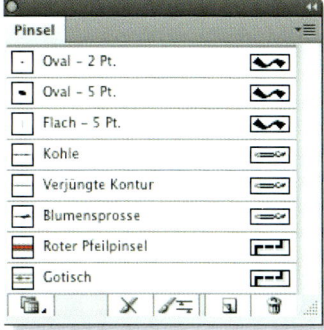

▲ **Abbildung 9.12**
Listenansicht des Pinsel-Bedienfelds

### Pinselkontur als Eigenschaft zuweisen

Aktivieren Sie ein Objekt, und klicken Sie auf einen Pinsel im Pinsel-Bedienfeld, um dem Objekt eine Pinselkontur zuzuweisen. Besitzt ein Objekt nur eine Kontur, wird diese durch die neu zugewiesene ersetzt. Sind dem Objekt bereits mehrere Konturen zugeordnet, so ersetzt die neue Kontur die im Aussehen-Bedienfeld aktivierte Kontur des Objekts. Möchten Sie eine bestimmte bestehende Kontur in eine Pinselkontur ändern, müssen Sie diese vorher im Aussehen-Bedienfeld aktivieren und erst dann die neue Kontur bestimmen (zum Aussehen-Bedienfeld siehe Kapitel 11).

▲ **Abbildung 9.13**
Mehrere Konturen im Aussehen-Bedienfeld

### Pinselkontur von einem Objekt entfernen

Um eine Pinselkontur von einem aktivierten Objekt zu entfernen, klicken Sie auf den Button PINSELKONTUR ENTFERNEN ✖ im Pinsel-Bedienfeld. Die Pinselkontur wird in die Standardkontur von 1 Punkt Breite umgewandelt, die Konturfarbe bleibt erhalten.

Haben Sie einem Objekt mehrere Konturen zugeordnet, müssen Sie zuerst die entsprechende Pinselkontur im Aussehen-Bedienfeld auswählen, da sonst diejenige Kontur entfernt wird, die *zufällig aktiv* ist.

### Pinselkonturen editieren – Optionen

In den Optionsdialogboxen zu jeder Pinselspitze und zu jeder Pinselkontur ist es möglich, sehr detailliert auf die Form des Pinsels bzw. der Pinselkontur Einfluss zu nehmen.

**Pinseloptionen** | Die Dialogboxen zum Einstellen der Pinselspitzen rufen Sie entweder durch einen Doppelklick auf den Pinsel im Pinsel-Bedienfeld auf, oder Sie aktivieren den Pinsel und wäh-

> **Pinsel und Konturstärke**
>
> Bei allen Pinselkonturen bedeutet die Standardkonturstärke von 1 Punkt im Kontur-Bedienfeld, dass Illustrator die Pinselkontur in der Originalgröße der Grafik zeichnet, die der Pinselspitze zugrunde liegt.
>
> Andere Konturstärken fungieren als Multiplikationsfaktor: Eine Einstellung von 6 Punkt im Kontur-Bedienfeld bewirkt also beispielsweise eine sechsfache Vergrößerung der Pinselspitze, und 0,5 Punkt halbiert sie.
>
> Ein Skalierungsfaktor, der in den Pinseloptionen eingestellt ist, verändert die Konturstärke zusätzlich.

len den Menüpunkt Pinseloptionen… im Bedienfeldmenü des Pinsel-Bedienfelds aus.

Einstellungen, die Sie in den Pinseloptionen vornehmen, gelten für den Pinsel generell, d. h., die Änderungen werden automatisch dokumentweit auf alle Objekte übernommen, die diese Pinselspitze als Eigenschaft besitzen.

**Kontur-Optionen |** Für Pinselkonturen einzelner Objekte können Sie verschiedene Parameter des Pinsels lokal, also nur für dieses Objekt verändern. Dazu dienen die Kontur-Optionen. Die Dialogbox rufen Sie auf, indem Sie das Objekt aktivieren, dessen Pinselkontur Sie bearbeiten wollen, und dann den Funktionsbutton Optionen für ausgewähltes Objekt im Pinsel-Bedienfeld anklicken. Alternativ können Sie diesen Befehl im Bedienfeldmenü auswählen.

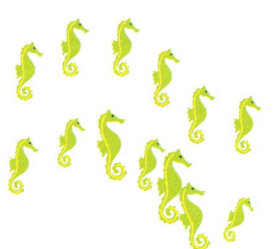

▲ **Abbildung 9.14**
Konturoptionen ermöglichen es, dieselbe Pinselspitze in einer Datei unterschiedlich einzusetzen.

Die Kontur-Optionen enthalten für den lokalen Gebrauch einen Teil der Einstellmöglichkeiten, die auch in den Pinsel-Optionen für den Pinsel global vorhanden sind, deshalb werden die Optionen für Pinsel und Kontur nicht getrennt behandelt, sondern in den folgenden Absätzen für jede Pinselart gemeinsam erklärt.

### Bildpinsel

In Bildpinseln sind meist Striche realer Zeichen- und Malwerkzeuge vektorisiert. Wie Sie weiter hinten in den Workshops sehen werden, sind Bildpinsel jedoch auch in naturalistischen Illustrationen oder zur Konstruktion geometrischer Objekte nützlich.

▲ **Abbildung 9.15**
Illustration von Haaren mit Bildpinseln

Die Vektorform wird gleichmäßig am Verlauf eines Pfads über die gesamte Länge »gestreckt«. Mit den Optionen in den Dialogboxen steuern Sie das Aussehen des Pfads.

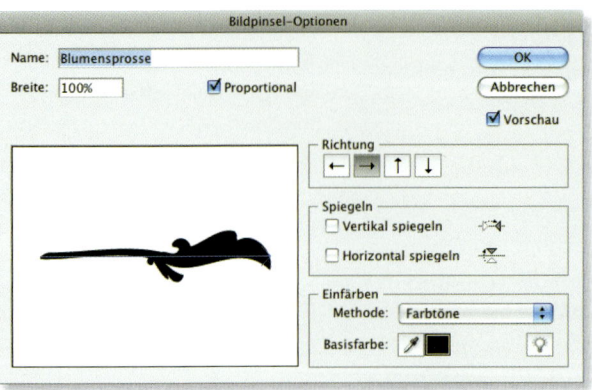
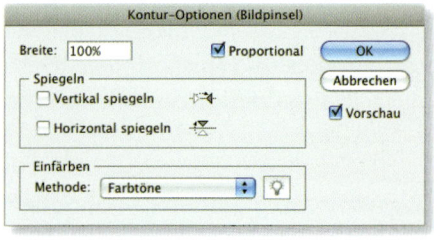

▲ **Abbildung 9.16**
Bildpinsel-Optionen und Kontur-Optionen

- RICHTUNG: Mit diesen Optionsbuttons wählen Sie in 90°-Schritten aus, in welche Richtung die Pinselspitze auf den Pfad angewendet wird – nach links, nach rechts, nach oben bzw. nach unten. Der blaue Pfeil im Schaubild der Pinselspitze symbolisiert die Pfadrichtung, das heißt, Sie richten den Pinsel in Bezug zur Richtung des Pfads aus (Pfadrichtung s. Kapitel 6).
Ändern Sie die Pfadrichtung zu einem späteren Zeitpunkt, wird sich der Pinsel der neuen Richtung anpassen.
- BREITE: Dieser Wert bestimmt den prozentualen Skalierungsfaktor für die Breite der Pinselspitze und damit indirekt auch die Stärke des Pinselstrichs.
- PROPORTIONAL: Normalerweise wird die Pinselspitze nur in einer Dimension entlang des Pfads skaliert. Die Breite der Kontur richtet sich nach dem Wert, den Sie im Breite-Feld eingegeben haben. Aktivieren Sie die Proportional-Option, wird die Konturbreite proportional an die Längenskalierung angepasst.
- VERTIKAL SPIEGELN, HORIZONTAL SPIEGELN: Mit diesen Optionen bestimmen Sie, ob die Pinselspitze bei der Anwendung vertikal und/oder horizontal gespiegelt werden soll. Die Wirkung auf die Pinselkontur kann ähnlich sein wie bei den Optionsbuttons RICHTUNG, allerdings stehen im Gegensatz dazu die Spiegelungsmöglichkeiten auch lokal in den Kontur-Optionen zur Verfügung.
- EINFÄRBEN: Im Gegensatz zu Standard- und Kalligrafiekonturen nehmen Konturen von Spezial-, Bild- und Musterpinseln normalerweise nicht die Farbe an, die im Werkzeugbedienfeld bzw. im Farbe-Bedienfeld als Konturfarbe definiert ist.
Spezial-, Bild- und Musterpinsel behalten die Farbeigenschaften, die in den jeweils zugrunde gelegten Grafiken bzw. Musterelementen festgelegt sind. In den Pinsel-Optionen können Sie durch die Einstellung der Einfärben-Methode noch Veränderungen in den Tonwerten vornehmen.
Die Einfärben-Option ist vor allem bei schwarzen Pinselspitzen nützlich, um die daraus generierten Konturen einzufärben. Wählen Sie dazu in einem der zuständigen Bedienfelder (Werkzeugbedienfeld, Farbe-Bedienfeld) die gewünschte Konturfarbe aus, und stellen Sie in den Pinsel-Optionen die Einfärbemethode FARBTÖNE (früher: TONWERTE) ein (sehen Sie hierzu den Kasten »Einfärben und Farbmodus«).
Die Wirkung der anderen Einfärben-Optionen kann von Pinselspitze zu Pinselspitze je nach deren Ursprungsfarben stark variieren. Deshalb empfiehlt es sich, hierzu über den gleichnamigen Button 💡 die TIPPS aufzurufen, in denen anhand von Beispielen Ergebnisse aufgezeigt werden.

▲ Abbildung 9.17
Eine Sternform als Bildpinsel

▲ Abbildung 9.18
Eine proportional skalierte Pinselkontur (grün) hat eine an die Pfadlänge angepasste Stärke. Eine nicht proportional skalierte Pinselkontur (blau) ist immer gleich stark.

▲ Abbildung 9.19
Bildbeispiele aus den Einfärbe-Tipps

### Einfärben und Farbmodus

Achten Sie beim Einfärben mithilfe der Pinseloptionen auf die Abhängigkeit vom Dokumentfarbmodus. Die Pinselform muss die Farbe 100 % Schwarz bzw. RGB 0/0/0 besitzen. Haben Sie die Pinselgrundform aus einem Dokument in einem anderen Farbmodus übernommen, wird die Farbe konvertiert und ist folglich nicht exakt schwarz. Falls Sie Fehldarstellungen Ihrer eingefärbten Pinselkontur bemerken, überprüfen Sie also die Farbe der Pinselform.

Wenn Sie wie im Beispiel eine in 100 % K eingefärbte Pinselgrundform in einem RGB-Dokument verwenden, wird eine dieser Pinselkontur zugewiesene Farbe immer heller sein. Erst wenn Sie die Pinelgrundform als RGB-Schwarz definieren, fällt die der Kontur zugewiesene Farbe exakt aus.

**Spezialpinsel**
Die Grafik der Pinselspitze wird im Rahmen der frei definierbaren Grenzen nach dem Zufallsprinzip entlang des Pfads verstreut. Spezialpinsel können zudem die Optionen des Grafiktabletts bei der Stifteingabe für die Steuerung der Streuung auswerten (zum Grafiktablett siehe Kapitel 7).

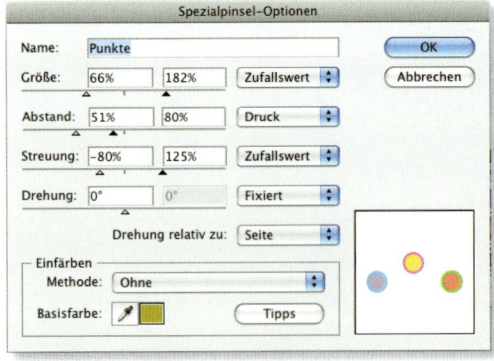
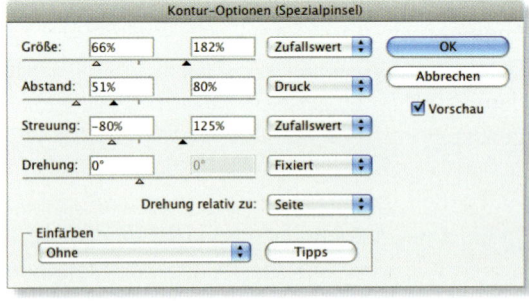

▲ **Abbildung 9.20**
Spezialpinsel-Optionen und Kontur-Optionen

Die Streuung wird durch fünf Variablen definiert, die Sie alle auf einen bestimmten Wert fixieren oder durch einen Bereich beschreiben können, innerhalb dessen das Programm entweder zufällig oder per Stifteingabe variiert.

▶ Grösse: Wenn Sie im zugehörigen Ausklappmenü den Menüpunkt Fixiert einstellen, legen Sie in dem Eingabefeld prozentual zur Größe der Originalgrafik des Pinsels fest, wie groß die Objekte der Pinselspitze in die Kontur ausgebracht werden sollen. Bei allen anderen Menüpunkten des Ausklappmenüs gilt das linke Eingabefeld als prozentuale Untergrenze der

Objektgröße für einen Zufallswert, und das rechte Eingabefeld enthält die Obergrenze.

- ABSTAND: Mit diesen Eingaben steuern Sie den Abstand zwischen den Objekten. Bei der Werteingabe gehen Sie genauso vor, wie im letzten Absatz beschrieben wurde.
- STREUUNG: Diese Vorgaben beschreiben die Genauigkeit, mit der die Objekte der Pinselspitze dem Pfadverlauf folgen. Höhere Werte führen zu einer weiteren Streuung. Positive bzw. negative Werte bestimmen, zu welcher Seite des Pfads gestreut wird.
- DREHUNG: Hier können Sie entweder einen festen oder zufälligen Drehwinkel der Pinselgrafik um ihren Mittelpunkt einstellen.
- DREHUNG RELATIV ZU: In diesem Ausklappmenü bestimmen Sie den Bezug für die Berechnung der Drehung. Erfolgt die Drehung relativ zum Pfad, kann die Grafik des Pinsels dem Pfadverlauf besser folgen. Wenn Sie bei 0°-Drehung die Pinselspitze relativ zum Pfad ausrichten, liegt die Grafik immer genau entlang des Pfads.
- EINFÄRBEN: Lesen Sie dazu bitte die Erläuterungen zur gleichen Option für Bildpinsel.

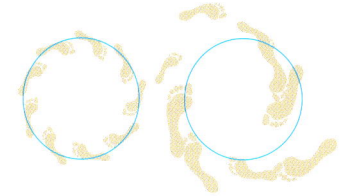

▲ **Abbildung 9.21**
Rechts: Spezialpinsel mit Variation in GRÖSSE, ABSTAND, STREUUNG und DREHUNG
Anders als Bild- und Musterpinsel passt sich der Spezialpinsel nicht der Biegung des Pfads an.

▲ **Abbildung 9.22**
Drehung relativ zum Pfad (links) und zur Seite (rechts)

### Musterpinsel

Der Musterpinsel enthält bis zu fünf Musterelemente für Anfang, Ende, Kanten, innere und äußere Ecken, die in der Kontur je nach Form des Pfads angewendet werden. Die Musterelemente folgen dem Pfad exakt, das heißt, die Grafiken werden gegebenenfalls gebogen.

> **Workshop zu Mustern**
>
> Zur Erstellung von Musterelementen siehe den Workshop auf Seite 255 sowie Kapitel 16, »Muster und Symbole«.

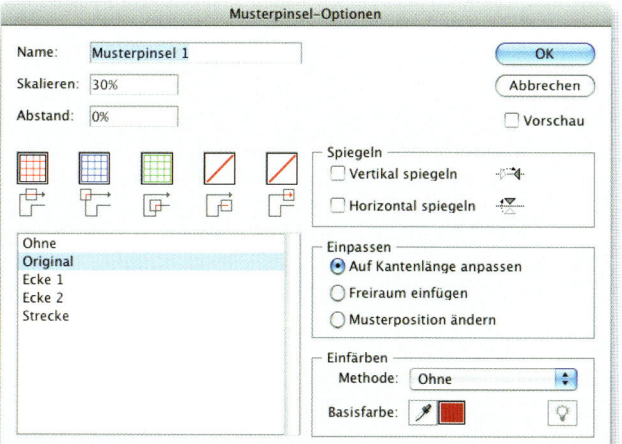

▲ **Abbildung 9.23**
MUSTERPINSEL-OPTIONEN und KONTUR-OPTIONEN für den Raster-Pinsel aus Abbildung 9.24

9.2 Pinselkonturen | **251**

▲ **Abbildung 9.24**
Angewendete Musterpinsel-Optionen aus Abbildung 9.23

▲ **Abbildung 9.25**
Bestandteile eines Musterpinsels

▲ **Abbildung 9.26**
Musterpinsel lassen sich auch in wissenschaftlichen Illustrationen gut einsetzen.

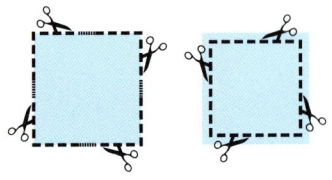

▲ **Abbildung 9.27**
Musterelemente auf Kantenlänge angepasst und Musterposition geändert

Die Pinsel-Optionen geben Ihnen u. a. die Möglichkeit, die Musterelemente für die Pinselspitze zu bestimmen.

Die verschiedenen Musterelemente werden auf bestimmte Abschnitte eines Pfadverlaufs angewendet. Das erste Musterfeld enthält das Kantenelement für den normalen Pfadverlauf, die »Kante«. Die folgenden Felder können, aber müssen nicht belegt sein. Mit diesen Feldern geben Sie vor, ob Illustrator für »äußere« Ecken, »innere« Ecken, Pfadanfang und Pfadende besondere Musterelemente verwenden soll.

In der Liste darunter erscheinen alle Muster, die im Farbfelder-Bedienfeld enthalten sind. Um einem der Elemente für den Musterpinsel ein Muster-Farbfeld zuzuordnen, aktivieren Sie zunächst das entsprechende Element durch einen Klick und wählen anschließend in der Liste das gewünschte Muster aus.

Nachdem Sie die Musterelemente belegt haben, wird die Verbindung zu den Musterfeldern im Farbfelder-Bedienfeld nicht weiter aufrechterhalten. Sie können diese, wenn gewünscht, im Farbfelder-Bedienfeld ändern oder löschen.

Darüber hinaus haben Sie in den Pinsel-Optionen Einfluss auf die folgenden Parameter:

▶ Größe: Mit der Option SKALIEREN legen Sie fest, ob die Grafiken der Musterelemente bei der Anwendung auf eine Kontur prozentual vergrößert oder verkleinert werden sollen. Werte zwischen 1 % und 10 000 % sind möglich. Zusätzlich können Sie den ABSTAND zwischen den einzelnen Musterelementen dehnen oder verringern. Bei 0 % berühren sich die Elemente. Die Obergrenze ist bei 10 000 %.

▶ SPIEGELN: Die Option VERTIKAL SPIEGELN hat zur Folge, dass die Musterelemente senkrecht zum Pfad gespiegelt werden. Bei HORIZONTAL SPIEGELN kehrt das Programm die Belegung der Musterelemente auf dem Pfad um.

▶ EINPASSEN: Nur in den wenigsten Fällen entspricht die Länge des Pfads einem Vielfachen der Länge der Musterelemente. Deshalb müssen Sie bestimmen, auf welche Weise Illustrator die Elemente einpassen soll:

AUF KANTENLÄNGE ANPASSEN staucht oder streckt nach Bedarf die Elemente zwischen zwei Eckpunkten. Wenn Sie die Form der Musterelemente nicht verändern möchten, können Sie stattdessen Freiräume einfügen lassen, dann entstehen allerdings Lücken in der Kontur. Die dritte Möglichkeit – MUSTERPOSITION ÄNDERN – verändert den Abstand der Musterelemente zum Pfad, dabei bleibt der Pfad in seiner ursprünglichen Lage, aber die Kontur kann als Folge weit neben dem Pfad positioniert sein.

▶ Einfärben: Lesen Sie dazu bitte die Erläuterungen zur gleichen Option für Bildpinsel auf Seite 249.

> **Musterpinsel schneller erstellen**
>
> Den Zwischenschritt des Anlegens von Musterfeldern können Sie sich auch sparen. Um den Pinsel zu erstellen, aktivieren Sie das Kantenelement auf der Zeichenfläche und klicken auf den Button Neuer Pinsel im Pinsel-Bedienfeld. Wählen Sie die Option Musterpinsel. Anschließend drücken Sie ⌥/Alt und ziehen die weiteren Elemente nacheinander an ihre Position in den Kästchen des Musterpinsels im Pinsel-Bedienfeld (aktivieren Sie dafür die Miniaturenansicht).

## Kalligrafiepinsel

Mit diesen Pinseln erstellen Sie Linien mit variabler Stärke, die Sie durch ähnliche Parameter steuern wie beim Schreiben mit der Breitfeder. Die Kalligrafiepinsel werden ausführlich mit allen Optionen in Kapitel 7 erklärt.

▲ Abbildung 9.28
Kalligrafiepinsel

## Pinsel-Bibliotheken laden

Ein Verzeichnis der im Programmordner gespeicherten Pinsel-Bibliotheken mit vielen verschiedenen Pinselspitzen finden Sie im Bedienfeldmenü des Pinsel-Bedienfelds unter Pinsel-Bibliothek öffnen bzw. mit einem Klick auf das Symbol. Mit dem letzten Menüpunkt im Verzeichnis Andere Bibliothek… laden Sie Bibliotheken von Ihrer Festplatte oder die Pinselspitzen aus anderen Illustrator-Dokumenten. Die Bibliotheken werden in einem eigenen Bibliotheken-Bedienfeld geöffnet. Das Handling ist mit dem Vorgehen vergleichbar, das wir im Abschnitt »Mit Farbfeldbibliotheken arbeiten« in Kapitel 8.7 besprochen haben.

> **Erlaubte Grundobjekte**
>
> In Pinselspitzen dürfen folgende Objekte nicht enthalten sein: Verläufe, andere Pinsel, Verlaufsgitter, Diagramme, Pixelgrafik oder maskierte Objekte. Angleichungen werden automatisch umgewandelt.

## Pinsel umfärben

Dank der Funktion Interaktive Farbe ist das Umfärben bereits vorhandener Pinsel sehr viel einfacher geworden. Gehen Sie wie folgt vor:

1. Wenden Sie den betreffenden Pinsel an einem Objekt auf der Zeichenfläche an. Möchten Sie die Farben eines Musterpinsels ändern, ist es nicht nötig, dass alle seine Musterelemente an diesem Objekt erscheinen, um sie umzufärben.
2. Aktivieren Sie das Objekt, und rufen Sie Bearbeiten • Farben bearbeiten • Bildmaterial neu färben… auf.
3. Nehmen Sie die Farbänderungen vor (zu Interaktive Farbe siehe Kapitel 8). Illustrator erzeugt automatisch ein Duplikat des Pinsels mit geänderten Farben im Pinsel-Bedienfeld.

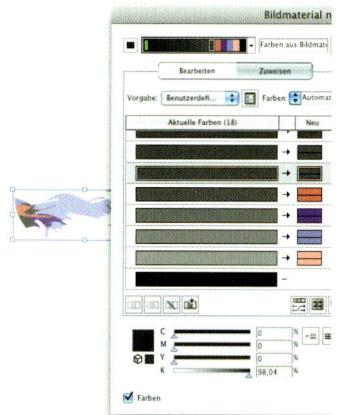

▲ Abbildung 9.29
Umfärben eines Pinsels aus den mitgelieferten Bibliotheken mithilfe von Interaktive Farbe

### Pinselspitzen selbst erstellen

Für alle Pinselarten gilt, dass Sie nicht nur die Optionen vorhandener Pinsel variieren, sondern selbst neue Pinsel herstellen können. Wählen Sie dazu NEUER PINSEL… aus dem Menü des Pinsel-Bedienfelds, oder klicken Sie auf den Funktionsbutton NEUER PINSEL . Anschließend erscheint eine Dialogbox, die die Pinselart abfragt, die Sie anlegen wollen.

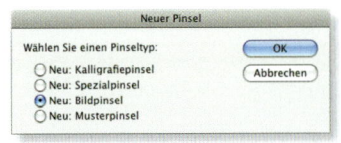

▲ **Abbildung 9.30**
Optionen für NEUER PINSEL

**Bildpinsel bzw. Spezialpinsel** | Die Pinselarten BILDPINSEL und SPEZIALPINSEL können Sie in der Dialogbox NEUER PINSEL nur anwählen, wenn ein oder mehrere Vektorobjekte auf der Arbeitsfläche aktiviert sind.

Erstellen Sie deshalb zunächst die Grafik für die Pinselspitze ganz normal in Ihrem Dokument, und halten Sie sie aktiv. Beachten Sie bitte, dass Sie keine Verläufe in Ihren Pinselgrafiken verwenden können – ersetzen Sie Verläufe, falls nötig, durch Angleichungen (siehe Kapitel 10).

Anschließend klicken Sie im Pinsel-Bedienfeld auf den Funktionsbutton NEUER PINSEL . Damit wird die Pinselspitzengrafik an die Dialogbox BILDPINSEL-OPTIONEN bzw. SPEZIALPINSEL-OPTIONEN übergeben, in der Sie die oben beschriebenen Einstellungen vornehmen können.

Nach der Übernahme als Pinselspitze bleibt die Verbindung zur Originalgrafik *nicht* bestehen!

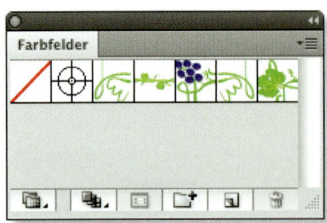

▲ **Abbildung 9.31**
Muster im Farbfelder-Bedienfeld

**Musterpinsel** | Musterpinsel basieren auf Muster-Farbfeldern. Um einen derartigen Pinsel zu erstellen, erzeugen Sie zunächst die einzelnen Musterelemente und legen diese jeweils als eigenes Musterfeld im Farbfelder-Bedienfeld ab. Wie weiter oben bei der Dialogbox MUSTERPINSEL-OPTIONEN erläutert wurde, werden diese Muster-Farbfelder zum Einsatz bei der Pinselerstellung in einer Liste zur Auswahl gestellt. Wenn es schneller gehen soll, wenden Sie den Tipp auf der vorhergehenden Seite an.

**Kalligrafiepinsel** | Kalligrafiepinsel basieren immer auf derselben ovalen Grundform, deren Eigenschaften Sie mithilfe der Dialogbox KALLIGRAFIEPINSELOPTIONEN verändern.

Eine Beschreibung der Kalligrafiepinsel mit allen Einstellmöglichkeiten finden Sie in Kapitel 7.

▲ **Abbildung 9.32**
Grundform eines Kalligrafiepinsels

### Pinsel duplizieren

Falls Sie einen neuen Pinsel aus einem vorhandenen durch die Veränderung einiger Parameter erzeugen möchten, duplizieren Sie den vorhandenen Pinsel, indem Sie diesen aktivieren und auf das Symbol des Funktionsbuttons NEUER PINSEL ziehen.

### Unterschiede zwischen Bild- und Musterpinsel

Manche Konturen können alternativ mit Bild- oder Musterpinseln realisiert werden. Ihre Entscheidung für einen Pinseltyp kann bei sich überkreuzenden Pfaden einen großen Unterschied bedeuten: Bildpinsel (links), Musterpinsel (rechts).

## Schritt für Schritt: Strichelung mit sauberen Ecken

Versehen Sie eine Kontur über das Kontur-Bedienfeld mit einer Strichelung, so erhalten Sie keine verlässliche Eckenführung dieser Kontur, wie sie von Layoutsoftware vorgenommen würde.

In Illustrator müssen Sie gestrichelte Konturen als Musterpinsel anlegen, wenn Sie diese sauber und regelmäßig um Ecken führen möchten. Etliche Strichel-Konturen finden Sie daher schon in den Pinsel-Bibliotheken. Um eine eigene Strichelung zu gestalten, gehen Sie wie folgt vor:

▲ **Abbildung 9.33**
Entwurf für eine gestrichelte Kontur mit Eckenelementen

### 1 Strichelung der Kanten zeichnen

Beginnen Sie mit der Konstruktion der Strichelung. Erstellen Sie die Striche als Flächen. Die Formen müssen nicht in der endgültig verwendeten Größe, aber in den benötigten Proportionen gezeichnet werden. Sie können ein- oder mehrfarbige Strichelungen erzeugen.

Die Formen lassen sich am besten weiterverarbeiten, wenn Sie die Strichelung in horizontaler Richtung erstellen.

### 2 Ecken erstellen

Anschließend zeichnen Sie zu den Kantenelementen passende Ecken. Konstruieren Sie diese exakt als Fortsetzung Ihres Kantenelements an der linken Seite senkrecht nach unten und an der rechten Seite senkrecht nach oben. Beide Eckenelemente müssen die gleichen Ausmaße haben.

Falls Sie außerdem Abschlusselemente für offene Pfade benötigen, zeichnen Sie auch diese. Sie werden jedoch für unseren Musterpinsel nicht benötigt.

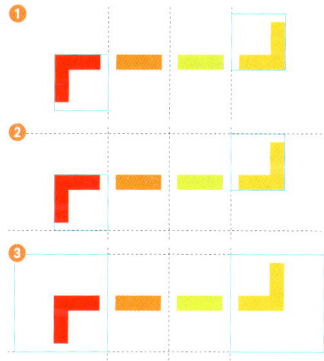

▲ **Abbildung 9.34**
Konstruktion der Begrenzungsrahmen für die Eckelemente:
1. Markieren Sie die Mitte der Lücke (hier: schwarze Senkrechte) ❶
2. Zeichnen Sie an den Eckelementen zwei Quadrate – die Kantenlänge entspricht dem Abstand von der Ecke zur Lückenmarkierung ❷
3. Erstellen Sie Hilfslinien an der oberen und unteren Kante der Quadrate (hier: schwarze Waagerechte) ❷
4. Erweitern Sie die Quadrate bis zu den waagerechten Hilfslinien ❸

### 3 Musterelemente vorbereiten

Ein Musterpinsel wird aus Musterfeldern erstellt, und wie diese basiert die Funktion des Pinsels auf den Begrenzungsrahmen der Musterfelder, also auf dem untersten (unsichtbaren) Element.

Der Begrenzungsrahmen der Eckenelemente muss exakt quadratisch sein, die Höhe des Begrenzungsrahmens der Kantenelemente richtet sich nach den Maßen des Eckenelements. Die Kontur verläuft in der Mitte des Begrenzungsrahmens. Falls Sie die Kontur nicht bereits auf entsprechenden Hilfslinien gezeichnet haben, lässt sich die Größe des Begrenzungsrahmens einfach konstruieren (siehe Abbildung 9.34).

Anschließend erstellen Sie den Begrenzungsrahmen für das Kantenelement. Der Rahmen schließt an die Rahmen der Eckelemente an. Das nach oben zeigende (rechte) Eckelement drehen Sie zusammen mit seinem Begrenzungsrahmen um 180°, sodass es in dieselbe Richtung gedreht ist wie das linke Eckelement (siehe Abbildung 9.35).

Stellen Sie abschließend alle Begrenzungsrahmen ganz nach hinten, und weisen Sie ihnen die Fläche und Kontur OHNE zu.

▲ Abbildung 9.35
Drehen der Ecke

### 4 Musterfelder erzeugen

Ziehen Sie die Ecken- und Kantenelemente jeweils zusammen mit den zugehörigen Begrenzungsrahmen auf das Farbfelder-Bedienfeld. Geben Sie allen Elementen eindeutige Namen, damit Sie diese im Menü der Pinsel-Optionen schneller identifizieren können.

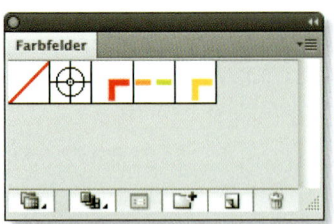

▲ Abbildung 9.36
Musterfelder im Farbfelder-Bedienfeld

### 5 Neuer Musterpinsel

Erstellen Sie einen neuen Pinsel, und wählen Sie die Option MUSTERPINSEL in der Dialogbox.

Abbildung 9.37 ▶
Musterpinsel-Optionen und angewendete Kontur (unten)

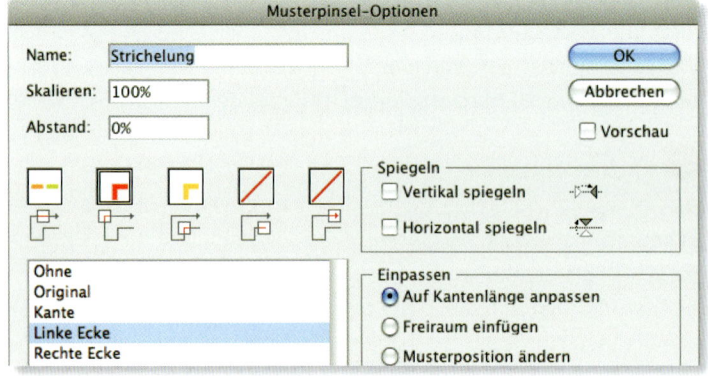

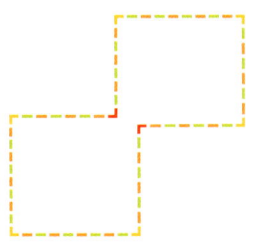

▲ Abbildung 9.38
Die für eine Doppelkontur (oben einfach, unten komplexer) benötigten Elemente

Aktivieren Sie nacheinander die Icons der Musterpinselelemente durch einen Mausklick, und wählen Sie aus der Liste der Farbfelder ebenfalls mit einem Mausklick das passende aus.

### 6 Double Stroke (Doppel-Kontur)

Eine Kontur aus einer fetten und einer schmalen Linie lässt sich ebenfalls als Musterpinsel nach demselben Schema anlegen.

## 7  Das Prinzip übertragen

Einen Musterpinsel benötigen Sie entweder, wenn die Grundform entlang der Kontur wiederholt oder wenn eine Kontur sauber um Ecken geführt werden soll. In der Konstruktion erweist sich ein Musterpinsel zum Beispiel als äußerst nützlich, wenn Sie Zahnräder, Ketten oder Zöpfe benötigen.

◄ **Abbildung 9.39**
Typische Anwendungsfelder für einen Musterpinsel

### Pinsel-Muster

Für die Erstellung von Musterfeldern zur Verwendung in Musterpinseln sollten Sie folgende Richtlinien beachten:

- Die obere Kante der Musterelemente zeigt immer nach außen.
- Während Kantenelemente rechteckig sein können, müssen Eckenelemente eine quadratische Form besitzen.
- Die Kantenlängen der Elemente müssen an den aneinandergrenzenden Seiten identisch sein.
- Achten Sie beim Erstellen einer Kontur, die durch alle Musterelemente durchlaufende Elemente besitzt, darauf, dass diese an den Seiten aneinander anschließen.
- Kein Element der zu einem Pinsel gehörenden Musterfelder darf über den Begrenzungsrahmen hinausragen.

▲ **Abbildung 9.40**
Eckenelemente, Anfang, Ende und Kantenelement

In der Illustrator-Hilfe werden die beiden Eckenformen als »äußere« und »innere« Ecke bezeichnet – es geht jedoch um die Richtung, in die der Pfad »abbiegt« (siehe Abbildung 9.41). Dies hat auch zur Folge, dass ein anderes Eckenelement verwendet werden kann, wenn Sie die Pfadrichtung umkehren. Belegen Sie in der Musterpinsel-Optionen-Dialogbox immer beide Ecken mit einem Muster – verwenden Sie dasselbe Musterfeld für beide Ecken, falls Sie nur ein Design vorbereitet haben.

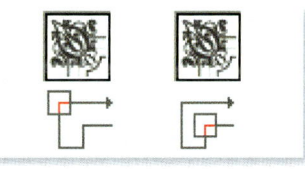

▲ **Abbildung 9.41**
Die Icons unterhalb der Elemente in den Musterpinsel-Optionen zeigen den Unterschied zwischen den Eckenelementen.

### Schritt für Schritt: Fade-In und Fade-Out

Möchten Sie einen Pinselstrich am Anfang und Ende schmaler gestalten, so liegt es nahe, einen Kalligrafiepinsel mit einem Grafiktablett zu steuern. Falls Sie kein Grafiktablett zur Verfügung haben oder es Ihnen zu mühsam ist, mit dem Stift so oft neu

▲ **Abbildung 9.42**
Illustration mit einem »Linsen«-Pinsel – rechts: Pfadansicht

anzusetzen, bis sich ein gleichmäßiges Verstärken der Kontur ergibt, probieren Sie doch einmal die folgende Vorgehensweise, in der Sie einen Bildpinsel verwenden, der die benötigte Form hat.

### 1  Grundform erstellen und Pinsel definieren

Erstellen Sie zunächst eine Grafik in Linsenform – eine Methode funktioniert wie folgt:

Beginnen Sie mit einem Oval. Klicken Sie dann mit dem Ankerpunkt-konvertieren-Werkzeug auf die beiden gegenüberliegenden Ankerpunkte an den Schmalseiten des Ovals. Deren Griffe werden zurückgezogen. Wechseln Sie zum Auswahl-Werkzeug, und stauchen Sie die Linsenform jetzt mithilfe des Begrenzungsrahmens noch etwas schmaler.

▼ **Abbildung 9.43**
Konstruieren der Linsenform

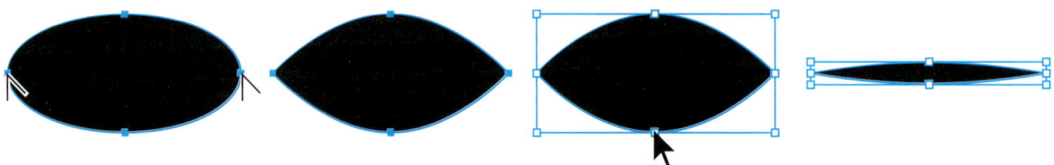

Um den Pinsel universell einsetzen und einfach färben zu können, wählen Sie die Farbe Schwarz (RGB 000 bzw. 100 % K) für die Grundform.

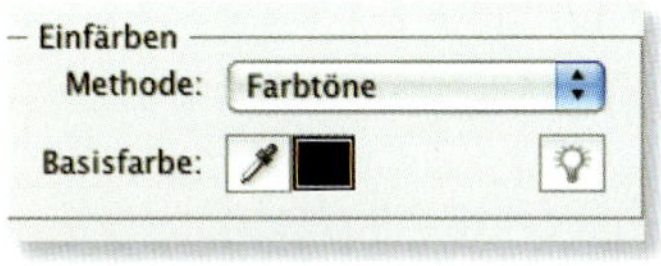

▲ **Abbildung 9.44**
Einfärben-Optionen

### 2  Bildpinsel definieren

Aktivieren Sie anschließend die Form, und ziehen Sie sie in das Pinsel-Bedienfeld. In der Dialogbox Neuer Pinsel wählen Sie Bildpinsel. In den Bildpinsel-Optionen aktivieren Sie für das Einfärben die Methode Tonwerte. So können Sie die Farbe der Kontur über die Felder im Werkzeugbedienfeld bestimmen.

### 3  Pinsel anwenden

Weisen Sie die Pinselkontur einem Pfad zu, oder wählen Sie Ihre Bildpinsel-Kontur, und zeichnen Sie eine Linie mit dem Pinsel-Werkzeug. Die Stärke der Linie können Sie entweder über die Optionen für ausgewähltes Objekt im Pinsel-Bedienfeld oder durch Auswahl einer geeigneten Konturstärke steuern.

▲ **Abbildung 9.45**
Veränderung der Konturstärke mithilfe der Optionen für ausgewähltes Objekt

### 4  Das Prinzip übertragen

Diese Vorgehensweise entspricht derjenigen, die Sie z. B. für eine sich verjüngende Kontur oder auch für Mehrfach-Konturen verwenden müssten. Nur würden Sie als Grundformen in diesen Fällen ein Dreieck bzw. mehrere Rechtecke anlegen.

Auch in naturalistischen Illustrationen lässt sich das Prinzip einsetzen, z. B. für das Zeichnen von Gräsern oder Blättern. In diesem Fall würden Sie die »Linse« detaillierter ausarbeiten.

Ein verbreitetes Einsatzgebiet sind »Verläufe« in Konturen, wie sie etwa für eine plastische Röhre benötigt würden. Hier ist aber zu beachten, dass der Farbübergang mit einer Angleichung erstellt werden muss, da eine Pinselform keine Verläufe enthalten darf.

▲ **Abbildung 9.46**
Typische Anwendungsfelder für einen Bildpinsel

Müssen die Konturen allerdings um Ecken geführt werden, ist der Bildpinsel nicht geeignet, da in der Regel an diesen Stellen Darstellungsfehler entstehen. Hier müssen Sie entweder auf einen Musterpinsel ausweichen oder das Objekt umwandeln und die kritischen Stellen nacharbeiten. ■

### Bildpinsel und die Füllregeln

Falls bei der Anwendung eines Bildpinsels »Löcher« auftreten, sobald der Pfad sich selbst überschneidet, sollten Sie mithilfe des Attribute-Bedienfelds die am Originalobjekt verwendete Füllregel überprüfen.

Die Löcher treten auf, wenn der Pinsel mit der Füllregel GERADE-UNGERADE versehen ist – dies passiert auch, wenn die Pinselgrundform selbst kein zusammengesetzter Pfad ist. Daher sollten Sie beim Erstellen eines Pinsels immer darauf achten, der Grundform die Füllregel NICHT-NULL zuzuweisen (zu Füllregeln siehe Kapitel 10).

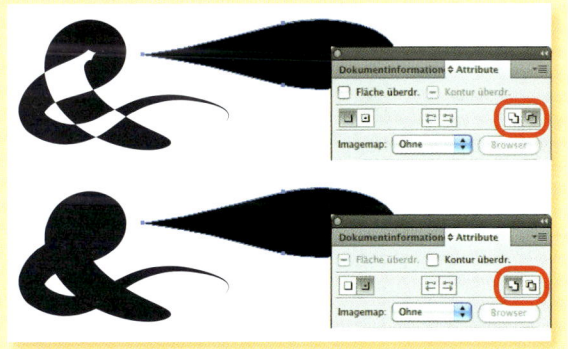

### Pinselkonturen in Pfade umwandeln

Da Pinselkonturen zu den speziellen Illustrator-Fähigkeiten gehören, sind diese nicht mit jeder anderen Applikation kompatibel. Wenn Sie deshalb Pinselkonturen als eigenständige Vektorformen benötigen, die Sie weiterverarbeiten oder in ein anderes Programm übernehmen wollen, verwenden Sie den Menübefehl OBJEKT • AUSSEHEN UMWANDELN. Der dabei generierte Pfad kann aus sehr vielen Punkten bestehen, Sie sollten ihn gegebenenfalls vereinfachen (siehe Abschnitt 7.2).

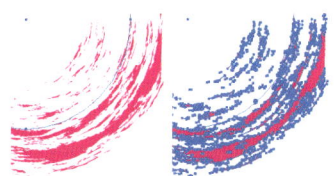

▲ **Abbildung 9.47**
Beim Umwandeln von Pinselkonturen werden oft viele Ankerpunkte erzeugt.

## 9.3 Pfeilspitzen

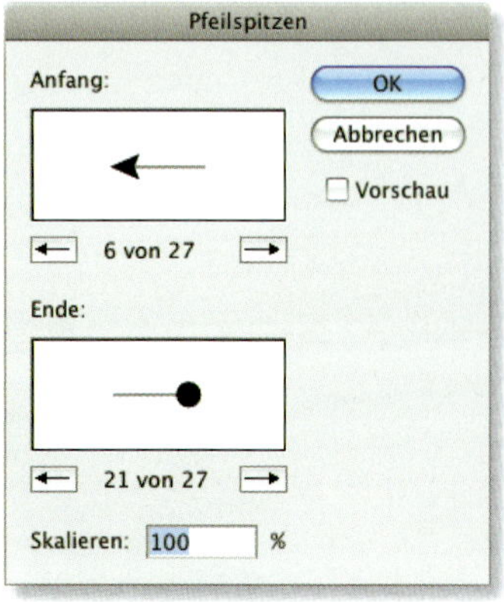

Anders als in Layoutprogrammen (oder in FreeHand) ist eine Pfeilspitze in Illustrator nicht bei den im Kontur-Bedienfeld einstellbaren Kontureigenschaften zu finden. Stattdessen stehen Pfeilspitzen als Effekt (vor CS4 auch als Filter) zur Verfügung. Das Anwenden eines Effekts ist zwar umständlicher als das Setzen einer Konturoption, in der Wirkung entsprechen sich beide Möglichkeiten jedoch: Die Spitzen passen sich dem Pfadverlauf an.

Um eine Pfeilspitze als Effekt generieren zu lassen, gehen Sie wie folgt vor:

1. Aktivieren Sie den Pfad, den Sie mit einer Pfeilspitze versehen möchten.
2. Wählen Sie im Menü den Befehl EFFEKT • STILISIERUNGSFILTER • PFEILSPITZEN.
3. Bestimmen Sie in der aufgerufenen Dialogbox PFEILSPITZEN für jedes Pfadende die gewünschte Art und die Skalierung der Spitze.

▲ Abbildung 9.48
Die Dialogbox PFEILSPITZEN

Pfeilspitzen verändern ihre Größe proportional mit der Linienstärke. Deshalb ist es empfehlenswert, bei starken Linien die Spitzen prozentual herunterzuregeln.

Pfeilspitzen können zwar theoretisch sowohl an offene als auch an geschlossene Pfade angelegt werden; ob Letzteres sinnvoll ist, bleibt Ihrer Fantasie überlassen.

Für bestehende Pfeilspitzen, die Sie nachträglich editieren wollen, rufen Sie die Dialogbox über das Aussehen-Bedienfeld auf (Aussehen-Bedienfeld siehe Kapitel 11).

▲ Abbildung 9.49
Vor CS4: Pfeilspitzen als Filter (blau) und als Effekt (grün) und Pfeilspitzen nach einer Pfadbearbeitung (rechts)

Abbildung 9.50 ▲
Lustige Ergebnisse können bei der Kombination von Pinselspitzen und Pfeilspitzen entstehen.

## 9.4 Auswahlen auf Farb- und Objektbasis

Bislang haben Sie die Möglichkeit kennengelernt, Auswahlen manuell mit den Auswahlwerkzeugen vorzunehmen. Mit diversen Menübefehlen und dem Zauberstab-Werkzeug ist es aber auch möglich, nach gleichen oder ähnlichen Objekteigenschaften suchen zu lassen und eine Auswahl darauf zu basieren.

## Zauberstab-Werkzeug – Objektauswahl

Wenn Sie mit dem Zauberstab-Werkzeug – Shortcut Y – auf ein Objekt klicken, wählt das Programm automatisch alle Objekte aus, die mit dem angeklickten Objekt die im Zauberstab-Bedienfeld vorgegebenen Eigenschaften teilen.

Folgende Eigenschaften können einzeln oder kombiniert die Basis für eine Zauberstab-Auswahl sein: FLÄCHENFARBE, KONTURFARBE, KONTURSTÄRKE, DECKKRAFT und FÜLLMETHODE (zu Deckkraft und Füllmethode siehe Kapitel 11).

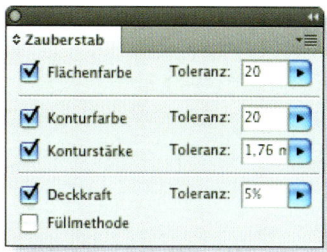

▲ **Abbildung 9.51**
Das Zauberstab-Bedienfeld

**Anhand der Eigenschaften auswählen** | Rufen Sie mit einem Doppelklick auf den Zauberstab im Werkzeugbedienfeld die Optionen auf, und kreuzen Sie die Attribute an, die beim Suchen mit dem ausgewählten Objekt übereinstimmen sollen.

Wie das Programm die Toleranzeinstellungen auswertet, ist – mit Ausnahme der Konturstärke – nicht immer ganz nachvollziehbar. Wenn Sie eine exakt eingegrenzte Auswahl wünschen, sollten Sie deshalb die Toleranz jeweils auf 0 einstellen. Das Zauberstab-Bedienfeld kann während des Suchens offen bleiben.

Um erneut eine Auswahl zu erstellen, klicken Sie mit dem Zauberstab auf ein Objekt, das die Attribute enthält, nach denen Sie suchen möchten.

Wenn Sie in einer Datei alle Objekte mit Konturstärken unter 0,2 Pt suchen möchten, gehen Sie wie folgt vor:

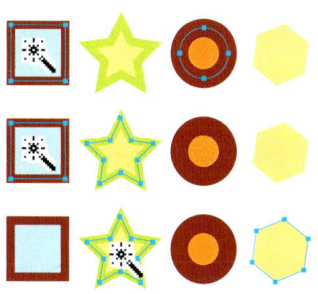

▲ **Abbildung 9.52**
Zauberstab-Auswahl (von oben): gleiche Konturfarbe, gleiche Konturstärke, gleiche Flächenfarbe

1. Zeichnen Sie ein Objekt, und geben Sie diesem eine Kontur in der Stärke 0,01 Pt ❶.
2. Doppelklicken Sie auf das Zauberstab-Werkzeug, und aktivieren Sie im Zauberstab-Bedienfeld nur die Option KONTURSTÄRKE.
3. Geben Sie »0,18 Pt« unter TOLERANZ ein ❷. Wichtig: Geben Sie die Einheit Pt ebenfalls ein, und bestätigen Sie mit ⏎. Der Wert wird in die aktuelle Maßeinheit umgerechnet.
4. Klicken Sie mit dem Zauberstab-Werkzeug auf das in Schritt 1 erstellte Objekt ❸.

 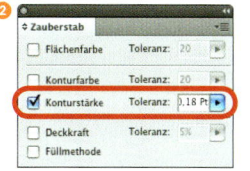

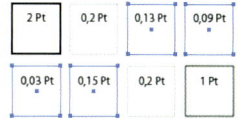

▲ **Abbildung 9.53**
Recherchieren und Korrigieren einer zu geringen Konturstärke in einer Datei

**Modifikationsmöglichkeiten** | Sie können die Zauberstab-Auswahl erweitern oder verkleinern:

▶ ⇧ : Um weitere Objekte mit *anderen* Eigenschaften zur Auswahl hinzuzufügen, stellen Sie gegebenenfalls erneut die Opti-

9.4 Auswahlen auf Farb- und Objektbasis | **261**

▲ Abbildung 9.54
Einen einfachen Zugriff auf das Auswahlmenü haben Sie über das Icon im Steuerungsbedienfeld.

**Auswahl nach Farbton**
Soll bei der Suche nach globalen Farben und Volltonfarben über das Menü auch die Farbtoneinstellung berücksichtigt werden, dann aktivieren Sie in den Voreinstellungen die Option Gleicher Farbton-Prozentsatz.

**Auswahl nach Deckkraft**
Der Befehl Auswahl • Gleich • Deckkraft ignoriert gesonderte Deckkrafteinstellungen für Fläche und Kontur (zu Transparenz siehe Kapitel 12).

onen ein und drücken ⇧, während Sie auf das Objekt klicken, das die gewünschten Eigenschaften besitzt.

▶ ⌥/Alt: Um Objekte von der Auswahl abzuziehen, modifizieren Sie mit ⌥/Alt und klicken auf ein Objekt, das die Eigenschaften der Objekte aufweist, die Sie aus der Auswahl entfernen möchten.

**Einschränkung auf eine bestimmte Zeichenfläche |** Es ist nicht möglich, das Zauberstab-Werkzeug (oder die Menübefehle) auf einzelne Zeichenflächen einzuschränken. Wenn Sie eine Einschränkung auf eine Zeichenfläche benötigen, sollten Sie entweder zusätzlich konsequent mit Ebenen arbeiten und je Zeichenfläche eine Hauptebene verwenden, die Sie bei Bedarf im Ebenen-Bedienfeld sperren. Alternativ gehen Sie wie folgt vor:
1. Klicken Sie auf die gewünschte Zeichenfläche, um diese zu aktivieren – die Zeichenfläche wird schwarz umrandet.
2. Rufen Sie Auswahl • Alles auf der aktiven Zeichenfläche auf.
3. Wählen Sie Auswahl • Auswahl umkehren und Objekt • Sperren • Auswahl. Jetzt sind alle anderen Objekte fixiert.
4. Wenden Sie die gewünschten Auswahlbefehle an.

**Objekte mit gleichen Attributen über das Menü auswählen**
Ähnliche Suchmöglichkeiten, wie sie beim Zauberstab bestehen, finden Sie in der Attributliste unter Auswahl • Gleich • Aussehen, Aussehensattribute, Füllmethode, Fläche und Kontur, Flächenfarbe, Deckkraft, Konturfarbe, Konturstärke, Grafikstil, Symbolinstanz und Verknüpfungsblockreihen (teilweise werden diese Eigenschaften erst in den folgenden Kapiteln erklärt).

Mit diesen Menübefehlen können Sie nur Objekte mit *exakt* gleichen Attributen auffinden. Eine Möglichkeit, Toleranzen einzustellen, besteht nicht.

**Gleiche Eigenschaften suchen |** Aktivieren Sie ein Objekt, und wählen Sie im Menü einen der oben aufgeführten Befehle aus, um andere Objekte zu finden, die die entsprechende Eigenschaft mit dem aktivierten Objekt teilen. Um beispielsweise Objekte mit gleicher Konturstärke wie bei dem Referenzobjekt zu finden, wählen Sie Auswahl • Gleich • Konturstärke.

Noch genauer suchen Sie nach Aussehensattributen. Dazu aktivieren Sie im Aussehen-Bedienfeld das gewünschte Attribut – eine Kontur bzw. Fläche mit sämtlichen Eigenschaften, einzelne Effekte oder Deckkrafteinstellungen und wählen Auswahl • Gleich • Aussehensattribute. Illustrator wählt alle Objekte aus, die dieses Attribut mit denselben Optionen besitzen. Und selbst wenn die ausgewählten Objekte darüber hinaus unterschiedliche Attribute besitzen, können Sie die gesuchten Eigenschaften jetzt editieren.

**Nach Eigenschaften recherchieren |** Sie können mit diesen Menübefehlen aber auch recherchieren, ob Objekte mit bestimmten Eigenschaften im Dokument vorhanden sind. Dabei darf kein Objekt aktiviert sein. Richten Sie die zu suchende Eigenschaft im zugehörigen Bedienfeld ein, und wählen Sie aus dem Menü das entsprechende Attribut aus. Beispielsweise prüft Illustrator mit dem Befehl AUSWAHL • GLEICH • KONTURFARBE, ob die im Werkzeugbedienfeld bzw. Farbe-Bedienfeld für die Kontur bestimmte Farbe in Ihrem Dokument einem Objekt als Kontur-Eigenschaft zugewiesen ist. Gefundene Objekte werden aktiviert.

**Die gleiche Auswahl auf andere Attribute anwenden |** Möchten Sie auf die gleiche Weise wie vorher nach anderen Attributen suchen, aktivieren Sie ein Objekt, das die gewünschten Eigenschaften besitzt, und (anstatt erneut über AUSWAHL • GLEICH zu gehen) drücken Sie ⌘/Strg+6, den Shortcut für den Befehl AUSWAHL • ERNEUT AUSWÄHLEN.

### Suche nach Symbolinstanzen
Um alle Instanzen eines bestimmten Symbols in Ihrem Dokument zu finden, differiert die Vorgehensweise etwas. In diesem Fall wählen Sie nicht das Symbol im Symbole-Bedienfeld aus, sondern aktivieren eine Instanz des Symbols, die in Ihrem Dokument platziert ist (zu Symbolen siehe Kapitel 16).

### Verknüpfungsblockreihen?
Der Befehl AUSWAHL • GLEICH • VERKNÜPFUNGSBLOCKREIHEN sucht verknüpfte Flächentext-Objekte (zur Typografie siehe Kapitel 14).

## 9.5 Verläufe

Verläufe sind berechnete Übergänge zwischen zwei und mehr Farben, die linear oder radial, also kreisförmig, angelegt sind. Dabei können Sie nicht nur Anfangs- und Endfarbe vorgeben, sondern auch Zwischenfarben an frei wählbaren Positionen einfügen. Um einen Verlauf genau zu definieren, ist es möglich, die Stellen im Verlauf zu verändern, an denen der Anteil der beiden beteiligten Verlaufsfarben jeweils 50 % beträgt. In Illustrator wird dieser Punkt MITTELPUNKT ◆ genannt. Neu in Illustrator CS4 ist die Möglichkeit, die Deckkraft der Verlaufsfarben zu reduzieren. Darüber hinaus können Sie radiale Verläufe jetzt auf einfache Art in ovale Form bringen.

### Verlauf-Bedienfeld
Im Verlauf-Bedienfeld bearbeiten Sie vorhandene Verläufe oder legen neue an. Das Bedienfeld rufen Sie mit dem Menübefehl FENSTER • VERLAUF auf – Shortcut ⌘/Strg+F9, im Dock.

Sollten im Bedienfeld nicht alle Einstellmöglichkeiten zu sehen sein, wählen Sie aus dem Bedienfeldmenü den Menüpunkt OPTIONEN EINBLENDEN.

▲ **Abbildung 9.55**
Verläufe im Einsatz

### Verläufe auf Konturen?
Verläufe lassen sich in Illustrator nur der von einem Pfad umschlossenen Fläche zuweisen, nicht seiner Kontur. Öffnen Sie SVG-Dateien, die Konturverläufe enthalten, und speichern diese wieder als SVG, so bleiben die Verläufe erhalten.

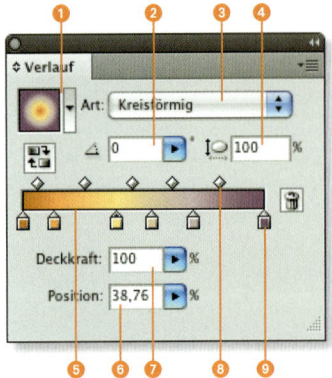

▲ Abbildung 9.56
Das Verlauf-Bedienfeld mit allen Optionen

**Verlauf-Bedienfeld vergrößern**

Sie können einen Verlauf wesentlich genauer editieren, wenn Sie das Verlauf-Bedienfeld verbreitern. Klicken und ziehen Sie dafür das Vergrößerungsfeld des Bedienfelds unten rechts bis zur gewünschten Breite.

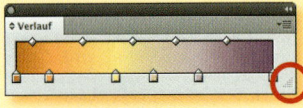

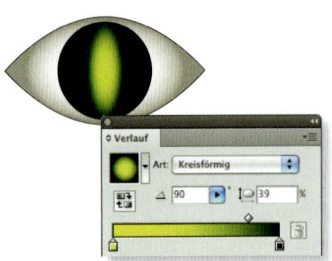

▲ Abbildung 9.57
Gestauchter kreisförmiger Verlauf

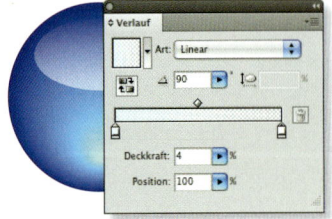

▲ Abbildung 9.58
Transparente Verlaufsfarbe

**Einstellmöglichkeiten |** Wenn Sie Illustrator starten, zeigt das Verlauf-Bedienfeld einen Schwarz-Weiß-Verlauf. Sobald Sie jedoch ein Objekt aktivieren, dem ein Verlauf als Füllung zugewiesen ist, wird dieser in das Feld Verlaufsfläche ❶ und in den Verlaufsregler ❺ übernommen.

▶ Verlaufsfläche ❶: Im Menü, das Sie mit dem Pfeil aufrufen, stehen die Verlaufsfelder aus dem Farbfelder-Bedienfeld zur Verfügung, und Sie können den aktuell eingestellten Farbverlauf als Farbfeld speichern.

▶ Art: In dem Ausklappmenü ❸ wählen Sie aus, ob der Verlauf linear, also gerade entlang einer Strecke, oder kreisförmig vom Mittelpunkt zur Peripherie eines gedachten Kreises berechnet werden soll.

▶ Winkel ❷: Mit einer Gradangabe in diesem Feld geben Sie die Winkelung des Verlaufs relativ zur Zeichenfläche an – dies gilt für lineare und gestauchte kreisförmige Verläufe.
Bei einem Winkel von 0° wird ein linearer Verlauf in dem Objekt waagerecht so generiert, wie er im Verlaufsregler angezeigt ist. Positive Winkelwerte drehen den Verlauf gegen, negative Gradzahlen im Uhrzeigersinn.
Statt der numerischen Bestimmung können Sie auch das Verlauf-Werkzeug ▣ oder die Anfasser der Verlaufsanmerkungen (siehe folgende Abschnitte) verwenden, um den Winkel des Verlaufs intuitiv zu definieren – das Eingabefeld wird dann automatisch ausgefüllt.

▶ Seitenverhältnis ❹: Mit einem Wert zwischen 0,5 und 32 767 % bestimmen Sie die »Rundheit« radialer Verläufe. Einen kreisförmigen Verlauf erreichen Sie mit 100 %.

▶ Verlaufsregler ❺: Der Verlaufsregler zeigt in einem Balken eine Ansicht des Verlaufs und bietet mit den darüber und darunter angeordneten verschiebbaren Symbolen Einstellmöglichkeiten an.

▶ Übergangspunkt 🏠 ❾: Die Übergangspunkte sind als Markierungen unter dem Verlaufsregler zu finden und lassen sich entlang des Verlaufsbalkens verschieben. Übergangspunkte, die nicht am Anfang oder Ende des Verlaufsbalkens sitzen, kennzeichnen die Stellen des Verlaufs, an denen ein Verlaufsabschnitt endet und ein anderer beginnt, also die Punkte, an denen die im Übergangspunkt angezeigte Farbe nicht mit einer anderen Farbe des Verlaufs gemischt ist.

▶ Mittelpunkte ♦ ❽: Die Mittelpunkte definieren jeweils den rechnerischen Mittelpunkt eines Übergangs.

▶ Deckkraft ❼: Mit einem Wert von 0 bis 100 % bestimmen Sie die Deckkraft der Farbe an einem Übergangspunkt. Mit 0 % ist die Farbe vollkommen transparent. Sobald die Deckkraft eines

Übergangspunkts reduziert wurde, ergänzt Illustrator dessen Symbol um ein kleines Rechteck.

▸ POSITION ❻: Wenn Sie einen Übergangspunkt oder einen Mittelpunkt anklicken, wird dieser aktiviert und seine Position prozentual zum Gesamtverlauf in dem Eingabefeld angezeigt. Entsprechend können Sie auch die Position durch eine Eingabe in das Feld numerisch verändern. Das ist manchmal zur Feineinstellung eines Verlaufs ganz nützlich.

### Arbeiten mit dem Verlaufsregler

Im Verlaufsregler stellen Sie die Farben und deren Position ein. Alternativ verwenden Sie zum gleichen Zweck die Verlaufsanmerkungen (siehe die folgenden Abschnitte).

**Eine Verlaufsfarbe ändern |** Um die Farbe eines Übergangspunkts zu ändern, klicken Sie auf das zugehörige Farbquadrat. Dadurch wird die derzeit dafür definierte Farbe im Farbe-Bedienfeld angezeigt, und das Farbquadrat wird hervorgehoben.

Sie können nun im Farbe-Bedienfeld die Farbe durch Verschieben der Regler bzw. durch die Eingabe anderer numerischer Werte konfigurieren. Doppelklicken Sie auf einen Farbregler, wird ein kombiniertes Farbe-Farbfelder-Bedienfeld als Popup-Menü eingeblendet (wechseln Sie zwischen beiden mit den Buttons ). Die Veränderung der Farbe und damit der optische Eindruck des Verlaufs wird automatisch im Verlauf-Bedienfeld aktualisiert. Um nach dem Ändern der Farbe eines Verlaufsstopps das Popup-Bedienfeld wieder zu verlassen, klicken Sie nicht auf den Verlaufsregler – damit würden Sie den aktiven Verlaufsstopp verschieben. Klicken Sie stattdessen an anderer Stelle auf das Verlauf-Bedienfeld, oder drücken Sie Esc.

Möchten Sie dem Übergangspunkt die Farbe eines Farbfelds zuweisen, drücken Sie die Modifizierungstaste ⌥/Alt und klicken auf das gewünschte Farbfeld.

Verschieben Sie den Deckkraftregler, oder tippen Sie einen Wert ins Eingebfeld ein, um die Verlaufsfarbe transparent zu gestalten.

**Die Position einer Farbe verschieben |** Um die Position eines Übergangspunkts im Verlaufsregler zu verändern, klicken und ziehen Sie ihn an eine neue Stelle, oder klicken Sie ihn an, und geben Sie einen neuen numerischen Wert in das Feld POSITION ein (siehe Abbildung 9.59).

Möchten Sie zwei Farben im Verlauf gegeneinander austauschen, drücken Sie die Modifizierungstaste ⌥/Alt und ziehen einen der beiden Übergangspunkte auf den anderen.

> **Verlauf umdefinieren**
>
> Möchten Sie den im Verlauf-Bedienfeld angezeigten Verlauf einem Objekt zuweisen, das bereits eine andere Verlaufsfüllung besitzt, ziehen Sie das Verlaufsfläche-Feld auf das *nicht aktivierte* Objekt.

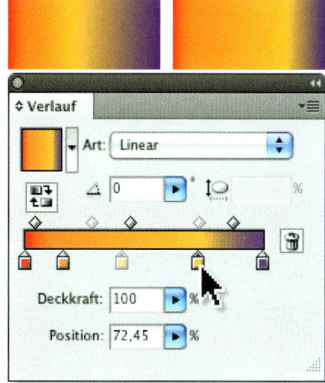

▲ **Abbildung 9.59**
Übergangspunkt verschieben

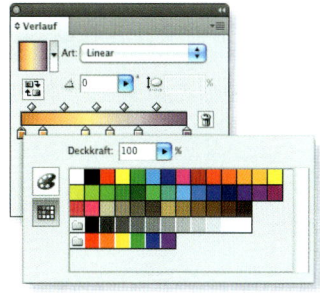

▲ **Abbildung 9.60**
Das Popup-Menü FARBFELDAUSWAHL

▲ **Abbildung 9.61**
Transparente Verlaufsüberlagerungen

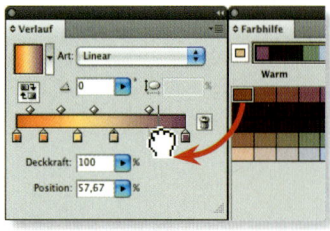

▲ **Abbildung 9.62**
Ziehen Sie ein Farbfeld auf den Verlaufsregler. Ein senkrechter Strich kennzeichnet die Position des Farbfelds im Verlauf.

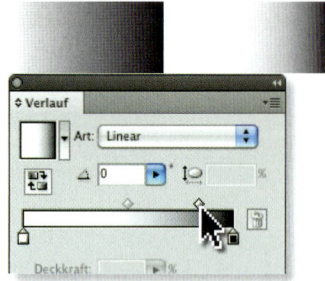

▲ **Abbildung 9.63**
Mittelpunkt verschieben

▲ **Abbildung 9.64**
Vorsicht bei Verwendung des Schwarzweißverlaufs im RGB-Farbmodus: Das in dem Verlauf verwendete Schwarz ist ein Graustufen-Schwarz (oben), das je nach Farbmanagement-Einstellungen ggf. nicht in RGB 0/0/0 (unten) umgewandelt wird.

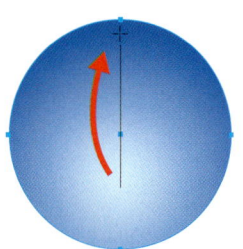

▲ **Abbildung 9.65**
Mittelpunkt und Radius eines kreisförmigen Verlaufs, mit dem Verlauf-Werkzeug bestimmt

**Zwischenfarben im Verlauf einrichten |** Im Verlaufsregler fügen Sie Übergangspunkte hinzu, indem Sie eine Farbe aus dem Farbe-, dem Farbfelder- oder dem Farbhilfe-Bedienfeld an die gewünschte Position im Verlaufsregler ziehen (siehe Abbildung 9.62).

Um einen Übergangspunkt zu duplizieren, drücken Sie ⌥/Alt und ziehen den entsprechenden Übergangspunkt 🎨 an die gewünschte Position im Verlaufsregler.

**Zwischenfarbe im Verlauf entfernen |** Um eine Farbe aus dem Verlauf zu entfernen, ziehen Sie deren Symbol 🎨 nach unten aus dem Verlauf-Bedienfeld heraus oder aktivieren den Übergangspunkt und klicken auf den Button VERLAUFSREGLER LÖSCHEN 🗑.

**Farbübergang im Verlauf verschieben |** Die Position eines Mittelpunkts ◆ im Verlaufsregler verändern Sie durch Klicken und Ziehen, oder Sie klicken das Symbol an und geben einen neuen numerischen Wert in das Feld POSITION ein (siehe Abbildung 9.63).

**Verlauf umkehren |** Klicken Sie auf den Button VERLAUF UMKEHREN, um die Reihenfolge der Verlaufsfarben umzukehren.

**Verlauf-Werkzeug** 
Seit Illustrator CS4 wurde das Verlauf-Werkzeug effizienter und intuitiver gestaltet. Sie können das Verlauf-Werkzeug dennoch wie gewohnt verwenden, um Verlaufswinkelung, -länge und -richtung festzulegen.

**Verlaufswinkel ändern |** Neben der Möglichkeit, die Winkelung eines Verlaufs numerisch im Verlauf-Bedienfeld zu bestimmen, können Sie Verlaufswinkel und Verlaufsrichtung auch intuitiv mit dem Verlauf-Werkzeug einstellen:
1. Aktivieren Sie ein Objekt, und weisen Sie ihm einen Verlauf zu, oder wählen Sie ein Objekt, dessen Verlauf Sie ändern möchten.
2. Wählen Sie das Verlauf-Werkzeug im Werkzeugbedienfeld aus – Shortcut G.
3. Klicken Sie mit dem Werkzeug an die Stelle, an der der Verlauf beginnen soll, und ziehen Sie mit der Maus einen Füllpfad in die Richtung, in der sich der Verlauf erstrecken soll. Am Startpunkt setzt Illustrator den Verlauf mit der Farbe an, die im Verlaufsregler am linken Ende angezeigt wird. Dort, wo Sie die Maustaste loslassen, endet der Verlauf mit der Farbe vom rechten Rand des Verlaufsreglers.

Bei einem kreisförmigen Verlauf bestimmen Sie den Verlaufsradius von seinem Mittelpunkt aus und ziehen einen Füllpfad bis zum Rand.

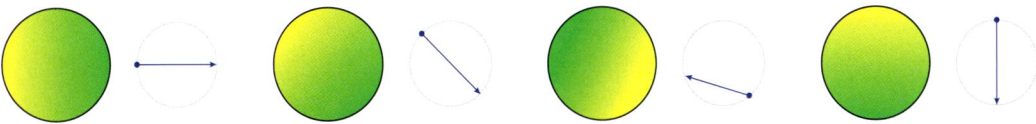

▲ **Abbildung 9.66**
Unterschiedliche Winkelungen desselben Verlaufs an einem Objekt

### Verlaufswinkel exakt nachbauen

Beim Nachbauen eines mit einem Verlauf gefüllten Logos besteht die Schwierigkeit darin, den exakten Verlaufswinkel zu ermitteln. Nutzen Sie die Funktion INTERAKTIV NACHZEICHNEN, um die Bildvorlage mit nur wenigen Farben zu vektorisieren ❶. Dabei geschieht eine Posterisierung, anhand derer sich der Verlaufswinkel sehr gut mit dem Mess-Werkzeug ermitteln lässt ❷. Zu dem gemessenen Winkel addieren oder subtrahieren (je nachdem, wie die Farben angelegt sind) Sie 90° und haben damit die im Verlauf-Bedienfeld benötigte Angabe ❸.

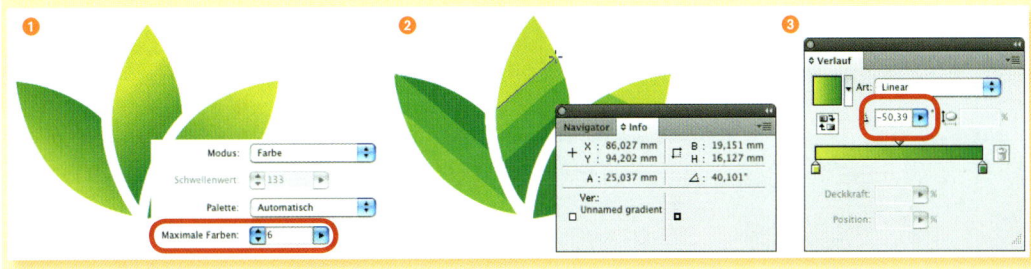

**Verlaufsanfang & Verlaufsende bestimmen** | Das Verlauf-Werkzeug bestimmt nicht nur den Winkel, sondern es definiert mit dem Start- und Endpunkt auch die Strecke, über die der Verlauf berechnet wird. Klicken Sie mit dem Verlauf-Werkzeug außerhalb der Fläche des aktivierten Objekts und/oder lassen Sie die Maustaste außerhalb des Objekts los, wird zwar der Verlauf über die gesamte Entfernung berechnet, angezeigt wird jedoch nur der Teil, der von der Fläche des Objekts begrenzt wird. Bestimmen Sie mit dem Verlauf-Werkzeug nur eine Strecke, die kleiner ist als die Ausdehnung der Objektfläche, werden die Flächenteile neben Verlaufsanfang und Verlaufsende mit der Start- bzw. der Endfarbe aufgefüllt.

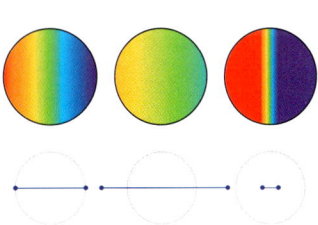

▲ **Abbildung 9.67**
Start- und Endpunkte an den Rändern des Objekts (links), außerhalb der Fläche des Objekts (Mitte) und innerhalb (rechts)

**Modifikationsmöglichkeit** | Verlauf-Werkzeug
- ⇧ : Damit beschränken Sie die Bewegung des Verlauf-Werkzeugs auf 45°-Winkelungen.
- Ein einzelner Klick mit dem Verlauf-Werkzeug in einem radialen Verlauf verändert nur den Verlaufsmittelpunkt.

### Verlauf schnell zuweisen

Klicken Sie mit dem Verlauf-Werkzeug auf ein Objekt, das noch keinen Verlauf besitzt, wird der aktuell eingestellte Verlauf zugewiesen.

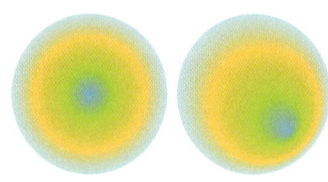

▲ **Abbildung 9.68**
Klicken Sie mit dem Verlauf-Werkzeug einen Punkt an, wird dies der neue Ursprung eines radialen Verlaufs.

**Abbildung 9.69** ▶
Verlaufsanmerkungen: Verlaufsleiste ❷, Übergangspunkt ❸, Mittelpunkt ❹, Verlaufsanfang ❶ ❾ und -ende ❺ ❿ sowie zusätzliche Anfasser, um Verlaufseigenschaften zu editieren

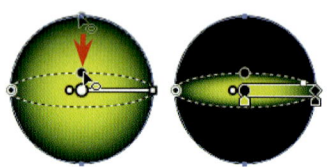

▲ **Abbildung 9.70**
Verändern der Verlaufsproportionen

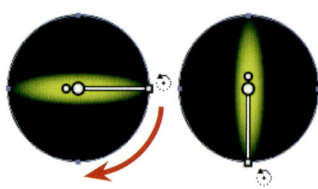

▲ **Abbildung 9.71**
Drehen des Verlaufs

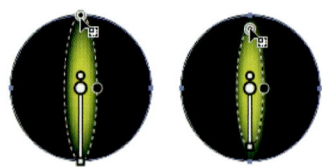

▲ **Abbildung 9.72**
Vergrößern eines Verlaufs

## Verlaufsanmerkungen verwenden

Zusätzliche Optionen des neuen Verlauf-Werkzeugs zeigen Winkel, Länge, Rundheit (bei kreisförmigen Verläufen) und natürlich die Farben eines Verlaufs direkt am Objekt an, und Sie können alle diese Eigenschaften auch mit den Reglern editieren.

Rufen Sie ANSICHT • VERLAUFSANMERKUNGEN EINBLENDEN auf, aktivieren Sie ein Objekt mit Verlaufsfläche, und wählen Sie das Verlauf-Werkzeug– Shortcut G –, um die Regler anzuzeigen.

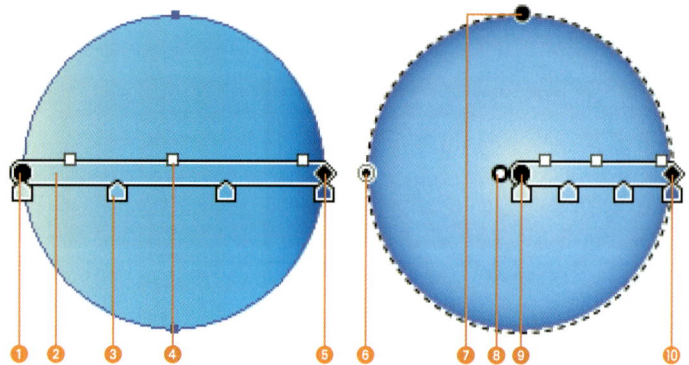

**Einstellmöglichkeiten** | Die Bedienung der Verlaufsleiste ❷ mit den Übergangs- ❸ und Mittelpunkten ❹ erfolgt wie im Verlauf-Bedienfeld. Auch hier erreichen Sie mit einem Doppelklick auf einen Übergangspunkt das Farbe- bzw. Farbfelder-Bedienfeld als Popup.

**Verlaufslänge:** Bewegen Sie den Cursor über das Verlaufsende ❺, ❿ (oder bei kreisförmigen Verläufen die gegenüberliegende Seite ❻) – der Cursor nimmt das Symbol an. Klicken und ziehen Sie, um die Länge des Verlaufs zu ändern.

**Verlaufswinkel:** Den Winkel eines linearen Verlaufs ändern Sie, indem Sie den Cursor neben den Endpunkt bewegen – der Cursor wechselt zu . Klicken und ziehen Sie dort.

Bei kreisförmigen Verläufen können Sie entlang der Außenbegrenzung (gestrichelter Rahmen) klicken und ziehen. Auch hier wechselt der Cursor sein Symbol zu .

Um Länge und Winkel des Verlaufs gemeinsam zu verändern, drücken Sie ⌥/Alt und klicken auf das Verlaufsende. Der Cursor zeigt .

**Verlaufsposition:** Die Position des Verlaufs auf dem Objekt verschieben Sie, indem Sie am Verlaufsanfang klicken und ziehen. Der Cursor zeigt .

**Seitenverhältnis:** Um kreisförmige Verläufe zu stauchen oder zu strecken, bewegen Sie den Cursor über den schwarzen Anfasser ❼ – das Cursor-Symbol wechselt zu . Klicken und ziehen Sie die Form.

**Ursprung radialer Verläufe:** Den Ursprung radialer Verläufe können Sie aus der Mitte heraus bewegen. Dazu ziehen Sie an dem Anfasser ❽ neben dem Verlaufsanfang – der Cursor zeigt ▸※.

**Verläufe an Objekten anwenden**
Je nach Bedarf gibt es verschiedene Verfahren, einem Objekt einen Verlauf zuzuweisen bzw. einen bestehenden Verlauf zu editieren.

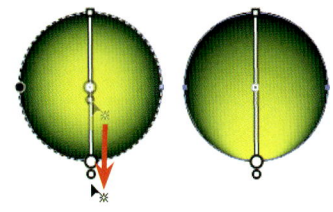
▲ **Abbildung 9.73**
Verschieben des Ursprungs

**Neuen Verlauf zuweisen |** Sie haben folgende Möglichkeiten:
▸ Aktivieren Sie das Objekt, und klicken Sie im Farbfelder- oder einem Farbfelder-Bibliotheks-Bedienfeld auf einen Verlauf.
▸ Ziehen Sie die Verlaufsfläche aus dem Verlauf-Bedienfeld auf das nicht aktivierte Objekt.
▸ Klicken Sie mit dem Verlauf-Werkzeug auf ein Objekt, um diesem den aktuell eingestellten Verlauf zuzuweisen.

Besitzt ein Objekt bisher keinen Verlauf, haben Sie auch diese Möglichkeit:
▸ Aktivieren Sie ein Objekt, und klicken Sie oben links im Verlauf-Bedienfeld in die Verlaufsfläche, um dem Objekt den dort eingestellten Verlauf zuzuweisen.

**Einen bestehenden Verlauf editieren |** Um einen Verlauf zu ändern, aktivieren Sie entweder das Objekt, dem der Verlauf zugewiesen ist, oder rufen Sie mit einem Klick ein Verlauf-Farbfeld im Farbfelder-Bedienfeld auf.

Der Verlauf wird im Verlauf-Bedienfeld angezeigt. Nun können Sie den Verlauf mit allen oben bereits beschriebenen Methoden verändern.

Bitte beachten Sie, dass zwar aktivierte Objekte aktualisiert werden, der Inhalt eines ausgewählten Verlauf-Farbfelds jedoch nicht automatisch durch den geänderten Verlauf ersetzt wird.

**Verlauf zurücksetzen |** Winkel und Proportion können Sie durch Eingabe der Werte im Verlauf-Bedienfeld zurücksetzen, Skalierungen und die Verschiebung des Ursprungs jedoch nicht. Wenn der Verlauf bereits als Farbfeld angelegt ist, weisen Sie dieses dem Objekt erneut zu. In anderen Fällen erzeugen Sie zunächst ein Farbfeld des Verlaufs.

**Verlauf über mehrere Objekte anlegen |** Um einen Verlauf über mehrere Objekte zu erzeugen, ist es in den meisten Fällen ratsam, diese Objekte vorher zu einem zusammengesetzten Pfad oder einer zusammengesetzten Form zu verbinden. Die Integrität

> **Verlauf schneller definieren**
>
> Um gleichzeitig einem Objekt einen neuen Verlauf zuzuweisen und das Verlauf-Bedienfeld aufzurufen, klicken Sie auf das Verlauf-Symbol im Werkzeugbedienfeld oder tippen ⌘.

> **Alle Übergangspunkte löschen**
>
> Anstatt mühsam alle einzelnen Übergangspunkte zu entfernen, geht es schneller, wenn Sie mit gedrückter ⌘/Strg-Taste in das Verlauf-Symbol im Werkzeugbedienfeld klicken.

▲ **Abbildung 9.74**
Verlauf über mehrere Objekte (oben) und nach dem Verschieben der Objekte (unten)

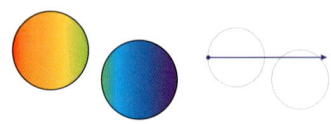

▲ **Abbildung 9.75**
Einen Verlauf über mehrere Objekte anlegen

des Verlaufs bleibt so auch beim Transformieren einzelner Objekte erhalten.

Mit dem Verlauf-Werkzeug können Sie jedoch *einen* Verlauf auch mehreren voneinander unabhängigen Objekten zuweisen. Dabei wird der Gesamtverlauf auf die einzelnen Objekte verteilt. Diese Verlaufsteile sind aber im Gegensatz zu zusammengesetzten Pfaden oder Formen anschließend unabhängig voneinander, sodass bei einer Transformation der einzelnen Objekte der Eindruck des Gesamtverlaufs zerstört wird.

Um einen gemeinsamen Verlauf über mehrere Objekte anzulegen, gehen Sie wie folgt vor:
1. Aktivieren Sie die Objekte, und weisen Sie ihnen den gleichen Verlauf zu.
2. Wählen Sie das Verlauf-Werkzeug, klicken Sie auf den Startpunkt in einem der Objekte, und ziehen Sie bis zum gewünschten Endpunkt über die Objekte hinweg.

### Verlauf in das Farbfelder-Bedienfeld übernehmen

Wenn Sie einen erstellten Verlauf im Farbfelder-Bedienfeld speichern möchten, ziehen Sie das Feld Verlaufsfläche aus dem Verlauf-Bedienfeld in das Farbfelder-Bedienfeld oder klicken auf das Symbol In der Farbfeldbibliothek speichern im Ausklappmenü Verlaufsfläche.

Soll ein vorhandenes Farbfeld ersetzt werden, ziehen Sie die Verlaufsfläche mit gedrückter ⌥/Alt-Taste auf das zu tauschende Farbfeld.

▲ **Abbildung 9.76**
Verlaufsfeld speichern

**Verlaufsfelder sind global**

Bei der Zuweisung von Verlauf-Farbfeldern beachten Sie bitte, dass diese global sind.
Wenn Sie also am Inhalt des Farbfelds Änderungen vornehmen, werden diese auf alle Objekte angewendet, denen das Farbfeld als Eigenschaft zugeordnet ist.

### Verläufe und Volltonfarben

Dank der seit Illustrator CS3 integrierten DeviceN-Unterstützung ist es möglich, Verläufe zwischen Vollton- und Prozessfarben anzulegen. Mit diesen Verläufen versehene Flächen können Sie sogar als überdruckend definieren oder die Verlaufsfarben transparent anlegen. Die Ausgabe über das Speichern eines PDF oder das Drucken erfolgt korrekt.

Beim Drucken eines Verlaufs, der Volltonfarben enthält, muss unter Ausgabe die Option Alle Volltonfarben in Prozessfarben konvertieren deaktiviert werden.

### Verlaufsobjekte verformen

Bei den verschiedenen Möglichkeiten, Objekte zu verformen, verhalten sich zugeordnete Verlaufsfüllungen unterschiedlich:
▶ Transformationen: Lineare und kreisförmige Verlaufsfüllungen werden mit den Objekten transformiert (Transformationen siehe Kapitel 5).

▲ **Abbildung 9.77**
Verzerrungshülle und Transformation auf Objekte mit Verläufen angewendet

▶ Verzerrungshüllen: Auf lineare Verläufe können Sie Verzerrungshüllen anwenden, Sie benötigen jedoch in vielen Fällen eine höhere Genauigkeit in den Hüllen-Optionen, um die Verläufe genau in die Hülle einzupassen – Einstellung Genauigkeit etwa 70–80 (Verzerrungshüllen siehe Kapitel 10). Aktivieren Sie die Hüllen-Option Lineare Verläufe verzerren.

▶ Filter und Effekte: Verzerrungs- und Transformationsfilter und -effekte beeinflussen *nur die Form* des Objekts, nicht zugeordnete Verlaufsfüllungen (zum Thema Filter/Effekte siehe Kapitel 13).

### Probleme mit dem Mittelpunkt

Vor allem bei Verläufen zwischen Farben mit einem hohen Farbkontrast tritt häufig das Problem auf, dass der Mittelpunkt des Verlaufs zu neutral ist. Das ist durch die Berechnung bedingt und lässt sich nur dadurch beheben, dass Sie einen Übergangspunkt setzen und die Farbe selbst definieren. Bei Verläufen zwischen Vollton- und Prozessfarben können Sie nicht eingreifen.

### Verläufe umwandeln

Eine Verlaufsfläche können Sie in Gitterobjekte oder in einzelne Farbobjekte umwandeln. Umgewandelte Objekte sind allerdings nicht mehr mit den oben beschriebenen Möglichkeiten editierbar.

Aktivieren Sie die Verlaufsfläche, und rufen Sie über das Menü die Dialogbox Objekt • Umwandeln… auf. Darin stehen zwei Möglichkeiten der Optionen zur Verfügung:

▶ Verlaufsgitter: Wenn Sie einen Verlauf in ein Gitterobjekt umwandeln, haben Sie feinere Einflussmöglichkeiten auf die Gestaltung der Verlaufsfläche.

Mehr zu Gitterobjekten lesen Sie in Abschnitt 9.6.

▶ Festlegen … Objekte: Mit dieser Option wandeln Sie eine Verlaufsfläche in einzelne einfarbige Flächen um, die zusammen den Eindruck des Verlaufs wiedergeben. Viele Grafikprogramme – auch alte Illustrator-Versionen – generieren oder generierten Verläufe auf diese Weise.

  ▶ In dem Eingabefeld bestimmen Sie die »Auflösung« der Umrechnung. Dabei bedeuten höhere Zahlenwerte einen homogeneren Übergang. Der Wert beschreibt die Anzahl der Einzelobjekte, in die Illustrator einen Verlaufsteil zwischen zwei definierten Übergangspunkten zerlegt. Die Zahl entspricht also nur bei einfachen Verläufen zwischen zwei Farben der Anzahl der erzeugten Flächen.

  ▶ Die Außenform des Objekts wendet Illustrator als Schnittmaske auf die Flächen an (zu Schnittmasken s. Kapitel 11).

---

**Abstufungen beim Druck**

Beim Druck von Verläufen kann der Effekt des »Bandings« auftreten (mehr dazu in Kapitel 19). Dies lässt sich in besonders hartnäckigen Fällen nur durch das Hinzufügen von Störungen in der Bildbearbeitung lösen.

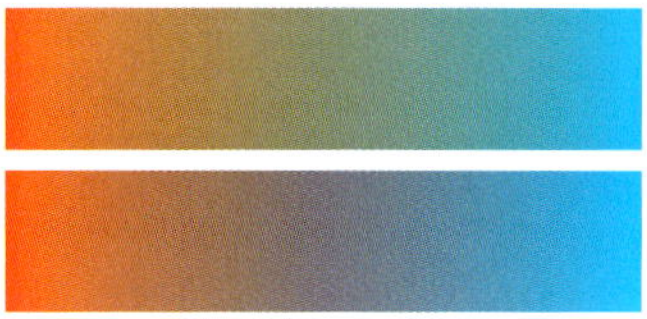

▲ Abbildung 9.78
Berechnete Mitte (oben) im Gegensatz zu selbst definierter Mitte (unten)

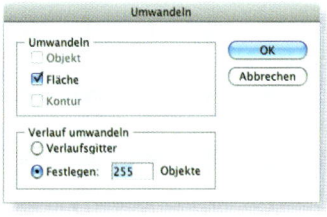

▲ Abbildung 9.79
Verlaufsfläche in Verlaufsgitter und Flächen umgewandelt (grobe Auflösung)

▲ Abbildung 9.80
Die Dialogbox Umwandeln

**Verlauf umwandeln?**

Die Umwandlung eines Verlaufs in einzelne Flächen dient zum Austausch mit Programmen, die Illustrators Verlaufsflächen nicht verarbeiten können, oder zur Behebung von Problemen mit Treibern beim Ausdrucken.

▲ Abbildung 9.81
Konischer Verlauf

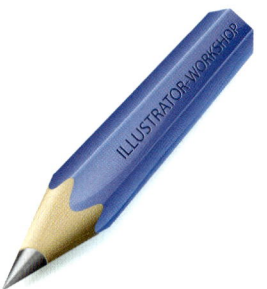

▲ Abbildung 9.82
Die fertige Zeichnung

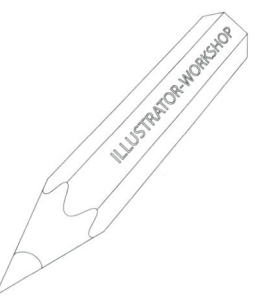

▲ Abbildung 9.83
Die Grundflächen

▲ Abbildung 9.84
Das Verlauf-Symbol

### Konischer Verlauf

Der konische Verlauf ist eine spezielle Art des kreisförmigen Verlaufs. In Illustrator können Sie einen konischen Verlauf nur mit Workarounds erzeugen. Einen dieser Workarounds zur Erarbeitung eines solchen Verlaufs finden Sie in einem Schritt-für-Schritt-Tutorial am Ende des Abschnitts 9.6, »Gitterobjekte – Verlaufsgitter«. Eine weitere Möglichkeit besteht in der Verwendung von Angleichungen (siehe Kapitel 10).

### Schritt für Schritt: Eine kleine Illustration mit Verläufen

#### 1 Die Zeichnung aufbauen

In Gebrauchsanleitungen, im Packungsdesign, in Katalogen und in Anzeigenvorlagen, wie sie die Industrie den Händlern für die Verkaufswerbung zur Verfügung stellt, sind statt Produktfotografien oft realistische Vektorillustrationen zu finden, die einfacher und frei skalierbar sind.

Anders als in 3D-Pogrammen werden die abgebildeten Objekte in Vektorillustrationen nicht komplett neu konstruiert. Die Arbeit ähnelt eher einer Airbrush-Illustration.

Die erzeugten Formen werden mit Farben und Verläufen gefüllt. Häufig dienen Fotos der realen Objekte dazu, den Aufbau der Grafik zu erleichtern. Sollte das nicht möglich sein, besteht auch die Option, einzelne Teile der Zeichnung mithilfe der 3D-Effekte in Illustrator zu konstruieren. Die Grundform des Bleistifts in der abgebildeten Illustration ist so erstellt worden. Sie finden diese Outline-Datei als »Buntstift-Vorlage.ai« auf der DVD zum Buch.

#### 2 Die Grundflächen erstellen

Erstellen Sie die Grundform des Objekts aus den größten Flächen, die Sie einheitlich füllen können. Die Kanten müssen nicht genau aneinanderstoßen, es ist sogar besser, wenn sich Flächen an den Grenzen etwas überlagern, da so beim Drucken keine Blitzer entstehen können.

Komplexere Objekte sollten Sie auf verschiedene Ebenen aufteilen, die Sie ausblenden können, um an verdeckten Teilen zu arbeiten.

#### 3 Die Zeichnung aufbauen

Füllen Sie die großen Flächen mit Farben oder Verläufen. Bei unserem Bleistift sind Verläufe in allen Flächen.

Fangen Sie mit den blauen Flächen des Schafts an: Aktivieren Sie die mittlere dieser Flächen, und weisen Sie ihr einen Verlauf zu, indem Sie das Verlauf-Symbol im Werkzeugbedienfeld anklicken (siehe Abbildung 9.84).

Verwenden Sie das Verlauf-Werkzeug – Shortcut G –, um die Richtung des Verlaufs anzulegen. Verwenden Sie ungefähr die in Abbildung 9.85 gekennzeichnete Länge. Das Finetuning nehmen Sie anschließend vor, indem Sie zunächst die Verlaufsanmerkungen einblenden, falls sie nicht bereits angezeigt werden. Dann drehen Sie den Verlauf zurecht und passen seine Länge an. Doppelklicken Sie auf die Farbsymbole in den Verlaufsanmerkungen, um das Farbe-Bedienfeld als Popup-Fenster aufzurufen.

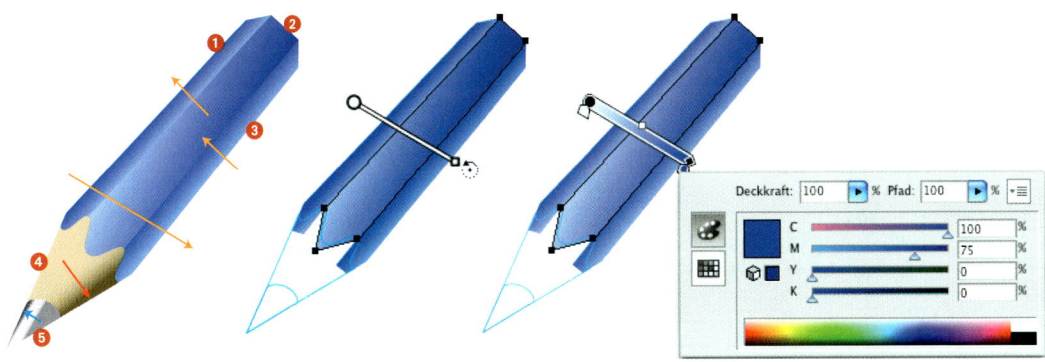

▲ Abbildung 9.85
Links: Die Pfeile zeigen, wie Sie das Verlauf-Werkzeug auf den einzelnen Flächen anwenden. Farben: ❶ C25 > C100/M75, ❷ C15 > C100/M75, ❸ C31 > C100/M75, ❹ C10/M23/Y73 > C43/M52/Y80/K38, ❺ K45 > K10 > K75. Mitte: Drehen des Verlaufs mithilfe der Verlaufsanmerkungen. Rechts: Aufrufen des Farbe-Bedienfelds als Popup-Fenster in den Verlaufsanmerkungen.

Weisen Sie den gleichen Verlauf auch den anderen blauen Flächen zu, und passen Sie anschließend ebenfalls die Richtung und die Blautöne mit den Verlaufsanmerkungen an.

Die hellen Kanten am Schaft, die die Objektgrenzen überdecken, werden zusätzlich als schmale Flächen generiert und mit Verläufen gefüllt. Hier sollte der Verlaufswinkel etwa senkrecht zur Kante eingestellt sein. Den richtigen Winkel können Sie mit Versuch und Irrtum herausfinden, indem Sie das Verlauf-Werkzeug so lange immer wieder anwenden, bis der Winkel optisch stimmt. Alternativ messen Sie den Winkel der Kante mit dem Mess-Werkzeug, er wird im Informationen-Bedienfeld angezeigt. Danach berechnen Sie den rechten Winkel dazu und tragen ihn in das Eingabefeld WINKEL im Verlauf-Bedienfeld ein.

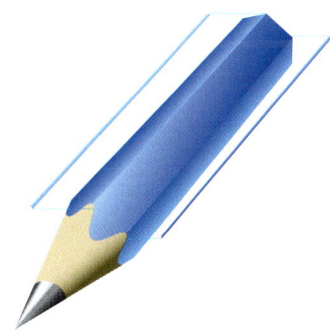

▲ Abbildung 9.86
Objekte für die hellen Lichtkanten

**4  Lichtreflexe auf blauen Flächen**

Für diese Reflexe zeichnen Sie zwei Formen wie in Abbildung 9.87 auf der folgenden Seite. Weisen Sie der oberen Fläche einen linearen Verlauf von C90/M54 nach Weiß zu. Passen Sie dessen

Winkel mit den Verlaufsanmerkungen an. Dann doppelklicken Sie auf die Verlaufsfarbe Weiß und weisen ihr in dem Popup-Fenster eine auf 13% reduzierte Deckkraft zu. Die kleine Fläche rechts versehen Sie mit einem Verlauf von C90/M54 nach C38/M6 (Deckkraft 0%).

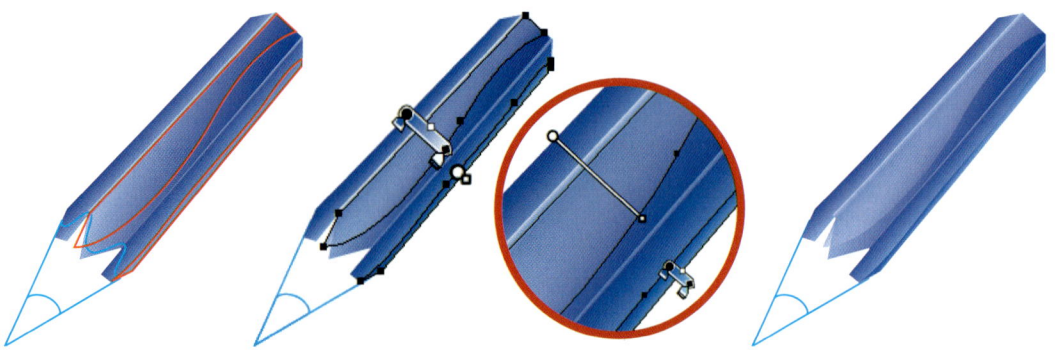

▲ **Abbildung 9.87**
Links: Zeichnen der Objekte für den Glanzeffekt; Mitte: Verläufe

### 5   Flächen ausarbeiten

Danach erstellen Sie die Verläufe für die Holzfläche und auf der Bleistiftspitze (die Verlaufsfarben sowie die Richtung des Grundverlaufs der Holzfläche sehen Sie in Abbildung 9.85 auf der vorigen Seite). Kegelformen können meist nicht mit einem einzigen Verlauf realisiert werden, deswegen benötigen Sie für den hölzernen Teil zur Grundform der Spitze auf der linken Seite eine zusätzliche Form, die mit einem Verlauf in einem anderen Winkel gefüllt ist.

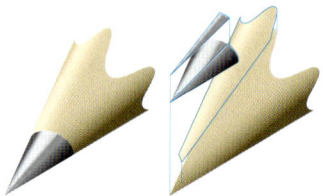

▲ **Abbildung 9.88**
Aufbau der Spitze

Die Minenspitze ist aus drei Verläufen zusammengesetzt – eine solche Form ist eigentlich der ideale Einsatzbereich für eine Angleichung (siehe Kapitel 10).

Der Übung wegen verwenden wir hier allerdings Verläufe aus Grautönen. Stellen Sie für die einzelnen Flächen zunächst die Richtungen der Verläufe ein, und passen Sie anschließend die Grautöne an. Dabei müssen Sie etwas herumprobieren, um die gewünschte optische Wirkung zu erreichen.

### 6   Details ergänzen

Eine Zeichnung lebt von den kleinen Details. Ergänzen Sie deshalb die Holzmaserung mit einigen Linien, und legen Sie einen kleinen Schatten an der Kante der Minenspitze an.

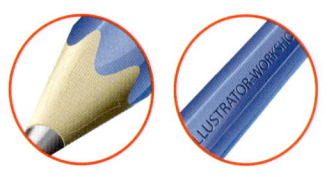

▲ **Abbildung 9.89**
Details: Holzmaserung und Schrift

Der Schriftzug erhält »Tiefe«, indem Sie eine leicht versetzte Kopie erzeugen und den unteren Schriftzug weiß sowie den oberen mit einem dunklen Blau füllen.

## 9.6 Gitterobjekte – Verlaufsgitter

Mit Illustrator können Sie fotorealistische Illustrationen erstellen, die kaum noch von Fotografien zu unterscheiden sind. Ermöglicht wird dies durch die Verlaufsgitter oder Gitterobjekte, eine spezielle Art von Vektorobjekten.

Auf einem Gitterobjekt fließen mehrere Farben ineinander und bilden Verläufe in unterschiedlichen Richtungen. Sie müssen sich das so vorstellen, als ob Sie mit einem farbgetränkten Pinsel auf einem feuchten Aquarellpapier farbige Punkte setzen, die dann etwas auseinanderfließen und sich gegebenenfalls mit anderen Farben mischen. In Illustrator werden diese Farbtupfer mithilfe eines Gitters auf einem Objekt positioniert, einem Raster aus Vektorlinien, das Sie auch nachträglich weiter transformieren und verzerren können.

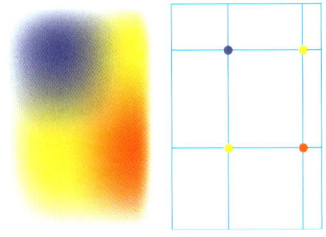

▲ **Abbildung 9.90**
Ein Gitterobjekt und seine Konstruktion – die kleinen Kreise zeigen die an den Gitterpunkten eingestellten Farben.

Die Grundlage für ein solches Gitterobjekt sind offene oder geschlossene Pfade – *nicht* jedoch zusammengesetzte Pfade, zusammengesetzte Formen oder Textobjekte.

Verlaufsgitter können Sie automatisch mithilfe der Dialogbox Objekt • Verlaufsgitter erstellen oder durch Umwandlung eines Verlaufsobjekts sowie manuell mit dem Gitter-Werkzeug erzeugen.

Die Fläche eines Gitterobjekts ist von einem Raster aus Vektorpfaden, den **Gitterlinien** ❶, durchzogen. An den Kreuzungspunkten der Linien, den **Gitterpunkten** ❷, sind die sich kreuzenden Gitterlinien fest miteinander verbunden. Darüber hinaus dienen ganz normale **Ankerpunkte** ❹ auf den Gitterlinien dazu, das Gitter zu formen und den Farbverlauf zu steuern. Ein von Gitterlinien umschlossener Bereich heißt **Gitterfeld** ❸.

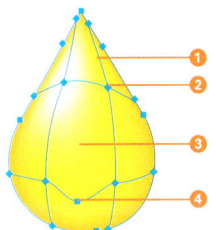

▲ **Abbildung 9.91**
Gitterlinien, Gitterpunkte (Raute), Gitterfelder, Ankerpunkte (Quadrat)

Gitterpunkte und Gitterfelder können mit unterschiedlichen Farben belegt werden. Ein Gitterobjekt ist also ein mehrfarbiges Objekt, zwischen dessen Farben der Gitterpunkte bzw. Gitterlinien Illustrator nahtlose Farbverläufe generiert.

### Verlaufsgitter erzeugen

Um Verlaufsgitter zu erzeugen, stehen Ihnen verschiedene Wege offen. Entweder lassen Sie vom Programm einen offenen oder geschlossenen Pfad automatisch in ein Gitterobjekt umwandeln, oder Sie verwenden das Gitter-Werkzeug zur manuellen Erzeugung eines Verlaufsgitters. Darüber hinaus besteht die Möglichkeit, einen normalen Verlauf in ein Gitterobjekt umrechnen zu lassen (siehe oben).

Dem Gitterobjekt kann direkt keine Kontur zugewiesen werden. Falls Sie eine Kontur benötigen, erstellen Sie entweder eine Kopie des Objekts vor der Umwandlung in ein Gitter oder erzeu-

▲ **Abbildung 9.92**
Die Paprika ist aus mehreren Verlaufsgittern konstruiert.

gen eine neue Kontur für das Gitterobjekt mithilfe des Aussehen-Bedienfelds. Außerdem sollte der Form vor der Umwandlung in ein Gitterobjekt die benötigte Grundfarbe zugewiesen werden.

▲ **Abbildung 9.93**
Konstruktion eines Gitters auf einer Form

**Vom Einfachen zum Komplizierten** | Illustrator versucht bei der Umwandlung eines Pfads in ein Gitter, abhängig von der Außenform, zwischen zwei jeweils etwa parallel verlaufenden Linienpaaren Zwischenpfade zu erstellen, die dann das Rastergitter bilden.

Bevor Sie ein Verlaufsgitter durch Umwandlung vom Programm generieren lassen, sollten Sie deshalb Ihr Ausgangsobjekt unter diesen Gesichtspunkten betrachten, ob seine Form für eine automatische Umwandlung in ein Gitterobjekt geeignet ist. Bei dem stark gebogenen Stiel der Paprika in Abbildung 9.92 ist es beispielsweise nicht sinnvoll, ein Verlaufsgitter automatisch zur fertigen Außenform erstellen zu lassen.

### Bessere Kontrolle über Gitterlinien

Ein gängiger Weg, um eine gute Kontrolle über die Form der Gitterlinien zu haben, ist es, mit einem einfachen Grundobjekt zu beginnen, dieses in ein Gitter mit wenigen Zeilen und Spalten umzuwandeln und das Gitter erst anschließend mit den Zeichen-, Transformations- oder Verflüssigen-Werkzeugen zu bearbeiten, bis die Außenform den Anforderungen genügt. Danach erstellen Sie manuell die benötigten zusätzlichen Gitterlinien, die sich so automatisch und homogen in die bestehende Form einfügen. Vergleichen Sie hier ein aus einer einfachen Form konstruiertes Gitter (links) mit einem automatisch aus einem gebogenen Objekt erzeugten Gitter (rechts).

**Gitter automatisch generieren** | Um ein regelmäßiges Gitter automatisch zu erzeugen, aktivieren Sie den gewünschten Pfad, den Sie in ein Gitterobjekt umwandeln möchten, und rufen die Dialogbox Verlaufsgitter erstellen über das Menü Objekt • Verlaufsgitter erstellen... auf. Darin finden Sie folgende Einstellmöglichkeiten:

▶ Zeilen/Spalten: Mit diesen Vorgaben bestimmen Sie die gewünschte Anzahl der zu generierenden horizontalen und vertikalen Gitterlinien.

▶ Aussehen: Durch eine Option aus dem Ausklappmenü legen Sie fest, ob und wie in dem neu erzeugten Gitterobjekt ein

Grundverlauf zwischen der zugewiesenen Flächenfarbe und »Weiß« generiert werden soll.
- FLACH: Kein Grundverlauf wird erzeugt.
- ZUR MITTE: Die Farbe verläuft vom Rand zur Mitte.
- ZUR KANTE: Die Farbe verläuft von der Mitte zum Rand.
- LICHTER: Mit diesem Prozentwert bestimmen Sie die Intensität von »Weiß« im Grundverlauf. Um die Auswirkung zu beurteilen, nehmen Sie die Option VORSCHAU zu Hilfe.

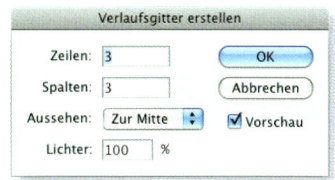

▲ **Abbildung 9.94**
Die Dialogbox VERLAUFSGITTER ERSTELLEN

**Gitter mit dem Gitter-Werkzeug erstellen** | Wenn Sie ein unregelmäßiges Gitter benötigen, sollten Sie es manuell mit dem Gitter-Werkzeug 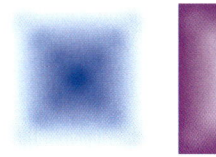 erstellen – Shortcut U.

Sie müssen kein Objekt aktivieren, bevor Sie mit dem ersten Gitterpunkt beginnen. Klicken Sie mit dem Werkzeug nacheinander auf die Stellen des Zielobjekts, an denen Sie einen Gitterpunkt erzeugen möchten. Beachten Sie dabei bitte den Cursor, denn der zeigt mit dem Symbol an, ob auf dem Objekt unter der Einfügemarke ein Gitterpunkt gesetzt werden kann.

▲ **Abbildung 9.95**
Generiertes Verlaufsgitter mit einem Grundverlauf ZUR KANTE (links) und ZUR MITTE (rechts)

Ein Klick *auf* den Rand oder *auf* eine bestehende Gitterlinie fügt dem Gitterobjekt eine neue Spalte *oder* eine neue Reihe hinzu. Klicken Sie *zwischen* Gitterlinien, dann wird *sowohl* eine Spalte *als auch* eine Reihe generiert.

Illustrator weist jedem neuen Gitterpunkt zunächst die Farbe zu, die im Farbe-Bedienfeld für Fläche eingestellt ist. Sollen neue Gitterpunkte ohne Farbe erstellt werden, drücken Sie beim Klicken des Punkts die Modifizierungstaste.

**Gitter aus Verzerrungshüllen erzeugen** | Auch Gitterobjekte, die Sie als Verzerrungshülle erzeugen, können als Verlaufsgitter verwendet werden. Das ist nützlich, denn Illustrator bietet einige Verkrümmungsarten an, die Sie so als Basis für die Erstellung eines Verlaufsgitters benutzen können. Und so geht's:

Erzeugen Sie aus einer einfachen Form ein Hüllenobjekt mit Verkrümmung, und wählen Sie den Menübefehl OBJEKT • VERZERRUNGSHÜLLE • ZURÜCKWANDELN, um das Gitter aus dem Objekt zu extrahieren.

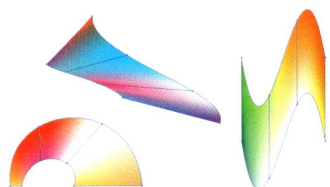

▲ **Abbildung 9.96**
Gitterobjekte aus Verkrümmungsformen

Der Befehl ZURÜCKWANDELN generiert zu Ihrem Ausgangsobjekt ein Gitterobjekt als Form mit einer grauen Fläche. Sie sehen seine Gitterlinien, sobald Sie das Objekt aktivieren. Dieses Gitter lässt sich wie andere Gitterobjekte auch mit weiteren Gitterlinien versehen, einfärben und umformen.

Mehr zur Herstellung, Anwendung und Zurückwandlung von Verzerrungshüllen finden Sie in Kapitel 10.

> **Komplexe Außenform**
>
> Ist die benötigte Außenform sehr komplex oder benötigen Sie ein »Loch« im Objekt, verwenden Sie eine Schnittmaske, um dem Gitterobjekt seine endgültige Form zu geben (zu Schnittmasken siehe Abschnitt 11.3).

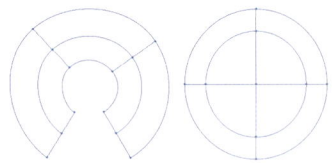

▲ **Abbildung 9.97**
Das kreisförmige Gitter (rechts) ist im Grunde nur ein zu einem Kreis gebogenes Rechteck (links).

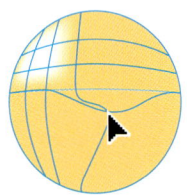

▲ **Abbildung 9.98**
Verschieben eines Gitterpunkts entlang einer Gitterlinie

> **Automatische Stützpunkte**
>
> Illustrator erzeugt manchmal automatisch »Stützpunkte«, um die Gitterlinien zu formen. Diese Punkte konnten in früheren Illustrator-Versionen aktiviert und gelöscht werden. Dies ist in aktuellen Illustrator-Versionen nicht mehr möglich.

**Gitter aus einem Verlauf erzeugen |** Wenn Sie einen Farbverlauf detaillierter beeinflussen möchten, empfiehlt es sich, einen »normalen« Verlauf in ein Verlaufsgitter umzuwandeln.

Aktivieren Sie dazu das Verlaufsobjekt, und rufen Sie die Dialogbox UMWANDELN über das Menü OBJEKT • UMWANDELN… auf. Darin wählen Sie die Optionen FLÄCHE und VERLAUFSGITTER.

Aus einem kreisförmigen Verlauf entsteht bei der Umwandlung ein zu einem Kreis gebogenes Rechteck. Diese Form ist deshalb so interessant, weil sie mit den Transformationswerkzeugen aus einem rechteckigen Gitterobjekt nur schwer generiert werden kann. Beachten Sie bitte, dass bei dem aus der Umwandlung entstandenen kreisförmigen Gitter in der Mitte vier Gitterpunkte übereinandergestapelt sind, die zum Bearbeiten gegebenenfalls zusammen mit einem Auswahlrechteck aktiviert werden müssen.

### Verlaufsgitter bearbeiten

Mit den Möglichkeiten, die sich beim Bearbeiten eines Verlaufsgitters ergeben, lassen sich sehr komplexe Verlaufsformen verwirklichen. Folgende Möglichkeiten stehen zur Verfügung, um ein Gitterobjekt zu editieren:

**Gitterlinien und Gitterpunkte hinzufügen |** Wie weiter oben in dem Absatz über das manuelle Erstellen von Gitterobjekten beschrieben, können Sie mit dem Gitter-Werkzeug jedem Verlaufsgitter, egal wie es erzeugt wurde, jederzeit Gitterlinien und Gitterpunkte hinzufügen.

**Gitterpunkte bearbeiten |** Einzelne Gitterpunkte eines Gitterobjekts aktivieren und verschieben Sie mit dem Werkzeug Gitter, Direktauswahl oder Lasso, indem Sie darauf klicken bzw. klicken und ziehen. Möchten Sie einen Gitterpunkt exakt entlang einer Gitterlinie verschieben, verwenden Sie das Gitter-Werkzeug, drücken die Modifizierungstaste und verschieben den Punkt.

Wenn ein Gitterpunkt aktiviert ist, werden seine Grifflinien angezeigt. Mit den Grifflinien bestimmen Sie die Form der Gitterlinien. Klicken und ziehen Sie die Grifflinien in die gewünschte Position. Mit gedrückter -Taste und dem Gitter-Werkzeug können Sie alle Grifflinien eines Gitterpunkts synchron bewegen. Möchten Sie Grifflinien »abbrechen«, also einen Übergangspunkt in einen Eckpunkt umwandeln, verwenden Sie das Ankerpunktkonvertieren-Werkzeug und ziehen den Griffpunkt.

Beachten Sie bitte, dass Sie mit dem Gitter-Werkzeug genau auf den Gitterpunkt klicken müssen, um ihn zu aktivieren, da sonst zusätzliche Gitterlinien erzeugt werden!

Treffen Sie mit dem Direktauswahl-Werkzeug in der Vorschau einen Punkt nicht exakt, wird ein gesamtes Gitterfeld mit allen zugehörigen Gitterpunkten ausgewählt und gegebenenfalls verschoben. Wenn Sie also gezielt mehrere Punkte aktivieren wollen, z. B. mit einem Auswahlrechteck oder mit dem Lasso-Werkzeug, ist zu empfehlen, vorher in die Pfadansicht zu wechseln.

**Gitterpunkt sicher aktivieren**

Wenn Sie einen vorhandenen Gitterpunkt aktivieren wollen, benutzen Sie am besten das Direktauswahl-Werkzeug, denn damit riskieren Sie nicht, versehentlich eine neue Gitterlinie zu erzeugen.

**Gitterpunkte löschen |** Verwenden Sie dazu das Gitter-Werkzeug, drücken Sie die Modifizierungstaste ⌥/Alt, und klicken Sie auf den entsprechenden Gitterpunkt, sobald das Cursor-Symbol zusätzlich ein Minuszeichen anzeigt.

Wenn Sie einen Gitterpunkt entfernen, werden auch die sich im Punkt kreuzenden Gitterlinien gelöscht.

**Gitterfelder bearbeiten |** Gitterfelder aktivieren Sie, indem Sie in das Feld klicken. Auch Felder können Sie verschieben – dabei werden alle begrenzenden Gitterlinien und Gitterpunkte mit verschoben. Darüber hinaus lässt sich ein ganzes Feld auch kopieren und als neues Gitterobjekt wieder in die Datei einfügen.

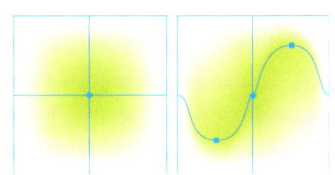

▲ **Abbildung 9.99**
Verschieben eines Gitterfelds

**Ankerpunkte hinzufügen |** Verwenden Sie Ankerpunkte, um die Form von Gitterlinien zu beeinflussen, ohne dafür im Gitter zusätzliche Zeilen oder Spalten zu erzeugen.

Neue Ankerpunkte auf Gitterlinien setzen Sie mit dem Ankerpunkt-hinzufügen-Werkzeug.

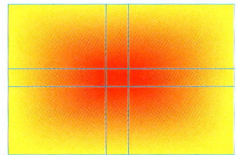

▲ **Abbildung 9.100**
Gitterlinien mit Ankerpunkten formen

**Farben zuweisen |** Sie können in einem Gitter Prozess- und Volltonfarben gemeinsam verwenden. Um einem aktivierten Gitterpunkt oder einem Gitterfeld eine Farbe zuzuweisen, sind drei Wege möglich:

- Farbe-Bedienfeld: Stellen Sie die Farbe im Farbe-Bedienfeld ein, die dann automatisch auf den aktiven Gitterpunkt oder auf das aktive Gitterfeld übernommen wird.
- Farbfeld: Klicken Sie zusammen mit der Modifikationstaste ⌥/Alt auf ein Farbfeld.
- Pipette: Wählen Sie das Pipette-Werkzeug, und klicken Sie zusammen mit der Modifikationstaste ⇧ auf der Zeichenfläche eine Stelle mit der gewünschten Farbe an.

▲ **Abbildung 9.101**
Die Arbeit mit Pipette und magnetischen Hilfslinien erspart Ihnen das vorherige Auswählen von Gitterfeldern oder Gitterpunkten.

Wenn Sie mit magnetischen Hilfslinien arbeiten, können Sie die Farben sehr einfach mit dem Pipette-Werkzeug zuweisen. Gehen Sie dazu wie folgt vor:

Heben Sie alle Auswahlen auf, wählen Sie die gewünschte Füllfarbe aus, und benutzen Sie das Pipette-Werkzeug, um zusammen mit der ⌥/Alt-Taste auf den Gitterpunkt oder das Gitterfeld zu klicken, dem Sie die Farbe zuweisen möchten. Bitte beachten Sie, dass auch das Gitterobjekt *nicht* ausgewählt sein darf.

Shortcuts: magnetische Hilfslinien ⌘/Strg+U, alle Auswahlen aufheben ⌘/Strg+⇧+A.

### Wie gehe ich mit Verlaufsgittern um?

Verlaufsgitter funktionieren in mancher Hinsicht anders als »normale« Vektorobjekte. Mit diesen Tipps fällt der Einstieg leichter.

Auch wenn Sie mit Verlaufsgittern sehr komplexe Verläufe erzeugen können, sollten Sie Ihre **Illustrationen in handhabbare Einzelobjekte aufteilen**. Darüber hinaus ist es empfehlenswert, immer im Blick zu behalten, ob in manchen Situationen alternativ zu einem Verlaufsgitter das gewünschte Ergebnis nicht einfacher oder besser mit einem »normalen« Verlauf oder einer Angleichung zu erreichen ist (zu Angleichungen siehe Kapitel 10).

**Konstruieren Sie erst das Gitter** – mindestens mit einer großzügigen Verteilung der Lichter und Schatten – und definieren Sie die Farbe an den Gitterpunkten im zweiten Schritt.

Gitterpunkte werden **in die Mitte der zu definierenden Farbfläche** (der Vorlage) gesetzt, nicht an deren Rand. Das ist anfangs irritierend, weil beim »normalen« Vektorisieren der Pfad entlang der Grenze der Farbfläche geführt wird.

Beachten Sie auch den Kasten »Bessere Kontrolle über Gitterlinien« auf Seite 276. In der folgenden Übung lernen Sie den Ablauf kennen.

### Schritt für Schritt: Mit Verlaufsgittern illustrieren

In diesem Workshop zeichnen Sie ein Gummibärchen mit einem Verlaufsgitter. Sie lernen bereits die Kombination von Gitterobjekten mit weiteren Techniken wie Filtern und Transparenz, denn die Details sind nachträglich mit zusätzlichen Objekten aufgesetzt.

**1   Die Datei aufbauen**

Wichtig für die Arbeit mit Verlaufsgittern ist der Aufbau der Datei – speziell das Anlegen geeigneter Ebenen. Im Beispiel-Dokument ist die Gummibärchen-Vorlage bereits platziert. Sperren Sie die Ebene mit einem Klick in die Bearbeitungspalte des Ebenen-Bedienfelds – das Schloss-Symbol 🔒 wird angezeigt.

Jetzt legen Sie mit einem Klick auf den Button Neue Ebene erstellen eine Ebene zum Zeichnen des Verlaufsgitters an. Drücken Sie ⌘/Strg, und klicken Sie auf das Auge-Symbol 👁 der neuen Ebene. Damit erreichen Sie, dass die Objekte auf dieser Ebene in der Pfadansicht dargestellt werden. Die Vorlage bleibt in der Vorschau.

▲ **Abbildung 9.102**
Das Ergebnis des Verlaufsgitter-Workshops

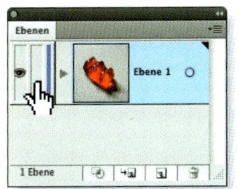 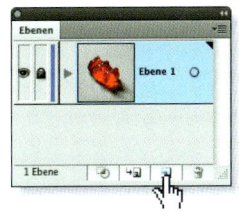 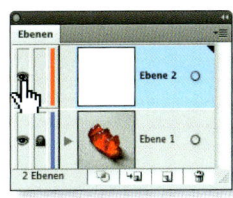 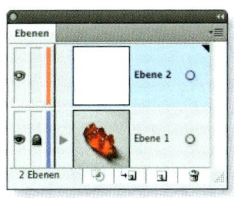

▲ **Abbildung 9.103**
Einrichten der Ebenen: Die Ebene mit der Vorlage wird gesperrt, und es wird eine neue Ebene angelegt und in der Pfadansicht angezeigt.

### 2   Das Gitter erstellen

Die Form des Gummibärchens besitzt extreme Ausbuchtungen, sodass es nicht möglich ist, aus der Außenform des Objekts ein sinnvolles Gitter zu erzeugen.

Statt also die Außenform des Bärchens nachzuzeichnen, ziehen Sie ein Rechteck auf, das etwa so groß wie das Bärchen ist. Weisen Sie diesem eine weiße Fläche zu – damit können Sie später beim Einfärben besser erkennen, welche Gitterpunkte noch nicht ihre endgültige Farbe erhalten haben. Wählen Sie Objekt • Verlaufsgitter erstellen, und geben Sie je 3 Zeilen und Spalten ein.

▲ **Abbildung 9.104**
Ein aus der Außenform erstelltes Gitter wäre nicht kontrollierbar.

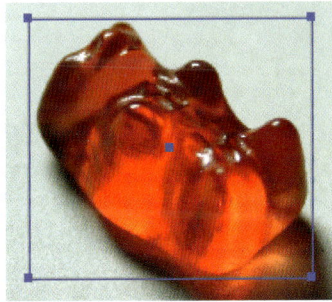 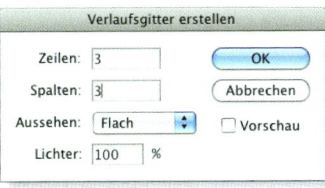 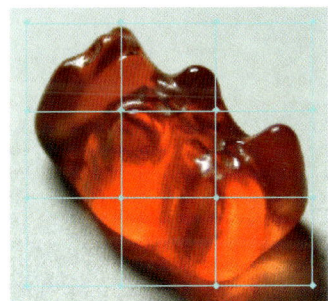

▲ **Abbildung 9.105**
Erstellen eines Gitters aus einem Rechteck

### 3   Das Gitter zurechtbiegen

Verwenden Sie das Direktauswahl-Werkzeug, um das Gitter in die Form des Bärchens zu bringen. Die Eckpunkte sollten strategisch bereits so platziert werden, dass sich die Gitterlinien passend bilden können (siehe den Abschnitt »Vom Einfachen zum Komplizierten« auf Seite 276) – dies erreichen Sie, wenn die Eckpunkte etwa die Form eines Trapezes bilden.

Verschieben Sie dann die weiteren Punkte des Basis-Gitters bereits auf die benötigten Positionen (siehe den Kasten »Wie gehe ich mit Verlaufsgittern um?«). Achten Sie auch darauf, dass deren Verteilung ungefähr gleichmäßig erfolgt, damit die weiteren Gitterlinien nach Ihren Wünschen entstehen.

▼ **Abbildung 9.106**
Verformen des Rechteckgitters in die Bärchenform. Mitte: Die Position der Eckpunkte des Gitters wurde hervorgehoben.

Biegen Sie die Gitterlinien des Basisgitters mit den Griffen des Gitters ebenfalls passend zurecht. Um Griffe »abzubrechen« wählen Sie das Ankerpunkt-konvertieren-Werkzeug. Wenn die Gitterpunkte nicht ausreichen, um die benötigten Formen zu bilden, klicken Sie mit dem Ankerpunkt-hinzufügen-Werkzeug auf die Gitterlinien, um Punkte hinzuzufügen.

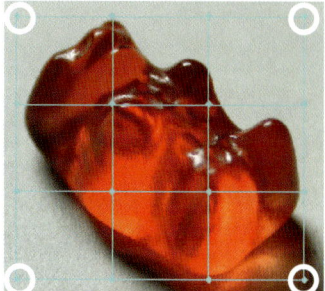
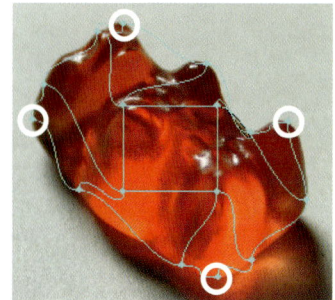

### 4  Zusätzliche Gitterlinien erzeugen

Wechseln Sie jetzt zum Gitter-Werkzeug. Klicken Sie damit auf die Gitterlinien, um zusätzliche Gitterpunkte und -linien zu erzeugen. Sofort nach dem Erstellen einer zusätzlichen Gitterlinie verschieben Sie die Punkte an die benötigten Stellen und biegen die Gitterlinien mit den Griffen zurecht.

**Abbildung 9.107** ▶
Für das Einfärben fertiggestelltes Gitter: Beim Einfärben der Gitterpunkte werden Sie jedoch immer noch Stellen finden, an denen die Konstruktion nicht ganz passt. Dann müssen Punkte und Griffe verschoben werden. Zu einem späteren Zeitpunkt fügen Sie auch noch weitere Gitterlinien hinzu, um Details zu ergänzen.

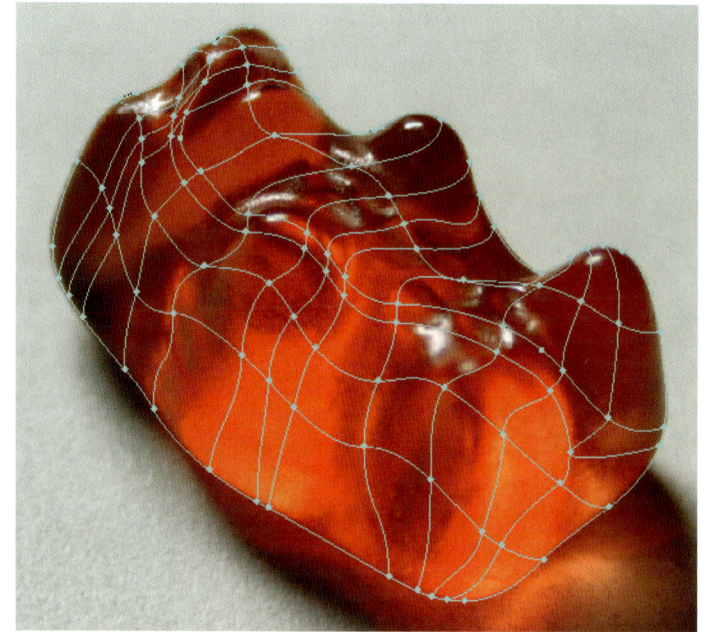

### 5  Farben aufnehmen

Wenn die Konstruktion steht, nehmen Sie die benötigten Farben mit dem Pipette-Werkzeug aus der Fotovorlage auf. Dazu drücken Sie ⇧ und klicken auf die Stelle des Fotos, an der Sie Farbe aufnehmen wollen. Rufen Sie dann das Farbe-Bedienfeld auf, korrigieren Sie, falls nötig, die Einstellungen, und ziehen Sie die Farb-Miniatur aus dem Farbe- ins Farbfelder-Bedienfeld (zum Erstellen von Farbfeldern siehe Abschnitt 8.7, »Farbdefinitionen speichern«).

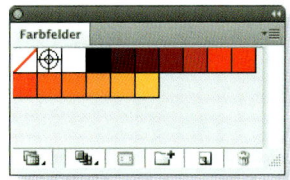

▲ **Abbildung 9.108**
Aufgenommene Farbfelder

### 6  Einfärben

Noch in der Pfadansicht aktivieren Sie die Gitterpunkte, die Sie einfärben möchten, mit dem Direktauswahl-Werkzeug oder indem Sie sie mit dem Lasso umrunden. Dann klicken Sie auf das entsprechende Farbfeld.

Wechseln Sie während des Einfärbens immer wieder in die Vorschau, um die Wirkung Ihrer Farbgebung zu überprüfen. Dazu drücken Sie ⌘/Strg und klicken auf das Auge-Symbol im Ebenen-Bedienfeld. Um auch die Vorschau mit der Vorlage zu vergleichen, verstecken Sie die Ebene mit Ihrer Zeichnung, indem Sie auf das Auge-Symbol klicken, ohne dabei zusätzliche Modifizierungstasten zu drücken.

▼ **Abbildung 9.109**
Einige Punkte wurden in der Pfadansicht des Gitters ausgewählt und mit einem Farbfeld versehen (links). Rechts: Vorschau des Gitterobjekts

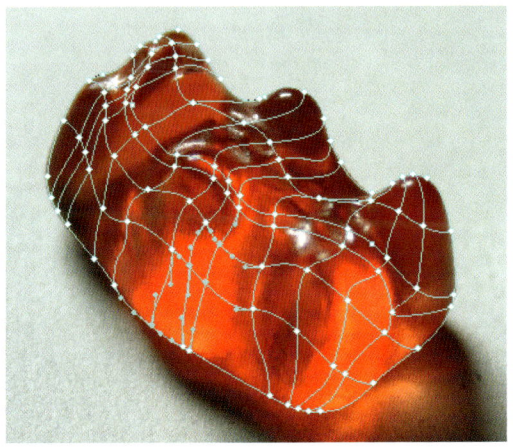
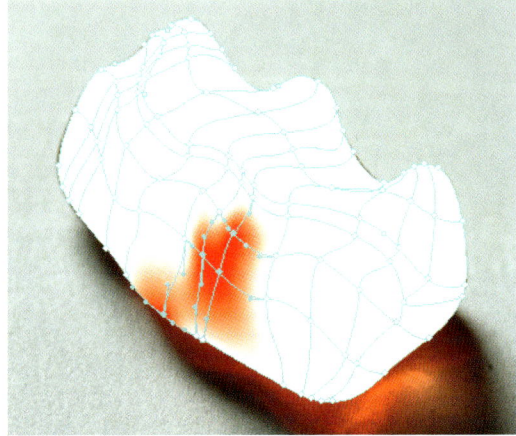

Die Vorschau können Sie nutzen, um unpassende Farben zu korrigieren – wählen Sie die entsprechenden Gitterpunkte in der Vorschau aus, und weisen Sie ihnen ein anderes Farbfeld zu.

Oder identifizieren Sie in der Vorschau die noch nicht mit Farbe versehenen Gitterpunkte. Wählen Sie einen weißen Gitterpunkt aus, wechseln Sie wieder in die Pfadansicht der Ebene, und weisen Sie ihm ein Farbfeld zu.

▲ **Abbildung 9.110**
Verschiedene Stadien des Einfärbens

### 7 Details: Zusätzliche Gitterlinien

Die Entscheidung, ob Sie für die Ergänzung von Details zusätzliche Gitterlinien anlegen oder dies über zusätzliche Objekte lösen, ist davon abhängig, wie groß ein Detail ist, ob die zusätzlichen Gitterlinien auch an anderer Stelle für Ergänzungen nützlich sind und ob das Gesamtgitter nach dem Hinzufügen noch handhabbar bleibt. Wenn Sie Gitterlinien hinzufügen, haben Sie zwei Möglichkeiten:

Entweder wählen Sie das Gitter mit dem Auswahl-Werkzeug aus und klicken anschließend mit dem Gitter-Werkzeug auf eine bestehende Gitterlinie. Hinzugefügte Gitterpunkte erhalten dann automatisch einen Mischfarbton aus den benachbarten Gitterpunkten, sodass der Farbeindruck erhalten bleibt.

Oder Sie deaktivieren das Gitter, wählen im Farbfelder-Bedienfeld die Farbe aus, die Sie verwenden möchten, und klicken dann mit dem Gitter-Werkzeug an die gewünschte Stelle im Gitter.

▼ **Abbildung 9.111**
Ein Gitterpunkt erhält beim Hinzufügen entweder eine automatische Farbe (links), oder Sie bestimmen die Farbe (rechts).

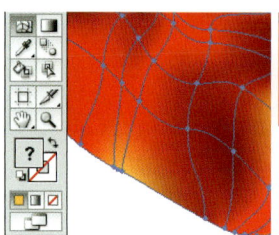 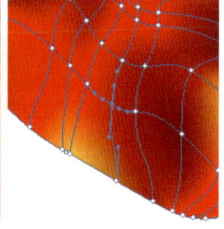 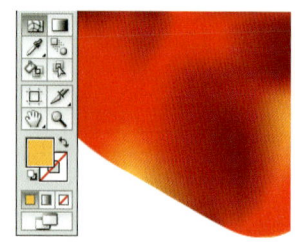 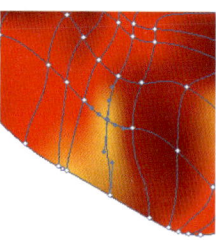

In beiden Fällen können Sie selbstverständlich die Farbe auch nachträglich noch ändern. Wenn Sie die zusätzlichen Gitterpunkte nachträglich verschieben, verändert sich allerdings das Verlaufverhalten der Farben und damit das Aussehen der Zeichnung. Dies fällt besonders bei automatisch eingefärbten Punkten auf.

### 8   Details: Glanzlichter

Legen Sie eine weitere neue Ebene für die Details an. Gehen Sie so vor, wie in Schritt 1 beschrieben. Diese Details wie Glanzlichter oder kleine Schatten definieren Sie nicht über das Verlaufsgitter. Stattdessen zeichnen Sie diese zunächst mit dem Zeichenstift- oder Buntstift-Werkzeug »konventionell« nach – zeichnen Sie die Fläche etwas größer, falls Sie die Kante weichzeichnen möchten. Weisen Sie die passende Farbe zu. Um die Kanten weichzuzeichnen, verwenden Sie Effekt • Stilisierungsfilter • Weiche Kante. Aktivieren Sie die Vorschau, und stellen Sie die Breite der Weichzeichnung ein.

Um ein Glanzlicht besser in die Zeichnung zu integrieren, reduzieren Sie mithilfe des Transparenz-Bedienfelds dessen Deckkraft ein wenig oder verwenden die Füllmethode Negativ multiplizieren. Für kleine Schatten verwenden Sie dagegen Multiplizieren.

▼ **Abbildung 9.112**
Details werden als einzelne Objekte gezeichnet (links) und mit dem Effekt Weiche Kante sowie einer reduzierten Deckkraft und der Füllmethode Multiplizieren (für Schatten) bzw. Negativ multiplizieren (für Glanzlichter) versehen (Mitte). Rechts: fertiggestellte Zeichnung

### Verlaufsgitter zurückwandeln

Das Zurückwandeln von Gitterobjekten ist nicht so einfach wie bei anderen komplexen Objekten. Deshalb ist es ratsam, sofern Sie vorher bereits wissen, dass Sie die Grundform noch einmal brauchen, diese vor dem Umwandeln in ein Gitter zu duplizieren.

Wenn Sie dennoch aus einem Gitter einen normalen Pfad »zurückgewinnen« müssen, aktivieren Sie das Gitterobjekt und wählen Objekt • Pfad • Pfad verschieben… mit einem Versatz von 0. Illustrator erzeugt dann die Außenform des Gitters als Pfad hinter dem Gitterobjekt.

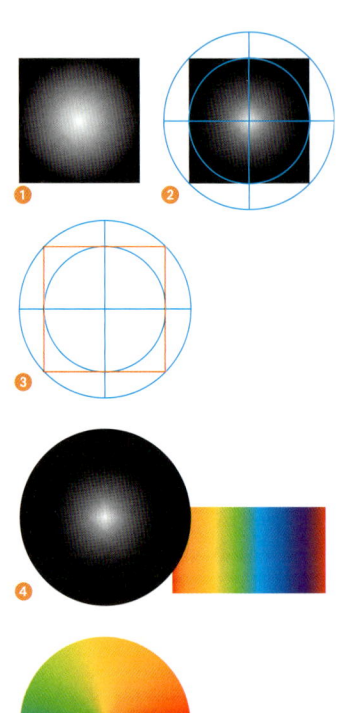
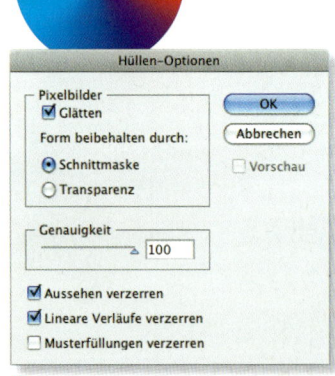

▲ **Abbildung 9.113**
Erstellung eines konischen Verlaufs

## Schritt für Schritt: Einen konischen Verlauf erstellen

Eine spezielle Art des kreisförmigen Verlaufs – den konischen Verlauf – können Sie in Illustrator nur mit einem Umweg über die Verlaufsumwandlung und eine Verzerrungshülle erzeugen. Folgende Schritte sind notwendig:

### 1  Kreisförmigen Verlauf erzeugen
Füllen Sie eine Rechteckform mit einem einfachen kreisförmigen Verlauf, und weisen Sie dem Objekt die Kontur Ohne zu ❶.

### 2  In ein Gitter umwandeln
Wandeln Sie den Verlauf mit der Menüfunktion Objekt • Umwandeln… in ein Verlaufsgitter um ❷.

### 3  Das Gitter herauslösen
Geben Sie nacheinander die Menüanweisungen Objekt • Schnittmaske • Zurückwandeln und Objekt • Gruppierung aufheben. Aktivieren Sie anschließend die Schnittmaske, und löschen Sie sie heraus. In der Pfadansicht ist die Rechteckform der Schnittmaske gut zu erkennen ❸.

### 4  Neuen Verlauf erstellen
Erstellen Sie ein Rechteck mit dem gewünschten Verlauf, und positionieren Sie dieses Rechteck in der Stapelreihenfolge unter dem Gitterobjekt. Dazu verwenden Sie den Befehl Objekt • Anordnen • Nach hinten stellen ❹. Der neue Verlauf muss auf der Zeichenfläche nicht unbedingt beim Gitterobjekt platziert sein.

### 5  In die konische Form bringen
Aktivieren Sie den Verlauf und das radiale Gitter, und wählen Sie den Menüpunkt Objekt • Verzerrungshülle • Mit oberstem Objekt erstellen. Damit die Hülle auch die Verlaufsfüllung verformt, rufen Sie Objekt • Verzerrungshülle • Hüllen-Optionen auf und aktivieren die Option Lineare Verläufe verzerren (zu Schnittmasken siehe Kapitel 11, zu Verzerrungshüllen siehe Kapitel 10).

**TEIL III**
**Objekte organisieren
und bearbeiten**

# 10 Vektorobjekte bearbeiten und kombinieren

Bisher haben Sie einzelne Pfade erzeugt, bearbeitet und zu Objekten zusammengefügt sowie geometrische Figuren, Vektorkonstruktionen und Freihandformen erstellt und bearbeitet.

In diesem Kapitel lernen Sie nun die mächtigen Werkzeuge kennen, um alle diese Objekte miteinander zu kombinieren. In der Entwurfsphase sollten Sie nach Möglichkeit die einfachste Form wählen, mit der ein Objekt erstellt werden kann. Mehrere dieser Formen werden dann zu komplexeren Gebilden kombiniert. Während die komplexen Formen anfangs noch locker verbunden sind, müssen sie für die endgültige Zeichnung umgewandelt werden. Hierzu bietet Illustrator viele Funktionen.

◄ **Abbildung 10.1**
In Gruppen lassen sich unterschiedliche Objekte kombinieren, deren Eigenschaften sich nicht gegenseitig beeinflussen – hier: ein platziertes Bild, ein 3D-Objekt und ein Pfad mit Pinselkontur.

## 10.1 Objekte kombinieren

Es bestehen mehrere Möglichkeiten, um Objekte miteinander zu kombinieren:

- Objekte gruppieren (das wurde bereits in Kapitel 5 erklärt)
- einen zusammengesetzten Pfad erzeugen
- Objekte zu einer zusammengesetzten Form vereinen

◄ **Abbildung 10.2**
Eine komplexe Zeichnung in der Layoutphase (rote Fläche zur Demonstration): Verwendet wurden Schnittmasken, interaktive Malgruppen, Pinselkonturen, Symbole. Alle Einzelbestandteile sind zwar jeweils miteinander gruppiert, lassen sich jedoch unabhängig von anderen Einzelteilen verschieben oder transformieren. Damit bleiben Sie in dieser Phase flexibel.

**Abbildung 10.3** ▶
Die Zeichnung wurde expandiert. Sie ist universell einsetzbar (u. a. zum Schneiden oder als Photoshop-Pfad), die Einzelelemente lassen sich jedoch nur noch mit hohem Aufwand editieren.

▲ **Abbildung 10.4**
Mehrere Pfade werden zu einem zusammengesetzten Pfad verbunden, um Löcher zu stanzen oder Füllungen über mehrere Formen anzulegen.

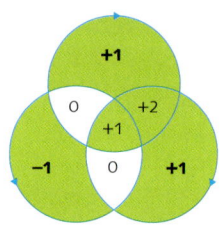

▲ **Abbildung 10.5**
Bei der Eigenschaft Nicht-Null wird gerechnet: Ein Pfad, der im Uhrzeigersinn verläuft, zählt mit +1, Pfade gegen den Uhrzeigersinn mit −1. Für jede Fläche berechnet Illustrator die Summe aus allen die Fläche überschneidenden Pfaden. Ist die Summe 0, dann entsteht ein Loch. Bei allen anderen Ergebnissen entsteht eine Füllung.

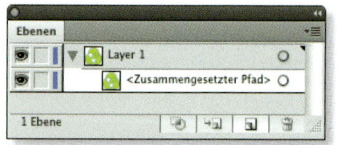

▲ **Abbildung 10.6**
Ein Zusammengesetzter Pfad im Ebenen-Bedienfeld

### Gruppieren

Zusammengehörende Objekte werden gruppiert, um ihre Handhabung zu vereinfachen. So wirken beispielsweise Transformationen auf alle Objekte einer Gruppe gleichzeitig.

Die Objekte beeinflussen sich jedoch nicht gegenseitig, sie behalten ihre individuellen Aussehen-Eigenschaften wie Konturen, Füllungen, Transparenzen und Effekte (Farbe siehe Kapitel 8, Transparenzen siehe Kapitel 12, Effekte siehe Kapitel 13).

### Zusammengesetzter Pfad

Zusammengesetzte Pfade dienen zur Konstruktion komplexer Objekte aus einzelnen Pfaden. Da solche Objekte zu allen Programmen und Geräten voll kompatibel sind, die »PostScript« verarbeiten können, sind sie problemlos über die Entwurfsphase hinaus auch zur Ausgabe auf Druckern und Belichtern oder beim Dateiaustausch mit anderen Programmen verwendbar.

Vergleichen Sie dazu auch die Ausführungen zu »Virtuelle Objekte – Chance und Gefahr« im Abschnitt zur zusammengesetzten Form.

Ein wichtiger Einsatzzweck für zusammengesetzte Pfade ist beispielsweise das »Stanzen« von Löchern in gefüllte Objekte.

Um einen zusammengesetzten Pfad zu erzeugen, aktivieren Sie die entsprechenden Pfadobjekte und wählen im Menü Objekt
• Zusammengesetzter Pfad • Erstellen – Shortcut: ⌘/ Strg + 8.

Der zusammengesetzte Pfad ist danach nur *ein* Objekt im Ebenen-Bedienfeld. Sie können jetzt zwar noch die Punkte und Pfadsegmente der ursprünglichen Pfade mit dem Direktauswahl-Werkzeug aktivieren und bearbeiten, nicht mehr jedoch die einzelnen Ursprungspfade als separate Objekte (zum Ebenen-Bedienfeld siehe Kapitel 11).

### Attribute-Bedienfeld

Das Bedienfeld für ATTRIBUTE rufen Sie unter FENSTER • ATTRIBUTE auf. Mit den Buttons ❶ stellen Sie die Füllregel-Eigenschaft ein. Eindeutig vorhersagbar sind die Ergebnisse der Füllregel-Eigenschaft GERADE-UNGERADE. An Stellen, an denen eine gerade Anzahl von Pfaden übereinanderliegt, werden mit dieser Einstellung in zusammengesetzten Pfaden Löcher erzeugt, durch die dahinterliegende Objekte sichtbar werden. An Stellen, an denen eine ungerade Zahl von Pfaden übereinander angeordnet ist, entsteht kein Loch.

Hat ein Objekt die Eigenschaft NICHT-NULL, wird die Pfadrichtung jedes einzelnen beteiligten Pfads analysiert, um zu bestimmen, ob ein Loch erzeugt wird oder nicht. NICHT-NULL ist die voreingestellte Eigenschaft für neu angelegte zusammengesetzte Pfade.

Mit den Pfeilsymbolen ❷ schalten Sie PFADRICHTUNG UMKEHREN ein oder aus. Um diese Eigenschaft für einzelne Objekte zu setzen, aktivieren Sie den betreffenden Pfad mit dem Direktauswahl-Werkzeug und klicken die gewünschte Eigenschaft an.

**Aussehen-Eigenschaften |** Beim Zusammensetzen übernimmt das Programm die Aussehen-Eigenschaften des untersten in einem Stapel aktivierter Objekte. Die Einstellungen für die anderen verbundenen Pfade gehen verloren, denn ein zusammengesetzter Pfad kann nur einen Satz Eigenschaften für das Aussehen haben.

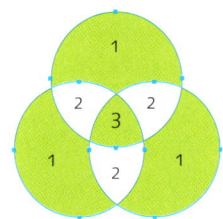

▲ **Abbildung 10.7**
Mit der GERADE-UNGERADE-Regel entsteht dann ein Loch, wenn eine gerade Anzahl Objekte übereinanderliegt.

**Attribute |** Wie sich die einzelnen Pfade in einem zusammengesetzten Pfad gegenseitig beeinflussen, hängt von der Füllregel-Eigenschaft des zusammengesetzten Pfades und der Pfadrichtung der Ursprungspfade ab. Die Einstellungen können im Bedienfeld für Attribute vorgenommen werden.

#### Zusammengesetzte Form

In einer zusammengesetzten Form kombinieren Sie Objekte zu einem virtuellen Objekt (siehe folgenden Abschnitt).

Bestandteile einer zusammengesetzten Form können geschlossene Pfade, offene Pfade (die in der Ansicht geschlossen werden), Textobjekte, zusammengesetzte Pfade, gruppierte Objekte, oder andere zusammengesetzte Formen sein. Deshalb besteht die Möglichkeit, zusammengesetzte Formen aus vielen gestapelten Objekten hierarchisch sehr tief zu verschachteln.

**Virtuelle Objekte – Chance und Gefahr |** Eine zusammengesetzte Form wird nur für die Anzeige auf dem Bildschirm bzw. für den Druck in Echtzeit berechnet und ausgegeben. Wir haben es hier also nur mit einem scheinbaren bzw. virtuellen Objekt zu tun! Der Vorteil dabei ist, dass alle Aktionen sofort sichtbar werden, ohne die Ursprungsobjekte zu zerstören.

▲ **Abbildung 10.8**
Komplexere Formen sind schwieriger zu handhaben, daher sollte man sie umwandeln, sobald die Ausgangsobjekte nicht mehr benötigt werden.

▲ Abbildung 10.9
Verschiedene Effekte sind einzelnen Objekten einer zusammengesetzten Form zugeordnet.

#### Kontur-Effekte

Die Anwendung der Effekte KONTURLINIE und KONTUR NACHZEICHNEN auf Teile einer zusammengesetzten Form gelingt nicht mehr wie in früheren Illustrator-Versionen.

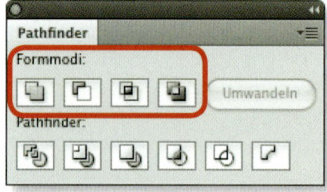

▲ Abbildung 10.10
Die Formmodi-Buttons im Pathfinder-Bedienfeld

▲ Abbildung 10.11
Damit die beiden Löcher korrekt in die Mauersteine gestanzt werden, müssen die Löcher-Formen und die Steine jeweils zu zusammengesetzten Pfaden verbunden werden.

Andererseits kosten sehr komplexe virtuelle Objekte Rechenzeit bei der Anzeige auf dem Bildschirm und bei der Ausgabe auf Druckern, sie vergrößern die Datei, und zusammengesetzte Formen sind nicht für alle Arten der Weiterverarbeitung geeignet (siehe auch die Checkliste »Datei für Folienplot« auf Seite 302).

Weiter unten erfahren Sie, wie Sie gegebenenfalls eine zusammengesetzte Form in ein reduziertes Objekt ohne seine überflüssigen, also redundanten Teile umwandeln.

**Eigenschaften** | Einzelnen Objekten in einer zusammengesetzten Form können zwar unterschiedliche Live-Effekte zugeordnet werden, die zusammengesetzte Form insgesamt kann aber nur einen Satz Eigenschaften für ihr Aussehen haben (Live-Effekte siehe Kapitel 13, Aussehen-Eigenschaften siehe Kapitel 11).

Die Originalobjekte, aus denen die sichtbare Form kombiniert wird, bleiben jeweils intakt, Sie können jedes einzelne Objekt weiterhin transformieren oder anderweitig bearbeiten, und zusammengesetzte Formen können wieder aufgelöst und in ihre Quellobjekte zerlegt werden.

### Zusammengesetzte Form erstellen

Zusammengesetzte Formen erstellen Sie mit dem Pathfinder-Bedienfeld, das Sie aus dem Menü Fenster aufrufen – Shortcut ⌘/Strg+⇧+F9. Die übliche Vorgehensweise ist, der Form bereits beim Erstellen einen Formmodus zuzuweisen, also die Methode, nach der die Ursprungsobjekte einer zusammengesetzten Form aufeinander einwirken und ihr Aussehen gegenseitig beeinflussen. Dazu aktivieren Sie die Objekte, drücken ⌥/Alt und klicken auf den gewünschten Button in der oberen Reihe des Pathfinder-Bedienfelds.

Normalerweise wirken in zusammengesetzten Formen alle Pfade als einzelne Objekte aufeinander. Soll ein Objekt aus mehreren Pfaden bestehen, z. B. zwei Löcher in eine Mauer gestanzt werden, müssen diese Pfade erst jeweils zu zusammengesetzten Pfaden verbunden werden.

#### Geänderte Anwendung der Formmodi-Buttons

Adobe hat die Bedienung der Formmodi-Buttons geändert. Achten Sie darauf, dass Sie in Illustrator CS4 ⌥/Alt drücken müssen, wenn Sie eine zusammengesetzte Form erstellen möchten. Ohne diese Modifizierungstaste wird die Form gleich beim Erstellen umgewandelt.

**Formmodi** | Die vier verschiedenen Modi finden Sie im Pathfinder-Bedienfeld im ersten Abschnitt: DEM FORMBEREICH HINZUFÜGEN, VOM FORMBEREICH SUBTRAHIEREN, SCHNITTMENGE VON

Formbereichen und Überlappende Formbereiche ausschliessen. Ähnliche Funktionen sind aus 3D-Programmen als Boolesche Operationen bekannt.

▶ Dem Formbereich hinzufügen (Vereinen): Die Flächen aller aktivierten Objekte werden als eine gesamte Fläche mit den Aussehen-Eigenschaften des Objekts ausgegeben, das im Stapel an oberster Stelle liegt.

▶ Vom Formbereich subtrahieren (Stanzen): Im aktivierten Stapel wird von der Fläche des untersten Objekts die gemeinsame Fläche der davor liegenden Objekte abgezogen. Es bleibt nur die Restfläche des untersten Objektes mit dessen Aussehen-Eigenschaften als virtuelles Objekt übrig.

▶ Schnittmenge von Formbereichen: Als virtuelles Objekt wird nur die Fläche ausgegeben, die allen aktivierten Objekten gemeinsam ist. Das Aussehen wird vom obersten Objekt übernommen.

▶ Überlappende Formbereiche ausschliessen (Schnittmenge entfernen): Dieser Modus beeinflusst die aktivierten Objekte wie die Gerade-Ungerade-Füllregel. An den Stellen, an denen eine gerade Anzahl Objekte übereinanderliegt, entsteht ein Loch in der zusammengesetzten Form. Dort, wo im aktivierten Stapel eine ungerade Anzahl Objekte übereinander angeordnet ist, wird eine Fläche ausgegeben.
Das virtuelle Objekt nimmt die Aussehen-Eigenschaft des obersten Objekts an.

**Ebenen-Bedienfeld – Objekthierarchie** | Das Ebenen-Bedienfeld zeigt die zusammengesetzten Formen und alle zugehörigen Objekte so an, dass Sie die Hierarchie erkennen können. Der Formmodus ist in diesem Bedienfeld jeweils dem obersten Objekt zugeordnet (zum Ebenen-Bedienfeld siehe Kapitel 11).

**Formmodus ändern** | Beim Erstellen einer zusammengesetzten Form aus mehreren Objekten wird in dem vereinten Objektstapel jedem einzelnen Objekt, mit Ausnahme des untersten, ebenfalls der gleiche Formmodus zugewiesen, den Sie für das gesamte virtuelle Objekt gewählt haben. Das hierarchisch unterste Objekt bleibt ohne Formmodus.

Sie können nun den Modus jedes einzelnen Objektes ändern, indem Sie das gewünschte Objekt mit dem Direktauswahl-Werkzeug anklicken und im Pathfinder-Bedienfeld einen anderen Modus-Button betätigen. Der neue Formmodus ersetzt den zugewiesenen. Dies hat Auswirkungen auf die gesamte virtuelle Form, also gegebenenfalls auch auf das Erscheinungsbild der im Stapel darüber- oder darunterliegenden Objekte!

---

**Pathfinder im Menü?**

Wie bei vielen anderen Funktionen gibt es für die Formmodi und Pathfinder-Befehle keine Entsprechung im Menü. Die Pathfinder-Effekte besitzen nur den gleichen Namen (mehr dazu in Kapitel 13).

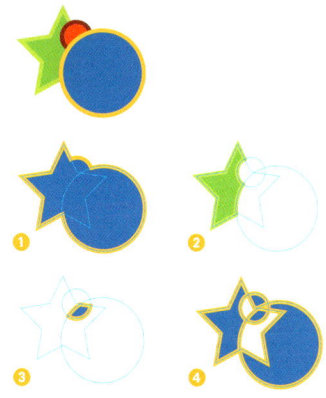

▲ Abbildung 10.12
Auswirkungen der Formmodi auf die Originalobjekte:
Hinzufügen ❶, Subtrahieren ❷, Schnittmenge ❸, Überlappende Formbereiche Ausschliessen ❹

**Objektauswahl nur durch Pfad**

Haben Sie in den Voreinstellungen die Option Objektauswahl nur durch Pfad aktiviert, verwenden Sie zum Auswählen eines Objekts innerhalb der zusammengesetzten Form das Gruppenauswahl-Werkzeug.

▲ Abbildung 10.13
Subtrahieren eines offenen Pfades: Er wird automatisch geschlossen.

10.1 Objekte kombinieren | **293**

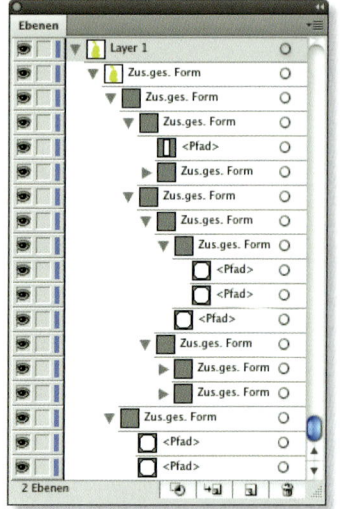

▲ Abbildung 10.14
Darstellung einer zusammengesetzten Form im Ebenen-Bedienfeld

Bei zusammengesetzten Formen, die aus mehr als vier oder fünf Objekten bestehen, ist diese Vorgehensweise nicht zu empfehlen, da sie unter Umständen viel Probieren erfordert, ehe das geplante Ziel erreicht wird. Erstellen Sie in einem solchen Fall besser die virtuelle Gesamtform aus mehreren weniger komplexen einzelnen zusammengesetzten Formen, um die Formbildung in der hierarchischen Anordnung besser steuern zu können.

Die von Adobe empfohlene Höchstzahl von zehn Objekten je einzelner zusammengesetzter Form scheint für die Änderung des Formmodus einzelner Hierarchiestufen bereits viel zu hoch zu sein!

**Form editieren** | Außer der Anwendung eines anderen Formmodus können Sie über das Ebenen-Bedienfeld auch die Stapelreihenfolge in der zusammengesetzten Form verändern (zur Stapelreihenfolge siehe Kapitel 5, zu Ebenen siehe Kapitel 11).

Um auf einzelne Objekte Transformationen anzuwenden, aktivieren Sie das Objekt, das Sie bearbeiten möchten, mit dem Direktauswahl- oder Gruppenauswahl-Werkzeug. Danach können Sie dieses Objekt wie gewohnt transformieren (zu Transformationswerkzeugen siehe Kapitel 5).

Möchten Sie einzelnen Objekten der zusammengesetzten Form nachträglich Effekte zuweisen, müssen Sie diese Objekte im Ebenen-Bedienfeld als Ziel auswählen (zur Ziel-Auswahl siehe Kapitel 11).

**Form auflösen** | Wenn Sie eine zusammengesetzte Form wieder auflösen möchten, wählen Sie nach dem Aktivieren aus dem Menü des Pathfinder-Bedienfelds den Befehl ZUSAMMENGESETZTE FORM ZURÜCKWANDELN. Sie erhalten wieder die ursprünglichen Objekte.

### Isolationsmodus

Im Isolationsmodus können Sie nur die oberste Hierarchiestufe einer komplexen zusammengesetzten Form bearbeiten.

▲ Abbildung 10.15
Zusammengesetzte Form vor (rot) und nach (blau) dem Umwandeln; Verschieben eines Teils (jeweils rechts)

### Zusammengesetzte Form umwandeln

Um eine zusammengesetzte Form auf einen Pfad oder auf einen zusammengesetzten Pfad zu reduzieren, müssen der zugrunde liegende Objektstapel und seine Einzelobjekte zerstört werden. Alle redundanten, nicht sichtbaren Segmente des virtuellen Objekts werden entfernt, und ein neues Objekt wird zusammengesetzt, das in seiner reduzierten Form dem Erscheinungsbild des virtuellen Objekts entspricht, das bisher faktisch nur als rechnerische Ausgabe auf dem Bildschirm angezeigt wurde.

Um eine zusammengesetzte Form so zu bearbeiten, verwenden Sie den Funktionsbutton UMWANDELN aus dem Pathfinder-Bedienfeld, oder wählen Sie aus dem Menü des Bedienfelds den Befehl ZUSAMMENGESETZTE FORM UMWANDELN.

## 10.2 Pathfinder – Objekte zerteilen

Auch wenn schon Karl May in einem seiner Bücher über »Adobe« schrieb, hat PATHFINDER trotzdem nichts mit Old Firehand zu tun. Wie schon bei den Formmodi in Abschnitt 10.1 handelt es sich auch bei den »Pathfindern« eher um angewandte Mengenlehre.

**Exkurs**
Karl May, Old Surehand II:
»… hierauf der Adobe Creek und der Horse Creek …«

### Pathfinder-Funktionen
Die Pathfinder-Funktionen rechnen aktivierte Objekte nach logischen Algorithmen ineinander, sodass ein oder mehrere neue Pfade entstehen. Pathfinder-Funktionen können Sie nur auf Vektorobjekte anwenden. Einige der Funktionen erfordern geschlossene Pfade, beziehungsweise werden offene Pfade automatisch geschlossen, und für drei der Funktionen müssen die Pfade auch gefüllt sein. Pathfinder-Funktionen können Sie nicht auf Textobjekte anwenden. Auch die hier beschriebenen Funktionen können Sie nur im Pathfinder-Bedienfeld aufrufen, nicht im Menü.

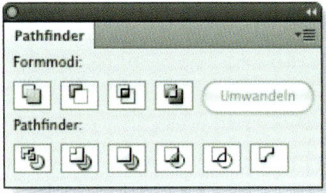
▲ **Abbildung 10.16**
Das Pathfinder-Bedienfeld

▲ **Abbildung 10.17**
Ausgangsobjekte

**Funktionsarten** | Um eine Pathfinder-Funktion auf ein aktiviertes Objekt anzuwenden, klicken Sie im unteren Abschnitt des Pathfinder-Bedienfelds auf einen der nachfolgend beschriebenen Funktionsbuttons:

▶ FLÄCHE AUFTEILEN: Diese Funktion teilt die Gesamtfläche aller Objekte entlang der vorhandenen Pfade auf, bis keines der Objekte mehr von einem Pfad durchschnitten wird. Offene Pfade werden, wenn nötig, automatisch geschlossen. Es entstehen neue Objekte aus geschlossenen Pfaden, die miteinander gruppiert sind. Die Aussehen-Eigenschaften der neuen Objekte richten sich jeweils nach dem entsprechenden sichtbaren Teil des Ursprungsobjekts.

▲ **Abbildung 10.18**
FLÄCHE AUFTEILEN

▶ ÜBERLAPPUNGSBEREICH ENTFERNEN: Die in einem Stapel aktivierter Objekte weiter oben angeordneten Objekte stanzen mit den Teilen, die von ihnen sichtbar sind, aus den darunterliegenden Objekten jene Bereiche aus, die sie verdecken. Offene Pfade werden, wenn nötig, automatisch geschlossen. Es entstehen mehrere geschlossene Pfade, die ihre ursprüngliche Füllung beibehalten, aber keine Kontur mehr aufweisen. Objekte ohne Fläche werden von der Funktion ignoriert und ohne Warnung entfernt. Das gilt auch für Linien, die nur dann von der Funktion einbezogen werden, wenn ihnen eine Fläche zugeordnet ist, selbst wenn diese keine Auswirkung auf die Bildschirmanzeige hat.

▲ **Abbildung 10.19**
ÜBERLAPPUNGSBEREICH ENTFERNEN

Ist auf ein oben liegendes Objekt eine Transparenz oder FARBE ÜBERDRUCKEN angewendet, entsteht aus der Überlappung eine Fläche. Die neu entstandenen Objekte sind gruppiert.

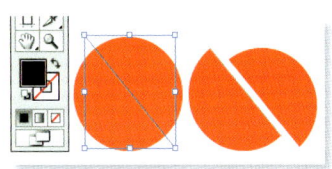
▲ **Abbildung 10.20**
Wenn die Gerade mit einer Fläche versehen ist (links), lässt sich ÜBERLAPPUNGSBEREICH ENTFERNEN anwenden (rechts).

▲ **Abbildung 10.21**
Verdeckte Fläche entfernen

> **Verdeckte Fläche entfernen**
>
> Verwenden Sie die Funktion Verdeckte Fläche entfernen zur Optimierung umgewandelter Pinselkonturen.

▲ **Abbildung 10.22**
Schnittmengenfläche

▲ **Abbildung 10.23**
Kontur aufteilen

▲ **Abbildung 10.24**
Hinteres Objekt abziehen

▶ Verdeckte Fläche entfernen : Arbeitet wie die Funktion Überlappungsbereich entfernen. Zusätzlich werden gleichfarbige Flächen, die aneinandergrenzen, zu einem Objekt vereinigt. Konturen werden gelöscht und die neu entstandenen Objekte gruppiert. Dies ist eine wichtige Funktion, um Vektorgrafik zu »säubern« und z. B. für das Plotten vorzubereiten (mehr dazu im Kasten auf der gegenüberliegenden Seite).

▶ Schnittmengenfläche : Die neuen Objekte, die bei Anwendung dieser Funktion entstehen, werden aus den Schnittmengen gebildet, die das in einem Stapel aktivierter Objekte oberste Objekt mit den Teilen der darunterliegenden Objekte bildet, die sichtbar wären, wenn das oberste Objekt durchsichtig wäre. Objekte und Objektteile, die außerhalb der Form des obersten Objekts liegen, werden gelöscht. Damit wirkt dieser Pathfinder ähnlich wie eine Schnittmaske.

Der Restpfad des obersten Objekts bleibt bestehen, hat aber keine Kontur und keine Füllung. Der Befehl kann bei der Anwendung auf offene Pfade zu unerwarteten Ergebnissen führen. Die neu entstandenen Objekte sind gruppiert.

Diese Funktion setzt gefüllte Objekte voraus, bitte lesen Sie dazu die entsprechenden Hinweise im Absatz über die Funktion Überlappungsbereich entfernen.

▶ Kontur aufteilen: Die Konturen der aktivierten Objekte werden überall an den Stellen geschnitten, an denen sie sich überschneiden.

Es entstehen einzelne offene Pfade. Als Konturfarbe wird ihnen die Farbe der Füllung des ursprünglichen Objekts zugeordnet. Die Pfade haben die Konturstärke »Haarlinie« – Illustrator zeigt dies im Kontur-Bedienfeld durch den Wert 0 an.

Diese Funktion eignet sich gut als Vorbereitung manueller Überfüllungen und ist die einzige Möglichkeit, in Illustrator Haarlinien zu erzeugen, die von mancher Plot-Software als Schneidepfad benötigt werden.

▶ Hinteres Objekt abziehen: Diese Funktion bewirkt bei den aktivierten Objekten ein umgekehrtes Stanzen. Das bedeutet, dass von der Fläche des im Stapel obersten Objekts die Flächen aller im Stapel darunterliegenden Objekte subtrahiert werden, soweit sie mit dem obersten Objekt eine Schnittmenge bilden. Illustrator schließt offene Pfade, wenn nötig, automatisch.

Objekte und Objektteile, die außerhalb der Fläche des obersten Objekts liegen, werden gelöscht. Das neu entstandene Objekt behält die Aussehen-Eigenschaften des obersten Objekts.

**Pathfinder-Anwendungen**

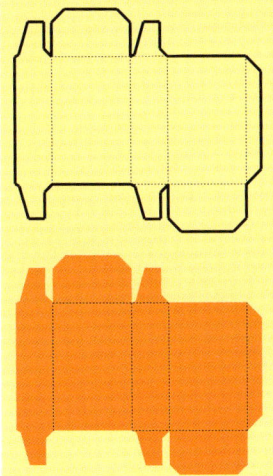

Formen aus CAD-Systemen bestehen häufig aus vielen einzelnen Pfaden. Um diese effizient zu einem Pfad zusammenzufügen, weisen Sie allen Pfaden eine Füllung zu und verwenden die Funktion Fläche aufteilen. Wichtig ist, dass Sie dabei die Option Ungefüllte Objekte entfernen deaktivieren.

Alternativ zur Funktion Interaktiv Malen lässt sich ebenfalls der Pathfinder Fläche aufteilen nutzen, um aus offenen Pfaden Flächen zu erzeugen. Achten Sie darauf, dass Pfade sich an Schnittstellen berühren oder überschneiden. Deaktivieren Sie die Option Ungefüllte Objekte entfernen.

Um eine komplexe Grafik aus der Layoutversion in die endgültige – plottfähige – Version umzuwandeln, ist der Pathfinder Verdeckte Fläche entfernen hilfreich. Mit nur einem Klick erzeugt er die optimierten Objekte.

**Bedienfeldmenü |** Pathfinder-Bedienfeld

▶ Überfüllen: Diese Funktion hilft bei den Druckvorbereitungen beim manuellen Überfüllen. Mehr dazu und zu Problemen beim Drucken finden Sie in Kapitel 19.

▶ Wiederholen: Um die zuletzt verwendete Pathfinder-Funktion auf andere Objekte anzuwenden, können Sie den Befehl Wiederholen: … aus dem Bedienfeldmenü verwenden.

▶ Zusammengesetzte Form erstellen, Zusammengesetzte Form zurückwandeln und Zusammengesetzte Form umwandeln sind Menübefehle, die bereits im Abschnitt über zusammengesetzte Formen erläutert wurden.

**Zusammengesetzte Form erstellen**

Die Anwendung dieses Befehls aus dem Menü ist vor allem dann interessant, wenn Sie einzelne Pfade für den PSD-Export vorbereiten möchten. Nur zusammengesetzte Pfade werden beim PSD-Export in Photoshop-Formebenen umgewandelt.

**Pathfinder-Optionen |** Über das Bedienfeldmenü rufen Sie auch die Dialogbox Pathfinder-Optionen auf.

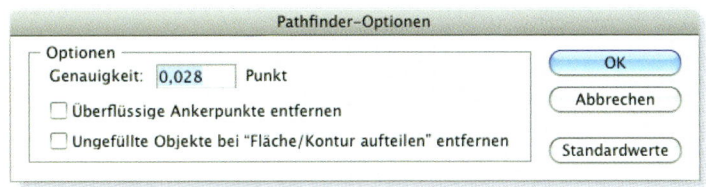

◀ **Abbildung 10.25**
Die Dialogbox Pathfinder-Optionen

▲ **Abbildung 10.26**
In der Übung »Konturierter Text« in Kapitel 13 setzen Sie Pathfinder-Effekte ein.

▲ **Abbildung 10.27**
Zwischenpunkte auf einer Geraden

> **Wirkungsweise der Effekte**
>
> Eine Aufstellung der Wirkungsweisen der einzelnen Effekte finden Sie auf den vorhergehenden Seiten unter »Zusammengesetzte Formen« und »Pathfinder-Funktionen«.

▲ **Abbildung 10.28**
Die Anwendung von Pathfinder-Effekten auf einzelne Objekte ist dann interessant, wenn die Objekte mehrere Konturen/Flächen besitzen oder (wie Textobjekte) ineinanderliegende Pfade.

▶ GENAUIGKEIT: Wenn das Programm zusätzliche Ankerpunkte in Pfade einfügen muss, beispielsweise in Kurvensegmenten, können Sie bestimmen, wie genau die Funktion dabei arbeiten soll. Ein niedriger Wert erzeugt eine höhere Genauigkeit. Das bedeutet, dass bei erzeugten Pfaden mehr Punkte und damit ein präziserer Pfadverlauf generiert wird.

Die Berechnung des Ergebnisses dauert bei höherer Genauigkeit länger. Sie können mit der Funktion experimentieren, denn der Button STANDARDWERTE setzt die Einstellung zurück.

▶ ÜBERFLÜSSIGE ANKERPUNKTE ENTFERNEN: Alle Punkte, die keine Auswirkung auf die Form eines Pfades haben, werden entfernt, z. B. nicht benötigte Zwischenpunkte auf einer Geraden.

▶ UNGEFÜLLTE OBJEKTE ENTFERNEN hat nur Auswirkungen auf die Funktionen FLÄCHE AUFTEILEN und KONTUR AUFTEILEN.

Wenn Sie mit einer der beiden Funktionen bei derselben Aktion sowohl Objekte verwenden, die mit einer Füllung versehen sind, als auch Objekte ohne Füllung, wirken die ungefüllten Objekte zwar am Ergebnis mit, werden aber selbst gelöscht. Es kommt nicht darauf an, ob die Füllung auf dem Bildschirm sichtbar ist (auch eine gerade Linie kann eine Füllung haben), es zählt nur die zugeordnete Eigenschaft.

### Pathfinder-Effekte

Pathfinder-Effekte führen zwar gleichnamige Operationen durch wie die Buttons im Pathfinder-Bedienfeld, fungieren aber als Objekteigenschaften. Das bedeutet, dass nur eine virtuelle Form für die Anzeige auf dem Bildschirm bzw. zur Ausgabe auf einem Drucker berechnet wird. Die Originalobjekte bleiben jedoch erhalten.

Pathfinder-Effekte finden Sie unter EFFEKT • PATHFINDER im Menü. Pathfinder-Effekte können auf Gruppen, einzelne Textobjekte und ganze Ebenen angewendet werden. Texte, die mit Pathfinder-Effekten versehen sind, bleiben editierbar. Bei einer Anwendung auf mehrere einzelne Pfade wird jedem Pfad der Pathfinder-Effekt zugewiesen, die einzelnen Pfade werden jedoch nicht miteinander kombiniert.

Die Anwendung von Pathfinder-Effekten auf Einzelobjekte wird von Illustrator mit einer Warnung bedacht; es gibt jedoch Problemstellungen, in denen eine derartige Anwendung den Weg zu interessanten Lösungskonzepten ebnet. Lesen Sie mehr zur Wirkung und Anwendung von Effekten in Kapitel 13.

**Wirkungsweise |** Die visuelle Wirkung der Effekte entspricht weitgehend der Wirkung der gleichnamigen Pathfinder-Funktionen bzw. Formmodi.

### Übersicht: Löcher stanzen

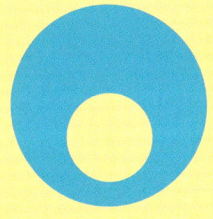  

Die einfachste Art, Löcher zu stanzen, besteht darin, einen zusammengesetzten Pfad zu erstellen.

Die Einzelteile einer zusammengesetzten Form können unterschiedliche Effekte besitzen.

Mit dem Radiergummi-Werkzeug können Sie Löcher durch mehrere Objekte »malen« (siehe Kapitel 7).

Schnittmasken sind sehr flexibel und können auf alle Objektarten angewendet werden (zu Schnittmasken siehe Kapitel 11).

Löcher mit weichen Kanten erzeugen Sie mit Deckkraftmasken – diese lassen sich nicht nur auf Pixelbilder anwenden, sondern auch daraus erstellen (zu Transparenz siehe Kapitel 12).

Mit Aussparungsgruppen können Sie sehr komplexe Transparenz-Interaktionen und unter anderem auch Löcher definieren (zu Transparenz siehe Kapitel 12).

---

▸ Hart mischen und Weich mischen erzeugen eine Wirkung ähnlich einer Transparenz mit den entsprechenden Füllmethoden (zu Transparenz siehe Kapitel 12).

▸ Die genaue Wirkungsweise ist abhängig von der Hierarchie und der Reihenfolge der Flächen, Konturen und Pathfinder-Effekte im Aussehen-Bedienfeld.

**Effekte auf Objekte anwenden** | Zur Anwendung von Effekten auf Objekte oder deren einzelne Attribute lesen Sie Kapitel 13.

### Andere Methoden, um Objekte zu zerteilen

Neben den komplexen, logisch orientierten Pathfinder-Funktionen bietet Illustrator auch einfachere Methoden, die Objekte nur zerschneiden.

**In Raster teilen** | In Raster teilen erzeugt aus beliebigen Quellobjekten mehrere nicht gruppierte oder verbundene, regelmäßig angeordnete Rechtecke. Mehr zu dieser Funktion in Kapitel 4.

**Darunter liegende Objekte aufteilen** | Dieser Befehl ist die konstruktive Ergänzung des Messer-Werkzeugs. Sie können einen

> **Besser auswählen**
>
> Wenn Sie Schwierigkeiten haben, Objekte zu aktivieren, wechseln Sie mit dem Tastaturbefehl ⌘/Strg+Y in die Pfadansicht. Bitte beachten Sie, dass Sie in diesem Modus Objekte nur aktivieren können, indem Sie auf deren Pfad klicken. Danach wechseln Sie mit demselben Shortcut zurück in die Vorschau.

▲ **Abbildung 10.29**
Darunter liegende Objekte aufteilen wurde verwendet, um diesen Rapport für einen Musterpinsel zu konstruieren.

▲ **Abbildung 10.30**
Das Radiergummi-Werkzeug, mit einer kalligrafischen Werkzeugspitze eingesetzt

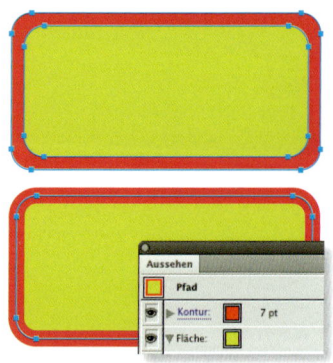

▲ **Abbildung 10.31**
Ineinanderliegende Eckenrundungen lassen sich mit zwei Objekten nicht so einfach konstruieren wie mit einer starken Kontur.

▼ **Abbildung 10.32**
Erstellung von Konturen: Eine kurvige Straße ist mit einer breiten Kontur einfacher zu erstellen als mit einer Fläche. Deshalb wird die Kontur erst nachträglich in eine Fläche umgewandelt.

Pfad bestimmen, um mit diesem wie beim »Kekseausstechen« *alle* Objekte zu zerschneiden, die darunter liegen. Es werden wirklich *alle* Objekte unter der »Stanze« zerteilt, auch solche auf anderen Ebenen. Ausgenommen sind lediglich ausgeblendete oder gesperrte Ebenen (zu Ebenen siehe Kapitel 11).

Der Befehl wirkt sowohl mit offenen als auch mit geschlossenen Pfaden, jedoch nicht mit gruppierten oder zusammengesetzten Pfaden. Aktivieren Sie den Pfad, der als »Stanze« dienen soll, und wählen Sie im Menü OBJEKT • PFAD • DARUNTER LIEGENDE OBJEKTE AUFTEILEN.

**Radiergummi |** Mit dem Radiergummi-Werkzeug können Sie Schnitte in variabler Linienstärke durch Objekte führen. Lesen Sie dazu Kapitel 7.

## 10.3 Linien in Flächen umwandeln

Illustrator kann Pfade mit vielen verschiedenen Konturen und Effekten versehen – aber egal, wie flächig solche Linien auf dem Bildschirm aussehen, für die Bearbeitung im Programm bleiben es Pfade, die auch nur als solche behandelt werden.

### Die Funktion Konturlinie

Es gibt oft Entwurfsphasen, in denen es einfacher und spontaner ist, Illustrationen, Piktogramme oder Logos zunächst aus breiten Linien aufzubauen, aber spätestens bei der Reinzeichnung müssen solche Quasiflächen in echte Flächen mit geschlossenen Außenpfaden umgewandelt werden.

Darüber hinaus sind aber auch andere Situationen denkbar, bei denen eine Weiterbearbeitung in Illustrator oder in anderen Programmen nur mit gefüllten, geschlossenen Formen möglich ist, beispielsweise bei der Anwendung der Pathfinder.

Um flächige Pfade in Flächen mit Außenpfad umzuwandeln, verwenden Sie die Funktion KONTURLINIE.

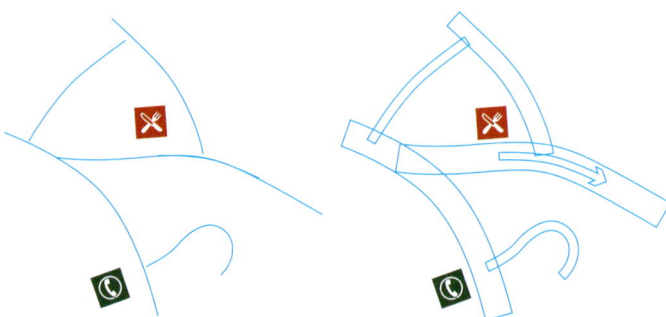

**Anwendungsbeispiel** | Eine typische Anwendung für die Konturlinie-Funktion ist das Erstellen von Anfahrtsplänen. Sie können die Straßen und Wege als breite Linien anlegen, deren Kurvenführung viel leichter handhabbar ist als die von Flächen mit parallel verlaufenden Außenpfaden. Erst wenn Sie mit der Entwurfsarbeit fertig sind, wandeln Sie die Konturlinien sehr schnell und »in einem Rutsch« in Flächen um. Die erstellten Flächen entsprechen genau den Ausmaßen der Kontur.

Illustrator wandelt seit Version CS3 auch Strichelungen der Kontur in Flächen um – sogar unter Berücksichtigung abgerundeter Konturen.

▲ **Abbildung 10.33**
Der Befehl KONTURLINIE (links) beseitigt auch die überlappenden Flächen, die normalerweise beim Umwandeln einer solchen Kontur entstehen würden (rechts).

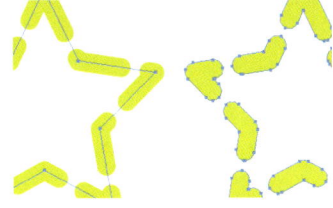

▲ **Abbildung 10.34**
Auch Strichelungen werden in Flächen umgesetzt.

**Die Funktion Konturlinie anwenden** | Aktivieren Sie die Pfade, die Sie in Flächen umwandeln möchten, und wählen Sie im Menü den Befehl OBJEKT • PFAD • KONTURLINIE aus. Weitere Parameter sind nicht vorgesehen. Illustrator setzt voraus, dass die Eigenschaften wie Stärke, Strichelungen und Eckenformen beibehalten werden sollen. Die Funktion kann daher gleichzeitig auf mehrere Pfade mit unterschiedlichen Konturstärken angewendet werden.

Illustrator trennt einen Pfad, dem eine Füllung zugeordnet ist, in zwei Objekte auf. Die Kontur wird in eine Fläche umgewandelt, die Füllung bleibt als Objekt ohne Kontur bestehen, und beide Objekte werden miteinander gruppiert.

### CS3: Konturlinie-Problem

Der Bug in der Funktion KONTURLINIE aus Illustrator C3, durch den zu viele (überflüssige) Punkte erzeugt wurden, ist beseitigt worden.

**Pfad mit mehreren Konturen** | Ist ein Pfad mit mehreren Konturen versehen, wird nur *die* Kontur in eine Fläche umgewandelt, die im Aussehen-Bedienfeld aktiviert ist. Möchten Sie *alle* Konturen in *einzelne* Flächen umwandeln, gehen Sie wie folgt vor:

1. Aktivieren Sie den Pfad mit mehreren Konturen.
2. Wenden Sie aus dem Menü den Befehl OBJEKT • AUSSEHEN UMWANDELN an (zu Aussehen siehe Kapitel 11).
3. Anschließend führen Sie die Funktion OBJEKT • PFAD • KONTURLINIE aus.

Alternativ zu 2. und 3. wenden Sie den Befehl OBJEKT • TRANSPARENZ REDUZIEREN an.

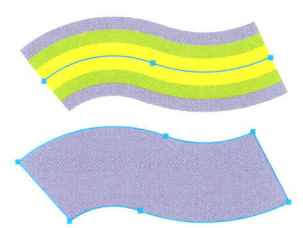

▲ **Abbildung 10.35**
Hat ein Pfad mehrere Konturen, wird nur eine in eine Fläche umgewandelt.

### Der Effekt Konturlinie

KONTURLINIE können Sie auch als Effekt anwenden. Das bedeutet, dass die Kontur nicht sofort in eine Fläche umgewandelt wird, sondern als Kontur weiterhin normal editierbar bleibt. Das ist von Vorteil, wenn Sie weitere Effekte wie Verformungen o. Ä. auf die Kontur anwenden wollen. Sie können dann zum Schluss Ihrer Arbeit alle Konturen mit den gewünschten Effekten auf einmal in Flächen konvertieren, indem Sie aus dem Menü den Befehl OBJEKT • AUSSEHEN UMWANDELN geben.

### Speichern in alte AI-Versionen

Beim Speichern in alte Illustrator-Formate, also die Versionen 3 und 8, werden Effekte automatisch umgewandelt. Speichern Sie ein derartiges Dokument, müssten Sie den Umwandeln-Befehl nicht vorher ausführen.

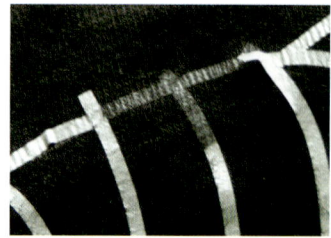

▲ Abbildung 10.36
T-Shirt mit Folienbedruckung: Bei starker Beanspruchung sind feine Konturen besonders gefährdet.

▲ Abbildung 10.37
Ob die kleinsten Elemente die Mindestgröße einhalten, prüfen Sie mit einem Kreis, der einen Durchmesser in der Mindestgröße besitzt.

▲ Abbildung 10.38
Beim Fräsen wird meist ein Werkzeug in der gewünschten Stärke eingesetzt. In diesem Fall müssen Konturen nicht in Flächen umgewandelt werden.

### Checkliste: Datei für Folienplot

**Absprachen |** Sprechen Sie mit dem Dienstleister die Dateianforderungen ab, z. B. die Linienstärke, die Definition von Farben, den Maßstab oder das Dateiformat. Suchen Sie einen frühzeitigen Kontakt, und planen Sie ausreichend Zeit für Tests ein, vor allem, wenn Sie in einer Konstellation zum ersten Mal arbeiten.

**Farben |** Erfragen Sie, wie Farben definiert werden sollen, und legen Sie Farbfelder entsprechend an. Arbeiten Sie mit globalen Farbfeldern.

**Details |** In der Regel ist eine Mindestgröße bzw. Mindestlinienstärke definiert – entweder bedingt durch das Schneiden der Folie oder aufgrund der Weiterverarbeitung und Haltbarkeit (siehe Abbildung 10.36). Achten Sie beim Anlegen der kleinsten Elemente auf den Maßstab.

**Konturen |** Wandeln Sie alle Konturen in Flächen um. Speichern Sie jedoch immer eine Version Ihrer Datei mit den originalen, nicht umgewandelten Objekten.

**Schriften |** Erfragen Sie die Mindestgröße für Schriften – berücksichtigen Sie besonders Serifenschriften und hier vor allem die Linienstärke der Serifen. Wandeln Sie alle Schriften in Flächen um.

**Kombinationen |** Wandeln Sie alle zusammengesetzten Formen um. Kombinieren Sie übereinanderliegende gleichfarbige Objekte zu einer Form, z. B. mit der Pathfinder-Funktion VERDECKTE FLÄCHE ENTFERNEN.

**Benachbarte Farbflächen |** Erfragen Sie, ob Sie benachbarte oder übereinanderliegende verschiedenfarbige Formen aussparend oder überdruckend anlegen müssen. Falls ausgespart werden soll, sprechen Sie das Anlegen der Überfüllung ab.

**Zahl der Ankerpunkte |** Reduzieren Sie die Anzahl der Ankerpunkte, um die Komplexität Ihrer Grafik zu verringern und damit auch die Verarbeitungszeit zu senken.

**Hilfslinien |** Löschen Sie alle Hilfslinien, da diese von der Plottersoftware ebenfalls als Schneidelinien interpretiert werden könnten.

**Dateiformate |** Speichern Sie die Datei im abgesprochenen Dateiformat. Ihre Datei wird in den meisten Fällen nicht mit Illustrator weiterverarbeitet. Falls Ihr Dienstleister Ihnen kein Austauschformat nennen kann, probieren Sie alte EPS- oder Illustrator-Formate.
Generieren Sie die Austauschformate nur zusätzlich zu Ihrer nativen Illustrator-Datei.

**Fräsen |** Für das Fräsen gelten andere Voraussetzungen. Sprechen Sie diese ebenfalls mit Ihrem Dienstleister ab.

## Schritt für Schritt: Reinzeichnung eines Logos

Unsere Schritt-für-Schritt-Anleitung zeigt Ihnen die Erstellung eines grafisch gezeichneten Basketballs – z. B. für ein Logo – ausgehend von einigen einfachen Grundobjekten. Eine solche Aufgabe haben Sie mithilfe der Pathfinder-Funktionen und mit etwas Routine schnell gelöst.

### 1 Objekte analysieren

Es gibt meistens mehrere Arten, ein solches Logo zu zeichnen. Entscheidend ist, einen Weg zu finden, der bei aller nötigen Genauigkeit schnell auszuführen ist und dennoch zu einem sauberen Ergebnis verhilft.

### 2 Fläche duplizieren

Aktivieren Sie die orange Fläche, kopieren Sie diese, und fügen Sie sie DAVOR ein: ⌘/Strg+F. Damit haben Sie ein Duplikat an derselben Position erstellt. Geben Sie diesem die Fläche OHNE ◪ und eine weiße Kontur in der Stärke 2 Pt, die Sie mit dem Kontur-Bedienfeld außen ▫ anordnen.

▲ Abbildung 10.39
Ergebnis und Ausgangsobjekte

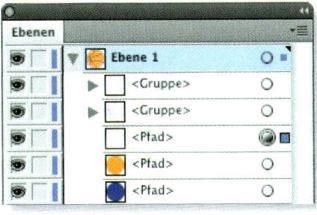 

▲ Abbildung 10.40
Die Anordnung der weißen Umrandung im Objektstapel (Mitte) und die Eigenschaften ihrer Kontur (rechts)

### 3 Außenkante formen

Aktivieren Sie jetzt die Gruppe mit den weißen Ellipsen – aus dieser müssen Sie zunächst einen zusammengesetzten Pfad erstellen. Dazu heben Sie mit ⌘/Strg+⇧+G die Gruppierung auf und wählen gleich anschließend OBJEKT • ZUSAMMENGESETZTER PFAD • ERSTELLEN – ⌘/Strg+8.

Dann aktivieren Sie zusätzlich die weiße Linie aus dem vorigen Schritt und erstellen aus dieser und den Ellipsen eine zusammengesetzte Form im Modus SUBTRAHIEREN: Drücken Sie ⌥/Alt, und klicken Sie auf den Button VORDERES OBJEKT ABZIEHEN ▫ im Pathfinder-Bedienfeld.

▲ Abbildung 10.41
Die rot dargestellten Ellipsen werden zu einem zusammengesetzten Pfad verbunden.

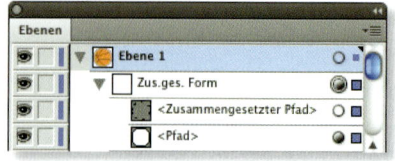

▲ **Abbildung 10.42**
Formen der Einbuchtungen durch Subtrahieren der Ellipsen von der Kreisform

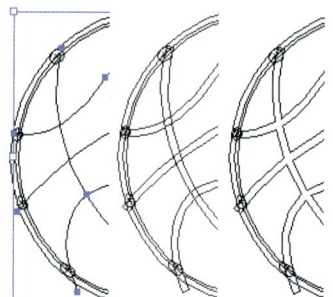

▲ **Abbildung 10.43**
Blaue Linien werden aktiviert (links), in Pfade umgewandelt (Mitte) und vereinigt (rechts).

▲ **Abbildung 10.44**
Eine weiße Umrandung für die blauen Linien

▲ **Abbildung 10.45**
Außenkante (hier grün eingefärbt)

**4** **Orange Fläche vergrößern**

Die orange Fläche muss noch ein wenig vergrößert werden – dies ist für einen späteren Schritt nötig. Aktivieren Sie sie, doppelklicken Sie auf das Symbol des Skalieren-Werkzeugs im Werkzeugbedienfeld, und geben Sie 102 % ein.

**5** **Blaue Linien umwandeln und zusammenfügen**

Aktivieren Sie die blauen Linien, und wandeln Sie diese in Pfade um: OBJEKT • PFAD • KONTURLINIE. Am Erscheinungsbild der Linien ändert sich dadurch nichts.

Vereinigen Sie die blauen Linien, indem Sie den Pathfinder VEREINEN (HINZUFÜGEN) darauf anwenden. Wechseln Sie mit ⌘/Strg+Y in die Pfadansicht, um sich das Ergebnis anzusehen.

**6** **Blaue Linien umranden**

Deaktivieren Sie die Fläche nicht, und rufen Sie OBJEKT • PFAD • PFAD VERSCHIEBEN auf. Geben Sie einen Versatz von 2 Pt ein – achten Sie darauf, die Maßeinheit »Pt« mit einzugeben. Illustrator rechnet diese automatisch in die Maßeinheit des Dokuments um.

Das Ausgangsobjekt wird bei der Operation automatisch dupliziert – beide Objekte sind aber noch gruppiert. Heben Sie die Gruppierung auf, und geben Sie der äußeren Form eine weiße Fläche.

**7** **Kontur mit Aussehen-Effekten umwandeln**

Aktivieren Sie die weiße Außenumrandung des Basketballs, die Sie in Schritt 2 und 3 erstellt haben, und wandeln Sie diese in eine Fläche um. Da die Kontur mit dem Kontur-Bedienfeld nach außen gestellt wurde, können Sie nicht einfach den Konturlinie-Befehl zu diesem Zweck verwenden. Wählen Sie stattdessen OBJEKT • AUSSEHEN UMWANDELN.

Dieser Befehl ist immer dann nötig, wenn eine Kontur über zusätzliche Aussehen-Eigenschaften verfügt wie Effekte, Pinsel oder eben die Anordnung.

 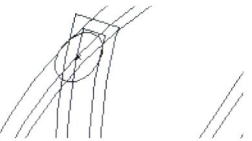 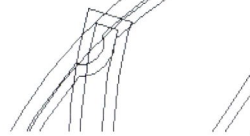

▲ **Abbildung 10.46**
Umwandlung der Außenkontur in eine Fläche

### 8  Zusammengesetzten Pfad auftrennen
Wählen Sie gleich anschließend OBJEKT • ZUSAMMENGESETZTER PFAD • ZURÜCKWANDELN, und heben Sie die Gruppierung auf. Denn Sie benötigen die äußere und die innere Form der umgewandelten Kontur getrennt.

### 9  Stapelreihenfolge ändern
Jetzt muss die Stapelreihenfolge der Objekte geändert werden: Aktivieren Sie den (oben liegenden) äußeren Pfad sowie den großen blauen Kreis, und wählen Sie OBJEKT • ANORDNEN • IN DEN HINTERGRUND. Damit die folgenden Schritte einfacher auszuführen sind, fixieren Sie die beiden Objekte mit OBJEKT • SPERREN • AUSWAHL oder ⌘/Strg+2.

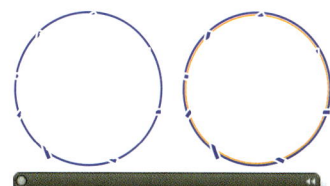

▲ **Abbildung 10.47**
Nach dem Auflösen des zusammengesetzten Pfads (links); Neuanordnung der Objekte (rechts und unten: im Ebenen-Bedienfeld)

### 10  Auswahl bestimmter Objekte
Aktivieren Sie jetzt die weiße Fläche mit den Einbuchtungen, die blauen Linien und deren weiße Umrandung sowie die orange Fläche, indem Sie ein Auswahlrechteck mit dem Auswahl-Werkzeug darüber aufziehen. Da die beiden übrigen Objekte fixiert sind, werden sie nicht mit selektiert.

### 11  Objekte beschneiden
Wählen Sie OBJEKT • SCHNITTMASKE • ERSTELLEN. Illustrators Schnittmasken sind nicht so mächtig wie vergleichbare Funktionen in anderen Programmen, aber hier führt ihre Anwendung schnell zum gewünschten Ziel. Mehr zu Schnittmasken erfahren Sie in Kapitel 11.

### 12  Schnittmaske umwandeln
Gleich anschließend klicken Sie im Pathfinder-Bedienfeld auf den Button FLÄCHE AUFTEILEN. Damit wird die eben erstellte Schnittmaske »endgültig« angewendet.

Da es sich hier ausschließlich um Flächen in einer einfachen Konstellation handelt, ist diese Operation möglich. Es geht nicht bei allen Schnittmasken.

Für diesen Schritt war die Vergrößerung der orangen Fläche nötig – damit eine glatte Außenkante entstehen kann. Anderen-

▲ **Abbildung 10.48**
Äußeres Erscheinungsbild mit Schnittmaske (oben); nach der Umwandlung der Schnittmaske sind die Objekte endgültig beschnitten (unten rechts).

**Abbildung 10.49** ▶
Mit der leicht vergrößerten orangen Fläche (jeweils rechts) wird sauber beschnitten (unten). Wenn die Schnittmaske und das beschnittene Objekt annähernd deckungsgleich sind (jeweils links), entstehen Berechnungsungenauigkeiten.

falls würden Berechnungsfehler dazu führen, dass sehr viele Punkte entstehen, da zwei Pfade nie ausreichend deckungsgleich für eine saubere Umsetzung sind.

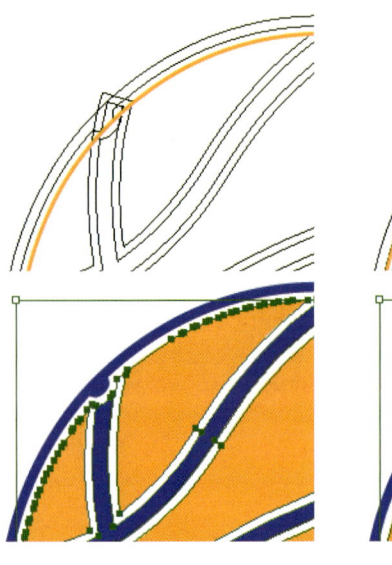
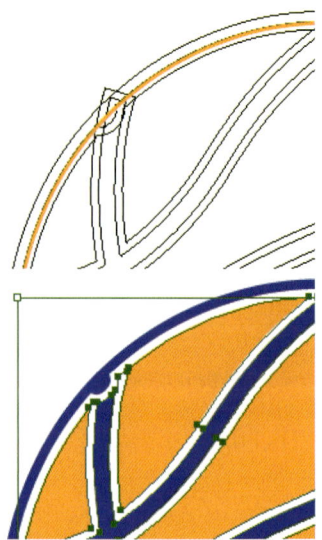

▲ **Abbildung 10.50**
Die grünen Flächen werden gelöscht.

▲ **Abbildung 10.51**
So sollten die Pfade aussehen.

▲ **Abbildung 10.52**
Die orangen Flächen können Sie mit dem Zauberstab einfach auswählen.

**13  Bereinigen**
Die Objekte der umgewandelten Schnittmaske sind gruppiert – dies heben Sie auf. Abschließend muss die Grafik noch bereinigt werden: Die weißen Umrandungen der blauen Linien sind überflüssig, daher aktivieren und löschen Sie diese.

**14  Zusammengesetzten Pfad erstellen**
Der orange Kreis wurde beim Umwandeln der Schnittmaske in mehrere Flächen aufgeteilt. Damit später die Bearbeitung einfacher ist, aktivieren Sie alle orangen Flächen und erstellen daraus einen zusammengesetzten Pfad: Shortcut ⌘/Strg+8. Damit reichen Verläufe automatisch immer über alle Teilflächen.

**15  Einfärben**
Jetzt entsperren Sie die beiden Hintergrund-Objekte wieder mit OBJEKT • ALLE ENTSPERREN, damit Sie den Formen noch ihre endgültigen Flächen zuweisen können.
Die orange Fläche erhält einen kreisförmigen Verlauf. Verwenden Sie dazu das Verlauf-Bedienfeld. Mit dem Verlauf-Werkzeug passen Sie dann die Position des Verlaufs an. Die weiße Fläche, die die Outlines bildet, erhält einen linearen Verlauf von Orange nach Weiß. Gruppieren Sie alle Objekte miteinander, damit keines versehentlich verrutscht.

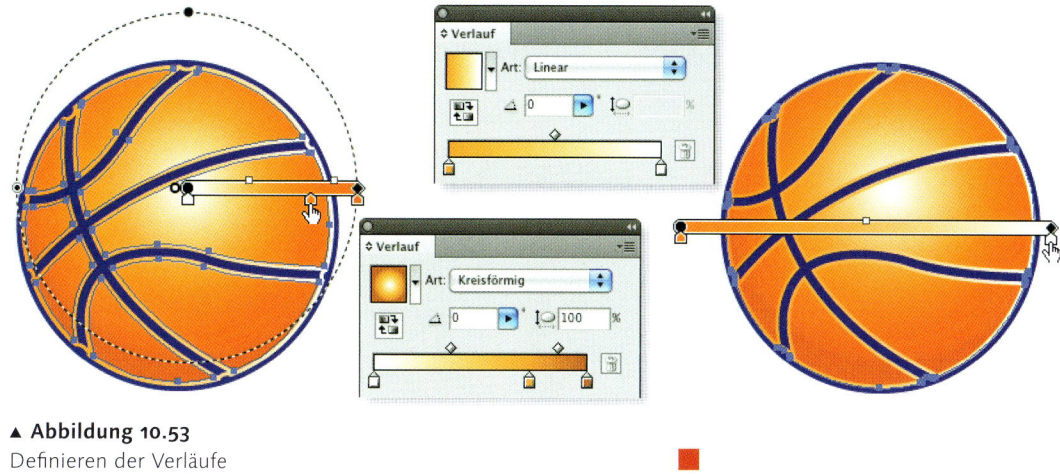

▲ Abbildung 10.53
Definieren der Verläufe

## 10.4 Formen und Objekte »überblenden«

Da Pfade in Illustrator auf geometrischen Algorithmen basieren, ist es möglich, dass das Programm interpolierte Formen zwischen zwei geometrischen Figuren berechnet. In Illustrator wird diese Funktion ANGLEICHEN genannt. Angleichungen setzt man häufig in Illustrationen ein, um unregelmäßige Verläufe oder einfache Guillochen zu erzeugen – die von Wertpapieren oder Urkunden bekannten Linienmuster.

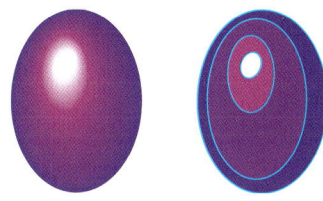

▲ Abbildung 10.54
Die Angleichung ist eine beliebte Methode, um Spezialverläufe zu erzeugen.

**Zwischen Pfaden interpolieren – Angleichung erstellen**
Sie können Angleichungen zwischen zwei und mehreren Objekten – nicht nur Einzelpfaden, sondern auch Gruppen – auf zwei verschiedene Weisen erstellen.

**Interpolieren mit Tastatur- oder Menübefehl** | Aktivieren Sie die Objekte, zwischen denen Sie interpolieren möchten, und wählen Sie OBJEKT • ANGLEICHEN • ERSTELLEN – Shortcut ⌘+⌥+B bzw. Strg+Alt+B. Die Berechnung der Zwischenstufen in einem Stapel mehrerer aktivierter Objekte erfolgt immer von unten nach oben, zwischen zwei übereinanderliegenden Objekten. Es entsteht eine »Angleichungsgruppe«, in die die Quellobjekte mit eingebettet sind.

Möchten Sie bestimmte Punkte als Referenzpunkte verwenden, wählen Sie das Direktauswahl-Werkzeug und aktivieren damit einzelne Punkte auf dem Start- und dem Endobjekt. Achten Sie darauf, auf beiden jeweils eine identische Anzahl Punkte auszuwählen (diese Vorgehensweise ist nicht möglich, wenn Sie gruppierte Objekte angleichen).

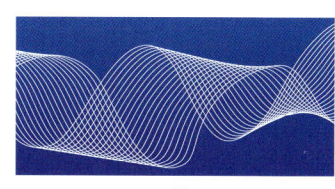

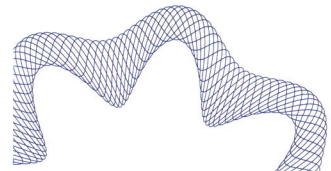

▲ Abbildung 10.55
Einfache Guillochen (oben). Um komplexere Formen (unten) zu erstellen, benötigen Sie Spezialsoftware.

▲ Abbildung 10.56
Normale Angleichung (oben), Angleichung zwischen den blau markierten Punkten (unten)

▲ Abbildung 10.57
Gerade Angleichungsachse direkt nach dem Erstellen der Überblendung (oben), bearbeitete Angleichungsachse (unten)

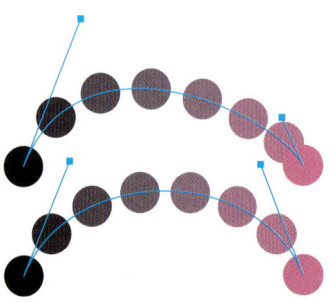

▲ Abbildung 10.58
Die Länge der Grifflinien der Angleichungsachse bestimmt die Verteilung der interpolierten Objekte

▲ Abbildung 10.59
Überblendung zwischen Instanzen unterschiedlicher Symbole

**Interpolieren mit dem Angleichen-Werkzeug |** Wählen Sie das Angleichen-Werkzeug aus dem Werkzeugbedienfeld – Shortcut W –, und klicken Sie der Reihe nach auf die Objekte, zwischen denen Sie die Interpolationen erstellen möchten. Dabei ist die Stapelreihenfolge der Objekte ohne Belang. Die Objekte müssen nicht aktiviert sein.

Wenn Sie einzelne Ankerpunkte der Objekte anklicken, werden diese Punkte als Referenzpunkte für die Überblendung verwendet (siehe Abbildung 10.56). Als optische Hilfe wechselt das Zeigersymbol zu , sobald das Programm einen Punkt unter dem Cursor erkennt.

Nachdem Ihre Angleichungsgruppe vollständig ist, klicken Sie erneut auf das Angleichen-Werkzeug im Werkzeugbedienfeld, um die Aktion zu beenden. Alternativ drücken Sie ⌥/Alt, wenn Sie das letzte Objekt anklicken, um das Angleichen abzuschließen. Daraufhin wird die Dialogbox ANGLEICHUNG-OPTIONEN geöffnet.

**Das Interpolationsergebnis bearbeiten |** Beim Angleichen wird aus den interpolierten Objekten eine Angleichungsgruppe gebildet, die Sie mit dem Auswahl-Werkzeug als Ganzes aktivieren und mit Transformations-Werkzeugen bearbeiten können.

Um die Quellobjekte, zwischen denen Sie die Angleichung erstellt haben, zu aktivieren und zu bearbeiten, verwenden Sie das Direktauswahl-Werkzeug (zu Auswahl-Werkzeugen siehe Kapitel 6) oder bearbeiten die Angleichung im Isolationsmodus.

**Die Angleichungsachse bearbeiten |** Illustrator erstellt einen Pfad als Achse, auf dem die Zwischenstufen angeordnet werden. Sobald die Angleichungsgruppe aktiviert ist, wird diese Achse in der Vorschau eingeblendet; in der Pfadansicht ist sie immer sichtbar.

Nach der Berechnung der Zwischenstufen ist die Achse eine gerade Linie, die jedoch wie jeder selbst erzeugte Pfad bearbeitet werden kann, um so die Anordnung der interpolierten Objekte zu verändern (Pfade bearbeiten siehe Kapitel 6).

Weitere Hinweise finden Sie im Abschnitt »Angleichung-Optionen« in diesem Kapitel weiter unten.

**Farben, Transparenzen, Effekte, Symbole und Gruppen angleichen**

Verschiedene Eigenschaften der überblendeten Pfade werden beim Erzeugen der Zwischenstufen unterschiedlich behandelt.

**Farben überblenden** | Die Berechnung der Zwischenstufen einer Angleichung farbiger Objekte erfolgt in fast allen Fällen als Prozessfarben in CMYK (zu Farbe siehe Kapitel 8). So funktionieren die verschiedenen Farbraum-Angleichungen:

- Zwischen einer Volltonfarbe (z. B. Pantone, HKS) und einer Prozessfarbe: Die Zwischenstufen werden als Prozessfarbe berechnet. Die Quellobjekte behalten ihren Farbraum bei.
- Zwischen einer Volltonfarbe und einer anderen Volltonfarbe: Die Zwischenstufen werden als Prozessfarben berechnet, die Quellobjekte behalten ihre originäre Volltonfarbe.
- Zwischen verschiedenen Tonwerten einer Volltonfarbe: Die Zwischenstufen werden in den dazwischenliegenden Tonwerten berechnet.

**Transparenzen überblenden** | Grundlage für die Berechnung einer Transparenz sind die Parameter DECKKRAFT und FÜLLMETHODE (zu Transparenz siehe Kapitel 12).
Angleichungen können zwar zwischen unterschiedlichen Deckkraft-Einstellungen, nicht aber zwischen differierenden Füllmethoden zweier Objekte erzeugt werden.

Sind den Quellobjekten unterschiedliche Füllmethoden zugeordnet, weisen alle interpolierten Objekte die Füllmethode des in der Stapelreihenfolge oberen Objekts auf. Das untere Objekt behält seine ursprüngliche Füllmethode bei.

Die Wirkung der Transparenz auf die Überblendobjekte innerhalb der Angleichungsgruppe wird nur berechnet, wenn Sie im Transparenz-Bedienfeld die Option AUSSPARUNGSGRUPPE deaktivieren (zu Aussparungsgruppen siehe Kapitel 12).

**Effekte überblenden** | Die Angleichung verschiedener Effekte zwischen zwei Objekten ist nicht immer möglich.
Relativ problemlos erfolgt die Erzeugung von Zwischenschritten bei Objekten mit gleichen Effekten in unterschiedlichen Einstellungen, wie z. B. der Stärke.

**Symbole und Gruppen überblenden** | Illustrator kann auch zwischen Instanzen, also Abrissen *verschiedener* Symbole überblenden (siehe Abbildung 10.59).

Entscheidend für die Zuordnung der Objekte zueinander ist sowohl bei Symbolinstanzen als auch bei Gruppen die Stapelreihenfolge der Objekte. Die Einzelobjekte aus Symbolen und Gruppen, die ineinander überblendet werden sollen, müssen an entsprechender Stelle in den jeweiligen Objektstapeln liegen. Ein Objekt, das keine Entsprechung im anderen Objektstapel besitzt,

> **Farbmischungen**
> Verwenden Sie Angleichungen, um schnell Farbmischungen und Zwischentöne herzustellen. Erstellen Sie Probedrucke Ihrer Angleichungen, die Sie wie Farbtafeln verwenden können.

▲ **Abbildung 10.60**
Transparenz innerhalb der Angleichungsgruppe

▲ **Abbildung 10.61**
Effekte und Füllungen werden, soweit möglich, überblendet.

▲ **Abbildung 10.62**
Illustrator kann keine korrekte Angleichung zwischen gedrehten Objekten erzeugen (oben). Weisen Sie stattdessen den Objekten jeweils den Effekt TRANSFORMIEREN zu. Drehen Sie die Objekte durch die Optionen des Effekts, und erstellen Sie die Angleichung (unten). Auch ein Objekt, das nicht gedreht werden soll, erhält diesen Effekt – Sie lassen jedoch alle Optionen in der »Ruheposition«.

wird bis ins »Nichts« verkleinert. Illustrator beginnt mit dem Angleichen bei den untersten Objekten der Stapel.

**Abbildung 10.63** ▶
Angleichungen zwischen Gruppen: mit entsprechender Stapelreihenfolge (oben), Stapelreihenfolge der beiden Gruppen jeweils unterschiedlich (unten)

### Angleichung-Optionen

Die Optionen der Angleichung bestimmen, wie viele Zwischenschritte erzeugt und wie diese auf der Angleichungsachse ausgerichtet werden.

Rufen Sie die ANGLEICHUNG-OPTIONEN auf, indem Sie die Angleichungsgruppe aktivieren und im Menü OBJEKT • ANGLEICHEN • ANGLEICHUNG-OPTIONEN… auswählen, oder doppelklicken Sie auf das Angleichen-Werkzeug im Werkzeugbedienfeld.

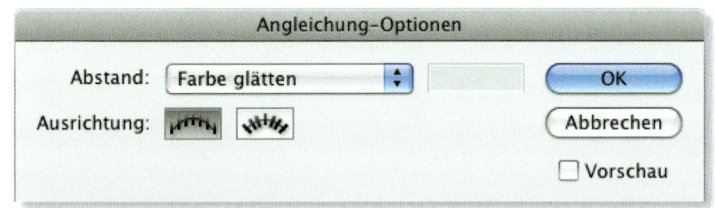

**Abbildung 10.64** ▶
Die Dialogbox ANGLEICHUNG-OPTIONEN

**Angleichung-Optionen aufrufen**

Aktivieren Sie die Angleichungsgruppe, und doppelklicken Sie auf das Angleichen-Werkzeug im Werkzeugbedienfeld, um die Optionen aufzurufen.

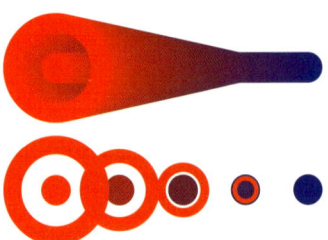

▲ **Abbildung 10.65**
Die Option FARBE GLÄTTEN mit einem zusammengesetzten Pfad (oben) und einer Gruppe (unten)

▶ ABSTAND: In diesem Ausklappmenü legen Sie fest, auf welche Weise Illustrator die Angleichung abstuft:
  ▶ FARBE GLÄTTEN: Mit dieser Option erzeugt Illustrator die *rechnerisch* optimale Anzahl an Zwischenschritten für eine Überblendung ohne wahrnehmbare Zwischenstufen. Die Option ist vor allem für Angleichungen verschiedenfarbiger Objekte sinnvoll. FARBE GLÄTTEN kann nur auf Pfade und zusammengesetzte Pfade oder Formen angewendet werden. Werden Gruppen angeglichen, erfolgt dies immer in Stufen. Ist die Distanz zwischen den Objekten gering, erzeugt die Methode zu viele Objekte, was Probleme in der Weiterverarbeitung verursachen kann. Bei sehr großen Distanzen kann die Anzahl der Objekte zu gering sein.
  ▶ FESTGELEGTE STUFEN: Damit können Sie selbst festlegen, wie viele Zwischenschritte Sie benötigen. Illustrator berechnet danach deren Abstände.

▶ FESTGELEGTER ABSTAND: Hier geben Sie einen festen räumlichen Abstand zwischen den zu interpolierenden Objekten vor. Illustrator errechnet dazu die Anzahl der Stufen.
▶ AUSRICHTUNG: Mit diesen Funktionsbuttons bestimmen Sie, ob die Objekte der Angleichungsgruppe senkrecht zur Seite oder senkrecht zur Angleichungsachse ausgerichtet werden.

### Fertige Angleichungsgruppen verändern

Die beim Angleichen entstandenen »Angleichungsgruppen« aus interpolierten Objekten können Sie nachträglich mit verschiedenen Menübefehlen verändern.

Aktivieren Sie die Angleichungsgruppe, und wählen Sie den gewünschten Befehl aus dem Menü OBJEKT • ANGLEICHEN:

▲ Abbildung 10.66
Von oben: Quellobjekte, Angleichung in neun Schritten, ACHSE UMKEHREN, FARBRICHTUNG UMKEHREN

▶ ACHSE UMKEHREN: Diese Funktion kehrt die Reihenfolge der Objekte entlang der Angleichungsachse um. Der Pfad selbst wird nicht verändert (siehe Abbildung 10.66).
▶ FARBRICHTUNG UMKEHREN: Mit diesem Befehl kehren Sie die Stapelreihenfolge in der ANGLEICHUNGSGRUPPE um (siehe Abbildung 10.66).
▶ ACHSE ERSETZEN: Sie können den ANGLEICHUNGSPFAD durch einen anderen offenen oder geschlossenen Pfad ersetzen (siehe Abbildung 10.67). Aktivieren Sie die Angleichungsgruppe und den gewünschten Pfad, und wählen Sie OBJEKT • ANGLEICHUNG • ACHSE ERSETZEN.

▲ Abbildung 10.67
Achse ersetzt

▶ UMWANDELN: In der Angleichungsgruppe haben Sie mit dem Direktauswahl-Werkzeug nur Zugriff auf die Quellobjekte. Wenn Sie die interpolierten Objekte außerhalb der Angleichungsgruppe verwenden oder bearbeiten möchten, müssen Sie die ganze Gruppe in einzelne Objekte umrechnen lassen. Aktivieren Sie die Angleichungsgruppe, und wählen Sie OBJEKT • ANGLEICHEN • UMWANDELN (siehe Abbildung 10.68).
▶ ZURÜCKWANDELN: Um die Angleichung aufzulösen, aktivieren Sie die Angleichungsgruppe und wählen OBJEKT • ANGLEICHEN • ZURÜCKWANDELN. Der Angleichungspfad wird dabei als separates Objekt erzeugt.

▲ Abbildung 10.68
Erst nach dem Umwandeln haben Sie Zugriff auf die Zwischenstufen.

### Schritt für Schritt: Mit Überblendungen illustrieren

**1 Vorlage nachzeichnen**

Als Vorlage für wissenschaftliche Illustrationen verwenden Sie normalerweise die Zeichnungen, die Ihnen die Fachleute zur Verfügung stellen. Platzieren Sie die Grafik als Vorlage in Ihre Datei, oder öffnen Sie die Vorlage »Rinne.ai« für diese Übung von der DVD (zu Vorlagenebenen siehe Kapitel 11).

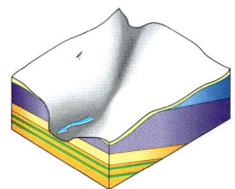

▲ Abbildung 10.69
Die fertige Grafik

Zeichnen Sie zunächst die Grundformen der Grafik mit den Zeichen-Werkzeugen oder dem Buntstift. Für die Überblendung benötigen Sie in den meisten Fällen nicht nur die Anfangs- und die Endstufe, sondern diverse Zwischenschritte.

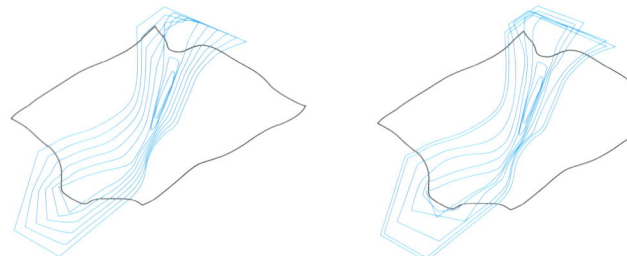

**Abbildung 10.70** ▶
Links: Die Abstufungen sind regelmäßig, wenn keine Zwischenschritte vorgegeben werden.
Rechts: Zwischenschritte ermöglichen eine exaktere Darstellung.

Dafür gibt es zwei Gründe: Zum einen haben Sie mit Zwischenschritten die Möglichkeit, einen detailgenauen Verlauf zu erzeugen, zum anderen können Sie die Zwischenfarben besser steuern. In diesem Fall geht es nur um die detailgetreue Darstellung. In der Grafik arbeiten wir mit zwei Angleichungsgruppen: Eine bildet die große Rinne, die andere eine zusätzliche kleine Vertiefung im oberen Bereich der Grafik.

Wir werden die Formen mithilfe der schwarz umrandet dargestellten Fläche beschneiden, deshalb dürfen die Formen deren Ränder überlappen (zu Schnittmasken im Detail siehe Kapitel 11).

**▲ Abbildung 10.71**
Farbfelder für die Angleichung

### 2  Farbfelder anlegen und Grundformen einfärben

Die Farbfelder finden Sie in der Farbgruppe »Grautöne«. Versehen Sie die Flächen, die zur großen Rinne gehören, mit Grautönen von 5 % für die äußere Fläche bis 50 % für die innere.

Die Flächen, die die kleine Vertiefung bilden, füllen Sie außen mit 50 % und die innen liegende Form mit 60 % Grau. Diese zweite Angleichungsgruppe muss eine Fläche in der unter ihr liegenden Farbe erhalten, um einen nahtlosen Übergang zu erzeugen (zur Arbeit mit Farbfeldern siehe Kapitel 8).

### 3  Überblenden

Wählen Sie das Angleichen-Werkzeug – Shortcut W –, und erstellen Sie zunächst die Angleichungsgruppe der Rinne.

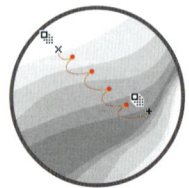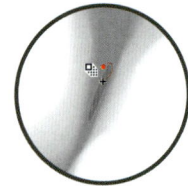

**Abbildung 10.72** ▶
Anwendung des Angleichen-Werkzeugs

Dazu bewegen Sie das Werkzeug über das erste Objekt, bis der Cursor das Symbol zeigt. Es ist unwesentlich, ob Sie mit dem innersten oder dem äußersten Objekt beginnen. Klicken Sie auf das Objekt, und bewegen Sie den Cursor danach über das nächste Objekt – der Cursor ändert sich in . Klicken Sie auf das Objekt, und verfahren Sie so mit den weiteren Objekten, die zur Gruppe gehören sollen. Beenden Sie den Vorgang, indem Sie auf das Angleichen-Werkzeug im Werkzeugbedienfeld klicken.

Erstellen Sie anschließend auf die gleiche Weise die Überblendung der Vertiefung in der Rinne.

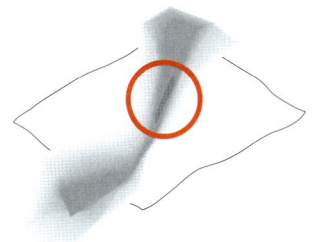

▲ **Abbildung 10.73**
Überblendung der Rinne. Die zusätzliche Vertiefung ist gekennzeichnet.

### 4   Erstellen der Schnittmaske

Holen Sie die aktivierte Begrenzungsform der Oberseite des Landschaftsquerschnitts mit der Menüfunktion OBJEKT • ANORDNEN • IN DEN VORDERGRUND nach vorne. Selektieren Sie zusätzlich die Angleichungsgruppe der Rinne, und geben Sie den Menübefehl OBJEKT • SCHNITTMASKE • ERSTELLEN, oder verwenden Sie den Shortcut ⌘/[Strg]+[7]. Das Maskenobjekt bildet mit der beschnittenen Angleichungsgruppe den Schnittsatz.

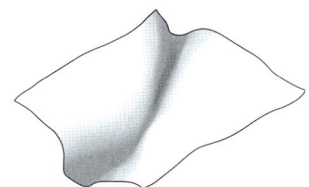

▲ **Abbildung 10.74**
»Angleichungsgruppe« mit Schnittmaske

Die bei dieser Operation verloren gegangenen Aussehen-Eigenschaften des Maskenobjekts ordnen Sie wieder zu, indem Sie es mit dem Direktauswahl-Werkzeug auswählen und erneut eine schwarze Kontur mit abgeflachten Linienecken sowie eine Füllung von 5 % Grau einstellen.

Danach machen Sie die zweite Angleichungsgruppe – die Vertiefung – wieder sichtbar. Dazu wenden Sie auf das eben maskierte Objekt die Menüfunktion OBJEKT • ANORDNEN • IN DEN HINTERGRUND an.

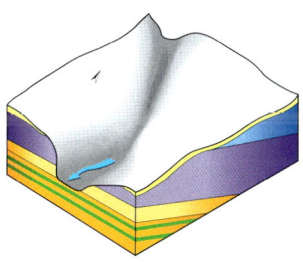

▲ **Abbildung 10.75**
Die fertiggestellte Grafik

### 5   Vervollständigen der Grafik

Die übrigen Flächen haben jeweils gerade Außenbegrenzungen. Sie benötigen also nicht zwingend eine Schnittmaske, um eine saubere Kante zu erzeugen. Verwenden Sie besser eine Hilfslinie, um die Punkte am Rand zu setzen (zu Hilfslinien siehe Kapitel 4).

Sollte die Kante trotz allem nicht ganz gerade wirken, besteht die Möglichkeit, die gesamte Grafik mit einer stärkeren schwarzen Linie zu umranden, die das Objekt zusätzlich auch besser vom Hintergrund abhebt.
Füllen Sie die Flächen jeweils mit Verläufen über mehrere Farben. Sollen die Flächen nicht nur Farben, sondern auch Struktur haben, können Sie das ebenfalls mit Überblendungen realisieren.

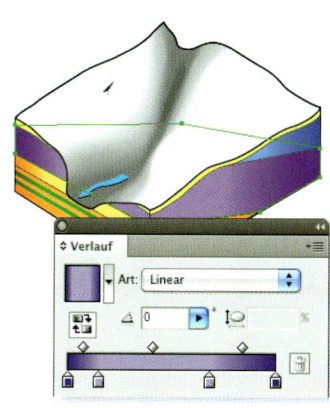

▲ **Abbildung 10.76**
Verlauf in der Schichtung

## 10.5 »Malen« mit Vektoren

Malen mit Vektoren klingt zunächst wie etwas, das sich gegenseitig ausschließt, denn mathematische oder geometrische Funktionen sind ja nicht gerade für die intuitive Arbeit angelegt.

Während jedes Kind in einem Malbuch schwarze Linien und Ränder als Grenze für die Farbe erkennt, ist das für Vektor-Software nicht so ganz einfach. Solche Programme können eigentlich nur eine Form beschreiben und wenn nötig mit einer Füllung versehen. Für zwei direkt aneinandergrenzende Farbflächen werden daher auch zwei Formen benötigt.

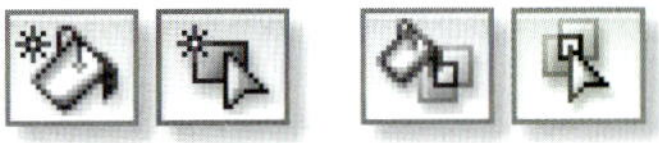

Die Programmierer von Illustrator haben sich mit gutem Erfolg bemüht, dem Programm den artfremden Umgang mit Linien und Farben beizubringen. Diese Funktion heißt in der englischsprachigen Version LIVE PAINT, in der deutschen INTERAKTIV MALEN.

▲ **Abbildung 10.77**
Die Interaktiv-malen-Werkzeuge haben seit CS3 neue Symbole (rechts) erhalten.

**Abbildung 10.78** ▶
Anwendungsbeispiel INTERAKTIV MALEN

### Interaktiv malen – Live Paint

Mit der Funktion INTERAKTIV MALEN ist Illustrator in der Lage, alle Bereiche einer Zeichnung zu füllen, die von PFADEN begrenzt werden, auch wenn diese Linien zu verschiedenen Objekten gehören oder kleine Lücken aufweisen.

INTERAKTIV MALEN können Sie überall dort einsetzen, wo Sie Objekte mit Freihand-Werkzeugen wie Buntstift-, Tropfenpinsel-Werkzeug oder mit LIVE TRACE bzw. INTERAKTIV NACHZEICHNEN erstellen (zu LIVE TRACE/INTERAKTIV NACHZEICHNEN siehe Kapitel 18). Aber auch in Konstruktions-Workflows können Sie Interaktiv malen integrieren – es kann Pathfinder-Operationen ersetzen.

Alle Elemente, die zu dem Teil einer Zeichnung gehören, den Sie kolorieren wollen, fassen Sie zu einem **Live-Paint-Objekt**, bzw. Deutsch zu einer **interaktiven Malgruppe** zusammen. Innerhalb solcher Gruppen ermittelt Illustrator die Bereiche, die es als füllbare Flächen behandeln kann. Dabei erkennt das Programm auch kleine Lücken in den Begrenzungslinien, die es zu diesem Zweck virtuell schließt.

▲ **Abbildung 10.79**
Wie rechts dargestellt, musste das Zelt in einer Vektor-Software bisher aus Flächen konstruiert sein, damit es koloriert werden konnte. Änderungen am Verlauf der Begrenzungslinien wären bei einer solchen Konstruktion natürlich schwierig.

Die füllbaren Flächen in Malgruppen werden **Teilflächen** genannt, die sich überschneidenden Pfade heißen **Kanten**.

**Lücken erkennen und bearbeiten** | Aktivieren Sie zunächst im Menü die Option ANSICHT • INTERAKTIVE MALLÜCKEN EINBLENDEN, damit Ihnen die erkannten Lücken angezeigt werden. Die Option ist aktiv, wenn im Menü ANSICHT • INTERAKTIVE MALLÜCKEN AUSBLENDEN angezeigt wird!

Rufen Sie danach die Dialogbox LÜCKENOPTIONEN auf. Sie finden sie unter OBJEKT • INTERAKTIV MALEN • LÜCKENOPTIONEN… oder mithilfe des Buttons LÜCKENOPTIONEN 🔲 im Steuerungsbedienfeld.

> **Fülleimer vor CS2**
>
> Falls Sie den Fülleimer aus Illustrator CS und früher (siehe Bild unten links) vermissen, der wurde ersatzlos gestrichen.
>
> Das Symbol des Interaktivmalen-Werkzeugs erinnert inzwischen nur noch entfernt an den Fülleimer.
>
>

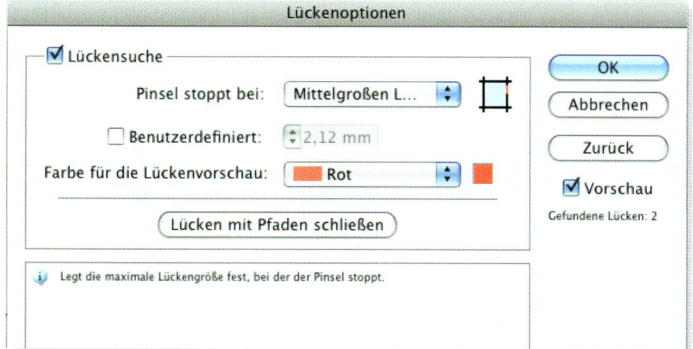

◀ **Abbildung 10.80**
Die Dialogbox LÜCKENOPTIONEN

- LÜCKENSUCHE: Mit dem Kontrollkästchen LÜCKENSUCHE links oben können Sie die automatische Lückenerkennung starten.
- VORSCHAU: Aktivieren Sie die Option VORSCHAU, um die Auswirkung Ihrer Einstellungen in Ihrer Grafik zu sehen.
- PINSEL STOPPT BEI/BENUTZERDEFINIERT: Hier stellen Sie ein, ab welcher Breite Illustrator Lücken erkennen soll. Probieren Sie verschiedene Vorgaben aus, und sehen Sie sich deren Auswirkung in der VORSCHAU an. Einstellmöglichkeiten sind im Ausklappmenü KLEINE, MITTELGROSSE oder GROSSE LÜCKEN oder alternativ im Eingabefeld BENUTZERDEFINIERT frei einzugebende numerische Maße.
  Die Lücken werden auf der kürzesten geraden Strecke überbrückt.
- FARBE FÜR DIE LÜCKENVORSCHAU: Sie können in dem Ausklappmenü die Farbe der Lückensignalisierung so anpassen, dass sie in Ihrer Grafik gut erkennbar ist.
- LÜCKEN MIT PFADEN SCHLIESSEN: Wenn Sie die angezeigten Lücken endgültig schließen wollen, erzeugen Sie entsprechende Pfade mit dem Button LÜCKEN MIT PFADEN SCHLIESSEN. Achtung! Sie verlieren danach allerdings die automatische Erkennung und müssen alle Lücken manuell bearbeiten.

▲ **Abbildung 10.81**
Die Zeichnung oben enthält keinen einzigen geschlossenen Pfad, trotzdem kann sie in Illustrator mit der Live-Paint-Funktion (INTERAKTIV MALEN) koloriert werden.

▲ **Abbildung 10.82**
Der eingeblendete Hilfetext zeigt an, dass Sie mit einem Klick eine Malgruppe erzeugen können.

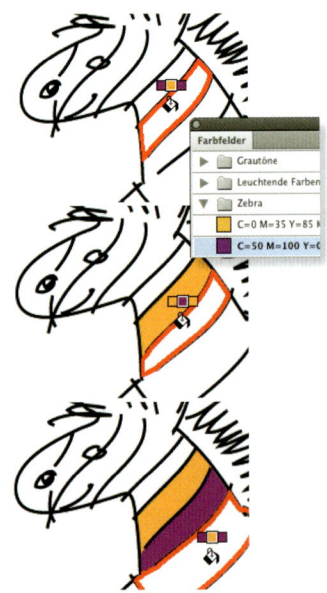

▲ **Abbildung 10.83**
Richten Sie sich eine Farbgruppe der geplanten Farben ein, dann können Sie mithilfe der Pfeiltasten sehr schnell zwischen den Farben wechseln, ohne das Werkzeug absetzen zu müssen.

**Malgruppe erstellen**

Um eine Zeichnung mit der Interaktiv-malen-Funktion zu kolorieren, gehen Sie wie folgt vor:

1. Aktivieren Sie alle Pfade, die zu dem zu bearbeitenden Teil Ihrer Grafik gehören.
2. Erzeugen Sie eine interaktive Malgruppe, indem Sie aus dem Menü Objekt • Interaktiv malen • Erstellen auswählen, oder nehmen Sie das Interaktiv-malen-Werkzeug aus dem Werkzeugbedienfeld – Shortcut K –, und klicken Sie irgendwo im Bereich der aktivierten Objekte.
3. Bestimmen Sie, ab welchem Abstand Lücken geschlossen werden sollen. Rufen Sie dazu unter Objekt • Interaktiv malen • Lückenoptionen… die Dialogbox auf, und setzen Sie die nötigen Einstellungen.
4. Falls nötig, ergänzen Sie Pfade, um größere Lücken von Hand zu schließen. Dazu haben Sie zwei Möglichkeiten:
   a. Doppelklicken Sie auf die interaktive Malgruppe, und fügen Sie Pfade im Isolierte-Gruppe-Modus hinzu.
   b. Zeichnen Sie die gewünschten Pfade, wählen Sie die Malgruppe und die neuen Pfade aus, und rufen Sie Objekt • Interaktiv malen • Zusammenfügen auf. Die Eigenschaften der Pfade wie Füllung oder Konturstärke bleiben erhalten.

**Malgruppe bearbeiten**

Eine interaktive Malgruppe können Sie mit Farbe versehen. Es lassen sich Pfade hinzufügen oder entfernen, und die Malgruppe lässt sich umwandeln und zurückwandeln.

**Kanten und Teilflächen einfärben** | Die Kanten und Teilflächen können Sie mit Farben, Verläufen und Mustern versehen. Es ist nicht möglich, Pinsel, Transparenz, Effekte oder Verzerrungshüllen direkt auf Kanten oder Teilflächen anzuwenden.

1. Nehmen Sie das Interaktiv-malen-Werkzeug, und wählen Sie eine Farbe im Farbe-, dem Farbfelder- oder einem Bibliotheks-Bedienfeld. Das Werkzeug zeigt die gewählte Farbe und – falls Sie ein Farbfeld gewählt haben – auch die beiden benachbarten Farben als Symbole an.
Mit den Tasten ← bzw. → wählen Sie die benachbarten Farbfelder aus. Mit den Tasten ↑ bzw. ↓ wechseln Sie durch die Farbgruppen.
2. Bewegen Sie den Cursor über die Malgruppe. Das Werkzeugsymbol zeigt einen gefüllten Eimer, wenn Sie eine Fläche füllen können, und ein Kreuz signalisiert nicht füllbare Bereiche.

Drücken Sie ⇧, um Konturen zu gestalten. Auch hier signalisiert der Cursor mit einem Kreuz, wenn Sie das Werkzeug nicht anwenden können.
3. Klicken Sie mit dem Werkzeug in die gewünschte Fläche oder auf eine Kontur, um diese zu färben. Als optische Hilfe hebt Illustrator Flächen oder Konturen unter dem Cursor, die gefüllt werden können, mit einem dicken roten Rand hervor.

Sie haben folgende Optionen:
- Ziehen Sie das Interaktiv-malen-Werkzeug über mehrere Flächen, um diese »in einem Rutsch« zu füllen.
- Doppelklicken Sie auf eine Fläche, um alle Flächen bis zur nächsten mit einer Kontur versehenen Kante zu füllen.
- Klicken Sie dreifach auf eine Teilfläche, um alle Teilflächen der Malgruppe zu füllen, die zu dem Zeitpunkt dieselbe Füllung aufweisen.

**Teilflächen und Kanten auswählen** | Möchten Sie einer Teilfläche einen Verlauf zuweisen, einen Verlauf editieren oder eine Kante löschen, müssen Sie diese auswählen – mit dem Werkzeug werden keine Objekte oder Pfade selektiert.

Dazu verwenden Sie das Interaktiv-malen-Auswahlwerkzeug. Dieses zeigt mit seinem Cursor an, ob eine Teilfläche oder eine Kante selektierbar ist bzw. ob das Werkzeug nicht anwendbar ist.
Die Optionen ähneln denen des Interaktiv-malen-Werkzeugs:
- Mit ⇧ wählen Sie weitere Flächen oder Kanten aus.
- Mit einem Doppelklick auf eine Fläche oder Kontur wählen Sie direkt angrenzende Flächen bzw. Konturen mit derselben Farbe aus.
- Mit einem Dreifachklick aktivieren Sie alle gleichfarbigen Flächen oder Konturen der interaktiven Malgruppe.
- Aktivieren Sie eine Kante oder Teilfläche, und rufen Sie eine Eigenschaft unter Auswahl • Gleich auf, um entsprechende Kanten oder Teilflächen zu selektieren.

**Kanten verschieben und Pfade ändern** | Um innerhalb der Malgruppe einzelne Pfade zu ändern, wechseln Sie in den Isolationsmodus oder arbeiten mit dem Direktauswahl-Werkzeug. Beim Verschieben von Pfaden innerhalb einer interaktiven Malgruppe können Lücken zu groß und dadurch Teilflächen gelöscht oder geändert werden. Die Flächen oder Konturen der geänderten Teilflächen wechseln dabei in gegebenenfalls überraschender Weise. Dies kann dazu führen, dass Sie die Lückenoptionen anpassen oder weitere ergänzende Pfade zeichnen müssen.

▲ **Abbildung 10.84**
Es ist möglich, alle Kanten einer Malgruppe mit derselben Pinselkontur zu versehen. Dazu legen Sie mithilfe des Aussehen-Bedienfelds eine neue Kontur für die Malgruppe an und weisen ihr den Pinsel zu (Aussehen s. Kapitel 11).

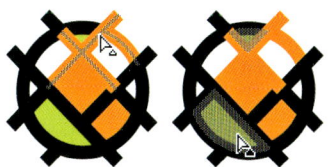

▲ **Abbildung 10.85**
Auswahl gleichfarbiger Flächen oder Konturen mit Doppelklick und Dreifachklick

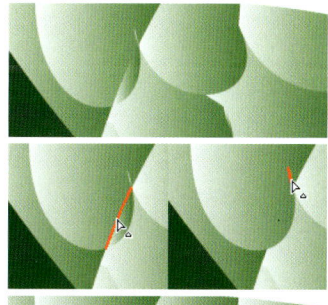

▲ **Abbildung 10.86**
Unsaubere Kanten werden aktiviert und gelöscht. Angrenzende Teilflächen werden dabei vereinigt und erhalten die Eigenschaften der vormals größeren Fläche.

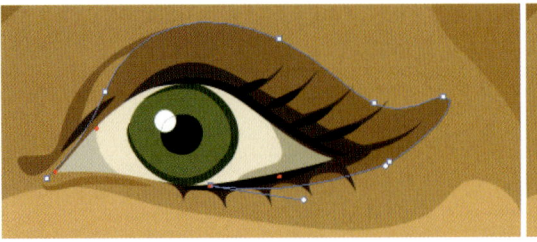 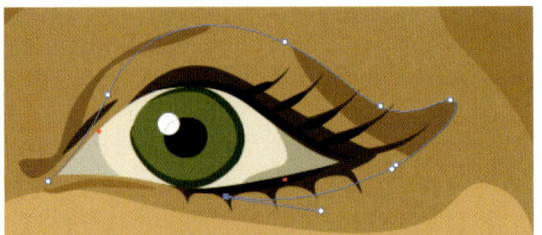

▲ **Abbildung 10.87**
Das Verändern eines Pfads in einer interaktiven Malgruppe kann unerwartete Folgen haben.

**Zurückwandeln** | Um die in einer interaktiven Malgruppe zusammengefassten Pfade in den Ursprungszustand zurückzuversetzen, aktivieren Sie das Objekt und wählen Objekt • Interaktiv malen • Zurückwandeln. Das Objekt verliert damit alle Live-Paint-Eigenschaften, Füllungen und Konturen.

**Umwandeln** | Für einige Anwendungszwecke – zum Beispiel für den Austausch mit anderen Programmen – benötigen Sie statt einer Malgruppe eine »normale« Vektorumsetzung Ihrer Zeichnung mit geschlossenen Pfaden für die Flächen und mit den zusätzlichen Konturen. Das können Sie aus einer Malgruppe automatisch erzeugen lassen, indem Sie das Objekt aktivieren und den Menübefehl Objekt • Interaktiv malen • Umwandeln ausführen.

### Umwandeln der Malgruppe

Beim Umwandeln der interaktiven Malgruppe werden die Kanten nicht in Flächen umgewandelt, sondern als Konturen generiert. Je nach Konturstärke werden Teilflächen überlappt.

Wenn Sie Flächen benötigen, müssen Sie die Konturen zusätzlich in Pfade umwandeln.

Auch ist es unter Umständen nötig, eine zu starke Überlappung der Konturen und Flächen zu korrigieren.

### Schritt für Schritt: »Interaktiv malen« anwenden

**1  Malgruppe erstellen**

Aktivieren Sie alle Pfade, die zur Malgruppe gehören sollen. Wählen Sie das Interaktiv-malen-Werkzeug aus dem Werkzeugbedienfeld, oder tippen Sie die Taste K. Dann klicken Sie mit dem Werkzeug in den Bereich der Zeichnung. Sobald Sie das Werkzeug über die aktivierten Objekte bewegen, erscheint ein entsprechender Hilfetext.

Die Malgruppe können Sie auch mit dem Shortcut ⌘+⌥+X bzw. Strg+Alt+X zusammenfügen.

**2  Flächen testen**

Bewegen Sie das Interaktiv-malen-Werkzeug über die Malgruppe, und beobachten Sie die fetten roten Ränder, die die füllbaren Flächen kennzeichnen.

Prüfen Sie alle Flächen, die Sie füllen wollen, ob sie von Illustrator richtig erkannt werden. Sollten noch Lücken bestehen, verwenden Sie die Dialogbox Lückenoptionen, um die Erkennung anzupassen.

### Übungsdatei

Die Datei »ZebranurPfad.ai« finden Sie auf der DVD zum Buch.

◀ **Abbildung 10.88**
Ohne entsprechende Änderung in den Lückenoptionen werden viele Flächen zusammengefasst, die eigentlich einzeln gefüllt werden sollen.

### 3  Lückenoptionen

Wählen Sie Objekt • Interaktiv malen • Lückenoptionen…, und aktivieren Sie zunächst die Vorschau. Falls Sie die Lückenvorschau nicht von Ihrer Zeichnung unterscheiden können, passen Sie die Signalfarbe an, indem Sie eine andere Farbe aus dem Ausklappmenü wählen.

Aktivieren Sie die Lückensuche, und wählen Sie eine Einstellung aus dem Menü. Beobachten Sie dabei die Lücken, die in Ihrer Zeichnung gekennzeichnet werden.

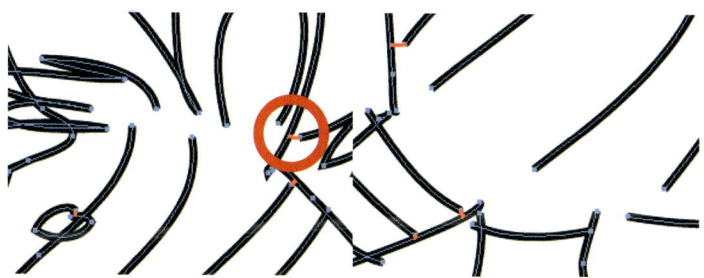

◀ **Abbildung 10.89**
Lückensuche mit eigener Einstellung 3 mm. Vergleichen Sie die Stelle im roten Kreis mit der nächsten Abbildung.

Wenn Ihnen die voreingestellten Optionen nicht ausreichen, geben Sie andere Werte in das Eingabefeld ein. Sehr hohe Werte führen unter Umständen dazu, dass kleinere Lücken nicht mehr automatisch geschlossen werden.

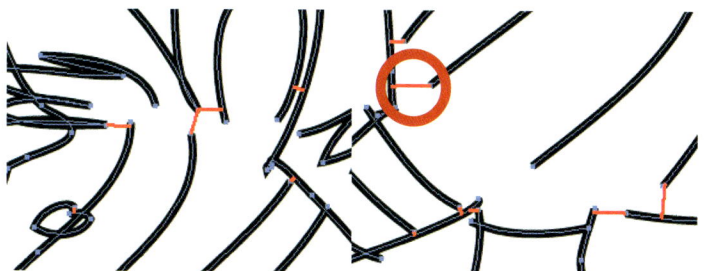

◀ **Abbildung 10.90**
Lückensuche mit eigener Einstellung 7 mm. Beachten Sie die gerade Strecke im roten Kreis, die an dieser Stelle nicht gewünscht ist.

In den meisten Fällen ist es besser, kleine Lücken automatisch schließen zu lassen und die größeren manuell zu bearbeiten, da für die größeren Lücken oft eine Kurve benötigt wird. Wenn Sie passende Einstellungen gefunden haben, schließen Sie den Dialog mit OK.

Die Option LÜCKEN MIT PFADEN SCHLIESSEN ist in unserem Fall nicht sinnvoll, da es möglich ist, manuelles und automatisches Lückenschließen zusammen zu verwenden.

### 4 Lücken prüfen

Prüfen Sie die Grafik erneut, indem Sie das Interaktiv-malen-Werkzeug über die kritischen Flächen bewegen und auf die roten Signalkonturen achten.

### 5 Malgruppe zur manuellen Nacharbeit isolieren

Aktivieren Sie ANSICHT • INTERAKTIVE MALLÜCKEN EINBLENDEN, um die geschlossenen Lücken bei der manuellen Nachbearbeitung im Blick zu haben.

Isolieren Sie nun die Malgruppe durch einen Doppelklick, oder indem Sie das Live-Paint-Objekt aktivieren und anschließend auf das Symbol AUSGEWÄHLTE GRUPPE ISOLIEREN im Steuerungsbedienfeld klicken.

Pfade, die Sie der isolierten Gruppe hinzufügen, werden in die Malgruppe aufgenommen.

▲ **Abbildung 10.91**
Die isolierte Gruppe wird durch den grauen Titelbalken signalisiert.

### 6 Große Lücken mit Pfaden schließen

In der Malgruppe können Sie nun die großen Lücken schließen, indem Sie Pfade als Grenzlinien zeichnen. Verwenden Sie dafür den Bleistift oder den Zeichenstift. Den Pinsel lässt Illustrator innerhalb einer Malgruppe nicht zu.

Die auffallendste Lücke besteht am Hinterteil des Zebras. Diese Lücke muss mit einer Kurve geschlossen werden, damit die gefüllte Fläche die Form unterstützt. Eine größere Ansicht erhalten Sie mit der Lupe.

**Abbildung 10.92** ▶
Schließen der größten Lücke mit einem Pfad. Im mittleren Bildausschnitt ist zu sehen, wie der kleine Abstand zum bestehenden Punkt automatisch geschlossen wird.

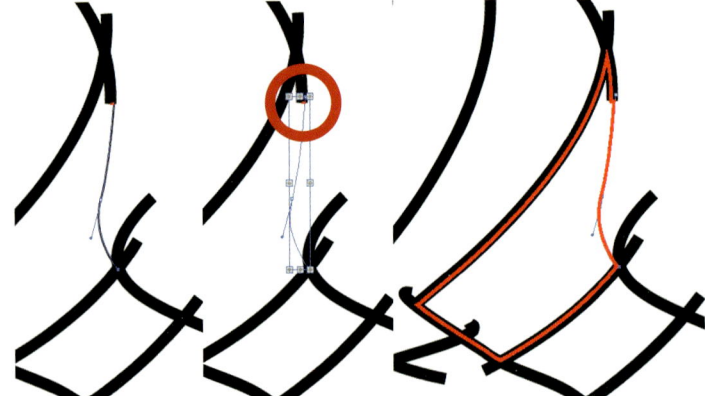

Legen Sie einen Pfad an – wie abgebildet. Sie müssen beim Erstellen der Endpunkte nicht genau den vorhandenen Pfad treffen, wie es beim Konstruieren eines Objekts notwendig wäre.

◄ **Abbildung 10.93**
In der Pfadansicht sehen Sie an diesem Beispiel, dass sich die Pfade nicht berühren müssen, um die Lücke zu schließen.

Da die »Lückenschließer«-Pfade selbst nicht sichtbar sein sollen, reicht es vollkommen aus, wenn die neuen Linien so nahe an die bestehenden Pfade heranreichen, dass die eingestellten Lückenoptionen greifen.

Pfade, deren Form Ihnen nicht sofort gefällt, können Sie selbstverständlich mit den Werkzeugen ANKERPUNKTE HINZUFÜGEN und LÖSCHEN, GLÄTTEN, PUNKTE UMWANDELN etc. nachbearbeiten.

Lassen Sie den Pfad ausgewählt, und aktivieren Sie – soweit dies nicht bereits vorher erfolgt ist – im Werkzeugbedienfeld die Option OHNE KONTUR 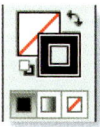.

Prüfen Sie noch einmal, ob alle Lücken geschlossen sind, bevor Sie die isolierte Gruppe mit einem Klick auf das Symbol im Steuerungsbedienfeld beenden.

▲ **Abbildung 10.94**
Das Farbfeld für Kontur ist aktiviert.

## 7   Flächen füllen

Wenn keine Lücken mehr offen sind, können Sie die Teilflächen und Kanten Ihrer Malgruppe gestalten.

Um Teilflächen mit einer Farbfüllung zu versehen, aktivieren Sie das Farbfeld für Fläche im Werkzeugbedienfeld und bestimmen eine Farbe im Farbfelder-Bedienfeld, oder mischen Sie eine neue Farbe im Farbe-Bedienfeld.

Danach wählen Sie das Interaktiv-malen-Werkzeug und klicken damit in die Teilfläche, die Sie kolorieren möchten. Achten Sie dabei auf das Cursor-Symbol und auf die Signalisierung durch die rote Umrandung der Fläche.

Möchten Sie dagegen Kanten einfärben oder Teilflächen nicht nur mit einer einfachen Farbfüllung versehen, müssen Sie die entsprechenden Elemente aktivieren.

Dann holen Sie sich das Interaktiv-malen-Auswahlwerkzeug aus dem Werkzeugbedienfeld und klicken die Kante oder die Teilfläche an, die Sie gestalten möchten.

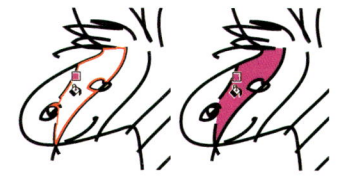

▲ **Abbildung 10.95**
Teilflächen werden mithilfe des Interaktiv-malen-Werkzeugs mit Farbe gefüllt.

**Abbildung 10.96** ▶
Wählen Sie Kanten mit dem Interaktiv-malen-Auswahlwerkzeug aus, und ändern Sie deren Eigenschaften.

Das Interaktiv-malen-Auswahlwerkzeug zeigt durch einen Wechsel des Cursor-Symbols an, ob Sie eine Kante ▷ oder eine Teilfläche ▷ aktivieren können.

Halten Sie ⇧ gedrückt, um der Auswahl eine weitere Kante bzw. Teilfläche hinzuzufügen.

**Abbildung 10.97** ▶
Auch Teilflächen wählen Sie so aus, um sie mit komplexeren Füllungen zu versehen.

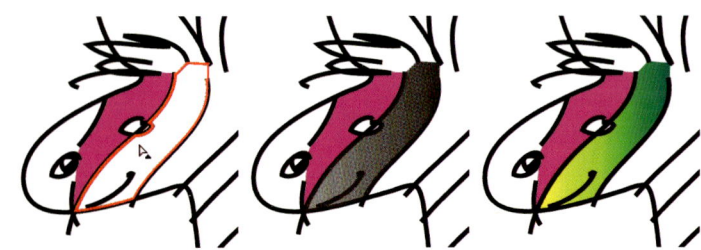

▲ **Abbildung 10.98**
Nach dem Editieren einer Verlaufsfarbe mit LiveColor wurde der Verlauf den Teilflächen neu zugewiesen und die ursprüngliche Verlaufslänge ignoriert (rechts).

Einen Verlauf legen Sie an, indem Sie eine oder mehrere Teilflächen selektieren und im Verlauf-Bedienfeld die Art des Verlaufs sowie die gewünschten Farben bestimmen. Sollen zu einem späteren Zeitpunkt Verlaufsfarben geändert werden, nutzen Sie dafür ebenfalls das Verlauf-Bedienfeld, nicht die Funktion INTERAKTIVE FARBE (siehe Abbildung 10.98).

Mit dem Verlauf-Werkzeug legen Sie Winkel und Länge des Verlaufs fest, indem Sie mit dem Cursor auf den Startpunkt des Verlaufs klicken und bis zum gewünschten Endpunkt ziehen. Die Verlaufsanmerkungen (siehe Kapitel 9) können Sie zusammen mit interaktiven Malgruppen leider nicht verwenden.

### 8  Umwandeln

Um eine Malgruppe umzuwandeln und damit Objekte zu erzeugen, die Sie auch für den Austausch mit anderen Programmen verwenden können, aktivieren Sie die betreffende Malgruppe und wählen im Menü den Befehl OBJEKT • INTERAKTIV MALEN • UMWANDELN aus. Teilflächen und Kanten werden damit in einzelne geschlossene Pfade mit Füllung umgewandelt. Nach der Umwandlung sind die Objekte gruppiert. Lösen Sie die Gruppierung auf, um die Objekte zu analysieren. ■

▲ **Abbildung 10.99**
Eine umgewandelte Malgruppe

## 10.6 Objekte mit »Hüllen« verzerren

Eine Hülle ist entweder eine fertige Stil-Form, ein generiertes Gitter oder eine eigene Vektorform, in die Sie Vektorobjekte, Textobjekte oder sogar eingebettete Pixelbilder »einspannen«, um sehr komplexe Verzerrungen durchzuführen. Trotz der Verformung bleiben »eingehüllte« Vektorgrafiken bzw. die Inhalte der Textobjekte editierbar (zu Pixelbildern siehe Kapitel 18).

### Verzerrungshülle Verkrümmung

Bei der Verkrümmung haben Sie die Wahl zwischen verschiedenen vorgegebenen Stil-Formen wie WELLEN, FLAGGEN, BÖGEN und FISCHAUGE-Wölbungen o. Ä., um Objekte zu verzerren.

▲ **Abbildung 10.100**
Verkrümmung mit dem Stil FLAGGE und WIRBEL

**Verkrümmung anwenden |** Aktivieren Sie das Objekt, das Sie verformen möchten, und wählen Sie aus dem Menü OBJEKT • VERZERRUNGSHÜLLE • MIT VERKRÜMMUNG ERSTELLEN... – Shortcut ⌘+⌥+⇧+W bzw. Strg+Alt+⇧+W. Die Funktion kann auch auf mehrere aktivierte Objekte gleichzeitig angewendet werden.
In der aufgerufenen Dialogbox VERKRÜMMEN-OPTIONEN wählen Sie in dem Aufklappmenü den Stil der Hülle aus und stellen die Stärke der Biegung und gegebenenfalls einer zusätzlichen Verzerrung ein. Wenden Sie zunächst verschiedene Stil-Arten an, um die Verkrümmungen kennenzulernen.

▲ **Abbildung 10.101**
Verkrümmung mit dem Stil TORBOGEN

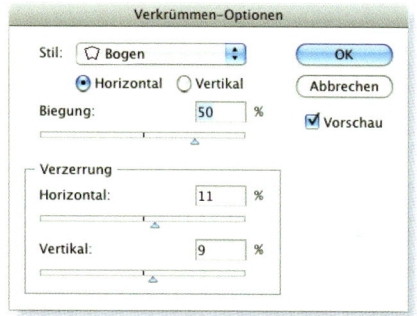

◄ **Abbildung 10.102**
Die Dialogbox VERKRÜMMEN-OPTIONEN

- STIL: Die Namen der Stil-Arten sind zum größten Teil selbsterklärend, das jeweils zugeordnete Piktogramm zeigt das Schema der Verkrümmung.
- HORIZONTAL/VERTIKAL: Diese Einstellung legt die Ausrichtung der Verkrümmung fest.
- BIEGUNG: Stellen Sie entweder mit dem Regler oder numerisch die Stärke der Verkrümmung ein.
- VERZERRUNG: Mit den Horizontal- und Vertikal-Reglern bestimmen Sie eine zusätzliche senkrechte und/oder waagerechte

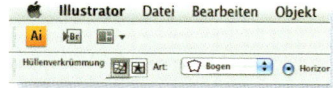

▲ **Abbildung 10.103**
Über das Steuerungsbedienfeld lassen sich die Optionen bestehender Verzerrungshüllen direkt einstellen.

▲ **Abbildung 10.104**
Mit Verzerrungshüllen können Sie Texte an Objekte anpassen.

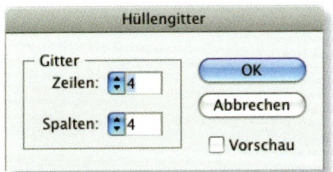

▲ **Abbildung 10.105**
Dialogbox für die Erstellung des Gitters

▲ **Abbildung 10.106**
Verzerrungshülle auf ein Pixelbild angewendet (rechts)

**Pixelbilder und Hüllen**

Pixelbilder müssen eingebettet werden, bevor eine Hülle darauf angewendet werden kann.

Verzerrung der Grundverkrümmung. So erreichen Sie gegebenenfalls zusätzlich eine perspektivische Anmutung.
▶ VORSCHAU: Aktivieren Sie die VORSCHAU, damit die Auswirkung Ihrer Einstellungen auf das Objekt angezeigt wird.

### Verzerrungshülle Gitter

Alternativ können Sie Ihr Objekt in eine Gitter-Hülle einbetten, um es zu verformen. Ein solches Verzerrungsgitter ist jeweils an seinen Schnittpunkten im Objekt verankert.

**Gitter einstellen |** Um ein Objekt in ein Verzerrungsgitter zu hüllen, wählen Sie OBJEKT • VERZERRUNGSHÜLLE • MIT GITTER ERSTELLEN... – Shortcut ⌘+⌥+M bzw. Strg+Alt+M.

In der danach angezeigten Dialogbox HÜLLENGITTER bestimmen Sie, wie engmaschig das Verzerrungsgitter sein soll, indem Sie die Anzahl der Zeilen und Spalten, also mittelbar die Menge der wirksamen Gitterpunkte angeben.

Lassen Sie sich die VORSCHAU anzeigen, damit das Gitter während der Eingabe auf Ihr Objekt projiziert wird.

**Gitter anwenden |** Das Gitter selbst verursacht keine Veränderung Ihres Objekts. Die Verzerrung erfolgt, wenn Sie mit dem Direktauswahl-Werkzeug einzelne Punkte an den Gitter-Kreuzungen verschieben oder den Winkel und die Länge der zugehörigen Grifflinien verändern. Die Gitterhülle kann auch auf mehrere aktivierte Objekte gleichzeitig angewendet werden.

### Eigene Verzerrungshülle

Die dritte Möglichkeit, eine Hülle zu erzeugen, besteht darin, eine eigene Vektorform als Hülle zu verwenden. Sie können dazu sowohl einen einzelnen offenen oder geschlossenen Pfad als auch ein selbst erzeugtes Gitterobjekt benutzen. Offene Pfade werden von Illustrator zu diesem Zweck geschlossen, daher sind die Resultate der Verzerrung nicht immer voraussagbar.

In einem Stapel aktivierter Objekte wird stets das oberste als Hülle eingesetzt, soweit es sich dafür eignet (siehe oben).

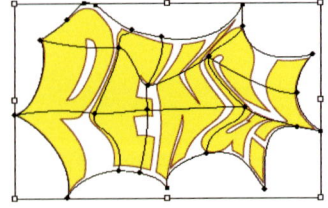 

▲ **Abbildung 10.107**
Freie Verzerrung einer Schrift mit einer Hülle

**Mit dem obersten Objekt verzerren** | Erstellen Sie eine Form oder einen Pfad in der Stapelreihenfolge über dem Objekt, das Sie verzerren möchten. Nach dem Aktivieren dieser Objekte wählen Sie OBJEKT • VERZERRUNGSHÜLLE • MIT OBERSTEM OBJEKT ERSTELLEN – Shortcut ⌘+⌥+C bzw. Strg+Alt+C.

Damit wird das zu bearbeitende Objekt in die selbst erstellte Hülle eingebettet. Wenn Sie nun mit dem Direktauswahl-Werkzeug die Ankerpunkte der Hülle bzw. deren Grifflinien verändern, verzerren Sie entsprechend auch das eingebettete Objekt.

Die eigene Verzerrungshülle kann auch auf mehrere Objekte gleichzeitig angewendet werden.

## Gemeinsame Einstellungen für alle Verzerrungshüllen

Mit Einstellungen in der Dialogbox HÜLLEN-OPTIONEN nehmen Sie Einfluss auf die Berechnung der Verformung. Rufen Sie OBJEKT • VERZERRUNGSHÜLLE • HÜLLEN-OPTIONEN auf, oder klicken Sie auf den Button HÜLLEN-OPTIONEN im Steuerungsbedienfeld.

- PIXELBILDER – GLÄTTEN: Mit dieser Option aktivieren Sie das Anti-Aliasing für Pixelbilder. Dies führt zu besseren Resultaten bei der Verformung von Pixelbildern, aber auch zu einer zumindest leichten Weichzeichnung.
- PIXELBILDER – FORM BEIBEHALTEN DURCH: Pixelbilder haben eine rechteckige Grundform, die nicht in jedes Hüllen-Objekt optimal einzupassen ist. Um das Ergebnis zu verbessern, gibt es zwei Einstellmöglichkeiten:
  - SCHNITTMASKE – Mit dieser originär voreingestellten Option werden gegebenenfalls Bildteile abgeschnitten.
  - TRANSPARENZ – Mit dieser Option können Sie einen Alpha-Kanal aus Ihrem Pixelbild als Maske aufrufen.
- GENAUIGKEIT: Mit dem Schieberegler bzw. mit der numerischen Eingabe steuern Sie, wie genau die Verzerrungsberechnung durchgeführt wird.

  Da Sie mit einer Hülle nicht exakt konstruieren können und die Genauigkeit Einfluss auf die Geschwindigkeit der Berechnung hat, sind höhere Werte für Vektorobjekte in den meisten Fällen eher kontraproduktiv. Vor allem beim Verzerren gekrümmter Pfade führt ein hoher Genauigkeitswert zu sehr vielen Ankerpunkten, die für eine Weiterbearbeitung eventuell nicht mehr handhabbar sind.

  Bei umhüllten Pixelbildern führt eine größere Genauigkeit jedoch zu sichtbar besseren Resultaten.
- AUSSEHEN VERZERREN: Sind auf das umhüllte Objekt Effekte angewendet, aktivieren Sie diese Option, um mit der Verzerrungshülle das bereits gefilterte Objekt zu verändern. Deaktivieren Sie das Kontrollkästchen, wenn die Effekte erst auf das

[Anti-Aliasing]
Beim Zeichnen einer Linie auf einem Pixelraster können nur waagerechte und senkrechte Linien sauber dargestellt werden. Schräge Linien und Kurven verursachen Treppenabstufungen. Das Anti-Aliasing mildert den Treppeneffekt, indem es die Kantenpixel einer Linie in abgeschwächter Intensität färbt, je nachdem, wie groß der Anteil des Pixels ist, der vom Linienverlauf abgedeckt ist.

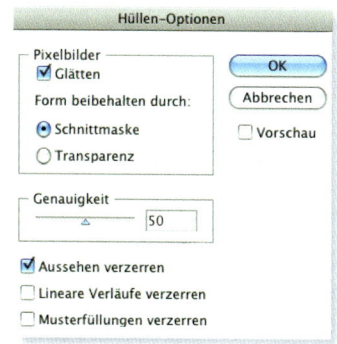

▲ **Abbildung 10.108**
Die Dialogbox HÜLLEN-OPTIONEN

[Alpha-Kanal]
Alpha-Kanäle werden verwendet, um Masken, also Auswahlen, in den Dateien der Pixelbilder zu speichern, zu denen sie gehören. In einem Alpha-Kanal werden die ausgewählten Bereiche als weiße Pixel und die nicht ausgewählten Bereiche als schwarze Pixel dargestellt. Graustufen bilden weiche Übergänge.

▲ **Abbildung 10.109**
Lineare Verläufe und Muster
verzerren

▲ **Abbildung 10.110**
Konturen können nicht mit Hüllen
verzerrt werden (links). Weisen
Sie daher der Kontur den Effekt
Konturlinie zu, und aktivieren
Sie Aussehen verzerren.

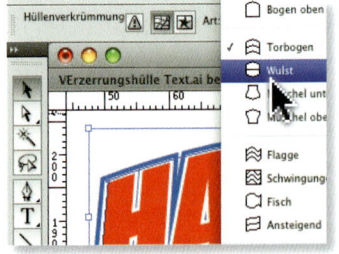

▲ **Abbildung 10.111**
Mit Anderer Verkrümmung
erstellen

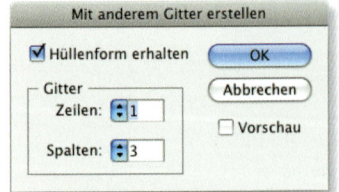

▲ **Abbildung 10.112**
Mit anderem Gitter erstellen

von der Hülle verformte Objekt wirken sollen (zu Effekten siehe Kapitel 13).

▶ Lineare Verläufe verzerren: Ist dieses Kontrollkästchen aktiviert, werden lineare Verläufe in verzerrten Objekten mit verformt; ohne Aktivierung dieser Option wird nur der Pfad bearbeitet. Radiale Verläufe kann Illustrator nicht verzerren (zu Verläufen siehe Kapitel 9).

▶ Musterfüllungen verzerren: Aktivieren Sie diese Option, wenn Sie Musterfüllungen zusammen mit dem Objektpfad verzerren wollen (zu Mustern siehe Kapitel 16).

**Konturen verzerren |** Während Sie das Verzerren von Verlaufsfüllungen und Mustern über die Hüllen-Optionen bestimmen können, ist das Verzerren von Konturen nicht unmittelbar möglich. Mit einem kleinen Umweg geht es aber doch: Weisen Sie der Kontur den Effekt • Pfad • Konturlinie zu, um die Konturstärke in die Verzerrung einzubeziehen (zu Effekten siehe Kapitel 13).

### Verzerrungshüllen ändern und bearbeiten

Sowohl die Form der Hülle als auch die Form der umhüllten Objekte können Sie nachträglich mithilfe verschiedener Menübefehle weiter bearbeiten und verändern.

**Mit anderer Verkrümmung erstellen |** Falls Sie es sich anders überlegt haben und eine andere Verzerrung möchten, müssen Sie die bisherigen Schritte nicht rückgängig machen. Weisen Sie einfach mit dem Menü im Steuerungsbedienfeld oder über Objekt • Verzerrungshülle • Mit anderer Verkrümmung erstellen… einen anderen Verkrümmungsstil zu. Die aktuelle Hülle geht verloren. Wählen Sie diesen Befehl auch, wenn Sie die Verkrümmen-Optionen Ihrer Hülle unter Beibehaltung des Verkrümmungsstils ändern möchten.

**Mit anderem Gitter erstellen |** Wie im letzten Absatz beschrieben, können Sie über das Menü ebenfalls ein anderes Gitter zuweisen: Objekt • Verzerrungshülle • Mit anderem Gitter erstellen…

Ob die bestehende Hülle durch das neu definierte Gitter ersetzt wird oder ob innerhalb der Hüllenform lediglich eine neue Unterteilung eingerichtet wird, entscheiden Sie mit der Option Hüllenform erhalten.

**Zurückwandeln |** Mit diesem Befehl befreien Sie das Objekt aus der Hülle und wandeln es in seinen Ursprungszustand zurück.

Die Hülle wird in der Form zurückgegeben, die sie zum Zeitpunkt der Rückwandlung hatte. Das gilt ebenfalls für eigene Objekte, die Sie als Verzerrungshülle einsetzen. Diese werden jedoch, wie andere Hüllenarten auch, nicht in ihren Anfangszustand zurückversetzt. Die zurückgegebene Hülle liegt als graues Objekt im jeweiligen Stapel obenauf.

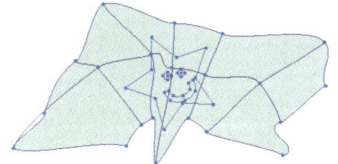

▲ Abbildung 10.113
Zurückgewandeltes Hüllen-Objekt

**Umwandeln** | Verwenden Sie diesen Befehl, um verzerrte, umhüllte Objekte zur Weiterbearbeitung umrechnen zu lassen.

Nach der Umwandlung sind die verzerrten Objekte gruppiert, und die Hülle ist gelöscht.

Die verzerrten Objekte können sehr viele Ankerpunkte aufweisen und dadurch nur noch schwer zu bearbeiten sein. In einem solchen Fall machen Sie die Aktion rückgängig und vermindern in den Hüllen-Optionen den Wert für GENAUIGKEIT.

▲ Abbildung 10.114
Sehr viele Ankerpunkte (links)

**Die Hülle nachbearbeiten** | Die Hüllen selbst sind Vektorobjekte, deshalb können Sie alle Hüllen-Arten nachträglich editieren. Gehen Sie wie folgt vor:

1. Aktivieren Sie die magnetischen Hilfslinien, um die Hülle besser zu erkennen.
2. Selektieren Sie das umhüllte Objekt, und klicken Sie auf den Button HÜLLE BEARBEITEN im Steuerungsbedienfeld, oder wählen Sie OBJEKT • VERZERRUNGSHÜLLE • HÜLLE BEARBEITEN. Links im Steuerungsbedienfeld wird HÜLLENVERKRÜMMUNG angezeigt.
3. Benutzen Sie das Direktauswahl-Werkzeug, um die Hülle zu aktivieren und deren Pfad sichtbar zu machen.
4. Mit dem Direktauswahl-Werkzeug können Sie nun Punkte verschieben bzw. Grifflinien verändern. Aktivierte Ankerpunkte löschen Sie mit ←, und Gitterlinien werden mit dem Gitter-Werkzeug hinzugefügt, indem Sie damit an der gewünschten Stelle auf den Hüllen-Pfad klicken (zum Pfadebearbeiten siehe Kapitel 6).

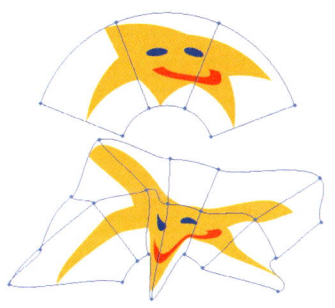

▲ Abbildung 10.115
Nachbearbeitete Verzerrungshülle

**Den Inhalt einer Hülle bearbeiten** | Wenn Sie Veränderungen an einem verzerrten Objekt innerhalb der Hülle vornehmen möchten, aktivieren Sie das Hüllenobjekt und verwenden den Button INHALT BEARBEITEN im Steuerungsbedienfeld oder wählen OBJEKT • VERZERRUNGSHÜLLE • INHALT BEARBEITEN – Shortcut ⌘/Strg+⇧+V. Wie Sie es von vielen anderen Objekten auch gewohnt sind, können Sie die Hüllenverkrümmung auch doppelklicken, um den Inhalt im Isolationsmodus zu bearbeiten. Das Steuerungsbedienfeld zeigt HÜLLE an.

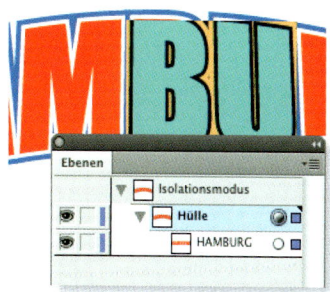

▲ Abbildung 10.116
Um beispielsweise einen Text zu editieren, müssen Sie den Inhalt des Hüllenobjekts bearbeiten (hier im Isolationsmodus).

10.6 Objekte mit »Hüllen« verzerren | **327**

> **Shortcut Magnetische Hilfslinien**
>
> Den Shortcut für die magnetischen Hilfslinien ⌘/Strg+U können Sie sich einfach merken, wenn Sie an einen Hufeisenmagneten denken.

Während Sie sich im Inhalte-Bearbeiten-Modus bzw. im Isolationsmodus befinden, werden die umhüllten Objekte im Ebenen-Bedienfeld angezeigt (zu Ebenen siehe Kapitel 11).

Da Sie die Objekte häufig nicht an der Position auswählen können, an der sie in der Hülle sichtbar sind, sollten Sie entweder in der Pfadansicht arbeiten – Shortcut ⌘/Strg+Y – oder Sie aktivieren die magnetischen Hilfslinien, wenn Sie die Auswirkung auf das verzerrte Objekt weiterhin beobachten möchten – Shortcut ⌘/Strg+U.

Um die Bearbeitung der Hüllen-Inhalte zu beenden, drücken Sie erneut ⌘/Strg+⇧+V. Die Verzerrung wird danach entsprechend angepasst.

### Verkrümmungen als Effekt anwenden

Unter EFFEKT • VERKRÜMMUNGSFILTER können Sie die verschiedenen Stil-Arten der Verkrümmung, die Sie in diesem Kapitel kennengelernt haben, als Effekt anwenden.

Aktivieren Sie dazu das Objekt, das Sie mit dem Effekt versehen möchten, und wählen Sie den gewünschten Verkrümmungs-Effekt aus dem Menü. Sie haben auch für die Effekte dieselben Verkrümmungsoptionen zu Verfügung, die weiter oben bereits besprochen wurden.

Um die Verkrümmungsoptionen zu einem späteren Zeitpunkt zu editieren, doppelklicken Sie den Effekt im Aussehen-Bedienfeld.

Die Hüllen-Optionen in dem Menü unter OBJEKT • VERZERRUNGSHÜLLE haben keinen Einfluss auf Verkrümmungen, die Sie als Effekt angelegt haben.

▲ Abbildung 10.117
Verkrümmung FISCH als Effekt angewendet

# 11 Hierarchische Struktur: Ebenen, Aussehen

Ebenen stellen zunächst nur ein Mittel zu dem Zweck dar, die Elemente eines Dokuments zu organisieren. Betrachtet man das Ebenen-Bedienfeld jedoch etwas genauer, so bildet sich in ihm die objektorientierte Arbeitsweise von Illustrator ab.

Auch im Erscheinungsbild der Elemente – in Illustrator »Aussehen« genannt – begegnen Sie der hierarchischen Strukturierung. Um einzuschätzen, welche Auswirkung das Zuweisen von Kontur- und Füllfarbe, Transparenzen und vor allem Effekten auf Objekte, Gruppen und Ebenen hat, ist das Verständnis der Aussehen-Hierarchie sehr wichtig.

## 11.1 Ebenen

Je mehr Objekte Ihr Illustrator-Dokument enthält, umso schwieriger wird es für Sie, den Überblick über alle Elemente zu behalten. Viele einzelne Formen bilden größere Einheiten, Objekte verdecken sich gegenseitig, und es kann sehr mühsam sein, Vordergrundobjekte jedes Mal verstecken zu müssen, um eine kleine Änderung am Bildhintergrund vornehmen zu können. Ebenen stellen eine effiziente Möglichkeit dar, die Strukturierung und Verwaltung der Objekte zu vereinfachen.

Stellen Sie sich Ebenen wie durchsichtige Folien über den Zeichenflächen vor, auf denen Sie die Objekte befestigen. Alle Ebenen reichen jeweils über alle Zeichenflächen. Wie in der Hierarchie des Dateisystems Ihrer Festplatte können Sie auch in Ebenen weitere Unterebenen erstellen. Jedes Illustrator-Dokument hat mindestens eine Ebene.

▲ **Abbildung 11.1**
Ebenen als durchsichtige Folien über der Zeichenfläche

### Ebenen-Bedienfeld

Die Verwaltung der Ebenen, Unterebenen und der in ihnen enthaltenen Objekte geschieht mithilfe des Ebenen-Bedienfelds. Jedes Objekt, jede Gruppe oder Ebene stellt ein »Element« im Ebenen-Bedienfeld dar. Die Anordnung der Elemente im Bedienfeld entspricht der Stapelreihenfolge der Objekte und ihrer Hie-

**Ebenen in Flash & AfterEffects**

Flash und After Effects erkennen in Illustrator angelegte Ebenen und übernehmen sie.

rarchie in Gruppen, Unterebenen und Ebenen. Das im Bedienfeld oben liegende Element ist auch in der Stapelreihenfolge auf der Zeichenfläche an oberster Stelle (zur Stapelreihenfolge siehe Kapitel 5).

**Ebenen-Bedienfeld anzeigen** | Rufen Sie das Bedienfeld auf, indem Sie FENSTER • EBENEN wählen, Shortcut F7, im Dock.

### Aufbau des Ebenen-Bedienfelds

In jeder Zeile des Ebenen-Bedienfelds finden Sie mehrere Interaktions-Buttons, mit denen Elemente bedient werden. Durch die Anordnung dieser Buttons ergeben sich die »Spalten« des Ebenen-Bedienfelds.

▶ SICHTBARKEIT: In der Sichtbarkeitsspalte ❶ des Bedienfelds zeigt das Auge-Symbol an, dass das Element sichtbar ist. Das Outline-Symbol signalisiert die Pfaddarstellung des Elements. Eine Vorlagenebene wird durch ein eigenes Symbol gekennzeichnet.
Klicken Sie in die Sichtbarkeitsspalte, um ein Element anzuzeigen oder zu verstecken. Ist eine Ebene oder Gruppe nicht sichtbar, sind automatisch auch die jeweils untergeordneten Elemente versteckt.

▶ EBENENFIXIERUNG: Die Bearbeitungsspalte ❷ stellt mit dem Schloss-Symbol dar, dass ein Element gesperrt ist. Dann ist die Aktivierung der Objekte oder gar Änderungen daran unmöglich. Klicken Sie in die Spalte, um die Fixierung für ein Element einzurichten oder eine vorhandene Fixierung aufzuheben.
Ist eine Ebene oder Gruppe gesperrt, sind automatisch die untergeordneten Elemente gesperrt.

▶ FARBKENNZEICHNUNG: Der Balken ❸ zeigt die in den Ebenenoptionen ausgewählte Farbe an, die zur Hervorhebung zugehöriger aktivierter Objekte auf der Zeichenfläche verwendet wird.

▶ EBENEN-INHALT: Ein Pfeil ❹ bedeutet, dass ein Element weitere Elemente enthält.
Klicken Sie auf den Pfeil ▶, um die untergeordneten Elemente anzuzeigen. Die Namen weiterer Elemente werden der Hierarchie entsprechend eingerückt.

▶ MINIATUREN: Die Ebeneninhalte sehen Sie als Icon ❺ neben dem Ebenennamen ❻.

▶ ZIEL-SYMBOLE: Die Symbole ○ in der Zielspalte ❼ dienen dazu, Elemente als »Ziel« für die Anwendung von Grafikstilen und Effekten auszuwählen, und sie zeigen an, ob diese auf ein Element angewendet sind.

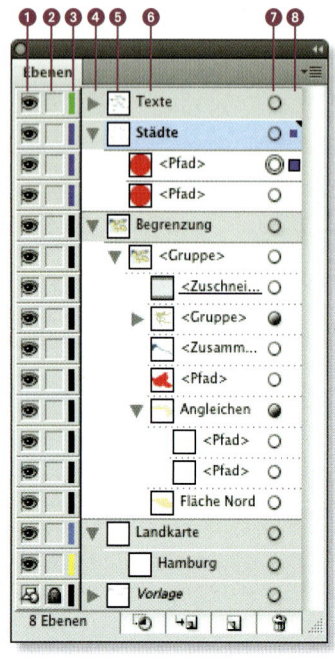

▲ **Abbildung 11.2**
Das Ebenen-Bedienfeld

---

**Hilfslinien und gesperrte Ebene**

Befinden sich Hilfslinien auf einer gesperrten Ebene, verlieren diese durch die Fixierung ihre Eigenschaft als Positionierungshilfe.
Aktivieren Sie magnetische Hilfslinien, oder heben Sie die Ebenenfixierung auf.

---

**Bildschirmaufbau**

Das Erstellen der Miniaturen kann das Anzeigen der Unterelemente einer Ebene verlangsamen. In den Ebenenoptionen lässt sich das Anzeigen der Miniaturen abschalten.

- Objekt-Auswahl: Ein farbiges Quadrat in der Auswahlspalte ❽ zeigt an, welches Element ausgewählt ist. Die Farbe des Quadrats entspricht der Farbe, in der das Element auf der Zeichenfläche hervorgehoben ist.
Das »Eselsohr« ◄ rechts oben kennzeichnet die Ebene, der neu erstellte Objekte zugeordnet werden.

**Modifikationsmöglichkeiten** | Anzeige und Fixierung

- Drücken Sie ⌥/Alt, und klicken Sie in die Sichtbarkeitsspalte 👁 oder die Bearbeitungsspalte 🔒 eines Elements, um alle Elemente außer dem angeklickten zu verstecken bzw. zu fixieren. Klicken Sie erneut, um die Aktion zu widerrufen.
- Drücken Sie ⌥/Alt, und klicken Sie auf den Pfeil ▶ einer Ebene, um alle untergeordneten Ebenen und Gruppen ebenfalls zu öffnen bzw. zu schließen.
- Drücken Sie ⌘/Strg, und klicken Sie auf das Sichtbarkeitssymbol 👁 einer Ebene, um alle enthaltenen Elemente in der Pfadansicht darzustellen.
- Klicken Sie in die Sichtbarkeitsspalte eines Elements, und halten Sie dabei ⌘/Strg+⌥/Alt gedrückt, um alle anderen Ebenen in der Pfadansicht darzustellen.
Die Menübefehle Andere ausblenden, Andere Ebenen Pfadansicht und Andere sperren haben eine entsprechende Auswirkung.

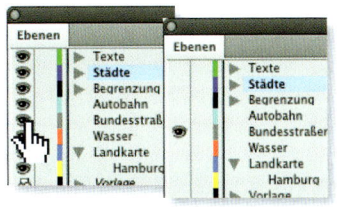

▲ **Abbildung 11.3**
⌥/Alt-Klick auf Sichtbarkeits- und Bearbeitungsspalte

**Bedienfeldoptionen (Paletten-Optionen)**
Wählen Sie Bedienfeldoptionen… aus dem Bedienfeldmenü des Ebenen-Bedienfelds, um die Darstellung der Elemente im Bedienfeld zu ändern:

- Nur Ebenen einblenden: Aktivieren Sie diese Option, um die Darstellung im Ebenen-Bedienfeld auf Ebenen und Unterebenen zu beschränken. Einzelne Objekte, Gruppen und Schnittmasken werden im Bedienfeld nicht mehr aufgeführt. Diese Option beeinflusst nicht die Anzeige der Objekte auf der Zeichenfläche.
- Zeilengrösse: Mit dieser Option definieren Sie die Darstellungsgröße der Zeilen im Bedienfeld. Wählen Sie entweder eine der voreingestellten Größen, oder geben Sie einen ganzzahligen Wert zwischen 12 und 100 Pixel frei ein. Ab einer Größe von 20 Pixel oder Mittel werden Miniaturen der Ebenen angezeigt.
- Miniaturen: In den Miniaturen sehen Sie eine Vorschau des Elements. Legen Sie hier fest, für welche Elemente eine Miniatur angezeigt wird. Da die Berechnung der Miniaturen beim Navigieren in umfangreichen Ebenen einen Moment in

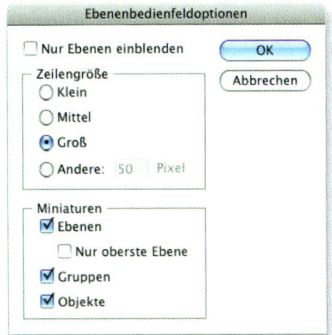

▲ **Abbildung 11.4**
Optionen für das Ebenen-Bedienfeld

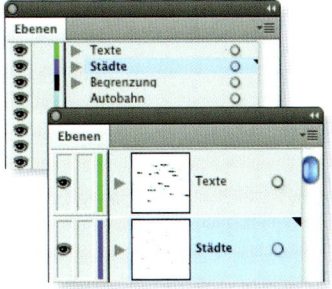

▲ **Abbildung 11.5**
Zeilengröße Klein und 50 Pixel

Anspruch nehmen kann, ist es möglich, sie für Objekte, Gruppen, Unterebenen und Ebenen gezielt zu deaktivieren.

### Vorlagenebenen

Vorlagenebenen sind eine spezielle Ebenenart. Dieser Typ wird weder gedruckt noch exportiert. Platzieren Sie Ihre Scribbles oder Muster in Vorlagenebenen, wenn Sie sie mit Illustrators Werkzeugen nachzeichnen wollen. Um Ihnen das Nachzeichnen zu vereinfachen, ist auf Vorlagenebenen eine reduzierte Deckkraft für Pixelbilder sowie die Ebenenfixierung voreingestellt.

Eine Datei kann mehrere Vorlagenebenen enthalten. Sie werden durch den kursiv geschriebenen Namen und das Vorlagensymbol 🐞 gekennzeichnet.

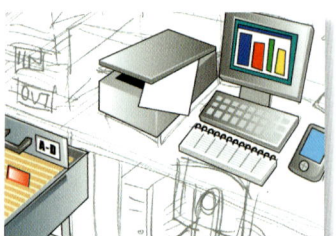
▲ **Abbildung 11.6**
Vorlagenebene und Illustration

**Vorlagenebenen erstellen** | Vorlagenebenen lassen sich direkt beim Platzieren verknüpfter Dateien, z. B. von Bilddaten, erzeugen, wenn Sie die Option VORLAGE im Import-Dialog aktivieren. Zu einem späteren Zeitpunkt können Sie eine Ebene in eine Vorlagenebene umwandeln, indem Sie die Option VORLAGE im Ebenenoptionen-Dialog ankreuzen oder den Befehl VORLAGE aus dem Bedienfeldmenü auf die Ebene anwenden.

### Gruppen

Gruppen können Sie mit dem Ebenen-Bedienfeld zwar nicht erzeugen, die Hierarchie der Gruppe ist aber sichtbar und kann editiert werden. Gruppieren Sie Objekte, wird im Ebenen-Bedienfeld ein Element mit dem Namen »Gruppe« angezeigt. Der Pfeil ▶ deutet an, dass die gruppierten Objekte untergeordnet sind.

Untergeordnete Objekte können Sie durch Verschieben aus der Gruppe entfernen oder mithilfe der Bedienfeld-Befehle löschen. Andererseits ist es auch möglich, der Gruppe weitere Objekte hinzuzufügen.

Gruppieren Sie Objekte von unterschiedlichen Ebenen, wird die Gruppe auf der obersten beteiligten Ebene eingerichtet. Lösen Sie die Gruppe auf, legt Illustrator die Objekte nicht wieder auf die Ursprungsebenen, da das Programm diese Informationen nach dem Gruppieren nicht speichert.

▲ **Abbildung 11.7**
Gruppe im Steuerungsbedienfeld

Ändern Sie den Namen des Gruppenelements, so ist eine Gruppe allein durch ihre Darstellung nicht von einer Ebene zu unterscheiden. Wenn Sie eine Gruppe im Ebenen-Bedienfeld erkennen möchten, kennzeichnen Sie die Namen entsprechend. Anderenfalls finden Sie die Information über die Elementart auch im Steuerungsbedienfeld.

### Ebenen erstellen

- NEUE EBENE: Klicken Sie auf den Button NEUE EBENE ERSTELLEN ⬛ am unteren Rand des Bedienfelds. Wählen Sie NEUE EBENE… aus dem Bedienfeldmenü, wenn Sie beim Erstellen der Ebene die Ebenenoptionen (siehe folgende Abschnitte) einstellen wollen. Die neue Ebene wird in der Stapelreihenfolge über der aktiven Ebene angelegt.
- NEUE UNTEREBENE: Eine Unterebene unter der aktiven Ebene legen Sie an, indem Sie auf den entsprechenden Button ⬛ klicken. Wählen Sie den Befehl NEUE UNTEREBENE… aus dem Bedienfeldmenü, um die Optionen-Dialogbox aufzurufen. Aktivieren Sie eine Unterebene, und klicken Sie auf den Button NEUE EBENE ⬛, um eine Unterebene auf derselben Hierarchiestufe wie die aktive Unterebene zu erzeugen.

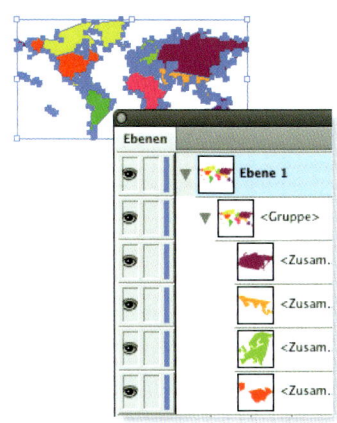

▲ **Abbildung 11.8**
Darstellung einer Gruppe im Ebenen-Bedienfeld

### Modifikationsmöglichkeiten | Ebenen erstellen

- Drücken Sie ⌥/Alt, und klicken Sie auf einen der Buttons ⬛ oder ⬛, um die Ebenenoptionen beim Erstellen der Ebene oder Unterebene aufzurufen.
- Nur für neue Ebenen: Drücken Sie ⌘/Strg+⌥/Alt beim Klicken des Buttons ⬛, um eine Ebene in der Stapelreihenfolge unter der aktivierten Ebene einzurichten.

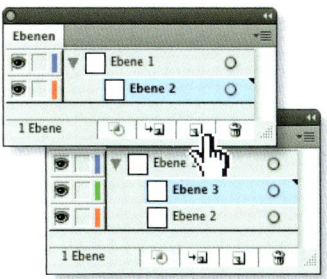

▲ **Abbildung 11.9**
Erzeugen einer neuen Unterebene auf der gleichen Hierarchiestufe

### Ebenenoptionen

Mit einem Doppelklick auf eine Ebene oder mit dem entsprechenden Befehl im Bedienfeldmenü rufen Sie die Ebenenoptionen auf.

◀ **Abbildung 11.10**
Die Dialogbox EBENENOPTIONEN

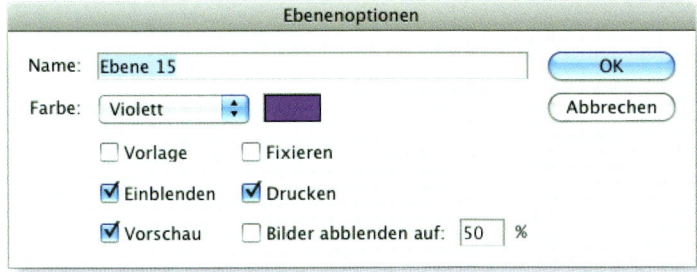

- NAME: Per Voreinstellung werden Ebenen durchgezählt. Zur besseren Übersicht geben Sie einen aussagekräftigen Namen ein. Auch andere Elemente wie Pfade und Gruppen lassen sich umbenennen. Sie können bis zu 255 Zeichen eingeben.
- FARBE: Bestimmen Sie eine Farbe, in der die zur Ebene gehörenden Objekte auf der Zeichenfläche hervorgehoben werden, wenn sie aktiviert sind. Wählen Sie eine der Farben aus dem Menü, oder klicken Sie auf das Farbfeld, um mit einem Farb-

▲ **Abbildung 11.11**
Darstellung von Auswahlen in unterschiedlichen Farben

### Sichtbarkeit und Photoshop

Wenn Sie eine AI-Datei mit ausgeblendeter Ebene in Photoshop platzieren (DATEI • PLATZIEREN), wird die Ebenen-Sichtbarkeit nicht berücksichtigt. Speichern Sie eine PDF-Datei ohne die Option AUS OBEREN EBENEN ACROBAT-EBENEN ERSTELLEN, wenn die Sichtbarkeit beim Platzieren berücksichtigt werden soll.

### Ebenen nicht drucken

Wollen Sie sichergehen, dass Ebenen in einer exportierten Datei nicht drucken, erstellen Sie eine Version, in der die betreffenden Ebenen nicht enthalten sind, und exportieren Sie diese.

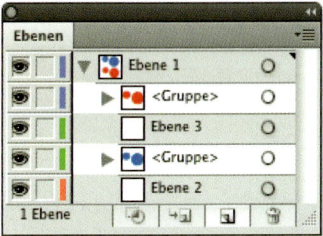

▲ **Abbildung 11.12**
Ebenen und Unterebenen erkennen Sie an der grauen Hinterlegung.

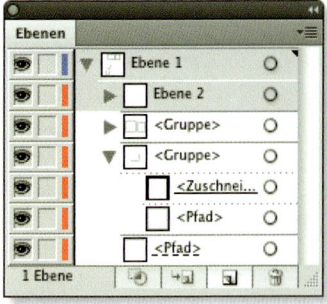

▲ **Abbildung 11.13**
In einem Schnittsatz sind die Unterteilungen gestrichelt. Ist auf ein Objekt eine Deckkraftmaske angewendet, wird sein Name unterstrichelt.

wähler Farben frei zu definieren – freie Farbdefinitionen werden nicht ins Menü aufgenommen. Die Farbe zeigt Illustrator als schmalen Balken neben der Bearbeitungsspalte an.

▶ VORLAGE: Mit dieser Option wandeln Sie die betreffende Ebene in eine Vorlagen-Ebene um.
▶ FIXIEREN: Die Fixierung einer Ebene lässt sich alternativ zur Bearbeitungsspalte auch mit dieser Option einrichten.
▶ EINBLENDEN: Auch die Sichtbarkeit der Ebene können Sie im Optionen-Dialog bestimmen.
▶ DRUCKEN: Mit dieser Option bestimmen Sie, ob die Ebene gedruckt wird. Beim Ausdrucken während des Entwurfsprozesses kann Ihnen diese Option Zeit sparen. Wenn Sie die Datei exportieren und in anderen Programmen platzieren, bleibt die Eigenschaft »nicht druckend« unter Umständen nicht erhalten.
▶ VORSCHAU: Diese Option legt fest, ob die Inhalte der Ebene im Vorschaumodus oder in der Pfadansicht gezeigt werden. Das Symbol ✪ kennzeichnet die Pfadansicht.
▶ BILDER ABBLENDEN: Geben Sie hier ein, wie stark die auf dieser Ebene platzierten Pixelbilder abgeblendet werden sollen. Die Abblendung betrifft nur die Bildschirmdarstellung, Ausdrucke bleiben davon unbeeinflusst. Die Abblendung von Bildern ist nützlich für das manuelle Nachzeichnen von Rastergrafik.

### Checkliste: Was ist was?

Illustrator versieht jeden Eintrag im Ebenen-Bedienfeld mit der Bezeichnung des Objekts (z. B. Pfad, Gruppe, Ebene). Diese technischen Bezeichnungen werden häufig in inhaltsbezogene geändert. Wenn Sie jedoch fremde Dateien ändern müssen, ist es für die Herangehensweise wichtig zu wissen, um welche Art von Objekt es sich handelt. Sie haben verschiedene Möglichkeiten, Objekte zu identifizieren:

**Objekt-Bezeichnung |** Wählen Sie fragliche Einträge im Ebenen-Bedienfeld als Ziel aus (zur Zielauswahl siehe Abschnitt 11.2). Ganz links im Steuerungsbedienfeld wird die Objektart eingeblendet.

**Pfeil und Hinterlegung |** Zwar zeigt das Bedienfeld sowohl bei Gruppen als auch bei Ebenen einen Pfeil an, Sie können Ebenen und Unterebenen aber an der grauen Hinterlegung ihres Eintrags erkennen.

**Strichelung |** Auch Schnittsätze werden als Gruppen bezeichnet. Sie erkennen Schnittsätze an den gestrichelten Unterteilungen im Ebenen-Bedienfeld.

**Deckkraftmasken |** Ist nur der Name des Eintrags im Ebenen-Bedienfeld unterstrichen, weist dies daraufhin, dass das Objekt mit einer Deckkraftmaske versehen wurde.

### Elemente im Ebenen-Bedienfeld auswählen

Es besteht ein Unterschied zwischen dem Auswählen eines Objekts auf der Zeichenfläche – das Sie z. B. transformieren wollen – und dem Aktivieren des gleichen Elements im Ebenen-Bedienfeld.

Wenn Sie ein oder mehrere Elemente im Ebenen-Bedienfeld aktivieren, können Sie darauf die Befehle des Ebenen-Bedienfelds anwenden, um die Hierarchie der Elemente zu verändern. Sie wählen damit jedoch nicht das Objekt auf der Zeichenfläche aus.

Klicken Sie auf die Miniatur, den Namen oder den Raum neben dem Namen, um ein Element im Ebenen-Bedienfeld zu aktivieren. Das aktivierte Element wird durch eine Einfärbung der Zeile im Bedienfeld hervorgehoben.

Auch fixierte oder ausgeblendete Elemente können Sie aktivieren, Sie können sie jedoch nicht verschieben.

Anstatt Objekte mithilfe der Auswahl-Werkzeuge auf der Zeichenfläche zu aktivieren, können Sie zu diesem Zweck auch das Ebenen-Bedienfeld verwenden. Lesen Sie dazu Abschnitt 11.2, »Objekt- und Ziel-Auswahl im Ebenen-Bedienfeld«.

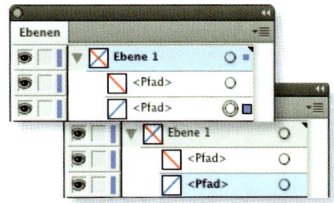

▲ **Abbildung 11.14**
Beim Aktivieren eines Objekts auf der Zeichenfläche wird das entsprechende Element im Ebenen-Bedienfeld nicht ausgewählt (oben) – beim Aktivieren eines Elements im Ebenen-Bedienfeld wird das Objekt nicht ausgewählt (unten).

**Modifikationsmöglichkeiten** | Elemente auswählen
- Mehrere aufeinander folgende Elemente, die sich in der gleichen Hierarchiestufe unterhalb eines Elternelements befinden, aktivieren Sie, indem Sie ⇧ drücken und den ersten und letzten gewünschten Eintrag anklicken.
- Drücken Sie ⌘/Strg, wenn Sie Elemente auswählen möchten, die im Bedienfeld nicht direkt aufeinander folgen.

### Elemente duplizieren

Möchten Sie Objekte, Gruppen oder ganze Ebenen duplizieren, aktivieren Sie sie im Ebenen-Bedienfeld und ziehen sie über das Symbol NEUE EBENE ERSTELLEN oder wählen AUSWAHL DUPLIZIEREN aus dem Bedienfeldmenü.

### Ebenen zusammenfügen

Viele Applikationen der Creative Suite sind in der Lage, mit Dateien umzugehen, die verschachtelte Ebenen enthalten. Exportieren Sie Dateien, um sie in anderen Applikationen zu verwenden, kann es dagegen sinnvoll sein, alle Objekte auf einer einzigen Ebene ohne Verschachtelung abzulegen. Nicht alle Grafikprogramme können Illustrator-Ebenen interpretieren.

Ebenen oder Unterebenen, die sich auf einer Hierarchiestufe unter einem gemeinsamen Elternelement befinden, lassen sich zu einer Ebene vereinen. Aktivieren Sie die Ebenen, die Sie zusam-

**Schreibschutz-Symbol**

Ist die aktivierte Ebene fixiert oder ausgeblendet, zeigt der Cursor das Schreibschutz-Symbol, wenn Sie ein Zeichen-Werkzeug ausgewählt haben oder versuchen, das Element im Ebenen-Bedienfeld zu verschieben.

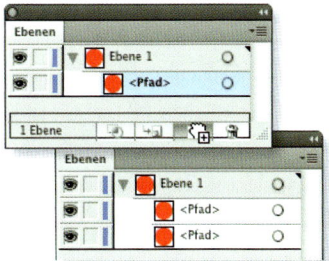

▲ **Abbildung 11.15**
Element duplizieren

menfügen möchten, und wählen Sie Ausgewählte zusammenfügen aus dem Bedienfeldmenü. Nach dem Zusammenfügen bleibt die Ebene bestehen, die Sie zuletzt aktiviert haben. Die Stapelreihenfolge der Objekte wird erhalten.

**Auf Hintergrundebene reduzieren (Flattening)** | Alle Ebenen des Dokuments führen Sie zusammen, indem Sie die Ebene aktivieren, in der anschließend alle Elemente enthalten sein sollen, und dann Auf Hintergrundebene reduzieren aus dem Bedienfeldmenü wählen. Unterebenen und Gruppen bleiben erhalten.

### Neue Ebenen für ausgewählte Objekte erstellen

**In neuer Ebene sammeln** | Mit diesem Befehl verschieben Sie ausgewählte Elemente einer Ebene oder Unterebene in eine neue Ebene. Diese wird auf der Hierarchiestufe erstellt, auf der sich die ausgewählten Elemente befanden.

**Ebenen für Objekte erstellen** | Speziell für die Vorbereitung von Animationen sind diese beiden Operationen gedacht. Wenn Sie Assets für After Effects in Illustrator vorbereiten, müssen Sie alle Objekte, die in After Effects auf einzelnen Ebenen liegen sollen, bereits in Illustrator auf Hauptebenen angelegt haben. Die Befehle Ebenen für Objekte erstellen (Sequenz/Aufbau) verteilen die untergeordneten Elemente einer Ebene, Gruppe oder Überblendung auf eigene Ebenen. Eine Überblendung wird nach Anwendung des Befehls in die einzelnen Stufen aufgelöst (zu Überblendung/Angleichung siehe Kapitel 10).

Aktivieren Sie eine Ebene, Unterebene oder Gruppe, um alle enthaltenen Elemente auf einzelne Ebenen zu verteilen. Das in der Stapelreihenfolge unterste Objekt legt Illustrator auf die unterste Ebene.

- Sequenz: Mit dem Befehl Ebenen für Objekte erstellen (Sequenz) wird für jedes Element eine eigene Ebene erstellt. Damit können Sie z. B. eine Figur durch das Bild bewegen.
- Aufbau: Möchten Sie dagegen simulieren, dass sich ein Gesamtbild aus den Einzelobjekten nacheinander zusammenstellt, wählen Sie Ebenen für Objekte erstellen (Aufbau). Auch hier entspricht die Anzahl der Ebenen der Anzahl der Objekte. Die Verteilung der Objekte auf die Ebenen geschieht jedoch kumulativ, d. h., das unterste Objekt des Stapels ist auf allen Ebenen vorhanden. Auf den folgenden Ebenen wird jeweils ein weiteres Objekt den bereits vorhandenen hinzugefügt.

> **Ebenen und Speicherplatz**
> 
> Ebenen kosten Speicherplatz. Daher sollten Sie die Anzahl Ihrer Ebenen reduzieren, sobald Sie sie nicht mehr benötigen.

▲ **Abbildung 11.16**
Ebenen für Objekte erstellen: Sequenz (links), Aufbau (rechts)

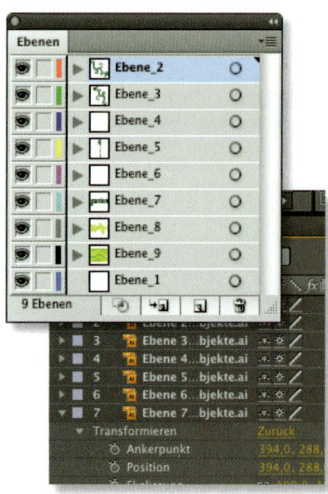

▲ **Abbildung 11.17**
Ebenen aus Illustrator (oben) in After Effects (unten)

**Animation exportieren** | Beim Export einer Illustrator-Datei in das Flash-Format (SWF) können die Ebenen automatisch in einzelne Frames einer Animation umgewandelt werden.

### Ebenen und Elemente verschieben

Die Hierarchie und die Stapelreihenfolge der Objekte lassen sich im Ebenen-Bedienfeld verändern, indem Sie Elemente an andere Positionen verschieben.

Klicken und ziehen Sie den Eintrag an die gewünschte Position. Sie können ihn zwischen zwei andere Elemente oder in eine Gruppe oder Ebene bewegen. Die Position wird während des Ziehens jeweils hervorgehoben. Auf diese Art lassen sich auch Gruppen und Schnittmasken durch Entfernen oder Hinzufügen von Elementen bearbeiten.

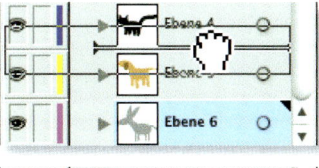
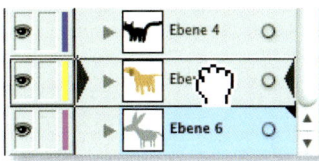

▲ **Abbildung 11.18**
Verschieben einer Ebene im Stapel (oben) und in der Hierarchie (unten)

**Umgekehrte Reihenfolge** | Dieser Befehl aus dem Bedienfeldmenü kann die Stapelreihenfolge mehrerer aktivierter Elemente einer Hierarchiestufe – Einzelobjekte, Gruppen oder Ebenen – umkehren, sodass die vorher unterste Ebene oben liegt und weitere Ebenen entsprechend gestapelt werden.

▲ **Abbildung 11.19**
Reihenfolge umgekehrt (unten)

### Ebenen beim Einfügen merken

Kopieren Sie ein Objekt aus einem Dokument über die Zwischenablage in eine andere Illustrator-Datei, wird es per Voreinstellung auf der aktiven Ebene eingesetzt.

Dieses Verhalten von Illustrator können Sie ändern, sodass die Ebeneninformationen kopierter Elemente beim Einfügen erhalten bleiben. Wählen Sie EBENEN BEIM EINFÜGEN MERKEN aus dem Menü des Ebenen-Bedienfelds, bevor Sie das Element einfügen. Die Option muss nicht bereits beim Kopieren des Elements aktiv sein.

Existieren im Zieldokument die benötigten Ebenen, wird das eingefügte Element entsprechend eingeordnet. Anderenfalls erzeugt Illustrator die Ebenen beim Einfügen des Objekts.

### Elemente löschen

Möchten Sie ein oder mehrere Elemente löschen, aktivieren Sie sie und klicken auf das Symbol AUSWAHL LÖSCHEN 🗑 oder wählen AUSWAHL LÖSCHEN aus dem Bedienfeldmenü.

### Elemente im Ebenen-Bedienfeld finden

Wenn Sie Objekte, die auf der Zeichenfläche ausgewählt sind, im Ebenen-Bedienfeld lokalisieren möchten, wählen Sie OBJEKT SUCHEN, und im Ebenen-Bedienfeld werden alle Untergruppen bis hin zum aktivierten Element »aufgeklappt«. Liegen die ausge-

> **Aussehen und Einfügen**
>
> Aussehen-Attribute, die auf Ebenen der obersten Hierarchiestufe angewendet sind, werden nicht in das Zieldokument übernommen. Bewegen Sie die Ebenen in tiefere Hierarchiestufen, bevor Sie die Objekte kopieren.

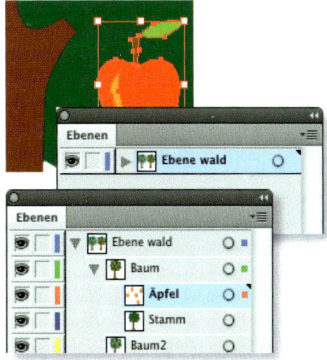

▲ **Abbildung 11.20**
Ausgewähltes Objekt auf Zeichenfläche, Ebenen-Bedienfeld vor (Mitte) und nach EBENE FINDEN (unten)

11.1 Ebenen

wählten Objekte auf verschiedenen Ebenen, werden nur die Elemente der im Objektstapel obersten Ebene angezeigt.

Haben Sie in den Bedienfeld-Optionen die Einstellung Nur Ebenen einblenden aktiviert, ändert sich Objekt suchen in Ebene suchen.

### Einsatz von Ebenen

Ebenen lassen sich sinnvoll einsetzen, um ein Layout zu strukturieren, den Bildschirmaufbau zu beschleunigen und rationeller zu arbeiten.

**Hilfslinien** | Sind viele Hilfslinien in einem Dokument eingerichtet, können sie irritieren – vor allem bei der Arbeit in großen Zoom-Stufen. Über das Menü Ansicht • Hilfslinien lassen sich aber nur *alle* Hilfslinien ein- oder ausblenden. Legen Sie verschiedenartige Hilfslinien auf unterschiedliche Ebenen, haben Sie die Möglichkeit, diese selektiv ein- oder auszublenden.

**Pixeldaten** | Pixeldaten verlangsamen den Bildschirmaufbau. Ist ein Bild aber einmal ins Layout integriert, müssen Sie es meist erst wieder zum Ausdrucken der Datei anzeigen. Wenn Sie jedes eingebundene Bild auf einer eigenen Ebene ablegen, können Sie für diese einzeln den Vorschaumodus deaktivieren, und der Bildschirmaufbau wird beschleunigt.

**Hintergrund-/Vordergrundtrennung** | Bei komplexeren Illustrationen eignen sich Ebenen natürlich dazu, Hintergrund- und Vordergrundobjekte voneinander zu trennen. Sie vereinfachen sich die Arbeit durch die Möglichkeit, die Datei hierarchisch zu strukturieren und fertiggestellte Bildelemente zu fixieren und/oder auszublenden.

**Alternative Versionen** | Möchten Sie mehrere Layoutvorschläge vorbereiten oder benötigen Sie zusätzliche Sprachversionen, sind Ebenen in vielen Fällen der Aufteilung auf mehrere Dateien vorzuziehen. Ergeben sich Änderungen am Grundlayout, müssen Sie nur eine Datei editieren.

**Mehrere Seiten** | Es kann sinnvoll sein, für einzelne Seiten auch dedizierte Ebenen anzulegen. Von sich aus reichen Ebenen über alle Seiten.

**Reinzeichnungselemente** | Beschnitt- und Falzmarken, Stanzformen, Vorlagen für Spezialackierungen etc. können Sie praktisch auslagern, indem Sie Ebenen dafür anlegen. Wenn Sie

---

**Objektauswahl unter Windows**

Unter Windows gestaltet sich die Auswahl Ihrer Objekte noch einfacher, sofern Sie diesen einprägsame eigene Namen gegeben haben. Drücken Sie [Strg] + [Alt], und klicken Sie ins Ebenen-Bedienfeld. Mit einem schwarzen Rahmen zeigt Illustrator an, dass dieses jetzt auf Tastatureingaben reagiert. Tippen Sie dann den Namen des gewünschten Objekts, wird dieses aktiviert. Dieser Trick funktioniert auch in anderen Bedienfeldern.

▲ **Abbildung 11.21**
Alternative Versionen eines Illustrationsdetails

Anzeigen gestalten, die ein Motiv in verschiedenen Formaten verwenden, legen Sie die Beschnittmarken der unterschiedlichen Formate auf einzelne Ebenen.

**Datenbanksteuerung |** Mit dem Variablentyp Sichtbarkeit können Sie auch Ebenen ein- und ausblenden. So lassen sich Ebenen datenbankbasiert anzeigen.

**Verstecken und Fixieren**
Die Sperren- und Verstecken-Befehle im Menü OBJEKT wirken sich nicht auf Ebenen in der obersten Hierarchiestufe aus. Die Befehle ALLES LÖSEN und ALLE EINBLENDEN können ebenfalls nicht angewendet werden, um fixierte oder versteckte Ebenen der ersten Hierarchiestufe zu lösen oder einzublenden.

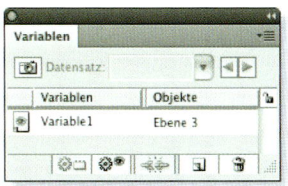

▲ **Abbildung 11.22**
Sichtbarkeitsvariable

## 11.2 Objekt- und Ziel-Auswahl im Ebenen-Bedienfeld

Die Unterscheidung, die Illustrator zwischen der Auswahl von Objekten und Zielen macht, kann verwirren. Die hierarchische Struktur der Objekte, Ebenen und der anwendbaren Aussehen-Eigenschaften macht die Auswahl eines Ziels nötig.

### Objekte im Ebenen-Bedienfeld auswählen
Alternativ zum Anklicken der Objekte auf der Zeichenfläche können Sie ein oder mehrere Objekte auch mithilfe des Ebenen-Bedienfelds auswählen.
Um ein einzelnes Objekt auszuwählen, klicken Sie in der Zeile seines Eintrags in die Auswahlspalte rechts neben dem kreisförmigen Ziel-Symbol ○. Alle Objekte einer Ebene oder Gruppe aktivieren Sie, indem Sie in die Auswahlspalte der Ebene oder Gruppe klicken. Sie können nur sichtbare Elemente aktivieren.

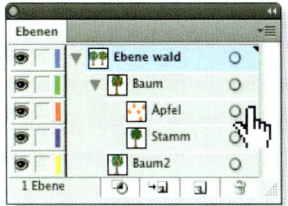

▲ **Abbildung 11.23**
Auswahl durch Klick in die Auswahlspalte

**Modifikationsmöglichkeiten |** Drücken Sie ⇧, um mehrere Objekte nacheinander auszuwählen.
▶ Um Objekte von der Auswahl abzuziehen, drücken Sie ⌥/ Alt +⇧ und klicken in die Auswahlspalte des betreffenden Elements.
▶ Drücken Sie ⌥/ Alt , und klicken Sie auf ein Element, um alle Elemente bis auf das angeklickte aus der Auswahl zu entfernen.

**Auswahl-Symbol |** Die Auswahl wird in der Auswahlspalte durch farbige Quadrate gekennzeichnet. Ein großes schwarz umran-

11.2 Objekt- und Ziel-Auswahl im Ebenen-Bedienfeld | **339**

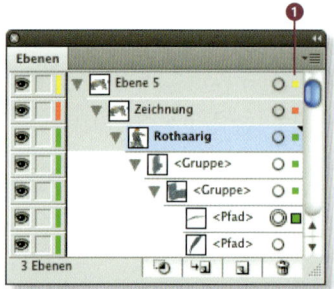

▲ **Abbildung 11.24**
Darstellung einer Objektauswahl in der Auswahlspalte ❶ des Ebenen-Bedienfelds

▲ **Abbildung 11.25**
Verschieben eines Objekts von der Ebene »Wasser« auf »Städte«

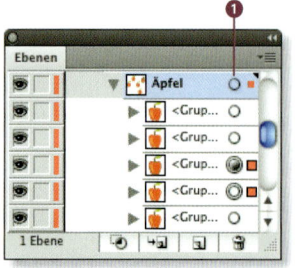

▲ **Abbildung 11.26**
Unterschiedliche Stadien des Ziel-Symbols in der Zielspalte ❶ des Ebenen-Bedienfelds

detes Quadrat ■ signalisiert, dass alle Objekte ausgewählt wurden, die zum Element gehören. Die Auswahl eines Objekts wird immer in allen übergeordneten Ebenen bis in die erste Hierarchiestufe angezeigt.

In den Auswahlspalten der Ebenen bedeutet das kleinere Quadrat ■, dass weitere nicht ausgewählte Objekte vorhanden sind. Wird auf Ebenen auch das große, umrandete Quadrat angezeigt, sind alle Objekte der Ebene aktiviert.

Die erste übergeordnete Ebene des aktivierten Objekts wird im Ebenen-Bedienfeld farbig hervorgehoben.

### Alle Objekte einer Ebene auswählen

Möchten Sie nur alle Objekte aktivieren, die auf derselben Ebene liegen wie das aktuell selektierte Objekt, wählen Sie Auswahl • Objekt • Alles auf denselben Ebenen. Wie die Bezeichnung des Befehls nahelegt, funktioniert das auch, wenn mehrere Objekte selektiert sind, die zu verschiedenen Ebenen gehören.

### Objekte verschieben und duplizieren

Um ein aktiviertes Objekt auf eine andere Ebene oder in eine Gruppe zu verschieben, klicken und ziehen Sie das Auswahl-Symbol – das kleine Quadrat auf einer übergeordneten Ebene oder das große Quadrat des Elements – auf die gewünschte Ebene. Ist die Ziel-Ebene gesperrt, zeigt Illustrator das Symbol 🚫, wenn Sie versuchen, ein Element auf diese Ebene zu verschieben.

**Modifikationsmöglichkeit** | Drücken Sie ⌥/Alt, um das Objekt dabei zu duplizieren.

### Ziel

Wenn Sie einen Effekt oder besondere Aussehen-Eigenschaften auf ein Objekt anwenden möchten, klicken Sie üblicherweise das Objekt mit dem Auswahl-Werkzeug an und ordnen die Eigenschaft zu. Sehen Sie sich beim Auswählen einmal das Element im Ebenen-Bedienfeld an, dann können Sie beobachten, dass ein Objekt automatisch als Ziel ausgewählt wird, sobald Sie es aktivieren.

Die hierarchische Dokumentstruktur von Illustrator ermöglicht es jedoch, auch Ebenen Aussehen-Eigenschaften zuzuweisen. Da Sie Ebenen nicht mit Auswahl-Werkzeugen aktivieren können, benötigen Sie die Ziel-Auswahl.

**Ziel-Symbol** | Jeder Eintrag im Ebenen-Bedienfeld enthält das Ziel-Symbol. Es zeigt zum einen die Zuordnung von Aussehen-

Eigenschaften und Effekten an und dient zum anderen als »Button«, um ein Element als Ziel auszuwählen:

Seine Grundform ○ signalisiert, dass ein Element – Objekt, Gruppe oder Ebene – außer *einer* Kontur und *einer* Fläche keine weiteren Aussehen-Eigenschaften besitzt. Das Symbol wird um einen Außenring ◎ ergänzt, sobald das Element als Ziel ausgewählt ist.

Die gefüllte Form ● zeigt an, dass dem Element Aussehen-Eigenschaften zugeordnet wurden. Auch für diese Form bedeutet der zusätzliche Ring ◉, dass das Element als Ziel ausgewählt ist.

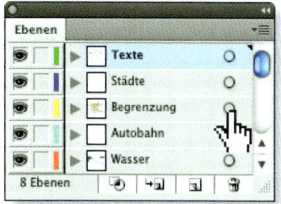

▲ Abbildung 11.27
Ebene als Ziel auswählen

**Ziel auswählen |** Um Elemente – Pfade, Gruppen oder Ebenen – mithilfe des Ebenen-Bedienfelds als Ziel auszuwählen, klicken Sie auf das Ziel-Symbol ○ oder ●. Weisen Sie anschließend die gewünschten Aussehen-Eigenschaften zu (zu »Aussehen-Eigenschaften« siehe Abschnitt 11.5).

**Modifikationsmöglichkeiten**
▶ Drücken Sie ⇧, um weitere Elemente als Ziele auszuwählen.
▶ Drücken Sie ⌥/Alt+⇧, um Elemente von der Ziel-Auswahl zu entfernen.
▶ Drücken Sie ⌥/Alt, und klicken Sie, um alle bis auf das angeklickte Element von der Ziel-Auswahl zu entfernen.

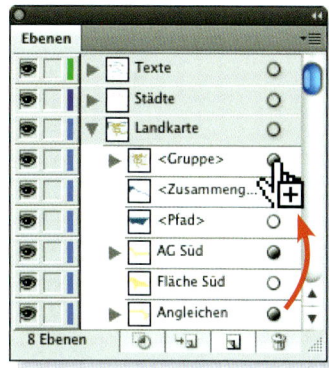

▲ Abbildung 11.28
Duplizieren der Aussehen-Eigenschaften von einem Element zum anderen

**Aussehen verschieben und duplizieren**
Das Ziel-Symbol können Sie wie das Auswahl-Symbol verwenden, um Eigenschaften eines Elements einem anderen Element zuzuweisen.

Klicken und ziehen Sie das Ziel-Symbol auf das Element, dem Sie die Eigenschaften zuordnen möchten. Alle Eigenschaften, die das »empfangende« Element bereits besitzt, werden durch die verschobenen Eigenschaften ersetzt. Das »abgebende« Element, von dem Sie das Ziel-Symbol verschieben, verliert alle Aussehen-Eigenschaften, die über die Grundeigenschaften Kontur und Fläche hinausgehen. Zu den Aussehen-Eigenschaften gleich mehr.

**Modifikationsmöglichkeit |** Drücken Sie ⌥/Alt, um die Aussehen-Eigenschaften zu duplizieren.

**Ebenen und Aussehen-Eigenschaften**
Alle Objekte, die auf einer Ebene erstellt, auf sie verschoben oder kopiert werden, erhalten automatisch die Aussehen-Eigenschaften der Ebene zusätzlich zu Eigenschaften, die den Objekten zugeordnet sind.

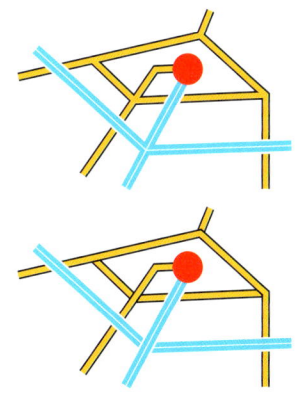

▲ Abbildung 11.29
Kontureneigenschaften auf die Ebene (oben) und auf die einzelnen Objekte angewendet (unten)

> **Objektbaum anzeigen**
>
> Jetzt wird es technisch. Jedes Objekt erhält beim Speichern der Datei eine eindeutige ID-Nummer, die als Bestandteil der XMP-Daten gespeichert wird. Den Objektbaum mit diesen Daten können Sie unter DATEI • DATEIINFORMATIONEN im Reiter RAW-DATEN einsehen.

Aufgrund der Objekthierarchie wirken die Eigenschaften der Ebene oberhalb der Objektmerkmale. Je nach Einstellung können Objekteigenschaften trotzdem sichtbare Auswirkungen haben, z. B. durch Transparenzen oder Verformungseffekte.

Die Zuordnung der Aussehen-Eigenschaften zu einer Ebene statt zu den einzelnen Objekten macht also dann Sinn, wenn eine Ebene nur gleichartige Objekte enthält.

Sehr nutzbringend können Sie das bei der Gestaltung von Straßen- und Anreiseplänen für sich einsetzen. Ist das Aussehen der Ebene zugewiesen, bilden sich Kreuzungen fast von selbst.

Denken Sie aber daran, dass ein Objekt die der Ebene zugewiesenen Eigenschaften verliert, sobald Sie es auf eine andere Ebene verschieben.

## 11.3 Objekte mit Schnittmasken formen

Eine Schnittmaske ist ein Vektorobjekt, das wie der Ausschnitt eines Passepartouts andere Objekte »zuschneidet«, so dass von ihnen nur die Teile sichtbar sind, die innerhalb der Vektorform liegen.

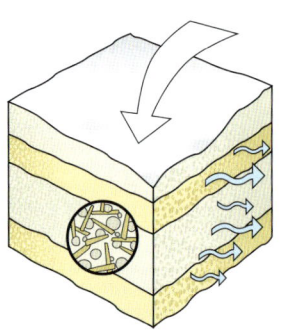

▼ **Abbildung 11.30**
Anwendungen für Schnittmasken: Mithilfe von Schnittmasken können Grafiken in Formen eingepasst werden – z. B. für Ausschnittvergrößerungen in der Infografik, zum Beschneiden von Pixelgrafik oder zur endgültigen Formgebung für Angleichungen.

Das Maskenobjekt – im Ebenen-Bedienfeld als »Zuschneidungspfad« gekennzeichnet – und die beschnittenen Objekte bilden den »Schnittsatz«. Er wird im Ebenen-Bedienfeld als »Gruppe« gekennzeichnet, ist von gruppierten Elementen aber durch die gestrichelten Linien zu unterscheiden.

Ein Schnittsatz besteht aus mindestens zwei Objekten. Das oben liegende Objekt bildet die Maske. Als Maskenobjekt können Sie alle Textobjekte sowie jeden Vektorpfad verwenden – auch zusammengesetzte Pfade und zusammengesetzte Formen.

▲ **Abbildung 11.31**
Darstellung eines Schnittsatzes im Ebenen-Bedienfeld

### Schnittmasken erstellen

Schnittsätze – eine Schnittmaske und die beschnittenen Objekte – lassen sich aus einzelnen ausgewählten Elementen oder durch Umwandlung einer Ebene bzw. Gruppe erstellen.

**Schnittsatz aus einzelnen Objekten** | Möchten Sie den Schnittsatz aus einzelnen Objekten erstellen, ordnen Sie die Objekte so an, dass das Objekt, welches das oder die anderen Objekte beschneiden soll, im Objektstapel oben liegt.

Anschließend aktivieren Sie die Objekte und wählen OBJEKT • SCHNITTMASKE • ERSTELLEN – Shortcut ⌘/Strg+7. Der Schnittsatz entsteht auf der Ebene, die das Maskenobjekt enthält. Die beschnittenen Objekte werden dorthin verschoben.

Die Elemente eines auf diese Art erzeugten Schnittsatzes sind miteinander gruppiert.

**Schnittsatz aus einer Ebene oder Gruppe** | Um alle Objekte einer Ebene oder Gruppe in einen Schnittsatz umzuwandeln, aktivieren Sie die Ebene, die Gruppe oder eines der enthaltenen Objekte im Ebenen-Bedienfeld und klicken auf den Button SCHNITTMASKE ERSTELLEN am unteren Rand des Bedienfelds.

Das in der Stapelreihenfolge oben liegende Objekt wirkt als Schnittmaske auf alle anderen Elemente der Ebene oder Gruppe.

Die Elemente werden nicht miteinander gruppiert und lassen sich daher weiterhin z. B. mit dem Auswahl-Werkzeug einzeln selektieren.

**Aussehen-Eigenschaften des Maskenobjekts** | Vektorobjekte, die als Masken verwendet werden, verlieren ihre Aussehen-Eigenschaften automatisch. Die Aussehen-Eigenschaften von Textobjekten müssen Sie manuell entfernen, falls Sie sie nicht benötigen (zu Aussehen-Eigenschaften siehe Abschnitt 11.5).

Wenn Sie ihn mit dem Direktauswahl-Werkzeug auswählen – dazu müssen Sie direkt auf den Pfad klicken –, können Sie dem Zuschneidungspfad eines Schnittsatzes eine Kontur und eine Fläche sowie Verzerrungs- und Transformationseffekte zuordnen. Weitere Konturen, Flächen und Effekte lassen sich zwar zuweisen, haben jedoch keine sichtbaren Auswirkungen.

### Schnittsätze editieren

Aktivieren Sie einen Schnittsatz, so erscheinen im Steuerungsbedienfeld die Buttons ZUSCHNEIDUNGSPFAD und INHALT BEARBEITEN. Klicken Sie auf den Button ZUSCHNEIDUNGSPFAD EDITIEREN, so wird der Masken-Pfad aktiviert, und Sie können ihn mit

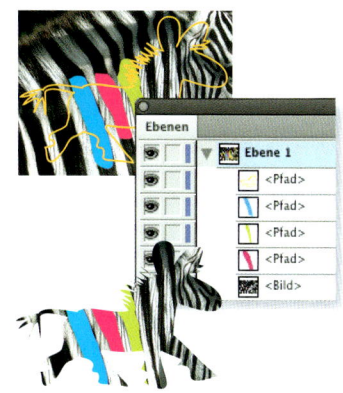

▲ Abbildung 11.32
Anordnung der Objekte zum Erstellen eines Schnittsatzes

▲ Abbildung 11.33
Sollen mehrere Objekte die Maske bilden (oben), müssen Sie die Pfade zu zusammengesetzten Pfaden bzw. zusammengesetzten Formen verbinden, bevor Sie sie als Schnittmaske anwenden. Gruppieren reicht nicht.

▲ Abbildung 11.34
Der Maske können Sie wieder Eigenschaften zuweisen, wenn Sie sie mit dem Direktauswahl-Werkzeug auswählen.

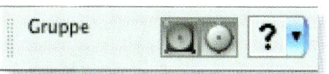

▲ Abbildung 11.35
Buttons MASKE EDITIEREN, INHALT EDITIEREN

▲ **Abbildung 11.36**
Beispiel für die Abbildungen unten: Die Schnittmaske ist in Grün dargestellt.

▼ **Abbildung 11.37**
Schnittmaske als Gruppe: Unter dem Cursor wird ein beschnittener Pfad hervorgehoben, kann jedoch nicht aktiviert werden (links). Mit dem Auswahl-Werkzeug wählen Sie die Gruppe als Ganzes aus und transformieren sie (rechts).

den entsprechenden Werkzeugen verändern. Um die beschnittenen Objekte gemeinsam zu transformieren, klicken Sie auf den Button Inhalt bearbeiten oder wählen Objekt • Schnittmaske • Inhalte bearbeiten. Sobald Sie einen der Buttons angeklickt haben, müssen Sie die Bearbeitung beginnen. Ein Klick auf ein anderes Objekt oder die Zeichenfläche deaktiviert den zu bearbeitenden Zuschneidungspfad oder den Inhalt.

Möchten Sie auf einzelne enthaltene Objekte zugreifen, dann verwenden Sie das Direktauswahl- oder Gruppenauswahl-Werkzeug oder versetzen das Objekt in den Isolationsmodus (mehr zum Isolationsmodus im folgenden Abschnitt).

### Mit Schnittmasken arbeiten

Seit Illustrator CS3 erfolgt die Ausrichtung von gruppierten Schnittsätzen anhand der Dimensionen des Maskenobjekts.

Neu in Illustrator CS4 ist das Verhalten gruppierter Schnittsätze beim Auswählen von Objekten. Alle außerhalb des Maskenobjekts liegenden Objekte sind auf der Zeichenfläche nicht aktiv und können daher außer mit dem Lasso-Werkzeug nicht versehentlich ausgewählt werden. Bei aktivierten magnetischen Hilfslinien werden jedoch Objekte unter dem Cursor hervorgehoben, deren Begrenzungsrahmen sich innerhalb der Maske befindet.

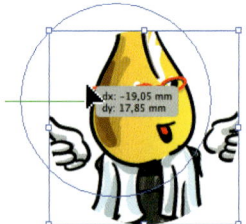
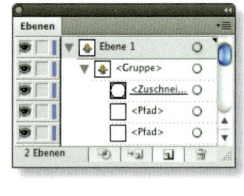

Es ist also in vielen Fällen nicht mehr erforderlich, Schnittsätze zu fixieren, wenn Sie mit Objekten arbeiten möchten, die sich in ihrer Umgebung befinden.

Wurde die Schnittmaske auf die Ebene angewendet, sind alle beteiligten Objekte einzeln aktivierbar und editierbar.

▼ **Abbildung 11.38**
Schnittmaske auf Ebene: Objekte auch außerhalb der Schnittmaske lassen sich aktivieren und einzeln bearbeiten.

#### Schnittmasken »endgültig« umwandeln

Eine Schnittmaske lässt die Geometrie eines Objekts intakt und blendet nur die unerwünschten Teile aus. Es ist nicht vorgesehen, eine Schnittmaske »umzuwandeln«, so wie Sie dies für andere Objekte wie z. B. Verzerrungshüllen kennen. Sind nur einfache mit Flächen versehene Objekte ohne Konturen beschnitten, können Sie probieren, ob eine der Pathfinder-Funktionen FLÄCHE AUFTEILEN, ÜBERLAPPUNGSBEREICH ENTFERNEN oder VERDECKTE FLÄCHE ENTFERNEN das gewünschte Resultat bringt.

### Schnittmaske zurückwandeln

Um den Schnittsatz aufzulösen und in seine Ausgangsobjekte zurückzuwandeln, aktivieren Sie den Schnittsatz und wählen OBJEKT • SCHNITTMASKE • ZURÜCKWANDELN. Sind mehrere Schnittmasken ineinander verschachtelt, können Sie auch eine untergeordnete Schnittmaske mit dem Direktauswahl- oder dem Gruppenauswahl-Werkzeug auswählen und den Befehl nur für diese aufrufen. Alternativ ziehen Sie die Objekte im Ebenen-Bedienfeld aus dem Schnittsatz heraus.

#### Isolationsmodus aufrufen

Das Aufrufen des Isolationsmodus durch einen Doppelklick können Sie mithilfe der Option ZUM ISOLIEREN DOPPELKLICKEN in VOREINSTELLUNGEN • ALLGEMEIN unterbinden. Dann kann der Isolationsmodus nur noch mit dem Button im Steuerungsbedienfeld oder dem Befehl AUSGEWÄHLTE GRUPPE ISOLIEREN aus dem Kontextmenü aufgerufen werden.

## 11.4 Im Isolationsmodus arbeiten

Im Isolationsmodus können Sie tiefer verschachtelte Gruppen, Unterebenen, zusammengesetzte Pfade und Formen, Schnittmasken, Angleichungen, Verlaufsgitter, Symbole und (neu seit CS4) einzelne Pfade so bearbeiten, als wären sie nicht Bestandteil übergeordneter Elemente. Flash-Anwender kennen diesen Bearbeitungsmodus vom Handling der Symbole.

▲ Abbildung 11.39
Isolieren per Kontextmenü über einer aktivierten Gruppe

### Isolationsmodus aufrufen

In der Originaleinstellung (lesen Sie dazu auch den Hinweis »Isolationsmodus aufrufen«) rufen Sie den Isolationsmodus für ein Objekt auf, indem Sie darauf doppelklicken. Möchten Sie Änderungen in hierarchisch untergeordneten Gruppen dieses Objekts vornehmen, doppelklicken Sie wiederum auf diese.
Alternativ haben Sie folgende Möglichkeiten:

- Wählen Sie das gewünschte Objekt aus, und klicken Sie auf den BUTTON AUSGEWÄHLTE GRUPPE ISOLIEREN im Steuerungsbedienfeld.
- Rufen Sie AUSGEWÄHLTE GRUPPE ISOLIEREN im Kontextmenü über einem selektierten Objekt auf, das Sie mit einem Rechtsklick (Windows) oder `ctrl` + Mausklick (Mac) anzeigen.
- Aktivieren Sie einen Eintrag im Ebenen-Bedienfeld, und wählen Sie ISOLATIONSMODUS AUFRUFEN aus dem Bedienfeldmenü.

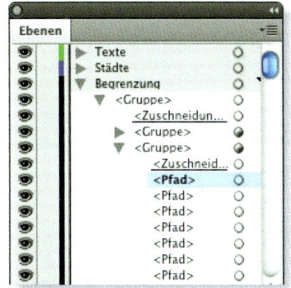

▲ Abbildung 11.40
Aktivieren einer Gruppe im Ebenen-Bedienfeld, um den Isolationsmodus aufzurufen

## Im Isolationsmodus arbeiten

Auf der Zeichenfläche sehen Sie das isolierte Objekt in normaler Darstellung, die anderen Objekte werden gedimmt. Im Isolationsmodus wird das Ebenen-Bedienfeld auf die isolierte Gruppe und deren untergeordnete Elemente reduziert. Die Kennzeichnungsfarbe der isolierten Ebene wird unter dem Klickpfad am oberen Dokumentrand als schmale Linie angezeigt.

Objekte, die Sie im Isolationsmodus erzeugen oder einfügen, werden der bearbeiteten Gruppe oder Hierarchiestufe hinzugefügt.

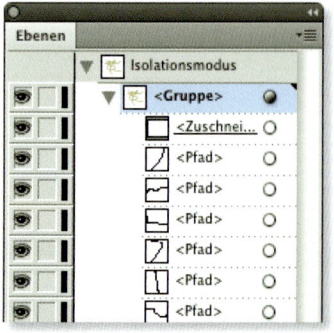

▲ Abbildung 11.41
Ebenen-Bedienfeld im Isolationsmodus

**Pfadansicht** | Im Isolationsmodus können Sie in Illustrator CS4 auch (wieder) in die Pfadansicht wechseln, um Objekte noch genauer zu editieren.

### Objekte im Isolationsmodus

Nicht nur Gruppen, sondern auch interaktive Malgruppen, Ebenen und Unterebenen, Verlaufsgitter, Symbole, Schnittmasken und zusammengesetzte Formen lassen sich im Isolationsmodus bearbeiten.

**Hierarchien navigieren** | Im grauen Balken unterhalb der Titelleiste des Dokuments wird die Objekthierarchie als Klickpfad dargestellt. Navigieren Sie mit diesem Klickpfad durch die Objekthierarchie, indem Sie auf die Bezeichnungen übergeordneter Objekte klicken. Eine Unterstreichung hebt diese jeweils unter dem Cursor hervor.

Abbildung 11.42 ▶
Hierarchiepfad der isolierten Gruppe

### Isolationsmodus beenden

Um den Isolationsmodus zu verlassen, haben Sie wieder mehrere Möglichkeiten:
- Klicken Sie auf den Button ISOLIERTE GRUPPE BEENDEN im Steuerungsbedienfeld.
- Klicken Sie – gegebenenfalls mehrfach – auf den Pfeil links des Klickpfads im grauen Balken.
- Doppelklicken Sie auf eine freie Stelle auf der Zeichenfläche.
- Drücken Sie [Esc].
- Wählen Sie aus dem Bedienfeldmenü des Ebenen-Bedienfelds oder aus dem Kontextmenü ISOLATIONSMODUS BEENDEN.

▲ Abbildung 11.43
Klicken auf den Pfeil beendet den Isolationsmodus.

## 11.5 Aussehen-Eigenschaften

Als Aussehen-Eigenschaften werden alle die Eigenschaften bezeichnet, die das Erscheinungsbild von Objekten verändern, ohne ihre Struktur zu beeinflussen. Dazu gehören Konturen und Füllungen, Pinselkonturen, Effekte und Transparenzeinstellungen.

Nicht nur Vektor- und Textobjekte, auch Gruppen und Ebenen können Sie mit Aussehen-Eigenschaften versehen. Darüber hinaus lassen sich Effekte und Transparenzeinstellungen den Füllungen und Konturen gesondert zuweisen.

▼ **Abbildung 11.44**
Mit konsequentem Einsatz von Aussehen-Eigenschaften können Sie kreative Aufgaben lösen und die Produktion optimieren.

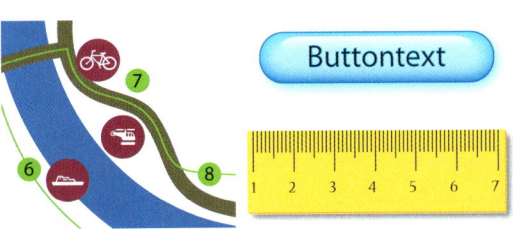

Damit bildet sich eine komplexe Hierarchie von Attributen, die das Aussehen eines Objekts steuern. Am Erscheinungsbild der Grafik können Sie in der Regel nicht erkennen, welcher Stufe der Ebenenhierarchie ein bestimmtes Attribut zugeordnet ist. Daher gibt es in Illustrator das Aussehen-Bedienfeld, das dazu dient, die Eigenschaften eines Objekts zu verwalten.

**Grafikstile per Click & Drag**

Ziehen Sie die Miniatur aus dem Aussehen-Bedienfeld auf ein Objekt auf der Zeichenfläche, um dieses mit den Eigenschaften zu versehen.
Das Objekt muss nicht ausgewählt sein.

**Aussehen-Bedienfeld**
Das Aussehen-Bedienfeld gibt detailliert Auskunft darüber, wie sich die äußerliche Erscheinung des als Ziel ausgewählten Objekts zusammensetzt. Ist kein Objekt ausgewählt, werden die angezeigten Attribute dem nächsten Objekt zugeordnet, das Sie erstellen. Das Bedienfeld rufen Sie auf, indem Sie FENSTER • AUSSEHEN – Shortcut ⇧+F6 – wählen oder im Dock ● klicken.

**Darstellung der Objekt-Eigenschaften |** Aussehen-Bedienfeld Aussehen-Eigenschaften eines Objekts und der Gruppen und Ebenen, die es einschließen, werden in der Reihenfolge angewendet, in der sie im Bedienfeld aufgelistet sind. Die oben liegende Eigenschaft liegt im Vordergrund der Grafik. Die Anzeige von Effekten entspricht der Reihenfolge, in der sie am Objekt angewendet werden – der oben stehende Effekt wird zuerst angewandt.

▶ EBENENHIERARCHIE: Oberhalb des schwarzen Trennstrichs im Bedienfeld sehen Sie die Ebenenhierarchie des ausgewählten Objekts ❹ fett hervorgehoben dargestellt. Seine Attribute zeigt das Aussehen-Bedienfeld unterhalb des Trennstrichs an.
Ein Klick auf ein anderes Objekt in der Ebenenhierarchie wählt dieses als Ziel aus und öffnet dessen Aussehen-Eigenschaften.

▶ AUSSEHEN-ATTRIBUTE: Die Attribute werden in ihrer Stapelreihenfolge dargestellt ❸. Ist das aktuelle Objekt eine Gruppe oder Ebene, listet das Aussehen-Bedienfeld einen INHALT-Eintrag auf. Doppelklicken Sie auf diesen, um den Inhalt der

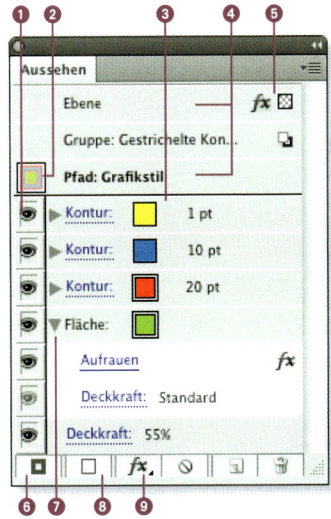

▲ **Abbildung 11.45**
Das Aussehen-Bedienfeld

11.5 Aussehen-Eigenschaften | **347**

▲ **Abbildung 11.46**
Darstellung des INHALT-Eintrags bei einer Gruppe

▲ **Abbildung 11.47**
Eine Eigenschaft, die alle Objekte teilen, wird aufgelistet und kann editiert werden.

Gruppe als Ziel auszuwählen und seine Attribute aufzulisten. Dies ist jedoch nur sinnvoll, wenn eine der Eigenschaften in identischer Form an allen Objekten vorhanden ist.

▶ MINIATUR: Ein Symbol ❷ visualisiert die Aussehen-Eigenschaften an einem Quadrat. Mithilfe des Bedienfeldmenüs können Sie die Miniatur aus- oder einblenden.

▶ INDIKATOR-SYMBOLE: Das Transparenz-Symbol ⊠ und das Kontur-Fläche-Symbol ⊡ kennzeichnen, dass die entsprechenden Eigenschaften den Container-Elementen des aktuellen Objekts zugeordnet sind ❺.

Das Effekt-Symbol *fx* signalisiert die Anwendung eines Effekts nicht nur an übergeordneten Gruppen oder Ebenen – es wird auch bei allen Effekten angezeigt, die dem ausgewählten Objekt zugewiesen sind.

▶ SICHTBARKEIT: Das Auge 👁 ❶ zeigt an, ob das Aussehen-Attribut sichtbar ist. Mit einem Klick auf das Auge können Sie die Sichtbarkeit einzelner Eigenschaften ein- und ausblenden.

▶ ZUSÄTZLICHE ATTRIBUTE: Mit einem Klick auf den Pfeil ▶ ❼ neben einem Kontur- oder Fläche-Eintrag im Aussehen-Bedienfeld zeigen Sie die Eigenschaften dieses Elements an.

▶ NEUE KONTUR/FLÄCHE: Klicken Sie auf den entsprechenden Button ❻ ❽, um eine zusätzliche Kontur ◼ oder Fläche ◻ für das Objekt zu erstellen.

▶ NEUEN EFFEKT HINZUFÜGEN: Rufen Sie mit diesem Button *fx.* ❾ das Effekt-Menü auf.

### Konturen und Flächen anlegen

Jedes Vektorobjekt hat eine Kontur, eine Füllung und die Standardtransparenz-Einstellung. Ebenen und Gruppen ist voreingestellt nur die Transparenz zugeordnet. Um einem Objekt zusätzliche Konturen, Füllungen und Effekte zuzuweisen – bzw. einer Gruppe oder Ebene die Attribute neu zuzuweisen –, können Sie sie ganz neu anlegen oder bereits vorhandene Attribute duplizieren.

▲ **Abbildung 11.48**
Beim Hinzufügen der ersten Fläche wird auch eine Kontur angelegt.

**Neue Kontur und Fläche** | Zusätzliche Konturen und Füllungen legen Sie an, indem Sie den Button NEUE KONTUR bzw. NEUE FLÄCHE HINZUFÜGEN anklicken bzw. den Befehl aus dem Bedienfeldmenü wählen. Ist einer der vorhandenen Einträge aktiviert, wird die neue Eigenschaft darüber angelegt.

Um einer Gruppe oder Ebene Kontur- und Flächeneigenschaften zuweisen zu können, müssen Sie sie zunächst über das Menü anlegen. Erzeugen Sie die erste Kontur oder Fläche eines Elements, wird immer das jeweils andere Attribut mit angelegt.

**Kontur und Fläche duplizieren |** Wenn Sie einen bestehenden Eintrag aktivieren und auf den Button Ausgewähltes Objekt duplizieren klicken oder Objekt duplizieren aus dem Menü wählen, wird eine Kopie erzeugt. Das ist vor allem dann nützlich, wenn die zu kopierende Eigenschaft nicht nur aus einer Farbe, sondern auch aus Effekten und Transparenzen besteht, die Sie für die neue Eigenschaft übernehmen und editieren möchten.

▲ **Abbildung 11.49**
Neue Kontur (oben) und duplizierte Kontur (unten)

> **Checkliste: Eine zusätzliche Kontur oder ein zusätzliches Objekt?**

Der »Effekt«, den Sie mit einer zusätzlichen Kontur (bzw. einer weiteren Fläche) für ein Objekt erreichen, lässt sich genauso einfach (und auf den ersten Blick vielleicht sogar einfacher) mit einem Duplikat des Objekts erreichen. Warum also sollten Sie lieber das komplizierte Aussehen-Bedienfeld benutzen, anstatt einfach das Objekt zu duplizieren?

**Übersicht |** Wenn Sie zusätzliche Konturen als Objekt-Eigenschaft erzeugen, dann halten Sie die Gesamtanzahl der Objekte in der Datei klein. Damit bleibt das Dokument übersichtlicher.

Da Aussehen-Eigenschaften an fast allen Illustrator-Objekten angelegt werden können, ist es z. B. möglich, eine Umrandung als Eigenschaft des Textobjekts zu definieren.

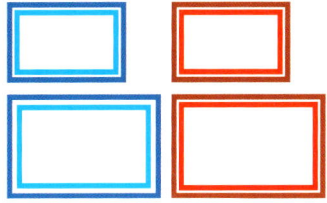

▲ **Abbildung 11.50**
Doppelkontur vor und nach dem Skalieren: konstruiert aus zwei gruppierten Objekten (blau) und als zusätzliche Kontur eines Objekts (rot)

**Vererbung |** Eine mit dem Aussehen-Bedienfeld erzeugte zusätzliche Kontur oder Fläche verhält sich abhängig vom Objekt und damit von dessen weiteren Eigenschaften. Dies zeigt sich etwa beim Transformieren der Objekte oder beim Ändern eines Pfadverlaufs.

Schon einfache rechteckige, mehrfarbige und skalierbare Rahmen lassen sich mithilfe von Aussehen-Eigenschaften komfortabler und robuster realisieren als mit zusätzlichen Objekten (siehe Abbildung 11.50).

Komplexe Konstruktionen können Sie mithilfe der vielfältigen Transformations- und Verformungsfunktionen von Effekten realisieren (zu Effekten siehe Kapitel 13).

**Flexibilität |** Änderungen der Attribute wie z. B. Abstände zwischen Konturen lassen sich häufig einfacher an Aussehen-Eigenschaften als an separaten Objekten durchführen.

**Übertragbarkeit |** Als Aussehen generierte Konturen und Flächen sind Objekteigenschaften und daher auf andere Objekte übertragbar. Sie lassen sich sogar unabhängig von der ursprünglichen Datei in einer Grafikstil-Bibliothek speichern und mit anderen Nutzern austauschen.

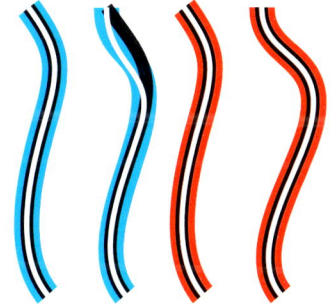

▲ **Abbildung 11.51**
Mehrfarbige Kontur vor und nach der Änderung des Pfadverlaufs: konstruiert aus drei gruppierten Objekten (blau) und als zusätzliche Konturen eines Objekts (rot)

### Auswahl auf der Basis von Eigenschaften

Objekte, deren Aussehen identisch zum aktivierten Objekt sind, wählen Sie mit Auswahl • Gleich • Aussehen aus. Möchten Sie alle Objekte finden, die mindestens ein identisches Attribut besitzen, rufen Sie Auswahl • Gleich • Aussehensattribute auf. Ausgewählt werden nur Objekte, deren Attribute mit identischen Einstellungen (z. B. Konturstärke, Effektoptionen) versehen sind.

> **Gleiche Attribute bearbeiten**
>
> Sind nur einzelne Attribute bei mehreren aktiven Objekten identisch, so lassen sich diese Attribute jetzt im Aussehen-Bedienfeld bearbeiten.

▲ Abbildung 11.52
Attribute für das gesamte Objekt (links) und eine einzelne Fläche (rechts) zuweisen

▲ Abbildung 11.53
Wirbel-Effekt auf das ganze Objekt (links) und auf die Fläche angewendet (rechts)

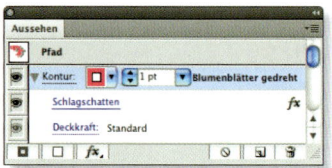

▲ Abbildung 11.54
Steuerungselemente zum Editieren von Eigenschaften im Aussehen-Bedienfeld

▲ Abbildung 11.55
Fokus-Warnung

### Eigenschaften für neue Objekte

In früheren Illustrator-Versionen wurde die Form neuer Objekte mit einem Button definiert: Neues Bild behält Aussehen bei ⓘ: Ein neues Objekt erhält alle Aussehen-Eigenschaften des aktuellen Objekts.
Neues Bild hat Grundform ⓘ – Button ist gedrückt: Ein neues Objekt erhält nur die Basiseigenschaften.

### Eigenschaften zuordnen

Während Sie eine Pinselspitze nur der Kontur und eine Farbe nur einer Kontur oder einer Fläche zuweisen, lassen sich Effekte, Füllmethoden und Deckkrafteinstellungen sowohl dem Element – Pfad, Gruppe oder Ebene – als auch einzelnen Konturen oder Flächen zuordnen.

Möchten Sie Effekte und Transparenz für das gesamte Objekt einrichten, aktivieren Sie den Eintrag oberhalb des schwarzen Trennstrichs im Aussehen-Bedienfeld: Pfad, Gruppe bzw. Ebene. Um einer bestimmten Kontur oder Fläche Aussehen-Eigenschaften zuzuweisen, aktivieren Sie deren Eintrag.

Wenn Sie eine Eigenschaft im Eifer des Gefechts dem falschen Attribut zugeordnet haben, ist es möglich, sie später an die richtige Stelle zu verschieben – siehe den nächsten Abschnitt.

### Eigenschaften bearbeiten

Klicken Sie auf einen Eintrag im Aussehen-Bedienfeld, dann erscheinen zusätzliche Steuerungselemente, mit denen Sie direkt das Farbfelder-Bedienfeld und – bei Konturen – das Konturstärken-Menü aufrufen können. Unterstrichene Einträge im Aussehen-Bedienfeld können Sie anklicken, um Optionen aufzurufen.

Haben Sie eine Pinselkontur angewendet, wird deren Name neben dem Farbfeld eines Konturattributs angezeigt. Ein Doppelklick auf den Eintrag öffnet die Kontur-Optionen-Dialogbox des Pinsels.

Jedes Attribut sowie das Objekt insgesamt besitzt einen Eintrag Deckkraft. Mit einem Klick auf den unterstrichenen Eintrag öffnet sich das Transparenz-Bedienfeld, und Sie können Deckkraft und Füllmethode des Attributs ändern.

Haben Sie einem Objekt einen Effekt zugeordnet, dessen Einstellungen Sie verändern möchten, müssen Sie auf den unterstrichenen Eintrag des Effekts im Aussehen-Bedienfeld klicken. Es öffnet sich die Dialogbox mit den Optionen des Effekts.

**Fokus nicht auf oberer Eigenschaft** | Haben Sie im Aussehen-Bedienfeld nicht die oberste Fläche bzw. Kontur ausgewählt, zeigt Illustrator im Steuerungsbedienfeld einen Warnhinweis an. Er dient nur zu Ihrer Orientierung. Wenn Sie den Fokus auf das obere Attribut setzen möchten, klicken Sie das Symbol an.

### Eigenschaften für neue Objekte

Objekte, die Sie neu auf der Zeichenfläche erstellen, können entweder alle Eigenschaften des zuletzt aktivierten Objekts übernehmen oder nur mit dessen Basis-Attributen (Kontur, Fläche und Standard-Transparenz) versehen werden. Aktivieren Sie im

Bedienfeldmenü den Eintrag Neues Bild hat Grundform, wenn neue Elemente nur die Basis-Attribute erhalten sollen.

### Sichtbarkeit von Eigenschaften

Zum Austesten von Aussehen oder zur Beschleunigung des Bildschirmaufbaus haben Sie die Möglichkeit, einzelne Eigenschaften auszublenden. Klicken Sie zu diesem Zweck auf das Auge-Symbol im Aussehen-Bedienfeld. Um die Eigenschaft wieder einzublenden, klicken Sie erneut. Wählen Sie Alle ausgeblendeten Attribute anzeigen aus dem Bedienfeldmenü, um alle wieder anzuzeigen.

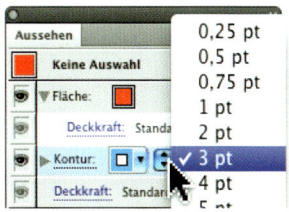

▲ Abbildung 11.56
Aufrufen des Konturstärke-Menüs

Ausgeblendete Eigenschaften werden trotzdem mit dem Pipette-Werkzeug übertragen und in Grafikstile gespeichert, sind dort aber auch ausgeblendet.

### Aussehen-Attribute anordnen

So wie Sie die Einträge im Ebenen-Bedienfeld »verschieben« können, um die Stapelreihenfolge und die Objekthierarchie zu beeinflussen, ist es möglich, fast alle Attribute im Aussehen-Bedienfeld einem anderen Eintrag zuzuordnen.

Klicken und ziehen Sie ein Kontur-, Fläche- oder Effekt-Attribut auf eine Trennungslinie, um es an einen anderen Platz in der Stapelreihenfolge zu verschieben. Wichtig: Klicken Sie dabei nicht auf die Bezeichnung des Eintrags, sondern auf eine leere Stelle der Zeile.

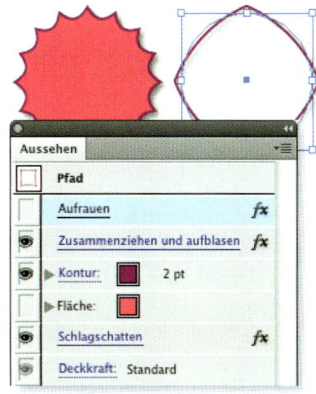

▲ Abbildung 11.57
Einzelne Attribute wurden ausgeblendet (rechts oben: Ergebnis). Die Deckkraft können Sie ausblenden, wenn Sie die Optionen geändert haben.

Effekt-Attribute *fx* lassen sich auf Kontur- oder Flächeneinträge ziehen, um sie speziell diesen Attributen zuzuordnen. Die Ausnahme bildet die Deckkrafteinstellung – diese müssen Sie bei jedem Attribut einzeln verändern. Möchten Sie die Transparenz des Objekts oder eines Attributs auf den Grundzustand setzen, aktivieren Sie den Eintrag Deckkraft und klicken auf den Button Löschen .

▲ Abbildung 11.58
Fläche-Attribut ganz hinten (links) und ganz vorne (rechts)

### Modifizierungsmöglichkeiten

- Drücken Sie ⌥/Alt, um einen Eintrag zu duplizieren.
- Drücken Sie ⇧, um mehrere Einträge zu aktivieren und sie anschließend gemeinsam zu verschieben oder zu duplizieren.

### Aussehen und Gruppen/Ebenen/Symbole

Die Stapelreihenfolge der Aussehen-Eigenschaften entscheidet vor allem bei Gruppen, Ebenen und Symbolen über die Wirkung der Attribute auf das Erscheinungsbild des Objekts.

Wenn Sie die Aussehen-Eigenschaften dieser Objekte aufrufen, erscheint im Aussehen-Bedienfeld der zusätzliche Eintrag Inhalt – er steht für die untergeordneten Objekte.

**Achtung: Aufheben der Gruppe**

Wenn Sie einer Gruppe ein Aussehen zugewiesen haben, gehen diese Attribute verloren, sobald Sie die Gruppierung lösen.

Erstellen Sie einen Grafikstil aus den Eigenschaften, bevor Sie die Gruppierung aufheben.

Beachten Sie das Ziel-Symbol im Ebenen-Bedienfeld, um Aussehen-Eigenschaften der Gruppe zu erkennen.

Die Position dieses Eintrags innerhalb des Attributstapels entscheidet darüber, ob die individuellen Objekte in einer Gruppe die Attribute überdecken, die dem Gesamtobjekt zugewiesen wurden oder umgekehrt.

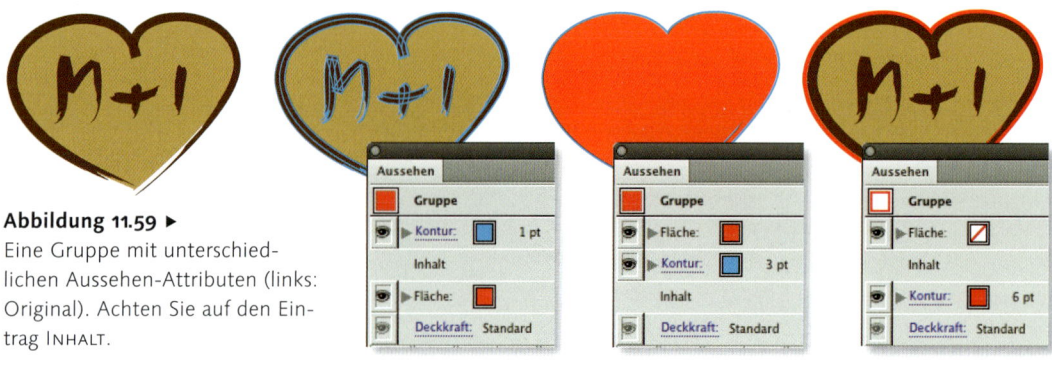

**Abbildung 11.59** ▶
Eine Gruppe mit unterschiedlichen Aussehen-Attributen (links: Original). Achten Sie auf den Eintrag INHALT.

Für die Fehlersuche beim Entwurf Ihrer Aussehen-Eigenschaften gilt daher auch: Haben Sie eine Ebene oder Gruppe mit einer Kontur und Füllung versehen, die am Objekt nicht sichtbar ist, überprüfen Sie im Aussehen-Bedienfeld, ob das Attribut sich über dem Eintrag INHALT befindet, und verschieben es gegebenenfalls dorthin.

### Aussehen umwandeln

Für den Export in andere Programme, eine spezielle Weiterbearbeitung oder wenn Sie beim Ausdrucken auf Probleme stoßen, kann es hilfreich sein, die komplexe Struktur der Aussehen-Eigenschaften eines Objekts auf einzelne Objekte zu verteilen und Effekte in Pfade oder sogar Pixelbilder umzurechnen.

▲ **Abbildung 11.60**
Aussehen umwandeln: Pfadansicht (unten)

Zu diesem Zweck dient der Befehl OBJEKT • AUSSEHEN UMWANDELN. Ist ein Objekt z. B. mit mehreren Konturen versehen, werden mehrere Objekte mit je einer Kontur erstellt. Je nach Aussehen-Attribut wirkt der Befehl anders:

▶ Einfache Konturen und Füllungen verteilt das Programm auf separate Objekte.
▶ Pinselkonturen werden in Flächen umgewandelt.
▶ Die zunächst »virtuellen« Auswirkungen derjenigen Effekte, die die Objektform verändern, berechnet Illustrator als Formen.
▶ Einige Stilisierungseffekte wie Schatten und Schein werden als Pixelbild berechnet.

> **Konturen in Flächen wandeln**
>
> Bei dieser Operation werden nicht automatisch alle Konturen in Flächen verwandelt. Um Konturen in Flächen umzuwandeln, verwenden Sie zusätzlich den Befehl OBJEKT • UMWANDELN... Beides in einem Schritt können Sie mit OBJEKT • TRANSPARENZ REDUZIEREN ... erreichen.

### Aussehen-Attribute vom Objekt entfernen

Um alle Eigenschaften außer den in der Grundform enthaltenen von einem Objekt zu entfernen, wählen Sie AUF GRUNDFORM

REDUZIEREN aus dem Bedienfeldmenü oder klicken auf den Button AUF GRUNDFORM REDUZIEREN.

Die Grundform besteht aus einer Kontur, einer Fläche und der Standardtransparenz. Farben für Kontur und Fläche sind nicht vorgegeben. In der Stapelreihenfolge liegt die Kontur über der Fläche. Die Standardtransparenz ist definiert als Füllmethode NORMAL, Deckkraft 100 %. Zusätzliche Optionen für Transparenz – AUSSPARUNGSGRUPPE, FÜLLMETHODE ISOLIEREN – sind deaktiviert (zu Transparenz siehe Kapitel 12).

▲ Abbildung 11.61
Reduzieren auf die Grundform

**Ein Attribut aus einer Ebene oder Gruppe entfernen**

Haben Sie einer Ebene oder Gruppe eine Kontur und eine Füllung zugewiesen und möchten nur eines dieser Attribute entfernen, dürfen Sie den Eintrag nicht löschen, denn der andere würde ebenfalls gelöscht. Setzen Sie stattdessen das nicht benötigte Attribut auf OHNE.

### Aussehen löschen

Löschen Sie einzelne Aussehen-Attribute, indem Sie sie aktivieren und OBJEKT ENTFERNEN aus dem Bedienfeldmenü wählen, auf den Button AUSGEWÄHLTES OBJEKT LÖSCHEN am unteren Rand des Bedienfelds klicken oder den Eintrag auf das Symbol ziehen.

Möchten Sie alle Attribute eines Objekts löschen, wählen Sie AUSSEHEN LÖSCHEN aus dem Bedienfeldmenü oder klicken auf den Button AUSSEHEN LÖSCHEN. Dabei gehen alle Attribute verloren, und die Basiseigenschaften KONTUR und FLÄCHE werden auf OHNE gesetzt.

## 11.6 Aussehen-Eigenschaften übertragen

Möchten Sie ein Objekt genauso wie ein anderes Objekt gestalten, können Sie die Aussehen-Attribute des Musterobjekts aufrufen und in derselben Form bei dem anderen Objekt einrichten.

Illustrator bietet jedoch ein Hilfsmittel, um Eigenschaften einfacher zu übertragen: Mit der Pipette lassen sich Aussehen-Attribute aufnehmen und an ein anderes Objekt weitergeben.

### Pipette

Das Pipette-Werkzeug übernimmt Eigenschaften eines Objekts im Aussehen-Bedienfeld und kann sie auf ein anderes Objekt übertragen. Nicht alle im Aussehen-Bedienfeld aufgelisteten Eigenschaften lassen sich mit der Pipette übertragen – nur Farbe, Transparenz, Überdrucken, Kontureigenschaften, Zeichen- und Absatzformatierungen. Darüber hinaus können Sie mit der Pipette Farben aus platzierten Pixelbildern aufnehmen.

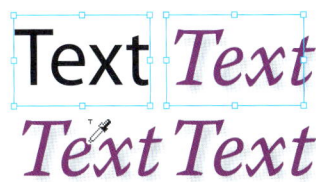

▲ Abbildung 11.62
Übertragen von Zeichenformatierungen mit dem Pipette-Werkzeug

**Attribute übernehmen** | Um Eigenschaften eines anderen Objekts zu übernehmen, gehen Sie wie folgt vor:
1. Aktivieren Sie das oder die Objekte, deren Eigenschaften Sie verändern wollen.
2. Wählen Sie das Pipette-Werkzeug, oder drücken Sie [I].

3. Klicken Sie mit dem Pipetten-Cursor auf das Objekt, dessen Eigenschaften Sie übernehmen möchten.

**Attribute auf mehrere Objekte übertragen** | So übertragen Sie Eigenschaften von einem Objekt auf andere Objekte:
1. Wählen Sie die Pipette.
2. Klicken Sie mit dem Pipetten-Cursor auf das Objekt, dessen Eigenschaften Sie aufnehmen möchten.
3. Drücken und halten Sie ⌥/Alt – der Pipetten-Cursor verändert sich in eine spiegelverkehrte Form –, und klicken Sie auf das oder nacheinander auf die Objekte, auf die Sie die aufgenommenen Eigenschaften übertragen möchten.

▲ **Abbildung 11.63**
Objekteigenschaften übertragen

**Farbe aufnehmen** | Sie können auch nur eine Farbe aufnehmen – das kann die Farbe einer Kontur, einer Fläche, eine Farbe aus einer bestimmten Stelle eines Verlaufs oder eine Farbe aus einer platzierten Rastergrafik sein – und sie für die Füllung oder Kontur eines aktivierten Objekts übernehmen. Gehen Sie wie folgt vor, um nur die Farbe aufzunehmen und zu übertragen:
1. Aktivieren Sie das Objekt, das die Farbe erhalten soll.
2. Aktivieren Sie im Werkzeugbedienfeld das Farbauswahlfeld KONTUR oder FLÄCHE – je nachdem, auf welches der beiden Sie die Farbe übertragen möchten.
3. Wählen Sie die Pipette.
4. Halten Sie ⇧, und klicken Sie mit dem Pipetten-Cursor auf die Farbe, die Sie übertragen möchten. Beim Klick »füllt« sich der Cursor mit Farbe – zeigt er außerdem ein kleines Quadrat, so heißt dies, dass die Farbe nur im RGB-Modus aufgenommen werden konnte und daher in den Farbmodus des Dokuments konvertiert wurde. Die angewendete Farbe stimmt also nicht ganz exakt mit der aufgenommenen Farbe überein.

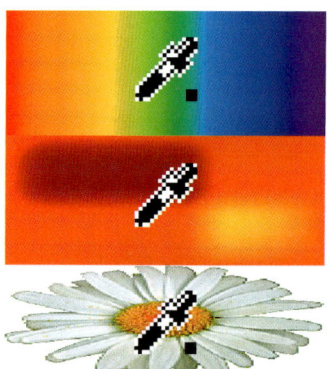

▲ **Abbildung 11.64**
Aus Verläufen können Farben nur im RGB-Modus aufgenommen werden – bei platzierter Rastergrafik hängt es vom Farbmodus ab.

Ist kein Objekt aktiv, dann werden die Eigenschaften des mit der Pipette angeklickten Objekts zur Voreinstellung für das nächste Objekt. Klicken Sie mit der Pipette ein eingesetztes Pixelbild an, wird die Farbe des angeklickten Pixels in das aktivierte Farbauswahlfeld des Werkzeugbedienfelds übernommen.

**Optionen** | Per Doppelklick auf das Pipette-Werkzeug im Werkzeugbedienfeld erreichen Sie die Optionen. Hier stellen Sie ein, welche Eigenschaften aufgenommen und welche auf andere Objekte übertragen werden.

Außerdem können Sie die Genauigkeit des Farbaufnahme-Werkzeugs für Pixelbilder einstellen: Es nimmt entweder exakt

▲ **Abbildung 11.65**
Pipettengenauigkeit: Rot: 1 Pixel, Blau: 3 × 3 Pixel, Grün: 5 × 5 Pixel

die Farbe des angeklickten Pixels auf oder bildet einen Durchschnitt aus den Farben der Umgebungspixel.

## 11.7 Aussehen-Eigenschaften speichern

Die Möglichkeit, Aussehen-Attribute zu übertragen, erleichtert die Arbeit ein wenig. Weitaus effektiver gestaltet sich die Vorgehensweise, wenn Sie Aussehen-Eigenschaften mithilfe eines Grafikstils zusammenfassen.

### Grafikstile

In einem Grafikstil speichern Sie eine Zusammenstellung von Aussehen-Eigenschaften, damit diese für zukünftige Objekte einfach wiederverwendbar sind. Mithilfe eines Grafikstils können Sie alle Einstellungen, die Sie vorher mühsam nacheinander im Aussehen-Bedienfeld vorgenommen haben, in einem Schritt auf ein Objekt anwenden. Das spart Ihnen nicht nur Arbeit, sondern wahrt auch ein exakt einheitliches Aussehen, wo dies nötig ist.

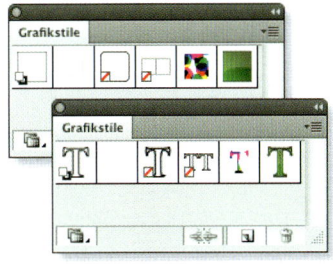

▲ Abbildung 11.66
Das Grafikstile-Bedienfeld mit Vorschau als Quadrat (oben) und als Text (unten)

Wenn Sie Grafikstile auf Objekte anwenden, behalten diese die Verbindung zum Grafikstil, sodass Änderungen an der Definition des Stils an allen Objekten übernommen werden, die diesen Stil verwenden. Grafikstile können Sie wie Farbfelder nicht nur innerhalb einer Datei, sondern mittels Bibliotheken auch über Dokumente hinweg verwenden. Grafikstile werden mit dem Grafikstile-Bedienfeld verwaltet und angewendet. Rufen Sie das Bedienfeld mit Fenster • Grafikstile auf – Shortcut ⇧+F5, im Dock.

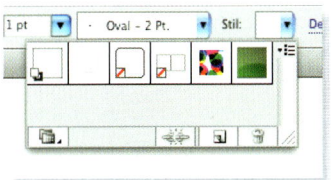

▲ Abbildung 11.67
Grafikstile im Steuerungs-Bedienfeld

### Anzeige-Optionen des Grafikstile-Bedienfelds

Die Darstellungsart und Sortierung des Grafikstile-Bedienfelds wählen Sie aus dem Menü.

▶ Miniaturen: Voreingestellt zeigt das Grafikstile-Bedienfeld die Einträge in Reihen nebeneinander als Miniaturen an. Ob die Miniaturen ein einfaches Quadrat oder einen Buchstaben als Anwendungsbeispiel verwenden, wählen Sie im Bedienfeldmenü unter Quadrat für Vorschau verwenden bzw. Text für Vorschau verwenden. Das Symbol ⊘ zeigt an, dass der Grafikstil die Fläche und Kontur Ohne besitzt.

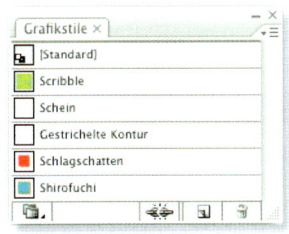

▲ Abbildung 11.68
Darstellung als Kleine Liste

▶ Kleine/Grosse Liste: Wählen Sie Kleine oder Grosse Liste, um die Grafikstile in Listenform untereinander darzustellen. In der Liste wird ebenfalls die gewählte Vorschauoption Quadrat oder Text verwendet.

▶ Nach Name sortieren: In der Listen-Ansicht des Bedienfelds lassen sich die Einträge nach ihrem Namen sortieren.

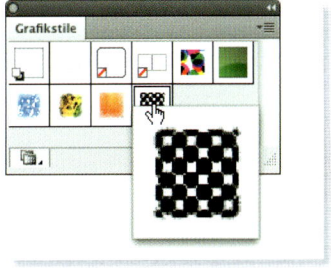

▲ Abbildung 11.69
Vergrößerte Vorschau eines Stils

▲ **Abbildung 11.70**
Der Grafikstil des Objekts wird im Aussehen-Bedienfeld angezeigt.

▲ **Abbildung 11.71**
Zeichenfarbe überschreiben (rechts)

> **Geeignete Grafikstile**
>
> Grafikstile, die keine eigene Flächen- oder Konturfarbe besitzen, sind für diese – in CS4 neu eingeführte – Anwendung geradezu prädestiniert. Sie erkennen derartige Stile an dem Symbol ☑ neben ihrer Miniatur.

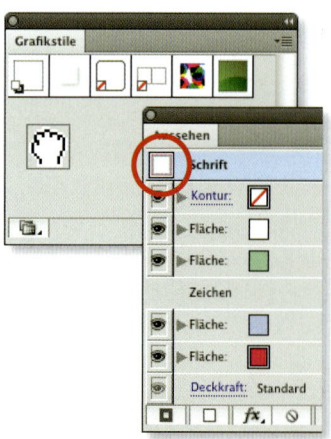

▲ **Abbildung 11.72**
Erstellen eines Grafikstils durch Ziehen der Miniatur aus dem Aussehen-Bedienfeld ins Grafikstile-Bedienfeld

▶ Vergrösserte Vorschau: Mit `ctrl` + Mausklick (Mac) bzw. mit einem Klick mit der rechten Maustaste (Win) auf die Miniatur zeigen Sie eine vergrößerte Vorschau des Grafikstils an.

### Grafikstil zuweisen

Möchten Sie einem Objekt einen Grafikstil zuweisen, aktivieren Sie das Objekt bzw. wählen eine Ebene als Ziel aus und klicken auf einen Stil aus dem Grafikstile-Bedienfeld, einer Grafikstile-Bibliothek oder im Steuerungsbedienfeld unter Stil. Die Eigenschaften des Grafikstils ersetzen die bestehenden Aussehen-Eigenschaften des Objekts.

**Grafikstil und Textobjekte** | Beim Anwenden eines Grafikstils auf ein Textobjekt haben Sie die Wahl, ob die Original-Schriftfarbe erhalten bleibt oder der Grafikstil die Schriftfarbe bestimmen soll. Aktivieren Sie die Option Zeichenfarbe überschreiben im Bedienfeldmenü, damit der Grafikstil die Schriftfarbe bestimmt.

### Modifikationsmöglichkeit

Drücken Sie ⌥/`Alt` und klicken auf einen Grafikstil, um diesen zu den vorhandenen Aussehen-Attributen des Objekts hinzuzufügen, anstatt bestehende Eigenschaften zu ersetzen. Das Objekt besitzt dann jedoch keine Verbindung zu einem Grafikstil.

### Grafikstil vom Objekt entfernen

Einen Grafikstil entfernen Sie vom Objekt, indem Sie dem Objekt den Standard-Grafikstil ☐ zuweisen. Damit werden alle Aussehen-Eigenschaften gelöscht, und das Objekt erhält die Grundattribute.

### Verbindung lösen

Möchten Sie die Verbindung zwischen Objekt und Grafikstil lösen, klicken Sie auf den Button Verbindung mit Grafikstil aufheben ⚬. Alternativ verändern Sie eines der Aussehen-Attribute des Objekts. Das Objekt behält die Aussehen-Eigenschaften, wird aber nicht mehr aktualisiert, wenn Sie die Grafikstil-Definition editieren.

### Grafikstil erstellen

Um einen neuen Grafikstil zu erstellen, richten Sie zunächst die Aussehen-Attribute ein, oder aktivieren Sie ein Objekt, das diese Attribute besitzt. Wählen Sie Neuer Grafikstil… aus dem Bedienfeldmenü, oder klicken Sie auf den Button Neuer Grafikstil ⬜.

Wenn Sie einen neuen Grafikstil aus den Eigenschaften eines aktivierten Objekts erstellen, wird der neue Stil diesem Objekt automatisch zugeordnet.

**Modifikationsmöglichkeit**
▶ Drücken Sie ⌥/Alt, und klicken Sie auf den Button NEUER GRAFIKSTIL, um die Optionen-Dialogbox aufzurufen.

**Grafikstil duplizieren**
Erzeugen Sie die Kopie eines vorhandenen Grafikstils, indem Sie diesen aktivieren und GRAFIKSTIL DUPLIZIEREN aus dem Menü wählen oder auf den Button NEUER GRAFIKSTIL klicken.

**Grafikstil-Optionen**
In den Grafikstil-Optionen haben Sie die Möglichkeit, dem Grafikstil einen Namen zu geben. Doppelklicken Sie auf den Grafikstil im Bedienfeld, oder wählen Sie GRAFIKSTIL-OPTIONEN… aus dem Bedienfeldmenü.

**Attribute eines Grafikstils ändern**
Einzelne Attribute eines Grafikstils können Sie nicht ändern. Es ist nur möglich, den gesamten Stil durch einen neuen zu ersetzen, der die geänderten Attribute enthält.
Sie haben verschiedene Möglichkeiten:
▶ **Grafikstil durch Grafikstil ersetzen:** Um einen Grafikstil durch einen anderen Grafikstil zu ersetzen, drücken Sie ⌥/Alt und ziehen im Grafikstil-Bedienfeld den gewünschten Eintrag auf den Stil, den Sie ersetzen möchten. Mit dieser Methode lassen sich unterschiedliche, bereits an Objekten angewendete Aussehen-Attribute vereinheitlichen.
▶ **Mit Aussehen-Miniatur neu definieren:** Ändern Sie die Attribute an einem Objekt, oder aktivieren Sie ein Objekt, das die nötigen Attribute besitzt. Drücken Sie ⌥/Alt, und ziehen Sie die Miniatur aus dem Aussehen-Bedienfeld auf den zu ersetzenden Grafikstil.
▶ **Bedienfeldmenü Aussehen-Bedienfeld:** Aktivieren Sie den Grafikstil, der ersetzt werden soll, sowie ein Objekt, das die neuen Attribute besitzt. Wählen Sie GRAFIKSTIL NEU DEFINIEREN aus dem Bedienfeldmenü des Aussehen-Bedienfelds.

**Grafikstile kombinieren**
Möchten Sie einen neuen Grafikstil erstellen, der die Attribute mehrerer bestehender Stile in sich vereint, können Sie sie mit einem Menübefehl zusammenfügen. Da der neue Stil die Aussehen-Attribute der zusammengefügten Grafikstile in der Reihen-

---

**Skalierter Grafikstil**
Wurden die Einstellungen eines Grafikstils gemeinsam mit dem Objekt skaliert und möchten Sie den Grafikstil mitsamt der Skalierung als neuen Stil definieren, dann lösen Sie zunächst die Verbindung zwischen Objekt und Stil auf. Dies führt dazu, dass die veränderten Eigenschaften ins Aussehen-Bedienfeld übernommen werden. Damit lässt sich der Grafikstil neu definieren.

**Nach Grafikstil auswählen**
Möchten Sie alle Objekte aktivieren, die einen bestimmten Grafikstil besitzen, aktivieren Sie entweder den Grafikstil im Bedienfeld oder ein Objekt, dem er zugeordnet ist, und wählen AUSWAHL • GLEICH • STIL.

▲ **Abbildung 11.73**
Wenn Sie einen Grafikstil ersetzen, wird der betreffende Eintrag hervorgehoben.

**Muster in Grafikstilen**
Verwenden Sie Muster-Farbfelder in Ihren Grafikstilen, brauchen Sie sich um diese beim Speichern der Bibliothek nicht zu kümmern. Der Grafikstil enthält die nötigen Informationen.

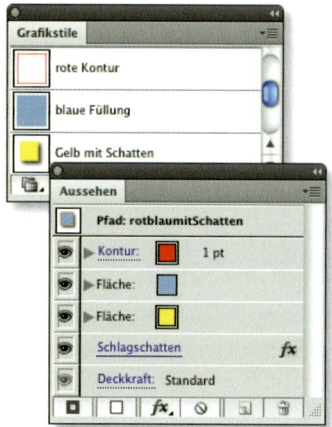

▲ **Abbildung 11.74**
Die Kombination der drei Grafikstile (oben) ergibt das Aussehen (unten).

> **Grafikstile aufräumen**
>
> Möchten Sie das Bedienfeld »aufräumen«, verwenden Sie den Befehl ALLE UNBENUTZTEN AUSWÄHLEN aus dem Bedienfeldmenü, um automatisch alle Grafikstile zu aktivieren, die Sie keinem Objekt zugewiesen haben. Anschließend löschen Sie diese Stile.

▲ **Abbildung 11.75**
Die Pipette ist natürlich nicht überflüssig, denn schließlich muss man nicht für jede Kleinigkeit einen Grafikstil erstellen.

folge enthält, die sie im Bedienfeld hatten, müssen Sie die Stile gegebenenfalls anordnen.

Aktivieren Sie die betreffenden Grafikstile anschließend im Bedienfeld – drücken Sie ⌘/Strg, um nicht direkt aufeinander folgende Einträge auszuwählen.

Rufen Sie dann GRAFIKSTILE ZUSAMMENFÜGEN aus dem Menü des Grafikstile-Bedienfelds auf. Geben Sie dem neuen Stil in der Dialogbox einen Namen.

### Grafikstil löschen

Einen Grafikstil löschen Sie, indem Sie ihn aktivieren und GRAFIKSTIL LÖSCHEN aus dem Bedienfeldmenü wählen oder auf den Button GRAFIKSTIL LÖSCHEN 🗑 klicken. Bestätigen Sie die Dialogbox mit OK. Möchten Sie die Abfrage umgehen, ziehen Sie den Eintrag oder die Miniatur auf den Button.

Falls der Grafikstil auf Objekte angewendet war, behalten diese Objekte die Aussehen-Attribute. Es besteht jedoch keine Verknüpfung mehr mit einem Grafikstil.

### Grafikstil-Bibliotheken verwenden

Zusätzlich zu den Grafikstilen, die Sie im Bedienfeld vorfinden, wurden bei der Installation des Programms weitere Grafikstile in Bibliotheken abgelegt. Diese rufen Sie im Menü FENSTER • GRAFIKSTIL-BIBLIOTHEKEN auf oder mit GRAFIKSTIL-BIBLIOTHEK ÖFFNEN aus dem Menü des Grafikstile-Bedienfelds bzw. mit dem Button MENÜ GRAFIKSTIL-BIBLIOTHEKEN 🗐 unten im Bedienfeld. Wie alle Bibliotheken werden auch diese in einem eigenen Fenster geöffnet.

Sobald Sie einen Grafikstil aus der Bibliothek an einem Objekt anwenden, wird er in das Grafikstile-Bedienfeld übernommen.

**Grafikstil in das Bedienfeld übernehmen |** Möchten Sie einen Stil in das Grafikstile-Bedienfeld kopieren, ohne ihn anzuwenden, ziehen Sie seine Miniatur aus der Bibliothek- in das Grafikstile-Bedienfeld.

**Grafikstile aus Illustrator-Dokument laden |** Um Grafikstile aus einer anderen Illustrator-Datei als Bibliothek zu öffnen, wählen Sie GRAFIKSTIL-BIBLIOTHEK ÖFFNEN • ANDERE BIBLIOTHEK… aus dem Bedienfeldmenü und öffnen die gewünschte Datei.

### Grafikstil-Bibliotheken erstellen

Wenn Sie die Grafikstile des aktuellen Dokuments in anderen Dokumenten verwenden oder weitergeben möchten, speichern Sie sie als Bibliothek. Stellen Sie zunächst im Grafikstile-Bedienfeld die benötigten Stile zusammen, und löschen Sie die Stile, die Sie nicht brauchen.

Wählen Sie anschließend GRAFIKSTIL-BIBLIOTHEK SPEICHERN... aus dem Bedienfeldmenü. Wenn Sie die Datei im vorgeschlagenen Ordner sichern, erscheint Ihre Bibliothek im Grafikstil-Bibliothek-Menü.

**Abbildung 11.76** ▲
Kartengrafik

### Schritt für Schritt: Kartengrafik

In dieser Übung lernen Sie den Umgang mit Ebenen, Aussehen, Grafikstilen und Schnittmasken kennen sowie Vorgehensweisen, um Straßen zu zeichnen.

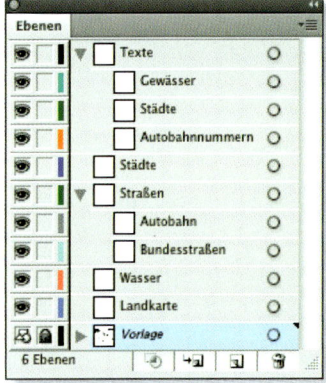

**1  Vorlage importieren und Vorlagenebene einrichten**

Wählen Sie DATEI • PLATZIEREN..., und selektieren Sie die Vorlagendatei »Strassenplan-Vorlage.tif« von der DVD. Aktivieren Sie die Option VORLAGE in der Dialogbox, damit automatisch eine Vorlagenebene für die Grafik erzeugt wird. Das heißt, die Vorlagenzeichnung wird abgeblendet und die Ebene fixiert.

**2  Ebenen für Grafik definieren**

Richten Sie die weiteren benötigten Ebenen ein. Es muss mindestens je eine Ebene für alle Landkartenelemente und die Straßen vorhanden sein. In der Ebene »Straßen« richten Sie außerdem je eine Unterebene für die Autobahnen und die Bundesstraßen ein.

▲ **Abbildung 11.77**
Fertiggestellte Ebenenstruktur der Grafik

Dazu aktivieren Sie die Ebene »Straßen«, drücken ⌥/Alt und klicken einmal auf den Button NEUE UNTEREBENE ERSTELLEN. Geben Sie »Bundesstraßen« ein, und bestätigen Sie. Dann drücken Sie erneut ⌥/Alt und klicken auf den Button NEUE EBENE ERSTELLEN. Da die Unterebene aktiviert war, wird eine weitere Unterebene erstellt. Dieser geben Sie den Namen »Autobahnen«.

**Abbildung 11.78** ▼
Erstellen der Unterebenen für die Straßen

Auf dieselbe Art erstellen Sie Ebenen und Unterebenen für die Texte. Die fertiggestellte Ebenenstruktur sehen Sie in Abbildung 11.77.

### Schriftgrößen

Wenn es die maximale Dokumentgröße nicht überschreitet, sollten Sie die Karte im benötigten Format anlegen. So lassen sich Schriftgrößen besser einschätzen, und Sie laufen nicht Gefahr, Schriften unlesbar klein oder viel zu groß anzulegen.

### 3  Erste Objekte nachzeichnen

Ob Sie erst die benötigten Farbfelder einrichten oder mit dem Zeichnen der Objekte beginnen, ist davon abhängig, ob ein Designkonzept für Karten besteht oder dieses beim Erstellen der Grafik mitentwickelt wird.

Wenn Sie sich über das endgültige Seitenverhältnis Ihrer Karte nicht sicher sind, ist es sinnvoll, die Grundfläche etwas großzügiger anzulegen und sie gegebenenfalls später mit Schnittmasken zu beschneiden.

### 4  Wasserflächen

In der Übung beginnen Sie auf der Ebene »Wasser« mit dem Nachzeichnen der Wasserflächen. Den Oberlauf des Flusses sollten Sie zunächst als einen Pfad mit einer starken Kontur anlegen und erst dann in eine Fläche umwandeln, wenn Sie mit dem Flussverlauf zufrieden sind und dessen Stärke an das Design Ihrer Karte angepasst haben. Den Unterlauf mit Mündung und Nordsee zeichnen Sie gleich als Fläche.

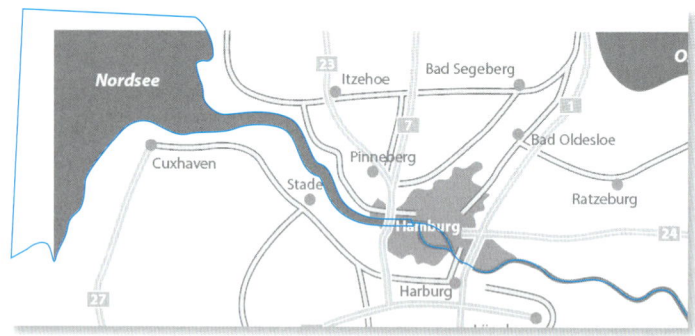

▶ **Abbildung 11.79**
Der Oberlauf des Flusses ist zunächst nur eine Kontur.

Passen Sie gegebenenfalls die Stärke des Oberlaufs an, und wählen Sie dann OBJEKT • PFAD • KONTURLINIE. Anschließend aktivieren Sie zusätzlich den Unterlauf und klicken im Pathfinder-Bedienfeld auf VEREINEN, um beide zu einem Objekt zusammenzufügen. Zeichnen Sie danach die Ostsee.

▼ **Abbildung 11.80**
Die Kontur wird umgewandelt (links) und dann mit dem Unterlauf vereinigt (MItte).

11 Hierarchische Struktur: Ebenen, Aussehen

### 5 Weitere Kartenelemente

Zeichnen Sie den Stadtumriss und abschließend den Umriss der helleren Fläche, der die Metropolregion darstellt, jeweils auf den dafür vorgesehenen Ebenen. Beide Ebenen blenden Sie anschließend aus, damit diese beim weiteren Zeichnen nicht im Wege sind. Klicken Sie dazu auf das Auge-Symbol 👁.

Die Objekte sind in der falschen Reihenfolge: Sie benötigen noch eine Ebene für den Stadtumriss unterhalb der Ebene »Wasser«. Erstellen Sie diese, und verschieben Sie den Stadtumriss dorthin.

▲ Abbildung 11.81
Stadtumriss auf eine eigene Ebene verschieben

### 6 Straßen entwerfen

Legen Sie einige Autobahnen und Bundesstraßen auf den jeweiligen Ebenen als Linien an.

Verwenden Sie die bereits vorhandenen Straßen, um deren Optik zu entwerfen. Den Straßen werden Sie die in Plänen übliche Kennzeichnung geben – damit Sie die Konturstärken zum Design passend anlegen können, benötigen Sie die Beispielstraßen.

▼ Abbildung 11.82
Aussehen-Eigenschaften der Straßen: dargestellt in der Grafik (links) und im Aussehen-Bedienfeld (Mitte und rechts)

 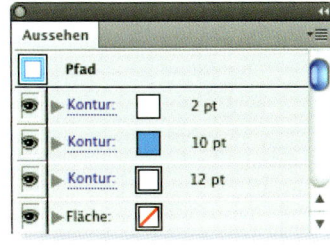 

Aktivieren Sie eine der »Autobahnen«, und weisen Sie ihr eine weiße Kontur in der Stärke von 12 Pt zu. Erzeugen Sie anschließend mit dem Aussehen-Bedienfeld eine weitere Kontur darüber, die Sie 100 % Cyan einfärben, Stärke 10 Pt, und noch eine dritte Kontur – weiß, 2 Pt. Wählen Sie eine »Bundesstraße« aus, und weisen Sie ihr eine gelbe Kontur – M25/Y100 – in 7 Pt zu.

**Reihenfolge der Konturen**

Achten Sie auf die Reihenfolge der Konturen – vergleichen Sie dazu Abbildung 11.82.

### 7 Grafikstile einrichten

Um die Eigenschaften zukünftig einfacher zuweisen zu können, richten Sie Grafikstile ein. Aktivieren Sie dazu eines der eben mit Konturen versehenen Straßenobjekte, drücken Sie ⌥/Alt, und klicken Sie auf den Button NEUER GRAFIKSTIL 🔲 im Grafikstile-Bedienfeld. Geben Sie dem Stil einen aussagekräftigen Namen. Verfahren Sie genauso mit dem anderen Straßenobjekt.

▲ Abbildung 11.83
Grafikstil erzeugen

### 8 Grafikstile zuweisen

Erstellen Sie die Pfade für die restlichen Straßen auf den entsprechenden Ebenen.

11.7 Aussehen-Eigenschaften speichern | **361**

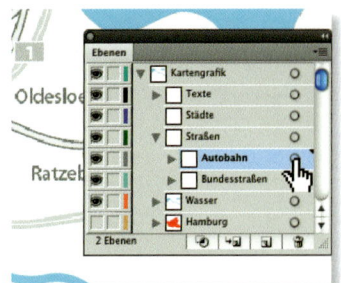

Anschließend aktivieren Sie jeweils alle Objekte auf einer Ebene, indem Sie in die Auswahlspalte der Ebene im Ebenen-Bedienfeld klicken. Löschen die Aussehen-Eigenschaften, die Sie den Straßen testweise zugewiesen hatten, indem Sie auf den Button Aussehen löschen ○ im Aussehen-Bedienfeld klicken.

Wählen Sie dann die Ebene als Ziel aus, indem Sie auf das Ziel-Symbol neben ihrem Namen klicken, und weisen Sie der Ebene den Grafikstil zu, indem Sie im Grafikstile-Bedienfeld auf sein Symbol klicken. So werden Straßenkreuzungen fast »von selbst« erzeugt (Abbildung 11.84).

### 9  Für Fortgeschrittene: Outline erzeugen

In diesem Zwischenschritt wird eine zusätzliche gemeinsame Outline für alle Straßen gebildet. Aufgrund des geänderten Verhaltens des Aussehen-Bedienfelds in Illustrator CS4 (siehe dazu den Kasten »Für Fortgeschrittene: Reihenfolge von Effekten und Farben« in Kapitel 13) ist es nötig, einen kleinen Zwischenschritt einzufügen und einen zusätzlichen Effekt zuzuweisen. Wählen Sie die Ebene »Bundesstraßen« als Ziel aus. Rufen Sie das Aussehen-Bedienfeld auf, und aktivieren Sie den Eintrag der unteren gelben Kontur. Weisen Sie dieser Effekt • Pfad • Konturlinie zu. Diesen Effekt weisen Sie ebenso der unteren weißen Kontur der Ebene »Autobahnen« zu.

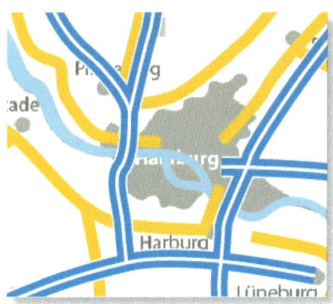

▲ **Abbildung 11.84**
Auswählen der Ebene als Ziel

Anschließend wählen Sie die (übergeordnete) Ebene »Straßen« als Ziel aus. Über das Bedienfeldmenü des Aussehen-Bedienfelds erzeugen Sie eine neue Kontur.

▲ **Abbildung 11.85**
Zusätzlicher Konturlinie-Effekt

**Abbildung 11.86** ▶
Erstellen einer neuen Kontur für die »Straßen«

Geben Sie dieser neuen Kontur die Farbe Schwarz. Ziehen Sie die Kontur im Aussehen-Bedienfeld unter den Eintrag »Inhalt«.

**Abbildung 11.87** ▶
Die neue Kontur umrahmt alle Straßen mit einer gemeinsamen schwarzen Linie. In Illustrator CS4 funktioniert dies nur, wenn den untergeordneten Ebene zuvor der Effekt Konturlinie zugewiesen wurde.

## 10 Zeichnung ausarbeiten

Jetzt erstellen Sie die Städte als Punkte und die Texte der zugehörigen Städtenamen und der Gewässer.

Einige Städtenamen liegen unglücklich über Straßen. Damit sich diese Namen von den Straßen abheben, verwenden Sie wieder das Aussehen-Bedienfeld und weisen den Textobjekten eine neue Kontur zu, die Sie unter den Eintrag »Zeichen« schieben.

Der Kontur geben Sie die Hintergrundfarbe. Wählen Sie die Konturstärke so, dass sich der Text gut abhebt. Wählen Sie außerdem die runde Eckenform.

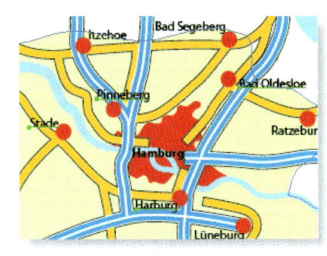

▲ Abbildung 11.88
Einige Texte stehen nicht gut vor dem Hintergrund.

 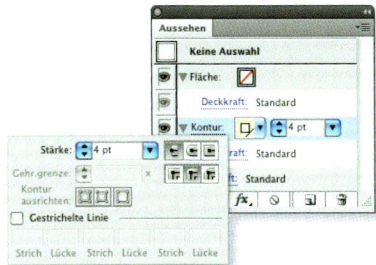 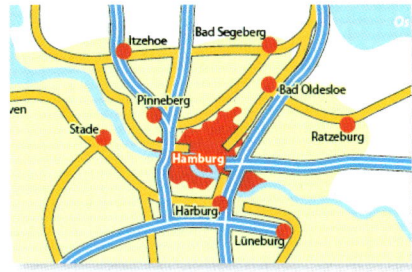

▲ Abbildung 11.89
Die zusätzliche Kontur für die Beschriftungstexte wird unter die »Zeichen« verschoben und mit Farbe und Konturstärke versehen.

## 11 Beschneiden

Blenden Sie alle Ebenen ein, deren Objekte beschnitten werden müssen. Erstellen Sie jetzt eine weitere Ebene in der obersten Hierarchiestufe. Wählen Sie im Ebenen-Bedienfeld alle Ebenen aus, und verschieben Sie diese in die neue Ebene.

Erstellen Sie auf der neuen Ebene ein Rechteck in der passenden Größe über allen Objekten. Aktivieren Sie die neue Ebene im Ebenen-Bedienfeld, und klicken Sie auf den Button Schnittmaske erstellen.

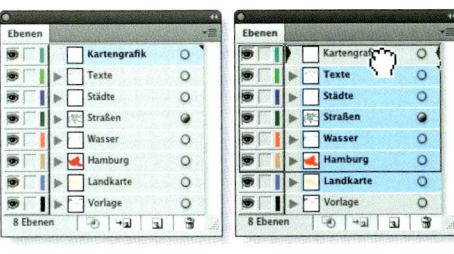 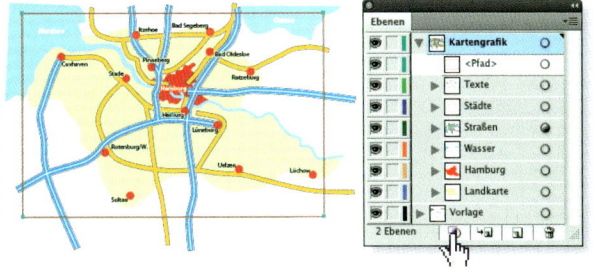

▲ Abbildung 11.90
Von links: Erstellen einer neuen übergeordneten Ebene, Verschieben aller Grafikebenen in die neue Ebene, Zeichnen des Rechtecks, Definieren einer Schnittmaske für die Ebene.

Wählen Sie das Maskenobjekt mit dem Direktauswahl-Werkzeug aus, und weisen Sie ihm eine Fläche zu.

11.7 Aussehen-Eigenschaften speichern | **363**

▲ Abbildung 11.91
Die Zacken dieses Sterns lassen sich nicht aktivieren, denn sie sind das Ergebnis von Effekten.

▲ Abbildung 11.92
Hier handelt es sich um mehrere offene Pfade. Daher nimmt das »Objekt« keine Füllung an.

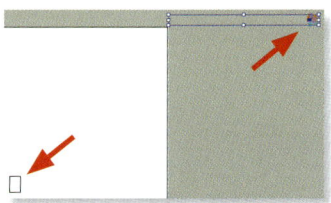

▲ Abbildung 11.93
Beim Öffnen von Fremdformaten kann es schon mal passieren, dass Objekte (o. rechts) weit außerhalb der Zeichenfläche (u. links) liegen.

▲ Abbildung 11.94
Das im Drucken-Dialog eingerichtete Papierformat (gestrichelte Linie) deckt nur die Hälfte der Zeichenfläche ab.

**Checkliste: Objekte lassen sich nicht bearbeiten**

Wenn Objekte »verschwinden«, sich nicht mehr aktivieren und bearbeiten lassen oder auch bei der Analyse einer fremden Datei ist es nötig, den Dingen auf den Grund zu gehen. Die aufgelisteten (fett gedruckten) Symptome sind nur die gebräuchlichsten Beispiele. Die Methoden gelten selbstverständlich auch für andere Problemfälle.

**Meine Objekte sind nicht mehr da |** Sehen Sie im Ebenen-Bedienfeld nach, ob die Sichtbarkeit aller Ebenen aktiviert und die Fixierung deaktiviert ist. Suchen Sie dort direkt nach dem Eintrag Ihres Objekts.

Oder wechseln Sie mit ⌘/Strg+Y aus der Vorschau in die Pfadansicht – so sehen Sie auch Objekte, die mit der Farbe WEISS oder OHNE versehen sind.

**Ich kann keine einzelnen Punkte aktivieren |** Prüfen Sie mit dem Aussehen-Bedienfeld, ob die vermeintlichen Punkte nur das Resultat eines auf das Objekt oder die Ebene angewendeten Effekts sind. Sehen Sie im Ebenen-Bedienfeld nach, ob das Objekt fixiert ist.

**Der Transformationsrahmen ist weg |** Falls Sie den Begrenzungsrahmen vermissen, prüfen Sie im Menü ANSICHT, ob seine Anzeige vielleicht ausgeblendet ist.

**Kein Objekt lässt sich aktivieren |** Lassen sich Objekte scheinbar nicht aktivieren, obwohl sie nicht fixiert sind, so ist meist nur die Anzeige der Aktivierung ausgeblendet. Wählen Sie ANSICHT • ECKEN EINBLENDEN. Eine andere Möglichkeit ist, dass Sie die Voreinstellung OBJEKTAUSWAHL NUR ÜBER PFAD aktiviert haben. Diese bewirkt, dass ein Klick auf die Objektfläche nicht ausreicht, um das Element zu selektieren.

**Das Objekt lässt sich nicht füllen |** Verwenden Sie das Dokumentinformationen-Bedienfeld (Option OBJEKTE), um zu prüfen, ob es sich wirklich um einen geschlossenen Pfad und nicht um mehrere offene handelt. Sehen Sie in der Zielspalte des Ebenen-Bedienfelds nach, ob dem Objekt spezielle Aussehen-Eigenschaften zugewiesen sind.

**Es sind keine Objekte auf der Zeichenfläche |** Sie wählen ANSICHT • ALLE IN FENSTER EINPASSEN, und es werden keine Objekte angezeigt? Vielleicht haben Sie aus Versehen nicht auf der Zeichenfläche, sondern auf der Montagefläche gezeichnet. Dies kann vor allem dann passieren, wenn Sie die Anzeige der Seitenbegrenzung ausblenden. Zoomen Sie aus dem Dokument heraus, oder sehen Sie im Ebenen-Bedienfeld nach.

**Es werden nur Teile der Objekte gedruckt |** Blenden Sie die Zeichenfläche ein, und prüfen Sie, ob die Elemente darauf liegen. Sehen Sie mit eingeblendeter Seitenaufteilung nach, ob die Zeichenfläche richtig auf dem Papierformat ausgerichtet ist.

**Das Objekt lässt sich nicht bearbeiten |** Das Steuerungsbedienfeld zeigt die Objektart an, sobald ein Objekt ausgewählt ist. So lässt sich einfach überprüfen, ob Objekte aktiviert werden und um welche Objekte es sich handelt. Sie können nicht alle Operationen an jedem Objekt ausführen.

# 12 Transparenzen und Masken

Transparenzen begegnen Ihnen in Illustrator an vielen Stellen – vielleicht sogar, ohne dass Sie es merken. Natürlich arbeiten Sie mit Transparenz, wenn Sie mit dem Transparenz-Bedienfeld die Deckkraft eines Objekts oder im Verlauf-Bedienfeld die Deckkraft von Verlaufsfarben reduzieren, eine Füllmethode oder eine Deckkraftmaske zuweisen. Aber auch einige Live-Effekte wie Schatten, Schein und Weichzeichner beruhen auf Transparenzen. Und auch Grafikstile, Pinselspitzen und Symbole können Transparenzen enthalten.

Transparenzen sind im Nu eingerichtet, sie können jedoch beim Drucken und Exportieren Probleme bereiten, daher sollten Sie sich auch mit der Ausgabe von Transparenzen befassen.

### Dokumente und Transparenz

Anders als in Bildbearbeitungssoftware ist in Vektorgrafikprogrammen die Zeichenfläche insgesamt transparent. Das merken Sie u. a. dann, wenn Sie eine Illustrator-Datei in einem Layout platzieren: Außerhalb der Fläche des Objekts sehen Sie den Hintergrund.

▲ **Abbildung 12.1**
Platzieren im Layout: pixelbasiertes Bild (links), Vektorgrafik (rechts)

Die Transparenz in einem Illustrator-Dokument können Sie sich anzeigen lassen, indem Sie ANSICHT • TRANSPARENZRASTER EINBLENDEN wählen – Shortcut ⌘/Strg + ⇧ + D.

Voreingestellt besteht dieses Raster aus einem grau-weißen bzw. dunkelgrauen (für Video-Vorlagen) Karomuster; dies können Sie jedoch unter DATEI • DOKUMENT EINRICHTEN… im Bereich TRANSPARENZ ändern. Das Raster ist nicht-druckend und dient nur zur Bildschirmanzeige.

## 12.1 Deckkraft und Füllmethode

Die Einstellungen für Deckkraft und Füllmethode, die Zuweisung von Deckkraftmasken und die Einstellungen der Optionen für gruppierte Objekte mit Transparenzeigenschaften nehmen Sie mithilfe des Transparenz-Bedienfelds vor.

▲ **Abbildung 12.2**
Transparenzraster

## Transparenz-Bedienfeld

Rufen Sie mit dem Befehl FENSTER • TRANSPARENZ – Shortcut ⌘/Strg+⇧+F10, im Dock das Bedienfeld auf. Blenden Sie die Optionen über das Bedienfeldmenü ein, falls sie versteckt sind.

▶ FÜLLMETHODE: Die Füllmethoden ❶ bestimmen den Algorithmus, nach dem aus übereinanderliegenden Farben der Farbeindruck berechnet wird. NORMAL ist die Grundeinstellung. Alternative Füllmethoden zeigen nur dann eine Wirkung, wenn sie Objekten zugewiesen werden, die über anderen Objekten liegen. Die Auswirkungen der Füllmethoden auf die Farben werden im nächsten Abschnitt besprochen.

▶ DECKKRAFT: Durch die Deckkraft ❹ haben Sie die Möglichkeit, die Füllmethode weitergehend zu steuern, indem Sie mit einem Wert von 0 bis 100 % vorgeben, welchen Anteil die Farbe eines Objekts an der Ergebnisfarbe hat. Mit der Füllmethode NORMAL und einer Deckkraft von weniger als 100 % erzeugen Sie ein durchscheinendes Objekt.

Verwenden Sie die Deckkrafteinstellung nicht, um ein einfarbiges Objekt »aufzuhellen«. Zu diesem Zweck ist eine Farbton-Einstellung besser geeignet (siehe Kapitel 8).

▶ Miniatur: In dem Miniatur-Feld ❷ werden das ausgewählte Objekt und die darauf wirkende Deckkraftmaske angezeigt – falls für das Objekt eine Maske eingerichtet ist.

▶ Masken-Optionen: Die Einstellungen ❸ für die Deckkraftmaske sind anwählbar, sobald ein maskiertes Objekt aktiviert wurde.

▶ Optionen für Gruppen: Falls Sie Objekte gruppieren, denen Transparenzeinstellungen zugeordnet sind, können Sie mit den Optionen ❺ bestimmen, wie sich die Transparenzeinstellungen dieser Objekte innerhalb der Gruppe und in Bezug auf Objekte außerhalb der Gruppe auswirken.

### Füllmethoden-Menü

Die Optionen im Menü FÜLLMETHODE sind gruppiert. Nach der Option NORMAL folgen vier Gruppen, die anhand der Auswirkung der Methoden zusammengestellt sind: abdunkelnd, aufhellend, kontrastverändernd und invertierend. Die letzte Gruppe fasst Berechnungen mit Farbton, Sättigung und Luminanz zusammen, deren Auswirkungen auf die Farben der Objekte jedoch nicht vergleichbar sind.

Die Wirkung der Füllmethoden unterscheidet sich je nach dem Farbmodus des Dokuments. In der Regel sind die Auswirkungen der Füllmethoden im RGB-Modus stärker als im CMYK-Modus. Einige Füllmethoden zeigen jedoch im CMYK-Modus überhaupt keine Wirkung.

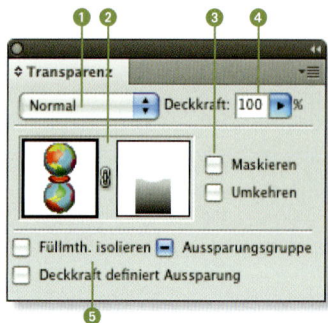

▲ **Abbildung 12.3**
Das Transparenz-Bedienfeld

### Füllmethoden per Tastatur

Die Menüauswahl im Transparenz-Bedienfeld können Sie mit eigenen Tastaturbefehlen belegen. Besonders praktisch ist die Möglichkeit, einen Befehl für das »Zappen« durch das Füllmethoden-Menü anzulegen (zum Definieren von Tastaturbefehlen siehe Kapitel 21). Dann können Sie per Tastatur die jeweils nächste bzw. vorherige Füllmethode auswählen.

### Füllmethoden weitere Infos

Die Bezeichnungen und die Wirkung der Füllmethoden entsprechen denen der Füllmethoden in Photoshop und anderen Bildbearbeitungsprogrammen.

Die Füllmethoden sind gut dokumentiert. Falls Sie sich näher für die Algorithmen interessieren, haben wir daher auch die englischen Bezeichnungen der Füllmethoden – engl. »Blend Modes« – aufgeführt.

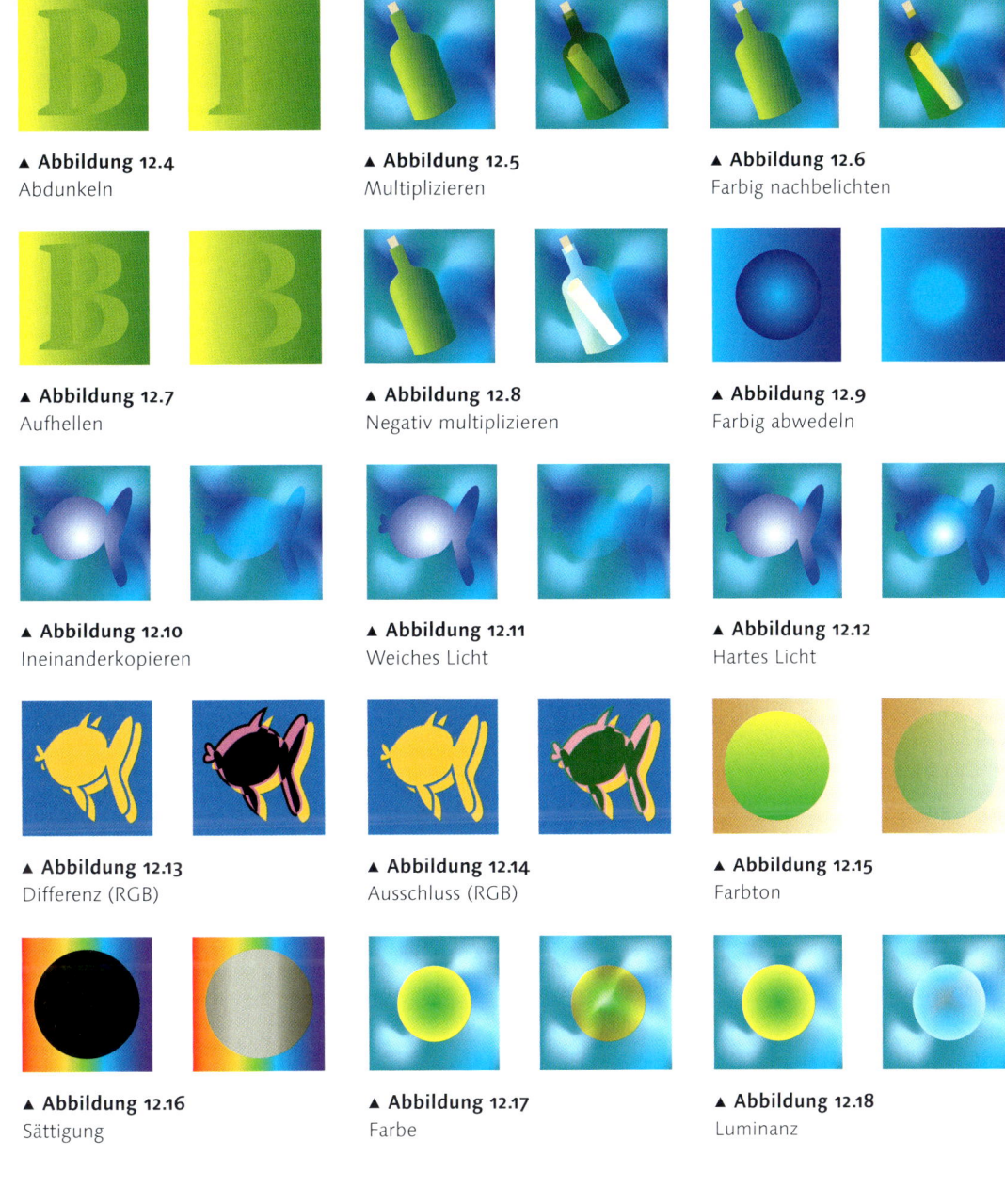

▲ Abbildung 12.4
Abdunkeln

▲ Abbildung 12.5
Multiplizieren

▲ Abbildung 12.6
Farbig nachbelichten

▲ Abbildung 12.7
Aufhellen

▲ Abbildung 12.8
Negativ multiplizieren

▲ Abbildung 12.9
Farbig abwedeln

▲ Abbildung 12.10
Ineinanderkopieren

▲ Abbildung 12.11
Weiches Licht

▲ Abbildung 12.12
Hartes Licht

▲ Abbildung 12.13
Differenz (RGB)

▲ Abbildung 12.14
Ausschluss (RGB)

▲ Abbildung 12.15
Farbton

▲ Abbildung 12.16
Sättigung

▲ Abbildung 12.17
Farbe

▲ Abbildung 12.18
Luminanz

**Bezeichnungen |** Die Farbe, die unter dem mit einer Füllmethode versehehenen Objekt liegt, bezeichnet man als **Grundfarbe**.

**Angleichungsfarbe** nennt man die Farbe, die das mit der Füllmethode versehene Objekt ursprünglich besitzt. Flächen, auf denen ein mit einer Füllmethode versehenes Objekt andere Objekte überlappt, zeigen die **Ergebnisfarbe** (siehe Abbildung 12.19).

▲ **Abbildung 12.19**
Bezeichnungen: Grundfarbe ❶, Angleichungsfarbe ❸, Ergebnisfarbe ❷

| Deutsch | Englisch |
|---|---|
| Normal | Normal |
| Abdunkeln | Darken |
| Multiplizieren | Multiply |
| Farbig nachbelichten | Color Burn |
| Aufhellen | Lighten |
| Neg. multiplizieren | Screen |
| Farbig abwedeln | Color Dodge |
| Ineinanderkopieren | Overlay |
| Weiches Licht | Soft Light |
| Hartes Licht | Hard Light |
| Differenz | Difference |
| Ausschluss | Exclusion |
| Farbton | Hue |
| Sättigung | Saturation |
| Farbe | Color |
| Luminanz | Luminosity |

▲ **Tabelle 12.1**
Füllmethoden, deutsche und englische Bezeichnungen

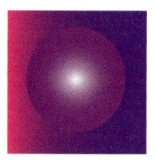 

▲ **Abbildung 12.20**
Spitzlicht mit der Füllmethode HARTES LICHT

## Die Füllmethoden

▶ **Normal**: Bei dieser Methode liegen die Flächen opak (deckend) übereinander. Nur die eingestellte Deckkraft kann zu einer Veränderung der Farben führen. Die Option NORMAL ist die Standard-Füllmethode für neu erstellte Objekte und Ebenen.

▶ **Abdunkeln**: Die jeweils dunklere von Grund- und Angleichungsfarbe bildet die Ergebnisfarbe. Die Farben beeinflussen sich aber nicht.

▶ **Multiplizieren**: Die Wirkung dieser Berechnung entspricht dem mehrfachen Übermalen einer Fläche mit Aquarellfarben. Die Ergebnisfarbe ist immer dunkler als die Ursprungsfarben. Das Multiplizieren mit Schwarz ergibt Schwarz, mit Weiß entsteht keine Veränderung.

▶ **Farbig nachbelichten**: Diese Füllmethode können Sie sich als eine verstärkte Multiplikation vorstellen. Je dunkler die Angleichungsfarbe, desto dunkler wird auch die Ergebnisfarbe. Weiß erzeugt keine Änderung. Im RGB-Modus hat diese Füllmethode eine wesentlich stärkere Wirkung als im CMYK-Modus. Verwenden Sie im CMYK-Modus 100 % Cyan, Magenta oder Gelb als Grundfarbe, werden diese nicht verändert.

▶ **Aufhellen**: Analog der Abdunkeln-Methode bildet hier die jeweils hellere Farbe die Ergebnisfarbe.

▶ **Negativ multiplizieren**: Wenn Sie mit zwei Diaprojektoren auf eine Fläche projizieren, entspricht das der Wirkung von NEGATIV MULTIPLIZIEREN.
Die Ergebnisfarbe ist heller als die Grundfarbe – mit der Angleichungsfarbe Schwarz bleibt die Grundfarbe erhalten, mit Weiß entsteht Weiß.

▶ **Farbig abwedeln**: Die Methode ist die Umkehrung von FARBIG NACHBELICHTEN. Die Angleichungsfarbe hellt die Grundfarbe auf. Je heller sie ist, desto stärker ist die Wirkung. Schwarz hat keine Auswirkung auf die Grundfarbe.
Im CMYK-Modus werden 100 % Gelb, Magenta oder Cyan nicht durch die Angleichungsfarbe beeinflusst.

▶ **Ineinanderkopieren**: Ist die Angleichungsfarbe heller als die Grundfarbe, verwendet Illustrator die Methode NEGATIV MULTIPLIZIEREN – ist die Angleichungsfarbe dunkler, die Methode MULTIPLIZIEREN. Die Zeichnung des Ursprungsbilds – Schatten und Spitzlichter – bleibt erhalten.

▶ **Weiches Licht**: Wie der Name sagt, entspricht die Wirkung dem Anstrahlen der Grafik mit diffusem Licht. Es ist ein abgeschwächtes INEINANDERKOPIEREN – die Grundfarben bleiben weitgehend erhalten.

▶ **Hartes Licht**: Hartes Licht simuliert das Anstrahlen des Grundbilds mit einem Scheinwerfer. Mit dieser Methode erhalten Sie die Zeichnung des Angleichungsbilds. Das Grundbild moduliert dessen Kontrast. Verwenden Sie hartes Licht z. B., um Spitzlichter und Schatten zu setzen.

- **Differenz**: Die beschriebene Wirkung entsteht nur im RGB-Modus. Ist die Angleichungsfarbe heller, wird die Grundfarbe invertiert; ist die Grundfarbe heller, wird die Angleichungsfarbe invertiert. Sind Grund- und Angleichungsfarbe identisch, entsteht Schwarz.
- **Ausschluss**: Ausschluss erzeugt eine kontrastärmere Wirkung von Differenz – wie diese aber auch nur im RGB-Modus.
- **Farbton**: Die Ergebnisfarbe erhält den Farbton der Angleichungsfarbe und die Sättigung der Grundfarbe. Die Helligkeit der Ergebnisfarbe entspricht dem Grauwert, der entsteht, wenn die Grundfarbe in Graustufen umgewandelt würde. Die Grundfarbe Grau wird nicht verändert.
- **Sättigung**: Bei dieser Methode hat die Ergebnisfarbe die Sättigung der Angleichungsfarbe, dafür Farbton und Helligkeit der Grundfarbe. Sind sowohl Grund- als auch Angleichungsfarbe »reine« Farben, erfolgt im RGB- und CMYK-Modus keine Änderung.
- **Farbe**: Farbton und Sättigung der Ergebnisfarbe werden von der Angleichungsfarbe übernommen. Die Helligkeit entspricht dem Grauwert der Grundfarbe.
Im RGB-Modus können Sie diese Methode verwenden, um Graustufenbilder mit überlagerten Farbflächen zu kolorieren. Im CMYK-Modus werden Grautöne als Grundfarben nicht verändert.
- **Luminanz**: Dies ist praktisch die Umkehrung der Füllmethode FARBE. Farbton und Sättigung der Ergebnisfarbe entsprechen den Werten der Grundfarbe. Die Helligkeit wird vom Grauwert der Angleichungsfarbe übernommen.

**Transparenzen zuweisen**

Deckkraft- und Füllmethode lassen sich auf Ebenen, Gruppen, Objekte und unabhängig voneinander auf deren Konturen und Füllungen anwenden. Einstellungen, die Sie für eine Ebene und ein Objekt vorgenommen haben, verhalten sich kumulativ. Das kann bei Füllmethoden zu unerwünschten Resultaten führen.

Möchten Sie einem Objekt oder einer Gruppe eine Transparenzeinstellung zuweisen, wählen Sie das Objekt oder die Gruppe aus und nehmen die Einstellung mithilfe des Transparenz-Bedienfelds vor. Zielgenauer gehen Sie vor, indem Sie das Ebenen- und das Aussehen-Bedienfeld verwenden, um Transparenzeinstellungen zu definieren (zu Ebenen, Aussehen siehe Kapitel 11).

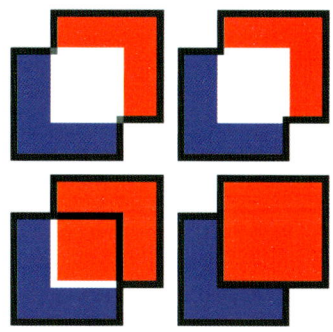

▲ **Abbildung 12.21**
Volltonfarben (Schmuckfarben) können Sie nicht mit allen Füllmethoden wie erwartet verwenden. Hier (v. l. o.): NEGATIV MULTIPLIZIEREN, AUFHELLEN, FARBTON, LUMINANZ

▲ **Abbildung 12.22**
Kolorieren eines Graustufenbilds

**Volltonfarben und Transparenz**

Wenn Sie Volltonfarben mit Transparenz verwenden möchten, sollten Sie die Ergebnisse regelmäßig mit der Überdruckenvorschau vergleichen. Prüfen Sie auch die Separation der Dateien sorgfältig.

**Transparenzanzeige**

Das Aussehen-Bedienfeld zeigt in der Objekthierarchie vorhandene Transparenzen durch das Transparenz-Symbol ▨ an.

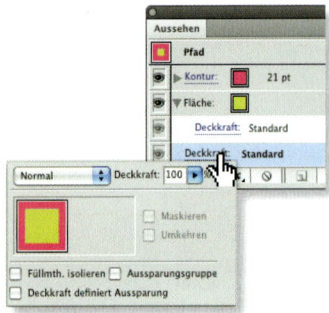

▲ Abbildung 12.23
Mit einem Klick auf DECKKRAFT rufen Sie das Transparenz-Bedienfeld auf.

Gehen Sie wie folgt vor:
1. Wählen Sie das Objekt, die Gruppe oder Ebene als Ziel aus.
2. Klicken Sie im Aussehen-Bedienfeld auf den Eintrag DECKKRAFT des Objekts, seiner Fläche oder seiner Kontur, um das Transparenz-Bedienfeld aufzurufen. Wählen Sie die Füllmethode, und/oder geben Sie eine Deckkraft im Transparenz-Bedienfeld ein.

### Schwarz und Weiß

Im Farbmodus CMYK arbeiten viele Füllmethoden, z. B. NEGATIV MULTIPLIZIEREN und AUFHELLEN nicht wie erwartet, wenn Schwarz (100 % K) beteiligt ist: Es spart aus. Probieren Sie in diesen Fällen ein sattes Schwarz (achten Sie auf den maximalen Druckauftrag).

Die beiden genannten Füllmethoden zeigen darüber hinaus keine Wirkung, wenn keine Hintergrundfläche in der Grafik vorhanden ist. Legen Sie eine weiße Fläche in den Hintergrund.

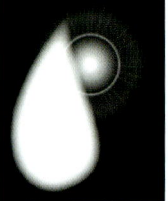

▲ Abbildung 12.24
Eine Flamme mit der Füllmethode NEGATIV MULTIPLIZIEREN und ein Blendenfleck auf Schwarz; 100 % K (Mitte), Tiefschwarz (rechts); ohne Füllmethode (links)

▲ Abbildung 12.25
Ein Schwarzweißverlauf (NEGATIV MULTIPLIZIEREN) auf farbigem Hintergrund; 100 % K zu Weiß (Mitte); Tiefschwarz zu Weiß (rechts); ohne Füllmethode (links)

> **Auswahl nach Deckkraft**
>
> Deckkraft- oder Füllmethode-Einstellungen, die lediglich einer Kontur oder Fläche zugewiesen sind, werden bei AUSWAHL • GLEICH • DECKKRAFT nicht berücksichtigt. Die Auswahl vergleicht nur Einstellungen für das ganze Objekt.

### Objekte mit einer bestimmten Deckkraft oder Füllmethode auswählen

Alle Objekte, die eine vorgegebene oder die gleiche Deckkraft oder Füllmethode wie ein bestimmtes Objekt besitzen, wählen Sie folgendermaßen aus:
1. Aktivieren Sie ein Objekt, das die gewünschte Einstellung besitzt, oder deaktivieren Sie alle Objekte, und geben Sie die gesuchte Einstellung – Deckkraft oder Füllmethode – im Transparenz-Bedienfeld ein.
2. Wählen Sie AUSWAHL • GLEICH • DECKKRAFT bzw. FÜLLMETHODE.

▲ Abbildung 12.26
Mit Aussparungsgruppen (unten) lässt sich vieles einfacher lösen.

### Transparenz und Gruppen

Ein Objekt, das mit Transparenz versehen ist, verursacht Wechselwirkungen mit allen unter ihm liegenden Objekten. Ist das Objekt jedoch Teil einer Gruppe oder liegt es auf einer eigenen Ebene, können Sie die Wechselwirkungen einschränken.

Das Transparenz-Bedienfeld bietet die Optionen FÜLLMETHODE ISOLIEREN und AUSSPARUNGSGRUPPE. Aktivieren Sie die Gruppe, oder wählen Sie die Ebene als Ziel aus, und verwenden Sie anschließend das Transparenz-Bedienfeld, um die Optionen zu definieren.

**Füllmethode isolieren** | Aktivieren Sie diese Option, um die Wirkung der Füllmethode auf Objekte innerhalb der Gruppe oder Ebene zu beschränken. Im Beispiel von Abbildung 12.27 (rechts) wird eine Multiplikation innerhalb der Gruppe der gelben Blume ausgeführt, aber beeinflusst keine anderen Objekte.

▲ **Abbildung 12.27**
Füllmethode isoliert (rechts)

Es wird jedoch nur die Füllmethode isoliert – die Deckkrafteinstellung betrifft auch Objekte, die nicht zur Gruppe gehören.

Objekte, die in der Stapelreihenfolge über den mit einer Füllmethode versehenen Objekten liegen (wie die blaue Blume), sind von den Auswirkungen der Transparenz unbeeinflusst.

**Aussparungsgruppe** | Mit dieser Option lassen sich die Objekte innerhalb der Gruppe von den Berechnungen der Deckkraft und der Füllmethode ausschließen, d. h., nur Objekte außerhalb der Gruppe sind betroffen – siehe Abbildung 12.28 (rechts).
Die Option kann einen von drei Zuständen annehmen. Diese Zustände wechseln jeweils nach einem Mausklick:

▲ **Abbildung 12.28**
Aussparungsgruppe deaktiviert (links) und aktiviert (rechts)

- DEAKTIVIERT ▢: Füllmethode und Deckkraft werden auf alle Objekte innerhalb wie außerhalb der Gruppe berechnet.
- AKTIVIERT ☑: Die zur Gruppe gehörenden Objekte haben keine Wechselwirkungen untereinander und werden behandelt, als wären sie opak. Dies ist die Standardeinstellung für Überblendungen (zu Angleichungen siehe Kapitel 9).

▲ **Abbildung 12.29**
Überblendung: AUSSPARUNGSGRUPPE aktiviert (oben)

- NEUTRAL ▣: Verwenden Sie die Einstellung NEUTRAL, um die Aussparungsoption einer übergeordneten Gruppe oder Ebene nicht zu beeinflussen. Die Einstellung ist wichtig für ineinander verschachtelte Gruppen. Bei neuen Gruppen oder Ebenen setzt Illustrator automatisch diese Einstellung.

**Optionen** | Beide Einstellungen lassen sich für die oberste Ebene der Objekthierarchie – also für die gesamte Seite – anwenden. Das benötigen Sie, wenn Sie Ihre Grafik in Adobe InDesign weiterverarbeiten wollen und z. B. unterbinden möchten, dass die Füllmethoden der Objekte in der Illustrator-Datei auch auf Objekte in der InDesign-Datei wirken.

▲ **Abbildung 12.30**
Die Option ISOLIERTE FÜLLMETHODE AUF SEITE (rechts)

Um die jeweilige Einstellung für die ganze Seite zu setzen, wählen Sie aus dem Bedienfeldmenü ISOLIERTE FÜLLMETHODE AUF SEITE bzw. AUSSPARUNGSGRUPPE AUF SEITE.

▲ **Abbildung 12.31**
Das Aussehen-Bedienfeld mit Transparenz-Symbolen

### Transparenzeinstellungen zurücksetzen

Die Transparenzeinstellungen eines Objekts sowie der übergeordneten Gruppen und Ebenen können nicht zusammen gelöscht werden. Stattdessen müssen Sie jedes einzelne Element der Objekthierarchie aktivieren bzw. als Ziel auswählen, um die Transparenzeinstellungen auf den Standardwert – Normal mit 100 % Deckkraft – zurückzusetzen. Denken Sie daran, auch die Optionen FÜLLMETHODE ISOLIEREN und AUSSPARUNGSGRUPPE anzupassen. Ist Transparenz die einzige Aussehen-Eigenschaft z. B. einer Gruppe, können Sie sich Arbeit ersparen, indem Sie den Button AUSSEHEN LÖSCHEN ⊘ im Aussehen-Bedienfeld verwenden.

### Schritt für Schritt: Aussparungsgruppe

**1  Aufgabenanalyse**

Die Datei »T-Shirt-start.ai« soll für die Produktion vorbereitet werden. Mit möglichst wenig Aufwand – das heißt, ohne Anwendung der Pathfinder-Funktionen – erhalten Sie im Anschluss die benötigten Farbauszüge. Normalerweise würden alle Flächen aussparen, dies ist hier allerdings nicht überall gewünscht – so soll zum Beispiel die weiße Fläche im Hintergrund voll gedruckt werden und auch die schwarzen Outlines sollen einfach überdrucken.

▲ **Abbildung 12.32**
So soll es aussehen: Die wichtigsten Farbauszüge: weiß (links), orange (Mitte), schwarz (rechts).

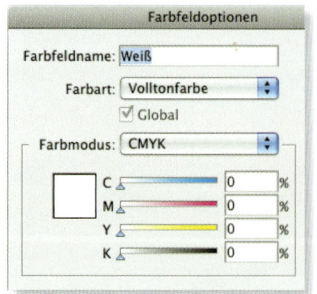

▲ **Abbildung 12.33**
Volltonfarbe Weiß

**2  Volltonfarbe Weiß anlegen**

Damit Weiß als Farbauszug generiert wird, müssen Sie es zunächst in eine Volltonfarbe umwandeln. Doppelklicken Sie auf den Eintrag im Farbfelder-Bedienfeld, und wählen Sie die Option VOLLTONFARBE. Wählen Sie anschließend alle weißen Objekte mit dem Zauberstab aus, und weisen Sie ihnen die eben generierte Volltonfarbe neu zu. Es kann auch sinnvoll sein, die Farbdefinition von Weiß zu ändern, sodass die Existenz dieser Fläche selbst bei oberflächlicher Betrachtung der Datei gleich erkannt wird.

**3  Elemente übersichtlich hierarchisch ordnen**

Um die Bearbeitung zu vereinfachen, sollten Sie zunächst einige Gruppen erstellen. Wählen Sie die braunen Elemente mit dem Zauberstab aus, und gruppieren Sie sie. Aktivieren Sie anschließend die beigen Elemente sowie die kleine orange Fläche im Ohr des Motivs, und gruppieren Sie diese ebenfalls.

Zum Schluss wählen Sie die eben erzeugten Gruppen sowie den orangen Körper und die hellblaue Fläche aus und gruppieren diese miteinander.

**4  Überdruckenvorschau einstellen**

Um die Ergebnisse der folgenden Schritte beurteilen zu können, benötigen Sie die Überdruckenvorschau – aktivieren Sie sie unter Ansicht • Überdruckenvorschau.

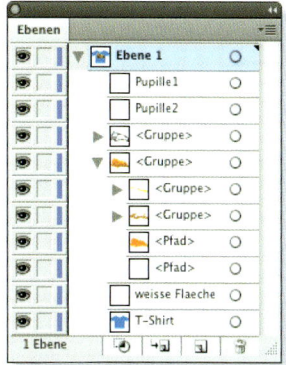
▲ Abbildung 12.34
Hierarchische Gruppierung

**5  Überdrucken einrichten**

Da die weiße Fläche komplett hinter dem Motiv gedruckt werden soll, muss das Motiv sie überdrucken. Selektieren Sie also die in Schritt 3 erstellte Gruppe mit dem Auswahl-Werkzeug, rufen Sie das Attribute-Bedienfeld auf – Shortcut ⌘/Strg+F11 –, und aktivieren Sie die Option Fläche überdr. Die Auswirkung zeigt sich unmittelbar in der Bildschirmansicht: Die meisten Objekte sind viel dunkler – einige Objekte sind gar nicht mehr sichtbar.

▲ Abbildung 12.35
Das Motiv überdruckt

**6  Überdrucken innerhalb des Motivs verhindern**

Damit das Motiv insgesamt zwar die weiße Fläche überdruckt, jedoch innerhalb des Motivs kein Überdrucken stattfindet, rufen Sie das Transparenz-Bedienfeld auf und aktivieren dort die Option Aussparungsgruppe.

**7  Überdrucken der schwarzen Outline**

Zu guter Letzt richten Sie noch das Überdrucken der schwarzen Outline ein. Wählen Sie die Outline mit dem Auswahl-Werkzeug aus, und aktivieren Sie die Option Fläche überdr. Das Objekt T-Shirt löschen Sie jetzt – es wird für die Produktion nicht mehr benötigt.

▲ Abbildung 12.36
Option Aussparungsgruppe

**8  Separationen prüfen**

Die Separationen überprüfen Sie mit dem neuen Separationenvorschau-Bedienfeld (siehe Kapitel 19). Rufen Sie es im Menü Fenster auf. Durch Anklicken der Auge-Symbole deaktivieren Sie zunächst die Anzeige von Cyan, Magenta und Yellow. Blenden Sie dann Schwarz aus, und überprüfen Sie dabei, ob es überall überdruckt. Dann blenden Sie nacheinander Braun, Beige, Orange und Hellblau aus. Stellen Sie sicher, dass diese Farben nicht über-

▲ Abbildung 12.37
Das druckfertige Motiv

drucken. Weiß sollte abschließend als durchgehende Fläche übrig bleiben.

**Abbildung 12.38** ▶
Überprüfen des Schwarz-Auszugs mit dem Separationenvorschau-Bedienfeld

Noch genauer können Sie Separationen in der Separationsvorschau von Adobe Acrobat prüfen. Dazu speichern Sie ein PDF – achten Sie darauf, keine Farbkonvertierung durchzuführen.

## 12.2 Deckkraftmasken

Eine Deckkraftmaske ermöglicht es, einem Objekt eine uneinheitliche Opazität zuzuweisen, indem ein Maskenobjekt die Deckkraft vorgibt. Dies ist vergleichbar mit Alpha-Kanälen im Bildbearbeitungs- und Video-Bereich.

Wie beim Alpha-Kanal steuert der Grauwert des Maskenobjekts die »Durchsichtigkeit« der Grafik. An den schwarzen Stellen der Maske ist das Grafikobjekt durchsichtig, an weißen Stellen deckend. Grautöne unterschiedlicher Intensität variieren die Deckkraft.

Eine Deckkraftmaske lässt sich aus allen Illustrator-Objekten herstellen, wie z. B. aus Textobjekten, Verlaufsgittern, platzierten Bildern sowie mit Mustern und Verläufen versehenen Objekten. Sowohl die Maske als auch die Gruppe der maskierten Objekte lässt sich jederzeit im Nachhinein editieren und ergänzen.

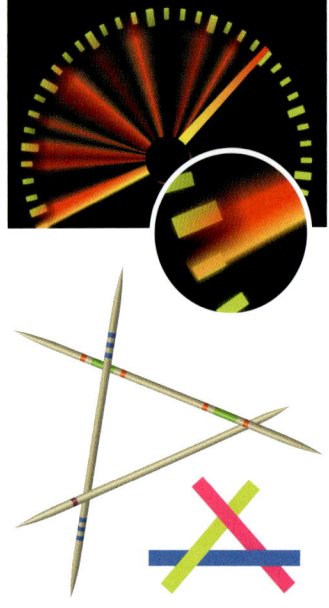

▲ **Abbildung 12.39**
Deckkraftmasken ermöglichen die Illustration von Transparenz auch in schwierigen Fällen, und sie ermöglichen es, Objekte über- und untereinander zu legen.

### Deckkraftmaske erstellen

Eine Deckkraftmaske für Objekte oder Gruppen können Sie erstellen, indem Sie ein bestehendes Objekt umwandeln oder die Maske im »Maskierungsmodus« konstruieren.

Sie benötigen die Anzeige der Miniaturen im Transparenz-Bedienfeld – wählen Sie MINIATUREN EINBLENDEN, falls sie nicht bereits angezeigt werden.

> **Transparente Verläufe vor CS4**
>
> Illustrator-Versionen vor CS4 können noch keinen Verlauf von einer Farbe in die Transparenz erstellen – die Deckkraftmaske ist dafür der gebräuchliche Workaround.

**Objekt in Maske umwandeln** | Dies ist der einfachste Weg, Objekte zu maskieren. Diese Methode müssen Sie außerdem wählen, wenn Sie mehrere Elemente zusammen mit einer Maske versehen möchten. Gehen Sie wie folgt vor:

1. Um eine Kombination mehrerer Objekte als Maske zu verwenden, müssen diese zunächst gruppiert werden. Denn nur einzelne Objekte oder Gruppen lassen sich in ein Maskenobjekt umwandeln.
Die Maske aus Abbildung 12.40 besteht aus drei Objekten: einer schwarzen und einer weißen Fläche sowie einem Angleichungsobjekt – alle sind miteinander gruppiert.
2. Positionieren Sie das Maskenobjekt an die gewünschte Stelle in der Stapelreihenfolge über das oder die zu maskierenden Objekte ❶. Das Maskenobjekt muss nicht auf derselben Ebene liegen wie das maskierte Objekt.
3. Aktivieren Sie das Maskenobjekt und das oder die zu maskierenden Objekte.
4. Wählen Sie DECKKRAFTMASKE ERSTELLEN aus dem Menü des Transparenz-Bedienfelds ❷. Im Ebenen-Bedienfeld wird das maskierte Objekt durch eine gestrichelte Unterstreichung gekennzeichnet ❸.

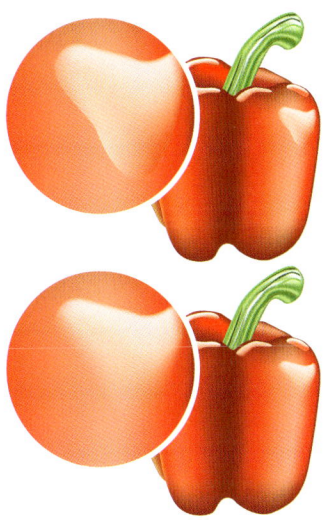

▲ **Abbildung 12.40**
Die Deckkraftmaske erzeugt einen weichen Übergang zwischen zwei Verlaufsgitterobjekten.

◀ **Abbildung 12.41**
Umwandeln vorhandener Objekte in eine Deckkraftmaske

**Leere Maske für Objekte oder Ebenen erstellen** | Wenn Sie eine Ebene mit einer Deckkraftmaske versehen möchten, müssen Sie diese Methode verwenden. Sie können aber auch Einzelobjekte auf diese Art mit einer Maske versehen. Und so geht's:
1. Falls Sie bereits ein Maskenobjekt vorbereitet haben, kopieren Sie es in die Zwischenablage oder schneiden es aus.
2. Aktivieren Sie ein einzelnes Objekt oder eine Gruppe bzw. wählen Sie das zu maskierende Objekt, die Gruppe oder Ebene im Ebenen-Bedienfeld als Ziel aus (zur Ziel-Auswahl siehe Kapitel 11).
3. Wählen Sie DECKKRAFTMASKE ERSTELLEN aus dem Menü des Transparenz-Bedienfelds, oder doppelklicken Sie auf den Platz rechts neben der Objekt-Miniatur. Illustrator erzeugt eine leere Maske. Mit einem Klick auf die Masken-Miniatur wechseln Sie in den Maskierungsmodus.
Der Modus wird im Titelbalken durch den Begriff <DECKKRAFTMASKE> angezeigt, der an den Dateinamen angehängt wird, sowie durch die Umrandung der Masken-Miniatur im Transparenz-Bedienfeld. Im Ebenen-Bedienfeld steht nur eine Ebene

▲ **Abbildung 12.42**
Anzeige des Maskierungsmodus im Titelbalken; in diesem Modus haben Sie nur Zugriff auf die betreffenden Maskenobjekte, andere Objekte sind nicht aktiv.

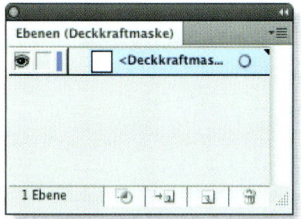

▲ **Abbildung 12.43**
Ebenen-Bedienfeld im Maskierungsmodus

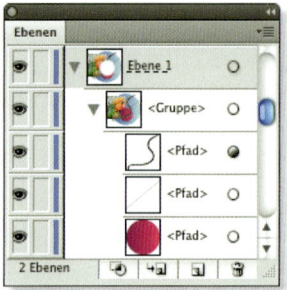

▲ **Abbildung 12.44**
Die Ebene »Ebene_1« ist mit einer Deckkraftmaske versehen, zu erkennen an der gestrichelten Unterstreichung.

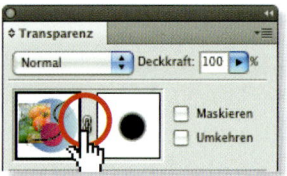

▲ **Abbildung 12.45**
Deckkraftmaskenverknüpfung aufheben

▲ **Abbildung 12.46**
Originalobjekte und Masken (oben); Maskieren aktiviert (Mitte) bzw. deaktiviert (unten); links ist das Maskieren erwünscht, rechts nicht.

zur Verfügung – sie ist als <Deckkraftmaske> gekennzeichnet.
4. Erstellen Sie die Maske mit den Werkzeugen von Illustrator, oder fügen Sie das vorbereitete Maskenobjekt aus der Zwischenablage ein.
5. Beenden Sie den Maskierungsmodus mit einem Klick auf die Miniatur des maskierten Objekts. Im Ebenen-Bedienfeld erkennen Sie die maskierte Ebene oder das maskierte Objekt an der gestrichelten Unterstreichung.

### Verknüpfung von Objekt und Deckkraftmaske

Die Miniatur eines Maskenobjekts wird neben der Miniatur des maskierten Objekts im Transparenz-Bedienfeld angezeigt. Per Voreinstellung sind Objekt und Maske miteinander verknüpft – dies erkennen Sie an dem Ketten-Symbol 🔗 zwischen den beiden Miniaturen. Die Verknüpfung bedingt, dass das Maskenobjekt transformiert wird, wenn Sie das maskierte Objekt drehen, skalieren, spiegeln oder verbiegen.

Umgekehrt ist das nicht der Fall – wenn Sie im Maskierungsmodus die Maske transformieren, bleibt das maskierte Objekt davon unbeeinflusst.

Klicken Sie auf das Ketten-Symbol 🔗, oder wählen Sie Deckkraftmaskenverknüpfung aufheben aus dem Bedienfeldmenü, um die Verknüpfung zwischen Maske und maskiertem Objekt zu lösen. Die Maske bleibt dann in ihrer Position, wenn Sie das maskierte Objekt bearbeiten. Klicken Sie erneut zwischen die Miniaturen, oder wählen Sie Deckkraftmaske verknüpfen aus dem Bedienfeldmenü, um die Verknüpfung wieder einzurichten.

### Freistellungsoption (Maskieren)

Eine neue Deckkraftmaske richtet Illustrator standardmäßig so ein, dass das Maskenobjekt nicht nur über seinen Grauwert die Opazität des maskierten Objekts bestimmt, sondern dass dieses durch die Außenform des Maskenobjekts gleichzeitig freigestellt wird. Zu erkennen ist dies am schwarzen Hintergrund der Masken-Miniatur.

Möchten Sie die Deckkraftmaske nicht als Freistellungsmaske verwenden, deaktivieren Sie die Option Maskieren im Transparenz-Bedienfeld.

Das Verhalten von Illustrator, eine neue Deckkraftmaske als Freistellmaske zu verwenden, können Sie ausschalten. Deaktivieren Sie dafür im Bedienfeldmenü die Option Neue Deckkraftmasken sind Schnittmasken. Die Option ist programmbezogen, Illustrator verwendet sie also für jedes neue Dokument sowie für bestehende Dokumente, die Sie öffnen.

### Deckkraftmaske invertieren

Möchten Sie die Maske umkehren, d.h., Bereiche maskieren, die sichtbar sind, und verborgene Bereiche anzeigen, aktivieren Sie die Option INVERTIEREN im Transparenz-Bedienfeld. Die Option kehrt die Helligkeitswerte der Maske um. Die Maske selbst wird nicht verändert, daher können Sie ihr normales Verhalten wieder herstellen, indem Sie die Option deaktivieren.

Möchten Sie die Invertierung für jede neue Maske automatisch aktivieren, wählen Sie die Option NEUE DECKKRAFTMASKEN SIND INVERTIERT aus dem Bedienfeldmenü.

**Freistellung und Schrift |** Verwenden Sie schwarze Schrift als Deckkraftmaske, ist das maskierte Objekt zunächst unsichtbar. Das erwartete Verhalten der Textmaske erreichen Sie, indem Sie sowohl INVERTIEREN als auch MASKIEREN aktivieren.

### Deckkraftmaske bearbeiten

Wenn Sie die Maske eines Objekts bearbeiten möchten, aktivieren Sie das maskierte Objekt bzw. wählen es in der Ebenen-Maske als Ziel aus. Im Transparenz-Bedienfeld klicken Sie auf die Masken-Miniatur, um in den Deckkraftmasken-Modus zu wechseln. In diesem Modus lassen sich Maskenobjekte editieren und neue Objekte zur Maske hinzufügen.

### Modifikationsmöglichkeiten

▶ Drücken Sie ⌥/Alt, und klicken Sie auf die Masken-Miniatur, um nur das Maskenobjekt auf der Zeichenfläche anzuzeigen und andere Objekte auszublenden.
▶ Wählen Sie ANSICHT • PFADANSICHT – Shortcut ⌘/Strg+Y, um den Vorschaumodus zu verlassen.

### Maskengruppe bearbeiten und ergänzen

Mehrere mit einer gemeinsamen Deckkraftmaske versehene Objekte werden beim Erstellen der Maske gruppiert. Einzelne Objekte aus dieser Gruppe müssen Sie mit dem Direktauswahl-, dem Gruppenauswahl-Werkzeug oder dem Lasso aktivieren, um sie zu bearbeiten.

Möchten Sie die Maskierungsgruppe um weitere Objekte ergänzen, haben Sie zwei Möglichkeiten:
▶ Erstellen Sie zunächst die neuen Objekte an den gewünschten Positionen, und verwenden Sie anschließend das Ebenen-Bedienfeld, um diese Objekte in die Gruppe an die passende Position zu verschieben (zu Ebenen siehe Kapitel 11).
▶ Doppelklicken Sie auf die maskierte Gruppe auf der Zeichenfläche, um sie zu »isolieren«. Der Isolationsmodus wird im

> **Schwarz-Definition beachten**
>
> Wenn Sie Schwarzweißverläufe in RGB-Dateien in einer Deckkraftmaske verwenden, achten Sie darauf, dass das darin definierte Schwarz RGB 0/0/0 entspricht. Ein Graustufenschwarz in einer Deckkraftmaske erzeugt keinen Übergang zu kompletter Transparenz (links). Diese Farbe müssten Sie manuell in RGB 0/0/0 konvertieren.

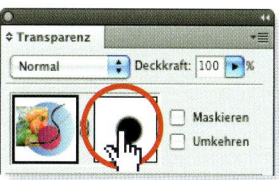

▲ **Abbildung 12.47**
In den Deckkraftmasken-Modus wechseln

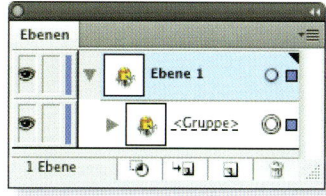

▲ **Abbildung 12.48**
Anzeige einer maskierten Gruppe im Ebenen-Bedienfeld

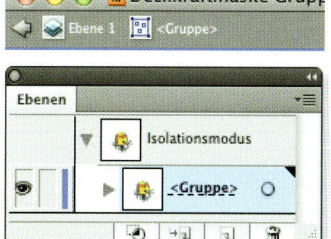

▲ **Abbildung 12.49**
Isolationsmodus: Titelbalken der Datei und Ebenen-Bedienfeld

Titelbalken und im Ebenen-Bedienfeld angezeigt. Anschließend arbeiten Sie mit den Objekten, als wären sie nicht gruppiert (zum Isolationsmodus siehe Abschnitt 11.4).

### Deckkraftmaske deaktivieren

Soll die Deckkraftmaske zwar erhalten bleiben, jedoch – vorübergehend – deaktiviert werden, aktivieren Sie das Objekt bzw. wählen es im Ebenen-Bedienfeld als Ziel aus und wählen DECKKRAFTMASKE DEAKTIVIEREN aus dem Menü des Transparenz-Bedienfelds. Alternativ drücken Sie ⇧ und klicken auf die Masken-Miniatur. Die deaktivierte Maske wird durch ein rotes Kreuz in der Miniatur angezeigt.

Wählen Sie DECKKRAFTMASKE AKTIVIEREN bzw. drücken Sie ⇧, und klicken Sie erneut auf die Miniatur, um die Maske wieder zu aktivieren.

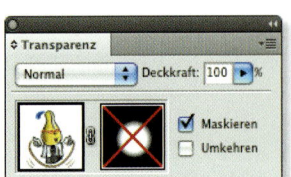

▲ **Abbildung 12.50**
Deckkraftmaske deaktiviert

### Deckkraftmaske vom Objekt entfernen

Möchten Sie die Maske vom Objekt entfernen, wählen Sie das Objekt im Ebenen-Bedienfeld als Ziel aus und dann aus dem Menü des Transparenz-Bedienfelds DECKKRAFTMASKE ZURÜCKWANDELN.

Das oder die zur Maske gehörenden Objekte werden in »normale« Vektorobjekte umgewandelt und in der Stapelreihenfolge über dem maskierten Objekt positioniert. Bildeten mehrere Objekte die Maske, so sind diese gruppiert.

### Deckkraft definiert Aussparung

Mit dieser Option können Sie die Funktionsweise von Aussparungsgruppen (zu »Transparenz und Gruppen« siehe Abschnitt 12.1) und Deckkraftmasken zu komplexen transparenten Überlagerungen kombinieren, z. B. für die Illustration von gläsernen Objekten.

Die Option DECKKRAFT DEFINIERT AUSSPARUNG wird beliebigen untergeordneten Objekten innerhalb einer Aussparungsgruppe zugewiesen.

▲ **Abbildung 12.51**
Über dem Haus liegen zwei in ihrer Deckkraft reduzierte graue Formen, auf denen mit einer Deckkraftmaske versehene gelbe Rechtecke platziert sind.
Auf dem unteren Bild ist das Haus mit den Feldern eine Aussparungsgruppe – bei den Feldern unten rechts ist DECKKRAFT DEFINIERT AUSSPARUNG aktiv.

Während bei einer einfachen Aussparungsgruppe die Form des obersten Objekts der Gruppe die Aussparung bestimmt, sind es mit dieser Option die Form des betreffenden Objekts und seine Deckkraft. So können Sie also sehr komplexe Formen von Transparenz in Objekten erzeugen, durch die der Hintergrund hindurchscheint.

Die Option ist nur in Verbindung mit anderen Füllmethoden als NORMAL bzw. einer Deckkraftmaske nützlich, und die Hierarchie der Gruppe muss sorgfältig geplant werden.

## Schritt für Schritt: Umfangreichere Aussparungsgruppen

◀ **Abbildung 12.52**
Das fertiggestellte Design

### 1 Deckkraftmaske einrichten

Öffnen Sie die Datei »Busdesign-start.ai« von der DVD. Sie enthält alle benötigten Objekte sowie die Deckkraftmasken auf ausgeblendeten Ebenen.

Sie sollen jetzt im Ebenen- und im Transparenz-Bedienfeld die letzten Einstellungen vornehmen. Sehen Sie sich zunächst den Aufbau der Datei an, indem Sie die Elemente nacheinander ausblenden. Blenden Sie anschließend alle Elemente ein.

Da fast alle Elemente direkt übereinanderliegen und im weiteren Verlauf des Workshops gruppiert werden, verwenden Sie für das Auswählen der Elemente am besten die Auswahlspalte im Ebenen-Bedienfeld (siehe Kapitel 11).

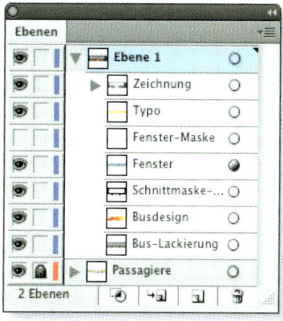

▲ **Abbildung 12.53**
Der Datei-Aufbau

Beginnen Sie damit, das Flammendesign auf die Form des Busses zuzuschneiden. Wählen Sie die Objekte BUSDESIGN und SCHNITTMASKE-DESIGN aus, und rufen Sie OBJEKT • SCHNITTMASKE • ERSTELLEN auf (siehe Abbildung 12.54).

▲ **Abbildung 12.54**
Schnittmaske für das Busdesign

Anschließend erstellen Sie eine Deckkraftmaske für die Fenster. Blenden Sie FENSTER-MASKE ein, und aktivieren Sie dieses Masken-Objekt sowie das Objekt FENSTER. Wählen Sie im Bedienfeldmenü des Transparenz-Bedienfelds DECKKRAFTMASKE ERSTELLEN.

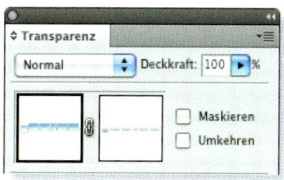

▲ **Abbildung 12.55**
Deckkraftmaske für die Fenster

12.2 Deckkraftmasken | **379**

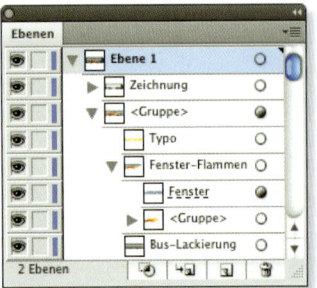

▲ **Abbildung 12.56**
Gruppierungshierarchie des Busses

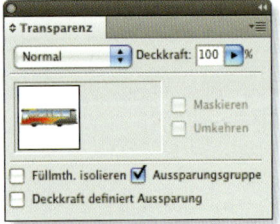

▲ **Abbildung 12.57**
Aussparungsgruppe

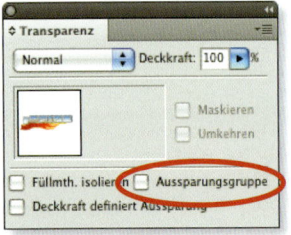

▲ **Abbildung 12.58**
Aussparungsgruppe der »Fenster-Flammen« deaktiviert

▲ **Abbildung 12.59**
Den durch den Schatten scheinenden Hintergrund korrigieren Sie mit der Option Füllmethode isolieren.

**2** **Aussparungsgruppe erstellen**

In diesem Schritt werden die Fenster durchsichtig. Aktivieren und gruppieren Sie zunächst Fenster und das mit der Schnittmaske versehene Busdesign – nennen Sie diese Gruppe Fenster-Flammen. Diese Gruppe gruppieren Sie anschließend mit der Zeichnung, Typo und Bus-Lackierung (siehe Abbildung 12.56).

Wählen Sie die Gruppe aus, und aktivieren Sie die Option Aussparungsgruppe im Transparenz-Bedienfeld. Damit wirkt die Deckkraftmaske, die Sie ursprünglich nur für die Fenster angelegt hatten, auf die gesamte Gruppe – die dahinterliegenden Objekte werden sichtbar.

**3** **Details**

Durch die Fenster sehen Sie jetzt zwar die Passagiere, aber das Flammendesign ist noch hinter den Fenstern versteckt. Selektieren Sie die Gruppe Fenster-Flammen, und deaktivieren Sie die Option Aussparungsgruppe, die bisher Neutral eingestellt war.

Als kleine Ausschmückung sollen die Fenster noch einen Schlagschatten erhalten: Wählen Sie Fenster als Ziel aus (zur Zielauswahl siehe Kapitel 11), und weisen Sie den Schlagschatten-Effekt zu: x-/y-Versatz 0,3 mm, Weichzeichnen 0,35 mm.

**4** **Ein Problem mit Transparenz-Effekten**

Am Schatten hat sich durch die Füllmethode in Verbindung mit der Aussparungsgruppe ein kleiner Schönheitsfehler eingeschlichen. Diesen korrigieren Sie, indem Sie bei dem noch ausgewählten »Fenster« die Option Füllmethode isolieren im Transparenz-Bedienfeld aktivieren.

## 12.3 Transparenz-Effekte

Mithilfe von Effekten lässt sich eine transparente Optik zum einen durch die Transparenz-Simulation herstellen. Zum anderen enthält Illustrator auch Effekte, die »Live«-Transparenz nutzen.

### Hart mischen und Weich mischen

Um Objekte weich oder hart zu mischen, aktivieren Sie sie, gruppieren sie und wählen EFFEKT • PATHFINDER • WEICH bzw. HART MISCHEN aus dem Menü.

Diese beiden Effekte imitieren nur die Optik einer Transparenz, indem Sie die Überschneidungsfläche mit Farbmischungen versehen, die aus den Farben der beteiligten Objekte generiert wurden.

HART MISCHEN und WEICH MISCHEN sollte nur auf Objekte mit einfachen Farbfüllungen angewendet werden. Sind Objekte mit Verlaufsfüllungen versehen oder bereits Verformungs- oder andere Effekte darauf angewendet worden, weisen Sie »echte« Transparenzen zu, d. h., arbeiten Sie mit der Reduzierung der Deckkraft und/oder einer geeigneten Füllmethode.

Während WEICH MISCHEN den oberen Objekten eine in der Stärke einstellbare Transparenzoptik verleiht, färbt HART MISCHEN die Schnittmenge der Objekte in einer Farbe, die aus den jeweils dunkelsten Werten der einzelnen Druckfarben gemischt ist, die die Originalobjekte besitzen.

### Optionen | WEICH MISCHEN

Nach dem Aufrufen des Effekts tragen Sie die Stärke in der Dialogbox unter DECKKRAFT ein. Ein höherer Wert verstärkt den Eindruck von Transparenz.

### Schlagschatten, Weiche Kante, Schein

Die Effekte SCHLAGSCHATTEN, WEICHE KANTE, SCHEIN NACH AUSSEN und SCHEIN NACH INNEN basieren auf Transparenz. Daher sind Arbeiten, in denen Sie diese Filter verwenden, von Transparenzreduzierung betroffen, obwohl dies vielleicht nicht offensichtlich ist. Die Effekte werden in Kapitel 13 besprochen.

## 12.4 Transparenzen reduzieren

Innerhalb der Applikationen der Creative Suite wird Transparenz »live« verwendet, d. h., im Moment der Ausgabe berechnet.

Für den Druck oder den Austausch mit Programmen, die keine Live-Transparenz beherrschen, müssen die Transparenz-Effekte

**Pathfinder-Effekte**
Lesen Sie mehr zur Anwendung von Pathfinder-Effekten in Kapitel 13.

▲ Abbildung 12.60
Bei WEICH MISCHEN scheinen jeweils die hinteren Objekte durch die vorderen hindurch.

▲ Abbildung 12.61
Aus 30 C/40 M und 10 C/100 Y wird 30 C/40 M/100 Y gemischt. Die Mischfarbe können Sie nicht mit der Pipette aufnehmen.

▲ Abbildung 12.62
Auf Verlaufsflächen haben weder WEICH MISCHEN noch HART MISCHEN sichtbare Auswirkungen.

▲ **Abbildung 12.63**
Transparenzreduzierung

▲ **Abbildung 12.64**
Einige der Grafikstile des Dokumentprofils DRUCK enthalten Transparenz.

### Quark XPress 8

In Version 8 können Sie Illustrator-Dateien direkt platzieren. Mit Transparenz in Illustrator- oder PDF-Dateien kann Quark XPress 8 jedoch nicht umgehen. Nach wie vor sollten Sie in XPress also transparenzreduzierte EPS-Dateien platzieren.

jedoch auf eine andere Art dargestellt werden. Den Prozess der Umwandlung der betroffenen Objekte bezeichnet man als Transparenzreduzierung oder auf Englisch als »Flattening«.

Der Begriff »Flattening« bezeichnet den Vorgang sehr plastisch: Ursprünglich einander überlagernde Objekte werden derart zerschnitten, dass daraus nebeneinanderliegende Objekte entstehen. Wo die Objekte mit Mitteln der Vektorgrafik darstellbar sind, werden Vektorobjekte erstellt. Ist der optische Eindruck mit Vektorobjekten nicht reproduzierbar, wird er in Bitmap-Elemente – also pixelbasierte Grafik – umgesetzt.

Die Herausforderung besteht darin, den Eindruck der Überlagerung exakt so zu reproduzieren, wie er mit den Transparenz-Einstellungen entworfen wurde. Eine in Illustrator integrierte Software – der »Flattener« – ist für die Reduzierung zuständig.

Transparenzreduzierung können Sie zum einen für einzelne Objekte manuell über das Menü aufrufen. Zum anderen müssen Vorgaben erstellt werden, die beim Drucken sowie beim Speichern und Exportieren in bestimmte Dateiformate ausgewählt werden.

### Transparenzquellen

Von Transparenzreduzierung betroffen sind Objekte, deren Aussehen Transparenz enthält, sowie Elemente, die in der Stapelreihenfolge unter Transparenzquellen liegen oder deren Abstand zu transparenten Objekten weniger als 1 Punkt beträgt. Transparente Objekte sind:

- Elemente, deren Deckkraft reduziert ist oder die eine andere Füllmethode als NORMAL besitzen
- Objekte, die mit einer Deckkraftmaske versehen sind
- Mit den Effekten SCHLAGSCHATTEN, WEICHE KANTE und SCHEIN NACH AUSSEN oder INNEN versehene Elemente
- Platzierte PSD- oder PDF-Dateien, die Transparenzen enthalten
- Angewendete Muster, Stile, Pinsel oder Symbole, die die aufgeführten Eigenschaften besitzen

### Arbeitsweise des Flatteners

Jedes transparente Objekt in einer Grafik muss daraufhin beurteilt werden, wie am besten mit ihm zu verfahren ist.

Am vorteilhaftesten ist, wenn die ursprüngliche Form des Elements bewahrt werden kann, – z. B. Textobjekte als solche erhalten bleiben. Ist das nicht möglich, dann sollten sie in eine verwandte Form – also Text in Vektorobjekte – umgewandelt werden. Erst als letzten Ausweg zieht der Flattener die Rasterung als pixelbasierte Grafik in Betracht.

Welche Methode den Vorzug hat und mit welchen Einstellungen sie angewandt wird, bestimmen Sie durch das Definieren einiger Vorgaben. So lässt sich die Transparenzreduzierung auf den Weiterverarbeitungsprozess und die Art der von Transparenz betroffenen Objekte individuell zuschneiden.

### Problemfälle

- **Auflösung**: Wird in einem Dokument eine Transparenzreduzierung durchgeführt, kann es passieren, dass einzelne Bereiche eines Objekts vor dem Ausdrucken oder Belichten, andere Teile desselben Objekts jedoch erst im Moment des Drucks gerastert werden.
  Wählen Sie eine zu niedrige Auflösung für die Transparenzreduzierung, sind die während der Reduzierung gerasterten Bereiche zu erkennen. Eine zu hohe Auflösung erzeugt dagegen sehr große Dateien, gegebenenfalls ohne gleichzeitig einen Qualitätsvorteil zu bieten.

▲ **Abbildung 12.65**
Zu niedrige Auflösung

- **In Flächen umgewandelte Linien**: Wird eine Kontur nur teilweise in eine Fläche umgewandelt, kann es an der Trennstelle zwischen beiden Teilen der Kontur zu einem sichtbaren Sprung kommen, da PostScript-Geräte Konturen anders berechnen als Flächen.
  Um das Problem zu umgehen, sollten Sie versuchen, alle Konturen in Flächen umzuwandeln.

▲ **Abbildung 12.66**
Konturen teilweise als Flächen

- **Farbsprünge**: Wenn nur ein Teil eines Vektorobjekts gerastert wird, ist es möglich, dass an der Grenze zwischen dem gerasterten und dem nicht in Pixeldaten umgesetzten Teil sichtbare Farbsprünge entstehen – auf Englisch »Color Stitching« genannt. Dies entsteht dadurch, dass Farben in Pixelbildern von PostScript-RIPs gegebenenfalls anders interpretiert werden als in Vektorobjekten angelegte Farben.
- **Text**: Werden nur einzelne Glyphen in einem Textobjekt in Pfade umgewandelt, sollten Sie darauf achten, dass der verwendete Zeichensatz auf den Drucker geladen wird, damit sichergestellt ist, dass für den Druck der nicht umgewandelten Zeichen der korrekte Font verwendet wird.
  Noch besser ist es allerdings, statt einzelner Bereiche das gesamte Textobjekt in Pfade umzuwandeln, da auch unter Verwendung des korrekten Zeichensatzes Unterschiede in der Berechnung der Buchstabenformen auftreten können (zu Typografie siehe Kapitel 14).

> **Text und Transparenz**
>
> Nach Möglichkeit sollten Sie die Interaktion von Text mit transparenten Objekten vermeiden. Achten Sie darauf, Text im Objektstapel ganz oben anzulegen – am besten auf einer eigenen Ebene.

- **Überdrucken**: Bei der Transparenzreduzierung werden überdruckende Bereiche in der Regel in nicht überdruckende Formen umgewandelt. Wurden in den transparenten Bereichen Schmuckfarben verwendet, kann es aber auch passieren, dass

> **Separationsvorschau vor CS4**
>
> In Illustrator-Versionen vor CS4 (oder wenn Ihnen die Separationsvorschau in Illustrator CS4 nicht ausreicht) erstellen Sie ein PDF und verwenden die Separationsvorschau von Acrobat – so lässt sich die korrekte Umsetzung überprüfen. Die Überprüfung ist vor allem dann wichtig, wenn Sie platzierte Duplex- und Mehrkanal-Bilder mit Transparenz verwenden.

der Flattener überdruckende Bereiche einrichtet. Achten Sie darauf, dass der PostScript-RIP diese ausgeben kann. Beim Drucken eines Composite-Proofs aus Acrobat oder InDesign aktivieren Sie die Option ÜBERDRUCKEN: SIMULIEREN.

- **Schmuckfarben**: Dateien, in denen transparente Bereiche und Schmuckfarben zusammenwirken, müssen Sie in neueren Dateiformaten – AI bzw. EPS ab Version 10, PDF ab 1.4 – speichern, um zu vermeiden, dass Schmuckfarben in CMYK umgewandelt werden (zu Farben siehe Kapitel 8).
- **Farbmanagement**: Die Transparenzreduzierung findet in einem für alle Objekte gemeinsamen Farbraum statt. In Illustrator entspricht der Transparenzreduzierungsfarbraum dem Dokumentfarbraum. Vor der Reduzierung wird der Farbraum der an der Transparenz beteiligten platzierten Grafiken überprüft, und die Bilder werden gegebenenfalls in den Dokumentfarbraum umgerechnet.
- **Pixelbasierte Effekte**: Die Effekte SCHATTEN, WEICHE KANTE und SCHEIN NACH AUSSEN/INNEN werden mit den Einstellungen in den Dokument-Rastereffekt-Einstellungen in Pixelbilder umgewandelt, bevor der Flattener die betroffenen Bereiche reduziert. Richten Sie die Einstellungen entsprechend ein (zu Dokument-Rastereffekt-Einstellungen siehe Kapitel 13).
- **OPI**: Arbeiten Sie in einem OPI-Workflow mit niedrig aufgelösten Bildern im Layout, müssen Sie diese vor der Transparenzreduzierung gegen die hochaufgelösten Daten austauschen (»Fatten before you flatten«).

> **Bildauflösung und Transparenz**
>
> Bilder, die zusammen in einer transparenten Region platziert sind, sollten in einer einheitlichen Auflösung vorliegen (der in den Reduzierungsoptionen eingestellten Auflösung), um zu vermeiden, dass automatisches Upsampling (eine Erhöhung der Auflösung) stattfindet. Diese automatische Neuberechnung würde der Bildqualität eventuell schaden.

### Einstellungen für die Transparenzreduzierung

In den Dialogboxen DOKUMENT EINRICHTEN, SPEICHERN, DRUCKEN, TRANSPARENZ REDUZIEREN, TRANSPARENZREDUZIERUNGSVORGABEN und REDUZIERUNGSVORSCHAU haben Sie folgende Möglichkeiten, die Umwandlung der transparenten Objekte zu beeinflussen:

**Abbildung 12.67** ▶
Optionen für OBJEKT • TRANSPARENZ REDUZIEREN

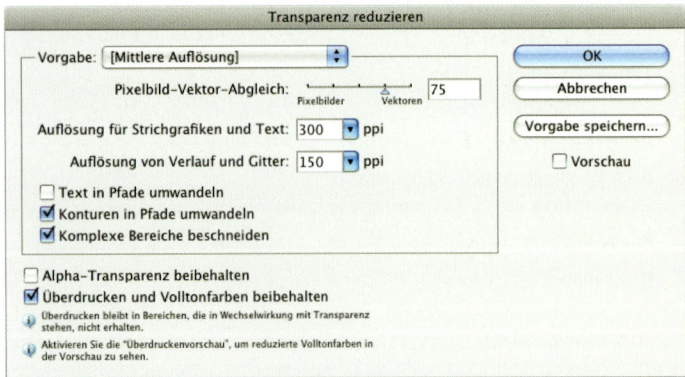

12 Transparenzen und Masken

- Name (nur Transparenzreduzierungsvorgaben): Unter diesem Namen wird Ihre Vorgabe in den Menüs der anfangs genannten Dialogboxen aufgeführt.
- Pixelbild-Vektor-Abgleich: Mit diesem Regler bestimmen Sie eine Art Schwellenwert, der festlegt, ab welchem Grad von Komplexität Objekte in Pixel umgesetzt werden.
  Setzen Sie den Wert auf 0, um den kompletten, von Transparenz betroffenen Bereich zu rastern.
  Mit dem Wert 100 versucht der Flattener, möglichst alle Bereiche als Vektorobjekte zu generieren. Diese Einstellung liefert die bestmögliche Qualität, kann jedoch sehr zeitintensiv sein. Einige Objekte lassen sich darüber hinaus nicht als Vektorobjekte darstellen.
  Einstellungen von 1–99 rastern nur Teilbereiche. Stehen nur wenige einfache Objekte in Wechselwirkung, kann es passieren, dass Sie keine Unterschiede zwischen verschiedenen Reglerpositionen bemerken.
- Auflösung für Strichgrafiken und Text: In der hier vorgegebenen Auflösung rastert der Flattener Vektor- und Textelemente. Auf Desktop-Druckern bis 600 dpi sollten Sie für die beste Qualität die Geräteauflösung verwenden.
  Die höchste Auflösung würde jedoch bei Belichtern zu sehr großen Dateien und langen Bearbeitungszeiten führen – probieren Sie, exakt die Hälfte der Geräteauflösung einzustellen.
- Auflösung von Verlauf und Gitter: Diese Einstellung bestimmt die Auflösung für die Rasterung von Verläufen und Verlaufsgitterobjekten.
  Für diese Objekte wählen Sie die Einstellung, die Sie für Bildmaterial verwenden – üblicherweise um 300 ppi.
- Text in Pfade umwandeln: Aktivieren Sie diese Option, um alle Textobjekte in Pfade zu konvertieren. So lassen sich Probleme vermeiden, die bei der Umwandlung einzelner Glyphen entstehen können.
- Konturen in Pfade umwandeln: Der Flattener wandelt alle Konturen in Pfade um, wenn Sie diese Option wählen.
- Komplexe Bereiche beschneiden: Mit dieser Option wird um eine gerasterte Fläche ein Beschneidungspfad angelegt. So besitzen diese Flächen saubere Außenkanten, und der Anschluss an nicht reduzierte Bereiche passt besser.
- Alpha-Transparenz beibehalten (nur Objekt • Transparenz reduzieren): Verwenden Sie diese Option nur zur Vorbereitung von Objekten für den Flash- oder SVG-Export. Objekte, denen andere Füllmethoden als Normal zugewiesen sind, werden reduziert, nur die Alpha-Transparenz – also Deckkrafteinstellungen – bleiben bestehen.

**Reduzierungsvorschau**

Verwenden Sie das Reduzierungsvorschau-Bedienfeld, um sich die von der jeweiligen Einstellung betroffenen Bereiche anzeigen zu lassen.

**Rücksprache mit dem Dienstleister**

Sprechen Sie die Einstellungen – vor allem die Auflösung – mit Ihrem Dienstleister ab, oder fragen Sie nach einer Voreinstellungsdatei.

▲ **Abbildung 12.68**
Links: Verlaufsgitter 72 ppi/ Text 144 ppi,
rechts: Verlaufsgitter 300 ppi/ Text 1800 ppi

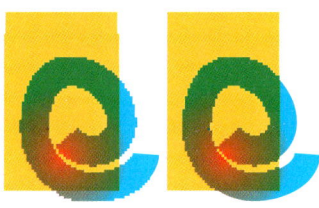

▲ **Abbildung 12.69**
Das Zuschneiden komplexer Bereiche (rechts) erzeugt bessere Anschlüsse an nicht reduzierte Bereiche: gelber Kasten oben, Ende der Linie rechts (Rasterung übertrieben).

▸ Überdrucken und Volltonfarben beibehalten (nur Objekt • Transparenz reduzieren): Diese Einstellung entspricht der Option Überdrucken beibehalten aus dem Dialog Drucken.

### Transparenzreduzierungsvorgaben einrichten

Ihre Einstellungen können Sie als Vorgaben speichern, die zukünftig im Vorgabe-Auswahlmenü in allen betroffenen Dialogboxen zur Verfügung stehen. Ebenfalls lassen sich Vorgabendateien laden, die Sie von Dienstleistern erhalten haben.

Rufen Sie Bearbeiten • Transparenzreduzierungsvorgaben... auf, um die Vorgaben zu verwalten.

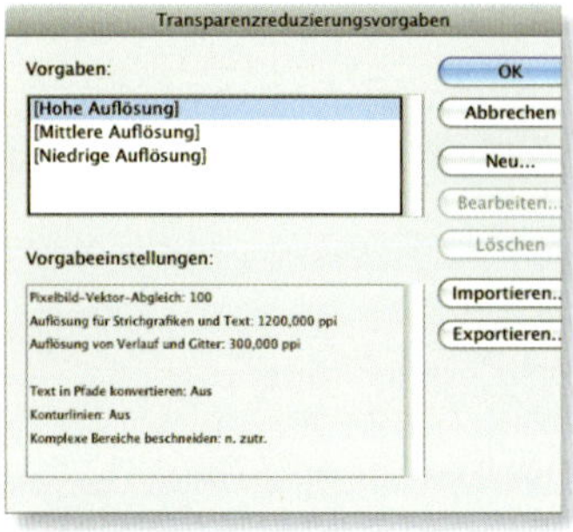

In der Liste unter Vorgaben sehen Sie alle gespeicherten oder geladenen Einstellungen. Per Voreinstellung sind nur die Illustrator-Standardvorgaben – in den eckigen Klammern – vorhanden. Diese lassen sich weder editieren noch löschen.

Mit einem einfachen Klick auf eine Vorgabe zeigt die Dialogbox die Einstellungen im Textfeld an. Doppelklicken Sie auf einen Eintrag, um ihn zu bearbeiten.

Möchten Sie Einstellungen aus einer Datei laden, klicken Sie auf Importieren... und selektieren die gewünschte Datei.

Einen neuen Eintrag legen Sie an, indem Sie auf den entsprechenden Button klicken. Anschließend richten Sie die gewünschten Optionen in der Dialogbox ein – siehe den vorhergehenden Abschnitt.

### Transparenzreduzierung für Speichern und Kopieren

Wenn Sie ein Dateiformat speichern bzw. exportieren, das keine »Live«-Transparenz beherrscht, oder wenn Sie transparente Elemente in die Zwischenablage kopieren, werden die Transparenzeinstellungen aus der Dialogbox Dokument einrichten für die Reduzierung verwendet.

Wählen Sie Datei • Dokument einrichten..., oder verwenden Sie den Shortcut ⌘+⌥+P bzw. Strg+Alt+P, und rufen Sie die Seite Transparenz auf. Bestimmen Sie eine Vorgabe durch Auswahl aus dem Aufklappmenü, oder klicken Sie auf den Button Eigene..., um die Einstellungen anzupassen.

### Reduzierungsvorschau

Um Objekte in Ihrer Datei zu identifizieren, die von Transparenzreduzierung mit den gewählten Einstellungen betroffen sind, rufen Sie das Reduzierungsvorschau-Bedienfeld unter Fenster • Reduzierungsvorschau auf – im Dock ☑.

Wählen Sie Optionen einblenden aus dem Bedienfeldmenü, um die Transparenzreduzierungseinstellungen im Bedienfeld anzuzeigen.

▲ **Abbildung 12.70**
Transparenzreduzierungsvorgaben

---

**Reduzierungsvorschau-Bedienfeld**

Auch aus dem Reduzierungsvorschau-Bedienfeld lassen sich Vorgaben speichern. Wählen Sie den Eintrag aus dem Bedienfeldmenü, wenn Sie mit Ihren im Bedienfeld vorgenommenen Einstellungen zufrieden sind.

---

**Soft-Proof?**

Für den Soft-Proof von Volltonfarben, Überdrucken-Eigenschaften und Füllmethoden eignet sich die Reduzierungsvorschau nicht.

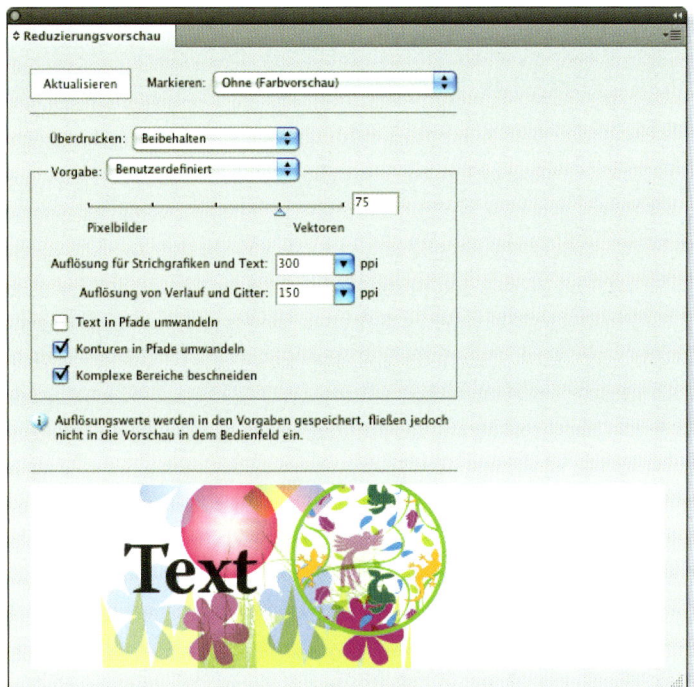

◀ **Abbildung 12.71**
Reduzierungsvorschau

**Beispiel auf der DVD**

Das hier verwendete Beispiel finden Sie als Datei auf der DVD: »Transparenzinteraktion.ai«

Gehen Sie wie folgt vor, um eine Reduzierungsvorschau Ihrer Grafik zu generieren:
1. Wählen Sie Ihre Transparenzreduzierungseinstellungen.
2. Klicken Sie auf den Button AKTUALISIEREN.
3. Wählen Sie eine Option aus dem Menü MARKIEREN.
   Aktivieren Sie die Option DETAILLIERTE VORSCHAU aus dem Bedienfeldmenü, um alle Einträge im Menü MARKIEREN anzuzeigen. Die Erläuterungen zum Menü lesen Sie weiter unten.
4. Nehmen Sie ggf. Änderungen an den Einstellungen vor. Nach jeder Änderung müssen Sie die Vorschau aktualisieren.

**Markieren-Auswahl** | Reduzierungsvorschau
Wählen Sie eine der Optionen im Menü MARKIEREN, um die jeweils betroffenen Bereiche in einem rötlichen Farbton anzeigen zu lassen.
▶ OHNE (FARBVORSCHAU): Diese Vorschau enthält keine Hervorhebungen.
▶ GERASTERTE KOMPLEXE BEREICHE (früher: KOMPLEXE PIXELBILDBEREICHE): Wählen Sie diese Option, um die Bereiche anzuzeigen, die aufgrund der Einstellung unter PIXELBILD-VEKTOR-ABGLEICH von der Rasterung betroffen sind.
▶ TRANSPARENTE OBJEKTE: Mit dieser Auswahl hebt Illustrator alle Objekte hervor, die Transparenz-Quellen sind – siehe Abbildung 12.72 – sowie überdruckende Elemente.

▲ **Abbildung 12.72**
Transparenz-Wechselwirkung: von transparenten Objekten überlagerter Text ❶, Objekt mit Deckkraftmaske ❷, Füllmethode MULTIPLIZIEREN ❸, überlagerte Verläufe ❹, Muster mit transparenten Elementen ❺, PSD mit Ebenenmaske ❻, EPS mit reduzierter Deckkraft ❼, TIF ❽, von transparenten Objekten überlagertes EPS ❾, überdruckender Text ❿

▲ **Abbildung 12.73**
Betroffene verknüpfte EPS-Datei

- ALLE BETROFFENEN OBJEKTE: Zeigt alle Objekte, die Wechselwirkungen mit Transparenz aufweisen.
- BETROFFENE VERKNÜPFTE EPS-DATEIEN: Platzierte EPS-Dateien, die von Transparenz betroffen sind, werden hervorgehoben.
- UMGEWANDELTE (früher: ERWEITERTE) MUSTER: Mit dieser Einstellung weist Illustrator auf Muster hin, die aufgrund von Transparenzwirkungen umgewandelt werden müssen (zum Umwandeln von Mustern siehe Kapitel 16).
- IN PFADE UMGEWANDELTE KONTUREN (früher: IN KONTUREN KONVERTIERTE LINIEN): Die Option zeigt Linien an, die in Flächen konvertiert werden – entweder aufgrund von Wechselwirkungen mit Transparenz oder weil die Option KONTUREN IN PFADE UMWANDELN ausgewählt ist.
- IN PFADE UMGEWANDELTER TEXT (nur DETAILLIERTE VORSCHAU): Die Hervorhebung betrifft Texte, die in Pfade umgewandelt werden – aufgrund einer Transparenz-Interaktion oder weil die Option TEXT IN PFADE UMWANDELN aktiviert ist.
- ALLE PIXELBILDBEREICHE (nur DETAILLIERTE VORSCHAU): Wählen Sie diese Option, um alle Bereiche herzuheben, die in Pixelbilder konvertiert werden.

Platzierte Pixelbilder, die nicht von Transparenz betroffen sind, zeigt die Vorschau nicht an.

**Abbildung 12.74** ▶
Alle Pixelbildbereiche (links): Nicht hervorgehoben ist das platzierte TIFF. Text in Pfade konvertieren (rechts)

### Weiße Linien im PDF

Wenn Sie eine Datei mit reduzierter Transparenz in Adobe Acrobat überprüfen, sind häufig feine weiße Linien zu sehen. Es handelt sich dabei in den meisten Fällen nur um ein Problem der Bildschirmdarstellung.

**Optionen** | Reduzierungsvorschau

Falls Ihnen die Darstellungsgröße der Grafik im Vorschaubereich des Bedienfelds nicht ausreicht, klicken und ziehen Sie das Vergrößerungsfeld unten rechts im Bedienfeld.

Um Details genauer zu betrachten, bewegen Sie den Cursor über den Vorschaubereich – das Cursor-Symbol zeigt eine Lupe . Klicken Sie mit der Lupe auf den Bereich, der vergrößert werden soll.

Möchten Sie wieder herauszoomen, drücken Sie ⌥/Alt und klicken mit der Verkleinerungslupe auf die Grafik.

Sie können den Vorschaubereich jedoch auch verschieben. Drücken Sie dafür die Leertaste – der Cursor zeigt die Greifhand –, und klicken und ziehen Sie die Vorschau.

**Beispiele**
An Beispielen zeigen wir Ihnen die Auswirkungen verschiedener Optionen – zum Vergleich öffnen Sie die Datei von der DVD.

> **Beispiel auf der DVD**
> Das hier verwendete Beispiel finden Sie als Datei auf der DVD: »Transparenzinteraktion.ai«

**Pixelbild-Vektor-Abgleich** | Unterschiedliche Schwellenwerte wirken sich auf die Umrechnung der Vektorgrafik in Pixelbilder aus – die Vorschau zeigt Gerasterte komplexe Bereiche:

Je niedriger der Wert unter Pixelbild-Vektor-Abgleich ist, desto mehr Bereiche werden hervorgehoben und folglich in Pixelbilder konvertiert.

▲ **Abbildung 12.75**
Pixelbild-Vektor-Abgleich (von links): 86, 75, 15

**Komplexe Bereiche beschneiden** | Diese Gegenüberstellung konzentriert sich auf die Option Komplexe Bereiche beschneiden. Die Vorschau zeigt wie im vorherigen Beispiel Gerasterte komplexe Bereiche.

◄ **Abbildung 12.76**
Ohne die (links) und mit der (rechts) Option Komplexe Bereiche beschneiden

Wenn die Beschneiden-Option aktiviert ist, werden die betroffenen Bereiche nicht einfach als Pixelbilder generiert, sondern der Flattener erzeugt zusätzlich Schnittmasken, die den Außenkanten der ursprünglichen Vektorpfade exakt folgen.

**Objekte manuell reduzieren**
Da beim Reduzieren die Bearbeitungsmöglichkeit zumindest einiger Objekte verloren geht, sollte das manuelle Reduzieren eine Ausnahme bleiben. Wenn Sie SWF- oder SVG-Dateien

> **Sicherung mit Live-Transparenz**
> Speichern Sie auf jeden Fall eine Version Ihrer Datei mit »Live«-Transparenz für den Fall, dass Sie zu einem späteren Zeitpunkt Änderungen durchführen müssen.

▲ Abbildung 12.77
In InDesign wurden direkt in die Satzdatei ein TIFF und ein Textrahmen platziert. Darüber liegen eine Illustrator AI9-Datei (oben) und ein EPS (unten).

▲ Abbildung 12.78
Gespeichertes PDF (oben) und mit dem Distiller generiertes PDF (unten)

exportieren wollen, kann es aber notwendig sein, transparente Elemente auf diese Weise zu präparieren.

Aktivieren Sie alle Objekte, die Sie reduzieren möchten, und wählen Sie OBJEKT • TRANSPARENZ REDUZIEREN… aus dem Menü. Geben Sie Ihre Einstellungen in der Dialogbox ein.

## 12.5 Transparenz speichern

Ob Transparenz »live« oder reduziert gespeichert wird, hat nicht nur eine Bedeutung für die Editierbarkeit der Transparenz. Live-Transparenz ermöglicht eine Wechselwirkung zwischen den transparenten Objekten der Illustration und Elementen in einer Layout-Datei. Möchten Sie mit Live-Transparenz arbeiten, sollten Sie klären, ob Ihr Layout-Programm dazu in der Lage ist.

Ob Live-Transparenz gespeichert werden kann, ist abhängig vom Dateiformat. Die größte Unterstützung für Live-Transparenz besteht – wie könnte es anders sein – bei den nativen Dateiformaten der Creative Suite.

Sind Dateien für den Austausch mit Programmen anderer Hersteller bestimmt, muss die Transparenz in der Regel reduziert werden.

### AI (Illustrator)

Speichern Sie eine Datei im Illustrator-Format ab Version 9, bleiben Transparenzen »live« erhalten und sind beim erneuten Öffnen weiterhin editierbar. Beim Speichern in älteren Formaten wird die Transparenz nach den ausgewählten Vorgaben reduziert.

### EPS

Das EPS-Format unterstützt keine Live-Transparenz. In Illustrator besteht jedoch die Möglichkeit, ein EPS zu speichern, das zusätzliche Dateiinformationen über die Transparenz sowie weitere Illustrator-spezifische Features enthält. Damit sind transparente Objekte in derart gespeicherten Dokumenten beim erneuten Öffnen in Illustrator editierbar.

Eine Wechselwirkung zwischen transparenten Illustrationsobjekten in einem platzierten EPS und anderen Elementen in der Layout-Datei ist jedoch ausgeschlossen.

### PDF

Ab PDF 1.4 (Acrobat 5) unterstützt das PDF-Format Live-Transparenz – allerdings nur, wenn Sie die Datei speichern. Beim Erstellen eines PDF über den Befehl DRUCKEN mit dem Acrobat Distiller werden alle Transparenzen reduziert, da Live-Transparenz nicht in PostScript beschrieben werden kann.

Speichern Sie ein PDF 1.3, besteht die Möglichkeit, die Editierbarkeit der Transparenz beim erneuten Öffnen in Illustrator zu erhalten. PDF 1.3 kann jedoch keine Live-Transparenz darstellen.

Um ein voll editierbares PDF zu speichern, aktivieren Sie die Option ILLUSTRATOR-BEARBEITUNGSFUNKTIONEN BEIBEHALTEN auf der Seite ALLGEMEIN. Speichern mit dieser Option erzeugt größere Dateien.

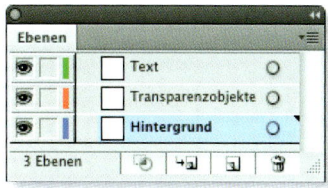

▲ **Abbildung 12.79**
Objekte, die nicht von Transparenz betroffen sein sollen, liegen auf der obersten Ebene.

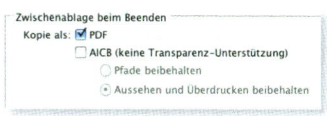

▲ **Abbildung 12.80**
Deaktivierte Option AICB (Adobe Illustrator Clipboard) in den Voreinstellungen

### Checkliste: Transparenz

**Rücksprache |** Sprechen Sie mit Ihrem Dienstleister ab, in welcher Form Sie Dokumente liefern sollen.

**Live-Transparenz separat halten |** Setzen Sie Ebenen konsequent ein, um Objekte mit Live-Transparenz von nicht-transparenten Objekten zu trennen. Setzen Sie Fließtext auf die oberste Ebene, damit er nicht von Transparenz betroffen ist.

**Vorschau |** Testen Sie Ihre Grafik mit der Überdruckenvorschau bzw. der Separationenvorschau und die Reduzierungsoptionen mithilfe der Reduzierungsvorschau.

**Text in Pfade konvertieren |** Falls Texte von Live-Transparenz betroffen sind, aktivieren Sie die Option TEXT IN PFADE UMWANDELN, damit der Text einheitlich behandelt wird.

**RIP-Software auf den neuesten Stand bringen |** Arbeiten Sie möglichst mit den aktuellen Treiberversionen für Drucker und RIPs.

**Farbkorrekturen im Druckertreiber |** Deaktivieren Sie die Farbkorrektur-Funktionen (nicht Farbmanagement) der Druckertreiber-Software, wenn Sie Dateien mit Live-Transparenz ausgeben.

**Platzieren im Layout |** Wenn die Layout-Software es ermöglicht, platzieren Sie native Illustrator-Dateien. InDesign ist z. B. in der Lage, Dateien mit Live-Transparenz zu verarbeiten.

**Über die Zwischenablage einfügen |** Sollen Objekte mit Live-Transparenz über die Zwischenablage in InDesign eingefügt werden, deaktivieren Sie in VOREINSTELLUNGEN • DATEIEN VERARBEITEN UND ZWISCHENABLAGE die Option AICB.

**Sonderfarben und Transparenz |** Bei der gemeinsamen Verwendung von Volltonfarben und Transparenz aktivieren Sie die Option ÜBERDRUCKEN UND VOLLTONFARBEN BEIBEHALTEN, und prüfen Sie Dateien vor der Weitergabe mit der Separationsvorschau von Acrobat. Für die korrekte Anzeige und den Ausdruck eines Composite-Proofs aktivieren Sie ÜBERDRUCKEN SIMULIEREN. Dasselbe gilt für platzierte verknüpfte DCS-Dateien, die mit Transparenz interagieren.

**OPI-Workflows |** Ersetzen Sie die niedrig aufgelösten Bilder vor der Transparenzreduzierung durch Bilder in hoher Auflösung.

▲ **Abbildung 12.81**
Überdrucken simulieren (oben rechts) bei einem PDF 1.3 mit Sonderfarben; Option in Acrobat.

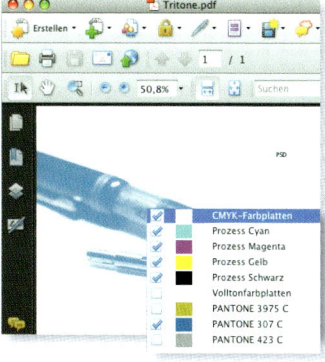

▲ **Abbildung 12.82**
Prüfen eines PDFs mit Acrobat

# 13  Spezial-Effekte

Effekte sowie einige Spezial-Werkzeuge und -Funktionen bieten zahlreiche Operationen aus der Abteilung »Augenpulver« an, aber auch etliche nützliche Vereinfachungen für ganz alltägliche Gestaltungsaufgaben.

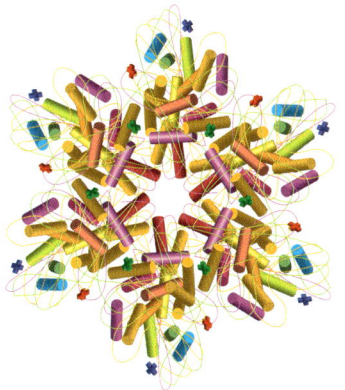
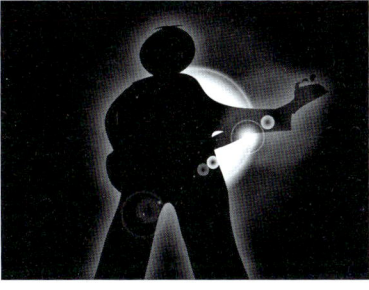

▲ **Abbildung 13.1**
Verschiedene Filter und Effekte im Einsatz

## 13.1  Arbeitsweise von Effekten

Ein **Effekt** ist eine Aussehen-Eigenschaft, die zwar den optischen Eindruck des Elements verändert, seine Konstruktion jedoch intakt lässt. Sie können die Parameter eines auf ein Objekt angewendeten Effekts jederzeit ändern; Effekte sind also »live«. Auch die mit dem gleichnamigen Werkzeug erstellten Blendenflecke sind »live«, und ihre Optionen lassen sich zu einem späteren Zeitpunkt verändern. Die Arbeitsweise mit »Live«-Effekten ist damit sehr flexibel, da Änderungen noch sehr spät im Produktionsprozess durchgeführt werden können.

Nur noch wenige Funktionen – wie das Mosaik – arbeiten »destruktiv«, sodass sofort nach der Anwendung Zugriff auf die neu entstandene Form besteht und einzelne Ankerpunkte individuell verändert werden können. Auch mit Effekten versehene

### Filter?

Filter wurden in Illustrator CS4 abgeschafft. Im Gegensatz zu Effekten wenden Filter dieselben Operationen direkt auf die Objekte an und verformen damit deren Geometrie bzw. wandeln (im Fall der Photoshop-Filter) Objekte direkt in Pixelgrafiken um.

Einige Drittanbieter-Plug-ins lassen sich nur als Filter anwenden, diese finden Sie unter Objekt • Filter.

> **Photoshop-Effekte in CMYK**
>
> Photoshop-Filter können Sie seit Illustrator CS3 auch im Dokumentfarbmodus CMYK verwenden. Dies ist der neu hinzugekommenen Unterstützung von DeviceN-Farbräumen zu verdanken.

Objekte können Sie nachbearbeiten. Es muss nur vorher der Befehl OBJEKT • AUSSEHEN UMWANDELN angewendet werden.

Auch die **Photoshop-Effekte** sind »live«, Sie können Ihre Einstellungen also widerrufen. Ein weiterer Unterschied zwischen Photoshop-Filtern und -Effekten besteht darin, dass sich die Filter nur auf Rasterobjekte anwenden lassen – Effekte können Sie darüber hinaus Vektorelementen zuweisen.

Effekte lassen sich – auch zusammen mit anderen Aussehen-Eigenschaften – als Grafikstil speichern und auf diese Art komfortabel anwenden (zu Grafikstilen siehe Kapitel 11).

| Effekt (E)/Filter (F) | Vektor | Pixel | Anmerkungen |
|---|---|---|---|
| Erstellungsfilter (F) | teilw.[1] | ja [2] | 1 Schnittmarken 2 Mosaik, nur eingebettete Bilder |
| Stilisierungsfilter (F) | ja | | |
| Verzerrungsfilter (F) | ja | | |
| Photoshop-Filter (F) | | ja [1] | 1 eingebettete Bilder |
| 3D (E) | ja | ja | |
| In Form umwandeln (E) | ja | | |
| In Pixelbild umwandeln... (E) | ja | | |
| Pathfinder (E) | ja | | |
| Pfad (E) | ja | | |
| Stilisierungsfilter (E) | ja | teilw.[1] | 1 Schatten, Weiche Kante, Schein |
| SVG-Filter (E) | ja | ja | |
| Verkrümmungsfilter (E) | ja | | |
| Verzerrungs- und Transformationsfilter (E) | ja | teilw.[1] | 1 Transformieren |
| Photoshop-Effekte (E) | ja | ja | |

**Tabelle 13.1**
Anwendbarkeit von Effekten (und Filtern – gültig für Version CS3) auf Vektor- und Pixelobjekte; RGB bzw. CMYK bezeichnet den Dokumentfarbmodus.

> **Details besser erkennen**
>
> Wenn ein Objekt aktiviert ist, können die durch einen Effekt entstehenden Details von den hervorgehobenen Objektkanten verdeckt sein, sodass die Einstellung der Optionen schwierig ist.
> Wählen Sie ANSICHT • ECKEN AUSBLENDEN – Shortcut ⌘/ Strg+H, um die Objektkanten aus- und einzublenden.

## 13.2 Allgemeines zu Effekten

**Effekte zuweisen**

Je geübter Sie mit dem Ebenen- und dem Aussehen-Bedienfeld (siehe Kapitel 11) arbeiten, desto mehr Nutzen ziehen Sie aus der Anwendung von Effekten.

Effekte lassen sich einem einzelnen Objekt – bzw. nur dessen Kontur oder Fläche –, einer Gruppe oder einer Ebene zuweisen. Aktivieren Sie das Objekt auf der Zeichenfläche, bzw. selektieren Sie es im Ebenen-Bedienfeld als Ziel. Möchten Sie einen Effekt nur der Kontur oder der Füllung zuweisen, wählen Sie den entsprechenden Eintrag im Aussehen-Bedienfeld aus. Anschließend wählen Sie den Effekt aus dem Hauptmenü oder dem Menü im Aussehen-Bedienfeld unter dem Button NEUEN EFFEKT ZUWEISEN  und richten die Parameter ein.

Alternativ wenden Sie den Effekt auf eine ganze Ebene an. Wählen Sie die Ebene durch einen Klick auf das Ziel-Symbol im Ebenen-Bedienfeld aus (siehe Kapitel 11), und wählen Sie dann den gewünschten Effekt.

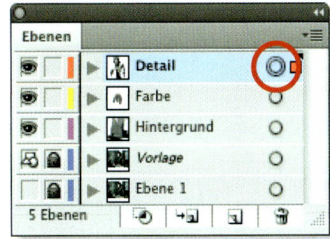

▲ **Abbildung 13.2**
Klicken Sie auf das Ziel-Symbol, um eine ganze Ebene auszuwählen.

#### Filter anwenden (Illustrator vor CS4)

Filter können Sie nur auf das Objekt als Ganzes anwenden. Selektieren Sie das Objekt, und wählen Sie den Filter aus dem Menü. Für die meisten Filter müssen Sie anschließend die gewünschten Optionen definieren. Verwenden Sie – wenn möglich – die Vorschau-Option, um die Auswirkung Ihrer Einstellungen direkt einzuschätzen. Falls Sie nach Anwendung des Filters nicht zufrieden sind, müssen Sie den Befehl widerrufen und mit anderen Einstellungen erneut anwenden.

### Effekt erneut anwenden

Wie Photoshop merkt sich auch Illustrator den letzten verwendeten Filter und die Einstellungen, die Sie vorgenommen haben. Möchten Sie denselben Filter oder Effekt an einem anderen Objekt erneut anwenden, bestehen zwei Möglichkeiten:

▶ Mit denselben Einstellungen anwenden: Wählen Sie EFFEKT • <NAME DES EFFEKTS> ANWENDEN – Shortcut ⌘/Strg+⇧+E.

▶ Mit anderen Einstellungen anwenden: Wählen Sie EFFEKT • <NAME DES EFFEKTS…> – oder verwenden Sie den Shortcut ⌘+⌥+⇧+E bzw. Strg+Alt+⇧+E. Geben Sie anschließend Ihre Optionen in die Dialogbox ein.

#### Effekte für alle Objekte

Über einen kleinen Umweg können Sie nahezu jedes Illustrator-Objekt mit Effekten versehen: Erzeugen Sie mithilfe des Aussehen-Bedienfelds eine zusätzliche Fläche oder Kontur für das Objekt, und weisen Sie dieser den Effekt zu.

### Anordnung von Effekten im Aussehen-Bedienfeld

Das Endergebnis einer Anwendung mehrerer Aussehen-Eigenschaften eines Objekts ist maßgeblich von der Reihenfolge der Effekte sowie ihrer Zuordnung zu den einzelnen Konturen und Füllungen des Objekts abhängig. Eine andere Reihenfolge kann ein völlig anderes Erscheinungsbild ergeben.

Die einzelnen Einträge eines Objekts im Aussehen-Bedienfeld werden von oben nach unten abgearbeitet. Der folgende Eintrag wirkt auf das Ergebnis der vorherigen Operation. Eigenschaften, die einer Kontur oder Füllung zugewiesen sind, wirken jedoch nur auf diese.

Effekte lassen sich in dieser Hierarchie ganz am Anfang und/oder am Ende der Abfolge sowie gezielt einzelnen Konturen oder

▲ **Abbildung 13.3**
Effekte liegen ober- und/oder unterhalb des gelb markierten Bereichs, oder sie sind gezielt einzelnen Konturen und Flächen zugewiesen.

13.2 Allgemeines zu Effekten | **395**

Flächen zuordnen. Es ist nicht möglich, einen Effekt zwischen Konturen und Flächen einzufügen.

Achten Sie auf die Auswirkung des Effekts Verkrümmen: Wirbel dieses Beispiels – Grundobjekt ist in beiden Fällen ein einzelner Stern. Die Datei »Reihenfolge.ai« finden Sie auf der DVD.

   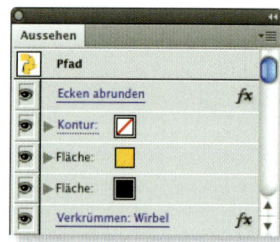

▲ **Abbildung 13.4**
Reihenfolge der Anwendung von Effekten

Links erfolgt die Anwendung des Wirbel-Effekts am Anfang, d.h., das Grundobjekt wird verformt, sogar noch vor der Zuordnung von Flächen. Im rechten Beispiel wirkt der Wirbel-Effekt am Schluss auf das Gesamtobjekt, also alle Elemente, die durch die Anwendung diverser weiterer Effekte entstanden sind.

Besonders wichtig ist die Reihenfolge, wenn Sie zufallsbasierte Eigenschaften wie den Aufrauen, Scribble- oder Tweak-Effekt und den Transformieren-Effekt zusammen verwenden, um z. B. Grunge-Objekte herzustellen.

**Abbildung 13.5** ▶
Die Grundform ist jeweils ein Stern: Der violette Stern wird nach der Anwendung des Aufrauens dupliziert, daher sind alle Formen identisch. Der grüne Stern wird erst dupliziert, dann aufgeraut, daher entstehen unterschiedliche Formen.

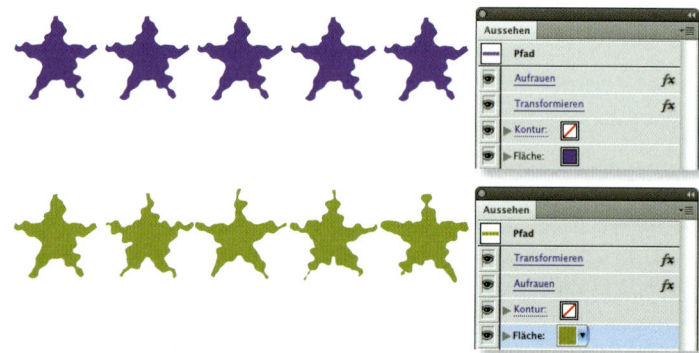

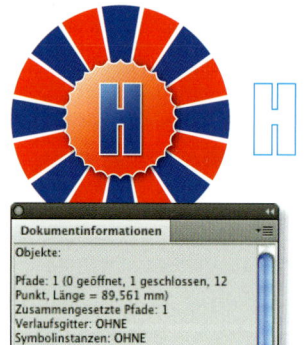

▲ **Abbildung 13.6**
Mit Live-Effekten: Die Rosette entsteht allein durch die Effekte.

### Effekte editieren

Um die Einstellungen für bereits angewendete Effekte nachträglich zu editieren, doppelklicken Sie auf den entsprechenden Eintrag im Aussehen-Bedienfeld:

1. Rufen Sie das Aussehen-Bedienfeld mit Fenster • Aussehen auf.
2. Wählen Sie das Objekt oder die Ebene als Ziel aus (zur Zielauswahl siehe Kapitel 11).
3. Klicken Sie auf den blau unterstrichenen Effekt in der Liste des Aussehen-Bedienfelds. Falls der Effekt auf eine Fläche oder eine Kontur angewendet wurde, zeigen Sie deren Eigenschaften vorher mit einem Klick auf den Pfeil an.

**Effekt editieren vor CS4**

In älteren Versionen doppelklicken Sie auf den Eintrag des Effekts im Aussehen-Bedienfeld.

▲ **Abbildung 13.7**
Das Objekt wurde als Ziel ausgewählt (Mitte) – jetzt werden mit einem Klick auf den blau unterstrichenen Effekt dessen Optionen aufgerufen.

## Für Fortgeschrittene: Reihenfolge von Effekten und Farben

Durch die Umgestaltung des Aussehen-Bedienfelds gehen fortgeschrittenen Anwendern in Illustrator CS4 Möglichkeiten verloren. Dies tangiert nur wenige Anwendungszwecke, daher überspringen Sie diesen Abschnitt ruhig, falls Sie sich noch nicht fit fühlen; er ist keine ganz leichte Kost.

### Pre- und Post-Effekte

In Illustrator CS4 finden Sie die Einstellungen für die Farbe einer Fläche oder Kontur in der ersten Zeile ihres Eintrags. Daher können Sie weder überprüfen noch steuern, ob der dieser Fläche oder Kontur zugewiesene Effekt vor der Farbe oder nach ihr angewendet wird. Dies ermöglichte in früheren Versionen einige Speziallösungen, die z. B. für Kartografen nützlich sein konnten.

In CS4 sind Sie dagegen auf die voreingestellte Wirkweise der Effekte angewiesen – diese wird offensichtlich, wenn Sie einen Effekt auf das Objekt anwenden und sich anschließend das Aussehen-Bedienfeld ansehen: Hier wird der Effekt entweder über oder unter den Flächen und Konturen einsortiert.

In der Abbildung sehen Sie im Vergleich den »Pre-Effekt« AUFRAUEN (links) und den »Post-Effekt« SCHLAGSCHATTEN (rechts). Die Einträge im Aussehen-Bedienfeld erfolgen entsprechend oberhalb (links) bzw. unterhalb (rechts) der Fläche und Kontur.

### Reihenfolge ändern

Die Reihenfolge der Anwendung am gesamten Objekt entspricht der Abfolge, wenn der Effekt nur innerhalb einer einzelnen Fläche oder Kontur zugewiesen wird.

Bis Illustrator CS3 war es möglich, diese Reihenfolge zu ändern. Im Beispiel unten wurde AUFRAUEN auf eine Pinselkontur angewendet: In Illustrator CS3 (links und Mitte) können Sie den Effekt vor oder nach der Farbe und Konturstärke anwenden.

In Illustrator CS4 (rechts) bleibt Ihnen nur die Standard-Option, die allein aufgrund der Darstellung im Aussehen-Bedienfeld auch nicht ersichtlich ist – hier folgt der Effekt auf die Farbe.

Öffnen Sie Dokumente aus alten Illustrator-Versionen in CS4, so behalten die darin angelegten Aussehen-Hierarchien jedoch ihre Wirksamkeit. Sie können die Eigenschaften auch auf neue Objekte übertragen.

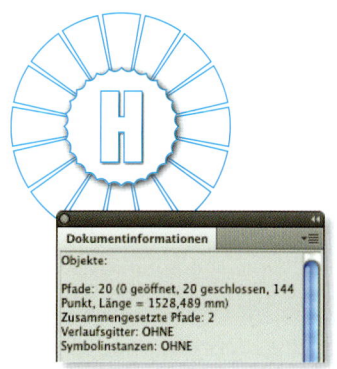

▲ Abbildung 13.8
Nach dem Umwandeln entstehen aus den Eigenschaften eigenständige Objekte.

▲ Abbildung 13.9
Symbole oder Nummerierungen für Karten aus Schrift-Elementen

**DVD**
Die Quelldokumente des größten Teils der gezeigten Abbildungen finden Sie auf der DVD.

### Effekte vom Objekt löschen

Um einen Effekt von einem Objekt zu entfernen, aktivieren Sie das Objekt und rufen das Aussehen-Bedienfeld auf – Shortcut ⇧+F6. Aktivieren Sie den Effekt im Aussehen-Bedienfeld, und klicken Sie auf den Button AUSGEWÄHLTES OBJEKT LÖSCHEN 🗑. Möchten Sie alle Effekte sowie zusätzliche Flächen und Konturen löschen, klicken Sie auf AUSSEHEN LÖSCHEN ⊘.

### Effekte umwandeln

Die Optionen eines »Live«-Effekts sind zwar editierbar, nicht aber die bei der Anwendung des Effekts entstehenden Formen. Möchten Sie z.B. einzelne Punkte eines entstehenden Pfades bearbeiten, müssen Sie das Objekt umwandeln – OBJEKT • AUSSEHEN UMWANDELN. Beim Umwandeln entstehen mehrere Formen, die zusammen das Aussehen des Ursprungsobjekts darstellen.

Das Umwandeln von Objekten ist darüber hinaus manchmal notwendig, um komplexere Objekte zu drucken oder in andere Programme zu exportieren.

## 13.3 Konstruktionseffekte

In der Reihe dieser Effekte finden Sie viele alte Bekannte, mit deren Hilfe Sie Objekte transformieren oder zu neuen Formen kombinieren können.

Wenn Sie Konstruktionseffekte mit exakten absoluten Werten verwenden, achten Sie darauf, in den Voreinstellungen die Option KONTUREN UND EFFEKTE SKALIEREN zu deaktivieren, damit Sie die eingegebenen Konstruktionsparameter nicht ungewollt transformieren, während Sie Objekte bearbeiten.

### In Form umwandeln ...

Mit diesem Effekt erstellen Sie aus jedem beliebigen Objekt eine der Formen RECHTECK, ABGERUNDETES RECHTECK, ELLIPSE. Das klingt zunächst überflüssig – es wäre ja durchaus möglich, ein neues Objekt mit dem entsprechenden Werkzeug herzustellen.

Sinnvoll ist die Anwendung des Effekts beim Erzeugen zusätzlicher Formen, die sich an der Größe des »Mutterobjekts« orientieren. So lassen sich z. B. Buttons generieren, die sich immer der benötigten Textlänge anpassen.

Die aus dem Menü gewählte Form lässt sich mit dem Aufklappmenü FORM auch noch in der Optionen-Dialogbox ändern.

Die Maße der Form können Sie absolut oder relativ angeben. Wählen Sie die entsprechende Option, und tragen Sie anschließend entweder feste Maße oder die hinzuzufügende Breite und

Höhe in die Eingabefelder ein. Als Eingaben werden Werte zwischen 0,0004 und 5 779,9111 mm für ABSOLUT bzw. −5 644,4443 und +5 644,4443 mm akzeptiert.

Haben Sie die Form ABGERUNDETES RECHTECK gewählt, müssen Sie darüber hinaus den Eckenradius angeben.

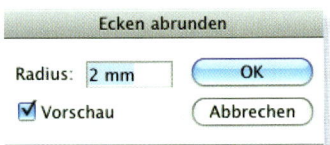

◄ **Abbildung 13.10**
Die Form des Buttons besteht nur durch die dem Textobjekt zugewiesenen Aussehen-Eigenschaften.

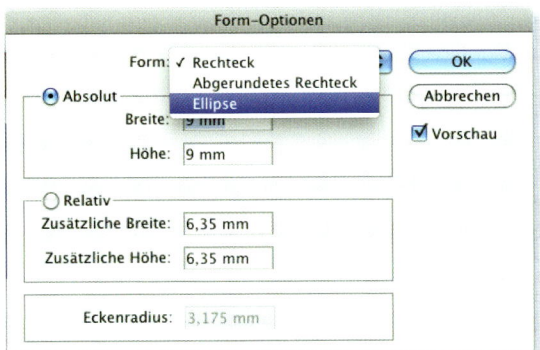

◄ **Abbildung 13.11**
FORM-OPTIONEN

### Ecken abrunden

Dieser Effekt aus der Gruppe der STILISIERUNGSFILTER erzeugt an allen Eckpunkten eines Pfads Rundungen im definierten Radius. Damit können Sie z. B. Rechtecke mit abgerundeten Ecken erzeugen, deren Eckenradius auch beim Skalieren der zugrunde liegenden Form seinen exakten Wert behält. Dies allerdings nur, wenn KONTUREN UND EFFEKTE SKALIEREN in den Voreinstellungen deaktiviert ist.

Die Anwendung des Effekts ECKEN ABRUNDEN auf Pfade mit Kurvensegmenten kann dazu führen, dass diese Segmente begradigt werden. Hier hilft eine vorherige Anwendung des Effekts AUFRAUEN (siehe Seite 407).

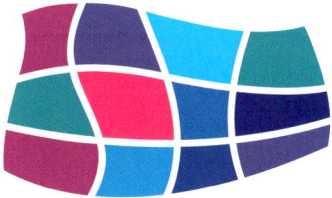

◄ **Abbildung 13.12**
Optionen ECKEN ABRUNDEN

▲ **Abbildung 13.13**
Auswirkung des Effekts ECKEN ABRUNDEN auf die Grundform (links): Die ursprünglich kurvenförmigen Segmente werden begradigt (Mitte). Der Effekt AUFRAUEN verhindert dies (rechts).

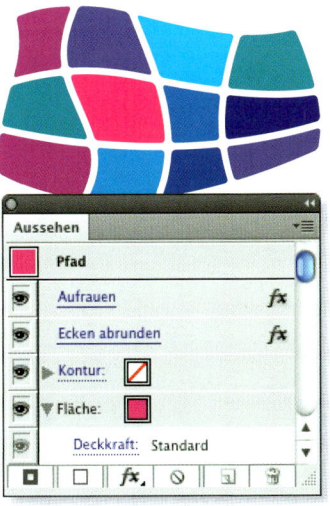

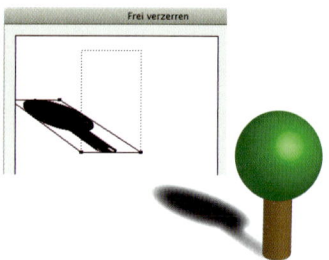

▲ **Abbildung 13.14**
Schatten für ein 3D-Objekt mit
Frei verzerren

▲ **Abbildung 13.15**
Transformieren-Effekt

▲ **Abbildung 13.16**
Dieser Grafikstil verwendet den
Transformieren-Effekt.

▲ **Abbildung 13.17**
Transformieren: Schatten (links),
vervielfältigtes Grundobjekt
(rechts)

## Frei verzerren

Dieser Effekt aus dem Untermenü Effekt • Verzerrungs- und Transformationsfilter hat die gleichen Auswirkungen wie das Verbiegen-Werkzeug. Anstatt die Anfasser des Objekt-Begrenzungsrahmens direkt zu bewegen, ziehen Sie am Rahmen in der Dialogbox.

Da Sie mit dem Effekt In Form umwandeln keine Dreiecke erzeugen können, wäre dies für den Effekt Frei Verzerren nur ein Beispiel eines Einsatzes. Oder Sie nutzen Frei verzerren als Grundlage für dreidimensionale Schatten.

## Transformieren

Der Transformieren-Effekt, den Sie unter Effekt • Verzerrungs- und Transformationsfilter wählen, wird Ihnen bekannt vorkommen. Sie haben ihn als den Befehl Einzeln transformieren in Erinnerung – die Erklärung der Dialogbox finden Sie in Kapitel 5. Lassen Sie sich nicht von den geringen Werten abschrecken, die mit den Schiebereglern einstellbar sind – Sie können weitaus höhere Werte direkt in die Felder eintippen. Es lassen sich bis zu 1000 Kopien erzeugen. Sehr wichtig für die Auswirkung des Effekts ist die Position des Referenzpunkts, die Sie mit dem Referenzpunktsymbol setzen.

Der Transformieren-Effekt ist nicht für das exakte Positionieren gedacht, da Sie alle Optionen in relativen Einheiten angeben. Nützlich ist dieser Effekt z. B. für die Erstellung einfacher Schatten, die Vervielfältigung des Grundobjekts sowie für die Erstellung komplexer Rahmendesigns, die sich flexibel an Größenveränderungen anpassen (siehe Abbildung 13.16).

Mit dem Transformieren-Effekt und einer schönen Glyphe können Sie auch verspielte Muster zaubern.

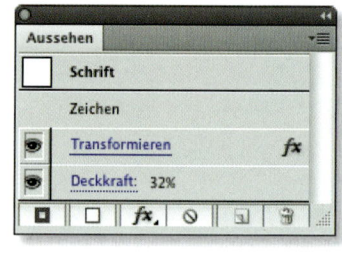

▲ **Abbildung 13.18**
Um dieses Muster zu gestalten, setzen Sie einen Buchstaben und wählen den Transformieren-Effekt mit einer horizontalen Skalierung von 113 %, einer Drehung um 297° und 30 Kopien. Erstellen Sie mehrere Objekte nach dieser Methode, und legen Sie diese transparent übereinander.

## Symmetrisch gestalten

Wenn Sie z. B. eine Wappenform erarbeiten möchten, ist es für die perfekte Symmetrie sinnvoll, nur eine Hälfte zu zeichnen und anschließend zu spiegeln. Wenn Sie dabei außerdem die Wirkung der Gesamtform berücksichtigen wollen, hilft der Transformieren-Effekt. Wenden Sie den Effekt auf die halbe Form an. Anschließend können Sie diese »finetunen«.

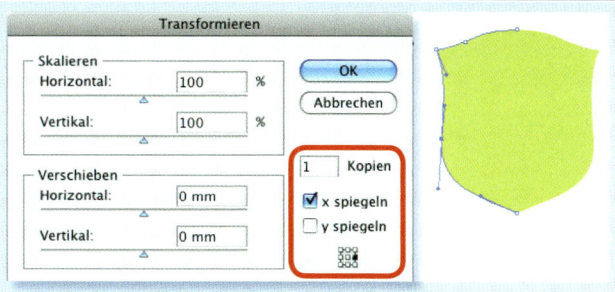

### Kontur nachzeichnen

Dieser Effekt – Sie rufen ihn unter EFFEKT • PFAD • KONTUR NACHZEICHNEN auf – zeichnet die Form eines Objekts nach und erstellt daraus einen Pfad. Angewendet an Textobjekten, entspricht KONTUR NACHZEICHNEN dem Befehl SCHRIFT • IN PFADE UMWANDELN. Der Text bleibt mit einem Effekt jedoch editierbar. Eine Beispielanwendung ist das vertikale Ausrichten von Textobjekten an Grafik, das am Ende von Kapitel 14 beschrieben wird. Ein weiteres interessantes Einsatzgebiet sind eingebettete transparente Pixelbilder oder Verlaufsgitterobjekte, die Sie mithilfe dieses Effekts unter Berücksichtigung der Transparenz konturieren können.

Der Effekt wird üblicherweise auf zusätzliche Konturen angewendet: Legen Sie im Aussehen-Bedienfeld eine neue Kontur an, und weisen Sie dieser den Effekt KONTUR NACHZEICHNEN zu.

Der Effekt KONTUR NACHZEICHNEN ist ein »Pre-Effekt«. Er zeigt nur dann eine Wirkung, wenn er vor den Kontureigenschaften angewendet wird – dies geschieht in Version CS4 automatisch. In Illustrator CS3 und früheren Versionen muss sich KONTUR NACHZEICHNEN im Aussehen-Bedienfeld oberhalb der Kontureigenschaften (Farbe, Stärke und Pinsel) befinden.

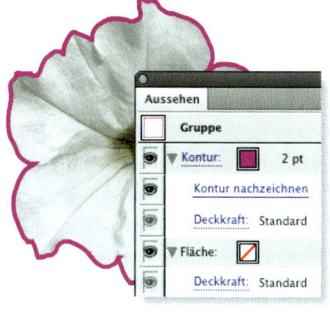

◄ **Abbildung 13.19**
Konturiertes transparentes Pixelbild: Auch wenn der Effekt hier nach den Kontureigenschaften aufgelistet wird, erfolgt seine Anwendung vorher.

### Konturlinie

Mithilfe dieses Effekts – Sie finden ihn unter EFFEKT • PFAD • KONTURLINIE – wandeln Sie eine Kontur in eine Fläche um. Dies benötigen Sie als vorbereitenden Schritt, wenn Sie Effekte anwenden möchten, mit denen Sie nicht den Pfadverlauf verformen, sondern die durch die Kontur gebildete Fläche.

◄ **Abbildung 13.20**
Linke Gruppe: ZUSAMMENZIEHEN UND AUFBLASEN – mit KONTURLINIE (links), ohne (rechts); rechte Gruppe: ZICKZACK – mit KONTURLINIE (links), ohne (rechts)

> **Pre- und Post-Effekte**
>
> Lesen Sie zu »Pre- und Post-Effekten« den Abschnitt »Reihenfolge von Effekten und Farben« auf Seite 397.

Zum Effekt KONTURLINIE gibt es keine Optionen. Die Breite der Kontur richtet sich nach der eingestellten Linienstärke des betroffenen Pfads.

Im Gegensatz zu KONTUR NACHZEICHNEN muss KONTURLINIE als »Post-Effekt« nach einer Kontur angewendet werden, da der Effekt deren Eigenschaften als Basis für seine Berechnung verwendet. Auch hier sorgt Illustrator CS4 automatisch für die entsprechende Reihenfolge, die leider nicht durch den Anwender beeinflusst werden kann.

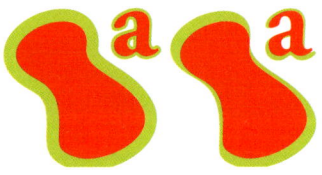

▲ Abbildung 13.21
Der Unterschied zwischen PFAD VERSCHIEBEN (links) und TRANSFORMIEREN/SKALIEREN (rechts)

> **Außenlinien für untergeordnete Ebenen**
>
> Hier erzeugt der Effekt KONTURLINIE die schwarze Outline um Linien und Text. Dieser Sonderfall, in dem Konturen auf hierarchisch untergeordneten Ebenen mit Außenlinien versehen werden, lässt sich so in Illustrator CS4 nicht mehr herstellen, nur noch aus bestehenden Dokumenten übertragen.

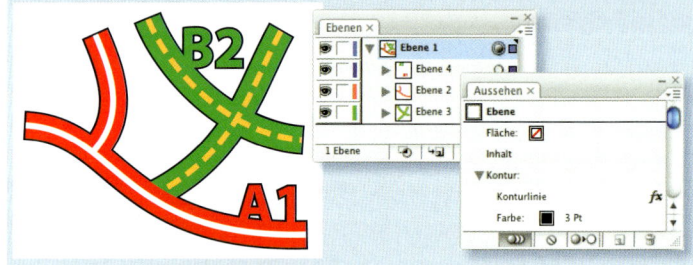

▲ Abbildung 13.22
Pfad verschieben an einem offenen (links) und einem geschlossenen Pfad (rechts). Die Ausgangsobjekte sind in Grün dargestellt.

### Pfad verschieben

Dieser Effekt hat unterschiedliche Auswirkungen, je nachdem, ob Sie ihn auf einen geschlossenen oder einen offenen Pfad anwenden. Wählen Sie EFFEKT • PFAD • PFAD VERSCHIEBEN… Geschlossene Pfade werden nach allen Seiten gleichmäßig erweitert oder geschrumpft – aus offenen Pfaden entsteht bei der Anwendung des Effekts eine geschlossene Form.

Sie können den Effekt PFAD VERSCHIEBEN z. B. einsetzen, um Schriften mit einer Kontur zu versehen. Eine weitere interessante Anwendung besteht darin, offenen Pfaden Füllungen zuzuweisen, die im Normalfall nicht auf eine Kontur anwendbar sind, wie etwa Verläufe.

### Schnittmarken

Den Schnittmarken-Effekt benötigen Sie hauptsächlich, um auf einer Seite Schnittmarken an mehreren Objekten anzulegen, daher besprechen wir den Filter in Kapitel 19. Die mit dem Effekt generierten Schnittmarken haben keine Auswirkung auf Beschnittoptionen des Dokuments.

▲ Abbildung 13.23
PFAD VERSCHIEBEN: Mit einem Verlauf gefüllter, offener Pfad

## Pathfinder

Pathfinder-Effekte sind für die Anwendung auf Ebenen, Gruppen und Textobjekte vorgesehen, also auf Objekte, die mehrere Pfade enthalten. Ein Pathfinder-Effekt bestimmt, wie die einzelnen Formen aufeinander wirken. Das Ergebnis entspricht meist dem der jeweils gleichnamigen Pathfinder-Funktion.

Ein Beispiel einer Anwendung des Pathfinder-Effekts HINZUFÜGEN ist die Erstellung von Konturen (siehe Abbildung 13.24). Der Effekt bewirkt, dass nur eine Außenkontur generiert wird, anstatt jedes einzelne Teil der Illustration mit einer Outline zu versehen.

Auch wenn ein Objekt mehrere Flächen oder Konturen besitzt, existieren mehrere – wenn auch virtuelle – Pfade. Daher ergibt die Anwendung einiger Pathfinder-Effekte auf einzelne Objekte in Konstellationen mit mehreren Flächen oder Konturen nützliche und interessante Lösungen. In diesen Objektstilen werden Pathfinder-Effekte als »Bindeglied« eingesetzt, um aus den Ergebnissen der angewendeten Effekte eine Gesamtform zu erstellen (siehe dazu auch den Workshop »Konturierter Text«).

▲ **Abbildung 13.24**
Anwendung des Pathfinder-Effekts HINZUFÜGEN

▲ **Abbildung 13.25**
Zweifarben-Text durch Pathfinder-Effekt (Farbe der ZEICHEN: blau)

### Pathfinder-Funktionen oder Pathfinder-Effekte?

Die Pathfinder-Effekte werden häufig mit den nur über das Pathfinder-Bedienfeld zugänglichen Pathfinder-Funktionen verwechselt. Es handelt sich jedoch um zwei verschiedene Dinge. Wird eine Pathfinder-Funktion auf mehrere Objekte angewendet, werden die betreffenden Formen kombiniert. Die Zuweisung eines Pathfinder-Effekts auf mehrere Objekte hat jeweils nur Auswirkung auf jedes einzelne dieser Objekte.

 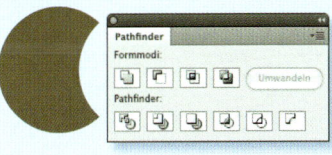 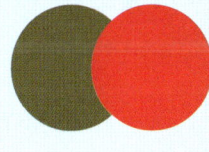 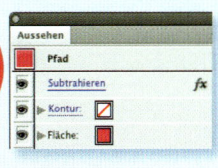

## Pfeilspitzen

Zum Pfeilspitzen-Effekt siehe Abschnitt 9.3, »Pfeilspitzen«.

## Schritt für Schritt: Konturierter Text

In dieser Übung erstellen Sie einen mehrfach konturierten, editierbaren Text – einsetzbar z. B. für Logos oder Überschriften.

### 1 Fläche hinter der Glyphenform anlegen

Erstellen Sie ein Textobjekt, und aktivieren Sie es mit dem Auswahl-Werkzeug. Dieses Textobjekt bildet die innere Form des endgültigen Designs.

Rufen Sie das Aussehen-Bedienfeld auf, und wählen Sie den Befehl NEUE FLÄCHE HINZUFÜGEN aus dem Bedienfeldmenü, oder

▲ **Abbildung 13.26**
Auch in älteren Illustrator-Versionen sollten Sie Pfeilspitzen nicht als Filter (blau), sondern als Effekt (grün) anwenden (siehe Kapitel 9).

▲ **Abbildung 13.27**
Der Text mit der (noch verdeckten) zusätzlichen Fläche

▲ Abbildung 13.28
Erste Konturierung mit Verlaufsfüllung

▲ Abbildung 13.29
Verschieben der weißen Kontur nach außen

▲ Abbildung 13.30
Kontur um einzelne Glyphen

▲ Abbildung 13.31
Der Text mit allen Effekten

klicken Sie auf den Button NEUE FLÄCHE HINZUFÜGEN am unteren Rand des Bedienfelds. Verschieben Sie die neue Fläche hinter den Eintrag ZEICHEN, und versehen Sie diese Fläche mit einem Verlauf. Die Fläche ist zunächst komplett vom ursprünglichen Text verdeckt – das ändern Sie im 2. Schritt.

**2   Fläche um den Text herumführen**
Rufen Sie für die eben erstellte Fläche den EFFEKT • PFAD • PFAD VERSCHIEBEN… auf. Geben Sie einen positiven Wert ein. Durch die Erweiterung wirkt die Fläche jetzt wie eine Konturierung der Schrift.

**3   Eine Kontur um das ganze Objekt herumführen**
Damit Sie die folgenden Schritte auf der Zeichenfläche sehen können, ziehen Sie ein Rechteck auf, füllen es mit einer Fläche und legen es in den Hintergrund der Grafik.

Weisen Sie dann der bereits im Aussehen-Bedienfeld vorhandenen Kontur die Farbe Weiß zu. Um die Kontur ganz nach außen zu bekommen, kopieren Sie den in Schritt 2 angelegten Pfadverschieben-Effekt, indem Sie ⌘/Alt drücken und den Eintrag von der Fläche auf die Kontur verschieben. Allerdings sind jetzt noch alle Glyphen einzeln umrandet.

**4   Die Einzelumrandungen zusammenfügen**
Wählen Sie für die Kontur EFFEKT • PATHFINDER • HINZUFÜGEN aus, um die Umrandungen der einzelnen Glyphen zu einer zusammenhängenden Konturierung des gesamten Textes zusammenzufügen. Die Stärke der Kontur erhöhen Sie ebenfalls.

Und für Ambitionierte noch dieser Tipp: Sollten die kleinen »Löcher« in der Verlaufsfläche und in der weißen Outline Sie stören, verwenden Sie den Pathfinder-Effekt VERDECKTE FLÄCHE ENTFERNEN – sowohl an der Fläche als auch an der Kontur.

Wenn Sie einen Pathfinder-Effekt einem Element zuweisen, an dem bereits ein Pathfinder-Effekt angewendet ist, zeigt Illustrator eine Warnmeldung an. Diese Meldung können Sie in diesem Fall getrost »wegklicken«.

## 13.4   Zeichnerische Effekte

Diese Gruppe von Effekten verändert die Linienführung oder – wie im Fall des Scribble-Filters – erzeugt Linien in einer Fläche. Durch allerlei Zufallsalgorithmen lässt sich mit diesen Filtern etwas »handgemachte« raue Optik in Vektorzeichnungen bringen.

## Scribble-Effekt

Der Scribble-Effekt – aufzurufen unter Effekt • Stilisierungsfilter • Scribble… – füllt die vom Objekt, seiner Fläche oder Kontur gebildete Form durch eine Linienschraffur. Eine Vielzahl von Parametern ermöglicht sehr unterschiedliche Visualisierungen: vom Kinderbild bis zur technischen Zeichnung.

In den mitgelieferten Grafikstilen finden Sie eine Sammlung von Aussehen-Eigenschaften, die auf dem Scribble-Effekt basieren – rufen Sie die Grafikstil-Bibliothek unter Fenster • Grafikstil-Bibliotheken • Scribble-Effekte auf. Interessante Anwendungen ergeben sich z. B., wenn Sie den Scribble-Effekt mit Verlaufsfüllungen kombinieren.

Den Scribble-Effekt können Sie sowohl auf die Fläche als auch auf die Kontur eines Objekts anwenden. Weisen Sie den Scribble-Effekt dem Objekt insgesamt zu, wirkt er sowohl auf die Fläche als auch auf die Kontur, sofern diese vorhanden sind.

◀ **Abbildung 13.32**
Der Scribble-Effekt schafft einen gezeichneten Eindruck.

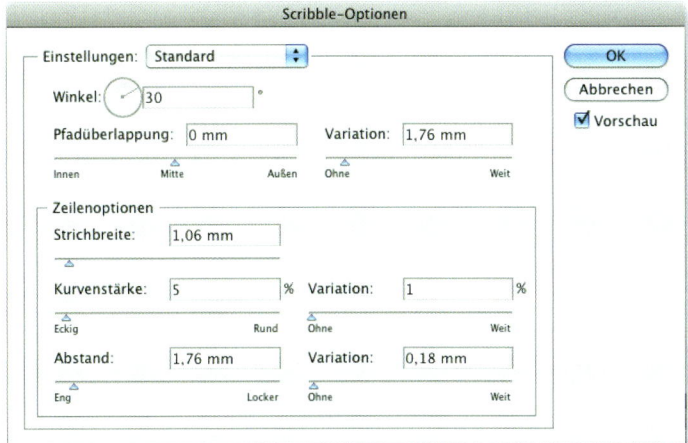

◀ **Abbildung 13.33**
Scribble-Optionen

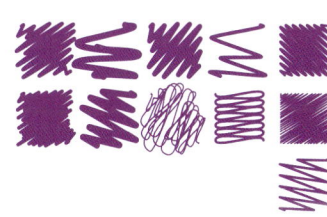

◀ **Abbildung 13.34**
Scribble-Voreinstellungen

- **Einstellungen**: Aus diesem Menü rufen Sie komplette Einstellungssets auf. Diese Vorgaben decken eine große Bandbreite von Möglichkeiten ab, sodass Sie das Menü auch nutzen können, um auf der Basis einer Voreinstellung ein Design nach Ihren Vorstellungen zu entwickeln.
- **Winkel**: Geben Sie die Richtung der Schraffur an. Sie können das Winkel-Symbol klicken und ziehen oder einfach auf den gewünschten Punkt klicken. Der Winkel wird in Werten von –179 bis 180° definiert.
- **Pfadüberlappung**: Legen Sie fest, wie genau die Schraffur die Objektgrenzen treffen soll. Mit dem Wert 0 findet die Richtungsänderung exakt an der Begrenzung statt, und ein negativer Wert bewirkt einen Abstand nach innen. Mit einem positiven Wert erlauben Sie ein »Übermalen« der Objektform.

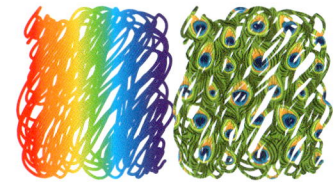

◀ **Abbildung 13.35**
Scribble-Effekt mit Verlaufs- und Muster-Füllung

◀ **Abbildung 13.36**
Pfadüberlappung

▲ **Abbildung 13.37**
Kurvenstärke eckig und rund

- **Strichbreite:** Geben Sie die Stärke der Schraffurlinien an.
- **Kurvenstärke:** Dieser Wert definiert den Kurvenradius bei der Richtungsänderung. Mit dem Wert 0 wird eine Ecke erzeugt, höhere Werte generieren Kurven.
- **Abstand:** Hier legen Sie die Dichte der Schraffur fest, indem Sie den Abstand zwischen den einzelnen Linien angeben. Dichtere Schraffuren verursachen längere Berechnungszeiten beim Bildschirmaufbau.
- **Variation:** Definieren Sie für einzelne Werte im Eingabefeld Variation jeweils einen Toleranzbereich, innerhalb dessen der jeweilige Wert über- oder unterschritten werden darf. So wird der oft nur allzu sterile Eindruck von Vektorgrafik etwas gemildert.

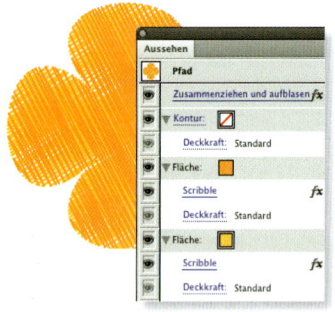

▲ **Abbildung 13.38**
Kreuzschraffur

**Kreuzschraffuren anlegen** | Möchten Sie ein Objekt mit Schraffuren in unterschiedlichen Richtungen versehen, dürfen Sie nicht einfach den Scribble-Effekt mehrfach auf das Objekt anwenden. Stattdessen müssen Sie das Objekt mit mehreren Flächen versehen, denen Sie den Effekt zuweisen.

### Schritt für Schritt: Kreuzschraffur

**1 Erste Schraffur**

Aktivieren Sie das Objekt, und rufen Sie das Aussehen-Bedienfeld auf. Wählen Sie die Fläche des Objekts im Bedienfeld aus, und weisen Sie dieser den Scribble-Effekt zu, indem auf den Button Neuen Effekt zuweisen *fx.* am unteren Rand des Bedienfelds klicken und Stilisierungsfilter • Scribble… auswählen. Richten Sie die Optionen ein.

Falls Sie den Effekt bereits dem Objekt zugewiesen hatten, klicken und ziehen Sie den Eintrag Scribble im Aussehen-Bedienfeld auf den Eintrag Fläche (siehe Abbildung 13.39).

▲ **Abbildung 13.39**
Einen Effekt im Aussehen-Bedienfeld der Fläche zuordnen

**2 Schraffur duplizieren**

Duplizieren Sie die mit dem Scribble-Effekt versehene Fläche im Aussehen-Bedienfeld, indem Sie den Eintrag aktivieren und den Button Ausgewähltes Objekt duplizieren klicken.

**3 Zweite Schraffur einrichten**

Doppelklicken Sie auf den Scribble-Effekt im Bedienfeld, und editieren Sie die Optionen – für eine Kreuzschraffur ändern Sie vor allem die Richtung der Schraffur.

Ein handskizzenähnliches Aussehen erzielen Sie, indem Sie der Fläche eine andere Farbe zuweisen und die Dichte der Schraffur ändern, indem Sie den Wert ABSTAND modifizieren. Ein Beispiel für diesen Einsatz des Scribble-Effekts finden Sie in der Datei »Colascribble.ai« auf der DVD.

▲ **Abbildung 13.40**
Oben: Scribble »Kinderzeichnung«, umgewandelt
unten: mit Pinselkonturen

**Scribble umwandeln** | Soll Ihre Scribble-Textur eher gemalt als gezeichnet aussehen, bietet sich die Anwendung einer Pinselkontur an. Der durch den Scribble-Effekt generierten Linie können Sie jedoch keine Pinselkontur zuordnen – zunächst müssen Sie das mit dem Scribble-Effekt versehene Objekt umwandeln:

Aktivieren Sie es, und wählen Sie OBJEKT • AUSSEHEN UMWANDELN. Die Aussehen-Eigenschaften des Objekts werden in einzelne Elemente umgewandelt und gruppiert – aus der Scribble-»Füllung« entsteht dabei ein Pfad. Diesen aktivieren Sie und weisen ihm eine Pinselkontur zu.

### Zickzack und Aufrauen

Während der Zickzack-Effekt regelmäßige Zacken oder Wellen in einem Pfad generiert, erzeugt der Aufrauen-Effekt unregelmäßige Zacken. Die Verteilung der Zacken über eine gegebene Distanz erfolgt bei beiden Effekten auf unterschiedlicher Berechnungsbasis. Davon abgesehen gleichen sich die Optionen. Sie finden sie beide im Untermenü unter EFFEKT • VERZERRUNGS- UND TRANSFORMATIONSFILTER.

▲ **Abbildung 13.41**
Mit dem Zickzack-Effekt aus Geraden erzeugte Wellenlinien

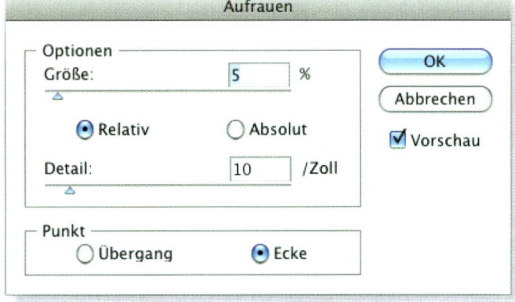

▲ **Abbildung 13.42**
Zickzack- und Aufrauen-Optionen

▶ GRÖSSE: Wählen Sie mit dem Schieberegeler oder durch Eingeben eines Werts den Ausschlag (Zickzack) bzw. den Maximalwert des Ausschlags (Aufrauen). In beiden Fällen können Sie diesen Wert absolut oder relativ zur Länge des betroffenen Pfads angeben.

▲ **Abbildung 13.43**
ZICKZACK und AUFRAUEN

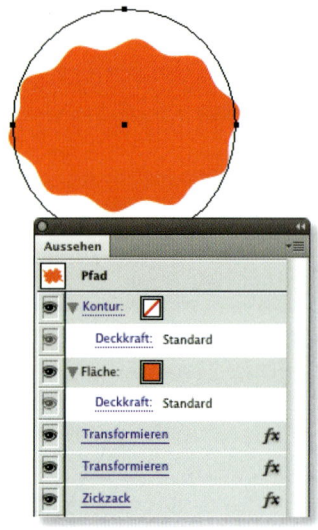

▸ Wellen pro Segment/Detail: Hier legen Sie die Dichte der Zacken fest. Für den Zickzack-Effekt definieren Sie die Anzahl der Wellen pro Pfadsegment.
Der Wert Detail im Aufrauen-Effekt erzeugt eine Verteilung der Zacken bezogen auf die Pfadlänge in Zoll (Inch), unabhängig von den gesetzten Ankerpunkten, die den Pfad in Segmente aufteilen.

▸ Punkt: Ob Wellen oder Zacken entstehen, hängt von der Art der verwendeten Ankerpunkte ab. Legen Sie dies mit Ihrer Entscheidung für Glatt bzw. Übergang oder Eckig fest.

▲ **Abbildung 13.44**
Wenn Sie einen Kreis zunächst mit einem Transformieren-Effekt drehen, dann mit einem zweiten Transformieren-Effekt stauchen und erst anschließend den Zickzack-Effekt anwenden, können Sie mit der Position der Wellen experimentieren. Dazu ändern Sie im ersten Transformieren-Effekt den Drehwinkel.

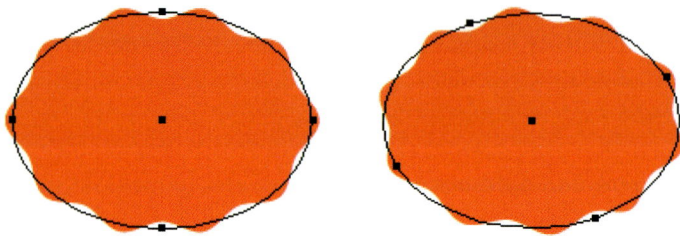

▲ **Abbildung 13.45**
Die Position der Wellen richtet sich nach der Position der Ankerpunkte auf dem Pfad.

Da der Zickzack-Effekt die Unterteilungen pro Pfadsegment vornimmt, kann das Ergebnis unregelmäßig ausfallen (siehe Abbildung 13.46 – rote Linie). Der Aufrauen-Effekt dagegen wird – bezogen auf die Gesamtlänge des Pfads gleichmäßig angewendet. Dies können Sie sich zunutze machen, um regelmäßige Wellen zu generieren (grüne Linie).

Weisen Sie dem Pfad zunächst den Aufrauen-Effekt mit einer Stärke von 0 zu (siehe Abbildung 13.47). Anschließend wenden Sie den Zickzack-Effekt an, der nun ein gleichmäßiges Ergebnis zeigt.

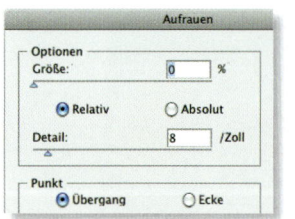

▲ **Abbildung 13.46**
Anwenden von Zickzack- und Aufrauen-Effekt zur Erzeugung gleichmäßiger Wellen. Links: Aussehen-Eigenschaften für die grüne Wellenlinie

▲ **Abbildung 13.47**
Einstellungen des Aufrauen-Effekts

Ähnlich setzen Sie den Aufrauen-Effekt auch in Kombination mit anderen Effekten ein. Beispiele dazu finden Sie beim Ecken-abrunden-, beim Wirbel- und beim Zusammenziehen-und-aufblasen-Effekt.

## Tweak

Durch Verschiebung von Ankerpunkten und/oder Grifflinien nach einem Zufallsalgorithmus innerhalb der eingegebenen Toleranzwerte wird die Form eines Pfads verändert.

Rufen Sie Tweak unter EFFEKT • VERZERRUNGS- UND TRANSFORMATIONSFILTER • TWEAK… auf:

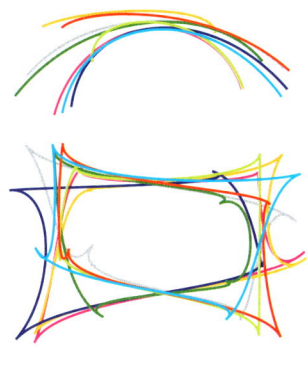

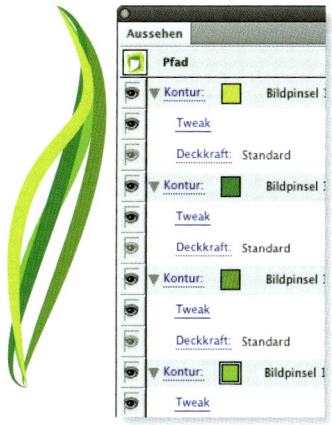

◄ **Abbildung 13.48**
Wird der Tweak-Effekt mit denselben Einstellungen auf die Konturen eines Objekts angewendet, können sich die entstandenen Formen erheblich unterscheiden, …

Geben Sie den Toleranzbereich relativ zur Länge des Pfadsegments ein, oder bestimmen Sie einen absoluten Wert getrennt für die horizontale und vertikale Verformung.

Möchten Sie eine senkrechte oder waagerechte Linie verformen (wie in Abbildung 13.48 oben), müssen Sie mit absoluten Werten arbeiten, um eine Wirkung zu erzielen.

Unter ÄNDERN müssen Sie mindestens eine Option aktivieren – eine Erläuterung der Optionen (Ankerpunkte, Hin- und Wegführende Griffe) finden Sie in Kapitel 7 unter »Verflüssigen-Werkzeuge«.

▲ **Abbildung 13.49**
… daher lassen sich mit dem Tweak-Filter Variationen in Mehr-Konturen-Pfaden erzeugen.

## Wirbel

Dieser Effekt hat eine ähnliche Wirkung wie das Strudel-Werkzeug aus der Gruppe der Verflüssigen-Tools. Wählen Sie ihn unter EFFEKT • VERZERRUNGS- UND TRANSFORMATIONSFILTER • WIRBEL… aus.

Die Dialogbox akzeptiert Werte von −3 600° bis +3 600°. Ab einer bestimmten Stärke der Verwirbelung – etwa 600° – wird die Form der Objekte durch sichtbare Polygonpfade gebildet.

▲ **Abbildung 13.50**
Wirbel-Effekt

### Wirbel-Effekt glätten

Auch um mit dem Wirbel-Effekt versehene Objekte etwas zu glätten, lässt sich der Aufrauen-Effekt einsetzen. Wenden Sie ihn vor dem Wirbel mit einer Stärke von 0 und der Option ÜBERGANGSPUNKTE an. Details setzen Sie anhand der Vorschau.

▲ **Abbildung 13.51**
Die Effekte AUFRAUEN und ZUSAMMENZIEHEN UND AUFBLASEN wurden nacheinander angewendet.

## Zusammenziehen und aufblasen

Dieser Filter wirkt nur auf Pfade, die eine Krümmung aufweisen oder ihre Richtung an einem Eckpunkt ändern. Bei der Anwendung werden die Ankerpunkte des Pfads und die dazwischenliegenden Segmente gegeneinander verschoben. Benötigen Sie zusätzliche Ankerpunkte (wie in Abbildung 13.51), wenden Sie zusätzlich den Effekt AUFRAUEN mit einer Größe von 0% an.

Wählen Sie ZUSAMMENZIEHEN UND AUFBLASEN unter EFFEKT • VERZERRUNGS- UND TRANSFORMATIONSFILTER.

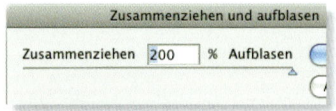

▲ **Abbildung 13.53**
Optionen ZUSAMMENZIEHEN UND AUFBLASEN

▲ **Abbildung 13.52**
Nicht geschlossener, gekrümmter Pfad mit Zusammenziehen- (links) und Aufblasen-Effekt (rechts)

▶ ZUSAMMENZIEHEN: Mit Werten von –200 bis 0 werden Ankerpunkte nach »außen« verschoben und Pfadsegmente nach »innen« gezogen.
▶ AUFBLASEN: Wenn Sie den Regler nach rechts schieben oder Werte von 0 bis 200 eingeben, zieht der Filter Ankerpunkte nach »innen« und verschiebt Pfadsegmente nach »außen«.

▲ **Abbildung 13.54**
Anwendung des Aufblasen-Effekts

### Verkrümmungsfilter

Die Effekte – unter EFFEKT • VERKRÜMMUNGSFILTER – entsprechen den »Verzerrungshüllen«. Wenn ein Objekt per Effekt verzerrt wurde, müssen Sie nicht erst in einen Bearbeitungsmodus wechseln; daher ist das Editieren eines solchen Objekts etwas unkomplizierter als die Bearbeitung eines mit einer Verzerrungshülle versehenen Objekts.

Hinzu kommt, dass sich beim Zuweisen von Verkrümmungen als Effekte unterschiedliche Verkrümmungsarten miteinander kombinieren lassen. Darüber hinaus können Sie die Verkrümmungsfilter in Grafikstile einbinden. (Lesen Sie mehr über Verzerrungshüllen und deren Optionen in Kapitel 10.)

▲ **Abbildung 13.55**
Das Einschussloch verwendet drei Filter zum Erzeugen der gerissenen Kante.

▲ **Abbildung 13.56**
Der Text wurde wie auf einem Sweat-Shirt gebogen. Um den gestickten Look anzudeuten, wurde zusätzlich der Scribble-Effekt angewendet.

## Checkliste: Effekt-Grafiken analysieren

Dank des überarbeiteten Aussehen-Bedienfelds ist das Analysieren eines komplexen Objekts viel einfacher geworden (zum Aussehen-Bedienfeld siehe Kapitel 11). Wenn Sie neugierig sind, wie Effekte an einem Objekt verwendet wurden, um ein bestimmtes Aussehen zu erzielen, folgen Sie diesen Tipps:

**Objekt-Hierarchie** | Analysieren Sie mithilfe des Ebenen-Bedienfelds, in welcher Stapelreihenfolge und Hierarchie die Objekte angeordnet sind. Finden Sie anhand der Ziel-Symbole ◎ heraus, welche Objekte besondere Aussehen-Eigenschaften besitzen. Klicken Sie im Ebenen-Bedienfeld auf ein Ziel-Symbol, um sich die Aussehen-Eigenschaften anzusehen (zu Ebenen siehe Kapitel 11).

**Beteiligte Eigenschaften** | Untersuchen Sie die angewendeten Füllungen, Konturen, Transparenz-Eigenschaften und Effekte. Sehen Sie im Aussehen-Bedienfeld die Einstellungen nach, indem Sie auf die unterstrichenen Begriffe klicken und dadurch die Optionen anzeigen (in älteren Illustrator-Versionen doppelklicken Sie auf den betreffenden Eintrag bzw. rufen die entsprechenden Bedienfelder auf). Beachten Sie vor allem die Anwendungsreihenfolge und Hierarchien: Ist der Effekt dem gesamten Objekt oder nur einer Kontur (einer Fläche) zugeordnet? Sie können jedoch in Illustrator CS4 nicht mehr im Aussehen-Bedienfeld erkennen, ob ein Effekt vor oder nach einer Fläche oder Kontur angewendet wird.
Das Aussehen-Bedienfeld zeigt auch an, ob übergeordnete Elemente zusätzlich Effekte oder Transparenz besitzen. Diese Einträge finden Sie ganz oben im Bedienfeld über dem fett hervorgehobenen Eintrag mit der Miniatur des Objekts. Sie sind mit entsprechenden Symbolen versehen, wenn sie eigene Effekte besitzen.

**Optionen editieren** | Sind Sie sich über die Auswirkung einer Eigenschaft nicht sicher, weisen Sie dieser andere Eigenschaften zu: Ändern Sie die Farbe, die Konturstärke oder die Effekt-Optionen. Achten Sie auf Kleinigkeiten, wie die mit dem Referenzpunkt-Symbol des Transformieren-Effekts vorgenommene Ausrichtung.

**Eigenschaften ändern** | Falls Sie den Sinn einer Eigenschaft infrage stellen, dann deaktivieren Sie probeweise deren Sichtbarkeit, indem Sie auf das Auge-Symbol 👁 klicken, oder ändern Sie die Reihenfolge bzw. die Hierarchie der Anwendung, indem Sie z. B. den Effekt statt einer Gruppe deren Inhalt zuweisen oder die Eigenschaft einer Gruppe von unterhalb des »Inhalts« darüber verschieben.
   Um Ihre Version besser mit dem Original vergleichen zu können, arbeiten Sie an einem Duplikat des Objekts.

**Tests** | Übertragen Sie die Eigenschaften auf andere Objekte, um die Auswirkungen genauer zu untersuchen, z. B. auf einen offenen statt einen geschlossenen Pfad oder auf eine Gruppe anstelle eines einzelnen Objekts.

▲ **Abbildung 13.57**
Das Objekt hat mehrere Konturen und Füllungen mit eigenen Eigenschaften.

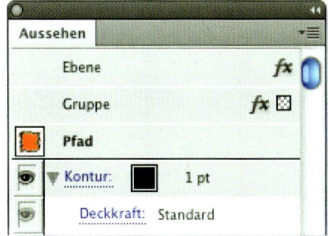

▲ **Abbildung 13.58**
Übergeordnete Eigenschaften

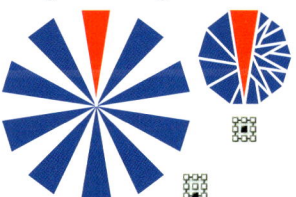

▲ **Abbildung 13.59**
Auswirkung des Referenzpunkts beim Transformieren-Effekt

▲ **Abbildung 13.60**
Links mit AUFRAUEN (Größe 0 %) und ZUSAMMENZIEHEN UND AUFBLASEN, rechts nur mit ZUSAMMENZIEHEN UND AUFBLASEN

## 13.5 Bildbearbeitungseffekte

Etliche aus Photoshop und anderen Programmen bekannte Bildbearbeitungsroutinen stehen Ihnen als Effekte für die Anwendung sowohl auf Vektor- als auch auf platzierte Pixeldaten zur Verfügung. Neu seit Illustrator CS3 ist, dass die Funktionen auch im Dokumentfarbmodus CMYK nutzbar sind.

| Farbmoduswechsel |
| --- |
| Haben Sie im Dokumentfarbmodus RGB ein Objekt mit einem Photoshop-Effekt versehen und wechseln in den Modus CMYK (oder umgekehrt), kann sich das Ergebnis des Effekts verändern. |

▶ **Abbildung 13.61**
Der Filter KÖRNUNG erzeugt eine leichte Störung, die der Grafik die typische »Vektor-Glattheit« nimmt.

Dank DeviceN ist die Anwendung von Photoshop-Filtern auf Volltonfarben-Objekte und Duplex-Bilder möglich – die Objekte werden korrekt separiert. Je nachdem, in welchem Dokumentfarbmodus und mit mit welchen Farbtypen (Vollton- oder Prozessfarbe) Sie arbeiten, können die Ergebnisse des Filters unterschiedlich ausfallen.

Bildbearbeitungsroutinen wendet Illustrator immer auf eingebettete Bilder an. Effekte können Sie zwar auch verknüpften Bildern zuweisen, die Anwendung des Effekts bewirkt jedoch, dass eine eingebettete Kopie des Bildes erzeugt wird.

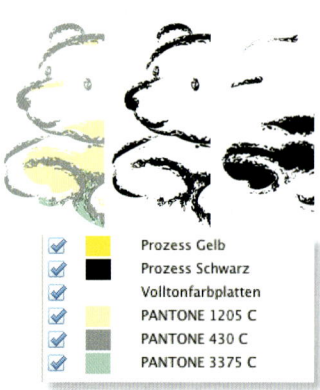

▲ **Abbildung 13.62**
Mit Effekt versehenes Volltonfarben-Objekt, Separation (in Acrobat)

### Werte und Auflösung

Werte, die Sie für die Photoshop-Effekte eingeben, sind absolute Pixel-Werte. Sie beziehen sich auf die Dokument-Rastereffekt-Einstellungen. Damit verändert sich das Aussehen der mit Photoshop-Effekten versehenen Objekte, sobald Sie die im Filter eingegebenen Werte mit anderen Dokument-Rastereffekt-Einstellungen verwenden.

Bevor Sie Photoshop-Effekte anwenden, sollten Sie also Ihre Dokument-Rastereffekt-Einstellungen überprüfen und, falls nötig, anpassen.

▲ **Abbildung 13.63**
Gaußscher Weichzeichner mit Stärke 20 – Auflösung 72 dpi (links), 300 dpi (rechts)

| Rastereffekt-Auflösung und Rechenzeit |
| --- |
| Bei sehr komplexen oder großen Objekten kann es Geschwindigkeitseinbußen geben, wenn Sie permanent mit hoher Auflösung arbeiten. In diesen Fällen kann es helfen, die angewendeten Effekte mithilfe des Aussehen-Bedienfelds unsichtbar zu schalten, indem Sie auf das Auge 👁 klicken. |

Die pixelbasierten Illustrator-Effekte (WEICHE KANTE, SCHEIN NACH INNEN/AUSSEN und SCHLAGSCHATTEN) arbeiten mit auflösungsunabhängigen Werten.

**Filter- und Effekte-Galerie**
Photoshop-Plug-ins sind in dieser praktischen »Galerie« zusammengefasst, sodass Sie einfach zwischen verschiedenen Filtern hin und her wechseln und die Wirkungen vergleichen können.

Die Galerie wird beim Auswählen der meisten Effekte automatisch geöffnet. Rufen Sie die Galerie direkt auf mit EFFEKT • EFFEKTE-GALERIE…

▲ **Abbildung 13.64**
Der Filter AQUARELL

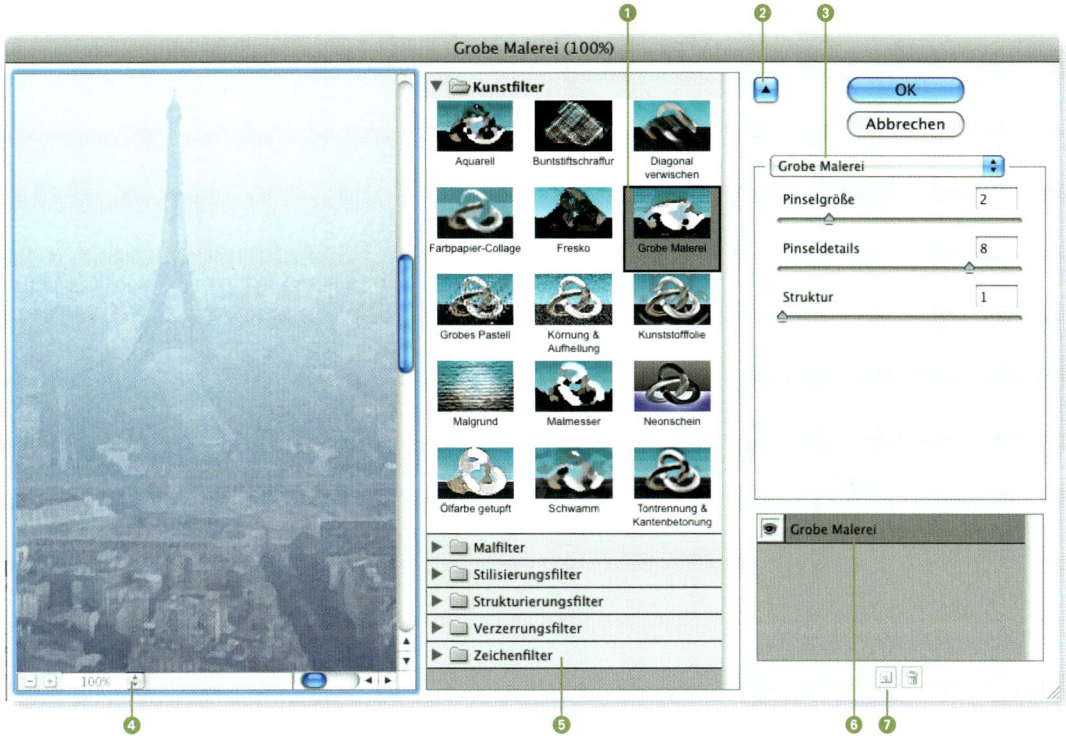

▲ **Abbildung 13.65**
Effekt-Galerie

Im Aufklappmenü ❹ stellen Sie die Zoom-Stufe der Vorschau ein. Es ist auch möglich, die Dialogbox auf die volle Bildschirmgröße zu maximieren. Das Vorschaubild lässt sich vergrößern, indem Sie durch einen Klick auf den Pfeil-Button ❷ die Filter-Miniaturen vorübergehend ausblenden.

Den anzuwendenden Filter wählen Sie in der Mitte der Dialogbox, indem Sie auf die Vorschau-Miniaturen ❶ klicken – öffnen und schließen Sie die Filtergruppen durch einen Klick auf den Eintrag ❺.

Alternativ selektieren Sie einen Filter aus dem Menü ❸, in dem die Namen aller Filter aufgelistet sind.

**Im Layout vergrößern**

Denken Sie daran, dass Sie Illustrator-Dateien im Layoutprogramm nicht einfach vergrößern können, sobald Sie die auflösungsabhängigen Photoshop-Effekte darin angewendet haben.

▲ **Abbildung 13.66**
Mehrere Objekte müssen gruppiert werden, bevor Sie einen Photoshop-Filter anwenden (rechts).

▲ **Abbildung 13.67**
Der Filter WEICHES LICHT

▲ **Abbildung 13.68**
Sie können Illustrator-Zeichnungen auch als Smart-Objekt in Photoshop-Dateien einfügen (siehe Kapitel 18) und dort mit Smartfiltern versehen. Diese sind wie Illustrator-Effekte jederzeit editierbar.

Die auf das Bild angewendeten Filter werden in der Dialogbox als Ebenen ❻ angezeigt. In älteren Illustrator-Versionen lassen sich bei der Anwendung von Filtern – nicht bei Effekten – Filterebenen mit einem Klick auf den Button NEUE EFFEKTEBENE ❼ hinzufügen und mit einem Klick auf den Button EFFEKTEBENE LÖSCHEN wieder entfernen. Durch Klicken und Ziehen der Einträge ändern Sie die Reihenfolge der Anwendung. Mit einem Klick auf das Auge legen Sie fest, ob die Filterung in der Vorschau angezeigt wird.

**Photoshop-Filter anwenden**

Gehen Sie wie folgt vor, um einem Objekt einen Photoshop-Effekt zuzuweisen:

1. Geben Sie eine für die Weiterverarbeitung passende Dokument-Rastereffektauflösung ein.
2. Platzieren Sie ein Bild (siehe Kapitel 18). Sollen mehrere Vektorobjekte gemeinsam mit einem Effekt versehen werden, gruppieren Sie sie.
3. Selektieren Sie ein Bild oder ein Vektorobjekt bzw. eine Gruppe und wählen den Effekt direkt aus dem Menü EFFEKT • PHOTOSHOP-EFFEKTE, oder selektieren Sie EFFEKT • EFFEKTE-GALERIE.
4. Stellen Sie die Optionen des jeweiligen Effekts ein.
5. Klicken Sie auf den Button OK.

**Photoshop-Effekte und SVG**

Vermeiden Sie Photoshop-Effekte (wie auch pixelbasierte Effekte), wenn Sie eine SVG-Datei exportieren wollen. Mit diesen Effekten versehene Objekte werden beim SVG-Export in Rasterdaten umgewandelt, die im SVG-Viewer nicht skalierbar sind.

## 13.6 Special Effects

Bis vor Kurzem waren Objekte, die die in diesem Abschnitt vorgestellten Effekte praktisch mit einem Mausklick generieren, mit Vektorgrafik-Werkzeugen nicht ohne immensen Aufwand zu erzeugen – bei Photoshop-Anwendern waren sie dagegen Routine. Tatsächlich sind die Effekte SCHATTEN, WEICHE KANTE und SCHEIN rasterbasiert. Wenn Sie diese Effekte nutzen, müssen Sie sich also auch mit den Rastereffekt-Einstellungen befassen.

Blendenflecke sind ein Phänomen, dessen Vermeidung einem Fotografen viel Arbeit verursachen kann. In Illustrator steht Ihnen ein Werkzeug zur Verfügung, um Blendenflecke zu erstellen.

Beachten Sie, dass bei den eben genannten Effekten Transparenz zum Einsatz kommt, zu deren Verarbeitung Sie Voreinstellungen definieren müssen, die für den angestrebten Weiterverarbeitungsprozess geeignet sind (zu Transparenz siehe Kapitel 12).

**Blendenflecke**
Dieser Spezialeffekt wird mit dem entsprechenden Werkzeug aufgetragen – Sie finden es bei den Konstruktionswerkzeugen im Werkzeugbedienfeld.

Das Werkzeug generiert ein Objekt »Blendenflecke«, das wiederum aus einer Reihe von Vektorelementen besteht, deren Eigenschaften Sie zum Teil mithilfe der Optionen des Blendenflecke-Werkzeugs steuern können. Das Blendenflecke-Objekt ist aus folgenden Teilen aufgebaut:

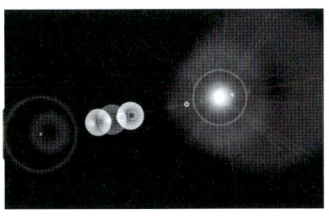

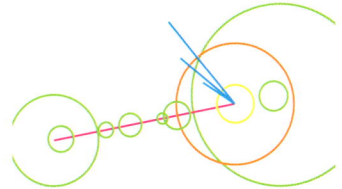

▲ **Abbildung 13.69**
Das BLENDENFLECKE-WERKZEUG ganz unten in der Reihe der Konstruktionswerkzeuge

◄ **Abbildung 13.70**
Schema der Blendenflecke: Mitte (gelb), Lichtkranz (orange), Strahlen (blau), Ringe (grün), Pfad (magenta)

Gehen Sie wie folgt vor, um Blendenflecke anzulegen:
1. Wählen Sie das Blendenflecke-Werkzeug aus dem Werkzeugbedienfeld.
2. Falls Ihr Blendenflecke-Objekt RINGE (siehe Abbildung 13.70) enthalten soll, doppelklicken Sie auf das Werkzeug, um die Optionen aufzurufen. Aktivieren Sie die Einstellung RINGE, falls sie nicht ausgewählt ist, und klicken Sie auf OK.
3. Klicken Sie auf den gewünschten Mittelpunkt, und ziehen Sie die Größe des LICHTKRANZES (siehe Abbildung 13.72) auf.
4. Klicken und ziehen Sie, um den Pfad mit den Ringen zu erstellen. Drücken Sie dabei ↑ bzw. ↓, um die Anzahl der Ringe zu erhöhen bzw. zu senken. Sind Sie mit dem Ergebnis nicht zufrieden, widerrufen Sie einen Schritt und ziehen den Pfad erneut.

▲ **Abbildung 13.71**
Blendenflecke in einer Illustration

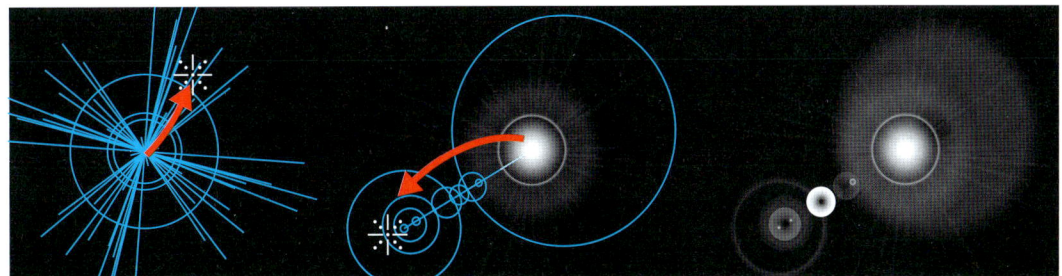

▲ **Abbildung 13.72**
Das Blendenflecke-Werkzeug wird in zwei Schritten angewendet.

**Optionen** | Blendenflecke
Aktivieren Sie das Blendenflecke-Objekt auf der Zeichenfläche, und doppelklicken Sie auf das Werkzeug, um die Optionen des Objekts einzustellen.

**Abbildung 13.73** ▶
Die Optionen-Dialogbox des Blendenflecke-Werkzeugs erreichen Sie mit einem Doppelklick auf das Werkzeug.

Unter MITTE, LICHTKRANZ und STRAHLEN legen Sie die jeweiligen Eigenschaften der Elemente fest. Falls Sie Strahlen nicht benötigen, deaktivieren Sie die Option.

RINGE definieren Sie durch die Länge des Pfads, die Anzahl der Ringe sowie die Richtung, in der der Pfad verläuft. Möchten Sie Ringe nachträglich für ein bestehendes Blendenflecke-Objekt erzeugen oder die Eigenschaften ändern, müssen Sie dafür die Dialogbox verwenden.

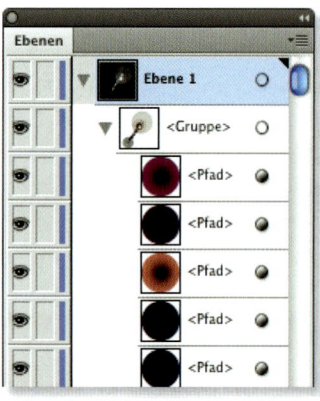

▲ **Abbildung 13.74**
Umgewandeltes Blendenflecke-Objekt

**Umwandeln** | Blendenflecke
Ein Blendenflecke-Objekt können Sie mit dem Befehl OBJEKT • UMWANDELN… in seine Einzelteile zerlegen – anschließend ist es möglich, diese zu untersuchen, um festzustellen, mit welchen Füllungen und Transparenz-Eigenschaften der Effekt erzeugt wird. Darüber hinaus können Sie einzelne Elemente mit anderen Eigenschaften versehen.

### Füllmethode = Modus

Die Füllmethode wird in den Optionen aller Effekte als »Modus« bezeichnet. Diesen Begriff verwenden auch Photoshop und andere Programme für die Füllmethode.

### Schlagschatten

Der Schlagschatten-Effekt dient vor allem dem Zweck, den optischen Eindruck eines Schattens der Objektform zu erzeugen – ob tatsächlich eine »Schatten«-Wirkung entsteht, bestimmt die zugewiesene Farbe und Füllmethode. Der Einfachheit halber bezeichnen wir den Effekt weiter als »Schatten«.

Die Farbe des Schattens, seinen Versatz zum Objekt und den Grad der Weichzeichnung definieren Sie in den Optionen, wenn Sie einem Objekt den Effekt zuweisen – Ihre Einstellungen können Sie jedoch zu einem späteren Zeitpunkt editieren.

Selektieren Sie das Objekt oder die Gruppe, oder wählen Sie die Ebene als Ziel aus. Falls Sie den Effekt nur der Fläche oder der

▲ **Abbildung 13.75**
Füllmethode NEGATIV MULTIPLIZIEREN und FARBTON für den Schatten

Kontur eines Objekts zuweisen möchten, wählen Sie diese im Aussehen-Bedienfeld aus. Rufen Sie anschließend EFFEKT • STILISIERUNGSFILTER • SCHLAGSCHATTEN… auf.

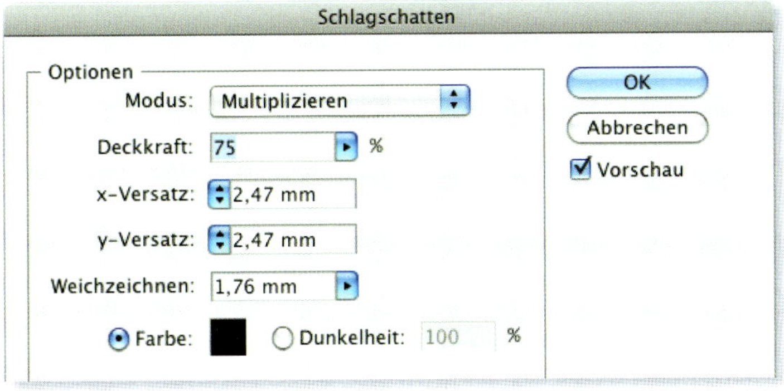

◀ **Abbildung 13.76**
Einstellungen für den Schlagschatten-Effekt

- MODUS: Wählen Sie aus diesem Menü die Füllmethode, mit der der »Schatten« in die hinter ihm liegenden Objekte gerechnet wird.
  Beachten Sie außerdem die Wechselwirkungen mit der Füllmethode, die dem Objekt zugewiesen ist: Anders als in den Ebenen-Effekten von Photoshop wird diese in Illustrator auch auf den Schatten angewendet.

▲ **Abbildung 13.77**
Objekt mit Füllmethode NORMAL (links) und NEGATIV MULTIPLIZIEREN (rechts)

- DECKKRAFT: Bestimmen Sie die Stärke der Schattierung.
- X/Y-VERSATZ: Die Position des Schattens relativ zum Objekt bestimmen Sie durch Eingabe eines Abstands zwischen –352,77 und 352,77 mm. Negative Werte bewirken eine Verschiebung nach oben bzw. links.
- WEICHZEICHNEN: Die Option erzeugt eine weiche Kante des Schattens. Bestimmen Sie den Grad der Weichzeichnung durch Eingabe eines Werts zwischen 0 und 50,8 mm. Einen Schatten mit einer harten Kante – Wert 0 – sollten Sie jedoch nicht mit dem Schlagschatten-Effekt, sondern mit dem Transformieren-Effekt und einer geeigneten Transparenz erzeugen.

▲ **Abbildung 13.78**
Schlagschatten mit Weichzeichnen 0 mm und 1 mm

**Volltonfarben**

Wenn Sie den Farbwähler über das Farbfeld aufgerufen haben, klicken Sie darin auf den Button FARBFELDER und wählen die Farbe aus der Liste aus (zum Farbwähler siehe Kapitel 8).

- FARBE: Die Farbe des Schattens können Sie mit dem Farbwähler oder durch Auswahl eines Farbfelds bestimmen. Wenn Sie eine Volltonfarbe verwenden möchten, muss diese zuvor als Farbfeld definiert werden.
- DUNKELHEIT: Diese Option bewirkt, dass Füllung und Kontur des Objekts im Schatten abgebildet wird – etwa wie Glasfenster, deren Muster sich auf Objekten abzeichnen, wenn Licht durch sie fällt. Muster- oder Verlaufsfüllungen werden jedoch nicht in den Schatten übernommen.
  Geben Sie einen Wert zwischen 0 und 100 % ein, um die Balance zwischen Schwarzanteil und Ursprungsfarbe zu bestimmen. Bei einem Wert von 0 % wird dem Schatten kein

▲ **Abbildung 13.79**
Dunkelheit 30 % und 100 %

13.6 Special Effects | **417**

**Schatten wird nicht angezeigt**

Falls der Schatten nicht dargestellt, aber im Aussehen-Bedienfeld aufgelistet wird, ist vielleicht das Objekt zu groß. Für den Schatten besteht eine Begrenzung von etwa 1.000 mm bezogen auf die Größe des Gesamtobjekts.

Schwarz zugegeben, und bei einem Wert von 100 % enthält der Schatten nur den Schwarzanteil.

▶ SEPARATE SCHATTEN ERSTELLEN (nur für Filter; in CS3 und früheren Versionen): Diese Option ist wichtig, wenn Sie den Filter auf mehrere Objekte gemeinsam oder auf eine Gruppe von Objekten anwenden. Normalerweise ist die Option aktiv, und es wird je ein Schatten direkt hinter jedem Objekt erstellt. Deaktivieren Sie die Option, um alle Schatten hinter dem untersten Objekt anzuordnen.

**Schattiertes Objekt drehen**

Wenn Sie ein Objekt mit Schlagschatten auf der Zeichenfläche drehen, bewegt sich dessen Schlagschatten nicht mit – wie Sie es vielleicht erwartet hätten. Stattdessen wird der Schatten in dieselbe Richtung geworfen wie bisher. Um dieses Problem zu umgehen, erstellen Sie ein Symbol des Objekts und drehen dieses.

Diese Anmerkung gilt selbstverständlich auch für andere Effekte – z. B. den Transformationseffekt – die Frage tritt jedoch im Zusammenhang mit Schatten am häufigsten auf.

▲ **Abbildung 13.80**
Einstellungen für den Effekt WEICHE KANTE

▲ **Abbildung 13.81**
Effekt WEICHE KANTE

### Weiche Kante

Der Effekt WEICHE KANTE erzeugt einen allmählichen Übergang eines Objekts oder einer Gruppe zum Hintergrund, indem die Deckkraft des Objekts an seiner Außenkante allmählich sinkt.

Als Außenkante wird die Grenze der Fläche betrachtet, die ein Objekt oder eine Gruppe durch seine Füllung und/oder Kontur bedeckt. Das heißt, Sie können auch eine Kontur mit einer weichen Kante versehen.

Die Breite des Übergangs bestimmen Sie in den Optionen des Effekts.

### Schein nach außen

Mit diesem Effekt erzeugen Sie eine schattenähnliche Fläche, die sich allerdings vom Objekt nach allen Seiten gleichmäßig ausdehnt. Ob der Eindruck eines »Scheins« entsteht, hängt von der ausgewählten Farbe und dem Modus ab – voreingestellt ist der MODUS NEGATIV MULTIPLIZIEREN, der einen Schein vergleichbar einem Neon-Effekt erzeugt:

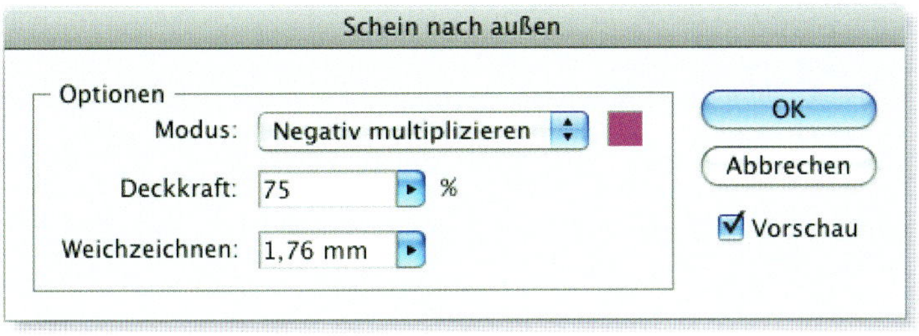

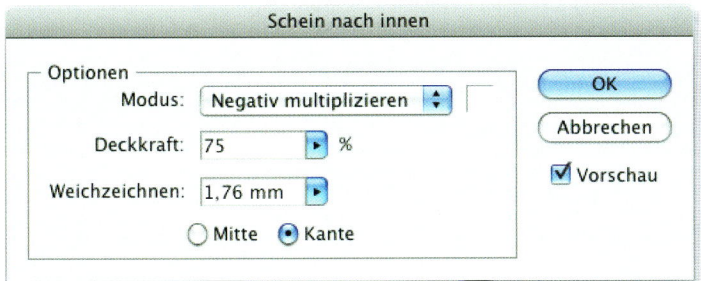

◀ **Abbildung 13.82**
Einstellungen für den Effekt
SCHEIN NACH AUSSEN

Die Optionen werden im Abschnitt »Schlagschatten« weiter vorn erklärt. Die Farbe des »Scheins« wählen Sie im Farbwähler aus, den Sie mit einem Klick auf das Feld neben dem Modus-Menü aufrufen.

### Schein nach innen

Dieser Effekt verursacht ein Objekt, das dem vorherigen entspricht, der Schein ist jedoch ins Innere des Objekts ausgerichtet. SCHEIN NACH INNEN ist nicht nur für Neon-Effekte nützlich – vor allem wird er gern verwendet, um Objekte plastisch hervortreten zu lassen. In der folgenden Übung setzen Sie den SCHEIN NACH INNEN zu genau diesem Zweck ein.

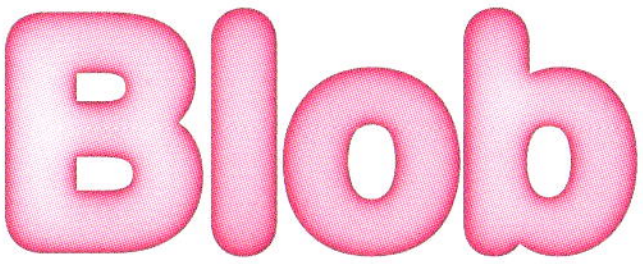

▲ **Abbildung 13.83**
Schein nach innen

◀ **Abbildung 13.84**
Einstellungen für den Schein-nach-innen-Effekt

Die Optionen werden im Abschnitt »Schlagschatten« erklärt.

Die Farbe des »Scheins« wählen Sie im Farbwähler aus. Mit KANTE legen Sie den Schein von der Außenkante des Objekts nach innen an – mit ZENTRIEREN in umgekehrter Ausrichtung.

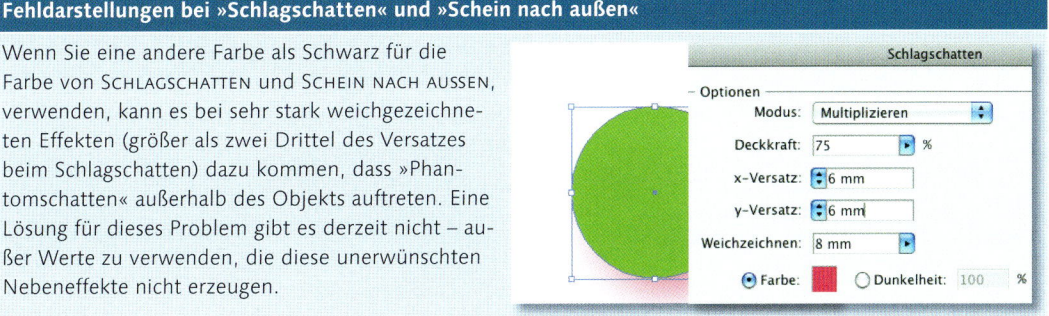

**Fehldarstellungen bei »Schlagschatten« und »Schein nach außen«**

Wenn Sie eine andere Farbe als Schwarz für die Farbe von SCHLAGSCHATTEN und SCHEIN NACH AUSSEN, verwenden, kann es bei sehr stark weichgezeichneten Effekten (größer als zwei Drittel des Versatzes beim Schlagschatten) dazu kommen, dass »Phantomschatten« außerhalb des Objekts auftreten. Eine Lösung für dieses Problem gibt es derzeit nicht – außer Werte zu verwenden, die diese unerwünschten Nebeneffekte nicht erzeugen.

13.6 Special Effects | **419**

▲ Abbildung 13.85
Der fertiggestellte Orden

▼ Abbildung 13.86
Erzeugen einer zusätzlichen Fläche und Anordnen von Fläche und Kontur innerhalb des Aussehen-Bedienfelds

## Schritt für Schritt: Ein Orden mit Rosette

### 1  Das Grundobjekt

In dieser Übung zeichnen Sie einen Orden, der auf einer einzigen Grundform basiert – alle Details werden wir mithilfe von Aussehen-Eigenschaften und Effekten generieren. Setzen Sie zunächst den Text »1.« in einer Schriftgröße von 90 Pt – im Beispiel habe ich die Schriftart Myriad Pro verwendet.

Geben Sie der Eins eine blaue Fläche und eine dunkelblaue Kontur.

### 2  Erste neue Fläche hinzufügen

Rufen Sie das Aussehen-Bedienfeld auf, und klicken Sie auf den Button Neue Fläche hinzufügen ☐. Die neue Fläche sowie die automatisch erzeugte neue Kontur verschieben Sie im Bedienfeld unter den Eintrag Zeichen.

 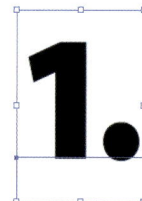    

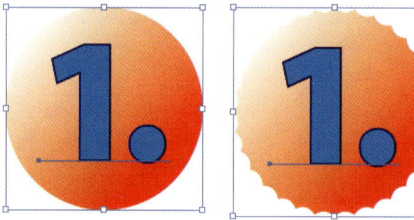

### 3  Mittlere Fläche

Aktivieren Sie die neue Fläche, und weisen Sie ihr einen Verlauf von Weiß nach Rot zu. Dieser ist zunächst nicht zu sehen, da die Fläche noch vom Zeichen verdeckt wird.

Dann wählen Sie Effekt • In Form umwandeln • Ellipse. Geben Sie eine feste Größe von 36 mm in der Horizontalen und Vertikalen ein. Dann weisen Sie der Fläche den Effekt • Verzerrungs- und Transformationsfilter • Aufrauen zu. Wählen Sie eine Grösse von 0 % und bei Detail 7 /Zoll. Jetzt weisen Sie noch Effekt • Verzerrungs- und Transformationsfilter • Zusammenziehen und aufblasen mit einem Wert von -3 zu.

▲ Abbildung 13.87
Einstellungen für die Effekte der angelegten Fläche: Ellipse, Aufrauen und Zusammenziehen und aufblasen

▲ Abbildung 13.88
Nach dem Zuweisen des Ellipse-Effekts (links); mit allen Effekten (rechts)

Wenn Sie die Anzahl der Zacken verringern wollen, rufen Sie den Aufrauen-Effekt durch einen Klick auf seinen Eintrag im Aussehen-Bedienfeld erneut auf, aktivieren die VORSCHAU und ändern die Optionen. Mit dem Verlauf-Werkzeug ⬛ passen Sie anschließend Länge und Richtung des Verlaufs an.

### 4 Kontur erzeugen

Aktivieren Sie die Kontur, und geben Sie ihr eine dunkelrote Farbe. Drücken Sie ⎇/Alt, und ziehen Sie den Effekt ELLIPSE von der Fläche zur Kontur. Das Drücken der Taste ⎇/Alt bewirkt dabei das Kopieren. Verfahren Sie ebenso mit den anderen Effekten der Fläche, sodass die Kontur dieselbe Form annimmt wie die Verlaufsfläche.

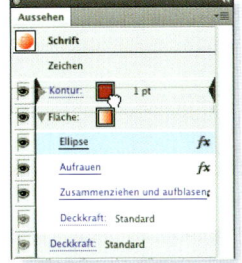

▲ **Abbildung 13.89**
Achten Sie beim Verschieben/Kopieren des Effekts darauf, den Eintrag an einer leeren Stelle zu greifen.

▲ **Abbildung 13.90**
Kontur und Fläche mit allen Effekten

### 5 Grundobjekt für Rosette

Erzeugen Sie eine weitere Fläche durch einen Klick auf den Button NEUE FLÄCHE HINZUFÜGEN ▢. Dieser geben Sie eine rote Farbe. Verschieben Sie sie dann unter die bereits bestehende Fläche und Kontur.

### 6 Rosettenform biegen

Dann weisen Sie der Fläche den EFFEKT • IN FORM UMWANDELN • RECHTECK zu. Wählen Sie eine Breite von 0,1 mm und eine Höhe von 36 mm (dies entspricht der Höhe des Kreises aus Schritt 3).

Mit EFFEKT • TRANSFORMATIONS- UND VERZERRUNGSFILTER • TRANSFORMIEREN verschieben Sie diese Rechteckfläche um 18 mm VERTIKAL. Weisen Sie anschließend EFFEKT • VERKRÜMMUNGSFILTER • BOGEN mit einem Wert von 10% HORIZONTAL zu.

### 7 Rosette komplettieren

Um die Form zu vervielfältigen, weisen Sie einen zweiten Transformieren-Effekt zu – ignorieren Sie die entsprechende Warnung, indem Sie auf NEUEN EFFEKT ANWENDEN klicken. In den Opti-

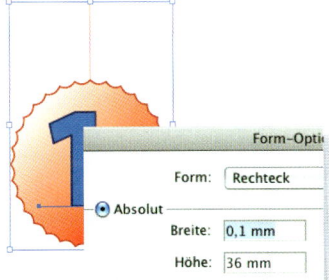
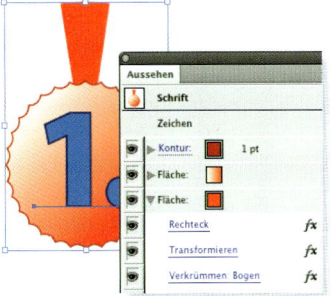

▲ **Abbildung 13.91**
Rechteck-Optionen (oben); Rosettengrundform (unten)

13.6 Special Effects | **421**

onen geben Sie 8 Kopien ein und einen Drehwinkel von 40°. Achten Sie darauf, den Referenzpunkt korrekt zu setzen: Er sollte unten in der Mitte sein.

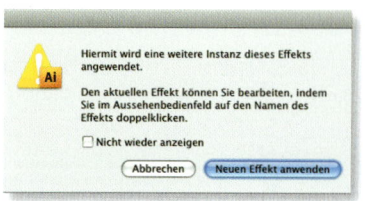
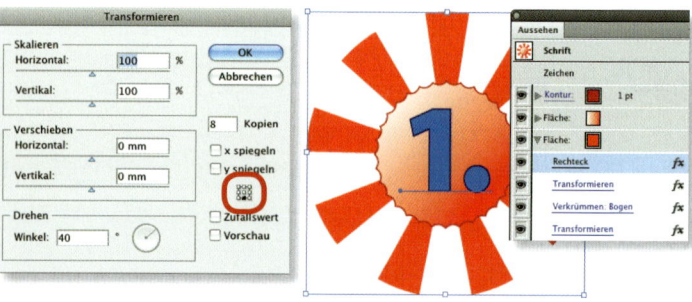

▲ **Abbildung 13.92**
Wenden Sie den zweiten Effekt trotz Warnung (links) an – Ergebnis (rechts).

▼ **Abbildung 13.93**
Die rote Rosetten-Teilform wird dupliziert (links, blau hervorgehoben). Nach dem Umfärben überdeckt sie noch die rote Form (2. von links). Dies ändern Sie mit dem Transformieren-Effekt (rechts).

### 8 Blaue Rosette

Die rote Fläche duplizieren Sie, indem Sie ihren kompletten Eintrag über den Button AUSGEWÄHLTES OBJEKT DUPLIZIEREN ziehen. Der Kopie geben Sie eine blaue Farbe. Anschließend weisen Sie ihr einen dritten Transformieren-Effekt zu. Dieser sollte einen Referenzpunkt in der Mitte besitzen und einen Drehwinkel um 20°. Alle anderen Optionen müssen sich im Grundzustand befinden.

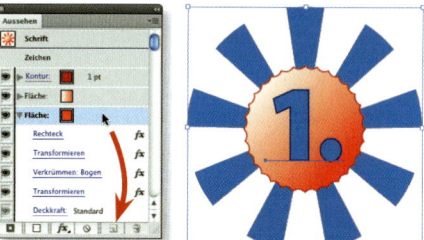

### 9 Schatten

Jetzt geht es noch einmal an die gezackte Verlaufsfläche aus Schritt 3. Diese erhält einen Schlagschatten – EFFEKT • STILISIERUNGSFILTER • SCHLAGSCHATTEN – mit einer Verschiebung von 1 mm in beide Richtungen und eine Weichzeichnung von ebenfalls 1 mm.

### 10 Glanzreflex

Abschließend erstellen Sie noch eine neue zusätzliche Fläche, aus der Sie einen Glanzreflex konstruieren. Dazu aktivieren Sie den Eintrag ZEICHEN im Aussehen-Bedienfeld, indem Sie einmal darauf klicken. Dann klicken Sie noch einmal auf den Button NEUE FLÄCHE HINZUFÜGEN. Die neue Fläche entsteht über dem Eintrag ZEICHEN.

▲ **Abbildung 13.94**
Schlagschatten unter der Verlaufsfläche

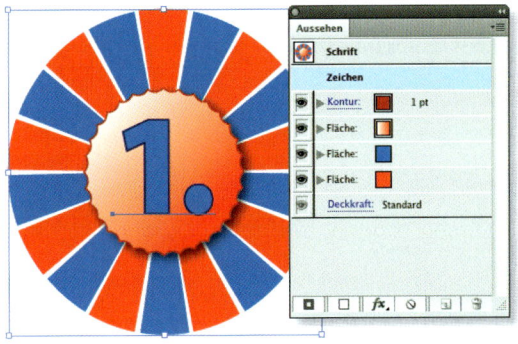
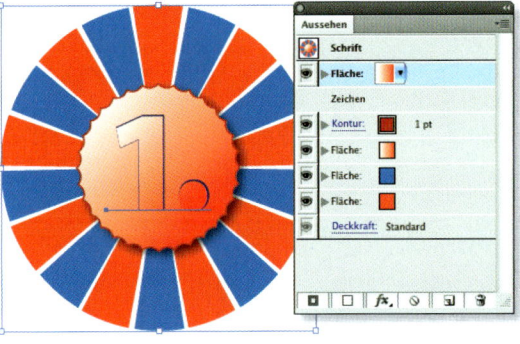

Weisen Sie der Fläche den EFFEKT • IN FORM UMWANDELN • ELLIPSE mit einer absoluten Größe in einer Breite von 26 mm und einer Höhe von 18 mm zu. Mithilfe des Verlauf-Bedienfelds erhält diese Fläche einen linearen Verlauf von Weiß in voller Deckkraft zu Weiß mit einer Deckkraft von 0 % und einem Winkel von -90°.

▲ **Abbildung 13.95**
Die neue Fläche wird über dem aktivierten Eintrag ZEICHEN (links) angelegt und überdeckt diesen zunächst (rechts).

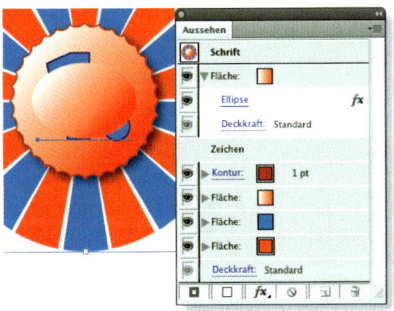
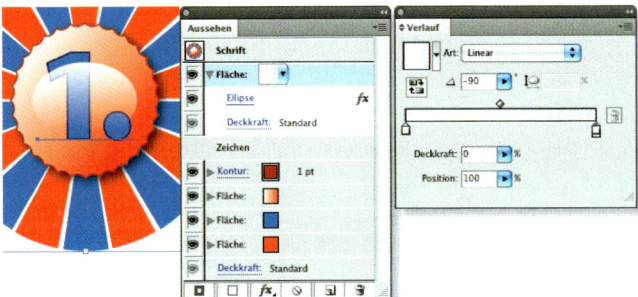

Verwenden Sie dann einen Transformieren-Effekt, um diese Fläche etwas nach oben zu verschieben. Die Mitte der Rosette wirkt dadurch etwas plastisch.

Klicken Sie auf den Eintrag DECKKRAFT im Aussehen-Bedienfeld, stellen Sie die Füllmethode auf NEGATIV MULTIPLIZIEREN und die Deckkraft auf etwa 50 %. Zum Vergleich finden Sie auf der DVD die Datei »Orden.ai«.

▲ **Abbildung 13.96**
Der Glanzreflex erhält seine Fläche.

◄ **Abbildung 13.97**
Abschließend wird die Transparenz des Glanzreflexes eingestellt.

13.6 Special Effects | **423**

## Dokument-Rastereffekt-Einstellungen

Die Einstellungen in dieser Dialogbox bestimmen die Auflösung und Qualität der von den rasterbasierten Effekten in Pixelbilder umgewandelten Vektorobjekte. Daher sollten Sie die Einstellungen vor Beginn Ihrer Arbeit – spätestens jedoch vor der Ausgabe Ihrer Dokumente auf Druckern oder in PDF- und PostScript-Dateien – überprüfen und gegebenenfalls an die Anforderungen des aktuellen Projekts anpassen.

Auf die Bearbeitung platzierter Rasterbilder haben die meisten Einstellungen keinen Einfluss – diese werden in ihrer vorliegenden Auflösung bearbeitet, die im Steuerungsbedienfeld für ein ausgewähltes Bild angezeigt wird. Sie können jedoch durch die Auswahl des Farbmodells GRAUSTUFEN oder BITMAP ein Farbbild in einen dieser Modi umwandeln.

Lesen Sie auch Kapitel 19 und 20 über die Anforderungen an Bildauflösung und -qualität für die Print- und Webproduktion.

| **Rastereffektauflösung** |
| Die wichtigste Einstellung in dieser Dialogbox, die AUFLÖSUNG, wurde seit Illustrator CS3 in die Grundeinstellungen für neue Dokumente mit aufgenommen. |

**Abbildung 13.98** ▶
Dokument-Rastereffekt-Einstellungen

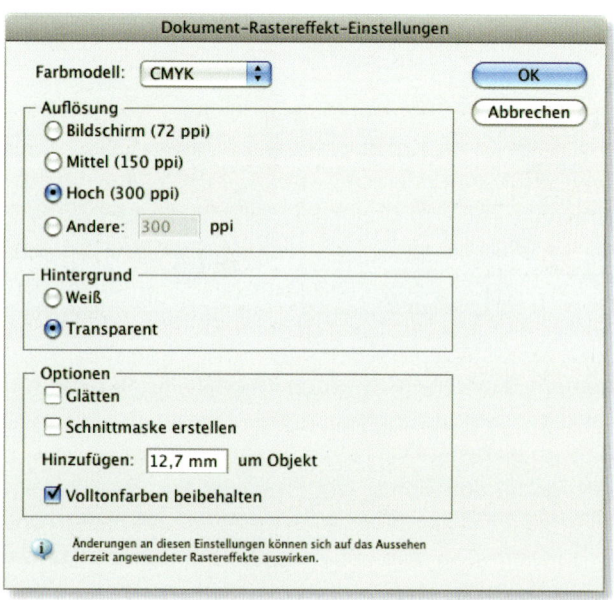

| **Konvertierung in Graustufen** |
| Die Umwandlung eines Farbbildes in ein Graustufen- oder Bitmap-Bild sollten Sie möglichst in Bildbearbeitungsprogrammen vornehmen, da Sie dort die Möglichkeit haben, den Farbkontrast in einen entsprechenden Schwarzweißkontrast umzusetzen.
Für die Umwandlung von Vektorobjekten bietet INTERAKTIVE FARBE eine große Funktionsvielfalt. |

▶ FARBMODELL: Hier haben Sie die Wahl, Rastereffekte in drei Farbmodellen berechnen zu lassen. Je nach gewähltem Dokumentfarbmodus in RGB bzw. CMYK, darüber hinaus kann die Pixelbildumwandlung in GRAUSTUFEN oder BITMAP (Schwarzweiß) erfolgen.

▶ AUFLÖSUNG: Bestimmen Sie die Auflösung für die Umwandlung von Vektor- in Pixelbilder und die Darstellung rasterbasierter Effekte wie Schlagschatten und Schein. Die Auflösung bezieht sich auf die Maße der Objekte im Dokument – diese sollten Sie also in der im Layout benötigten Größe einrichten.

- Hintergrund: Mit den Optionsbuttons wählen Sie, wie sich die Transparenz der Vektorelemente – die durch die Außenbegrenzung der Objektform definiert ist – im Rasterbild darstellt: mit weißen Pixeln oder durch Transparenz.
    Aktivieren Sie das Transparenzraster im Menü Ansicht, um eine Vorschau der transparenten Bereiche zu erhalten.
    - Weiss: Die ursprünglich transparenten Bereiche eines Vektorobjekts werden in deckende weiße Pixel umgerechnet.
    - Transparent: Das Pixelbild ist nur auf den Flächen deckend, die durch die Vektorform definiert sind. So sind Objekte, die unter dem mit einem Rastereffekt versehenen Element liegen, sichtbar.
    Die Einstellung Transparent bewirkt, dass die durch einen Effekt veränderte Außenform eines Objekts beschnitten wird, und sie kann zu Fehldarstellungen führen, wenn innerhalb der Fläche des Objekts »Löcher« entstehen.
    Im Farbmodell Bitmap verwenden Sie die Einstellung Transparent, um die weißen Pixel der Bitmaps transparent darzustellen.
- Glätten: Mit dieser Option aktivieren Sie die Kantenglättung (Anti-Aliasing) von Vektorobjekten, wenn Rastereffekte darauf angewendet werden.
- Schnittmaske erstellen: Während mit der Option Hintergrund transparent die Maske direkt in der eingestellten Auflösung berechnet und gegebenenfalls geglättet wird, definiert bei der Option Schnittmaske eine Vektorform die Außenbegrenzung des Objekts.
    Diese Option ist vor allem dann der Einstellung Transparent vorzuziehen, wenn weitere Elemente unter dem mit dem Effekt versehenen Element liegen.
- Hinzufügen: Um das Objekt wird eine Fläche in der angegebenen Größe hinzugefügt. Dies benötigen Sie für Effekte, die die Außenform des Objekts vergrößern, wie den Gaußschen Weichzeichner. Um in diesem Fall sicherzustellen, dass die mit dem Effekt erzeugte weiche Kante nahtlos in den Hintergrund übergeht, müssen Sie einen ausreichend großen Bereich hinzufügen. Der genaue Wert richtet sich nach Ihren Einstellungen im Effekt, daher reicht die Standard-Vorgabe von 12,7 mm nicht immer.
- Volltonfarben beibehalten: Sonderfarben bleiben erhalten, wenn Sie pixelbasierte oder Photoshop-Effekte darauf anwenden. Konvertieren Sie jedoch die Volltonfarben zu einem späteren Zeitpunkt (z. B. im Layoutprogramm) in Prozessfarben, kann dies sichtbare Auswirkungen haben. Daher können Sie durch Deaktivierung dieser Option bestimmen, dass bei einer

▲ Abbildung 13.99
Text mit dem Effekt Gaussscher Weichzeichner – Hintergrund transparent (oben), Hintergrund weiß (unten)

▲ Abbildung 13.100
Originalobjekt (Mitte) mit Effekt Ozeanwellen: ohne Glätten (oben), mit Glätten (unten)

▲ Abbildung 13.101
Effekt Gaussscher Weichzeichner – Option Hinzufügen: nicht ausreichend (oben), ausreichend (unten)

Interaktion von Volltonfarben und pixelbasierten Effekten die Konvertierung bereits in Illustrator erfolgt.

Lassen Sie Volltonfarben erhalten, dann bleiben die Farbdefinitionen bestehen, und der optische Eindruck wird z. B. im Fall eines Schlagschattens durch Überdrucken dargestellt.

### In Pixelbild umwandeln

Illustrator bietet diese Funktion sowohl als Befehl unter OBJEKT • IN PIXELBILD UMWANDELN als auch als Effekt unter EFFEKT • IN PIXELBILD UMWANDELN an. Sie dient dazu, Vektorelemente zu rastern.

Sie benötigen diesen Zwischenschritt zum Beispiel, wenn Ihre Objektkonstruktion so komplex ist, dass sie bei der Ausgabe auf dem Drucker Fehler verursacht oder wenn der Export in bestimmte Formate fehlschlägt, weil Elemente nicht in eine korrespondierende Form übersetzt werden können.

Typische Anwendungen sind Transparenzen – beim Ausdruck auf älteren Geräten oder beim Export in das Flash-Format. Weitere Einsatzbereiche sind die Aufbereitung von Textelementen für das Screendesign, die Umwandlung in Graustufen oder das Downsampling (Senken der Auflösung) eingebetteter Pixelbilder.

Die Optionen entsprechen den Dokument-Rastereffekt-Einstellungen, eine zusätzliche Option besteht beim Glätten, das Sie hier nicht per Kontrollkästchen aktivieren, sondern aus einem Aufklappmenü wählen.

Das Anti-Aliasing lässt sich für Bildmaterial oder für Schrift optimieren (siehe Abschnitt 14.13, »Von Text zu Grafik«).

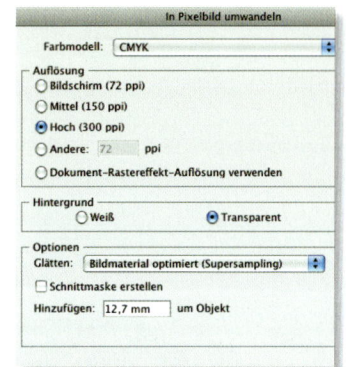

▲ **Abbildung 13.102**
In Pixelbild umwandeln

**Volltonfarben |** Dank der DeviceN-Unterstützung ab Illustrator CS3 bleiben Volltonfarben beim Umwandeln von Vektor- in Pixelgrafik mit diesem Befehl erhalten.

### Farben bearbeiten (früher: Farbfilter)

Diese Gruppe von Funktionen – jetzt zu finden unter BEARBEITEN • FARBEN BEARBEITEN – verändert die Farbdefinitionen mehrerer Objekte gleichzeitig; die Anwendung besprechen wir in Kapitel 8. Einige dieser Funktionen lassen sich auch auf Pixelbilder anwenden.

Der Schwarz-überdrucken-Befehl automatisiert das Einrichten der Überdrucken-Eigenschaft, die Sie manchmal benötigen, um Probleme in der Printprodukion zu beheben – daher finden Sie die Details in Kapitel 19.

### 3D

Die 3D-Effekte finden Sie in Kapitel 17.

> **Größenbeschränkung**
>
> Falls der Effekt IN PIXELBILD UMWANDELN bei einer sehr großen querformatigen Grafik nicht angewendet werden kann, probieren Sie folgenden Trick: Drehen Sie die Grafik um 90°, und wenden Sie den Effekt an.
>
> Der Effekt besitzt eine Größenbeschränkung, die für die Höhe größere Dimensionen zulässt als für die Breite.

## Mosaik

Dieser Filter stellt eine ganz andere Art dar, ein Pixelbild zu vektorisieren. Er erzeugt das typische Pixelmuster zu niedrig aufgelöster Rastergrafik – gebildet aus Vektorpfaden. Damit lassen sich interessante Gestaltungselemente – z. B. für Hintergründe oder zur Ausschmückung – erstellen. Nach dem Entfernen des Filter-Menüs finden Sie das Mosaik jetzt unter Objekt • Objektmosaik erstellen. Ein Objektmosaik können Sie nur aus eingebetteten Pixelbildern erstellen.

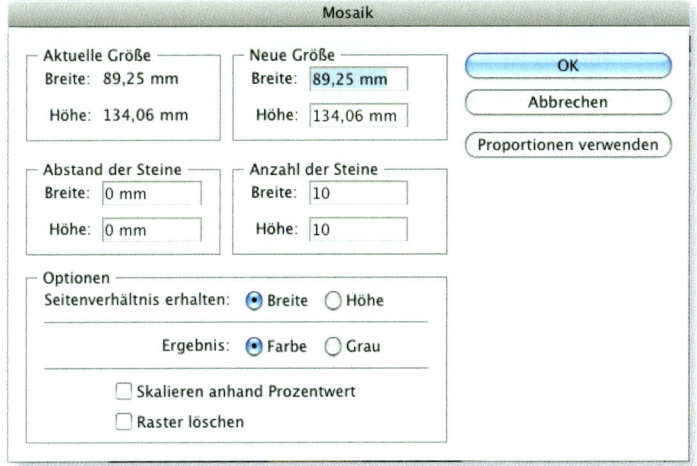

◄ **Abbildung 13.103**
Optionen des Filters Mosaik

- **Aktuelle Grösse**: Hier wird die Größe des Bilds in der eingestellten Maßeinheit angezeigt.
- **Neue Grösse**: Möchten Sie das Mosaik in einer anderen Größe erstellen, geben Sie die Maße hier ein. Sie können den Wert auch prozentual zur alten Größe angeben. Aktivieren Sie dafür die Option Skalieren anhand Prozentwert.
- **Abstand der Steine**: Per Voreinstellung stoßen die Steine direkt aneinander. Geben Sie hier einen Wert ein, der als Zwischenraum zwischen den Elementen dient.
- **Anzahl der Steine**: Mit diesen Werten bestimmen Sie indirekt die Größe der einzelnen »Pixel«.
  Wenn Sie quadratische Steine erzeugen möchten, geben Sie z. B. die Anzahl der Steine für die Breite an, aktivieren die Option Breite unter Seitenverhältnis erhalten und klicken auf den Button Proportionen verwenden.
  Sie müssen übrigens keine quadratischen Steine erzeugen – wenn Sie einen der Werte ganz niedrig wählen, können Sie »Linien« anstelle von »Pixeln« generieren lassen.
- **Ergebnis**: Wählen Sie, ob das Ergebnis in Farbe oder Graustufen umgesetzt werden soll.

▲ **Abbildung 13.104**
Anzahl der Steine entspricht den Proportionen des Bilds.

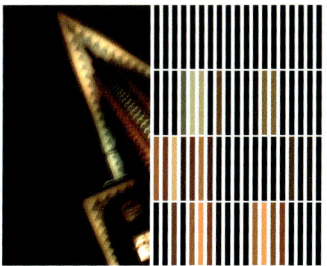

▲ **Abbildung 13.105**
Anzahl der Steine nicht proportional zu den Bildmaßen

▲ Abbildung 13.106
Punktraster mit dem Mosaik-Filter und dem In-Form-umwandeln-Effekt.

▶ Raster löschen: Aktivieren Sie diese Option, um das Rasterbild nach der Erstellung des Mosaiks zu löschen.

**Punktraster mit dem Mosaik-Filter |** Zusammen mit dem Effekt In Form umwandeln können Sie den Mosaik-Filter einsetzen, um ein farbiges Punktraster zu erstellen. Gehen Sie wie folgt vor:

1. Platzieren Sie eine Vorlage – deaktivieren Sie die Option Verknüpfen. Es ist wichtig, dass die Vorlage nicht in Gruppen oder Schnittmasken verschachtelt ist. Rufen Sie daher das Ebenen-Bedienfeld auf, um Ihr Objekt zu prüfen. Wenden Sie auf das Bild den Mosaik-Filter an. Richten Sie die Optionen zur Erzeugung von quadratischen Mosaik-Teilen ein, indem Sie auf den Button Proportionen verwenden klicken.
2. Als Ergebnis erhalten Sie eine Gruppe. Den Effekt müssen Sie im nächsten Schritt jedoch auf die Einzelobjekte anwenden. Um diese auszuwählen, aktivieren Sie zunächst die Gruppe. Rufen Sie dann das Aussehen-Bedienfeld auf – ⇧ + F6 –, und doppelklicken Sie dort auf den Eintrag Inhalt.
3. Wählen Sie jetzt den Effekt • In Form umwandeln • Ellipse aus. Richten Sie in den Optionen eine zusätzliche Breite und Höhe mit einem negativen Wert ein – wie groß dieser ausfallen muss, ist von der Größe Ihrer Mosaiksteinchen abhängig.

**SVG-Filter**
Diese Gruppe von Filtern ist für den Einsatz in Webgrafiken bestimmt.

Abbildung 13.107 ▶
Die SVG-Filter Alpha_1, Kühle Brise, Abgeflachte Kante mit Schatten, Verwirbelung (von oben links nach unten)

Ein SVG-Filter beschreibt einen Satz von Eigenschaften der **Extended Modelling Language (XML)**. Diese Eigenschaften werden als mathematische Funktionen bei der Darstellung der Grafik, z. B. im Browser, angewendet. Durch Anpassung der Routinen in der Datei »Adobe SVG-Filter.svg« oder mithilfe des Aussehen-Bedienfelds können Sie eine andere Filterwirkung erzeugen (zum SVG-Export siehe Kapitel 19).

Einige der Effekte können nur mithilfe eines SVG-Renderers dargestellt werden – Sie können das Ergebnis also erst nach dem Speichern der SVG-Datei in einer SVG-fähigen Applikation, z. B. einem Webbrowser mit SVG-Plug-in betrachten.

**SVG-Filter anpassen** | Um die Optionen eines SVG-Filters zu editieren oder die Filter zu verwalten, gehen Sie wie folgt vor:
1. Weisen Sie einem Objekt einen SVG-Filter zu.
2. Doppelklicken Sie auf den Filter im Aussehen-Bedienfeld.
3. In der Dialogbox SVG-FILTER ANWENDEN haben Sie folgende Möglichkeiten:
    a. Klicken Sie auf den Button SVG-FILTER BEARBEITEN *fx*, um den XML-Code in einem internen Editor aufzurufen.
    b. Klicken Sie auf den Button NEUER SVG-FILTER, um einen eigenen Filter zu programmieren.
    c. Weisen Sie einen neuen Filter zu, indem Sie darauf klicken.

### Reihenfolge mit SVG-Filtern

Um die Rasterung des Objekts zu vermeiden, müssen Sie einen SVG-Filter immer als letzten Effekt zuweisen – er muss also im Aussehen-Bedienfeld unten (über dem Eintrag DECKKRAFT) stehen.

▲ **Abbildung 13.108**
Die Dialogbox SVG-FILTER ANWENDEN

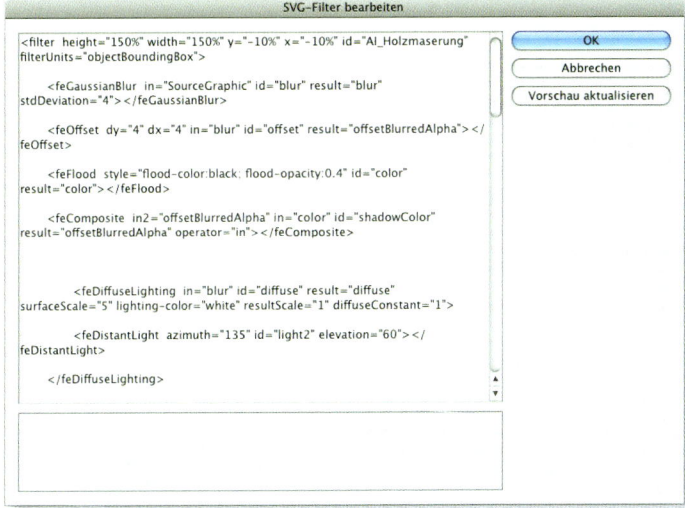

▲ **Abbildung 13.109**
XML-Code eines SVG-Filters

# TEIL IV
## Spezialobjekte

# 14 Text und Typografie

Illustrator besitzt einige der fortgeschrittenen Werkzeuge zur Zeichen- und vor allem zur Absatzformatierung, die Sie vielleicht von InDesign kennen. Speziell die Formatierung längerer Textpassagen ist aber eher ein Randthema für die Arbeit mit dem Programm. Darüber hinaus steht Ihnen in Illustrator nicht so eine große Auswahl an Sonderzeichen, z. B. Leerräume und Umbrüche, zur Verfügung wie in Satz- und Layoutprogrammen.

Die vorhandenen Möglichkeiten sind dennoch eine große Arbeitserleichterung für die Erstellung von Layouts, die auch mikrotypografisch überzeugen.

**Exkurs: Zitate**
Urheber der als Blindtext verwendeten Zitate in diesem Kapitel sind Paul Rand (»To design is …«, »First make it red …«), Erik Spiekermann (»The one thing …«) und Adolph Freiherr von Knigge.

## 14.1 Textobjekte erzeugen

Illustrator unterscheidet drei Arten von Textobjekten: Punkttext, Flächentext und Pfadtext.

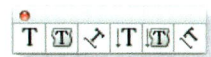

▲ Abbildung 14.1
Text-Werkzeuge

- **Punkttext**: Der Text in diesem Textobjekt startet an dem Punkt, den Sie mit dem Text-Werkzeug anklicken, und fließt von dort in horizontaler oder vertikaler Richtung, bis ein Umbruch eingegeben wird.
  Punkttext eignet sich aufgrund der fest eingegebenen Umbrüche nur für kurze Texte, da eine Umformatierung sehr viel Aufwand erfordert.
- **Flächentext**: Ein Flächentextobjekt wird durch einen äußeren »Rahmen« begrenzt. Der Rahmen wird entweder mit dem

Text-Werkzeug oder durch ein Vektorobjekt definiert. Der Textumbruch erfolgt an den Begrenzungen der Fläche.

Mehrere Flächentextobjekte können miteinander verkettet werden, um längere Textabschnitte zu setzen.

▶ **Pfadtext**: Pfadtext läuft in einer Zeile auf einem offenen oder geschlossenen Vektorpfad in dessen Pfadrichtung, d. h. in der Richtung, in der Sie den Pfad gezeichnet haben. Auch Pfadtextobjekte können Sie miteinander verketten. Diese Textobjekte bieten sehr freie Gestaltungsmöglichkeiten.

### Textausrichtung

Alle Text-Werkzeuge hält Illustrator in zweifacher Ausfertigung vor: für horizontale und für vertikale Textausrichtung. Horizontal ausgerichteter Text verläuft in der gewohnten westeuropäischen Schreibweise, vertikale Textausrichtung dient zum Setzen ostasiatischer Sprachen.

▲ **Abbildung 14.2**
Vertikaler Pfad- und Flächentext

Setzen Sie vertikal ausgerichteten Text, werden die Buchstaben übereinander gesetzt. Umbrüche erfolgen von rechts nach links. Bei vertikal ausgerichtetem Pfadtext steht die Grundlinie der Buchstaben senkrecht zum Pfad.

Die Textausrichtung können Sie jederzeit ändern. Aktivieren Sie das Textobjekt, und wählen Sie SCHRIFT • TEXTAUSRICHTUNG • HORIZONTAL bzw. VERTIKAL.

### Punkttext erstellen T  |T|

Um Punkttext zu erstellen, wählen Sie das Text-Werkzeug – Shortcut T – oder das Vertikaler-Text-Werkzeug. Bewegen Sie es auf eine Stelle der Zeichenfläche, an der kein Vektorobjekt liegt. Der Cursor zeigt ein I oder ⊞. Die Position der Schrift-Grundlinie erkennen Sie an dem kurzen Strich im Cursor-Symbol.

Klicken Sie mit dem Text-Werkzeug, und geben Sie den Text ein. Einen Umbruch erzeugen Sie mit ↵.

Wenn Sie anschließend ein weiteres Textobjekt erstellen wollen, drücken Sie ⌘/Strg und klicken neben den Text, um ihn zu deaktivieren.

Um nach der Texteingabe das Textobjekt zu aktivieren, wählen Sie das Auswahl-Werkzeug (oder drücken Sie ⌘/Strg für einen temporären Wechsel zum Auswahl-Werkzeug) und klicken auf den Text.

### Flächentext erstellen

Einen Flächentext können Sie auf zwei Arten erzeugen:
1. Sie erstellen eine neue Rechteckfläche.
2. Sie wandeln einen geschlossenen oder offenen Pfad in einen Flächentext um.

> **Horizontal <-> vertikal**
>
> Haben Sie ein Text-Werkzeug ausgewählt und möchten vorübergehend zu seinem vertikalen oder horizontalen Gegenstück wechseln, drücken Sie ⇧. Dieser Shortcut funktioniert nur, wenn kein Objekt aktiviert ist.

> **Ausrichtung von Punkttext**
>
> Die Textausrichtung (linksbündig, rechtsbündig, zentriert) bezieht sich bei einem Punkttext auf den Punkt, den Sie mit dem Textwerkzeug angeklickt haben.

**Textobjekt neu erstellen |** Um ein rechteckiges Flächentextobjekt zu erstellen, wählen Sie das Text- T oder das Vertikaler-Text-Werkzeug |T| und bewegen es über eine freie Stelle auf der Zeichenfläche – der Cursor zeigt das ⓘ- oder ⊞-Symbol. Klicken und ziehen Sie ein Rechteck in der gewünschten Größe auf.

Nachdem Sie die Maustaste losgelassen haben, blinkt die Einfügemarke links bzw. rechts oben im neuen Flächentextobjekt, und Sie können Ihren Text direkt eingeben.

▲ Abbildung 14.3
Flächentextobjekt aufziehen

**Vektorobjekt in Textobjekt umwandeln |** Wählen Sie das Text-Werkzeug oder eines der Flächentext-Werkzeuge T T, um einen geschlossenen Pfad in ein Flächentextobjekt umzuwandeln. Möchten Sie einen offenen Pfad in ein Flächentextobjekt umwandeln, verwenden Sie ein Flächentext-Werkzeug oder das Text-Werkzeug in Verbindung mit ⌥/Alt.

Bewegen Sie das Werkzeug über den Pfad des Vektorobjekts – der Cursor zeigt das ⓘ- bzw. das ⊖-Symbol. Klicken Sie mit dem Werkzeug, um die Vektorform in ein Flächentextobjekt umzuwandeln. Dabei werden Fläche und Kontur des Objekts gelöscht, und die Einfügemarke blinkt. Geben Sie Ihren Text ein.

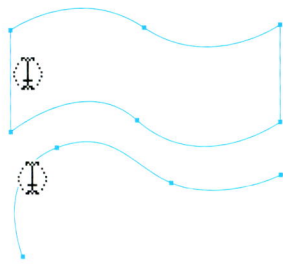

▲ Abbildung 14.4
Aus geschlossenen und offenen Vektorpfaden Flächentextobjekte erzeugen

**Pfadtext erstellen**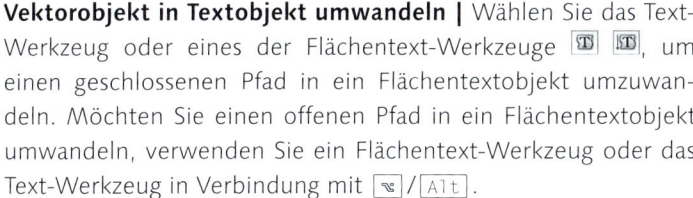
Mit den Pfadtext-Werkzeugen können Sie kein neues Objekt erzeugen. Sie müssen daher zunächst den Pfad erstellen, auf dem Ihr Text laufen soll.

Anschließend wandeln Sie ihn in ein Pfadtextobjekt um. Nehmen Sie dazu das Pfadtext- oder das Text-Werkzeug. Handelt es sich um einen geschlossenen Pfad, müssen Sie ⌥/Alt drücken, wenn Sie mit dem Text-Werkzeug arbeiten.

Bewegen Sie das Werkzeug über den Pfad – der Cursor zeigt das ⓘ- bzw. ⊹-Symbol. Klicken Sie an der Stelle auf den Pfad, an der der Text beginnen soll – der Text lässt sich jedoch auch im Nachhinein noch auf dem Pfad verschieben. Die Einfügemarke blinkt, und Sie können den Text eingeben.

Alle Aussehen-Eigenschaften des Vektorpfads werden beim Umwandeln in ein Pfadtextobjekt gelöscht. Falls der Pfad eine Kontur oder Füllung erhalten soll, weisen Sie diese zu, nachdem Sie das Pfadtextobjekt erzeugt haben.

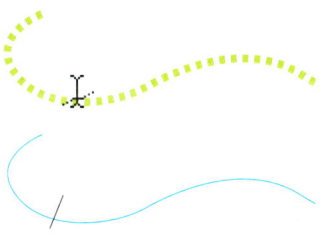

▲ Abbildung 14.5
Wird ein Vektorpfad in ein Textobjekt umgewandelt, verliert es seine Aussehen-Eigenschaften.

> **Pfadtextpfade zurückgewinnen**
>
> Pfadtext-Objekte lassen sich nicht zurückwandeln. Möchten Sie den in einem Pfadtext verwendeten Pfad zurückgewinnen, wählen Sie ihn zunächst mit dem Gruppenauswahl-Werkzeug aus. Anschließend können Sie den Pfad kopieren und wieder einfügen.

## 14.2 Texte und Textobjekte auswählen

Sie können verschiedene Eigenschaften von Texten, Textobjekten und Textpfaden editieren. Vor der Bearbeitung müssen Sie die Zeichen, Objekte oder Pfade jedoch auswählen.

> **Text-Werkzeug schnell aufrufen**
>
> Bei einem Doppelklick mit dem Auswahl-Werkzeug auf ein Text-Objekt wechselt Illustrator automatisch zum Text-Werkzeug und setzt eine Einfügemarke in den Text.

## Auswahloptionen

**Zeichen |** Ausgewählten Zeichen weisen Sie typografische Eigenschaften über das Zeichen-Bedienfeld, sowie Flächen oder Konturen bzw. Transparenzeinstellungen zu.

**Textobjekt |** Möchten Sie Zeichen-, Absatz-, Füllungs- und Kontureinstellungen auf alle Zeichen in einem Textobjekt anwenden, wählen Sie das Textobjekt aus. Effekte – z. B. Pathfinder-Effekte (siehe Kapitel 10) – lassen sich nur auf Textobjekte anwenden.

**Textpfad |** Auch die Form von Textpfaden ist jederzeit editierbar, und Sie können ihnen eine oder mehrere Konturen und/oder Füllungen zuweisen.

### Zeichen auswählen, Text-Cursor verwenden

Jeden bestehenden Text können Sie mit allen Text-Werkzeugen bearbeiten.

Sobald Sie ein Text-Werkzeug über ein Textobjekt bewegen, nimmt es das Text-Symbol bzw. das Vertikaler-Text-Symbol an, je nach Textausrichtung des Objekts. Diese Cursor zeigen Ihnen an, dass Sie mit einem Klick kein neues Textobjekt erzeugen, sondern ein bestehendes editieren.

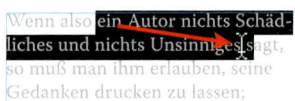

▲ Abbildung 14.6
Text aktivieren

- **Einfügemarke setzen**: Möchten Sie einem Text weitere Zeichen hinzufügen, klicken Sie mit dem Text-Cursor an die gewünschte Stelle und tippen die Zeichen ein.
- **Zeichen auswählen**: Um eines oder mehrere Zeichen auszuwählen, klicken und ziehen Sie mit dem Text-Cursor über die betreffenden Zeichen. Erweitern Sie die Auswahl, indem Sie ⇧ drücken und ans Ende des auszuwählenden Textes klicken. Sie können nur zusammenhängende Textbereiche auswählen. Sind Zeichen ausgewählt, wird im Aussehen-Bedienfeld das Wort »Zeichen« angezeigt (zum Aussehen-Bedienfeld siehe Kapitel 11).

▲ Abbildung 14.7
Das Aussehen-Bedienfeld bei der Auswahl von Zeichen

**Optionen |** Textauswahl

Mit einem Doppelklick wählen Sie ein Wort aus, mit einem Dreifachklick einen Absatz.

Wenn Sie den Cursor an einer Stelle in den Text setzen und ⌘/Strg+A drücken, werden alle Zeichen des Textobjekts ausgewählt – ist das Objekt mit anderen verkettet, werden alle Zeichen in der Verkettung ausgewählt.

Ist unter Voreinstellungen • Schrift die Option Textauswahl nur über Pfad aktiv, müssen Sie das Text-Werkzeug in Einrastdistanz zur Schrift-Grundlinie bzw. des Flächentextrahmens verwenden, um Texte aktivieren zu können.

> **Zeichen nicht hervorgehoben**
>
> Wenn Sie mit dem Cursor Zeichen ausgewählt haben, aber keine Auswahl angezeigt wird, dann rufen Sie Ansicht • Ecken einblenden auf.

**Textobjekt auswählen**

Wählen Sie das Auswahl-Werkzeug, und klicken Sie auf das gewünschte Textobjekt, um es zu aktivieren. Drücken Sie ⇧, und klicken Sie auf zusätzliche Textobjekte, um diese auch auszuwählen. Ziehen Sie einen Auswahlrahmen über mehrere Textobjekte, um sie zu selektieren.

Möchten Sie alle Textobjekte eines Dokuments aktivieren, wählen Sie Auswahl • Objekt • Textobjekte. Lesen Sie in Kapitel 11, wie Sie Textobjekte mithilfe des Ebenen-Bedienfelds auswählen.

Ist ein Textobjekt aktiviert, wird im Aussehen-Bedienfeld das Wort »Schrift« angezeigt.

▲ **Abbildung 14.8**
Das Aussehen-Bedienfeld bei der Auswahl eines Textobjekts

**Textpfad auswählen**

Um den Textpfad eines Pfadtextobjekts oder den Begrenzungspfad eines Flächentextobjekts auszuwählen, verwenden Sie das Direktauswahl- oder das Gruppenauswahl-Werkzeug. Mit dem Direktauswahl-Werkzeug lassen sich einzelne Punkte oder Segmente des Pfads auswählen, und das Gruppenauswahl-Werkzeug dient zur Auswahl des gesamten Pfads.

Deaktivieren Sie die Auswahl, falls das Textobjekt aktiviert ist. Bewegen Sie das Direkt- oder Gruppenauswahl-Werkzeug über den Pfad.

Erleichtern Sie sich die Auswahl eines Textpfads, indem Sie in die Pfadansicht wechseln (Shortcut ⌘/Strg+Y) oder die magnetischen Hilfslinien aktivieren (Shortcut ⌘/Strg+U).

Ist ein Textpfad aktiviert, zeigt das Aussehen-Bedienfeld das Wort »Pfad« an.

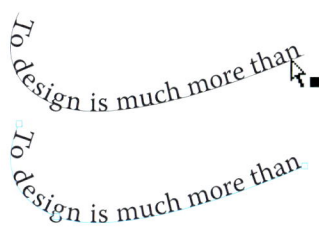

▲ **Abbildung 14.9**
Auswahl des Textpfads in der Pfadansicht

## 14.3 Textobjekte bearbeiten

Illustrator besitzt einige Features, die auch Layoutprogramme haben. Textobjekte lassen sich nach der Erstellung auf viele Arten verändern und miteinander verbinden. Den Textfluss innerhalb des Objekts können Sie ebenfalls beeinflussen.

▲ **Abbildung 14.10**
Das Aussehen-Bedienfeld bei der Auswahl des Textpfads

**Textobjekte transformieren**

Sie müssen je nach Art des Textobjekts anders vorgehen, um das ganze Objekt zu transformieren.

**Punkttext- und Pfadtextobjekte |** Diese beiden Objektarten lassen sich mithilfe des Begrenzungsrahmens bearbeiten. Aktivieren Sie dessen Anzeige, wählen Sie das Textobjekt mit dem Aus-

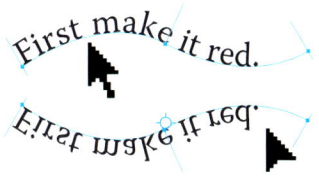

▲ **Abbildung 14.11**
Pfadtext transformieren

wahl-Werkzeug aus, und führen Sie die gewünschte Transformation durch (zum Begrenzungsrahmen siehe Kapitel 5).

Alternativ verwenden Sie die Transformieren-Werkzeuge. Um die Objekte zu aktivieren, benutzen Sie ebenfalls das Auswahl-Werkzeug.

**Flächentextobjekte** | Wenn Sie ein Flächentextobjekt mit dem Begrenzungsrahmen transformieren, verformen Sie nur seine Begrenzungsfläche.

Soll die Transformation die Fläche gemeinsam mit dem Text betreffen, müssen Sie sie mit den Transformieren-Werkzeugen ausführen. Aktivieren Sie das Flächentextobjekt mit dem Auswahl-Werkzeug, wählen Sie das gewünschte Transformieren-Werkzeug, und führen Sie die Formänderung durch.

Die Position von Tabulatorstopps wird seit Illustrator CS3 beim Skalieren proportional mit dem Text verändert (zu Tabulatoren siehe Abschnitt 14.10).

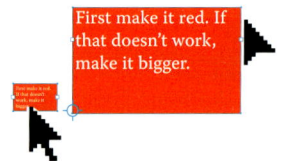
▲ **Abbildung 14.12**
Flächentext transformieren

### Textbereich des Flächentexts skalieren

Um die Größe eines Flächentextobjekts zu verändern, müssen Sie zunächst die Anzeige des Begrenzungsrahmens aktivieren, falls er nicht bereits angezeigt wird. Wählen Sie ANSICHT • BEGRENZUNGSRAHMEN EINBLENDEN – Shortcut ⌘/Strg+⇧+B.

Aktivieren Sie das Flächentextobjekt mit dem Auswahl-Werkzeug, und ziehen Sie den Begrenzungsrahmen mit den Anfassern in die gewünschte Größe. Alternativ wählen Sie SCHRIFT • FLÄCHENTEXTOPTIONEN… und geben die Maße in BREITE und HÖHE ein.

> **Verzerrten Text zurücksetzen**
>
> Nur bei Flächentextobjekten können Sie die Größe des Objekts verändern, ohne gleichzeitig die Schrift zu verzerren.
>
> Einen unproportional verzerrten Text setzen Sie mit dem Befehl ⌘+⇧+X bzw. Strg+⇧+X zurück.

### Flächentextform transformieren

Meist richtet man die Vektorform ein, bevor sie in ein Flächentextobjekt umgewandelt wird. Müssen Sie trotzdem einmal die Form mit Transformationswerkzeugen bearbeiten, dann ist es nicht nötig, den Text vorher zu entfernen.

Deaktivieren Sie das Textobjekt, wählen Sie das Gruppenauswahl-Werkzeug und klicken auf den Begrenzungspfad – der komplette Pfad wird ausgewählt, und nicht nur einzelne Segmente oder Punkte. Wechseln Sie anschließend zum gewünschten Transformieren-Werkzeug, und führen Sie die Veränderungen durch.

▲ **Abbildung 14.13**
Die Begrenzungsfläche transformieren

### Flächentextform bearbeiten

Flächentext-Begrenzungen lassen sich nachträglich bearbeiten – so können Sie z. B. die Kanten eines rechteckigen Flächentextobjekts in Kurven umwandeln. Die bessere Übersicht haben Sie, wenn Sie unter ANSICHT den Begrenzungsrahmen ausblenden.

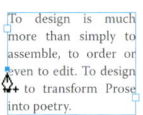
▲ **Abbildung 14.14**
Flächenform bearbeiten

Aktivieren Sie das Flächentextobjekt oder dessen Begrenzungspfad, wählen Sie das Zeichenstift- oder Ankerpunkt-hinzufügen-Werkzeug, und setzen Sie die benötigten Punkte auf den Pfad, der die Fläche begrenzt. Mit dem Ankerpunkt-konvertieren-Werkzeug wandeln Sie diese in Kurvenpunkte um.

**Punkte verschieben |** Um einzelne Punkte einer Flächentext-Begrenzung zu verschieben, deaktivieren Sie das Objekt, wählen das Direktauswahl-Werkzeug und aktivieren den Pfad. Klicken und ziehen Sie dann die Punkte, die Sie verschieben wollen.

### Kontur und Füllung zuweisen

Wenn Sie die Fläche mit dem Direktauswahl-Werkzeug auswählen, können Sie ihr Kontur und Füllung zuweisen und Transparenzeinstellungen für die Fläche vornehmen, die sich nicht auf die Darstellung des Texts auswirken (siehe Abschnitt 14.12, »Füllung, Kontur, Effekt«).

▲ **Abbildung 14.15**
Transparente Fläche

### Randabstände einrichten

Nur bei Flächentextobjekten können Sie einen Abstand zwischen der Flächenbegrenzung und dem Text angeben. Dies ist sinnvoll, damit z. B. Text auf farbigen Flächen nicht an den Rand stößt.

> To design is much more than simply to assemble, to order or to edit. To design is to transform Prose into poetry.

**Gleichmäßiger Abstand |** Aktivieren Sie das Flächentextobjekt mit dem Auswahl-Werkzeug, und rufen Sie SCHRIFT • FLÄCHENTEXTOPTIONEN… auf. Geben Sie den gewünschten Abstand unter VERSATZABSTAND ein. Der Abstand wird gleichmäßig von allen Rändern des Objekts eingerichtet.

▲ **Abbildung 14.16**
Gleichmäßiger Randabstand

Beim Skalieren eines Textobjekts verändert der Abstand seine Breite nicht – Sie müssen sie gegebenenfalls manuell an die neuen Objektdimensionen anpassen.

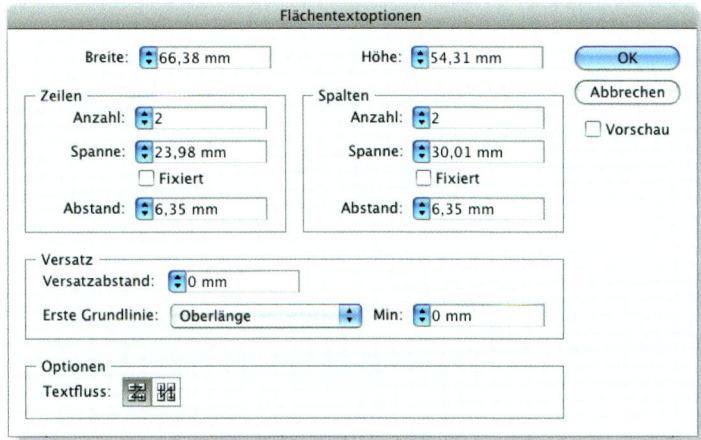

◄ **Abbildung 14.17**
Die Dialogbox FLÄCHENTEXTOPTIONEN

14.3 Textobjekte bearbeiten | **439**

**Abstand der ersten Zeile** | Um nur den Abstand der ersten Zeile zur Oberkante des Objekts zu verändern, wählen Sie eine Option aus dem Auswahlmenü unter Erste Grundlinie:

- Oberlänge: Die Oberlängen der Schrift stoßen an die Oberkante des Textobjekts. Dies ist die Voreinstellung für neue Flächentextobjekte.
- Großbuchstabenhöhe: Die Oberkante des Textobjekts berührt die Oberkante der Großbuchstaben.
- Zeilenabstand: Der Abstand der Grundlinie der ersten Zeile bis zur Oberkante des Textobjekts entspricht dem im Zeichen-Bedienfeld eingestellten Zeilenabstand.
- x-Höhe: Die Oberkante der Kleinbuchstaben stößt an die Oberkante des Textobjekts.
- Geviert-Höhe: Diese Option ist vor allem für asiatische Schriften gedacht. Sie erzeugt einen Abstand in der Höhe eines Gevierts – also der eingestellten Schriftgröße – zwischen erster Grundlinie und Objekt-Oberkante.
- Fixiert: Geben Sie einen Wert in das Feld Min ein, um den Abstand zwischen der Grundlinie der ersten Zeile und der Oberkante des Textobjekts zu bestimmen.
- Alt: Diese Einstellung emuliert alte Illustrator-Versionen.
- Min: Der im Feld Min eingesetzte Wert wird dann verwendet, wenn die durch die Optionen erreichbaren Werte kleiner wären.

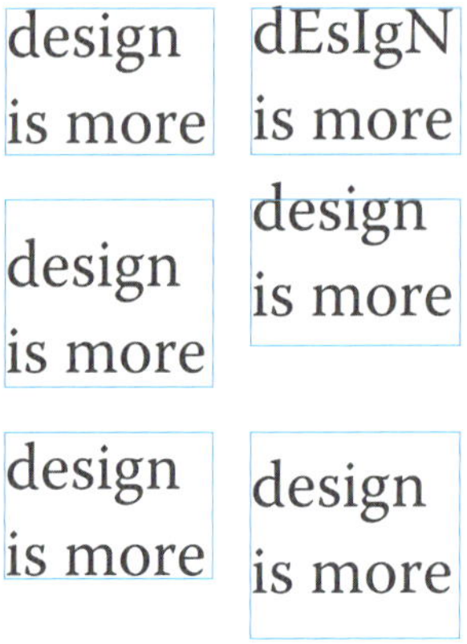

▲ **Abbildung 14.18**
Erste Grundlinie: (v. l. n. r.) Oberlänge, Großbuchstabenhöhe, Zeilenabstand, x-Höhe, Geviert-Höhe, Fixiert

### Spalten und Zeilen einrichten

In Flächentextobjekten können Sie Textblöcke in Spalten und/oder Zeilen unterteilen lassen. Dies ist eine Alternative zu mehreren verketteten Textobjekten.

Die Spaltenbreite und Zeilenhöhe ist immer gleichmäßig und wird durch die Anzahl der Spalten und Zeilen und durch die Breite der Zwischenräume bestimmt. Um Textspalten zu definieren, rufen Sie Schrift • Flächentextoptionen… auf.

- Anzahl: Hier legen Sie fest, wie viele Zeilen bzw. Spalten Sie benötigen. Ist die Option Fixiert nicht aktiv, wirkt sich eine Änderung der Anzahl auf die Spanne der Zeilen bzw. Spalten aus.
- Spanne: In diesen Feldern definieren Sie die Höhe der Zeilen bzw. die Breite der Spalten. Wenn Sie beim Einrichten von Spalten und Zeilen einen Wert in ein Spanne-Feld eingeben, wird die Größe des Textobjekts wie benötigt angepasst.
- Abstand: In dieses Feld geben Sie den Abstand zwischen den Zeilen bzw. Spalten ein.

Möchten Sie ein vorhandenes Textobjekt in eine bestimmte Anzahl Spalten unterteilen, geben Sie nur die Anzahl und den

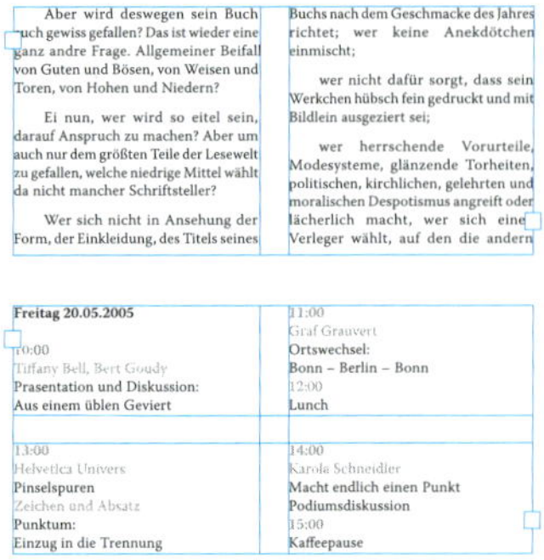

▲ **Abbildung 14.19**
Aufteilung eines Flächentexts in Spalten (oben) und in Reihen und Spalten (unten)

ABSTAND ein. Die SPANNE wird automatisch an die Größe des Objekts angepasst.

- FIXIERT: Ist diese Option aktiviert, dann werden die Werte aller drei Optionen im Bereich Zeilen bzw. Spalten erzwungen, indem Illustrator die Größe des Objekts ändert.
- TEXTFLUSS: Bestimmen Sie hier, in welcher Reihenfolge der Text durch die Reihen und Spalten fließen soll: NACH ZEILEN oder NACH SPALTEN.

### Textbreite an Flächenbreite anpassen

Möchten Sie z. B. eine Überschrift exakt an die Breite Ihres Flächentextes anpassen, müssten Sie etwas mühsam die Laufweite der Schrift einstellen, bis es passt.

Mit einem Menübefehl geht es einfacher. Der einzupassende Text kann entweder zwischen zwei Absatzschaltungen oder zwischen zwei Zeilenumbrüchen stehen.

Aktivieren Sie den Textbereich, den Sie einpassen möchten, und wählen Sie SCHRIFT • ÜBERSCHRIFT EINPASSEN. Die Funktion automatisiert lediglich die Laufweitenanpassung. Wenn Sie später Schriftformatierungen vornehmen oder die Größe des Textobjekts verändern, müssen Sie den Befehl erneut anwenden.

PAUL RAND
To design is much more than simply to assemble, to order or even to edit. To design is to transform Prose into poetry.

PAUL RAND
To design is much more than simply to assemble, to order or even to edit. To design is to transform Prose into poetry.

▲ **Abbildung 14.20**
Anpassen der Überschrift an die Textbreite

### Objekte umfließen

Den Textfluss steuern Sie nicht nur durch die Begrenzung des Flächentextobjekts. Sie können, wie in Layout-Software, den Text um andere Objekte, wie Textobjekte, Vektorobjekte und Pixelbilder, herumfließen lassen.

**Pixelbilder |** Die Kanten der in Pixelbildern dargestellten Motive erkennt Illustrator, wenn sie auf einer Ebene freigestellt sind – diese Bilder müssen im PSD-Format platziert werden.

▲ **Abbildung 14.21**
Auf einer Photoshop-Ebene freigestelltes Motiv

Sind die Motivkanten sehr unregelmäßig, sollten Sie Ihre Motive besser mithilfe von Schnittmasken (siehe Kapitel 11) in Illustrator freistellen. Der VERSATZ zwischen glatten Kanten und Text ist auf diese Art besser zu steuern. Da Text ohnehin nur zeilenweise um das Motiv fließen kann, benötigen Sie keine allzu exakte Freistellung.

**Effekte |** Die Auswirkungen von Effekten auf die Außenform eines Objekts werden in die Berechnung des Abstands zum Text mit einbezogen.

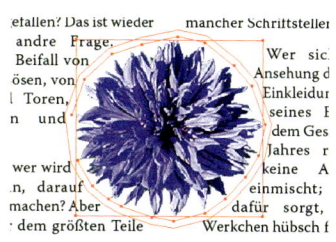

▲ **Abbildung 14.22**
Mit einer Illustrator-Schnittmaske freigestelltes Motiv

**Stapelreihenfolge und Hierarchie |** Texte, die andere Objekte umfließen sollen, dürfen nicht gruppiert sein. Richten Sie Umfließen-Objekte und Texte so ein, dass sie sich auf derselben Ebene befinden – die Umfließen-Objekte liegen in der Stapelreihenfolge über den Texten (zu Ebenen siehe Kapitel 11).

Liegen Texte über den Umfließen-Objekten, sind sie von deren Wirkung ausgenommen. Verlagern Sie Texte, die keine Objekte umfließen sollen, trotzdem auf andere Ebenen, um die Übersicht in Ihren Dokumenten zu vereinfachen. Um ein Umfließen-Objekt zu erzeugen, gehen Sie so vor:

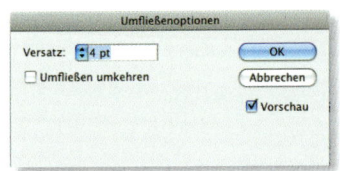

▲ **Abbildung 14.23**
Die Dialogbox UMFLIESSEN-OPTIONEN

1. Positionieren Sie den Text und die Umfließen-Objekte wie gewünscht auf der Ebene.
2. Ordnen Sie die Hierarchie und die Stapelreihenfolge der Objekte. Überprüfen Sie beides mithilfe des Ebenen-Bedienfelds.
3. Aktivieren Sie das oder die Umfließen-Objekte, und wählen Sie OBJEKT • UMFLIESSEN • ERSTELLEN.
4. Rufen Sie OBJEKT • UMFLIESSEN • UMFLIESSENOPTIONEN… auf, und bestimmen Sie die Parameter entweder für alle Ihre Umfließen-Objekte identisch oder für jedes individuell – in diesem Fall müssen die Objekte einzeln aktiviert werden:
   ▶ VERSATZ: Legen Sie den Abstand zwischen Text und Umfließen-Objekt fest.
   ▶ UMFLIESSEN UMKEHREN: Aktivieren Sie diese Option, um den Text innerhalb des Umfließen-Objekts fließen zu lassen.
5. Möchten Sie weitere Objekte umfließen lassen, wiederholen Sie die Schritte.

▲ **Abbildung 14.24**
Texte unter einem Umfließen-Objekt (markiert) laufen um das Element herum.

**Umfließen aufheben** | Um die Umfließen-Eigenschaft eines Objekts aufzuheben, aktivieren Sie das Umfließen-Objekt und wählen OBJEKT • UMFLIESSEN • ZURÜCKWANDELN.

**Text am Pfad verschieben**
Wenn Sie einen Pfadtext mit dem Auswahl-Werkzeug aktivieren, sehen Sie drei senkrecht zum Pfad stehende Linien. Diese werden als **Klammern** bezeichnet. Bewegen Sie das Auswahl-Werkzeug über die Klammern.

▲ **Abbildung 14.25**
Pfadtext mit allen Klammern

Die erste Klammer markiert den Textanfang: Über ihr zeigt der Cursor das ▸-Symbol. Eine weitere Klammer wird bei der Erstellung des Textpfads ans Ende des Pfades gesetzt. Sie markiert das Ende des Textbereichs: Der Cursor zeigt ▸. In der Mitte zwischen diesen beiden KLAMMERN markiert die dritte Klammer die Textmitte: Der Cursor zeigt ▸.

▲ **Abbildung 14.26**
Textbereich begrenzen

**Textbereich verändern** | Bewegen Sie die Anfangs- und Endklammer, indem Sie auf der Linie klicken und ziehen, um den Textbereich auf dem Pfad zu erweitern oder einzugrenzen.

Klicken Sie in das Kästchen auf der Anfangs- bzw. Endklammer, um den Pfadtext mit anderen Textobjekten zu verketten (siehe »Verkettete Textobjekte« auf Seite 446).

**Textausrichtung innerhalb des Bereichs |** Die Textausrichtung steuern Sie mit den Ausrichtung-Buttons des Absatz-Bedienfelds. Wählen Sie, ob der Text linksbündig, rechtsbündig oder zentriert ausgerichtet ist.

**Text verschieben |** Um den Text auf dem Pfad zu verschieben, klicken und ziehen Sie die mittlere Klammer. Schränken Sie die Bewegung ein – um den Text nicht aus Versehen um den Pfad zu spiegeln –, indem Sie dabei ⌘/Strg drücken.

▲ Abbildung 14.27
Text auf dem Pfad verschieben

**Text um den Pfad spiegeln |** Um den Text auf der anderen Seite des Pfades laufen zu lassen – als ob Sie die Pfadrichtung umkehren würden –, ziehen Sie die mittlere Klammer auf die andere Seite des Pfads, oder wählen Sie SCHRIFT • PFADTEXT • PFADTEXTOPTIONEN…, und aktivieren Sie die Option SPIEGELN.

▲ Abbildung 14.28
Text um einen Pfad spiegeln

**Vertikale Position des Pfadtexts |** Um die Position der Textgrundlinie im Verhältnis zum Pfadverlauf zu verändern, geben Sie einen Grundlinienversatz im Zeichen-Bedienfeld ein. Oder Sie wählen SCHRIFT • PFADTEXT • PFADTEXTOPTIONEN… und bestimmen eine andere Option unter AN PFAD AUSRICHTEN:

▶ OBERLÄNGE: Der Pfad verläuft etwas oberhalb der Oberlängen.
▶ UNTERLÄNGE: Der Pfad verläuft unterhalb der Unterlängen.
▶ MITTELPUNKT: Der Pfad verläuft in der Mitte der Schrift – zwischen Ober- und Unterkante.
▶ GRUNDLINIE: Die Grundlinie der Schrift verläuft auf dem Pfad – dies ist die Grundeinstellung.

▲ Abbildung 14.29
Negativer Grundlinienversatz

### Abstand der Zeichen eines Pfadtexts

Die Laufweite eines Pfadtexts muss fast immer angeglichen werden. Ist der Kurvenverlauf einheitlich, wie z. B. bei einem Kreis, können Sie eine einheitliche Anpassung der Laufweite im Zeichen-Bedienfeld vornehmen.

Wenn Ihr Pfad sehr enge Kurven beschreibt, kommt es vor, dass die Zeichenabstände in der Kurve viel zu groß sind. In manchen Fällen hilft dagegen die Option ABSTAND unter SCHRIFT • PFADTEXT • PFADTEXTOPTIONEN… Geben Sie einen Wert in das Eingabefeld ABSTAND ein, wird der Buchstabenabstand in engen Kurven angeglichen. Ein höherer Wert verringert den Buchstaben-Zwischenraum an engen Kurven.

▲ Abbildung 14.30
Text an einem Kreis können Sie einheitlich behandeln, Text an einer Schlangenlinie nicht.

> **Pfadtextoptionen aufrufen**
>
> Aktivieren Sie ein Pfadtextobjekt, und doppelklicken Sie auf das Pfadtext-Werkzeug, um die Pfadtextoptionen aufzurufen.

Falls das nicht zu einem optimalen Schriftbild führt, bleibt Ihnen nur, die Laufweite individuell für die einzelnen Textbereiche über das Zeichen-Bedienfeld anzupassen.

### Ausrichten der Zeichen auf dem Pfad

Wie die Zeichen zum Pfad angeordnet sind, ob und wie sie verzerrt werden, steuern Sie unter SCHRIFT • PFADTEXT sowie in den PFADTEXTOPTIONEN… Die Grundeinstellung ist REGENBOGEN.

◀ Abbildung 14.31
Optionen für die Ausrichtung von Text auf einem Pfad

▲ Abbildung 14.32
Weitergehende Gestaltungsmöglichkeiten haben Sie mit Verzerrungshüllen – hier: TORBOGEN

Die Optionen gelten immer für den gesamten Pfadtext. Um sie anzuwenden, aktivieren Sie das Pfadtextobjekt oder positionieren den Cursor im Text und wählen die Option aus dem Menü unter SCHRIFT • PFADTEXT.

### Schritt für Schritt: Schrift auf einem Stempel

Diese Aufgabe ist ein »Dauerbrenner« – natürlich nicht nur für die Gestaltung von Stempeln, sondern auch für Aufkleber und alle Arten von Störern und Einklinkern.

**1 Grundform erstellen**

Zeichnen Sie einen Kreis von etwa 35 mm Durchmesser mit dem Ellipse-Werkzeug – dabei müssen Sie ⇧ gedrückt halten.

Die beiden Texte sollen in entgegengesetzten Richtungen entlang der Kreisform laufen, was sich in Illustrator nicht mit einem Textpfad realisieren lässt.

Aktivieren Sie daher mit dem Direktauswahl-Werkzeug ▸ die Ankerpunkte links und rechts. Dann klicken Sie auf den Button PFAD AN AUSGEWÄHLTEN ANKERPUNKTEN AUSSCHNEIDEN, um den Kreis in zwei Hälften zu schneiden.

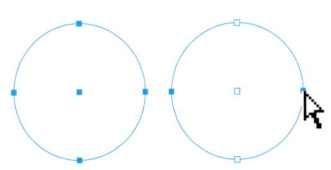

▲ Abbildung 14.33
Zwei gegenüberliegende Punkte auf dem Kreis werden aktiviert, und der Pfad wird an diesen getrennt.

**2 In Textpfade umwandeln**

Bewegen Sie das Text-Werkzeug T auf die obere Hälfte, klicken Sie, wenn das Textpfad-Cursor-Symbol ⌇ erscheint, und geben Sie den Text ein. Gehen Sie ebenso mit der unteren Hälfte vor.

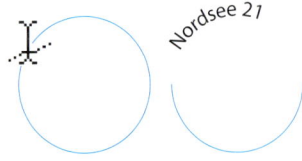

▲ Abbildung 14.34
Der obere Pfad wurde in einen Textpfad umgewandelt.

**3 Text formatieren**

Wählen Sie die Zeichen mit dem Text-Werkzeug aus oder das Textobjekt mit dem Auswahl-Werkzeug ▸, und formatieren Sie die Texte mit dem Zeichen-Bedienfeld. Klicken Sie außerdem im Absatz-Bedienfeld auf Zentrieren. Verwenden Sie SCHRIFT • GROSS-/KLEINSCHREIBUNG ÄNDERN • GROSSBUCHSTABEN, um den Text in Versalien zu setzen.

#### 4 Pfadtexte auf dem Pfad verschieben

Öffnen Sie die Datei »Buch.ai«, und kopieren Sie die Grafik in Ihre Datei. Verschieben Sie das Objekt in die Mitte. Aktivieren Sie einen Text mit dem Auswahl-Werkzeug, und verschieben Sie diesen mithilfe der Pfadtextklammern auf dem Pfad. Wiederholen Sie dies am anderen Text.

▲ Abbildung 14.35
Formatierung der Texte

▲ Abbildung 14.36
Verschieben der Texte auf dem Pfad mithilfe der Pfadtextklammern

#### 5 Pfadtexte auf dem Pfad spiegeln

Einer der Texte muss am Pfad gespiegelt werden. Welcher es ist, hängt von der Richtung ab, in der der Kreis aufgezogen wurde. In unserem Fall ist es der untere Text. Aktivieren Sie das Textobjekt, und rufen Sie SCHRIFT • PFADTEXT • PFADTEXTOPTIONEN… auf. Aktivieren Sie die Option SPIEGELN, und wählen Sie AN PFAD AUSRICHTEN: OBERLÄNGE.

**Pfadtext mit Verzerrung**

Soll sich der Pfadtext außerdem entsprechend der Pfadkrümmung verzerren, dann erzeugen Sie einen Bildpinsel aus einer Textzeile. Da Pinsel keine Texte enthalten dürfen, muss das Textobjekt vorher in Pfade umgewandelt werden.

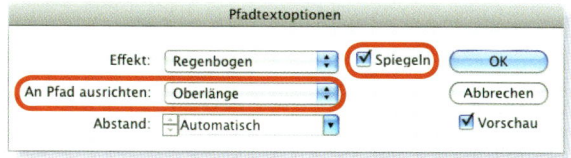

◀ Abbildung 14.37
Die Dialogbox PFADTEXTOPTIONEN

#### 6 Symmetrischer Abstand beider Texte

Den Abstand des Texts zum Pfad stellen Sie im Zeichen-Bedienfeld ein, indem Sie den GRUNDLINIENVERSATZ erhöhen. Falls die Einstellung ausgeblendet ist, wählen Sie OPTIONEN EINBLENDEN aus dem Bedienfeldmenü.

**Abbildung 14.38** ▶
Anpassen des Abstands zum Pfad mit der Option GRUNDLINIENVERSATZ

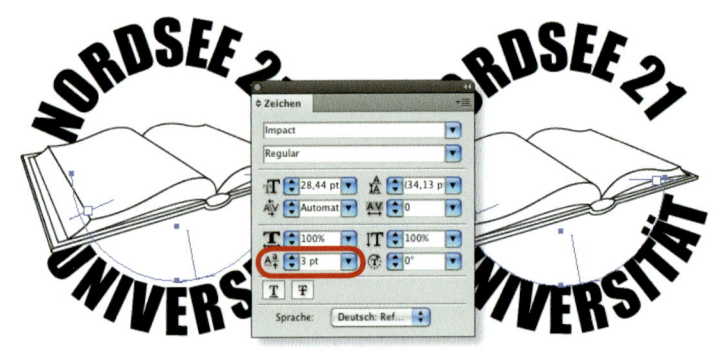

### Pfadtext aus CS3

Der Algorithmus zur Verarbeitung von Pfadtexten wurde in Version CS4 verbessert. Dies merken Sie an einem signifikant besser ausgeglichenen Satz vor allem an Pfaden mit extremen Biegungen.

Die Veränderung bewirkt allerdings auch, dass beim Import älterer Dokumente bzw. beim Export in ältere Formate Pfadtexte abweichend gesetzt werden.

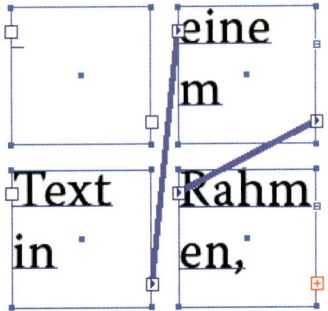

▲ Abbildung 14.39
Ein einzelnes und mehrere verkettete Flächentextobjekte

▲ Abbildung 14.40
Ein mit einem Flächentext verketteter Pfadtext

### Verkettete Textobjekte

Mehrere Flächentext- oder Pfadtextobjekte können Sie miteinander verketten. Der Text fließt dann je nach Platzbedarf in die verketteten Objekte. Verkettete Textobjekte erlauben Ihnen große Flexibilität bei der Arbeit an Ihren Layouts.

Wenn Sie ein Flächentext- oder ein Pfadtextobjekt mit dem Auswahl-Werkzeug aktivieren, sehen Sie zwei Quadrate – Eingang und Ausgang genannt. Sind diese Quadrate leer □, ist der Platz im Objekt ausreichend. Sehen Sie einen Pfeil ▶ in einem der Quadrate, bedeutet dies, dass das Textobjekt mit einem anderen Textobjekt verknüpft ist. Wird im Ausgang ein rotes Pluszeichen ⊞ angezeigt, ist Text vorhanden, der nicht in die Fläche passte – Übersatz. Illustrator verwendet statt »Übersatz« den Begriff »zusätzlicher Text«.

### Verkettungen anzeigen

Besonders wenn Sie mit vielen verketteten Textobjekten arbeiten, unterstützt es die Übersichtlichkeit, die Verkettungen anzuzeigen. Wählen Sie dafür ANSICHT • TEXTVERKETTUNGEN EINBLENDEN – Shortcut ⌘/Strg+⇧+Y.

### Textobjekte verketten

Sie haben zwei Möglichkeiten, Textverkettungen anzulegen: Sie verketten Textobjekte mit vorhandenen Vektorobjekten, oder Sie erstellen die neuen Objekte beim Verketten.

**Verketten vorhandener Vektorobjekte |** Um Textobjekte mit vorhandenen Vektorobjekten zu verketten, gehen Sie so vor:
1. Wählen Sie das Auswahl-Werkzeug, und aktivieren Sie ein Pfadtext- oder Flächentextobjekt. Klicken Sie auf den Eingang oder den Ausgang des Textobjekts. Das Cursor-Symbol wandelt sich in.

2. Bewegen Sie den Cursor über den Pfad des Vektorobjekts, das Sie mit dem Textobjekt verketten möchten.
   ▶ Mit einer Fläche verketten: Wenn das Cursor-Symbol zeigt, klicken Sie, um das Textobjekt mit dem Vektorobjekt zu verketten.
   ▶ Mit einem Pfad verketten: Drücken Sie ⌥/Alt – sobald der Cursor zeigt, erzeugen Sie mit einem Klick ein verkettetes Textpfadobjekt.
3. Falls das Vektorobjekt mit Kontur und Füllung versehen war, werden diese entfernt.

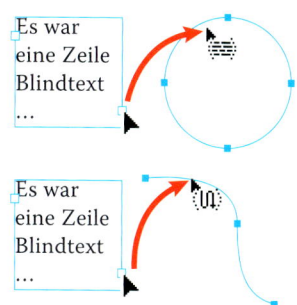

▲ **Abbildung 14.41**
Ein Textobjekt mit einer Fläche (oben) oder mit einem Pfad (unten) verketten

**Verketten per Menü |** Aktivieren Sie ein einzelnes – nicht bereits verkettetes – Textobjekt und die Vektorobjekte, mit denen Sie es verknüpfen möchten, und wählen Sie Schrift • Verketteter Text • Erstellen.

**Erzeugen neuer Textobjekte |** Etwas anders gehen Sie vor, um beim Verketten ein neues Textobjekt zu erzeugen:
1. Wählen Sie das Auswahl-Werkzeug, aktivieren Sie ein Pfadtext- oder Flächentextobjekt, und klicken Sie auf einen Ein- oder Ausgang.
2. Mit dem neuen Cursor-Symbol klicken Sie entweder, um ein Duplikat des vorhandenen Textobjekts – Pfadtext oder Flächentext – zu erzeugen, oder Sie klicken und ziehen ein Rechteck in der gewünschten Größe auf, um einen Textrahmen zu erzeugen.

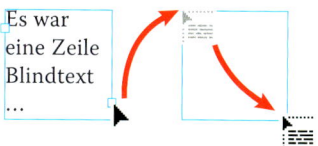

▲ **Abbildung 14.42**
Ein neues Textobjekt an ein vorhandenes anhängen

**Textobjekte zwischen verkettete Objekte einfügen**
Ein Textobjekt können Sie nicht nur am Anfang oder Ende einer Kette, sondern auch zwischen bereits verkettete Textobjekte einhängen. Aktivieren Sie das Objekt, vor dessen Eingang oder nach dessen Ausgang Sie ein weiteres Objekt einhängen wollen, und gehen Sie so vor wie in »Textobjekte verketten« beschrieben.

**Alle Textobjekte einer Kette auswählen**
Müssen Sie alle Textobjekte einer Kette zusammen bewegen oder bearbeiten, nehmen Sie das Auswahl-Werkzeug, aktivieren eines der zur Kette gehörenden Textobjekte und wählen Auswahl • Gleich • Verknüpfungsblockreihen.

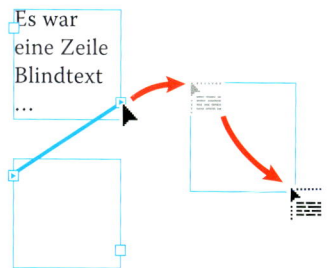

▲ **Abbildung 14.43**
Einen neuen Flächentext zwischen zwei vorhandene Flächentexte einfügen

**Verkettungen lösen**
Sie haben drei Möglichkeiten, Verkettungen zu lösen:
1. Wenn Sie die Verkettung unterbrechen möchten, aktivieren Sie eines der Objekte an einer Seite der zu lösenden Verkettung mit dem Auswahl-Werkzeug. Doppelklicken Sie dann auf

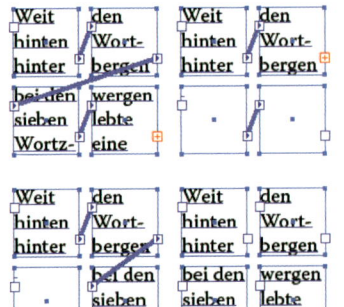

▲ **Abbildung 14.44**
Original (l. o.), Verkettung unterbrechen (r. o.), Objekt herauslösen (l. u.), Verkettung entfernen (r. u.)

dessen Ein- oder Ausgang. Die Verkettung wird gelöst, und der Text verbleibt in dem Objekt, das sich vor der jetzt gelösten Verkettung befand.

2. Um ein Objekt aus der Verkettung herauszulösen und den Text in das folgende Objekt weiterfließen zu lassen, aktivieren Sie das herauszulösende Objekt und wählen Schrift • Verketteter Text • Auswahl zurückwandeln.

3. Möchten Sie alle Verkettungen lösen und den Text in den Objekten behalten, aktivieren Sie ein Objekt aus der Kette mit dem Auswahl-Werkzeug und wählen Schrift • Verketteter Text • Verkettung entfernen.

## 14.4 Texte importieren

In den meisten Fällen erfassen Sie Texte nicht direkt in Illustrator, sondern müssen sie aus anderen Anwendungen importieren. Illustrator interpretiert die gängigen Dateiformate – darüber hinaus lassen sich Texte auch über die Zwischenablage einfügen.

### Formatierte Texte kopieren

Wenn Sie Texte aus Photoshop kopieren und diese in Illustrator einfügen, so bleibt die Text-Formatierung erhalten. Leider gibt es diesen Komfort in der Kooperation mit InDesign nicht.

### Fehlende Schriften

Werden in geladenen Dokumenten Schriften verwendet, die auf Ihrem System nicht installiert sind, zeigt Illustrator eine Warnung. Lesen Sie in Abschnitt 14.8 über den Umgang mit fehlenden Schriften nach.

#### Kopieren/Einsetzen

Wenn Sie Texte aus anderen Anwendungen kopieren und in Illustrator einsetzen, wird ein Punkttextobjekt erzeugt. Benötigen Sie ein Flächentextobjekt, erstellen Sie zuerst das Textobjekt und fügen den Text an der Einfügemarke ein.

**Textformatierung kopieren** | Stellen Sie innerhalb Ihres Dokuments komplette Absätze mit Kopieren und Einfügen um, werden Absatz- und Zeichenformatierungen von der Quelle mit übertragen und bleiben erhalten, auch wenn am Einfügeziel eine andere Formatierung eingerichtet ist.

#### Text laden

Illustrator kann Texte aus Dateien der Formate Microsoft Word Windows 97 bis 2007 sowie Mac 2004, RTF und TXT in verschiedenen Kodierungen importieren. Anders als z. B. InDesign importiert Illustrator nicht in Word-Dokumente eingebundene Bilder.

Beim Importieren von DOC- und RTF-Dateien ist es möglich, deren Textformatierungen zu erhalten – achten Sie aber darauf, dass die verwendeten Schriften in identischen Font-Formaten auf Ihrem System installiert sind, um Darstellungsprobleme zu vermeiden.

Möchten Sie einen Text importieren, rufen Sie Datei • Platzieren… auf und wählen die Textdatei in der Dialogbox aus. Kli-

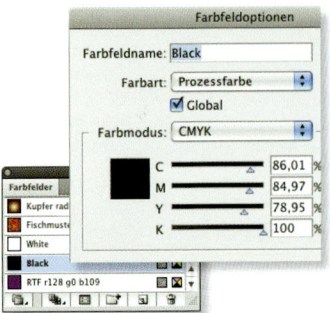

▲ **Abbildung 14.45**
Schwarz in einer importierten RTF-Datei

cken Sie auf den Platzieren-Button: Anschließend werden die Importoptionen angezeigt.

**DOC und RTF** | Für DOC- und RTF-Dateien können Sie hier u. a. bestimmen, ob Textformatierungen erhalten bleiben sollen. Behalten Sie Textformatierungen bei, werden auch die Farben übernommen.

Importieren Sie Texte in CMYK-Dokumente, entstehen Probleme durch die importierte Farbe »Schwarz« oder »Black«. Die importierte Farbe ist kein reines Schwarz, sondern aus allen Druckfarben zusammengesetzt. Ändern Sie die Farbfeld-Definition – da das Farbfeld global ist, werden alle Objekte aktualisiert (zum Thema Farbe siehe Kapitel 8).

**TXT** | Beim Import einer TXT-Datei haben Sie diese Optionen:

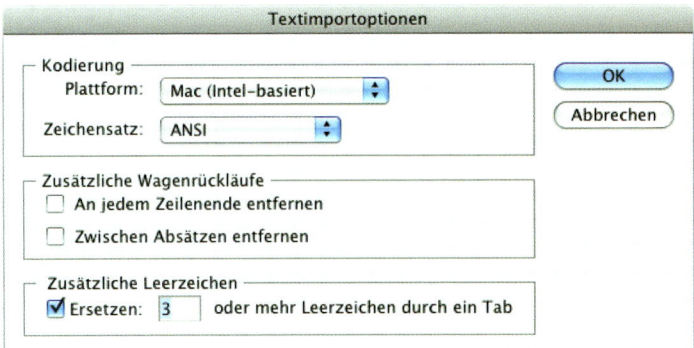

◄ **Abbildung 14.46**
Optionen für den Import von TXT-Dateien

[WYSIWYG]
Akronym: What you see is what you get. Software, die nach dem WYSIWYG-Prinzip arbeitet, zeigt Layouts auf dem Bildschirm so an, wie sie ausgedruckt werden.

▶ Kodierung: Geben Sie hier die Plattform und den Zeichensatz an, mit denen der Text erstellt wurde.
▶ Zusätzliche Wagenrückläufe: In TXT-Dateien werden Leerzeilen verwendet, um Absätze deutlicher herauszustellen. In Illustrator können Sie Abstände zwischen Absätzen anders erzeugen, daher ist es beim Import von TXT-Dateien möglich, die zusätzlichen Absätze zu entfernen.
▶ Zusätzliche Leerzeichen: Das TXT-Format speichert keine Tabulator-Steuerzeichen. Beim Speichern in diesem Format werden Tabulatoren daher in eine bestimmte Anzahl Leerzeichen umgewandelt. Aktivieren Sie die Zusätzliche Leerzeichen-Option, um die Leerzeichen in Tabulatoren zurückzuwandeln (zu Tabulatoren siehe Abschnitt 14.10).

**Textdateien öffnen**
Die dritte Möglichkeit, Texte in Illustrator zu übernehmen, besteht darin, die Dateien zu öffnen. Die Formate Microsoft

[Zeichensatz]
Der Zeichensatz ist u. a. abhängig von der Sprache des Textes – er definiert den Umfang der Zeichen, die in einem Text verwendet werden können, und deren computergerechte Codierung.

**Öffnen von Word-Dokumenten**
Beim Platzieren oder Öffnen von Word-Dokumenten werden eingebundene Bilder ignoriert.

Word Windows 97 bis 2007 sowie Mac 2004, RTF und TXT werden geöffnet.

Beachten Sie bitte, dass die Dateien anschließend im RGB-Farbmodus vorliegen, und konvertieren Sie den Modus, falls nötig.

### Texte aus alten Illustrator-Dateien – Legacy Text

Illustrator 10 und frühere Versionen haben Text anders behandelt als Illustrator ab Version CS. Illustrator CS4 kann Texte aus alten Dateien problemlos darstellen und ausgeben. Möchten Sie Text aus alten Dateien in Illustrator CS4 jedoch editieren oder umformatieren, müssen Sie ihn in die neue Version konvertieren – Textobjekte konvertierter Illustrator 10-Dateien werden »alter Text« oder in der englischen Version »Legacy Text« genannt.

▲ Abbildung 14.47
»Alter-Text«-Warnung

Wenn Sie eine alte Datei öffnen, die Text enthält, zeigt Illustrator einen Warnhinweis. Sie können alle Textobjekte aktualisieren, indem Sie auf den Button AKTUALISIEREN klicken. Klicken Sie auf OK, um den alten Text in der Datei zu belassen.

**Text aktualisieren |** Zu einem späteren Zeitpunkt haben Sie die Möglichkeit, entweder den gesamten oder ausgewählten alten Text zu aktualisieren. Wählen Sie dazu entweder SCHRIFT • ALTER TEXT • GANZEN ALTEN TEXT AKTUALISIEREN, oder aktivieren Sie die zu aktualisierenden Textobjekte, und wählen Sie SCHRIFT • ALTER TEXT • AUSGEWÄHLTEN ALTEN TEXT AKTUALISIEREN.

**Kopie des alten Texts |** Nach dem Aktualisieren können je nach Textmenge und Komplexität des Satzes Veränderungen im Textfluss auftreten. Um die aktualisierten Objekte an das Originallayout anzupassen, gibt es die Möglichkeit, automatisch beim Aktualisieren eine Kopie des alten Texts zu erstellen. Dafür müssen Sie jedoch beim Aktualisieren anders vorgehen:

Verwenden Sie das Auswahl-Werkzeug, und doppelklicken Sie auf den alten Text. In der Dialogbox klicken Sie auf den Button TEXTOBJEKT KOPIEREN, um eine Kopie zu erstellen.

▲ Abbildung 14.48
Kopie des alten Texts unter dem aktualisierten Objekt

**Kopien anzeigen und verstecken |** Die Kopien blenden Sie über das Menü aus und ein. Wählen Sie SCHRIFT • ALTER TEXT • KOPIEN AUSBLENDEN bzw. KOPIEN EINBLENDEN, um die Kopien anzuzeigen oder zu verstecken.

**Kopien löschen |** Aktivieren Sie die Kopien mit SCHRIFT • ALTER TEXT • KOPIEN AUSWÄHLEN, und löschen Sie sie mit dem Befehl SCHRIFT • ALTER TEXT • KOPIEN LÖSCHEN.

### Fremdsprachentexte

Wenn Sie nicht-lateinischen Text in Ihr Dokument einfügen, verhindert die Option FEHLENDEN GLYPHSCHUTZ AKTIVIEREN aus VOREINSTELLUNGEN • SCHRIFT, dass in der aktuell eingestellten Schrift nicht vorhandene Zeichen ersetzt werden und der Text durch die Ersetzung unleserlich wird.

Ist eine Schrift ausgewählt, mit der die im Text enthaltenen Zeichen dargestellt werden können, wird der Font verwendet.

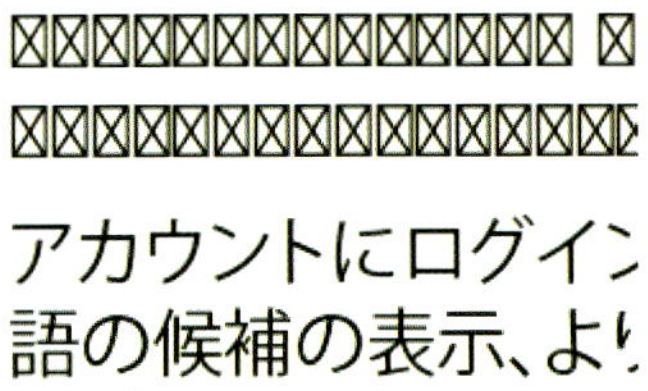

## 14.5 Texte editieren

Illustrator ist kein Textverarbeitungsprogramm – für den Feinschliff der Typografie bietet es dafür etwas mehr.

### Nicht druckbare Zeichen

Nicht druckbare Zeichen sind z. B. Absatzmarken, Zeilenumbrüche, Tabulatoren und Leerzeichen. Auch wenn sie im Ausdruck nicht sichtbar sind, haben sie einen Einfluss auf das Layout – vor allem auf den Textumbruch. Daher ist es für die Anpassung der Typografie sinnvoll, sich diese Zeichen anzeigen zu lassen.

Aktivieren Sie SCHRIFT • VERBORGENE ZEICHEN EINBLENDEN – Shortcut ⌘+⌥+I bzw. Strg+Alt+I –, um die Zeichen anzuzeigen.

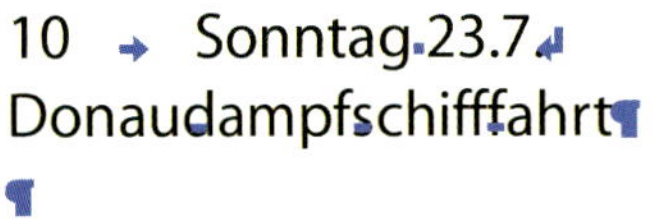

### Sprachen zuweisen

Illustrator arbeitet mit Wörterbüchern für verschiedene Sprachen, auf denen sowohl die Rechtschreibprüfung als auch die Trennregeln basieren.

Welches Wörterbuch jeweils benutzt wird, bestimmen Sie, indem Sie Ihren Texten neben der Formatierung eine Sprache zuordnen. Da grammatische vor typografischen Trennregeln in den Umbruch eines Textes eingreifen, sollten Sie die Sprache immer zuordnen, bevor Sie die Silbentrennungseinstellungen im Absatz-Bedienfeld vornehmen.

Die Sprache können Sie auf drei Ebenen zuweisen:

1. **Generell für die Arbeit mit Illustrator**: Rufen Sie VOREINSTELLUNGEN • SILBENTRENNUNG… auf, und wählen Sie die Sprache aus, die für alle Ihre Dokumente voreingestellt sein soll.
2. **Für ein Dokument**: Möchten Sie für einzelne Dokumente eine andere als die voreingestellte Sprache verwenden, wählen Sie DATEI • DOKUMENT EINRICHTEN… und stellen auf der Seite TEXT eine Sprache für das Dokument ein.
3. **Für einzelne Wörter oder Absätze**: Sollen Ausnahmen für einzelne Wörter oder Absätze gelten, aktivieren Sie die betref-

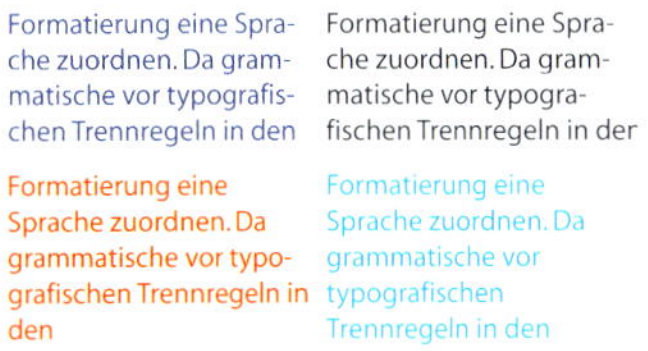

▲ **Abbildung 14.49**
Japanischer Text, eingefügt in ein mit einer lateinischen Schrift formatiertes Textobjekt: ohne (oben) und mit Glyphenschutz (unten)

▲ **Abbildung 14.50**
Nicht-druckende Zeichen: Tabulator, Leerzeichen, Zeilenumbruch, bedingte Trennstriche, Absatzmarken

▲ **Abbildung 14.51**
Spracheinstellung (v. l. o.): Französisch, Deutsch, Englisch, Griechisch

fenden Zeichen oder das gesamte Textobjekt, und wählen Sie die Sprache aus dem Menü im Zeichen-Bedienfeld.

### Anführungszeichen definieren

„Deutsch" »Deutsch«
"Englisch" «Französisch»
"Schwedisch" »Schwedisch»
„Holländisch" "Holländisch"

▲ **Abbildung 14.52**
Gebrauch von Anführungszeichen in unterschiedlichen Sprachen

Typografisch korrekte Anführungszeichen sind eines von vielen Zeichen für die Qualität gestalterischer Arbeit – sie sind aber per Tastatur nicht einfach einzutippen. Großer Beliebtheit erfreut sich die Methode, einfach ⌾+2 zu verwenden. Illustrator kann diese Zeichen automatisch beim Eintippen in die typografischen Anführungen einer Reihe von Sprachen umwandeln.

Wählen Sie DATEI • DOKUMENT EINRICHTEN…, und rufen Sie die Seite TEXT aus dem Menü auf. Aktivieren Sie TYPOGRAFISCHE ANFÜHRUNGSZEICHEN VERWENDEN, und wählen Sie aus den Menüs DOPPELTE und EINFACHE ANFÜHRUNGSZEICHEN die korrekten Zeichen aus.

Wenn typografische Anführungszeichen aktiviert sind, können Sie keine Zoll-Zeichen mehr tippen. Verwenden Sie entweder das Glyphen-Bedienfeld, um Zoll-Zeichen einzugeben, oder deaktivieren Sie die Option TYPOGRAFISCHE ANFÜHRUNGSZEICHEN, und geben Sie die typografischen Anführungszeichen per Tastatur ein.

| Eingabe Mac | Zeichen |
|---|---|
| ⌥+⇧+W | " |
| ⌥+2 | " |
| ⌥+⇧+Q | » |
| ⌥+Q | « |

| Eingabe Windows | Zeichen |
|---|---|
| Alt +Num 0132 | " |
| Alt +Num 0147 | " |
| Alt +Num 0187 | » |
| Alt +Num 0171 | « |

▲ **Tabelle 14.1**
Typografische Anführungen unter Mac OS und Windows

### Groß- und Kleinschreibung ändern

Um die Groß- und Kleinschreibung von Texten zu ändern, müssen Sie diese nicht neu tippen. Aktivieren Sie die betreffenden Textstellen, und wählen Sie eine der Optionen aus dem Menü SCHRIFT • GROSS-/KLEINSCHREIBUNG ÄNDERN. Die Untermenü-Begriffe sind selbsterklärend.

### Satz- und Sonderzeichen

Das Eintippen der meisten Sonderzeichen stört den Schreibfluss, und wenn Ihnen Texte angeliefert werden, enthalten diese in den wenigsten Fällen typografische Satzzeichen. Daher können Sie Texte nachträglich über den Befehl SCHRIFT • SATZ-/SONDERZEICHEN… automatisch mit typografischen Sonderzeichen ausstatten, falls diese in der verwendeten Schrift vorhanden sind.

**OpenType-Schriften**

Wenn Sie OpenType-Schriften verwenden, sollten Sie für die Umwandlung von Ligaturen und Bruchzahlen das OpenType-Bedienfeld nutzen.

Abbildung 14.53 ▶
Die Dialogbox SATZ-/SONDERZEICHEN

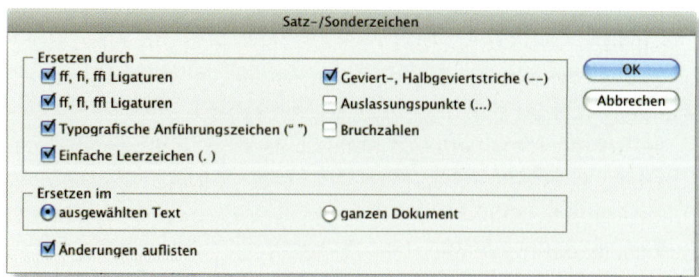

Wählen Sie in der Dialogbox, welche Zeichen ersetzt werden sollen:

- FF, FI, FFI bzw. FF, FL, FFL LIGATUREN: Kommen diese Buchstabenkombinationen im Text vor, werden sie durch die entsprechenden Ligaturen ersetzt.
  Die Satzregeln des deutschen Sprachraums definieren etliche Ausnahmen, in denen keine Ligaturen verwendet werden dürfen – diese Fälle berücksichtigt Illustrator nicht.
- TYPOGRAFISCHE ANFÜHRUNGSZEICHEN: Diese Option wandelt Zoll-Zeichen in Anführungszeichen um. Die Einstellungen unter DOKUMENT EINRICHTEN werden nicht berücksichtigt, sodass die Option für den deutschen Sprachraum nicht brauchbar ist, da immer angelsächsische Anführungszeichen erzeugt werden.
- EINFACHE LEERZEICHEN: Sind nach einem Punkt mehrere Leerzeichen vorhanden, werden sie bis auf eines gelöscht.
- GEVIERT-, HALBGEVIERTSTRICHE: Diese Option transformiert zwei Bindestriche -- in einen Halbgeviertstrich – und drei Bindestriche --- in einen Geviertstrich — .
- AUSLASSUNGSPUNKTE: Das Auslassungszeichen (auch Dreipunkt oder Ellipse genannt) einer Schrift unterscheidet sich zum Teil erheblich von drei hintereinandergesetzten Punkten, z. B. im Abstand zwischen den Punkten, manchmal sogar in deren Form. Die Option AUSLASSUNGSPUNKTE ersetzt drei Punkte durch ein Auslassungszeichen.
- BRUCHZAHLEN: Mehrere Ziffern, die durch einen Schrägstrich getrennt sind, werden durch das entsprechende Bruchzeichen ersetzt, wenn es in der Schrift vorhanden ist.
- ERSETZEN IM: Sie haben die Wahl, ob Sie den ausgewählten Text oder den Text des gesamten Dokuments korrigieren möchten.
- ÄNDERUNGEN AUFLISTEN: Aktivieren Sie diese Option, dann meldet Illustrator nach Durchführung des Befehls die erfolgten Änderungen.

### Glyphen-Bedienfeld

Viele Sonderzeichen lassen sich über Tastaturkürzel eintippen. Die meisten Schriften enthalten jedoch Zeichen, die entweder nicht über die Tastatur zugänglich sind oder die Sie so selten verwenden, dass Sie sich die Kürzel nicht merken.

Bei reinen Ornament-Schriften ist es zudem nützlich, einen Überblick über die enthaltenen Formen zu bekommen.

Im Glyphen-Bedienfeld sehen Sie alle Zeichen einer Schrift. Rufen Sie das Bedienfeld mit FENSTER • SCHRIFT • GLYPHEN, SCHRIFT • GLYPHEN oder im Dock mit dem Symbol *Aa* auf.

## Streiflicht
## Schilfinsel

▲ **Abbildung 14.54**
In diesen Fällen dürften keine Ligaturen verwendet werden.

## Ende ...
## Ende …

▲ **Abbildung 14.55**
Auslassungspunkte (unten)

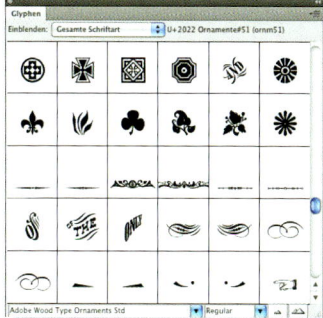

▲ **Abbildung 14.56**
Symbol-Zeichensatz

> **Bedienfeld zurücksetzen**
>
> Der Befehl BEDIENFELD ZURÜCK-SETZEN aus dem Bedienfeldmenü setzt die Darstellungsgröße der Glyphen auf die Voreinstellung zurück.

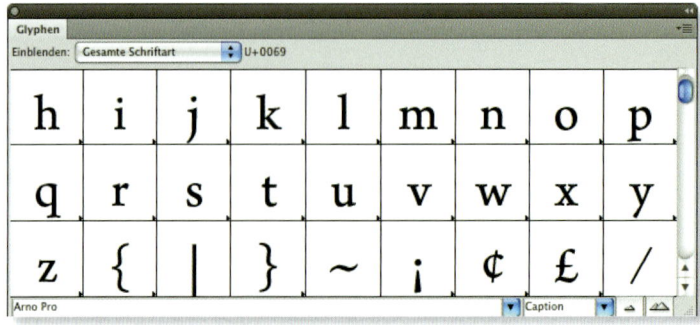

▲ **Abbildung 14.57**
Das Glyphen-Bedienfeld

Im Schriftart-Menü am unteren Rand des Bedienfelds wird die eingestellte Schrift angezeigt. Hier können Sie jedoch auch eine neue Schriftart auswählen – diese wird als Voreinstellung für neuen Text übernommen bzw. verändert die Formatierung ausgewählter Zeichen.

Die Darstellung der Glyphen der ausgewählten Schrift beeinflussen Sie durch die Steuerungen des Bedienfelds.

- Kleiner-Größer-Buttons: Klicken Sie auf den jeweiligen Button, um die Darstellung der einzelnen Zeichen im Bedienfeld in festgelegten Schritten zu vergrößern oder zu verkleinern.
- ANZEIGEN: Der Funktionsumfang des Menüs am oberen Rand des Bedienfelds variiert je nach eingestellter Schriftart. Ist eine OpenType-Schrift mit »Layout-Features« ausgestattet, so können Sie die zu einzelnen Features gehörenden Zeichen im Bedienfeld anzeigen lassen, indem Sie die entsprechende Option aus dem Menü wählen (zu OpenType siehe Abschnitt 14.6).

▲ **Abbildung 14.58**
Alternative Glyphen für t und g der WarnockPro

▲ **Abbildung 14.59**
Layout-Features: Standardligaturen, bedingte Ligaturen, Mediävalziffern

▲ **Abbildung 14.60**
Schwungschriften und stilistische Varianten gibt es in kursiven Schnitten (Adobe Caslon Pro).

▲ **Abbildung 14.61**
Kontextbedingte Varianten/Formatvarianten (Caflisch Script Pro)

**Zeichen auswählen** | Um mit dem Glyphen-Bedienfeld ein Zeichen zu setzen, platzieren Sie den Text-Cursor an die gewünschte Stelle im Textobjekt und doppelklicken auf das Zeichen im Glyphen-Bedienfeld.

**Alternativen** | Aktivieren Sie einen Buchstaben in Ihrem Text, so wird dieses Zeichen im Glyphen-Bedienfeld hervorgehoben. Ein kleines Dreieck rechts unten in einem Glyphen-Feld deutet an, dass für dieses Zeichen alternative Formen vorhanden sind. Das Feature ist OpenType-Schriften vorbehalten. Klicken Sie lange auf das Glyphen-Feld, um ein Auswahlfeld mit den Alternativen für die Glyphe anzuzeigen.

Wählen Sie das gewünschte alternative Zeichen aus dem Auswahlfeld, um den aktivierten Buchstaben zu ersetzen.

## Rechtschreibprüfung

Illustrator kann die Rechtschreibung Ihrer Texte nach seinen Wörterbüchern in mehreren Sprachen prüfen. Um zu bestimmen, welches Wörterbuch zur Prüfung herangezogen werden soll, wird die Einstellung SPRACHE verwendet, die Sie im Zeichen-Bedienfeld vorgenommen haben.

Rufen Sie die Rechtschreibprüfung auf, indem Sie BEARBEITEN • RECHTSCHREIBPRÜFUNG wählen – Shortcut ⌘/Strg+I. Klicken Sie auf den Pfeil-Button OPTIONEN, um zu bestimmen, welche Kriterien in die Prüfung eingeschlossen werden sollen:

▶ SUCHEN: Geben Sie hier an, ob Illustrator die genannten Optionen als Fehler erkennen soll.
  ▶ WIEDERHOLTE WÖRTER: Nur dann, wenn diese Option aktiviert ist, erkennt Illustrator zwei identische Wörter in Folge, die korrekt geschrieben sind, als Fehler.
▶ IGNORIEREN: Aktivieren Sie die Optionen in diesem Block, wenn Illustrator diese Inhalte nicht als Fehler erkennen soll.

▲ **Abbildung 14.62**
Kontextbedingte und stilistische Varianten (Bickham Script Pro)

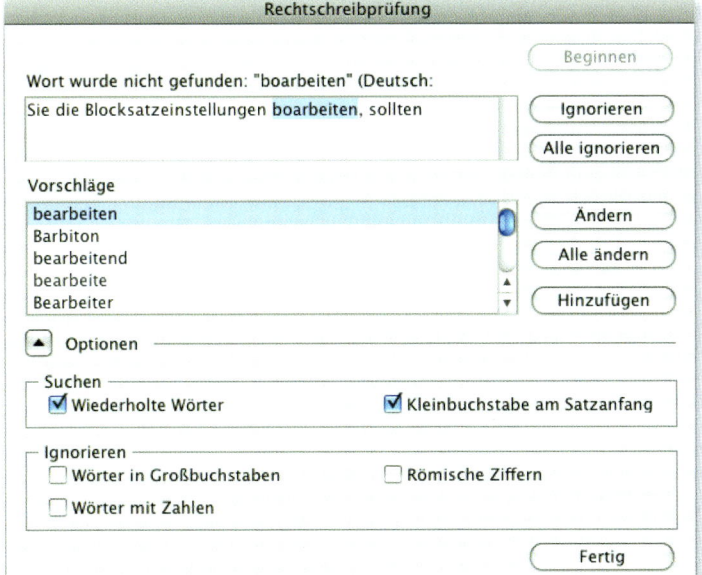

◀ **Abbildung 14.63**
Die Dialogbox RECHTSCHREIBPRÜFUNG mit allen Optionen

Starten Sie die Überprüfung, indem Sie auf den Button BEGINNEN klicken. Illustrator hebt fehlerhafte Wörter hervor und zeigt den Satzzusammenhang an. Sie haben folgende Möglichkeiten:

▶ Klicken Sie auf IGNORIEREN, um die Prüfung fortzusetzen, ohne das Wort zu ändern.
▶ Klicken Sie auf ALLE IGNORIEREN, um dieses Wort während dieses Prüfungsdurchgangs nicht mehr als Fehler anzeigen zu lassen. Bei einer erneuten Prüfung wird es wieder bemängelt.

**Weiche Trennzeichen**

Illustrator CS4 macht nicht mehr den Fehler, weiche Trennzeichen als Rechtschreibfehler korrigieren zu wollen. Bis Illustrator CS3 kann Ihnen dies noch begegnen. Es hilft nur, auf IGNORIEREN zu klicken.

14.5 Texte editieren | 455

- Wählen Sie eine der vorgeschlagenen Schreibweisen unter VORSCHLÄGE, oder korrigieren Sie die Rechtschreibung des hervorgehobenen Wortes im oberen Eingabefeld, und klicken Sie auf ÄNDERN, um dieses eine Vorkommen des Wortes zu berichtigen.
- Korrigieren Sie das Wort, und klicken Sie auf ALLE ÄNDERN, um alle Vorkommen des Wortes auf einmal durch Ihre Schreibweise zu ersetzen.
- Wenn die Rechtschreibung korrekt ist und Sie das Wort häufiger verwenden, nehmen Sie es in Ihr EIGENES WÖRTERBUCH auf, indem Sie auf HINZUFÜGEN klicken. Damit wird das Wort nicht mehr bemängelt.
- Klicken Sie auf FERTIG, um die Prüfung zu beenden.

### Wörterbuch bearbeiten

Das EIGENE WÖRTERBUCH können Sie editieren, um z. B. eine größere Anzahl Begriffe im Voraus aufzunehmen oder die während einer Rechtschreibprüfung versehentlich hinzugefügten Wörter wieder zu löschen. Rufen Sie dazu BEARBEITEN • EIGENES WÖRTERBUCH BEARBEITEN... auf:

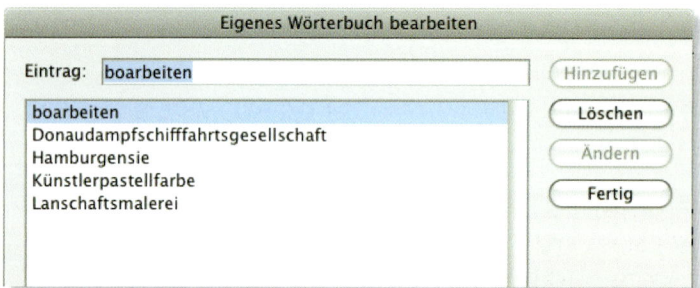

**Abbildung 14.64** ▶
Die Dialogbox EIGENES WÖRTERBUCH BEARBEITEN

- Um ein Wort in das eigene Wörterbuch einzutragen, geben Sie das Wort unter EINTRAG ein und klicken auf HINZUFÜGEN.
- Vorhandene Wörter wählen Sie aus, indem Sie in der alphabetischen Liste im unteren Feld darauf klicken.
- Aktivieren Sie ein Wort, und klicken Sie auf LÖSCHEN, um es aus dem Wörterbuch zu entfernen.
- Falsche Einträge können Sie korrigieren, indem Sie das Wort aktivieren, im Feld EINTRAG die Fehler berichtigen und anschließend auf ÄNDERN klicken.
- Beenden Sie die Bearbeitung mit dem Button FERTIG.

### Suchen und ersetzen

Illustrator lässt Sie nach Texten suchen und bei Bedarf gefundene Texte durch andere ersetzen. Um Text im gesamten Dokument zu suchen, heben Sie alle Auswahlen auf. Möchten Sie ein Textob jekt durchsuchen, aktivieren Sie es. Die Suche lässt sich auch auf eine Zeichenkette beschränken – wählen Sie dazu nur die betreffenden Zeichen aus. Rufen Sie anschließend BEARBEITEN • SUCHEN UND ERSETZEN auf.

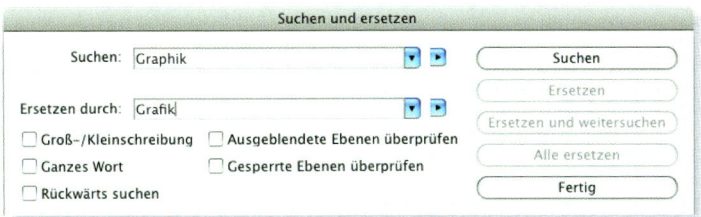

◀ **Abbildung 14.65**
Die Dialogbox SUCHEN UND ERSETZEN

Geben Sie den gesuchten Text sowie den Text, durch den Sie gefundene Stellen ersetzen lassen möchten, in die Eingabefelder ein. Alternativ wählen Sie ein Sonderzeichen aus dem Aufklappmenü, das Sie mit dem Pfeil neben dem Eingabefeld aufrufen.

Klicken Sie auf den Button SUCHEN, um die erste Fundstelle anzuzeigen. Erst dann sind die weiteren Buttons aktiv:

- ERSETZEN: Ersetzt den gefundenen Text durch den eingegebenen.
- ERSETZEN UND WEITERSUCHEN: Ersetzt den gefundenen Text und sucht die nächste Stelle.
- ALLE ERSETZEN: Ersetzt alle Fundstellen auf einmal.
- FERTIG: Klicken Sie auf den Button, um die Suche zu beenden.

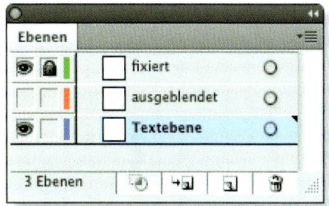

▲ **Abbildung 14.66**
Darstellung von fixierten und ausgeblendeten Ebenen (zu Ebenen siehe Kapitel 11)

**Optionen** | Suchen und ersetzen

- GROSS-/KLEINSCHREIBUNG: Die Groß- und Kleinschreibung muss exakt mit dem Suchbegriff übereinstimmen.
- GANZES WORT: Sucht die eingegebene Zeichenfolge nur als eigenständiges Wort, nicht als Wortbestandteil.
- RÜCKWÄRTS SUCHEN: Illustrator beginnt die Suche unten in der Stapelreihenfolge der Objekte.
- AUSGEBLENDETE EBENEN ÜBERPRÜFEN: Aktivieren Sie die Option, um auch in ausgeblendeten Ebenen nach dem Text zu suchen. Die Textobjekte werden während der Suche vorübergehend eingeblendet, jedoch werden die zugehörigen Ebenen im Ebenen-Bedienfeld nicht hervorgehoben.
- GESPERRTE EBENEN ÜBERPRÜFEN: Mit dieser Option können Sie auch gesperrte (fixierte) Ebenen durchsuchen und ändern. Die Ebene wird dabei nicht entsperrt.

▲ **Abbildung 14.67**
Über Suchen und Ersetzen lassen sich einige Leerzeichen in Texte einfügen, die auf anderem Weg nicht erreichbar sind.

## 14.6 OpenType

OpenType ist ein plattformübergreifendes Schriftenformat, das Merkmale der bisher gebräuchlichen Formate PostScript Type1 und TrueType vereinigt. Da OpenType auf dem Unicode-Standard basiert, um die Zeichenkodierungen und ihre grafische Repräsentation – die Glyphen – im Font zu verbinden, können in einer OpenType-Schrift über 65 000 Zeichen (statt 256 in einer herkömmlichen Schrift) enthalten sein.

Dies vereinfacht vor allem Fremdsprachensatz, aber auch wenn Sie auf typografische Feinheiten wie Ligaturen, Kapitälchen, Mediävalziffern und Zierbuchstaben Wert legen, profitieren Sie von OpenType. Selbstverständlich stellten »Expert-Schriften« alle diese Merkmale auch bisher schon zur Verfügung. Das Besondere an OpenType ist, dass alle Zeichen in einer plattformunabhängigen Datei zusammengefasst sind. Die typografischen Sonderformen bilden die »Layout-Features«, mit denen die Schrift ausgestattet ist.

Wenn eine Applikation OpenType unterstützt, können Sie auf alle alternativen Glyphen einer OpenType-Schrift in einer sehr bequemen Form zugreifen. Illustrator stellt Ihnen zu diesem Zweck das OpenType-Bedienfeld zur Verfügung. Wählen Sie Fenster • Schrift • OpenType – Shortcut: ⌘ + ⌥ + ⇧ + T bzw. Strg + Alt + ⇧ + T, um das Bedienfeld aufzurufen. Im Dock verwenden Sie das Symbol.

Aktivieren Sie das Textobjekt oder die Zeichen, deren OpenType-Optionen Sie anwenden möchten. Wählen Sie anschließend aus dem OpenType-Bedienfeld die passende Option aus den Gruppen.

▶ Zahl: Hier finden Sie die Alternativen für die Darstellung von Ziffern und Zahlen – Mediäval- und Tabellenziffern.
▶ Position: Diese Varianten enthalten hoch- und tiefgestellte Zahlen sowie Bruchziffern.
▶ Schriftvarianten-Buttons: Mit den Buttons rufen Sie die gleichen Varianten auf, die auch über das Bedienfeldmenü zugänglich sind. Es handelt sich dabei um Standardligaturen fi, kontextbedingte Varianten, bedingte Ligaturen st, Schwungschriften A, Formatvarianten (frühere Bezeichnung: stilistische Varianten), Titelschriftvarianten T, Ordinalzeichen 1st und Brüche ½.

Buttons, deren Funktion in der ausgewählten Schrift nicht verfügbar ist, sind grau – inaktiv – dargestellt.

### Zeichenvarianten in OpenType

Dass eine OpenType-Schrift Zeichenvarianten enthalten *kann*, bedeutet natürlich nicht, dass diese Merkmale in jeder OpenType-Schrift enthalten *sind*. Adobe z. B. kennzeichnet diejenigen Schriften seiner Bibliothek, die mit erweiterten Zeichensätzen versehen sind, durch den Zusatz »Pro«.

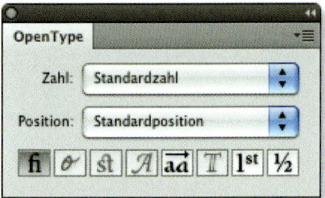

▲ **Abbildung 14.68**
Das OpenType-Bedienfeld

Zähler/Nenner: ¹⁄₁₀₀₀ ⁷⁄₉
Brüche: ¾ ½ ⅔

▲ **Abbildung 14.69**
OpenType-Optionen »Position«

| 191 | 24 | 35 | 567 |
| 33 | 897 | 348 | 111 |
| 191 | 24 | 35 | 567 |
| 33 | 897 | 348 | 111 |
| 191 | 24 | 35 | 567 |
| 33 | 897 | 348 | 111 |
| 191 | 24 | 35 | 567 |
| 33 | 897 | 348 | 111 |

▲ **Abbildung 14.70**
Tabellenziffern (schwarz) haben eine einheitliche Breite.

## 14.7 Mit Schrift arbeiten

Buchstabenwüsten, die sich ohne Überschrift, ohne Leittext, ohne Absätze und ohne die Heraushebung einzelner Wörter oder Sätze präsentieren, sind sehr schwer zu lesen.

**Absätze** teilen den Text in Sinnabschnitte, die dem Auge des Lesers Halt geben, und sie tragen dazu bei, dass der Leser den Text in sinnvollen Happen konsumieren kann.

Absätze werden durch einen Absatzabstand oder, wie in diesem Buch, durch einen Texteinzug am Beginn einer Zeile gekennzeichnet. In seltenen Fällen dienen auch Trennlinien zur Unterteilung eines Textes.

Die **Auszeichnung von Wörtern** oder Textpassagen dagegen bietet – wie in Überschriften oder Leittexten – Zusammenfassungen an oder signalisiert dem Leser das, was dem Verfasser des Textes wichtig erschien. Zum »Querlesen« oder »Überfliegen« sind Abschnitte und Hervorhebungen wichtige Zwischenstationen für den Leser, um das gewünschte Ziel schneller zu erreichen.

**[Multiple Master]**
Multiple Master (MM) ist Adobes Weiterentwicklung des Type1 Font-Formats. In einer Font-Datei sind bis zu vier »Design-Achsen« angelegt, mit deren Hilfe sich Schriftschnitte variieren lassen.

Das Format ging in der Entwicklung von OpenType auf. In Illustrator 9 konnten MM-Variationen noch erzeugt werden – ab CS müssen Variationen im Font gespeichert sein, damit sie zur Verfügung stehen.

### Fonts: Schriften

Eine Schriftart kennzeichnet sich durch nach einem Grundmuster gestaltete Buchstaben, Ziffern und Satzzeichen. Von einer Schriftart kann es Varianten geben, die in Neigung, Strichstärke und Zeichenbreite variieren. Die unterschiedlichen Schriftschnitte einer Schriftart bilden eine Schriftfamilie.

Schriften werden als »Fonts« in verschiedenen Formaten gespeichert. Illustrator zeigt das Schriftformat in den Schriftauswahlmenüs unter SCHRIFT • SCHRIFTART und im Zeichen-Bedienfeld vor dem Namen der Schrift an: OpenType *O*, PostScript Type 1 *a*, TrueType *T*, MultipleMaster *MM*, Composite.

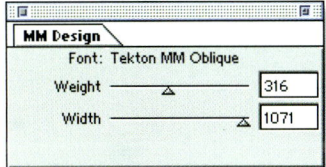

▲ **Abbildung 14.71**
Das MultipleMaster-Bedienfeld aus Illustrator 9

### Schriften vermessen

Höhe und Breite von Schriften werden in unterschiedlichen Einheiten gemessen.

**Höhen messen |** Die gebräuchliche Maßeinheit für die Schriftgröße – oder den »Schriftgrad« – ist der Punkt. Diese »Maßeinheit« verdient die Bezeichnung genau genommen nicht, denn sie ist alles andere als einheitlich.

Illustrator verwendet den DTP-Punkt. Er ist aus der Einheit Zoll/Inch abgeleitet, und 1 Punkt entspricht 1/72 Zoll, also gerundet 0,353 mm. Falls Sie typografische Maße lieber in einer anderen Maßeinheit bestimmen möchten, rufen Sie VOREINSTEL-

▲ **Abbildung 14.72**
Oberlänge ❶, Mittellänge ❷, Unterlänge ❺, Versalhöhe ❸, Zeilenabstand ❻, Schriftkegel ❹, Durchschuss ❼

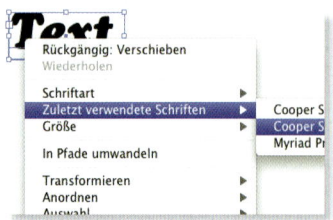

▲ **Abbildung 14.73**
Das Kontextmenü enthält häufig gebrauchte Befehle für Textobjekte.

▲ **Abbildung 14.74**
Schriftkegel: Die Grundfläche des Blocks, auf dem die druckende Buchstabenform liegt.

### [Unterschneiden]

Ein manuelles Verringern der Schriftabstände bezeichnet man als Unterschneiden. In Zeiten des Bleisatzes wurden dabei tatsächlich Teile des Schriftkegels abgeschnitten.

### Standardschriftart ändern

Wenn Sie für alle neuen Dokumente eine andere Standardschriftart einrichten möchten, finden Sie dazu eine Anleitung in Abschnitt 14.11, »Zeichen- und Absatzformate«.

LUNGEN • EINHEITEN UND ANZEIGELEISTUNG auf und wählen aus dem Menü unter TEXT die gewünschte Einheit.

Unterschiedliche Schriften sehen häufig unterschiedlich groß aus, obwohl Sie den gleichen Schriftgrad eingestellt haben. Das hat jedoch nichts mit Illustrator zu tun – die Zuordnung einer bestimmten dargestellten Zeichengröße zu einem Punktwert wird im Font festgelegt.

**Breiten messen** | Die Breite des Abstands zwischen Buchstaben misst Illustrator in 1/1000 Geviert. Die Einheit Geviert bezieht sich auf die Schriftgröße – das Geviert hat bei einer 10-Punkt-Schrift eine Breite von 10 Punkt, also 10 x 0,353 mm = 3,53 mm.

### Zeilenabstand

Der Zwischenraum zwischen den Textzeilen trägt maßgeblich zur Lesbarkeit eines Textes bei. Im Bleisatz ist bereits dadurch ein Abstand vorgegeben, dass der Schriftkegel höher ist als die druckende Form. Soll der Abstand zwischen den Zeilen erhöht werden, fügt der Setzer Bleistücke ein, den »Durchschuss«. Im Bleisatz kann man den Abstand zwischen den Zeilen nur mit hohem Aufwand verringern. Im DTP-Satz erfolgt sowohl das Erhöhen als auch das Verringern des Abstands mit wenigen Mausklicks.

Der Begriff Zeilenabstand (ZAB) bezeichnet den Abstand von einer Grundlinie zur nächsten. Der Zeilenabstand wird üblicherweise wie der Schriftgrad in Punkt gemessen.

### Laufweite und Kerning

Horizontale Abstände zwischen Buchstaben und Worten beeinflussen Sie auf zweierlei Weise: Die Laufweite ist einem Zeichen zugeordnet und bestimmt den Abstand dieses Zeichens zu seinen Nachbarn.

Das Kerning ist eine Distanzanpassung, die zwischen Buchstabenpaaren angewendet wird, deren Abstände nicht automatisch definiert werden können. Schrifthersteller, die auf Qualität achten, erstellen für ihre Schriften »Kerning-Tabellen«, die Einstellungen für die problematischen Buchstabenpaare enthalten.

## 14.8 Zeichen formatieren

Zeichenformatierungen sind Einstellungen, die das Aussehen einzelner Buchstaben oder Wörter durch Festlegung von Schriftart und -größe, Zeilen- und Zeichenabständen, Verzerrungen, Drehungen und Grundlinienversatz bestimmen.

**Das Zeichen-Bedienfeld**

Dreh- und Angelpunkt für die Zuweisung von Zeichenformatierungen ist das Zeichen-Bedienfeld. Einige Zeichenformatierungen können Sie jedoch auch über das Steuerungsbedienfeld und über das SCHRIFT-Menü vornehmen.

Rufen Sie das Zeichen-Bedienfeld auf, indem Sie FENSTER • SCHRIFT • ZEICHEN (Shortcut ⌘/Strg+T) wählen. Im Dock klicken Sie auf das Symbol A.

Falls das Zeichen-Bedienfeld nicht alle Optionen anzeigt wie in der Abbildung, wählen Sie OPTIONEN EINBLENDEN aus dem Bedienfeldmenü ▼≡.

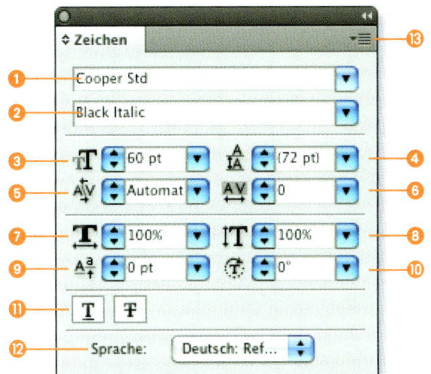

◄ Abbildung 14.75
Das Zeichen-Bedienfeld mit allen Optionen

Schriftart ❶ und Schriftschnitt ❷ stellen Sie getrennt ein. Ist eine Schrift technisch als Familie angelegt, dann werden im Schriftschnitt-Menü automatisch die zur Familie gehörigen vorhandenen Schnitte aufgelistet. Rechnerisches Fettsetzen oder Schrägstellen, wie es einige Textverarbeitungs- oder Layoutprogramme anbieten, ist mit dem Zeichen-Bedienfeld nicht möglich.

Anschließend folgen im Bedienfeld die Größenbestimmungen Schriftgrad ❸ (Größe der Schrift) und Zeilenabstand ❹, dann die horizontalen Abstände Kerning ❺ (Abstand zwischen zwei Buchstaben) und Laufweite ❻ (Weißraum um Zeichen herum).

Illustrator erlaubt eine getrennte horizontale ❼ und vertikale ❽ Skalierung von Zeichen, und Sie können die Grundlinie einzelner Zeichen verschieben ❾ und einzelne Buchstaben innerhalb eines Textobjekts drehen ❿.

Die Unterstreichungsfunktion ist eigentlich nur für Screendesigner wichtig, um in ihren Layouts Links zu visualisieren – zusätzlich können Sie Texte auch durchstreichen ⓫.

Die Sprachwahl ⓬ hat große Auswirkungen auf Trennregeln und die Rechtschreibprüfung.

Weitere Formatierungsoptionen finden Sie im Menü ⓭ des Zeichen-Bedienfelds. Die wichtigsten Optionen im Menü sind

*Echt Kursiv*
*Echt Schräg*

▲ Abbildung 14.76
Kursive und schräg gestellte Schrift

▲ Abbildung 14.77
Ist ein Textobjekt aktiv, können Sie auch das Steuerungsbedienfeld verwenden, um das Zeichen-Bedienfeld aufzurufen.

14.8 Zeichen formatieren | **461**

**[Schriftschnitte]**
Als Schriftschnitte bezeichnet man Varianten einer Schriftart. Schräglaufende Schriftschnitte werden »kursiv« oder »italic« genannt. Bei Serifen-Schriften sind die kursiven Schnitte Handschriften nachempfunden.

Eine andere Schriftschnittvariable ist die Strichstärke, die je nach Schriftart von »extra light« über »normal«, »heavy« oder »halbfett« und »fett/bold« bis »black« reichen kann.

Die dritte Variante wird durch die Buchstabenbreite definiert: Für einige Schriften sind »condensed« und »extended« Schnitte erhältlich.

WarnockPro Light
*WarnockPro Light Italic*
**WarnockPro Regular**
*WarnockPro Italic*
**WarnockPro Semibold**
***WarnockPro Semibold Italic***
**WarnockPro Bold**
***WarnockPro Bold Italic***

▲ **Abbildung 14.78**
Einige Schnitte der WarnockPro

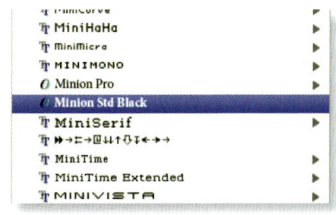

▲ **Abbildung 14.79**
Das Schriftmenü

**Font-Vorschau**
Möchten Sie die Font-Vorschau nicht deaktivieren, verwenden Sie das Schriftauswahl-Menü des Steuerungsbedienfelds – in diesem zeigt Illustrator keine Vorschau an. So können Sie bei Bedarf jederzeit auf ein Menü mit Vorschau zurückgreifen.

die Erzeugung von Kapitälchen sowie hoch- und tiefgestelltem Text und eine Option, um Textumbrüche zu unterbinden.

### Steuerungsbedienfeld und Schrift-Menü
Einige der Formatierungsmöglichkeiten, die Sie im Zeichen-Bedienfeld vorfinden, stehen Ihnen in gleicher oder ähnlicher Form im Steuerungsbedienfeld und im Menü SCHRIFT zur Verfügung. Wir beschränken uns hier auf die Beschreibung des Zeichen-Bedienfelds. Wenn Optionen an anderer Stelle zur Verfügung stehen, werden sie wie im Zeichen-Bedienfeld bedient.

### Schriftfamilie
Mit dieser Einstellung weisen Sie einem Text eine auf Ihrem System installierte Schriftart zu – lesen Sie gegebenenfalls in der Online-Hilfe Ihres Betriebssystems, wie Sie Schriften installieren.

Aktivieren Sie das Textobjekt oder einzelne Zeichen und wählen eine Schriftart im Schriftfamilienmenü im Zeichen-Bedienfeld. Falls ein Pfeil ▶ rechts vom Schriftnamen ein Untermenü anzeigt, müssen Sie aus diesem auch den Schriftschnitt auswählen.

Klicken Sie alternativ in das Feld, das den Namen der Schrift anzeigt, und geben Sie die ersten Buchstaben des Namens der gewünschten Schrift ein. Je mehr Schriften mit ähnlich lautenden Namen installiert sind, desto mehr Buchstaben müssen Sie eingeben, um die richtige Schrift auszuwählen. Während Sie tippen, werden die vorhandenen passenden Schriftnamen in dem Feld angezeigt.

Unter SCHRIFT • ZULETZT VERWENDETE SCHRIFTEN listet Illustrator die im Hauptmenü oder im Zeichen-Bedienfeld zuletzt gewählten Fonts auf. Wie viele Schriften aufgelistet werden, bestimmen Sie in den VOREINSTELLUNGEN im Bereich SCHRIFT. In der Option ANZAHL DER ZULETZT VERWENDETEN SCHRIFTEN lässt sich ein Wert zwischen 1 und 15 bestimmen.

**Font-Vorschau** | Im Ausklappmenü des Zeichen-Bedienfelds und im Menü SCHRIFT • SCHRIFTART werden die Schriftnamen in der jeweiligen Type dargestellt. Bei sehr vielen Schriften kann die Vorschau die Anzeige des Menüs verlangsamen.

Falls Sie die Darstellung der Zeichenform nicht benötigen, wählen Sie VOREINSTELLUNGEN • SCHRIFT und deaktivieren die SCHRIFTVORSCHAU. Um die Vorschau in einer anderen Größe anzuzeigen, wählen Sie diese aus dem Menü SCHRIFTGRAD.

**Fehlende Schriften** | Öffnen Sie ein Dokument, das Schriften verwendet, die auf Ihrem Computer nicht installiert sind, so zeigt Illustrator in einer Dialogbox eine Warnung und listet die Namen der ersetzten Schriften auf. Sie können den Öffnen-Vorgang abbrechen, um die fehlenden Schriften zu installieren, oder fortsetzen, um die Schriften durch andere zu ersetzen.

Wenn Sie sehen möchten, an welcher Stelle im Dokument Schriften ersetzt wurden, wählen Sie DATEI • DOKUMENT EINRICHTEN… – Shortcut ⌘+⌥+P bzw. Strg+Alt+P. Aktivieren Sie im Bereich ANSCHNITT- UND ANZEIGEOPTIONEN die Einstellung ERSETZTE SCHRIFTEN HERVORHEBEN.

### Schriftgrößenbegrenzung
Wenn Sie größere Schriftgrade als 1296 Punkt benötigen, können Sie die Texte in Pfade umwandeln. Dann sind sie jedoch nicht mehr editierbar. Stattdessen weisen Sie dem Textobjekt den Transformieren-Effekt zu.

## Schriftgrad
Den Schriftgrad wählen Sie entweder aus dem Menü mit gebräuchlichen Schriftgrößen aus oder tippen den Wert direkt in das Eingabefeld ein. Schriftgrößen können Sie zwischen 0,1 Punkt und 1296 Punkt in 0,001-Punkt-Schritten eingeben.

Die Schriftgröße sollten Sie bestimmen, bevor Sie detaillierte Einstellungen im Absatz-Bedienfeld vornehmen.

▲ Abbildung 14.80
Der Buchstabe H in 24 Punkt

## Zeilenabstand
Der Zeilenabstand ist eine Eigenschaft des Zeichens. Er bestimmt den Abstand der Grundlinie des betreffenden Zeichens zur Grundlinie der darüberliegenden Zeichen. Wirksam für den Abstand zweier Textzeilen ist jeweils der größte in der unteren Zeile eingestellte Zeilenabstand.

Der Abstand der ersten Zeile eines Flächentexts zu dessen oberem Rand wird nicht durch den Zeilenabstand beeinflusst (siehe Abschnitt »Randabstände einrichten« in Kapitel 14.3).

Illustrator verwendet für neu erstellte Textobjekte den automatischen Zeilenabstand. Dies erkennen Sie daran, dass der Wert im Eingabefeld in Klammern steht. Per Voreinstellung beträgt der automatische Wert – wie in den meisten DTP-Programmen – 120 % der Schriftgröße. Die Voreinstellung ändern Sie unter dem Eintrag ABSTÄNDE aus dem Menü des Absatz-Bedienfelds.

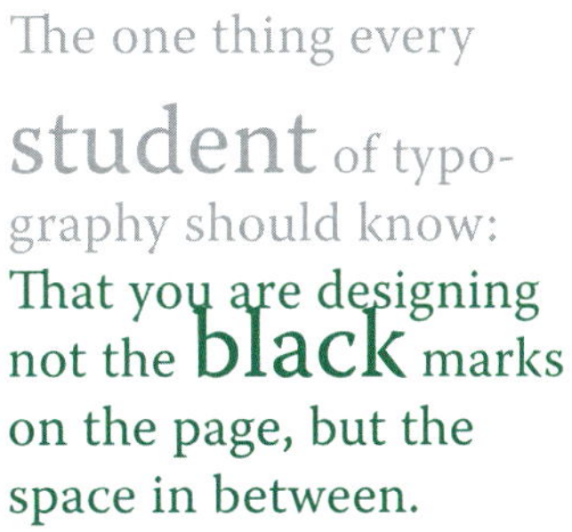

In einem Textblock mit automatischem Zeilenabstand kann der Abstand der Textzeilen variieren, wenn einzelne Zeichen unterschiedliche Schriftgrößen und damit einen unterschiedlichen Zeilenabstand besitzen. Dies kann besonders dann verwirren, wenn ein Leerzeichen eine abweichende Größe besitzt.
Um den Zeilenabstand einzustellen, wählen Sie mindestens ein Zeichen, besser jedoch die ganze Zeile, den ganzen Absatz oder das Textobjekt aus und wählen einen Wert aus dem Menü oder geben ihn in das Eingabefeld ein.

▲ Abbildung 14.81
Automatischer (oben) und fest definierter Zeilenabstand (unten)

### Zeilenabstand = Schriftgröße
Doppelklicken Sie auf das Zeilenabstand-Symbol im Zeichen-Bedienfeld, um den Zeilenabstand auf denselben Wert zu setzen wie die Schriftgröße.

## Kerning
Einige Standard-Kerning-Einstellungen können Sie sowohl auf das ganze Textobjekt, ausgewählte Zeichen wie auch auf ein ein-

▲ Abbildung 14.82
Kerning zwischen problematischen Buchstabenpaaren

14.8 Zeichen formatieren | **463**

### Kerning per Shortcut

Um ohne Umweg über das Zeichen-Bedienfeld den Abstand zweier Zeichen anzupassen, platzieren Sie den Cursor zwischen die beiden Buchstaben und drücken Sie ⌥/Alt+← zur Verringerung oder ⌥/Alt+→ zur Vergrößerung des Abstandes.

### Achtung bei Verzerrungen

Die Einstellungen, die Sie im Zeichen-Bedienfeld vornehmen, werden nicht nur auf das aktivierte Objekt angewendet, sondern auch als Voreinstellung für neuen Text, den Sie erstellen. Achten Sie vor allem darauf, wenn Sie Verzerrungen anwenden.

### Verzerrungen zurücksetzen

Schriftverzerrungen können Sie mit dem Tastaturbefehl ⌘+⇧+X bzw. Strg+⇧+X zurücksetzen. Die Schriftgröße bleibt unberührt – die Breite wird auf 100 % gesetzt.

# Condensed
# Gequetscht

▲ **Abbildung 14.83**
Condensed-Schnitt und gestauchte Schrift

---

zelnes Buchstabenpaar anwenden. Die Eingabe bestimmter Kerning-Werte ist nur für ausgewählte Buchstabenpaare möglich. Um das Kerning eines Buchstabenpaars einzustellen, positionieren Sie die Einfügemarke zwischen die betroffenen Zeichen.

▶ AUTOMATISCH: Verwenden Sie die Standardeinstellung AUTOMATISCH, um die im Font gespeicherten Kerning-Tabellen zu verwenden, die die Abstände festlegen.

▶ OPTISCH: Manche Fonts haben keine oder unzureichende Kerning-Tabellen, und wenn Sie mit extremen Schriftmischungen – verschiedene Schriften innerhalb eines Wortes – arbeiten, nützen Ihnen auch die besten Kerning-Tabellen nichts. Für diesen Fall wählen Sie die Methode OPTISCH. Illustrator passt dann die Buchstabenabstände nach der Form der Buchstaben an.

▶ MANUELL: Als dritte Möglichkeit bleibt Ihnen manuelles Kerning. Platzieren Sie den Text-Cursor zwischen die problematischen Buchstaben, und wählen Sie einen Wert aus dem Kerning-Menü des Zeichen-Bedienfelds, oder tippen Sie den gewünschten Wert direkt in das Eingabefeld ein.

### Laufweite

Passen Sie die Laufweite an, indem Sie entweder den ganzen Textblock oder einzelne Buchstaben auswählen und anschließend im Zeichen-Bedienfeld unter LAUFWEITE einen Wert aus dem Menü wählen oder direkt in das Eingabefeld eintippen.

Die Laufweiten-Einstellung verhält sich »kumulativ« zu Kerning-Einstellungen. Wenn Sie also zuerst einige Buchstabenpaare mit eigenen Kerning-Einstellungen versehen und danach die Laufweite verändern, wirken sich die Kerning-Einstellungen zusätzlich aus.

### Stauchen und Strecken

Diese beiden Einstellungsmöglichkeiten sind mit großer Vorsicht zu verwenden. Genauso, wie Sie viel Mühe in die Entwicklung eines Designs investieren, haben das auch die Schriftentwerfer getan. Wenn Sie eine schmalere oder breitere Schrift benötigen, sollten Sie nach einem entsprechenden Schriftschnitt oder einer anderen Schriftfamilie suchen.

Für Typografik oder die Gestaltung von Logos können Sie natürlich zu diesen extremen Mitteln greifen. Aktivieren Sie die Schriften, die Sie verzerren möchten, und geben Sie die gewünschten Werte ein – eine vertikale Skalierung verändert selbstverständlich die Höhe der Buchstaben. Der Zeilenabstand passt sich nicht an.

### Grundlinienversatz

Mit dieser Option verschieben Sie einzelne Zeichen nach oben oder unten, ohne deren Größe zu verändern. Diese Option ist nützlich, um die Positionen von Zeichen aus Symbolschriften an Texte anzupassen.

▲ **Abbildung 14.84**
Grundlinienversatz eines Symbols

### Drehung

Auch wenn Sie mehrere Zeichen aktiviert haben, werden Zeichen immer individuell um ihren jeweiligen Mittelpunkt gedreht. Das Kerning müssen Sie anschließend anpassen – je nach Drehwinkel entstehen teilweise große Lücken. Für folgende Situationen ist die Drehung nicht vorgesehen:

▲ **Abbildung 14.85**
Unterschiedliche Drehwinkel

- **Ausrichtung**: Möchten Sie die Textausrichtung von horizontal auf vertikal – oder umgekehrt – ändern, aktivieren Sie das Textobjekt und wählen Schrift • Textausrichtung • Horizontal oder Vertikal.
- **Ganzen Text drehen**: Um das ganze Textobjekt zu drehen, aktivieren Sie es mit dem Auswahl-Werkzeug und drehen es mithilfe der Transformieren-Werkzeuge oder mit dem Transformieren-Bedienfeld (zum Transformieren siehe Kapitel 5).

### Sprache

Die Spracheinstellung bestimmt die Funktion der Rechtschreibprüfung und der Silbentrennung. Lesen Sie mehr über Spracheinstellungen in Abschnitt 14.5, »Texte editieren«.

### Unterstrichen und Durchgestrichen

Unterstreichungen waren im Schreibmaschinenzeitalter die einzige Möglichkeit, Textstellen hervorzuheben. Beim Unterstreichen wird eine Linie unter dem Text erzeugt – Sie können weder deren Farbe noch deren Stärke bzw. ihren Abstand zum Text beeinflussen.

Vor allem können Sie die Linie nicht daran hindern, Unterlängen zu schneiden. Die Funktion hat einen Nutzen, um in Layouts für Webseiten Links darzustellen; möchten Sie aber einen Text hervorheben, nutzen Sie lieber den kursiven oder den fetten Schriftschnitt.

Mit der Option Durchgestrichen erzeugen Sie eine Linie, die die Texte durchstreicht. Auch deren Stärke können Sie nicht beeinflussen. Diese Funktion könnte man zur Abstimmung von Text während der Korrekturphase gebrauchen.

To design is much more than simply to assemble, to order or ~~even~~ to edit. To design is to transform Prose into poetry.

▲ **Abbildung 14.86**
Unterstreichungen und Durchstreichungen haben die Farbe des Textes.

### Kapitälchen

Kapitälchen sind Großbuchstaben, deren Höhe sich nach den Mittellängen richtet und deren Strichstärke der Strichstärke der

Echte Kapitälchen im Text gesetzt

Falsche Kapitälchen im Text gesetzt

▲ **Abbildung 14.87**
Echte und gerechnete Kapitälchen

Schrift angepasst ist. Deswegen lassen sich »echte« Kapitälchen nicht automatisch durch Skalierung aus Großbuchstaben erzeugen. »Falsche«, also berechnete Kapitälchen wirken im Vergleich zu den anderen Buchstaben zu mager.

Um einen Text in Kapitälchen zu setzen, aktivieren Sie ihn und wählen KAPITÄLCHEN aus dem Menü des Zeichen-Bedienfelds. Wenn Sie eine Schrift verwenden, in der Kapitälchen angelegt sind, werden diese verwendet. Ansonsten berechnet Illustrator die Kapitälchen aus den Versalien der Schrift.

Die Grundlage der Berechnung ist die Voreinstellung von 70 % der Versalhöhe für die Größenanpassung der berechneten Kapitälchen. Entspricht das nicht der Mittellänge der verwendeten Schrift, können Sie für das gesamte Dokument eine andere Voreinstellung im Bereich TEXTOPTIONEN unter DATEI • DOKUMENT EINRICHTEN… eingeben.

### Hochgestellt/Tiefgestellt – Indexziffern

Für mathematische oder chemische Formeln benötigen Sie kleinere Ziffern oder Buchstaben, deren Grundlinie außerdem verschoben ist. Setzen Sie Zahlen im Text, aktivieren Sie sie und wählen Sie HOCHGESTELLT bzw. TIEFGESTELLT aus dem Bedienfeldmenü, um die Zahlen in Indexziffern umzuwandeln.

Auch Indexziffern sind in Qualitätsschriften vorhanden und werden in diesem Fall von Illustrator verwendet. Enthält eine Schrift keine Indexziffern, werden sie rechnerisch erzeugt – mit denselben Nachteilen, die für Kapitälchen gelten.

Die Variablen für die rechnerische Erzeugung von Indexziffern geben Sie ebenso im Bereich TEXTOPTIONEN unter DATEI • DOKUMENT EINRICHTEN… ein:

▶ GRÖSSE: Mit diesem Wert bestimmen Sie die Skalierung im Verhältnis zur Versalhöhe.
▶ POSITION: Geben Sie hier ein, um wie viel Prozent der Schriftgröße Sie die Indexziffer von der Schriftgrundlinie nach oben bzw. unten verschieben wollen.

$NH_2CH_2CH_2OH$
$NH_2CH_2CH_2OH$

▲ **Abbildung 14.88**
Rechnerisch tiefgestellte Indexziffern im Vergleich mit echten Indexziffern

### Schriftdarstellung am Bildschirm verbessern – Systemlayout

Die Einstellung SYSTEMLAYOUT bewirkt, dass Buchstabenabstände immer in ganzen Pixeln ausfallen. Wenn Sie ein Screendesign entwickeln und Schriftgrößen unter 20 Punkt verwenden, sind die Texte mit den standardmäßig verwendeten gebrochenen Zeichenbreiten eventuell nicht gut lesbar. Aktivieren Sie in diesem Fall SYSTEMLAYOUT im Menü des Zeichen-Bedienfelds. Diese Einstellung gilt im Gegensatz zu anderen für das gesamte Dokument.

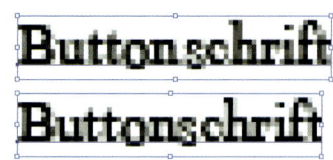

▲ **Abbildung 14.89**
Gebrochene Breiten (oben) und Systemlayout (unten)

### Umbrüche verhindern

Möchten Sie verhindern, dass Silben oder Wortgruppen getrennt werden, z. B. ein Wert und die dazugehörige Maßeinheit, dann aktivieren Sie diese Gruppe und wählen KEIN UMBRUCH aus dem Menü des Zeichen-Bedienfelds.

> **Zeilenumbruch erzwingen**
>
> Um einen Zeilenumbruch zu erzwingen, ohne einen Absatz zu erzeugen, tippen Sie ⇧ + ↵.

### Asiatische Optionen

Das Zeichen-Bedienfeld verfügt über weitere Optionen speziell für den Satz asiatischer Schriften. Um diese Optionen anzuzeigen, aktivieren Sie die Einstellung ASIATISCHE OPTIONEN EINBLENDEN unter VOREINSTELLUNGEN • SCHRIFT.

Die asiatischen Optionen können Sie auch für spezielle Satzarbeiten in lateinischen Schriftsystemen verwenden – mit der Option WARICHU aus dem Bedienfeldmenü ist es möglich, eine Zeile in weitere Zeilen aufzuteilen (siehe Abbildung 14.91).

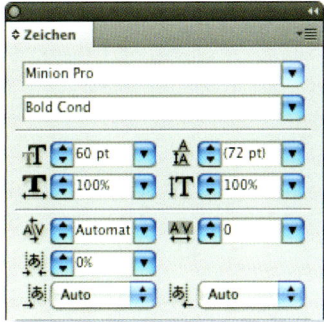

▲ Abbildung 14.90
Asiatische Optionen im Zeichen-Bedienfeld

### Zeichenformatierungen auf andere Objekte übertragen

Um eine Formatierung einfach aus einem vorhandenen Objekt zu übernehmen, verwenden Sie das Pipette-Werkzeug.

Aktivieren Sie den Text, den Sie formatieren möchten. Wählen Sie das Pipette-Werkzeug – Shortcut I –, und bewegen Sie es über den Text, dessen Formatierung Sie übernehmen möchten. Wenn das Cursor-Symbol ✒ angezeigt wird, klicken Sie auf den Text. Dessen Formatierung wird auf die aktivierte Schrift übertragen und in das Pipette-Werkzeug aufgenommen.

Sie können jetzt mit dem Pipette-Werkzeug durch Klicken und Ziehen andere Zeichen aktivieren, um diese ebenfalls zu formatieren.

▲ Abbildung 14.91
Dem Text wurde die Option WARICHU zugewiesen. In den Warichu-Optionen stellen Sie die Anzahl der Zeilen und den Skalierungsfaktor ein.

### Schriftart suchen

Wenn Sie vor der endgültigen Wahl der Schrift direkt in Ihrem Dokument verschiedene Alternativschriften ausprobiert haben, passiert es fast zwangsläufig, dass noch Reste der Proben vorhanden sind, z. B. als formatiertes Leerzeichen. Haben Sie Dokumente von Kollegen »geerbt«, kann es auch vorkommen, dass Schriften verwendet wurden, die auf Ihrem Computer nicht installiert sind.

Um die verwendeten Schriften in Ihrem Dokument vor der Abgabe zu vereinheitlichen oder um nicht installierte Schriften dokumentweit einfach durch Alternativen zu ersetzen, verwenden Sie SCHRIFT • SCHRIFTART SUCHEN…

Die Funktion SCHRIFTART SUCHEN wirkt sich leider nicht auf Schriften aus, die Sie in Diagrammen verwendet haben.

**Abbildung 14.92** ▶

Die Dialogbox SCHRIFTART SUCHEN

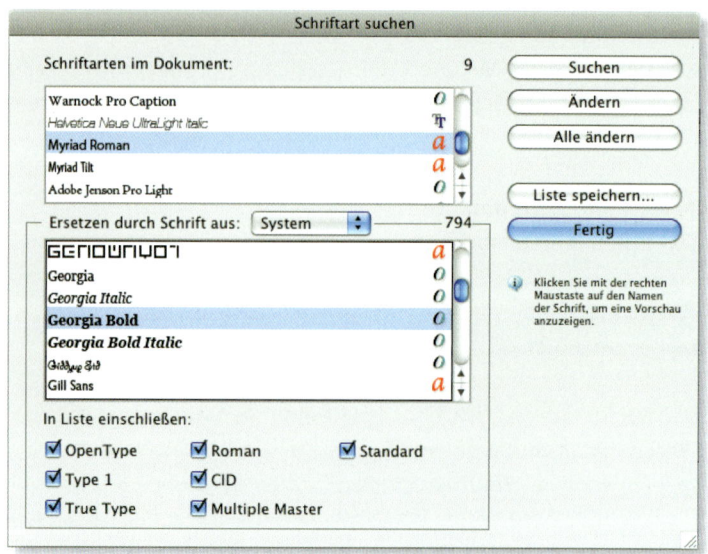

### Font-Formate

Die Liste der Fonts lässt sich nach Formaten filtern – lesen Sie die Erklärungen zu den Formaten **OpenType** und **Multiple Master** an anderer Stelle in diesem Buch. **Type 1** bezeichnet PostScript-Fonts – sie sind vor allem daran zu erkennen, dass sie aus zwei Dateien bestehen. Der Begriff **Roman** bezieht sich auf lateinische Schriften mit alphanumerischen Zeichen. **CID** (**C**haracter **ID**entifier) dagegen steht für Schriften aus dem fernöstlichen Raum wie Japan, China oder Korea.
Mit der Option **Standard** beschränken Sie die Liste auf Systemfonts.

Im oberen Feld, SCHRIFTARTEN IM DOKUMENT, werden die im Dokument verwendeten Schriften aufgelistet – jeder Schriftschnitt hat einen eigenen Eintrag in der Liste. Nicht installierte Schriften sind mit einem Stern * gekennzeichnet. Die Reihenfolge ist nicht alphabetisch, sondern ergibt sich durch die Stapelreihenfolge der Textobjekte. Klicken Sie auf einen Schriftnamen, um das jeweils erste Vorkommen dieser Schrift im Dokument hervorzuheben.

Im unteren Feld stellen Sie sich eine Liste der potenziellen Kandidaten für das Ersetzen zusammen.

▶ Im Menü ERSETZEN DURCH SCHRIFT haben Sie die Wahl, ob nur die Schriften im aktuellen Dokument oder alle im System installierten Schriften angezeigt werden sollen.

▶ Kreuzen Sie bei IN LISTE EINSCHLIESSEN an, welche Font-Formate zum Ersetzen in Frage kommen – die Liste wird mit diesen Kriterien gefiltert.

Klicken Sie anschließend im oberen Feld auf den Namen der zu ersetzenden Schrift und im unteren Feld auf den Namen der Ersatzschrift.

Das Ersetzen führen Sie mit einem der Buttons durch:

▶ ÄNDERN: Mit diesem Button ersetzen Sie die Schrift an der hervorgehobenen Stelle durch die ausgewählte Ersatzschrift und suchen anschließend nach dem nächsten Vorkommen.

▶ ALLE ÄNDERN: Ersetzt alle Vorkommen der Schrift im Dokument.

- SUCHEN: Sucht nach anderen Vorkommen im Dokument, ohne die Schrift zu ersetzen.
- LISTE SPEICHERN: Wenn Sie eine Liste der verwendeten Schriften als Textdatei speichern möchten, klicken Sie auf den Button.
- FERTIG: Mit diesem Button schließen Sie die Dialogbox.

Beim Ersetzen wird nur die Schriftart geändert, andere Zeichenformatierungen bleiben erhalten.

## 14.9 Absätze formatieren

Beim Schreiben wird ein neuer Absatz wie bei der guten alten Schreibmaschine durch die Eingabe eines Wagenrücklaufs oder ⏎ angefangen. Ein Absatz ist damit der Text, der zwischen zwei ⏎ steht. Überschriften werden in Illustrator wie in gängigen Layoutprogrammen als Absätze behandelt.

Absatzformatierungen können immer nur auf komplette Textpassagen zwischen zwei »Wagenrückläufen« angewendet werden, also nur auf komplette Absätze. Der Wagenrücklauf wird gelegentlich auch nach dem englischen Begriff »Carriage Return« bzw. einfach nur »CR« genannt.

Für Texte, die Sie direkt in Illustrator erstellen, wendet das Programm auch nach einem Wagenrücklauf die Formatierung des vorhergehenden Absatzes an, wenn Sie dafür keine andere Formatierung bestimmen.

Um einen Absatz zu formatieren, aktivieren Sie das Textobjekt – die Einstellung wirkt für alle enthaltenen Absätze –, oder setzen den Text-Cursor in den Absatz, den Sie formatieren möchten. Wenn Sie verkettete Textobjekte formatieren, achten Sie darauf, alle Objekte der Kette auszuwählen. Wenn nur ein Textobjekt aus einer Verkettung aktiviert ist, wirkt sich die Formatierung auf alle Absätze aus, die in diesem Textobjekt beginnen, enden oder komplett enthalten sind.

> **Löschen eines Carriage Return**
>
> Wenn ein Wagenrücklauf zwischen zwei Absätzen herausgelöscht wird, geht eine eventuell abweichende Formatierung des zweiten Absatzes verloren, denn Illustrator wendet auf die gesamte Textpassage zwischen zwei Wagenrückläufen die Formatierung des ersten Absatzes an.

### Das Absatz-Bedienfeld

Absatzformatierungen können für ein ganzes Dokument, für längere Textpassagen oder auch nur für einzelne Absätze vergeben werden.

Absatzformatierungen nehmen Sie im Absatz-Bedienfeld vor. Sie rufen das Bedienfeld auf, indem Sie FENSTER • SCHRIFT • ABSATZ aus dem Menü wählen, oder verwenden Sie den Shortcut ⌘+⌥+T bzw. Strg+Alt+T. Im Dock besitzt das Absatz-Bedienfeld das Symbol ¶.

**Abbildung 14.93** ▶
Das Absatz-Bedienfeld

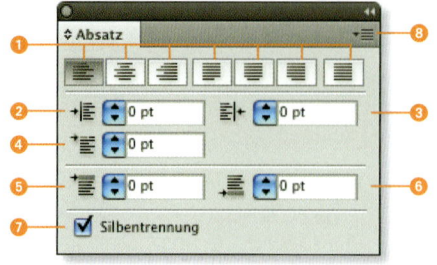

Hauptmerkmal einer Absatzformatierung ist die Ausrichtung ❶ des Textes.

Weitere Eigenschaften eines Absatzformats sind der Abstand, der zwischen zwei Absätzen generiert wird – Sie können ihn in Illustrator sowohl vor ❺ als auch nach ❻ einem Absatz einrichten –, die Größe des Texteinzugs am Beginn eines Absatzes ❹ sowie gegebenenfalls ein genereller Einzug am linken ❷ und/oder am rechten ❸ Textrand.

### Textausrichtung
Die Benennung richtet sich danach, an welchem Rand eine Zeile bündig ist.

> **Werteingabe bestätigen**
>
> Wenn Sie Werte in die Eingabefelder eintragen, bestätigen Sie mit ⏎ oder der Enter-Taste. Möchten Sie den Fokus auf dem eingegebenen Wert erhalten, bestätigen Sie mit ⇧+⏎. Um zu bestätigen und den Fokus in das nächste Feld zu setzen, verwenden Sie ⇥.

**Abbildung 14.94** ▶
Linksbündiger, rechtsbündiger, zentrierter Satz und Blocksatz im Layout dargestellt. Graue Balken repräsentieren jeweils eine Zeile Text.

Bei linksbündigem ▤ bzw. rechtsbündigem ▤ Text schließt der Text am linken bzw. rechten Rand ab. Auf der jeweils gegenüberliegenden Seite beginnen oder enden die Zeilen unregelmäßig.

Jede Zeile ist beim zentrierten Satz ▤ einzeln mittig zum Textrahmen ausgerichtet.

Im Gegensatz dazu steht der beliebte, aber nicht immer unproblematisch zu handhabende Blocksatz. Dabei werden die Buchstaben- und Wortzwischenräume so variiert, dass der Text beidseitig am Rand bündig ist.

In Illustrator können Sie vier Arten von Blocksatzeinstellungen zuweisen, die sich durch den Umgang mit der letzten Zeile unterscheiden.

**Abbildung 14.95** ▶
Blocksatz: letzte Zeile linksbündig, letzte Zeile zentriert, letzte Zeile rechtsbündig, Blocksatz (alle Zeilen)

To design is much more than simply to assemble, to order or even to edit. To design is to transform Prose into poetry.

To design is much more than simply to assemble, to order or even to edit. To design is to transform Prose into poetry.

To design is much more than simply to assemble, to order or even to edit. To design is to transform Prose into poetry.

To design is much more than simply to assemble, to order or even to edit. To design is to transform Prose in p o e t r y .

470 | 14 Text und Typografie

Am gebräuchlichsten ist die Einstellung LETZTE ZEILE LINKSBÜNDIG, die Einstellungen LETZTE ZEILE ZENTRIERT und LETZTE ZEILE RECHTSBÜNDIG werden Sie eher selten verwenden. Die Option BLOCKSATZ (ALLE ZEILEN) wird auch als »erzwungener Blocksatz« bezeichnet und findet auch manchmal Verwendung.

Um einen Text auszurichten, wählen Sie den Absatz aus und klicken auf den gewünschten Ausrichtungs-Button im Absatz-Bedienfeld.

### Einzüge

Mit Einzügen bestimmen Sie den Abstand des Texts zur Begrenzung des Textobjekts. Sie können Einzüge der ersten Zeile sowie generelle Einzüge am linken und rechten Rand des Absatzes einrichten.

Die Wirkung von Einzügen ähnelt der Wirkung der Einstellung VERSATZABSTAND unter SCHRIFT • FLÄCHENTEXTOPTIONEN… (siehe Abschnitt »Flächentextobjekte« in Kapitel 14.3).

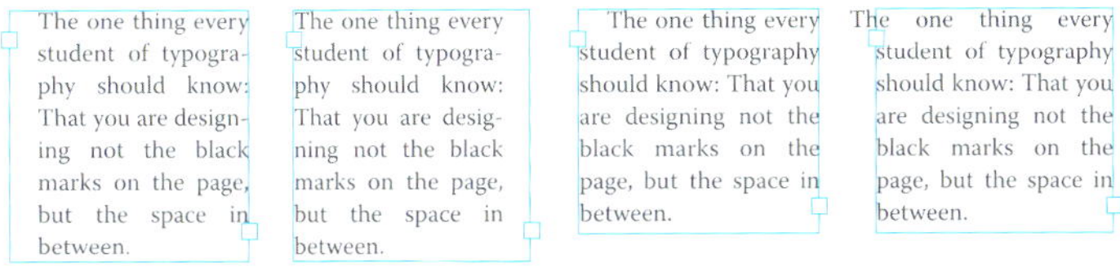

◀ **Abbildung 14.96**
Einzug links, Einzug rechts, Einzug links in erster Zeile, hängender Einzug

Um Einzüge einzurichten, geben Sie den Abstand, um den Sie die Zeile oder den Absatz einziehen wollen, in das entsprechende Eingabefeld ein.

Einen »hängenden Einzug« – also das Herausragen der ersten Zeile nach links – erreichen Sie, indem Sie einen negativen Wert unter EINZUG LINKS IN ERSTER ZEILE eingeben.

### Abstände zwischen Absätzen

Um Absätze besser voneinander zu trennen, legen Sie Abstände fest, die zwischen den Absätzen zum Zeilenabstand addiert werden. Dieser Methode sollten Sie den Vorzug geben vor der Erzeugung der Abstände durch zusätzliche Zeilenschaltungen, da Sie mit ABSTAND VOR und NACH ABSATZ viel einfacher die Höhe des Abstands beeinflussen können.

Ob Sie die Abstände ober- oder unterhalb des Absatzes einfügen, macht optisch keinen Unterschied. Möchten Sie einen Abstand zwischen der Oberkante des Textobjekts und dem ersten Absatz einrichten, verwenden Sie dafür nicht ABSTAND VOR ABSATZ, sondern geben den gewünschten Abstand unter ERSTE GRUNDLINIE in der Dialogbox SCHRIFT • FLÄCHENTEXTOPTIONEN… ein.

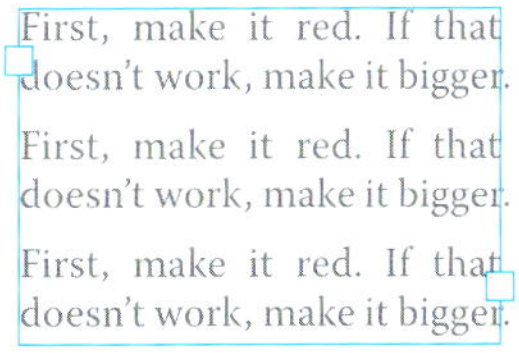

▲ **Abbildung 14.97**
Abstände zwischen Absätzen

14.9 Absätze formatieren | 471

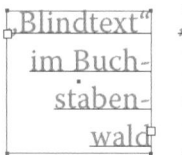

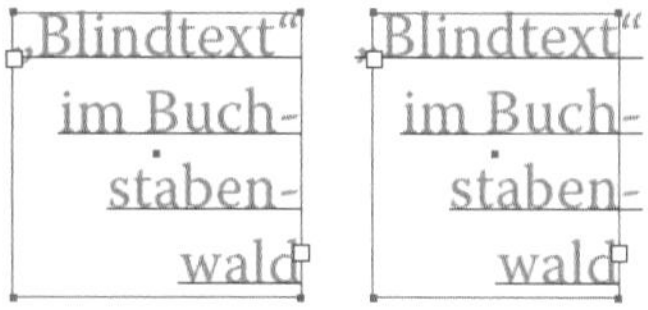

▲ **Abbildung 14.98**
Ohne (links) und mit (rechts) hängender Interpunktion

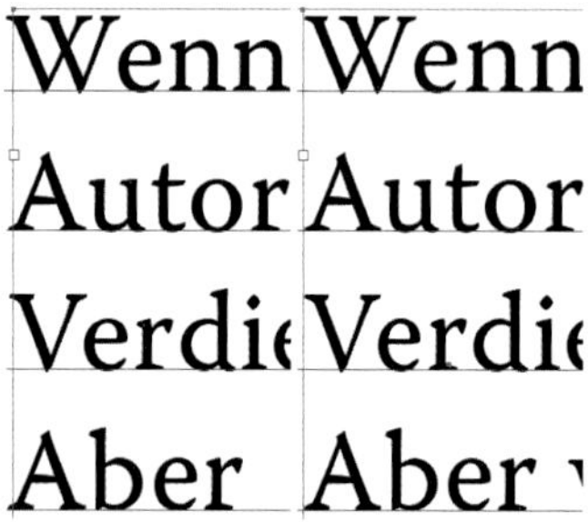

Wenn Wenn
Autor Autor
Verdi Verdi
Aber Aber

▲ **Abbildung 14.99**
Mit (links) und ohne (rechts) optischen Randausgleich

## Hängende Interpunktion und optischer Randausgleich

Bindestriche, Punkte, Anführungszeichen, Sternchen (Asteriske), Tilden und andere Satzzeichen wirken optisch weniger massiv als Buchstaben. Befinden sich diese Zeichen am bündigen Rand eines Absatzes, dann erscheint dieser Rand unruhig. Die »hängende Interpunktion« lässt den Spaltenrand optisch glatter aussehen.

Um HÄNGENDE INTERPUNKTION auf einen Absatz anzuwenden, setzen Sie den Text-Cursor in den Absatz und wählen HÄNGENDE INTERPUNKTION ROMAN aus dem Menü des Absatz-Bedienfelds. Einige Satzzeichen ragen anschließend komplett über den Absatzrand hinaus, andere zum Teil.

Hängende Interpunktion sollten Sie nicht auf nebeneinander stehende Blocksatzspalten anwenden, da dann die Zwischenräume unsauber wirken.

Der OPTISCHE RANDAUSGLEICH (früher: optische Randausrichtung) gleicht die Ränder aller Absätze eines Textobjekts aus, indem die Kanten einiger Zeichen über den Rand des Textobjekts hinausragen. Aktivieren Sie das Objekt mit dem Auswahl-Werkzeug, und wählen Sie SCHRIFT • OPTISCHER RANDAUSGLEICH.

### Satz-Engine

Die Kunst des Satzes längerer Textabschnitte besteht darin, ein gleichmäßiges Schriftbild ohne Lücken und mit möglichst wenigen Worttrennungen zu erreichen. Dafür muss in jeder Zeile der optimale Punkt für den Umbruch in die nächste Zeile ermittelt werden. Was »optimal« jeweils bedeutet, wird durch die Regeln der Silbentrennung bestimmt sowie durch die als anzustrebend definierten Wort- und Zeichenabstände.

### Adobe Einzeilen- und Alle-Zeilen-Setzer

In den meisten Fällen gibt es keinen optimalen Punkt, an dem umbrochen werden kann, sondern mehrere zweitbeste Lösungen. Mit den Optionen EINZEILEN- bzw. ALLE-ZEILEN-SETZER bestimmen Sie, wie Illustrator die Umbruchpunkte auswählen soll.

**Einzeilen-Setzer** | Diese Option arbeitet nach der Methode, die im Fotosatz und in den Anfangszeiten des DTP vorherrschte. Jede Zeile wird für sich betrachtet und nach den in den Dialogen SILBENTRENNUNG und ABSTÄNDE festgelegten Regeln in sich ausgeglichen. Dies kann dazu führen, dass in einem an sich gut ausgeglichenen Abschnitt einzelne Zeilen durch ungünstige Abstände auffallen.

Wenn Sie die Kontrolle über den Satz selbst in der Hand behalten möchten, sollten Sie diese Option wählen.

Der Einzeilen-Setzer geht nach folgenden Regeln vor: Beim Ausgleichen der Zeile hat die Verringerung oder Vergrößerung der Wortabstände Vorrang vor der Silbentrennung. Diese wird der Verringerung oder Erhöhung der Zeichenabstände vorgezogen. Ist eine Abstandsveränderung nötig, so wird der Abstand eher verringert als erhöht.

**Alle-Zeilen-Setzer |** Bei dieser Methode wird ein Netz von Umbruchpunkten innerhalb eines Absatzes sowie deren Wechselwirkungen aufeinander zusammen betrachtet, und die jeweils optimalen Punkte werden herausgefiltert. Die Filterung geschieht auf der Basis von »Abwertungspunkten« für ungünstige Faktoren.

Die höchste Priorität haben gleichmäßige Wort- und Zeichenabstände. Je größer die Abweichung von den gewünschten Werten ist, desto größer ist die Abwertung des Umbruchpunkts. Eine zusätzliche Abwertung gibt es für Silbentrennungen.

Der Alle-Zeilen-Setzer nimmt mehr Rechenzeit in Anspruch, führt in den meisten Fällen aber zu besseren Ergebnissen. Sie haben jedoch weniger Kontrolle über einzelne Zeilen. Nehmen Sie Textänderungen an einer Zeile vor, werden oft nicht nur die folgenden, sondern auch vorhergehende Zeilen neu umbrochen.

### Silbentrennungswörterbücher

Wo die Rechtschreibregeln eine Trennung zulassen, ermittelt Illustrator anhand der Proximity-Wörterbücher. Wählen Sie in der Dialogbox VOREINSTELLUNGEN • SILBENTRENNUNG… unter STANDARDSPRACHE das Wörterbuch aus, das Sie standardmäßig benutzen möchten.

**Trennungsausnahmen |** Möchten Sie ein Wort von der Trennung ausnehmen, geben Sie es in das Eingabefeld NEUER EINTRAG ein und klicken auf HINZUFÜGEN. Um das Wort wieder aus der Trennungsliste zu entfernen, aktivieren Sie es und klicken LÖSCHEN.

**Abweichende Sprache |** Im Zeichen-Bedienfeld können Sie für einzelne Wörter oder sogar Zeichen ein eigenes Wörterbuch bestimmen, indem Sie das Wort aktivieren und eine SPRACHE aus dem Menü wählen.

### Silbentrennung

Die Silbentrennungsoptionen im Menü des Absatz-Bedienfelds bestimmen die ästhetischen Richtlinien für die Trennung von Wörtern. Die Optionen stellen Sie in Illustrator absatzweise ein. Aktivieren Sie die Vorschau, damit Sie die Auswirkung Ihrer Einstellungen auf den ausgewählten Text beobachten können.

 **Exkurs: TeX**

In den 1980er-Jahren beschrieben Donald E. Knuth und Michael F. Plass als Erste den Schriftsatz als komplexes Informatikproblem und suchten nach Alternativen für den damaligen Ansatz, zeilenweise vorzugehen. Sie entwickelten den Algorithmus für den Zeilenumbruch, der zum Kernstück von Knuths Public-Domain-Software TeX wurde.

**Bedingte Trennstriche**

Vorrang vor den in den Proximity-Wörterbüchern definierten Trennungen haben die manuell im Text eingegebenen »bedingten Trennstriche« oder »weichen Trennungen«.

Bedingte Trennstriche setzen Sie, indem Sie an der gewünschten Stelle ⌘/Strg+⇧+- eingeben.

**Sprache einstellen!**

Stellen Sie sicher, dass Sie die korrekte Spracheinstellung für den Absatz vorgenommen haben, bevor Sie die Silbentrennung (und die Ausrichtung) detailliert einstellen.

**Abbildung 14.100** ▶
Die Dialogbox SILBENTRENNUNG

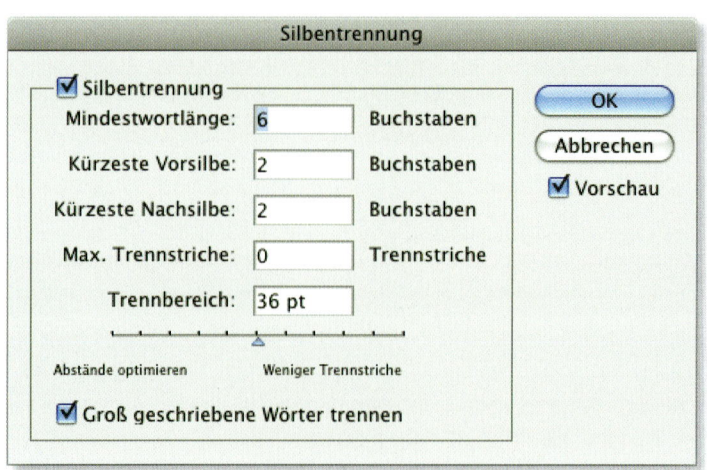

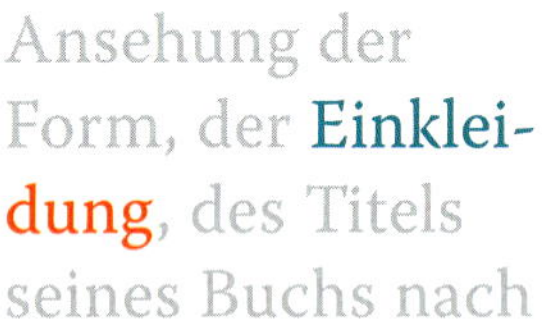

Ansehung der
Form, der **Einklei-
dung**, des Titels
seines Buchs nach

▲ **Abbildung 14.101**
Vorsilbe (blau) und Nachsilbe (rot)

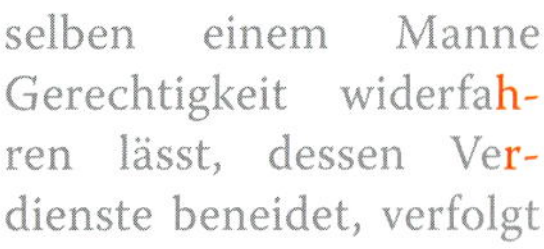

selben einem Manne
Gerechtigkeit widerfah-
ren lässt, dessen Ver-
dienste beneidet, verfolgt

▲ **Abbildung 14.102**
Trennungen in Folge

**Web-Layouts**

Beim Erstellen von Webseiten-Layouts deaktivieren Sie die Silbentrennung, um das Verhalten von Webbrowsern zu simulieren. Dies hilft Ihnen unter anderem dabei, einzuschätzen, ob die Spaltenbreiten ausreichen.

▶ SILBENTRENNUNG: Dies ist eine Wiederholung des gleichnamigen Optionsfelds im Absatz-Bedienfeld. Damit aktivieren Sie die Silbentrennung. Ist die Option deaktiviert, wird lediglich an im Text gesetzten Bindestrichen getrennt.

▶ MINDESTWORTLÄNGE: Ein Wort muss mindestens die hier angegebene Anzahl Zeichen lang sein, um überhaupt für eine Trennung in Betracht gezogen zu werden.

▶ KÜRZESTE VORSILBE: Geben Sie hier die Anzahl Buchstaben an, die mindestens vor dem Trennstrich stehen bleiben müssen.

▶ KÜRZESTE NACHSILBE: Dagegen bestimmt dieser Wert, wie lang der abgetrennte Teil des Wortes mindestens sein muss. Unter typografischen Gesichtspunkten kann dieser Wert um 1 niedriger sein als der vorherige. Beide KÜRZESTE SILBE-Werte sollten jeweils nicht kleiner als 2 sein.

▶ MAX. TRENNSTRICHE: Hier definieren Sie, in wie vielen aufeinander folgenden Zeilen Trennungen auftreten dürfen. Da die Satz-Engine ohnehin Trennungen vermeidet, ist der voreingestellte Wert 2 nicht zu hoch.

▶ TRENNBEREICH: Diese Option betrifft nur links- und rechtsbündige sowie zentrierte Absätze, die Sie mit der Option EIN-ZEILEN-SETZER versehen. Sie legen einen Bereich am jeweils nicht ausgeglichenen Seitenrand fest – also den rechten Rand bei linksbündigem Satz –, in dem keine Trennung mehr erfolgt. Je breiter Sie diesen Bereich definieren, desto weniger Trennungen erfolgen und desto stärker flattert der Text. Mit dem Wert 0 geben Sie keine Einschränkung vor.

▶ TRENNREGLER/HYPHENATION SLIDER: Mit diesem Regler nehmen Sie Einfluss auf die Prioritäten der Satz-Engine – also die Vergabe der »Abwertungspunkte« –, indem Sie angeben, ob Sie eher eine Veränderung der Abstände (nach rechts schie-

ben) oder mehr Trennungen (nach links schieben) akzeptieren. Die Einstellung betrifft alle Satzarten.
- Gross geschriebene Wörter trennen: Für den deutschen Sprachraum sollte diese Option aktiviert bleiben, da ansonsten keine Hauptwörter getrennt würden.

**Abstände (früher: Ausrichtung)**

Hier geben Sie die Regeln vor, nach denen Illustrator beim Ausgleichen der Zeilen mit den horizontalen Abständen umgeht. Dabei entspricht die Reihenfolge der Ausrichtungsmethoden in der Dialogbox (Wortabstand, Zeichenabstand, Glyphenabstand – oder besser Glyphe-Skalierung) dem Vorrang, den die Satz-Engine ihnen bei der Ausführung einräumt.

Darüber hinaus ist die Einstellung für den automatischen Zeilenabstand in dieser Dialogbox untergebracht. Aktivieren Sie zunächst die Vorschau, damit Ihre Einstellungen im bearbeiteten Text sofort angewendet werden.

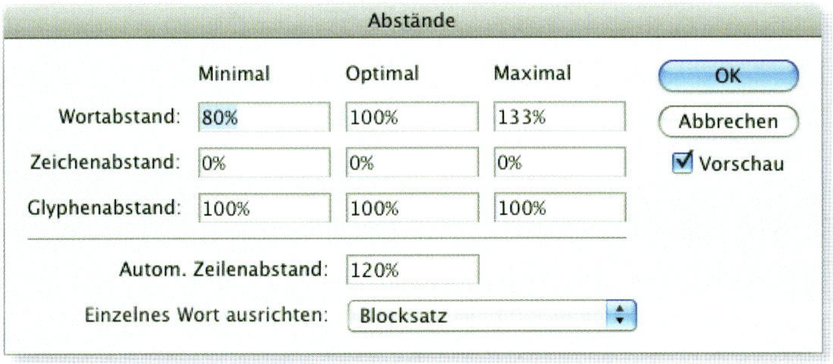

**Optimaleinstellung?**

Für die Abstände gibt es keine allgemeingültige Optimaleinstellung. Die jeweiligen Werte sind abhängig von der Spaltenbreite (Anzahl der Zeichen), den Proportionen der verwendeten Schrift und dem gesetzten Text (kurze oder lange Wörter).

◀ Abbildung 14.103
Die Dialogbox Abstände

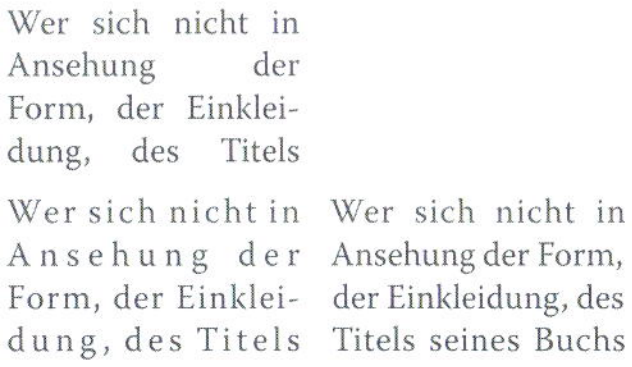

Die horizontalen Abstände definieren Sie, indem Sie den optimalen Wert bestimmen und die Toleranz nach unten und oben begrenzen. Die prozentualen Angaben beziehen sich auf die jeweils »normalen Abstände«, die in der Font-Datei bzw. im Zeichen-Bedienfeld vorgegeben sind.

- Wortabstand: Mit diesen Werten geben Sie die erlaubten Abstände zwischen Wörtern als prozentualen Anteil des »normalen« Abstands an. Erlaubt sind Werte zwischen 0 und 1 000 %. Ein unveränderter Wert entspricht der Eingabe »100 %«.
- Zeichenabstand: Bestimmt den Abstand zwischen einzelnen Buchstaben. Im Unterschied zu den anderen Optionen geben Sie hier die Höhe der Abweichung an. Um keine Abweichung vom »Normal«-Abstand zuzulassen, tragen Sie »0« ein. Zulässig sind Eingaben zwischen –100 und 500 %.
- Glyphenabstand: Diese Bezeichnung ist irreführend. Eigentlich geht es um eine horizontale Skalierung der Glyphen – also der Buchstabenformen. Obwohl Ihnen allein bei dem Gedan-

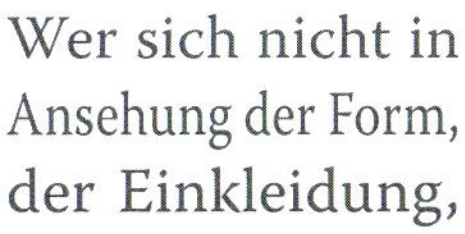

Wer sich nicht in Ansehung der Form, der Einkleidung, des Titels

Wer sich nicht in Ansehung der Form, der Einkleidung, des Titels

Wer sich nicht in Ansehung der Form, der Einkleidung, des Titels seines Buchs

▲ Abbildung 14.104
Oben: Voreinstellung – erzeugt große Wortabstände, unten links: Zeichenabstände vergrößert, unten rechts: Zeichenabstände reduziert

Wer sich nicht in Ansehung der Form, der Einkleidung,

▲ Abbildung 14.105
Hier wurde Glyphe-Skalierung von 60 % bis 150 % erlaubt.

ken an diese Option wahrscheinlich die Haare zu Berge stehen, kann sie bei hartnäckigen Satzproblemen hilfreich sein. Eine horizontale Skalierung zwischen 97 und 103 % der normalen Buchstabenbreite bemerken nur Experten, Illustrator akzeptiert Werte zwischen 50 und 200 %.

▶ AUTOM. ZEILENABSTAND: Falls Sie im Zeichen-Bedienfeld mit dem automatischen Zeilenabstand arbeiten, können Sie in diesem Feld definieren, wie er berechnet wird. Vorgabe ist der allgemein übliche Wert von 120 %. Ein angenehm lesbarer Zeilenabstand ist jedoch von der Mittellänge der Schrift und der Anzahl der Zeichen in einer Zeile abhängig.

▶ EINZELNES WORT AUSRICHTEN: Wählen Sie aus dem Ausklappmenü, wie Wörter ausgerichtet werden, die mitten im Absatz allein in einer Zeile stehen – was naturgemäß nur bei sehr schmalen Spalten auftritt. Die Ausrichtung der letzten Zeile eines Absatzes im Blocksatz ist nicht davon beeinflusst.

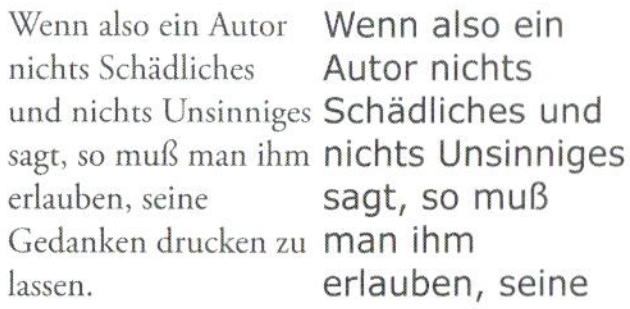

Aufgrund des komplexen Algorithmus zur Ermittlung der optimalen Umbruchpunkte ergibt sich die Situation, dass Sie bessere Ergebnisse erreichen, wenn Sie den Toleranzbereich nicht so stark einengen. Der gewünschte Wert hat für die Satz-Engine ohnehin Priorität.

## 14.10 Tabulatoren

Proportionalschriften – also Schriften, deren einzelne Glyphen unterschiedliche Breiten besitzen – können Sie nicht mithilfe von Leerzeichen exakt ausrichten. Zu diesem Zweck verwendet man stattdessen Tabulatoren.

Tabulatoren sind Steuerzeichen innerhalb des Texts, die dazu dienen, in einem Absatz senkrechte Kolonnen anzulegen. Diesen Steuerzeichen werden Positionen zugewiesen, an denen sie den folgenden Text nach definierbaren Regeln ausrichten.

Die Verwendung von Tabulatoren geschieht in zwei Schritten: Die Steuerzeichen müssen mit der Tabulatortaste ⇆ in den Text gesetzt und die Positionen mithilfe des Tabulatoren-Bedienfelds ausgerichtet werden. Solange Sie keine Positionen eingerichtet haben, verwendet Illustrator den Standardabstand von einem halben Zoll – ca. 13 mm.

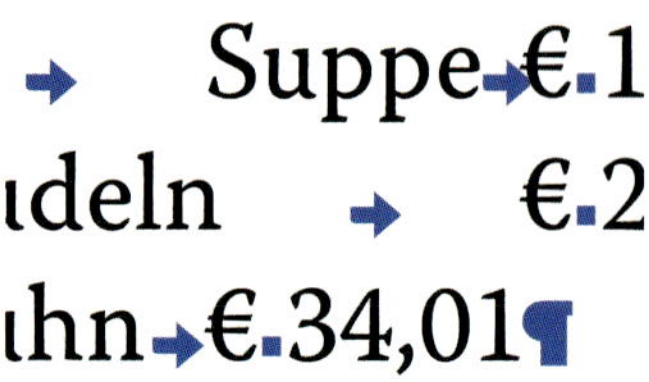

### Tabulatoren setzen

Es empfiehlt sich, für das Setzen von Text mit Tabulatoren im Menü SCHRIFT die Einblendung der verborgenen Zeichen zu aktivieren – Shortcut: ⌘ + ⌥ + I bzw. Strg + Alt + I.

---

Wenn also ein Autor nichts Schädliches und nichts Unsinniges sagt, so muß man ihm erlauben, seine Gedanken drucken zu lassen.

Wenn also ein Autor nichts Schädliches und nichts Unsinniges sagt, so muß man ihm erlauben, seine

▲ **Abbildung 14.106**
Der Zeilenabstand wirkt kleiner, wenn die Mittellänge der Schrift größer ist.

---

**Tabulator und Tab Stop**

Etwas Konfusion entsteht durch die Tatsache, dass man mit dem Begriff »Tabulator« sowohl das Steuerzeichen als auch die Positionsmarke bezeichnet.

In der englischen Sprache besteht ein Unterschied: Das Steuerzeichen wird als »Tab«, die Positionsmarke als »Tab Stop« bezeichnet.

---

→ Suppe → €.1
ıdeln   →   €.2
ıhn → €.34,01¶

▲ **Abbildung 14.107**
Als Kennzeichnung des Tabulators hat sich bei DTP-Software ein Pfeil eingebürgert.

Tabulatoren werden jeweils vor die auszurichtenden Zeichen gesetzt.

**Positionen der Tabulatoren definieren**
Rufen Sie das Tabulatoren-Bedienfeld auf, um die Tabulatoren zu positionieren: Wählen Sie FENSTER • SCHRIFT • TABULATOREN – Shortcut: [⌘]/[Strg]+[⇧]+[T], im Dock .

1
2
3
4
5
Tabulatoren
x: 62 mm
Füllzeichen:
Ausrichten an:
0
10
20
30
40
50
60
6
7
8
9


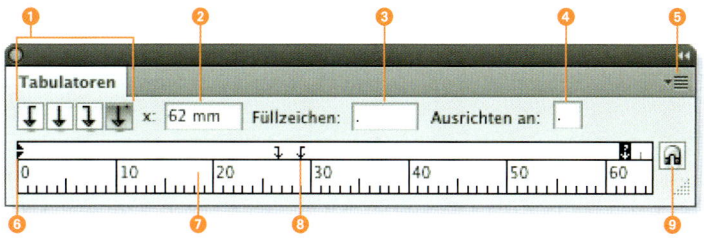

◀ **Abbildung 14.108**
Das Tabulatoren-Bedienfeld

Je nach Textausrichtung hat das Tabulatoren-Bedienfeld eine horizontale (wie in der Abbildung) oder eine vertikale Form. Das Bedienfeld lässt sich wie jedes andere frei auf dem Bildschirm platzieren – um damit exakter am jeweiligen Text arbeiten zu können, ist es jedoch möglich, es durch einen Klick auf den Magnet-Button ❾ am ausgewählten Textobjekt auszurichten. Dabei wird auch die Bedienfeldbreite automatisch angepasst. Möchten Sie die Breite manuell regulieren, verwenden Sie das Größenänderungsfeld unter dem Magnet-Button.

Mit den beiden Dreiecken im Tabulatorlineal legen Sie Einzüge fest ❻. Ziehen Sie das obere Dreieck, um die erste Zeile einzuziehen, das untere, um einen linken Einzug für den gesamten Absatz zu definieren. Die vorgenommenen Einstellungen werden in das Absatz-Bedienfeld übertragen.

Die Tabulator-Ausrichtungsbuttons ❶ legen fest, wie der Tabulator den Text anordnet:

- Richtet Text an der definierten Position linksbündig aus; nach rechts »flattert« der Text. Blocksatzeinstellungen für den Absatz werden ignoriert.
- An der Tabulatorposition wird der Text zentriert.
- Verdrängt den Text von der Tabulatorposition nach links.
- Die Ausrichtung erfolgt an einem Dezimal- oder einem anderen beliebigen definierbaren Zeichen, das Sie in das Eingabefeld AUSRICHTEN AN ❹ eintragen. Voreinstellung ist der Dezimalpunkt.

Die Position der Tabulatoren geben Sie direkt in das Tabulatorposition-Eingabefeld ❷ ein oder klicken auf das Tabulatorlineal ❼.

Illustrator-Handbuch
Illustrator-Handbuch


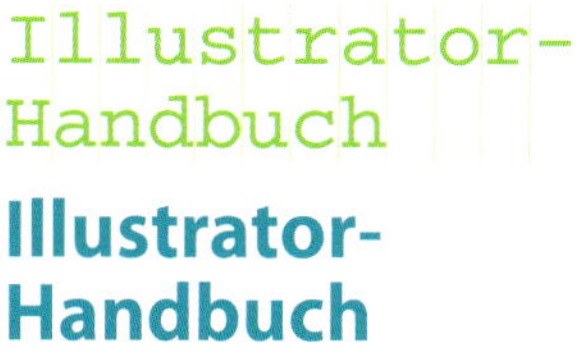

▲ **Abbildung 14.109**
Monospace- und Proportionalschrift

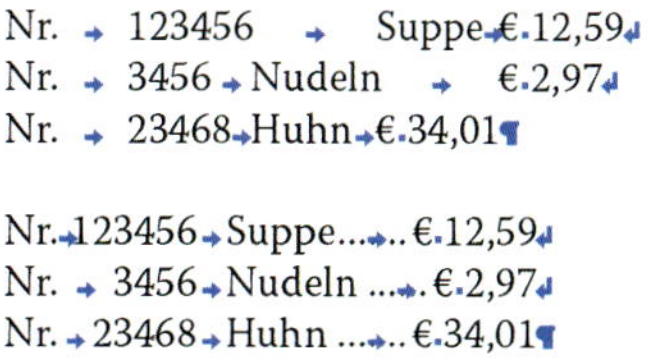

Nr. 123456 Suppe €.12,59
Nr. 3456 Nudeln €.2,97
Nr. 23468 Huhn €.34,01
Nr. 123456 Suppe..... €.12,59
Nr. 3456 Nudeln .... €.2,97
Nr. 23468 Huhn ..... €.34,01


▲ **Abbildung 14.110**
Tabulatoren im Text, Rohfassung (oben) und ausgerichtet (unten)

124 Pizza 🍽🍽🍽 4,95
125 Pasta 🍽🍽🍽 6,79
126 Salat 🍽🍽🍽 3,56

▲ **Abbildung 14.111**
Sonderzeichen lassen sich als Füllzeichen verwenden – Sie können die gewünschten Zeichen auch via Zwischenablage in das Eingabefeld einfügen.

In beiden Fällen können Sie Maße in Schritten von 0,01 mm mit bis zu 99 Positionen je Zeile bestimmen.

Der Raum zwischen den mit Tabulatoren ausgerichteten Texten kann mit bis zu acht Füllzeichen überbrückt werden, die Sie im Eingabefeld ❸ festlegen.

**Optionen** | Bedienfeldmenü des Tabulatoren-Bedienfelds

▶ AN EINHEIT AUSRICHTEN: Aktivieren Sie diese Option im Bedienfeldmenü, um den Tabulator beim Verschieben im Tabulatorlineal an den in der jeweiligen Zoom-Stufe sichtbaren Linealunterteilungen auszurichten.

▶ TABULATOR WIEDERHOLEN: Aktivieren Sie einen Tabulator im Lineal, und wenden Sie diesen Menübefehl an, um das Lineal mit gleichartigen Tabulatoren aufzufüllen. Als Abstand wird der Abstand links vom ausgewählten Tabulator bis zum Einzug oder nächsten Tabulator verwendet.

▶ TABULATOR LÖSCHEN: Möchten Sie einen Tabulator löschen, ziehen Sie ihn nach links aus dem Lineal heraus oder aktivieren ihn und verwenden diesen Befehl.

▶ ALLE TABULATOREN LÖSCHEN: Wählen Sie diesen Befehl, um alle Tabulatoren im Lineal durch die Standardtabulatoren im Abstand von ca. 13 mm zu ersetzen.

**Modifizierungsmöglichkeit** | Tabulatoren-Bedienfeld

▶ Drücken Sie ⌘/Strg, und ziehen Sie einen Tabstopp, um diesen und alle folgenden Tabstopps im Lineal gemeinsam zu verschieben. Ziehen Sie den Tabstopp dabei aus dem Lineal heraus, werden auch alle folgenden Tabstopps entfernt.

**Schritt für Schritt: Tabulatoren einsetzen**

**1** **Planung**

An dem Beispiel »Theaterprogramm« werden Sie mit Tabulatoren, Einzügen und Absatzabständen arbeiten. Öffnen Sie zunächst die Datei »Programm.ai« von der DVD. Diese enthält den Text ohne Tabulatoren.

**Abbildung 14.112** ▶
Schema für die Anwendung der Einzüge und Tabulatoren

20. März   20 Uhr Hamlet
           Regie: *J. Müller* · Darsteller: *Hansmann,*
           *Meier, Notbaum, Kamner, Limburg,*
           *Drehmann*
           I   20,50 €   II   27,36 €
           III 46,79 €   IV  212,23 €

Die Ausrichtung des Haupttexts erfolgt mit einem linken Einzug: Das Datum ist durch Definition eines negativen Erstzeileneinzugs nach links herausgerückt. Tabulatoren positionieren das Datum und den Veranstaltungstitel – darüber hinaus dienen sie hauptsächlich zur Ausrichtung der Preise.

### 2 Textsatz

Ergänzen Sie die Tabulatoren und Zeilenumbrüche im Textsatz der Datei, und richten Sie die Breite des Flächentextobjekts ein:

> → 20..März → 20.Uhr.Hamlet↵
> Regie:.J..Müller..Darsteller:.Hansmann,.Meier,.Notbaum,.Kamner,.Limburg,.Drehmann↵
> I → 20,50.€ → II → 27,36.€↵
> III → 46,79.€ → IV → 212,23.€¶

Zeilenumbrüche – ⇧+↵ – sind nach dem Veranstaltungstitel und jeweils vor einer Preiszeile gesetzt. Die Namen umbrechen am Rand des Textrahmens automatisch. Eine Absatzschaltung ↵ erfolgt erst am Ende eines Veranstaltungsblocks.

### 3 Einzüge

Einzüge und Tabulatoren können Sie absatzweise einrichten, indem Sie den Text-Cursor in einen Absatz setzen. In diesem Fall definieren Sie die Tabulatoren jedoch für das gesamte Textobjekt.

Aktivieren Sie es, und rufen Sie das Tabulatoren-Bedienfeld auf, indem Sie FENSTER • SCHRIFT • TABULATOREN wählen. Klicken Sie auf den Magnet-Button im Bedienfeld, um sie am Textobjekt auszurichten.

Zunächst richten Sie den linken Einzug und den negativen Erstzeileneinzug ein. Mit den Linealen im Tabulatoren-Bedienfeld ist das einfach. Ziehen Sie das untere Dreieck auf dem Lineal nach rechts – so weit, dass links des Einzugs aureichend Platz für das Datum entsteht. Auf diese Weise definieren Sie beide Einzüge »in einem Rutsch«. Notieren Sie sich die Position – sie wird im Tabulatorposition-Eingabefeld angezeigt.

### 4 Datum und Titel

Anschließend richten Sie die Daten rechtsbündig aus. Klicken Sie auf den Button RECHTSBÜNDIGER TABULATOR ⬇ und auf seine Position auf dem Lineal: 1–2 mm links von der Einzugsmarke.

Der nächste Tabulator soll den Text nicht rechts-, sondern linksbündig ausrichten. Solange der eben gesetzte Tabulator im Lineal aber noch hervorgehoben ist, ändern Sie die Ausrichtung nicht, damit würden Sie den aktiven Tabulator umdefinieren.

20. März 20 Uhr Hamlet
Regie: *J. Müller* · Darsteller: *Hansmann, Meier, Notbaum, Kamner, Limburg, Drehmann*
I  20,50 €  II  27,36 €
III 46,79 €  IV 212,23 €

1. April 14 Uhr Hänsel und Gretel
Regie: *J. Müller* · Darsteller: *Limburg, Drehmann, Albers, Meier, Hansmann, Notbaum*
I  9,00 €  II  15,30 €
III 23,16 €  IV 68,14 €

▲ **Abbildung 14.113**
Fertiges Layout

◀ **Abbildung 14.114**
Position der Tabulator-Zeichen, Zeilen- und Absatzschaltungen

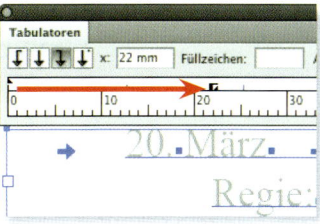

▲ **Abbildung 14.115**
Einzug definieren

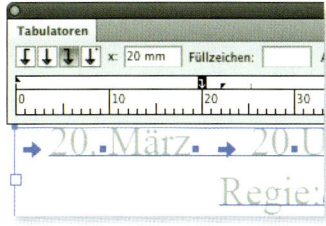

▲ **Abbildung 14.116**
Das Datum rechtsbündig ausrichten

> **Unterschied zu InDesign**
>
> Falls Sie das Tabulator-Handling aus InDesign gewohnt sind: Dort würde dieser Tab Stop nicht benötigt – Illustrator erkennt die Einzugsmarken nicht als Tabulator-Positionen.

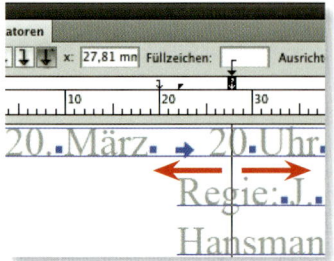

▲ **Abbildung 14.117**
Verschieben eines Tabulators

> **Standardschriftart ändern**
>
> Auch die Standardschriftart, die jedem neuen Text zugewiesen wird, basiert auf einer Format-Definition. Wenn Sie den Standardfont dauerhaft ändern möchten, öffnen Sie die entsprechende Vorlagendatei (für Print, Web, Film etc.) aus dem Ordner Benutzer • [Name] • Library • Application Support • Adobe • Adobe Illustrator CS4 • de_DE • New Document Profiles bzw. Dokumente und Einstellungen • [Name] • Application Data • Adobe • Adobe Illustrator CS4 Settings • de_DE • New Document Profiles.
>
> In dem Dokument rufen Sie das Zeichenformate-Bedienfeld auf und bearbeiten den Eintrag [Normales Zeichenformat]. Wählen Sie die gewünschten Zeichenformatierungen aus, und speichern Sie das Format und die Datei. Schließen Sie die Datei – ein Neustart von Illustrator ist nicht erforderlich.

Die Position – direkt auf der Einzugsmarke – können Sie nicht durch Anklicken festlegen. Klicken Sie stattdessen auf eine Position neben der Einzugsmarke. Während die Tabulatormarke noch aktiviert ist, klicken Sie auf den Button Linksbündiger Tabulator ⬇ und geben die in Schritt 3 notierte Position der Einzugsmarke in das Eingabefeld ein. Bestätigen Sie die Eingabe mit ↵.

**5** **Preise**

Die Preiskategorien und Preise richten Sie mit linksbündigen und Dezimaltabulatoren aus. Deaktivieren Sie die letzte Tabulatormarke – falls sie noch ausgewählt ist –, indem Sie in die graue Fläche oberhalb des Tabulatorlineals klicken.

Wählen Sie den Dezimaltabulator ⬇, und klicken Sie auf die gewünschte Position auf dem Lineal. Geben Sie ein Komma in das Feld Ausrichten an ein, und bestätigen Sie die Eingabe mit ↵. Dezimaltabulatoren sind schwierig zu positionieren. Klicken und ziehen Sie die Marke auf dem Lineal – eine senkrechte Linie zeigt die Position des Tabulators im Textblock an.

Anschließend setzen Sie einen linksbündigen Tabulator für die Preiskategorie und einen weiteren Dezimaltabulator für die anderen Preise. ■

## 14.11 Zeichen- und Absatzformate

Die Einstellungen, die Sie im Zeichen- und/oder Absatz-Bedienfeld vornehmen, können Sie als »Format« abspeichern und anschließend auf Texte anwenden. Dies hat mehrere Vorteile:
- Sie ersparen sich das erneute Eingeben der Optionen.
- Sie riskieren nicht, eine Einstellung zu vergessen oder zu verwechseln.
- Sie können Änderungen an einer Stelle – in der Formatdefinition – vornehmen, und diese wird automatisch in den Textobjekten übernommen.

Formate werden im Zeichenformate- und im Absatzformate-Bedienfeld verwaltet. Rufen Sie die Bedienfelder über Fenster • Schrift • Zeichenformate bzw. Absatzformate auf. Im Dock finden Sie die Bedienfelder unter den Symbolen 🅰 bzw. 🅿.

**Formate anlegen**

Ein Zeichenformat definiert Attribute, die Zeichen zugewiesen werden können, z. B. Schriftart und -größe, Zeilenabstand, Skalierung, OpenType-Features und Zeichenfarbe.

Ein Absatzformat enthält alle Zeichen- und zusätzlich Absatzattribute, z. B. Satzausrichtung, Einzüge und Abstände, Silbentrennung und Tabulatoren.

Um ein Format auf der Basis eines bereits formatierten Texts anzulegen, aktivieren Sie einige Zeichen, die die gewünschte Formatierung aufweisen, und wählen NEUES ZEICHENFORMAT bzw. NEUES ABSATZFORMAT aus dem jeweiligen Bedienfeldmenü. Geben Sie dem Format einen aussagekräftigen Namen.

Alternativ erstellen Sie ein neues Format auf der Basis eines bestehenden. Ziehen Sie den Namen des gewünschten Formats über den Button NEUES FORMAT ERSTELLEN , oder wählen Sie FORMAT DUPLIZIEREN aus dem Bedienfeldmenü.

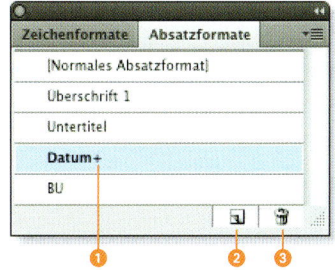

▲ **Abbildung 14.118**
Das Absatzformate-Bedienfeld: Override (Abweichung) ❶, NEUES FORMAT ERSTELLEN ❷, AUSGEWÄHLTE FORMATE LÖSCHEN ❸

### Formate editieren

Möchten Sie ein Format editieren, heben Sie alle Auswahlen auf und doppelklicken auf den Namen des Formats im jeweiligen Formate-Bedienfeld. Oder aktivieren Sie das Format, und wählen Sie ZEICHEN- bzw. ABSATZFORMATOPTIONEN… aus dem Bedienfeldmenü.

Aktivieren Sie VORSCHAU, um Änderungen an den Texten anzuzeigen, denen Sie das Format zugewiesen haben.

### Formate laden

Wenn Sie Formate aus anderen Illustrator-Dokumenten benötigen, können Sie diese in Ihr aktuelles Dokument laden. Dazu wählen Sie aus dem Bedienfeldmenü des Zeichenformate- bzw. Absatzformate-Bedienfelds den Eintrag ZEICHENFORMATE bzw. ABSATZFORMATE LADEN… Universeller einsetzbar ist der Befehl ALLE FORMATE LADEN…, mit dem Sie Zeichen- und Absatzformate gemeinsam laden.

▲ **Abbildung 14.119**
… lieber nicht. Auch mit Zeichen- und Absatzformaten ist Illustrator nicht für umfangreiche Satz- und Layoutaufgaben geeignet.

In der Dialogbox wählen Sie das Illustrator-Dokument, das die gewünschten Formate enthält, und klicken auf ÖFFNEN. Die Formate erscheinen in den entsprechenden Bedienfeldern des aktuellen Dokuments.

Hat eines der zu importierenden Formate einen Namen, der im aktuellen Dokument bereits als Formatname verwendet wird, so importiert Illustrator dieses Format nicht.

### Formate anwenden

Zeichenformate lassen sich auf einzelne Zeichen, Zeichenketten oder Textobjekte anwenden. Absatzformate können Sie Absätzen oder Textobjekten zuweisen. Voreingestellt sind für jedes Textobjekt [NORMALES ZEICHENFORMAT] und [NORMALES ABSATZFORMAT].

> **Format anwenden**
>
> Denken Sie daran, das Format auch dem Text zuzuweisen, aus dem Sie es generiert haben. Nur dann übernimmt dieser Text Änderungen, die Sie gegebenenfalls später an dem Format vornehmen.

Weisen Sie einer Zeichenfolge ein Zeichenformat zu, indem Sie die Zeichen aktivieren und im Zeichenformate-Bedienfeld auf den gewünschten Eintrag klicken.

Um einem Absatz ein Absatzformat zuzuweisen, setzen Sie die Textmarke in den Absatz und klicken auf den gewüschten Eintrag im Absatzformate-Bedienfeld.

### Override – Abweichung

Nehmen Sie nach der Zuweisung eines Formats über das Zeichen-, OpenType- oder Absatz-Bedienfeld Änderungen an der Formatierung eines Zeichens oder Absatzes vor, so erzeugen Sie ein »Override« (eine Abweichung) des zugewiesenen Formats. Dies wird durch ein Pluszeichen hinter dem Formatnamen im Formate-Bedienfeld angezeigt.

Möchten Sie das Override in die Formatdefinition übernehmen, aktivieren Sie das Format und wählen ZEICHENFORMAT bzw. ABSATZFORMAT NEU DEFINIEREN aus dem Bedienfeldmenü.

Soll andererseits der Text wieder die im Format definierten Eigenschaften annehmen, wählen Sie ABWEICHUNGEN LÖSCHEN aus dem Bedienfeldmenü oder drücken ⌥/Alt und klicken auf den Formatnamen.

### Formate löschen

Bevor Sie Formate löschen, heben Sie alle Auswahlen im Dokument auf. Anschließend aktivieren Sie das oder die Formate, die Sie löschen möchten.

Die im Dokument nicht verwendeten Formate wählen Sie aus, indem Sie ALLE NICHT VERWENDETEN AUSWÄHLEN aus dem Bedienfeldmenü aufrufen. Klicken Sie auf den Button AUSGEWÄHLTE FORMATE LÖSCHEN 🗑, um die Formate zu löschen. Zeichen- und Absatzformate müssen getrennt gelöscht werden.

> **Formatnamen wählen**
>
> Wählen Sie einen Namen für das Format, der sich auf die Struktur des Texts bezieht, z. B. »Bildunterschrift«. So erkennen Sie das Format auch dann noch, wenn Sie einzelne Merkmale ändern.
>
> Lassen Sie dagegen die Formatnamen auf einer Eigenschaft basieren, wird es verwirrend, wenn Sie gerade diese Eigenschaft ändern, z. B. »Text rot« die Farbe Blau zuweisen.

## 14.12 Füllung, Kontur, Effekt

In einem neuen Textobjekt versieht Illustrator den eingegebenen Text ganz natürlich mit einer schwarzen Füllung und gibt ihm keine Kontur, so wie wir es aus jedem Buch, aus jeder Zeitschrift und aus jeder Zeitung von den Buchstaben gewohnt sind.

### Einfache Aussehen-Optionen

Um Schrift in Ihrer Grafik einzufärben oder ihr eine Kontur zuzuordnen, verfahren Sie genauso einfach wie bei jedem anderen Illustrator-Objekt. Aktivieren Sie das Textobjekt oder mit dem Textwerkzeug einzelne Buchstaben, und bestimmen Sie im Steu-

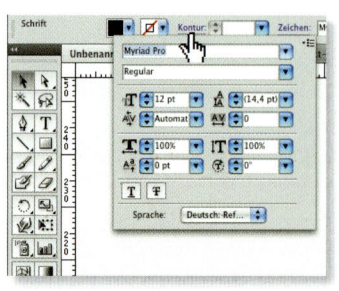

▲ Abbildung 14.120
Zuweisung von Füllung, Konturfarbe und -stärke über das Steuerungsbedienfeld

erungsbedienfeld, im Werkzeugbedienfeld oder im Farbfelder-Bedienfeld eine Farbe oder ein Muster für die Fläche bzw. für die Kontur.

Sobald Sie eine Farbe oder ein Muster auf die Kontur des Textobjekts oder auf einzelne Buchstaben anwenden, ordnet Illustrator den entsprechenden Konturen eine Stärke von 1 Punkt zu. Da die Kontur aber weder außen um die Zeichen geführt noch hinter die Füllung gelegt werden kann, verfahren Sie beim Erstellen konturierter Schrift lieber so, wie im Abschnitt »Konturschrift« auf der übernächsten Seite beschrieben wird.

### Komplexe Aussehen-Optionen

Wenn Sie Textobjekte in Illustrator nicht mit besonderen Effekten oder mit mehreren Flächen bzw. Konturen versehen wollen, sondern mit den eben beschriebenen Optionen auskommen, können Sie die folgenden Ausführungen zu den zusätzlichen Aussehen-Optionen für Textobjekte überspringen.

▲ Abbildung 14.121
Text und seine Aussehen-Eigenschaften

**Hierarchie der Aussehen-Eigenschaften |** Die Aussehen-Eigenschaften eines Textobjekts sind in sich hierarchisch gegliedert. Dem Text eines Textobjekts, also allen Zeichen des Textobjekts zusammen – in Illustrator »Schrift« genannt –, sind in den Aussehen-Eigenschaften die einzelnen Zeichen untergeordnet.

Der Vektorpfad eines Textpfads oder eines Flächentexts gehört ebenfalls zum Textobjekt, wird aber bezüglich der Aussehen-Eigenschaften separat behandelt.

Allen diesen Elementen der Schrift, also dem Text als Ganzes, den einzelnen Zeichen und dem Pfad können eigene Aussehen-Eigenschaften zugewiesen werden, wobei Aussehen-Eigenschaften der Schrift die entsprechenden Eigenschaften der einzelnen Zeichen ganz oder teilweise überdecken können.

Die Aussehen-Eigenschaften der einzelnen Hierarchieelemente sind nur erkennbar, wenn Sie dazu das Aussehen-Bedienfeld aufrufen – Shortcut: ⇧+F6, Symbol im Dock: ⦿ (zum Aussehen-Bedienfeld siehe Kapitel 11).

> **Hinweis**
>
> Haben Sie bereits die »Schrift« mit Konturen und Flächen versehen, sind Kontur und/oder Fläche des Text- oder Begrenzungspfads nicht sichtbar.

**Voreingestellte Aussehen-Eigenschaften |** Für die Schrift in einem neuen Textobjekt ist per Voreinstellung keine Fläche und keine Kontur definiert; das zeigt das Aussehen-Bedienfeld an, sobald Sie das Textobjekt mit einem Auswahl-Werkzeug aktivieren. Nehmen Sie das Textwerkzeug zu Hilfe und wählen damit entweder alle oder einzelne Zeichen aus, wird im Aussehen-Bedienfeld sichtbar, dass Illustrator die oben beschriebenen Aussehen-Eigenschaften – schwarze Füllung und Kontur OHNE – jedem einzelnen Zeichen zugewiesen hat.

▲ Abbildung 14.122
Voreingestelltes Aussehen von Textobjekten

**Aussehen-Eigenschaften ändern |** Wenn Sie ein Textobjekt mit dem Auswahl-Werkzeug aktivieren und mit einem der möglichen Bedienfelder die Aussehen-Eigenschaften der Fläche oder der Kontur ändern, wird in der Hierarchie innerhalb der Textfelder nicht die Schrift, sondern jedes einzelne Zeichen mit den geänderten Eigenschaften belegt. Die Schrift hat nach wie vor keine Fläche und keine Kontur. Aussehen-Eigenschaften der einzelnen Zeichen, die den geänderten Eigenschaften entsprechen, werden dabei allerdings durch die neu definierten ersetzt.

Sollten Sie also die Flächen einzelner Buchstaben eingefärbt haben und weisen dem gesamten Textobjekt eine neue Flächenfarbe zu, zeigt das Aussehen-Bedienfeld anschließend für alle Zeichen unabhängig von ihrer ehemaligen Farbe die neue Flächenfarbe an.

**Zusätzliche Aussehen-Eigenschaften zuweisen |** Um der »Schrift« Kontur- und Flächeneigenschaften zuzuordnen, müssen Sie im Aussehen-Bedienfeld Kontur und Fläche für die »Schrift« anlegen. Aktivieren Sie dazu das Textobjekt, und wählen Sie aus dem Bedienfeldmenü den Befehl NEUE FLÄCHE HINZUFÜGEN oder NEUE KONTUR HINZUFÜGEN.

Im Aussehen-Bedienfeld wird durch die zwischen Schrift und Zeichen eingefügten Zeilen FLÄCHE und KONTUR erkennbar, dass die Schrift ab sofort ein eigenes Aussehen hat, für das alle Möglichkeiten der Farben, Muster, Verläufe und Effekte bereitstehen.

Da die neuen Eigenschaften der Schrift über dem Eintrag ZEICHEN angeordnet sind, werden die entsprechenden Eigenschaften der einzelnen Zeichen überdeckt, sind aber immer noch vorhanden. Wenn Sie fortan auf das gesamte Textobjekt eine neue Aussehen-Eigenschaft anwenden, wird diese nicht wie vorher an die einzelnen Zeichen weitergereicht, sondern direkt dem Aussehen der Schrift zugeordnet. Die entsprechenden Eigenschaften der einzelnen Zeichen bleiben unangetastet.

Der Schrift können mehrere Flächen und Konturen zugeordnet werden, und anders als Kontur und Fläche der ZEICHEN können Sie die Reihenfolge der Eigenschaften der SCHRIFT verändern. Beachten Sie, dass im Werkzeugbedienfeld und im Steuerungsbedienfeld nur die Eigenschaften der im Aussehen-Bedienfeld jeweils aktiven Fläche bzw. Kontur angezeigt werden, und zwar bei der Auswahl des gesamten Textobjekts die Eigenschaften der Schrift und bei der Auswahl einzelner Buchstaben mit dem Text-Werkzeug die Eigenschaften der Zeichen. Um eine hierarchisch nachgeordnete Fläche bzw. Kontur zu ändern, müssen Sie die zugehörige Zeile im Aussehen-Bedienfeld aktivieren.

---

> **Zusätzliche Kontur für Zeichen?**
> Den »Zeichen« können Sie keine zusätzlichen Flächen oder Konturen zuweisen.

> **Einzelne Zeichen abweichend**
> Die Fläche der »Schrift« betrifft immer alle Zeichen eines Textobjekts. Sollen einzelne Zeichen abweichend gefüllt werden, müssen Sie die Eigenschaft den »Zeichen« zuweisen.

> **Effekte nur für Schrift**
> Effekte stehen nur für das Aussehen der Schrift bzw. deren Fläche oder Kontur zur Verfügung, nicht für die einzelnen Zeichen.

▲ **Abbildung 14.123**
Einen rauen »Look« erzielen Sie, wenn Sie der Schrift eine Pinselkontur zuweisen.

**Textpfad Aussehen-Eigenschaften** | Obwohl Illustrator bei der Umwandlung eines Vektorpfads in einen Textpfad eigenmächtig alle vorhandenen Aussehen-Eigenschaften löscht, können Sie ihn nachträglich wieder mit allen möglichen Eigenschaften versehen.

Aktivieren Sie dazu den Textpfad mit dem Direktauswahl-Werkzeug , und ordnen Sie ihm mit den entsprechenden Bedienfeldern die gewünschten Aussehen-Eigenschaften zu.

▲ Abbildung 14.124
Dem Textpfad lassen sich nachträglich Konturen (und Flächen) zuweisen.

**Flächentext Aussehen-Eigenschaften** | Auch auf den Begrenzungspfad eines Flächentexts können Sie Kontur- und Flächeneigenschaften sowie Effekte und Transparenzeinstellungen anwenden.

### Konturschrift

Konturen werden immer von der Mitte des Pfades – in diesem Fall der Outline der Glyphen – berechnet. Eine Kontur beeinträchtigt also die Form eines Buchstabens. Sichtbar werden die Auswirkungen vor allem an Stellen, an denen die Zeichenform ohnehin schmal ist, z. B. an Serifen.

▲ Abbildung 14.125
Rechts: Die Kontur (orange) ist mittig auf der Outline der Glyphe (blau) ausgerichtet.

Anders als bei Vektorobjekten haben Sie bei Texten leider keine Möglichkeit, die Ausrichtung der Kontur am Pfad zu ändern (zu »Standard-Konturoptionen« siehe Abschnitt 9.1).

Sie müssen also zu einem Trick greifen. Wählen Sie das Schrift-Objekt – nicht die Zeichen – aus, und weisen Sie ihm zunächst die gewünschte Füllung zu.

Anschließend rufen Sie das Aussehen-Bedienfeld auf (Shortcut ⇧+F6) und weisen dem Schriftobjekt eine neue Kontur zu. Wählen Sie NEUE KONTUR HINZUFÜGEN aus dem Bedienfeldmenü. Die Kontur müssen Sie im Bedienfeld unter den Eintrag »Zeichen« schieben. Weisen Sie dieser Kontur die gewünschte Farbe und Stärke zu. Falls Sie eine bestimmte Konturstärke erreichen wollen, denken Sie daran, diese doppelt so stark einzugeben.

▲ Abbildung 14.126
Anordnung der Kontur im Aussehen-Bedienfeld

### Überdrucken von Schwarz

Setzen Sie schwarze Schrift auf farbigen Untergrund, so empfiehlt es sich zur Vermeidung von »Blitzern« bei Passerungenauigkeiten, schwarze Schriften grundsätzlich zu »überdrucken«, d. h., ihre Form im Untergrund nicht auszusparen (zu Registerungenauigkeit siehe Abschnitt 19.3, »Grafiken für den Druck vorbereiten«).

Einige Programme richten das Überdrucken schwarzer Schriften automatisch ein. Illustrator dagegen »spart sie aus«. Wenn Sie schwarze Schriften auf farbigem Untergrund setzen, aktivieren Sie daher die Überdrucken-Eigenschaft manuell.

▲ Abbildung 14.127
Ungenauigkeiten beim Übereinanderdrucken der einzelnen Farben sind dafür verantwortlich, dass das weiße Papier durch die bedruckte Fläche »blitzt«.

▲ **Abbildung 14.128**
Von oben: Pathfinder-Effekt mit einem Textobjekt, Verkrümmungsfilter »Bogen unten«, 3D-Extrudieren

▲ **Abbildung 14.129**
Ist Text ausgewählt, sind die Verzerrungshüllen über einen Button im Steuerungsbedienfeld aufrufbar.

Falls Sie direkt aus Illustrator ausdrucken, haben Sie die Möglichkeit, im gesamten Dokument Schwarz generell zu überdrucken.

Eine objektbezogene Steuerung des Überdruckens stellt Ihnen das Attribute-Bedienfeld – Shortcut ⌘/Strg+F11 – zur Verfügung: Um schwarze Schrift zu überdrucken, wählen Sie das Textobjekt aus und aktivieren die Option FLÄCHE ÜBERDR. Haben Sie Ihrem Text eine Kontur zugewiesen und möchten nur diese überdrucken, verwenden Sie die Option KONTUR ÜBERDR.

### Spezialeffekte

Auf Textobjekte, deren Füllungen oder Konturen können Sie Effekte anwenden. So wie bei der Anwendung von Effekten Vektorformen nur »virtuell« verändert werden, bleiben auch Texte editierbar. Am interessantesten für Texte dürften die Verkrümmungs-, Verzerrungs- und Pathfinder-Filter sein.

Alternativ zu Verkrümmungs-Effekten können Sie auch Verzerrungshüllen benutzen. Deren Anwendung wurde durch die Integration ins Steuerungsbedienfeld zugänglicher gestaltet.

**Pathfinder** | Einen eng gesetzten Text können Sie mit einer Outline versehen, indem Sie EFFEKT • PATHFINDER • HINZUFÜGEN auf das Textobjekt anwenden (siehe Abbildung 14.128, oben).

Wenn Sie mehrere Textobjekte mit einem Pathfinder-Effekt verbinden wollen, müssen Sie sie zunächst gruppieren.

**Zusammengesetzte Formen** | Anstelle der Pathfinder-Effekte HINZUFÜGEN, SCHNITTMENGE BILDEN, SCHNITTMENGE ENTFERNEN und SUBTRAHIEREN lassen sich zusammengesetzte Formen mit den entsprechenden Formmodi aus den Textobjekten bilden. Um eine zusammengesetzte Form aus mehreren Textobjekten zu erstellen, gruppieren Sie die Textobjekte nicht.

### Button erstellen

Einen Button, der sich automatisch an die Textlänge anpasst, erstellen Sie mithilfe der Aussehen-Eigenschaften.

1. Erzeugen Sie ein Punkttextobjekt, und geben Sie eine Beschriftung für Ihren Button ein.
2. Aktivieren Sie das Textobjekt, rufen Sie das Aussehen-Bedienfeld auf – Shortcut ⇧+F6 –, und wählen Sie NEUE FLÄCHE HINZUFÜGEN aus dem Bedienfeldmenü. Schieben Sie die neue Fläche unter den Eintrag ZEICHEN im Bedienfeld.
3. Falls der Eintrag FLÄCHE im Aussehen-Bedienfeld nicht mehr ausgewählt sein sollte, klicken Sie darauf, um ihn zu aktivieren. Weisen Sie eine Füllung zu – diese wird zunächst nicht sichtbar sein.

▲ **Abbildung 14.130**
Ein Button, der sich veränderten Textmengen anpasst

4. Wählen Sie jetzt EFFEKT • IN FORM UMWANDELN • ABGERUNDETES RECHTECK… In der Dialogbox aktivieren Sie die Option RELATIV, damit sich der Button auch an unterschiedliche Textlängen anpasst. Lassen Sie sich die VORSCHAU anzeigen, und geben Sie Ihre Optionen ein.

Die Fläche können Sie selbstverständlich mit weiteren Effekten, z. B. Schatten oder Plastizität, versehen (zu Aussehen siehe Kapitel 11, zu Effekten siehe Kapitel 13).

▲ **Abbildung 14.131**
Die Reihenfolge der Attribute für den Button

### Schrift mit Verläufen gestalten

Zeichen können Sie nicht mit Verläufen versehen, dies ist nur für die Schrift möglich.

Möchten Sie einen Schriftzug mit Verläufen gestalten, so aktivieren Sie das Textobjekt, zeigen das Aussehen-Bedienfeld an und erzeugen eine neue Fläche, indem Sie NEUE FLÄCHE HINZUFÜGEN aus dem Bedienfeldmenü wählen. Die neue Fläche liegt über dem Eintrag ZEICHEN. Diese Fläche gestalten Sie mit dem gewünschten Verlauf.

Komplexere Verläufe können Sie mithilfe einer Angleichung oder einem Gitterobjekt erzeugen. Um einen Schriftzug mit einem solchen Verlauf zu versehen, legen Sie ihn als Schnittmaske an (zu Schnittmasken siehe Kapitel 11).

▲ **Abbildung 14.132**
Verlauf (oben) und Text als Schnittmaske für ein Angleichungsobjekt (unten)

### Text in Masken umwandeln

Textobjekte lassen sich wie Vektorobjekte als Schnittmasken verwenden.

Platzieren Sie den Text wie gewünscht über der Vektorgrafik oder dem Pixelbild, aktivieren Sie das Textobjekt und das Bild, und wählen Sie OBJEKT • SCHNITTMASKE • ERSTELLEN – Shortcut ⌘/Strg+7. Der Text ist weiterhin editierbar.

Möchten Sie die Schnittmaske auflösen, aktivieren Sie das Objekt und wählen OBJEKT • SCHNITTMASKE • ZURÜCKWANDELN (zu Schnittmasken siehe Kapitel 11).

▲ **Abbildung 14.133**
Text als Schnittmaske für ein Foto

### Grunge-Look

Um eine Schrift im Grunge-Look zu erstellen, benötigen Sie zunächst ein Foto einer geeigneten Struktur – gut geeignet sind Nahaufnahmen von Baumrinde, Rost oder altem Holz. Einige Fotovorlagen für Ihre Experimente finden Sie auf der DVD.
1. Verwenden Sie Illustrators Funktion INTERAKTIV ABPAUSEN (lesen Sie in Kapitel 18 mehr zum Vektorisieren), um aus dem Foto eine Schwarzweiß-Grafik zu generieren.
2. Das Abpausergebnis legen Sie in der Stapelreihenfolge über die Schrift.

▲ **Abbildung 14.134**
Grunge-Schrift

▲ Abbildung 14.135
Eine Baumrindenstruktur erzeugt den Grunge-Look.

▲ Abbildung 14.136
Transparente Fläche

3. Aktivieren Sie Schrift und Grafik und rufen Sie das Transparenz-Bedienfeld auf (Shortcut ⇧+⌘+F10 bzw. ⇧+Strg+F10). Wählen Sie DECKKRAFTMASKE ERSTELLEN aus dem Bedienfeldmenü. Mehr zu Transparenzen und Deckkraftmasken lesen Sie in Kapitel 12.

**Transparente Fläche eines Flächentexts**

Möchten Sie das Beispiel aus Abbildung 14.136 nachbauen, gehen Sie wie folgt vor:

1. Erstellen Sie zunächst einen Flächentext. Formatieren Sie den Text. Zur Fläche sollten Sie unter SCHRIFT • FLÄCHENTEXTOPTIONEN einen Versatzabstand (zur Flächenbegrenzung) eingeben.
2. Anschließend verwenden Sie das Direktauswahl-Werkzeug und wählen damit die Begrenzung des Flächentexts aus.
3. Rufen Sie das Aussehen-Bedienfeld auf, und weisen Sie der Fläche eine Farbe zu. Anschließend verwenden Sie das Transparenz-Bedienfeld, um die Deckkraft der Fläche einzustellen.

## 14.13 Von Text zu Grafik

**Text in Pfade umwandeln**

Da Schriften aus Vektorpfaden erstellt sind, ist es kein Problem, sie wieder in Vektorpfade »zurückzuwandeln«. Dabei geht die Bearbeitungsmöglichkeit der Textinhalte natürlich verloren.

Es gibt verschiedene Gründe, Text in Vektorpfade umzuwandeln. Zum einen haben Sie erweiterte Bearbeitungs- und Gestaltungsoptionen. Andererseits ist es für einige Weiterverarbeitsprozesse (z. B. Plotten) unumgänglich, mit Pfaden zu arbeiten. Bei Logoschriften ist mit umgewandelten Schriften die Integrität des Erscheinungsbilds am besten gewahrt. Nur zum Zweck des Datenaustauschs mit Druckereien und anderen weiterverarbeitenden Betrieben sollte die Umwandlung vermieden werden.

Um Text in Pfade umzuwandeln, aktivieren Sie die Textobjekte und wählen SCHRIFT • IN PFADE UMWANDELN oder verwenden den Shortcut ⌘/Strg+⇧+O.

Die einzelnen Zeichen des in Pfade umgewandelten Texts sind gruppiert. Falls ein Buchstabe nicht nur eine Außen-, sondern auch eine Innenform besitzt (z. B. a, d, g), sind beide Formen als zusammengesetzte Form verbunden. Textpfade und Begrenzungspfade werden beim Umwandeln gelöscht, wenn ihnen keine eigenen Aussehen-Attribute zugeordnet sind.

Alternativ verwenden Sie den Befehl OBJEKT • TRANSPARENZ REDUZIEREN und aktivieren die Option TEXT IN PFADE UMWAN-

▲ Abbildung 14.137
Bearbeiteter Schriftzug

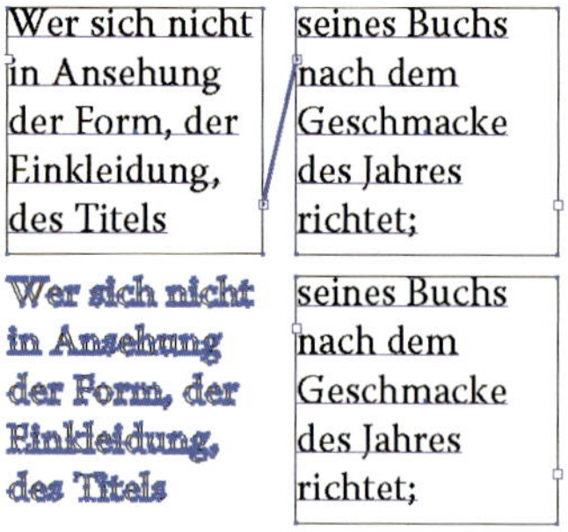

▲ Abbildung 14.138
Achten Sie darauf, dass Sie alle Textrahmen einer Kette aktivieren, wenn Sie sie in Pfade umwandeln.

**Flash-Text-Bedienfeld**

Alles zum Flash-Text-Bedienfeld finden Sie in Kapitel 20, »Web- und Bildschirmgrafik«.

deln. Mit dieser Methode werden Aussehen-Eigenschaften ebenfalls in Pfade konvertiert. Mehr zu Transparenz finden Sie in Kapitel 12.

**Live-Effekt »Kontur nachzeichnen« |** Anstatt den Text endgültig in Pfade zu konvertieren, haben Sie die Möglichkeit, dem Textobjekt die Umwandlung mit Effekt • Pfad • Kontur nachzeichnen »live« zuzuweisen. Der Vorteil besteht darin, dass der Text in der Arbeitsdatei editierbar bleibt, aber beim Exportieren sowie beim Speichern der Datei als EPS, PDF oder als ein altes Illustrator-Format automatisch umgewandelt wird.

Als sehr nützlich kann sich dieser Effekt beim vertikalen Ausrichten von Textzeilen an anderen Objekten erweisen. Normalerweise bildet die Kegelhöhe des Textobjekts seine Ober- und Untergrenze und damit die Referenz für das Ausrichten. Diesen Automatismus müssen Sie aber umgehen, wenn ein Text nur in Versalien gesetzt ist. Und das geht so:
1. Weisen Sie dem Textobjekt den Effekt Kontur nachzeichnen zu.
2. Rufen Sie das Ausrichten-Bedienfeld auf, und aktivieren Sie die Option Vorschaubegrenzungen verwenden im Bedienfeldmenü.
3. Wählen Sie das Text- und das Grafikobjekt aus, und klicken Sie auf den Button Vertikal zentriert ausrichten (siehe Kapitel 13 zu Live-Effekten).

**Glättung von Text beim Speichern in Bitmap-Formate**
Beim Exportieren Ihrer Grafik in ein pixelbasiertes Format wie JPG, TIF, BMP steht Ihnen die Glättungsoption – also das Anti-Aliasing – nur in einer allgemeinen Einstellung für alle Objekte zur Verfügung. Diese Glättung kann besonders bei Texten in kleinen Größen zu inakzeptablen Ergebnissen führen.

Der Befehl Objekt • In Pixelbild umwandeln... stellt Ihnen dagegen drei Optionen für das Anti-Aliasing zur Verfügung:
▶ Ohne: Diese Option deaktiviert die Glättung für das Objekt. Verwenden Sie diese Option z. B. für die Simulation von Fließtext in Webseiten-Layouts. Diese Einstellung führt jedoch nur dann zum gewünschten Ergebnis, wenn Sie die Datei ohne Glättung exportieren.
▶ Bildmaterial optimiert (Supersampling): Das ist die »normale« Anti-Aliasing-Methode, wie sie beim Export mit aktivierter Glättungsoption erfolgt. Sie ist für Vektorobjekte geeignet.
▶ Schrift optimiert (Hinted): Bei dieser Methode findet ein »Hinting« der Schrift statt, d. h., die Buchstabengröße wird vorberechnet und in einem zweiten Durchgang auf das Pixel-

> **Schrift in Pfade umwandeln?**
> Das Umwandeln von Schrift in Pfade sollten Sie wenn möglich vermeiden. Das Umwandeln kann dazu führen, dass Schrift nicht mehr in optimaler Qualität belichtet werden kann.

▲ Abbildung 14.139
Der am Symbol vertikal auf Mitte ausgerichtete Versaltext (Mitte) wirkt optisch zu hoch. Ist er mit dem Effekt Kontur nachzeichnen versehen, stimmt der Eindruck (Begrenzungsrahmen der Texte in Hellblau).

▲ Abbildung 14.140
Supersampling (jeweils oben) und Hinting (jeweils unten)

raster optimiert. Als Ergebnis werden die »Stämme« eines Zeichens, soweit das möglich ist, auf ganzen Pixeln dargestellt. Sowohl die Lesbarkeit als auch der optische Eindruck profitieren von diesem Verfahren.

Die Einstellungen IN PIXELBILD UMWANDELN lassen sich auch als Effekt auf Objekte anwenden, d. h., der Text bleibt editierbar. Wählen Sie das Textobjekt aus, und rufen Sie die Dialogbox unter EFFEKT • IN PIXELBILD UMWANDELN… auf (zum Export siehe Kapitel 19, zu Effekten siehe Kapitel 13).

### Illustrative Typografie
Buchstaben und Schrift können Sie auch für freie Arbeiten einsetzen – experimentieren Sie zum Beispiel mit Effekten, transparenten Überlagerungen und Pfadtexten.

▲ **Abbildung 14.141**
Einen Workshop zu Mehrfach-Konturen finden Sie in Kapitel 13.

▲ **Abbildung 14.142**
Typo-Blumen

Für diese »Blumen« wurde jeweils ein Buchstabe mithilfe von EFFEKT • VERZERRUNGS- UND TRANSFORMATIONSFILTER • TRANSFORMIEREN dupliziert, gedreht und skaliert.

**Abbildung 14.143** ▶
Optionen des Transformieren-Effekts für die Typo-Blume

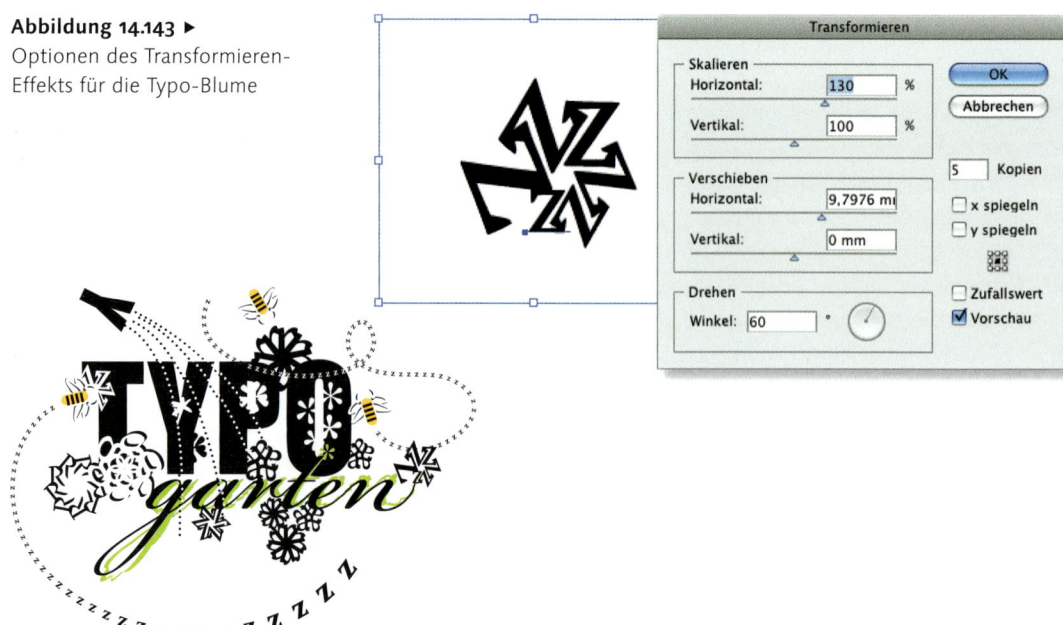

# 15 Diagramme

Auch wenn die Infografik in den großen Nachrichtenmagazinen mit Vektorgrafikprogrammen erstellt wird, brauchen Sie keine Angst zu haben, dass die Diagramm-Werkzeuge Ihnen die Arbeit wegnehmen. Die Möglichkeiten sind beachtlich, aber es bleibt noch ausreichend zu tun, um daraus eine State-of-the-art-Infografik zu erstellen.

Das Dateneingabefeld für alle neun Diagrammtypen ist zwar gleich, und zwischen den meisten Diagrammtypen können Sie auch einfach wechseln, um Ihre Daten anders zu präsentieren – einige Diagrammformen haben jedoch ihre Eigenarten.

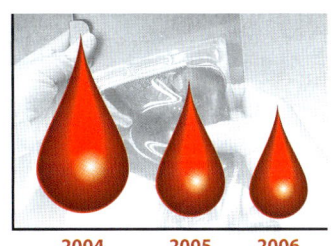

▲ **Abbildung 15.1**
Säulendiagramm mit eigenem Säulen-Design

## 15.1 Ein Diagramm erstellen

Wenn Sie ein Diagramm erstellen möchten, wählen Sie zunächst das passende Diagramm-Werkzeug aus dem Werkzeugbedienfeld.

Ziehen Sie anschließend ein Rechteck in der gewünschten Größe mit diesem Werkzeug auf, indem Sie den Punkt für eine Ecke anklicken und zur schräg gegenüberliegenden ziehen.

Bei Säulen-, Balken-, Linien- und Flächendiagrammen entspricht die Grundfläche derjenigen Fläche, die durch die Koordinatenachsen begrenzt wird. Die Achsenbeschriftung und die Legende werden außerhalb des mit dem Werkzeug definierten Felds angebracht.

Wie Sie die Größe und die Proportionen eines Diagramms zu einem späteren Zeitpunkt noch ändern können, lesen Sie in Abschnitt 15.8.

▲ **Abbildung 15.2**
Die Diagramm-Werkzeuge: Säulendiagramm, Gestapeltes Säulendiagramm, Balkendiagramm, Gestapeltes Balkendiagramm, Liniendiagramm, Flächendiagramm, Streudiagramm, Kreisdiagramm, Netzdiagramm

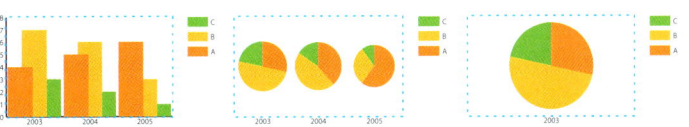

◄ **Abbildung 15.3**
Die in der Abbildung blau gestrichelte Linie umreißt das mit dem Diagramm-Werkzeug aufgezogene Rechteck.

Nachdem Sie das Rechteck definiert haben, öffnet sich das Dateneingabefeld. Wie die Daten eingegeben werden müssen und welche Formatierungsmöglichkeiten für Ihr Diagramm bestehen, lesen Sie unter den Beschreibungen der einzelnen Diagrammarten.

### Das »Arbeitsblatt« für die Dateneingabe

Die Daten für alle Diagrammtypen geben Sie in die gleiche Datentabelle ein.

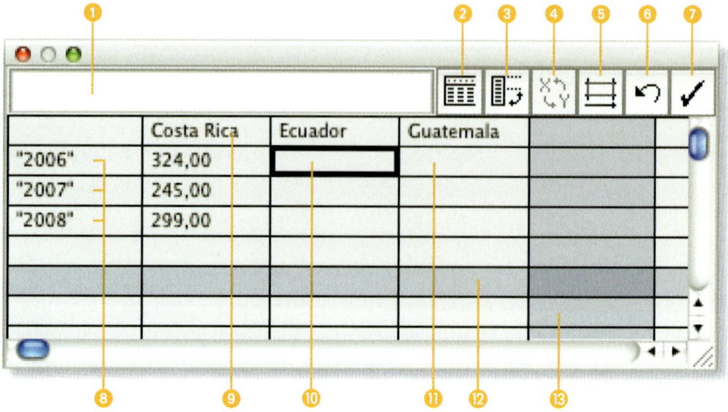

**Abbildung 15.4** ▶
Datentabelle, das »Arbeitsblatt« der Diagramm-Werkzeuge

Die Datentabelle wird als eigenes Fenster geöffnet. In der oberen Leiste sind einige Buttons, dann folgt das »Arbeitsblatt«. Es besteht aus Zeilen ⓬ und Spalten ⓭ einzelner Datenfelder ⓫.

Die Bezeichnungen an der y-Achse des Diagramms werden KATEGORIEN ❽ genannt, die Bezeichnungen an der x-Achse heißen LEGENDEN ❾.

Um Daten einzugeben, aktivieren Sie das gewünschte Datenfeld, indem Sie darauf klicken ❿ – die Texteinfügemarke wird in das Eingabefeld ❶ gesetzt. Anschließend geben Sie den Wert ein.

### Funktions-Buttons | Datentabelle

Daten aus Tabellenkalkulationen importieren Sie mit einem Klick auf den Import-Button ❷. Der Button REIHE/SPALTE VERTAUSCHEN ❸ – bzw. bei Punktdiagrammen X/Y VERTAUSCHEN ❹ – kehrt eine achsenverkehrte Dateneingabe um. Mit einem Klick auf den Button ZELLEN EINSTELLEN ❺ öffnen Sie die Optionen-Dialogbox.

Mit dem Button ZURÜCK ZUR LETZTEN VERSION ❻ widerrufen Sie Ihre Dateneingabe bis zu dem Punkt, an dem Sie zuletzt den Anwenden-Button geklickt haben. Durch Betätigen des Buttons ANWENDEN ❼ wird Ihre Dateneingabe in die Diagrammdarstellung übernommen, ohne das Datenblatt zu schließen.

| Eingabe Mac | Zeichen |
|---|---|
| ⌥+⇧+W | " |
| ⌥+2 | " |
| ⌥+⇧+Q | » |
| ⌥+Q | « |

| Eingabe Windows | Zeichen |
|---|---|
| Alt+Num 0123 | " |
| Alt+Num 0147 | " |
| Alt+Num 0187 | » |
| Alt+Num 0171 | « |

▲ **Tabelle 15.1**
Typografische Anführungszeichen unter Mac OS und Windows

**Testdaten**

Viele Testdaten für alle Diagrammtypen finden Sie auf der Website des Statistischen Bundesamts: *www.destatis.de*

**Optionen** | Datentabelle
In der Standardeinstellung werden Dezimalzahlen auf zwei Stellen hinter dem Komma gerundet. Geben Sie einen Wert zwischen 0 und 10 in das Feld DEZIMALSTELLEN ein, um die Anzahl der Dezimalstellen zu definieren.

Der Wert im Eingabefeld SPALTENBREITE steuert die Darstellung der Spalte im »Arbeitsblatt«. Möchten Sie nur die Breite *einer* Spalte im Arbeitsblatt verändern, klicken und ziehen Sie die Trennlinie der betreffenden Spalte.

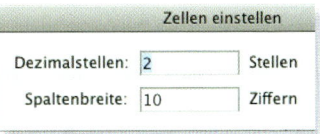

▲ Abbildung 15.5
Optionen ZELLEN EINSTELLEN (früher: ZELLFORMAT)

**Kategorien und Legenden**
Die Bezeichnungen der Kategorien und Legenden werden in der ersten Spalte bzw. Zeile des »Arbeitsblatts« eingetragen.

Möchten Sie nur Zahlen als Bezeichnungen verwenden, schließen Sie diese in Zoll-Inch-Zeichen ein (Abbildung 15.6) – sollen die Zahlen außerdem in Anführungszeichen stehen, umschließen Sie sie zuerst mit typografischen Anführungszeichen (Abbildung 15.7, zu Anführungen siehe Tabelle 15.1).

Wenn Sie Zahlen und Buchstaben kombinieren, müssen Sie die Bezeichnungen nicht mit Zollzeichen kennzeichnen.

Umbrüche erzwingen Sie in Bezeichnungen, indem Sie einen senkrechten Strich an die Stelle setzen, an der Sie mit dem Text in die nächste Zeile wechseln möchten (Abbildung 15.8).

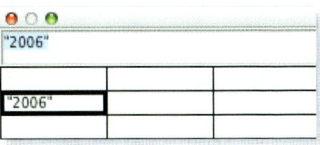

▲ Abbildung 15.6
Zahlen in Anführungszeichen werden nicht in Balken umgesetzt.

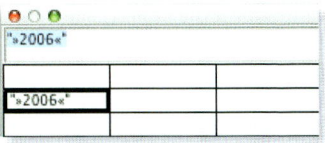

▲ Abbildung 15.7
Anführungszeichen um Zahlen in der Legende

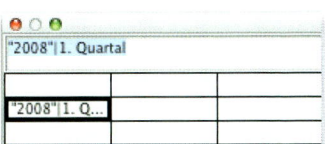

▲ Abbildung 15.8
Ein senkrechter Strich (»Pipe«) bewirkt einen Zeilenumbruch.

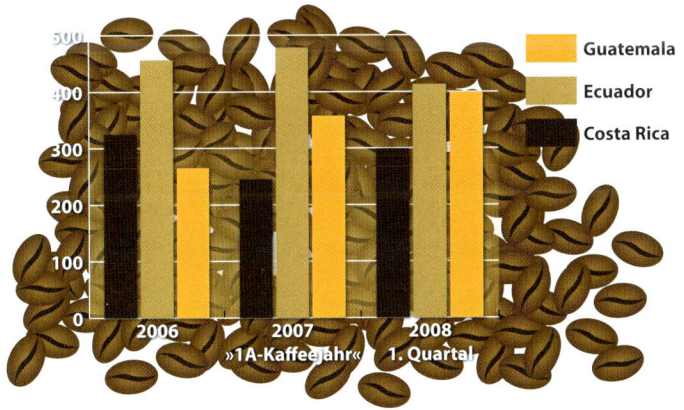

**Abbildung 15.9** ▲
Das Diagramm aus der Datentabelle von der gegenüberliegenden Seite

**Dateneingabe**
Wenn die Tabelle geöffnet wird, ist das Datenfeld links oben aktiviert, sodass Sie gleich mit der Eingabe beginnen können.

Mit ⇥ wechseln Sie zum nächsten Datenfeld der Zeile, mit ↵ wechseln Sie zum nächsten Datenfeld der Spalte. Mit den Pfeiltasten wechseln Sie zum nächsten Datenfeld in der jeweiligen Pfeilrichtung.

Diagrammdaten dürfen außer Deziamalkommata keine nichtnumerischen Zeichen enthalten – z. B. Punkte, um Tausender zu trennen. Insgesamt können Sie in Ihren Tabellen bis etwa 32 000 Zeilen bzw. Spalten eingeben.

> **Wichtig: Datentabelle schließen!**
>
> Wenn die Datentabelle noch offen ist, können Sie die Diagrammattribute oder -designs nicht aus dem Menü wählen – die Optionen sind ausgegraut.

**Daten ändern** | Um Daten zu ändern, klicken Sie auf das Feld, dessen Daten Sie ändern möchten, und ändern den Wert im Eingabefeld.

**Daten importieren** | Aktivieren Sie die Zelle, die den ersten importierten Wert aufnehmen soll, und klicken Sie auf den Import-Button, um eine Datentabelle zu importieren, die Sie in einer Tabellenkalkulation oder einer Textverarbeitung erstellt haben.

**Copy&Paste** | Sie können Daten auch über die Zwischenablage einfügen. Kopieren Sie die Daten aus der Tabellenkalkulation, aktivieren Sie die Zelle, die den ersten Wert aufnehmen soll, und fügen Sie die Daten ein.

**Zeilen und Spalten vertauschen** | Wenn Sie nach dem Erzeugen des Diagramms merken, dass Sie die falschen Achsen verwendet haben, vertauschen Sie sie, indem Sie auf den Button REIHE/SPALTE VERTAUSCHEN ❸ bzw. bei Punktdiagrammen X/Y VERTAUSCHEN ❹ klicken.

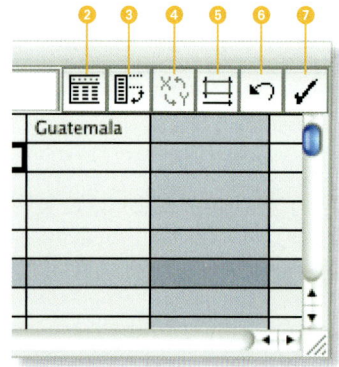

▲ **Abbildung 15.10**
Datentabelle, das »Arbeitsblatt« der Diagramm-Werkzeuge

**Eingabe bestätigen** | Um Ihre Dateneingabe auf die Diagrammdarstellung anzuwenden, drücken Sie [Enter] oder klicken auf den Button ANWENDEN ❼. Das »Arbeitsblatt« wird nicht automatisch geschlossen. Schließen Sie es, indem Sie auf den Schließen-Button des Fensters klicken.

**Eingabe widerrufen** | Sie können Ihre Schritte bis zu dem Punkt widerrufen, an dem Sie das letzte Mal eine Eingabe bestätigt haben. Klicken Sie dafür auf den Button ZURÜCK ZUR LETZTEN VERSION ❻.

### Datenimport

Tabellendaten, die Sie importieren möchten, müssen als tabseparierte Textdateien (.TXT) gespeichert sein. Erzeugen Sie die Daten in Tabellenkalkulationen, so werden sie beim Export als .TXT korrekt formatiert. Wenn Sie die Dateien in Textprogrammen schreiben, müssen Sie die Zellen durch [↹] und die Zeilen durch [↵] trennen.

### Diagramm-Elemente

Wenn Sie mit Diagrammen arbeiten, ist es hilfreich zu verstehen, wie die einzelnen Elemente eines Diagramms miteinander verbunden sind. Dies benötigen Sie, um gezielt Teile eines Diagramms auszuwählen, die formatiert werden sollen.

Ein Diagramm ist ein gruppiertes Objekt – es wird nur im Ebenen-Bedienfeld (siehe Kapitel 11) nicht als solches bezeichnet. Das Diagramm ist mit der Datentabelle verbunden und dadurch jederzeit editierbar, solange Sie die Gruppierung nicht lösen.

Die grafischen Repräsentanten der Datenreihen (also der Daten, die zu einer Kategorie gehören) sind zuerst miteinander und dann mit der zugehörigen Legende gruppiert.

Die Bezeichnungen der x- und der y-Achse bilden jeweils miteinander und darüber hinaus mit der zugehörigen Achse eine Gruppe. Die Texte in der Legende sind miteinander gruppiert. Alle bilden zusammen die Diagramm-Gruppe.

Einzelne Elemente oder Untergruppen in einem Diagramm selektieren Sie mit dem Gruppenauswahl-Werkzeug.

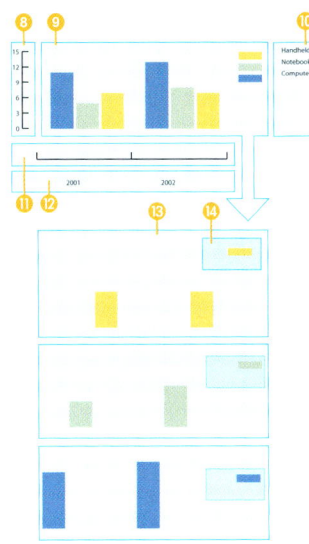

▲ **Abbildung 15.11**
Hierarchie der Diagramm-Bestandteile: Wertachse mit Teilstrichwerten ❽, Diagramm ❾, Legenden-Bezeichnung ❿, Kategorieachse ⓫, Achsenwerte ⓬, Datenreihe ⓭, Legende ⓮

## 15.2 Kreisdiagramme

Dieser Diagrammtyp stellt Mengenverhältnisse sehr anschaulich dar. Bei der Präsentation von Wahlergebnissen hat ihn sicher jeder schon einmal gesehen. Die Anteile einzelner Werte am Gesamtwert werden als »Tortenstücke« im Kreis abgebildet.

Aus einer Datentabelle können Sie nicht nur ein, sondern auch mehrere zusammenhängende Kreisdiagramme erzeugen. Die Unterschiede in den Summen der Gesamtdaten werden durch Größenunterschiede der Kreise dargestellt.

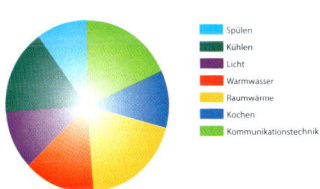

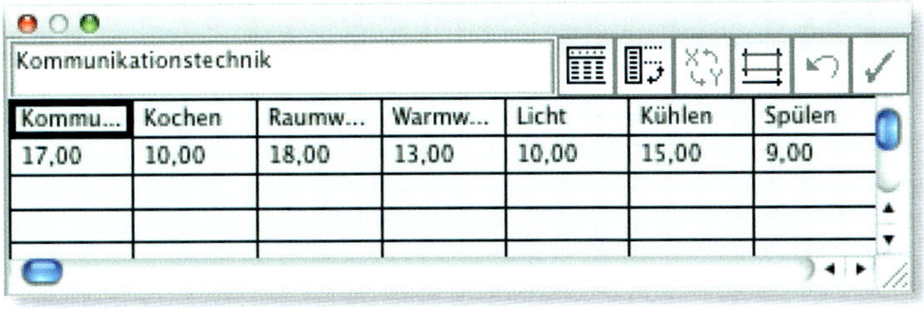

▲ **Abbildung 15.12**
Kreisdiagramm

**Dateneingabe | Kreisdiagramm**

Für ein einfaches Kreisdiagramm müssen Sie lediglich zwei Zeilen eingeben: die Legenden und die zugehörigen Daten.

| Kommu... | Kochen | Raumw... | Warmw... | Licht | Kühlen | Spülen |
|---|---|---|---|---|---|---|
| 17,00 | 10,00 | 18,00 | 13,00 | 10,00 | 15,00 | 9,00 |

◂ **Abbildung 15.13**
Eingabe der Werte für ein Kreisdiagramm

Beginnen Sie in der linken Spalte mit den Legenden und Werten. In Kreisdiagrammen können Sie positive und negative Werte nicht mischen.

| | Kommu... | Kochen | Raumw... | Warmw... | Licht | Kühlen |
|---|---|---|---|---|---|---|
| "2008" | 17,00 | 10,00 | 18,00 | 13,00 | 10,00 | 15,00 |
| "2009" | 20,00 | 10,00 | 17,00 | 12,00 | 7,00 | 14,00 |

**Abbildung 15.14 ▸**
Eingabe der Werte für eine Gruppe von Kreisdiagrammen

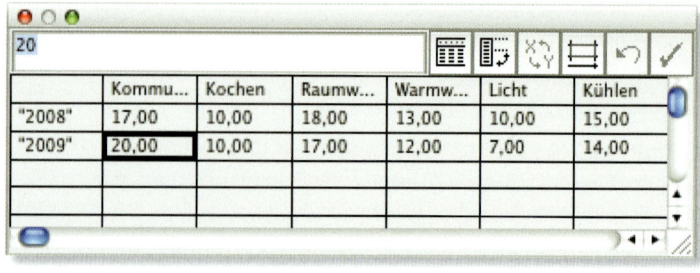

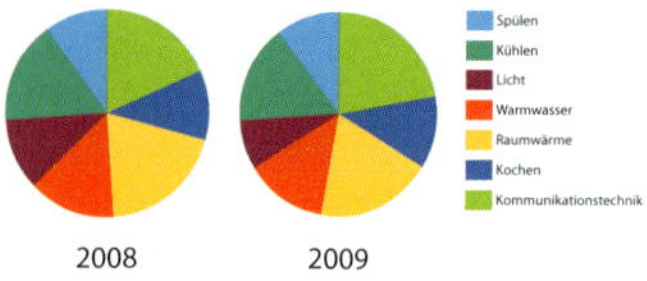

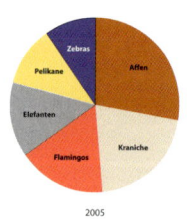

**▴ Abbildung 15.15**
Darstellung der Werte

Geben Sie Daten in weiteren Zeilen ein, werden zusätzliche Kreisdiagramme erzeugt. Wenn Sie diese weiteren Kreise jeweils mit Kategorien bezeichnen möchten, geben Sie die Namen der Kategorien in die linke Spalte ein.

**Diagrammattribute |** Kreisdiagramm
Die Anordnung der Legende sowie die Reihenfolge der Kreissegmente steuern Sie mit den Diagrammattributen. Um diese Dialogbox aufzurufen, aktivieren Sie das Diagramm und schließen das »Arbeitsblatt«. Anschließend wählen Sie Objekt • Diagramm • Art... oder doppelklicken auf das Diagramm-Werkzeug im Werkzeugbedienfeld – dabei muss nicht das zum Diagrammtyp passende Werkzeug ausgewählt sein.

Falls Sie keine Änderungen an der Diagrammart vornehmen möchten, richten Sie zunächst die Einstellungen im Bereich Optionen ein und erst anschließend im Bereich Stil.

**Abbildung 15.16 ▸**
Diagrammattribute für Kreisdiagramme

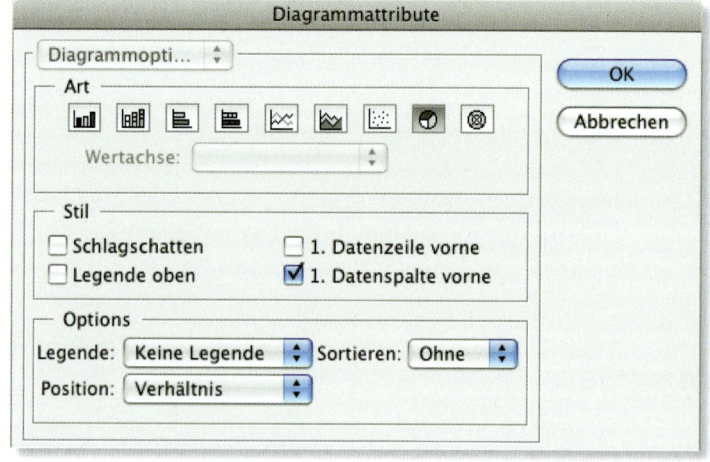

**▴ Abbildung 15.17**
Legende in Segmenten

- ▸ Diagrammart: Klicken Sie auf einen der Buttons, um die Daten mit einem anderen Diagrammtyp zu formatieren.
- ▸ Legende: Wählen Sie im Ausklappmenü unter Legende, ob eine Normale Legende außerhalb der Fläche des Diagramms

positioniert wird, die LEGENDE IN SEGMENTEN angezeigt oder KEINE LEGENDE dargestellt wird.

- POSITION: Das Menü POSITION erlaubt die Anordnung mehrerer Kreisdiagramme.
    - Die normale Option VERHÄLTNIS stellt die Kreise nebeneinander dar. Ihre Größe entspricht proportional der Summe der Daten eines Diagramms.
    - Wählen Sie GLEICHMÄSSIG, um alle Kreise in gleicher Größe nebeneinander zu stellen.
    - Mit der Auswahl GESTAPELT werden die Kreise aufeinander gestapelt. Normalerweise liegt das Diagramm vorne, das die letzte Datenzeile repräsentiert.

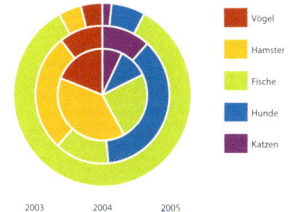

▲ **Abbildung 15.18**
Position GESTAPELT

- SORTIEREN: Wählen Sie eine Option aus dem Ausklappmenü SORTIEREN, um die Reihenfolge der »Tortenstücke« festzulegen.
    - ALLE sortiert die Segmente in jedem Kreisdiagramm jeweils im Uhrzeigersinn vom größten zum kleinsten Wert. Der größte Wert wird im ersten Segment angezeigt – rechts neben der 12-Uhr-Position (siehe Abbildung 15.19 oben).

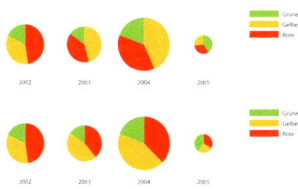

▲ **Abbildung 15.19**
Sortierungsoption ALLE (oben) und OHNE (unten)

- Mit der Option ERSTE werden zunächst die Segmente des ersten Diagramms nach den einzelnen Werten sortiert. Die anderen Diagramme folgen dieser Sortierung.
- Wählen Sie OHNE, um die Segmente nach der Reihenfolge der Eingabe in der Tabelle zu sortieren.
- SCHLAGSCHATTEN fügt eine einfache runde schwarze Fläche hinter dem Diagramm ein.
- LEGENDE OBEN: Wählen Sie diese Option, um die Legende oberhalb des Diagramms – anstatt rechts – zu positionieren. Es muss eine NORMALE LEGENDE ausgewählt sein.
- 1. DATENZEILE VORNE: Aktivieren Sie diese Option, um bei gestapelten Kreisen die Stapelreihenfolge umzukehren.

### Farben und Schriften ändern

**Farben** | Wenn Sie ein neues Diagramm erstellen, werden die Segmente, Beschriftungen und die Legende automatisch mit Farben und Schriften versehen – diese entsprechen wahrscheinlich in den wenigsten Fällen Ihren Vorstellungen. Sie können jedoch neue Füllfarben, Verläufe, Muster und Konturen zuordnen.

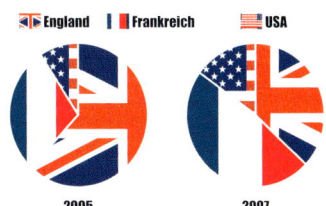

▲ **Abbildung 15.20**
Eigene Muster und Konturen sowie Schriften

Um einem Segment und der zugehörigen Legende eine neue Füllung und Kontur zu geben, wählen Sie das Gruppenauswahl-Werkzeug und klicken auf das zugehörige Rechteck in der Legende. Dieses Rechteck wird ausgewählt. Klicken Sie mit dem Werkzeug noch einmal auf das gleiche Symbol, und es wird die Gruppe der zugehörigen Segmente ausgewählt. Jetzt weisen Sie allen Objekten die gewünschte Füllung und Kontur zu (zu Füllungen und Konturen siehe Kapitel 8 und 9).

### Gruppenauswahl-Werkzeug

Bei der Verwendung des Gruppenauswahl-Werkzeugs müssen Sie eine kleine Pause zwischen den Klicks einhalten, damit das Betriebssystem keinen Doppelklick vermutet. Beim Anklicken von Texten kann es sogar sinnvoll sein, den Cursor zwischen den Klicks etwas zu bewegen.

**Schriften |** Um alle Beschriftungen auf einmal zu ändern, aktivieren Sie das Diagramm mit dem Auswahl-Werkzeug und weisen neue Textformatierungen zu. Um nur die Beschriftungen der Legende oder der einzelnen Diagramme zu ändern, klicken Sie mit dem Gruppenauswahl-Werkzeug so oft auf einen der zugehörigen Texte, bis alle Texte in der Legende oder unterhalb der Diagramme ausgewählt sind.

## 15.3 Säulen- und Balkendiagramme

Säulen- und Balkendiagramme repräsentieren einen Wert durch die Höhe einer Säule bzw. die Breite eines Balkens. So lassen sich sowohl Vergleiche verschiedener Werte als auch die Entwicklung eines Werts einfach visualisieren.

### Vertikales Balkendiagramm oder Säulendiagramm

Bei dieser Art Diagramm werden Werte durch Säulen unterschiedlicher Höhe repräsentiert. Alle Säulen stehen dabei nebeneinander.
Die Werte einer Zeile in der Datentabelle bilden eine Wertegruppe. Die Säulen, die sie abbilden, können durch Abstände von den Nachbargruppen abgegrenzt werden.

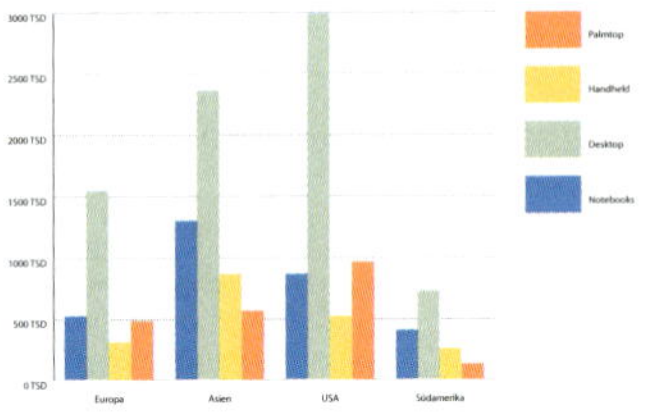

▲ **Abbildung 15.21**
Darstellung der Werte als Säulendiagramm

**Dateneingabe |** Vertikales Balkendiagramm
Tragen Sie zunächst die Bezeichnungen in die Tabelle ein. Die Kategorien werden entlang der x-Achse abgebildet. Die Werte bestimmen die Höhe der Säulen.

**Abbildung 15.22** ▶
Eingabe der Daten für ein Säulendiagramm

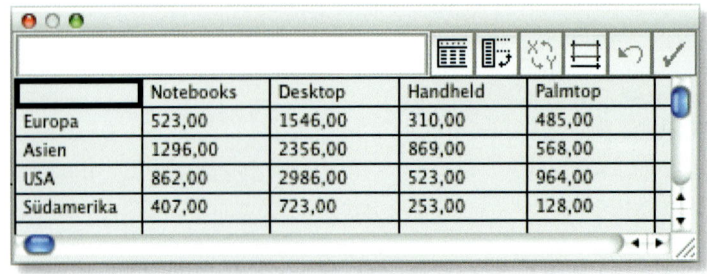

In Säulen- und Balkendiagrammen lassen sich negative und positive Werte kombinieren.

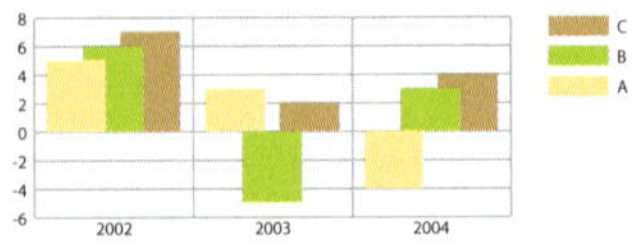

▲ **Abbildung 15.23**
Negative Werte in einem Säulendiagramm

**Diagrammattribute |** Vertikales Balkendiagramm
Bei dieser Diagrammart können Sie die Breite und Abstände der Säulen sowie die Darstellung der Werte auf den Achsen einstellen. Aktivieren Sie das Diagramm mit dem Auswahl-Werkzeug,

schließen Sie das »Arbeitsblatt«, und wählen Sie OBJEKT • DIAGRAMM • ART..., oder rufen Sie diesen Befehl aus dem Kontextmenü auf.

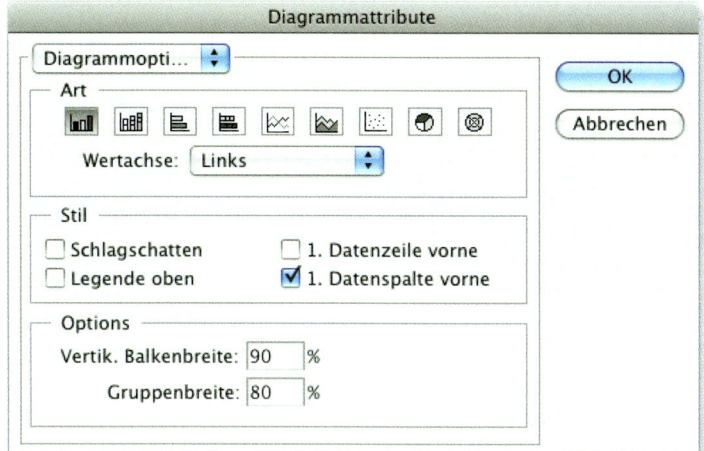

◄ Abbildung 15.24
Diagrammoptionen-Seite der Diagrammattribute eines Säulendiagramms

Die Dialogbox besteht aus drei Seiten, die Sie über das Ausklappmenü oben links wechseln können. Zuerst öffnet die Seite DIAGRAMMOPTIONEN.

▶ WERTACHSE: Bestimmen Sie mit dem Ausklappmenü, ob Sie die y-Achse nur links, rechts oder an beiden Seiten anzeigen lassen möchten.
Es ist möglich, auf den Skalen beider Seiten unterschiedliche Werte aufzutragen. Zur Vorbereitung dieser Anzeige müssen Sie zunächst für das gesamte Diagramm die Option AUF BEIDEN SEITEN auswählen.

▶ OPTIONEN: Richten Sie hier die Breite der einzelnen Säulen ❷ in dem Feld VERTIK. BALKENBREITE sowie die Breite einer Wertegruppe ❶ in GRUPPENBREITE ein, indem Sie Werte zwischen 1 und 1000 % in das Textfeld eintragen.
Bei Werten von 100 % stoßen die Säulen aneinander, bei Werten unter 100 % entstehen Lücken zwischen den Säulen oder Gruppen, Werte über 100 % erzeugen Überlappungen.

▶ 1. DATENSPALTE VORNE: Damit durch die Überlappungen keine Säulen hinter anderen versteckt werden, aktivieren Sie unter STIL die Option 1. DATENSPALTE VORNE, um die Stapelreihenfolge der Säulen umzukehren.

▶ LEGENDE OBEN: Möchten Sie die Legende waagerecht über dem Diagramm anzeigen, wählen Sie diese Einstellung.

Wählen Sie die Seite WERTACHSE aus dem Aufklappmenü, um die Formatierung der y-Achse vorzunehmen:

**Werte in Balken und Säulen**

Sollen in den Balken oder Säulen eines Diagramms Werte angezeigt werden, setzen Sie zu diesem Zweck ein eigenes Balkendesign ein.

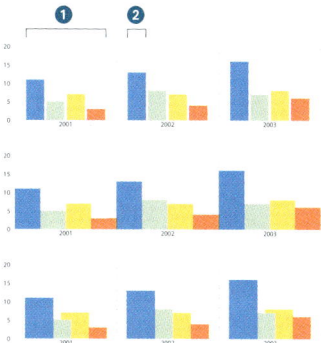

▲ Abbildung 15.25
Balkenbreite und Gruppenbreite jeweils unter 100 % (oben), beide 100 % (Mitte), Balkenbreite über 100 % und Gruppenbreite unter 100 % (unten)

15.3 Säulen- und Balkendiagramme | **499**

**Abbildung 15.26** ▶
Wertachse-Seite der Diagrammattribute eines Säulendiagramms

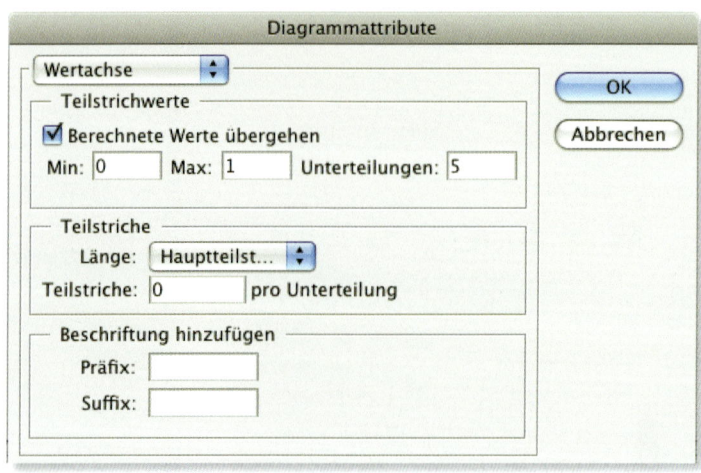

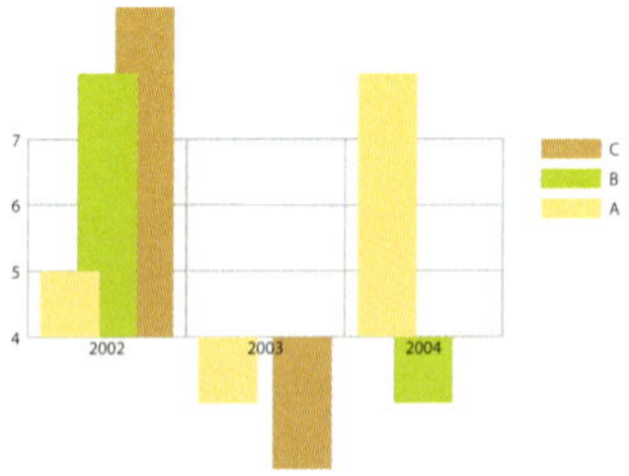

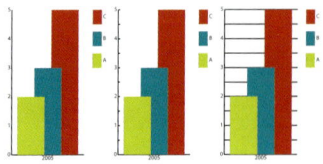

▲ **Abbildung 15.27**
Berechnete Werte übergehen:
Der Min-Wert liegt über dem
niedrigsten Tabellenwert – der
Max-Wert unter dem höchsten.

▲ **Abbildung 15.28**
Teilstriche: Keine, Hauptteilstriche, Gitternetzlinien

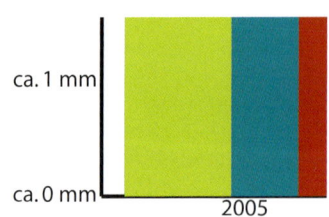

▲ **Abbildung 15.29**
Präfix (ca.) und Suffix (mm)

▶ TEILSTRICHWERTE: Normalerweise richtet Illustrator auf der Wertachse (y-Achse) die in die Datentabelle eingegebenen Werte ein. Die Skala endet also mit der nächsten geraden Zahl über dem höchsten Wert. Benötigen Sie eine andere Einteilung, aktivieren Sie zunächst die Option BERECHNETE WERTE ÜBERGEHEN.

Tragen Sie anschließend Ihren gewünschten Nullpunkt in das Eingabefeld MIN ein und den höchsten Wert in das Feld MAX. Falls Sie unter MIN einen Wert eingeben, der höher ist als der kleinste Wert in Ihrer Datentabelle, werden die unter diesem Wert liegenden Daten unterhalb der x-Achse erzeugt.

Wenn Sie in das MAX-Feld einen Wert eintragen, der niedriger als der höchste Wert in Ihrer Tabelle ist, überragt die Höhe der Säulen die Wertachse.

In das Feld UNTERTEILUNGEN geben Sie die gewünschte Anzahl Zwischenräume – nicht Teilstriche – ein. An diesen Unterteilungen werden die Werte aufgetragen.

▶ TEILSTRICHE: Mit dem Ausklappmenü legen Sie die Länge der Unterteilungsstriche fest. Wählen Sie aus, ob Sie KEINE, kurze Striche (HAUPTTEILSTRICHE genannt) oder Linien quer über das Diagramm (GITTERNETZLINIEN) anzeigen lassen.

▶ TEILSTRICHE PRO UNTERTEILUNG: In das Eingabefeld geben Sie einen Wert ab 2 ein, um weitere Unterteilungen zu erzeugen. An diesen Strichen werden keine Werte angezeigt.

▶ BESCHRIFTUNG HINZUFÜGEN: Per Voreinstellung werden an der Wertachse nur die Werte ohne Maßeinheit angezeigt. Die Einheit können Sie hier ergänzen.

Geben Sie in das Feld PRÄFIX Zeichen ein, die vor dem Wert angezeigt werden sollen. In das Feld SUFFIX tragen Sie Ergänzungen ein, die hinter dem Wert stehen. Falls Sie Leerzeichen zwischen dem Wert und dem Präfix bzw. dem Suffix benötigen, geben Sie diese ebenfalls hier ein.

Auf der Seite Kategorieachse bestimmen Sie das Aussehen der x-Achse des Diagramms:

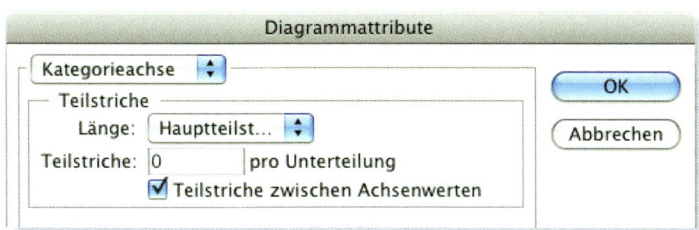

◄ **Abbildung 15.30**
Die Kategorieachse-Seite der Diagrammattribute eines Säulendiagramms

- Mit den Optionen für Teilstriche bestimmen Sie die Anzahl und das Aussehen von Unterteilungen zwischen den Säulen und Gruppen. Die Option, senkrechte Unterteilungen im Diagramm zu erstellen, hat bei diesem Diagrammtyp nur eine Bedeutung für die Optik – das Verständnis fördert sie nicht unbedingt.
Die Optionen unter Länge und Teilstriche entsprechen denen auf der Wertachse-Seite.
- Teilstriche zwischen Achsenwerten: Sie haben die Wahl, ob Sie die Hauptteilstriche an den Werten anbringen oder jeweils mittig zwischen den Werten.
Falls Sie die Wertegruppen bei Säulendiagrammen also zusätzlich durch Gitternetzlinien trennen möchten, wählen Sie die Option Teilstriche zwischen Achsenwerten.

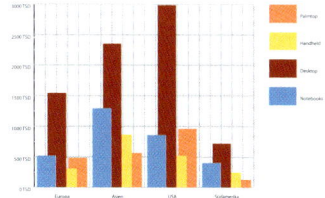

▲ **Abbildung 15.31**
Senkrechte Teilstriche

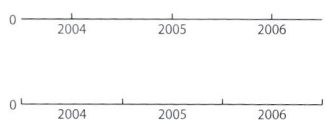

▲ **Abbildung 15.32**
Teilstriche an (oben) und zwischen (unten) Achsenwerten

### Gestapeltes vertikales Balkendiagramm

Bei diesem Diagrammtyp werden Säulen einer Wertegruppe gestapelt. So ist es möglich, die Gesamtergebnisse besser zu vergleichen – zusätzlich haben Sie einen besseren Überblick über den Anteil einzelner Werte am Gesamtwert einer Wertegruppe.

Beim nachträglichen Stapeln eines Säulendiagramms wird die Höhe des Diagramms nicht verändert – die Höhe der Säulen wird proportional an die Höhe des Diagramms angepasst.

**Dateneingabe** | Gestapeltes vertikales Balkendiagramm
Geben Sie Ihre Daten wie für das Säulendiagramm ein. Die Daten einer Zeile bilden einen Säulenstapel.

Positive und negative Werte können Sie nicht beliebig mischen. Zeilenweise müssen die Vorzeichen der Werte identisch sein.

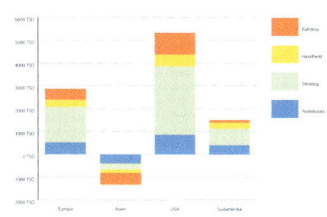

▲ **Abbildung 15.33**
Negative Werte in einer Zeile des gestapelten Säulendiagramms

**Diagrammattribute** | Gestapeltes vertikales Balkendiagramm
Die Optionen für die Darstellung von gestapelten Balkendiagrammen entsprechen denen der Balkendiagramme.

Um Verwirrung zu vermeiden, sollten Sie auf der Seite Diagrammoptionen die Balkenbreite entweder durch die Breite des einzelnen Balkens oder die Breite der Gruppe steuern. Setzen Sie den anderen Wert auf »100 %«.

### Horizontales Balkendiagramm

Analog zum vertikalen Balkendiagramm werden hier die Längen der Balken verglichen. Die Wertachse ist bei dieser Diagrammart die x-Achse. Diesen Typ können Sie z. B. verwenden, wenn Sie direkt auf den Balken eine Beschriftung anbringen möchten.

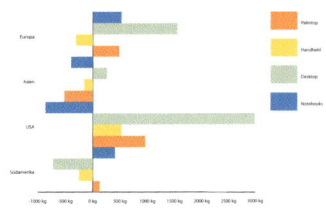

▲ **Abbildung 15.34**
Positive und negative Werte können beim horizontalen Balkendiagramm gemischt werden.

**Dateneingabe** | Horizontales Balkendiagramm
Geben Sie Ihre Daten wie für das Säulendiagramm ein. Sie können positive und negative Werte mischen.

**Diagrammattribute** | Horizontales Balkendiagramm
Die Optionen für die Darstellung von horizontalen Balkendiagrammen entsprechen denen der Säulendiagramme. Die Höhe der Balken und die Höhe einer Balkengruppe werden durch die Optionen Horiz. Balkenbreite und Gruppenbreite auf der Seite Diagrammoptionen unter Objekt • Diagramm • Art... gesteuert.

### Gestapeltes horizontales Balkendiagramm

Analog zum gestapelten Säulendiagramm werden hier die Balken aneinandergereiht.

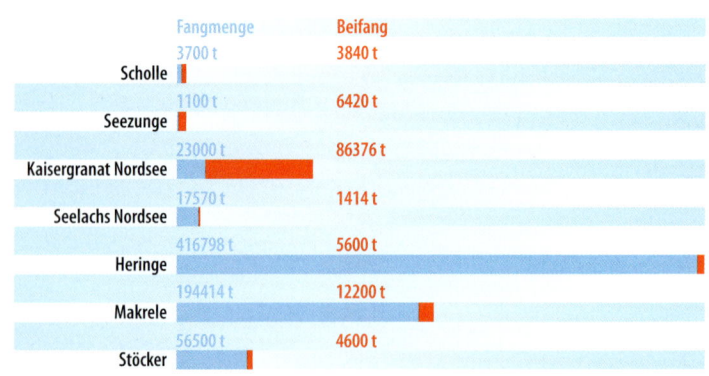

**Abbildung 15.35** ▶
In gestapelten Balkendiagrammen lassen sich Mengen gut vergleichen. (Quelle der Daten: WWF)

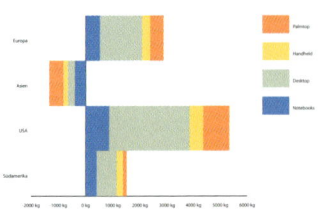

▲ **Abbildung 15.36**
Negative Werte in einer Zeile des gestapelten horizontalen Balkendiagramms

**Dateneingabe** | Gestapeltes horizontales Balkendiagramm
Geben Sie Ihre Daten wie für das Säulendiagramm ein. Positive und negative Werte können Sie nicht beliebig mischen. Zeilenweise müssen die Vorzeichen der Werte identisch sein.

**Diagrammattribute |** Gestapeltes horiz. Balkendiagramm
Die Optionen für die Darstellung von gestapelten horizontalen Balkendiagrammen entsprechen denen der Säulendiagramme. Die Höhe der Balken und die Höhe einer Balkengruppe werden durch die Optionen Horiz. Balkenbreite und Gruppenbreite auf der Seite Diagrammoptionen unter Objekt • Diagramm • Art… gesteuert. Verwenden Sie nur eines der beiden Eingabefelder, und setzen Sie das andere auf »100 %«.

**Fläche und Kontur für Säulen**
Gehen Sie so vor, wie beim Kreisdiagramm beschrieben, um Farben und Füllungen der Säulen und Balken sowie die in den Beschriftungen verwendeten Schriftarten zu ändern.

**Eigene Balkendesigns**
Beim Gestalten Ihrer Säulen und Balkendiagramme sind Sie nicht auf das Zuweisen anderer Farben und Füllungen beschränkt. Sie können Formen entwerfen und diese einzelnen Datenreihen zuweisen. Balkendesigns können einfache Logos oder Symbole bis hin zu komplexeren Illustrationen mit Mustern und Text, Effekten oder Verzerrungshüllen sein.

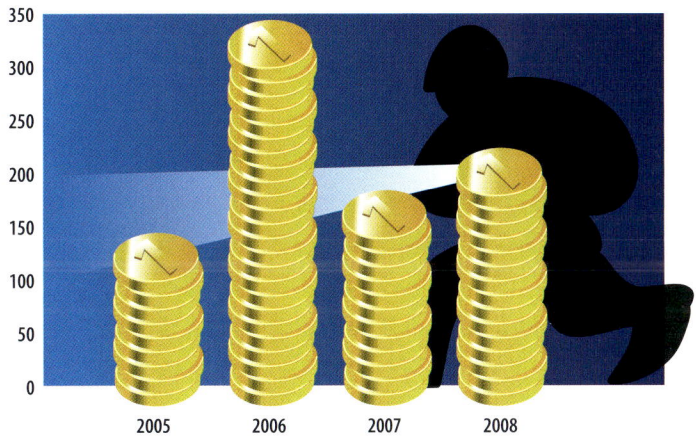

◄ **Abbildung 15.37**
Säulendiagramm mit einem eigenen Balkendesign (unten)

Zunächst müssen Sie das Balkendesign erstellen – in der folgenden Übung zeigen wir Ihnen alle Schritte.

**Werte im Balken anzeigen |** Mithilfe eines eigenen Balkendesigns ist es möglich, den dargestellten genauen Wert direkt im oder am Balken anzuzeigen.

**Dezimalwerte im Balken**
Leider gibt es Probleme beim Anzeigen von Dezimalwerten – hier benutzt Illustrator nicht die Kommatrennung, sondern trennt die Werte nach amerikanischer Art mit einem Punkt.

**Begrenzungsrahmen |** Ohne weitere Eingriffe würde Illustrator die Gesamthöhe Ihres Balkendesigns auf den darzustellenden Wert skalieren. Dadurch entstehen zwei große Nachteile. Zum einen werden Schriften – z. B. die angezeigten Werte – verzerrt. Zum anderen kann aber je nach Design auch ein falscher Eindruck der Werte entstehen, da Balken kleiner wirken als sie sind.

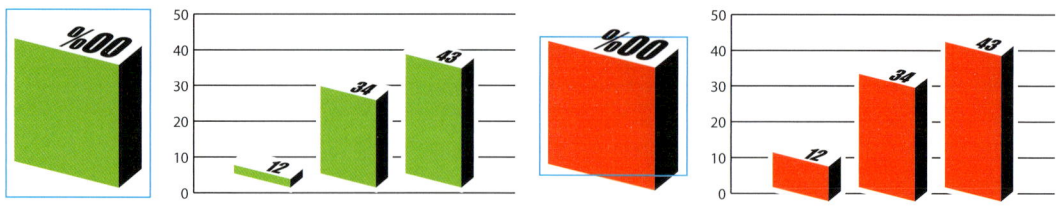

▲ **Abbildung 15.38**
Die Gesamthöhe des Balkendesigns wird skaliert (links). Dadurch wirken die Balken zu klein. Im rechten Diagramm wirken die Balkenlängen optisch korrekt (Begrenzungsrahmen in Blau).

Mithilfe eines Begrenzungsrahmens – eines Rechtecks ohne Kontur und Füllung – steuern Sie Skalierung des eigenen Designs. Der Begrenzungsrahmen liegt hinter Ihrem Design – zusätzlich können Sie durch Gruppieren einzelne Teile des Designs vor Verzerrung schützen, z. B. die Werte.

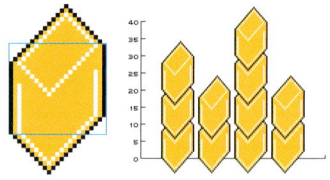

▲ **Abbildung 15.39**
Der Begrenzungsrahmen gibt außerdem vor, wie Ihr Balkendesign bei Auswahl der Option WIEDERHOLEND gestapelt wird.

**Aus einer Mücke einen Elefanten machen**

Menschen werten die Fläche der Balken als Repräsentant der Menge. Seien Sie daher mit der Option GLEICHMÄSSIG SKALIERT vorsichtig. Im Beispiel hat sich die Zahl der Elefanten verdoppelt. Durch die proportionale Skalierung der Grafik entsteht jedoch der Eindruck einer Vervierfachung.

**Balkendesigns zuweisen** | Sie können entweder das gesamte Diagramm mit einem einheitlichen Balkendesign versehen oder jeweils den Balken, die zu einer Kategorie gehören, das gleiche Design zuweisen. Aktivieren Sie das gesamte Diagramm oder mit dem Gruppenauswahl-Werkzeug die Balken einer Kategorie, und rufen Sie OBJEKT • DIAGRAMM • BALKEN… auf.

Wie sich Ihre Designs an die unterschiedlichen Längen der Säulen bzw. Balken anpassen, wählen Sie aus mehreren Möglichkeiten aus:

▶ VERTIKAL SKALIERT: Für die Anpassung an die Länge der Säulen oder Balken wird das Design nur in der Höhe skaliert.
▶ GLEICHMÄSSIG SKALIERT: Die Größenanpassung erfolgt proportional in Höhe und Breite. Wenn der Abstand zwischen den Säulen nicht reicht, überlappen sich die Formen.
▶ WIEDERHOLEND: Die Grundform des Designs wird gestapelt. Dafür müssen Sie bestimmen, wie viele Einheiten durch eine Form repräsentiert werden. Außerdem legen Sie fest, ob ein Design abgeschnitten oder vertikal skaliert wird, wenn Teile einer Einheit dargestellt werden müssen.

▲ **Abbildung 15.40**
Von links: vertikal skaliert, gleichmäßig skaliert, wiederholend, fließend

▶ FLIESSEND: Das Design wird an einer bestimmten Stelle gestreckt. Diese Stelle bestimmen Sie bei der Konstruktion des Designs.

## Schritt für Schritt: Ein Balkendesign erstellen, zuweisen und mit Farbfeldern weiterbearbeiten

### 1 Ein Diagramm erstellen

Öffnen Sie die Datei »Daten.txt« von der DVD in einem Text-Editor, und kopieren Sie deren Inhalt in die Zwischenablage. Ziehen Sie in Illustrator mit dem Vertikales-Balkendiagramm-Werkzeug ein neues Diagramm auf, und fügen Sie die Werte aus der Zwischenablage in die Datentabelle ein. Alternativ tragen Sie Ihre eigenen Daten ein.

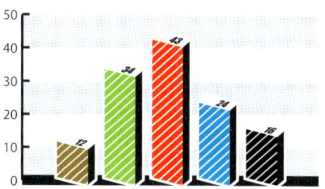
▲ Abbildung 15.41
Das fertiggestellte Diagramm

### 2 Das Begrenzungsrechteck

Erstellen Sie ein Rechteck, das als Referenz für die Größenanpassung Ihres Balkendesigns an die Balkengröße dient. Um das Design besser an das Diagramm anzupassen, wählen Sie das Direktauswahl-Werkzeug, aktivieren den kleinsten Balken des Diagramms, kopieren ihn und verwenden ihn als Begrenzungsrechteck. Stellen Sie sicher, dass das Rechteck das hinterste Objekt ist, indem Sie OBJEKT • ANORDNEN • IN DEN HINTERGRUND wählen.

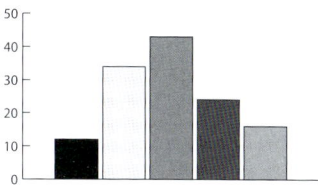
▲ Abbildung 15.42
Diagramm mit Standard-Formatierung nach Eingabe der Daten

### 3 Balkendesign erstellen

Die Größe des eben erstellten Begrenzungsrechtecks wird bei der Anwendung im Diagramm an die Größe der Balken angepasst, und das Balkendesign-Objekt folgt der Anpassung nach den Regeln, die Sie später definieren. Das Balkendesign muss nicht zwingend in das Begrenzungsrechteck eingepasst werden – auf der vorhergehenden Seite finden Sie Beispiele für Designs, die das Rechteck überragen. Denken Sie aber daran, dass es nicht sinnvoll ist, das Balkendesign sehr viel größer als das Begrenzungsrechteck anzulegen.

▲ Abbildung 15.43
Die Block-Grafik

Erstellen Sie Ihr Balkendesign, oder verwenden Sie ein vorhandenes Design und passen Sie die Größe an – die Balkengrafik (Abbildung 15.43) finden Sie auf der DVD im Dokument »Block-Grafik.ai«. Nach Fertigstellung der Grafik setzen Sie die Fläche und Kontur des Begrenzungsrechtecks auf OHNE.

In einem Balkendesign könnten Sie auch Musterfelder verwenden – unsere Muster weisen wir jedoch zu einem späteren Zeitpunkt zu, um nicht für jede Musterfarbe ein eigenes Design erzeugen zu müssen.

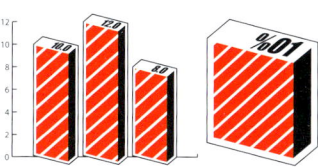
▲ Abbildung 15.44
Im Balkendesign können gefahrlos Musterfelder verwendet werden.

Wenn Sie in Ihrem Entwurf Live-Effekte, Angleichungen oder Pinsel verwendet haben oder interaktive Malgruppen sowie Abpausobjekte enthalten sind, wandelt Illustrator diese automatisch bei der Definition des Balkendesigns um. Verzerrungshüllen sollten Sie allerdings selbst umwandeln.

In dieser Übung benötigen Sie ein fließendes Design und die Anzeige von Werten – sollten Sie auf beides in einem anderen Fall verzichten wollen, springen Sie direkt zu Schritt 6.

> **Werte perspektivisch**
> Sollen die Werte wie im Beispiel perspektivisch verzerrt dargestellt werden, funktioniert dies nur, wenn Sie das Textobjekt mit dem Verbiegen-Werkzeug bearbeiten.

### 4   Optional: Werte anzeigen lassen

Möchten Sie in Ihrem Diagrammdesign Werte anzeigen lassen, wählen Sie das Text-Werkzeug und platzieren es an die Stelle, an der der Text erscheinen soll. Sie können Texte im oder neben dem Begrenzungsrechteck anzeigen lassen.

Geben Sie %  und anschließend zwei Ziffern zwischen 0 und 9 ein. Mit der ersten Ziffer bestimmen Sie die Anzahl Stellen vor dem Komma – geben Sie hier 0 ein, dann verwendet Illustrator automatisch die benötigte Anzahl.

▲ **Abbildung 15.45**
Mit %01 generieren Sie eine Nachkommastelle.

Mit der zweiten Ziffer steuern Sie die Anzahl der Stellen nach dem Komma. Die Stellen werden immer angezeigt, d. h., dem Wert werden entweder Nullen hinzugefügt oder Nachkommastellen werden gerundet.

Richten Sie die Zeichenattribute nach Bedarf ein. Falls Sie Texte am Komma ausrichten möchten, richten Sie den Absatz rechtsbündig aus (zu Textfunktionen siehe Kapitel 14). Text-Objekte in Balkendesigns können Sie mit den Transformationswerkzeugen verzerren, jedoch keine Effekte oder Hüllen anwenden.

### 5   Optional: Ein fließendes Design erstellen

Der Pseudo-3D-Balken aus dieser Übung würde bei unterschiedlichen Balkenlängen falsch dargestellt, wenn man ihn einfach in die Länge ziehen würde (siehe Abbildung 15.46).

▲ **Abbildung 15.46**
Das Balkendesign vertikal skaliert

Daher ist ein fließendes Design besser geeignet. Bei diesem geschieht die Größenanpassung durch Strecken oder Stauchen an einer Stelle. Oberhalb oder unterhalb dieser Stelle bleibt der Balken unverändert. Den Dehnungspunkt bestimmen Sie durch eine horizontale Linie. Erstellen Sie diese Linie exakt horizontal mit dem Liniensegment- oder dem Zeichenstift-Werkzeug.

Wählen Sie das Begrenzungsrechteck, das Balkendesign und die Linie, und gruppieren Sie sie. Aktivieren Sie anschließend mit dem Direktauswahl-Werkzeug nur die Linie innerhalb der Gruppe.

> **Standard-Dehnungspunkt**
> Ist der Dehnungspunkt nicht mit einer Hilfslinie markiert, nimmt Illustrator die Mitte des Objekts.

Rufen Sie Ansicht • Hilfslinien • Hilfslinien erstellen auf. Die Linie wird in eine Hilfslinie umgewandelt und entsprechend dargestellt. Deaktivieren Sie dann Ansicht • Hilfslinien • Hilfs-

LINIEN SPERREN, falls es nicht bereits deaktiviert ist. Prüfen Sie, ob die Hilfslinie tatsächlich nicht mehr fixiert ist und sich mit dem Design bewegt, wenn Sie die Gruppe mit dem Auswahl-Werkzeug verschieben. Weiter geht es mit Schritt 7.

### 6 Gruppieren

Wählen Sie das Begrenzungsrechteck und alle Bestandteile Ihres Designs – jedoch nicht das Textobjekt für die Anzeige der Werte – aus, und gruppieren Sie sie.

### 7 Ein neues Diagrammdesign anlegen

Aktivieren Sie die Elemente Ihres Diagrammdesigns: die eben erstellte Gruppe und das Textobjekt für die Darstellung der Werte. Wählen Sie anschließend OBJEKT • DIAGRAMM • DESIGNS…

> **Standard-Begrenzungsrechteck**
>
> Falls Sie einmal ohne Begrenzungsrechteck arbeiten, bestimmt die Gesamtbreite aller zugehörigen Objekte (inklusive Hilfslinie) die Proportionen des Balken-Designs.

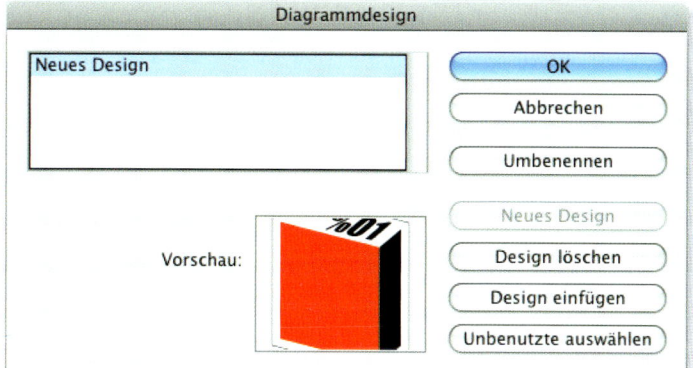

◀ Abbildung 15.47
Diagrammdesign neu anlegen und verwalten

Klicken Sie auf den Button NEUES DESIGN – Ihr Design wird im Vorschau-Feld angezeigt. Die Vorschau ist zwar auf das Begrenzungsrechteck beschnitten, im Diagramm erfolgt jedoch die korrekte, komplette Darstellung.

Danach klicken Sie auf den Button NEUER NAME. Geben Sie einen Namen für das Design in die Dialogbox ein. Bestätigen Sie erst den Namen, anschließend die Diagrammdesign-Dialogbox mit OK.

### 8 Das Design anwenden

In dieser Übung soll das Design allen Säulen oder Balken zugewiesen werden. Aktivieren Sie das Diagramm mit dem Auswahl-Werkzeug.

Es ist jedoch auch möglich, jeder Datenreihe ein eigenes Balkendesign zuzuweisen. Falls Sie dies einmal vorhaben, wählen Sie das Gruppenauswahl-Werkzeug. Klicken Sie mit dem Werkzeug auf einen der Balken, denen Sie das Design zuweisen möchten. Klicken Sie erneut auf den Balken, um alle Balken auszuwählen,

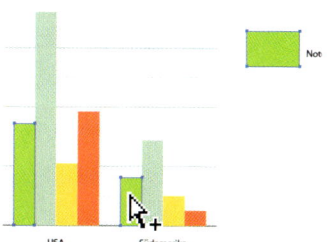

▲ Abbildung 15.48
Auswählen der Balken und Legende einer Datenreihe

die zur Datenreihe gehören. Klicken Sie noch einmal, um auch das zugehörige Feld in der Legende auszuwählen (siehe Abbildung 15.48).

Wählen Sie Objekt • Diagramm • Balken..., sowohl wenn Sie das Design dem gesamten Diagramm zuweisen als auch wenn Sie es nur auf eine Datenreihe anwenden möchten.

In der Liste unter Design wählen können Sie auf alle Balkendesigns zugreifen, die in dieser Datei sowie in allen anderen geöffneten Dokumenten gespeichert sind.

**Abbildung 15.49** ▶
Den Balken Diagrammdesigns zuweisen

▲ **Abbildung 15.50**
Nach Zuweisen des Block-Designs

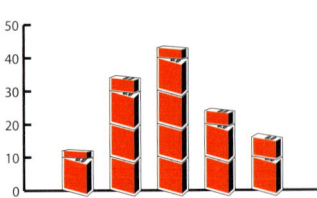

▲ **Abbildung 15.51**
Mit wiederholendem Design, Bruchteile skaliert

Wählen Sie Ihr Design aus der Liste der vorhandenen Designs, indem Sie auf seinen Namen klicken. Bestimmen Sie mit dem Ausklappmenü unter Balken, wie sich Ihr Design an die Länge der Balken anpassen soll – in diesem Fall verwenden Sie die Option Fliessend.

Sollten Sie einmal die Option Wiederholend benötigen, tragen Sie in das Feld bei Designteil repräsentiert ein, wie viele Einheiten Ihr Design darstellt, und wählen Sie aus dem Ausklappmenü Bei Bruchteilen, ob Ihr Design skaliert oder abgeschnitten werden soll, falls nur Teile der definierten Einheit dargestellt werden.

Die Option Design für Legende drehen sollte für diese Übung deaktiviert sein. Bestätigen Sie Ihre Eingaben mit OK.

**9   Die Schraffuren zuweisen**

Jetzt werden Sie jeden der Balken noch mit einem Muster versehen. Sie benötigen für jede Farbvariante des Streifenmusters ein eigenes Farbfeld. Die Beispielmuster finden Sie auf der DVD in der Datei »Balken-Streifen.ai« (zu Mustern siehe Kapitel 16). Übertragen Sie die Muster, in dem Sie die gestreiften Rechtecke in Ihre Diagramm-Datei kopieren.

Aktivieren Sie mithilfe des Direktauswahl-Werkzeugs die rote Fläche eines Balkens, und weisen Sie dieser eine der Schraffuren zu. Wählen Sie in der Legende das zugehörige Feld aus, und weisen Sie diesem dieselbe Schraffur zu.

Es ist in diesem Fall leider nicht möglich, die Schraffierung von Balken und Legende in einem Schritt vorzunehmen. Verfahren Sie ebenso mit allen anderen Balken.

### 10   Den Diagrammhintergrund gestalten

Die Kategorieachse des Diagramms wählen Sie ebenfalls mit dem Direktauswahl-Werkzeug aus und erhöhen die Konturstärke. Die grauen Flächen im Hintergrund des Diagramms legen Sie als Rechtecke an und verschieben sie in der Stapelreihenfolge in den Hintergrund.

▲ Abbildung 15.52
Balken-Streifen

▲ Abbildung 15.53
Das fertiggestellte Diagramm

### Diagrammdesigns aus anderen Dokumenten laden

Möchten Sie ein Balken- oder Punktdesign aus einer anderen Illustrator-Datei in Ihrem aktuellen Dokument verwenden, wählen Sie FENSTER • FARBFELDER-BIBLIOTHEKEN • ANDERE BIBLIOTHEK… Navigieren Sie zum gewünschten Dokument, und klicken Sie auf OK. Die Farbfelder-Bibliothek wird in einem neuen Fenster geöffnet, Sie benötigen sie jedoch nicht. Aktivieren Sie das Diagramm, dem Sie das Design zuweisen möchten, wählen Sie OBJEKT • DIAGRAMM • BALKEN… bzw. PUNKTE…, und rufen Sie den Eintrag aus dem Menü auf.

Sie können jedoch in der Dialogbox DIAGRAMMBALKEN auch einfach auf die Designs in geöffneten Dateien zugreifen.

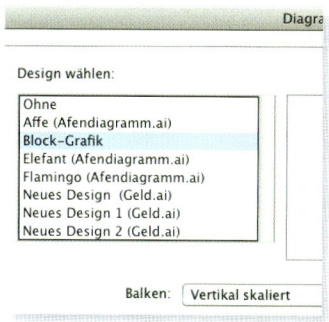

▲ Abbildung 15.54
Die Dialogbox DIAGRAMMBALKEN listet die Balkendesigns aller geöffneten Dateien auf.

### Diagrammdesigns ändern

Falls Sie ein bestehendes Balken- oder Punktdesign ändern möchten, können Sie die Änderung einfach an der Originaldatei durchführen und ein neues Diagrammdesign anlegen.

Besteht die Original-Illustration jedoch nicht mehr, müssen Sie das Design aus den Balkenvorlagen zurückwandeln:

1. Deaktivieren Sie alle Auswahlen im Dokument – Shortcut ⌘/ Strg + ⇧ + A.
2. Rufen Sie OBJEKT • DIAGRAMM • DESIGNS… auf – ohne ein aktiviertes Objekt ist dieser Menüpunkt nur dann aktiv, wenn Diagrammdesigns in der Datei vorhanden sind.
3. Wählen Sie das zu bearbeitende Design aus der Liste aus.
4. Klicken Sie auf den Button DESIGN EINFÜGEN. Bestätigen Sie mit OK. Das Design wird als normales Vektorobjekt in Ihr Dokument eingefügt.
5. Wenn Sie die Änderungen durchgeführt haben, erzeugen Sie ein neues Diagrammdesign.

> **Beispieldiagramme**
>
> Im Programm-Ordner von Illustrator finden Sie einige Beispieldiagramme und Designvorlagen unter COOLE EXTRAS\BEISPIELDATEIEN\DIAGRAMME UND DESIGNS.

# 15.4 Linien- und Flächendiagramme

▲ **Abbildung 15.55**
Liniendiagramm

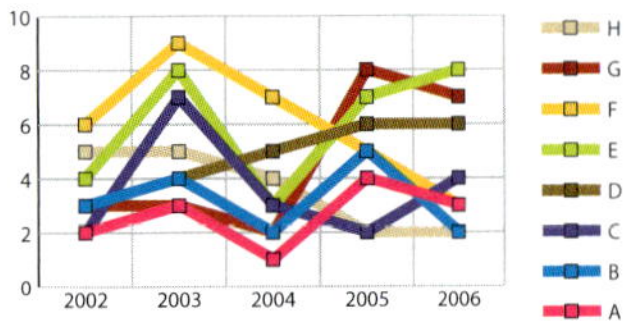

Mit diesem Diagrammtyp werden Entwicklungen von Werten dargestellt. Fieberkurven oder Börsenkurse sind ein typischer Anwendungsbereich.

### Liniendiagramm

Die im Koordinatensystem aufgetragenen Werte werden durch Linien miteinander verbunden.

**Dateneingabe |** Liniendiagramm
Beginnen Sie auch hier mit den Achsenbeschriftungen in der ersten Zeile bzw. Spalte.

**Abbildung 15.56 ▸**
Dateneingabe für das oben stehende Liniendiagramm

"2006"

| | A | B | C | D | E | F | G | H |
|---|---|---|---|---|---|---|---|---|
| "2002" | 2,00 | 3,00 | 2,00 | 3,00 | 4,00 | 6,00 | 3,00 | 5,00 |
| "2003" | 3,00 | 4,00 | 7,00 | 4,00 | 8,00 | 9,00 | 3,00 | 5,00 |
| "2004" | 1,00 | 2,00 | 3,00 | 5,00 | 3,00 | 7,00 | 2,00 | 4,00 |
| "2005" | 4,00 | 5,00 | 2,00 | 6,00 | 7,00 | 5,00 | 8,00 | 2,00 |
| "2006" | 3,00 | 2,00 | 4,00 | 6,00 | 8,00 | 3,00 | 7,00 | 2,00 |

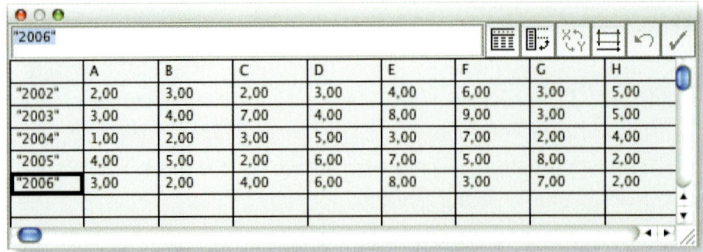

Eine Datenspalte in der Tabelle wird als eine Linie im Diagramm dargestellt. In diesem Diagrammtyp können Sie positive und negative Werte kombinieren.

**Diagrammattribute |** Liniendiagramm
Aktivieren Sie das Liniendiagramm, schließen Sie das Dateneingabe-Fenster, und wählen Sie Objekt • Diagramm • Art..., oder doppelklicken Sie auf das Diagramm-Werkzeug, um die Optionen für das Diagramm und die Achsen aufzurufen.

**Abbildung 15.57 ▸**
Diagrammoptionen-Seite der Diagrammattribute eines Liniendiagramms

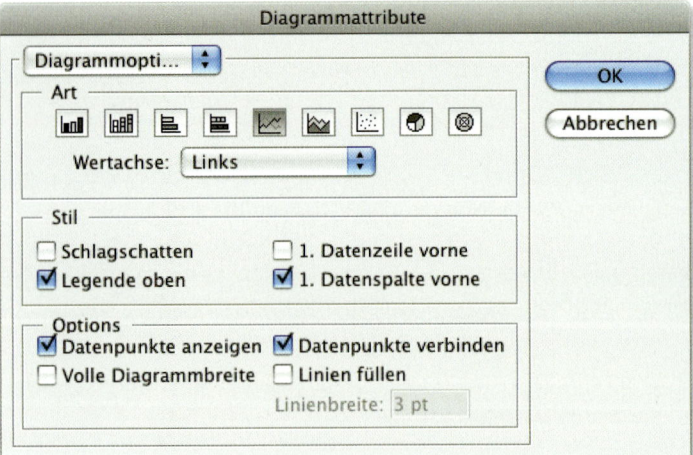

- Art: Hier besteht die Möglichkeit, einen anderen Diagrammtyp auszuwählen und die Position der Wertachse – also der y-Achse – zu bestimmen.
- Legende oben: Möchten Sie die Legende oberhalb des Diagramms anzeigen lassen, aktivieren Sie Legende oben.
- 1. Datenspalte vorne: Falls durch ungünstige Wertekombinationen Linien versteckt sein sollten, können Sie die Stapelreihenfolge der Linien umkehren, indem Sie die Option 1. Datenspalte vorne aktivieren.
- Die Option 1. Datenzeile vorne hat keine Auswirkungen auf diesen Diagrammtyp.
- Mit Datenpunkte anzeigen wählen Sie, ob die eingetragenen Werte durch Punkte dargestellt werden sollen. Diese Punkte lassen sich mit eigenen Designs versehen.
- Datenpunkte verbinden: Deaktivieren Sie diese Option, um die Anzeige von Linien zu unterbinden.
- Mit der Option Linien füllen wandeln Sie die Linien in Flächen um – diese können Sie z. B. mit Verläufen füllen. Bestimmen Sie die Breite der Linien, indem Sie einen Wert in das Linienbreite-Feld eingeben.
- Die Option Volle Diagrammbreite erzeugt Linien, die direkt an der linken Achse beginnen und die volle Breite der x-Achse ausnutzen.
  Da die Unterteilungen der x-Achse nicht angeglichen werden, erzeugt diese Option etwas Verwirrung, wenn nur wenige Daten vorhanden sind.

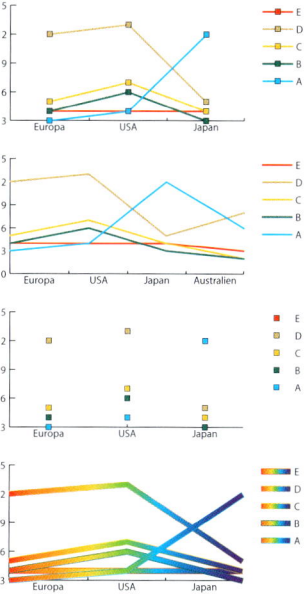

▲ Abbildung 15.58
Von oben: nur Farbänderungen; Datenpunkte nicht angezeigt und volle Diagrammbreite; keine Verbindungen; Linien gefüllt und volle Diagrammbreite

Die Einstellmöglichkeiten der Seiten Wertachse und Kategorieachse entsprechen denjenigen der Säulen- und Balkendiagramme.

### Farben und Schriften ändern

**Farben |** Im Unterschied zu Kreis- und Balkendiagrammen sind es beim Liniendiagramm zwei Objekte, deren Farben Sie ändern müssen: der Datenpunkt und die Linie. Verwenden Sie das Gruppenauswahl-Werkzeug , und klicken Sie zweimal hintereinander – aber nicht in Doppelklick-Geschwindigkeit – auf einen der Punkte: Jetzt müssen alle Datenpunkte auf der Linie und der Punkt in der Legende ausgewählt sein. Anschließend wählen Sie Fläche und Kontur für den Punkt. Verfahren Sie genauso mit der Linie, wenn Sie diese umfärben möchten.

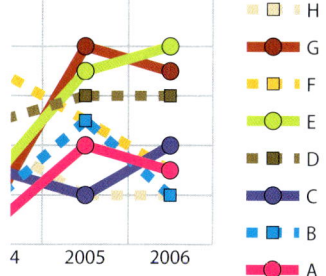

▲ Abbildung 15.59
Gestaltung von Datenpunkten und Linien

**Schriften |** Gehen Sie wie unter Abschnitt 15.2, »Kreisdiagramme«, beschrieben vor, um Schriften zu ändern.

### Datenpunkte

Wenn Datenpunkte rund werden sollen, aktivieren Sie die Datenpunkte der betreffenden Kurve mit dem Gruppenauswahl-Werkzeug und wenden Effekt • In Form umwandeln • Ellipse mit der zusätzlichen Breite und Höhe von 0 an. Erstellen Sie von diesem Effekt einen Grafikstil, dann lässt er sich noch besser anwenden und das Diagramm »vergisst« ihn vor allem nicht, wenn Sie die Daten ändern.

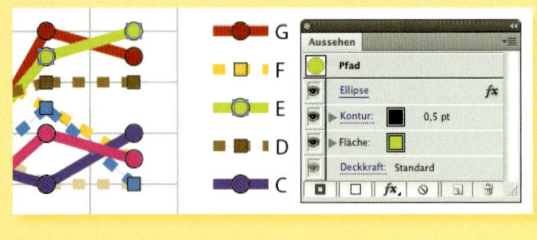

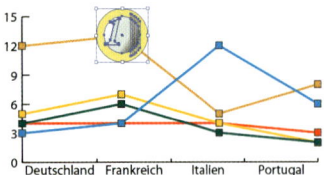

▲ Abbildung 15.60
Größenanpassung des Designs vor dem Diagramm

### Eigene Punkte-Designs

Ähnlich wie für die Balken eines Balkendiagramms können Sie auch für die Datenpunkte eines Liniendiagramms eigene Formen entwerfen und zuweisen.

Gehen Sie wie folgt vor:

1. Entwerfen Sie das Punkte-Design – den Euro finden Sie auf der DVD im Dokument »Euro.ai«.
2. Aktivieren Sie in den Attributen Ihres Diagramms die Option Datenpunkte anzeigen.
3. Passen Sie die Größe des Designs an, indem Sie es vor das Diagramm schieben und so skalieren, dass es zu den vorhandenen Linien und den Abständen zwischen den Punkten passt.
4. Verschieben Sie Ihr Punkte-Design an eine freie Stelle auf der Zeichenfläche.
5. Wählen Sie das Direktauswahl-Werkzeug, aktivieren Sie einen der vorhandenen Datenpunkte in dem Diagramm, und kopieren Sie ihn in die Zwischenablage – Shortcut ⌘/Strg+C.
6. Fügen Sie den Datenpunkt an der Stelle wieder ein, an der Ihr neues Punkte-Design liegt. Legen Sie ihn mittig auf das Design, und wählen Sie Objekt • Anordnen • In den Hintergrund. Weisen Sie Ohne für Füllung und Kontur zu.
Illustrator wird die Größe des Punkte-Designs bei der Anwendung im Diagramm immer so skalieren, dass das hinterste Rechteck 6 x 6 Punkt groß ist.
7. Aktivieren Sie den Punkt und das neue Design, und gruppieren Sie beide.
8. Wählen Sie, während die Gruppe aktiviert ist, Objekt • Diagramm • Designs, und klicken Sie in der Dialogbox auf den Button Neues Design. Anschließend klicken Sie auf Neuer Name und geben einen aussagekräftigen Namen ein.
9. Punkte-Designs können Sie entweder einheitlich dem gesamten Diagramm oder einzelnen Kurven zuweisen.

▲ Abbildung 15.61
»Datenpunkt« aus dem Diagramm kopieren und …

 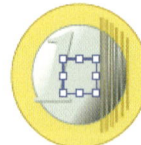

▲ Abbildung 15.62
… mittig auf das Design legen

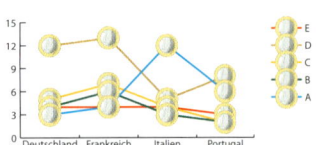

▲ Abbildung 15.63
Einheitliche neue Punkte im gesamten Diagramm

Um das neue Design dem gesamten Diagramm zuzuweisen, aktivieren Sie dieses mit dem Auswahl-Werkzeug.

Möchten Sie dagegen einzelnen Kurven unterschiedliche Punkte-Designs zuweisen, aktivieren Sie die Punkte und die Legende einer Kurve mithilfe des Gruppenauswahl-Werkzeugs.

10. Wählen Sie OBJEKT • DIAGRAMM • PUNKTE... Klicken Sie den Namen Ihres neuen Designs in der Auswahlliste an, und bestätigen Sie mit OK.

### Flächendiagramm

Bei diesem Diagrammtyp werden die Werte durch Linien verbunden und die Flächen unterhalb der Linien gefüllt.

Um sicherzustellen, dass keine Fläche hinter einer anderen versteckt ist, wird jeder an einem Datenpunkt aufgetragene Wert – wie bei einem gestapelten Balkendiagramm – zum entsprechenden Wert der darunter liegenden Kurve addiert.

Mit Flächendiagrammen lässt sich nicht nur die Entwicklung der Werte, sondern auch die Gesamtmenge, die durch die Flächen repräsentiert wird, vergleichen.

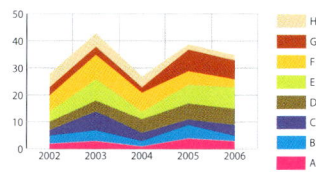

▲ **Abbildung 15.64**
Flächendiagramm

**Dateneingabe** | Flächendiagramm

Geben Sie die Werte wie für ein Liniendiagramm ein. Sie dürfen positive und negative Werte in der Datentabelle mischen, das Vorzeichen muss jedoch je Zeile in der Tabelle einheitlich sein.

**Diagrammattribute** | Flächendiagramm

Die Auswirkungen der Optionen unter OBJEKT • DIAGRAMM • ART... entsprechen denjenigen der Säulendiagramme.

Die Umkehrung der Stapelreihenfolge durch die Option 1. DATENZEILE VORNE ist wenig zielführend, da alle Flächen hinter der größten versteckt werden.

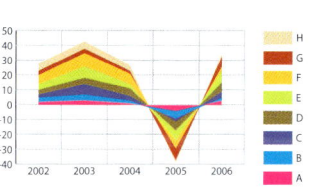

▲ **Abbildung 15.65**
Negative Werte in einer Zeile

## 15.5 Kombinierte Diagramme

Verschiedene Diagrammtypen können Sie in einem Diagramm verbinden, d. h., alle Daten werden in einer Datentabelle verwaltet, aber unterschiedlich dargestellt.

Bis auf Streudiagramme können alle Diagrammtypen miteinander kombiniert werden. Für die Praxis sind wahrscheinlich nur die Kombinationen von Säulen- oder Balkendiagrammen mit Liniendiagrammen sowie von Kreisdiagrammen mit Liniendiagrammen von Bedeutung.

> **Weitere Diagrammtypen?**
>
> Illustrators Vielfalt an Diagrammtypen ist leider begrenzt. Wenn Sie Wünsche haben, die über die hier beschriebenen Diagrammtypen hinausgehen, bleibt nur das Übernehmen von fertigen Diagrammen aus Excel. Diese können Sie in einigen Fällen über die Zwischenablage in Illustrator importieren, alternativ auf dem Weg über ein aus Excel erstelltes PDF. Die Daten sind dann natürlich in Illustrator nicht mehr editierbar.

**Abbildung 15.66** ▶
Zwei Diagrammtypen in einem Diagramm mit eigenen Designs

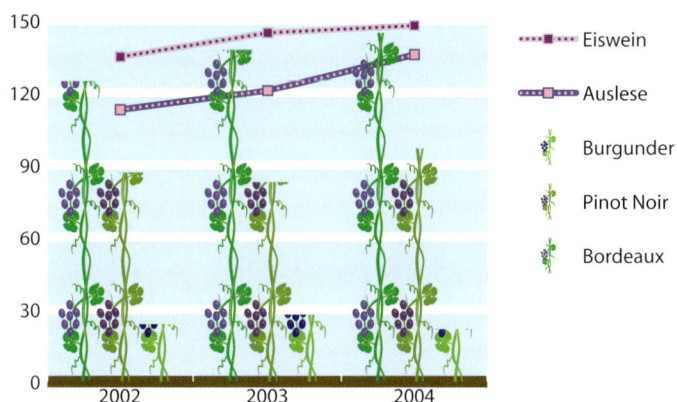

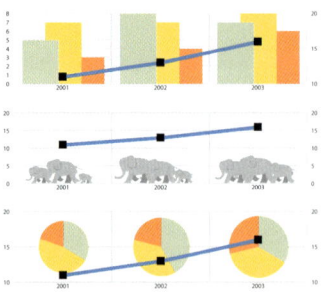

▲ **Abbildung 15.67**
Verschiedene Diagrammkombinationen. Oben: unterschiedliche Werte auf beiden Achsen

Um eine Kombination aus einem Balken- oder Kreisdiagramm mit einem Liniendiagramm zu erstellen, formatieren Sie Ihr Diagramm zunächst als Balken- bzw. Kreisdiagramm. Achten Sie darauf, dass die Daten, die Sie später als Linie darstellen möchten, an vorderster Stelle abgebildet werden.

Falls Sie für jedes Diagramm eine eigene Wertachse verwenden möchten, formatieren Sie Ihr Diagramm in den jeweiligen Diagrammoptionen mit Wertachsen an beiden Seiten. Anschließend gehen Sie wie folgt vor:

1. Wählen Sie das Gruppenauswahl-Werkzeug, und klicken Sie auf die Legende der Datenreihe, die Sie umformatieren möchten. Die Legende wird aktiviert. Klicken Sie erneut, um die zugehörigen Balken bzw. Segmente zusätzlich zur Legende zu aktivieren.
2. Rufen Sie OBJEKT • DIAGRAMM • ART… auf, und wählen Sie LINIENDIAGRAMM als Diagrammtyp aus.
3. Wählen Sie aus dem Menü WERTACHSE, auf welcher Achse Sie die Werte des Liniendiagramms anzeigen möchten. Definieren Sie die Optionen für die Anzeige der Linie – mit oder ohne DATENPUNKTE bzw. LINIEN FÜLLEN. Bestätigen Sie mit OK.

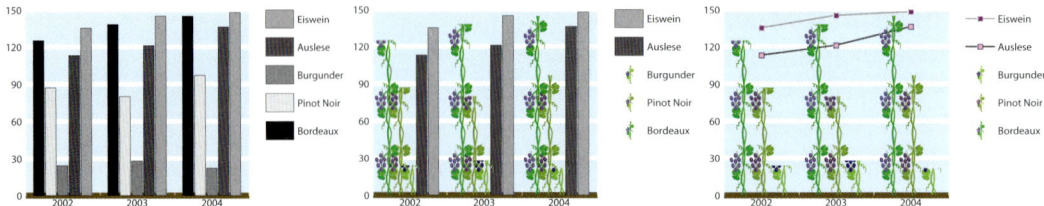

▲ **Abbildung 15.68**
So entsteht aus einem einfachen Balkendiagramm ein kombiniertes Balken- und Liniendiagramm.

# 15.6 Streudiagramme

Streudiagramme helfen dabei, Regelmäßigkeiten oder Tendenzen in Daten zu erkennen und Abhängigkeiten zwischen Wertepaaren zu entdecken. Sie werden z. B. zur Auswertung physikalischer Versuche verwendet.

### Streudiagramm oder Punktdiagramm

Im Unterschied zu anderen Diagrammtypen werden bei dieser Art an beiden Achsen Werte abgetragen. An Koordinatenpaaren entstehen Datenpunkte.

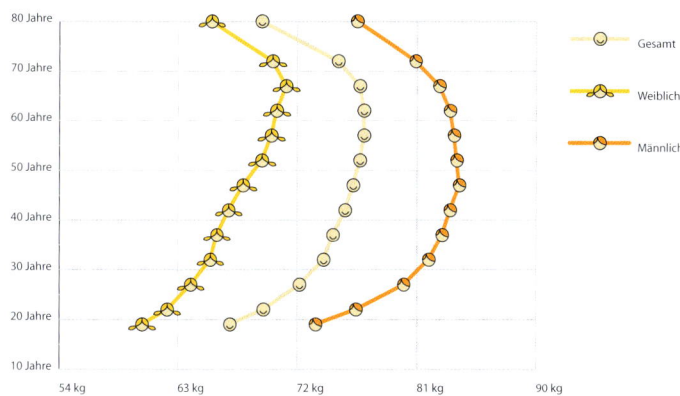

◂ **Abbildung 15.69**
Ein Streudiagramm hilft beim Aufspüren von Regelmäßigkeiten und Abhängigkeiten. Hier: das Verhältnis zwischen Alter und Gewicht der deutschen Bevölkerung

### Dateneingabe | Streudiagramm

Die Daten für ein Streudiagramm müssen Sie grundsätzlich anders eingeben als für andere Diagrammtypen. Es ist auch nicht möglich, eine falsche Dateneingabe per Achsentausch zu korrigieren.

Männlich

| Männlich | | Weiblich | | Gesamt | |
|---|---|---|---|---|---|
| Alter | Gewicht | Alter | Gewicht | Alter | Gewicht |
| 19,00 | 73,40 | 19,00 | 60,30 | 19,00 | 67,00 |
| 22,00 | 76,40 | 22,00 | 62,20 | 22,00 | 69,50 |
| 27,00 | 80,00 | 27,00 | 64,00 | 27,00 | 72,20 |
| 32,00 | 81,90 | 32,00 | 65,50 | 32,00 | 74,00 |
| 37,00 | 82,90 | 37,00 | 66,00 | 37,00 | 74,70 |
| 42,00 | 83,50 | 42,00 | 66,90 | 42,00 | 75,60 |

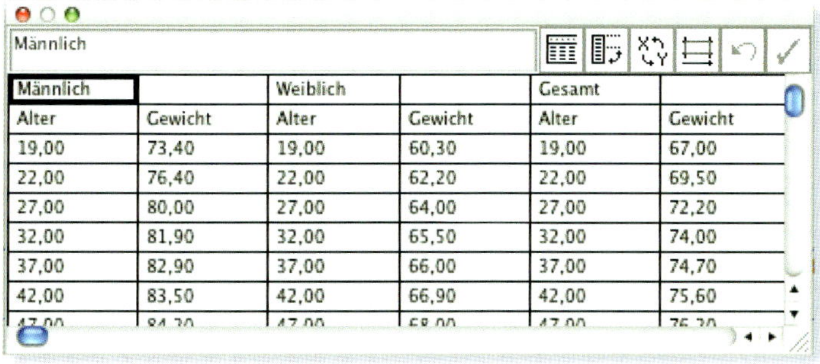

◂ **Abbildung 15.70**
Die Datentabelle für das Diagramm aus Abbildung 15.69

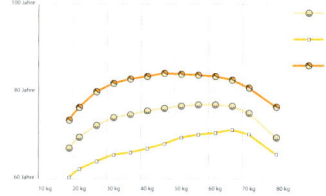

▴ **Abbildung 15.71**
Auswirkung von x/y-Vertauschen auf die Tabelle aus Abbildung 15.70

Tragen Sie zunächst in der ersten Zeile über jeder zweiten Spalte die Beschriftungen für Ihre einzelnen Datenreihen ein. Eine Datenreihe besteht jeweils aus Wertepaaren, die in Spalten nebeneinander eingetragen werden – die Werte in der linken der beiden Spalten werden an der y-Achse abgebildet. Zu einem spä-

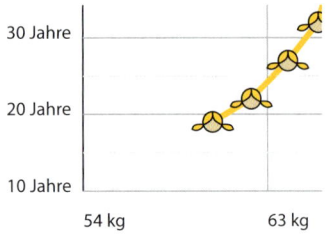

▲ **Abbildung 15.72**
Präfix und Suffix in der Achsenbeschriftung

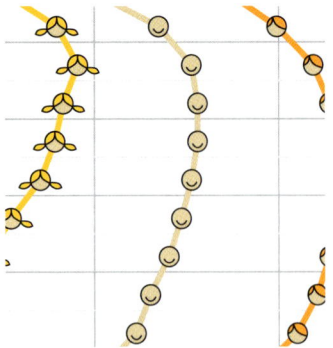

▲ **Abbildung 15.73**
Eigene Punkte-Designs im Streudiagramm

teren Zeitpunkt können Sie die Belegung wechseln, indem Sie den x/y VERTAUSCHEN-Button klicken.

In der zweiten Zeile der Tabelle tragen Sie die Überschriften für diese Wertepaare ein – in den Achsen des Diagramms tauchen diese nicht auf. In den folgenden Zeilen geben Sie die Daten ein. Sie können positive und negative Werte mischen.

Die Beschriftungen »Jahre« und »kg« im Beispiel-Diagramm der vorhergehenden Seite wurden mit Präfix und Suffix in den Diagrammattributen realisiert.

**Diagrammattribute | Streudiagramm**
Die Optionen für die Darstellung der Punkte und Linien entsprechen denjenigen der Liniendiagramme (siehe Abschnitt 15.4). Die Wert- und Kategorienachsen-Attribute entsprechen denen der Säulen- und Balkendiagramme (siehe Abschnitt 15.3).

**Eigene Punkte-Designs**
Die Standardpunkte können Sie auch bei Streudiagrammen durch eigene Designs ersetzen – die Vorgehensweise entspricht derjenigen beim Liniendiagramm. Lesen Sie dazu die Anleitung »Eigene Punkte-Designs« in Abschnitt 15.4.

## 15.7 Netzdiagramme

Dieser Diagrammtyp ist gut für den Vergleich von Ist-/Soll-Werten geeignet. Auch in der Marktforschung oder zur Visualisierung von Profilen, die sich als Fläche in einem Koordinatensystem von Eigenschaften abbilden, verwendet man Netzdiagramme.

**Netzdiagramm oder Radardiagramm**
Die Achsen aller Werte werden kreisförmig im gleichen Abstand um einen Nullpunkt verteilt. Die Ergebnisse der einzelnen Datenreihen trägt man auf diesen Achsen ein und verbindet jeweils die Werte einer Datenreihe untereinander. Auf diese Weise sind die Unterschiede zwischen den Datenreihen relativ zu einem Nullpunkt gut miteinander zu vergleichen.

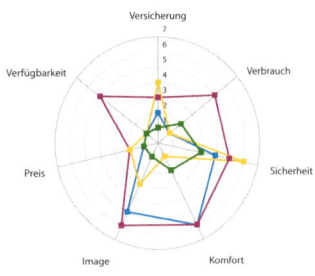

▲ **Abbildung 15.74**
Eine typische Anwendung eines Netzdiagramms in der Marktforschung

**Dateneingabe | Netzdiagramm**
Geben Sie die Daten wie für Balken- oder Liniendiagramme ein. Die zu vergleichenden Eigenschaften tragen Sie in der linken Spalte ein. Die Beschriftungen der Legende werden in der oberen Zeile eingegeben. Auf der verkehrten Achse eingegebene Daten können Sie mit dem Button REIHE/SPALTE VERTAUSCHEN jederzeit korrigieren.

◄ **Abbildung 15.75**
Dateneingabe für Netzdiagramme

Sie können positive und negative Werte mischen. Übersichtlicher und besser lesbar sind Netzdiagramme allerdings mit Werten eines Vorzeichens.

**Diagrammattribute | Netzdiagramm**
Die Einstellungsmöglichkeiten entsprechen denen des Liniendiagramms. Wertachsen sind bei diesem Diagrammtyp radiale Achsen vom Kreismittelpunkt nach außen. Für Kategorieachsen stehen keine Optionen zur Verfügung.

## 15.8 Diagramme weiterbearbeiten

Wie bereits einleitend beschrieben, fängt die eigentliche Arbeit zu dem Zeitpunkt an, wenn Illustrator aus Ihren Daten ein Diagramm erzeugt hat. Sie können alle Werkzeuge des Programms benutzen, der 3D-Effekt bietet sich aber besonders an.

**Allgemeine Hinweise zur Diagrammbearbeitung**
Die Diagrammfunktion ist eine sehr alte Illustrator-Funktion, die seit ihrer Einführung in Illustrator 5 kein wesentliches Update erfahren hat.

Daher kann eine Änderung an den Diagramm-Daten oder -Attributen zu unerwarteten Ergebnissen führen: Häufig verliert das Diagramm nach Änderungen etliche Eigenschaften wie Farben, Effekte oder eine Skalierung. In ganz extremen Fällen sind die Balken nach der Änderung der Daten wieder grau.
Dies vermeiden Sie durch folgende Maßnahmen:
- Farben: Weisen Sie Farben nicht per Drag & Drop, sondern mit dem Farbfelder-Bedienfeld zu.
- Skalieren: Skalieren Sie das Diagramm mit dem Skalieren-Werkzeug statt mit dem Transformieren- oder dem Steuerungsbedienfeld.

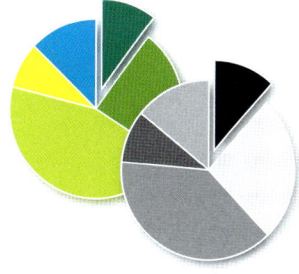

▲ **Abbildung 15.76**
Nach einer Änderung an der Datentabelle hat das Diagramm einige Formatierungen eingebüßt.

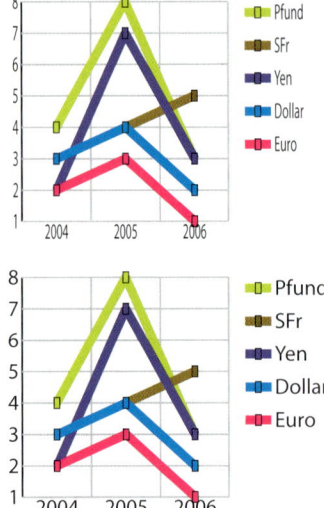

▲ Abbildung 15.77
»Zurücksetzen« der unproportional skalierten Schrift

▲ Abbildung 15.78
3D-Effekt EXTRUDIEREN

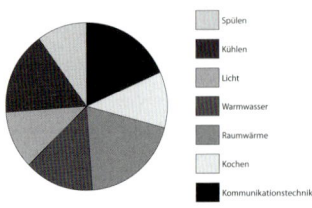

▲ Abbildung 15.79
Ausgangsdiagramm

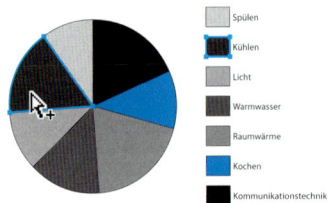

▲ Abbildung 15.80
Aktivieren eines Datensatzes mit dem Gruppenauswahl-Werkzeug

▶ Effekte: Erstellen Sie Grafikstile von Ihren Effekten, und weisen Sie diese den Balken zu.

### Diagramme skalieren

Die Größe eines Diagramms lässt sich im Nachhinein mithilfe des Skalieren-Werkzeugs ändern (siehe Anmerkung zum Skalieren im vorigen Absatz »Allgemeine Hinweise zur Diagrammbearbeitung«). Die Skalierung betrifft auch die Schriften, die Sie daher im Anschluss an die Skalierung neu formatieren müssen.

Die Schriften stellen das größte Problem bei der nicht-proportionalen Skalierung eines Diagramms dar. Verzerrte Schriften korrigieren Sie nach dem Skalieren mit dem Tastaturbefehl ⌘+⇧+X bzw. Strg+⇧+X.

### Diagramm 3D

Sie können sehr einfach Tortendiagramme oder dreidimensionale Liniendiagramme erzeugen, indem Sie den 3D-Effekt auf das komplette Diagramm anwenden. Der »Clou« daran ist: Die Daten bleiben editierbar.

Da der 3D-Effekt auf das komplette Diagramm angewendet wird, sind alle Beschriftungen nach Anwendung des 3D-Effekts unleserlich – diese sollten Sie also unabhängig, z. B. mithilfe von Verzerrungshüllen (siehe Kapitel 10) erstellen. Damit die Originaltexte des Diagramms versteckt sind, wählen Sie sie mit dem Gruppenauswahl-Werkzeug aus und weisen ihnen die Füllung OHNE zu. Auch Teilstriche können stören. Verstecken Sie sie mithilfe der Diagrammattribute.

Aktivieren Sie das Diagramm mit dem Auswahl-Werkzeug, und wählen Sie unter EFFEKT • 3D den passenden 3D-Effekt (3D siehe Kapitel 17).

### Dynamische Daten

Diagrammdaten können Sie mit Datentabellen verknüpfen und so die Werte einfach aktualisieren oder die Diagramme in dynamische Bilderzeugungssysteme einbinden (zu Variablen siehe Abschnitt 21.3, zur dynamischen Bilderzeugung siehe Abschnitt 20.3, »SVG«).

### Schritt für Schritt: 3D-Tortendiagramm

**1** **Diagrammdaten eingeben**

Öffnen Sie die Datei »Energieverbrauch.txt« von der DVD in einem Textbearbeitungsprogramm wie TextEdit oder Notepad. Aktivieren alles, und kopieren Sie die Daten. In Illustrator ziehen

Sie ein neues Kreisdiagramm auf und fügen die Daten aus der Zwischenablage in das Datenfenster ein. Bestätigen Sie die Eingabe, und schließen Sie das Datenfenster.

### 2 Farben definieren

Wählen Sie einen Datensatz (bestehend aus dem Diagrammanteil und der Legende) aus, indem Sie mit dem Gruppenauswahl-Werkzeug zweimal langsam hintereinander auf ein »Tortenstück« klicken. Weisen Sie dem Datensatz eine Farbe zu. Gehen Sie auf diese Art bei allen Datensätzen vor, um diese unterschiedlich einzufärben.

Abschließend aktivieren Sie das komplette Diagramm mit dem Auswahl-Werkzeug und setzen die Kontur auf OHNE.

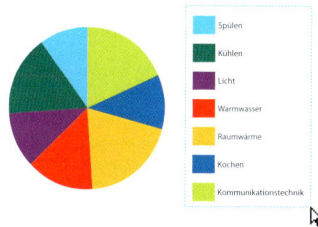

▲ **Abbildung 15.81**
Aktivieren der Legende mit dem Direktauswahl-Werkzeug

### 3 Legende

Wählen Sie mit dem Direktauswahl-Werkzeug alle Elemente aus, die zur Legende gehören, indem Sie ein Auswahlrechteck aufziehen. Kopieren Sie diese Elemente mit BEARBEITEN • KOPIEREN – Shortcut ⌘/Strg + C – in die Zwischenablage. Rufen Sie anschließend die Diagrammoptionen auf, und deaktivieren Sie die Anzeige der Legende.

Fügen Sie die kopierte Legende aus der Zwischenablage wieder ein. Die Legende ist jetzt nicht mehr Teil des Diagramms. Sie lässt sich unabhängig von diesem bearbeiten und ist ihrerseits von den Formatierungen des Diagramms – vor allem dem 3D-Effekt – nicht betroffen.

Die Höhe der Farbmarken in der Legende reduzieren Sie mit der Funktion EINZELN TRANSFORMIEREN.

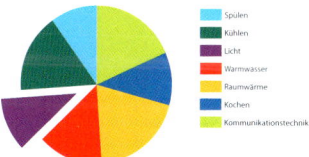

▲ **Abbildung 15.82**
Die Legende wurde kompakter gestaltet. Ein Teilstück ist herausgezogen.

### 4 Teil herausziehen

Mit dem Direktauswahl-Werkzeug aktivieren Sie das »Tortenstück«, das in der Darstellung hervorgehoben werden soll, und ziehen es aus der Mitte nach außen.

### 5 3D-Effekt

Klicken Sie mit dem Auswahl-Werkzeug auf das Diagramm, um es insgesamt auszuwählen. Rufen Sie EFFEKT • 3D • EXTRUDIEREN UND ABGEFLACHTE KANTE auf (mehr zu 3D lesen Sie in Kapitel 17).

In der Dialogbox aktivieren Sie die Vorschau und geben unter TIEFE DER EXTRUSION einen Wert um 20 Pt ein. Die dreidimensionale Drehung des Objekts richten Sie mithilfe des Würfels ein.

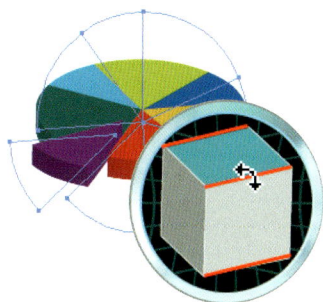

▲ **Abbildung 15.83**
Ausrichten des 3D-Objekts im Raum

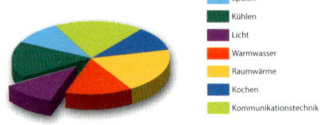

▲ **Abbildung 15.84**
Das Torten-Diagramm mit Schatten

### Achtung: Gruppierung lösen

Nach dem Lösen der Gruppierung sind die Diagrammdaten nicht mehr editierbar.

Haben Sie die Gruppierung eines Diagramms unabsichtlich gelöst, widerrufen Sie den Arbeitsschritt mit BEARBEITEN • RÜCKGÄNGIG.

### 6  Schatten

Mit einem Schatten verleihen Sie der Darstellung etwas Tiefe. Wählen Sie EFFEKT • STILISIERUNGSFILTER • SCHLAGSCHATTEN (mehr zu Effekten lesen Sie in Kapitel 17).

Aktivieren Sie auch in dieser Dialogbox die Vorschau, und stellen Sie die Optionen nach Bedarf ein.

### Diagramme »umwandeln«

Benötigen Sie die Teile des Diagramms als Vektorobjekte, um sie mit Optionen weiterzubearbeiten, die Ihnen für Diagramme nicht zur Verfügung stehen, so aktivieren Sie das Diagramm mit dem Auswahl-Werkzeug und wählen OBJEKT • GRUPPIERUNG AUFHEBEN – Shortcut ⌘/Strg+⇧+G.

Die Beschriftungen, Diagrammgitternetze und Diagrammteile sind jeweils gruppiert. Lösen Sie diese weiteren Gruppierungen nach Bedarf.

# 16  Muster und Symbole

Muster und Symbole sind Mittel, um große Mengen sich gleichförmig oder unregelmäßig wiederholender Details zu illustrieren. Obendrein sparen Sie durch die Verwendung dieser Funktionen Speicherplatz beim Sichern Ihrer Dokumente.

Sowohl Mustern als auch Symbolen begegnen Sie außerdem im Zusammenhang mit ganz anderen Funktionen – Muster benötigen Sie zur Herstellung von Musterpinseln, und Symbole werden beim »Mapping« von 3D-Objekten gebraucht.

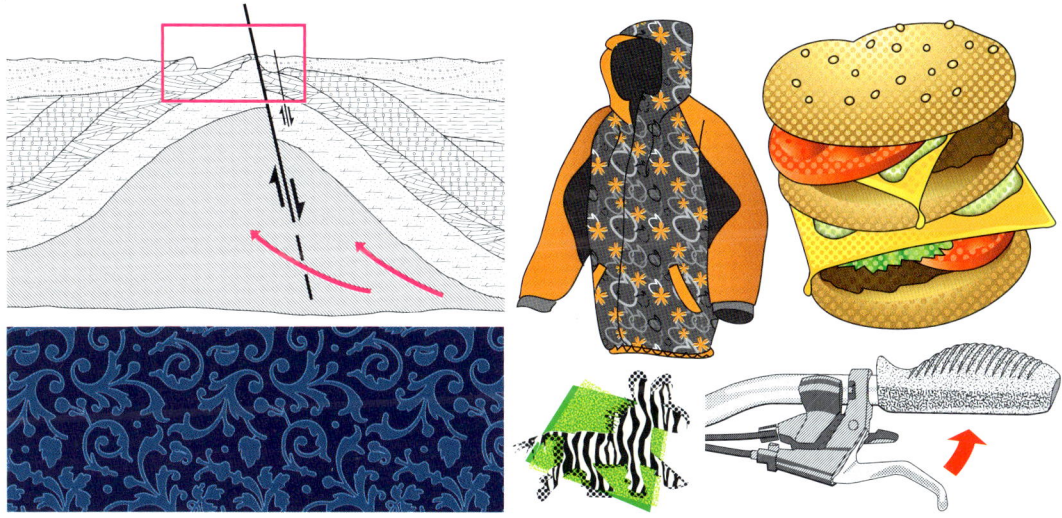

◄ **Abbildung 16.1**
Anwendungen für Füllmuster sind z. B. Planzeichnungen, Modedesign, technische und freie Illustration.

## 16.1  Füllmuster

Ein Muster ist ein Rapport, bestehend aus mehreren Vektorobjekten, der, wie Keramik-Fliesen aneinander gelegt, eine Objekttextur ergibt. Füllmuster werden als Musterfelder im Farbfelder-Bedienfeld des Dokuments bzw. in einer Farbfelder-Bibliothek verwaltet (zum Farbfelder-Bedienfeld und -Bibliothek siehe Abschnitt 8.7). Mithilfe von Mustern können Sie von der einfachen Schraffur bis zur aufwendigen Oberflächenimitation eine große Bandbreite an Füllungen erzeugen. Ohne Muster undenkbar sind neben dem Mode- und Textildesign zum Beispiel technische Illustrationen sowie Planzeichnungen in der Architektur, Geologie und Kartografie. Gerade für letztere Anwendungsbereiche existiert auch eine Vielzahl vorgefertigter Muster-Bibliotheken.

▲ **Abbildung 16.2**
Musterfelder im Farbfelder-Bedienfeld

### Muster anwenden

Musterfelder können Sie sowohl der Fläche als auch der Kontur eines Objekts zuweisen – in der Regel bieten sich zur Gestaltung der Objektkontur aber eher Musterpinsel als Muster-Farbfelder an (zu Muster-Pinseln siehe Kapitel 9).

Möchten Sie eine Form mit einem Muster füllen, aktivieren Sie das Objekt, wählen FLÄCHE oder KONTUR im Werkzeugbedienfeld und klicken im Farbfelder-Bedienfeld auf das gewünschte Muster.

### Ausrichtung der Muster-Kachelung

▲ **Abbildung 16.3**
Das Muster wird am Linealnullpunkt ausgerichtet.

Die Ausrichtung des Musters bezieht sich immer auf den Linealnullpunkt – auch mit mehreren Zeichenflächen besitzt ein Illustrator-Dokument nur einen Linealnullpunkt (mehr dazu in Kapitel 4). Von dort aus wiederholt Illustrator die Rapporte entlang der x-Achse nebeneinander und entlang der y-Achse übereinander. Die Begrenzung eines Musterelements ergibt sich aus einem Begrenzungsrechteck – einem ungefüllten nichtkonturierten Rechteck unten in der Stapelreihenfolge des Musterelements.

Die Ausrichtung der Musterfüllung am Objekt ergibt sich daher daraus, an welcher Stelle der Zeichenfläche es sich befindet, wenn Sie die Füllung zuweisen.

### Muster mit Objekten transformieren

▲ **Abbildung 16.4**
Ohne (links) und mit (rechts) aktivierter Option MUSTER TRANSFORMIEREN

Beim Transformieren eines Objekts haben Sie die Wahl, ob Sie die Musterfüllung zusammen mit dem Objekt umformen möchten. Eine Grundeinstellung für Ihre Arbeit mit Illustrator nehmen Sie in den Voreinstellungen vor. Rufen Sie VOREINSTELLUNGEN • ALLGEMEIN… auf, und aktivieren oder deaktivieren Sie die Option MUSTER TRANSFORMIEREN.

▶ Option deaktiviert: Die Ausrichtung des Musters ist weiterhin an die Zeichenfläche gebunden. Wenn das Objekt transformiert wird, ist das Muster davon nicht betroffen.

▶ Option aktiviert: Das Muster ist an das Objekt gebunden und wird mit ihm zusammen transformiert – bewegt, gedreht, skaliert, gespiegelt.

Die Grundeinstellung übernimmt Illustrator in die Optionen von Transformieren-Bedienfeld und -Werkzeugen. Sie können sie dort für jede Transformation individuell einstellen (zum Transformieren von Objekten siehe Kapitel 5).

**Nur Muster transformieren**
Es gibt verschiedene Möglichkeiten, wenn Sie das Muster transformieren möchten, ohne das Objekt zu verändern.

**Transformieren-Bedienfeld |** Aktivieren Sie im Menü des Transformieren-Bedienfelds die Option Nur Muster transformieren. Aktivieren Sie das Objekt, und geben Sie die gewünschten Werte ein.

Denken Sie daran, die Option im Bedienfeldmenü vor der nächsten Transformation zu überprüfen – Illustrator zeigt ein kleines Warndreieck im Bedienfeld, um Sie darauf hinzuweisen, dass Nur Muster transformieren aktiv ist.

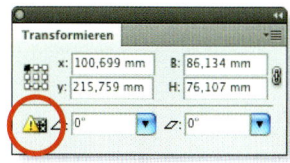

▲ Abbildung 16.5
Warnhinweis bei Nur Muster transformieren

**Transformieren-Werkzeuge |** Mit den Transformieren-Werkzeugen haben Sie zwei Möglichkeiten:
1. Per Eingabe: Aktivieren Sie das Objekt, und doppelklicken Sie auf das gewünschte Werkzeug im Werkzeugbedienfeld, um die Dialogbox aufzurufen. Deaktivieren Sie unter Optionen alle bis auf Muster und geben die gewünschten Werte ein.
2. Intuitiv: Aktivieren Sie das Objekt, und wählen Sie ein Transformieren-Werkzeug bzw. (zum Verschieben) das Auswahl-Werkzeug. Drücken Sie die Taste ⟨<⟩ (Mac)/⟨^⟩ (Win – bitte beachten Sie den Hinweis), während Sie die Transformation ausführen.

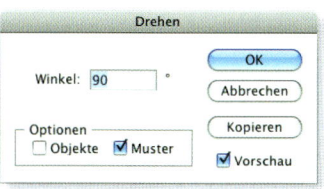

▲ Abbildung 16.6
Die Drehen-Dialogbox

**Win: Muster transformieren**

Unter Windows funktioniert das intuitive Bearbeiten von Mustern mit den Transformieren-Werkzeugen nur, wenn Sie vorher die Tastaturbelegung in den Betriebssystem-Einstellungen auf US-Englisch umstellen.

**Muster zurücksetzen**
Möchten Sie den Originalstatus eines Musters wiederherstellen, aktivieren Sie das Objekt und weisen ihm das Musterfeld erneut zu.

**Muster und Verzerrungen**
Wenn Sie ein Objekt mittels einer Verzerrungshülle (aber nicht als Verkrümmungs-Effekt) verformen, können Sie unter Objekt • Verzerrungshülle • Hüllen-Optionen… vorgeben, wie Illustrator mit einem dem Objekt zugewiesenen Muster verfahren soll. So ist es möglich, das Muster gemeinsam mit dem Objekt zu verzerren.

Mit den Verkrümmungs-Effekten unter Effekt • Verkrümmungsfilter ist es nicht möglich, Musterfüllungen zu verzerren (mehr zu Verzerrungshüllen siehe Abschnitt 10.6).

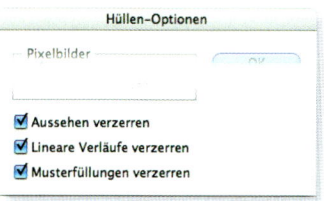

▲ Abbildung 16.7
Hüllen-Optionen (Ausschnitt)

16.1 Füllmuster | **523**

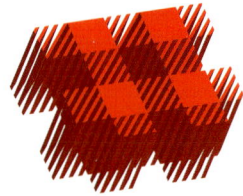

▲ **Abbildung 16.8**
Mit einem Füllmuster versehene extrudierte Form

3D-Effekte werden auf Musterfüllungen angewendet, als wären es Vektorformen. Daher sollten Sie Muster als »Mapping« auf das 3D-Objekt aufbringen (zu 3D-Effekten siehe Kapitel 17).

### Musterfelder laden

Die Standard-Dokumentprofile enthalten nur wenige Musterfelder. Viele weitere wurden jedoch bei der Installation als Bibliotheken auf Ihre Festplatte gespeichert.

Um die Bibliotheken zu laden, wählen Sie MUSTER mit dem Button MENÜ »FARBFELDBIBLIOTHEKEN« im Farbfelder-Bedienfeld – rufen Sie dann aus den Untermenüs eine Bibliothek auf (mehr zu Farbfelder-Bibliotheken siehe Abschnitt 8.7).

Für die meisten der Musterfelder werden Sie in alltäglichen Projekten kaum Verwendung finden. Unter EINFACHE GRAFIKEN finden Sie jedoch Rasterpunkte und -linien à la Roy Lichtenstein sowie einige für Landkarten geeignete Muster.

▲ **Abbildung 16.9**
Einige der mitgelieferten Muster

### Muster umfärben

Die Funktion INTERAKTIVE FARBE ermöglicht ein unkompliziertes Umfärben von Musterfeldern. Gehen Sie wie folgt vor, um die Farben in Mustern zu ändern:

1. Weisen Sie das Muster einem Objekt zu.
2. Aktivieren Sie das Objekt, und rufen Sie BEARBEITEN • FARBEN BEARBEITEN • BILDMATERIAL NEU FÄRBEN... auf.
3. Nehmen Sie die Änderungen vor (INTERAKTIVE FARBE siehe Kapitel 8) – das ausgewählte Objekt zeigt die Wirkung Ihrer Optionen. Sobald Sie die Dialogbox mit OK schließen, wird ein Duplikat des Musterfelds mit den geänderten Farben erzeugt.

> **Muster-Ressourcen**
>
> Weitere Muster-Bibliotheken gibt es bei Adobe Exchange unter www.adobe.com/exchange. Umfangreiche Bibliotheken mit Mustern für geologische Karten hat das U.S. Geological Survey unter *http://pubs.usgs.gov/of/1999/of99-430/*.

### Muster bearbeiten

Möchten Sie über Farbänderungen hinausgehende Bearbeitungen an Musterfeldern vornehmen, müssen Sie diese an den Bestandteilen der Mustergrafik durchführen und von der geänderten Grafik ein neues Musterfeld erstellen bzw. das bestehende überschreiben.

Um ein Musterfeld zu bearbeiten, deaktivieren Sie zunächst alle Objekte auf der Zeichenfläche. Anschließend ziehen Sie das Musterfeld aus dem Farbfelder-Bedienfeld auf die Zeichenfläche. Die zum Musterfeld gehörenden Objekte sind gruppiert. Zur Bearbeitung doppelklicken Sie auf die Gruppe, um in den Isolationsmodus zu gelangen – in diesem Modus arbeiten Sie so, als wären die Objekte nicht gruppiert. Alternativ lösen Sie die Gruppierung auf.

▲ **Abbildung 16.10**
Musterfeld zum Editieren auf die Zeichenfläche ziehen

Wie Sie ein neues Muster-Farbfeld erstellen bzw. ein bestehendes Musterfeld ersetzen, erfahren Sie in den Schritt-für-Schritt-Anleitungen im Anschluss an diesen Abschnitt.

**Muster planen**
In einem Musterdesign dürfen Sie mit Farbfläche und Kontur versehene Pfade, zusammengesetzte Pfade oder zusammengesetzte Formen verwenden. Ein Muster kann Transparenzeinstellungen, Pinselkonturen, Effekte, Verläufe, Pixelbilder, Textobjekte und Angleichungen enthalten. Ein Objekt, das selbst mit einer Musterfüllung versehen ist, darf jedoch nicht Bestandteil eines Musterfelds sein.

Pinselkonturen, mit Effekten versehene Objekte und Überblendungen wandelt Illustrator automatisch um, sobald Sie davon ein Musterfeld erstellen. Falls Sie überlegen, die Originalformen weiterzubearbeiten, sollten Sie sie gesondert abspeichern.

Ein Muster wird auf der Basis einer Rechteckform wiederholt, daher müssen Sie Ihr Design so entwickeln, dass die Formen an den jeweils gegenüberliegenden Seiten dieses Rechtecks aneinander anschließen.

▲ **Abbildung 16.11**
Musterfelder

**Muster und Transparenz |** Ein Muster deckt nur an den Stellen, an denen es opake Objekte enthält. Andere Bereiche sind transparent. Daher können Sie in Ihren Illustrationen mit überlagerten Mustern und »Löchern« arbeiten.

Möchten Sie, dass die Musterfüllung eines Objekts darunterliegende Bereiche der Grafik abdeckt, können Sie eine deckende Grundfläche in Ihrem Muster anlegen. Nichtdestoweniger ist das unterste Objekt eines Musterelements immer das Begrenzungsrechteck, das keine Füllung und Kontur besitzt. Falls Sie dieses Begrenzungsrechteck nicht erstellen, wird es automatisch auf Basis des Begrenzungsrahmens der beteiligten Objekte generiert.

**Muster flexibel gestalten**

Flexibler arbeiten Sie, wenn Sie im Musterfeld keine deckende Grundfläche erzeugen und stattdessen mit dem Aussehen-Bedienfeld eine zweite Fläche unter der Musterfläche anlegen.

**Musterfelder-Optimierung |** Die programmtechnische Verarbeitung von Musterfüllungen ist von zwei Faktoren abhängig: von der Anzahl und Komplexität der zum Musterfeld gehörenden Elemente und von der Anzahl der für die Füllung des Objekts benötigten Musterwiederholungen. Weniger Vektorobjekte mit möglichst wenigen Ankerpunkten und eine geringe Anzahl Wiederholungen des Musterfelds auf dem Objekt sind effizienter. In die Musterfelder einfacher Füllungen können Sie daher mehrere Rapporte integrieren, um die optimale Balance zu finden.

Eine weitere Optimierung erreichen Sie, wenn Objekte mit gleichen Aussehen-Attributen an aufeinanderfolgender Position

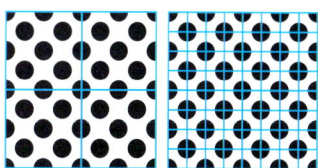
▲ **Abbildung 16.12**
Je kleiner der Rapport ist, desto mehr Musterfelder sind nötig, um eine Fläche zu füllen.

in der Stapelreihenfolge der Objekte liegen – gruppieren Sie sie zu diesem Zweck (Aussehen siehe Kapitel 11).

### Lücken in gemusterten Flächen

Wenn Ihr Muster nach der Anwendung am Objekt Lücken zeigt, liegt dies meistens am fehlenden Begrenzungsrechteck. Das Musterelement links besitzt Elemente, die über die violette Grundfläche hinausreichen. Daher müssen Sie hinter den Elementen ein Rechteck in derselben Größe wie die violette Fläche, jedoch ohne Kontur und Fläche, anlegen.

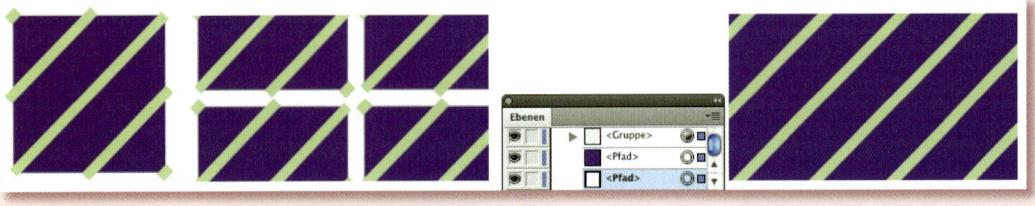

▲ **Abbildung 16.13**
Muster mit sehr einfachem Rapport

### Muster erstellen

Beim Design eines Rapports kann grob unterschieden werden zwischen eher strengen geometrischen Mustern (aus denen sich relativ leicht ein Musterfeld entwickeln lässt) und komplexen unregelmäßigen Strukturen, bei deren Erstellung der kreative und der konstruktive Prozess enger miteinander verwoben sind.

### Schritt für Schritt: Einfache Muster erstellen

In der folgenden Übung werden Sie zwei einfache geometrische Muster erstellen und dabei die Funktionweise der Musterfelder kennenlernen. Häufig werden einfache Punkt- oder Streifenmuster gebraucht, für die Sie dieselbe Vorgehensweise anwenden können.

**Abbildung 16.14** ▶
Beispiele für einfache geometrische Punkt- und Streifenmuster

**1  Vorbereitung**

Zunächst bereiten Sie Ihre Arbeitsumgebung vor. Damit bei der Anwendung des Musterfelds wirklich alles nahtlos passt, ist es sinnvoll, die Einrastfunktionen von Illustrator zu verwenden. Mindestens das Einrasten am Punkt sollte aktiviert sein: Wählen

Sie ANSICHT • AN PUNKT AUSRICHTEN – Mac-Shortcut ⌘+⌥+
<, Windows-Shortcut Strg+Alt+.

Die magnetischen Hilfslinien können bei einigen Arbeiten eventuell stören, vor allem, wenn Sie Objekte nur um kurze Distanzen verschieben. Probieren Sie es einfach aus: Wählen Sie ANSICHT • MAGNETISCHE HILFSLINIEN – Shortcut ⌘/Strg+U.

Je nach der Art Ihres Entwurfs kann auch die Arbeit mit dem Raster hilfreich sein: ANSICHT • RASTER EINBLENDEN – Mac-Shortcut ⌘+<, Windows-Shortcut Strg+..

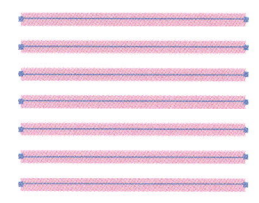

▲ **Abbildung 16.15**
Waagerechte Linien als Start

### 2  Streifenmuster beliebiger Schrägung

Meist ist es sinnvoll, Streifenmuster senkrecht oder waagerecht anzulegen und erst am Objekt zu drehen. Wenn Sie jedoch eine Schrägung bereits im Musterfeld definieren möchten, beginnen Sie mit einigen waagerechten Streifen im gewünschten Abstand und Konturstärke.

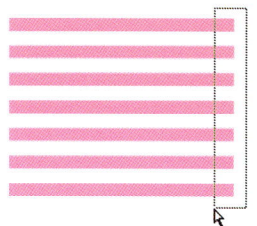

### 3  Schrägung erzeugen

Mit dem Direktauswahl-Werkzeug ziehen Sie ein Auswahlrechteck über alle rechten Punkte. Klicken Sie auf einen dieser Punkte und verschieben ihn exakt senkrecht nach oben – drücken Sie dazu ⇧ –, bis er an der ehemaligen Position eines anderen Punktes einrastet – der Cursor zeigt ▷.

▲ **Abbildung 16.16**
Auswählen der Punkte auf der rechten Seite

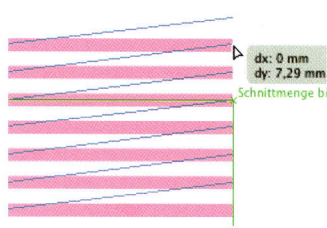

### 4  Rapport auswählen

Wählen Sie das Rechteck-Werkzeug, und erstellen Sie ein Rechteck über einem Rapport des Musters. Dieser reicht vom oberen linken bis zum unteren rechten Punkt.

▲ **Abbildung 16.17**
Verschieben der Punkte

### 5  Schraffur verlängern

Sie können jetzt noch kein Musterfeld erstellen, da die Konturen am Beginn und Ende der Linien jeweils angeschrägt sind. Daher müssen die Linien jeweils etwas verlängert werden, sodass sie den Rand des Rechtecks überragen. Da dabei die Konturstärke nicht verändert werden soll, deaktivieren Sie in den Voreinstellungen die Option KONTUREN UND EFFEKTE SKALIEREN. Dann selektieren Sie alle Linien und wählen OBJEKT • TRANSFORMIEREN • EINZELN TRANSFORMIEREN. Geben Sie einen Skalierungsfaktor von etwa 110 % für HORIZONTAL und VERTIKAL ein.

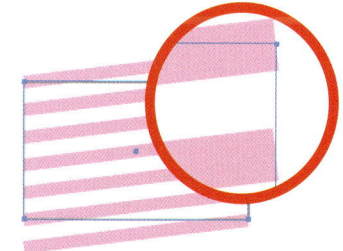

▲ **Abbildung 16.18**
Anlegen des Begrenzungsrechtecks

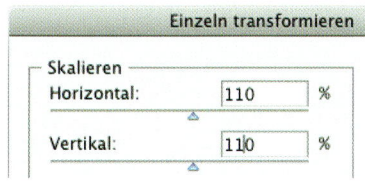

◀ **Abbildung 16.19**
Der Befehl EINZELN TRANSFORMIEREN verlängert alle Linien nach beiden Seiten.

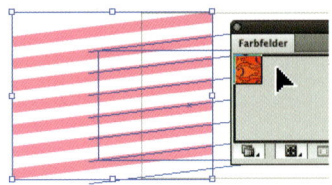

▲ **Abbildung 16.20**
Musterfeld erzeugen

### 6  Musterfeld erstellen

Das Rechteck wird jetzt zum Begrenzungsrechteck des Musters. Aktivieren Sie es, und weisen Sie dem Rechteck Fläche und Kontur OHNE zu. Stellen Sie das Rechteck anschließend ganz nach hinten im Objektstapel – rufen Sie das Kontextmenü auf, und wählen Sie ANORDNEN • IN DEN HINTERGRUND.

Aktivieren Sie alle Objekte des Musters sowie das Rechteck, und ziehen Sie alles in das Farbfelder-Bedienfeld. Deaktivieren Sie die Objekte auf der Zeichenfläche. Doppelklicken Sie auf den neuen Eintrag im Farbfelder-Bedienfeld, und geben Sie ihm einen aussagekräftigen Namen.

### Linienraster im 45°-Winkel

Um ein Muster mit Linien im 45°-Winkel zu erstellen, gehen Sie anders vor. Hier zeichnen Sie zuerst ein Quadrat als Grundfläche für das Muster. Anschließend ziehen Sie eine Linie im 45°-Winkel. Diese positionieren Sie auf einen Eckpunkt des Quadrats – dies geht am besten in der Pfadansicht und mit magnetischen Hilfslinien. Duplizieren Sie diese Linie auf den schräg gegenüberliegenden Eckpunkt. Dann erzeugen Sie eine Angleichung zwischen den beiden Linien. Mithilfe der Angleichung-Optionen lassen Sie die benötigte – ungerade – Anzahl Linien dazwischen erzeugen. Wandeln Sie die Angleichung um. Anschließend ist es auch möglich, einzelne Linien zu aktivieren und unterschiedlich einzufärben.

▲ **Abbildung 16.21**
Grundelement für das Muster

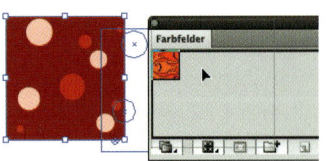

▲ **Abbildung 16.22**
Musterfeld erzeugen

### 7  Blutwurst-Muster

Markieren Sie mit einem Rechteck die Grundfläche des Musters. Diesem Rechteck geben Sie eine weinrote Fläche. Das Rechteck dient gleichzeitig als Begrenzungsrechteck des Musters. Das transparente Grundobjekt, das im vorigen Muster benötigt wurde, brauchen Sie hier nicht, da keine Objekte über den Rand des Rechtecks reichen werden.

### 8  Muster ergänzen

Verteilen Sie einige fleischfarbene und weiße Kreise verschiedener Größe auf der Grundfläche des Musters. Keiner dieser Kreise darf den Rand des Musters überragen.

### 9  Musterfeld erstellen

Aktivieren Sie das Rechteck und die Kreise, und ziehen Sie sie auf das Farbfelder-Bedienfeld. Deaktivieren Sie die Objekte auf der Zeichenfläche, und geben Sie auch diesem Musterfeld einen Namen.

**10  Musterfeld testen**

Erstellen Sie zwei Vektorformen, und weisen Sie diesen die beiden Musterfelder als Fläche zu. Achten Sie vor allem auf die Passgenauigkeit der Rapporte.

▲ Abbildung 16.23
Musterfelder testen

> **Feine weiße Linien in der Musterfläche**
>
> Diese Linien sind normalerweise nur durch das Glätten der Vektorobjekte in der Bildschirmdarstellung bedigt. Deaktivieren Sie die Option GEGLÄTTETES BILDMATERIAL unter VOREINSTELLUNGEN • ALLGEMEIN, dann sollten die weißen Linien verschwinden.

### Pinsel-Muster

Auch Musterpinsel basieren auf Musterfeldern. Anders als eine Musterfüllung besteht ein Musterpinsel aus bis zu fünf verschiedenen Mustern für Kanten, Ecken, Anfang und Ende.

Für die Erstellung von Musterfeldern zur Verwendung in Musterpinseln beachten Sie einige Richtlinien, die Sie in Kapitel 9 finden.

▲ Abbildung 16.24
Eckenelemente, Anfang, Ende und Kantenelement

### Schritt für Schritt: Ein unregelmäßiges Muster erstellen

In der folgenden Übung erstellen Sie ein Muster im Foliage-Design. Dieser beliebte Stil kann z. B. für Stoffdrucke, Geschenkpapiere oder die Gestaltung interessanter Hintergründe gebraucht werden. Die Grundelemente können Sie mithilfe von Pinseln und Symbolen selbst herstellen. In diesem Beispiel verwenden wir Grafiken aus Schrift-Fonts.

◀ Abbildung 16.25
Das fertiggestellte Muster

**1  Vorbereitung**

Setzen Sie einige passende Zeichen aus einem Font wie z. B. Adobe Woodtype Ornaments (er gehört zu den Fonts, die der Creative Suite beiliegen) oder einem ähnlichen (der Font in diesem Beispiel ist Bodoni Ornaments). Fonts dieser Art finden Sie

▲ Abbildung 16.26
Grundelemente aus den Schriften Woodtype Ornaments und Bodoni Ornaments

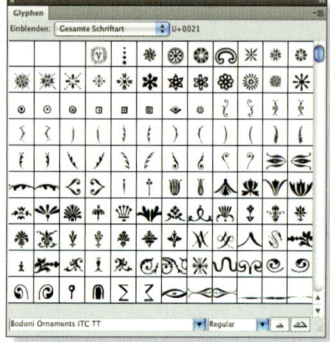

▲ **Abbildung 16.27**
Das Glyphen-Bedienfeld

**Abbildung 16.28** ▶
Links: Das Objekt wird um einen Punkt rechts oberhalb gedreht und dabei dupliziert. Eine weitere Kopie komplettiert die Grundstruktur.

### 45°-Winkel

Zu Beginn sollten Sie mit Verschiebungen in 45°-Winkeln arbeiten, da diese am einfachsten zu handhaben sind. Muster basieren auf rechtwinkligen Wiederholungen.

**Abbildung 16.29** ▶
Aus dem Grundelement wird eine Reihe erstellt.

auch auf Websites wie *www.dafont.com*, die kostenlose Schriften anbieten. Die passenden Zeichen können Sie mit dem Glyphen-Bedienfeld heraussuchen (zu Typografie s. Kapitel 14). Wandeln Sie den Text in Pfade um – Shortcut: ⌘/Strg+⇧+O. Die Gruppierung der umgewandelten Textobjekte müssen Sie außerdem lösen. Oder öffnen Sie die Datei »Foliage-Muster.ai« von der DVD, wenn Sie das Beispiel-Muster bearbeiten möchten.

### 2  Hauptelement

Suchen Sie das Hauptelement für das Muster aus den Formen aus. Aus diesem erstellen Sie eine netzartige Grundstruktur: bei gedrückter ⌥/Alt-Taste klicken Sie mit dem Drehen-Werkzeug etwas neben ein Ende der Form. Geben Sie »120°« ein, und klicken Sie auf KOPIEREN. Mit ⌘/Strg+D erstellen Sie eine weitere Kopie.

### 3  Reihe erstellen

Das Hauptelement wird jetzt zur netzartigen Struktur erweitert: Halten Sie ⌥/Alt und ⇧ gedrückt, und verschieben Sie das Grundobjekt. Die Tasten bewirken, dass eine Kopie erstellt wird und die Bewegung auf 45°-Winkelungen eingeschränkt ist. Verschieben Sie die Kopie so, dass die beiden Objekte ein wenig ineinander reichen.

Beim Verschieben der Kopie müssen Sie im »ersten Anlauf« den gewünschten Abstand erzielen – dies benötigen wir für die weitere Vorgehensweise. Falls Ihnen die Position nicht gefällt, widerrufen Sie den Schritt und probieren es noch einmal.

Erzeugen Sie drei weitere Kopien, indem Sie mehrfach ⌘/Strg+D drücken.

### 4  Netz erstellen

Aktivieren Sie die ganze Reihe Objekte, drücken Sie wieder ⌥/Alt, und verschieben Sie die Reihe nach unten – dies muss nicht exakt senkrecht erfolgen. Wählen Sie den Abstand so, dass auch die Reihen ineinander verschlungen sind. Die beiden Reihen wählen Sie aus und verschieben sie senkrecht nach unten. Halten Sie beim Verschieben D gedrückt.

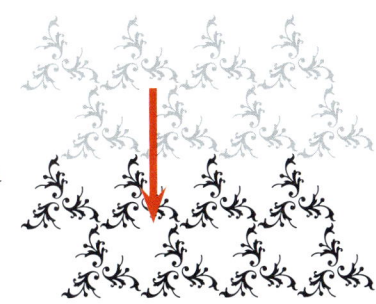

◀ **Abbildung 16.30**
Dieses Netz ist die Basis für das Muster.

### 5  Begrenzungsrechteck

Erstellen Sie ein Begrenzungsrechteck für das Grundelement Ihres Musters. Aktivieren Sie ANSICHT • MAGNETISCHE HILFSLINIEN, und klicken Sie mit dem Rechteck-Werkzeug auf einen markanten Ankerpunkt. Ziehen Sie ein Rechteck auf, das einen Rapport umfasst. Überprüfen Sie, ob das Rechteck exakt gesetzt ist, indem Sie in die Pfadansicht wechseln und an die markanten Ecken heranzoomen.

Dem Rechteck geben Sie eine hellblaue Kontur – damit stört es beim Arbeiten nicht, dient aber dennoch als Orientierung – und wählen OBJEKT • ANORDNEN • IN DEN HINTERGRUND.

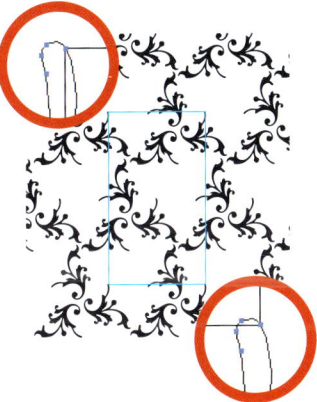

▲ **Abbildung 16.31**
Begrenzungsrahmen

### 6  Grundelemente fixieren

Aktivieren Sie alle Objekte, und drücken Sie ⌘/Strg+2, um sie zu sperren und damit vor unbeabsichtigten Transformationen zu schützen.

### 7  Ergänzen des Musters

Suchen Sie sich weitere passende Elemente aus den Glyphen der gewählten Schrift aus, um die Sie die »Maschen« des Netzes ergänzen können. Positionieren Sie die ergänzenden Elemente im Bereich des Begrenzungsrahmens, und arbeiten Sie die Grafik aus. Wenn das Musterelement am Rand seines Begrenzungsrahmens zu ergänzen ist, sollten Sie möglichst nur nach einer Seite arbeiten (siehe Abbildung 16.32) Es ist nicht einfach, die gleichmäßige Verteilung der Bestandteile zu realisieren. In den meisten Fällen werden Sie einige Versuche mit Ihrem Muster durchführen und Details korrigieren müssen, bis die Wirkung »stimmt«.

▲ **Abbildung 16.32**
Arbeiten Sie an kompletten »Maschen« (gelb markiert). Objekte werden später passgenau in die Teilbereiche kopiert (rot).

▲ Abbildung 16.33
Teile für kleine Lücken

## 8  Größenanpassungen

Bisher haben Sie vielleicht noch passende Elemente in der Schrift gefunden. Je kleiner die Lücken werden, umso schwieriger wird es jedoch, komplette Formen aus dem Buchstabenvorrat zu integrieren. Dann schneiden Sie sich Teile von vorhandenen Formen ab. Dazu wählen Sie die Punkte, an denen Sie schneiden möchten, mit dem Direktauswahl-Werkzeug aus und klicken auf den Button Pfad an ausgewählten Ankerpunkten ausschneiden im Steuerungsbedienfeld. Die erhaltenen Pfadteile müssen Sie mit Objekt • Zusammengesetzter Pfad • Zurückwandeln voneinander trennen.

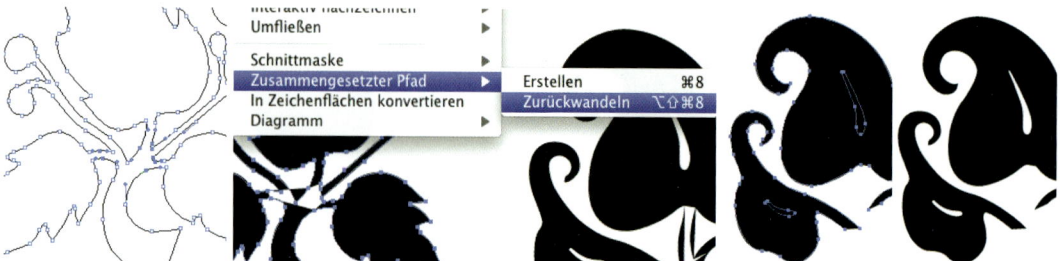

▲ Abbildung 16.34
Alle Schnittstellen werden mit dem Direktauswahl-Werkzeug aktiviert und auf einmal aufgeschnitten (links). Trennen Sie die Objekte durch Zurückwandeln des zusammengesetzten Pfads (Mitte). Dabei werden jedoch auch vorhandene »Löcher« entfernt (2. v. rechts). Diese stellen Sie wieder her, indem Sie aus den einzelnen Elementen Blatt und »Loch« je einen zusammengesetzten Pfad erstellen.

## 9  Linienstärken angleichen

Einige Füllelemente müssen Sie verkleinern, damit sie in die Lücken passen. Dabei werden auch Linienstärken schmaler und passen eventuell nicht mehr zu den Grundelementen. In der Layoutphase korrigieren Sie dies durch Zuweisen einer Kontur. Wählen Sie die Stärke so, dass die Elemente wider zueinander passen. Bevor Sie später das Muster erstellen, wenden Sie die Objekt • Pfad • Konturlinie an und verwenden den Pathfinder Verdeckte Fläche entfernen, um die Grafik zu säubern.

Abschließend erstellen Sie noch einige Ovale und verteilen diese in kleine Lücken.

## 10  Duplizieren der Ergänzungsobjekte

Entsperren Sie alle Objekte, und aktivieren Sie die magnetischen Hilfslinien, falls Sie diese ausgeschaltet hatten. Löschen Sie diejenigen Bestandteile des »Netzes«, die nicht ins Begrenzungsrechteck hineinreichen. Aktivieren Sie dann die ergänzten Elemente, die über den Rand des Rechtecks ragen, sowie das hellblaue Begrenzungsrechteck.

Klicken Sie eine Ecke des Begrenzungsrechtecks an, drücken Sie ⌥/Alt und ⇧, und ziehen Sie die Objekte horizontal

▲ Abbildung 16.35
Die markierten Formen (oben) sind magerer als die übrigen Formen, da sie stark skaliert wurden. Weisen Sie ihnen zunächst eine starke Kontur zu (unten).

nach rechts, bis der Cursor auf der gegenüberliegenden Ecke einrastet, die den rechten Rand markiert. Lassen Sie zunächst die Maus, dann die Tasten los.

Ergänzen Sie auf die gleiche Art die anderen zwei Seiten des Musterelements.

▲ Abbildung 16.36
Objekte, die über den Rand reichen, werden mit dem Begrenzungsrechteck erst auf die rechte Seite (Mitte) und dann nach oben und links (rechts) dupliziert. Dabei dienen die Eckpunkte des Rechtecks als Referenz, an denen alles exakt ausgerichtet werden kann.

### 11 Optimieren

Verwenden Sie die Formmodi-Buttons im Pathfinder-Bedienfeld, um Ihre Vektorobjekte zu optimieren, indem Sie z. B. überlappende Einzelobjekte zusammenfügen. Falls Sie verschiedenfarbige Formen verwenden, gruppieren Sie jeweils die Objekte mit gleichen Aussehen-Eigenschaften.

Lassen Sie jedoch das Begrenzungsrechteck für das Musterfeld intakt. Sie müssen auch nicht die über den Rahmen reichenden Objekte beschneiden.

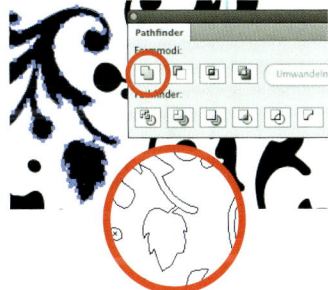

▲ Abbildung 16.37
Zusammenfügen sich überlappender Objekte

### 12 Erstellen des Musterfelds

Wenn Sie mit dem Muster zufrieden sind, weisen Sie dem Begrenzungsrechteck die Fläche und Kontur OHNE zu. Prüfen Sie mit dem Ebenen-Bedienfeld, dass das Rechteck in der Stapelreihenfolge hinten liegt.

Aktivieren Sie alle Bestandteile des Musterelements sowie das Begrenzungsrechteck, und ziehen Sie die Objekte ins Farbfelder-Bedienfeld.

Heben Sie die Auswahl auf der Zeichenfläche auf. Doppelklicken Sie auf den eben erzeugten Eintrag im Farbfelder-Bedienfeld, und geben Sie ihm einen Namen.

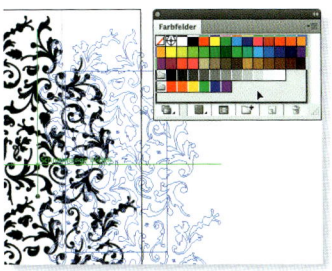

▲ Abbildung 16.38
Musterfeld erzeugen

▲ Abbildung 16.39
Anwendung des Musters

Löschen Sie das Musterelement nicht, Sie könnten es benötigen, um Korrekturen daran vorzunehmen, falls Ihnen das Muster in der Anwendung auf größeren Flächen nicht gefällt.

### 13 Testen des Musters

Erstellen Sie ein Objekt, das groß genug ist, um Ihr Muster einige Male zu wiederholen, und weisen Sie diesem Objekt das Musterfeld als Füllung zu. Sind Sie mit der Wirkung nicht zufrieden, erstellen Sie die nötigen Änderungen an Ihrem Grundelement.

Um das Musterfeld durch die aktualisierte Fassung zu ersetzen, gehen Sie wie bei der Definition des Musterfelds vor, drücken aber ⌥/Alt, während Sie die Objekte im Farbfelder-Bedienfeld auf das bestehende Musterfeld ziehen.

Sobald Sie das Musterfeld angelegt haben, benötigen Sie die Grundelemente, mit denen Sie das Muster entwickelt haben, eigentlich nicht mehr, da Sie diese jederzeit wieder aus dem Musterfeld generieren können. Bewahren Sie sie jedoch vor allem dann auf, wenn Sie Pinselkonturen oder Effekte verwendet haben. Beim Erstellen des Musterfelds wandelt Illustrator nämlich alle Pinselkonturen und Effekte in Vektorformen um.

▲ Abbildung 16.40
Umgewandelte Musterfüllung – Objekte sind nur zur Demonstration blau umrandet.

### Musterfüllung umwandeln

Möchten Sie die Musterfüllung eines Objekts in Pfade umwandeln, aktivieren Sie das Objekt und wählen OBJEKT • UMWANDELN… Aktivieren Sie in der Dialogbox, ob Sie die Fläche oder die Kontur umwandeln möchten (voreingestellt sind alle auf die Objekteigenschaften zutreffenden Optionen), und klicken Sie OK.

Illustrator erzeugt die für die Füllung benötigten Musterelemente als Vektorformen, auf die die Form des Objekts als Schnittmaske angewendet ist. Rufen Sie das Ebenen-Bedienfeld auf, um die Gruppe zu analysieren (zum Ebenen-Bedienfeld siehe Kapitel 11).

### Muster und Speicherplatz

Nicht verwendete Muster-Farbfelder tragen nicht unwesentlich zur Dateigröße eines Dokuments bei. Ganz unbemerkt werden Musterfelder aus Bibliotheken Ihrem Farbfelder-Bedienfeld hinzugefügt, sobald Sie sie auf ein Objekt anwenden, z. B. während Sie die Muster ausprobieren. Wenn Sie also Speicherplatz einsparen wollen, löschen Sie alle nicht verwendeten Musterfelder aus dem Farbfelder-Bedienfeld. Wählen Sie im Bedienfeldmenü den Eintrag ALLE NICHT VERWENDETEN AUSWÄHLEN, und klicken Sie anschließend den Button FARBFELD LÖSCHEN 🗑.

**Alternative: der Transformieren-Effekt**

In manchen Fällen ist ein Muster weniger geeignet, um eine Fläche mit wiederholenden Elementen zu füllen, zum Beispiel, wenn Sie zwingend ganze Rapportelemente benötigen oder wenn beim Wiederholen auch transformiert werden soll. In diesen Fällen kann die Verwendung des Transformieren-Effekts wesentlich vorteilhafter sein (zum Transformieren siehe Abschnitt 13.3, »Konstruktionseffekte«).

## 16.2 Symbole

Symbole stellen eine konsequente Fortführung der objektorientierten Arbeitsweise von Vektorgrafik-Software dar. Sie erstellen und speichern eine Grafik einmal, dann vereinfachen Spezialwerkzeuge die mehrfache Verwendung der Grafik. Wo diese im Dokument eingesetzt ist, wird nur noch auf das zentral gespeicherte Original verwiesen oder im Programmierer-Jargon »eine Instanz erzeugt«.

▼ **Abbildung 16.41**
Beispiele für den Einsatz von Symbolen in der Infografik, der Illustration, beim Mapping von 3D-Objekten und zur Vorbereitung des Flash-Exports

Bei dieser Arbeitsweise schlagen Sie mehrere Fliegen mit einer Klappe: Die Illustration großer Mengen gleichartiger Objekte wird wesentlich erleichtert, die Konsistenz der Gestaltung in großen Teams kann besser gesichert werden, und darüber hinaus sparen Sie kostbaren Speicherplatz. Letzteres ist vor allem wichtig, wenn Sie Ihre Illustrator-Dateien in Flash weiterverwenden

▲ **Abbildung 16.42**
Diese Konstruktion wäre mit Einzelobjekten nicht handhabbar.

▲ **Abbildung 16.43**
Darstellung von Symbolsatz und einzelner Instanz im Ebenen-Bedienfeld

> **»Musterseite« mit Symbolen**
>
> Illustrator hat jetzt zwar mehrere »Seiten«, es gibt jedoch keine Möglichkeit, Musterseiten (Vorlagen) zu definieren. Legen Sie alle Elemente, die Sie normalerweise in einer Musterseite definieren würden, in einem Symbol an und platzieren Sie eine Instanz auf jeder Zeichenfläche.

▲ **Abbildung 16.44**
Symbole-Bedienfeld in der Listen-Ansicht, nach Name sortiert

oder als SVG exportieren. Sowohl das .SWF- als auch das .SVG-Format arbeiten mit vergleichbaren Systemen von Grafikinstanzen und können daher die Symbole von Illustrator nutzen.

Neben der Weiterverarbeitung in Flash kommen Symbole auch in der Infografik und der Kartografie zum Einsatz. Auch beim Mapping von 3D-Objekten mit einer Bildtextur greift Illustrator auf Symbole zurück – die Bildtextur muss als Symbol abgelegt sein.

### Symbole verwenden

Die Anwendung von Symbolen geschieht mithilfe des Symbole-Bedienfelds (zur Verwaltung der Grafikobjekte) und der Symbol-Werkzeuge, mit denen Sie Instanzen der Symbole auf die Zeichenfläche übertragen und bearbeiten.

Ein Symbol platzieren Sie als einzelne Instanz oder zusammen mit weiteren Instanzen in einem Symbolsatz. Ein Symbolsatz ist ein Objekt, dessen einzelne Bestandteile Sie nicht – wie bei einer Gruppe – individuell mit Auswahl-Werkzeugen selektieren können. Der Symbolsatz kann Instanzen unterschiedlicher Symbole enthalten. Obwohl Sie die einzelnen Instanzen eines Symbolsatzes nicht auswählen können, sind sie mithilfe der Symbol-Werkzeuge sehr einfach zu bearbeiten – einfacher als gruppierte Objekte.

Es gehört zur Natur der Instanzen, dass sie die Verbindung zum Symbol im Symbole-Bedienfeld behalten. Daher erfolgt eine Aktualisierung der Grafik auf der Zeichenfläche, sobald Sie das Symbol verändern.

Einzeln platzierte Symbolinstanzen und ganze Symbolsätze können Sie mit Transformations-Werkzeugen bearbeiten und mit Transparenzeinstellungen, Aussehen-Eigenschaften, Grafikstilen und Effekten versehen.

### Symbole-Bedienfeld

Die zu einem Dokument gehörenden Symbole verwalten Sie im Symbole-Bedienfeld. Wählen Sie FENSTER • SYMBOLE – Shortcut ⌘/Strg+⇧+F11 – oder klicken Sie auf den Button ♣ im Dock, um das Bedienfeld aufzurufen.

▶ ANZEIGEOPTIONEN: Die Symbole lassen sich als Miniaturen oder in Listenform anzeigen – wählen Sie den entsprechenden Eintrag aus dem Bedienfeldmenü aus.

▶ NACH NAME SORTIEREN: Mit dieser Option können Sie vor allem bei größeren Mengen von Symbolen die Orientierung behalten. Voraussetzung ist jedoch ein konsequentes Namensschema.

**Symbole auswählen**
Klicken Sie auf eine Miniatur oder den Namen eines Symbols im Bedienfeld, um es auszuwählen.

**Modifikationsmöglichkeiten** | Symbole auswählen
▶ ⇧ : Um aufeinanderfolgende Symbole auszuwählen, klicken Sie auf das erste Symbol der auszuwählenden Reihe, drücken ⇧ und klicken auf das letzte Symbol.
▶ ⌘/Strg : Möchten Sie mehrere Symbole auswählen, drücken Sie ⌘/Strg und klicken auf zusätzliche Symbole.

**Alle nicht verwendeten auswählen** | Symbole tragen zwar zur Reduzierung der Datenmenge bei, unbenutzte Symbole jedoch nicht. Daher ist es sinnvoll, unbenutzte Symbole aus dem Symbole-Bedienfeld zu entfernen. Die unbenutzten Symbole ermitteln Sie mit dem Befehl ALLE NICHT VERWENDETEN AUSWÄHLEN aus dem Bedienfeldmenü.

**Symbol duplizieren**
Um eine Kopie des Symbols zu erzeugen, wählen Sie ein Symbol aus und klicken auf den Button NEUES SYMBOL 🗔 oder rufen den Befehl SYMBOL DUPLIZIEREN aus dem Bedienfeldmenü auf. Haben Sie eine Symbolinstanz auf der Zeichenfläche ausgewählt, erzeugen Sie eine Kopie des Symbols mit dem Button DUPLIZIEREN im Steuerungsbedienfeld.

**Symbol löschen**
Aktivieren Sie einen oder mehrere Einträge im Bedienfeld, und wählen Sie den Befehl SYMBOL LÖSCHEN aus dem Bedienfeldmenü, oder klicken Sie auf den Button SYMBOL LÖSCHEN 🗑 am unteren Bedienfeldrand, um die Symbole zu löschen.

Existieren Instanzen der zu löschenden Symbole auf der Zeichenfläche, müssen die Instanzen entweder gelöscht oder umgewandelt werden. Bestehende Symbolinstanzen erkennt Illustrator selbsttätig und warnt Sie mit einer Dialogbox – Sie können den Löschvorgang in diesem Fall abbrechen, die Instanzen löschen oder umwandeln lassen.

**Symbol auf der Zeichenfläche platzieren**
Um eine der Symbol-Grafiken in Ihrer Illustration zu benutzen, aktivieren Sie das Symbol im Bedienfeld und klicken auf den Button SYMBOLINSTANZ PLATZIEREN ↯ oder wählen den Befehl aus dem Bedienfeldmenü.

Wählen Sie diesen Weg statt des Symbol-aufsprühen-Werkzeugs, wenn Sie exakt eine Instanz platzieren möchten.

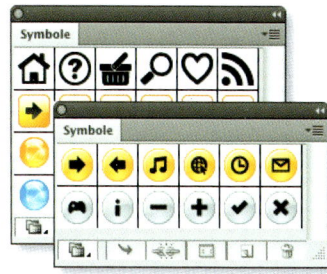

▲ **Abbildung 16.45**
Symbole-Bedienfeld in der Miniaturen-Ansicht – in den Dokumentprofilen sind jeweils unterschiedliche Symbole: Web (oben) und Mobile Geräte (unten).

**Symbole und Dateigröße**

Jedes Symbol aus einer Bibliothek, das Sie ausprobieren, wird automatisch in das Symbole-Bedienfeld übernommen und bleibt dort, auch wenn Sie die Instanz löschen.

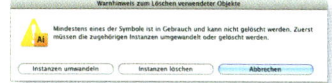

▲ **Abbildung 16.46**
Warnung beim Löschen benutzter Symbole

**Instanz anders platzieren**

Alternativ können Sie eine Symbolinstanz auch platzieren, indem Sie ihre Miniatur aus der Symbole- oder einer Bibliothek-Bedienfeld auf die Zeichenfläche ziehen.

16.2 Symbole | **537**

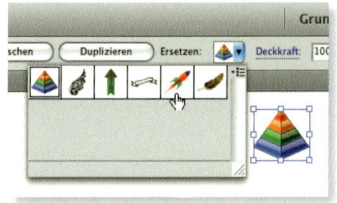

▲ **Abbildung 16.47**
Aktivieren Sie die Grafik, und verwenden Sie das Ersetzen-Menü im Steuerungsbedienfeld, um der Instanz ein neues Symbol zuzuweisen.

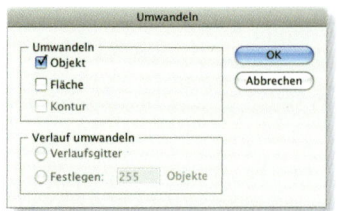

▲ **Abbildung 16.48**
Die Dialogbox UMWANDELN

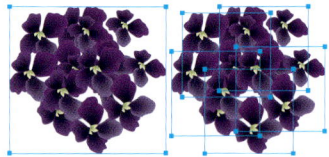

▲ **Abbildung 16.49**
Umgewandelter Symbolsatz

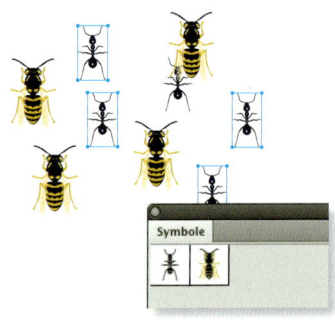

▲ **Abbildung 16.50**
ALLE INSTANZEN AUSWÄHLEN aktiviert keine Symbolsätze.

### Einer Instanz ein neues Symbol zuordnen

Möchten Sie die Instanz eines Symbols mit einem anderen Symbol verbinden, aktivieren Sie die Instanz auf der Zeichenfläche und wählen das neue Symbol im Symbole-Bedienfeld aus. Anschließend klicken Sie entweder auf den Button SYMBOL ERSETZEN ↻ oder wählen den Befehl aus dem Bedienfeldmenü.

### Verknüpfung mit Symbol aufheben

Nicht alle Werkzeuge können Sie auf Symbolinstanzen anwenden, so ist z. B. das »Verflüssigen« oder die Bearbeitung der Pfade nicht möglich. Möchten Sie die kompletten Bearbeitungsmöglichkeiten herstellen, müssen Sie die Instanz vom Symbol lösen und sie damit in ein editierbares Objekt umwandeln.

Wählen Sie die Instanz auf der Zeichenfläche aus, und wählen Sie den Befehl VERKNÜPFUNG MIT SYMBOL AUFHEBEN aus dem Bedienfeldmenü bzw. den gleichnamigen Button . Alternativ verwenden Sie den Button VERKNÜPFUNG LÖSCHEN im Steuerungsbedienfeld.

**Symbolsatz |** Bitte beachten Sie, dass bei der Anwendung des Befehls VERKNÜPFUNG AUFHEBEN alle in einem Symbolsatz enthaltenen Symbolinstanzen umgewandelt werden.

Möchten Sie nur *eine* Instanz aus dem Symbolsatz editieren und die restlichen als Instanzen erhalten, wenden Sie auf einen Symbolsatz zunächst den Befehl OBJEKT • UMWANDELN… an – aktivieren Sie nur die Option OBJEKT. So erzeugen Sie eine Gruppe von Instanzen. Wählen Sie aus dieser Gruppe die Instanz aus, die Sie umwandeln möchten, und heben Sie erst dann die Verknüpfung mit dem Symbol auf.

### Instanzen und Symbolsätze eines bestimmten Symbols auswählen

Die Instanzen eines Symbols und die Symbolsätze, in denen es enthalten ist, aktivieren Sie, indem Sie das Symbol im Symbole-Bedienfeld auswählen und anschließend den Befehl ALLE INSTANZEN AUSWÄHLEN aus dem Menü des Symbole-Bedienfelds anwenden. In früheren Versionen (CS3 und älter) wurden mit dieser Methode nur die Instanzen ausgewählt, nicht die Symbolsätze.

Möchten Sie in Illustrator CS4 ausschließlich einzelne Instanzen des Symbols aktivieren, klicken Sie auf eine Symbolinstanz – keinen Symbolsatz – auf der Zeichenfläche und wählen aus dem Menü AUSWAHL • GLEICH • SYMBOLINSTANZ.

## Neues Symbol erstellen

Symbole lassen sich aus fast allen Illustrator-Objekten erzeugen – ausgenommen sind verknüpfte Pixelbilder und Grafiken sowie Diagramme. Sind die in Symbolen enthaltenen Objekte mit Live-Effekten, Pinselkonturen, oder Angleichungen versehen oder selbst Symbole, bleiben diese aktiven Eigenschaften erhalten.

Erstellen Sie zunächst die Grafik, die Sie als Symbol verwenden möchten. Wählen Sie anschließend alle zur Grafik gehörenden Objekte aus, und klicken Sie auf den NEUES SYMBOL-Button, oder wählen Sie den Befehl aus dem Bedienfeldmenü – Shortcut [F8]. Alternativ ziehen Sie die Grafik in das Bedienfeld.

Die Originalgrafik wird durch eine Instanz des erstellten Symbols ersetzt.

| **Symbole und Drucken** |
|---|
| »Nested Symbols« – also in Symbolen enthaltene Symbole – können beim Ausdrucken Probleme bereiten. |

| **Symbole aus platzierten Bildern** |
|---|
| Betten Sie platzierte Pixelbilder und Grafiken ein – anschließend lassen sich davon Symbole erzeugen.<br>Aktivieren Sie das Bild, und wählen Sie BILD EINBETTEN aus dem Menü des Verknüpfungen-Bedienfelds, oder klicken Sie auf den Button EINBETTEN im Steuerungsbedienfeld. |

▲ **Abbildung 16.51**
Die Dialogbox SYMBOLOPTIONEN

**Symboloptionen** | Beim Erzeugen eines neuen Symbols erscheint die Dialogbox SYMBOLOPTIONEN. Geben Sie hier zumindest einen Namen ein. Die Einstellungen ART und 9-SLICE-SKALIERUNG müssen Sie nur dann vornehmen, wenn eine Weiterbearbeitung in Flash geplant ist (siehe Kapitel 20). Möchten Sie zu einem späteren Zeitpunkt eine der Optionen ändern, rufen Sie die Optionen aus dem Bedienfeldmenü oder mit dem Button SYMBOLOPTIONEN auf.

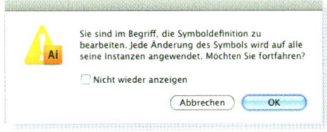

▲ **Abbildung 16.52**
Warnhinweis beim Doppelklicken einer Symbolinstanz auf der Zeichenfläche

## Modifikationsmöglichkeit | Symbol erstellen

▶ Drücken Sie ⌥/[Alt], und ziehen Sie die Grafik auf die Miniatur eines bestehenden Symbols, um dieses Symbol zu ersetzen. Alle Instanzen dieses Symbols werden aktualisiert.

## Symbol ersetzen

Um ein Symbol zu ersetzen, aktivieren Sie die Grafik auf der Zeichenfläche sowie das zu ersetzende Symbol im Symbole-Bedienfeld und wählen SYMBOL NEU DEFINIEREN aus dem Bedienfeldmenü. Alle Instanzen des Symbols werden aktualisiert.

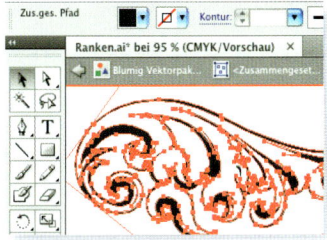

▲ **Abbildung 16.53**
Bearbeiten eines Symbols im Isolationsmodus

## Bestehendes Symbol bearbeiten

Symbole bearbeiten Sie ganz unkompliziert: Doppelklicken Sie entweder auf eine Instanz des Symbols auf der Zeichenfläche oder auf das Icon des Symbols im Symbole-Bedienfeld. Die Grafik wird daraufhin im Isolationsmodus (siehe Abschnitt 11.4, »Im

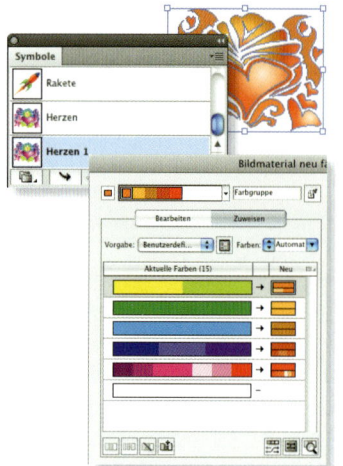

▲ **Abbildung 16.54**
Duplizieren Sie das Symbol im Symbole-Bedienfeld, bevor Sie die Grafik umfärben.

Isolationsmodus arbeiten«) angezeigt, und Sie können die gewünschten Änderungen durchführen. Wenn Sie fertig sind, beenden Sie den Isolationsmodus – z. B. mit einem Doppelklick neben die Grafik.

Die Änderungen werden für alle Instanzen des Symbols übernommen.

### Symbole umfärben

Möchten Sie nicht nur die Instanzen des Symbols einfärben (siehe dazu den Abschnitt »Symbol-färben-Werkzeug« auf Seite 548), sondern die Grundelemente des Symbols umfärben, verwenden Sie die Funktion INTERAKTIVE FARBE (siehe Kapitel 8). Gehen Sie wie folgt vor, um Symbole mit anderen Farben zu versehen:

1. Platzieren Sie eine Instanz des Symbols auf der Zeichenfläche. Achtung: Anders als bei Pinseln und Mustern führt Illustrator die Änderungen nicht automatisch an einem Duplikat des Symbols durch. Falls Sie also die ursprüngliche Fassung ebenfalls benötigen, duplizieren Sie das Symbol vorher.
2. Aktivieren Sie die Instanz, und rufen Sie BEARBEITEN • FARBEN BEARBEITEN • BILDMATERIAL NEU FÄRBEN… auf.
3. Führen Sie die gewünschten Änderungen durch.

### Symbol-Bibliotheken laden

In den Standard-Dokumentprofilen finden Sie nur wenige der mit Illustrator ausgelieferten Symbole.

**Abbildung 16.55** ▶
Beispiel für Symbol-Bibliotheken: als Clip-Art, Symbole für Planzeichnungen (Landkarte, Vernetzung, Bauzeichnungen), Symbole für Web- und Video-Anwendungen

Es werden jedoch bei der Installation einige Symbol-Bibliotheken auf Ihrer Festplatte gespeichert. Rufen Sie diese im Untermenü von FENSTER • SYMBOL-BIBLIOTHEKEN oder mit dem Button MENÜ SYMBOL-BIBLIOTHEKEN… im Symbole-Bedienfeld auf. Wählen Sie den Menüpunkt ANDERE BIBLIOTHEK…, wenn Sie Symbole aus anderen Illustrator-Dateien oder Bibliotheken außerhalb des Programmordners öffnen möchten.

Möchten Sie eine der Bibliotheken bei jedem Programmstart anzeigen lassen, wählen Sie GLEICHE POSITION aus dem Bedienfeldmenü der Bibliothek.

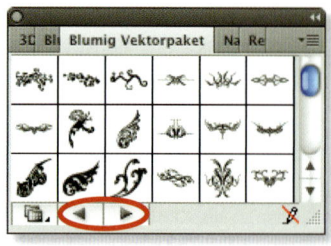

▲ **Abbildung 16.56**
Bibliotheken-Bedienfeld: Mit den Buttons können Sie die Bibliotheken durchblättern.

### Symbol in das Symbole-Bedienfeld übernehmen

Sobald Sie ein Symbol in einer Bibliothek anklicken, wird es dem Symbole-Bedienfeld des aktuellen Dokuments hinzugefügt. Mehrere Symbole aus einer Bibliothek übernehmen Sie, indem Sie die gewünschten Symbole auswählen und im Menü des Bibliothek-Bedienfelds den Befehl DEN SYMBOLEN HINZUFÜGEN aufrufen (siehe Abbildung 16.57).

### Symbol-Bibliotheken speichern

Aus dem Symbole-Bedienfeld Ihres Dokuments können Sie auch eine eigene Symbol-Bibliothek erzeugen. Stellen Sie dafür die gewünschten Symbole im Bedienfeld zusammen, und löschen Sie nicht benötigte Symbole.

Anschließend wählen Sie SYMBOL-BIBLIOTHEK SPEICHERN... aus dem Menü des Symbole-Bedienfelds. Wenn Sie die Bibliothek im vorgeschlagenen Standard-Ordner speichern, wird sie in das Symbol-Bibliotheken-Untermenü unter dem Punkt BENUTZERDEFINIERT aufgenommen. Sie können jedoch auch einen anderen Ort wählen – dies ist notwendig, wenn andere Benutzer Ihres Computers die Bibliotheken ebenfalls verwenden sollen (siehe den Hinweis zu Farbfelder-Bibliotheken in Kapitel 8, Seite 224).

▲ **Abbildung 16.57**
Symbole aus einer Bibliothek übernehmen

### Symbolsätze und Symbol-Werkzeuge

Mit den Mitteln des Symbole-Bedienfelds können Sie nur jeweils eine Symbolinstanz auf der Zeichenfläche platzieren.

Mit den Symbol-Werkzeugen – die englische Bezeichnung lautet übrigens »Symbolism Tools« – erzeugen Sie Symbolsätze aus mehreren Symbolinstanzen und bearbeiten die in einem Symbolsatz enthaltenen einzelnen Instanzen. Möchten Sie den kompletten Symbolsatz modifizieren, verwenden Sie dazu die Transformations-Werkzeuge oder die Funktionen des Aussehen-, Grafikstile- und Transparenz-Bedienfelds.

▲ **Abbildung 16.58**
Symbolsatz transformieren

**Gemischter Symbolsatz** | Die Instanzen in einem Symbolsatz müssen nicht zum selben Symbol gehören. Gehören sie zu verschiedenen Symbolen, bezeichnet man den Satz als »gemischten Symbolsatz«.

Beachten Sie beim Arbeiten mit gemischten Symbolsätzen, dass die Symbol-Werkzeuge nur jeweils die Instanzen derjenigen Symbole bearbeiten, die im Symbole-Bedienfeld aktiviert sind. Sie können also in der Illustration einer Blumenwiese, die aus Symbolinstanzen eines Grashalms sowie verschiedener Blumenarten besteht, gezielt die Instanzen einer Blumenart verändern.

▲ **Abbildung 16.59**
Gemischter Symbolsatz – aktivieren Sie im Symbole-Bedienfeld das Symbol, dessen Instanzen Sie mit den Symbol-Werkzeugen bearbeiten möchten.

▲ Abbildung 16.60
Symbol-Werkzeuge als Bedienfeld

▲ Abbildung 16.61
Auswahl der Symbol-Werkzeuge direkt auf der Zeichenfläche.

### Symbol-Werkzeuge

Die Symbol-Werkzeuge sind im Werkzeugbedienfeld unter der »Sprühdose« angeordnet. Auch dieses Werkzeugmenü lässt sich »abreißen« und frei auf der Zeichenfläche positionieren.

Verwenden Sie das Werkzeug SYMBOL AUFSPRÜHEN zum Erstellen der Symbolsätze, und beeinflussen Sie mit den Bearbeitungswerkzeugen die Position, die Stapelreihenfolge, die Dichte, die Skalierung, Drehung, Farbe, Transparenz und den Grafikstil einzelner oder mehrerer Symbolinstanzen in einem Symbolsatz.

**Werkzeug-Auswahl** | Alternativ zum Ausklappen des Werkzeug-Untermenüs und zum »Abreißen« des Bedienfelds haben die Entwickler sich noch eine besondere Methode des Werkzeugwechsels ausgedacht: Ist eines der Symbol-Werkzeuge ausgewählt und der Cursor über der Zeichenfläche, drücken Sie am Mac [ctrl] + [⌥] und halten die Maustaste. Unter Windows verwenden Sie [Alt] und die rechte Maustaste. Die Werkzeug-Symbole werden kreisförmig um den Cursor angezeigt. Ziehen Sie den Cursor in Richtung eines Werkzeug-Symbols, wird dieses ausgewählt – das Cursor-Symbol wechselt entsprechend.

**Optionen** | Symbol-Werkzeuge
Die Symbol-Werkzeuge besitzen eine gemeinsame Dialogbox, in der Sie die Optionen für alle Tools einstellen. Doppelklicken Sie auf eines der Werkzeuge, um die Optionen aufzurufen.

Abbildung 16.62 ▶
Optionen des Symbol-aufsprühen-Werkzeugs

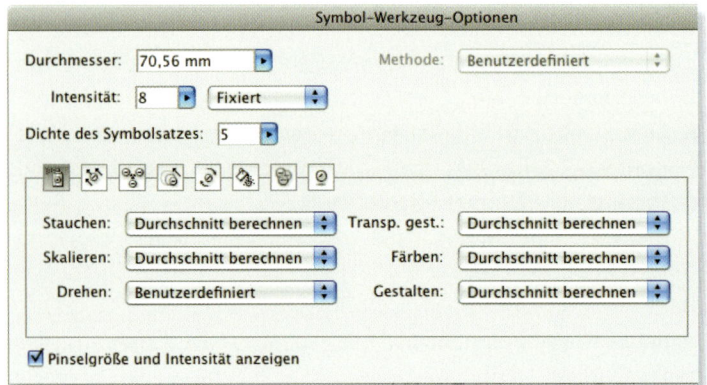

▲ Abbildung 16.63
»Aufsprühen« der Instanzen und Anwendung des Färben-Werkzeugs – unten: Darstellung der Werkzeugführung und des Drucks auf das Grafiktablett

Im oberen Bereich finden Sie einige Optionen, die für alle Symbol-Werkzeuge eingestellt werden.

Die zuletzt an einem Symbolsatz verwendeten Einstellungen für DURCHMESSER, INTENSITÄT und DICHTE DES SYMBOLSATZES sind in diesem Satz gespeichert und werden bei seiner erneuten Bearbeitung als Werkzeug-Voreinstellung verwendet:

▶ Durchmesser: Mit einer Eingabe in diesem Dialogfeld steuern Sie den Werkzeugdurchmesser. Klicken Sie auf den Pfeil, und verwenden Sie den Schieberegler, oder geben Sie Werte zwischen 0,36 und 352,42 mm (1 bis 999 Pt) ein.

Der Durchmesser lässt sich auch regulieren, ohne die Optionen-Dialogbox zu öffnen: Das Drücken der Taste ⇧+< vergrößert den Durchmesser – mit < reduzieren Sie die Werkzeuggröße wieder.

▶ Intensität: Mit diesem Wert legen Sie den Wirkungsgrad des Werkzeugs fest; für die »Sprühdose« das Tempo, in dem Instanzen erzeugt werden oder für das Symbol-färben-Werkzeug die Intensität einer Farbveränderung. Ein höherer Wert verursacht eine schnellere und damit stärkere Wirkung.

Sie haben die Wahl, die Intensität Fixiert mit einer Eingabe zwischen 1 und 10 oder durch die Verwendung des Stifts auf dem Grafiktablett zu steuern. Wählen Sie in diesem Fall aus dem Menü, mit welcher Grafiktablett-Option – Druck, Stylus-Rad, Neigung etc. – Sie die Intensität steuern möchten (mehr zum Einsatz des Grafiktabletts finden Sie unter »Pinsel-Werkzeug«, siehe Abschnitt 7.1).

▶ Dichte des Symbolsatzes: Dieser Wert beeinflusst, wie eng die Instanzen im Symbolsatz platziert sind. Geben Sie einen Wert von 1 bis 10 ein – ein höherer Wert rückt die Instanzen näher zusammen.

Symbolsätze, die Sie neu erstellen, erhalten den aktuell eingestellten Dichte-Wert. Um die Dichte eines ausgewählten Symbolsatzes zu verändern, aktivieren Sie den Symbolsatz, rufen die Symbol-Werkzeug-Optionen auf und stellen einen anderen Wert ein.

▶ Pinselgrösse und Intensität anzeigen: Aktivieren Sie dieses Kontrollkästchen, dann zeigt Illustrator den Durchmesser des Werkzeugs mit einem Kreis um den Cursor an, dessen Farbe die Intensität widerspiegelt – von Hellgrau für wenig bis Schwarz für starke Intensität.

In der Button-Reihe darunter wählen Sie das Werkzeug aus, dessen individuelle Optionen Sie einstellen möchten. Die jeweiligen Optionen werden bei den einzelnen Werkzeugen besprochen.

### Symbol-aufsprühen-Werkzeug

Mit der »Sprühdose« erstellen Sie Symbolsätze oder fügen weitere Symbole zu bestehenden Sätzen hinzu.

Wählen Sie das Werkzeug Symbol-aufsprühen im Werkzeugbedienfeld – Shortcut ⇧+S – und ein Symbol im Symbole-Bedienfeld oder einer Bibliothek aus. Klicken oder klicken und

> **Mac: Tastaturbefehl geändert!**
> Mac-User aufgepasst! Seit Illustrator CS3 sind einige Tastaturbefehle neu belegt. Der alte Befehl + wechselt jetzt zu einem anderen Werkzeug, anstatt den Durchmesser zu vergrößern.

▲ Abbildung 16.64
Dichte-Wert 1 und 10

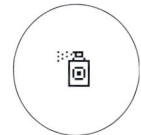

▲ Abbildung 16.65
Anzeige von Werkzeug-Dimension und -Stärke durch den Cursor

▲ Abbildung 16.66
Bei einem längeren Klick auf einen Punkt »fließen« die Instanzen auseinander.

GIB MIR FÜNF MINUTEN MIT DEINER ZEICHENFLÄCHE

ziehen Sie den Cursor auf der Zeichenfläche, um die Instanzen des Symbols aufzutragen.

Das Werkzeug ist nur bedingt geeignet, um exakt eine Instanz eines Symbols zu erzeugen. Verwenden Sie zu diesem Zweck lieber den Button SYMBOLINSTANZ PLATZIEREN im Symbole-Bedienfeld.

Beim »Sprühen« der Instanzen ordnen sich diese selbstständig zueinander, um eine gleichmäßige Flächendeckung im Rahmen des Grenzwerts für die DICHTE zu erreichen.

**Optionen | Symbol-aufsprühen-Werkzeug**

Neben den allgemeinen Optionen geben Sie für das Symbol-aufsprühen-Werkzeug an, wie die veränderbaren Eigenschaften einer Symbolinstanz jeweils definiert werden sollen. Mithilfe der Symbolbearbeitungswerkzeuge können Sie dieselben Eigenschaften zu einem späteren Zeitpunkt ändern.

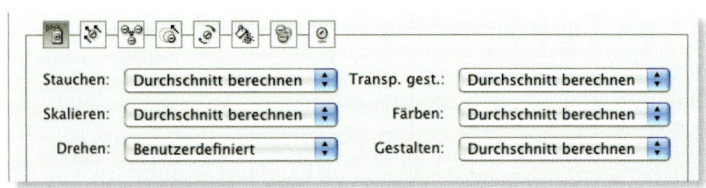

**Abbildung 16.67** ▸
Optionen des Symbol-aufsprühen-Werkzeugs (Ausschnitt)

Sie haben zwei Möglichkeiten, wie das Stauchen, Skalieren, Drehen, Transparent gestalten (Transp. gest.), Färben und Gestalten von Symbolen definiert werden kann.

▸ DURCHSCHNITT BERECHNEN: Um den Wert der jeweiligen Eigenschaft zu ermitteln, wird ein Durchschnitt aus den Eigenschaften bereits im Symbolsatz vorhandener Symbolinstanzen ermittelt. Den Durchschnitt bildet das Programm aus den im Werkzeug-Durchmesser liegenden Instanzen des Symbols, das Sie im Symbole-Bedienfeld ausgewählt haben.

▸ BENUTZERDEFINIERT: Mit dieser Option werden die Parameter für die Eigenschaften durch verschiedene Einstellungen definiert.

▸ STAUCHEN (Dichte) und SKALIEREN: Dichte und Größe der Instanzen basieren auf der Größe der Symbolgrafik.

▸ DREHEN: Die Ausrichtung der Symbolinstanzen richtet sich nach der Richtung der Bewegung, die Sie mit dem Cursor ausführen (siehe Abbildung 16.69). Bewegen Sie die Maus nicht, entspricht die Ausrichtung der des Symbols.

▸ TRANSPARENZ: Die Instanzen besitzen eine Deckkraft von 100 %.

▸ FÄRBEN: Illustrator verwendet die aktuell eingerichtete Flächenfarbe zum Einfärben der Grafik.

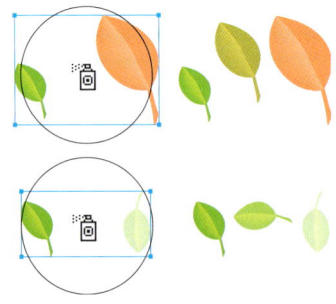

▴ **Abbildung 16.68**
Durchschnitt berechnen – jeweils links: Anwendung des Werkzeugs zwischen bestehenden Instanzen, jeweils rechts: Ergebnis

▸ GESTALTEN: Die Instanzen werden mit dem im Grafikstile-Bedienfeld ausgewählten Stil versehen.

## Symbol-verschieben-Werkzeug

Mit diesem Werkzeug verschieben Sie Symbolinstanzen und verändern die Stapelreihenfolge innerhalb eines Symbolsatzes.
Gehen Sie wie folgt vor, um Instanzen zu verschieben:

1. Aktivieren Sie einen Symbolsatz, und wählen Sie im Symbole-Bedienfeld das oder die Symbole aus, deren Instanzen Sie bearbeiten möchten.
2. Wählen Sie das Werkzeug SYMBOL-VERSCHIEBEN im Werkzeugbedienfeld.
3. Bewegen Sie den Cursor über die Symbole, deren Position Sie verändern möchten, und klicken und ziehen Sie den Mauszeiger in die gewünschte Richtung.

▲ Abbildung 16.69
So passt sich die Drehung der Instanzen an die Bewegungsrichtung des Cursors an, wenn Sie BENUTZERDEFINIERT einstellen.

Beachten Sie, dass in gemischten Symbolsätzen zwar primär die Instanzen ausgewählter Symbole, aber zum Ausgleichen der Dichte auch andere Instanzen verschoben werden, die sich innerhalb des Werkzeug-Durchmessers befinden.

**Stapelreihenfolge ändern** | Um Symbolinstanzen in der Stapelreihenfolge nach vorne zu holen, drücken Sie ⇧ und klicken mit dem Cursor auf die gewünschte Instanz. Drücken Sie ⌥/Alt +⇧, und klicken Sie auf eine Instanz, um sie nach hinten zu schieben.

## Symbol-stauchen-Werkzeug

Das Symbol-stauchen-Werkzeug verwenden Sie, um die Dichte der Instanzen innerhalb eines Symbolsatzes zu bearbeiten, also um die Grafikelemente vom Cursor weg oder zum Cursor hin zu bewegen. Die Dichte der Instanzen bearbeiten Sie wie folgt:

1. Aktivieren Sie einen Symbolsatz, und wählen Sie im Symbole-Bedienfeld das oder die Symbole aus, deren Instanzen Sie bearbeiten möchten.
2. Wählen Sie das Symbol-stauchen-Werkzeug im Werkzeugbedienfeld. Doppelklicken Sie auf das Werkzeug, um seine Wirkungsweise in den Optionen einzustellen.
3. Um die Instanzen zueinander zu ziehen, klicken Sie mit dem Cursor auf die Position, zu der sich die Symbolinstanzen bewegen sollen.
   **Achtung:** Vor allem in dichten Symbolsätzen wirkt das Werkzeug sehr stark. Beginnen Sie daher mit niedrigen Intensitätswerten, wenn Sie nur geringfügige Änderungen vornehmen möchten.

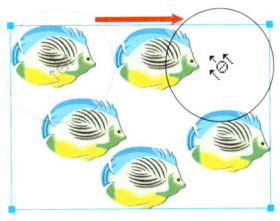

▲ Abbildung 16.70
Instanzen bewegen mit dem Symbol-verschieben-Werkzeug

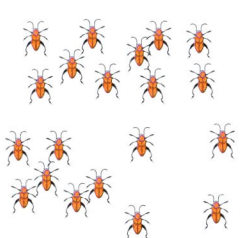

▲ Abbildung 16.71
Instanzen zusammen- und auseinander geschoben durch mehrfache Anwendung des Symbol-stauchen-Werkzeugs

> **Dichte des Symbolsatzes**
>
> Möchten Sie die allgemeine Dichte eines Symbolsatzes verändern, aktivieren Sie den Symbolsatz und rufen die Symbol-Werkzeug-Optionen auf. Verändern Sie den Wert unter »Dichte des Symbolsatzes«.

▶ Abbildung 16.72 ▶
Auswahl der Methode in den Werkzeug-Optionen

Möchten Sie die Instanzen voneinander wegbewegen, halten Sie ⌥/Alt gedrückt und klicken.

**Optionen** | Symbol-stauchen-Werkzeug
Neben den allgemeinen Werkzeug-Optionen stellen Sie ein, auf welche Art die Dichteänderung ermittelt wird.

Die ausgewählte Option wird automatisch ebenso für die Werkzeuge SYMBOL-SKALIEREN, -DREHEN, TRANSPARENT-GESTALTEN und -GESTALTEN übernommen.

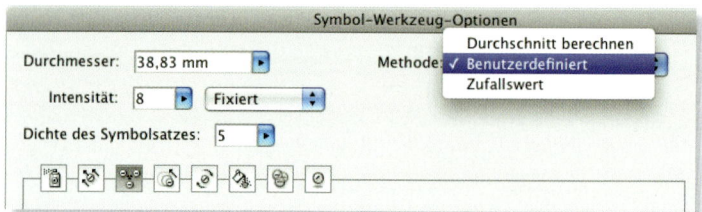

Wählen Sie im Menü METHODE eine Option:
▶ DURCHSCHNITT BERECHNEN: Mit dieser Option erzielen Sie ein an die Umgebung angepasstes Ergebnis. Wählen Sie DURCHSCHNITT, z. B. zum nachträglichen Glätten von Übergängen zwischen bearbeiteten und nicht bearbeiteten Bereichen.
Mit dem Symbol-stauchen-Werkzeug und dieser Methode erzielen Sie jedoch kaum sichtbare Ergebnisse.
▶ BENUTZERDEFINIERT: Die Wirkung der Bearbeitung ist mit dieser Option am besten zu steuern und in der Regel stärker als mit der Option DURCHSCHNITT BERECHNEN, da nur die Werkzeugbewegung berücksichtigt wird.
Wählen Sie BENUTZERDEFINIERT vor allem dann, wenn Sie die Eigenschaften FÄRBEN, TRANSPARENT GESTALTEN und GESTALTEN wieder komplett von Symbolinstanzen entfernen möchten.
▶ ZUFALLSWERT: Mit dieser Option steuert ein Zufallswert die Veränderung der Instanzen innerhalb des Werkzeug-Durchmessers. Der Zufallswert wird verändert, während Sie die Maustaste gedrückt halten, sodass die Instanzen z. B. beim Skalieren abwechselnd größer und kleiner werden.

▲ Abbildung 16.73
Skalieren mit der Option DURCHSCHNITT BERECHNEN – rechts: Ergebnis

▲ Abbildung 16.74
Skalieren mit der Option ZUFÄLLIG – rechts: Ergebnis

▲ Abbildung 16.75
Originalsymbole (links oben), Anwenden des Symbol-skalieren-Werkzeugs

**Symbol-skalieren-Werkzeug**
Dieses Werkzeug setzen Sie ein, um die Größe von Symbolinstanzen nachträglich anzupassen. Gehen Sie dabei wie folgt vor:
1. Aktivieren Sie einen Symbolsatz, und wählen Sie im Symbole-Bedienfeld das oder die Symbole aus, deren Instanzen Sie bearbeiten möchten.
2. Wählen Sie das Symbol-skalieren-Werkzeug aus. Doppelklicken Sie auf das Werkzeug, um seine Wirkungsweise in den

Optionen einzustellen.

3. Klicken und ziehen Sie den Werkzeug-Cursor über die Symbole, die Sie vergrößern oder verkleinern möchten.

**Modifikationsmöglichkeiten |** Symbol-skalieren-Werkzeug

- ⌥/Alt: Drücken Sie ⌥/Alt, und klicken und ziehen Sie, um die Instanzen zu verkleinern.
- ⇧: Möchten Sie die Dichte der Instanzen beim Skalieren erhalten, drücken Sie ⇧, während Sie die Bearbeitung vornehmen. Beim Verkleinern werden zusätzliche Instanzen erzeugt, um die Dichte aufrechtzuerhalten. Beim Vergrößern werden Instanzen gelöscht – dies kann bei Symbolsätzen mit nur wenigen Instanzen sehr schnell vor sich gehen.

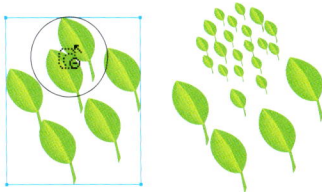

◂ Abbildung 16.76
Verkleinern von Instanzen unter Beibehaltung der Dichte

**Optionen |** Symbol-skalieren-Werkzeug

Für das Symbol-skalieren-Werkzeug können Sie neben den allgemeinen Optionen und der Methode – lesen Sie dazu die Beschreibung unter Symbol-stauchen-Werkzeug – zwei weitere Optionen definieren:

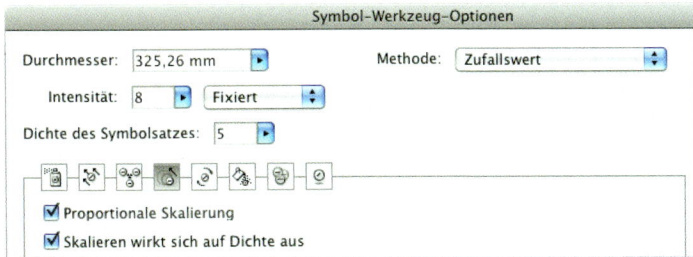

◂ Abbildung 16.77
Symbol-Werkzeug-Optionen des Symbol-skalieren-Werkzeugs

- PROPORTIONALE SKALIERUNG: Wählen Sie diese Option, wenn Sie die Proportionen der Formen erhalten möchten. Deaktivieren Sie die Option, wenn Sie die Richtung der Skalierung durch die Mausbewegung bestimmen möchten. Bei diagonalen Bewegungen werden die Instanzen darüber hinaus verbogen.

▴ Abbildung 16.78
Nichtproportionale Skalierung

- SKALIEREN WIRKT SICH AUF DICHTE AUS: Aktivieren Sie diese Option, verändert sich beim Skalieren auch die Position der Instanzen. Ist die Option deaktiviert, werden die Instanzen jeweils bezogen auf ihren Mittelpunkt skaliert.

**Symbol-drehen-Werkzeug**

Mit diesem Werkzeug drehen Sie die Ausrichtung von Symbolinstanzen in Richtung der Cursor-Bewegung. Kleine Pfeile über den Grafikelementen zeigen wie Kompassnadeln die Richtung an, während Sie den Cursor darüber bewegen. Um Symbolinstanzen zu drehen, gehen Sie folgendermaßen vor:

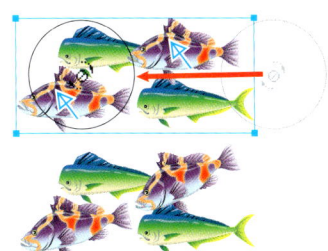

▴ Abbildung 16.79
Anwendung des Symbol-drehen-Werkzeugs

16.2 Symbole | **547**

1. Aktivieren Sie einen Symbolsatz, und wählen Sie im Symbole-Bedienfeld das oder die Symbole aus, deren Instanzen Sie bearbeiten möchten.
2. Wählen Sie das Symbol-drehen-Werkzeug, und stellen Sie die gewünschten Optionen unter METHODE sowie die allgemeinen Optionen ein.
3. Klicken und ziehen Sie den Cursor in der Richtung über die Instanzen, in der Sie diese ausrichten möchten.

### Symbol-färben-Werkzeug

Mit dem Symbol-färben-Werkzeug kolorieren Sie Symbolinstanzen in der aktuell eingestellten Flächen-Farbe. Die Farbanpassung geschieht schrittweise in der Form, dass die Luminanz-Werte der Grafik erhalten bleiben, während der Farbton (Hue) der Flächenfarbe angepasst wird (siehe zum HSB-Farbmodell auch Kapitel 8).

Schwarze und weiße Flächen der Symbolinstanzen werden nicht verändert, die Färbung sehr heller bzw. sehr dunkler Flächen ist naturgemäß nicht sehr auffällig.

Sie erhalten als Ergebnis CMYK-Farben, auch wenn Sie eine Volltonfarbe ausgewählt haben. Um Instanzen einzufärben, gehen Sie wie folgt vor:

1. Stellen Sie die Flächenfarbe in einem der entsprechenden Bedienfelder ein.
2. Aktivieren Sie eine Instanz oder einen Symbolsatz, und wählen Sie im Symbole-Bedienfeld das oder die Symbole aus, deren Instanzen Sie bearbeiten möchten.
3. Wählen Sie das Symbol-färben-Werkzeug, und richten Sie die allgemeinen Werkzeug-Optionen sowie die Methode ein – lesen Sie unter Symbol-stauchen-Werkzeug mehr zur Methode. Eine bessere Kontrolle über die Färbung haben Sie, wenn Sie mit kleinen Intensitätswerten arbeiten und das Werkzeug dafür öfter anwenden.
4. Klicken oder klicken und ziehen Sie mit dem Cursor über die Bereiche, die Sie färben möchten.

### Modifikationsmöglichkeiten | Symbol-färben-Werkzeug

▶ ⌥/Alt: Drücken Sie ⌥/Alt, und klicken oder klicken und ziehen Sie, um die Färbung wieder zu reduzieren.
▶ ⇧: Haben Sie in einem Symbolsatz bereits einzelne Instanzen gefärbt und möchten nur auf diese Instanzen eine andere Farbe in derselben Intensität anwenden, drücken Sie ⇧ und bewegen den Cursor über den Symbolsatz. Nur die bereits eingefärbten Instanzen erhalten die neue Farbe.

---

**Färben und Dateigröße**

Das Färben von Symbolen erzeugt deutlich größere Dateien – ist die Dateigröße wichtig (z. B. bei Webprojekten), verwenden Sie die Funktion nicht.

▲ Abbildung 16.80
Von links oben: graduelle Anwendung der Farbe Magenta auf eine Symbolinstanz

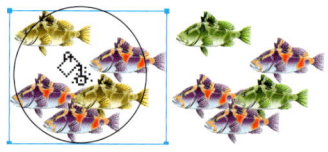

▲ Abbildung 16.81
Bereits gelb gefärbte Instanzen werden grün umgefärbt – einzelnes Anklicken ersparen Sie sich mithilfe der ⇧-Taste.

▲ Abbildung 16.82
Anwendung des Transparentgestalten-Werkzeugs

## Symbol-transparent-gestalten-Werkzeug

Mit Version CS2 wurde das Symbol-rastern-Werkzeug in Symbol-transparent-gestalten-Werkzeug umbenannt. Der Name ist zwar umständlicher, trifft die Funktion des Werkzeugs dafür umso genauer. Mit dem Symbol-transparent-gestalten-Werkzeug stellen Sie die Deckkraft der Instanzen ein und gestalten sie damit durchscheinend. Und so wenden Sie das Werkzeug an:

1. Aktivieren Sie einen Symbolsatz, und wählen Sie im Symbole-Bedienfeld das oder die Symbole aus, deren Instanzen Sie bearbeiten möchten.
2. Wählen Sie das Symbol-transparent-gestalten-Werkzeug aus, und stellen Sie die Methode sowie die allgemeinen Werkzeug-Optionen ein.
3. Klicken oder klicken und ziehen Sie mit dem Cursor über die Bereiche, deren Deckkraft Sie reduzieren möchten.

**Modifikationsmöglichkeit** | Symbol-transp.-gestalten-Werkzeug
▶ ⌥/Alt: Drücken Sie ⌥/Alt, und klicken oder klicken und ziehen Sie, um die Deckkraft wieder zu erhöhen.

### Bezeichnung beim Widerrufen
Beim Widerrufen der Anwendung des Symbol-transparent-gestalten-Werkzeugs wird im Bearbeiten-Menü der Begriff »Rastern« verwendet.

### Stapelreihenfolge anpassen
Passen Sie gegebenenfalls die Stapelreihenfolge der Instanzen an, nachdem Sie die Deckkraft reduziert haben, damit der optische Eindruck wieder »stimmig« ist.

## Symbol-gestalten-Werkzeug

Das Symbol-gestalten-Werkzeug ermöglicht es, einer Instanz Grafikstile in definierbarer Intensität zuzuweisen. Wie alle Eigenschaften kann auch die Intensität innerhalb eines Symbolsatzes variieren. Gehen Sie wie folgt vor, um Instanzen mit Grafikstilen zu versehen:

1. Aktivieren Sie eine Instanz oder einen Symbolsatz, und wählen Sie im Symbole-Bedienfeld das oder die Symbole aus, deren Instanzen Sie bearbeiten möchten.
2. Wählen Sie das Symbol-gestalten-Werkzeug, und richten Sie die allgemeinen Werkzeug-Optionen sowie die Methode ein – lesen Sie unter Symbol-stauchen-Werkzeug mehr zur Methode. Wählen Sie eine niedrige Intensität des Werkzeugs, wenn Sie die graduelle Anpassung exakter steuern möchten.
3. Wählen Sie einen Grafikstil im Grafikstile-Bedienfeld.
   Achtung: Haben Sie eines der Symbol-Werkzeuge ausgewählt, wenn Sie einen Grafikstil anklicken, wechselt Illustrator automatisch zum Symbol-gestalten-Werkzeug. Ist jedoch irgendein anderes Werkzeug aktiv, wenn Sie einen Grafikstil anklicken, wird der Stil sofort auf den kompletten ausgewählten Symbolsatz angewendet.
4. Klicken oder klicken und ziehen Sie den Cursor über die Instanzen, denen Sie den Grafikstil zuweisen möchten.

▲ **Abbildung 16.83**
Die Instanzen schwarz gefüllter Symbole lassen sich einfärben, indem Sie einen Grafikstil zuweisen.

▲ **Abbildung 16.84**
Anwenden eines Grafikstils (Schlagschatten) auf Symbole

16.2 Symbole | **549**

▲ Abbildung 16.85
Mit Grafikstilen versehene Symbole

**Abbildung 16.86** ▶
Vergleich: Grafikstile über das Grafikstile-Bedienfeld zugewiesen (jeweils links) und Grafikstile mit dem Symbol-gestalten-Werkzeug aufgetragen (jeweils rechts). Die Konturen und Flächen liegen über dem Inhalt, wenn der Stil mit dem Werkzeug angewendet wurde.

**Modifikationsmöglichkeiten |** Symbol-gestalten-Werkzeug
- ⌥/Alt : Drücken Sie ⌥/Alt während der Anwendung, um die Grafikstile wieder von den Instanzen zu entfernen.
- ⇧ : Haben Sie in einem Symbolsatz bereits einzelne Instanzen mit einem Grafikstil versehen und möchten nur auf diese Instanzen einen weiteren Grafikstil in derselben Intensität anwenden, drücken Sie ⇧ und bewegen den Cursor über den Symbolsatz – nur die bereits mit einem Stil versehenen Instanzen erhalten den neuen Grafikstil.

### Aufbau eines für Symbole geeigneten Grafikstils

Weisen Sie einer Instanz oder einem Symbolsatz den Grafikstil auf dem Weg über das Grafikstile-Bedienfeld zu – also indem Sie das Objekt aktivieren und den Stil anklicken –, erfolgt die Anwendung des Stils wie auf eine Gruppe (Aussehen siehe Kapitel 11).

Je nach Position des INHALT-Eintrags im Attribut-Stapel während der Definition des Grafikstils werden die Eigenschaften auf das Symbol angewendet.

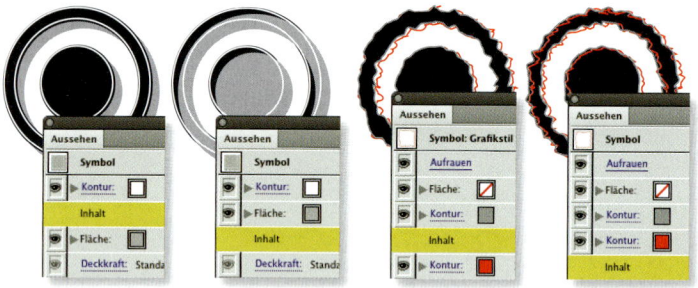

Wenden Sie einen Grafikstil dagegen mit dem Symbol-gestalten-Werkzeug an, legt Illustrator die für Kontur und Fläche definierten Attribute immer über den Eintrag INHALT und Effekte darunter.

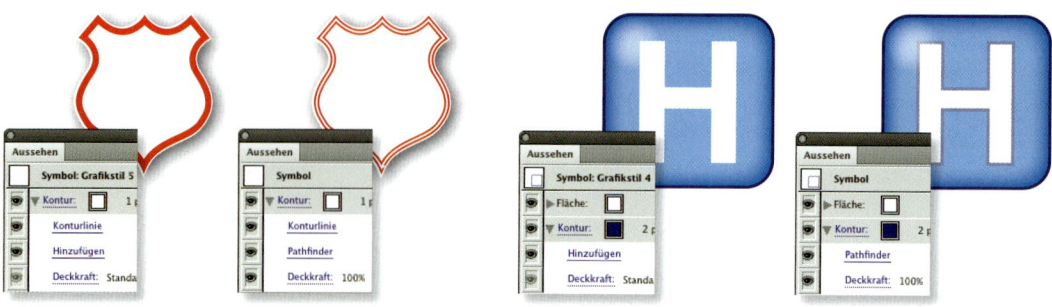

▲ Abbildung 16.87
Vergleich: Grafikstile über das Grafikstile-Bedienfeld zugewiesen (jeweils links) und Grafikstile mit dem Symbol-gestalten-Werkzeug aufgetragen (jeweils rechts). Der Pathfinder-Effekt HINZUFÜGEN ist nach der Anwendung des Werkzeugs wirkungslos.

Beim »Aufsprühen« von Grafikstilen haben Sie also nur einen geringen Einfluss auf die Stapel- und Anwendungs-Reihenfolge der Aussehen-Attribute.

### Skalierbare Konturen für Symbole

Wird die Instanz eines Symbols in der Illustration skaliert, dann ist davon immer die Konturstärke betroffen. Dies ist meist störend. Um zu erreichen, dass auch bei unterschiedlicher Skalierung der Symbolinstanzen die Konturstärke einheitlich bleibt, erzeugen Sie die Kontur mithilfe eines Grafikstils (zu Aussehen und Grafikstilen siehe Kapitel 11). Die Kontur für diesen Grafikstil generieren Sie, indem Sie NEUE KONTUR HINZUFÜGEN aus dem Menü des Aussehen-Bedienfelds wählen.

Sollen die Symbole wie im Beispiel nur eine Außenkontur erhalten (und nicht jeder Pfad des Symbols einzeln konturiert werden), verwenden Sie den EFFEKT • PATHFINDER • HINZUFÜGEN (Effekte siehe Kapitel 13). Es ist jedoch nicht möglich, einen Grafikstil, der Pathfinder-Effekte enthält, mit dem Symbol-gestalten-Werkzeug aufzutragen.

Bevor Sie die Symbolinstanzen auf der Zeichenfläche skalieren, deaktivieren Sie in den Voreinstellungen die Option KONTUREN UND EFFEKTE SKALIEREN.

▲ **Abbildung 16.88**
Kontur im Symbol (oben) im Vergleich zu Kontur im Grafikstil (unten)

### Schritt für Schritt: Symbole erstellen und anwenden

**1 Vorbereitung**

In der Übung werden Sie die Illustration eines Baums durch Hinzufügen einiger Blätter etwas lebendiger gestalten. Zeichnen Sie einen Baum, oder öffnen die Datei »Baum.ai« von der DVD.

**2 Grafik für Symbol erstellen**

Als nächsten Schritt erstellen Sie ein einzelnes Blatt aus wenigen einfachen Formen: dem Umriss und einem Verlauf. Falls Sie wie abgebildet das Blatt aus den beiden Formen Blattfläche und Stiel erstellen, fügen Sie diese Formen anschließend zu einer zusammen. Den Verlauf bilden Sie als Überblendung zwischen zwei Pfaden.

**3 Symbol in Symbole-Bedienfeld einrichten**

Rufen Sie das Symbole-Bedienfeld auf, und bereinigen Sie es um die nicht benötigten Standardsymbole, indem Sie alle auswählen und auf den Button LÖSCHEN 🗑 klicken.

Aktivieren Sie alle Elemente, die zu Ihrem Blatt gehören, und ziehen Sie alles auf das Symbole-Bedienfeld – oder erzeugen Sie

▲ **Abbildung 16.89**
Anfangssituation

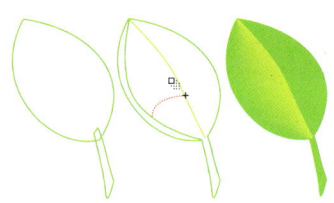

▲ **Abbildung 16.90**
Aufbau des Blatts aus Umriss und Überblendung

16.2 Symbole | **551**

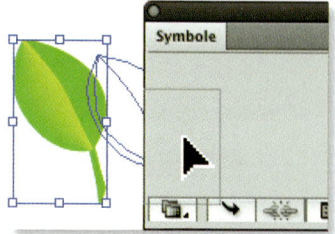

▲ Abbildung 16.91
Symbol erstellen

das Symbol mit dem Shortcut [F8]. In der Dialogbox SYMBOLOPTIONEN geben Sie dem Symbol einen aussagekräftigen Namen.

### 4   Symbol-aufsprühen-Werkzeug einstellen

Wählen Sie das Symbol-aufsprühen-Werkzeug aus dem Werkzeugbedienfeld – Shortcut [⇧]+[S]. Doppelklicken Sie das Werkzeug, um die Optionen einzurichten. Wenn Sie die Baum-Illustration von der DVD verwenden, geben Sie folgende Werte ein: DURCHMESSER »70–80 mm«, INTENSITÄT »6« (Fest), DICHTE »7«, DREHEN: Benutzerdefiniert, alle anderen Eigenschaften: Durchschnitt berechnen.

### 5   Blätter auftragen

Wählen Sie das Blatt-Symbol im Symbole-Bedienfeld aus. Bewegen Sie das Sprüh-Werkzeug auf die Mitte des Baums, und klicken und ziehen Sie von innen nach außen entlang der Äste, um die Blätter aufzutragen. Die Ausrichtung des Symbols richtet sich nach der Bewegungsrichtung des Werkzeugs. Falls zu wenig oder zu viele Blätter erstellt werden, bewegen Sie das Werkzeug entweder in einer anderen Geschwindigkeit oder ändern die Option INTENSITÄT.

Deaktivieren Sie den Symbolsatz, indem Sie [⌘]/[Strg] drücken und mit dem Cursor auf die Zeichenfläche klicken. Tragen Sie anschließend noch am Fuß des Baums einige heruntergefallene Blätter auf.

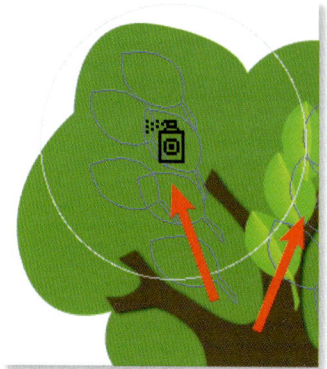

▲ Abbildung 16.92
Symbol aufsprühen

### 6   Blätter verschieben und drehen

Aktivieren Sie den Symbolsatz der Blätter in der Baumkrone. Wählen Sie das Symbol-verschieben-Werkzeug mit einem Durchmesser von etwa 30–40. Bewegen Sie damit die zu weit hinausragenden Blätter auf die grüne Fläche: Klicken Sie etwas außerhalb des Blatts, und ziehen Sie in die gewünschte Richtung.

Wählen Sie anschließend das Symbol-drehen-Werkzeug, und korrigieren Sie die Ausrichtung der Blätter.

Wählen Sie jetzt den Symbolsatz der Blätter am Boden aus. Bewegen Sie das Symbol-drehen-Werkzeug einige Male hin und her, um die Ausrichtung unordentlicher zu gestalten.

▲ Abbildung 16.93
Verschieben der Symbolinstanzen

### 7   Blätter skalieren

Wählen Sie anschließend noch das Symbol-skalieren-Werkzeug, und stellen Sie die Intensität auf »3«. Aktivieren Sie einen Symbolsatz, und klicken Sie an einigen Stellen, um die Symbole zu vergrößern. Beobachten Sie die Vorschau – lassen Sie die Maustaste los, wenn Ihnen die Größe zusagt. Die Blätter am Rand verkleinern Sie etwas – halten Sie ⌥/Alt beim Arbeiten mit dem Symbol-skalieren-Werkzeug gedrückt.

◀ **Abbildung 16.94**
Nach dem Skalieren

### 8 Blätter färben

Richten Sie die Farbe M50/Y100 mithilfe des Farbe-Bedienfelds als Flächenfarbe ein. Wählen Sie das Symbol-färben-Werkzeug mit einer Intensität von 5–6 und einem Durchmesser von etwa 35 mm. Aktivieren Sie den Symbolsatz am Fuß des Baums.

Klicken Sie mit dem Werkzeug kurz auf verschiedene Stellen innerhalb des Symbolsatzes. Mit jedem Klick nehmen die Blättern mehr Farbe an.

Wechseln Sie die Flächenfarbe auf M25/Y100 und färben Sie damit ebenfalls einige Stellen. Achten Sie darauf, den Symbolsatz nicht zu einheitlich zu färben. Setzen Sie zum Abschluss einige Farbtupfer mit der Farbe C25/M100/Y100.

▲ **Abbildung 16.95**
Herbstliche Färbung

### Symbole und Flash

Mit Illustrator CS3 wurden neue Symbol-Optionen im Zusammenhang mit Flash (ab CS3) eingeführt, wie z. B. die 9-Slice-Skalierung. Beschreibungen dieser Funktionen finden Sie in Kapitel 20. Beim Importieren einer Illustrator-Datei erkennt und übernimmt Flash diese Eigenschaften.

---

**Alternative: Spezialpinsel**

Wenn Sie über einem Areal der Zeichenfläche unregelmäßig Objekte verteilen möchten, haben Sie neben dem Aufsprühen von Symbolen auch die Möglichkeit, einen Spezialpinsel einzusetzen. Dabei werden die Objekte entlang eines Pinselpfads verteilt (mehr zu Spezialpinseln in Kapitel 9). Wenn Sie einen Spezialpinsel einsetzen, kann die Verteilung der Objekte in manchen Fällen genauer gesteuert werden als mit dem Symbol-aufsprühen-Werkzeug.

# 17 3D-Live-Effekte

Die 3D-Effekte von Illustrator ermöglichen es, einfache 3D-Operationen auf Grundformen anzuwenden, diese mit Oberflächentexturen zu versehen und mit Lichtquellen zu beleuchten. Da die 3D-Operationen als »Live«-Effekte angewendet werden, sind sowohl die Grundobjekte als auch die Parameter der Effekte selbst jederzeit editierbar.

Es lassen sich sogar einfache Animationen herstellen, wenn Sie Angleichungen zwischen Objekten bilden, auf die 3D-Effekte in unterschiedlichen Einstellungen angewendet sind (zum Shockwave-Flash-Export siehe Kapitel 20).

Anders als in »echten« 3D-Programmen sind in Illustrator einzelne Objekte, auf die 3D-Effekte angewendet wurden, unabhängig voneinander – die dreidimensionalen Formen haben jeweils eigene Lichtquellen, und Sie können sie nicht in einem gemeinsamen Raum kombinieren, sondern nur auf der Fläche anordnen. Das Erstellen einer dreidimensionalen Szene ist daher nur eingeschränkt möglich.

**Exkurs: Dimensions**
Das PostScript-basierte 3D-Programm Adobe Dimensions kam Ende 1992 auf den Markt und wurde bis zur Version 3.01 weiterentwickelt. Adobe hat den Support 2005 endgültig eingestellt. Illustrators 3D-Effekte können dieses Programm nicht völlig ersetzen. Für die Erstellung komplexerer dreidimensionaler Objekte und Szenen gibt es inzwischen jedoch in vielen 3D-Programmen Export-Möglichkeiten ins Illustrator-Format.

◂ **Abbildung 17.1**
3D-Effekte im Einsatz in Illustration, Infografik, Typografie und zur Visualisierung von Packungsdesigns

Als Grundformen können Sie einfache Pfade oder bereits mit anderen Illustrator-Funktionen erstellte oder verformte Objekte – wie Verzerrungshüllen oder Diagramme – verwenden.

▲ Abbildung 17.2
Geschlossenes und offenes Objekt (oben), Grundform Kontur bzw. Fläche (unten)

▲ Abbildung 17.3
Extrudierte Konturen eines Diagramms

▲ Abbildung 17.4
Einzeln (links) und als Gruppe (rechts) extrudiert

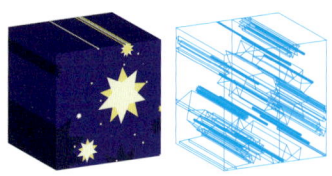

▲ Abbildung 17.5
Eine Musterfüllung wird mit dem Objekt extrudiert.

> **Abgeflachte Kante?**
>
> Die englische Originalbezeichnung dieses Effekts – »Bevel« – hätte man vielleicht zutreffender mit »Profilkante« übersetzt.

## 17.1 3D-Objekte erzeugen

Für die Konstruktion dreidimensionaler Objekte bietet Illustrator im Menü EFFEKT • 3D drei Operationen: Extrudieren, Kreiseln und Drehen. Die Effekte Extrudieren und Kreiseln generieren dreidimensionale Körper, deren Lage im Raum frei bestimmt werden kann. Der Drehen-Effekt rotiert zweidimensionale Objekte im Raum und erzeugt eine perspektivische Ansicht.

### Grundformen

Die der Grundform zugewiesenen Füllungen und Konturen übernimmt das dreidimensionale Objekt. Besitzt eine Grundform nur eine Füllung, bildet diese die Oberflächenfarbe des Körpers.

Ist darüber hinaus eine Kontur definiert, entsteht ein zusätzliches Objekt, denn Illustrator wandelt Konturen vor der Anwendung eines 3D-Effekts intern in Flächen um. Daher dauert die Berechnung eines konturierten Objekts länger und kann zu unerwünschten Ergebnissen führen. Verwenden Sie deswegen Grundformen ohne Kontur.

**Gruppen |** Auf gruppierte Objekte wirkt sich ein zugewiesener 3D-Effekt aus, als wären sie ein Gesamtobjekt. Sie können also eine korrekte räumliche Anordnung mehrerer Körper erzielen, wenn Sie die Grundformen vor der Anwendung des 3D-Effekts gruppieren. Allerdings lassen sich nur gemeinsame Einstellungen für alle in der Gruppe zusammengefassten Objekte vornehmen.

Dasselbe Ergebnis erhalten Sie, wenn Sie den Effekt auf die Ebene anwenden, der die Objekte zugeordnet sind.

**Transparenz |** Um ein transparentes Material zu simulieren, legen Sie die Deckkrafteinstellung und gegebenenfalls eine abweichende Füllmethode für das Grundobjekt an.

Beachten Sie die Anmerkung zu transparenten Objekten in Abschnitt 17.3, »Schattierung und Beleuchtung«.

**Muster |** Ist ein Objekt mit Musterfüllungen versehen, kann die Berechnung des 3D-Körpers einige Zeit in Anspruch nehmen, vor allem, wenn Sie gleichzeitig Profilkanten zugewiesen haben.

Weisen Sie das Muster stattdessen als Grafik-Mapping der Oberfläche zu.

### Extrudieren und abgeflachte Kante

Dieser Effekt verwendet die Grundform als Profil, das entlang der z-Achse in die Tiefe gezogen wird. Die z-Achse verläuft immer senkrecht zur Objektoberfläche, d. h. senkrecht zur Zeichenfläche.

Die Form der beim Tiefziehen entstehenden Kante können Sie bestimmen. Der Effekt heißt zwar »abgeflachte Kante«, diese Bezeichnung trifft jedoch auf die allerwenigsten der zur Verfügung stehenden Formen zu. Die Palette der Kantenformen lässt sich außerdem durch eigene Formen ergänzen.

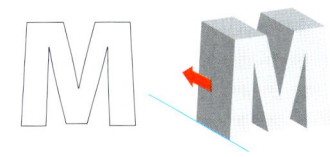

◀ **Abbildung 17.6**
Grundform und extrudiertes Objekt

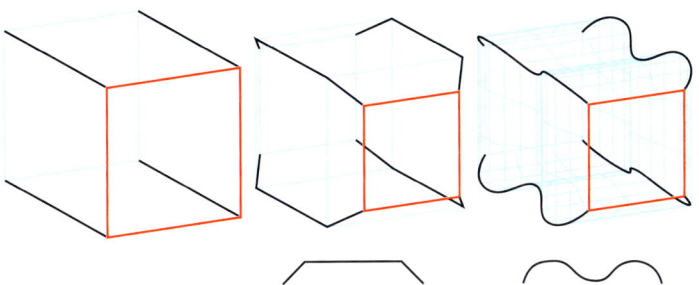

▲ **Abbildung 17.7**
Extrusion einer Grundform (jeweils rot) ohne Profilkante (links) entlang einer Geraden, mit unterschiedlichen Profilkanten (Mitte und rechts)

Den Effekt können Sie auf offene und geschlossene Pfade, gruppierte Objekte, zusammengesetzte Pfade, zusammengesetzte Formen oder Ebenen anwenden.

Um ein Objekt zu extrudieren, aktivieren Sie es bzw. wählen es als Ziel aus und wählen EFFEKT • 3D • EXTRUDIEREN UND ABGEFLACHTE KANTE… aus dem Menü. Die Optionen, mit denen Sie das Extrusionsobjekt erstellen, finden Sie in der Dialogbox unter dem Drehpositionsregler:

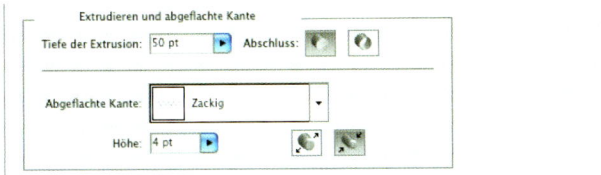

◀ **Abbildung 17.8**
Extrudieren und abgeflachte Kante – Optionen (Ausschnitt)

- TIEFE DER EXTRUSION: Geben Sie die Tiefe des Objekts mit einem Wert zwischen 0 und 2000 Pt bzw. 705,5 mm ein. Um die Tiefe in Millimeter festzulegen, tippen Sie die Einheit »mm« nach dem Wert ein.
- ABSCHLUSS: Mit den Abschluss-Buttons definieren Sie, ob das Objekt geschlossen ⬤ oder offen ⬤ ist.
  Offene Körper sollten Sie aus Grundobjekten erzeugen, die keine Kontur besitzen. Besitzt die Grundform eine Kontur, wird je ein Extrusionsobjekt auf beiden Seiten der Kontur angelegt.
- ABGEFLACHTE KANTE: In dem Menü bestimmen Sie das Profil des Objekts entlang der z-Achse.

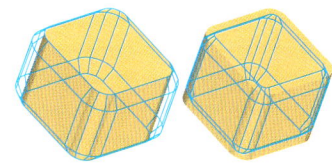

▲ **Abbildung 17.9**
Objekt ohne Profilkante (orange), Profilkante (blau) nach außen (links) und nach innen (rechts)

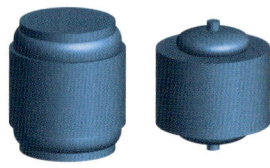

▲ **Abbildung 17.10**
Unterschiedliche Profilhöhe bei ABGEFLACHTE KANTE NACH INNEN

▶ HÖHE: Geben Sie hier ein, auf welche Höhe das ausgewählte Profil skaliert werden soll. Geben Sie einen Wert zwischen 0 und 100 Pt – oder 35,2 mm – ein.
Beachten Sie, dass bei der Berechnung NACH INNEN (siehe den nächsten Punkt) Darstellungs- und Berechnungsfehler auftreten können, wenn die Höhe des Profils den Durchmesser der Grundfläche des Objekts übersteigt.

▶ NACH AUSSEN/NACH INNEN: Die Höhe des Kantenprofils können Sie zur Objektgrundfläche hinzufügen oder innerhalb der Objektgrundfläche berechnen lassen. Wählen Sie mit den Buttons ABGEFLACHTE KANTE NACH AUSSEN und ABGEFLACHTE KANTE NACH INNEN.

### Sonderfall isometrische Extrusion

Noch aus den Anfangstagen des DTP ist der Effekt bekannt, einen Schriftzug in exakter Aufsicht darzustellen und mit einer Extrusion zu versehen. Dies ist mit Illustrators 3D-Effekt nicht vorgesehen. Ein Objekt muss hier immer eine Drehung aufweisen, damit die Extrusion sichtbar ist. Sie können diesen Effekt annähernd erreichen, wenn Sie eine sehr geringe Drehung des Objekts mit einer großen Extrusion kombinieren. Noch näher kommen Sie an die Aufsichtsdarstellung, wenn Sie den Text vorher in seine einzelnen Buchstaben aufsplitten und den Effekt jedem einzeln zuweisen.

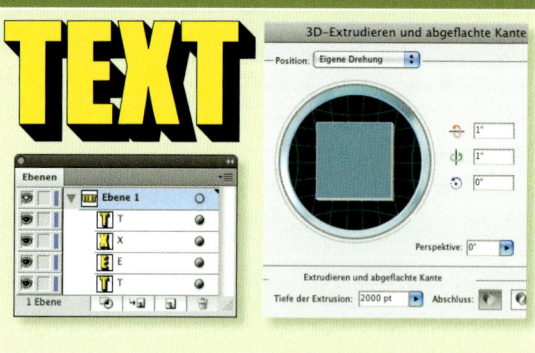

▲ **Abbildung 17.11**
So erreichen Sie die Abgeflachte-Kanten-Datei auf dem Mac: Rufen Sie das Kontextmenü über dem Programmsymbol auf, und wählen Sie PAKETINHALT ZEIGEN.

### Eigene Kantenprofile hinzufügen und verwenden

Das Menü ABGEFLACHTE KANTE in der Dialogbox 3D-EXTRUDIEREN-OPTIONEN enthält nur eine begrenzte Anzahl Kanten. Sie können es jedoch um eigene Kreationen ergänzen. Bei jedem Start liest Illustrator die Kantenprofile aus einer Datei im Programmordner – in dieser Datei müssen Sie Ihre eigenen Profile anlegen, damit diese beim nächsten Start des Programms im Menü zur Verfügung stehen. Gehen Sie wie folgt vor:

1. Zeichnen Sie das Profil als einzelnen offenen Pfad. Auch wenn der Hilfetext nahelegt, dass Sie den Pfad in der Kanten-Datei erstellen sollen, ist das nicht notwendig.
Legen Sie Ihre Kante horizontal an. Die Außenseite weist nach oben. Der Teil, der am Objekt nach vorne zeigen soll, ist an der rechten Seite.

2. Öffnen Sie die Datei »Abgeflachte Kanten.ai« aus dem Ordner ADOBE ILLUSTRATOR CS4\REQUIRED\RESOURCES\DE_DE (Mac) bzw. ADOBE ILLUSTRATOR CS4\SUPPORT FILES\REQUIRED\RESOURCES\DE_DE\ (Windows). Auf dem Mac müssen Sie dazu

den Paketinhalt der Applikation Illustrator anzeigen (siehe Abbildung 17.11).
3. Fügen Sie Ihr Kantenprofil über die Zwischenablage in die Kanten-Datei ein.
4. Rufen Sie das Symbole-Bedienfeld unter FENSTER • SYMBOLE – Shortcut ⌘/Strg+⇧+F11 auf.
Legen Sie Ihr Kantenprofil als neues Symbol an, indem Sie das Profil aktivieren und den Button NEUES SYMBOL klicken – Shortcut F8. Geben Sie dem Symbol einen aussagekräftigen Namen.
5. Speichern Sie die Abgeflachte-Kante-Datei, schließen Sie sie und beenden Illustrator. Starten Sie Illustrator erneut, und öffnen Sie die Datei, in der Sie die Kante verwenden möchten.
6. Aktivieren Sie das Objekt, dem die Kante zugewiesen werden soll. Falls Sie es bereits mit dem Extrudieren-Effekt versehen haben, rufen Sie die Optionen des Effekts über das Aussehen-Bedienfeld auf. Wählen Sie das vorher eingerichtete Profil im Menü ABGEFLACHTE KANTE aus.
7. Passen Sie – falls nötig – die Höhe des Profils an, und wählen Sie mit den Buttons, ob die Kante nach außen oder innen berechnet werden soll.

▲ **Abbildung 17.12**
Grundobjekt und Profilkante (oben), extrudiert (Mitte), gedreht und mit Bildmaterial versehen

**Vor CS4: Abgeflachte Kanten.ai**

In Illustrator CS3 und früheren Versionen finden Sie die Datei »Bevels.ai« im Ordner ZUSATZ-MODULE im Illustrator-Programmordner.

## Kreiseln

Die Operation KREISELN wird in vielen 3D-Programmen auch als »Rotation« bezeichnet. Der Körper entsteht, indem die Grundform um die y-Achse rotiert wird. Die Position des Grundobjekts kann rechts oder links der Achse gewählt werden. Auch den Abstand des Grundobjekts zur Achse können Sie definieren – dies benötigen Sie z. B. zum Erstellen von Ring-Objekten.

Wie die Extrusion lässt sich auch dieser Effekt auf Einzelobjekte, zusammengesetzte Pfade und Formen, Gruppen und Ebenen anwenden.

Wenden Sie den Effekt gleichzeitig auf mehrere Objekte an, rotiert jedes um eine eigene Achse. Wenn Sie mehrere Objekte um eine gemeinsame Achse rotieren möchten, gruppieren Sie sie vor Anwenden des Effekts. Alternativ wenden Sie den Effekt auf die Ebene an, der die Objekte zugeordnet sind.

Um ein Objekt, eine Gruppe oder eine Ebene mit dem Kreiseln-Effekt zu versehen, aktivieren Sie es bzw. wählen es als Ziel aus und rufen EFFEKT • 3D • KREISELN… aus dem Menü auf. Die Optionen, mit denen Sie das Rotationsobjekt erstellen, finden Sie in der Dialogbox unter dem Drehpositionsregler:

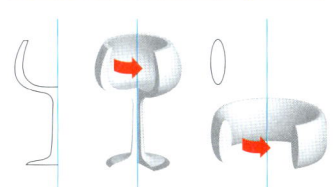

▲ **Abbildung 17.13**
Grundformen und gekreiselte Objekte

▲ **Abbildung 17.14**
Einzeln (links) und als Gruppe (rechts) rotiert

**Abbildung 17.15** ▶
Kreiseln: Optionen (Ausschnitt)

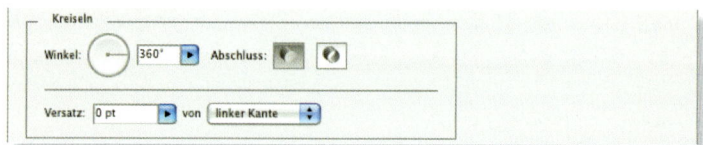

▲ **Abbildung 17.16**
Kreiselobjekt mit offenem Abschluss

▶ Winkel: Sie können bestimmen, ob die Grundform ganz um die Achse herum kreiselt – also 360° – oder nur teilweise. Verwenden Sie den Winkelschieber, oder geben Sie einen Wert zwischen 0 und 360° in das Eingabefeld ein.

▶ Abschluss: Mit den Abschluss-Buttons definieren Sie, ob das Objekt geschlossen ⦿ oder offen ⦿ ist. Diese Option bewirkt nur dann eine Veränderung, wenn der Kreiselwinkel kleiner als 360° ist.

▶ Versatz ... von: Im Dialogfeld Versatz bestimmen Sie die Entfernung zwischen der Drehachse und der Grundform. Geben Sie einen Wert zwischen 0 und 1000 Pt – oder 352,7 mm – ein. Mit dem Aufklappmenü legen Sie fest, auf welcher Seite der Drehachse die Grundform angeordnet wird.

## 17.2 Objekte im Raum ausrichten

Die Ansicht der Objekte bestimmen Sie zum einen durch ihre Ausrichtung im Raum – in Illustrator als »Position« bezeichnet, obwohl Sie eine räumliche Position nicht definieren können. Darüber hinaus legen Sie mit der Perspektive die Brennweite Ihrer virtuellen Kamera fest.

Das Verschieben eines Objekts auf der Zeichenfläche wirkt sich anders als bei »echtem 3D« nicht auf die perspektivische Darstellung aus.

### Lokale und globale Achsen

Um die Position eines Objekts relativ zum Betrachter auszurichten, können Sie sowohl lokale – an das Objekt gebundene – als auch globale Achsensysteme verwenden. Prinzipiell funktioniert das Ausrichten wie das Positionieren eines Objekts auf einem Tisch: Sie können entweder das Objekt oder den Tisch bewegen, um das Objekt zu einer Kamera auszurichten.

Das lokale Achsensystem bewegt sich bei der Drehung mit dem Objekt, das globale Achsensystem ist selbst fixiert, bewirkt aber – wenn Sie es verwenden – eine Drehung des Objekts sowie aller seiner Achsen.

Die zwei Achsensysteme erlauben eine flexible Handhabung der Objektdrehungen: Das Bewegen mit den lokalen Achsen ist intuitiver, da es der Handhabung von Dingen in der realen Welt

> **Objekte gefahrlos verschieben**
>
> Deaktivieren Sie die Anzeige des Begrenzungsrahmens, wenn Sie 3D-Objekte auf der Zeichenfläche verschieben.
> Anderenfalls passiert es nur zu oft, dass Sie die Grundform unabsichtlich transformieren, anstatt das 3D-Objekt zu verschieben.

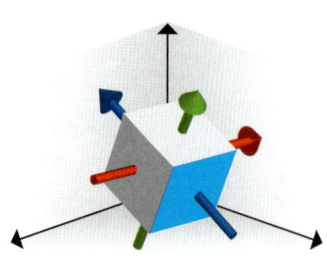

▲ **Abbildung 17.17**
Lokale (Objekt-)Achsen und globale (Welt-)Achsen

entspricht. Das Bewegen anhand der globalen Achsen erlaubt Ihnen die genauere Einstellung der Ansicht.

**Drehen**

Drehen beinhaltet die Ausrichtung der Objekte im Raum und die Einstellung der Perspektive einer virtuellen Betrachtungskamera. Eine Drehung lässt sich sowohl für Extrusions- und Kreiselobjekte als auch für zweidimensionale Formen einrichten.

Beim Drehen zweidimensionaler Formen wirkt sich die Drehung auf Musterfüllungen, Konturstärken und Pinselkonturen aus, die perspektivisch angepasst werden. Die perspektivische Darstellung von Verläufen gelingt in den wenigsten Fällen.

Um dreidimensionale Extrusions- und Rotationsobjekte zu drehen, verwenden Sie die Eingabemöglichkeiten in der Dialogbox des jeweiligen Effekts.

Ein zweidimensionales Objekt drehen Sie, indem Sie es aktivieren und EFFEKT • 3D • DREHEN… aufrufen.

▲ Abbildung 17.18
Konturen und Muster werden perspektivisch angepasst.

▲ Abbildung 17.19
Ein mit einem 3D-Effekt versehenes Objekt können Sie nicht direkt auf der Zeichenfläche drehen (Mitte), sondern nur in den Optionen des Effekts.

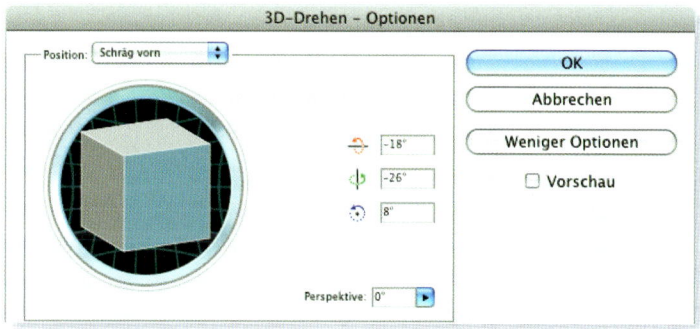

◀ Abbildung 17.20
Drehen-Optionen

- VORSCHAU: Aktivieren Sie die Vorschau, um die Positionsänderungen auf der Zeichenfläche darzustellen.
- POSITION: Einige Standard-Objektpositionen sind über das Menü abrufbar. Sie enthalten sowohl die Objektausrichtung als auch die zugehörige Perspektive.
- WINKELEINSTELLUNGEN: Um die Position frei einzustellen, verwenden Sie den Würfel oder geben die gewünschte Position in die Eingabefelder für die Drehung um die x-Achse , die y-Achse und die z-Achse ein.
- WÜRFEL: Der Würfel repräsentiert Ihr Objekt – die Vorderseite ist blau dargestellt, die Ober- und Unterseite hellgrau, die Seitenflächen in einem mittleren Grau, die Rückseite in Dunkelgrau.
    - Freie Drehung: Klicken und ziehen Sie eine der Würfelflächen, um das Objekt frei zu drehen.
    - Eingeschränkte Drehung auf lokale Achsen: Bewegen Sie die Maus über eine Würfelkante – der Cursor zeigt den

> **3D-Objekte in einer »Szene«**
>
> Wenn Sie mehrere Objekte zu einem Fluchtpunkt ausrichten wollen, konstruieren Sie sich die Perspektive einer Szene mit Hilfslinien.

▲ Abbildung 17.21
Drehung um die lokale x-Achse (Mitte), Drehung um die globale y-Achse (rechts)

| »Brennweite« (ca.) | Perspektive |
|---|---|
| Tele 135 mm | 18° |
| Portrait 80 mm | 28° |
| Normal 50 mm | 35° |
| Weitwinkel 35 mm | 80° |
| Superweitw. 24 mm | 120° |

▲ **Tabelle 17.1**
Vergleich Perspektive und Objektivbrennweite

▲ **Abbildung 17.22**
Perspektive 0° und 160°

Doppelpfeil , und die Kanten werden farbig hervorgehoben; klicken und ziehen Sie, um das Objekt zu drehen. Die Hervorhebung der Kante zeigt Ihnen an, um welche Achse Sie das Objekt drehen – x-Achse: rot, y-Achse: grün, z-Achse: blau.

▸ Eingeschränkte Drehung auf globale Achsen: Drücken Sie , und bewegen Sie die Maus in das Würfelfeld – der Cursor zeigt das Koordinatenkreuz . Klicken und ziehen Sie die Maus horizontal, um die Drehung auf die globale x-Achse , und vertikal, um die Drehung auf die globale y-Achse zu beschränken. Ziehen Sie im blauen Band, das das Feld umgibt, um das Objekt, um die globale z-Achse zu drehen.

▸ Perspektive: Geben Sie einen Wert zwischen 0 und 160° ein, um die Darstellungsperspektive zu definieren. Ein Wert von 0° bewirkt eine isometrische Darstellung, und große Werte entsprechen in der Wirkung einem starken Weitwinkelobjektiv.

### Spiegelnde Objekte

Soll ein 3D-Objekt eine perspektivisch korrekte Spiegelung erhalten, müssen Sie diese als eigenes Objekt erstellen. Das Objekt und sein Spiegelbild werden gruppiert ❶ und gemeinsam mit einem 3D-Effekt – der Globus im Beispiel wurde gekreiselt – versehen ❷ (selbstverständlich müssen auch eventuelle Texturen spiegelverkehrt appliziert werden). Anschließend legen Sie eine Deckkraftmaske an, die die Spiegelung in den Hintergrund überblendet ❸ (zu Deckkraftmasken siehe Kapitel 12).

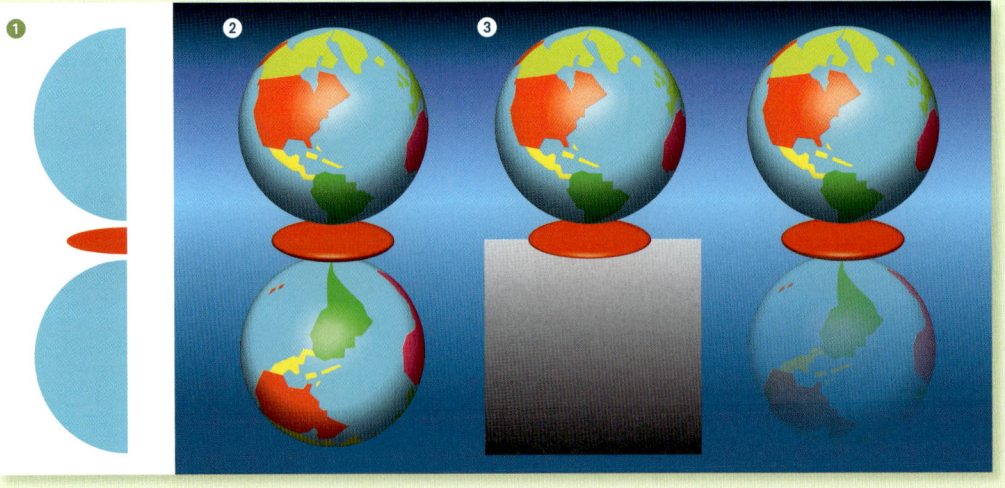

## 17.3 Schattierung und Beleuchtung

Illustrator berechnet nicht nur eine dreidimensionale Geometrie, sondern passt auch die Füllung der Objekte an die Beleuchtung und die gewählte »Schattierung« an. Mit der Schattierung bestimmen Sie die Oberflächenqualität in vier Stufen von der Drahtmodelldarstellung bis zur Kunststoffschattierung.

Je nach gewählter Schattierung stehen unterschiedliche und unterschiedlich viele Beleuchtungsoptionen zur Verfügung.

> **Mehr Optionen!**
> Die in diesem Abschnitt besprochenen Einstellmöglichkeiten sind erst sichtbar, wenn Sie Mehr Optionen in der Dialogbox anzeigen lassen.

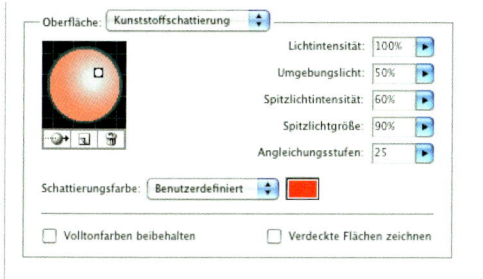

◄ **Abbildung 17.23**
Lichtquellen-Dialogbox

- Oberfläche: Wählen Sie die Oberflächenqualität aus dem Menü. Die Auswahl beeinflusst auch die Darstellungsform des zugewiesenen Bildmaterials (siehe nächster Abschnitt):
    - Drahtmodelldarstellung: Es werden die Konturen der Polygone dargestellt, aus denen der Körper sich zusammensetzt. Flächen sind transparent.
    - Keine Schattierung: Das Objekt behält seine Farbe bei. Sie wird nicht durch die dreidimensionale Form oder die Beleuchtung moduliert.
    - Diffuse Schattierung: Diese Schattierung simuliert diffuse Lichtquellen. Die Objektfarbe wird entsprechend der Körperform moduliert.
    - Kunststoffschattierung: Mit dieser Option nimmt das Objekt eine reflektierende Oberfläche an – die Beleuchtungsoptionen beinhalten Spitzlichter.
- Lichtintensität: Mit einem Wert von 0 bis 100 % steuern Sie die Intensität – also die Helligkeit – der ausgewählten Lichtquelle.
- Umgebungslicht: Mit der Eingabe in diesem Feld bestimmen Sie die globale Helligkeit der Szene um das Objekt, d. h., alle Seiten des Objekts sind gleichmäßig betroffen. Diese Einstellung lässt sich wie die folgenden nur allgemein für das Objekt vornehmen. Reduzieren Sie die Helligkeit des Umgebungslichts, und verstärken Sie das Spotlicht, um die Form Ihres Objekts herauszuarbeiten.

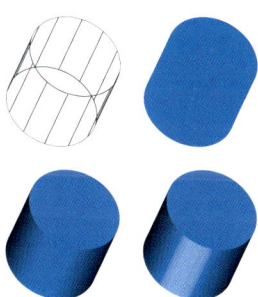

▲ **Abbildung 17.24**
Schattierungsoptionen: Drahtmodell, Keine, Diffuse, Kunststoffschattierung

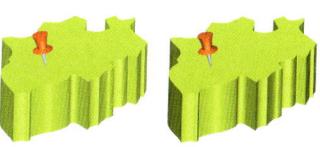

▲ **Abbildung 17.25**
Reduziertes Umgebungslicht (rechts)

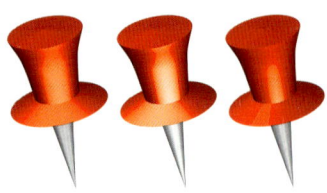

▲ **Abbildung 17.26**
Spitzlichtintensität und -größe
(v. l. n. r.): 60/100, 100/100, 100/80

- ▶ Spitzlichtintensität: Mit diesem Wert steuern Sie die Stärke der von den Lichtquellen erzeugten Reflexionen am Objekt. Geben Sie einen Wert zwischen 0 und 100 % ein – ein größerer Wert verursacht ein glänzenderes Aussehen des Objekts.
- ▶ Spitzlichtgrösse: Mit einem Wert von 0 bis 100 % bestimmen Sie die Größe des Spitzlichts.
- ▶ Angleichungsstufen: Die Anzahl der Angleichungsstufen bestimmt die Glätte der Oberflächenschattierung. Geben Sie einen Wert von 1 bis 256 ein. Ein hoher Wert erzeugt glattere Übergänge, aber auch komplexere Objekte, da jede Übergangsstufe als eine Form erstellt wird.
- ▶ Verdeckte Flächen zeichnen: Aktivieren Sie diese Option, wenn Sie alle Flächen des Objekts darstellen lassen möchten. Die Flächen sind sichtbar, wenn für das Grundobjekt eine reduzierte Deckkraft oder eine andere Füllmethode als »Normal« eingestellt ist. Darüber hinaus werden die verdeckten Flächen berechnet, wenn Sie das Aussehen des Objekts umwandeln lassen.

▲ **Abbildung 17.27**
Rechte Hälfte: Verdeckte Flächen zeichnen aktiviert
Oben: transparentes Objekt
Unten: nach Umwandlung

### Beleuchtung positionieren

Mit der Beleuchtung erzielen Sie häufig erst die dreidimensionale Wirkung des Objekts, Lichtspots betonen Profilkanten und geben einem Objekt Atmosphäre.

Falls die Beleuchtungsoptionen beim Aufrufen der Effekt-Dialogbox nicht sichtbar sind, zeigen Sie sie an, indem Sie auf den Button Mehr Optionen klicken.

Neben dem Umgebungslicht, das Ihr Objekt von allen Seiten gleich beleuchtet, können Sie mehrere Lichtspots einrichten, die auf bestimmte Bereiche Ihres Objekts zielen. Diese Lichtspots verursachen die Spitzlichter auf der Kunststoffschattierung.

Die Lichtspots erzeugen und positionieren Sie mithilfe der Lichtkugel – die Kugel repräsentiert das 3D-Objekt. Wenn Sie das Objekt drehen, verändern sich die Positionen der Spotlichter nicht.

Jedes 3D-Objekt hat voreingestellt eine Spot-Lichtquelle. Sie können Lichtquellen hinzufügen und wieder löschen, die letzte Lichtquelle lässt sich jedoch nicht löschen. Spots werden durch Kreise auf der Kugel dargestellt. Weiße Kreise ○ zeigen Lichtquellen auf der Objektvorderseite, schwarze ● stehen für Spots auf der Rückseite des Objekts. Die Farbe der Kugel entspricht der eingestellten Schattierungsfarbe.

▲ **Abbildung 17.28**
Lichtkugel

**Spotlicht hinzufügen |** Klicken Sie auf den Button Neues Licht, um eine neue Lichtquelle zu erzeugen. Die neue Lichtquelle ist aktiviert – angezeigt durch eine Umrandung ▢.

**Spotlicht einrichten |** Aktivieren Sie eine Lichtquelle, indem Sie darauf klicken. Geben Sie einen Wert für die Lichtintensität ein – dies ist der einzige Wert, den Sie individuell für jeden Spot einstellen können. Klicken und ziehen Sie das Licht-Symbol, um den Spot zu bewegen.

**Licht zur Objektrück- oder vorderseite verschieben |** Aktivieren Sie ein vorne liegendes Spotlicht ○, und klicken Sie auf den Button AUSGEWÄHLTES LICHT ZUR OBJEKTRÜCKSEITE VERSCHIEBEN – das Symbol wechselt zu ● und zeigt damit an, dass die Lichtquelle hinter dem Objekt liegt. Aktivieren Sie ein hinten liegendes Licht, und klicken Sie auf den Button AUSGEWÄHLTES LICHT ZUR OBJEKTVORDERSEITE VERSCHIEBEN , um das Licht nach vorne zu holen.

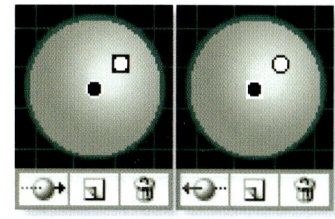

▲ **Abbildung 17.29**
Die vordere (links) und hintere (rechts) Lichtquelle ist ausgewählt.

**Spotlicht löschen |** Möchten Sie ein Spotlicht löschen, aktivieren Sie es und klicken auf den Button LICHT LÖSCHEN , um die Lichtquelle zu entfernen.

▶ SCHATTIERUNGSFARBE: Wählen Sie aus dem Menü, mit welcher Farbe Schatten auf dem Objekt erzeugt werden.

  ▶ OHNE: Illustrator verwendet nur unterschiedliche Luminanzwerte der Farbe des Grundobjekts, um den Körper darzustellen.

  ▶ SCHWARZ: Der Objektfarbe werden Schwarzanteile zugegeben, um das Objekt zu schattieren. Diese Option ist voreingestellt.

  ▶ BENUTZERDEFINIERT: Wählen Sie BENUTZERDEFINIERT, und rufen Sie durch einen Klick auf das Farbfeld den Farbwähler auf, um eine Farbe zu definieren, die Illustrator für die Schattierung verwenden soll. Diese Option bewirkt, dass Volltonfarben in CMYK-Farben umgewandelt werden.

▲ **Abbildung 17.30**
Schattierungsfarben: OHNE (rechts oben), SCHWARZ (links unten), EIGENE: Gelb (rechts unten)

▶ VOLLTONFARBEN BEIBEHALTEN: Aktivieren Sie diese Option, falls Ihr Objekt eine Volltonfarbe besitzt, die Sie im Druck ausgeben möchten.

Ist eine EIGENE Schattierungsfarbe eingerichtet, können Volltonfarben nicht erhalten werden.

Haben Sie die Schattierungsfarbe Schwarz für ein Objekt mit Volltonfarbe ausgewählt und die Option VOLLTONFARBEN BEIBEHALTEN aktiviert, müssen Sie im Menü ANSICHT die ÜBERDRUCKENVORSCHAU aktivieren, um die Auswirkung Ihrer Einstellungen am Bildschirm zu sehen.

▲ **Abbildung 17.31**
Ob Volltonfarben erhalten bleiben, sehen Sie an diesem Hinweis in den Effekt-Einstellungen.

**Fehldarstellungen korrigieren**

Bei sehr großen 3D-Objekten – etwa 60–80 cm – können Fehldarstellungen auftreten. Falls dies bei Ihnen der Fall ist, probieren Sie andere Werte im Regler Perspektive. Wenn Sie bisher eine Perspektive von 0° verwenden, kann bereits der Wert 1° Besserung bringen.

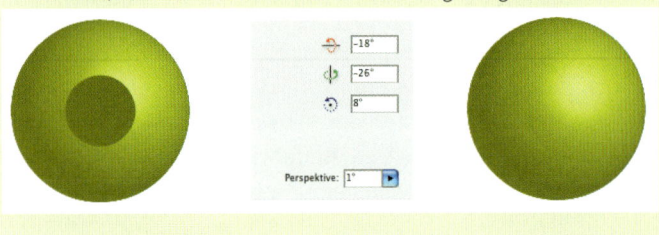

▲ Abbildung 17.32
Grundobjekte

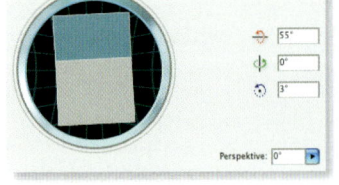

▲ Abbildung 17.33
Position der Landkarte

### Schritt für Schritt: Eine 3D-Grafik erstellen

**1  Grundobjekte**

Öffnen Sie die Datei »Karte.ai« von der DVD. Sie enthält die Landkarte und den Spezialpinsel für den gepunkteten Weg.

Erstellen Sie zusätzlich die Grundformen für die Häuser und Bäume. Den Halbkreis, der die Baumkrone darstellt, erzeugen Sie aus einem Kreis: Aktivieren Sie einen Ankerpunkt mit dem Direktauswahl-Werkzeug, und drücken Sie ⟵ .

Das Häuserdach erzeugen Sie, indem Sie einen Pfad mit einer dicken Kontur in eine Fläche umwandeln.

Anschließend beötigen Sie noch die punktierte Linie für die angedeutete Wegbeschreibung. Zeichnen Sie einen Pfad, und weisen Sie diesem die Punkt-Pinselkontur zu.

**2  Extrusionsobjekt Landkarte**

Versehen Sie die zur Karte gehörenden Objekte (Bundesländer und Städte) mit den gewünschten Farben, und gruppieren Sie diese Objekte.

Wählen Sie Effekt • 3D • Extrudieren und abgeflachte Kante… Richten Sie Position und Perspektive nach Wunsch ein, und notieren Sie sich die Werte.

Unsere Beispielkarte ist auf die Position 55°/0°/3° und die Perspektive 0° eingestellt.

**3  Drehen-Objekt Weg**

Aktivieren Sie den »Wegbeschreibungspfad«, und wählen Sie Effekt • 3D • Drehen… Wenn es Ihnen auf eine genaue Umsetzung eines bestimmten Wegverlaufs ankommt, geben Sie für Position und Perspektive dieselben Werte ein wie für die extrudierte Landkarte. Anderenfalls aktivieren Sie die Vorschau und passen beides intuitiv an.

Duplizieren Sie den Weg, verschieben ihn dabei einige Millimeter nach unten, und stellen Sie diese Kopie hinter den anderen Pfad. Wählen Sie Schwarz für die Kontur, reduzieren Sie die Deckkraft und wählen Sie die Füllmethode MULTIPLIZIEREN.

### 4  Extrusionsobjekte Häuser

Stellen Sie sicher, dass die Grundobjekte für das Haus gruppiert sind, positionieren Sie die Gruppe auf der Karte, und wählen Sie EFFEKT • 3D • EXTRUDIEREN UND ABGEFLACHTE KANTE… Aktivieren Sie die Vorschau, und passen Sie die Position und Perspektive intuitiv an.

▲ **Abbildung 17.34**
Schatten für den Weg

Aktivieren Sie die Anzeige der Beleuchtungsoptionen mit einem Klick auf den Button MEHR OPTIONEN. Richten Sie die Position des Lichtspots aus, und erzeugen Sie einen zweiten Lichtspot als Aufheller. Regeln Sie dessen Helligkeit niedriger als die des Hauptlichts.

Anschließend erstellen Sie ein Duplikat des Hauses und positionieren es auf der Karte. Aktivieren Sie den Begrenzungsrahmen unter ANSICHT • BEGRENZUNGSRAHMEN EINBLENDEN oder mit dem Shortcut ⌘+⇧+B bzw. Strg+⇧+B und passen die Größe des Grundobjekts an die perspektivische Darstellung an – der extrudierte Körper folgt der Anpassung.

▲ **Abbildung 17.35**
Aufhell-Lichtspot

Rufen Sie den 3D-Effekt durch einen Klick auf seinen Eintrag im Aussehen-Bedienfeld auf, und verändern Sie die Position des Objekts, indem Sie es um seine lokale y-Achse drehen. Erstellen Sie weitere Kopien nach Bedarf.

### 5  Rotationsobjekte Bäume

Gruppieren Sie die Grundobjekte des Baums, und wählen Sie EFFEKT • 3D • KREISELN… Aktivieren Sie die Vorschau, und wählen Sie die Position der Achse aus dem Aufklappmenü unter den Optionen LINKE KANTE oder RECHTE KANTE.

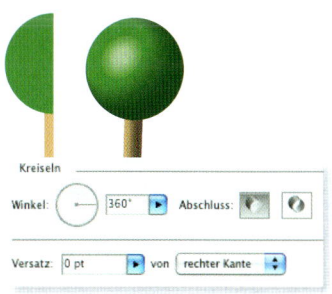

▲ **Abbildung 17.36**
Kreiseln-Optionen für Baum

Positionieren Sie das Spotlicht und stellen die Parameter ein. Duplizieren Sie den ersten Baum, verschieben Sie das Objekt auf der Karte, und passen Sie die Größe des Grundobjekts an. Erstellen Sie weitere Kopien nach Bedarf.

### 6  Anordnen

Falls nötig, passen Sie die Stapelreihenfolge der Objekte mithilfe des Ebenen-Bedienfelds an.

▲ **Abbildung 17.37**
Die fertige Karte

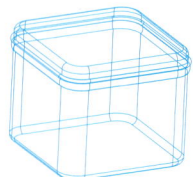

▲ **Abbildung 17.38**
Diese Flächen stehen bei der Dose für das Mapping zur Verfügung.

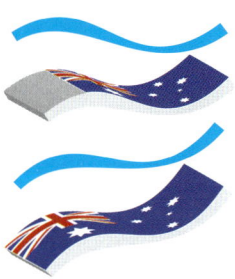

▲ **Abbildung 17.39**
Dasselbe Grundobjekt verursacht keine Probleme mehr beim Mapping, nachdem es gedreht wurde (unten).

---

**Rastereffektauflösung!**

Wenn Sie Pixelbilder auf 3D-Objekte applizieren, achten Sie darauf, unter EFFEKT • DOKUMENT-RASTEREFFEKT-EINSTELLUNGEN eine ausreichende AUFLÖSUNG einzurichten.

---

▲ **Abbildung 17.40**
Packungssimulation

## 17.4 Oberflächen-Mapping

Die Oberflächen von Extrusions- und Kreiselkörpern können Sie mit Vektorobjekten oder Pixelbildern gestalten. Haben Sie schon mit anderer 3D-Software gearbeitet, kommt Ihnen die Handhabung des Mappings wahrscheinlich gewöhnungsbedürftig vor. Illustrator »mappt« ein Objekt nämlich nicht als Ganzes, sondern teilt es in unter Umständen sehr kleine Flächen auf, die einzeln mit Grafiken belegt werden müssen.

### Flächenaufteilung

Die von Illustrator vorgenommene Aufteilung der Flächen ist manchmal ungünstig für das Mapping. Das wirkt sich so aus, dass Sie z. B. bei extrudierten gerundeten Formen – etwa einem Flaggenobjekt – das Grafikmotiv nicht in einem Stück applizieren können.

Eine leichte Drehung des Grundobjekts auf der Zeichenfläche kann insofern Abhilfe schaffen, als dass der Körper anders konstruiert wird und die Oberfläche aus einem Stück besteht. Die Ausrichtung des Körpers im Raum nehmen Sie ohnehin in der Dialogbox des 3D-Effekts vor.

### Grafikmaterial anlegen

Grafiken, die Sie auf eine Fläche applizieren möchten, können beliebige Illustrator-Objekte sein – wie Pfade, zusammengesetzte Pfade und Formen, gruppierte Objekte sowie Gitterobjekte und Pixelbilder.

Achten Sie bei der Applikation von Pixelbildern darauf, diese mit einer ausreichenden Bildauflösung vorzubereiten – vor allem wenn Sie Ihre Illustration drucken wollen. Illustrator verwendet die in der Bilddatei definierten Breiten- und Höhenangaben. Wenn Sie mit exakten Maßen beim Erstellen der Grundobjekte und Anwenden der 3D-Effekte arbeiten, dann lassen sich Bilddateien passend dazu berechnen.

Wie bei so vielen Illustrator-Funktionen kommen auch bei der Oberflächengestaltung wieder die Symbole zum Einsatz: Grafiken, die Sie auf eine Objektoberfläche »mappen« möchten, müssen als Symbol angelegt werden (Symbole siehe Kapitel 16).

Die Verbindung zum Symbol bleibt bestehen, daher werden Aktualisierungen, die Sie an der Symbolgrafik vornehmen, auf den Objektflächen übernommen. Sobald Sie den Inhalt des Symbols aktualisieren – egal, ob Vektor- oder Pixelgrafik –, wird diese Änderung am Objekt auf der Zeichenfläche übernommen, ohne dass Sie noch einmal die Optionen des 3D-Effekts aufrufen müssen.

**Bildmaterial passend anlegen** | Wenn Sie darauf angewiesen sind, Grafiken zu konstruieren, die exakt passen, können Sie sich bei einigen Formen von Illustrator helfen lassen.

Wenn Sie beispielsweise einen Zylinder durch Extrusion eines Kreises erzeugen, entspricht eine Umwicklung dem Umfang des Kreises. Diesen ermitteln Sie mithilfe des Dokumentinformationen-Bedienfelds: Aktivieren Sie den Kreis, und rufen Sie im Bedienfeldmenü den Eintrag OBJEKTE auf. Neben anderen Angaben zeigt das Bedienfeld auch die Länge des Pfads an.

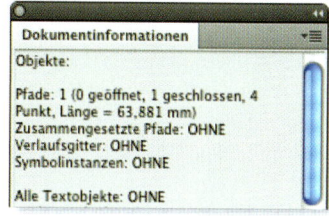

▲ Abbildung 17.41
Das Dokumentinformationen-Bedienfeld

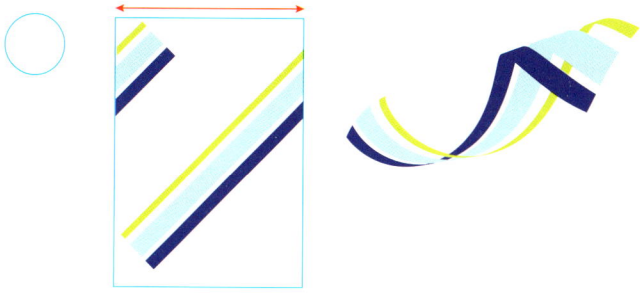

◂ Abbildung 17.42
Damit sich das Farbband um den Zylinder (rechts, Geometrie unsichtbar) wickelt, muss der Anschluss passen. Die Breite der Symbolgrafik wurde anhand des Kreisumfangs definiert.

### Grafiken zuweisen

Möchten Sie einem Körper Bildmaterial zuweisen, rufen Sie die Effekt-Dialogbox auf und bewegen sie an eine Stelle auf dem Bildschirm, die es erlaubt, das Objekt zu sehen.

Aktivieren Sie die Vorschau, und klicken Sie auf den Button BILDMATERIAL ZUWEISEN… Verschieben Sie auch diese Dialogbox so, dass Sie das Objekt auf der Zeichenfläche im Blick behalten. Aktivieren Sie in der Dialogbox BILDMATERIAL ZUWEISEN ebenfalls die Vorschau, damit Änderungen »live« auf der Zeichenfläche angezeigt werden.

▲ Abbildung 17.43
Ist dem 3D-Objekt Bildmaterial zugewiesen, wird dies im Aussehen-Bedienfeld angezeigt.

◂ Abbildung 17.44
Die Dialogbox BILDMATERIAL ZUWEISEN

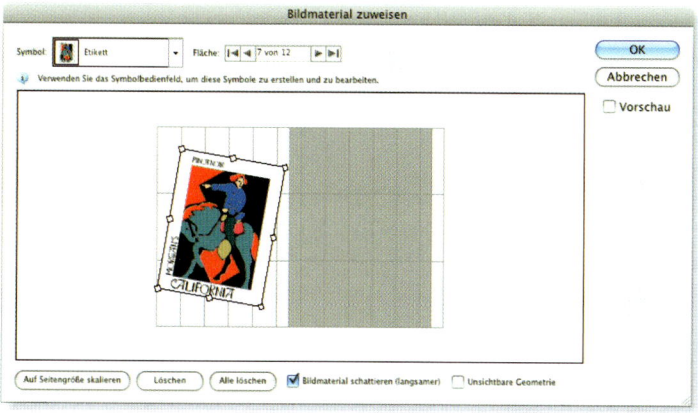

▲ **Abbildung 17.45**
Die ausgewählte Fläche wird am Objekt auf der Zeichenfläche hervorgehoben.

▲ **Abbildung 17.46**
Bildmaterial schattiert (rechts)

▲ **Abbildung 17.47**
Unsichtbare Geometrie: Nur die Grafikapplikation ist sichtbar.

### Unbeabsichtigte Änderungen

Warten Sie nach einer Größenanpassung der Grafik, bis die Vorschau aktualisiert ist, und lassen Sie erst dann die Maustaste los.

▶ FLÄCHE-AUSWAHL: Beginnen Sie mit der Auswahl der Fläche, auf die die Grafik »gemappt« werden soll.
Die belegbaren Flächen des Objekts sind nummeriert. Klicken Sie mit den Buttons ▶ ▶| ◀ |◀ durch die Flächen, oder geben Sie die Nummer der Fläche direkt ein. Im Fenster wird die Fläche dargestellt, und am Objekt erkennen Sie die ausgewählte Fläche an der roten Umrandung.
Ist die Fläche in der aktuellen Drehung des Objekts sichtbar, stellt Illustrator sie im Vorschau-Fenster der Dialogbox hellgrau dar; ist sie versteckt, wird das durch eine dunkelgraue Farbe angezeigt. Flächen an Rundungen sind oft nur teilweise sichtbar, auch dies sehen Sie an der Färbung.

▶ SYMBOL-AUSWAHL: Das Symbol-Menü listet alle im Dokument angelegten Symbole auf. Wählen Sie das gewünschte Symbol aus. Es wird anschließend auf der grauen Fläche angezeigt.

▶ LÖSCHEN: Klicken Sie auf diesen Button, um die aktuell angezeigte Grafik von ihrer Fläche zu entfernen. Alternativ wählen Sie im Menü Symbol den Eintrag OHNE aus.

▶ ALLE LÖSCHEN: Löschen Sie mit diesem Button alle Grafiken gleichzeitig von allen Flächen.

▶ BILDMATERIAL SCHATTIEREN: Aktivieren Sie diese Option, wenn die auf das Objekt applizierten Grafiken von der Schattierung und Beleuchtung des Objekts betroffen sein sollen. Die Option können Sie nur für alle Flächen zusammen aktivieren bzw. deaktivieren.
Die Berechnung des Objekts nimmt mit dieser Option mehr Zeit in Anspruch.

▶ UNSICHTBARE GEOMETRIE: Wählen Sie diese Option, um das 3D-Objekt auszublenden und nur das applizierte Grafikmaterial anzuzeigen. Auf diese Art verwenden Sie die Funktion BILDMATERIAL ZUWEISEN wie eine Erweiterung des Verkrümmen-Befehls von Illustrator.

**Grafiken auf der Fläche ausrichten und skalieren** | Sobald Sie eine Grafik für eine Fläche ausgewählt haben, wird diese im Fenster mit einem Begrenzungsrahmen angezeigt. Verwenden Sie diesen Begrenzungsrahmen, um die Grafik zu positionieren, zu skalieren, zu spiegeln oder zu drehen.

Möchten Sie die Grafik an die Größe der Fläche anpassen, klicken Sie auf den Button AUF SEITENGRÖSSE SKALIEREN.

**Modifikationsmöglichkeit** | Bildmaterial zuweisen

▶ Drücken Sie ⇧ , um die Größe der Grafik proportional zu verändern oder Drehungen auf 45°-Schritte zu beschränken.

**Bildmaterial auf der Rückseite |** Weisen Sie Bildmaterial auf der Rückseite eines extrudierten Objekts zu, kann ein Berechnungsfehler auftreten, der das Bild spiegelt.

### 3D-Effekte auf andere Objekte übertragen

Wie alle Effekte lassen sich auch 3D-Effekte mithilfe des Ebenen-Bedienfelds auf andere Objekte übertragen. Wenden Sie den 3D-Effekt mit den Einstellungen für das Bildmaterial auf ein anderes Objekt an, so kann es vorkommen, dass sich Art und Anzahl der Flächen unterscheiden.

▲ **Abbildung 17.48**
Aufgrund eines Bugs wird das Bildmaterial auf der Rückseite eines Objekts gespiegelt.

Die Zuordnung der Grafiken zu den Flächen erfolgt anhand der Nummerierung. Fehlen Flächen mit bestimmten Nummern, entfallen die zugeordneten Grafiken.

Die Position der Grafiken ist relativ zum Mittelpunkt der Fläche definiert. Hat die neue Fläche eine andere Größe, erfolgt die Positionierung relativ zum neuen Mittelpunkt.

### Schritt für Schritt: Ein Buch visualisieren

Die Vorgehensweise für die Visualisierung einer Packung ist etwas einfacher als der hier besprochene Ablauf, da bei Packungen die exakten Maße jeder Seite vorgegeben sind und daher einfach ein Rechteck extrudiert werden kann.

**1  Erstellen des Grundobjekts**

Beim Darstellen des gebundenen Buches mit 3D-Effekten können Sie nur von den Maßen des Covers ausgehen. Die Breite des Buchrückens muss im Verlauf der Arbeit angepasst werden. Die Abbildungen für diesen Workshop finden Sie auf der DVD.

Ziehen Sie für den Buchumschlag eine waagerechte Linie, deren Länge der Breite des Covers entspricht. Mit magnetischen Hilfslinien geht es einfacher. Der Linie weisen Sie eine Kontur in der Stärke 4 Pt zu. Drücken Sie ⌥/Alt+⇧, und verschieben Sie diese Linie mit dem Auswahl-Werkzeug nach oben, um eine Kopie zu erstellen. Der Abstand zwischen beiden Linien entspricht der Stärke des Buchs. Mit dem Zeichenstift-Werkzeug zeichnen Sie jetzt an der linken Seite eine Verbindung zwischen den beiden Linien, die leicht gerundet ist: den Buchrücken.

▲ **Abbildung 17.49**
Das fertiggestellte Buch

▼ **Abbildung 17.50**
Konstruieren des Buchumschlags

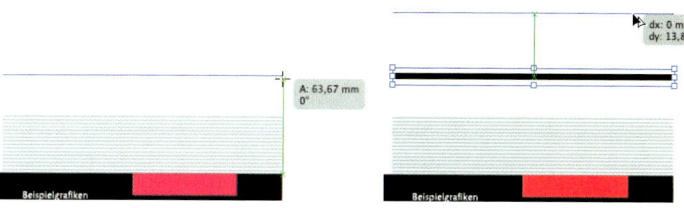

▲ **Abbildung 17.51**
Buchblock

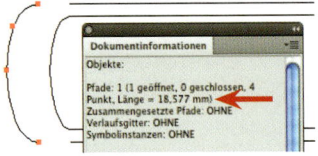

▲ **Abbildung 17.52**
Ausschneiden der Buchrückenrundung (oben) und Messen ihrer Länge (unten)

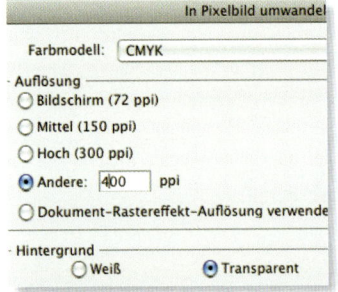

▲ **Abbildung 17.53**
In Pixelbild umwandeln

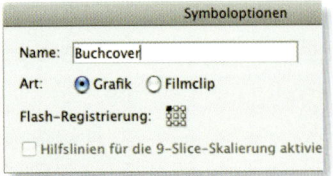

▲ **Abbildung 17.54**
Optionen für Symbole

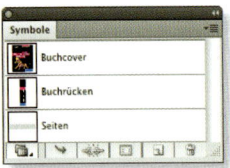

▲ **Abbildung 17.55**
Symbole der Seiten

Mit Objekt • Pfad • Konturlinie wandeln Sie die Kontur in eine Fläche um.

Der Fläche weisen Sie die bestimmende Farbe der Covergrafik zu, hier Schwarz. Zeichnen Sie jetzt noch eine weitere Form für den Buchblock (siehe Abbildung 17.51). Diesem Objekt weisen Sie einen hellen Grauton zu und stellen es in den Hintergrund.

### 2  Anpassen der Breite der Buchrückengrafik

Jetzt wird die Breite der Buchrücken-Grafik an die Maße des Grundobjekts angepasst. Duplizieren Sie die schwarze Form des Buchrückens. Aktivieren Sie die beiden Punkte, an denen der runde Buchrücken in die geraden Pfadsegmente übergeht (siehe Abbildung 17.52, oben), und klicken Sie auf Pfad an ausgewählten Ankerpunkten ausschneiden im Steuerungsbedienfeld.

Aktivieren Sie den »Buchrücken-Pfad«, rufen Sie das Dokumentinformationen-Bedienfeld auf, und wählen Sie Objekte aus dessen Bedienfeldmenü. Jetzt können Sie die Länge des Pfads ablesen (das kopierte und zerschnittene Objekt können Sie anschließend löschen). Passen Sie die Breite des Buchrücken-Designs an den gemessenen Wert an.

### 3  Vorbereiten des Bildmaterials

In vielen Fällen ist es zu empfehlen, das Bildmaterial in Pixelbilder umzuwandeln: Dies beschleunigt die Verarbeitung des 3D-Modells, vor allem dann, wenn die Seiten viel Text enthalten oder Sie mit Effekten gearbeitet haben. Aktivieren Sie alle Elemente, die zur Covergrafik gehören. Notieren Sie sich die Höhe der Grafik, den Wert benötigen Sie im nächsten Schritt. Wählen Sie dann Objekt • In Pixelbild umwandeln. Eine Auflösung von 300–400 ppi ist ausreichend, wenn die Illustrator-Grafik nicht mehr vergrößert werden soll. Anderenfalls wählen Sie eine höhere Auflösung. Den Hintergrund setzen Sie Transparent, so lassen sich Umrechnungsfehler ausgleichen, die ansonsten weiße Randpixel erzeugen würden.

Dann wandeln Sie auch die Buchrückengrafik in ein Pixelbild um.

Die Grafik, die die Buchseiten darstellt, muss nicht exakt auf die Form des Buchblock-Grundobjekts angepasst werden; ihre Maße sollten nur ungefähr dem Buchblock-Grundobjekt entsprechen. Die exakte Anpassung kann über die Optionen des 3D-Effekts vorgenommen werden. Dieses einfache Objekt müssen Sie auch nicht in ein Pixelbild umwandeln.

Erstellen Sie von jeder der Seiten ein Symbol, indem Sie das Element auf das Symbole-Bedienfeld ziehen oder F8 drücken. Die Symbole sollten Sie mit eindeutigen Bezeichnungen versehen, dann finden Sie diese später schneller im Menü des 3D-Effekts.

### 4  Erstellen des dreidimensionalen Objekts

Gruppieren Sie die schwarze Buchumschlag-Form und die weiße Seiten-Form, damit beide in einem gemeinsamen 3D-Raum extrudiert werden. Wählen Sie EFFEKT • 3D • EXTRUDIEREN UND ABGEFLACHTE KANTE. Verschieben Sie die Dialogbox so, dass Sie das Objekt auf der Zeichenfläche sehen können.

Geben Sie die im vorigen Schritt ermittelte Höhe des Buches als TIEFE DER EXTRUSION mit der gemessenen Maßeinheit ein – der Wert wird automatisch in die Einheit Pt konvertiert. Aktivieren Sie die Vorschau, und verwenden Sie den Würfel, um die Perspektive einzustellen. Auch die Beleuchtung sollten Sie in diesem Stadium einstellen, noch bevor das Modell mit Bildern belegt ist, da die Berechnung der Vorschau schneller erfolgt. Rufen Sie die Beleuchtungsoptionen mit einem Klick auf MEHR OPTIONEN auf.

▲ **Abbildung 17.56**
Die Tiefe der Extrusion wird in der gemessenen Einheit eingegeben.

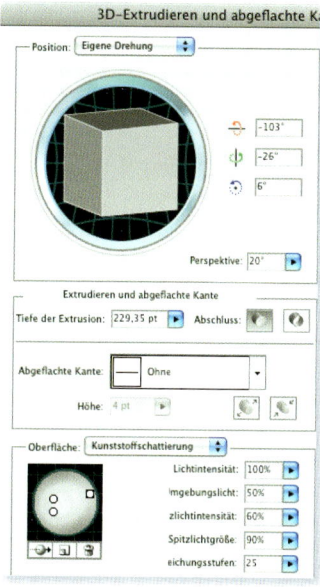

▲ **Abbildung 17.57**
3D-Optionen

### 5  Aufbringen der Bilder

Klicken Sie auf den Button BILDMATERIAL ZUWEISEN. Die zusätzliche Dialogbox verschieben Sie ebenfalls so, dass Sie das Modell sehen können.

Jetzt wählen Sie mit den Pfeiltasten die Vorderseite des Objekts aus – die rote Umrandung auf der Zeichenfläche zeigt Ihnen die aktuelle Fläche an.

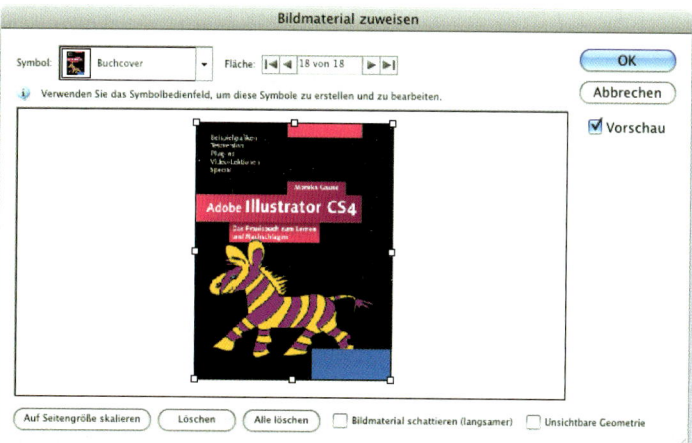

Anschließend wählen Sie aus dem Menü SYMBOL das Coverbild aus. Es wird im großen Fenster in die Fläche eingepasst. Das Bild sollte genau passen, da Sie das Objekt entsprechend konstruiert haben.

▲ **Abbildung 17.58**
Bei der Auswahl der Fläche müssen Sie auf die Details achten, da mehrere Fläche übereinanderliegen.

▲ Abbildung 17.59
Fertig gemapptes Objekt – hier muss noch die Beleuchtung angepasst werden.

Mit den Pfeil-Buttons wählen Sie jetzt den Buchrücken aus und weisen diesem die entsprechende Grafik zu. Abschließend wählen Sie den Buchblock aus und weisen ihm die Seitengrafik zu. Klicken Sie den Button Auf Seitengrösse skalieren, um die Größe der Grafik anzupassen.

Aktivieren Sie die Option Bildmaterial schattieren (langsamer), und beenden Sie das Aufbringen des Bildmaterials mit OK.

Passen Sie, falls nötig, die Beleuchtung noch einmal an, und bestätigen Sie den Effekt-Dialog mit OK.

### 6 Rastereffektauflösung

Vor der Weiterverarbeitung öffnen Sie Effekt • Dokument-Rastereffekt-Einstellungen und stellen sicher, dass die Auflösung dem für die Weiterverarbeitung benötigten Wert entspricht.

▲ Abbildung 17.60
Objekt nach der Umwandlung

## 17.5 3D-Effekte in Vektorpfade umrechnen

Möchten Sie 3D-Objekte weiterbearbeiten, wandeln Sie sie in Vektorpfade um. Aktivieren Sie das Objekt, und wählen Sie Objekt • Aussehen umwandeln.

Die Verbindung der auf der Objektoberfläche applizierten Grafiken zu den Symbolen geht dabei verloren.

Auch wenn Sie die Option Unsichtbare Geometrie in den Optionen eingestellt haben, werden trotzdem einige eigentlich ausgeblendete Teile des Objekts als Vektorform erstellt.

Schattierungen erzeugt Illustrator nicht als Verläufe, sondern es stellt Übergänge mithilfe aneinandergereihter einfarbiger Flächen dar. Die Objekte sind also kaum mit vertretbarem Aufwand umzufärben. Dem begegnen Sie auf zwei verschiedene Arten:

1. Speichern Sie eine nicht umgewandelte Version der Grafik, an der Sie Veränderungen einfacher durchführen können.
2. Falls Sie die 3D-Effekte nur benutzen, um sich das Konstruieren dreidimensionaler Objekte zu vereinfachen, verwenden Sie die Option Keine Schattierung und färben das Objekt nach der Umwandlung mit Verläufen.

▲ Abbildung 17.61
Mit dem 3D-Effekt wurde das Buch konstruiert – koloriert ist es mit Verläufen.

# 18 Dateien platzieren und mit Pixeldaten arbeiten

In Illustrator lassen sich Daten aus unterschiedlichen Programmen weiterverarbeiten. Sie können verschiedene Vektor-Austauschformate – EPS, PDF, DXF oder das FreeHand-Format –, aber natürlich auch pixelbasierte Daten wie TIF, PSD oder JPEG importieren.

Während Sie Vektordateien in fast allen Fällen zur Weiterbearbeitung mit den Werkzeugen von Illustrator öffnen, ist diese Möglichkeit für pixelbasierte Daten natürlich eingeschränkt.

Illustrator bietet zwar etliche aus Photoshop bekannte Filter zur Bearbeitung pixelbasierter Daten – Bildbearbeitung wie in den einschlägigen Programmen ist aber nicht möglich.

▲ **Abbildung 18.1**
Bilddaten in Vektorgrafikprogrammen: Vorlage zum Nachzeichnen, Layout-Skizze, Teil einer Illustration oder eines Layouts, Strukturmaske
Fotovorlagen von: John Nyberg, Mat Pr, Nick Winchester, Michal Zacharzewski, Slavomir Ulicny (alle stock.xchng)

Die beiden typischen Anwendungsbereiche für Bilddaten sind:
- Ein Foto oder eine Skizze dient als Vorlage für eine Vektorzeichnung – das Pixelbild wird anschließend gelöscht.
- Das Bild wird – kaum verändert – als Teil eines Layouts oder einer Illustration verwendet, z. B. auf 3D-Objekte »gemappt«, als Grunge-Struktur unter Vektorgrafik-Elemente gelegt oder mit Schnittmasken versehen.

### Voreinstellung »Geglättetes Bildmaterial«?

Die Voreinstellung GEGLÄTTETES BIBLDMATERIAL hat keinen Einfluss auf platzierte Bilder – damit beeinflussen Sie die Bildschirmdarstellung von Vektorelementen.

Aufgrund der geglätteten Darstellung erscheinen zwischen direkt aneinandergrenzenden Objekten häufig »Lücken«.

Deaktivieren Sie in diesen Fällen die Glättung, um zu prüfen, ob die Lücken tatsächlich vorhanden sind.

▲ **Abbildung 18.2**
Auflösung 304 ppi (links) und 72 ppi (rechts)

**Abbildung 18.3** ▶
Anzeige der Bildauflösung im Steuerungsbedienfeld

### Bildauflösung

Anders als objektorientierte Vektorgrafikdateien sind pixelbasierte Grafikformate auf einem Raster aus Bildpunkten aufgebaut. Jeder dieser Punkte kann eine andere Farbe annehmen. Pixelbilder werden durch Scanner und Digitalkameras erzeugt oder in Bildbearbeitungssoftware erstellt.

Das Punktraster, das die Pixel eines Bildes aufnimmt, kann gröber oder feiner sein. Je höher aufgelöst dieses Raster ist – also je mehr Rasterpunkte auf einer Fläche liegen –, desto mehr Details sind darstellbar. Für bestimmte Anwendungszwecke müssen Ihre Bilddaten eine Mindestauflösung besitzen. Daher ist es notwendig, Bilder, die Sie in Ihre Illustrator-Datei platzieren, dem Anwendungszweck entsprechend vorzubereiten.

Wenn Bilder eine zu geringe Auflösung haben, sehen Sie den »Pixeleffekt« – eine deutliche Mosaikbildung im Ausdruck. Zu hoch aufgelöste Bilder können jedoch auch Probleme bereiten, vor allem in der Verarbeitungszeit auf dem Drucker oder Belichtungsgerät. Sprechen Sie die benötigte Bildauflösung mit den Weiterverarbeitungsbetrieben ab, bevor Sie beginnen.

Illustrator zeigt Ihnen die effektive Auflösung eines ausgewählten Bilds im Steuerungsbedienfeld an. Diese Auflösung berechnet sich aus der Anzahl der Bildpixel und der auf der Zeichenfläche eingerichteten Abbildungsgröße. Diese Information hilft Ihnen zu beurteilen, ob Sie die Bilddatei in den gewünschten Maßen verwenden können.

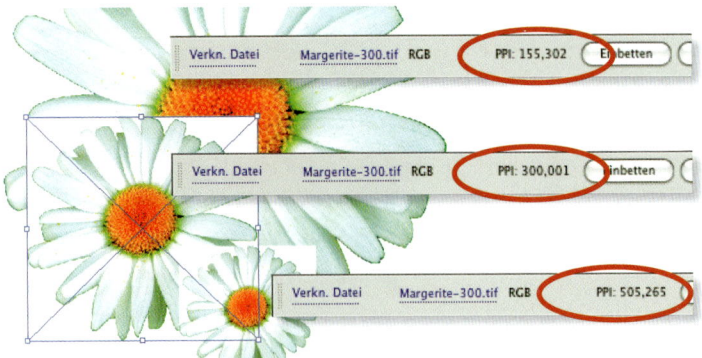

**Achtung:** Auch platzierte EPS- oder PDF-Dateien können Pixeldaten enthalten. Denken Sie daran, dass Sie die Auflösung dieser Bilder beim Skalieren der platzierten Dateien beeinflussen.

### Farbe

Solange Sie in Illustrator nur mit Vektorobjekten im korrekten Dokument-Farbmodus arbeiten und Farbdefinitionen nach Tabellen anlegen (Farbe definieren siehe Kapitel 8), ist es möglich, diese Farbdefinitionen im Layoutprogramm exakt zu erhalten.

Wenn Sie Grafiken aus anderen Programmen – vor allem pixelbasierte Dateien – in Illustrator importieren, müssen Sie jedoch auf die Farbeinstellungen (sowohl in Illustrator als auch im Ursprungsprogramm der eingebundenen Dateien) achten.

Beim Platzieren von Dateien, deren eingebettetes Farbprofil sich vom Farbprofil Ihres Illustrator-Dokuments unterscheidet, ist die Behandlung der Abweichung davon abhängig, ob Sie die Datei einbetten oder verknüpfen. Eingebettete Dateien unterliegen immer dem Farbprofil, das die Illustrator-Datei verwendet. Verknüpfen Sie Dateien, haben Sie die Wahl, das eingebettete Profil zu erhalten oder das Farbprofil Ihres Illustrator-Dokuments zu verwenden (zum Farbmanagement siehe Kapitel 8).

> **Farbeinstellungen angleichen**
>
> Richten Sie in allen beteiligten Programmen – Bildbearbeitung, Layout und Illustrator – dieselben Farbeinstellungen ein, um Konflikte und Umrechnungsfehler zu vermeiden.

## 18.1 Externe Dateien integrieren

Wie Sie beim Importieren von Daten aus anderen Programmen vorgehen, hängt nicht nur vom Verwendungszweck des Illustrator-Dokuments oder den Bearbeitungsmöglichkeiten ab. Auch die Optionen, die Illustrator für den Umgang mit den Quellformaten bietet, unterscheiden sich.

### Verknüpfen oder einbetten?

Externe Dateien können Sie in Illustrator entweder verknüpfen oder einbetten. Beide Vorgehensweisen haben ihre Anwendungsbereiche.

- **Verknüpfte Dateien** bieten Ihnen zwei Vorteile: Da sie unabhängig von der Illustrator-Datei sind, addieren sie sich nicht zur Dateigröße – jedenfalls nicht zur Größe des Illustrator-Parts. Speichern Sie eine Datei mit PDF-Kompatibilität, werden verknüpfte Bilder aber dennoch in diesen Teil der Datei eingebettet. Darüber hinaus überwacht Illustrator für Sie, ob die verknüpfte Datei aktualisiert wurde. Die platzierte Grafik kann so immer aktuell gehalten werden. Die Bearbeitungsmöglichkeiten sind allerdings begrenzt – verknüpfte Dateien können Sie lediglich mit den Transformieren-Werkzeugen skalieren, drehen, verschieben etc.
- **Eingebettete Dateien** ermöglichen Ihnen dagegen den Zugriff auf die enthaltenen Elemente, z. B. Ebenen und Vektordaten – so ist es auch möglich, Beschneidungspfade aus Photoshop-Dateien mit den Illustrator-Werkzeugen zu bearbeiten.

Wenn Dateien durch viele Hände gehen, ist das Einbetten darüber hinaus ein Weg, um das Projekt zusammenzuhalten.

> **Platzieren oder einbetten?**
>
> Farbmanagementprofile von platzierten Dateien bleiben nur erhalten, wenn Sie die Dokumente verknüpfen.
>
> Eingebettete Dateien unterliegen den Farbprofilen der Illustrator-Datei.

> **Adobe Bridge**
>
> Aus Adobe Bridge können Sie Dateien per Drag & Drop platzieren. Alternativ aktivieren Sie das gewünschte Dokument und wählen das Zielprogramm im Menü DATEI • ÖFFNEN MIT bzw. PLATZIEREN.

## Öffnen, Einfügen, Platzieren, Drag & Drop

Sie haben vier Möglichkeiten, externe Grafikdateien in Illustrator zu importieren: Öffnen der Dateien, Einfügen über die Zwischenablage (Copy & Paste), Platzieren in eine bereits geöffnete Illustrator-Datei und per Drag & Drop aus dem Quelldokument »ziehen« – vor allem bei den Programmen der Creative Suite.

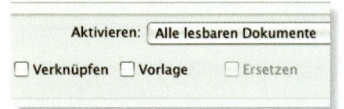

▲ **Abbildung 18.4**
Menüpunkt AKTIVIEREN

**Dateien öffnen** | Illustrator kann nicht nur seine nativen Formate – AI, EPS, PDF, SVG – sondern zusätzlich die Speicherformate von Programmen anderer Hersteller zur Bearbeitung öffnen. Eine Übersicht der zahlreichen Speicherformate, die Illustrator öffnet, erhalten Sie, indem Sie im Öffnen-Dialog – Shortcut ⌘/Strg+O – das Menü AKTIVIEREN aufklappen. Beachten Sie vor allem die Versionsnummern – vor allem beim Öffnen (dasselbe gilt auch für das Platzieren) von Fremdformaten können Sie meistens nicht die aktuellsten Ausgaben verwenden.

### Kopieren aus FreeHand

Verwenden Sie in FreeHand den Befehl BEARBEITEN • SPEZIELL • KOPIEREN SPEZIAL mit der Option EPS, um ein Objekt zu kopieren, das Sie in Illustrator einfügen wollen.

**Copy & Paste** | Kopieren Sie die Grafikelemente (Pixelbilder oder Vektorformen) zunächst im Erstellungsprogramm in die Zwischenablage. In der Regel finden Sie den Befehl unter BEARBEITEN • KOPIEREN – Shortcut ⌘/Strg+C. Anschließend wechseln Sie in Ihre Illustrator-Datei und fügen die Elemente mit BEARBEITEN • EINFÜGEN – Shortcut ⌘/Strg+V – bzw. DAVOR oder DAHINTER EINFÜGEN ein.

Die auf diese Art importieren Elemente werden in Ihre Illustrator-Datei eingebettet.

### Keine Pinsel?

Wenn Sie eine Bilddatei in Illustrator öffnen (anstatt sie zu platzieren), haben Sie anschließend keine Pinsel oder Farbfelder.

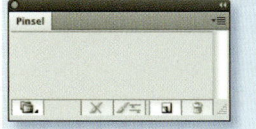

**Drag & Drop** | Per Klicken und Ziehen lassen sich Elemente vor allem innerhalb der Creative Suite austauschen. Aktivieren Sie das Element im Quellprogramm – in Bilddateien außerdem die betreffende Ebene –, und ziehen Sie es in das geöffnete Illustrator-Dokument. Aus Bilddateien können Sie auf diese Art nur jeweils eine Ebene importieren.

Die Grafikelemente werden beim Drag & Drop eingebettet – es sei denn, Sie klicken und ziehen eine Datei aus Adobe Bridge in Ihr Illustrator-Dokument.

Wenn Sie eine Datei vom Desktop in Ihr Illustrator-Dokument ziehen, wird diese dagegen verknüpft.

### Vektorformate nur einbetten

Vor allem vektorbasierte Formate wie FH, CDR, SVG, EMF/WMF, AI, DXF/DWG sowie die Rasterformate PCT und WBMP lassen sich nur einbetten, nicht verknüpfen.

**Platzieren** | Die Platzieren-Funktion unterstützt alle Fremdformate, die auch geöffnet werden können. Nur dann, wenn Sie Grafiken über den Platzieren-Befehl importieren, ist es bei vielen Dateiformaten möglich, diese alternativ zu verknüpfen oder einzubetten.

Wählen Sie DATEI • PLATZIEREN…, um eine Verknüpfung zu einer Grafikdatei zu erstellen oder diese einzubetten.

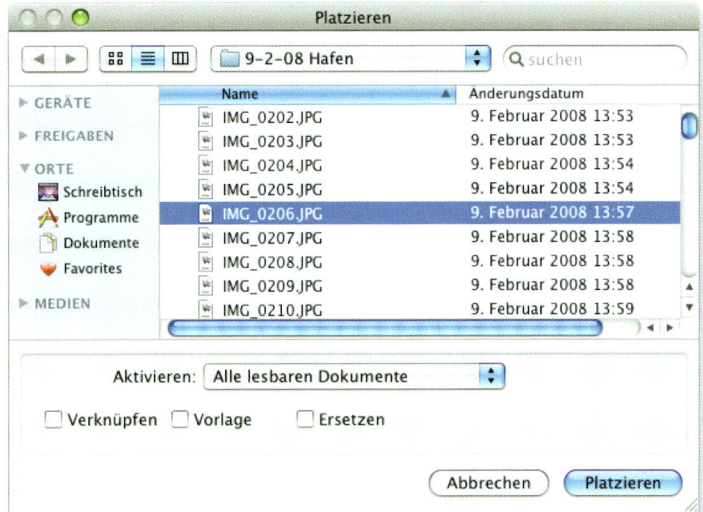

◀ **Abbildung 18.5**
Die Platzieren-Dialogbox

▶ VERKNÜPFEN: Ist diese Option nicht aktiviert, wird die Datei eingebettet. Wählen Sie die Option, um Ihre Grafik als Verknüpfung zu platzieren.
▶ VORLAGE: Möchten Sie den Inhalt der importierten Datei als Vorlage für eine Vektorgrafik verwenden, können Sie mit dieser Option direkt beim Importieren eine Vorlagenebene dafür einrichten und die Grafik darauf platzieren (zu Ebenen siehe Kapitel 11, »Hierarchische Struktur: Ebenen, Aussehen«).
▶ ERSETZEN: Soll eine platzierte Grafik durch eine andere Datei ersetzt werden, selektieren Sie die zu ersetzende Datei, rufen den Platzieren-Befehl auf und aktivieren die Ersetzen-Option.

| **Duplex bis CS2** |
|---|
| Um Duplex- und Mehrkanal-Bilder in Illustrator-Versionen bis CS2 zu importieren, müssen diese als DCS gespeichert werden. In Illustrator CS2 darf Duplex nicht mit Transparenz interagieren. |

### Schmuckfarben in platzierten Dateien

Illustrators Fähigkeiten, mit Sonderfarben in platzierten Bildern umzugehen, wurden erheblich verbessert. Sonderfarben wie Pantone oder HKS können z. B. in Duplex- oder Mehrkanal-Bildern enthalten sein. Den nativen Farbraum platzierter Dateien kann Illustrator dank seiner Unterstützung für DeviceN-Farbräume erhalten.

Es ist auch möglich, dass zu platzierende PDFs Duplex-Bilder enthalten. Illustrator kann diese eingebetteten Schmuckfarbenbilder als GRAFIK AUS DRITTPROGRAMMEN ohne Bearbeitungsmöglichkeit erhalten und korrekt ausgeben.

Möchten Sie mit Duplex- oder Mehrkanal-Bildern arbeiten, sollten Sie diese im Bildbearbeitungsprogramm als PSD-Dateien speichern. Im PSD können Sie Duplex-Bilder mit Alpha-Transpa-

▲ **Abbildung 18.6**
Ein Duplex-PSD mit Transparenz ist in eine Illustrator-Datei eingebettet.

renz versehen (z. B. in Form einer Ebenenmaske), die in Illustrator mit Objekten interagieren kann.

PSD-Dateien lassen sich im Illustrator-Dokument entweder einbetten oder verknüpfen.

Die in den Bildern definierten Sonderfarben (bis zu 31 Volltonkanäle) legt Illustrator als Farbfelder an, sodass Sie diese Farben in Ihrer Illustration für Vektorobjekte verwenden können.

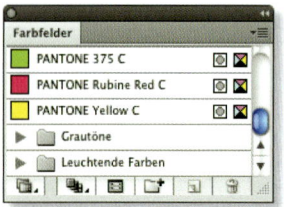 

**Abbildung 18.7** ▶
Anzeige eines Duplex-Bilds, das in einer PDF-Datei enthalten war, und Aufnahme der Sonderfarben in das Farbfelder-Bedienfeld

**DCS 2.0 und Transparenz**

DCS 2.0-Dateien können verknüpft platziert werden – eine Transparenzinteraktion wird in diesem Fall korrekt verarbeitet. Vermeiden Sie jedoch, DCS-Dateien in Ihr Illustrator-Dokument einzubetten.

Für die Druckvorbereitung können Sie eine Illustrator-Datei, die Duplex- oder Mehrkanal-Bilder enthält, als PDF speichern oder das PDF mit dem Distiller erzeugen.

### Photoshop- und TIFF-Dateien importieren

Photoshop-Dateien müssen Sie nicht in einem der verbreiteten Austauschformate speichern – Illustrator kann PSD-Dateien direkt platzieren.

Wenn Sie die Bildebenen erhalten möchten oder ein transparent freigestelltes Motiv in Illustrator benötigen, speichern Sie Ihre Datei als PSD oder – seit Illustrator CS4 – als TIFF, für das die beschriebenen Importoptionen jetzt auch zur Verfügung stehen.

▲ **Abbildung 18.8**
Ebenentransparenzen, die Sie in Photoshop angelegt haben – z. B. in Bildebenen oder als Ebenenmasken (Mitte) – bleiben in Illustrator erhalten und wirken im Zusammenhang mit Vektorobjekten (rechts und links).

**TIFF vor CS4**

In älteren Illustrator-Versionen stehen Ihnen die hier gezeigten Möglichkeiten nur für das PSD-Format zur Verfügung.

Wählen Sie eine Photoshop-Datei im Platzieren-Dialog, geben Sie die Importoptionen ein, und klicken Sie auf den Button Platzieren. Wenn Sie die Datei einbetten, wählen Sie anschließend die Optionen für das PSD-Format.

 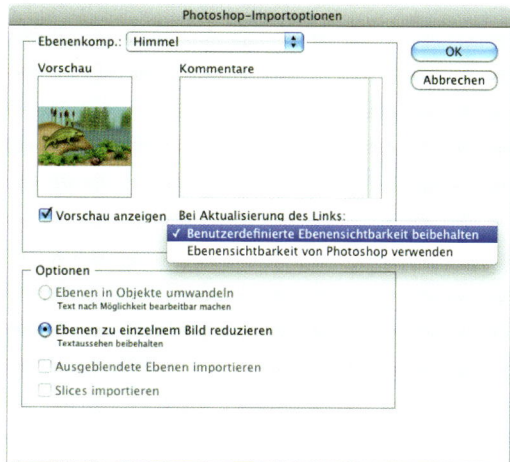

▲ **Abbildung 18.9**
Photoshop-Importoptionen für eingebettete (links) und verknüpfte Dateien (rechts)

**Importoptionen | PSD-Dateien**

- Ebenenkomposition: Sind in der Photoshop-Datei Ebenenkompositionen zusammengestellt, können Sie auf diese im Aufklappmenü zugreifen. Wenn Sie die Option Vorschau anzeigen aktivieren, sehen Sie eine Anzeige der ausgewählten Komposition.
- Bei Aktualisierung des Links (nur beim Verknüpfen): Wenn Sie beim Bearbeiten einer verknüpften Datei die Ebenensichtbarkeit verändern, wendet Illustrator die hier definierte Regel bei der Aktualisierung der Verknüpfung an:
    - Benutzerdefinierte Ebensichtbarkeit beibehalten: Die bei der erstmaligen Platzierung des Bildes vorliegende Ebensichtbarkeit wird erhalten.
    - Ebensichtbarkeit von Photoshop verwenden: So wie die Ebenen nach der Bearbeitung in Photoshop angezeigt werden, sind sie nach dem Aktualisieren der Verknüpfung in Illustrator sichtbar.
- Photoshop-Ebenen in Objekte umwandeln (nur beim Einbetten): Soweit möglich, importiert Illustrator jede Ebene als einzelne Grafik und Textebenen als Textobjekte.
Einige Füllmethoden sowie Einstellungsebenen, Aussparungen und Ebeneneffekte werden beim Einbetten mit den jeweils darunterliegenden Ebenen reduziert.
- Photoshop-Ebenen zu einzelnem Bild reduzieren: Alle Ebenen werden beim Import auf eine einzige reduziert.
- Ausgeblendete Ebenen importieren (nur beim Einbetten): Wählen Sie diese Option, um auch Ebenen zu platzieren, die

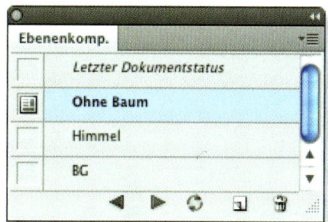

▲ **Abbildung 18.10**
Ebenenkompositionen-Bedienfeld in Photoshop

▲ **Abbildung 18.11**
Ebenen in Objekte konvertiert: Die Textebene ist in Illustrator editierbar.

18.1 Externe Dateien integrieren | **581**

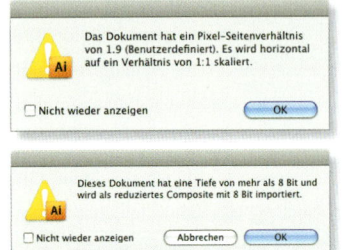

▲ Abbildung 18.12
Warnhinweise beim Konvertieren von Dateien

in der Originaldatei ausgeblendet sind – dieser Status bleibt in Illustrator erhalten.

▶ SLICES IMPORTIEREN (nur beim Einbetten): Mit dieser Option können Sie Slices importieren (zu Slices siehe Kapitel 20, »Web- und Bildschirmgrafik«). ImageReady-Dateien, in denen außerdem Rollover-Optionen für Slices eingesetzt wurden, sind nicht immer lesbar.

Einige Bilddateien konvertiert Illustrator vor dem Einfügen – so z. B. Dateien mit 16 Bit Farbtiefe in den Kanälen oder Dateien, deren Pixel-Seitenverhältnis nicht quadratisch ist. Dies kann neben Photoshop-Dateien auch Bilder aus Video-Schnittprogrammen betreffen.

### Bilddateien »ausbetten«

Es ist nicht ohne Weiteres möglich, einmal in Illustrator eingebettete Dateien wieder aus dem Dokument herauszuholen, um sie zum Beispiel in Photoshop weiterzubearbeiten oder um sie zu verknüpfen. Mit einem kleinen Umweg über Photoshop geht es jedoch einfach. Dazu speichern Sie das Illustrator-Dokument mit aktivierter PDF-Kompatibilität und öffnen diese Datei in Photoshop. Im PDF-Optionen-Dialog wählen Sie die Einstellung BILDER. Sie erhalten eine Vorschau der im Dokument eingebetteten Bilder (Mitte). Wählen Sie das gewünschte Bild, und öffnen Sie dieses. Die Bilder lassen sich auch dann »ausbetten«, wenn Sie sie im Illustrator-Dokument transformiert oder mit Masken versehen haben (links). Haben Sie allerdings eine PSD-Datei beim Platzieren in Objekte umgewandelt, so sind die Objekte einzelne Bilder im PDF (rechts).

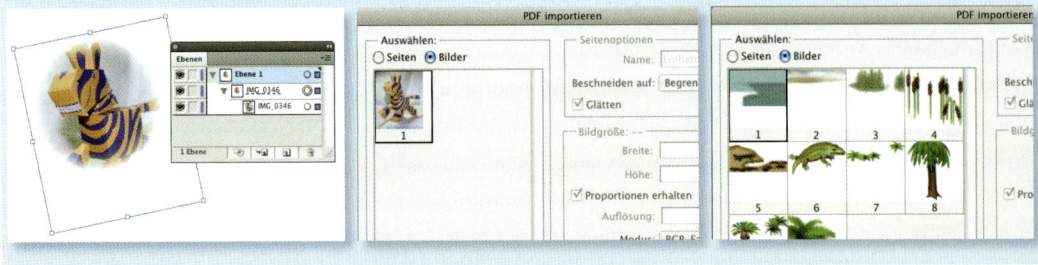

### PDF importieren

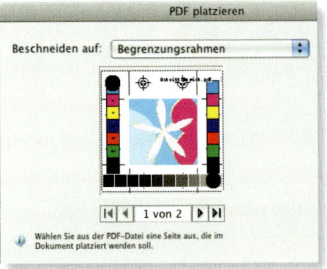

▲ Abbildung 18.13
Optionen PDF PLATZIEREN

Illustrator kann fast jedes nicht passwortgesicherte PDF-Dokument so öffnen, dass sich die enthaltenen Elemente bearbeiten lassen. Nach der Auswahl der PDF-Datei bestimmen Sie in einer zweiten Dialogbox die Platzierungsoptionen. Handelt es sich um ein mehrseitiges PDF, navigieren Sie zunächst mit den Pfeiltasten zur gewünschten Seite.

Anschließend wählen Sie aus dem Aufklappmenü, welcher Bereich des PDF in Illustrator eingefügt werden soll. Die Einträge beziehen sich auf die »Boxen« in einer PDF-Datei, die z. B. das Endformat, die Grafikelemente und den gesamten druckenden Bereich definieren.

Die ausgewählte »Box« zeigt das Vorschaubild durch einen gestrichelten Rahmen an.

| Bezeichnung in der Dialogbox | »Box« |
|---|---|
| Begrenzungsrahmen ❶ | Bounding Box |
| Bildmaterial ❶ | Art Box |
| Zuschneiden ❷ | Crop Box |
| Überlappungsbereich entfernen ❸ | Trim Box |
| Anschnitt ❹ | Bleed Box |
| Medien | Media Box |

▲ Tabelle 18.1
Optionen PDF PLATZIEREN

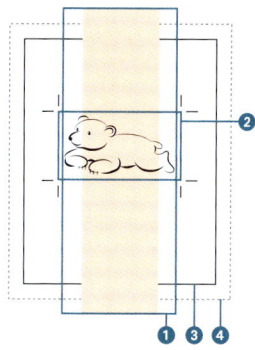

▲ Abbildung 18.14
PDF-Boxen

### EPS-Dateien importieren

EPS-Dateien können Sie beim Platzieren in eine Illustrator-Datei sowohl einbetten als auch verknüpfen.

Beim Einbetten werden die enthaltenen Objekte in native Illustrator-Objekte umgewandelt, soweit das möglich ist. Sie sollten EPS-Dateien nur dann einbetten, wenn Sie Objekte bearbeiten wollen – Objekte, die Illustrator nicht erkennt, gehen ansonsten bei der Konvertierung verloren. Um EPS-Dateien einzubetten, öffnen Sie sie oder verwenden den Platzieren-Befehl und deaktivieren die Option VERKNÜPFEN.

In verknüpften EPS-Dateien bleiben alle Objekte und Sonderfarben erhalten. Der größte Vorteil verknüpfter EPS-Dateien ist, dass Ihr Illustrator-Dokument bei Änderungen an der verknüpften Datei aktualisiert wird. Verwenden Sie DATEI • PLATZIEREN… mit der Option VERKNÜPFEN, um eine EPS-Datei verknüpft zu platzieren.

> **Verknüpfte EPS drucken**
>
> Illustrator-Dateien, die verknüpfte EPS-Dateien im Binär-Format enthalten, werden manchmal nicht richtig gedruckt. Speichern Sie EPS-Dateien in diesem Fall im ASCII-Format.

> **Bessere Bildschirmansicht**
>
> Um die Bildschirmansicht vor allem von EPS mit 1-Bit-Vorschau zu verbessern, deaktivieren Sie in den Voreinstellungen unter DATEIEN VERARBEITEN UND ZWISCHENABLAGE die Option FÜR VERKNÜPFTE EPS-DATEIEN VERSION MIT NIEDRIGER AUFLÖSUNG VERWENDEN.

### FreeHand-Dateien importieren

Lesen Sie die Details zum Öffnen von FreeHand-Dateien sowie ergänzende Hinweise zur Vorbereitung Ihrer Dokumente für eine reibungslose Übernahme in Kapitel 22.

### CorelDraw-Dateien importieren

Illustrator liest CDR-Dateien der Versionen 5 bis 10. Wie beim Öffnen von FreeHand-Dateien können auch hier viele Eigenschaften erhalten werden, z. B. zusammengesetzte Pfade, Überblendungen, Pfadtexte, Konturen und Verläufe.

Verzerrungshüllen müssen Sie bereits in CorelDraw umwandeln lassen, da die verzerrten Formen ansonsten nicht erhalten bleiben. An Objekten verwendete Farben legt Illustrator im Farbfelder-Bedienfeld an.

▲ Abbildung 18.15
Icon einer CorelDraw-Datei

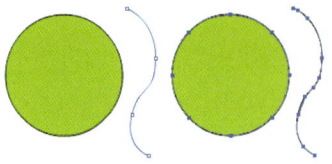

▲ **Abbildung 18.16**
Die Grafik in Flash (links) hat weniger Punkte als in der exportierten .AI-Datei.

### Objekte aus Flash-Dateien importieren

Illustrator kann keine Flash-Dateien öffnen. Falls Sie aber Vektorelemente aus Flash-Dateien benötigen, exportieren Sie entweder die Grafik aus Flash oder wählen den Weg über die Zwischenablage.

Flash exportiert Einzelbilder aus Animationen in älteren Illustrator-Formaten – Flash CS4 z. B. bis Illustrator Version 6. Bei der Formatumwandlung bleiben Verlaufsfüllungen erhalten, sofern sie keine Transparenz enthalten. Pfade, die Sie in Flash mit dem Pinsel-Werkzeug erstellt haben, werden in Flächen umgewandelt, und leider haben alle Pfade nach dem Export mehr Ankerpunkte als nötig.

## 18.2 Grafikdaten verwalten

Damit Sie bei vielen verknüpften Grafikdateien sowie eingebetteten Bildern nicht den Überblick verlieren, stellt Illustrator als Verwaltungszentrum das Verknüpfungen-Bedienfeld zur Verfügung.

### Bilder in der Pfadansicht

Per Voreinstellung werden Bilder in der Pfadansicht nur durch einen Rahmen dargestellt. Möchten Sie stattdessen das Motiv anzeigen lassen, rufen Sie DATEI • DOKUMENT EINRICHTEN auf und aktivieren auf der Seite ZEICHENFLÄCHE die Option BILDER IN PFADANSICHT ANZEIGEN.

Der Status der importierten Dateien ist dort auf einen Blick anhand von Symbolen zu erkennen, und weitere Informationen lassen sich einfach aufrufen. Das Bedienfeld bildet aber auch die Verbindung zu Adobe Bridge und zu den Ursprungsprogrammen der verknüpften Bilder.

Wichtige Funktionen und Informationen haben Sie darüber hinaus als Buttons im Steuerungsbedienfeld immer dann zur Hand, wenn Bilder ausgewählt sind.

### Steuerungsbedienfeld

Ist eine platzierte Datei ausgewählt, dann stehen Ihnen im Steuerungsbedienfeld die gebräuchlichsten Funktionen im Zusammenhang mit dem jeweiligen Objekt zur Verfügung.

▲ **Abbildung 18.17**
Das kontextsensitive Steuerungsbedienfeld mit aktiviertem Bild

Aktivieren Sie zum Beispiel ein verknüpftes Bild, können Sie es mit einem Mausklick einbetten, die Originaldatei bearbeiten, interaktiv abpausen oder mit einer Maske beschneiden.

### Verknüpfungen-Bedienfeld

Das Verknüpfungen-Bedienfeld listet alle verknüpften Dateien sowie eingebettete Pixelbilder auf und ermöglicht deren komfortable Verwaltung. Rufen Sie das Bedienfeld auf, indem Sie FENSter • Verknüpfungen aus dem Menü wählen – im Dock klicken Sie 🔗.

**Symbole** | Verknüpfungen-Bedienfeld
Jeder Eintrag im Bedienfeld entspricht einem verknüpften bzw. eingebetteten Bild. Wandeln Sie die Ebenen einer Photoshop-Datei beim Einbetten in Objekte um, dann werden die Ebenen zu einzelnen Einträgen im Verknüpfungen-Bedienfeld. Symbole zeigen den Status der Verknüpfung an, falls besondere Maßnahmen erforderlich sind.

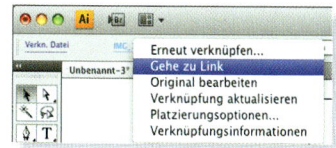

▲ **Abbildung 18.18**
Wichtige Befehle für Verknüpfungen finden Sie auch im Steuerungsbedienfeld: Klicken Sie auf den Dateinamen, um das Menü aufzuklappen.

- Eingebettete Pixelbilder 📎: Während Vektordateien nach dem Einbetten aus dem Verknüpfungen-Bedienfeld entfernt werden, listet Illustrator eingebettete Pixelbilder weiterhin auf.
- Fehlende Grafik ❓: Findet Illustrator die platzierte Datei nicht mehr an ihrem Speicherort vor, signalisiert es das mit dem Stoppschild. Ist ein Bild bereits beim Öffnen einer Datei nicht mehr auffindbar, erhalten Sie eine Warnmeldung.
Verwenden Sie den Befehl Erneut verbinden… aus dem Menü des Verknüpfungen-Bedienfelds oder den gleichnamigen Button, und verweisen Sie auf den neuen Speicherort oder eine andere Datei.
- Geänderte Grafik ⚠: Haben Sie eine Grafik außerhalb von Illustrator bearbeitet und gespeichert, muss die Verknüpfung aktualisiert werden, da es anderenfalls beim Druck zu unerwarteten Ergebnissen kommen kann.

▲ **Abbildung 18.19**
Das Verknüpfungen-Bedienfeld

Verwenden Sie dazu die Funktion Verknüpfung aktualisieren aus dem Bedienfeldmenü oder den entsprechenden Button, und passen Sie anschließend gegebenenfalls die Position des Bildes auf der Zeichenfläche an.
- Transparenzinteraktion einer DCS-Datei 📎: DCS-Dateien, die mit transparenten Objekten interagieren, drucken möglicherweise nicht korrekt, daher zeigt das Symbol eine Wechselwirkung an. Die Warnanzeige müssen Sie jedoch in den Bedienfeld-Optionen aktivieren.
- Version Cue Status: Falls Sie verknüpfte Dateien mit Version Cue verwalten, zeigen zusätzliche Symbole deren Status an: z. B. Stock Photo-Komposition 🔘, Synchronisiert ✓, Geöffnet 🔄. Eine Übersicht dieser Symbole finden Sie in der Illustrator-Hilfe.

**[DCS]**
Das DCS-Format – Abkürzung für Desktop Color Separation – ist eine Variante des EPS-Formats. Da separierte Daten gespeichert werden, kann dieses Format in (heute üblichen) Composite-Workflows zu Problemen führen.

**Funktions-Buttons** | Verknüpfungen-Bedienfeld
- Erneut verbinden…: Findet Illustrator eine Grafik nicht oder möchten Sie einer Verknüpfung eine andere Datei zuordnen,

18.2 Grafikdaten verwalten | **585**

rufe Sie den Befehl ERNEUT VERBINDEN... am unteren Rand ⇧→⬚ oder aus dem Menü des Bedienfelds auf.

▶ GEHE ZU LINK: Um eine Grafik innerhalb Ihres Dokuments zu finden, wählen Sie diesen Befehl aus dem Bedienfeldmenü oder verwenden den Button →⬚. Illustrator setzt den Fokus des Dokumentfensters auf die Grafik.

▶ ORIGINAL BEARBEITEN: Aktivieren Sie eine Grafik, und wählen Sie ORIGINAL BEARBEITEN aus dem Bedienfeldmenü oder durch einen Klick auf den Button ✏, um die Grafik im Erstellungsprogramm zu bearbeiten. Falls es nicht geöffnet ist, löst Illustrator den Programmstart aus. Nachdem Sie die Datei gespeichert und Illustrator wieder aufgerufen haben, erhalten Sie eine Warnung, dass eine Datei geändert wurde. Bestätigen Sie die Meldung, um die Datei in Illustrator zu aktualisieren.

▶ VERKNÜPFUNG AKTUALISIEREN: Diese Funktion dient dazu, Dateien, die im Verknüpfungen-Bedienfeld als geändert markiert sind, auf den neuesten Stand zu bringen. Sie rufen die Aktualisierung für aktivierte Grafiken mit dem Button 💾→ oder über das Bedienfeldmenü auf.

### Erstellungsprogramm

Das Erstellungsprogramm richten Sie auf dem Mac OS in den Dokument-Informationen ein, unter Windows in den Datei-Eigenschaften.

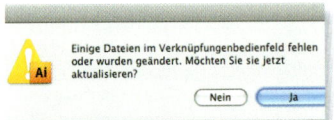

▲ Abbildung 18.20
Warnhinweis bei geänderten verknüpften Dateien

**Bedienfeldmenü** | Verknüpfungen-Bedienfeld

▶ PLATZIERUNGSOPTIONEN...: Mit den Platzierungsoptionen bestimmen Sie, wie sich die Grafik im Verhältnis zum Begrenzungsrahmen verhalten soll. Die Optionen wirken dann, wenn Sie den Begrenzungsrahmen nicht proportional skalieren oder mit dem Befehl ERNEUT VERBINDEN... eine Grafik mit anderen Proportionen zuweisen.

Abbildung 18.21 ▶
Die Platzierungs-Optionen-Dialogbox

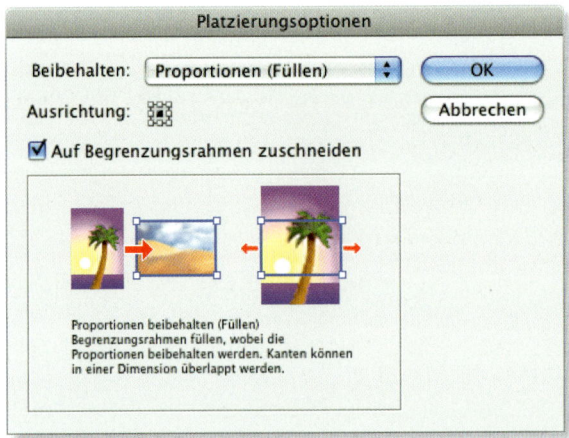

Wählen Sie eine Option aus dem Aufklappmenü. Bei vielen Optionen können Sie mit dem AUSRICHTUNGSSYMBOL ⬚ einen Referenzpunkt für die Ausrichtung definieren. Klicken Sie dazu auf eines der Kästchen des Symbols.

### Bilder maskieren

Um Bilder zu maskieren, ist eine Schnittmaske besser geeignet als die Platzierungsoptionen. Die Erstellung einer Schnittmaske speziell für Bilder nehmen Sie mit dem Button MASKIEREN im Steuerungsbedienfeld vor. Lesen Sie dazu den Abschnitt 18.3, »Bilddaten bearbeiten«.

Soll die Grafik nicht über den Begrenzungsrahmen hinausragen, aktivieren Sie die Option Auf Begrenzungsrahmen zuschneiden.

- Versionen: Sind von einer mit Version Cue verwalteten Datei mehrere Versionen gespeichert, wählen Sie diesen Befehl, um eine Übersicht der Versionen mit den Dateiinformationen und Kommentaren aufzurufen. In dieser Versionen-Dialogbox haben Sie die Möglichkeit, ältere Versionen einer Datei ohne Umweg über Version Cue hochzustufen.
Wurde eine neue Version einer platzierten Datei gespeichert, markiert Illustrator diese Datei als geändert ⚠.
- Verknüpfung einchecken: Wenn Sie eine versionierte Datei – diese erkennen Sie am Icon ⏱ – mit der Funktion Original bearbeiten ✏ aus Illustrator heraus im Erstellungsprogramm editiert, die Bearbeitung dort jedoch nicht als neue Version gespeichert haben, können Sie dies in Illustrator nachholen, indem Sie diesen Befehl aufrufen. In einer Dialogbox werden Sie aufgefordert, die Version zu kommentieren.
- Bild einbetten: Aktivieren Sie ein Grafikobjekt, und wählen Sie diesen Befehl, um die Grafikdaten in die Illustrator-Datei zu integrieren – die Dateigröße kann beträchtlich zunehmen.
Einige Operationen können Sie jedoch nur mit eingebetteten Daten vornehmen. Darüber hinaus kann es manchmal nützlich sein, alles in einer Datei zu verwalten.
Beachten Sie dazu auch den Hinweis »Bilddateien ›ausbetten‹« auf Seite 582.
- In Bridge anzeigen…: Der Befehl öffnet die verknüpfte Datei in Adobe Bridge. Ist die Datei versioniert, wird das Version-Cue-Projekt angezeigt.
- Dateiinfo verknüpfen…: Die XMP-Metadaten (eXtensible Metadata Platform) einer verknüpften Grafikdatei können Sie hier nicht editieren, nur einsehen.
- Verknüpfungsinformationen…: Mit diesem Befehl oder einem Doppelklick auf den Eintrag im Bedienfeld rufen Sie Angaben zur verknüpften Datei (wie den Speicherort, Größe, Dateiformat) auf; ein Teil der Informationen wird auch für eingebettete Dateien angezeigt. Besonders interessant sind die Informationen über angewandte Transformationen – so lässt sich z. B. erkennen, ob die Grafik proportional skaliert ist.

**Bedienfeld-Anzeige |** Mit den folgenden Optionen steuern Sie die Darstellung des Bedienfelds.

- Einblenden: Vor allem, wenn Sie mit vielen platzierten Bildern und Grafiken arbeiten, kann es sinnvoll sein, sich nur eine

▲ Abbildung 18.22
Adobe Version Cue ist kein eigenständiges Programm mehr, sondern über die Bridge erreichbar.

▲ Abbildung 18.23
Die Versionen-Dialogbox

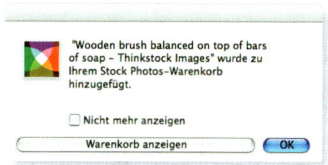

▲ Abbildung 18.24
Bis CS3: Der Befehl Bild kaufen legt das gewünschte Stock-Photo-Bild in den Warenkorb.

▲ Abbildung 18.25
XMP-Logo

**Hinweis**

Haben Sie Bilddateien eingebettet, bezieht sich die Angabe der Skalierung auf eine Bildauflösung von 72 dpi. Falls Ihre Datei eine andere Auflösung hat, sagt diese Angabe also nichts über vorgenommene Skalierungen aus.

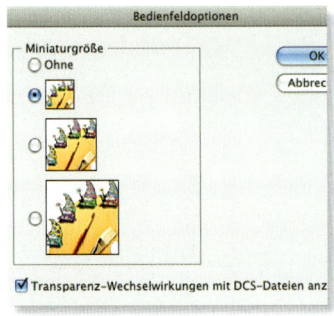

▲ Abbildung 18.26
Optionen des Verknüpfungen-Bedienfelds

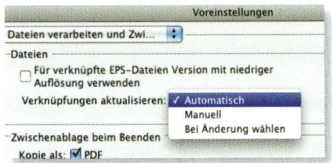

▲ Abbildung 18.27
Die Verknüpfungen-aktualisieren-Voreinstellung

### Bildvorschau beim Verschieben

Möchten Sie, dass Bilder beim Verschieben mit den Auswahl-Werkzeugen nicht nur als Kästchen, sondern als Vorschau dargestellt werden, dann aktivieren Sie die Option BILDER IN PFADANSICHT ANZEIGEN unter DATEI • DOKUMENT EINRICHTEN.

▲ Abbildung 18.28
Pixelbild als Map eines 3D-Objekts

bestimmte Gruppe dieser Objekte im Verknüpfungen-Bedienfeld anzeigen zu lassen, z. B. die problematischen.
Sie haben die Wahl, ALLES, FEHLENDE, GEÄNDERTE oder EINGEBETTETE Objekte einblenden zu lassen.
- SORTIEREN: Die Einträge im Bedienfeld können Sie zwar nicht wie in anderen Bedienfeldern verschieben, sie lassen sich jedoch nach Name, Art oder Status sortieren.
- BEDIENFELDOPTIONEN…: In den Bedienfeld-Optionen bestimmen Sie die Größe des Miniaturbilds und aktivieren die Anzeige der Transparenz-Interaktion mit DCS-Bildern.

### Verknüpfungen automatisch aktualisieren

Per Voreinstellung weist Illustrator beim Öffnen einer Datei oder beim Wechseln aus einem anderen Programm zu einer geöffneten Illustrator-Datei auf geänderte Verknüpfungen hin.

Dieses Verhalten können Sie jedoch ändern. Rufen Sie VOREINSTELLUNGEN • DATEIEN VERARBEITEN UND ZWISCHENABLAGE… auf, und wählen Sie eine Option unter VERKNÜPFUNGEN AKTUALISIEREN:

- AUTOMATISCH: Die Warnung wird unterdrückt; Illustrator aktualisiert die Verknüpfungen in geöffneten Dateien selbsttätig.
- MANUELL: Auch hier erhalten Sie keine Warnung – dafür müssen Sie das Verknüpfungen-Bedienfeld beachten, um geänderte Dateien zu bemerken, und diese dann »von Hand« aktualisieren.
- BEI ÄNDERUNG WÄHLEN: Die Voreinstellung – Illustrator zeigt die Dialogbox.

## 18.3 Bilddaten bearbeiten

Neben dem umfangreichen Werkzeugkasten zur Vektorisierung von Pixelgrafiken bietet Illustrator auch einige Funktionen zur Bildbearbeitung, die es – in Kombination mit den typografischen Werkzeugen – ermöglichen, das Programm auch für Layoutaufgaben zu verwenden.

### Pixelgrafik mit Vektorwerkzeugen bearbeiten

Platzierte Bilder können Sie mit den Transformieren-Werkzeugen drehen, skalieren, verbiegen und spiegeln.

Möchten Sie Pixelgrafik mit einer Verzerrungshülle oder den **Verflüssigen**-Werkzeugen bearbeiten, müssen Sie die Bilder zunächst einbetten. Extreme Verzerrungen erzeugen jedoch sehr schnell ein »pixeliges« Aussehen.

Eingebettete Bilder lassen sich auch als **Symbol** ablegen, sodass Sie das Bildmaterial u.a. auf die Oberfläche eines 3D-Körpers »mappen« können.

### Graustufen und Bitmaps kolorieren

Falls Sie nur Graustufen- oder 1-Bit-Bilder zur Verfügung haben oder Ihre Grafik mit zwei oder drei Farben gedruckt wird, gibt es die Möglichkeit, den Bildern in Illustrator eine Farbe zuzuweisen. Seit Illustrator CS2 können Sie zu diesem Zweck auch eine Schmuck- oder Volltonfarbe verwenden.

Aktivieren Sie dazu das Bild auf der Zeichenfläche, und weisen Sie die gewünschte Farbe als Fläche zu. Mit dieser Methode erzeugen Sie keine Duplex-Bilder – dies müssen Sie nach wie vor im Bildbearbeitungsprogramm vornehmen, Sie können Duplex-Bilder aber in Illustrator importieren (siehe dazu in Kapitel 18.1 den Abschnitt »Schmuckfarben in platzierten Dateien«).

▲ Abbildung 18.29
Einem Graustufen-Bild wurde eine Volltonfarbe zugewiesen.

#### Graustufenbilder als Deckkraftmasken

Einen schönen »handgemachten« Look erzielen Sie, wenn Sie Ihre Vektorgrafik über eine Papierstruktur blenden. Dazu müssen Sie Ihre Grafik nicht erst als PSD exportieren und die Überblendung dort vornehmen. Stattdessen importieren Sie ein Graustufenbild einer geeigneten Struktur (zerknittertes Papier, leichte Holzmaserung o.Ä.) in Illustrator und wenden dies als Deckkraftmaske auf die Grafik an (zu Deckkraftmasken siehe Kapitel 12, »Transparenzen und Masken«).

### Schritt für Schritt: Bilder mehrfarbig kolorieren

**1 Bilddatei platzieren**

Mit diesem kleinen Trick ist es möglich, Bitmap-Bilder mit zwei Farben zu kolorieren, wie Sie es z.B. aus Layoutprogrammen durch Verwenden von Vorder- und Hintergrundfarbe gewohnt sind. Zunächst platzieren Sie ein Bitmap-Bild in einer neuen Illustrator-Datei.

Die Datei »Bitmap.tif« finden Sie auf der DVD. Das Bild kann beim Platzieren entweder verknüpft oder eingebettet werden.

**2 »Hintergrundfarbe« hinzufügen**

Zunächst gestalten Sie den Hintergrund des Bildes. Wählen Sie dazu im Bedienfeldmenü des Aussehen-Bedienfelds NEUE FLÄCHE HINZUFÜGEN.

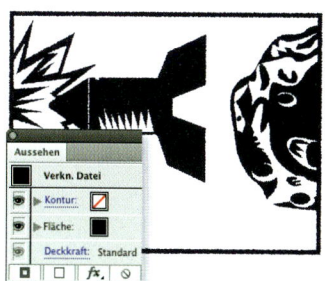

▲ Abbildung 18.30
Bitmap- und Graustufenbilder besitzen eine »Vordergrundfarbe«.

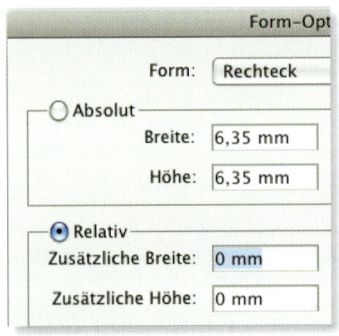

▲ **Abbildung 18.31**
Einstellung der Optionen für den Effekt In Form umwandeln

▲ **Abbildung 18.32**
Anordnung der Flächen im Aussehen-Bedienfeld

▲ **Abbildung 18.33**
Die ursprünglich schwarze »Vordergrundfarbe« wurde geändert.

Damit diese Fläche am Objekt sichtbar wird, müssen Sie eine Form erzeugen. Weisen Sie also der Fläche den Effekt • In form umwandeln • Rechteck zu (zu Effekten siehe Kapitel 13). Als Optionen für den Effekt wählen Sie Relativ mit einer Zusätzlichen Breite wie Höhe von 0 mm (siehe Abbildung 18.31). Wählen Sie außerdem eine Farbe für die Fläche (siehe Abbildung 18.32).

Die Form liegt über dem Bild und verdeckt es. Verschieben Sie die eben erstellte Fläche mit dem Effekt im Aussehen-Bedienfeld unter die ursprünglich vorhandene Fläche (siehe Abbildung 18.32, zum Aussehen-Bedienfeld siehe Kapitel 11, »Hierarchische Struktur: Ebenen, Aussehen«).

### 3 »Vordergrundfarbe« ändern

Die schwarze Standardfarbe, die das Bitmap-Bild erhalten hat, ändern Sie als Nächstes. Wählen Sie den Eintrag im Aussehen-Bedienfeld aus, und geben Sie dem Bild eine andere Farbe (siehe Abbildung 18.33).

### 4 Weitere Hintergrundfarben anlegen

Optional können Sie auch weitere Farbflächen im Hintergrund anlegen. Dies erledigen Sie am schnellsten, indem Sie die eben erstellte Fläche über das Aussehen-Bedienfeld duplizieren und dann deren Optionen (Farbe, Effekteinstellungen) ändern. Ein Beispiel für diese Anwendung finden Sie im Dokument »Bitmap-Mehrfarbig.ai« auf der DVD. Sehen Sie sich im Aussehen-Bedienfeld die Hierarchie der Eigenschaften und vor allem die Einstellungen in den auf die zusätzlichen Flächen angewendeten Transformieren-Effekten an (zu Effekten siehe Kapitel 13).

Erstellen Sie aus den Aussehen-Eigenschaften einen Grafikstil, um diesen an weiteren Bildern wiederholt anzuwenden.

▲ **Abbildung 18.34**
Das Ergebnis

## Bilder maskieren

Das Beschneiden von Bildern auf das endgültige Format sollten Sie soweit möglich im Bildbearbeitungsprogramm vornehmen. Das reduziert zum einen die Dateigröße und spart zum anderen Rechenzeit auf dem RIP, da die Berechnung einer Maske entfällt.

Seit Illustrator CS3 ist das Maskieren von Bildern dank des Buttons MASKIEREN im Steuerungsbedienfeld aber auch nicht mehr ganz so umständlich.

Klicken Sie auf diesen Button, um automatisch eine rechteckige Schnittmaske zu erzeugen. Unmittelbar nach dem Klicken des Buttons ist die Maske ausgewählt. Eine Anpassung ist nur möglich, indem Sie die Anfasser an den Ecken und Seiten des Ausschnitts verschieben. Das Objekt wird deaktiviert, sobald Sie an eine andere Stelle auf der Zeichenfläche klicken.

Wenn Sie die Maske zu einem späteren Zeitpunkt verändern möchten, müssen Sie das maskierte Objekt aktivieren und den Button MASKE BEARBEITEN  anklicken (zu Schnittmasken siehe Kapitel 11).

▲ **Abbildung 18.35**
Mithilfe der Anfasser (Kreise) lässt sich der Ausschnitt skalieren und drehen.

## Freiform-Masken auf Bilder anwenden

Möchten Sie jedoch frei geformte Masken anwenden, steht es Ihnen frei, diese bereits in Photoshop als Beschneidungspfad oder in Illustrator als Schnitt- bzw. Deckkraftmaske anzulegen. Mit Deckkraftmasken haben Sie zusätzlich die Möglichkeit, einen weichen Übergang in den Hintergrund zu erzeugen.

▲ **Abbildung 18.36**
Schnittmaske und Deckkraftmaske für platzierte Pixelbilder

In Photoshop angelegte Beschneidungspfade werden beim Einbetten von Bildern in Schnittmasken konvertiert (zu Schnittmasken siehe Kapitel 11, zu Deckkraftmasken siehe Kapitel 12, »Transparenzen und Masken«).

> **Zusätzliche Photoshop-Filter installieren**
>
> Illustrator nutzt die Schnittstelle für Photoshop-Filter, sodass Sie die vorhandenen Filter um zusätzliche ergänzen können, soweit diese zu der Schnittstelle kompatibel sind.

**Filter**

Etliche Bildbearbeitungsfilter, deren Namen Ihnen aus Photoshop bekannt vorkommen werden, finden Sie in Illustrator im Effekt-Menü wieder (in älteren Versionen auch unter FILTER – diese arbeiten nur mit eingebetteten Bildern). Die Filter stehen sowohl im Dokumentfarbmodus RGB als auch in CMYK zur Verfügung.

Effekte können Sie auch verknüpften Bildern zuweisen, Illustrator erzeugt aber automatisch eine eingebettete Kopie des Bilds (zu Filtern und zu Effekten siehe Kapitel 13).

### Schritt für Schritt: Platzierte Bilder einrahmen

Leider können Sie platzierte Bilder nicht einfach mithilfe des Kontur-Bedienfelds einrahmen, so wie Sie es aus Layout-Programmen gewohnt sind. Stattdessen ist ein kleiner Umweg mit einem Effekt nötig. Einmal eingerichtet, lässt sich dieser jedoch als Grafikstil speichern und dann wiederholt anwenden.

▲ Abbildung 18.37
Das Workshop-Ergebnis

**1 Bilddatei importieren**

Erstellen Sie ein neues Dokument, und platzieren Sie eine Bilddatei – ob Sie die Datei einbetten oder verknüpfen, ist für das Einrahmen nicht relevant. Das Hundebild »Portrait.psd« finden Sie auf der DVD.

**2 Eine Kontur erzeugen**

Aktivieren Sie das soeben platzierte Bild. Rufen Sie das Aussehen-Bedienfeld auf, und wählen Sie im Bedienfeldmenü den Eintrag NEUE KONTUR HINZUFÜGEN (zum Aussehen-Bedienfeld siehe Kapitel 11). Die Kontur wird über dem Bild erstellt, ist aber auf der Zeichenfläche nicht sichtbar.

Damit die Kontur sichtbar wird, benötigen Sie für diese Kontur eine eigene Form. Diese Form erzeugen Sie, indem Sie dem Eintrag KONTUR den EFFEKT • IN FORM UMWANDELN • RECHTECK zuweisen (zu Effekten siehe Kapitel 13). Als Optionen für den Effekt wählen Sie RELATIV mit einer ZUSÄTZLICHEN BREITE wie HÖHE von 0 mm. Die Kontur verläuft jetzt außen um das Bild.

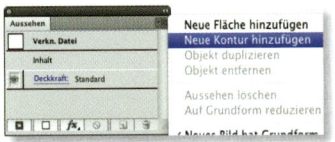

▲ Abbildung 18.38
Eine neue Kontur hinzufügen

> **Alternativer Effekt**
>
> Alternativ zu IN FORM UMWANDELN verwenden Sie EFFEKT • PFAD • KONTUR NACHZEICHNEN.

**3 Die Kontur verzieren**

Die Kontur lässt sich nun wie jede andere Kontur mit weiteren Eigenschaften, z. B. Pinseln und Farben, versehen. Falls die Kontur das Bild nicht überdecken soll, verschieben Sie im Aussehen-Bedienfeld den Eintrag INHALT über den Eintrag KONTUR.

Falls Sie weitere Bilder mit diesem Rahmen versehen möchten, erstellen Sie einen Grafikstil (zu Grafikstilen siehe Kapitel 11). ▪

▲ **Abbildung 18.39**
Der fertiggestellte Rahmen

## 18.4 Pixeldaten vektorisieren

Beim Vektorisieren von Pixeldaten erstellen Sie Bézierpfade aus Flächen oder Linien, die mit Bildpixeln aufgebaut sind. Sie wandeln das pixelbasierte Bild in eine objektorientierte Grafik um.

Illustrator bietet Ihnen zwei Möglichkeiten, das zu tun: Sie können, wie Sie in den Kapiteln 5, 6 und 7 gelernt haben, die Objekt-, Zeichen- und Malwerkzeuge verwenden, um die benötigten Formen manuell zu konstruieren.

Oder Sie nutzen die Autotrace-Funktion, die in Illustrator Live Trace – oder auf Deutsch Interaktiv nachzeichnen (früher: Interaktiv abpausen) – heißt. Das automatische Nachzeichnen hat einen unschlagbaren Vorteil: Es geht sehr schnell. Allerdings arbeitet die Funktion nur auf der Basis einer nicht sehr intelligenten Flächenerkennung anhand der Farb- und Helligkeitsunterschiede einzelner Pixel. Sie ist nicht in der Lage, diese Flächen Bildobjekten zuzuordnen.

▲ **Abbildung 18.40**
Prinzip »Autotrace«

Daher gleicht das Ergebnis im prinzipiellen Aufbau einer Pixelgrafik, denn es liegen einzelne Farbflächen nebeneinander – nur dass deren Form eben durch Pfade begrenzt ist. Weil die Software nicht »weiß«, welche Flächen zusammengehören, kann sie auch keine Verläufe erstellen.

Das automatische Nachzeichnen hat also den meisten Nutzen, wenn die Vorlage wenige, klar abgegrenzte Farbtöne enthält.

Beim manuellen Vektorisieren dagegen beschreiben die Farbflächen nicht nur Bereiche, deren Pixel eine bestimmte Farbe haben, sondern abgebildete Objekte. Die Flächen müssen nicht stur nebeneinandergelegt werden, und Sie können an vielen Stellen einen realistischeren dreidimensionalen Eindruck durch Verläufe erstellen.

▲ **Abbildung 18.41**
Prinzip »Manuelles Vektorisieren«

Ein weiterer Vorteil des manuellen Nachzeichnens besteht in der Erkennung geometrischer Formen – z. B. eines Kreises oder einer Geraden. Diese kann ein Mensch in einer Vorlage klar identifizieren und in der Vektorgrafik entsprechend konstruieren, selbst wenn die Vorlage durch Verzerrungen oder Ungenauigkeiten die Geometrie nicht mehr korrekt darstellt.

### Welche Vektorisierung ist für mein Motiv geeignet?

Die Art des Bildmotivs, die Qualität der Vorlage und der Verwendungszweck der Vektorgrafik bestimmen darüber, mit welcher Methode Sie am besten vektorisieren – per Autotrace oder von Hand.

▼ Abbildung 18.42
Vorlagenarten: Plan ❶, Layout-Foto (mit Vektorillustration) ❷, Fotografie ❸, Comic ❹

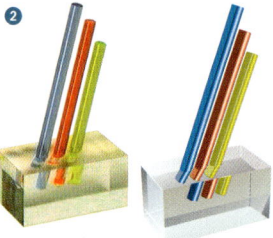

▲ Abbildung 18.43
Logo mit konstruierten und freien Elementen

Pläne ❶ sind ein typisches Anwendungsgebiet für Vektorgrafik – häufig existiert bereits eine Vorlage, jedoch nicht in digitaler Form. Liegt ein sauberer Scan vor, lassen sie sich erstaunlich gut automatisch vektorisieren. Die Schriftelemente sollten Sie trotzdem setzen. Einfache Pläne sind aber – etwas Übung vorausgesetzt – genauso schnell von Hand nachgezeichnet.

Die fotorealistische Illustration ❷ ist kein geeignetes Feld für das automatische Nachzeichnen – mit Ausnahme kleinerer Details –, vor allem da Autotrace-Funktionen keine Verlaufsflächen anlegen können. Aus Fotos ❸ oder anderen künstlerischen Vorlagen lassen sich mithilfe der Nachzeichnen-Funktion zum Teil eigenständige Kreationen erstellen.

Comic- und andere handgezeichnete Elemente ❹ sind ebenfalls ein ideales Anwendungsgebiet für automatische Nachzeichnen-Funktionen.

Liegen Logos oder Symbole ❺ als Vorlage vor, ist die Wahl der Mittel abhängig von deren Art. Geometrische Formen wie Kreise, regelmäßige Polygone oder regelmäßige Linien sollten Sie konstruieren. Schriftelemente bilden Sie in der besten Qualität nach, wenn Sie die Schriftart identifizieren und die Elemente neu setzen. Unregelmäßige oder handgezeichnete Elemente lassen sich automatisch vektorisieren.

> **Interaktiv abpausen?**
>
> Nach drei Jahren »Interaktiv abpausen« wurde dieser Befehl in Version CS4 in »Interaktiv nachzeichnen« umgetauft.

## 18.5 Live Trace – Interaktiv nachzeichnen

Mit der Live-Trace- oder auf Deutsch Interaktiv-nachzeichnen-Funktion wurden die Aufgaben der im Oktober 2005 eingestellten Vektorisierungs-Software »Streamline« in Illustrator integriert. Darüber hinaus ersetzt Live Trace das aus alten Illustrator-Versionen bekannte, nicht sehr leistungsfähige Pausstift-Werkzeug.

Eine Vielzahl von Optionen und Parametern hilft dabei, eine große Bandbreite von Vorlagenarten in Vektorgrafik umzuwandeln. Und – das Stichwort »live« deutet es schon an: Solange das Objekt nicht in Pfade umgewandelt wird, bleibt die Verbindung zwischen der Vorlage und dem Nachzeichnerergebnis bestehen, sodass zum einen Änderungen am Originalbild in der Nachzeichnung ausgeführt werden und zum anderen jederzeit Änderungen der Nachzeichneroptionen eingerichtet werden können.

▲ **Abbildung 18.44**
Das Pausstift-Werkzeug aus Illustrator CS und früheren Versionen

▲ **Abbildung 18.45**
Adobe Streamline

### Nachzeichner-Objekte erstellen

Platzieren Sie zunächst eine Bilddatei – sowohl verknüpft als auch eingebettet ist möglich. Aktivieren Sie das Bild auf der Zeichenfläche, und wählen Sie zwischen drei Möglichkeiten, ein Bild nachzuzeichnen:

- Mit einer gespeicherten Vorgabe: Haben Sie bereits Nachzeichnervorgaben gespeichert oder wollen Sie eine der installierten Nachzeichnervorgaben nutzen, wählen Sie die gewünschte Einstellung aus dem Aufklappmenü im Steuerungsbedienfeld.
- Mit vorherigem Aufrufen der Optionen: Rufen Sie OBJEKT • INTERAKTIV NACHZEICHNEN • NACHZEICHNEROPTIONEN… auf, oder wählen Sie NACHZEICHNEROPTIONEN… aus dem Aufklappmenü ▼ im Steuerungsbedienfeld. Richten Sie Ihre Optionen in der Dialogbox ein, und klicken Sie auf den Button NACHZEICHNEN.
- Mit der Standardvorgabe: Klicken Sie auf den Button NACHZEICHNEN im Steuerungsbedienfeld. Als Ergebnis erhalten Sie eine Schwarzweißumsetzung, die zur Nachzeichnung von Plänen und Zeichnungen mit hohem Kontrast gut geeignet ist.

> **Schnellere Vorschau**
>
> Setzen Sie bei großen Bildern die Auflösung der Vorlage mit dem Wert NEU BERECHNEN vorübergehend herunter, um die Anzeige der Vorschau zu beschleunigen.

▲ **Abbildung 18.46**
Die Standardvorgabe lässt sich gut auf kontrastreiche Farbfotos anwenden.

**Steuerungsbedienfeld** | Das Steuerungsbedienfeld bietet die Interaktiv-nachzeichnen-Funktionen des Objekt-Menüs als praktische Buttons an. Je nach Objektart zeigt das Steuerungsbedienfeld eine andere Zusammensetzung.

▼ **Abbildung 18.47**
Das Steuerungsbedienfeld bei aktiviertem Bild

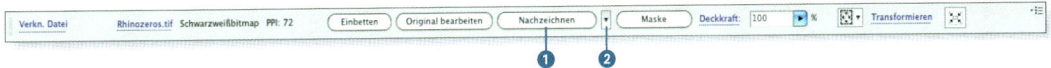

Haben Sie ein Bild aktiviert, drücken Sie entweder den Button NACHZEICHNEN ①, um mit der Standardeinstellung ein Nachzeichnerobjekt zu erzeugen, oder wählen Sie eine der Nachzeichnervorgaben aus dem Aufklappmenü ②.

▲ **Abbildung 18.48**
Steuerungsbedienfeld bei aktiviertem Nachzeichnerobjekt

Ist ein Nachzeichnerobjekt aktiviert, können Sie es durch Auswahl aus dem Aufklappmenü ③ mit einer anderen Vorgabe berechnen lassen oder mit einem Klick auf den Button ④ die Dialogbox OPTIONEN aufrufen. Je nach Farbtiefe werden unterschiedliche wichtige Nachzeichneroptionen ⑤⑥ direkt zur Verfügung gestellt. Die Anzeige-Optionen für RASTER ⑦ und VEKTOR ⑧ lassen sich aus den beiden Menüs auswählen. Auch die Befehle UMWANDELN ⑨ und INTERAK. MALEN (FÜR INTERAKTIVES MALEN KONVERTIEREN) ⑩ finden Sie als Buttons vor.

### Optionen

Die Nachzeichneroptionen für bestehende Nachzeichnen-Objekte rufen Sie auf, indem Sie das Nachzeichnen-Objekt aktivieren und OBJEKT • INTERAKTIV NACHZEICHNEN • NACHZEICHNEROPTIONEN… wählen oder auf den Nachzeichneroptionen-Button im Steuerungsbedienfeld klicken.

Das Nachzeichnen erfolgt in zwei Schritten: Zunächst optimiert Illustrator das Bildmaterial nach den vorgenommenen Einstellungen, im zweiten Schritt wird das optimierte Bild unter Berücksichtigung der eingegebenen Parameter vektorisiert.
Die Aufteilung des Optionen-Dialogs bildet die zwei Schritte durch die beiden Optionen-Gruppen ANPASSUNGEN (links) und NACHZEICHNEREINSTELLUNGEN (rechts) ab.

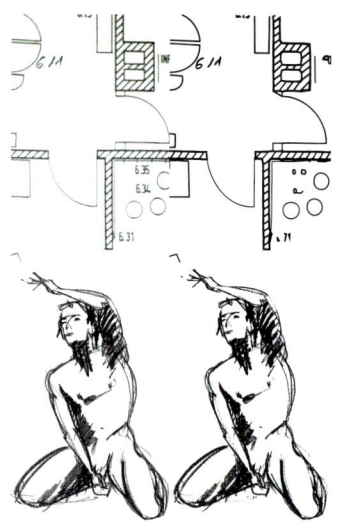

▲ **Abbildung 18.49**
Zeichnungen und Grafik sind das Einsatzgebiet für die Standardvorgabe.

**Abbildung 18.50** ▶
Die Nachzeichneroptionen für den Modus FARBE

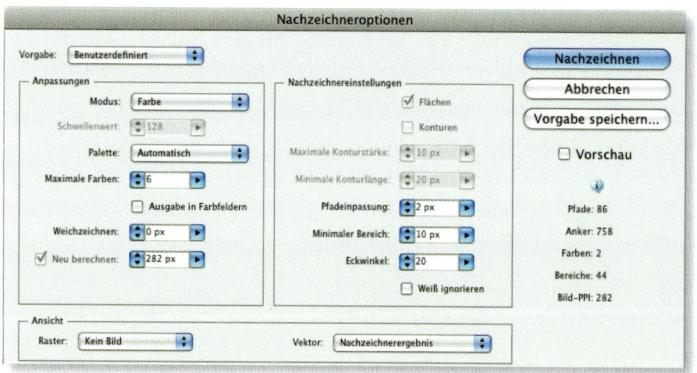

> **Automatisiert nachzeichnen**
> Wenn Illustrator geöffnet ist, lässt sich das Nachzeichnen mithilfe von Adobe Bridge automatisieren. Aktivieren Sie bis zu zehn Bilder in der Bridge, und wählen Sie WERKZEUGE • ILLUSTRATOR • INTERAKTIV NACHZEICHNEN…

▶ VORGABE: Wählen Sie hier eine der Vorgaben des Programms oder eine Ihrer eigenen abgespeicherten Vorgaben.

- Vorschau: Aktivieren Sie diese Option, damit jede Änderung eines Parameters am Objekt auf der Zeichenfläche dargestellt wird. Je nach Komplexität Ihrer Bilddatei, den verwendeten Einstellungen und der Rechenleistung Ihres Computers kann die Vorschau Ihre Geduld mehr oder weniger strapazieren.
  Legen Sie in der Optionen-Gruppe Ansicht (unten in der Dialogbox) fest, was als Vorschau generiert werden soll.
- Informationen: Rechts in der Dialogbox führt Illustrator in einer Statistik auf, wie viele Pfade, Ankerpunkte und Farben mit den vorgenommenen Einstellungen entstehen würden. Der Wert Bereiche bezeichnet die Anzahl der Vektorobjekte – er unterscheidet sich von der Anzahl der Pfade, da zusammengesetzte Pfade als ein »Bereich« gezählt werden.

**Anpassungen |** In dieser Gruppe von Reglern geben Sie Parameter zur Optimierung des Bildmaterials vor dem Vektorisieren an.
- Modus: Der Farbmodus bestimmt die Farben des Ergebnisses sowie die zur Verfügung stehenden Einstellungsparameter. Der gewählte Modus muss nicht dem Farbmodus der Vorlage entsprechen – Sie können ihn frei wählen.
  - Schwarzweiß: Verwenden Sie diesen Modus für technische Zeichnungen und Comics. Sie erhalten eine Umsetzung in schwarzen und weißen Flächen bzw. schwarzen Konturen oder einer Kombination aus Konturen und Flächen.
    Nur im Schwarzweißmodus besteht die Möglichkeit, Ihre Vorlage in Konturen umzusetzen.
  - Graustufen: Im Graustufenmodus setzt sich das Ergebnis aus Tonwerten von Schwarz zusammen.
  - Farbe: Bis zu 256 Farben werden bei der Umsetzung Ihres Bildes verwendet.
- Schwellenwert (nur im Modus Schwarzweiß): Der Schwellenwert ist die Helligkeitsstufe im Originalbild, an der unterschieden wird, ob schwarze und weiße Flächen entstehen. Flächen, die heller sind als der Schwellenwert, werden weiß gefüllt, dunklere Flächen schwarz.
- Palette (nur im Modus Graustufen/Farbe): Sie können die Farben von Illustrator anhand der Farbtöne des Originalbilds Automatisch generieren lassen. Alternativ können Sie auch die in einer Farbfelder-Bibliothek vorliegenden Farben verwenden.
  Speichern Sie dafür zunächst eine Farbfelder-Bibliothek (siehe Kapitel 8), und rufen Sie diese aus dem Menü Fenster • Farbfelder-Bibliotheken auf. Geöffnete Farbfelder-Bibliotheken listet Illustrator automatisch im Menü Palette auf. Dort wählen Sie Ihre Bibliothek anstelle des Eintrags Automatisch.

> **Gerade Linien**
> Linien in CAD-Plänen werden häufig beim Autotrace gekrümmt. Dies können Sie mit der Option Gerade Linien in der Vereinfachen-Funktion korrigieren.

▲ **Abbildung 18.51**
Die Modi Schwarzweiß, Graustufen, Farbe

▲ **Abbildung 18.52**
Mit vorgegebener Palette

▲ **Abbildung 18.53**
Auch mit 256 Farben sind Verläufe stufig.

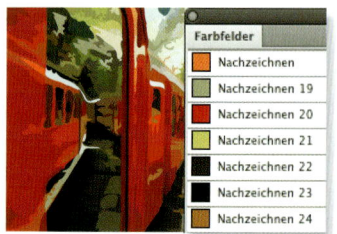

▲ Abbildung 18.54
Ausgabe in Farbfeldern

▲ Abbildung 18.55
Verschiedene Grade der Weichzeichnung

▶ MAXIMALE FARBEN (nur im Modus Graustufen/Farbe): Wählen Sie aus einem Bereich von 2–256, in wie vielen Farbabstufungen die Nachzeichnung umgesetzt werden soll.
Die Umrechnung der im Bild vorhandenen in die maximalen Farben erfolgt mit einer Tontrennung im Pixelbild.

▶ AUSGABE IN FARBFELDERN (nur im Modus Graustufen/Farbe): Lassen Sie die in der Nachzeichnung verwendeten Farben als GLOBALE FARBFELDER generieren und im Farbfelder-Bedienfeld ablegen.
Achtung: Bei einer erneuten Berechnung des Nachzeichnerobjekts mit geänderten Einstellungen werden nicht mehr benötigte Farbfelder nicht automatisch gelöscht, das heißt, mit jeder Änderung erhalten Sie zusätzliche Farbfelder.

▶ WEICHZEICHNEN: Die Weichzeichnung gleicht im Bild vorhandene Störungen aus und bewirkt so eine Umsetzung mit glatteren Formen. Stellen Sie mit einem Wert von 0–20 den Grad von Weichzeichnung ein, der vor der Nachzeichnung auf das Bild angewendet wird.
Die Auswirkung der Weichzeichnung ist von der unter NEU BERECHNEN eingestellten Auflösung abhängig.

▶ NEU BERECHNEN: Lassen Sie die Auflösung des Bilds neu berechnen, indem Sie einen Wert von 1–600 eingeben. Es ist möglich, die Auflösung eines Bilds sowohl zu erhöhen als auch zu senken. Beim ersten Aufrufen der Nachzeichneroptionen für ein Nachzeichnerobjekt oder Pixelbild zeigt Illustrator in dem Eingabefeld die effektive Bildauflösung an, d.h. die Bildauflösung unter Berücksichtigung des aktuellen Skalierungsfaktors.
Eine niedrigere Auflösung beschleunigt die Berechnung des Ergebnisses, eine höhere ermöglicht eine detailliertere Umsetzung. Der Wert wird nicht in Vorgaben gespeichert.

**Nachzeichnereinstellungen** | Diese Einstellungen setzen die Richtlinien für das Nachzeichnen der Formen.

Abbildung 18.56 ▶
NACHZEICHNEROPTIONEN: Konturen

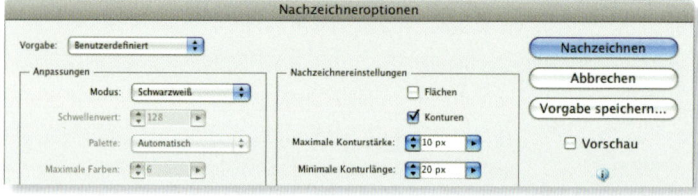

▶ FLÄCHEN/KONTUREN (nur im Modus Schwarzweiß): Bei manchen Vorlagen – z. B. Konstruktionszeichnungen – ist es nicht er-wünscht, Linien als Flächen erstellen zu lassen.

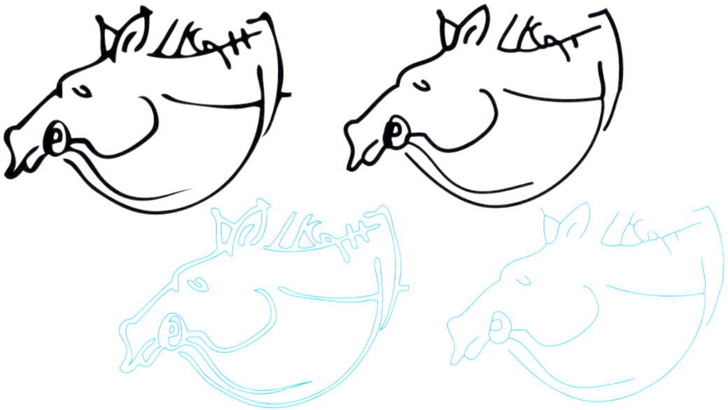

◂ **Abbildung 18.57**
Umsetzung als Flächen und als Konturen – blau: Pfadansicht

Daher können Sie bei einer Schwarzweißumsetzung auswählen, ob Sie diese in Konturen und/oder Flächen ausführen lassen möchten. Die unterschiedlichen Linienstärken der Zeichnung übersetzt Illustrator in Konturstärken.
Passen Sie die maximale Konturstärke und die minimale Konturlänge an, wenn Sie Konturen erstellen lassen.

- Maximale Konturstärke (nur Konturen): Mit diesem Grenzwert legen Sie fest, bis zu welcher Linienstärke Illustrator eine Kontur erzeugen soll. Stärkere Linien werden als Flächen erzeugt – jedoch nicht gefüllt, wenn Sie Flächen nicht aktiviert haben.
- Minimale Konturlänge (nur Konturen): Diese Option dient zur Reduzierung von Bildstörungen. Legen Sie fest, wie lang eine Linie mindestens sein muss, damit eine Kontur entsteht. Kürzere Linien werden ignoriert.
- Pfadeinpassung: Mit diesem Wert bestimmen Sie die Genauigkeit der Nachzeichnung, die sich durch den Abstand des berechneten Pfads von der Begrenzung der Fläche im Bild definiert. Das Eingabefeld akzeptiert Werte von 0–10, höhere Werte bedeuten eine geringere Genauigkeit.
- Minimaler Bereich: Geben Sie einen Wert von 0–3000 ein, um das kleinste zu erzeugende Bildelement zu definieren. Der Wert gibt die Anzahl Pixel an, die eine Fläche im Bild haben muss, damit Illustrator daraus eine Form generiert.
  Geben Sie z.B. »4« ein, dann werden nur Flächen nachgezeichnet, die mindestens 2 x 2 Pixel groß sind.
- Eckwinkel: Geben Sie hier mit einem Wert von 0–180 den Winkel ein, den eine Ecke haben muss, damit an der Stelle ein Eckpunkt gesetzt wird (zu Eck- und Kurvenpunkten siehe Kapitel 6). Mit einem höheren Wert erreichen Sie weniger Eckpunkte und damit weniger Detailzeichnung, also glattere Kurven.

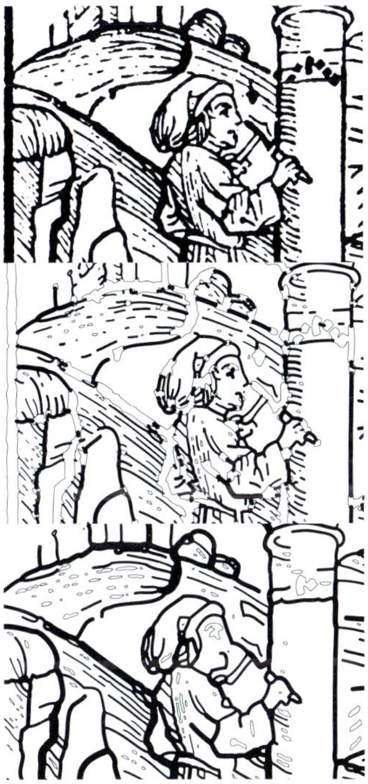

▴ **Abbildung 18.58**
Von oben: Original, maximale Konturstärke zu niedrig, minimale Konturlänge zu hoch

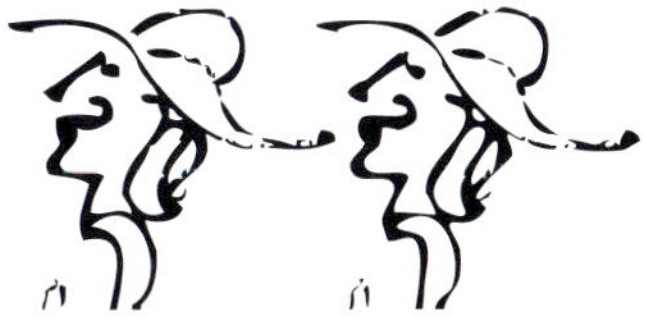

▴ **Abbildung 18.59**
Eckwinkel 0 (links), 180 (rechts)

**Abbildung 18.60** ▶
Ein höherer Eckwinkelwert (rechts 180) erzeugt weniger Details als ein niedriger (links 0).

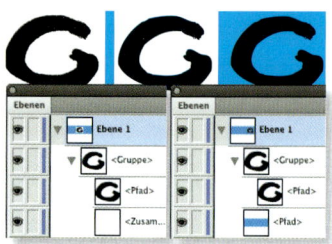

▲ **Abbildung 18.61**
Vergleich ohne (Mitte) und mit (rechts) WEISS IGNORIEREN (Vorlage links, Hintergrundelement blau)

▲ **Abbildung 18.62**
Angepasstes Bild (oben), Nachzeichnerergebnis (unten)

▲ **Abbildung 18.63**
Transparentes Bild, Konturen

- ▶ WEISS IGNORIEREN: Diese unscheinbare Option beseitigt ein Ärgernis beim Nachzeichnen freigestellter Objekte. Die eigentlich »durchsichtigen« weißen Flächen wurden als Vektorobjekte generiert. Dies können Sie durch Aktivieren der Option WEISS IGNORIEREN unterbinden und ersparen sich so das nachträgliche Löschen.

**Ansicht** | Richten Sie sich in diesem Bereich der Nachzeichneroptionen (Abb. 18.50) die Bildschirmanzeige ein. Dies hilft Ihnen, Ihre Einstellungen für die Aufbereitung des Pixelbilds getrennt von den Einstellungen für die Nachzeichnung zu kontrollieren.

Die gleichen Auswahlmöglichkeiten haben Sie mit den beiden Aufklappmenüs ANSICHTEN DES RASTERBILDS und ANSICHTEN DES VEKTORERGEBNISSES im Steuerungsbedienfeld.

- ▶ RASTER: In dieser Gruppe wählen Sie aus, ob und wie die Bildvorlage angezeigt wird.
  - ▶ KEIN BILD: Die Nachzeichnervorlage wird nicht dargestellt.
  - ▶ ORIGINALBILD: Darstellung des Rasterbilds ohne Anwendung der Einstellungen, die Sie in den Nachzeichneroptionen vorgenommen haben.
  - ▶ ANGEPASSTES BILD: Wählen Sie diese Darstellung, um die Auswirkungen der Optimierungsoptionen zu beobachten. Dazu müssen Sie gleichzeitig in der Vektor-Ansicht die Option KEIN NACHZEICHNERERGEBNIS aktivieren.
  - ▶ TRANSPARENTES BILD: Das Bild wird gedimmt dargestellt – mit dieser Anzeige lassen sich Vorlage und Nachzeichner-Ergebnis gut voneinander unterscheiden, wenn Sie Ihr Bild in Konturen umrechnen lassen.
- ▶ VEKTOR: Dieses Menü stellt verschiedene Optionen zur Anzeige der Nachzeichnung zur Verfügung.
  - ▶ KEIN ABPAUSERGEBNIS: Die Vektorumsetzung wird nicht dargestellt.

- ABPAUSERGEBNIS: Mit dieser Option zeigt Illustrator die Vektorumsetzung an.
- KONTUREN: Wählen Sie Konturen, um die Zeichenwege der Formen darzustellen, die nach der Umwandlung des Abpaus-Objekts entstehen.
- KONTUREN MIT ABPAUSUNG: In dieser Darstellungsform wird das Abpaus-Objekt gedimmt, und darüber werden die entstehenden Vektorpfade angezeigt.

▲ **Abbildung 18.64**
Transparentes Bild, Konturen mit Nachzeichnung

### Einstellungen als Nachzeichnervorgabe speichern

Ihre Einstellungen können Sie als Vorgabe speichern, um sie anschließend aus dem Aufklappmenü einfacher aufzurufen.

Klicken Sie auf den Button VORGABE SPEICHERN... in der Nachzeichneroptionen-Dialogbox. Anschließend tragen Sie einen Namen für die Vorgabe ein. Ihre Vorgabe steht programmweit zur Verfügung.

Unter BEARBEITEN • NACHZEICHNERVORGABEN... können Sie Ihre Vorgaben für das Abpausen verwalten. Überflüssige Einträge lassen sich hier löschen. Es besteht aber auch die Möglichkeit, Einstellungen zu editieren oder neu anzulegen.

Die Vorgaben lassen sich als Textdatei für den Austausch speichern. Aktivieren Sie eine oder mehrere Vorgaben in der Liste, und klicken Sie auf den Button EXPORTIEREN... Möchten Sie selbst eine solche Vorgabendatei hinzufügen, klicken Sie auf IMPORTIEREN... und wählen die Datei aus.

▲ **Abbildung 18.65**
Nachzeichnervorgaben verwalten

### Original bearbeiten

In der Bildoptimierung der Interaktiv-nachzeichnen-Funktion lassen sich einige nützliche Bearbeitungsfunktionen durchführen – es ist jedoch nicht möglich, Kontrastveränderungen vorzunehmen oder nur einen bestimmten Bereich der Vorlage zu editieren. Für diese Operationen müssen Sie das Bild in einem Bildbearbeitungsprogramm öffnen.

Ist das Nachzeichnerobjekt aus einem verknüpften Bild erstellt worden, verwenden Sie den Button ORIGINAL BEARBEITEN im Verknüpfungen-Bedienfeld, um die Quelldatei in Photoshop oder einem anderen Programm zu öffnen. Führen Sie Ihre Änderungen durch, speichern und schließen Sie die Datei.

Beim Wechseln zu Illustrator wird die Warnung angezeigt, dass eine verknüpfte Datei geändert wurde. Aktualisieren Sie die Verknüpfung, dann erfolgt auch ein Update des Nachzeichnerobjekts.

Auch wenn Sie einem Nachzeichnerobjekt über das Verknüpfungen-Bedienfeld eine andere Vorlage zuweisen, wird die Vektorumsetzung neu berechnet.

> **EPS nachzeichnen**
>
> Soll ein verknüpftes EPS nachgezeichnet werden, deaktivieren Sie in den Voreinstellungen die Option FÜR VERKNÜPFTE EPS-DATEIEN VERSION MIT NIEDRIGER AUFLÖSUNG VERWENDEN.

> **Ausgabe in Farbfeldern?**
>
> Wenn Sie beim Abpausen die Option AUSGABE IN FARBFELDERN aktivieren, dann werden globale Farbfelder der im Nachzeichnerobjekt vorhandenen Farben erzeugt. Auch wenn das Nachzeichnerobjekt nicht umgewandelt ist, lassen sich seine Farben durch eine Änderung der Farbfeld-Definition editieren.

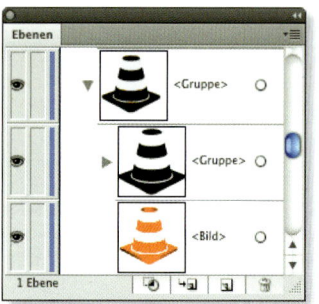

▲ **Abbildung 18.66**
Angezeigt wird das Originalbild und das Nachzeichner-Ergebnis. Nach der Umwandlung erhalten Sie das Ausgangsbild und die Umsetzung.

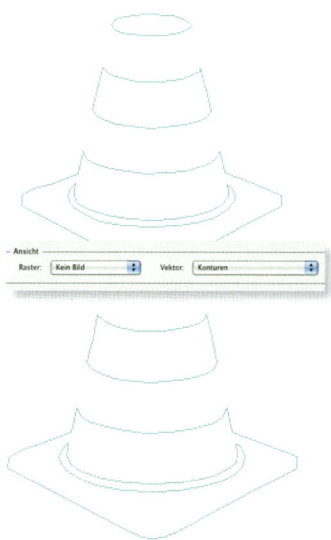

▲ **Abbildung 18.67**
Wird kein Bild zusammen mit den Konturen angezeigt, erhalten Sie mit WIE ANGEZEIGT UMWANDELN gruppierte Hilfslinien als Ergebnis.

Wenn Sie ein geändertes Bild nicht in Illustrator aktualisieren, wird der alte Dateistatus für das Nachzeichnerobjekt verwendet, und es ist trotzdem möglich, das Nachzeichnerobjekt »umzuwandeln«.

### Empfehlungen zur Aufbereitung der Bilder

Achten Sie schon bei der Erstellung des Quellmaterials darauf, dass es sich ohne Bildstörungen und -rauschen digitalisieren lässt. Verwenden Sie möglichst glattes, helles Papier, und arbeiten Sie mit dunklen Farben bzw. harten Bleistiften.

Falls sich raues Papier nicht vermeiden lässt, machen Sie eine Fotokopie auf weißes Papier, und scannen Sie diese – dabei entsteht ein höherer Kontrast, und Fotokopierer können die Papierstruktur meist nicht erfassen.

### Umwandeln – Live-Verknüpfung lösen

Ein Nachzeichnerobjekt ermöglicht Ihnen zwar, jederzeit durch Änderungen an den Optionen das Ergebnis zu beeinflussen, es lassen sich jedoch die entstandenen Pfade nicht gezielt verändern oder Flächen mit Verläufen versehen. Wenn Sie detailliert einzelne Pfade oder Flächen bearbeiten möchten, müssen Sie das Nachzeichnerobjekt in Vektorobjekte umwandeln. Um ein Nachzeichnerobjekt umzuwandeln, haben Sie zwei Möglichkeiten:

**Umwandeln |** Dabei geht die »live«-Eigenschaft verloren – das Pixelbild wird aus Ihrer Illustrator-Datei gelöscht, und nur die Vektorobjekte bleiben erhalten. Falls Sie das Pixelbild eingebettet haben, prüfen Sie vor dem Umwandeln, ob die Originaldatei noch besteht.

Um ein Nachzeichnerobjekt umzuwandeln, aktivieren Sie es und klicken auf den Button UMWANDELN im Steuerungsbedienfeld. Alle Flächen werden als geschlossene bzw. offene Pfade oder zusammengesetzte Pfade erstellt. Die Objekte sind mehrfach gruppiert.

**Wie angezeigt umwandeln |** Dieser Befehl berücksichtigt die Einstellungen, die Sie im Bereich ANSICHT für die Darstellung von Raster und Vektor vorgenommen haben, bei der Umwandlung des Nachzeichnerobjekts.

Das ist z. B. nützlich, wenn Sie das Pixelbild nach der Umwandlung noch benötigen. In diesem Fall stellen Sie unter ANSICHT in RASTER die Option ORIGINALBILD und in VEKTOR die gewünschte Form der Vektorisierung ein und wählen dann OBJEKT • INTERAKTIV NACHZEICHNEN • WIE ANGEZEIGT UMWANDELN.

Möchten Sie nur das Nachzeichnerobjekt ohne Kontur- und Flächeneigenschaften umwandeln, stellen Sie in VEKTOR die Option KONTUREN ein. Rufen Sie anschließend die Funktion WIE ANGEZEIGT UMWANDELN auf. Konturen werden als Hilfslinien generiert. Diese müssen Sie anschließend mit dem Befehl ANSICHT • HILFSLINIEN • HILFSLINIEN ZURÜCKWANDELN in Vektorpfade umwandeln.

▲ **Abbildung 18.68**
Ein wenig Nachkonstruktion ist bei der automatischen Nachzeichnung nötig.

### Weiterbearbeitung der umgewandelten Objekte

**Objekt-Aufbau |** Ist die Option WEISS IGNORIEREN nicht aktiviert, kann es passieren, dass mehrere identische Formen übereinanderliegen. Dies führt häufig zu Irritationen, wenn Sie zusammengesetzte Formen erstellen. Verwenden Sie unbedingt das Ebenen-Bedienfeld, um Ihre Objekte zu analysieren.

**Sofort umwandeln |** Möchten Sie »in einem Rutsch« ein Bild mit der Standardeinstellung abpausen und umwandeln, wählen Sie den Befehl OBJEKT • INTERAKTIV NACHZEICHNEN • ERSTELLEN UND UMWANDELN, oder drücken Sie die Taste ⌥/Alt, während Sie auf den Button NACHZEICHNEN klicken bzw. eine der Nachzeichnervoreinstellungen aus dem Menü auswählen.

### Verbindung mit Interaktiv malen

Eine vektorisierte Grafik lässt sich anschließend mit der Live-Paint-Funktion – INTERAKTIV MALEN – einfärben, jedoch nur, nachdem sie umgewandelt wurde. Aktivieren Sie das Live-Trace-Objekt, und klicken Sie auf den Button INTERAKTIV MALEN im Steuerungsbedienfeld, oder wählen Sie OBJEKT • INTERAKTIV NACHZEICHNEN • FÜR INTERAKTIVES MALEN KONVERTIEREN, um das Nachzeichnerobjekt in einem Schritt umzuwandeln und ein Interaktiv-malen-Objekt daraus zu erzeugen (zu INTERAKTIV MALEN siehe Kapitel 10).

▲ **Abbildung 18.69**
Warum an einigen Stellen keine Löcher im zusammengesetzten Pfad sind, sehen Sie nach der Analyse des Objekts: Die Formen existieren doppelt.

### Schritt für Schritt: Logo vektorisieren

**1** **Bilddatei vorbereiten**
Dieses Logo müssen Sie in exakt zwei Farben umsetzen. Um später unnötige Arbeit zu vermeiden, wäre das Abpausen im Schwarzweiß-Modus wünschenswert.

Die im Logo verwendeten Farben trennen Sie bereits in Photoshop auf zwei Ebenen auf. Die beiden »O«-Ösen sind identisch, also setzen Sie die beiden durch den Schnürsenkel »halbierten« Teile so zusammen, dass eine komplette Form entsteht. Diese wird dupliziert.

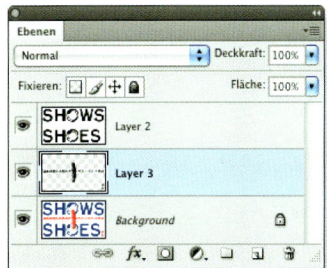

▲ **Abbildung 18.70**
Aufbau der Photoshop-Datei

▲ Abbildung 18.71
PSD-Datei in Illustrator

Die Vorlage im PSD-Format sollte drei Ebenen haben: das Original (zum Vergleich), eine Ebene mit den roten und eine mit den blauen Formen – beide für einen maximalen Kontrast in Schwarzweiß umgewandelt. Die auf diese Art vorbereitete Datei befindet sich auf der DVD: »Logo-Abpausen.psd«.

### 2  Photoshop-Datei in Illustrator platzieren

Erstellen Sie ein neues Illustrator-Dokument, und wählen Sie Datei • Platzieren… Selektieren Sie die PSD-Datei, deaktivieren Sie die Option Verknüpfen, und bestätigen Sie den Dialog.

In den PSD-Optionen wählen Sie Photoshop-Ebenen in Objekte umwandeln und Ausgeblendete Ebenen importieren.

Die Ebenen der Photoshop-Datei werden als gruppierte Objekte in Ihrem Dokument platziert. Lösen Sie die Gruppe auf. Wenn Sie die Grafik jetzt noch auf der Zeichenfläche verschieben möchten, dann achten Sie darauf, die Objekte nicht einzeln zu verschieben.

### 3  Interaktiv nachzeichnen

Beginnen Sie mit dem Bild, das die Schrift enthält. Aktivieren Sie es, und klicken Sie auf den Button Nachzeichnen im Steuerungsbedienfeld.

Das erste Ergebnis ist akzeptabel, lässt sich aber noch verbessern. Rufen Sie die Nachzeichneroptionen auf. Insgesamt rundere Formen erreichen Sie, wenn Sie den Eckwinkel etwa auf 180 erhöhen. Wählen Sie einen etwas niedrigeren Wert für den minimalen Bereich (ca. 5) sowie für die Pfadeinpassung (ca. 1,5). Die Schriftelemente leiden zwar darunter, Sie setzen diese Elemente später aber ohnehin ganz neu. Aktivieren Sie die Option Weiss ignorieren. Wenn Sie mit dem Ergebnis zufrieden sind, blenden Sie das Nachzeichnenobjekt aus.

Anschließend aktivieren Sie das Objekt, das Schnürsenkel und Nähte enthält, und lassen es nachzeichnen. Diese Vektorisierung muss aufgrund der geflochtenen Strukturen detailreicher ausgeführt werden. Rufen Sie ebenfalls die Nachzeichneroptionen auf. Tragen Sie niedrigere Werte für die Pfadeinpassung (ca. 1) und den minimalen Bereich (ca. 2) ein.

Blenden Sie das zuerst erstellte Objekt mit den Schriftelementen wieder ein. Sie können Ihre Objekte besser verwalten, wenn Sie für jedes eine eigene Ebene erstellen. Wandeln Sie anschließend beide Objekte um. Aktivieren Sie die nachgezeichneten Buchstabenformen mit dem Auswahl-Werkzeug, und löschen Sie diese.

▲ Abbildung 18.72
Abpausung der Schriftelemente

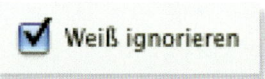

▲ Abbildung 18.73
Aktivieren Sie die Option Weiss ignorieren.

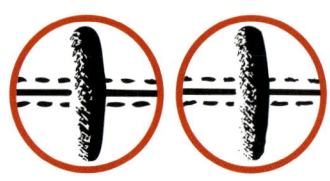

▲ Abbildung 18.74
Vergleich der Genauigkeit: Standardvorgabe und eigene Werte

**4  Kreis nachkonstruieren**

Die Außenbegrenzung der Ösen soll einen Kreis darstellen. Daher müssen Sie die Form nachkonstruieren. Ziehen Sie einen Kreis in der Größe der Öse mit dem Ellipse-Werkzeug auf.

Trennen Sie den Kreis und die Außenbegrenzung der nachgezeichneten Öse mit dem Schere-Werkzeug an den Stellen, an denen sie sich berühren, und löschen Sie die nicht benötigten Pfadsegmente. Bewegen Sie die Endpunkte des Ösen-Objekts auf die Endpunkte des kreisförmigen Segments.

Fügen Sie die Pfade zusammen: Aktivieren Sie die jeweiligen Endpunkte, und wählen Sie Objekt • Pfad • Pfad zusammenfügen.

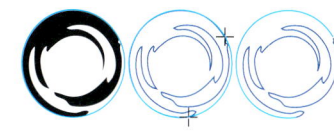

▲ **Abbildung 18.75**
Konstruktion einer kreisförmigen Außenbegrenzung

**Schriften identifizieren**

Die beiden kostenlosen Services *www.identifont.com/identify.html* und *www.whatthefont.com* helfen bei der Identifizierung von Schriftarten.

**5  Text setzen**

Blenden Sie das Bild mit der Originalgrafik ein. Eines der Probleme beim Nachkonstruieren von Logos ist die Identifizierung der Schrift. Es existieren wenige Bücher sowie webbasierte Services zu dem Thema. In unserem Fall handelt es sich um die Schrift AG OldFace in der Adobe-Version.

Ziehen Sie zwei Hilfslinien auf die Schrift-Grundlinien, und setzen Sie die Texte auf die Hilfslinien. Passen Sie die Schriftgröße an, und wandeln Sie den Text in Outlines um. In dieser Form ist es einfacher, die Abstände der Buchstaben wie in der Vorlage nachzurichten. Anschließend setzen Sie den kleinen Text unten rechts.

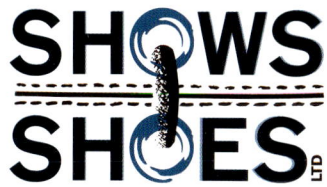

▲ **Abbildung 18.76**
Textsatz

**6  Aussparungen in O**

Unter dem Schnürsenkel müssen Sie Aussparungen in den Ösen anlegen. Blenden Sie zunächst die Ebenen aller Vektorobjekte aus. Zeichnen Sie anhand der Vorlage zwei Flächen, die die linke Seite des Schnürsenkels begrenzen.

Blenden Sie die Ösen wieder ein, und stanzen diese Aussparungen mit dem Button Vom Formbereich subtrahieren des Pathfinder-Bedienfelds. In Illustrator-Versionen bis CS3 drücken Sie dabei ⌥/Alt, damit sofort gestanzt und keine zusammengesetzte Form erzeugt wird.

Um die andere Seite zu stanzen, verwenden Sie das Schnürsenkel-Objekt. Blenden Sie seine Ebene ein, und kopieren Sie es in die Zwischenablage. Blenden Sie die Ebene danach wieder aus.

Wählen Sie Objekt • Davor einfügen. Aktivieren Sie eine Öse und das eben eingefügte Objekt, und stanzen Sie die Aussparung aus. Fügen Sie das Objekt erneut Davor ein, und stanzen Sie die zweite Öse.

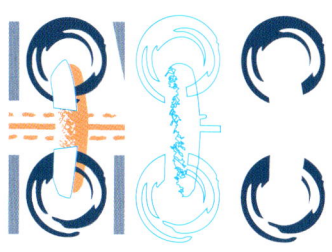

▲ **Abbildung 18.77**
Stanzen der Öse

▲ Abbildung 18.78
Viele Objekte lassen sich besser konstruieren, wenn Sie sie zu diesem Zweck drehen.

▲ Abbildung 18.79
Das Logo (links) ist aus wenigen Grundformen konstruiert.

▲ Abbildung 18.80
Besonders Wellen- oder Zickzacklinien entlang eines gekrümmten Pfads sind mithilfe von Effekten einfach erstellt.

▲ Abbildung 18.81
Fügen Sie die Einzelteile mit dem Pathfinder zusammen.

## Checkliste: (Logo-)Vektorisierung

**Vorbereitung** | Wenden Sie auf Fotovorlagen in Photoshop den Tontrennung-Befehl an, um die Farbflächen besser identifizieren zu können.

**Grundformen** | Identifizieren Sie regelmäßige geometrische Objekte (Kreise, Polygone, Sterne etc.), und konstruieren Sie diese mit den Formwerkzeugen (zu Formwerkzeugen siehe Kapitel 5).

**Schriftelemente** | Identifizieren Sie die verwendeten Schriften, und setzen Sie typografische Elemente nach (zu Schrift siehe Kapitel 14).

**Spiegelachsen** | Finden Sie Spiegelachsen der Vorlage heraus, und markieren Sie diese mit Hilfslinien. Konstruieren Sie anschließend nur die Hälfte der Grafik, und erzeugen Sie die andere Hälfte durch Spiegeln.

**Transformationsachsen** | Verfahren Sie entsprechend mit Objekten, die durch Verschieben, Drehen oder eine andere Art der Transformation erstellt wurden.

**Linien** | Konstruieren Sie Linien mit Pfaden in einer entsprechenden Konturstärke. Wandeln Sie diese erst abschließend in Flächen um.

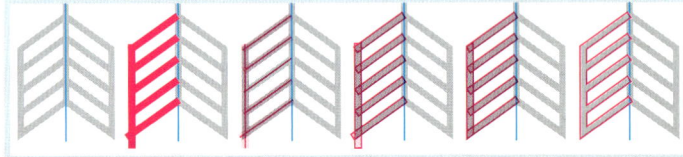

Weisen Sie beim Konstruieren den Konturen die Füllmethode MULTIPLIZIEREN zu, dann können Sie besser vergleichen (zu Füllmethoden siehe Kapitel 12, »Transparenzen und Masken«).

**Effekte** | Vereinfachen Sie sich die Arbeit durch die Nutzung von Filtern und Effekten. Eine Zickzack- oder Wellenlinie lässt sich z. B. sehr komfortabel mithilfe des Zickzack-Effekts erzeugen (zu Filtern und Effekten siehe Kapitel 13). Eine andere Möglichkeit ist die Nutzung von Musterpinseln (zu Pinseln siehe Kapitel 9, »Flächen und Konturen gestalten«).

**Natürliche Formen** | Vektorisieren Sie unregelmäßige – z. B. handgezeichnete – Formen mit der Funktion INTERAKTIV ABPAUSEN. Falls nötig, bereinigen Sie die entstandenen Pfade manuell oder mit der Funktion VEREINFACHEN (zum Freihandzeichnen siehe Kapitel 7).

**Kombinieren** | Fügen Sie die Einzelteile mithilfe von zusammengesetzen Formen und Pathfinder-Funktionen zusammen (zum Kombinieren von Objekten siehe Kapitel 10).

# TEIL V
# Ausgabe und Optimierung

# 19 Austausch, Weiterverarbeitung, Druck

Kein Programm ist eine Insel. Die meisten mit Grafiksoftware erstellten Arbeiten werden in anderen Programmen weiterverarbeitet, vor allem in Layout-Software, aufgrund der guten Komprimierungseigenschaften flächiger Grafik und der Beliebtheit des Shockwave-Flash-Formats jedoch auch auf Webseiten.

Die Mehr-Zeichenflächen-Funktion von Illustrator CS4 vereinfacht viele Gestaltungsaufgaben, Sie müssen beim Export und Druck jedoch auf einige zusätzliche Optionen achten.

**FreeHand & CorelDraw**
Details zum Import von FreeHand- und CorelDraw-Dateien finden Sie in Kapitel 18 und 22.

## 19.1 Export für Layout und Bildbearbeitung

Die Im- und Exportmöglichkeiten potenzieller Austauschprogramme unterscheiden sich aufgrund ihrer Art – Vektorgrafik, Bildbearbeitung, Layout –, aber selbst gleiche Funktionen werden auf andere Art programmiert und entstehende Formen gegebenenfalls anders gespeichert.

Wenn Sie auf den Austausch zwischen Programmen angewiesen sind, ist es sinnvoll, die Möglichkeiten der Programme genau zu kennen. So lassen sich Probleme z. B. dadurch vermeiden, dass Sie bestimmte Objekte vor dem Exportieren umwandeln.

▼ **Abbildung 19.1**
Photoshop-Illustrationen und Vektorgrafik-Vorarbeiten

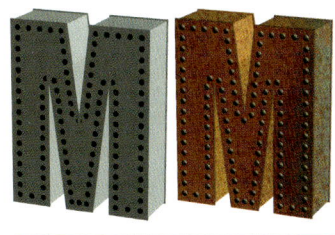

**EPS veraltet**

Da PostScript unter anderem keine Transparenz unterstützt, ist EPS faktisch veraltet. Wenn Sie Ihre Datei als EPS speichern, dann immer nur zusätzlich zum AI-Format.

**Layoutprogramme |** Die klassische Weiterverarbeitung von Illustrator-Grafik geschieht in Layout-Software, z.B. in der Zeitschriftenproduktion. Illustrationen werden üblicherweise nicht mehr nachbearbeitet, sondern im Layout platziert. Das gängige Austauschformat ist EPS bzw. das Illustrator-Format innerhalb der Creative Suite und Quark XPress ab Version 8. (In XPress besteht jedoch keine bzw. eine nur unsichere Unterstützung semitransparenter Bereiche wie z.B. Schlagschatten.)

**Bildbearbeitung/Photoshop |** Aufgrund der objektorientierten Arbeitsweise eignet sich Illustrator gut für die Vorbereitung umfangreicher Illustrationen, selbst wenn deren Ausarbeitung pixelbasiert in der Bildbearbeitung erfolgt.

Die Möglichkeiten von Photoshop bei der direkten Bearbeitung von Vektorpfaden wurden mit jeder Version optimiert. Noch wichtiger ist aber die Verbesserung des Imports von Vektorgrafik.

In Photoshop CS2 wurden Smart-Objekte eingeführt, die es ermöglichen, Vektorgrafik nativ in Photoshop-Dateien zu speichern.

**Exportieren und Speichern einzelner Zeichenflächen**

Illustrator kann jetzt mehrere Zeichenflächen anlegen, die meisten Austauschformate sind jedoch einseitig. Beim Speichern und Exportieren vieler Formate besteht die Möglichkeit, eine oder mehrere Zeichenflächen dafür auszuwählen. In der jeweiligen Dialogbox werden die entsprechenden Optionen angezeigt.

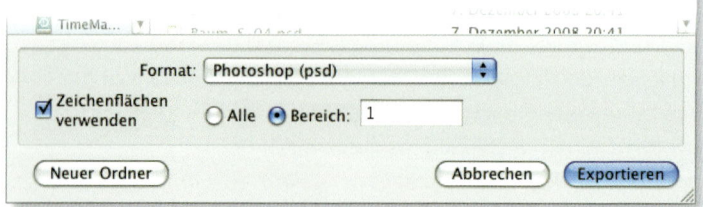

▲ **Abbildung 19.2**
Auswahl der Zeichenflächen bem Exportieren eines PSD

**Zeichenflächen verwenden |** Aktivieren Sie diese Option, damit das Auswählen von Seitenbereichen ermöglicht wird. Ist die Option nicht gesetzt, entspricht das Format des exportierten Dokuments der durch Objekte bedeckten Fläche der Illustrator-Datei.

**Zeichenflächen auswählen |** Tragen Sie die Nummer einer Zeichenfläche oder einen Bereich aus mehreren Zeichenflächen ein.

Mehrere Nummern trennen Sie durch Kommas oder geben diese mit Bindestrich ein.

▲ **Abbildung 19.3**
Dokument mit fünf Zeichenflächen, einige Objekte liegen außerhalb (links); Export ohne die Option ZEICHENFLÄCHEN VERWENDEN (Mitte); Export aller Zeichenflächen (rechts)

### EPS

Ein immer noch weit verbreitetes (wenn auch inzwischen veraltetes und von Adobe für einen Großteil der Anwendungszwecke nicht mehr empfohlenes) Publishing-Austauschformat ist EPS – Encapsulated PostScript. Dieses Format wird von allen wichtigen Layout- und Vektorgrafikprogrammen sowie von Photoshop unterstützt.

**Speichern** | Um eine EPS-Datei zu erstellen, rufen Sie DATEI • SPEICHERN UNTER… auf (Shortcut ⌘/Strg + ⇧ + S) und wählen im Menü FORMAT bzw. unter Windows DATEITYP • ILLUSTRATOR EPS. Bestimmen Sie auch die zu exportierenden Zeichenflächen. Nach der Bestätigung mit OK bzw. SPEICHERN geben Sie die Optionen in eine zweite Dialogbox ein:

▶ VERSION: Wählen Sie aus, mit welcher Illustrator-Version das EPS kompatibel sein soll. Die Versionen unterstützen unterschiedliche Features und Werkzeuge, daher entscheiden Sie mit Ihrer Wahl darüber, ob Objekte im EPS editierbar sind. Speichern Sie, wenn möglich, EPS als Illustrator CS4 EPS.
Wählen Sie eine Version größer oder gleich 10, werden eigentlich zwei Dateien in einer gespeichert: ein »nativer«, mit der ausgewählten Illustrator-Version editierbarer Part und ein Standard-EPS, in dem alle Objekte umgewandelt sind. Bearbeiten Sie diesen Standard-EPS-Part mit einer dafür geeigneten Software, kann es inhaltlich zu Versionskonflikten kommen, da der »native« Teil nicht entsprechend aktualisiert wird.

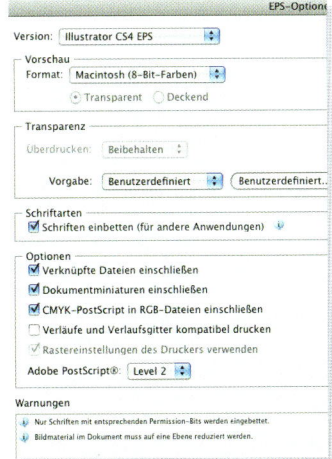

▲ **Abbildung 19.4**
EPS-Export-Optionen

> **EPS für FreeHand & CorelDraw**
>
> Gängige Vektorgrafikprogramme, z. B. CorelDraw und FreeHand, können EPS-Dateien, die »native« Daten enthalten, nicht zur Bearbeitung öffnen.

Ab dem Illustrator-10-Format bleiben fast alle Illustrator-Objekte editierbar – wie Angleichungen, Pinselkonturen, Transparenz, Symbole oder Verzerrungshüllen. Textobjekte werden jedoch in Legacy-Text umgewandelt, und Sie müssen platzierte Photoshop-Dateien auf eine Ebene reduzieren.

Das Warn-Icon ⚠ neben dem Versionsmenü zeigt Probleme, die im unteren Bereich der Dialogbox beschrieben sind.

- **Vorschau**: Damit Sie das Layout auch in Programmen beurteilen können, die EPS nicht darstellen, lässt sich ein Vorschaubild in die Datei speichern. Wählen Sie hier das Format aus. Falls Sie 8-Bit-TIFF auswählen, müssen Sie außerdem angeben, ob das Vorschaubild deckend sein soll. Wählen Sie Deckend, wenn Sie das EPS in Microsoft Office verwenden.

▲ **Abbildung 19.5**
Transparente und deckende EPS-Vorschau

- **Transparenz**: Mit den Optionen in diesem Bereich definieren Sie, wie transparente und überdruckende Objekte beim Export behandelt werden sollen. Je nach gewählter EPS-Version stehen Ihnen unterschiedliche Einstelloptionen zur Verfügung:
  - Version 3 oder 8: Sie haben die Wahl, das Aussehen von Transparenzen und überdruckenden Objekten oder die Pfade ohne Transparenz beizubehalten. Erhalten Sie die Transparenzen, müssen Sie die Reduzierungsoptionen einstellen.
  - Version 10 und höher: Wählen Sie die Transparenzreduzierungsoptionen (zu Transparenzen siehe Kapitel 12).

> **EPS und Transparenz**
>
> EPS-Dateien mit gerasterter Transparenz sind im Layout nicht beliebig skalierbar.

> **Schriften einbetten**
>
> Schrifthersteller können das Einbetten von Truetype-Schriften unterbinden, indem sie im Font eine entsprechende Option aktivieren.

- **Schriften einbetten**: Ab Version 8 lassen sich Schriften in EPS-Dateien einbetten. Das bedeutet, dass die richtige Schrift beim Platzieren der Datei in anderen Anwendungen verwendet wird. Öffnen Sie die Datei in Illustrator, muss die Schrift trotz Einbettung auf Ihrem Computer installiert sein.
- **Verknüpfte Dateien einschliessen**: Mit dieser Option werden alle platzierten Dateien in das EPS eingebettet.
- **Dokumentminiaturen einschliessen**: Wenn Sie in Öffnen- und Platzieren-Dialogen und im Windows-Explorer eine Vorschau der Datei anzeigen lassen wollen, aktivieren Sie die Miniaturen.
- **CMYK-PostScript in RGB-Dateien einschliessen**: Platzieren Sie eine RGB-Datei in einer Anwendung, die nur im CMYK-Modus arbeitet, kann das Layout trotzdem ausgedruckt werden, wenn Sie diese Option aktivieren. Die RGB-Daten bleiben für das erneute Bearbeiten in Illustrator erhalten.
- **Verläufe und Verlaufsgitter kompatibel drucken**: Ältere Drucker können Verläufe und Verlaufsgitter nicht immer problemlos ausgeben. Aktivieren Sie diese Option, um eine JPEG-Version der Verläufe in der Datei zu speichern.
- **PostScript**: Wählen Sie die PostScript-Version für das EPS. Level 3 bietet mehr Optionen, zum Beispiel können Sie damit Ver-

▲ **Abbildung 19.6**
Icons kennzeichnen die EPS-Version der Datei (v.l.: 10, CS, CS4).

> **Verläufe kompatibel drucken**
>
> Die JPEG-Verläufe verlangsamen die Ausgabe der Datei auf neueren Druckern. Verwenden Sie diese Option also nur, wenn Sie sie brauchen.

laufsgitterobjekte ohne vorherige Umwandlung in Bitmaps auf PostScript-3-fähigen Druckern ausgeben.

## FreeHand
Möchten Sie Ihre Illustrator-Dateien in FreeHand weiterbearbeiten, bleibt Ihnen nur der Weg über eine Illustrator 8- oder EPS-Version-8-Datei. Hier werden bereits beim Exportieren der Datei einige Objekte umgewandelt (z. B. Text auf einem Pfad und in einer Form), die restlichen beim Öffnen in FreeHand – z. B. Verläufe und Überblendungen.

## CorelDraw
Illustrator kann keine CDR-Dateien exportieren. Sie können jedoch Illustrator-Dateien bis zur Version 7 sowie EPS oder PDF in CorelDraw öffnen. In CorelDraw aktivieren Sie beim Öffnen die Option INTERPRETIERTES POSTSCRIPT.

## WMF/EMF
Beim Windows-Metafile- und Enhanced-Metafile-Format handelt es sich um native Windows-Grafikformate. Sie lassen sich auf dem Mac nicht sinnvoll exportieren oder platzieren. Metafile-Grafikformate sind eigentlich eine Sammlung von Befehlen an das Graphic Device Interface des betreffenden Betriebssystems – also in diesem Fall von Windows –, das diese Befehle zum Zeichnen der Grafikobjekte auf dem Monitor und zum Drucken auf Nicht-PostScript-Geräten benutzt. In einer reinen Windows-Umgebung können beide Formate zum Austausch von Vektorgrafik mit Office-Programmen verwendet werden.

## AutoCAD DWG/DXF
Die beiden Formate DWG und DXF werden üblicherweise beim Austausch von Vektorgrafiken und Zeichnungen in CAD- und 3D-Programmen sowie für die Weitergabe von Daten in der Maschinensteuerung – z. B. Laserschneider – verwendet. Der Datenaustausch über diese Formate erfordert gegebenenfalls umfangreiche Tests und Absprachen.

## InDesign – Copy & Paste
Pfade und zusammengesetzte Pfade mit Farbfüllungen und -konturen können Sie aus Illustrator in die Zwischenablage kopieren und in InDesign einfügen. Musterfüllungen werden dabei allerdings in Vektorpfade umgewandelt.

Damit Sie einzelne Vektorpfade aus Illustrator als Rahmen in InDesign verwenden können, muss in VOREINSTELLUNGEN • DATEIEN VERARBEITEN UND ZWISCHENABLAGE… unter ZWISCHEN-

---

**Spezialobjekte konvertieren**

Wenn sich Spezialobjekte wie Verzerrungshüllen oder Überblendungen nicht von einem in ein anderes Programm übertragen lassen, haben Sie zwei Möglichkeiten: in normale Vektorobjekte umwandeln oder in die Ursprungsformen zurückwandeln und im Zielprogramm aus den Originalobjekten ein vergleichbares Objekt erstellen.

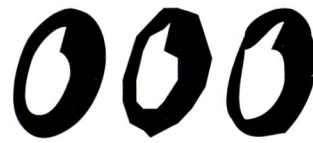

▲ **Abbildung 19.7**
Original, WMF, EMF (auf dem Mac gespeichert und wieder in Illustrator geöffnet)

**Regelmäßig CAD-Daten?**

Wenn Sie regelmäßig DWG- und DXF-Dateien öffnen oder exportieren, lohnt sich vielleicht die Anschaffung eines speziellen Plug-ins für diese Speicherformate.

**Vektorpfade in InDesign**

Möchten Sie Vektorpfade aus Illustrator in InDesign direkt weiterbearbeiten (z. B. als Grafikrahmen verwenden) kopieren Sie das Objekt aus Illustrator und fügen es in InDesign ein. Für die Übertragung auf diesem Weg besteht eine Obergrenze von 500 Objekten – falls Sie mehr Objekte in InDesign einfügen wollen, wird aus diesen ein EPS erstellt.

ABLAGE BEIM BEENDEN die Option AICB (Adobe Illustrator Clip-Board) aktiviert sein.

Übernehmen Sie Objekte aus InDesign in Ihr Illustrator-Dokument über die Zwischenablage, dann beachten Sie, dass diese mit der Eigenschaft ÜBERDRUCKEN versehen sein können.

### Photoshop – Copy & Paste

Die einfachste Form der Übergabe von Illustrator-Elementen an Photoshop-Dateien besteht im Transport über die Zwischenablage.

Kopieren Sie die Illustrator-Objekte, wechseln Sie zu Photoshop, und fügen Sie die Elemente in Ihre Datei ein: BEARBEITEN • EINFÜGEN oder per Shortcut ⌘/Strg+V. Eine Dialogbox fragt anschließend, in welcher Form Sie den Inhalt der Zwischenablage einfügen möchten.

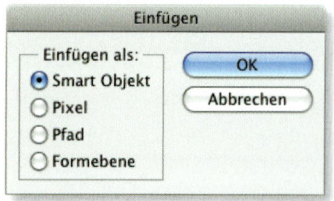

▲ **Abbildung 19.8**
Einfügen-Optionen in Photoshop

Mit der Option SMART OBJEKT bleiben die Vektoreigenschaft sowie alle Illustrator-Bearbeitungsmöglichkeiten erhalten, in Photoshop können Sie Smart-Objekte nur insgesamt transformieren oder mit Smartfiltern bearbeiten. Weitere Informationen zu Smart-Objekten finden Sie in der Photoshop-Hilfe.

Die Einstellung PIXEL rastert die Illustrator-Objekte, dafür können Sie alle Photoshop-Funktionen anwenden.

PFAD bzw. FORMEBENE übernimmt nur die Vektorform, diese können Sie jedoch ebenfalls mit allen entsprechenden Photoshop-Optionen bearbeiten.

### Farbeinstellungen angleichen

Achten Sie beim Wechsel zwischen Illustrator und Photoshop darauf, dass in beiden Programmen und in den jeweils bearbeiteten Dateien identische Farbeinstellungen vorhanden sind. Anderenfalls werden Farben umgewandelt.

### Photoshop – PSD

Wenn Sie Ihre Dateien als PDF oder EPS speichern, ist es nur möglich, sie beim Öffnen in Photoshop rastern zu lassen, also als Pixelgrafik zu öffnen. Über die Zwischenablage haben Sie die Wahl, ob Sie Pixel oder Pfade in Photoshop einfügen. Möchten Sie in einer Datei jedoch einen Teil der Objekte rastern und einen anderen Teil als Pfade für Photoshop speichern, verwenden Sie den PSD-Export von Illustrator.

Optional bleibt die Ebenenstruktur erhalten – möchten Sie Formen in der Photoshop-Datei auf unterschiedlichen Ebenen speichern, müssen Sie sie aber bereits in Illustrator auf diese Ebenen verteilen.

### Zusammengesetzte Form aus einzelnem Pfad?

Wenn Sie einen einzelnen Pfad innerhalb einer Datei als Formebene speichern möchten, wählen Sie ZUSAMMENGESETZTE FORM ERSTELLEN aus dem Menü des Pathfinder-Bedienfelds.

Objekte, die als Vektorformen übertragen werden sollen, müssen in einer genau definierten Weise erstellt werden.

Nur zusammengesetzte Formen, die Sie mithilfe der oberen Button-Reihe des Pathfinder-Bedienfelds erstellen, werden in der PSD-Datei als Formebenen gespeichert, wenn sie sich in der obersten Hierarchiestufe des Dokuments befinden – also in Ebenen, nicht in Unterebenen.

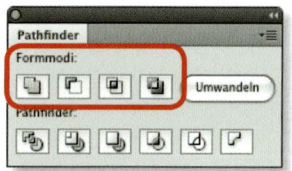

▲ **Abbildung 19.9**
Zusammengesetzte Formen erstellen Sie mit den Formmodi-Buttons des Pathfinder-Bedienfelds.

Falls Sie die zusammengesetzten Formen mit einer Kontur versehen, muss diese in einem geraden Wert in der Einheit Punkt definiert sein und die runde Eckenform verwenden. Verwenden Sie keine Muster- oder Verlaufsfüllungen.

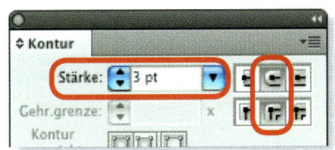

▲ **Abbildung 19.10**
Nötige Einstellungen für Konturen

**PSD-Exportoptionen** | Wählen Sie in der Dialogbox PSD als Exportformat, geben der Datei einen Namen, und bestimmen die zu exportierenden Zeichenflächen und den Speicherort. Nachdem Sie mit OK bestätigt haben, legen Sie die Optionen fest:

- FARBMODELL: Sie haben die Wahl, Ihre Dateien im RGB, CMYK oder Graustufen-Farbraum zu speichern. Voreingestellt ist der Dokumentfarbraum, und nur in diesem Farbraum ist es auch möglich, die maximale Bearbeitbarkeit der Objekte zu erreichen.
- AUFLÖSUNG: Da einige Objekte gerastert werden, müssen Sie hier die Auflösung der Datei bestimmen – wählen Sie sie nach dem Bestimmungszweck der Grafik. Drei gebräuchliche Werte können Sie anklicken oder einen abweichenden Wert unter ANDERE eingeben. Die Bildgröße richtet sich nach den Maßen der Zeichenfläche.
- REDUZIERTES BILD: Mit dieser Option werden alle Objekte auf eine Bildebene reduziert. Bei sehr komplexen Dateien oder wenn Sie eine hohe Auflösung eingestellt haben, ist es häufig nötig, diese Option zu verwenden, um die Datei überhaupt exportieren zu können.
- EBENEN MIT EXPORTIEREN: Aktivieren Sie diese Option, um in Illustrator eingerichtete Ebenen zu erhalten. Setzen Sie zusätzlich die Option TEXTBEARBEITBARKEIT BEIBEHALTEN, um Textobjekte in Photoshop-Textebenen zu konvertieren. Die Option MAXIMALE BEARBEITBARKEIT erhält nach Möglichkeit auch die ersten Unterebenen und dient dazu, zusammengesetzte Formen in Formebenen umzuwandeln.
Sind die PSD-Dateien für eine alte Photoshop-Version bestimmt (unter CS), rastern Sie die Textebenen.
- GLÄTTEN: Mit dieser Option wird beim Rastern der Objekte mit Anti-Aliasing gearbeitet. Im Normalfall sollten Sie diese Option verwenden.
- ICC-PROFIL EINBETTEN: Wenn Sie in einem Farbmanagement-Workflow arbeiten, aktivieren Sie diese Option, um das eingestellte Farbprofil in die Datei einzubetten.

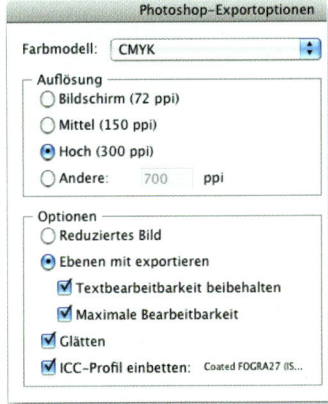

▲ **Abbildung 19.11**
Optionen beim Export von Photoshop-Dateien

**Textobjekte bleiben erhalten**

Auch Pfadtexte und nicht rechteckige Flächentexte bleiben in Photoshop editierbar erhalten.

▲ **Abbildung 19.12**
Ohne (links) und mit (rechts) Glätten – Darstellung vergrößert

**TIFF (Tagged Image File Format)**
Das TIFF-Pixelformat wird von allen in der Druckvorstufe verbreiteten Programmen unterstützt. Die von Illustrator erstellten TIFF-Dateien sind auf die Hintergrundebene reduziert.

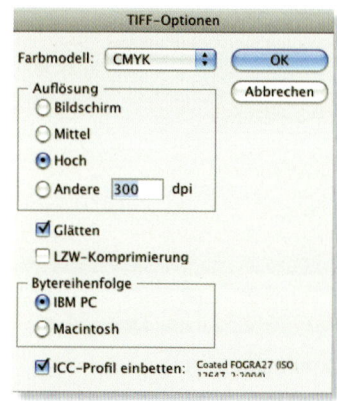

▲ **Abbildung 19.13**
TIFF-Export-Optionen

> **Bis CS3: Export in Bildformate**
> Beim Export in Bildformate wird immer eine Fläche exportiert, die alle Objekte umfasst. Um den Export auf eine bestimmte Größe festzulegen, verwenden Sie einen Schnittbereich.

▲ **Abbildung 19.14**
Pixelbasierte Dateiformate erkennen Sie am Icon.

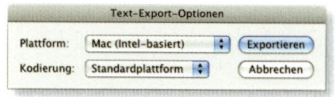

▲ **Abbildung 19.15**
Export-Optionen für das TXT-Format

Neben der Auflösung, der Glätten- und Farbprofil-Einstellung lassen sich als spezifische Optionen die LZW-Komprimierung (eine verlustfreie Datenreduzierung) sowie die Byte-Reihenfolge angeben. Die meisten Programme können sowohl die IBM- als auch die Macintosh-Reihenfolge lesen. Falls Sie sich jedoch nicht sicher sind, wählen Sie die Ziel-Plattform aus, auf der die Datei eingesetzt werden soll.

### BMP
Das Bitmap-Format ist ein Windows-Standard-Pixelformat. Beim Export dieses Formats werden alle Ebenen und Objekte auf die Hintergrundebene reduziert – bei der Rasterung der Füllmethoden können Fehler entstehen.

### Macintosh PICT
PICT ist das Mac-OS-Gegenstück zu WMF/EMF, also ebenfalls ein Metaformat. Es nutzt die QuickDraw-Routinen des Macs, um Grafik am Monitor oder auf einem Drucker auszugeben. Da beim Konvertieren einer Grafik ins PICT-Format eine schlechtere Farbqualität entsteht und Vektorkurven ungenauer berechnet werden, sollten Sie dieses Format vermeiden. Benötigen Sie ein pixelbasiertes PICT, dann erhalten Sie mit einem Umweg über Photoshop ein besseres Ergebnis als beim Direktexport aus Illustrator.

### TARGA
TARGA ist ein von der Firma Truevision für ihre Grafikkarten entwickeltes Pixelformat, das nur die Farbmodelle RGB und Graustufen unterstützt. Alle Ebenen und Objekte werden beim Export auf die Hintergrundebene reduziert.

### Microsoft Office
Die Funktion FÜR MICROSOFT OFFICE SPEICHERN... ist ein um die Formatoptionen reduzierter PNG-Export. PNG ist nicht das einzige zum Import in Office geeignete Format, das Illustrator unterstützt.

### TXT
In Illustrator gesetzte Texte lassen sich als ASCII-Text exportieren. Dabei haben Sie die Wahl, den Text für die Windows- oder Mac-Plattform in Unicode oder in der für den Arbeitsrechner eingestellten Kodierung zu speichern.

Aktivieren Sie Texte mit dem Textcursor oder den Textrahmen mit dem Auswahlwerkzeug, um nur diese Inhalte in der Textdatei zu speichern. Ist kein Text oder Rahmen ausgewählt, werden alle

Textrahmen in der Stapelreihenfolge exportiert. Der im Stapel unten liegende Rahmen steht am Beginn der Textdatei.

## 19.2 Ausgabe als PDF

Das Portable Document Format ist ein offenes Austauschformat. In PDF-Dateien bleiben die Präsentationselemente des Ursprungsdokuments – Layout, Schrift, Bilder – erhalten und können mit dem Acrobat Reader betrachtet werden, unabhängig davon, welche Anwendung auf welcher Plattform zur Erstellung der Datei eingesetzt wurde.

Auch aus der Druckvorstufe ist das PDF-Format inzwischen nicht mehr wegzudenken. Es wird sowohl in kostengünstigen Online-Druckereien als auch für die Ausgabe hochwertiger Qualitätsdrucke verwendet. Für Illustrator-Anwender bietet es darüber hinaus die Unterstützung der Spezialobjekte und -funktionen wie z. B. Verlaufsgitter und Transparenzen, allerdings abhängig von der gewählten PDF-Version.

### PDF erstellen

PDF-Dateien können Sie aus Illustrator auf zwei Arten erstellen: Zum einen lässt sich ein PDF über den **Drucken-Dialog** erzeugen mit Adobe PDF als Druckertreiber. Auf diesem Weg muss jedoch eventuell vorhandene Transparenz reduziert werden.

Der andere Weg führt über das **Speichern**. Wählen Sie DATEI • SPEICHERN UNTER..., und geben Sie den Speicherort und Namen der Datei sowie das Speicherformat ADOBE PDF (PDF) ein. Bei mehreren Zeichenflächen wählen Sie außerdem diejenigen aus, die gespeichert werden sollen. Es entsteht eine mehrseitige PDF-Datei, deren Seiten unterschiedliche Formate besitzen können.

Anschließend stellen Sie die Optionen für die Erzeugung der PDF-Datei ein. Sie haben die Möglichkeit, einen der voreingestellten Einstellungssätze auszuwählen oder die Optionsbereiche aus der Liste aufzurufen und Ihre eigenen Einstellungen vorzunehmen.

- ADOBE PDF-VORGABE: In diesem Menü finden Sie die mitgelieferten Einstellungen sowie Options-Sets, die Sie selbst speichern. Wählen Sie ILLUSTRATOR-STANDARD, um alle Bearbeitungsmöglichkeiten im erstellten PDF zu erhalten. Die drei PDF/X-Einstellungen erzeugen jeweils standardkonforme PDFs, bei denen aber zumindest im Fall von PDF/X-1 und PDF/X-3 die Bearbeitungsmöglichkeit zum großen Teil verloren geht. Mit der Option KLEINSTE DATEIGRÖSSE speichern Sie weboptimierte Dateien.

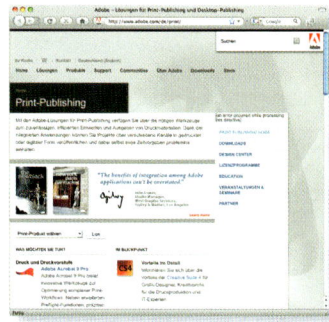

▲ **Abbildung 19.16**
Im Adobe Print Resource Center finden Sie viele Anleitungen – auch zu PDF: *www.adobe.com/de/print/*.

**PDF-Voreinstellungen**

Unter BEARBEITEN • ADOBE PDF-VORGABEN verwalten Sie die PDF-Voreinstellungen. Dort können Sie neue Voreinstellungen anlegen oder Joboptions-Dateien als Voreinstellungen importieren.

**Alles auf einer Seite**

Möchten Sie die Elemente aller Zeichenflächen auf einer Seite im PDF zusammenfassen, müssen Sie zunächst eine Zeichenfläche über alle Objekte anlegen.

**Mehrseitige PDFs vor CS4**

Auch in älteren Illustrator-Versionen besteht die Möglichkeit, mehrseitige PDFs zu speichern. Dazu müssen in der Datei Druckbereiche eingerichtet und die Option MEHRSEITIGE PDF AUS SEITENBEREICHEN ERSTELLEN aktiviert werden.

**Rücksprache mit Dienstleister**

Gerade wenn Sie PDF-Dateien für die Druckvorstufe erstellen, sollten Sie sich vorher bei Ihrem Dienstleister nach den benötigten Einstellungen erkundigen.

> **PDFs zum Platzieren**
>
> Vor allem, wenn Ihre PDF-Dateien in Layoutprogramme platziert werden, sollten Sie die Transparenz nicht beim Export aus Illustrator reduzieren und eine höhere PDF-Version als 1.3 wählen.

- STANDARD: Wählen Sie die angestrebte PDF/X-Version oder OHNE aus, um Ihre Einstellungen auf Standardkonformität überprüfen zu lassen.
- KOMPATIBILITÄT: In diesem Menü stellen Sie ein, mit welcher Acrobat-Version Ihre Datei kompatibel sein soll. Mit dieser Option wird außerdem die PDF-Version festgelegt. Mit der Einstellung Acrobat 4 (PDF 1.3) können Sie viele Probleme in der Belichtung oder im Druck vermeiden – Transparenz wird dann allerdings reduziert, daher sollten Sie anderen Einstellungen den Vorzug geben, die präziser auf den Weiterverarbeitungsprozess zugeschnitten sind.

### Allgemein

Die Optionen dieser Gruppe betreffen Illustrator-Features.

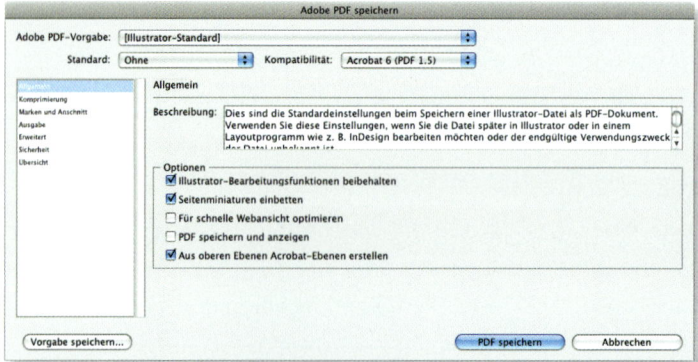

**Abbildung 19.17** ▶
Die Dialogbox PDF-OPTIONEN

- ILLUSTRATOR-BEARBEITUNGSFUNKTIONEN BEIBEHALTEN: Möchten Sie das PDF später erneut in Illustrator editieren, wählen Sie diese Option. Sie ist nicht konform zu PDF/X.
- SEITENMINIATUREN EINBETTEN: Seitenminiaturen dienen zur Vorschau einzelner Seiten in Öffnen-Dialogen.
- FÜR SCHNELLE WEBANSICHT OPTIMIEREN: Das PDF wird so strukturiert, dass es seitenweise vom Server geladen werden kann. Außerdem wird die Datei nicht mehr binär, sondern ASCII-kodiert. Je nach Inhalt kann das zu einer Vergrößerung der Datei führen. Da aber die Anzeige der ersten Seiten bereits erfolgt, während die restlichen vom Server geladen werden, ist das nicht störend.
- AUS OBEREN EBENEN ACROBAT-EBENEN ERSTELLEN: Die Option steht nur ab Acrobat 6 (PDF 1.5 bis 1.7) zur Verfügung. Ebenen der obersten Hierarchiestufe bleiben im PDF als Ebenen erhalten.

> **Bearbeitungsfunktionen beibehalten?**
>
> BEARBEITUNGSFUNKTIONEN BEIBEHALTEN ist kontraproduktiv, wenn Sie eine starke Komprimierung erreichen wollen, da zusätzliche Daten – »Private Data« genannt – gespeichert werden, die dazu dienen, die Transparenz editierbar zu erhalten.
> Darüber hinaus kann es zu inhaltlichen Versionskonflikten kommen, wenn Sie den Standard-PDF-Part einer solchen Datei mit geeigneter Software (wie z. B. Enfocus PitStop) editieren, da in diesem Fall der Private-Data-Part nicht aktualisiert wird.

## Komprimierung

Pixelbilder in PDF-Dateien können komprimiert werden. Beim Speichern haben Sie außerdem noch die Möglichkeit, dokumentweit die Auflösung der Bilder zu verringern – per Downsampling. Dabei werden Bilder nach den Farbmodi Farbbilder, Graustufenbilder und monochrome Bilder (1-Bit-Bilder) unterschieden. Für jede dieser drei Gruppen können Sie individuelle Methoden des Downsamplings sowie Komprimierungsoptionen definieren.

> **Vektordaten komprimieren?**
> Vektorgrafiken lassen sich nicht weiter komprimieren. Sehr komplexe Vektorillustrationen führen daher häufig zu sehr großen PDF-Dokumenten.

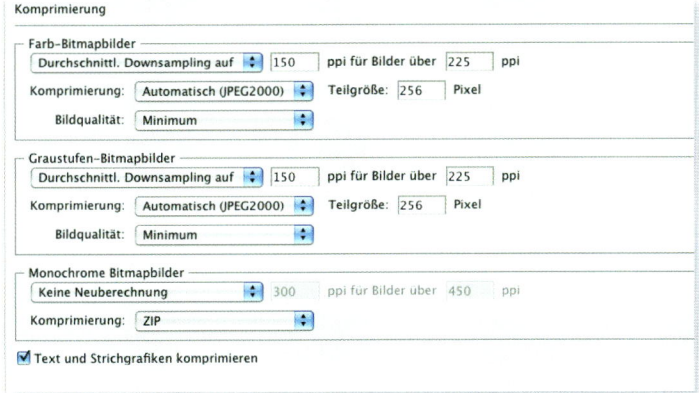

◄ **Abbildung 19.18**
PDF-Optionen KOMPRIMIERUNG

- ▶ NEUBERECHNUNG (DOWNSAMPLING): Wählen Sie aus dem Aufklappmenü, mit welcher Methode die Bildauflösung angepasst werden soll. Mit der Option BIKUBISCHE NEUBERECHNUNG erreichen Sie die weichsten Übergänge, die Berechnung dauert aber auch am längsten.
- ▶ KOMPRIMIERUNG: Die Komprimierungsmethode und deren Stärke sind für die Darstellungsqualität der platzierten Bilder verantwortlich.
  - ▷ OHNE: Es findet keine Komprimierung statt. Wählen Sie diese Option für die Druckausgabequalität.
  - ▷ ZIP: ZIP eignet sich am besten für flächige, grafische Bilder. Mit der Bildqualität-Einstellung 8 Bit arbeitet ZIP verlustfrei. Wählen Sie jedoch die 4-Bit-Kompression, wird bei jedem Bild zunächst die Anzahl der Farben pro Kanal auf 16 reduziert und erst dann verlustfrei komprimiert.
  - ▷ JPEG: Wählen Sie JPEG für fotografische Motive. Die Stärke der Komprimierung stellen Sie mit dem Auswahlmenü BILDQUALITÄT ein.
  - ▷ JPEG2000: JPEG2000 ist ein internationaler Standard, der viele Verbesserungen gegenüber JPEG bietet. Zusätzlich zur BILDQUALITÄT bestimmen Sie hier mit dem Regler TEILGRÖSSE Optionen für die progressive Anzeige der Bilder, d.h., die Bildanzeige baut sich in mehreren Durchgängen auf. Dieses

> **Downsampling einstellen?**
> Da Downsampling immer eine Weichzeichnung verursacht, sollten Sie Ihre Bilder im Bildbearbeitungsprogramm auf die richtige Größe skalieren und anschließend schärfen.
> Verwenden Sie Downsampling ausschließlich, um Dateien für das Web zu erstellen.

▲ **Abbildung 19.19**
Anwendungsbeispiele für LZW, JPEG, CCITT, Run-Length

Verfahren können Sie nur bei einer KOMPATIBILITÄT-Einstellung ab ACROBAT 6 (PDF 1.5) auswählen.
- ▶ CCITT: Dieses Verfahren stammt aus der Faxübertragung. Sie können die Option nur für monochrome Bilder auswählen.
- ▶ RUN-LENGTH: Auch RUN-LENGTH steht nur bei monochromen Bildern zur Verfügung. Es eignet sich eher für Motive mit großen einheitlichen Flächen.
- ▶ TEXT UND STRICHGRAFIKEN KOMPRIMIEREN: Diese Option bewirkt eine ZIP-Komprimierung, die die Dateigröße noch ein wenig reduziert.

**Marken und Anschnitt**

Die Optionen in diesem Bereich entsprechen den gleichlautenden Optionen im Drucken-Dialog (Ausdrucken siehe Abschnitt 19.4).

**Ausgabe**

In diesem Bereich nehmen Sie die Einstellungen für das Farbmanagement vor.

**Abbildung 19.20 ▶**
PDF-Optionen AUSGABE

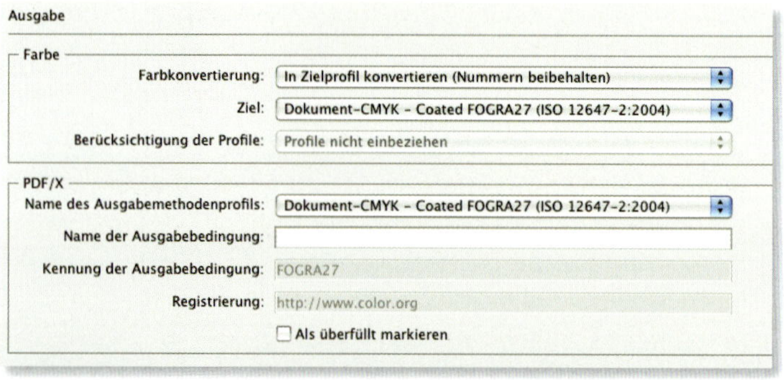

Ein Zielprofil können Sie auswählen, sobald Sie eine Farbkonvertierung selektiert haben. Die Gruppe der PDF/X-Optionen ist erst verfügbar, wenn Sie eines der PDF/X-Formate als Ausgabeformat einstellen.

Wählen Sie einen Menüpunkt aus, und bewegen Sie anschließend die Maus darüber, um Informationen zu erhalten, was mit den im Dokument verwendeten Farben und den Farben in platzierten Bildern geschieht.

**Erweitert**

Hier entscheiden Sie, ob der gesamte Zeichensatz einer Schrift oder nur Untergruppen in Ihr Dokument eingebettet werden. Untergruppen bildet Illustrator dann, wenn der Anteil verwendeter Zeichen kleiner ist als der im Feld eingegebene Wert.

---

**OpenType und Dateigröße**

Beachten Sie bei der Verwendung von OpenType-Schriften, dass diese sehr viele Zeichen enthalten können, sodass die Dateigröße nicht unerheblich steigt.

Wenn Sie möchten, dass eine Schrift komplett eingebettet wird, geben Sie »0« ein.

Die Optionen ÜBERDRUCKEN und TRANSPARENZREDUZIERUNG entsprechen denen im Drucken-Dialog bzw. der Menü-Option TRANSPARENZ REDUZIEREN (zur Transparenz siehe Kapitel 12).

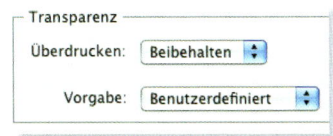

▲ Abbildung 19.21
Enthält Ihre Datei Transparenz, muss diese beim Speichern ins EPS-Format reduziert werden (zu Transparenz siehe Kapitel 12).

### Checkliste: Auswahl des Dateiformats

Welches Dateiformat Sie auswählen, hängt davon ab, was mit dieser Datei geschehen und in welchem Workflow das Dokument weiterverarbeitet werden soll. Welche Merkmale bieten die einzelnen Dateiformate?

**AI** | Als natives Speicherformat von Illustrator erhält AI die Editierbarkeit Ihrer Elemente. Nur Illustrator kann eine AI-Datei wieder zur Bearbeitung öffnen. Zusätzlich müssen Sie die Version beachten: Damit die volle Editierbarkeit erhalten bleibt, müssen Sie eine passende Version wählen und können das Dokument auch nur mit dieser oder einer höheren Version öffnen. **Egal, wie Ihre Datei weiterverwendet wird, speichern Sie zum Zweck der Archivierung Ihre Dokumente immer im nativen Format.**

AI ist das empfohlene Format zum Platzieren der Datei in **InDesign** – für den Austausch mit InDesign (und Photoshop) ist in AI-Dateien eine zusätzliche Version des Dateiinhalts als PDF 1.5 gespeichert. Zur Minimierung der Dateigröße können Sie das Speichern des PDF deaktivieren (Option PDF-KOMPATIBLE DATEI ERSTELLEN), der Datei-Austausch innerhalb der Creative Suite basiert jedoch auf der PDF-Kompatibilität.
Auch in **Flash CS4** können Sie AI-Dateien unter Erhaltung aller Ebenen, Symbole, Texte und vieler Objekte weiterverarbeiten.

**EPS** | Das Arbeitspferd der Druckvorstufe EPS kann von den meisten Applikationen zumindest platziert und korrekt ausgegeben werden – **gilt jedoch inzwischen als veraltet.** Ein EPS kann keine Live-Transparenz oder Aussehen-Eigenschaften wie Pinsel und Effekte enthalten; daher werden diese reduziert. Vor dem Speichern eines EPS müssen Sie also auf korrekte Dokument-Rastereffekt- und Transparenzreduzierungs-Einstellungen achten. In einem EPS ist zusätzlich eine native Version der Datei enthalten, die sich in Illustrator öffnen lässt – allerdings ist die volle Editierbarkeit von der gewählten EPS-Version abhängig.

**PDF** | Für den Austausch Ihrer Dateien mit Kunden und Dienstleistern hat sich das PDF-Format etabliert. Einige Illustrator-Features werden von PDF nicht unterstützt, sodass beim Speichern in diesem Format bei bestimmten Objektarten immer eine Reduzierung stattfindet – um diese Tatsache zu kompensieren, kann ein PDF eine native Version der Datei enthalten (Option ILLUSTRATOR-BEARBEITUNGSFUNKTIONEN BEIBEHALTEN). Ab PDF-Version 1.4 wird Live-Transparenz erhalten.

**PDF/X** | PDF/X-Formate sind durch Standards definiert und können validiert – also auf die Einhaltung der Vorgaben geprüft – werden. PDF/X-1a und PDF/X-3 enthalten reduzierte Transparenz. In PDF/X-4 bleibt Transparenz erhalten.

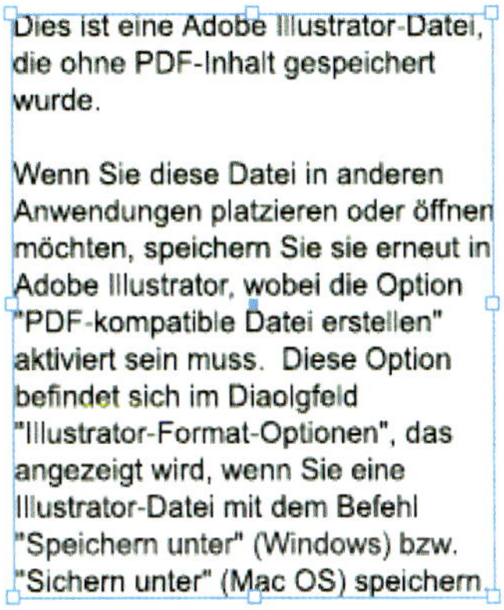

▲ Abbildung 19.22
Warnung beim Platzieren einer Illustrator-Datei ohne PDF-Kompatibilität in InDesign

▲ Abbildung 19.23
Die Sichtbarkeit der Ebenen von Illustrator-CS4-Dateien können Sie in InDesign mit den OBJEKTEBENENOPTIONEN steuern.

## 19.3 Grafiken für den Druck vorbereiten

Bei der Erstellung von Grafiken für den Druck sind einige spezielle Gegebenheiten des Verarbeitungsprozesses zu beachten. Die Übersetzung digitaler Daten in die analoge Darstellung und die verwendeten Bedruckstoffe stellen Anforderungen an die Vorbereitung einer Datei.

### Bildauflösung

Die Auflösung eines Bildes gibt die Anzahl der Pixel bezogen auf eine Längeneinheit an. Solange Sie in Illustrator nur mit Vektorformen arbeiten und keine Effekte oder Objekte einsetzen, die auf Rastergrafik basieren, müssen Sie sich um die Auflösung nur wenige Gedanken machen.

Achten müssen Sie aber auf Linienstärken. Eine Linie unter 0,25 Pt Stärke wird unter Umständen nicht sauber gedruckt. Bedenken Sie, dass Konturen beim Verkleinern einer Grafik im Layoutprogramm ebenfalls dünner werden.

Integrieren Sie Halbtonbilder in Ihre Illustrator-Dateien oder arbeiten Sie mit pixelbasierten Effekten, müssen Sie die Auflösung natürlich beachten. Für Ihre Arbeit mit Illustrator bedeutet das vor allem, dass Sie Ihre Datei in den endgültigen Maßen anlegen und in den entsprechenden Dialogboxen – für TRANSPARENZREDUZIERUNG und IN PIXELBILD UMWANDELN… – die korrekte Auflösung für die jeweils beabsichtigte Ausgabeform einstellen (zu Transparenzen siehe Kapitel 12, zu Pixelbildern siehe Kapitel 18).

### Komplexität

Eine hohe Komplexität Ihrer Grafik führt möglicherweise zu Problemen beim Ausdrucken. Diese können vom erhöhten Zeitaufwand – und damit höheren Kosten beim Dienstleister – bis zu Fehlern reichen. Typisch ist die »Limitcheck«-Fehlermeldung von PostScript-Geräten, z. B. bei komplexen Pfaden, die aufgrund ihrer Länge oder Form zu viele Punkte aufweisen.

Halten Sie die Anzahl der Punkte auf einem Pfad gering. **Vereinfachen** Sie Pfade, wenn möglich (zum Vereinfachen siehe Kapitel 7). Eine Alternative ist das Aufteilen von Formen auf mehrere Pfade, wenn es zu Problemen kommt. Speichern Sie aber eine Kopie der ursprünglichen Form. Sehr viele kurze Pfade – wie sie typischerweise bei importierten CAD-Daten auftreten – können jedoch auch ein Problem darstellen. Diese sollten Sie daher zusammenfügen.

Löschen Sie Elemente, die in der Vorschau von anderen Objekten **verdeckt** sind. Beim Ausdrucken oder Belichten wer-

> **Linienstärke auf Laserdruckern**
>
> Viele Laserdrucker haben eine weit geringere Auflösung als Belichter. Sie stellen also Linien nur in der für sie kleinstmöglichen Auflösung dar. Ein Laserbelichter verwendet jedoch die eingestellte Linienstärke, die dann bei der Ausgabe auf einer Druckmaschine »abreißt«.

> **Bildauflösung**
>
> Die Bildauflösung sollte das 1,5–2-fache der verwendeten Rasterweite betragen – diese Zugabe wird »Qualitätsfaktor« genannt. Für ein 60er-Raster (150 lpi) bedeutet dies eine Auflösung von mindestens 225 ppi, besser sind 300 ppi.

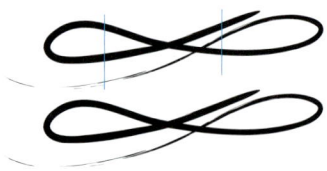

▲ Abbildung 19.24
Aufteilen von Formen mit OBJEKT • PFAD • DARUNTER AUFTEILEN

▲ Abbildung 19.25
Verdeckte Elemente löschen

den alle Elemente verarbeitet, auch wenn sie letztendlich nicht sichtbar sind.

Der Raster-Image-Prozessor (RIP) wandelt Vektorpfade in einer **Kurvennäherung** für die Ausgabe auf einem PostScript-Gerät in Polygone mit vielen kurzen geraden Segmenten um. Die Anzahl der Geraden, aus denen eine Kurve besteht, bestimmt über die »Rundheit« der Kurve (engl. Flatness). Je mehr Geraden aber für die Umsetzung eines Kurvenverlaufs eingesetzt werden müssen, umso länger dauert der Druckprozess und desto mehr Speicher benötigt das Ausgabegerät für die Verarbeitung der Datei (Einstellung der Drucken-Optionen siehe weiter hinten).

Beschränken Sie die Anzahl der verwendeten **Schriftarten** und -schnitte. Davon profitiert Ihr Layout insgesamt.

### Registerungenauigkeit/Passerungenauigkeit

Beim mechanischen Vorgang des Druckens können, während das Papier die Druckmaschine durchläuft, kleinste Ungenauigkeiten auftreten, die dafür verantwortlich sind, dass die Druckfarben nicht exakt übereinander drucken (siehe Abbildung 19.27). Ungenauigkeiten sind zum einen durch den mechanischen Vorgang, zum anderen durch das Material bedingt, das sich z. B. ausdehnt, wenn es durch den Farbauftrag feucht wird.

▲ Abbildung 19.26
Detailansicht einer Bilddatei

**Pixelgrafik** | Die Farbe der einzelnen Bildpunkte wird aus der Mischung der Primärfarben erzielt. Daher bestehen im gesamten Bild gemeinsame Farben. Haben Sie sich ein Halbtonbild – also ein pixelbasiertes Bild – einmal in hoher Vergrößerung angesehen, ist Ihnen darüber hinaus sicher aufgefallen, dass keine scharf abgegrenzten Flächen darin vorkommen. Durch die in Halbtonbildern vorhandene Unschärfe entstehen an den Begrenzungen von Farbflächen Mischtöne. Sowohl die gemeinsamen Farben des Bilds als auch die Mischtöne an Rändern bedingen, dass kleine Passerungenauigkeiten nicht auffallen.

▲ Abbildung 19.27
Passerungenauigkeit (übertriebene Darstellung)

**Vektorgrafik** | In Vektorgrafik-Dateien sind Objektkanten scharf abgegrenzt. Kommt dann erschwerend hinzu, dass benachbarte Flächen keine gemeinsamen Druckfarben enthalten, sind schon bei kleinen Registerungenauigkeiten »Blitzer« zu sehen: unbedruckte Stellen.

**Lösungsansätze** | Mit unterschiedlichen Maßnahmen können Sie erreichen, dass keine »Blitzer« entstehen:
- **Gemeinsame Druckfarben**: Der einfachste Weg, das Problem zu lösen, ist, dafür zu sorgen, dass aneinandergrenzende Flächen ausreichend gemeinsame Druckfarben besitzen – in

▲ Abbildung 19.28
Gemeinsame Druckfarben (links nicht ausreichend, rechts ausreichend)

▲ **Abbildung 19.29**
Sollten Passerungenauigkeiten (z.B. zwischen Gelb und Cyan) auftreten, würde die schwarze Kontur diese überdecken.

> **In Pixelbild umwandeln**
>
> Die Optionen des Befehls sowie des Effekts IN PIXELBILD UMWANDELN... besprechen wir in Kapitel 13 und 14.

einem Anteil von mindestens 5%. So erreichen Sie, dass die bei Ungenauigkeiten entstehenden Mischfarben sich nicht auffällig von den Objektfarben unterscheiden.

- **Überdrucken**: Besonders kritisch ist die Passerungenauigkeit für Texte, die in kleinen Punktgrößen gesetzt sind, und feine Umrandungen. Gäbe es an derartigen Formen Blitzer beim Drucken, wären die meisten Texte nur noch mit Mühe lesbar. Um Probleme mit diesen Objekten zu vermeiden, verwendet man die Option ÜBERDRUCKEN, d. h., in der darunterliegenden Fläche wird die betroffene Form nicht ausgespart. Mehr zum Überdrucken lesen Sie weiter unten in diesem Kapitel.

- **Umrisslinien**: Überdruckende schwarze Konturen an den Objektgrenzen – wie z. B. in Comics – lassen sich auch verwenden, um Ungenauigkeiten zu überdecken.

- **In Pixelbild umwandeln**: Es gibt natürlich auch die Möglichkeit, die Vektorgrafik vor dem Drucken zu rastern, also in ein Halbtonbild zu konvertieren. Dafür können Sie die Werkzeuge von Illustrator oder Exportfunktionen benutzen – bessere Ergebnisse erhalten Sie jedoch, wenn Sie ein EPS oder Ihre Illustrator-Datei in Photoshop öffnen und die Rasterung dort vornehmen.
  Achtung: Sie müssen die exakte Größe und die benötigte Auflösung einstellen und natürlich die Anti-Aliasing-Option aktivieren.

**Abbildung 19.30** ▶
Vektorgrafik-Original (links), in Photoshop gerastert (rechts): Die Vergrößerung zeigt die Mischtöne, die beim Rastern mit aktiviertem Anti-Aliasing entstehen. Vektorformen weisen dagegen immer hart abgegrenzte Kanten auf.

▲ **Abbildung 19.31**
Überfüllung (links, Dunkelblau) und Unterfüllung (rechts)

- **Über- und Unterfüllen/Trapping**: Beim Über- und Unterfüllen erzeugt man an den Objektgrenzen Überlappungen, sodass keine Blitzer mehr auftreten können. Da der sichtbare Rand zwischen zwei Objekten meist durch die dunklere der beiden Flächen bestimmt ist, geht man so vor, dass die hellere Fläche erweitert wird, während die dunklere ihre Form behält. Mit den Bezeichnungen »Über«- und »Unterfüllen« unterscheidet man, ob ein helles Objekt seinen dunklen Hintergrund überlappt oder ein heller Hintergrund unter ein dunkles Objekt ragt.

## Überdrucken

Um die Füllung und/oder Kontur eines aktivierten Objekts zu überdrucken, rufen Sie zunächst FENSTER • ATTRIBUTE auf – Shortcut ⌘/Strg+F11, im Dock. Aktivieren Sie anschließend die gewünschte Option FLÄCHE ÜBERDRUCKEN bzw. KONTUR ÜBERDRUCKEN. Für eine Bild-, Spezial- oder Musterpinselkontur können Sie die Option KONTUR ÜBERDRUCKEN zwar aktivieren, sie hat jedoch nicht die gewünschten Auswirkungen beim Druck.

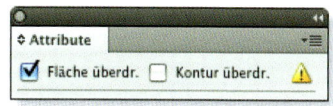

▲ Abbildung 19.32
Grafikattribute-Bedienfeld: Ein Warndreieck wird angezeigt, wenn Sie eine weiße Fläche oder Kontur überdrucken.

**Farben überdrucken** | Überdrucken Sie zwei verschiedene Druckfarben, setzt sich die Farbe der Schnittfläche aus den addierten Farbwerten der übereinanderliegenden Objekte zusammen. Beim Überdrucken zweier gleicher Druckfarben bestimmt die überdruckende Farbe das Ergebnis. Dies sollten Sie beachten, wenn Sie ein helleres Objekt eine dunklere Fläche überdrucken lassen (siehe Abbildung 19.33).

Im Vorschaumodus ist die Auswirkung Ihrer Einstellung nicht sichtbar. Wählen Sie ANSICHT • ÜBERDRUCKENVORSCHAU – Shortcut ⌘+⌥+⇧+Y bzw. Strg+Alt+⇧+Y –, um die Farbwirkung dieser Einstellung am Bildschirm zu sehen.

▲ Abbildung 19.33
Ausgespart (links), Überdrucken (rechts): ❶ C70, ❷ M20/Y70, ❸ M50/Y50, ❹ C40/M20/Y70, ❺ M20/Y70

**Drucken-Option Schwarz überdrucken** | Da sowohl Texte als auch feine Linien häufig in der Farbe Schwarz erstellt werden, haben Sie in den Drucken-Optionen eine Einstellmöglichkeit, Elemente in der Farbe 100 % Schwarz generell zu überdrucken. Möchten Sie nur einzelne Objekte mit einem Schwarzanteil in Füllung oder Kontur überdrucken, verwenden Sie den Befehl BEARBEITEN • FARBEN BEARBEITEN • SCHWARZ ÜBERDRUCKEN, um die Eigenschaft für mehrere Objekte gleichzeitig zu definieren.

▲ Abbildung 19.34
Schwarz ausgespart (oben), Schwarz überdruckt (unten)

**Schwarz-überdrucken-Funktion** | Wenn Sie nur einzelne schwarze Objekte bzw. deren Konturen oder Füllungen überdrucken möchten, hilft Ihnen diese Funktion, die Überdrucken-Eigenschaft für Objekte abhängig von deren Schwarzanteil zu setzen. Gehen Sie wie folgt vor, um mit dem Befehl bestimmte Objekte zu überdrucken:

1. Aktivieren Sie die Objekte, aus denen die überdruckenden Elemente ausgewählt werden sollen – gegebenenfalls sind das alle in Ihrem Dokument enthaltenen Objekte.
2. Wählen Sie BEARBEITEN • FARBEN BEARBEITEN • SCHWARZ ÜBERDRUCKEN…
3. Im Aufklappmenü selektieren Sie SCHWARZ HINZUFÜGEN. Geben Sie den Prozentanteil Schwarz ein, den zu überfüllende Objekte enthalten sollen. Der Filter sucht leider nicht nach

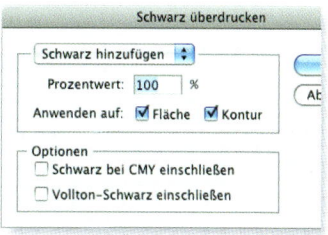

▲ Abbildung 19.35
Der Schwarz-überdrucken-Filter

dem Kriterium »Mindestens«, sondern exakt den eingegebenen Prozentwert.

- Wählen Sie unter ANWENDEN AUF, ob Konturen und/oder Füllungen überdrucken sollen.
- Möchten Sie auch Objekte überdrucken, die – neben anderen Farben – einen Schwarzanteil enthalten, aktivieren Sie SCHWARZ BEI CMY EINSCHLIESSEN.
- Sollen Volltonfarben überdrucken, deren CMYK-Definition einen bestimmten Schwarzanteil enthält, wählen Sie VOLLTON-SCHWARZ EINSCHLIESSEN.

4. Klicken Sie auf OK.

Dieselbe Funktion verwenden Sie, wenn Sie die Überdrucken-Eigenschaft von Objekten wieder aufheben möchten. Wählen Sie dazu aus dem Aufklappmenü SCHWARZ ENTFERNEN.

### Überfüllungen anlegen

Verschiedene Druckverfahren verlangen nach unterschiedlichen Stärken, Formen und Lage der Überfüllungen. Daher sollte das Überfüllen unmittelbar vor der Ausgabe – der Belichtung des Films oder der Druckplatte – erfolgen. **Bevor Sie also manuell überfüllen, sprechen Sie mit Ihren Dienstleistern!**

Überfüllungen lassen sich auf mehrere Arten erzeugen. Sehr bewährt hat sich die Methode, Überfüllungen mithilfe von Konturen anzulegen. Eine andere Möglichkeit ist die Verwendung der Überfüllen-Funktion. Eine Spezialbehandlung erfordert die Überfüllung von Verlaufsflächen und Konturen.

**Überfüllen mit einer Kontur |** Legen Sie eine Kontur um die zu überfüllende Fläche in der Stärke der Überfüllung an, und richten Sie diese Kontur nach außen ▢ aus (Kontur-Bedienfeld). Verwenden Sie die Farbe des Objekts für die Kontur.

Rufen Sie das Grafikattribute-Bedienfeld auf, und aktivieren Sie die Option KONTUR ÜBERDRUCKEN – achten Sie darauf, dass FLÄCHE ÜBERDRUCKEN nicht aktiviert ist.

**Unterfüllen mit einer Kontur |** Beim Unterfüllen verwenden Sie für die Kontur statt der Objekt- die Hintergrundfarbe und richten die Kontur nach innen ▢ aus. Aktivieren Sie für diese Kontur ebenfalls die Überdrucken-Option im Grafikattribute-Bedienfeld.

**Verläufe überfüllen |** Da Sie Konturen nicht mit Verläufen füllen können, müssen Sie einen weiteren Schritt einfügen, wenn Sie eine Verlaufsfläche überfüllen möchten.

---

**Weiß überdrucken**

Besonders tückisch sind überdruckende weiße Objekte. Die Überdrucken-Eigenschaft heben Sie für diese Objekte auf, indem Sie für den Prozentwert »0« eingeben.

**Text überfüllen?**

Beim Überfüllen von Text – vor allem kleiner Schriftgrade – ist Vorsicht geboten, da dieser durch die Veränderung der Form schwer lesbar werden kann.

▲ Abbildung 19.36
Über- und Unterfüllen mit einer Kontur

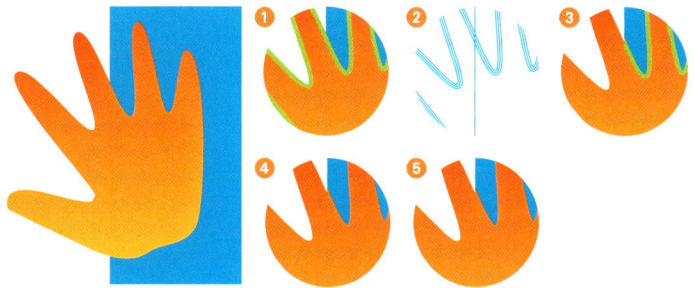

◄ **Abbildung 19.37**
Verlauf überfüllen: Schritt ❸ ist nur nötig, wenn die Überfüllung auf die Größe der angrenzenden Farbfläche zugeschnitten werden muss.

1. Erstellen Sie zunächst eine Kontur in der Stärke der Überfüllung für das Verlaufsobjekt ❶.
2. Wandeln Sie anschließend die Kontur in eine Fläche um (Objekt • Aussehen umwandeln…). Wandeln Sie nur die Kontur, nicht die Fläche um – Pfadansicht: ❷. Die bei der Umwandlung entstandenen Objekte sind gruppiert: Lösen Sie die Gruppierung.
3. Die Kontur ist in eine Fläche umgewandelt worden. Verwenden Sie die Pathfinder-Funktionen, um die Teile der Fläche zu entfernen, die nicht zum Überfüllen benötigt werden ❸.
Füllen Sie diese Fläche mit einem identischen Verlauf wie die zu überfüllende Form ❹.
4. Rufen Sie das Grafikattribute-Bedienfeld auf, und aktivieren Sie die Option Fläche überdrucken ❺ für die Kontur.

**Überfüllen und Skalierung im Layoutprogramm**

Eine Grafik, die mit Überfüllungen aller in diesem Abschnitt vorgestellten Arten versehen ist, darf nicht mehr im Layoutprogramm skaliert werden, da die Größenveränderung auch die Überfüllung betrifft.

**Überfüllen-Effekt |** Einfach gefüllte Flächen lassen sich in Illustrator mit einem Befehl im Pathfinder-Bedienfeld oder dem Überfüllen-Effekt versehen. Letzterer hat wie alle Effekte den Vorteil, dass er erst bei der Ausgabe angewendet wird und Sie die Einstellungen daher jederzeit editieren können. Die Optionen für beide Anwendungen sind identisch.

Der Effekt lässt sich nur auf Gruppen anwenden. Gruppieren Sie daher zunächst die zu überfüllenden Objekte. Wählen Sie anschließend Effekt • Pathfinder • Überfüllen…

**Überfüllen und Farbmodus**

Ihr Dokument muss bei der Anwendung der Funktion oder des Effekts im CMYK-Modus vorliegen.
Sie erhalten nur dann das gewünschte Ergebnis, wenn die beteiligten Objekte keine gemeinsame Druckfarbe enthalten.

◄ **Abbildung 19.38**
Die Optionen des Überfüllen-Effekts

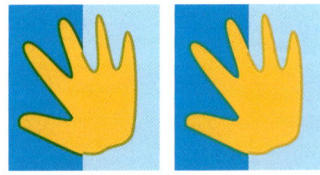

▲ Abbildung 19.39
Farbtöne verringern, 100 und 40

**Genauigkeit und Rechenzeit**

Achten Sie darauf, die Genauigkeit möglichst niedrig einzustellen, um Rechenzeit zu sparen. Höhere Genauigkeit erzeugt Pfade mit mehr Ankerpunkten. Sprechen Sie den optimalen Wert mit Ihrer Druckerei ab.

**Bis CS3: mit Beschnitt platzieren**

Wenn Sie eine Illustrator-Datei mit Beschnittzugabe in ein Layout platzieren möchten, rechnen Sie den Beschnitt in Illustrator in das Seitenformat ein.

▲ Abbildung 19.40
Rechte Seite: Beschnitt und Abstände passend eingerichtet

- STÄRKE: Geben Sie in diesem Feld die Breite der Überfüllung an. Sie ist abhängig vom Druckprozess und der Genauigkeit der Druckmaschine.
- HÖHE/BREITE: Normalerweise (mit der Einstellung 100) erstellt Illustrator für horizontale und vertikale Linien eine identische Überfüllung. Sie können mit der Eingabe eines Werts in diesem Feld die Balance steuern und damit unregelmäßige Abweichungen ausgleichen. Erfragen Sie diesen Wert von Ihrer Druckerei.
  Für vertikale Linien wird eine Überfüllung in der von Ihnen angegebenen Stärke erstellt. Die Überfüllung horizontaler Linien wird schmaler, wenn Sie einen Wert unter 100, und breiter, wenn Sie einen Wert über 100 verwenden.
- FARBTÖNE VERRINGERN: Mit dieser Einstellung nehmen Sie Einfluss auf die Farbwerte der Überfüllungsfläche, indem Sie den Tonwert der helleren Farbe abschwächen. Beim Überfüllen können ohne das Abschwächen unerwünschte dunkle Kanten entstehen. Der Mindestwert für Ihre Eingabe ist abhängig von den betroffenen Farben – der Höchstwert ist 100.
- ÜBERFÜLLEN MIT CMYK: Ist mindestens eine der betroffenen Farben eine Volltonfarbe, können Sie mit dieser Option die Überfüllung in CMYK-Farben anlegen. Ist die Option nicht aktiviert, erstellt Illustrator eine überdruckende Volltonfläche in der helleren der beiden Farben.
- ÜBERFÜLLUNGEN UMKEHREN: Illustrator ermittelt anhand der Farbwerte, welches die hellere Farbe ist. Falls Ihnen das Ergebnis nicht zusagt, verwenden Sie diese Option, um die Überfüllung umgekehrt anzuwenden.
- GENAUIGKEIT: Mit diesem Wert steuern Sie die Exaktheit der Berechnung der Überfüllungsfläche. Ein höherer Wert verursacht nicht nur eine exaktere Ausführung, sondern auch mehr Zeitaufwand bei der Erstellung und Verarbeitung der Form.
- ÜBERFLÜSSIGE ANKERPUNKTE ENTFERNEN: Punkte, die den Pfadverlauf der Überfüllungsform nicht beeinflussen, werden gelöscht.

### Beschnittzugabe/Druckerweiterung

Falls Ihre Grafik bis an den Rand der Papierfläche gedruckt werden soll, müssen Sie eine Beschnittzugabe anlegen. Dieser zusätzlich bedruckte Bereich wird beim Beschneiden der Druckbogen benötigt, um ein »Hervorblitzen« des Bedruckstoffs an der Schnittkante zu vermeiden. Den benötigten Toleranzbereich erfragen Sie bei Ihrem Dienstleister – üblicherweise sind es Werte um 2–3 mm. In Illustrator CS4 geben Sie die Beschnittzugabe in den Dialogboxen NEUES DOKUMENT bzw. DOKUMENT EINRICHTEN unter der Option ANSCHNITT ein. Da der Anschnitt eine Dokumenteigenschaft ist, ist er jetzt auch in AI-Dokumenten vorhanden.

Natürlich kann die Ungenauigkeit beim Schneiden in beide Richtungen auftreten – halten Sie daher in Ihrem Layout auch einen Abstand zum Rand ein, sodass nicht etwa ein wichtiger Bestandteil nach dem Schneiden fehlt. Und achten Sie darauf, dass Elemente so positioniert sind, dass es »gewollt« aussieht, wenn sie beschnitten sind.

### Platzieren einer Datei mit Anschnitt

Wenn Sie eine Datei mit definierter Beschnittzugabe in InDesign platzieren, aktivieren Sie im Platzieren-Dialog das Optionskästchen IMPORTOPTIONEN ANZEIGEN.

In den Importoptionen wählen Sie aus dem Menü BESCHNEIDEN AUF den gewünschten Rahmen aus. Die Miniatur auf der linken Seite zeigt Ihnen mit dem gestrichelten Rahmen an, wie die Grafik mit der gewählten Option zugeschnitten wird.

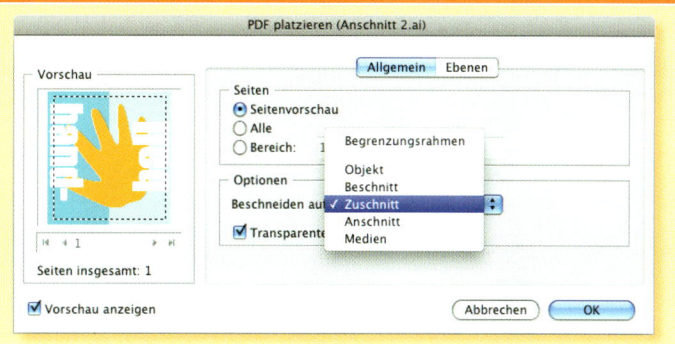

## Tiefschwarz

Größere schwarze Flächen sollten Sie als »Tiefschwarz« – auch »fettes Schwarz« genannt – anlegen, da schwarze Druckfarbe allein nicht ausreichend deckt und daher nur dunkelgrau wirkt. »Tiefschwarz« ist 100 % Schwarz mit CMY-Beimischungen. Je nachdem, welche Farben Sie zugeben, wirkt Tiefschwarz eher kalt, warm oder neutral. Unterschiedliche Dienstleister geben dazu verschiedene Empfehlungen, gebräuchlich für ein kaltes gesättigtes Schwarz ist eine Zugabe von ca. 60 % Cyan.

**Aussehen von Schwarz** | Bei der Bildschirmdarstellung von Schwarztönen unter VOREINSTELLUNGEN • AUSSEHEN VON SCHWARZ… haben Sie die Möglichkeit, normales Schwarz und Tiefschwarz am Monitor entweder identisch oder unterschiedlich darzustellen – damit Sie die Verwendung unterschiedlicher Schwarztöne in Ihrem Dokument besser kontrollieren können.

Wählen Sie im Ausklappmenü unter AM BILDSCHIRM die gewünschte Einstellung:

▶ ALLE SCHWARZTÖNE GENAU ANZEIGEN: Der Unterschied zwischen Schwarz und Tiefschwarz wird deutlich – mit dieser Option berechnet Illustrator die RGB-Werte der Farben aus

▲ **Abbildung 19.41**
Schwarz und Tiefschwarz – um Registerproblemen zu begegnen, sollten Sie die CMY-Anteile nicht bis zum Rand der Fläche anlegen.

### Tiefschwarz für Texte

Verwenden Sie Tiefschwarz nie für Texte in kleinen Punktgrößen. Fragen Sie Ihren Drucker nach der optimalen Tiefschwarz-Mischung für das eingesetzte Papier.

> **Tiefschwarz-Voreinstellungen**
>
> Keine der Tiefschwarz-Einstellungen ändert die Farbwerte in der Illustrator-Datei.

den CMYK-Werten, stellt also 100 % Schwarz als dunkles Grau und Tiefschwarz je nach Mischungsanteilen dunkler dar.

▶ ALLE SCHWARZTÖNE ALS TIEFSCHWARZ ANZEIGEN: Hier entspricht die Anzeige von 100 % Schwarz sowie aller Farbmischungen, die einen 100 %-Schwarz-Anteil enthalten, der dunkelsten möglichen Schwarzanzeige – also RGB 0/0/0.

**Tiefschwarz ausgeben** | Ebenfalls in den Voreinstellungen steuern Sie, wie Schwarz ausgegeben werden soll. Dies ist vor allem für den Export von RGB-Bilddaten aus CMYK-Dokumenten interessant.

▶ ALLE SCHWARZTÖNE GENAU AUSGEBEN: Mit dieser Option bleiben beim Export eines CMYK-Dokuments in RGB-Bilddaten die Farbwerte erhalten und werden nur entsprechend der Farbprofile in RGB-Werte konvertiert.

▶ ALLE SCHWARZTÖNE ALS TIEFSCHWARZ AUSGEBEN: Wählen Sie diese Option, um beim Export von RGB-Daten 100 % Schwarz bzw. alle Farbmischungen, die einen Anteil von 100 % Schwarz enthalten, in RGB 0/0/0 umzuwandeln.

▲ **Abbildung 19.42**
Weißer Text auf Tiefschwarz sollte mit einer rein schwarzen Outline konturiert werden, um bunte Farbsäume an den Texträndern zu vermeiden, die nicht nur unsauber aussehen, sondern auch das Lesen erschweren. Denken Sie jedoch daran, die Kontur hinter der Fläche des Textobjekts anzulegen (siehe Kapitel 14).

> **Tiefschwarz und Pixelbildexport**
>
> Tiefschwarz kann neben Problemen mit bestimmten Füllmethoden (siehe Kapitel 12, »Transparenzen und Masken«) auch ein weiteres Problem lösen. Beim Export als Photoshop-Datei (oder in andere Rasterformate) entstehen an den Kanten reiner Schwarzflächen immer weiße Randsäume. Dies hängt mit der Berechnung von 100-K-Schwarz zusammen und lässt sich im CMYK-Modus nur durch die Verwendung von Tiefschwarz umgehen.

> **Gesamt-Farbauftrag beachten**
>
> Wenn Sie Grafik oder Anzeigen für Magazine oder Zeitungen gestalten, erkundigen Sie sich vorher nach dem maximalen Gesamt-Farbauftrag.
>
> Normalerweise können Sie ihn auch den Media-Unterlagen entnehmen.

### Gesamt-Farbauftrag

Den Gesamt-Farbauftrag an einer bestimmten Stelle Ihres Dokuments erhalten Sie, wenn Sie die einzelnen Farbwerte zusammenzählen – für den Wert CMYK 40/30/100/10 erhalten Sie also einen Gesamt-Farbauftrag von 180 %. Je nach Druckprozess und verwendetem Papier sollten Sie einen bestimmten Höchstwert nicht überschreiten (meist zwischen 250 % und 350 %), da ansonsten die Gefahr besteht, dass das Papier sich zu stark dehnt, aufwirft oder reißt. Darüber hinaus kann es beim Drucken leichter zu Farbverschiebungen und Registerungauigkeiten kom-

> **Farbauftrag berechnen**
>
> Illustrators Separationenvorschau rechnet den Gesamtfarbauftrag nicht aus. Es gibt jedoch Plug-ins, die diese Aufgabe übernehmen, wie z. B. Phantasm CS.

men: Die Farbe schmiert, schlägt sich an der Rückseite des folgenden Bogens ab, und der Trocknungsprozess dauert länger.

**Soft-Proof**

Gerade bei hochwertigen Produktionen ist ein Proofdruck umgänglich, um das Ergebnis Ihrer Arbeit beurteilen zu können. In alltäglichen Arbeiten oder den frühen Phasen wichtiger Projekte ist ein Soft-Proof, also eine mithilfe des Farbmanagements simulierte Vorschau des Druckergebnisses am Monitor, eine schnelle und kostengünstige Möglichkeit, Veränderungen der Farbe beurteilen zu können.

In Illustrator wählen Sie zunächst ANSICHT • PROOF EINRICHTEN und die gewünschte Menüoption oder den Eintrag ANPASSEN…, um eine Einstellung zu konfigurieren.

Arbeiten Sie in Ihrer Datei mit gemischten Inhalten – z. B. mit RGB-Bildern in einem CMYK-Dokument –, ist der Soft-Proof mit großer Vorsicht zu betrachten.

Möchten Sie den Soft-Proof mit der normalen Ansicht vergleichen, rufen Sie Ihre Datei mit dem Befehl FENSTER • NEUES FENSTER in einem zweiten Fenster auf. Aktivieren Sie anschließend für eines der beiden Fenster ANSICHT • FARBPROOF.

Eine besondere Möglichkeit des Farbproofs besteht in der Simulation von Farbenblindheit. Mehr dazu finden Sie in Abschnitt 8.5 unter »Barrierefreiheit von Farbkombinationen«.

**Überdruckenvorschau**

Verwenden Sie in Ihrem Dokument Schmuckfarben oder haben Sie die Überdrucken-Eigenschaft für einzelne Objekte aktiviert, wählen Sie zusätzlich ANSICHT • ÜBERDRUCKENVORSCHAU, oder verwenden Sie den Shortcut ⌘+⌥+⇧+Y bzw. Strg+Alt+⇧+Y.

Zur Darstellung von Buchfarben (mehr zu Buchfarben finden Sie in Kapitel 8) verwendet die Überdruckenvorschau die hinterlegten Lab-Werte, unabhängig davon, welche Volltonfarbenoptionen Sie im Farbfelder-Bedienfeld eingestellt haben.

Die Überdruckenvorschau kostet Zeit, wenn die Ansicht neu generiert werden muss, z. B. beim Scrollen im Dokument. Deaktivieren Sie sie also, wenn Sie sie nicht benötigen.

**Separationenvorschau**

Seit Illustrator CS4 können Sie viele der vorher aufgeführten potenziellen Fehlerquellen direkt in Illustrator mit der Separationenvorschau überprüfen. Rufen Sie dieses Bedienfeld mit FENSTER • SEPARATIONENVORSCHAU auf – es funktioniert jedoch nur im Dokumentfarbmodus CMYK.

> **Soft-Proof aussagekräftig?**
>
> Ein Soft-Proof ist nur auf einem kalibrierten und profilierten Monitor und unter Verwendung der für die Produktion verwendeten Farbprofile sinnvoll.
>
> Noch mehr Nutzen haben Sie von einem Soft-Proof, wenn Sie bereits einige Druckergebnisse mit Soft-Proofs vergleichen konnten und daher die Farbgenauigkeit Ihres Monitors einzuschätzen wissen.

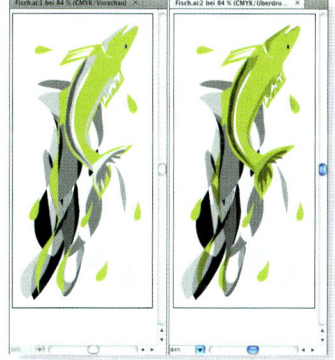

▲ **Abbildung 19.43**
Links ohne, rechts mit Farbproof und Überdruckenvorschau

▲ **Abbildung 19.44**
Das Separationenvorschau-Bedienfeld

Aktivieren Sie die Option ÜBERDRUCKENVORSCHAU, damit sich die Farbauszüge auswählen lassen. Die Liste enthält alle Skalenfarben sowie die im Farbfelder-Bedienfeld definierten Volltonfarben.

**Auszug deaktivieren** | Mit einem Klick auf das Auge links vom Farbnamen deaktivieren Sie die Anzeige eines Auszugs. Klicken Sie erneut, um den Auszug wieder anzuzeigen.

**Modifikationsmöglichkeiten** | Drücken Sie Alt beim Anklicken des Auge-Symbols, um alle anderen Auszüge zu aktivieren bzw. zu deaktivieren.

Klicken Sie auf CMYK, um alle Skalenfarben zu aktivieren oder zu deaktivieren.

### Schwarzdefinitionen korrigieren

Schwarze Elemente sollen bei diesem Motiv überdrucken, um weiße Blitzer zu vermeiden. Außerdem soll in diesem Motiv nach »buntem« Schwarz (Tiefschwarz) gesucht werden.

1. Rufen Sie das Separationen-Bedienfeld auf, und aktivieren Sie die Überdruckenvorschau.
2. Deaktivieren Sie den Schwarz-Auszug mit einem Klick auf das Auge-Symbol.
3. Jetzt erkennen Sie die schwarzen aussparenden Objekte. Aktivieren Sie diese, und rufen Sie das Attribute-Bedienfeld auf.
4. Dort aktivieren Sie die Option FLÄCHE ÜBERDR.
5. Anschließend aktivieren Sie das tiefschwarze Rechteck, rufen das Farbe-Bedienfeld auf und entfernen die Buntanteile aus dem Schwarz.

> **Farbwerte anzeigen?**
> 
> Die Farbwerte werden in Illustrators Separationen-Bedienfeld nicht dargestellt. Wenn Sie diese Anzeige benötigen, müssen Sie nach wie vor ein PDF (oder die Illustrator-Datei) in Adobe Acrobat öffnen und dort im Menü ERWEITERT • DRUCKPRODUKTION die AUSGABEVORSCHAU öffnen.

> **Beispieldatei**
> 
> Die Beispieldatei finden Sie als »Krimi-Titel.ai« auf der DVD.

▲ **Abbildung 19.45**
Die Originalgrafik (links) mit ausgeschaltetem Schwarz-Auszug (rechts)

## Transparenzen

Live-Transparenz (also reduzierte Deckkrafteinstellungen, Füllmethoden und die Effekte SCHATTEN, WEICHE KANTE und SCHEIN) muss »reduziert« werden, wenn Sie Dateien drucken möchten, die Transparenz enthalten. Soll die Datei in einem anderen Programm platziert werden, kann Live-Transparenz erhalten werden, sofern das Programm mindestens PDF 1.4 unterstützt.

Verwenden Sie die Reduzierungsvorschau, um zu überprüfen, ob Ihr Dokument Transparenz enthält (siehe Kapitel 12).

## Effekte, Filter

Beachten Sie bei der Ausgabe von Effekten, dass die Dokument-Rastereffekt-Einstellungen für die im Druck verwendete Rasterweite geeignet sind (zu Effekten und Filtern siehe Kapitel 13).

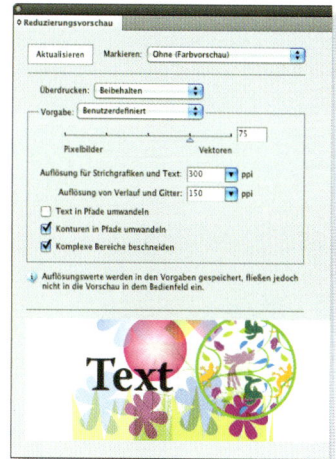

▲ **Abbildung 19.46**
Reduzierungsvorschau

## Verläufe

Beim Drucken von Verläufen kann es passieren, dass »Banding« (eine sichtbare Streifenbildung) auftritt. Dies kann mehrere Ursachen haben: Einerseits sind Verläufe mit einer größeren Übergangslänge und Verläufe zwischen dunklen Farben und Weiß anfällig für das Banding.

Andererseits tritt das Problem auch auf, wenn die Druckerauflösung in Verbindung mit der gewählten Rasterweite nicht ausreicht, um die im Verlauf vorhandenen Abstufungen darzustellen.

In der Illustrator-Hilfe finden Sie eine Datei mit einer Übersicht sicherer Kombinationen von Rasterweite und Belichterauflösung unter der Bezeichnung »Festlegen der geeigneten Rasterweite zum Drucken von Verläufen, Gittern und Farbübergängen«. Eine weitere Datei hilft bei der Berechnung der Übergangslänge: »Berechnen der maximalen Übergangslänge für Verläufe«.

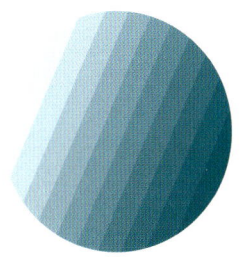

▲ **Abbildung 19.47**
»Banding« – simuliert

**Banding und PostScript Level 3**

PostScript-Level-3-RIPs verfügen über Algorithmen, die Banding vermeiden können: »Smooth Shades«. Sprechen Sie mit Ihrem Dienstleister den Umgang mit Verläufen ab.

## Schnittmarken

Schnittmarken sind Markierungen, die den Begrenzungsrahmen eines Objekts kennzeichnen. Während Sie über den Drucken-Dialog an den Begrenzungen der Zeichenflächen alle benötigten Druckermarken, Farbkontrollstreifen etc. generieren lassen können, ist dies bei Schnittmarken nicht möglich.

**Schnittmarken erstellen** | Aktivieren Sie ein Objekt, und wählen Sie EFFEKT • SCHNITTMARKEN. Da die Anwendung als Effekt erfolgt, sind die Schnittmarken zunächst nicht als Pfade vorhanden. Sie lassen sich jedoch wie alle Effekte mit dem Befehl OBJEKT • AUSSEHEN UMWANDELN in »reale« Objekte umwandeln. Dann erhalten Sie Linien in 6 mm Abstand zum Objekt, die mit einer

**Schnittbereiche werden Zeichenflächen**

Schnittbereiche gibt es in Illustrator CS4 nicht mehr. Sie wurden komplett durch Zeichenflächen ersetzt. Das Anlegen von Zeichenflächen ist in Kapitel 4 beschrieben. Wie Sie mit Zeichenflächen beim Export und Speichern umgehen, finden Sie am Anfang dieses Kapitels.

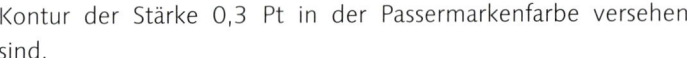

Kontur der Stärke 0,3 Pt in der Passermarkenfarbe versehen sind.

Den Effekt können Sie nicht nur dem kompletten Objekt, sondern auch seinen einzelnen Flächen oder Konturen zuweisen. Dies kann ebenso wie die Reihenfolge, in der der Effekt auf ein Objekt angewendet wird, das Ergebnis beeinflussen.

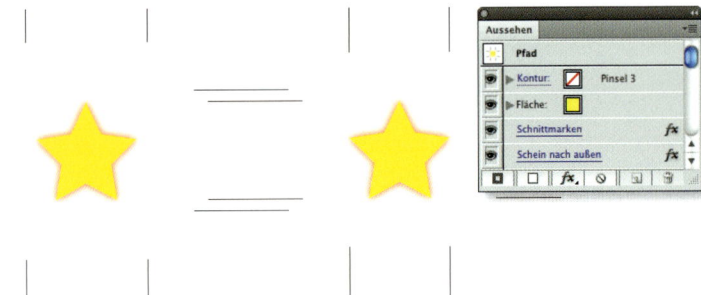

**Abbildung 19.48**
Vergleich: Schnittmarken in unterschiedlicher Reihenfolge mit einem Schein nach außen angewendet.

### Text in Pfade umwandeln

Einige Druckereien bestehen noch immer auf der Umwandlung von Text in Pfade. Schrift-Dateien enthalten jedoch viele »Hintergrundinformationen«, die für eine optimale Ausgabe wichtig sind. Diese gehen beim Umwandeln verloren. Das auffälligste Merkmal umgewandelter Schriften ist, dass sie fetter ausfallen als die nicht umgewandelte Version. Es kann jedoch vor allem bei feinen oder sehr kleinen Schriften vorkommen, dass Strichstärken einzelner Buchstaben unterschiedlich ausfallen. In einer höheren Zoom-Stufe ist der Effekt bereits in der Bildschirmdarstellung zu erkennen.

**Abbildung 19.49**
Vergleich: nicht umgewandelte Schrift (oben) und umgewandelte Schrift (unten) auf einem Ausdruck

In PDF-Dateien können Schriften eingebettet werden, sodass die Umwandlung in Pfade unnötig ist. Versuchen Sie, die Weiterverarbeitung so zu organisieren, dass eine Umwandlung nicht stattfindet.

Wenn eine Umwandlung von Texten in Pfade trotz allem unumgänglich ist, verwenden Sie dazu den Befehl Objekt • Transparenz reduzieren. Damit ist eine sichere Umwandlung aller Schriftformatierungen gewährleistet.

Lediglich Schriften in Logos sollten Sie umwandeln. So ist die Gefahr uneinheitlicher Verwendung verringert, vor allem, wenn Logos an viele unterschiedliche Stellen weitergegeben werden.

**Abbildung 19.50**
In Metallblech gefräste Vektorgrafik. Fräsen erfordert eine andere Vorgehensweise als Plotten, da die Linienstärke durch die Größe des Werkzeugs bedingt ist. Sprechen Sie die Vorgehensweise mit dem Dienstleister ab.

### Schneid-Plotten und Gravieren – Pfade in Flächen umwandeln

Das Ausschneiden einer Form aus Klebefolie sowie das Gravieren in Metall und andere Materialien ist eine gebräuchliche Weiterbearbeitung für Vektorgrafik, z. B. zum Zweck der Beschriftung von Schaufenstern, LKW-Planen, Schildern oder zum Flex-/Flockdruck auf Kleidungsstücken.

Die dafür eingesetzten Geräte – Schneid-Plotter, Fräsen und Laser-Schneider – können jedoch nur den reinen Vektorpfad interpretieren. Damit nicht genug: Plotter schneiden entlang eines jeden in der Datei angelegten Pfads.

Wenn Sie also vorhaben, Ihre Grafiken aus Folie zu schneiden, müssen Sie nicht nur alle Pfade und Schriften in Flächen umwandeln, sondern auch sicherstellen, dass jede Fläche nur durch einen einzigen Pfad definiert ist, damit sie nicht zerschnitten wird.

Während das Umwandeln von Texten in Pfade für den Verwendungszweck »Druck« eher vermieden werden sollte, ist es für das Schneiden notwendig.

Illustrator-Funktionen für die Vorbereitung von Grafik für das Plotten werden in Kapitel 10 im Hinweiskasten »Checkliste: Datei für Folienplot« besprochen.

▲ **Abbildung 19.51**
Vektorgrafik ist nicht automatisch auch zum Schneiden geeignet (oben: ungeeignet).

## 19.4 Ausdrucken

Wählen Sie DATEI • DRUCKEN… – Shortcut ⌘/Strg+P –, um das aktuelle Dokument auszudrucken, als PDF auszugeben oder eine PostScript-Datei zu schreiben.

Wechseln Sie im Menü links per Klick auf einen Eintrag auf eine andere Seite des auf mehrere Einstellungsseiten aufgeteilten Drucken-Dialogs. Die allgemeinen Einstellungen des Druckers und zu verwendenden Treibers stehen Ihnen auf jeder Seite zur Verfügung. Da Auswahlen, die Sie dort treffen, aber andere Einstellungen beeinflussen können, sollten Sie Drucker und Druckertreiber zu Beginn bestimmen.

- DRUCKVORGABE: In diesem Menü listet Illustrator Drucken-Einstellungen auf, die Sie gespeichert haben.
- DRUCKER/PPD: Wählen Sie im Menü DRUCKER einen der in Ihrem System angemeldeten Drucker bzw. Acrobat Distiller und unter PPD den Druckertreiber aus.
- VORSCHAUBILD: Im Vorschaubild stellt Illustrator alle Seiten dar, die sich aus Ihren Einstellungen ergeben, sowie die Position des im Dokument definierten Druckbereichs auf dem Ausdruck. So haben Sie vor allem die Kontrolle, ob die Verteilung eines Dokuments auf mehrere gedruckte Seiten korrekt eingerichtet ist.

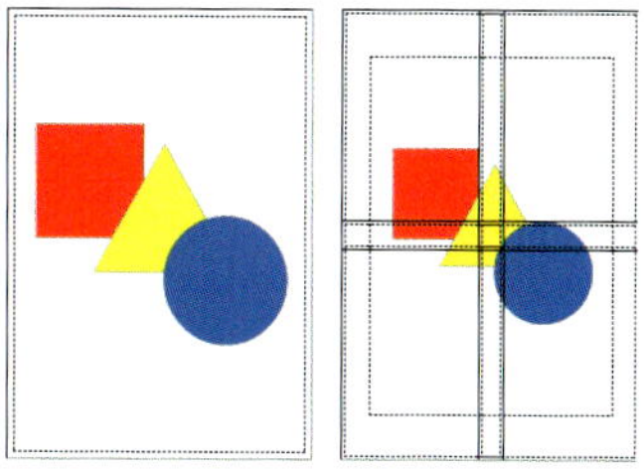

▲ **Abbildung 19.52**
Vorschau einer Seite und mehrerer überlappender Seiten

### Allgemein

Auf dieser Seite geben Sie an, welche Bereiche des Dokuments Sie drucken möchten, und legen deren Anordnung auf dem Medienformat fest.

**Abbildung 19.53** ▶
Allgemeine Optionen im Drucken-Dialog

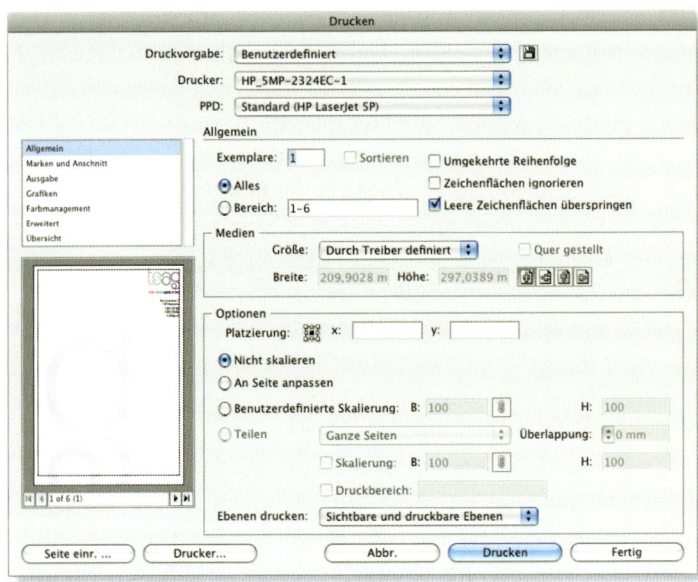

▲ **Abbildung 19.54**
Demodatei für diesen Abschnitt

### Sortieren?

Diese Option ist vor allem dann interessant, wenn Ihr Drucker die gedruckten Exemplare weiterverarbeitet, z.B. heftet.

### Medien und Druckertreiber

Die Auswahl im Menü MEDIEN richtet sich nach dem gewählten Druckertreiber. Wenn Ihr Drucker mehrere Einzugsschächte besitzt, lesen Sie bitte im Handbuch, wie Sie diese auswählen.

▶ ALLGEMEIN: Diese Optionengruppe betrifft die Behandlung der Zeichenflächen des Dokuments. Geben Sie die Anzahl der EXEMPLARE ein.
  ▶ ALLES/BEREICH: Drucken Sie mit ALLES entweder alle Zeichenflächen, oder geben Sie im Feld BEREICH gezielt bestimmte Zeichenflächen ein. Trennen Sie einzelne Seiten mit einem Komma, und verbinden Sie die erste und letzte Seite eines Bereichs mit einem Bindestrich.
  ▶ UMGEKEHRTE REIHENFOLGE: Hier beginnen Sie den Ausdruck mit der letzten Zeichenfläche.
  ▶ ZEICHENFLÄCHEN IGNORIEREN: Drucken Sie alle Objekte auf eine Seite, so wie sie im Dokument angeordnet sind.
  ▶ LEERE ZEICHENFLÄCHEN ÜBERSPRINGEN: Diese Option unterdrückt die Ausgabe leerer Seiten.
  ▶ SORTIEREN: Diese Option ist nur verfügbar, wenn mehrere Exemplare mit mehreren Seiten gedruckt werden. Anstatt jeweils jede Seite in der geforderten Anzahl zu drucken, werden alle Seiten eines Exemplars hinereinander gedruckt.
▶ MEDIEN: Wählen Sie die im Drucker verwendete Papiergröße aus dem Aufklappmenü, oder geben Sie sie direkt ein.
▶ AUSRICHTUNG: Klicken Sie auf einen der Buttons 🗔, 🗔, 🗔, 🗔, um den Ausdruck auf dem gewählten Papierformat zu drehen. Wenn Sie ein neues Dokument als Querformat anlegen, passt Illustrator die Formatlage automatisch an. Verändern Sie das Dokumentformat nachträglich, müssen Sie diese Einstellungen im Drucken-Dialog vornehmen.

- Platzierung: Nehmen Sie die Platzierung des Druckbereichs auf der Seite vor, indem Sie im Vorschaubild links unten im Drucken-Dialogfenster klicken und ziehen.
  - Per Eingabe: Klicken Sie im Platzierungssymbol auf den Bezugspunkt für Ihre Positionsangabe. Anschließend tragen Sie die gewünschten Werte in die Eingabefelder ein.
  - Auf der Zeichenfläche: Wählen Sie das Druckaufteilungs-Werkzeug (früher: Seitenpositionierer-Werkzeug) , und klicken und ziehen Sie damit die Position des druckbaren Bereichs. Das Werkzeug repräsentiert die linke untere Ecke der Papierfläche. Mit einem Doppelklick auf das Werkzeug im Werkzeugbedienfeld setzen Sie die Einstellung zurück.
- Skalierung: Mit diesen Optionen können Sie das Dokumentformat an das Papierformat anpassen. Wählen Sie Nicht skalieren, um Ihre Grafik 1:1 auszudrucken. Je nach gewählter Einstellung werden in diesem Fall Teile, die über das Papierformat reichen, abgeschnitten oder auf mehrere Seiten gedruckt. Einen an das Papierformat angepassten Ausdruck erhalten Sie mit der Einstellung An Seite anpassen. Beachten Sie, dass dabei nicht nur große Formate verkleinert, sondern ebenso kleine Formate vergrößert werden.
Wählen Sie Benutzerdefinierte Skalierung, um Werte frei einzugeben. Eine asymmetrische Skalierung erreichen Sie, indem Sie auf das Kettensymbol klicken – der Button wird mit hellem Hintergrund dargestellt.
- Teilen: Wählen Sie, wie eine Zeichenfläche auf mehrere Seiten aufgeteilt wird. Da die wenigsten Drucker ein Blatt bis zum Rand bedrucken können, haben Sie die Wahl, ob die Verteilung nach dem druckbaren Bereich oder allein nach dem Papierformat vorgenommen wird (siehe den Hinweis rechts).
  - Ganze Seiten: Die Verteilung erfolgt auf Basis des Papierformats. Sie können jedoch durch Angabe eines Werts im Eingabefeld Überlappung die nicht bedruckbaren Greifränder kompensieren.
  - Darstellbare Bereiche: Der bedruckbare Bereich einer Seite ist die Grundlage der Verteilung.
- Überlappung: Haben Sie Fläche besteht aus ganzen Seiten ausgewählt, geben Sie hier einen Wert ein, um den sich benachbarte Seiten überdecken sollen.
- Druckbereich: Bestimmen Sie hier noch, welche Bereiche der Aufteilung gedruckt werden. Die Nummerierung wird angezeigt, wenn Sie Druckaufteilung einblenden im Menü Ansicht wählen.
- Ebenen drucken: Wählen Sie je nach Sichtbarkeit der Ebenen aus, ob diese ausgegeben werden.

▲ Abbildung 19.55
Das Druckaufteilungs-Werkzeug (rechts)

### Skalieren und Linienstärken

Beim Skalieren verändern sich Linienstärken. Überprüfen Sie Linienstärken vor allem, bevor Sie die Grafik im Ausdruck verkleinern.

### »Teilen« funktioniert nicht?

Die Option Teilen ist nur verfügbar, wenn Sie entweder die Option Zeichenflächen ignorieren gewählt haben oder bei Bereich nur eine Zeichenfläche eingetragen haben.

▲ Abbildung 19.56
Fläche bestehend aus ganzen Seiten (oben), Druckbereichen (unten)

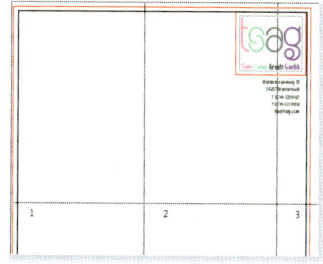

▲ Abbildung 19.57
Numerierte Druckbereiche

## Marken und Anschnitt/Beschnittzugabe

Auf dieser Seite erzeugen Sie die für den Druck benötigten Schnitt- und Passermarken.

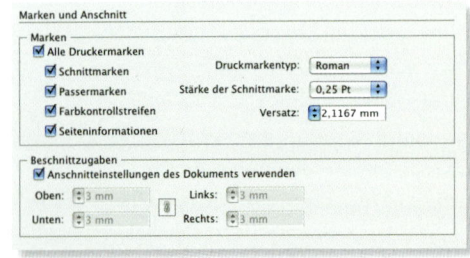

**Abbildung 19.58** ▶
Marken- und Anschnitt-Optionen im Drucken-Dialog

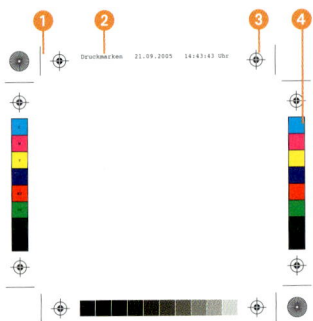

▲ **Abbildung 19.59**
Alle Druckermarken – Druckmarkentyp »Roman«

▶ SCHNITTMARKEN: Diese Marken ❶ kennzeichnen die Außengrenze der bedruckten Fläche und dienen in den meisten Fällen auch zum Zuschneiden. Haben Sie im Dokument andere Schnittmarken oder eine eigene Stanzform erstellt, z. B. für ein Packungsdesign, benötigen Sie die Marken nicht.

▶ PASSERMARKEN: Mithilfe der Passermarken ❸ können die Auszüge exakt übereinander ausgerichtet und gedruckt werden.

▶ FARBKONTROLLSTREIFEN: In diesen Streifen ❹ sind Standardfarben definiert, anhand derer der Drucker einen Farbabgleich vornehmen und danach die Menge der Farbe in der Druckmaschine korrigieren kann.

▶ SEITENINFORMATIONEN: Mit dieser Option wird auf jeden Farbauszug eine Zeile ❷ mit dem Datei- und Auszugsnamen sowie der Nummer der Zeichenfläche platziert, außerdem Datum und Uhrzeit.

▶ DRUCKMARKENTYP: Andere Länder, andere Sitten. Wählen Sie aus dem Menü lateinische oder japanische Schriften und Objektschnittmarken aus.

▶ STÄRKE DER SCHNITTMARKE: Bestimmen Sie durch Auswahl aus dem Aufklappmenü die Konturstärke der Schnittmarken – stimmen Sie den Wert mit Ihrem Drucker ab.

▶ VERSATZ: In diesem Eingabefeld bestimmen Sie den Abstand der Druckermarken zum Motiv. Normalerweise sollten Sie vermeiden, dass die Marken in eine Beschnittzugabe hineinreichen: Erhöhen Sie in diesem Fall den Abstand. Sie können den Wert jedoch nicht beliebig erhöhen, da die Marken auf die bedruckbare Papierfläche passen müssen.

▶ BESCHNITTZUGABEN: Verwenden Sie entweder den für das Dokument definierten Anschnitt, oder legen Sie in diesen Feldern die Beschnittzugabe global oder für alle Seiten individuell fest.

> **Druckermarken und Papierformat**
>
> Druckermarken addieren sich zum Dokumentformat, sodass die druckende Fläche unter Umständen nicht mehr auf das gewählte Papierformat passt.

## Ausgabe

Auf der Seite AUSGABE stellen Sie ein, wie im Dokument verwendete Druckfarben verarbeitet werden.

◄ **Abbildung 19.60**
Ausgabe-Optionen im Drucken-Dialog

- MODUS: Wählen Sie, ob alle Druckfarben zusammen auf einer Seite (wählen Sie dafür COMPOSITE) oder die Farbauszüge jeweils auf einer Seite ausgegeben werden sollen (SEPARATIONEN). Separationen können Sie entweder von Illustrator oder von einem PostScript-RIP vornehmen lassen (wählen Sie dafür IN-RIP-SEPARATIONEN). Die Option ist allerdings nur verfügbar, wenn Sie einen PostScript Level-3-Drucker verwenden, dessen Druckertreiber In-RIP-Separationen unterstützt.
- SCHICHTSEITE: Abhängig vom Druckverfahren benötigen Sie unterschiedliche Kombinationen dieser Einstellungsarten. Die Bezeichnung der Schichtseite-Optionen bezieht sich auf die Belichtung von Film: VORNE ist die Trägerschicht – HINTEN bezeichnet die lichtempfindliche Schicht, also die Seite, auf der »gedruckt« wird. Während Sie mit HINTEN (SEITENRICHTIG) einen auf Papier seitenrichtigen Ausdruck erzeugen, bewirkt VORNE (SEITENRICHTIG) von der Trägerschicht aus betrachtet eine seitenrichtige Ausgabe, ist also auf Papier seitenverkehrt gedruckt.
- BILD: Das Aufklappmenü ist nur aktiv, wenn Sie Separationen ausgeben. Composite-Druck erfolgt immer positiv.
- AUFLÖSUNG: Die in diesem Menü enthaltenen Werte gibt der Druckertreiber vor. Der dpi-Wert bestimmt die Druckerauflösung, und mit dem lpi-Wert geben Sie an, welche Rasterweite gedruckt werden soll.
- ALLE VOLLTONFARBEN IN PROZESSFARBEN KONVERTIEREN: Sie können mit dieser Option alle Volltonfarben in Prozessfarben umwandeln. Um dies für jede Volltonfarbe einzeln festzulegen, siehe unter DOKUMENTDRUCKFARBE-OPTIONEN.
- SCHWARZ ÜBERDRUCKEN: Möchten Sie generell Schwarz überdrucken, aktivieren Sie diese Option. Es werden jedoch nicht generell alle Schwarzanteile, sondern nur Objekte mit 100 %

**Rücksprache bei PS-Datei**

Falls Sie eine PostScript-Datei erzeugen, sprechen Sie mit Ihrem Dienstleister die Verwendung von In-RIP-Separationen sowie die dafür benötigten Einstellungen in allen Bereichen des Drucken-Dialogs ab.

**Rücksprache bei Belichtung**

Die Einstellungen unter SCHICHTSEITE, BILD und AUFLÖSUNG sind vom Druckverfahren bzw. dem bedruckten Material abhängig. Falls Sie Ihre Dateien selbst belichten oder die Belichtung beauftragen, fragen Sie Ihren Drucker nach den benötigten Einstellungen.

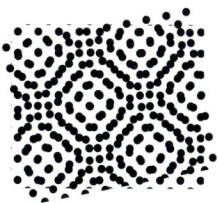

▲ **Abbildung 19.61**
Die Rasterwinkelungen der einzelnen Druckfarben sind sehr genau aufeinander abgestimmt. Kleinste Abweichungen vom Idealwert können zur Bildung von Moiré führen (monochrome Darstellung zur Verdeutlichung des Effekts).

Schwarzdeckung überdruckt. Die Einstellung betrifft auch nicht die Objekte, die aufgrund einer Füllmethode oder eines Grafikstils schwarz sind oder erscheinen.

Wenn Sie das Überdrucken von Schwarz mit dieser Option anstatt der Überdrucken-Eigenschaft durchführen und Ihr Dokument zur Belichtung an einen Dienstleister geben, denken Sie daran, in Ihrer Bestellung entsprechende Vorgaben zu definieren.

▶ DOKUMENTDRUCKFARBE-OPTIONEN (nur bei hostbasierter oder In-RIP-Separation aktiv): In der Liste sehen Sie alle im Dokument verwendeten Druckfarben und können für jede dieser Farben individuelle Einstellungen vornehmen.

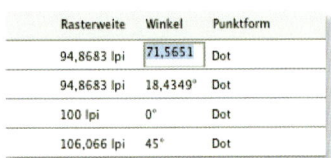

▲ Abbildung 19.62
Die Winkeleinstellung sollten Sie nicht ohne Grund und nicht ohne Rücksprache mit Ihrer Druckerei ändern.

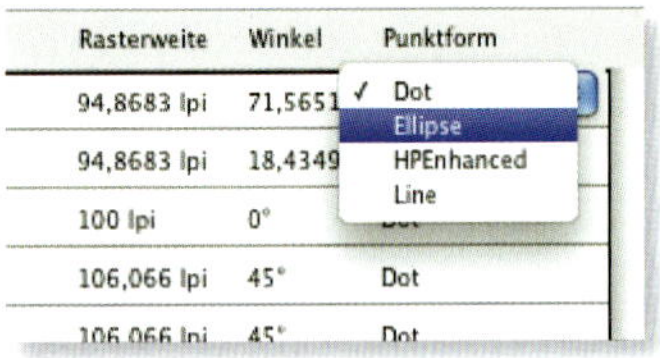

Das DRUCKERSYMBOL 🖶 kennzeichnet die Farben, für die ein Auszug gedruckt wird. Klicken Sie auf das Symbol (das Feld wird leer dargestellt), wenn Sie für die Farbe keinen Auszug erstellen möchten.

Das Farbsymbol zeigt den Modus an, in dem eine im Dokument angelegte Volltonfarbe verarbeitet wird. Das VOLLTON-FARBEN-SYMBOL 🔴 ist voreingestellt – Illustrator druckt einen Auszug für diese Farbe. Klicken Sie darauf, um die Farbe zu separieren – dies zeigt das VIERFARB-SYMBOL ✖ an. Klicken Sie erneut, um den Ursprungszustand wieder herzustellen.

Klicken Sie auf einen der Einträge unter RASTERWEITE oder WINKEL, um andere Werte einzugeben (siehe Abbildung 19.62). Klicken Sie auf einen Eintrag unter PUNKTFORM, um ein Aufklappmenü anzuzeigen, aus dem Sie eine alternative Punktform wählen (siehe Abbildung 19.63). Sprechen Sie die notwendigen Einstellungen auf jeden Fall mit Ihrer Druckerei ab.

▲ Abbildung 19.63
Auswahl der Punktformen – Punktform und Winkeleinstellung sind voneinander abhängig.

Verwenden Sie den AUF STANDARDWERTE ZURÜCKSETZEN-Button, um Ihre Änderungen zu widerrufen.

**Grafiken**

In dieser Gruppe von Einstellungen steuern Sie viele Faktoren, die die Geschwindigkeit des Ausdrucks beeinflussen.

Abbildung 19.64 ▶
Grafiken-Optionen im Drucken-Dialog

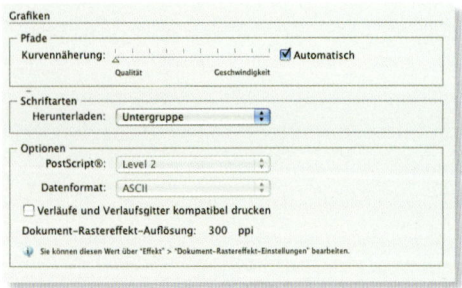

▶ Pfade: Mit dem Kurvennäherungsregler steuern Sie die Umsetzung von Kurven in gerade Segmente. Falls es Probleme bei der Ausgabe gibt (und der Drucker etwa den PostScript-Fehler »Limitcheck« meldet), deaktivieren Sie die Option Automatisch und stellen mit dem Regler einen Wert ein. Bewegen Sie den Regler nach rechts für eine sicherere Verarbeitung – aber eine gegebenenfalls deutliche Eckenbildung – oder nach links für eine höhere Genauigkeit in der Kurvennäherung.

▲ Abbildung 19.65
Kurvennäherung: automatisch (links), maximale Geschwindigkeit (rechts) – Letzteres ist für viele Zwecke ausreichend.

▶ Schriftarten: Einige druckereigene (oder druckerresidente) Schriften sind auf PostScript-Druckern installiert. Meist verwenden Sie wahrscheinlich andere Schriften in Ihrem Dokument. Darüber hinaus können sich auch Schriften mit gleichem Namen in wichtigen Details voneinander unterscheiden – z. B. in der Laufweite. Daher ist es nötig, Schriften an den Drucker zu senden (oder in eine »gedruckte« PostScript- bzw. PDF-Datei einzubetten). Mit diesem Menü bestimmen Sie, wie Schriften an den Drucker gesendet werden.

**Druckerresidente Fonts**

Eine Liste der druckerresidenten Fonts können Sie von Ihrem Drucker ausgeben lassen. Lesen Sie im Handbuch nach, wie das bei Ihrem Gerät funktioniert.

▶ Ohne: Wählen Sie die Option, wenn die verwendete Schrift auf dem Drucker gespeichert ist. Meiden Sie die Option, falls Sie mit TrueType-Schriften gearbeitet haben – diese können nicht auf Druckern installiert sein.

▶ Untergruppe: Für Dokumente mit wenig Text, die im Internet veröffentlicht werden sollen, empfiehlt sich diese Option. Es werden für jede Seite des Dokuments nur die jeweils vorkommenden Zeichen der eingesetzten Schriften im PDF gespeichert bzw. an den Drucker gesendet.

**Untergruppen?**

Mit der Option Untergruppen wird das Ausgabegerät gezwungen, den eingebetteten Font zu verwenden, selbst wenn der verwendete Font installiert ist.

▶ Vollständig: Wählen Sie diese Option, werden alle Schriftzeichen der verwendeten Schriftdateien in die PostScript- oder PDF-Datei eingebettet. Beim Ausdrucken erhält der Drucker am Beginn des Dokuments alle Schriften.

**Schriften teilweise einbetten?**

Das teilweise Einbetten von Schriften schränkt die Bearbeitbarkeit eines PDF ein – in der Druckvorstufe hat sich daher die vollständige Einbettung etabliert.

▶ Optionen: Normalerweise bestimmt der Druckertreiber hier die richtigen Einstellungen. Falls Sie die Einstellungen ändern, achten Sie darauf, dass der PostScript-Level von Ihrem Gerät unterstützt wird.

Für die Erstellung einer PostScript-Datei ist die Option Datenformat wichtig. Sie bestimmt das PostScript-Format. Die Option Binär erzeugt sehr kompakte Dateien, die aber nicht immer mit älteren Geräten und Netzwerken kompatibel sind – wählen Sie in diesen Situationen ASCII.

▶ Verläufe und Verlaufsgitter kompatibel drucken: Entsprechende Objekte werden in ein JPEG umgewandelt, bevor Illustrator sie an den Drucker sendet. Diese Einstellung ist nur sinnvoll, wenn Probleme mit Verläufen und Gittern aufgetreten sind.

## Farbmanagement

Das Dokumentprofil beschreibt, für welche Ausgabesituation die Farben im Dokument optimiert wurden. Mit Einstellungen dieser Gruppe lässt sich diese Ausgabesituation auf einem Proof simulieren oder für eine alternative Umgebung umsetzen.

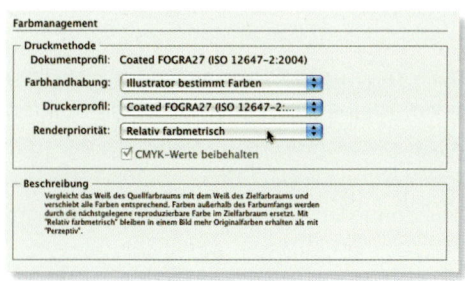

**Abbildung 19.66** ▶
Farbmanagement-Optionen im Drucken-Dialog

▶ FARBHANDHABUNG: Wählen Sie hier, ob Illustrator oder der Raster-Image-Prozessor des PostScript-Geräts das Farbmanagement vornehmen soll.

▶ ILLUSTRATOR BESTIMMT FARBEN: Illustrator konvertiert die im Dokument eingesetzten Farben unter Berücksichtigung der Farbprofile und nach der ausgewählten Rendermethode in die Farben des angegebenen Druckerprofils.

▶ POSTSCRIPT-DRUCKER BESTIMMT FARBEN: Die Daten werden mit den zur Konvertierung notwendigen Informationen an das Ausgabegerät gesendet. Nutzen Sie diese Option nicht, wenn Sie Transparenzen verwenden.

▶ DRUCKERPROFIL: Wenn Sie das Farbmanagement in Illustrator durchführen, wählen Sie hier das Farbprofil des Druckers.

▶ RENDERPRIORITÄT: Die Rendermethode bestimmt, auf welche Art die Farbpositionen in unterschiedlichen Farbräumen ineinander umgerechnet werden.

▶ PERZEPTIV: Farben werden so im Zielfarbraum abgebildet, dass das Verhältnis der Abstände der Farben zueinander erhalten bleibt. Die absoluten Farben können sich dabei verändern. Diese Wiedergabeabsicht eignet sich gut, wenn viele Farben signifikant außerhalb des Zielfarbraums liegen.

▶ SÄTTIGUNG: Die Sättigung der Farben bleibt erhalten, die Farbtöne können sich ändern. Die Methode ist vor allem für Geschäftsgrafiken (PowerPoint) gedacht, nicht für die Druckvorstufe.

▶ RELATIV FARBMETRISCH: Der Bezugspunkt für die Verschiebung der Farben vom Quell- in den Zielfarbraum ist der Weißpunkt des jeweiligen Farbraums. Farben, die außerhalb des Zielfarbraums liegen, werden auf den nächstreproduzierbaren Buntton abgebildet.

> **Farbhandhabung und Farbmanagement im Druckertreiber**
>
> Beachten Sie, dass Sie bei Verwendung der Option ILLUSTRATOR BESTIMMT FARBEN das Farbmanagement in Ihrem Druckertreiber ausschalten müssen. Umgekehrt müssen Sie es aktivieren und einrichten, wenn Sie das Farbmanagement im Drucker vornehmen lassen.

- ABSOLUT FARBMETRISCH: Die Ausgabe verhält sich wie mit der Option RELATIV FARBMETRISCH. Es wird aber der Weißpunkt des Quellfarbraums erhalten. Diese Wiedergabeabsicht eignet sich ausschließlich für das Proofen.
- CMYK-/RGB-WERTE BEIBEHALTEN: Unterscheiden sich Dokument- und Druckerprofil, entscheiden Sie mit dieser Option, ob die Definition von Farben, denen kein Profil zugewiesen ist, erhalten bleibt oder konvertiert wird. In den meisten Fällen sollten Sie CMYK-Werte beibehalten – eine Transformation zwischen zwei CMYK-Farbprofilen ist besonders kritisch für die Farbe Schwarz.

**Wiedergabeabsicht?**

Alternativ zum Begriff »Renderpriorität« ist die Bezeichnung »Wiedergabeabsicht« gebräuchlich, die sich vom englischen »Rendering Intent« herleitet.

**Erweitert**

Live-Transparenzen können Sie nicht an Drucker weitergeben, sondern müssen sie vor dem Ausdruck »reduzieren«.

Des Weiteren stellen Sie hier ein, wie Überdrucken-Einstellungen behandelt werden sollen.

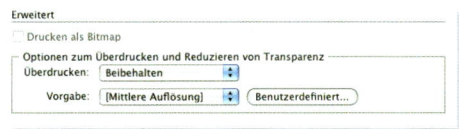

◄ **Abbildung 19.67**
Erweitert-Optionen im Drucken-Dialog

- ÜBERDRUCKEN: Wählen Sie aus dem Aufklappmenü, wie die Überdrucken-Eigenschaft beim Ausdruck behandelt werden soll.
  - BEIBEHALTEN: Die Farben werden wie eingestellt überdruckt. Die Überdrucken-Eigenschaft kann jedoch nur von PostScript-fähigen Geräten ausgegeben werden.
  - LÖSCHEN: Die Grafik wird ausgegeben, ohne Objekte zu überdrucken.
  - SIMULIEREN: Die Überdrucken-Eigenschaft wird in CMYK umgerechnet und mit den Möglichkeiten des angeschlossenen Druckers dargestellt. Für Proofausdrucke ist diese Option zuweilen unumgänglich, für die Produktion dagegen nicht zu empfehlen, da Schmuckfarben in CMYK umgerechnet werden. Für die Umwandlung von Buchfarben in CMYK wird mit SIMULIEREN die Lab-Definition verwendet.

**Rastereffektauflösung**

Achten Sie darauf, die richtige Auflösung in den Dokument-Rastereffekt-Einstellungen einzurichten, wenn Sie transparente Objekte drucken wollen.

▲ **Abbildung 19.68**
ÜBERDRUCKEN: LÖSCHEN (links) und BEIBEHALTEN (rechts)

Wählen Sie eine Transparenzreduzierungsvorgabe aus dem Menü VORGABE, oder klicken Sie auf den Button EIGENE…, und stellen Sie die Optionen direkt ein (mehr zu Transparenzen finden Sie in Kapitel 12). Voreingestellt ist hier die Reduzierungsvorgabe, die im Dokumentprofil eingestellt ist bzw. die Sie dem Dokument zugewiesen haben.

19.4 Ausdrucken | **643**

### Übersicht

Auf der Seite ÜBERSICHT stellt Illustrator noch einmal alle Ihre gewählten Optionen zusammen. Hier erscheinen auch Warnungen, falls das Programm Fehlerquellen entdeckt hat.

### Druckvorgaben speichern

Falls Sie wiederholt identische Einstellungen benötigen, können Sie diese speichern. Klicken Sie den Button mit dem Diskettensymbol 💾 in der Drucken-Dialogbox an, und geben Sie einen Namen für die Einstellung ein. Die Einstellung wird in der Illustrator-Voreinstellungendatei gespeichert.

- **Vorgaben aufrufen**: Ihre Vorgaben werden im Menü DRUCKVORGABE ganz oben im Drucken-Dialog aufgelistet.
- **Vorgaben editieren**: Möchten Sie Ihre Vorgaben bearbeiten, wählen Sie BEARBEITEN • DRUCKVORGABEN… Aktivieren Sie eine der Vorgaben in der Liste, und klicken Sie auf den Button BEARBEITEN…
- **Vorgaben exportieren**: Eine aktivierte Vorgabe lässt sich als Textdatei außerhalb der allgemeinen Voreinstellungendatei speichern. So haben Sie eine Sicherungskopie, falls Sie die Illustrator-Voreinstellungen einmal löschen müssen. Außerdem lässt sich die Textdatei an Kollegen weitergeben.
- **Einstellungen im aktuellen Dokument speichern**: Die Einstellungen im Drucken-Dialog speichert Illustrator, wenn Sie das Dokument drucken. Möchten Sie die Einstellungen im Dokument speichern, ohne gleich zu drucken, klicken Sie auf den Button FERTIG.

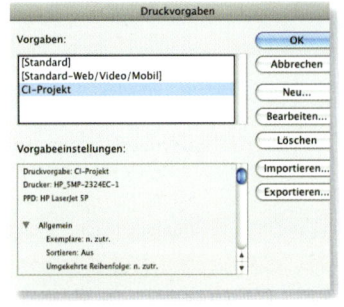

▲ Abbildung 19.69
Druckvorgaben bearbeiten

### Problemanalyse

Stoßen Sie beim Drucken auf Probleme, gilt es, diese zu analysieren. Dafür können Sie die Bedienfelder von Illustrator einsetzen. Viele Schwierigkeiten rühren von fehlenden oder nicht auf dem letzten Stand befindlichen Bilddateien – zur Analyse dient Ihnen das Verknüpfungen-Bedienfeld (Pixeldaten siehe Kapitel 18).

Überprüfen Sie die Anzahl und Verschachtelungstiefe der Ebenen mithilfe des Ebenen-Bedienfelds.

Ein Universal-Bedienfeld listet Ihnen viele Dokument- und Objekteigenschaften gemeinsam auf: das Bedienfeld DOKUMENTINFORMATIONEN. Rufen Sie es aus dem Menü FENSTER auf. In der Standardansicht des Dokumentinformationen-Bedienfelds finden Sie die Statistik zum Dokument. Im Bedienfeldmenü selektieren Sie, welche Informationen Sie im Bedienfeld anzeigen möchten. Möchten Sie z. B. die Anzahl der Punkte eines Pfads wissen, wählen Sie OBJEKTE aus dem Bedienfeldmenü und aktivieren das betreffende Objekt.

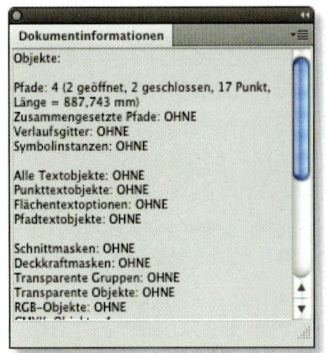

▲ Abbildung 19.70
Details zu einem Objekt im Dokumentinformationen-Bedienfeld

### Checkliste: Im Layout platzieren und drucken

**Rücksprachen** | Klären Sie die Punkte dieser Liste mit Dienstleistern bzw. den Kollegen, die Ihre Grafik weiterverarbeiten.

**Dokumentfarbmodus** | Ihr Dokument sollte von Anfang an im Dokumentfarbmodus CMYK angelegt sein.

**Farbprofil** | Weisen Sie ein passendes Farbprofil zu.

**Konturstärken** | Beachten Sie die minimale Linienstärke, die im gewünschten Druckverfahren dargestellt werden kann. Im Offsetdruck ist dies etwa 0,25 Punkt für positive Linien und 0,5 Punkt für negative Linien. Denken Sie daran, dass Ihre Grafik im Layout eventuell verkleinert wird.

**Schatten, Schein und Weiche Kante** | Definieren Sie eine ausreichende Auflösung für die Berechnung pixelbasierter Effekte in den Dokument-Rastereffekt-Einstellungen.

**Transparenzreduzierung** | Stellen Sie je nach den Inhalten Ihrer Datei geeignete Optionen für die Verflachung der Live-Transparenz ein.

**Bildauflösungen** | Achten Sie darauf, dass platzierte Bilder in ausreichender Auflösung vorliegen, und skalieren Sie diese möglichst nicht innerhalb von Illustrator.

**Angleichungsstufen** | Achten Sie darauf, die Anzahl der Stufen bei Angleichungen nicht zu gering zu wählen, um weiche Übergänge zu erreichen. Definieren Sie andererseits auch nicht zu viele Schritte, um die Bearbeitungszeit im RIP zu optimieren.

**Nicht sichtbare/Nicht druckende Ebenen oder Objekte** | Um Unklarheiten gar nicht erst entstehen zu lassen, löschen Sie alle Ebenen und Elemente, die nicht gedruckt werden sollen – zumindest in der Version des Dokuments, die Sie weitergeben.

**Schriften einbetten** | In PDFs werden Schriften üblicherweise eingebettet. Diese Möglichkeit besteht jedoch auch in EPS- und AI-Dokumenten für den Zweck der Platzierung im Layout. Eine Umwandlung der Schriften in Pfade sollten Sie möglichst ebenso vermeiden wie das Weitergeben der Fonts.

**Schmuckfarben** | Prüfen Sie, ob Schmuckfarben als Volltonfarben definiert wurden, und umgekehrt, ob alle Skalenfarben auch in CMYK vorliegen. Für eine schnelle Prüfung reicht das Separationen-Bedienfeld in Illustrator. Eine genauere Analyse erlaubt die Separationsvorschau in Acrobat.

**Seitengröße** | Falls Sie mit deaktivierter Anzeige der Zeichenflächen arbeiten, überprüfen Sie, ob alle zu druckenden Elemente innerhalb der definierten Zeichenflächen liegen.

**Beschnittzugabe** | Definieren Sie eine Beschnittzugabe, falls das Dokument randabfallende Elemente enthält.

**Nicht benötigte Elemente** | Löschen Sie nicht verwendete Pinsel, Symbole, Farbfelder und Grafikstile.

**Dateiformat** | Sprechen Sie das zu liefernde Dateiformat und gegebenenfalls einzustellende Optionen ab. Fragen Sie nach Druckertreibern und Joboptions für die Produktion von PDFs.

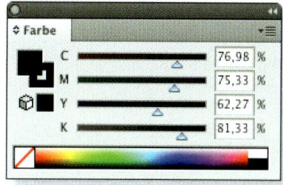

▲ Abbildung 19.71
Ist Ihr Dokument im RGB-Modus angelegt, wird Schwarz beim Druck zu »buntem Schwarz«.

▲ Abbildung 19.72
Dokument-Rastereffekt-Auflösung zu gering (links), ausreichend (rechts)

▲ Abbildung 19.73
Geben Sie nur die Elemente weiter, die gedruckt werden sollen.

▲ Abbildung 19.74
Eine Übersicht der Druckfarben von Illustrator-CS3-Dateien in Adobe Bridge

# 20  Web- und Bildschirmgrafik

Auch wenn Illustrator ursprünglich einmal entwickelt wurde, um das Erstellen von PostScript-Grafik zu vereinfachen, ist es heute aus dem Web- und Videobereich nicht mehr wegzudenken. Bereits seit Version CS3 ist Illustrator gut in Web- und Video-Workflows integriert, sodass Sie Dateien besser vorbereiten können und mehr Objekte bei der Dateiübergabe editierbar erhalten bleiben.

| Platzbedarf der Browser |
| --- |
| Bedenken Sie beim Design immer den Platzbedarf der Browser für Menüleiste, Scrollbalken und Funktionsleisten. Platzieren Sie den Screenshot eines Browser-Fensters in Ihrer Datei, dann sehen Sie die Gesamtwirkung Ihres Designs so, wie die Benutzer es später erleben. |

## 20.1  Screendesign mit Illustrator

Illustrator wird sowohl für Design und Konzeption klassischer HTML-basierter Websites als auch im Produktionsprozess von Flash-Animationen und -Applikationen eingesetzt.

▲ Abbildung 20.1
Device-Central-Icon

| Webentwicklung mit Illustrator? |
| --- |
| Illustrator ist für den grafischen Entwurf von Webseiten – vor allem der aktuell im Trend liegenden reduzierten Designs – gut aufgestellt. Für das Kodieren der Seiten oder das Verwalten kompletter Websites ist Illustrator jedoch weder gedacht noch geeignet. |

### Datei einrichten
Um neue Dateien für diese Einsatzgebiete zu erstellen, nutzen Sie entweder eine der vielen Standardvorlagen, oder Sie setzen – für mobile Medien – Device Central ein.

**Standardvorlagen** | Sowohl für das Webdesign als auch für mobile Geräte bringt Illustrator Standardvorlagen in typischen Größen mit, in denen wichtige Einstellungen wie der Dokumentfarbmodus RGB und die Rastereffektauflösung von 72 dpi bereits vorgenommen sind. Lediglich den Vorschau-Modus PIXEL sollten Sie im Bereich ERWEITERT noch einrichten (zu neuen Dateien siehe Kapitel 4).

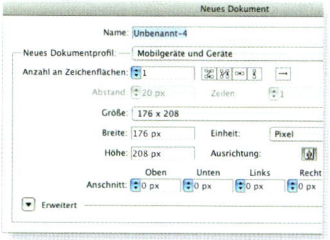

▲ Abbildung 20.2
Das Dokumentprofil MOBILGERÄTE im Dialog NEUES DOKUMENT

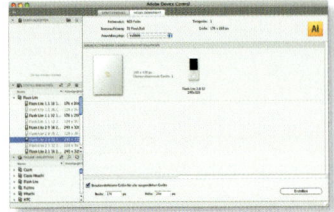

▲ Abbildung 20.3
Device Central

▲ Abbildung 20.4
Vor allem beim Icon-Design – ein beliebtes Einsatzgebiet für Illustrator – ist der passgenaue Sitz der einzelnen Pixel wichtig.

▲ Abbildung 20.6
Konturstärke 1 Pixel (oben) – so wäre es gewünscht (unten).

▲ Abbildung 20.7
Der Transformieren-Effekt verschiebt die Kontur um einen halben Pixel.

**Device Central** | Device Central enthält eine Datenbank mit vielen Handy-Modellen und deren Eigenschaften und Funktionen, wie Bildschirmgröße, Speicher, unterstützte Dateiformate und installierte Flash-Version. Gehen Sie wie folgt vor:

1. Wählen Sie DATEI • DEVICE CENTRAL…, um die Applikation zu starten.
2. Klicken Sie auf den Reiter NEUES DOKUMENT. Sollte dieser Reiter nicht angelegt sein, wählen Sie DATEI • NEUES DOKUMENT IN • ILLUSTRATOR. Richten Sie die für das Projekt passenden Optionen ein, und klicken Sie auf den Button ERSTELLEN.

### Pixelvorschau und Ausrichten

Die Pixelvorschau dient dazu, Ihre Grafik so anzuzeigen, wie sie beim Exportieren in rasterbasierte Formate und bei der Darstellung auf einem Monitor umgerechnet würde. Die Pixelvorschau aktivieren Sie entweder in der Dialogbox NEUES DOKUMENT oder mit ANSICHT • PIXELVORSCHAU – Shortcut ⌘+⌥+Y bzw. Strg+Alt+Y. Den Linealnullpunkt sollten Sie nur einmal vor Beginn Ihrer Arbeit verschieben, denn dessen Position bestimmt das generierte Pixelraster.

Per Voreinstellung mit der Pixelvorschau verbunden ist die Einstellung AN PIXEL AUSRICHTEN. Sie finden diese Option im Menü ANSICHT.

▲ Abbildung 20.5
Mit (links) und ohne (rechts) AN PIXEL AUSRICHTEN positionierter Button

Diese Ausrichtung bewirkt, dass Sie beim intuitiven Transformieren von Objekten diese nur exakt im Pixelraster positionieren können. So werden horizontale und vertikale Objektkanten immer in optimaler Schärfe generiert.

### Linien im Web- und Screendesign

Wenn Sie Screendesigns erstellen, sollten Sie selbstverständlich keine Linienstärken unter der kleinsten darstellbaren Einheit, also 1 Pixel, anlegen.

Damit 1-Pixel-Linien sauber dargestellt werden, müssen Sie auf einem ganzen Pixel liegen. Problematisch ist hier jedoch die

Eigenart von PostScript, die Linienstärke jeweils von der Mitte des Pfads aus zu berechnen.

Wenn Sie beim Webdesign mit aktivierter Pixelvorschau und der Einstellung AN PIXEL AUSRICHTEN arbeiten – was ratsam ist –, liegt der Pfad immer auf der Grenze zwischen zwei Pixeln. Die 1-Pixel-Kontur erstellt Illustrator also einen halben Pixel zur einen und einen halben zur anderen Seite. Für geschlossene Pfade richten Sie die Kontur mit dem Kontur-Bedienfeld einfach außerhalb oder innerhalb des Pfads aus, bei offenen Formen hilft nur ein Trick: Erstellen Sie je einen Grafikstil für horizontale und vertikale Linien, in dem Sie die Konturen mit dem Effekt TRANSFORMIEREN verschieben (zu Effekten siehe Kapitel 13).

> **Schriftdarstellung optimieren**
>
> Optimieren Sie Schriften gegebenenfalls mithilfe des Effekts IN PIXELBILD UMWANDELN und der Einstellung SCHRIFT OPTIMIERT (HINTED) (zu SCHRIFT IN PIXELBILD UMWANDELN siehe Kapitel 14).

> **Warum sind dünne gekrümmte Linien immer so stufig?**
>
> Illustrator ist ein objektorientiertes Programm. Für Illustrator ist es in erster Linie wichtig, alle vorhandenen Objekte möglichst exakt – also mit den definierten Eigenschaften – am Bildschirm darzustellen. Die Bildschirmauflösung ist jedoch begrenzt. Eine Linie kann nicht dünner sein als 1 Bildpixel, wird aber trotzdem mit ihrer exakten Farbe dargestellt. Aufgrund der dünnen Linienstärke fallen die Treppenstufen an den Kanten – die auch bei stärkeren Linien vorhanden sind – extrem auf.
>
> Ein Bildbearbeitungsprogramm dagegen kennt keine Objekte, sondern nur Pixel in unterschiedlichen Farben. Wenn ein Bild verkleinert wird, dann interpoliert es diese Pixel. Deren Farbe wird dabei heller. Da das Bildbearbeitungsprogramm jedoch keine Objekte mit definierten Eigenschaften kennt, ist ihm dies gleichgültig.

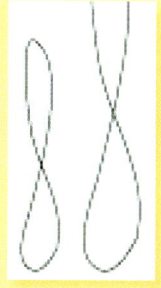

## Barrierefreiheit

Eine wichtige Bedingung für die Barrierefreiheit von Webseiten und anderen Dokumenten besteht darin, dass mit Farbe dargestellte Informationen auch ohne Farbe verfügbar sein müssen, z. B. auf Schwarzweißgeräten oder bei Farbfehlsichtigkeit. Mit dem Softproof auf Farbenblindheit (mehr dazu in Kapitel 8) können Sie Ihre Entwürfe testen.

> **Barrierefrei?**
>
> Viele interessante Informationen rund um die Barrierefreiheit von Webseiten (und PDF-Dokumenten) erhalten Sie unter *www.einfach-fuer-alle.de*

## Slices

Slices definieren in einer Grafik einzelne Bereiche, denen Sie beim Export als Webgrafik individuelle Exportoptionen zuweisen können. Slices sind selbstverständlich nur virtuelle Schnitte, die Ihre Vektorobjekte völlig intakt lassen. Slices lassen sich auf zwei Arten erstellen – mit dem Slice-Werkzeug und über das Menü OBJEKT.

In einzelnen Slices der Grafik können Sie zusätzlich Imagemaps anlegen und die gesamte Grafik »in einem Rutsch« für das Web speichern. Mehr zu Imagemaps finden Sie weiter unten.

**Anzeige |** Die Optionen für die Anzeige der Slices definieren Sie unter VOREINSTELLUNGEN • SLICES… Stellen Sie eine Linienfarbe ein, und aktivieren Sie die Anzeige der Slice-Nummerierung. Um

> **Maßeinheit umstellen**
>
> Die Maßeinheit des Dokuments lässt sich auch umstellen, ohne DOKUMENT EINRICHTEN… aufzurufen. Auf dem Mac halten Sie dafür `ctrl` gedrückt und klicken auf eines der Lineale. Unter Windows klicken Sie mit der rechten Maustaste auf das Lineal. Wählen Sie dann die gewünschte Maßeinheit aus dem aufklappenden Menü.

▲ Abbildung 20.8
Slice-Werkzeuge

▲ Abbildung 20.9
Voreinstellungen für Slices

▲ Abbildung 20.10
Slice-Typen: BILD ❶, KEIN BILD ❷, HTML-TEXT ❸, Slice mit Unter-Slice ❹, Auto-Slice ❺

**Slices und Zeichenflächen**

Wenn Sie OBJEKT • SLICE • GANZE ZEICHENFLÄCHE EXPORTIEREN aktivieren, können Sie für jede Zeichenfläche einen unabhängigen Satz Slices anlegen.

Slices ein- oder auszublenden, wählen Sie die entsprechende Option im Menü ANSICHT.

Dort können Sie auch mit dem Menüpunkt SLICES FIXIEREN die von Ihnen definierten Slices vor unbeabsichtigtem Verändern schützen.

**Mit dem Slice-Werkzeug erstellen** | Um ein Slice mit dem Werkzeug anzulegen, wählen Sie es aus dem Werkzeugbedienfeld – Shortcut ⇧+K – und klicken und ziehen ein Rechteck, das Ihr Slice definiert. Auf diese Art erzeugte Slices sind an ihrer Position auf der Zeichenfläche festgelegt. Wenn Sie darunterliegende Objekte verschieben, verändert sich das Slice nicht.

**Über das Menü erstellen** | Aktivieren Sie ein Objekt, über dem Sie ein Slice anlegen möchten, und wählen Sie OBJEKT • SLICE • ERSTELLEN oder – falls Sie ein Slice um mehrere aktivierte Objekte bilden möchten OBJEKT • SLICE • AUS AUSWAHL ERSTELLEN. Mit dem Befehl AUS HILFSLINIEN ERSTELLEN werden in der Datei angelegte Hilfslinien als Basis verwendet.

Ein aus einem einzelnen Objekt definiertes Slice ist an das Objekt gebunden, bewegt sich mit ihm und wird entfernt, sobald Sie das Objekt löschen.

**Auto-Slices** | Illustrator ergänzt immer automatische Slices ❺ (siehe Abbildung 20.10), sodass sich insgesamt eine Rechteckfläche ergibt, die alle Objekte in der Datei umfasst. Bewegen oder verändern Sie Slices, aktualisiert Illustrator die Auto-Slices. Auto-Slices sind durch eine hellere Farbe gekennzeichnet.

**Unter-Slices** | Falls Sie ein Slice definieren, das ein anderes überlappt, muss das untere Slice aufgeteilt werden, da Slices nur nebeneinanderliegend generiert werden. Die dabei entstehenden Unter-Slices ❹ sind nicht eigenständig zu aktivieren oder zu bearbeiten.

**Auf Zeichenfläche beschränken** | Normalerweise ergänzt Illustrator Auto-Slices so, dass alle Objekte in der Datei eingeschlossen sind. Möchten Sie die Definition von Slices auf die Zeichenfläche beschränken, wählen Sie OBJEKT • SLICE • GANZE ZEICHENFLÄCHE EXPORTIEREN.

**Slices bearbeiten**
**Auswählen** | Slices, die Sie anpassen möchten, wählen Sie mit dem Slice-Auswahlwerkzeug aus, indem Sie in das gewünschte Slice klicken. Drücken Sie ⇧, und klicken Sie weitere Slices an,

um diese zur Auswahl hinzuzufügen. Mit dem Objekt-Menü erzeugte Slices wählen Sie aus, indem Sie das Objekt auswählen, zu dem die Slices gehören. Alternativ verwenden Sie das Ebenen-Bedienfeld, um Slices auszuwählen. Auto-Slices können Sie nicht auswählen.

**Optionen** | Aktivieren Sie ein Slice und wählen Objekt • Slice • Slice-Optionen..., um den Slice-Typ festzulegen und weitere Einstellungen vorzunehmen. Drei Slice-Typen stehen zur Auswahl: Bild ▨, Kein Bild ▨ und HTML-Text ▨. Die Art zeigt Illustrator auf der Zeichenfläche mit dem abgebildeten Symbol an:

▶ Bild ❶: Mit diesem Typ wird eine Bilddatei erzeugt. In der Slice-Optionen-Dialogbox geben Sie unter URL die Adresse für den Link ein, wenn das Bild klickbar sein soll. Im Feld Name können Sie einen Namen für die beim Speichern erzeugte Datei definieren.
Die Komprimierungsoptionen legen Sie in der Dialogbox Für Web speichern fest.

▶ Kein Bild ❷: Diesen Typ wählen Sie, um einfarbige Flächen durch eine Hintergrundfarbe in der Tabellenzelle oder dem CSS-Container darzustellen. In das Eingabefeld können Sie HTML-formatierten Text eingeben, der in dem Bereich angezeigt werden soll.

▶ HTML-Text ❸: Diesen Typ können Sie nur auswählen, wenn das Slice an einem Textobjekt definiert wurde. Der Inhalt des Textobjekts und seine Formatierung wird als HTML-Text generiert. Möchten Sie die Ausgabe der Formatierung unterdrücken, empfiehlt Adobe, am Beginn des Texts im Textobjekt `<unformatiert>` einzugeben. Diese Vorgehensweise kann zu Abstürzen führen.
Möchten Sie den Text (oder den generierten HTML-Code) editieren, wählen Sie den Slice-Typ Kein Bild aus (dies bewirkt, dass die Verbindung zum Textobjekt getrennt wird), und führen Sie die gewünschten Änderungen aus.

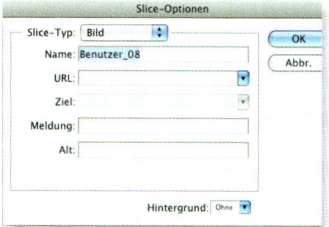
▲ **Abbildung 20.11**
Optionen für ein Bild-Slice

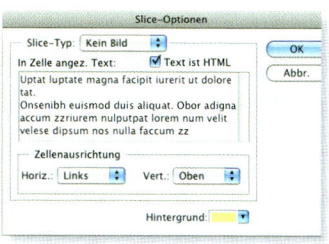
▲ **Abbildung 20.12**
Optionen für ein Kein-Bild-Slice

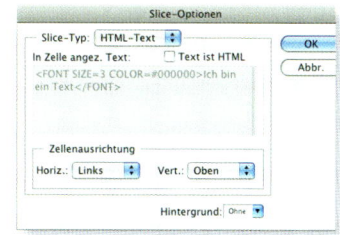
▲ **Abbildung 20.13**
Optionen für ein HTML-Text-Slice

**Begrenzungen anpassen** | Klicken und ziehen Sie Slices mit dem Slice-Auswahlwerkzeug an die gewünschte Position.

Sie haben folgende Modifizierungsmöglichkeit: Halten Sie ⇧, um die Bewegung auf 45°-Schritte einzuschränken.

Aktivieren Sie ein Slice, und klicken und ziehen Sie eine Seite oder Ecke seines Begrenzungsrahmens, um die Größe zu verändern. Um Slices aneinander auszurichten oder zu verteilen, aktivieren Sie die betreffenden Slices und verwenden die Funktionen des Ausrichten-Bedienfelds (zum Ausrichten-Bedienfeld siehe Kapitel 5, »Geometrische Objekte und Transformationen«).

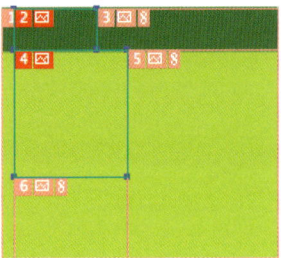

▲ **Abbildung 20.14**
Slices mit dem Ausrichten-Bedienfeld exakt positionieren

### Web-Speichern in Photoshop

Die unterschiedlich aussehenden Dialogboxen sind nicht nur ein optisches Phänomen. Da beide Programme jetzt beim Speichern für das Web unterschiedliche Routinen verwenden, erzielen Sie z. B. mit denselben Werten in der JPEG-QUALITÄT keine vergleichbaren Ergebnisse mehr.

Die Stapelreihenfolge von Slices verändern Sie mithilfe des Ebenen-Bedienfelds – diese Option ist wichtig für die Erstellung von Unter-Slices (zum Ebenen-Bedienfeld siehe Kapitel 11).

Möchten Sie ein mit dem Slice-Werkzeug angelegtes Slice aufteilen, aktivieren Sie es und wählen OBJEKT • SLICE • SLICES UNTERTEILEN…

Umgekehrt lassen sich auch mehrere Slices zu einem zusammenfügen. Aktivieren Sie die betreffenden Slices, und wählen Sie OBJEKT • SLICE • SLICES KOMBINIEREN.

**Löschen** | Mit dem Werkzeug erstellte Slices aktivieren Sie und drücken die Löschtaste. Haben Sie ein Slice über das Objekt-Menü generiert, aktivieren Sie es und wählen OBJEKT • SLICE • ZURÜCKWANDELN. Beim Entfernen mit der Löschtaste würde in diesem Fall auch das Vektorobjekt gelöscht. Um alle Slices zu löschen, wählen Sie OBJEKT • SLICE • ALLE LÖSCHEN.

### Für Web und Geräte speichern

Wählen Sie DATEI • FÜR WEB UND GERÄTE SPEICHERN… Falls Sie auch Photoshop verwenden, werden Sie einen Unterschied zwischen den gleichnamigen Funktionen beider Programme sehen: Im Gegensatz zu Illustrator wurde in Photoshop CS4 die Für-Web-speichern-Funktion erneutert.

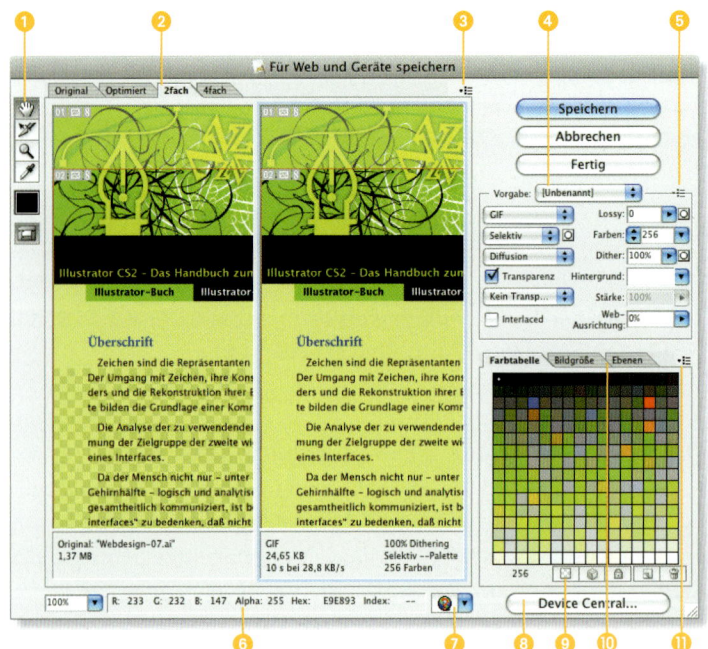

▲ **Abbildung 20.16**
Hier lässt sich eine Liste von Browsern als Menü einrichten.

▲ **Abbildung 20.15**
FÜR WEB UND GERÄTE SPEICHERN mit den Optionen für das GIF-Format

Die Werkzeug-Buttons ❶ dienen zur Navigation in den Vorschaubildern: Mit dem Hand-Werkzeug  verschieben Sie die Ansicht im Fenster. Verwenden Sie das Slice-Auswahl-Werkzeug , um Slices zu aktivieren, für die Sie Einstellungen vornehmen möchten. Das Zoom-Werkzeug  vergrößert die Ansicht der Grafik, und mit dem Pipetten-Werkzeug  nehmen Sie Farben aus den Vorschaubildern auf. Klicken Sie auf den Slices-einblenden/ausblenden-Button , um die Anzeige der Slices zu steuern.

Mit den Reitern ❷ stellen Sie die Anzahl der Vorschaubilder ein. Sie können sich nur die Originalgrafik, nur die optimierte Version, eine Gegenüberstellung von Original und optimierter Version oder einen Vergleich des Originals mit drei verschiedenen Vorschauen anzeigen lassen. Einstellungen, die Sie vornehmen, werden jeweils auf das durch einen Rahmen hervorgehobene Vorschaufenster angewendet.

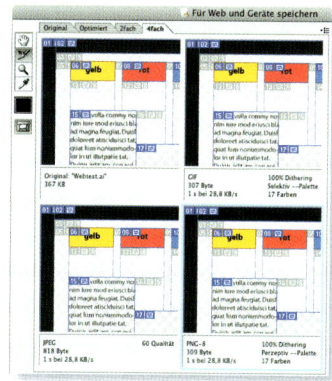

▲ Abbildung 20.17
4-fach-Vorschau zum Vergleichen unterschiedlicher Komprimierungseinstellungen (Ausgewählt ist das gelbe Slice.)

Verwenden Sie das Aufklappmenü ❸, um die Modemgeschwindigkeit auszuwählen, auf deren Basis Illustrator die Download-Zeit berechnen soll.

Einige mitgelieferte sowie eigene Komprimierungseinstellungen, die Sie speichern, wählen Sie im Voreinstellungsmenü ❹ aus.

Im MENÜ »OPTIMIERT« ❺ finden Sie verschiedene Befehle, die Grundeinstellungen oder den Umgang mit Slices betreffen. Mit einem dieser Befehle lassen sich z.B. Ihre Einstellungen speichern, sodass sie im Voreinstellungen-Menü angezeigt werden. Darüber hinaus finden Sie in diesem Menü die Optionen für die Generierung der HTML-Datei, und Sie können die Konvertierung Ihrer Grafik in das sRGB-Farbprofil und damit eine Umwandlung der Farbwerte deaktivieren.

Die Statusleiste ❻ zeigt die RGB- und HEX-Werte des unter dem Cursor befindlichen Pixels sowie seine Position in der Farbpalette (für GIF und PNG-8).

Im Browser-Menü ❼ können Sie Links zu verschiedenen auf Ihrem Computer installierten Browsern einrichten. Um eine Vorschau in einem der Browser aufzurufen, wählen Sie den Browser später einfach aus dieser Liste aus. Möchten Sie die Anzeige einer Grafik in mobilen Geräten von Device Central emulieren lassen, klicken Sie auf den Button ❽. Dies funktioniert nur mit »ungesliceten« Grafiken.

▲ Abbildung 20.18
Via FÜR WEB UND GERÄTE SPEICHERN können Sie SWF-Animationen aus Ebenen generieren und in Device Central testen. Dabei lassen sich sogar typische Reflexionen von Innenräumen oder Außenumgebungen auf dem Handydisplay emulieren.

Zur Optimierung der Farbpalette von GIF und PNG-8 finden Sie unter der Paletten-Anzeige eine Buttonleiste ❾. Weitere Funktionen und Sortierungsoptionen finden Sie im Menü ⓫.

Möchten Sie eine Größenanpassung der Grafik für die Ausgabe vornehmen oder Ihre Illustration nicht als Slices, sondern mithilfe von durch CSS positionierten Ebenen generieren, wählen Sie den entsprechenden Reiter ❿ unterhalb der Optimierungsoptionen aus. In der folgenden Übung werden Sie die Webexport-Funktionen ein wenig näher kennenlernen.

> **HTML aus Illustrator**
>
> Die Funktion FÜR WEB UND GERÄTE SPEICHERN… beherrscht neben der Grafikoptimierung auch die Erzeugung des HTML-Codes. Der generierte Code entspricht jedoch nicht den aktuellen Anforderungen – auch wenn das Exportmodul Cascading Stylesheets (CSS) einsetzen kann –, daher ist eine Verwendung über das schnelle Präsentationsmuster hinaus nicht zu empfehlen.

### Schritt für Schritt: Slices für das Web speichern

Öffnen Sie die Datei »Webdesign.ai« von der DVD. Darin ist das Design einer Website angelegt. Einige Grafikelemente der Seite sollen mit der Funktion FÜR WEB UND GERÄTE SPEICHERN in unterschiedliche Formate gesichert werden. Den HTML-Export werden Sie in dieser Übung nicht verwenden – auf der DVD finden Sie eine Beispiel-HTML-Datei mit dem Design.

▲ **Abbildung 20.19**
Die Übungsdatei: Die Radargrafik links unten wird als Flash-Animation, das Logo als PNG, der verlaufende Hintergrund im Titel als JPG und die Menü- sowie die Kompassgrafik als GIF exportiert.

**1   Hintergrundelement auf neue Zeichenfläche duplizieren**

Ihre erste Aufgabe besteht darin, eine weitere Zeichenfläche im Format 800 × 600 Pixel anzulegen. Aktivieren Sie ANSICHT • PIXELVORSCHAU und ANSICHT • AN PIXEL AUSRICHTEN. Dann wechseln Sie zum Zeichenflächen-Werkzeug. Wählen Sie im Steuerungbedienfeld SVGA (800 × 600) aus dem Menü VORGABEN, und klicken Sie auf den Button NEUE ZEICHENFLÄCHE. Dann klicken Sie mit dem Zeichenflächen-Werkzeug neben die bestehende Zeichenfläche.

Wechseln Sie zum Auswahl-Werkzeug, aktivieren Sie das blaue Verlaufsgitterobjekt im Titel der Seite, drücken Sie ⌥/Alt und verschieben es auf die neue Zeichenfläche, um dort eine Kopie zu erzeugen.

> **Wozu die Kopie?**
>
> Für das Kodieren der Website benötigen Sie die Titelgrafik in einem Stück. Wenn Sie den Titel slicen, um das Logo und die Button-Grafiken zu generieren, würde jedoch der Titel ebenfalls zerschnitten. Jetzt legen Sie für jede Zeichenfläche einen Satz Slices für beide Zwecke an.

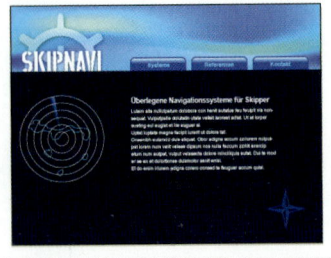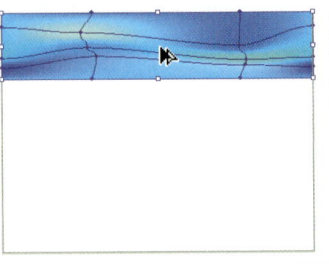

▲ **Abbildung 20.20**
Kopieren der Titelgrafik auf die zweite Zeichenfläche

### 2  Nicht benötigte Elemente ausblenden

Die Hintergrundfarbe wird im Cascading Stylesheet beim Kodieren der Seite angelegt, und das Logo muss ohne Hintergrund exportiert werden. Daher blenden Sie jetzt noch einige Elemente aus. Aktivieren Sie ANSICHT • TRANSPARENZRASTER EINBLENDEN, damit Sie die Transparenz kontrollieren können.

Blenden Sie im Ebenen-Bedienfeld die Ebene TEXT aus. Wählen Sie mit dem Auswahl-Werkzeug das dunkelblaue Hintergrundelement aus, und notieren Sie sich zunächst dessen Flächenfarbe. Dann wählen Sie wählen Sie OBJEKT • AUSBLENDEN • AUSWAHL.

Jetzt nehmen Sie mit dem Pipette-Werkzeug die Farbe in der Umgebung der Menü-Tabs auf und notieren auch diese.

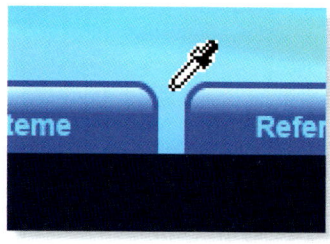

▲ Abbildung 20.21
Nehmen Sie eine Farbe aus der Umgebung der Menü-Tabs auf.

### 3  Das Slicen vorbereiten

Ohne Slices würde Illustrator mehrere Ebenen ausgeben, die jeweils die gesamte Zeichenfläche enthalten. Außerdem benötigen Sie Slices für die unterschiedlichen Komprimierungseinstellungen.

Die Slices müssen über das Objekt-Menü definiert werden. Zunächst wählen Sie OBJEKT • SLICE • GANZE ZEICHENFLÄCHE EXPORTIEREN. So können Sie zwei Sätze Slices für die beiden Zeichenflächen definieren. Legen Sie eine neue Ebene für die Slices an.

### 4  Slices erstellen

Jetzt erstellen Sie die einzelnen Slices. Aktivieren Sie die SLICES-Ebene im Ebenen-Bedienfeld. Wählen Sie das Slice-Werkzeug und ziehen Sie damit ein Slice eng um die Radargrafik auf.

Ein weiteres Slice ziehen Sie mit dem Werkzeug um das Logo auf. Es setzt am unteren Rand des Verlaufsgitterobjekts an und führt großzügig um das Logo herum. Achten Sie darauf, die weich auslaufenden Schatten vollständig mit in das Slice einzubeziehen.

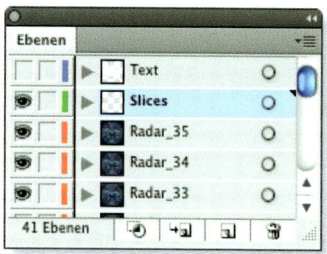

▲ Abbildung 20.22
Eine zusätzliche Ebene für die Slices

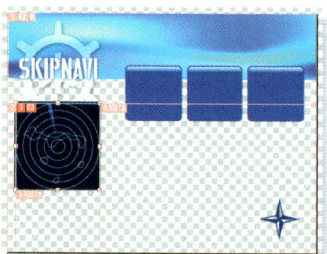 

◄ Abbildung 20.23
Das Slice für die Radar-Grafik (links) wurde per Menü-Befehl erstellt, das Logo-Slice mit dem Werkzeug (rechts).

Aktivieren Sie die Kompassrose rechts unten, und erstellen Sie ein weiteres Slice mit dem Befehl OBJEKT • SLICE • AUS AUSWAHL

ERSTELLEN. Dieses Slice wurde auf der Ebene »HINTERGRUND« erstellt – verschieben Sie es im Ebenen-Bedienfeld auf die »SLICES«-Ebene, um Ordnung in der Datei zu halten.

### 5 Menü-Slice und die Schiebetüren

Menüs wie dieses im »Tabbed«-Stil werden meist über die »Sliding-Doors-Technik« realisiert. Dazu benötigen Sie die Grafik in einer ganz bestimmten Form (siehe Abbildung 20.24, links). In dieser Übung werden Sie die Grafik komplett exportieren und in Photoshop weiterbearbeiten. Es ist jedoch auch möglich, die benötigten Teile direkt in Illustrator zu erstellen.

Ziehen Sie mit dem Slice-Werkzeug ein Slice auf wie in Abbildung 20.24 (rechts), das die unteren Rundungen auslässt.

> **»Sliding Doors of CSS«**
>
> Eine Beschreibung der Technik finden Sie bei www.alistapart.com/articles/slidingdoors/ – in deutscher Übersetzung bei www.thestyleworks.de/tut-art/listnav3.shtml.

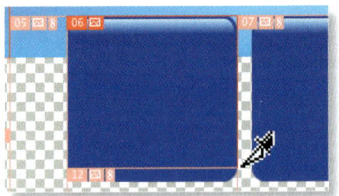

▶ **Abbildung 20.24**
Diese beiden Grafiken werden für ein »Sliding-Doors-Menü« benötigt (links); Slice für das Menü-Tab (rechts).

Das Verlaufsgitterobjekt auf der ersten Zeichenfläche wird jetzt ausgeblendet. Aktivieren Sie es und drücken ⌘/Strg+3.

### 6 Verlaufsgitter auf der zweiten Zeichenfläche

Klicken Sie mit dem Auswahl-Werkzeug auf die zweite Zeichenfläche. Anschließend ziehen Sie mit dem Slice-Werkzeug ein Slice um das Verlaufsgitterobjekt auf. Hier wird automatisch ein zweiter Satz Slices angelegt, da Sie in Schritt 3 die Option GANZE ZEICHENFLÄCHE EXPORTIEREN gesetzt haben.

▲ **Abbildung 20.25**
Ein Slice auf der zweiten Zeichenfläche

### 7 Standbilder: Logo

Mit dem Auswahl-Werkzeug klicken Sie auf die erste Zeichenfläche und wählen DATEI • FÜR WEB UND GERÄTE SPEICHERN. Standbilder und Flash-Animation müssen getrennt exportiert werden.

Aus den Werkzeug-Buttons links oben im Dialogfenster verwenden Sie die Hand, um zum gewünschten Slice zu scrollen, falls es nicht bereits sichtbar ist. Wir beginnen mit dem Logo. Wählen Sie den Slice-Button im Dialogfenster, und klicken Sie auf das Logo-Slice. Die anderen Slices werden leicht abgedimmt.

Das Logo enthält transparente Elemente und Schlagschatten. Es wird als PNG exportiert, damit diese Transparenz erhalten bleibt. Wählen Sie im Menü OPTIMIERUNGFORMAT den Eintrag PNG-24 aus, und aktivieren Sie das Häkchen bei TRANSPARENZ.

▲ **Abbildung 20.26**
Für das Speichern eines PNG-24 gibt es nicht viele Optionen.

### 8 | Standbilder: Tabbed-Menü

Als Nächstes wählen Sie das Menü-Tab-Slice aus. Dieses lässt sich am besten als GIF komprimieren. Wählen Sie GIF aus dem Menü, und aktivieren Sie die Option TRANSPARENZ. Jetzt müssen Sie die richtige Hintergrundfarbe einstellen. Wählen Sie aus dem Menü Hintergrund den Eintrag EIGENE…, und geben Sie die in Schritt 2 notierte Farbe ein. Probieren Sie noch, die Anzahl der Farben zu reduzieren, indem Sie im Menü FARBEN einen niedrigeren Wert auswählen.

▲ Abbildung 20.27
Einstellen der Hintergrundfarbe für das GIF

### 9 | Standbilder: Kompassrose und Exportieren

Zuletzt scrollen Sie zur Kompassrose. Diese wird ebenfalls als GIF mit der in Schritt 2 aufgenommenen dunkelblauen Hintergrundfarbe exportiert.

Klicken Sie dann auf SPEICHERN, und geben Sie den Speicherpfad für die Bilder ein. In dem von Ihnen bestimmten Ordner wird ein weiterer Ordner namens »BILDER« erstellt, in den die Dateien gespeichert werden.

Aus dem Menü FORMAT wählen Sie NUR BILDER, aus dem Menü SLICES den Eintrag ALLE BENUTZERSLICES. Es werden dennoch einige überflüssige Dateien erstellt. Diese müssen Sie später sichten und aussortieren.

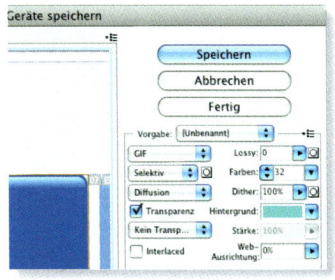

▲ Abbildung 20.28
Optionen für das Speichern des Menü-Tabs

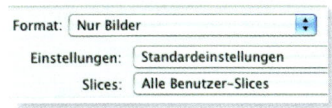

▲ Abbildung 20.29
Speichern aller benutzerdefinierten Slices

### 10 | Standbilder: Verlaufsgitter

Wechseln Sie auf die zweite Zeichenfläche, und wählen Sie DATEI • FÜR WEB UND GERÄTE SPEICHERN. Aktivieren Sie das Slice mit der Grafik, und exportieren Sie es als JPG. Dessen Qualität optimieren Sie mit dem Schieberegler QUALITÄT. Achten Sie auf die Dateigröße, die in der Vorschau eingeblendet wird. Speichern Sie das JPG in den Bilder-Ordner zu den anderen Dateien, geben Sie ihm jedoch einen anderen Namen.

### 11 | Flash-Animation

Bevor Sie die Flash-Animation exportieren, müssen im Ebenen-Bedienfeld alle Ebenen ausgeblendet werden, die keine Radar-Elemente enthalten. Aktivieren Sie die erste Zeichenfläche und rufen Sie DATEI • FÜR WEB UND GERÄTE SPEICHERN auf.

Aktivieren Sie das Radar-Slice, und wählen Sie das Format SWF. Wählen Sie die Optionen EBENEN IN SWF-FRAMES und SCHLEIFE. Alle anderen Optionen setzen Sie nach Belieben. Klicken Sie auf SPEICHERN und wählen Sie diesmal AUSGEWÄHLTE SLICES, so wird nur die Animation generiert. Speichern Sie die Datei zu den anderen Dateien.

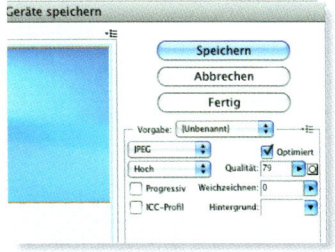

▲ Abbildung 20.30
Optionen für das JPG

**Viele Ebenen?**

Über die Funktion FÜR WEB UND GERÄTE SPEICHERN können Sie Flash-Animationen nur aus Ebenen erstellen lassen, nicht aus Angleichungen (mehr dazu später in diesem Kapitel).

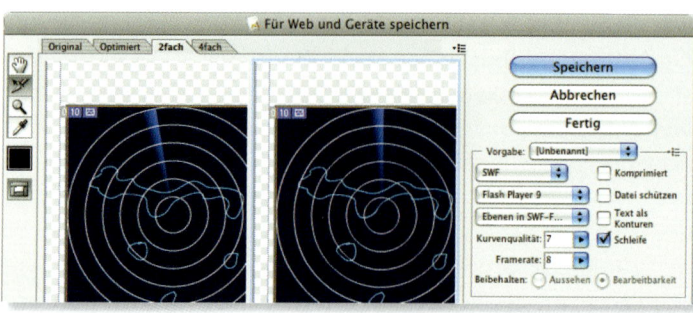

▲ **Abbildung 20.31**
Optionen für den Export der Flash-Animation – da dabei alle sichtbaren Ebenen der Datei berücksichtigt werden, mussten vorher die nicht benötigten Ebenen ausgeblendet werden.

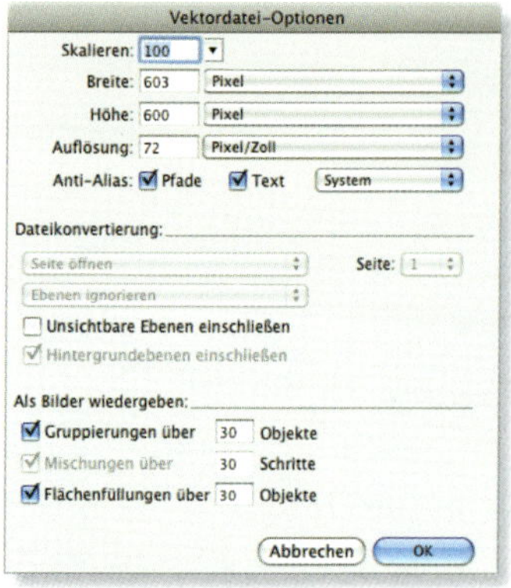

▲ **Abbildung 20.32**
Fireworks-Importoptionen für Illustrator-Dateien

### Übergabe an Photoshop und Fireworks

Alternativ zum direkten Speichern in Webformate ist auch das Übergeben der Datei an Photoshop oder Fireworks möglich. Zur Übergabe an Photoshop ist meistens der Export als Photoshop-Datei die beste Option (mehr dazu siehe Kapitel 19). Wenn Sie in Fireworks weiterarbeiten möchten, öffnen Sie Ihre AI-Datei darin. Dabei bleiben viele Objekte und deren Eigenschaften erhalten.

## 20.2 Bildformate: WBMP, GIF, JPEG und PNG

### WBMP – Wireless Bitmap

Unter dem WAP (Wireless Application Protocol) sind einige Spezifikationen zusammengefasst, wie Inhalte für Mobiltelefone zu erstellen sind. Bestandteil dessen sind die Sprache WML (Wireless Markup Language) zur Seitenbeschreibung und das Dateiformat WBMP (Wireless Bitmap), mit dem Bilder in WAP-Seiten integriert werden können.

Illustrator unterstützt die Ausgabe von Grafik in diesem 1-Bit-Format, das Bilder mit schwarzen und weißen Pixeln darstellt.

▲ **Abbildung 20.33**
Rasterungsmethoden: KEINE, DIFFUSION, MUSTER, RAUSCHUNTERDRÜCKUNGSFILTER

### Optionen | WBMP

Wählen Sie die Rasterungsmethode im Ausklappmenü aus den Optionen KEIN DITHER, DIFFUSION, MUSTER, RAUSCHEN (früher: RAUSCHUNTERDRÜCKUNGSFILTER , STÖRUNGSFILTER). Sie bestimmt, wie Mitteltöne der Grafik in ein Pixelmuster umgesetzt werden. Für die Rasterung DIFFUSION lässt sich darüber hinaus die Stärke definieren.

## GIF – Graphics Interchange Format

Bei flächiger Grafik mit wenigen Farben entfaltet das GIF-Format seine volle Wirksamkeit. Die Kompression geschieht mithilfe des verlustfreien LZW-Algorithmus und aufgrund einer reduzierten Farbpalette. Im GIF-Format lassen sich Transparenzen definieren.

[LZW]

Nach den Entwicklern Lempel, Ziv und Welch benannter Algorithmus, der eine effektive Speicherung sich wiederholender Zeichen oder Zeichenketten gestattet. Der Algorithmus ist an die Art der Daten anpassbar, sodass er nicht nur für Grafikdateien Verwendung findet.

### Optionen | GIF

- FARBREDUKTIONSALGORITHMUS: Die Auswahl der Farben für die Farbpalette der GIF-Datei erfolgt nach unterschiedlichen Methoden, die Sie aus dem Menü wählen.
- ANZAHL FARBEN: Bestimmen Sie, wie viele Farben die Palette des Bildes maximal enthalten darf.
  Die Eingabe anderer als der aufgelisteten Werte bewirkt keine Änderung der Dateigröße im Vergleich zum nächsthöheren Menü-Eintrag.
- DITHER-ALGORITHMUS: Wählen Sie eine Rasterungsmethode für die Darstellung von Zwischentönen aus dem Menü. Stellen Sie die Stärke des Diffusions-Ditherings durch die Eingabe eines Werts zwischen 0 und 100 % ein. Ein höherer Wert vermeidet sichtbare Stufen in Verläufen und erzeugt bessere Zwischentöne, aber führt auch zu größeren Dateien.

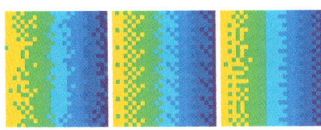

▲ **Abbildung 20.34**
Vergleich RAUSCHUNTERDRÜCKUNGSFILTER-, MUSTER-, DIFFUSION-DITHER

- WEB-AUSRICHTUNG: Stellen Sie einen Schwellenwert für die Veränderung der Farbdefinition in Richtung der Websafe-Palette ein. Ein höherer Wert verändert mehr Farben (zur Websafe-Palette siehe Kapitel 8).
- LOSSY: Die Lossy-Funktion optimiert das Pixelmuster der Grafik, um die Datei besser komprimieren zu können. Höhere Werte erzeugen eine stärkere Komprimierung, aber auch deutliche Störungen in der Grafik. Lossy können Sie nur in Verbindung mit Diffusions-Dithering verwenden.
- TRANSPARENZ: Im GIF-Format wird Transparenz dadurch hergestellt, dass die Anzeige bestimmter Farben durch einen entsprechenden Eintrag in der Farbpalette des Bildes unterdrückt ist.
  Wählen Sie im Menü HINTERGRUND die Farbe der Webseite aus, auf der Sie das Bild einsetzen wollen. Illustrator erzeugt an den Rändern des Motivs die passenden Übergänge.

▲ **Abbildung 20.35**
Transparenz-Dither: Der transparente Verlauf ist mit Deckkraftmaske erzeugt. Rechts: Ergebnis

- TRANSPARENZ-DITHER: Aufgrund der Arbeitsweise des Formats ist es nicht möglich, reduzierte Deckkraft herzustellen. Daher bedient man sich eines Tricks, indem ein Raster aus transparenten und nicht transparenten Pixeln angelegt wird. Analog zum Farbdithering bestimmen Sie hier eine Methode, nach der das Transparenzraster erstellt wird. Wählen Sie die Stärke des Diffusions-Ditherings durch eine Eingabe unter STÄRKE.

▲ **Abbildung 20.36**
Rechts und links: GIF mit an die Seite angepasster Hintergrundfarbe, Mitte: falsche Hintergrundfarbe des GIF

▶ Interlaced: Aktivieren Sie diese Option, um das Bild in mehreren Schritten immer detaillierter auf der Webseite anzuzeigen – diese Option erhöht die Dateigröße.

### Bild zu groß für »Für Web speichern«

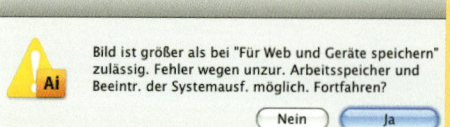

Diese eher kryptisch formulierte Fehlermeldung besagt, dass das resultierende Bild größer ist, als von der Funktion akzeptiert wird. Sie können den Fehler nicht innerhalb derselben Datei abstellen. Stattdessen erstellen Sie eine neue, leere Datei mit einer Zeichenfläche. Rufen Sie Datei • Für Web und Geräte speichern auf. Wählen Sie den Reiter Bildgröße aus, und aktivieren Sie dort die Option Ganze Zeichenfläche exportieren. Klicken Sie auf den Button Anwenden (dieser Schritt ist wichtig). Dann können Sie den Dialog mit Abbrechen beenden und zur ursprünglichen Datei zurückkehren.

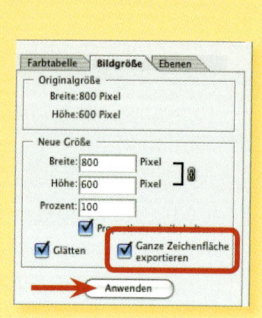

### JPG – Joint Photographic Expert Group

Dieses Bildformat wurde im Hinblick auf die Speicherung von Fotos entwickelt. Die Datenreduktion beruht auf einer verlustbehafteten Kompression. Für flächig angelegte Grafik ohne Verläufe oder Muster ist das JPG-Format nicht geeignet.

▲ **Abbildung 20.37**
Mit der Option Hintergrund versehen Sie eine transparente Grafik (links) nur für den Export mit einem farbigen Hintergrund (rechts).

### Optionen | JPEG

▶ Qualität: Wählen Sie eine voreingestellte Stufe im Aufklappmenü Komprimierungsqualität, oder definieren Sie einen Wert von 1 bis 100 im Eingabefeld. Der Wert bestimmt die Stärke der Kompression: Ein höherer Wert erzeugt eine größere Datei in besserer Darstellungsqualität.

▶ Progressiv (früher: Mehrere Durchgänge): Aktivieren Sie diese Option, um das Bild in mehreren Schritten immer detaillierter auf der Webseite anzuzeigen – das unterstützen nicht alle Browser.

▶ Weichzeichnen: Geben Sie einen Wert zwischen 0 und 2 ein, um die Grafik weichzuzeichnen – dies ermöglicht eine bessere Wirksamkeit der Komprimierung.

▶ ICC-Profil: Mit dieser Option betten Sie das in den Farbeinstellungen definierte RGB-Farbprofil in die JPEG-Datei ein.

▶ Hintergrund: Definieren Sie eine Farbe, die Illustrator in nicht deckende Bereiche der Grafik rechnen soll.

▶ Optimiert: Mit dieser Option erzeugen Sie eine »Baseline optimierte« JPEG-Datei. Sehr alte Browser unterstützen dieses Format nicht.

## PNG – Portable Network Graphics

PNG ist ein verlustfreies Grafikformat, das als Nachfolger des GIF-Formats entwickelt wurde. Es unterliegt keinen Patentbeschränkungen. In diesem Format können Sie Bilder mit bis zu 16 Bit Farbtiefe pro Farbkanal speichern. Transparenzen lassen sich entweder für einzelne Farben einer Farbpalette (wie beim GIF-Format) oder als Alpha-Kanal im Bild anlegen.

Die Browser-Unterstützung des PNG-Formats ist jedoch nicht einheitlich gegeben. Vor allem der immer noch weitverbreitete Windows Internet Explorer 6 kann keine PNG mit Alpha-Transparenz darstellen.

### Optionen | PNG

Die Optionen des 8-Bit-PNG entsprechen denen des GIF-Formats. Beim Speichern eines 24-Bit-PNG haben Sie die Wahl, in transparente Bereiche der Grafik eine Hintergrundfarbe hineinrechnen zu lassen oder einen Alpha-Kanal in der Datei speichern zu lassen.

- TRANSPARENZ: Aktivieren Sie die Option, dann speichert Illustrator einen Alpha-Kanal in der Datei. Alle Bereiche der Grafik, die nicht von Objekten bedeckt sind oder an denen die Deckkraft reduziert ist, sind damit ganz oder teilweise durchscheinend. Andere Füllmethoden als NORMAL werden aber nicht unterstützt. Dies sollten Sie vor allem beim Anlegen von Effekten wie Schlagschatten und Schein berücksichtigen.
- HINTERGRUND: Wenn die Transparenz-Option deaktiviert ist, wählen Sie mithilfe des Aufklappmenüs eine Farbe aus. Illustrator rechnet diese in den Hintergrund der Grafik – Sie müssen daher nicht erst ein Objekt in der gewünschten Farbe im Hintergrund erzeugen.

### Imagemaps

Mithilfe einer Imagemap ist es möglich, in einer Bilddatei auf einer Webseite Hotspots zu definieren, an denen durch Benutzereingabe eine Aktion ausgelöst wird – meist der Aufruf einer anderen Webseite. Die Bilddatei muss nicht zerschnitten werden, damit einzelne Bereiche anklickbar sind.

Als Hotspots lassen sich einzelne Vektorpfade oder zusammengesetzte Pfade verwenden, keine Gruppen.

Um eine Imagemap zu erstellen, gehen Sie wie folgt vor:
1. Rufen Sie das Attribute-Bedienfeld auf (Shortcut ⌘/ Strg + F11 ) im Dock hat das Bedienfeld das Symbol . 
2. Aktivieren Sie den Pfad, dem Sie einen Link zuweisen möchten.

▲ **Abbildung 20.38**
Das PNG-Format erlaubt die Definition von Transparenz mit Alpha-Kanälen auch in der Webgrafik.

▲ **Abbildung 20.39**
PNG mit Alpha-Kanal

**Imagemaps clientseitig**

Imagemaps können serverseitig oder clientseitig gespeichert werden – eine bessere Performance und Zugänglichkeit erreichen Sie mit clientseitigen Imagemaps. Beim Speichern für das Web erstellt Illustrator Imagemaps immer clientseitig.

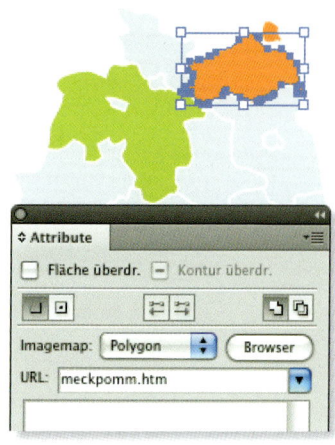

▲ Abbildung 20.40
Hotspot-Attribute einrichten

3. Wählen Sie im Attribute-Bedienfeld im Auswahlmenü IMAGE-MAP die Form des Hotspots.
   ▶ Rechteck: Der Hotspot hat die Form des Begrenzungsrahmens. Für zusammengesetzte Pfade wird immer diese Form des Hotspots generiert.
   ▶ Polygon: Die Fläche des Hotspots wird so genau wie möglich an den Objektkanten entlanggeführt – diese Form kann sehr komplex werden. Die Genauigkeit können Sie nicht heruntersetzen.
4. Geben Sie unter URL einen Link oder einen Skriptaufruf ein. Falls Sie bereits Einträge an anderer Stelle vorgenommen haben, wählen Sie diese zur erneuten Anwendung aus dem Menü. Wiederholen Sie die Schritte 1 bis 4 für alle Objekte, denen Sie Links zuweisen möchten.
5. Wenn Sie Ihre Eingaben beendet haben, rufen Sie DATEI • FÜR WEB UND GERÄTE SPEICHERN… auf, wählen die Optionen für die Grafik und speichern sie als HTML UND BILDER.

## 20.3 SVG

▲ Abbildung 20.41
Das aus einem Wettbewerb hervorgegangene SVG-Logo (links); Icon für Illustrator-SVG-Dateien (rechts)

Die auf XML basierende Sprache SVG (Scalable Vector Graphics) beinhaltet weitere Standards wie Cascading Style Sheets, das DOM (Document Object Model) und SMIL, die Synchronous Multimedia Integration Language. In SVG lassen sich drei Arten grafischer Objekte integrieren: Vektorformen, Pixelgrafik und Schriften. In SVG-Dateien können dynamische und interaktive Elemente integriert und Verbindungen zu anderen XML-Elementen hergestellt werden, z. B. zur Bereitstellung von geografischen Informationssystemen (GIS).

Die Mobiltelefon-Industrie hat zwei Unterstandards entwickelt: SVG Tiny (SVG-t) und SVG Basic (SVG-b).

Die Unterstützung durch Webbrowser ist immer noch uneinheitlich. In vielen Fällen wird das SVG-Viewer-Plug-in benötigt, dessen Entwicklung Adobe Anfang 2007 eingestellt hat. Noch steht es zum Download zur Verfügung.

Illustrator gehörte zu den ersten Programmen, die das SVG-Format unterstützten – es ist möglich, nicht bewegte Grafik mit einfachen Interaktionen und Variablen für die Anbindung an Datenbanken zu erstellen. SVG-Dateien sind wie auch HTML les- und editierbare Textdateien.

### SVGZ?

In Illustrator können Sie SVG oder mit dem nicht-proprietären Standard GZIP komprimierte SVG speichern. Letztere haben eine um 50–80 % kleinere Dateigröße, lassen sich aber nicht mehr mit einem Texteditor bearbeiten. Wenn Ihre SVG-Dateien nicht direkt ins Web gestellt, sondern weiterbearbeitet (z. B. programmiert) werden, sollten Sie daher die unkomprimierte Variante wählen.

**Datei einrichten**

Achten Sie beim Anlegen Ihrer Illustrator-Datei darauf, diese in der endgültigen Größe und im RGB-Farbmodus anzulegen – zu empfehlen ist die Auswahl des Arbeitsfarbraums sRGB in den Farbeinstellungen. Arbeiten Sie mit der Maßeinheit Pixel.

Wenn der Code Ihrer Datei zu einem späteren Zeitpunkt nachbearbeitet werden muss, z. B. um Interaktivität oder dynamische Elemente zu programmieren, ist es wichtig, dass die Elemente gut **strukturiert** und mit aussagekräftigen Namen versehen sind.

Objekte, die Sie wiederholt in Ihrer Datei verwenden, speichern Sie als **Symbole**, um Bandbreite zu sparen (zu Symbolen siehe Kapitel 16).

**Objekt-ID |** Jedes Objekt in Ihrer Grafik – Pfade, Gruppen, Ebenen – muss eindeutig durch einen Namen identifizierbar sein.

Aktivieren Sie unter Voreinstellungen • Einheiten und Anzeigeleistung die Option Objekte erkennen anhand von XML-ID. Nach Einrichtung dieser Option ist es nicht mehr möglich, gleiche oder ungültige Namen für Objekte zu vergeben.

Um einem Objekt einen Namen zu geben, doppelklicken Sie auf seinen Eintrag im Ebenen-Bedienfeld.

**Transparenz, Filter, Effekte**
Legen Sie Deckkrafteinstellungen immer für Objekte, nicht für Ebenen an.

Viele Illustrator-Effekte und einige Objekte, wie z. B. Verlaufsgitter, werden beim Speichern als SVG-Grafik in Pixelbilder umgewandelt. Diese sind nicht mehr skalierbar und benötigen mehr Speicherplatz. Vermeiden Sie daher die Verwendung dieser Funktionen. Setzen Sie stattdessen die SVG-Filter ein. Diese Filter sind XML-Anweisungen, die auflösungsunabhängig arbeiten.

**SVG-Filter anwenden |** Aktivieren Sie ein Objekt, und wählen Sie einen SVG-Filter direkt aus dem Untermenü aus, oder wählen Sie, falls Sie die Wirkung erst in einer Vorschau sehen möchten, Effekt • SVG-Filter • SVG-Filter anwenden. In der Liste finden Sie alle Filter aus dem Menü. SVG-Filter müssen im Aussehen-Bedienfeld an letzter Stelle (über dem Eintrag Deckkraft) stehen, anderenfalls wird das Objekt gerastert.

**Interaktivität**
Die Elemente in SVG-Grafiken können auf Benutzereingaben reagieren. Diese Interaktionen legen Sie als Hyperlinks oder in Form von JavaScript an.

**Hyperlinks |** Die Vorgehensweise entspricht derjenigen beim Anlegen von Imagemaps (siehe den vorherigen Abschnitt).

**Datei-Struktur erzeugen**

Die Strukturierung einer Datei erzeugen Sie durch die sinnvolle Verteilung der Objekte auf Ebenen und Gruppen.

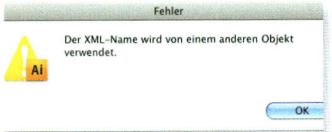

▲ **Abbildung 20.42**
Warnung bei doppelt vergebenen Objektnamen

▲ **Abbildung 20.43**
SVG-Filter anwenden

**Weitere Informationen**

Am Ende von Kapitel 13 finden Sie weitere Anmerkungen zu SVG-Filtern.

**SVG animieren**

Für die Erstellung von Animationen aus SVG-Dateien nutzen Sie Drittanbieter-Software:
Ikivo Animator: *www.ikivo.com/animator/*

20.3 SVG | **663**

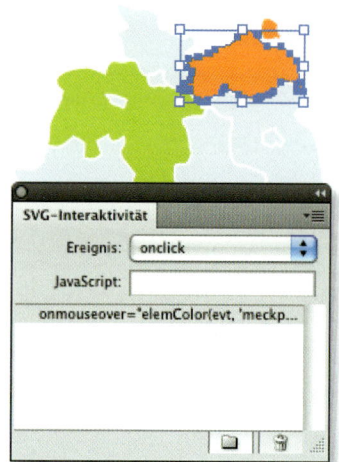

▲ **Abbildung 20.44**
Das JavaScript ruft eine Funktion in einer externen Datei auf.

**JavaScript** | Um Skripte zu erstellen, benötigen Sie das Bedienfeld SVG-INTERAKTIVITÄT. Mit Skripten können Sie komplexe Interaktionen mit Objekten innerhalb eines Dokuments und dokumentübergreifend erstellen. Rufen Sie das Bedienfeld mit dem Befehl FENSTER • SVG-INTERAKTIVITÄT – im Dock – auf.

Umfangreiche JavaScript-Funktionen sollten Sie in externe Dateien auslagern und an die SVG-Datei anbinden. Wählen Sie JAVASCRIPT-DATEIEN… aus dem Menü des Grafikattribute-Bedienfelds, und klicken Sie auf HINZUFÜGEN… Befinden sich die Skript-Dateien nicht im selben Ordner wie die SVG-Datei, müssen Sie einen relativen Pfad angeben.

Um einen JavaScript-Befehl oder einen Funktionsaufruf anzulegen, aktivieren Sie das Objekt, das auf die Benutzeraktion reagieren soll, und wählen einen »Event« aus dem Menü EREIGNIS. Geben Sie anschließend den Befehl in das Eingabefeld JAVASCRIPT ein und bestätigen Sie mit ⏎.

### Speicheroptionen

Um eine SVG-Datei zu speichern, aktivieren Sie die Zeichenfläche, die Sie speichern möchten, und rufen DATEI • SPEICHERN UNTER… auf. Wählen Sie die Option SVG KOMPIMIERT (SVGZ) oder SVG (SVG). Anschließend setzen Sie die SVG-Optionen, die für beide Varianten gleich sind:

**Abbildung 20.45** ▶
Die Dialogbox SVG-OPTIONEN

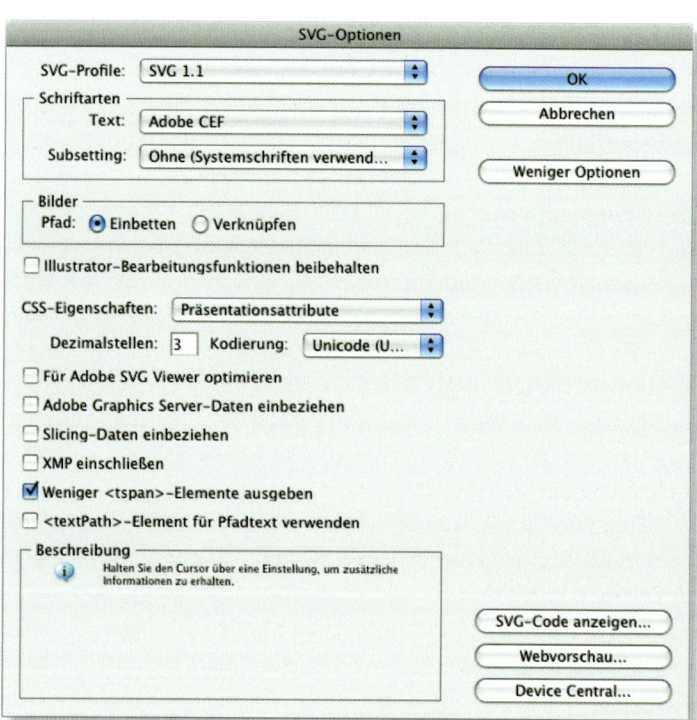

### Für Web speichern?

SVG-Dateien lassen sich mit dem Befehl FÜR WEB UND GERÄTE SPEICHERN… erstellen, mehr Optionen haben Sie aber mit SPEICHERN UNTER…

- **SVG-Profile:** Hier bestimmen Sie die Dokumenttypdefinition (DTD), nach deren Regeln die Struktur der Datei deklariert wird. Die DTD bestimmt darüber, mit welchen »Clients« (empfangenden Geräten und Programmen) das Dokument kompatibel ist.
  Neben dem »normalen« SVG können Sie zwei Untergruppen speichern: SVG TINY, das speziell für Mobiltelefone gedacht ist, und SVG BASIC für den Einsatz auf PDAs.
- **Text:** In diesem Bereich spezifizieren Sie, wie mit den verwendeten Textobjekten umgegangen wird. Sie können diese IN KONTUREN UMWANDELN (also in Pfade umwandeln). Damit sind kleine Schriften eventuell schlechter lesbar, und Textinhalte lassen sich nicht mehr ändern. Darüber hinaus können Sie Schriften auf zwei Arten in die Datei einbetten:
  - ADOBE CEF (Compact Embedded Font): Eine proprietäre Art des Einbettens, die eine bessere Schriftdarstellung bietet, aber nicht von allen Clients unterstützt wird.
  - SVG: Die im SVG-Standard beschriebene Einbettungsmethode, die von allen Clients unterstützt wird.
- **Subsetting:** Wenn Schriften in die Datei eingebettet werden, bestimmen Sie hier den Umfang des eingebetteten Zeichensatzes. Sie haben die Wahl, nur die im Dokument verwendeten Zeichen, bestimmte Standard-Zeichen oder den kompletten Zeichensatz in das SVG-Dokument einzubetten. Wenn sich der Textinhalt dynamisch ändern soll, ist das Einbetten eines umfangreicheren Zeichensatzes erforderlich.
- **Bilder:** Pixeldaten können entweder in die SVG-Datei eingebettet oder verknüpft werden. Letztere Option ist vorzuziehen, wenn mehrere SVG-Dateien auf dieselben Pixeldaten verweisen.
- **CSS-Eigenschaften:** Wählen Sie im Menü aus, wie die Formatierung im CSS-Code untergebracht werden soll. Die gewählte Option hat Auswirkungen auf die Performance, die Dateigröße und die Weiterbearbeitungsmöglichkeiten.
- **Dezimalstellen:** Mit einem Wert von 1 bis 7 steuern Sie die Genauigkeit der Darstellung. Höhere Werte erzeugen eine genauere Darstellung, aber auch eine größere Datei.
- **Kodierung:** Hier bestimmen Sie, wie in der Datei enthaltener Text kodiert wird. Für die meisten westeuropäischen Sprachen ist ISO8859-1 geeignet, für Sprachen mit umfangreicheren Zeichensätzen benötigen Sie Unicode.
- **Für Adobe SVG Viewer optimieren:** Mit dieser Option wird die Datei mit proprietären XML-Tags versehen, damit sie im Adobe SVG-Viewer schneller und besser dargestellt werden kann.

---

**Illustrator-Bearbeitungsfunktionen**

Wie bei allen nativen Dateiformaten können Sie auch in SVG-Dateien eine AI-Datei einbetten, die vollständig editierbar ist. Dies verdoppelt die Dateigröße und dürfte daher meist nicht erwünscht sein. Wenn Sie die Option nicht aktivieren, sollten Sie jedoch immer eine Kopie der Datei als AI speichern. Illustrator gibt keine Warung aus, wenn Sie die Bearbeitungsfunktionen nicht aktivieren.

**Informationen zu SVG**

Weiterführende Informationen zum Standard SVG:
*www.w3.org/TR/SVG11/*
Wiki von Anwendern:
*www.svg.org*
Über den SVG-Viewer und Illustrator (teilweise veraltet):
*www.adobe.com/svg/main.html*

**CSS-Formatierungen**

Wenn Sie eine Option wählen und den Cursor darüber bewegen, dann werden weitere Erläuterungen zu der Option unten in der Dialogbox angezeigt. Dies gilt für alle Optionen.

**Adobe SVG-Viewer**

Adobe hat die Entwicklung des Viewers eingestellt, viele moderne Browser haben eine jeweils eigene Unterstützung für SVG-Dateien. Daher ist ein Nutzen dieser Option nicht mehr generell gegeben.

> **Adobe Graphics Server**
>
> Die Entwicklung des Graphics Server wurde eingestellt. Ein vergleichbares Produkt von Adobe – scene7 – baut bei der Zusammenarbeit mit Illustrator auf FXG-Dateien (mehr dazu folgt in Abschnitt 20.5).
>
> Weitere Programme zur dynamischen Bilderzeugung, die teilweise SVG-Dateien verarbeiten, finden Sie unter http://en.wikipedia.org/wiki/Dynamic_imaging.

- ADOBE GRAPHICS SERVER-DATEN EINBEZIEHEN: Aktivieren Sie diese Option, wenn in Ihrem Dokument Variablen eingerichtet wurden, auf die Sie weiterhin zugreifen möchten, um die Grafik oder einzelne Bestandteile (wie z. B. Textinhalte, Diagrammdaten) mit Dynamic-Imaging-Lösungen zur Laufzeit zu verändern.
- XMP EINSCHLIESSEN: Mit dieser Option werden die Dateiinformationen in die SVG-Datei eingebettet.
- WENIGER <TSPAN>-ELEMENTE AUSGEBEN: Mit dieser Option werden Kerning-Informationen ignoriert. Die Datei wird kleiner, aber es können Verschiebungen beim Text auftreten.
- <TEXTPATH>-ELEMENT FÜR PFADTEXT VERWENDEN: Ohne diese Option werden Pfadtexte in der SVG-Datei in einzelne Textobjekte umgewandelt. Dies bildet das Aussehen des Pfadtexts genauer ab, erzeugt jedoch auch größere Dateien.

## 20.4 Flash

▲ **Abbildung 20.46**
Bei installiertem Flash hat eine SWF-Datei ein Flash-Icon (rechts).

Flash ist ein im Web verbreitetes vektorbasiertes Grafik- und Animationsformat. Die Skriptsprache Action Script ermöglicht darüber hinaus das Erstellen interaktiver Elemente sowie die Kommunikation mit Datenbanken.

Flash-Filme werden mit der gleichnamigen Software hergestellt und bearbeitet. Obwohl Flash über eigene Vektor-Werkzeuge verfügt, verwenden Umfragen zufolge 70 % der amerikanischen Flash-Entwickler zusätzlich Illustrator für die Grafik.

Illustrator bietet viele Funktionen zur Aufbereitung der erstellten Vektorelemente für die Weiterverarbeitung in Flash.

### Datei einrichten

Um den geringen Speicherbedarf des vektorbasierten Flash-Formats voll auszunutzen, sollten Sie bereits bei der Erstellung Ihrer Illustrator-Objekte darauf achten, Formen zu verwenden, die Flash auch beherrscht und die daher beim Exportieren nicht in Pixel-Elemente konvertiert werden müssen.

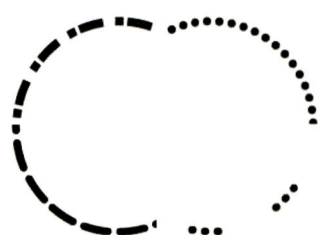

▲ **Abbildung 20.47**
Gestrichelte Konturen (jeweils obere Hälfte: Illustrator): Flash kennt nur gleichmäßige Strichelungen mit abgerundeten Enden – andere Strichelungen werden konvertiert.

Flash interpretiert viele **Kontur**-Strichelungen halbwegs korrekt, unterstützt für Strichelungen jedoch nur abgerundete Linienenden und Ecken. Darüber hinaus werden gestrichelte Konturen beim Übertragen mittels Copy & Paste in Bitmaps umgewandelt. Möchten Sie die Pfade erhalten, müssen Sie den Weg über eine AI- oder SWF-Datei gehen. Wenn Sie bestimmte »eckige« Strichelungen benötigen, wenden Sie diese lieber als Musterpinsel an. Pinselkonturen wandelt Illustrator beim SWF-Export in Flächen um (zu Konturen siehe Kapitel 9).

Flash kann sowohl lineare als auch kreisförmige **Verläufe** interpretieren. Auch komplexe Verläufe bleiben editierbar, werden jedoch manchmal auf mehrere Objekte aufgeteilt.

Sowohl beim Export ins Shockwave-Flash-Format als auch beim Import von AI-Dateien werden Muster in Pixelbilder umgewandelt.

Flash beherrscht die meisten der **Füllmethoden** von Illustrator ebenfalls – lediglich Farbig nachbelichten, Farbig abwedeln und Weiches Licht stehen nicht in Flash zur Verfügung. Geeignete Füllmethoden bleiben beim Importieren einer Illustrator-Datei oder beim Einfügen erhalten, jedoch nicht beim SWF-Export. **Deckkrafteinstellungen** übernimmt Flash als »Alpha«-Einstellung für Symbolinstanzen.

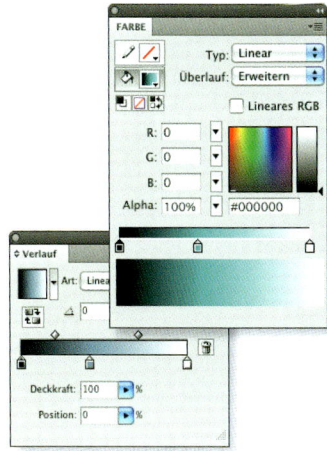

▲ **Abbildung 20.48**
Verlauf in Flash (oben) und Illustrator

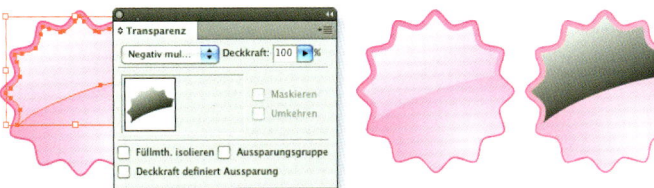

▲ **Abbildung 20.49**
Eine Grafik mit der Füllmethode Negativ multiplizieren; in Flash importiert als AI-Datei (2. von rechts) und als SWF-Datei (rechts).

### Über die Zwischenablage

Sie können Illustrator-Formen auch über die Zwischenablage in Flash einfügen. In den Voreinstellungen müssen Sie als Format für die Zwischenablage jedoch PDF einrichten, nicht AICB.

Die Umwandlung von Hüllen- und Interaktiv-malen-Objekten in Vektorformen nimmt Illustrator beim SWF-Export automatisch vor. Beim Import einer AI-Datei haben Sie die Möglichkeit, Hüllen- und Interaktiv-malen-Objekte in Bitmaps umzuwandeln.

Exportieren Sie AI-Ebenen in SWF-Frames, dann lassen sich die einzelnen Stufen einer **Angleichung** automatisch in einzelne Frames einer Animation exportieren (zu Angleichungen siehe Kapitel 10). Bilden Sie zum Beispiel eine Angleichung zwischen Objekten, die mit unterschiedlichen Einstellungen eines 3D-Effekts versehen sind, so können Sie einfache 3D-Animationen mit Illustrator herstellen (siehe die Schritt-für-Schritt-Anleitung in diesem Kapitel).

▲ **Abbildung 20.50**
Angleichung von Objekten, die mit einem 3D-Effekt versehen sind – mehrere »Keyframes«

Auch **Schnittmasken** lassen sich in Flash importieren. Entweder auf dem Weg über den Import einer AI-Datei oder indem Sie beim SWF-Export die Option AI-Datei in SWF-Datei verwenden.

Beim Exportieren eines SWF haben Sie die Option, **Ebenen** der obersten Hierarchiestufe in einzelne Frames einer Animation umzuwandeln. Verwenden Sie Ebenen daher wie »Cels« in der traditionellen Animationstechnik.

Im Menü des Ebenen-Bedienfelds finden Sie zwei Befehle, um auch nachträglich automatisch mehrere Objekte auf einzelne

▲ **Abbildung 20.51**
In der traditionellen Animationstechnik erstellen Zeichner jeden Frame auf einer Folie, dem »Cel«.

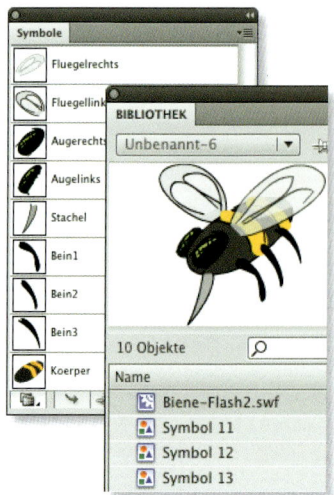

▲ **Abbildung 20.52**
Illustrator-Symbole werden in Flash übernommen.

**Abbildung 20.53** ▶
Die Dialogbox Symboloptionen

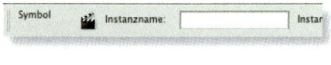

▲ **Abbildung 20.54**
Instanzen von Movieclips können Sie im Steuerungsbedienfeld einen Instanznamen geben. Mit diesem Instanznamen werden die Elemente in Action Script referenziert. Die Benennung sollte mit dem Flash-Programmierer abgesprochen werden.

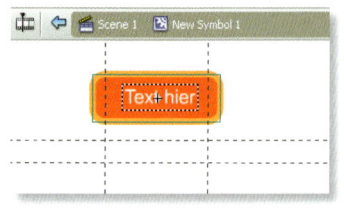

▲ **Abbildung 20.55**
Weil der Referenzpunkt an einer anderen Stelle als oben links saß, setzte Flash CS3 die Position der Hilfslinien der 9-Slice-Skalierung verkehrt.

Ebenen verteilen zu lassen (Ebenen siehe Kapitel 11). Möchten Sie Illustrator-Ebenen als Flash-Ebenen erhalten, speichern Sie Ihre Datei im Illustrator-Format und importieren dieses in Flash.

**Symbole**

Flash kann die Illustrator-Symbole übernehmen. Vor allem für die Bandbreiten-Optimierung Ihrer Dateien sind Symbole sehr wichtig. Erstellen Sie daher Symbole von allen Elementen, die Sie in Ihrer Animation einzeln bewegen oder mit ActionScript referenzieren möchten.

Im Hinblick auf die bessere Kooperation mit Flash wurden die Symboloptionen erweitert. Die zusätzlichen Optionen helfen, den Import in die Flash-Datei vorzubereiten. Die Einstellungen lassen sich auch in Flash vornehmen und ändern.

Wandeln Sie ein Objekt in ein Symbol um, indem Sie es aktivieren und [F8] drücken – die Dialogbox Symboloptionen erscheint. Bei einem bereits erstellten Symbol rufen Sie die Optionen auf, indem Sie es im Symbole-Bedienfeld aktivieren und auf den Button Symboloptionen klicken.

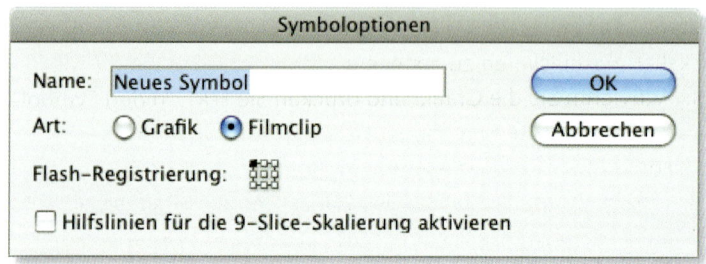

- Art: Als Symbol-Art stehen Grafik und Filmclip zur Verfügung. Welche Auswahl Sie treffen, hat große Auswirkungen auf die Scripting-Möglichkeiten in Flash. Sprechen Sie die Art daher mit dem Flash-Programmierer ab.
- Flash-Registrierung: Hier setzen Sie den Registrierungspunkt des Objekts in Flash. Falls Sie mit 9-Slice-Skalierungshilfslinien und Flash CS3 arbeiten, beachten Sie bitte Abbildung 20.55.
- Hilfslinien für die 9-Slice-Skalierung: Die 9-Slice-Skalierung steht nur für den Typ Filmclip zur Verfügung. Aktivieren Sie die Nutzung der 9-Slice-Skalierung in dieser Dialogbox, bevor Sie die Hilfslinien in einem weiteren Schritt einrichten.

Die Verwendung der Symbol-Werkzeuge ist bis auf das Symbol-Färben- und das Symbol-gestalten-Werkzeug unproblematisch. Die Anwendung dieser beiden Werkzeuge erhöht die Datenmenge jedoch beträchtlich (Symbole siehe Kapitel 16).

## 9-Slice-Skalierung

Diese intelligente Art, Objekte zu skalieren, wurde neu in Illustrator integriert. Leider können Sie die 9-Slice-Skalierung nicht direkt in Illustrator nutzen, sondern nur für die Verwendung in Flash konfigurieren.

Die intelligente Skalierung basiert auf einer Unterteilung des Symbols in neun Bereiche, die bei der Größenänderung jeweils unterschiedlich behandelt werden. Dadurch ist es möglich, selbst bei nichtproportionaler Skalierung Eckenformen und Linienstärken von Umrandungen intakt zu erhalten.

Die Unterteilung der Bereiche geschieht mit Hilfslinien.

> **Hilfslinien nicht mehr fixiert**
>
> Falls Sie sich bereits gewundert haben, dass Hilfslinien seit Illustrator CS3 nach dem Erstellen gelöst sind: Damit die 9-Slice-Skalierung ungehindert nutzbar ist, können Hilfslinien nicht standardmäßig fixiert sein.

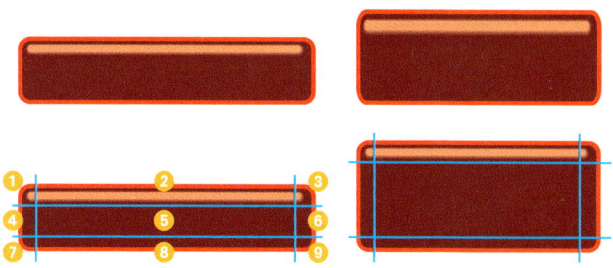

◀ Abbildung 20.56
Obere Reihe: normale Skalierung
Untere Reihe: 9-Slice-Skalierungsbereiche. ❶ ❸ ❼ ❾ nicht skalierend, ❷ ❽ nur horizontal skalierend, ❹ ❻ nur vertikal skalierend, ❺ horizontal und vertikal skalierend

Gehen Sie wie folgt vor, um eine Grafik als Symbol mit 9-Slice-Skalierungshilfslinien zu erstellen:

1. Aktivieren Sie die Grafik, und drücken Sie [F8]. In den Symboloptionen richten Sie die Einstellung Filmclip und Hilfslinien für die 9-Slice-Skalierung ein. Bestätigen Sie mit OK.
2. Doppelklicken Sie auf das Symbol im Symbole-Bedienfeld oder auf eine Instanz des Symbols auf der Zeichenfläche.
3. Ziehen Sie die gestrichelt dargestellten Hilfslinien an die gewünschte Position. Arbeiten Sie dabei gegebenenfalls in der Zoom-Einstellung, um die Hilfslinien genau einzurichten.

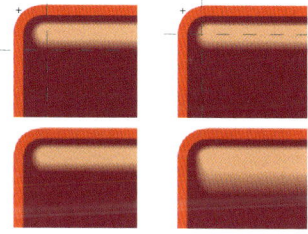

▲ Abbildung 20.57
Button in Flash vor (oben) und nach dem Skalieren (unten). 9-Slice-Skalierungshilfslinien richtig (links) und falsch (rechts)

## Flash-Text-Optionen

Punkt- und Flächentexte können Sie problemlos über den Weg des AI-Imports oder über die Zwischenablage von Illustrator in Ihre Flash-Datei übertragen. Viele typografische Einstellungen bleiben erhalten. Darüber hinaus können Sie mit dem neuen Flash-Text-Bedienfeld Flash-spezifische Einstellungen bereits in Illustrator vornehmen.

Flash-Text-Optionen lassen sich auf alle Textarten anwenden – Punkttext, Flächentext und Pfadtext. Um das Flash-Text-Bedienfeld aufzurufen, wählen Sie Fenster • Schrift • Flash-Text – im Dock besitzt das Bedienfeld das Symbol.

- **Art:** Hier bestimmen Sie die Textart und damit vor allem, welche Interaktionen mit diesem Text in der Flash-Anwendung möglich sein werden.

▲ Abbildung 20.58
Das Flash-Text-Bedienfeld

▲ **Abbildung 20.59**
Dynamische Flash-Applikationen: Wettervorhersage von foreca.com, Nachrichtenbanner der »heute«-Redaktion

▲ **Abbildung 20.60**
Flash-Text-Art EINGABETEXT

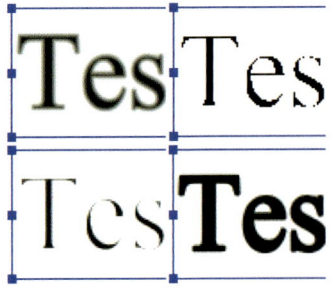

▲ **Abbildung 20.61**
Benutzerdefiniert: Schärfe –400, +400 (o.), Stärke –200, +200 (u.)

- STATISCHER TEXT: Dieser Text verändert sich zur Laufzeit der Flash-Applikation nicht.
- DYNAMISCHER TEXT: Auf dynamische Textobjekte können Sie mithilfe von ActionScript zugreifen und Inhalte zur Laufzeit verändern, z. B. aus Datenbanken einlesen (Börsendaten, Wettervorhersagen, Nachrichtenticker etc.).
- EINGABETEXT: Diese Texte lassen sich durch den Benutzer der Flash-Anwendung bearbeiten, z. B. in Formularen, E-Learning und Online-Spielen.
- INSTANZNAME (optional): Haben Sie einen dynamischen Text angelegt, setzen Sie hier einen Namen für das Objekt ein, damit Sie es mit ActionScript ansprechen können. Beachten Sie die Namenskonventionen in ActionScript, zum Beispiel dürfen Namen keine Leerstellen enthalten.
  Wenn Sie keinen Namen eingeben, wird der über das Ebenen-Bedienfeld automatisch vergebene Name verwendet.
- RENDERINGART: Sie haben die Möglichkeit, Fonts in die Shockwave-Datei einzubetten – dies erhöht die Dateigröße, aber garantiert eine einheitliche Darstellung auf unterschiedlichen Systemen. Alternativ nutzen Sie die auf dem Computer des Nutzers jeweils vorhandenen Schriften für die Darstellung Ihrer Texte. Wählen Sie eine der folgenden Möglichkeiten, um Fonts einzubetten und mit Anti-Aliasing zu versehen:
  - ANIMATION: Wenn Sie Texte animieren möchten, sorgt diese Option für eine glattere Animation, indem Kerning-Informationen ignoriert werden. Verwenden Sie diese Option möglichst nicht für Texte unter 10 Punkt Größe.
  - LESBARKEIT (ab Flash Player 8): Diese Option verbessert die Lesbarkeit vor allem bei kleineren Punktgrößen.
  - BENUTZERDEFINIERT (ab Flash Player 8): Geben Sie eigene Optionen für SCHÄRFE und STÄRKE ein (siehe Abbildung 20.61). Die Auswirkungen sehen Sie erst beim Testen des Flash-Projekts.

Die Option BITMAP TEXT, die Sie vielleicht aus Flash kennen, steht in Illustrator nicht zur Verfügung.

Wählen Sie eine der folgenden Optionen, wenn Sie auf die installierten Fonts zugreifen möchten (Anti-Aliasing steht Ihnen für derart formatierte Texte nicht zur Verfügung):

- GERÄTESCHRIFTEN VERWENDEN: Wählen Sie diesen Punkt, damit die Präsentation mit den jeweils installierten Zeichensätzen arbeitet. Wenn Sie mit dieser Option arbeiten, sollten Sie für Ihren Text eine auf allen Abspielplattformen vorhandene Standardschriftart auswählen.

- ▸ _SANS, _SERIF, _TYPEWRITER: Mit diesen Optionen bestimmen Sie eine generische Schriftfamilie statt einer speziellen Schriftart zur Darstellung des Texts.
- ▸ GOTHIC, TOHABA (GOTHIC MONO), MINCHO: Hier bestimmen Sie eine generische Schriftart für die Wiedergabe auf japanischen Systemen.
- ▸ AUSWÄHLBAR Ab: Im publizierten Flash-Film kann der Nutzer den Text auswählen.
- ▸ BEGRENZUNGEN UM TEXT EINBLENDEN: Mit dieser Option aktivieren Sie den Begrenzungsrahmen des Textobjekts. Diese Option bietet sich an, um Nutzern anzuzeigen, dass ein Text editierbar ist.
- ▸ ZEICHENOPTIONEN BEARBEITEN A: Falls Sie mit eingebetteten Fonts arbeiten, ist es möglich, die Dateigröße klein zu halten, indem Sie nur die benötigten Zeichen einschließen – dies ist vor allem bei umfangreichen OpenType-Fonts anzuraten. In die Dialogbox können Sie die gewünschten Zeichen entweder direkt eingeben oder aus voreingestellten Sets auswählen.
- ▸ URL (nur für DYNAMISCHEN TEXT): Diese URL wird geladen, wenn ein Benutzer den Text anklickt.
- ▸ ZIEL: Wählen Sie aus, ob für die URL ein neues Browserfenster geöffnet oder in welches vorhandene Fenster sie geladen wird.
- ▸ MAXIMALE ZEICHEN (nur für EINGABETEXT): Geben Sie an, wie viele Zeichen der Benutzer eingeben darf.

**Pfadtexte erhalten?**

Pfadtexte können Sie in ihrer Form nur erhalten, wenn Sie sie entweder in Illustrator in Pfade konvertieren oder beim Import in Flash in Bitmaps.

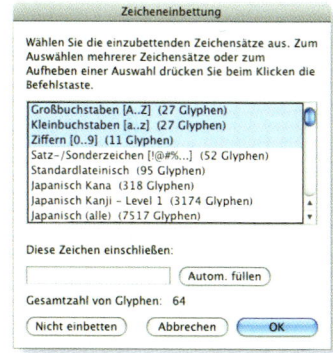

▲ Abbildung 20.62
Die Dialogbox ZEICHENEINBETTUNG

### Schritt für Schritt: Eine 3D-Animation erstellen

Wenn Sie 3D-Effekte, die Angleichen-Operation und den SWF-Export kombinieren, dann lassen sich in Illustrator einfache 3D-Animationen als Shockwave-Flash-Datei erzeugen, z. B. der drehende Würfel aus dieser Übung.

**1  Datei mit Web-Optionen erstellen**

Erstellen Sie eine neue Datei. Da Sie SWF-Dateien für die Bildschirmpräsentation erzeugen, wählen Sie das Dokumentprofil WEB oder MOBILE GERÄTE. Geben Sie eine Dokumentgröße von 150 x 150 Pixel an.

**2  Farbflächen erstellen**

Erstellen Sie sechs Quadrate in unterschiedlichen Flächenfarben ohne Kontur. Aus diesen Objekten generieren Sie Symbole, indem Sie jeweils ein Quadrat aktivieren und F8 drücken. Für die Symbole müssen keine Optionen eingestellt werden.

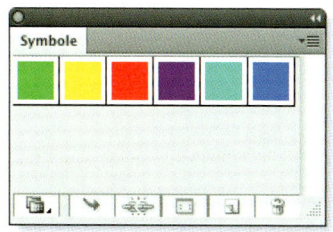

▲ Abbildung 20.63
Die Farbflächen im Symbole-Bedienfeld

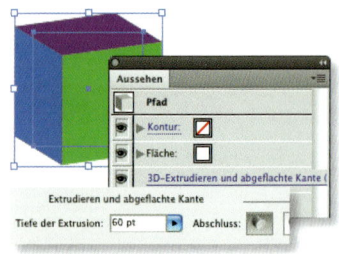

▲ **Abbildung 20.64**
Der Aufbau des Grundobjekts

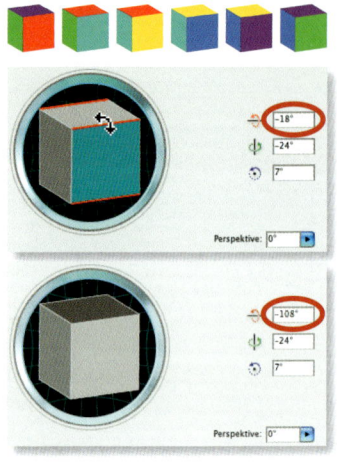

▲ **Abbildung 20.65**
Oben: Ablauf der Drehungen. Mitte und unten: Erstellen einer Drehung. Drehen Sie den Würfel zunächst intuitiv, und korrigieren Sie anschließend falls nötig den Wert für eine exakte 90°-Drehung.

▲ **Abbildung 20.66**
Grundobjekte und Angleichung im Ebenen-Bedienfeld

### 3  Würfel bauen

Zeichnen Sie ein Quadrat mit einer Kantenlänge von 60 Pixel, Fläche weiß und ohne Kontur.

Wenden Sie auf das Quadrat den 3D-Effekt EXTRUDIEREN UND ABGEFLACHTE KANTE mit einer Extrusions-Tiefe von 60 Pt an. Gehen Sie auf BILDMATERIAL ZUWEISEN und wählen für jede Würfelfläche eine der eben angelegten Farbflächen als Mapping. Klicken Sie jeweils auf den Button AUF SEITENGRÖSSE SKALIEREN.

### 4  Animation vorbereiten

Duplizieren Sie das Objekt mithilfe des Ebenen-Bedienfelds. Am kopierten Objekt doppelklicken Sie auf den 3D-Effekt im Aussehen-Bedienfeld, um die Einstellungen zu bearbeiten. Drehen Sie den Würfel um 90° in einer Dimension, um eine andere Fläche nach vorne zu bewegen.

Erstellen Sie eine Kopie des duplizierten Objekts, und drehen Sie wieder eine andere Fläche nach vorne. Verfahren Sie so, bis Sie sechs Modelle haben. Erstellen Sie eine weitere Kopie, und drehen Sie den Würfel so, dass Sie wieder die Ausgangsposition erreichen. Achten Sie darauf, dass die Objekte im Ebenen-Bedienfeld in der richtigen Stapelreihenfolge vorliegen – sie muss der Reihenfolge in der Animation entsprechen.

### 5  Mit einer Angleichung animieren

Aktivieren Sie alle Objekte und wählen Sie OBJEKT • ANGLEICHEN • ERSTELLEN.

Rufen Sie die Angleichung-Optionen auf, und richten Sie FESTGELEGTE STUFEN mit einem Wert von »3« ein.

### 6  SWF exportieren

Wählen Sie DATEI • EXPORTIEREN und die Option FLASH (SWF). Geben Sie einen Namen für das SWF ein. Exportieren Sie AI-EBENEN IN SWF-FRAMES.

Wählen Sie eine Frame-Rate von etwa 10, aktivieren Sie WIEDERHOLSCHLEIFE und ANGLEICHUNGEN ANIMIEREN • IN FOLGE. Setzen Sie die übrigen Optionen nach Bedarf. ■

### SWF speichern

Um eine SWF-Datei aus einem Illustrator-Dokument zu erstellen, verwenden Sie entweder den Befehl FÜR WEB UND GERÄTE SPEICHERN… oder EXPORTIEREN… In beiden Fällen wählen Sie vorher die Zeichenfläche aus, die Sie exportieren möchten.

Die Dialogbox EXPORTIEREN bietet Ihnen zusätzliche Optionen, die vor allem den Export einzelner Ebenen und die Erstellung von

Animationen auf der Basis von Angleichungen betreffen. Für Web und Geräte speichern ermöglicht es dagegen, die SWF-Datei zusammen mit anderen Grafikelementen als ganze Webseite zu erzeugen.

Als Einstellungen für den Export von Bildern und die Reihenfolge verwendet Für Web und Geräte speichern Ihre Einstellungen in der Exportieren-Dialogbox.

> **SWF-Animation**
>
> Beim SWF-Export über Für Web und Geräte speichern können Animationen nur auf der Basis von Ebenen erstellt werden.

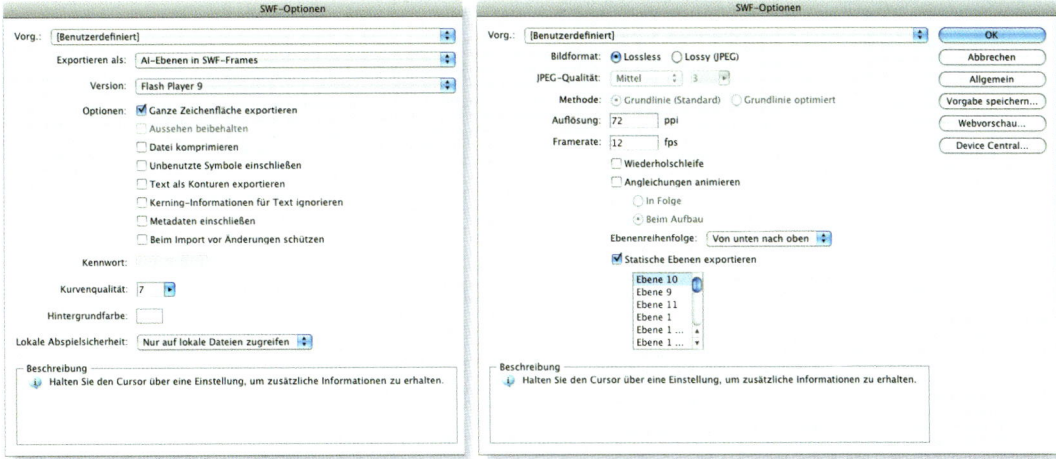

▲ **Abbildung 20.67**
SWF-Format-Optionen: Allgemein (links) und Erweitert (rechts)

- Exportieren als: Die Bezeichnungen sind selbsterklärend. Die Option AI-Datei in SWF-Datei müssen Sie verwenden, um Schnittmasken zu erhalten. Möchten Sie eine Animation erstellen, müssen Sie AI-Ebenen in SWF-Frames exportieren.
- Version: Wählen Sie hier die niedrigste Flash-Version, mit der Ihre Datei kompatibel sein soll. Mit früheren Versionen erreichen Sie mehr Nutzer – vor allem mobile Geräte unterstützen nicht alle Versionen.
- Ganze Zeichenfläche exportieren: Das SWF hat die Maße der Zeichenfläche. Objekte, die teilweise über den Rand hinausragen, sind jedoch komplett in der Datei enthalten, und Sie können in der Autorenumgebung Flash darauf zugreifen.
- Aussehen beibehalten: Vor dem Export werden alle Objekte – auch Text – umgewandelt und auf eine Ebene reduziert. Transparenz, wie z. B. bei Füllmethoden, wird reduziert, soweit Flash sie nicht nativ unterstützt.
- Datei komprimieren: Diese Option bewirkt eine Verringerung der Dateigröße. Die Dateien können nur mit einem Flash Player ab Version 6 abgespielt werden.
- Unbenutzte Symbole einschliessen: Es werden alle im Symbole-Bedienfeld als Filmclip definierten Symbole in die SWF-

> **Flash in HTML einbinden**
>
> Eine Methode, um Flash-Dateien entsprechend dem HTML-Standard in Webseiten einzubinden, finden Sie unter *www.alistapart.com/articles/flashsatay/* oder auf Deutsch unter *www.dodabo.de/html+css/flashsatay/*.

▲ **Abbildung 20.68**
Die Datei »Biene.ai« finden Sie als Beispiel auf der DVD.

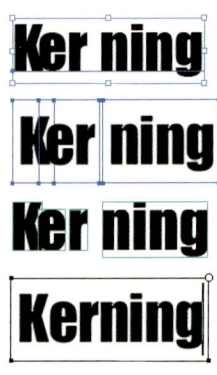

▲ **Abbildung 20.69**
Behandlung von Textobjekten mit Kerning (von oben): Text in Illustrator, ohne besondere Optionen, Aussehen beibehalten bzw. Text als Konturen, Kerninginformationen ignorieren

▲ **Abbildung 20.70**
Regelmäßige Objekte sind besonders von niedrigen Qualitätsstufen (hier: 1) betroffen.

> **Aussehen beibehalten**
>
> Beim Speichern für Web und Geräte besteht zusätzlich die Option Beibehalten. Versuchen Sie zunächst, die Bearbeitbarkeit zu erhalten. Falls die Objekte zu komplex sind, wandeln Sie sie vor dem Export um, da die Option Aussehen beibehalten nicht fehlerfrei funktioniert.

Datei exportiert, nicht nur die in Symbolinstanzen verwendeten.

▶ Text als Konturen exportieren: Texte werden beim Export in Zeichenwege umgewandelt.

▶ Kerning-Informationen für Text ignorieren: Ist ein Text mit manuellem Kerning versehen, wird er beim Standard-Export in einzelne Textfragmente aufgeteilt, um den optischen Eindruck zu erhalten. Damit ist er jedoch nicht mehr editierbar. Wählen Sie diese Option, um die Kerning-Informationen zu entfernen und Textobjekte jeweils komplett zu erhalten.

▶ Metadaten einschließen: In den Dateiinformationen eingegebene textuelle Metadaten werden in das SWF eingebettet.

▶ Beim Import vor Änderungen schützen: Mit dieser Option generierte SWF sind vor einer Weiterbearbeitung gesichert.

▶ Kennwort: Bestimmen Sie ein Passwort, mit dem eine geschützte SWF-Datei in Flash importiert und bearbeitet werden kann.

▶ Kurvenqualität: Bestimmen Sie mit dem Regler die Genauigkeit der Kurven in Schritten von 0–10.
Sie erreichen eine effektive Optimierung der Dateigröße bei relativ geringen Qualitätseinbußen, die sich aber vor allem bei besonders regelmäßigen Objekten auswirken, z. B. Kreisen.

▶ Hintergrundfarbe: Hier bestimmen Sie eine Hintergrundfarbe. Sie wird jedoch nur im Flash Player angezeigt. Beim Import in Flash kommt die Hintergrundfarbe des Flash-Dokuments zum Tragen. Möchten Sie einen Hintergrund aus Illustrator ins Flash-Dokument übernehmen, benutzen Sie dazu die Option Als Hintergrund verwenden (siehe unten).

▶ Lokale Abspielsicherheit: SWF-Dateien, die lokal auf einem Computer abgespielt werden, können entweder auf lokale oder auf netzwerkbasierte Dateien zugreifen. Wählen Sie hier Ihre Option. Falls Sie in einem dynamischen Flash-Text eine webbasierte URL eingegeben haben, müssen Sie die Option Nur auf Netzwerk zugreifen verwenden.

**Erweiterte Optionen** | Mit dem Button Erweitert erreichen Sie die folgenden Optionen:

▶ Bildformat: Bestimmen Sie die Qualitätsstufe der JPEG-Kompression platzierter Pixelbilder (siehe »JPG« in Abschnitt 20.2). Falls Sie Ihr SWF in Flash weiterbearbeiten, wählen Sie Lossless, da Flash ebenfalls Bilder komprimieren kann.

▶ JPEG-Qualität: Bestimmen Sie die Stärke der JPEG-Komprimierung.

▶ Methode: Die Einstellung Grundlinie optimiert entspricht der Option Optimiert beim Speichern von JPEGs.

- Auflösung: Geben Sie hier an, in welcher Auflösung Pixelbilder exportiert werden sollen – die Einstellung gilt für *alle* Bilder im Dokument. Es ist *nicht* zu empfehlen, die Auflösung der Bilder durch diese Funktion umrechnen und schon gar nicht erhöhen zu lassen.
  
  Verwenden Sie am besten von vorneherein Bilder in einer Auflösung von 72 ppi, und optimieren Sie diese in einem Bildbearbeitungsprogramm, bevor Sie sie in Illustrator platzieren.
  
  Eine höhere Bildauflösung benötigen Sie nur dann, wenn Sie vorhaben, in Flash in Bilder »hineinzuzoomen«.
- Framerate (nur bei AI-Ebenen in SWF-Frames): Hier geben Sie die Abspielgeschwindigkeit Ihres SWF-Dokuments in Bildern pro Sekunde vor.
- Wiederholschleife (nur bei AI-Ebenen in SWF-Frames): Aktivieren Sie diese Option, um einen Loop in der SWF-Datei zu erzeugen. Sie benötigen diese Option nicht, wenn Sie Ihr SWF in einen Flash-Film integrieren.
- Angleichungen animieren (nur bei AI-Ebenen in SWF-Frames): Aktivieren Sie diese Option, um die Stufen aller Überblendungen als Frames einer Animation auszugeben.
  
  Sie haben die Möglichkeit, in einem Frame ein einzelnes Objekt unterzubringen (Option In Folge) oder in jedem Frame ein Objekt hinzuzufügen (Option Beim Aufbau).
- Ebenenreihenfolge (nur bei AI-Ebenen in SWF-Frames): Hier legen Sie fest, mit welcher Ebene Illustrator die Animation beginnen soll.
- Statische Ebenen exportieren (nur bei AI-Ebenen in SWF-Frames): Wählen Sie eine oder mehrere Ebenen im Dialogfeld aus, die als statischer Hintergrund hinter jedem Frame liegen.

▲ **Abbildung 20.71**
Animation einer Angleichung

> **Stufen der Überblendung**
>
> Überprüfen Sie vor dem Export die Anzahl der Stufen bei allen Überblendungen, und richten Sie gegebenenfalls eine feste Anzahl Stufen ein.

### Illustrator- und SWF-Dateien in Flash importieren

Erstellen Sie ein neues Dokument in Flash, und importieren Sie entweder das Illustrator-Dokument direkt oder die aus Illustrator exportierte SWF-Datei.

**SWF |** Enthaltene Symbole finden Sie in der Bibliothek des Flash-Dokuments. Andere Objekte werden als Gruppen im ersten Frame platziert. Falls Sie beim Export Frames erzeugt haben, befinden sich die Objekte darin.

Wenn Sie Ihr SWF-Dokument in die Bibliothek Ihrer Flash-Datei importieren lassen, liegt es automatisch als Symbol vor.

**AI |** Wählen Sie eine Illustrator-Datei für den Import aus. Im folgenden Dialog bestimmen Sie zunächst die Zeichenfläche, die Sie importieren möchten. Anschließend wählen Sie nacheinander die

> **Von Flash zu Illustrator**
>
> Möchten Sie Objekte aus Flash in Illustrator weiterbearbeiten, wählen Sie – jedenfalls für komplexere Objekte – nicht den Weg über die Zwischenablage, sondern rufen in Flash Datei • Exportieren • Bild exportieren auf. Dort wählen Sie das Format Adobe Illustrator.

Objekte aus und setzen die Optionen für die deren Behandlung in der Dialogbox IMPORT-OPTIONEN.

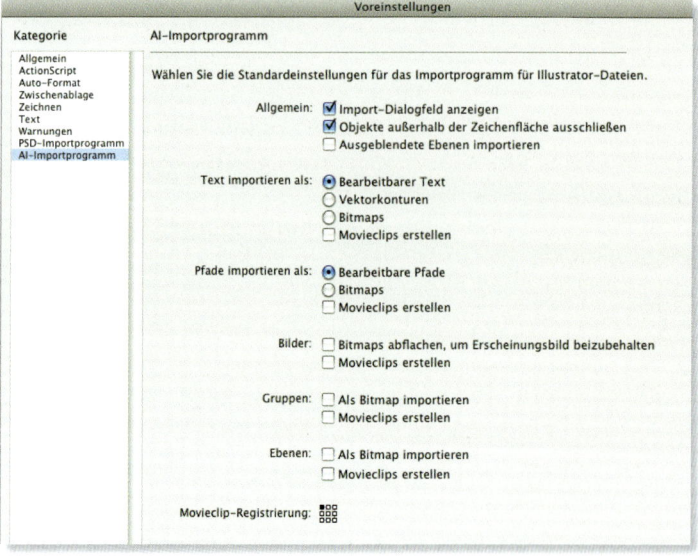

**Abbildung 20.72** ▶
Voreinstellungen für den Import von AI-Dateien in Flash.
Die hier gezeigten Einstellungen stehen Ihnen auch direkt beim Import einer Datei individuell für jedes einzelne enthaltene Objekt zur Verfügung.

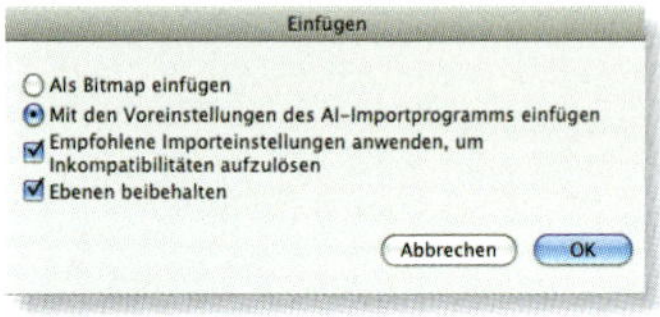

### Copy & Paste

Sie müssen nicht erst ein Dokument speichern und in Flash importieren – Sie können stattdessen auch Copy & Paste verwenden, um Ihre Illustrator-Objekte in den Flash-Film zu bringen. Wählen Sie in Flash in den Einfügen-Optionen, ob das Objekt als Pixelgrafik eingesetzt oder die aktuellen Import-Einstellungen benutzt werden sollen.

Beim Kopieren und Einfügen bleiben die Optionen erhalten, die Sie für Symbole oder Texte eingestellt haben.

▲ **Abbildung 20.73**
Einfügen-Optionen in Flash

▲ **Abbildung 20.74**
FLEX-Applikationsicon und Icon der FXG-Datei

## 20.5 FXG

Neu hinzugestoßen zur Liste der nativen Illustrator-Dateiformate ist das FXG-Format (Flash XML Graphics). Es enthält strukturierte Daten für den Einsatz in Adobe Flex, einem Framework, mit dem RIAs (Rich Internet Applications – reichhaltige Internet-Anwendungen) erstellt werden, die sich auf allen gängigen Betriebssystemen und Browsern ausführen lassen. Auch die Dynamic-Imaging-Lösung scene7 verwendet das FXG-Format für das Einlesen von Illustrator-Dateien.

Auch wenn sein Name es suggeriert, ist das Format nicht zum Austausch mit Adobe Flash geeignet. In der Zusammenarbeit mit Flex wird Illustrator eingesetzt, um Benutzeroberflächen zu

**Scene7**
Weitere Informationen zu scene7 finden Sie unter *www.scene7.com/de/*.

gestalten. Unter anderem zu diesem Zweck finden Sie auch umfangreiche Button-Sammlungen als Symbole.

**FXG speichern** | Falls Sie aus einer Datei mit mehreren Zeichenflächen nur die Objekte auf einer Zeichenfläche exportieren möchten, aktivieren Sie die Zeichenfläche und wählen Datei • Speichern unter. Rufen Sie FXG (fxg) unter Format auf. Bestimmen Sie einen Speicherort. In der nächsten Dialogbox geben Sie die Optionen ein:

> **FXG-Größenbeschränkung**
>
> Eine Grafik darf höchstens 8 192 Pixel hoch oder breit sein und insgesamt höchstens 6 777 216 Pixel enthalten (das ist weniger als das Quadrat von 8 192).

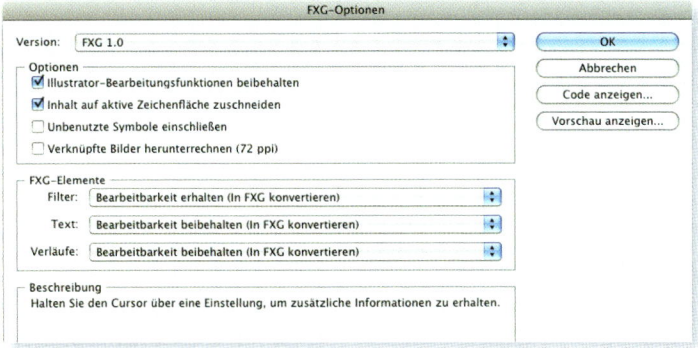

◀ **Abbildung 20.75**
Die Dialogbox FXG-Optionen

- Inhalt auf aktive Zeichenfläche zuschneiden: Aktivieren Sie diese Option, um die Eigenschaften viewheight und viewwidth der FXG-Datei auf die Maße der aktiven Zeichenfläche zu beschränken. Anderenfalls wird eine Datei in der Größe des Begrenzungsrahmens aller Objekte erzeugt.
- FXG-Elemente: Objekte, die das Format nicht unterstützt, können Sie entweder in ähnliche FXG-Konstrukte konvertieren – dann bleiben sie bearbeitbar – oder Sie können das Aussehen auf Kosten der Bearbeitbarkeit erhalten.

> **FLEX lernen**
>
> Auf der Website von Adobe finden Sie umfangreiches Material, um sich in FLEX einzuarbeiten, z.B. www.adobe.com/devnet/flex/learn/designer/ und www.adobe.com/devnet/flex/videotraining/

> **FXG-Elemente umwandeln**
>
> Der Hilfetext besagt, dass in Pixelbilder umgewandelte Objekte eine größere Datei ergeben. Dies sollten Sie vor allem dann testen, wenn es sich um sehr komplexe Vektorobjekte handelt.

## 20.6 Video und Film

Auch im Video- und Filmbereich gibt es viele Einsatzgebiete für Illustrator: bei der Gestaltung von Eröffnungen, der Integration von Logos und Typografie oder in der Infografik. Die Zusammenarbeit zwischen Illustrator und After Effects sowie Premiere war auch in bisherigen Versionen komfortabel.

### Video-Vorlagen

Beim Erstellen einer neuen Datei können Sie auf Vorlagen zurückgreifen, in denen die immer wiederkehrenden Einstellungen für den Video-Bereich bereits vorgenommen sind, wie Farbraum,

▲ **Abbildung 20.76**
Die Icons von After Effects und Premiere

Auflösung und Bildschirmvorschau. Darüber hinaus müssen Sie noch nicht einmal die Standard-Dokumentmaße selbst eingeben, sondern können diese bequem aus einer Liste auswählen.

### Video-Safe Areas

Für die Aufteilung Ihres Designs nicht unerheblich sind technische Rahmenbedingungen – vor allem die sicheren Bereiche. Diese sorgen dafür, dass beim Abspielen Ihrer Inhalte auf Röhren-Fernsehern keine wichtigen Elemente (Aktion bzw. Titel/Textinformation) aufgrund von Ungenauigkeiten in der technischen Funktionsweise abgeschnitten werden.

In den Zeichenflächenoptionen, die Sie mit einem Doppelklick auf das Zeichenfläche-Werkzeug erreichen, haben Sie die Möglichkeit, die aktions- und titelsicheren (anzeigekompatiblen) Bereiche am Bildschirm anzuzeigen. In den Dokumentprofilen und -vorlagen für den Video-Bereich ist die Anzeige der Safe Areas standardmäßig aktiviert.

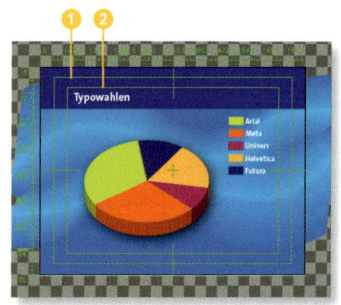

▲ Abbildung 20.77
❶ Aktions- und ❷ titelsicherer Bereich in Illustrator

### Pixelseitenverhältnis (Pixel Aspect Ratio, PAR)

Illustrator arbeitet mit quadratischen Pixeln, Sie können jedoch in den Optionen des Schnittbereich-Werkzeugs ein Seitenverhältnis eingeben. Das eingegebene Seitenverhältnis ändert weder etwas an der Darstellung noch an der Speicherung der Datei, die Angabe dient lediglich zur Berechnung der Einheiten an den Zeichenflächenlinealen. Blenden Sie diese mit Ansicht • Zeichenflächenlineale einblenden ein oder mit dem Shortcut ⌘+⌥+R bzw. Strg+Alt+R.

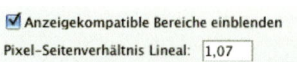

▲ Abbildung 20.78
Einstellung des Pixelseitenverhältnisses in den Zeichenflächenoptionen

Damit keine Verzerrungen auftreten, müssen Sie in After Effects das importierte Material korrekt interpretieren.

### Dateien für Video vorbereiten

Einige Bedingungen für die Weiterverarbeitung sollten Sie bereits beim Erstellen Ihrer Dateien beachten.

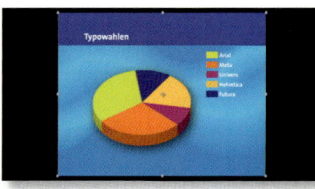

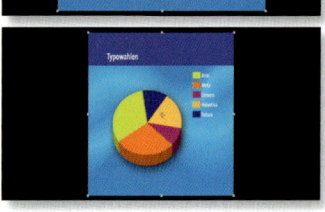

▲ Abbildung 20.79
Einstellung eines falschen Seitenverhältnisses in After Effects (unten)

**Zeichenfläche |** Um die Bearbeitung zu beschleunigen, sollten Sie Ihre Dateien auf die notwendigen Objekte beschneiden. Dazu verwenden Sie eine Zeichenfläche. Es wird nur die erste Zeichenfläche der Datei importiert, Sie können bei mehreren vorhandenen Zeichenflächen nicht auswählen.

AfterEffects arbeitet nur mit ganzen Pixelgrößen. Legen Sie die Größe der Zeichenfläche in Illustrator bereits in ganzen Pixeln an. Anderenfalls fügt AfterEffects beim Import einen schwarzen Rand hinzu, wenn es auf ganze Pixel aufrundet.

**Farbraum** | Wenn Sie Ihre Dateien auf den Video-und-Film-Vorlagen aufbauen, wird der Farbraum automatisch korrekt gewählt. Falls Sie eigene Vorgaben einrichten, achten Sie darauf, Ihre Datei im Farbmodus RGB anzulegen. AfterEffects kann zwar den Farbraum CMYK in RGB konvertieren, Sie haben jedoch eine bessere Kontrolle, wenn Sie gleich den korrekten Farbraum verwenden.

**Horizontale Linien** | Vermeiden Sie auf jeden Fall horizontale Linien unter 2 Pixel Stärke – besser, Sie verwenden noch stärkere Linien. Dünne horizontale Linien flackern aufgrund des zeilenweisen Aufbaus eines Videobilds (Interlacing). Vermeiden Sie ebenfalls zu feine Linien in Schriften, z. B. Serifen.

**Transparenz** | Bereiche, die keine Objekte enthalten, sind in After Effects und Premiere transparent. Wenn Sie Schnittmasken zum Freistellen in Ihren Dateien einsetzen, wird eine solche Konstruktion korrekt importiert. Bei der Verwendung einer Video-Dokumentvorgabe wird standardmäßig das Transparenzraster eingeblendet, sodass Sie einschätzen können, welche Bereiche Ihrer Grafik transparent sind.

Eine reduzierte Deckkrafteinstellung der Objekte bewirkt auch in den beiden Video-Programmen, dass darunterliegende Ebenen durch die Objekte hindurchscheinen. Füllmethoden haben jedoch nur Auswirkungen innerhalb der Objekte der Illustrator-Datei.

▲ **Abbildung 20.80**
Transparenzraster in Illustrator

Stellen Sie Objekte mit Deckkraftmasken frei, wird die Alpha-Transparenz in After Effects und Premiere korrekt importiert, die Deckkraftmaske können Sie jedoch dort nicht mehr bearbeiten.

**Effekte** | Live-Effekte werden korrekt interpretiert, sind aber nach dem Import nicht editierbar. Schlagschatten besitzen Alpha-Transparenz. Beachten Sie beim Einsatz pixelbasierter Effekte, dass Sie diese in der Video-Software nicht mehr skalieren können.

**Ebenen** | Alle Elemente, die Sie in After Effects unabhängig von anderen animieren möchten, müssen auf eigenen Hauptebenen liegen. Verwenden Sie den Befehl EBENEN FÜR OBJEKTE ERSTELLEN aus dem Bedienfeldmenü des Ebenen-Bedienfelds, um Objekte auf eigene Ebenen zu verteilen (mehr zu Ebenen finden Sie in Kapitel 11). Die Datei müssen Sie in After Effects als Komposition importieren.

Premiere importiert Illustrator-Dateien mit mehreren Ebenen immer auf eine Ebene reduziert.

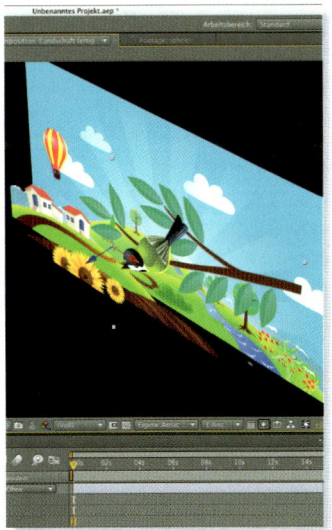

▲ **Abbildung 20.81**
Illustrator-Ebenen können in AfterEffects auf der z-Achse verschoben werden, sodass sich eine Tiefenwirkung ergibt.

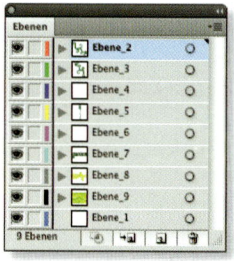 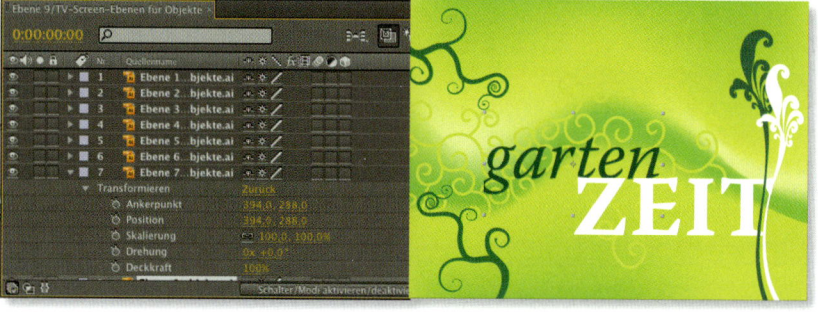

▲ Abbildung 20.82
Elemente, die in Illustrator auf Hauptebenen liegen (links), sind auch in AfterEffects unabhängig voneinander zu bearbeiten (Mitte und rechts).

▲ Abbildung 20.83
Wenn Sie das Skript INTERAKTIV ABPAUSEN in Adobe Bridge verwenden, dann bestehen umfangreiche Optionen für Dateinamen.

### Für After Effects und Premiere speichern

After Effects kann Illustrator-Dateien öffnen, jedoch nur, wenn die Dokumente PDF-kompatibel abgespeichert wurden. In die Datei eingebettete Farbprofile werden beim Import ignoriert.

After Effects und Premiere können Sequenzen von Dateien importieren. Dazu ist es nötig, dass sich alle Dateien in einem Ordner befinden und ein gemeinsames Namensschema nutzen, wie z. B. »Datei0001.ai«, »Datei0002.ai« oder »Datei0003.ai«.

Während die Erzeugung von Dateisequenzen eher eine Aufgabe für die Stapelverarbeitung und Scripting-Lösungen ist, können Sie Animationen auch als SWF exportieren und in beiden Video-Programmen importieren.

### Pfade kopieren und einsetzen

Vor allem in After Effects lassen sich an vielen Stellen Vektorpfade verwenden, z. B. um Texte oder Glitzereffekte entlang eines Pfads zu animieren oder Clips freizustellen. Diese Pfade können Sie in Illustrator erstellen und dann über die Zwischenablage in After Effects einfügen.

Die Übertragung von Pfaden aus Illustrator mithilfe der Zwischenablage funktioniert aber nur, wenn in den VOREINSTELLUNGEN • DATEIEN VERARBEITEN UND ZWISCHENABLAGE die Optionen AICB und PFADE BEIBEHALTEN aktiviert sind.

### Illustrator-Dateien in Video-Projekte importieren

In Premiere importieren Sie Ihre Illustrator-Dateien ohne weitere Einstellungsmöglichkeiten.

In After Effects wählen Sie für den Import einzelner Dateien ABLAGE • IMPORTIEREN • DATEI... Dann stehen Ihnen folgende Optionen zur Verfügung:

- KOMPOSITION: Beim Import als Komposition bleiben Hauptebenen unabhängig voneinander erhalten.
- FOOTAGE: Beim Import als Footage wird die Datei auf das Endformat beschnitten und werden alle Ebenen zusammengerechnet.

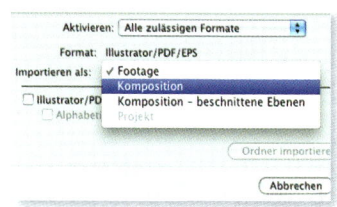

▲ Abbildung 20.84
Importoptionen in AfterEffects

**Wichtige Einstellungen in After Effects**
Damit Ihre Vektorgrafik optimal dargestellt wird, sind vor allem die Einstellungen für das Rastern und das Pixelseitenverhältnis wichtig.

**Kontinuierlich rastern** | Illustrator-Dateien sind – außer wenn pixelbasierte Effekte eingesetzt wurden – in After Effects problemlos skalierbar. Sie müssen jedoch darauf achten, die Ebene zu OPTIMIEREN ☼. Die entsprechende Einstellung finden Sie in der Zeitleiste.

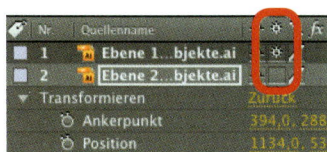

▲ Abbildung 20.85
Skalierte Illustrator-Grafik in After Effects ohne (links) und mit (rechts) der Option OPTIMIEREN, Zeitleiste mit dem Button OPTIMIEREN (ganz links)

**Pixel Aspect Ratio** | Das Pixelseitenverhältnis wird normalerweise von After Effects richtig eingestellt. Sollte das einmal nicht der Fall sein, finden Sie diese Einstellung unter KOMPOSITION • KOMPOSITIONSEINSTELLUNGEN. Setzen Sie die Option PIXELSEITENVERHÄLTNIS auf QUADRATISCHE PIXEL.

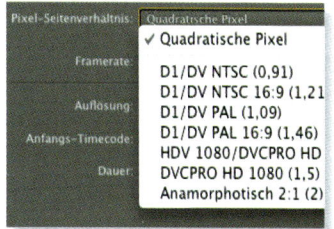

▲ Abbildung 20.86
Einstellung des Seitenverhältnisses

# 21   Personalisieren und Erweitern

Wie Sie in den vorangegangenen Kapiteln erfahren haben, ist Illustrator ein sehr mächtiges Werkzeug – und zu Beginn vielleicht auch ein wenig unübersichtlich. Seinen Funktionsumfang können Sie durch Hinzufügen von Plug-ins und Skripten sogar weiter steigern. Illustrators Oberfläche lässt sich an Ihre Bedürfnisse anpassen, sodass Sie das Überangebot an Funktionen besser handhaben können.

## 21.1   Anpassen

Wie in allen Programmen enthalten die Voreinstellungen die wichtigsten Optionen, um Illustrator an den Einsatzzweck anzupassen. Dazu zählen Maßeinheiten, Sprache, Raster und Werkzeuggrundeinstellungen. Sie können aber weitergehende Einstellungen vornehmen, um sich die Programmoberfläche komfortabler zu gestalten.

▲ **Abbildung 21.1**
Gespeicherte Arbeitsbereiche

### Benutzerdefinierte Arbeitsbereiche

Das »Layout« der Bedienfelder auf Ihrem Bildschirm sowie die Zusammenstellung und Anzeigeart der Bedienfelder im Dock lässt sich als »Arbeitsbereich« speichern und über das Menü oder über den Button in der Anwendungsleiste (Mac) bzw. im Kopfbereich des Anwendungsrahmens (Windows) wieder aufrufen.

Das ist praktisch, wenn Sie einen Arbeitsplatz mit Kollegen teilen, aber auch, wenn Sie selbst für verschiedene Aufgaben – Illustration, Konstruktion oder Typografie – andere Bedienfelder oder unterschiedliche Anordnungen der Bedienfelder benötigen.

**Abgerissene Werkzeugbedienfelder**

Die Position »abgerissener« Werkzeugbedienfelder wird im Arbeitsbereich gespeichert.

**Arbeitsbereich speichern** | Richten Sie die Position der Bedienfelder wie gewünscht ein. Rufen Sie anschließend Fenster • Arbeitsbereich • Arbeitsbereich speichern... auf, und geben Sie dem Bildschirmlayout einen passenden Namen. Wichtig: Die Option Anwendungsrahmen (nur Mac), die Anordnung von Fenstern (Überlappend, Nebeneinander) sowie ihre Verschieb-

▲ Abbildung 21.2
Button ARBEITSBEREICHE

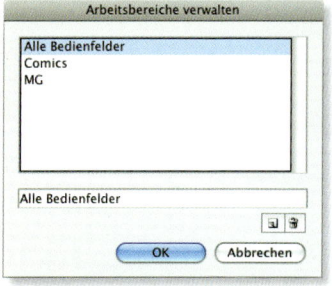

▲ Abbildung 21.3
Die Dialogbox ARBEITSBEREICHE VERWALTEN

▲ Abbildung 21.4
Datei-Icon der Vorlagendatei

barkeit werden nicht gespeichert (Anordnen von Fenstern siehe Kapitel 1).

**Arbeitsbereich aufrufen |** Um einen gespeicherten Arbeitsbereich aufzurufen, wählen Sie den Namen des Bildschirmlayouts aus dem Untermenü von FENSTER • ARBEITSBEREICH oder mit dem Button in der Anwendungsleiste.

**Arbeitsbereiche verwalten |** Möchten Sie gespeicherte Arbeitsbereiche umbenennen, duplizieren oder löschen, rufen Sie FENSTER • ARBEITSBEREICH • ARBEITSBEREICHE VERWALTEN… auf.

▶ Umbenennen: Aktivieren Sie einen der Einträge in der Liste, und tragen Sie den neuen Namen in das Eingabefeld ein. Bestätigen Sie mit OK.
▶ Duplizieren: Wählen Sie einen Eintrag aus, und klicken Sie auf den Button NEUER ARBEITSBEREICH.
▶ Löschen: Aktivieren Sie den Eintrag, und klicken Sie auf den Button ARBEITSBEREICH LÖSCHEN.

**Vorlagen**

Vorlagendateien sind wie ein Zeichenblock, von dem Sie ein Blatt abreißen. Falls Sie häufig mit wiederkehrenden Dokumentformaten, Farben, Mustern, Formen oder Druckeinstellungen arbeiten müssen, können Sie sich die benötigten Vorgaben in einer Vorlagendatei speichern und für ein neues Projekt von dieser Datei »ein Blatt abreißen«, um sich die gleichzeitig langweilige und aufwendige Arbeit des Einrichtens der benötigten Grundlagen und des Erstellens und Importierens von Mustern und Farbfeldern zu ersparen. Wenn Sie z. B. regelmäßig CD-Cover für ein bestimmtes Label entwerfen, erstellen Sie sich eine Vorlage mit den entsprechenden Spezifikationen, Logos, Farbfeldern und Druckvorgaben. Für einen neuen Entwurf erstellen Sie keine neue Datei, sondern verwenden die Vorlage »CD-Cover«.

**Vorlagen erstellen |** Beginnen Sie mit einem neuen Dokument, oder öffnen Sie ein vorhandenes Dokument, das bereits einige der benötigten Elemente enthält. Richten Sie die gewünschten Optionen ein:

▶ Dokument einrichten: Definieren Sie die Anzahl und Maße der Zeichenflächen, Maßeinheiten, Sprache und Transparenzeinstellungen.
▶ Ansicht: Legen Sie z. B. den Linealnullpunkt, die Zoom-Stufe, Hilfslinien und die Bildschirmansicht fest.
▶ Stile, Formate: Definieren Sie Grafikstile, Zeichen- und Absatzformate.

> **Zoomstufen als Ansichten**
> 
> Speichern Sie sich verschiedene häufig benötigte Zoom-Stufen als Ansichten. Dabei lässt sich auch die Sichtbarkeit verschiedener Ebenen sichern.

▶ Farbfelder, Pinsel, Symbole: Löschen Sie alle nicht benötigten Farbfelder, Stile, Pinsel, Symbole etc. und richten die benötigten ein, z. B. Corporate-Design-Elemente.
▶ Diagrammdesigns: Fügen Sie Balken- und Punkte-Designs der Dialogbox OBJEKT • DIAGRAMM • DESIGNS… hinzu.
▶ Druckvorgaben: Definieren Sie die Optionen für den Ausdruck des Dokuments im Drucken-Dialog.
▶ Objekte: Legen Sie Stanzkonturen, benötigte Texte oder Bildelemente in der Datei an.

**Verschieden große Zeichenflächen in der Vorlage**

Benötigen Sie Vorlagen mit Zeichenflächen in unterschiedlichen Größen, dann müssen Sie diese in einer Vorlagen-Datei anlegen.

In einem neuen Dokumentprofil können Sie nur mehrere Zeichenflächen speichern, die über die Dialogbox NEUES DOKUMENT angelegt wurden.

**Vorlagen speichern** | Rufen Sie nach dem Einrichten der Vorlage den Befehl DATEI • ALS VORLAGE SPEICHERN… auf. Wählen Sie im Dateibrowser den Speicherort, und klicken Sie auf SPEICHERN.

**Vorlagen öffnen** | Möchten Sie eine neue Datei auf Basis einer Vorlage erstellen, wählen Sie DATEI • NEU AUS VORLAGE… – Shortcut ⌘/Strg+⇧+N. Illustrator öffnet den Vorlagenordner im Dateibrowser.

## Dokumentprofile

Ein neues Dokument, das Sie mit dem Befehl DATEI • NEU… erstellen, basiert auf einem von sechs Dokumentprofilen (New Document Profile – NDP). Wählen Sie aus Profilen für die Bereiche DRUCK, WEB, MOBILE GERÄTE, VIDEO UND FILM sowie EINFACHES RGB und CMYK.

In den Dokumentprofilen sind die üblichen Einstellungen für Rastereffektauflösung oder Bildschirmansicht bereits vorgenommen, und Sie können aus gebräuchlichen Dokumentgrößen auswählen. Die Einstellungen lassen sich bereits in der Dialogbox NEUES DOKUMENT oder zu einem späteren Zeitpunkt ändern. Die im Dokumentprofil auf der Zeichenfläche platzierten Elemente werden beim Anlegen eines neuen Dokuments ignoriert.

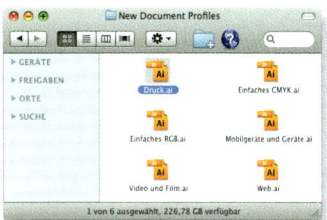

▲ **Abbildung 21.5**
Neue Dokumentprofile für CMYK- und RGB-Dokumente (oben)

**Dokumentprofile anpassen** | Die Dokumentprofile können Sie nach Ihren Wünschen anpassen oder auf der Basis der vorhandenen zusätzliche Profile erstellen. Sie finden die Dateien unter: USERS\(USER)\LIBRARY\APPLICATION SUPPORT\ADOBE\ADOBE ILLUSTRATOR CS4\DE_DE\NEW DOCUMENT PROFILES bzw. DOCUMENTS AND SETTINGS\(USER)\ANWENDUNGSDATEN\ADOBE\ADOBE ILLUSTRATOR CS4 SETTINGS. Editieren Sie darin die gewünschten Farbfelder, Diagramm-Designs, Grafikstile, Pinsel, Symbole, Ansichten, den Linealnullpunkt, die Anzahl der Zeichenflächen und die Drucken-Optionen. Das angepasste Dokumentprofil speichern Sie anschließend wieder in den genannten Ordner. Es lässt sich dann

**Metadaten**

Auf Basis der Dokumentprofile werden Metadaten in Ihr Illustrator-Dokument geschrieben. Erstellen Sie Ihre eigenen Dokumentprofile daher auf einem für den Anwendungszweck passenden bestehenden Dokumentprofil.

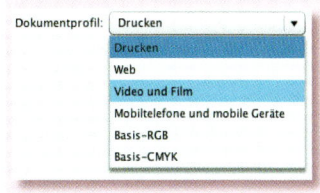

> **Menü »Größe«**
>
> Die Einträge im Menü GRÖSSE der Dialogbox NEUES DOKUMENT lassen sich in keiner zugänglichen Einstellungsdatei editieren oder ergänzen.

beim Anlegen einer neuen Datei aus dem Menü NEUES DOKUMENTPROFIL auswählen.

### Tastaturbefehle

Per Voreinstellung sind viele Funktionen mit Tastaturbefehlen – Shortcuts – belegt. Falls Ihnen die verwendeten Befehle nicht zusagen oder Sie gern weitere Funktionen mit Shortcuts versehen würden, ist es möglich, die Belegung zu bearbeiten.

So wie Sie unterschiedliche Bildschirmlayouts abspeichern, ist dies auch mit Belegungssätzen möglich. Damit können Sie zwischen unterschiedlichen Sätzen von Tastatur-Shortcuts umschalten.

Um die Tastaturbelegungen zu bearbeiten, rufen Sie BEARBEITEN • TASTATURBEFEHLE... auf – Shortcut ⌘+⌥+⇧+K bzw. Strg+Alt+⇧+K. Die Tastatur-Shortcuts für WERKZEUGE und MENÜBEFEHLE bearbeiten Sie getrennt.

◀ **Abbildung 21.6**
Die Tastaturbefehle-Dialogbox: Editieren der Kurzbefehle für Werkzeuge (links) und Menübefehle (rechts)

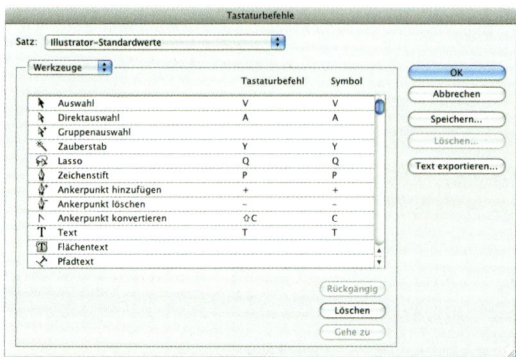 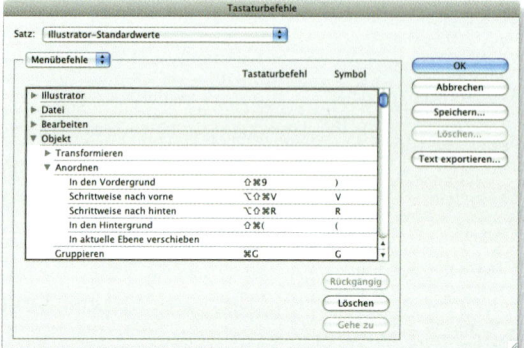

- Befehlssatz auswählen: Wählen Sie den Belegungssatz aus dem Aufklappmenü SATZ, und klicken Sie auf OK, um diesen anzuwenden.
- Befehlssatz löschen: Um einen Satz Tastaturbefehle zu löschen, wählen Sie ihn im Aufklappmenü SATZ aus und klicken auf den Button LÖSCHEN... (in der Dialogbox rechts).
- Als Text exportieren: Eine Liste aller Werkzeuge und Menüeinträge sowie der zugewiesenen Kurzbefehle können Sie als Textdatei exportieren, indem Sie auf den gleichnamigen Button klicken.

▲ **Abbildung 21.7**
Der Tastaturbefehle-Dialog enthält zwei Löschen-Buttons: Mit dem einen Button (rechts) löschen Sie einen ganzen Satz, mit dem anderen Button (unten) nur den aktivierten Shortcut.

**Befehlssatz ändern** | Gehen Sie wie folgt vor, um einen Befehlssatz zu ändern (Änderungen am Standardbefehlssatz können Sie nur als neuen Satz abspeichern – siehe Schritt 6):

1. Wählen Sie einen Belegungssatz aus dem Menü SATZ und die Tastaturbefehlsart aus dem Aufklappmenü darunter – WERKZEUGE bzw. MENÜBEFEHLE.

### Checkliste: Programmvorgaben anpassen

**Voreinstellungen editieren** | Studieren Sie die Voreinstellungen, und richten Sie diese passend ein. Es ist übrigens nicht ungewöhnlich, die Voreinstellungen während der Arbeit nach Bedarf zu ändern.

**Standardschrift ändern** | Um die Schriftart zu ändern, in der Illustrator neue Texte erstellt, rufen Sie das betreffende Dokumentprofil auf und ändern dort die Schriftart im Zeichenformat NORMALES ZEICHENFORMAT.

**Vorlage oder Dokumentprofil** | Ob Sie häufig gebrauchte Einstellungen als Dokumentprofil speichern oder eine Vorlagendatei erstellen, hängt davon ab, wie individuell Sie die Musterdatei auf eine bestimmte Aufgabe zuschneiden möchten und wie regelmäßig oder häufig Sie diese Datei benötigen. Sehr individuelle Musterdokumente werden Sie eher als Vorlagen-Datei speichern und allgemeinere, häufig benötigte Musterdokumente dagegen als Dokument-Profil. Nur in Vorlagen ist es möglich, Elemente bereits auf der Zeichenfläche zu platzieren.

**Bibliotheken** | Ihre eigenen Pinsel, Symbole, Grafikstile, Muster- und Farbfelder können Sie in Bibliotheken sammeln. Speichern Sie die Bibliothek an den im jeweiligen Dialog vorausgewählten Ort, dann stehen die Bibliotheken direkt im Fenster-Menü zur Verfügung.

**Diagramm-Balkendesigns** | Balken- und Punktedesigns können Sie im Dokumentprofil oder einer Vorlagendatei ablegen. Oder legen Sie alle Balkendesigns in einer »Sammeldatei« ab. Wann immer Sie in Ihrem aktuellen Dokument ein Balkendesign benötigen, öffnen Sie diese Sammeldatei. Sie können dann aus allen geöffneten Dokumenten im Dialog DIAGRAMMDESIGNS auf die enthaltenen Balkendesigns zugreifen.

**Preferences-Datei editieren (nur für Fortgeschrittene!)** | In der Voreinstellungen-Datei können Sie zum Beispiel die Anzahl der »Letzten Dateien« einstellen. Kopieren Sie bitte immer die Originaldatei an einen sicheren Ort, bevor Sie etwas ändern, damit Sie diese notfalls wiederherstellen können.

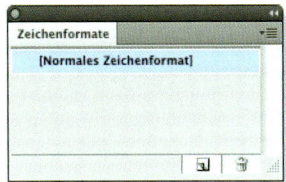

▲ **Abbildung 21.8**
In diesem Zeichenformat ändern Sie die Standardschrift.

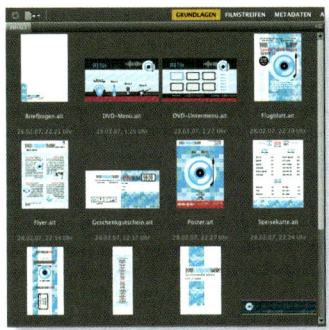

▲ **Abbildung 21.9**
Illustrator-Vorlagen können auch Elemente auf der Zeichenfläche enthalten.

### Voreinstellungen/Preferences

Sie finden die Voreinstellungen unter BENUTZER/LIBRARY/PREFERENCES/ADOBE ILLUSTRATOR CS4 SETTINGS/ADOBE ILLUSTRATOR PREFS bzw. unter Windows XP und 2000 in DOCUMENTS AND SETTINGS/[USER NAME]/ANWENDUNGSDATEN/ADOBE/ADOBE ILLUSTRATOR CS4 SETTINGS/AIPREFS und auf Windows Vista unter USERS/[USER NAME]/APPDATA/ROAMING/ADOBE/ADOBE ILLUSTRATOR CS4 SETTINGS/AIPREFS.

2. Aktivieren Sie einen der Einträge, und klicken Sie in die Spalte unter TASTATURBEFEHL. Ein Rahmen hebt ein Eingabefeld hervor. Geben Sie in dieses Feld den gewünschten Befehl samt Modifizierungstasten ein. Sobald Sie den ersten Befehl editiert haben, ändert sich der Name des Satzes im Menü in EIGENE.

3. Ist der eingegebene neue Befehl bereits vergeben, wird das Tastaturkürzel an der ursprünglichen Stelle entfernt – Illustrator zeigt eine entsprechende Warnung. Sie haben zwei Möglichkeiten:
   ▶ Widerrufen Sie die letzte Zuweisung, und stellen Sie die vorherige Belegung wieder her, indem Sie auf den Button RÜCKGÄNGIG klicken.
   ▶ Rufen Sie den Befehl auf, dessen Tastaturbelegung geändert wurde, und weisen Sie diesem einen anderen Shortcut zu. Klicken Sie dafür auf den Button GEHE ZU.

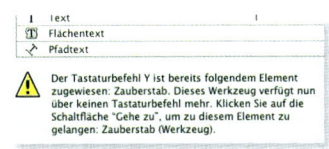

▲ **Abbildung 21.10**
Warnung bei Doppelbelegung

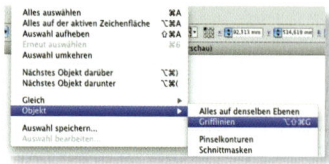

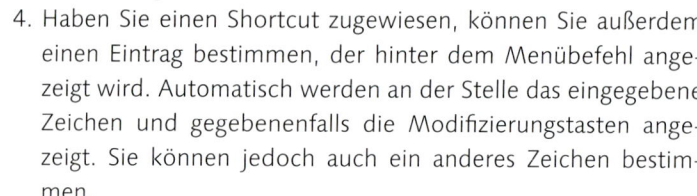

▲ **Abbildung 21.11**
Darstellung im Menü

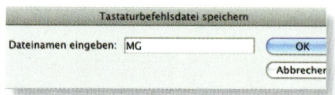

▲ **Abbildung 21.12**
Belegung speichern

4. Haben Sie einen Shortcut zugewiesen, können Sie außerdem einen Eintrag bestimmen, der hinter dem Menübefehl angezeigt wird. Automatisch werden an der Stelle das eingegebene Zeichen und gegebenenfalls die Modifizierungstasten angezeigt. Sie können jedoch auch ein anderes Zeichen bestimmen.

5. Um einen Shortcut von einem Befehl zu entfernen, aktivieren Sie den Eintrag und klicken auf den Button LÖSCHEN (unten – siehe Abbildung 21.7).

6. Haben Sie alle gewünschten Befehle eingetragen, bestätigen Sie den Dialog mit OK.
Haben Sie Ihre Änderung am Standardbelegungssatz durchgeführt, werden Sie aufgefordert, die Änderungen als einen neuen Satz zu speichern.
Haben Sie einen bereits gespeicherten Satz editiert, fragt Illustrator, ob Sie diesen überschreiben möchten.

## 21.2 Automatisieren

Viele wiederkehrende Befehlsabfolgen lassen sich zu Aktionen kombinieren und in einer Stapelverarbeitung sogar automatisch auf mehrere Dokumente in Folge anwenden, ohne dass Sie eingreifen müssen.

Darüber hinaus können Sie Illustrator mit AppleScript bzw. VisualBasic oder mit JavaScript programmieren. Die Skript-Fähigkeit bietet nicht nur Automatisierungspotenzial, sondern auch Möglichkeiten für den kreativen Einsatz.

### Aktionen

Als Aktionen können Sie sich Befehlsabfolgen speichern, die Sie wiederholt an Objekten oder Dokumenten anwenden müssen. Das Erstellen einer Aktion ist so einfach wie das Aufnehmen mit dem Videorekorder: Sie drücken eine Taste, um die Aufzeichnung zu beginnen, führen alle Arbeitsschritte aus und drücken einen anderen Button, um die Aufzeichnung zu stoppen.

▲ **Abbildung 21.13**
Datei-Icon ACTION

Sie sind aber nicht darauf angewiesen, Aktionen selbst erstellen zu müssen. Da Sätze von Aktionen als Textdateien gespeichert werden können, finden Sie in vielen Illustrator-Foren Aktionen zum Download.

### Aktionen-Bedienfeld

Die Erstellung, Anwendung und Verwaltung von Aktionen nehmen Sie mithilfe des Aktionen-Bedienfelds vor. Wählen Sie FENSTER • AKTIONEN – im Dock ▶ –, um das Bedienfeld aufzurufen.

**Anzeige** | Wie alle Bedienfelder hat auch diese ein Menü, das Sie mit dem Button ▼≡ aufrufen – in diesem Bedienfeldmenü finden Sie u. a. die Stapelverarbeitung.

Aktionen sind in Sätzen ❹ zusammengestellt, zu erkennen an dem Ordnersymbol 📁. Nur Sätze lassen sich als externe Datei speichern. Klicken Sie auf den Pfeil ▶, um die zu einem Satz gehörenden Aktionen anzuzeigen.

Die einzelnen Aktionen ❸ bestehen aus einer Abfolge von »Aufgaben«. Zeigen Sie die Aufgaben der Aktionen an, indem Sie auf den Pfeil ▶ links neben dem Namen der Aktion klicken.

Die Aufgaben tragen den Namen des Illustrator-Befehls. Auch den Eintrag vieler Aufgaben können Sie öffnen, um die in Dialogboxen eingegebenen Parameter einzusehen. Ändern lassen sich die Parameter allerdings in dieser Auflistung nicht.

Wird beim Abspielen der Aktion eine Dialogbox geöffnet ❷, zeigt das Aktionen-Bedienfeld dies mit dem entsprechenden Symbol 🔲 an. Klicken Sie auf das Symbol, um das Öffnen der Dialogbox zu unterdrücken und die Aufgabe stattdessen mit den aufgezeichneten Werten auszuführen.

Das Häkchen ❶ zeigt an, ob ein Schritt ausgeführt wird. Möchten Sie die Ausführung eines einzelnen Befehls oder aller Befehle innerhalb einer Aktion unterdrücken, deaktivieren Sie den Schritt, indem Sie das Häkchen ✓ vor dem Eintrag der Aufgabe bzw. der Aktion anklicken.

Mit den Buttons am unteren Rand des Bedienfelds steuern Sie das Abspielen und Aufzeichnen von Aktionen sowie deren Verwaltung.

**Bedienfeld-Modus** | Wählen Sie SCHALTFLÄCHENMODUS aus dem Bedienfeldmenü, um die Aktionen statt in Listendarstellung als einzelne Buttons anzuzeigen. Die Größe des Bedienfelds und damit die Anzahl der Button-Spalten können Sie frei einstellen.

**Aktionen abspielen** | Beim Abspielen einer Aktion werden die enthaltenen Befehle von Illustrator an Ihren Objekten ausgeführt. Wenn Sie eine Aktion das erste Mal ausprobieren, sollten Sie zunächst eine Kopie Ihrer Datei erstellen, um vor unangenehmen Überraschungen sicher zu sein. Dies vor allem, wenn Sie die Aktion in einer Stapelverarbeitung verwenden möchten.

Zum Abspielen eines Satzes, einer Aktion oder eines Teils einer Aktion aktivieren Sie den Eintrag im Aktionen-Bedienfeld, ab dem Sie die Befehle ausführen möchten, und wählen ABSPIELEN aus dem Bedienfeldmenü oder klicken auf den Button AKTUELLE AUSWAHL ABSPIELEN ▶ – das Symbol des Buttons wechselt zu ▶. Die Aktion spielt bis zum Schluss.

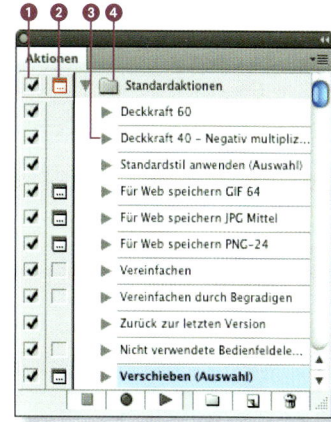

▲ **Abbildung 21.14**
Aktionen-Bedienfeld in der Listen-Darstellung

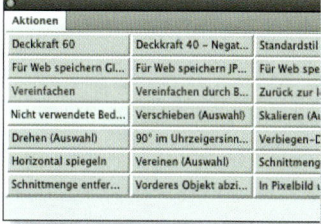

▲ **Abbildung 21.15**
Das Aktionen-Bedienfeld in der Schaltflächen-Darstellung

> **Voreinstellungen beim Abspielen**
>
> Denken Sie daran, die Voreinstellungen wie bei der Aufnahme zu konfigurieren.
>
> Verwenden Sie Aktionen aus dem amerikanischen Raum, müssen Sie gegebenenfalls mit anderen Maßeinheiten arbeiten, um die gewünschten Ergebnisse zu erhalten.

Je nach Einstellung werden während des Abspielens Dialogboxen geöffnet, in denen Sie Optionen eingeben müssen. Stehen in der Aktion enthaltene Befehle nicht zur Verfügung, weil eine vom Ersteller der Aktion angenommene Bedingung nicht eingetreten ist, erhalten Sie eine entsprechende Warnung und können die Ausführung der Aktion an dieser Stelle abbrechen.

Möchten Sie die Wiedergabe vor dem Durchlaufen aller Aufgaben beenden, klicken Sie auf den Button WIEDERGABE BEENDEN ■. In der normalen Abspielgeschwindigkeit läuft eine Aktion jedoch in der Regel so schnell ab, dass eine Unterbrechung unmöglich ist.

Einzelne Aufgaben können Sie aus einer Aktion ausschließen, indem Sie das Kontrollkästchen ☑ neben dem Namen der Aktion anklicken und das Häkchen deaktivieren.

**Abspieloptionen |** Zur Fehlersuche kann es nötig sein, die Abspielgeschwindigkeit zu regulieren. Sie haben folgende Möglichkeiten:

- BESCHLEUNIGT: Dies ist die Standardeinstellung – die Befehle werden so schnell wie möglich abgespielt.
- SCHRITTWEISE: Nach dem Ausführen eines Befehls wird die Bildschirmdarstellung aktualisiert, bevor die Aktion den nächsten Schritt startet.
- ANHALTEN FÜR: Wählen Sie diese Option, um die Aktion für einen festgelegten Zeitraum nach dem Ausführen jedes Schritts anzuhalten.

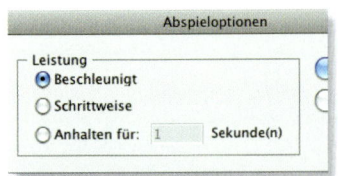

▲ Abbildung 21.16
Die Dialogbox ABSPIELOPTIONEN

**Aktion aufzeichnen |** In einer Aktion lassen sich fast alle Menübefehle, Bedienfeldoptionen und Werkzeugfunktionen aufzeichnen – einige Befehle können Sie zwar nicht aufzeichnen, aber mithilfe von Befehlen des Bedienfeldmenüs in eine Aktion einfügen.

Die Aufzeichnung einer Aktion sollten Sie in einer Kopie Ihrer Datei vornehmen, z. B. indem Sie vor Beginn Ihrer Aufzeichnung den Befehl DATEI • KOPIE SPEICHERN UNTER… ausführen. Gehen Sie bei der Aufzeichnung wie folgt vor:

1. Erstellen Sie eine neue Aktion, indem Sie den Button NEUE AKTION ERSTELLEN 🔲 anklicken. In der Dialogbox AKTIONS-OPTIONEN sollten Sie der Aktion vor allem einen aussagekräftigen Namen geben. Sie können Ihre Einstellungen zu einem späteren Zeitpunkt editieren.
2. Klicken Sie auf den Button AUFZEICHNUNG BEGINNEN ●. Der Button zeigt durch die rote Farbe ● die Aufzeichnung an.

▲ Abbildung 21.17
Aufgaben, die nicht unmittelbar aufgezeichnet werden können (siehe Seite 693): Unterbrechung, Pfad einfügen, Objekt auswählen (von oben)

3. Führen Sie die gewünschten Aufgaben aus – Sie können sich dabei Zeit lassen, die Abspielgeschwindigkeit ist unabhängig von der Aufnahmegeschwindigkeit.
4. Haben Sie die gewünschten Befehle ausgeführt, stoppen Sie die Aufzeichnung, indem Sie auf den Button AUFZEICHNUNG BEENDEN ■ klicken. Die Aktion wird automatisch in der Voreinstellungsdatei gespeichert. Da diese Datei beschädigt werden kann, sollten Sie Aktionen dauerhaft speichern (siehe den Abschnitt »Aktionen verwalten« auf Seite 694).

**Aktionen editieren |** Um Aktionen zu editieren, schalten Sie das Bedienfeld in die Listendarstellung.

- DIALOGFELD AKTIVIEREN/DEAKTIVIEREN: Für die Ausführung von Aktionen verwendet Illustrator Ihre bei der Aufzeichnung eingegebenen Werte. Möchten Sie die Optionen einzelner Befehle individuell bei jedem Abspielen definieren, aktivieren Sie die Dialogboxen (im Handbuch werden sie als MODALE STEUERELEMENTE bezeichnet), indem Sie bei dem betreffenden Befehl die Anzeige des Dialogsymbols ▢ aktivieren. Klicken Sie neben den Eintrag der Aktion, um die Modalsteuerung für alle Aufgaben zu aktivieren oder zu deaktivieren.

▲ **Abbildung 21.18**
Verändern der Reihenfolge von Aufgaben durch Verschieben

- OPTIONEN EINES SCHRITTS EDITIEREN: Möchten Sie nur die Optionen eines einzelnen Befehls ändern, aktivieren Sie – falls dies zur Ausführung des Schritts erforderlich ist – ein passendes Objekt auf der Zeichenfläche, und doppelklicken auf den zu ändernden Eintrag im Aktionen-Bedienfeld.
- OPTIONEN IN EINER AKTION EDITIEREN: Möchten Sie den Ablauf einer Aktion erhalten, aber Einstellungen und Optionen neu einrichten, aktivieren Sie die Aktion und wählen ERNEUT AUFZEICHNEN… aus dem Bedienfeldmenü. Das Abspielen der Aktion wird sofort gestartet. Geben Sie an den gewünschten Stellen die Änderungen in die Dialogboxen ein und bestätigen diese.
- ABFOLGE ÄNDERN: Möchten Sie einen Befehl an eine andere Stelle in der Abfolge einordnen, klicken und ziehen Sie den Eintrag an den gewünschten Platz (die Trennlinie zwischen den bestehenden Befehlen wird hervorgehoben) und lassen die Maustaste los.
- BEFEHLE EINFÜGEN: Um weitere Befehle in eine Aktion einzufügen, aktivieren Sie den Schritt, dem die zusätzlichen Aufgaben folgen sollen, und wählen AUFZEICHNUNG BEGINNEN aus dem Bedienfeldmenü oder klicken auf den Button ●. Führen Sie die Schritte aus, und beenden Sie die Aufzeichnung.
- EINTRAG DUPLIZIEREN: Eine Aufgabe, eine Aktion oder einen Satz duplizieren Sie, indem Sie den Eintrag aktivieren und

**Nicht aufnehmbare Befehle**

Beobachten Sie das Aktionen-Bedienfeld beim Aufzeichnen der Aktion – falls ein Befehl dort nicht sofort nach der Ausführung aufgelistet wird, ist dieser nicht »live« aufzunehmen.

Duplizieren aus dem Bedienfeldmenü wählen. Alternativ ziehen Sie den Eintrag einer Aufgabe oder einer Aktion über den Button Neue Aktion erstellen . Den Eintrag eines Satzes ziehen Sie über den Button Neuen Satz erstellen .

▶ Eintrag löschen: Wenn Sie einen Schritt, eine Aktion oder einen Satz löschen möchten, aktivieren Sie den Eintrag im Aktionen-Bedienfeld und klicken auf den Button Auswahl löschen oder ziehen den Eintrag auf diesen Button.

**Aufgaben per Menü hinzufügen** | Einige Aufgaben lassen sich nicht »live« aufzeichnen, Sie können diese Schritte nur mithilfe von Befehlen aus dem Menü des Aktionen-Bedienfelds in eine Aktion integrieren.

Die betreffenden Aufgaben – z. B. die Auswahl eines bestimmten Pfads, das Verwenden der Freihand-Werkzeuge Pinsel, Buntstift, Schere oder Verlauf, das Zuweisen von Effekten und das Einstellen der Ansicht – können Sie mithilfe des Menüs des Aktionen-Bedienfelds während der Live-Aufzeichnung in die Aktion integrieren oder beim späteren Bearbeiten einer Aktion hinzufügen. Im letzteren Fall aktivieren Sie den Schritt, dem die Aufgabe folgen soll, und wählen den gewünschten Befehl aus dem Bedienfeldmenü.

▶ **Menübefehl, der nicht aufgezeichnet werden kann**: Um einen Menübefehl einzufügen, der nicht aufgezeichnet werden kann, wählen Sie Menübefehl einfügen aus dem Bedienfeldmenü.

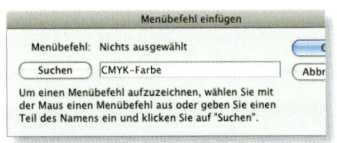

▲ Abbildung 21.19
Menübefehl einfügen

Den Befehl können Sie anschließend entweder durch Auswahl aus dem Menü bestimmen oder in der Dialogbox danach suchen lassen, indem Sie die Anfangsbuchstaben eingeben.

▶ **Unterbrechung**: Möchten Sie an einem Punkt im Ablauf der Aktion eine Dialogbox mit einem Hinweis anzeigen oder eine individuelle Benutzereingabe zulassen, wählen Sie Unterbrechung einfügen aus dem Bedienfeldmenü.

Geben Sie den gewünschten Hinweistext in die Dialogbox ein. Soll der Text vom Benutzer nur zur Kenntnis genommen werden, aktivieren Sie die Option Fortfahren zulassen.

Falls ein Eingreifen des Benutzers – z. B. das Zeichnen mit einem Werkzeug – erforderlich ist, darf das Fortfahren nicht zugelassen werden. Nach Durchführung der erforderlichen Eingabe muss der Benutzer das Weiterspielen der Aktion über das Aktionen-Bedienfeld manuell veranlassen.

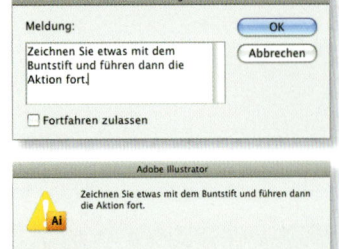

▲ Abbildung 21.20
Die Dialogbox Unterbrechung einfügen (oben), Hinweisbox (unten)

▶ **Einen Pfad einfügen**: Benötigen Sie im Ablauf der Aktion einen oder mehrere Pfade, erzeugen Sie diese an der gewünschten Position auf der Zeichenfläche. Dies können Sie während der Aufzeichnung der Aktion vornehmen, da die Benutzung des Zeichenstift-, Pinsel- oder Buntstift-Werkzeugs nicht aufgezeichnet wird.

Haben Sie den Pfad erstellt, aktivieren Sie ihn und wählen Pfadauswahl einfügen aus dem Bedienfeldmenü.

Es ist möglich, offene oder geschlossene Pfade innerhalb einer Aktion in das Dokument einzufügen. Alle Pfade können nur eine gemeinsame Kontur und Füllung erhalten. Besitzen sie ursprünglich unterschiedliche Farben, werden die des obersten Objekts übernommen.

▶ **Ein Objekt auswählen**: Ein bestimmtes Objekt kann innerhalb einer Aktion nur dann ausgewählt werden, wenn es eine Bezeichnung besitzt. Wird das Objekt in der Abfolge der Aktion erstellt, müssen Sie also sofort nach der Erzeugung des Elements eine Bezeichnung in das Notizfeld des Grafikattribute-Bedienfelds eintragen.

Ein mit dem Notiz-Attribut versehenes Objekt können Sie anschließend jederzeit wieder auswählen. Wählen Sie Objekt auswählen aus dem Bedienfeldmenü, um den Auswahlschritt in die Aktion einzufügen.

Geben Sie die Objektbezeichnung in die Dialogbox ein.

▲ **Abbildung 21.21**
Notiz im Grafikattribute-Bedienfeld (oben), und die Dialogbox Objekt auswählen (unten)

**Aktionsoptionen** | Möchten Sie den Namen einer Aktion ändern oder der Aktion einen Kurzbefehl zuweisen, rufen Sie die Aktionsoptionen mit einem Doppelklick auf den Namen der Aktion im Bedienfeld auf oder indem Sie die Aktion aktivieren und Aktionsoptionen... aus dem Bedienfeldmenü wählen. Neben dem Namen können Sie folgende Optionen in die Dialogbox eingeben:

◀ **Abbildung 21.22**
Die Dialogbox Aktionsoptionen

▶ Satz: Das Aufklappmenü listet die vorhandenen Aktions-Sätze auf. Wählen Sie aus dem Menü, welchem Satz Sie die Aktion zuweisen möchten.

▶ Funktionstaste: Den Aktionen können Sie Tastaturkombinationen aus einer Funktionstaste [F1] bis [F15] und den Tasten [⌘]/[Strg] und [⇧] zuweisen. Innerhalb der Aktionen ist es nicht möglich, Shortcuts doppelt zu vergeben. Falls Sie aber eine Aktion mit einem Kurzbefehl versehen, der bereits für

**Apple Slim Keyboard**

Die Funktionstasten [F13] – [F15] dieser Tastatur lassen sich zwar mit Aktionen belegen, diese werden beim Betätigen der Taste aber nicht abgespielt.

21.2 Automatisieren | **693**

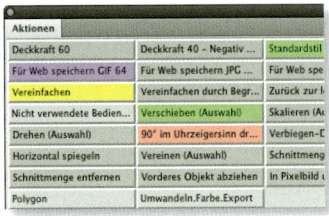

▲ **Abbildung 21.23**
Farbige Darstellung der Aktions-Buttons im Schaltflächenmodus

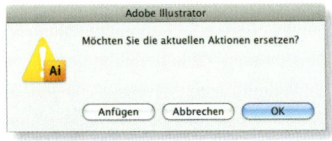

▲ **Abbildung 21.24**
Aktionen zurücksetzen

einen Menübefehl Verwendung findet, hat die Ausführung der Aktion Vorrang vor dem Menü.
- FARBE: Wählen Sie eine Farbe für die Darstellung des Aktions-Buttons im Schaltflächenmodus des Aktionen-Bedienfelds.

**Aktionen verwalten |**
- NEUER SATZ: Erstellen Sie einen neuen Satz, indem Sie diesen Befehl aus dem Bedienfeldmenü wählen.
- SATZOPTIONEN: Möchten Sie den Namen eines Satzes von Aktionen editieren, doppelklicken Sie auf seinen Eintrag oder wählen SATZOPTIONEN… aus dem Bedienfeldmenü.
- AKTIONEN LADEN: Aktionen, die als externe Dateien auf Ihrem Computer gespeichert sind, müssen in Illustrator geladen werden, damit sie zur Verfügung stehen.
Wählen Sie aus dem Menü des Aktionen-Bedienfelds den Eintrag AKTIONEN LADEN…, und wählen Sie die Aktion im Dateibrowser aus. Falls die Aktion nicht sichtbar ist, überprüfen Sie, ob die korrekte Dateiendung .aia vorhanden ist.
Die Verbindung zur Aktion bleibt nicht bestehen. Wenn Sie die geladene Aktion ändern, werden diese Änderungen nicht in der Datei gespeichert, und Sie können die Aktion jederzeit neu laden, um den Originalzustand wiederherzustellen.
- AKTIONEN ZURÜCKSETZEN: Möchten Sie die Standardaktionen von Illustrator erneut laden, wählen Sie AKTIONEN ZURÜCKSETZEN aus dem Bedienfeldmenü. In der Dialogbox wählen Sie eine von zwei Möglichkeiten:
  - ERSETZEN: Klicken Sie auf OK, um die aktuell im Bedienfeld angezeigten Aktionen durch die Standardaktionen zu ersetzen.
  - ANFÜGEN: Wählen Sie ANFÜGEN, um den Satz der Standardaktionen zusätzlich zu allen vorhandenen Aktionen zu laden. Er wird als letzter Eintrag im Bedienfeld angezeigt.
- AKTIONEN ERSETZEN: Möchten Sie alle im Bedienfeld geladenen Aktionen durch einen auf Ihrem Computer gespeicherten Satz ersetzen, wählen Sie AKTIONEN ERSETZEN… aus dem Bedienfeldmenü und öffnen die Datei im Dateibrowser.
Ihre vorhandenen Aktionen werden ohne weitere Nachfrage ersetzt – Sie können diesen Schritt jedoch mit ⌘/Strg+Z widerrufen. Speichern Sie die vorhandenen Aktionen vorher, falls Sie sie später wieder benötigen.
- AKTIONEN SPEICHERN: Einzelne Aktionen lassen sich nicht speichern – mit diesem Befehl aus dem Bedienfeldmenü können Sie jedoch einen Satz speichern. Aktivieren Sie den gewünschten Satz, und rufen Sie den Befehl auf.

- AKTIONEN LÖSCHEN: Um alle Aktionen zu löschen, wählen Sie AKTIONEN LÖSCHEN aus dem Bedienfeldmenü. Sicherheitshalber fragt Illustrator noch einmal nach, ob Sie wirklich alle Aktionen löschen möchten. Bestätigen Sie mit JA.

## Stapelverarbeitung

In der Stapelverarbeitung – auch »Batch« genannt – können Sie eine Aktion auf ein komplettes Verzeichnis von Illustrator-Dokumenten anwenden und so z. B. alle Dateien eines Ordners in ein bestimmtes Format exportieren.

Wählen Sie STAPELVERARBEITUNG… aus dem Menü des Aktionen-Bedienfelds, um die Batch-Optionen einzurichten. Diesen Befehl können Sie auch dann wählen, wenn keine Datei geöffnet ist.

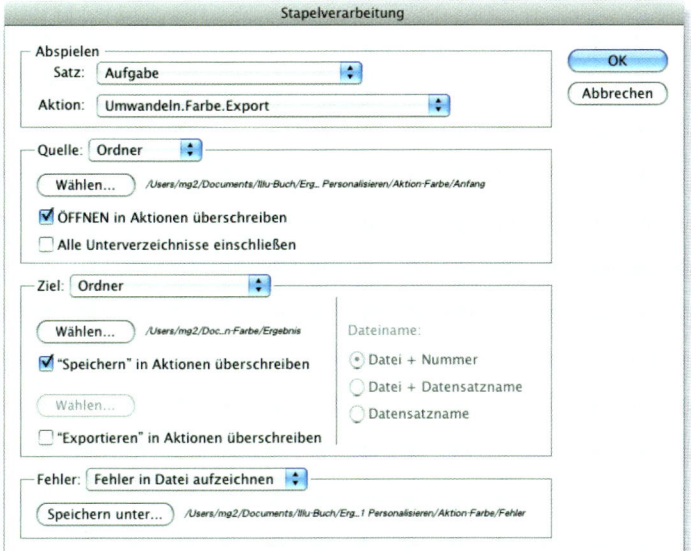

◀ **Abbildung 21.25**
Die Dialogbox STAPELVERARBEITUNG

- ABSPIELEN: Wählen Sie den Satz und die Aktion, die Sie auf die Dateien anwenden möchten.
- QUELLE: Als Quelle können Sie entweder ein Verzeichnis mit Illustrator-Dokumenten oder Datensätze wählen, die Sie für dynamische Objekte im aktuellen Dokument angelegt haben (zu »Variablen« siehe Abschnitt 21.3).
- ÖFFNEN IN AKTIONEN ÜBERSCHREIBEN: Setzen Sie diese Option, falls in der Aktion Öffnen-Befehle aufgenommen wurden. Das Überschreiben bewirkt, dass Illustrator das in der Stapelverarbeitung angegebene Verzeichnis als Quelle verwendet.
- ALLE UNTERVERZEICHNISSE EINSCHLIESSEN: Wählen Sie diese Einstellung, um auch die Dateien in Unterverzeichnissen zu bearbeiten.

**Alias in der Stapelverarbeitung**

Legen Sie Alias-Dateien bzw. Verknüpfungen mit Verzeichnissen in den zu bearbeitenden Ordner, um Verzeichnisse einzuschließen, die an anderen Orten gespeichert sind.

- Ziel: Wählen Sie ein Verzeichnis, in das die geänderten Dokumente abgelegt werden.
- Speichern/Exportieren in Aktionen überschreiben: Sind in der Aktion Speicher- oder Export-Befehle vorhanden, aktivieren Sie diese Option, um den in der Stapelverarbeitung definierten Zielordner zu verwenden.
- Dateiname: Die Optionen stehen Ihnen bei der Verarbeitung von Datensätzen zur Verfügung. Sie bestimmen darin, wie sich der Name der generierten Dateien zusammensetzt.
- Fehler: Legen Sie hier fest, wie die Fehlerbehandlung erfolgen soll. Falls Sie beabsichtigen, die Stapelverarbeitung während Ihrer Abwesenheit durchführen zu lassen, sollten Sie Fehler in eine Datei speichern. Bestimmen Sie in diesem Fall einen Speicherort und einen Dateinamen.

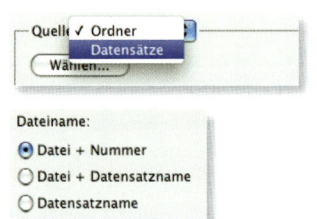

▲ **Abbildung 21.26**
Die Dateiname-Optionen werden erst aktiv, wenn als Quelle Datensätze ausgewählt ist.

### Schritt für Schritt: Aktion und Stapelverarbeitung zum Umfärben von Objekten

Beim Konvertieren eines Dokuments vom Farbmodus RGB in den Modus CMYK entstehen »krumme« Farbwerte. Außerdem wird Schwarz immer aus allen Buntfarben zusammengesetzt. Sie entwickeln hier eine Aktion, mit der Sie kritische Farbwerte in mehreren Dateien korrigieren können. Darüber hinaus werden gleichzeitig globale Farbfelder angelegt, um zukünftige Korrekturen zu vereinfachen.

▼ **Abbildung 21.27**
Beim Umwandeln des Farbmodus einer Datei entstehen »krumme« Farbwerte und ein bunter Schwarzaufbau (2.v.l.). Dies wird korrigiert (3.v.l.), und es werden Farbfelder erzeugt (rechts).

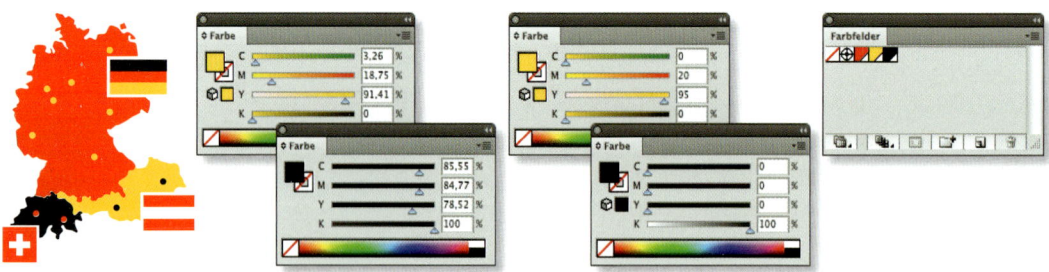

### 1 Vorbereitungen

Eine Aktion sollten Sie zumindest grob planen, bevor Sie mit der Aufzeichnung beginnen. Bei der Planung ist es wichtig, dass Sie Arbeitsschritte wählen, die allgemein für alle Dateien zutreffen.

Bei der Planung Ihrer Aktion ergibt sich auch die Verwendung verschiedener Bedienfelder. Rufen Sie diese auf, und platzieren Sie sie so auf dem Bildschirm, dass Sie den Überblick behalten.

Für unsere Aktion benötigen Sie das Farbe-, das Farbfelder- und das Attribute-Bedienfeld.

Da die Umwandlung je nach Farbeinstellungen andere Farbwerte ergibt, beginnen Sie mit einem Test. Öffnen Sie eines der Dokumente, und wandeln Sie seinen Farbmodus um: Datei • Dokumentfarbmodus • CMYK-Farbe. Aktivieren Sie jetzt nacheinander die Objekte (mit dem Direktauswahl-Werkzeug, da sie gruppiert sind), und notieren Sie sich die exakten CMYK-Farbwerte der Objekte, die Sie ändern möchten. Dann wählen Sie Datei • Zurück zur letzten Version, um das Dokument in seinen Originalzustand zu versetzen und die Aktionsschritte darin aufzunehmen. Den Öffnen-Befehl lassen Sie später über die Stapelverarbeitung durchführen, er muss also nicht aufgezeichnet werden.

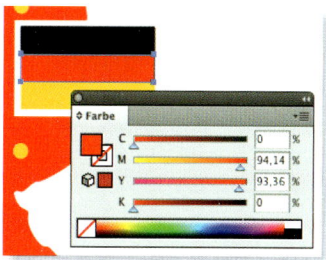

▲ **Abbildung 21.28**
Aktivieren Sie die Objekte, und notieren Sie sich die CMYK-Werte.

### 2  Aktion erstellen und starten

Rufen Sie das Aktionen-Bedienfeld auf, und richten Sie einen neuen Satz ein, indem Sie auf den Button Neuen Satz erstellen klicken. Geben Sie dem Satz einen Namen.

Legen Sie innerhalb des eben erzeugten Satzes eine neue Aktion an, indem Sie den entsprechenden Button verwenden. Sobald Sie der Aktion einen Namen gegeben und die Dialogbox geschlossen haben, startet Illustrator die Aufzeichnung.

Setzen Sie im Werkzeugbedienfeld das Kontur-Feld auf Ohne. Anschließend holen Sie wieder das Fläche-Feld in den Fokus.

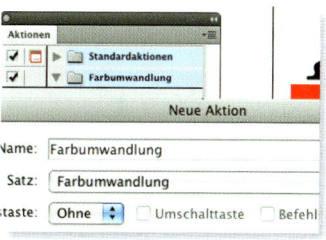

▲ **Abbildung 21.29**
Erstellen Sie eine neue Aktion.

### 3  Menübefehl einfügen: Konvertieren

Im ersten Schritt wird der Dokumentfarbmodus konvertiert. Dieser Befehl wird nicht aufgezeichnet, wenn Sie ihn einfach auswählen. Stattdessen rufen Sie im Menü des Aktionen-Bedienfelds Menübefehl einfügen auf. Ins Suchfeld tragen Sie »CMYK-Farbe« ein und klicken auf Suchen. Illustrator sucht den Befehl. Bestätigen Sie mit OK.

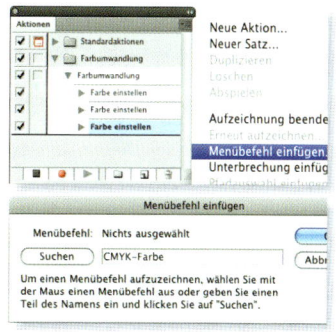

▲ **Abbildung 21.30**
Die Modusumwandlung muss über das Bedienfeldmenü eingefügt werden.

### 4  Hilfsobjekt erzeugen

Um alle Objekte einer bestimmten Farbe aufrufen zu können, benötigen Sie Hilfsobjekte. Zeichnen Sie einen Kreis mit dem Ellipse-Werkzeug und geben diesem mithilfe des Farbe-Bedienfelds eine der Farben, die Sie sich in Schritt 1 notiert haben. Dann rufen Sie das Attribute-Bedienfeld auf und tragen einen Namen in das Feld Notiz ein. Bestätigen Sie mit ⏎ – achten Sie im Aktionen-Bedienfeld darauf, dass dieser Schritt eingetragen wird. Den Namen notieren Sie sich.

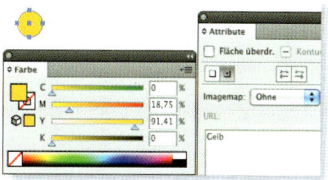

▲ **Abbildung 21.31**
Der Kreis erhält die gesuchte Farbe und einen Namen.

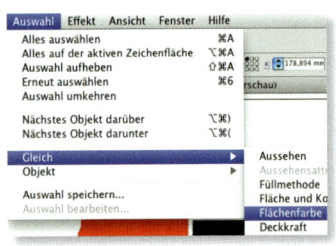

▲ **Abbildung 21.32**
Wählen Sie die Objekte mit identischer Flächenfarbe aus.

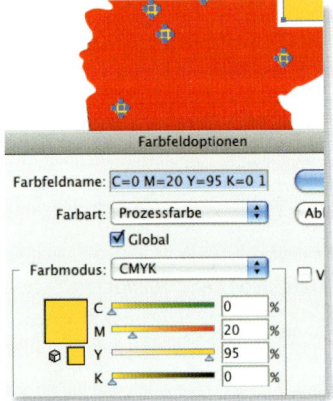

▲ **Abbildung 21.33**
Erzeugen eines Farbfelds

▲ **Abbildung 21.34**
Objekt auswählen

### 5 Gleiche Objekte auswählen und umfärben

Wählen Sie jetzt alle Objekte aus, die diese Farbe als Fläche besitzen, indem Sie AUSWAHL • GLEICH • FLÄCHENFARBE aufrufen. Gehen Sie in das Farbe-Bedienfeld, und ändern Sie dort die Farbdefinition auf die gewünschten Werte. Achtung: Sie müssen unter Umständen einige Werte mehrmals eintragen, da die Anzeigen zurückspringen.

### 6 Farbfeld erzeugen

Während die Objekte noch aktiviert sind, klicken Sie im Farbfelder-Bedienfeld auf den Button NEUES FARBFELD. Die eben eingegebene Farbdefinition ist eingefügt. Aktivieren Sie die Option GLOBAL, und bestätigen Sie. Die Objekte können Sie nun deaktivieren, z.B. indem Sie mit dem Auswahl-Werkzeug auf die Zeichenfläche klicken.

### 7 Weitere Farben nacheinander ändern

Wenn Sie weitere Farben ändern wollen, führen Sie die Schritte 4–6 jeweils mit diesen Farben durch.

### 8 Objekt auswählen: Hilfsobjekte löschen

Jetzt werden die Hilfsobjekte gelöscht. Dazu müssen Sie diese zunächst auswählen. Rufen Sie OBJEKT AUSWÄHLEN aus dem Menü des Aktionen-Bedienfelds auf, und tragen Sie den Namen aus Schritt 4 in das Eingabefeld ein. Anschließend entfernen Sie das Objekt mit der Löschtaste. Wiederholen Sie diesen Schritt mit den anderen Hilfsobjekten.

### 9 Speichern in einem anderen Format und schließen

Abschließend speichern Sie das Dokument als PDF. Wählen Sie DATEI • SPEICHERN UNTER. Der Speicherort ist egal, dieser wird in der Stapelverarbeitung neu definiert. Geben Sie die gewünschten Optionen für das PDF ein, und bestätigen Sie. Schließen Sie die Datei.

Beenden Sie die Aufzeichnung mit einem Klick auf AUFZEICHNUNG BEENDEN im Aktionen-Bedienfeld.

### 10 Stapelverarbeitung

Beginnen Sie mit der Einrichtung eines Verzeichnisses auf Ihrer Festplatte für die exportierten PDF-Dateien.

Anschließend rufen Sie STAPELVERARBEITUNG… aus dem Menü des Aktionen-Bedienfelds auf – diesen Befehl können Sie ohne ein geöffnetes Illustrator-Dokument ausführen.

Wählen Sie den neu erstellten Satz und die darin abgelegte Aktion aus. Als Quelle bestimmen Sie den Ordner Aktion auf der DVD – alternativ kopieren Sie diesen vorher auf Ihre Festplatte.

Die Aktion enthält keinen Öffnen-Befehl, daher bleibt die Option Öffnen in Aktionen überschreiben deaktiviert.

Als Ziel wählen Sie den eben erstellten Ordner für die PDF-Dokumente. Aktivieren Sie die Option Speichern in Aktionen überschreiben.

Fehler sollten Sie in eine Datei schreiben lassen, da es anderenfalls nicht möglich ist, die Aktion unbeaufsichtigt ablaufen zu lassen. Bestimmen Sie einen Speicherort und Namen für die Fehlerdatei.

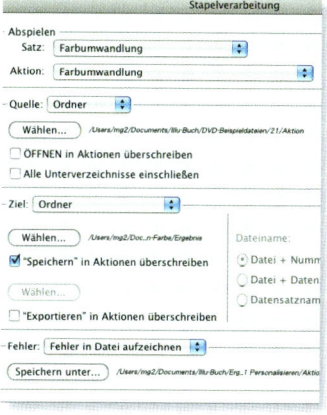

▲ **Abbildung 21.35**
Optionen für die Stapelverarbeitung

▲ **Abbildung 21.36**
Datei-Icons AppleScript, JavaScript

## Skripte

Skripte bieten Ihnen wie Aktionen eine Möglichkeit, wiederkehrende Aufgaben zu automatisieren. Skripte stellen Ihnen jedoch erweiterte Funktionen zur Verfügung, denn anders als bei Aktionen sind Sie nicht nur auf die Optionen angewiesen, die Ihnen die Benutzeroberfläche mit ihren Werkzeugen, Menüs und Dialogboxen bietet.

Skripte können Informationen und Zustände direkt aus dem Programm und dem Dokument abfragen und damit anhand von Bedingungen Befehle auf eine bestimmte Art ausführen. Einige – in der Regel frei verfügbare Skripte – haben daher einen großen Funktionsumfang.

Da Skripte nicht über den Umweg der Benutzeroberfläche abgespielt werden, sind sie schneller auszuführen als Aktionen – und mithilfe von Skripten sind Sie in der Lage, die Funktionalität anderer Programme in die Abläufe einzubinden, z. B. Inhalte aus Datenbanken abzufragen und in Textobjekte einzusetzen.

Um Skripte in den Sprachen AppleScript, VisualBasic und JavaScript zu schreiben, müssen Sie kein Informatiker sein – etwas Einarbeitung ist natürlich trotz allem nötig.

**Skripte laden, installieren, anwenden** | Einige Beispielskripte – getrennt nach den Skriptsprachen JavaScript und AppleScript bzw. VisualBasic – finden Sie im Programmordner im Verzeichnis Scripting.

Legen Sie die Skriptdateien in den Ordner Adobe Illustrator CS4\Vorgaben\Skripten. In diesem Ordner gespeicherte Skripte rufen Sie aus dem Untermenü von Datei • Skripten auf.

In welchem Zusammenhang und unter welchen Bedingungen das jeweilige Skript aufgerufen werden kann, sollten Sie der Dokumentation entnehmen.

### Benötigte Software

Für die Anwendung von Skripten müssen in Ihrem Betriebssystem die entsprechenden »Engines« installiert sein.

Möchten Sie selbst Skripte in den Sprachen VisualBasic und AppleScript programmieren, benötigen Sie darüber hinaus einen entsprechenden Editor sowie gegebenenfalls einen Debugger, falls Sie Skripte schreiben, die komplexere Bedingungen auswerten.

### Struktur mit Unterzeichnissen

Strukturieren Sie das Skripten-Menü, indem Sie Ihre Skripte in Unterverzeichnisse sortieren.

Die Beschränkung auf vier Unterverzeichnisse für Mac OS ist seit Illustrator CS3 aufgehoben.

**Skripte erstellen** | Auf der Illustrator-Installations-DVD bzw. im Paket der Creative Suite auf der DVD »Inhalte« finden Sie im Ordner DOKUMENTATION\SKRIPTERSTELLUNG\ umfangreiche Dokumentationen für die zu Ihrem Betriebssystem passenden Skriptsprachen.

▲ **Abbildung 21.37**
Beispiele für Skripte: Generierte tanzende Figuren, Anpassung der Länge der Strichelungen passend für den Kreisumfang, Erzeugen gemeinsamer Tangenten der Kreisformen, gleichzeitiges Zusammenfügen mehrerer Pfade, Metaballs, Zufallsverteilung von Farben auf Objekte, Lösen eines Textes vom Pfad, Zuweisen von Symbolen auf Objekte, Buchstabenweises Interpolieren von Schriftgrößen.

### Adobe AIR, Patchpanel und SwitchBoard

Ab Version CS4 (experimentell bereits in CS3) gibt es eine Steuerungsmöglichkeit der Creative-Suite-Applikationen mit einer Kombination aus Flash, Flex, ActionScript und ExtendScript. Die Bibliotheken Patchpanel bzw. SwitchBoard ermöglichen dabei den Flex-Skripten das Ansprechen der Funktionen von u.a. Illustrator.

Da Flex eine JavaScript-ähnliche Syntax besitzt, ist ein Einstieg in diese Art der Programmierung einfacher als das Erstellen von Plug-ins. Dennoch handelt es sich hier um eine mächtige Programmierumgebung, die sogar eine Zwei-Wege-Kommunikation mit mehreren Programmen zulässt. Die wenigen derzeit vorhandenen Beispielanwendungen, Dokumentationen und Tutorials lassen Anwendungsmöglichkeiten sowohl im künstlerisch-kreativen als auch im produktiven Bereich erkennen. Erweiterungen können Sie entweder als Bedienfelder in die Programme integrie-

▲ **Abbildung 21.38**
Icon Adobe AIR

**Weitere Informationen**

Dokumentationen sind im Entstehen. Den aktuellen Stand der Dinge erfahren Sie unter
http://blogs.adobe.com/jnack/suite_development
http://labs.adobe.com/wiki/index.php/PatchPanel
http://labs.adobe.com/wiki/index.php/SwitchBoard

ren oder mithilfe von Adobe AIR als eigenständige Programme laufen lassen.

> **Checkliste: Entscheidungsfindung in Sachen Skripte**
>
> Der Einsatz von Skripten lohnt nicht immer, und ihre Erstellung kann sehr aufwendig sein. Manche Aufgaben lösen Sie schneller und einfacher auf andere Art.
>
> **Einmalige Aufgaben |** Ist eine Aufgabe zwar langweilig, aber nur einmalig auszuführen, und ist es außerdem möglich, sie mit Illustrators Funktionen zu erledigen, führen Sie diese einfach aus.
>
> **Stapelverarbeitungen |** Viele Routine-Aufgaben können Sie mit Aktionen und der Stapelverarbeitung automatisieren. Für diese Fälle müssen Sie ebenfalls nicht skripten.
>
> **Daten einlesen |** Werte aus Datenbanken können Sie über Variablen importieren und darauf aufbauend das Anlegen bestimmter Layouts mit Aktionen und einer Stapelverarbeitung automatisieren.
>
> **Skripte |** Skripte sind nötig, wenn sich Aufgaben nicht mit Illustrator-Funktionen automatisieren lassen, wenn neue Objekte erzeugt, Werte (für Transformationen und andere Eingaben) berechnet oder aufgrund von Bedingungen gesetzt werden sollen.
>
> **Skripte finden |** Im Programmordner finden Sie einige Beispielsskripte sowie Skripte für typische Aufgaben, die in Illustrator mit eigenen Mitteln nicht zu lösen sind. Viele weitere Skripte finden Sie im Web, z. B. bei Adobe Exchange.
>
> **Skripte selbst schreiben |** Hier ist die wichtigste Entscheidung die der verwendeten Sprache. Da JavaScript plattformübergreifend ist, finden Sie in dieser Sprache sowohl die meisten Beispiele als auch die umfangreichere Unterstützung durch Dokumentation, Tutorials und Ratschläge in Online-Foren.

## 21.3 Variablen

Textinhalte, Diagrammdaten, Bildverknüpfungen sowie die Eigenschaft »Sichtbarkeit« lassen sich mit Datentabellen verknüpfen und von diesen steuern. Eine entsprechende Datenbank vorausgesetzt, können so auch die Inhalte an anderer Stelle Ihres Unternehmens erfasst bzw. aus vorhandenen Datenbanken generiert werden. Beispielsweise lassen sich die Druckvorlagen für Visitenkarten aller Mitarbeiter mithilfe der Stapelverarbeitung automatisiert erstellen.

Illustrator verwendet den Standard XML als Basis für die Variablen-Bibliotheken. Dies hat zum einen den Vorteil, dass Sie eine Anbindung an viele Datenbanken realisieren können. Interessant für eine Anwendung im kleineren Umfang ist aber auch, dass sich

▲ **Abbildung 21.39**
Variablen-Bedienfeld: ❶ Aus den eingerichteten Variablen einen Datensatz erstellen, ❷ Datensatz aus der geladenen Tabelle auswählen, ❸ durch Datensätze scrollen, ❹ Variablen-Typ, ❺ Inhalt

die XML-Dokumente mit einem beliebigen einfachen Texteditor öffnen und bearbeiten lassen.

**Variablen mit dem Bedienfeld verwalten**
Um die Variablen zu verwalten und z. B. nachträglich Veränderungen an den Variablen oder ihrer Zuweisung zu den Objekten vorzunehmen, verwenden Sie das Variablen-Bedienfeld. Das Bedienfeld rufen Sie unter FENSTER • VARIABLEN auf – im Dock besitzt das Bedienfeld das Symbol .

**Variablen anlegen** | Sie haben zwei Möglichkeiten, Variablen anzulegen: aus bestehenden Objekten oder ohne Objektbezug.
- Variablen aus bestehenden Objekten: Aktivieren Sie ein Objekt, und wählen Sie aus dem Menü des Variablen-Bedienfelds OBJEKT, TEXT, DIAGRAMM oder VERKNÜPFTE DATEI bzw. SICHTBARKEIT DYNAMISCH MACHEN.
- Variable ohne Objektbezug: Um eine Variable ohne Objektbezug anzulegen, wählen Sie den Eintrag NEUE VARIABLE aus dem Bedienfeldmenü. Sie können in der Dialogbox VARIABLENOPTIONEN einen Typ angeben oder die Option (KEIN TYP) bestehen lassen. In diesem Fall wird der Typ der Variable durch das erste Objekt bestimmt, mit dem Sie die Variable verknüpfen.

In der Variablen-Liste wird eine unbestimmte Variable durch das Symbol Ø gekennzeichnet.

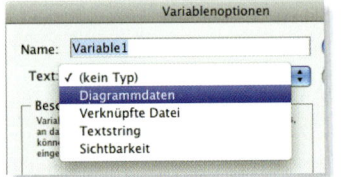

▲ **Abbildung 21.40**
Wenn Sie den Befehl NEUE VARIABLE aus dem Bedienfeldmenü aufrufen, erscheint die Dialogbox VARIABLENOPTIONEN.

**Abbildung 21.41** ▶
Eine »freie« Variable mit einem Objekt verknüpfen

**Variable verknüpfen** | Um eine bestehende Variable mit einem Objekt zu verknüpfen, aktivieren Sie die Variable in der Liste des Bedienfelds sowie das Objekt auf der Zeichenfläche und wählen OBJEKT, TEXT, DIAGRAMM, VERKNÜPFTE DATEI bzw. SICHTBARKEIT DYNAMISCH MACHEN aus dem Bedienfeldmenü oder klicken auf den entsprechenden Button.

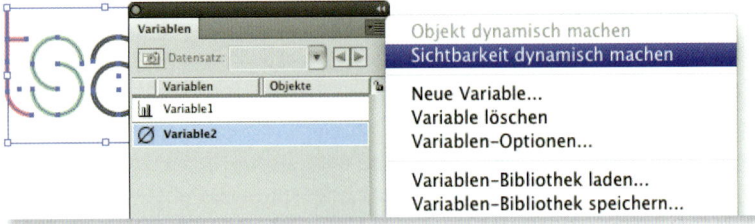

Ein Objekt kann mit mehreren Variablen verknüpft sein. So können Sie zum Beispiel den Text eines Objekts durch eine Text-Variable und seine Sichtbarkeit durch eine Sichtbarkeits-Variable steuern.

**Variablen-Typ ändern** | Der Variablen-Typ wird in der Liste der Variablen durch Symbole gekennzeichnet. Möchten Sie den Typ im Nachhinein ändern, doppelklicken Sie auf den Eintrag der betreffenden Variable und wählen einen anderen Typ aus dem Aufklappmenü in der Dialogbox VARIABLENOPTIONEN. Ist ein Objekt mit der Variable verknüpft, wird diese Verbindung gekappt.

▲ Abbildung 21.42
Variablen-Typen (von oben): (KEIN TYP), DIAGRAMM, VERKNÜPFTE DATEI, TEXTSTRING, SICHTBARKEIT

**Verknüpftes Objekt finden** | Besonders wenn Sie viele Objekte in Ihrer Datei haben, kann es passieren, dass Sie nicht mehr wissen, welches Objekt einer bestimmten Variable zugeordnet ist. In diesem Fall aktivieren Sie die Variable in der Liste und wählen den Befehl GEBUNDENES OBJEKT AUSWÄHLEN.

Schneller geht es, wenn Sie mit gedrückter ⌥/Alt-Taste auf den Eintrag im Variablen-Bedienfeld klicken.

**Alle verknüpften Objekte finden** | Möchten Sie dagegen wissen, welche Objekte überhaupt dynamisch gesteuert werden, wählen Sie den Befehl ALLE GEBUNDENEN OBJEKTE AUSWÄHLEN aus dem Bedienfeldmenü.

▲ Abbildung 21.43
Datensatz auswählen

**Variable löschen** | Soll eine Variable gelöscht werden, aktivieren Sie ihren Eintrag in der Liste und klicken den LÖSCHEN-Button an oder wählen VARIABLE LÖSCHEN aus dem Bedienfeldmenü. War die Variable an ein Objekt gebunden, ist das Objekt anschließend statisch.

**Verknüpfung aufheben** | Soll ein Objekt nicht mehr dynamisch sein, die Variable aber bestehen bleiben, wählen Sie entweder das Objekt auf der Zeichenfläche oder die Variable aus und rufen den Befehl VARIABLENBINDUNG LÖSEN auf.

### Datensatz erfassen

Ein Datensatz ist eine Zusammenstellung aller definierten Variablen und der darin enthaltenen Daten, die den Status der dynamischen Objekte auf der Zeichenfläche zum Zeitpunkt der Erfassung repräsentieren.

Den Datensatz erfassen Sie mit dem gleichnamigen Befehl aus dem Bedienfeldmenü oder durch einen Klick auf den Kamera-Button.

Der Datensatz wird im Aufklappmenü des Variablen-Bedienfelds aufgeführt – die Bezeichnung erfolgt automatisch in der Form »DATENSATZ [NUMMER]«.

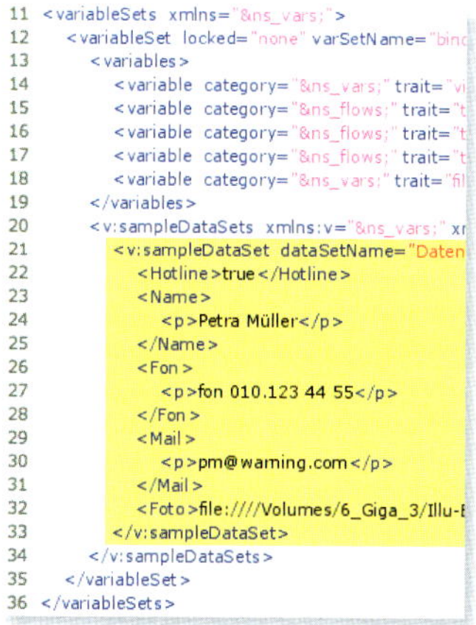

▲ Abbildung 21.44
Illustrator-Datensatz in einer XML-Datei

▲ Abbildung 21.45
Geänderter Datensatz

**Datensatz umbenennen** | Möchten Sie dem angezeigten Datensatz einen anderen Namen geben, rufen Sie den Befehl DATENSATZ UMBENENNEN auf.

**Datensatz aktualisieren** | Auch nach dem Erstellen des Datensatzes können Sie selbstverständlich auf der Zeichenfläche bzw. mit dem Ebenen- oder dem Verknüpfungen-Bedienfeld Änderungen an dynamischen Objekten durchführen. Wenn sich der Zustand dynamischer Objekte auf der Zeichenfläche von dem im Datensatz gespeicherten Status unterscheidet, wird der Name des Datensatzes im Bedienfeld kursiv dargestellt.

Anschließend können Sie den DATENSATZ AKTUALISIEREN, um die Änderungen darin aufzunehmen. Alternativ erstellen Sie einen neuen Datensatz mit dem Befehl DATENSATZ ERFASSEN. Diese Methode der aufeinanderfolgenden »Momentaufnahmen« können Sie als Alternative zum Editieren der aus den Datensätzen generierten XML-Datei anwenden.

**Datensatz anzeigen** | Soll ein Datensatz auf der Zeichenfläche dargestellt werden, rufen Sie ihn aus dem Menü im Variablen-Bedienfeld auf. Die Textinhalte werden in die Textvariablen eingefügt, die Sichtbarkeit der Elemente wird umgestellt, und die passenden verknüpften Dokumente werden geladen.

**Datensatz speichern** | Sollen die Datensätze in einer externen Applikation, z. B. einer Datenbank, weiterbearbeitet werden, müssen Sie eine XML-Datei erstellen. Wählen Sie VARIABLEN-BIBLIOTHEK SPEICHERN… aus dem Bedienfeldmenü.

**Datensätze laden** | Um auf der Festplatte gespeicherte XML-Dokumente in die Illustrator-Datei zu laden, wählen Sie VARIABLEN-BIBLIOTHEK LADEN…

**Datensatz löschen** | Soll ein kompletter Datensatz gelöscht werden, wählen Sie ihn im Datensatz-Aufklappmenü aus und rufen DATENSATZ LÖSCHEN aus dem Bedienfeldmenü auf.

**Variablen sperren/entsperren**

Soll an den Variablen keine Änderung mehr möglich sein, lassen sie sich durch einen Klick auf das Schloss-Symbol 🔒 sperren. Damit können Sie keine Variablen mehr hinzufügen oder löschen, und auch das Bearbeiten des Variablen-Namens oder des Typs ist nicht möglich. Dies ist z. B. dann praktisch, wenn Ihre Kollegen bereits an der Datenbankstruktur zur Erstellung der Variablen-

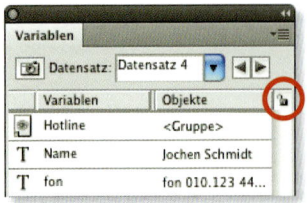

▲ Abbildung 21.46
Mit einem Klick auf das Schloss lassen sich die Variablen fixieren.

Inhalte arbeiten, während Sie noch parallel das Layout feinjustieren.

Von der Fixierung nicht beeinflusst wird aber die Möglichkeit, dynamische Objekte zu editieren, Datensätze zu bearbeiten sowie das Verknüpfen von Objekten mit Variablen.

Möchten Sie die Fixierung wieder lösen, klicken Sie erneut auf das Schloss-Symbol.

## 21.4 Erweitern

Die Zahl der externen Plug-ins für Illustrator ist im Gegensatz zu Photoshop überschaubar. Nichtsdestotrotz gibt es neben etlichen praktischen Ergänzungen wie Separationsvorschau, Mehr-Seiten-Unterstützung oder Generierung von Mustern auch Lösungen für Spezialanwendungen, z. B. zusätzliche Funktionen aus dem CAD-Bereich.

### Plug-ins installieren

Viele Filter werden mit einem Installer ausgeliefert. Zeigen Sie diesem den Programm- oder Plug-in-Ordner, erfolgt die Installation aller benötigten Module automatisch.

Bei einer manuellen Installation kopieren oder verschieben Sie die Plug-ins sowie notwendige Setup-Dateien in den Ordner ADOBE ILLUSTRATOR CS4\ZUSATZMODULE\ILLUSTRATOR-FILTER, seltener auch in den Ordner ADOBE ILLUSTRATOR CS4\ZUSATZMODULE\ERWEITERUNGEN. Photoshop-Filter installieren Sie in ADOBE ILLUSTRATOR CS4\ZUSATZMODULE\PHOTOSHOP-FILTER.

Beachten Sie jeweils die Dokumentation des Herstellers.

### Plug-ins anwenden

Während Photoshop-Filter über das Menü EFFEKTE • PHOTOSHOP-FILTER aufgerufen werden, finden Sie Plug-ins an den unterschiedlichsten Orten. Einige generieren einen Menüeintrag unter EFFEKTE oder in anderen Menüs, z. B. OBJEKT oder ANSICHT. Einige Filter haben eigene Bedienfelder zur Definition von Optionen – diese Bedienfelder wählen Sie aus dem Menü FENSTER.

Andere Filter erweitern das Werkzeugbedienfeld um etliche Einträge.

### Plug-ins programmieren

Plug-ins werden in höheren Programmiersprachen für eine bestimmte Plattform als in sich abgeschlossener Code geschrieben, der von Illustrator aufgerufen wird.

▲ **Abbildung 21.47**
Die Variablen können Sie z. B. nutzen, um Druckdaten der Visitenkarten für eine Reihe von Mitarbeitern aus einer einzigen Datei zu generieren.

### Wo sind die Filter?

Plug-ins, die als Filter auf Objekte angewendet werden, finden Sie im Untermenü in OBJEKT • FILTER.

▲ **Abbildung 21.48**
Datei-Icon PLUG-IN

Möchten Sie selbst Filter programmieren, um Illustrators Funktionalität zu erweitern, so benötigen Sie Adobes Software Development Kits (SDK), die Sie samt Dokumentation auf der Adobe Website unter *www.adobe.com/devnet/illustrator/* herunterladen können.

**Adobe-Plug-ins und Services aktualisieren**
Die Aktualisierung der kostenlosen Erweiterungen und Online-Dienste von Adobe finden Sie unter FENSTER • ERWEITERUNGEN • VERBINDUNGEN. Wählen Sie aus dem Menü NACH UPDATES SUCHEN. Alternativ aktivieren Sie unter UPDATE-VOREINSTELLUNGEN die Option AUTOMATISCH NACH UPDATES SUCHEN.

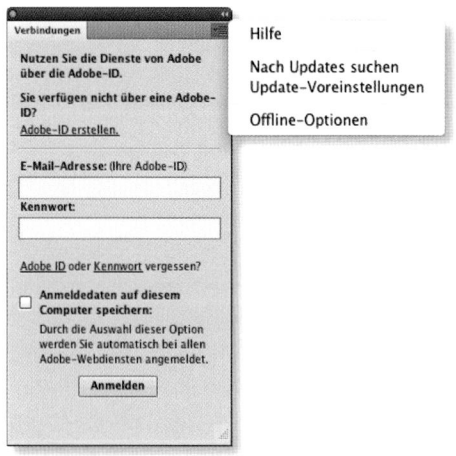

▲ **Abbildung 21.49**
Verbindungen-Bedienfeld

# 22 Von FreeHand zu Illustrator

Sie haben sich also entschieden, den Wechsel von FreeHand auf Illustrator zu wagen. Als geübtem FreeHand-Benutzer sollte Ihnen der Umstieg nicht allzu schwer fallen, arbeiten doch beide Programme mit Bézier-Kurven, verwenden eine weitgehend ähnliche Terminologie sowie vergleichbare Werkzeuge und Funktionen. Illustrator ist den FreeHand-Anwendern in Version CS4 ein wenig näher gerückt, indem u. a. eine Möglichkeit für mehrere Seiten integriert, das Aussehen-Bedienfeld, die Schnittmasken und die Verläufe überarbeitet wurden.

Dennoch gibt es kleine, aber entscheidende Unterschiede, die den gewohnten Arbeitsablauf anfangs etwas bremsen können. Gerade die ähnlichen Funktionen und Bezeichnungen verleiten dazu, gewohnte Arbeitsweisen direkt zu übertragen.

In den folgenden Abschnitten analysieren wir die konzeptionellen Unterschiede zwischen den Arbeitsweisen beider Programme, damit Sie die Funktionsweisen nachvollziehen können. Lassen Sie sich nicht entmutigen, wenn es am Anfang nicht so klappt wie gedacht und wenn Illustrator Ihnen viel zu umständlich vorkommt. Nutzen Sie gerade diese Momente, um herauszufinden, warum etwas nicht geht und wie Sie stattdessen vorgehen können.

**Begriffsvergleich**

Am Ende des Kapitels finden Sie eine Tabelle mit äquivalenten Funktionen der beiden Programme.

**Abbildungen den Programmen zuordnen**

Damit Sie die Screenshots der Programme in diesem Kapitel besser voneinander unterscheiden können, habe ich alle FreeHand-Abbildungen unter Windows angefertigt – Illustrator-Abbildungen kommen vom Mac.

## 22.1 Illu will meine Farben konvertieren!

FreeHands Farbmanagement ist nicht sehr fortgeschritten. Als Umsteiger haben Sie außerdem keine Chance, sich nach und nach an Illustrators strikten Umgang mit Farben zu gewöhnen, denn das Farbmanagement ist immer aktiv. Die erste Entscheidung müssen Sie wahrscheinlich bereits treffen, wenn Sie die erste FreeHand-Datei in Illustrator öffnen.

**Projektbasierte Vorlagen**

Anstatt die allgemeinen Musterdateien anzupassen, können Sie auch in Illustrator Vorlagen für verschiedene Projekte speichern und neue Dateien auf diesen basierend anlegen.

### Dokumentprofil und Dokumentfarbmodus

Ebenso wie die Dokumente von FreeHand basieren auch die von Illustrator auf allgemeinen Musterdateien – Dokumentprofile

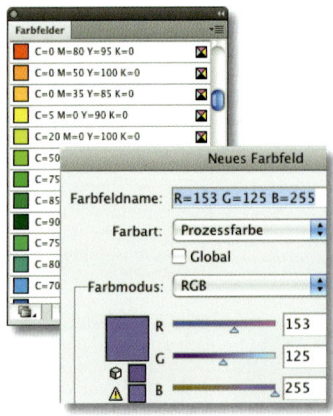

▲ Abbildung 22.1
Auch im Dokumentfarbmodus CMYK ✖ lassen sich Farben mit RGB-Werten definieren.

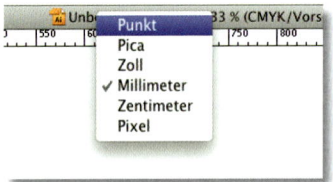

▲ Abbildung 22.2
Mit ctrl +Klick bzw. Rechtsklick auf das Lineal rufen Sie ein Menü auf, in dem Sie die Einheit wählen können.

### Bedienfeldmenü aufrufen

Mit einem Klick auf den Reiter ▬▾ rechts oben in einem Bedienfeld öffnen Sie dessen Bedienfeldmenü. Diese Menüs enthalten bei etlichen Bedienfeldern wichtige Bearbeitungsfunktionen, so z. B. die Stapelverarbeitung im Aktionen-Bedienfeld.

Viele Bedienfelder zeigen nicht automatisch alle Einstellungen. Rufen Sie daher immer den Befehl OPTIONEN EINBLENDEN auf.

genannt. Diese können Farbfelder, Pinsel, Symbole und Grafikstile sowie Mustervorlagen für Diagramme enthalten.

Während Sie in einer FreeHand-Datei RGB- und CMYK-Farben nebeneinander anlegen und verwenden können, lässt Illustrator nur einen Farbmodus je Datei zu: RGB oder CMYK. Beim Erstellen eines neuen Dokuments und beim Konvertieren Ihrer FreeHand-Dateien müssen Sie sich entscheiden, in welchem Dokumentfarbmodus Sie arbeiten möchten.

Lassen Sie sich nicht davon verwirren, dass Sie beim Anlegen eines Farbfelds oder Definieren einer Farbe die Wahl haben, dies in den unterschiedlichsten Farbmodellen durchzuführen – die Farben werden sofort in den Dokumentfarbmodus konvertiert.

Den Dokumentfarbmodus können Sie selbstverständlich zu einem späteren Zeitpunkt wechseln. Dabei werden jedoch die Farbdefinitionen entsprechend der eingestellten Farbprofile und der Umwandlungsmethode konvertiert, wie es auch in der Bildbearbeitung bei einem Moduswechsel passiert.

### Farbmanagement

Illustrator besitzt umfangreiche Farbmanagement-Optionen unter BEARBEITEN • FARBEINSTELLUNGEN bzw. – wenn Sie die Creative Suite einsetzen – einheitlich für alle zugehörigen Applikationen in Adobe Bridge.

Im Farbmanagement richten Sie wie in Photoshop die Arbeitsfarbräume für RGB und CMYK ein und legen die Richtlinien für die Konvertierung zwischen Farbräumen fest. Bei jedem Öffnen und Platzieren von Dateien vergleicht Illustrator die verwendeten Profile und führt je nach Einstellung gegebenenfalls Transformationen durch. Die numerischen Farbdefinitionen können Sie jedoch bei Transformationen zwischen zwei verschiedenen CYMK-Farbräumen schützen.

Das Farbmanagement ist **aktiviert** und kann Einfluss auf Ihre Arbeit haben, daher sollten Sie unbedingt die für Ihren Bedarf relevanten Voreinstellungen vornehmen.

## 22.2 Arbeitsumgebung

### Bedienfelder gruppieren, verankern und andocken

Die Handhabung von Bedienfeldern gestaltet sich in Illustrator etwas intuitiver als in FreeHand. Illustrators Bedienfelder ziehen Sie einfach aus einer Gruppe heraus und gegebenenfalls in eine neue Gruppe hinein, wenn Sie die Zuordnung ändern möchten. Darüber hinaus lassen sich einzelne Bedienfelder ober- oder unterhalb anderer Bedienfelder »andocken«, indem Sie den Reiter an den oberen oder unteren Rand der anderen Bedienfelder ziehen.

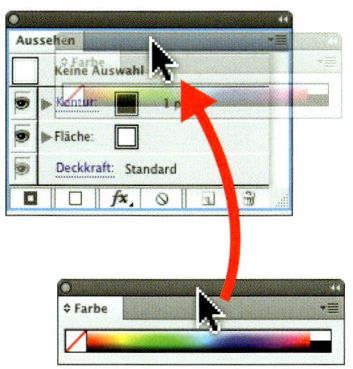 

◄ **Abbildung 22.3**
Bedienfelder gruppieren (links) und verankern (rechts)

Sie können Bedienfelder an der Seite des Monitors oder des Applikationsrahmens »andocken«. Diese Bedienfelder vergrößern sich autoamtisch, wenn Sie auf das Icon klicken oder wenn Sie ein Objekt auf das Icon ziehen und dort etwas warten.

## Hilfslinien

Anders als in FreeHand werden Hilfslinien in Illustrator jeweils der Ebene zugeordnet, auf der Sie arbeiten, während Sie die Hilfslinie erstellen. Hilfslinien können entweder auf eine Zeichenfläche begrenzt sein oder über die gesamte Montagefläche reichen. Es ist auch möglich, eine Hilfslinie komplett außerhalb einer Zeichenfläche anzulegen.

Wie in DTP-Programmen üblich, ziehen Sie Hilfslinien aus den Seitenlinealen. Drücken Sie dabei ⇧, rastet die Hilfslinie an den Linealeinheiten ein. Um eine Hilfslinie genau zu positionieren, wählen Sie diese per Mausklick aus und geben die gewünschten Koordinaten im Transformieren- oder Steuerungsbedienfeld ein. In Illustrator gibt es keinen Hilfslinien-Editor, in dem Sie an einer Stelle auf die Positionen aller Hilfslinien zugreifen können.

Eine Hilfslinie für eine Zeichenfläche legen Sie im »Zeichenflächenmodus« an (siehe dazu Kapitel 4). Die Hilfslinie passt sich leider nicht an, wenn Sie die Größe einer Zeichenfläche später ändern.

Wenn Sie ANSICHT • MAGNETISCHE HILFSLINIEN aktivieren, funktionieren alle Objekte als Hilfslinien. Andere Objekte und Punkte können dann daran einrasten.

## Die Werte sind ungenau

Aus FreeHand sind Sie eine Genauigkeit von vier Stellen hinter dem Komma gewöhnt. Anfangs sind Sie eventuell verunsichert, wenn Sie einen genauen Wert eingeben, diesen aber anschlie-

**Maßstab ändern**

Einen eigenen Maßstab können Sie für die Hilfslinien nicht definieren.

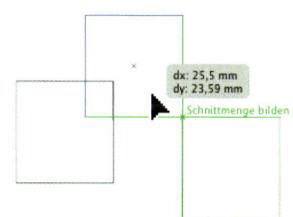

▲ **Abbildung 22.4**
Magnetische Hilfslinien sind sehr »gesprächig«.

**Ungenaue Messbeschriftungen**

Die Messbeschriftungen der magnetischen Hilfslinien (z. B. beim Aufziehen von Formen mit dem Rechteck- oder Ellipse-Werkzeug) sind dagegen tatsächlich ungenau.

ßend nicht im Eingabefeld wiederfinden. Für die Anzeige der Werte rundet Illustrator auf drei Stellen, führt aber eine eingegebene Positionierung oder Größenangabe dennoch genauer aus.

Für weitere Berechnungen zu einem späteren Zeitpunkt werden allerdings die dreistelligen Angaben aus den Dialogfeldern verwendet.

Je nach Ihren Voreinstellungen werden bei Größenangaben im Steuerungs- oder Transformieren-Bedienfeld auch Konturstärken hinzugerechnet. Deaktivieren Sie die Option VORSCHAUBEGRENZUNGEN VERWENDEN in den Voreinstellungen, wenn Sie nur die Objektmaße sehen wollen.

### Arbeit sparen durch Automatisierung

In Illustrator können Sie wie in Photoshop Aktionen erstellen. Darüber hinaus ist Illustrator skriptfähig: unter Windows mit VBScript, am Mac mit AppleScript und für beide Plattformen mit JavaScript. Auf der Installations-CD finden Sie umfangreiche Dokumentationen für alle Skriptsprachen. Fertige Skripte für viele sinnvolle Funktionen werden kostenlos von ihren jeweiligen Autoren angeboten.

▲ **Abbildung 22.5**
Datei-Icons: Aktion, JavaScript, AppleScript

### Kooperation mit anderen Applikationen

Das Übertragen von Vektorelementen in andere Applikationen über die Zwischenablage ist innerhalb der Creative Suite problemlos möglich. Sie müssen lediglich darauf achten, in den Voreinstellungen von Illustrator unter DATEIEN VERARBEITEN UND ZWISCHENABLAGE das für den jeweiligen Zweck passende Format PDF oder AICB (Adobe Illustrator Clipboard) zu aktivieren (achten Sie dazu auf die entsprechenden Hinweise in diesem Handbuch).

In Photoshop können Sie Vektorobjekte entweder als Pfad, als Form-Ebene oder (ab CS2) als Smart-Objekt verarbeiten, und auch mit FreeHand können Sie auf dem Weg über die Zwischenablage Objekte austauschen.

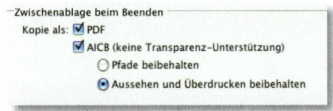

▲ **Abbildung 22.6**
Optionen für das Speichern der Zwischenablage

## 22.3 Objekte, Gruppen, Ebenen, Seiten und Dokumente

In Illustrator zeigt sich die objektorientierte Arbeitsweise von Vektorsoftware deutlicher als in FreeHand. Wenn Sie außerdem mit dem Gedanken spielen, Skripte für Illustrator zu schreiben, dann müssen Sie sich mit diesem Thema beschäftigen.

## Seiten (Zeichenflächen) und der Lineal-Nullpunkt

Seit dieser Version können Sie auch in Illustrator mehrere Seiten – Zeichenflächen – anlegen (zu Zeichenflächen siehe Kapitel 4). Im Gegensatz zu FreeHand können sich Illustrators Schnittbereiche überlappen. Daneben kann jedoch auch der Einsatz von Ebenen oder in speziellen Fällen der Einsatz von Variablen sinnvoll sein, um mehrseitige Dokumente oder mehrere Entwürfe in einer Datei zu realisieren.

Illustrators Zeichenflächen besitzen keine eigenen Lineale, sondern teilen sich die Dokument-Lineale. Dadurch ist das exakte Positionieren auf einzelnen Seiten sehr erschwert. Die Zeichenflächenlineale sind nur eine Attrappe und können allenfalls als grobe Richtschnur dienen, ihre Maße werden aber nicht zur Positionierung verwendet.

Der Lineal-Nullpunkt ist in beiden Programmen links unten. Einen wichtigen Unterschied könnten Sie aber übersehen, wenn Sie die Größe einer Zeichenfläche per Breiten- und Höheneingabe ändern. Während FreeHand die linke untere Ecke der Seite als Ausgangspunkt für die Größenänderung verwendet (womit der Nullpunkt konstant bleibt), führt Illustrator die Größenänderung aus der Mitte des Formats durch. Das ist selbstverständlich nicht der Fall, wenn Sie die Zeichenfläche mit dem Zeichenflächen-Werkzeug skalieren. Bei der Größenänderung einer Zeichenfläche kann sich daher der Nullpunkt verschieben. Wenn Sie mit numerischen Positionierungen arbeiten, setzen Sie also nach der Änderung der Seitengröße den Nullpunkt zurück. Dies erfolgt durch einen Doppelklick in den Lineal-Ursprung – so wie gewohnt.

### Anschnitt
Die Beschnittzugabe lässt sich auch nur für das gesamte Dokument, nicht für einzelne Zeichenflächen unterschiedlich definieren.

### Lineal-Nullpunkt
Der Lineal-Nullpunkt ist in Illustrator z. B. für die Ausrichtung von Musterfüllungen und das Pixelraster maßgebend.

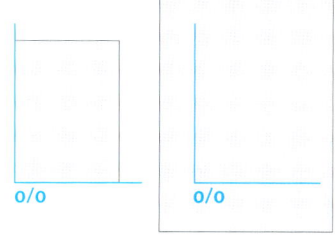

▲ **Abbildung 22.7**
Neupositionierung des Nullpunkts nach dem Verändern der Zeichenflächengröße in Illustrator

### Und wie kann ich Musterseiten anlegen?

Das Konzept von Musterseiten ist in Illustrators Zeichenflächen – zumindest derzeit – nicht vorgesehen. Sie können etwas Vergleichbares erreichen, indem Sie alle Elemente, die wiederkehrend an derselben Stelle auf mehreren Zeichenflächen erscheinen sollen, in einem Symbol zusammenfassen (zu Symbolen siehe Kapitel 16). Instanzen dieses Symbols platzieren Sie dann auf allen entsprechenden Zeichenflächen. Nicht möglich ist jedoch das automatische Generieren von Seitenzahlen.

## Zeichenflächen in der Dokumenthierarchie

In einem Illustrator-Dokument können alle Bestandteile klar durchstrukturiert werden von einem einzelnen Objekt über die Gruppe bis zur Ebene, der es zugeordnet ist. Die Zeichenflächen sind in dieser Hierarchie jedoch nicht eindeutig eingeordnet. Während ein Objekt nur zu einer Ebene gehört, kann es durchaus innerhalb mehrerer Zeichenflächen liegen. Genauso reichen Ebenen über alle Zeichenflächen.

## Zeichenflächen verschieben und löschen

Anders als in FreeHand bewegen sich Objekte nicht automatisch mit, wenn Sie eine Zeichenfläche verschieben. Aktivieren Sie die Option BILDMATERIAL MIT ZEICHENFLÄCHE VERSCHIEBEN im Steuerungsbedienfeld, wenn Sie beides verschieben möchten. Beim Löschen von Zeichenflächen bleiben die Objekte jedoch immer erhalten. Mit dem Zeichenflächen-Werkzeug können Sie nur jeweils eine Zeichenfläche aktivieren.

## Mit Zeichenflächen arbeiten

Um effizienter mit mehreren Zeichenflächen zu arbeiten, kann es sinnvoll sein, für jede Zeichenfläche eine eigene Ebene anzulegen, der Sie alle Objekte zuordnen, die auf dieser Seite liegen. Die Objekte lassen sich so einfacher auswählen, fixieren oder ausblenden, und Sie erleben weniger Überraschungen, wenn Sie fortgeschritten mit Aussehen-Eigenschaften arbeiten.

## Wo kommen all die Ebenen her?

In Illustrator lassen sich wie in FreeHand Ebenen zur Organisation Ihrer Objekte einsetzen (zu Ebenen siehe Kapitel 11). Illustrator kennt aber keine Aufteilung in Vorder- und Hintergrundebenen und hat keine spezifische Hilfslinienebene. Außerdem bietet es umfangreiche Verschachtelungsmöglichkeiten mithilfe von Unterebenen.

Das Ebenen-Bedienfeld listet nicht nur die Ebenen auf, sondern hier haben Sie Zugriff auf alle in Ihrer Datei enthaltenen Objekte und können diese auswählen, ihre Zuordnung zu den Ebenen neu organisieren und ihre besonderen Aussehen-Eigenschaften verschieben oder kopieren. Die Reihenfolge im Bedienfeld entspricht der Stapelreihenfolge der Elemente und der Hierarchie, die sich z. B. durch Gruppierungen ergibt.

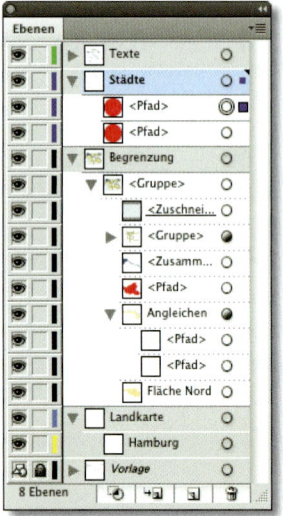

▲ **Abbildung 22.8**
Im Ebenen-Bedienfeld werden alle Objekte des Dokuments angezeigt. Der automatisch vergebene Name kennzeichnet die Objekt-Art, Einträge können jedoch umbenannt werden.

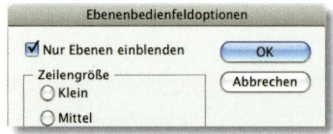

▲ **Abbildung 22.10**
Mit dieser Option in den Bedienfeldoptionen des Ebenenbedienfelds werden Inhalte der Ebenen ausgeblendet.

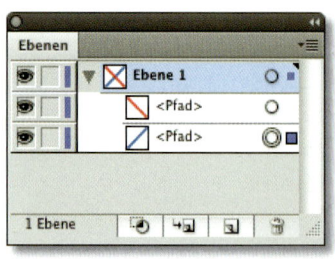

▲ **Abbildung 22.9**
Aktiviertes Objekt (links), Verschieben von aktivierten Objekten auf eine andere Ebene (rechts)

Das Ebenen-Bedienfeld ist in Illustrator nicht nur ein Hilfsmittel zur besseren Organisation der Objekte, sondern ein wichtiges Werkzeug für die Analyse einer Datei.

- **Hintergrundebene**: Möchten Sie erreichen, dass sich eine Ebene wie die Hintergrundebene in FreeHand verhält, z. B. um Objekte nachzuzeichnen, wandeln Sie diese Ebene in der Dialogbox EBENENOPTIONEN in eine Vorlagenebene um oder blenden auf der Ebene platzierte Bilder ab.
  Dabei werden jedoch nur Pixelbilder abgeblendet. Vektorelemente können Sie nur über deren Eigenschaften, z. B. eine reduzierte Deckkraft oder eine hellere Farbe abblenden.
- **Pfadansicht**: Um den Bildschirmaufbau zu beschleunigen oder die Übersicht zu verbessern, können Sie den Darstellungsmodus PFADANSICHT für einzelne Ebenen wählen.
- **Hilfslinien**: Hilfslinien lassen sich auf jeder beliebigen Ebene anlegen und im Nachhinein auf jede andere Ebene verschieben.

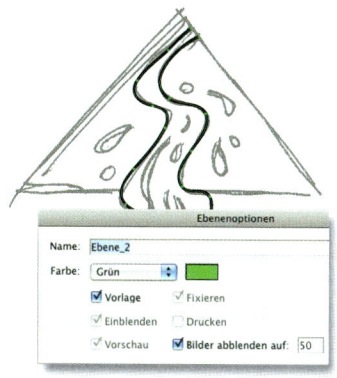

▲ Abbildung 22.11
Auf Vorlagenebenen platzierte Pixelbilder werden abgeblendet.

## 22.4 Auswählen

Der Umgang mit Illustrators Auswahl-Werkzeugen wird Ihnen wahrscheinlich gewöhnungsbedürftig vorkommen – warum so kompliziert? In FreeHand kommen Sie mit einem Auswahl-Werkzeug überall hin, in Illustrator haben Sie am Anfang wahrscheinlich das Gefühl, dass die drei vorhandenen nicht ausreichen.

**Werkzeuge**

Das Geheimnis liegt in einer anderen Umsetzung des Auswahlprozesses. In FreeHand führen Sie eine Auswahl »von außen nach innen« aus. Sie klicken erst das Objekt an, dann den gewünschten Punkt. Und wenn Sie aus dem aktivierten Punkt eine Grifflinie anlegen möchten, müssen Sie dann zusätzlich [Alt] drücken, um diese mit einem weiteren Klicken erzeugen zu können.

Illustrator geht den anderen Weg und setzt auf unterschiedliche Werkzeuge anstatt auf aufeinanderfolgende Mausklicks. Um einen Punkt auszuwählen, nehmen Sie das Direktauswahl-Werkzeug und klicken auf den Punkt – sehr hilfreich ist dabei die seit der Version CS3 eingeführte deutliche Punkt-Hervorhebung. Möchten Sie die Grifflinien aus einem Punkt ziehen, verwenden Sie das Ankerpunkt-konvertieren-Werkzeug und klicken und ziehen die Griffe direkt aus dem Punkt.

Möchten Sie sozusagen den Rückweg antreten, also eine Auswahl vom Teil zum übergeordneten Ganzen ausführen, dann verwenden Sie dafür das Gruppenauswahl-Werkzeug. Klicken Sie

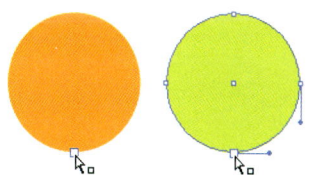

▲ Abbildung 22.12
Ankerpunkte werden hervorgehoben, wenn das Direktauswahl-Werkzeug darüber liegt – selbst dann, wenn die Objekte nicht aktiviert sind.

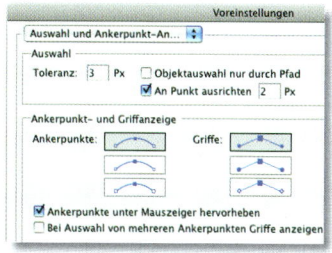

▲ Abbildung 22.13
Voreinstellungen für Auswahlen

22.4 Auswählen | 713

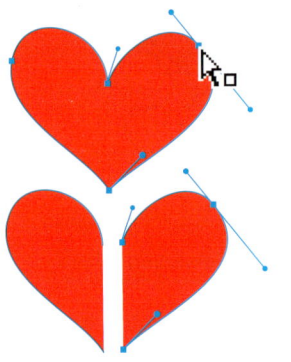

▲ **Abbildung 22.14**
Um Objekte zu teilen, aktivieren Sie einen Punkt und schneiden diesen mitsamt den angrenzenden Pfadsegmenten aus.

▲ **Abbildung 22.15**
Der Cursor zeigt an, wenn Sie ein Objekt aktivieren können. Per Voreinstellung wird ein Objekt durch einen Klick in seine Füllung ausgewählt. Mit der Option Objektauswahl nur durch Pfad erfolgt die Aktivierung nur bei einem Klick auf den Pfad. Diese Einstellung kann bei komplexen Dokumenten sinnvoll sein.

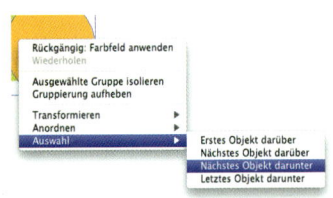

▲ **Abbildung 22.16**
Kontextmenü-Liebhaber kommen in Illustrator auf ihre Kosten.

mit diesem Werkzeug mehrfach hintereinander auf ein Objekt, wird jeweils die nächste Hierarchiestufe ausgewählt: vom Ankerpunkt zum Objekt zur übergeordneten Gruppe und so weiter.

Mit dem Auswahl-Werkzeug können Sie nur »das Ganze« auswählen wie einen Pfad oder eine Gruppe.

An diesen Beispielen sehen Sie, dass Auswahlen in Illustrator gar nicht komplizierter sind. Sie benötigen sogar weniger Mausklicks, der Unterschied besteht nur in der Arbeitsweise. Alles, was Sie jetzt noch benötigen, ist ein Workflow, durch den Sie zwischen den Werkzeugen einfach und ohne Umweg über das Werkzeugbedienfeld umschalten können.

**Auswahl-Werkzeuge mit Tastatur-Shortcuts wechseln** | In Illustrator wechseln Sie von jedem Auswahl-Werkzeug mit ⌘/ Strg zum vorher benutzten Auswahl-Werkzeug.

Ist das Direktauswahl- oder das Gruppenauswahl-Werkzeug aktiv, drücken Sie ⌥/Alt, um das jeweils andere Auswahl-Werkzeug zu erhalten. Ist das Auswahl-Werkzeug aktiv, drücken Sie zu diesem Zweck ⌘/Strg+Alt.

### Ausgewählte Punkte

Wenn Sie einen Ankerpunkt auswählen, sind immer die beiden angrenzenden Pfadsegmente mitselektiert. Wenn Sie den Punkt löschen möchten, verwenden Sie daher nicht die Löschtaste, sondern entweder das Ankerpunkt-löschen-Werkzeug oder den Button Ausgewählte Ankerpunkte entfernen im Steuerungsbedienfeld.

### Auswahlrechteck

Ziehen Sie in Illustrator ein Auswahlrechteck mit einem Auswahl-Werkzeug auf, ist es nicht nötig, das Objekt wie in FreeHand komplett zu umschließen, um es zu aktivieren. Alle Objekte, die auch nur teilweise unter der Fläche des Auswahlrechtecks liegen, werden aktiviert.

Dieses Verhalten kann jedoch manchmal ungünstig sein. Denken Sie dann an die Möglichkeit, Objekte zu fixieren, oder probieren Sie die Auswahl mithilfe des Ebenen-Bedienfelds oder mit dem Lasso-Werkzeug.

### Darunterliegende auswählen und das Kontextmenü

Die schnellste Möglichkeit, Objekte auszuwählen, die unter dem aktivierten Objekt liegen, haben Sie mit dem Kontextmenü. Das rufen Sie (unter Windows) mit der rechten Maustaste oder (am Mac) mit ctrl+Klick auf – dabei muss das Auswahl-Werkzeug aktiv sein. Wählen Sie den Befehl Auswahl • Nächstes Objekt darunter aus dem Kontextmenü aus. Die Methode, sich mit gedrückter Modifikationstaste (z. B. ⌥/Alt) durch die Objekte zu klicken, funktioniert in Illustrator nicht.

### Nach Objekteigenschaften suchen

In Illustrator bezieht sich SUCHEN UND ERSETZEN nur auf Text. Für die Auswahl von Objekten auf der Basis ihrer Eigenschaften steht Ihnen das Zauberstab-Werkzeug zur Verfügung. Die zu suchenden Eigenschaften sowie die Auswahl-Toleranz bestimmen Sie im Zauberstab-Bedienfeld. Ähnliche Möglichkeiten bietet das Menü AUSWAHL • GLEICH.

### Bildschirmdarstellung der Auswahl

Anders als in FreeHand erfolgt die Anzeige eines ausgewählten Objekts durch die Hervorhebung aller zugehörigen Vektorpfade und deren Punkte. Diese Darstellung sehen Sie auch bei gruppierten Objekten. Zusätzlich zeigt Illustrator normalerweise den Begrenzungsrahmen, der die Außengrenzen des Objekts umschließt.

Die Darstellung ausgewählter Punkte erfolgt genau umgekehrt zur gewohnten FreeHand-Umgebung: In Illustrator sind die nicht aktivierten Punkte »hohl«, der oder die ausgewählten Punkte ausgefüllt. Haben Sie einen Ankerpunkt innerhalb einer umfangreichen Gruppe mit dem Direktauswahl-Werkzeug aktiviert, erkennen Sie an der Darstellung auf der Zeichenfläche nicht, ob das Objekt, zu dem der Punkt gehört, Teil einer größeren Gruppe ist – dies erkennen Sie nur im Ebenen-Bedienfeld.

Auswahl-Hervorhebungen lassen sich – auch versehentlich – im Menü ANSICHT deaktivieren. Falls Sie die Anzeige eines aktivierten Objekts vermissen, wählen Sie ECKEN EINBLENDEN bzw. BEGRENZUNGSRAHMEN EINBLENDEN im Menü ANSICHT.

### Isolierte Gruppe

Die Auswahl und Bearbeitung einzelner Objekte in komplexen Objekthierarchien kann schwierig sein. Mit der Funktion ISOLIERTE GRUPPE haben Sie die Möglichkeit, einzelne Teile einer Gruppe direkt auf der Zeichenfläche so zu bearbeiten, als wären sie nicht gruppiert. Den Isolationsmodus erreichen Sie durch einen Doppelklick mit dem Auswahl-Werkzeug auf das zu bearbeitende Objekt oder mit dem Button AUSGEWÄHLTE GRUPPE ISOLIEREN im Steuerungsbedienfeld. In tief verschachtelte Objekte dringen Sie mit weiteren Doppelklicks oder mit dem Befehl ISOLATIONSMODUS AUFRUFEN aus dem Ebenen-Bedienfeld vor.

> **Auswahl umkehren**
> Dieser Menübefehl aus dem Auswahl-Menü lässt sich leider nicht auf die aktive Zeichenfläche beschränken.

▲ **Abbildung 22.17**
Ist eine Gruppe ausgewählt, werden alle Pfade hervorgehoben.

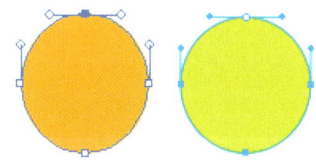

▲ **Abbildung 22.18**
Auswahl eines Ankerpunkts in Illustrator (links) und FreeHand (rechts)

▲ **Abbildung 22.19**
Ist nur ein Pfad ausgewählt, wird die Gruppe auf der Zeichenfläche nicht mit hervorgehoben.

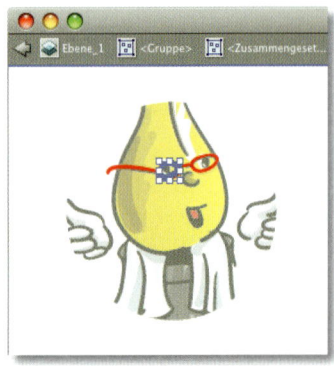

▲ Abbildung 22.20
Eine Gruppe im Isolationsmodus

Neben Gruppen können Sie auch interaktive Malgruppen, Schnittsätze, zusammengesetzte Formen, Symbole und Angleichungen bis hin zu einzelnen Pfaden im Isolationsmodus bearbeiten.

Den Isolationsmodus beenden Sie mit einem Doppelklick außerhalb des isolierten Objekts.

> **Für Fortgeschrittene: Auswahl aller Punkte eines Pfads**
>
> Anders als in FreeHand ist es in Illustrator nicht möglich, alle Punkte eines Pfads (mit dem Direktauswahl-Werkzeug) auszuwählen. Die Auswahl von allen einzelnen Punkten setzt Illustrator automatisch mit der Auswahl des Objekts gleich. Dasselbe trifft auf die Auswahl aller Bestandteile einer Gruppe zu (um diese zum Beispiel mit EINZELN TRANSFOMIEREN zu bearbeiten).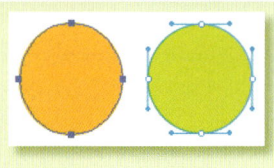

## 22.5 Konstruieren und Zeichnen

Seitdem FreeHand von Adobe übernommen wurde, erhielt Illustrator immer mehr Funktionen, die deutlich durch entsprechende FreeHand-Funktionen inspiriert sind. Dies ändert jedoch nichts daran, dass sich Illustrator vor allem beim Zeichnen von Pfaden ganz anders »anfühlt« als FreeHand.

▲ Abbildung 22.21
Skalieren eines abgerundeten Rechtecks

### Form-Werkzeuge

Formen können Sie in Illustrator durch Eingabe in eine Dialogbox definieren (klicken Sie mit dem Form-Werkzeug auf die Zeichenfläche, um die Dialogbox zu öffnen) oder intuitiv »aufziehen«. Beim »Aufziehen« einer Form können Sie Optionen durch Tastatur-Shortcuts steuern. Eine Übersicht finden Sie in Kapitel 5, Seiten 96 und 98.

Der bedeutendste Unterschied zwischen FreeHand- und Illustrator-Formen ist, dass eine in Illustrator erzeugte Form sofort nach dem Erstellen ein ganz normaler Vektorpfad ist. Sie können einzelne Punkte direkt mit den Zeichenstift-Werkzeugen bearbeiten. Dadurch haben die Formen gegenüber den vergleichbaren Objekten in FreeHand weniger Flexibilität – ihre spezifischen Eigenschaften (wie etwa der Abstand zwischen Außen- und Innenradius eines Sterns) lassen sich nachträglich nicht mehr einfach verändern.

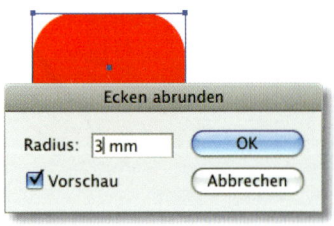

▲ Abbildung 22.22
Der Effekt ECKEN ABRUNDEN

Für das abgerundete Rechteck ergibt sich durch dieses Verhalten ein Schönheitsfehler, sobald Sie es transformieren: Der Eckenradius wird verändert. Erzeugen Sie die abgerundeten Ecken statt mit dem spezifischen Werkzeug durch Effekt • Stilisierungsfilter • Ecken abrunden, verhält sich diese Form wie ein abgerundetes Rechteck in FreeHand. Dazu muss die Voreinstellung Konturen und Effekte skalieren deaktiviert sein.

## Pfade zeichnen

Illustrator kennt nur zwei Arten von Punkten: Eckpunkte und Kurvenpunkte, »Übergangspunkte« genannt. Wie in FreeHand setzen Sie Eckpunkte mit einem einfachen Klick, Kurvenpunkte durch Klicken und Ziehen.

Das Zeichnen und Bearbeiten von Pfaden und Ankerpunkten in Illustrator ist an einigen Stellen anders und weniger komfortabel als in FreeHand. Dies zeigt sich auch in der Vielzahl der Werkzeuge, die für die Arbeit zur Verfügung stehen. Während FreeHand mit dem Stiftwerkzeug und dem Teilauswahl-Werkzeug auskommt, benötigen Sie in Illustrator insgesamt fünf Werkzeuge zum Erzeugen und Bearbeiten von Pfaden. Um sich in der Werkzeugvielfalt besser zurechtzufinden, gewöhnen Sie sich an, besonders auf den Werkzeug-Cursor zu achten: Er zeigt Ihnen jeweils an, welche Operation Sie an einem Pfad ausführen.

### Von Eck- in Kurvenpunkte (und zurück)

Möchten Sie Eck- in Kurvenpunkte umwandeln (und umgekehrt), verwenden Sie in Illustrator normalerweise das Ankerpunkt-konvertieren-Werkzeug : Klicken und ziehen Sie die Grifflinien aus einem Eckpunkt, um einen Kurvenpunkt zu erzeugen. Klicken Sie auf einen Punkt, um beide Griffe gemeinsam zurückzuschieben. Klicken und ziehen Sie einen Griff, um ihn »abzubrechen« und den zugehörigen Kurvenpunkt in einen Eckpunkt umzuwandeln.

Beim Umwandeln eines Eckpunkts erzeugen Sie immer zwei neue Grifflinien. Das ist dann ärgerlich, wenn die Position oder Länge einer bereits bestehenden Grifflinie erhalten bleiben soll. Aktivieren Sie die magnetischen Hilfslinien, dann lässt sich der Cursor an einem Griff einrasten. So können Sie z. B. dessen Position mit Hilfslinien markieren. Möchten Sie sich die Hilfslinien sparen, dann müssen Sie einen kleinen Umweg machen (siehe Abbildung 22.25).

Auch aus FreeHand abgeschaut ist die Möglichkeit, einen Ankerpunkt mithilfe eines Buttons von einem Eck- in einen Kurvenpunkt (und umgekehrt) zu konvertieren. Auch für das Erzeugen bzw. Entfernen von Grifflinien wurden Buttons hinzugefügt. Alle diese Funktionen stehen im Steuerungsbedienfeld zur Verfügung, sobald Sie mit dem Direktauswahl-Werkzeug ein Pfadsegment oder einen Ankerpunkt aktiviert haben.

### Zeichenstiftübungen

Auf der Buch-DVD finden Sie einige Übungsbögen für Ihr Zeichenstifttraining.

▲ **Abbildung 22.23**
Cursorsymbole des Zeichenstifts: neuen Pfad erstellen, Punkt setzen, Punkt in einem Pfadsegment hinzufügen, Punkt löschen, Pfad schließen, einen Pfad weiterführen, an einen Pfad anschließen, Punkt-konvertieren

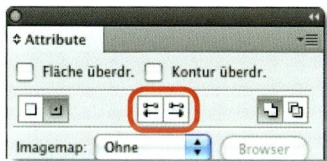

▲ **Abbildung 22.24**
Diese beiden Buttons sehen zwar aus wie FreeHands Grifflinien-Buttons, kehren aber die Richtung zusammengesetzter Pfade um.

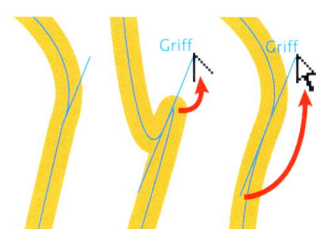

▲ **Abbildung 22.25**
Erzeugen des zusätzlichen Griffs mit Assistenz der magnetischen Hilfslinien

> **Neuen Pfad erzwingen**
>
> Möchten Sie nicht an einem bestehenden Endpunkt ansetzen, sondern einen neuen Pfad beginnen, müssen Sie Illustrator austricksen: Setzen Sie den Punkt zunächst in eine sichere Entfernung, halten Sie die Maustaste gedrückt, und drücken Sie die Leertaste. Dann erst ziehen Sie den Punkt an die gewünschte Position.

▲ Abbildung 22.26
Funktionen zum Umwandeln und Löschen von Ankerpunkten

### Pfade verbinden und weiterführen

Ebenso wie die Auswahl-Werkzeuge benötigen auch die Zeichenwerkzeuge keine Extra-Klicks, um zu markieren, welcher Pfad bearbeitet werden soll. Wenn Sie mit dem Zeichenstift in die Einrast-Distanz eines Endpunkts klicken, setzt Illustrator automatisch an diesem an, und Sie können den Pfad fortführen. Klicken Sie mit dem Ankerpunkt-hinzufügen-Werkzeug auf einen bestehenden Pfad, setzt Illustrator einen Punkt auf diesen Pfad. Wenn Sie beim Konstruieren eines Pfads in die Nähe eines bestehenden Endpunkts geraten, nimmt Illustrator an, dass Sie an diesen Pfad anschließen möchten.

### Pfadsegmente interaktiv verformen

In Illustrator werden Pfadsegmente beim Anklicken mit dem Direktauswahl-Werkzeug aktiviert. Sie können ein Pfadsegment jedoch nur dann durch Ziehen mit dem Werkzeug verformen, wenn mindestens eine der benachbarten Grifflinien herausgezogen ist. Das Verformen ist außerdem nicht völlig frei: Sie ändern nur die Länge der Grifflinien – nicht deren Winkel zum Pfad.

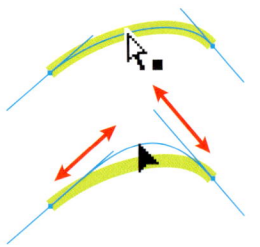

▲ Abbildung 22.27
Verformen eines Pfadsegments

### Pfade zerschneiden

Das Werkzeug, dessen Symbol FreeHands Schneide-Werkzeug am ähnlichsten sieht, hat nichts mit der Pfad-Bearbeitung zu tun. Es handelt sich hier um das Slice-Werkzeug, das den Export von Web-Grafiken vorbereitet. Die Werkzeuge zum Auftrennen von Pfaden sind die Schere, das Messer, das Radiergummi, der Button PFAD AUSSCHNEIDEN im Steuerungsbedienfeld oder die Funktion OBJEKT • PFAD • DARUNTERLIEGENDE OBJEKTE AUFTEILEN.

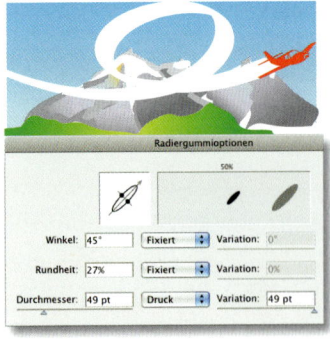

▲ Abbildung 22.28
Illustrators Radiergummi hat eine kalligrafische Werkzeugspitze.

### Pfade schließen

In FreeHand müssen Sie eine Voreinstellung ändern, wenn Sie auch offene Pfade mit einer Füllung versehen möchten. In Illustrator ist das Füllen offener Pfade ohne Umweg möglich – die Fläche wird geschlossen, indem Illustrator die kürzeste gerade Verbindung zwischen den beiden Endpunkten herstellt (siehe Abbildung 22.29).

Eine Kontur wird jedoch nur entlang des tatsächlich vorhandenen Pfads erzeugt. Möchten Sie einen Illustrator-Pfad schließen, aktivieren Sie ihn mit dem Auswahl-Werkzeug und drücken ⌘/Strg+J.

Diesen Shortcut kennen Sie aus FreeHand für die Funktion VERBINDEN: Er ist eine Art Schweizer Messer, mit dem Pfade geschlossen, mehrere offene Pfade zu einem verbunden und nicht zuletzt zusammengesetzte Pfade erstellt werden. Diese Funktionen finden Sie in Illustrator nicht nur an anderen Orten, sie wirken auch anders.

▲ Abbildung 22.29
Füllen von offenen Pfaden

### Zusammengesetzte Pfade

Während Sie in FreeHand entweder nur offene oder nur geschlossene Pfade zu einem zusammengesetzten Pfad kombinieren können, lassen sich offene und geschlossene Pfade in einem zusammengesetzten Pfad in Illustrator auch mischen. Sie müssen sich auch daran gewöhnen, dass Sie nicht mehr so einfach mehrere offene Pfade miteinander verbinden können wie in FreeHand.

▲ Abbildung 22.30
Zusammengesetzte Pfade: Originalobjekte (grau), FreeHand (türkis), Illustrator (orange)

### Einzelpfade verbinden

Möchten Sie zwei offene Pfade miteinander verbinden, müssen Sie jeweils zwei Endpunkte aktivieren (und nur diese), um anschließend den Befehl OBJEKT • PFAD • ZUSAMMENFÜGEN anzuwenden. Um eine größere Menge von Pfaden auf einmal miteinander zu verbinden, können Sie den Pathfinder FLÄCHE AUFTEILEN oder INTERAKTIV MALEN verwenden (siehe Kapitel 10). Wenn Ihnen diese beiden Funktionen in bestimmten Zusammenhängen nicht praktikabel erscheinen, gibt es auch einige Plug-ins und Skripte, die diese Aufgabe erledigen.

### Pfadrichtung

Sowohl in FreeHand als auch in Illustrator ist die Pfadrichtung (das ist normalerweise die Richtung, in der eine Vektorkurve gezeichnet wurde) verantwortlich für das Verhalten von Pfadtext, Pinselkonturen, Pfeilspitzen und zusammengesetzten Pfaden.

In FreeHand ändern Sie beispielsweise den Verlauf eines Pfadtexts, indem Sie die Pfadrichtung mit dem entsprechenden Menübefehl umkehren.

Einen solchen Befehl können Sie in Illustrator nur über ein Skript aufrufen, denn Illustrator geht andere Wege: Die Richtung von Pinselkonturen und Pfadtexten lässt sich mit den Optionen im Pinsel-Bedienfeld bzw. den Pfadtextoptionen steuern. Die Richtung von Pfaden innerhalb zusammengesetzter Pfade steuern Sie mit den Optionen 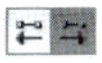 im Attribute-Bedienfeld. »Löcher« in zusammengesetzten Pfaden werden mit einer passenden Füllregel erzeugt (zu Füllregeln siehe Kapitel 10).

▲ Abbildung 22.31
Pinselkonturen und Texte werden in Pfadrichtung angebracht.

▲ Abbildung 22.32
Instanzen verschiedener Symbole, in einem Symbolsatz kombiniert

▲ Abbildung 22.33
Einrichten der 9-Slice-Skalierung für einen Flash-Button

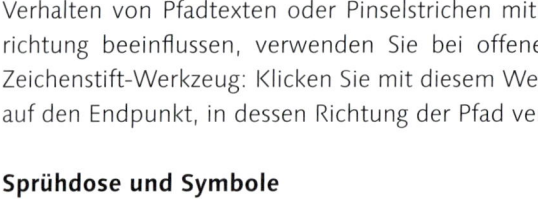

▲ Abbildung 22.34
Oben: Rastergrafik; unten: Autotrace mit Nachbearbeitung (Textsatz)

Möchten Sie aufgrund gewohnter Arbeitsweisen trotzdem das Verhalten von Pfadtexten oder Pinselstrichen mithilfe der Pfadrichtung beeinflussen, verwenden Sie bei offenen Pfaden das Zeichenstift-Werkzeug: Klicken Sie mit diesem Werkzeug einfach auf den Endpunkt, in dessen Richtung der Pfad verlaufen soll.

### Sprühdose und Symbole

Illustrator kombiniert die Eigenschaften von Sprühdose (Graphic Hose) und Symbolen zu sehr vielseitig einsetzbaren Vektor-Objekten. Einerseits vereinfachen sie die Illustrationsarbeit, andererseits helfen sie dabei, Objekte zu verwalten und die Dateigröße gering zu halten.

Instanzen von Symbolen lassen sich nicht nur einzeln auf der Zeichenfläche platzieren, mehrere Symbole können Sie auch zu Symbolsätzen kombinieren. Zu diesem Zweck verwenden Sie die Sprühdose und die Symbol-Werkzeuge.

Um die Weitergabe Ihrer Datei an Flash-Entwickler vorzubereiten, können Sie bereits in Illustrator spezifische Symbol-Optionen definieren (siehe Kapitel 20).

### Automatisch vektorisieren

Illustrators Autotrace-Funktion nennt sich INTERAKTIV NACHZEICHEN (früher: INTERAKTIV ABPAUSEN). In dieser Funktion haben Sie eine Vielzahl von Einstellungsoptionen zur Verfügung, um die Vektorisierung zu steuern. Aktivieren Sie die Rastergrafik, die Sie nachzeichnen lassen wollen, und wählen Sie OBJEKT • INTERAKTIV NACHZEICHNEN • NACHZEICHNEROPTIONEN aus dem Menü, und stellen Sie zunächst die Optionen ein.

Der Namensbestandteil »Interaktiv« deutet es bereits an: Solange Sie das Abpausobjekt nicht umwandeln lassen, können Sie es jederzeit aktivieren und die Optionen editieren.

## 22.6  Objekte bearbeiten

### Objekte transformieren

▲ Abbildung 22.35
Beim EINZELN TRANSFORMIEREN (rechts) wird jedes Objekt um seinen eigenen Mittelpunkt gedreht anstatt alle um ein gemeinsames Zentrum (Mitte).

Die Arbeit mit den Transformations-Werkzeugen erfolgt in Illustrator in zwei Schritten: In einem ersten Schritt bestimmen Sie durch einen Mausklick den Mittelpunkt der Transformation, z. B. den Punkt, um den eine Drehung erfolgt. Erst im zweiten Schritt transformieren Sie das Objekt durch Klicken und Ziehen. Je weiter entfernt vom Referenzpunkt Sie dabei klicken, desto feiner können Sie die Umformung vornehmen.

Möchten Sie eine Transformation numerisch eingeben, wählen Sie das entsprechende Werkzeug, drücken [Alt] und klicken auf den gewünschten Mittelpunkt. Daraufhin öffnet sich die Dialogbox für die Eingabe der Werte – jedes Werkzeug hat seine eigene Dialogbox.

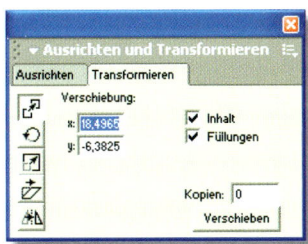
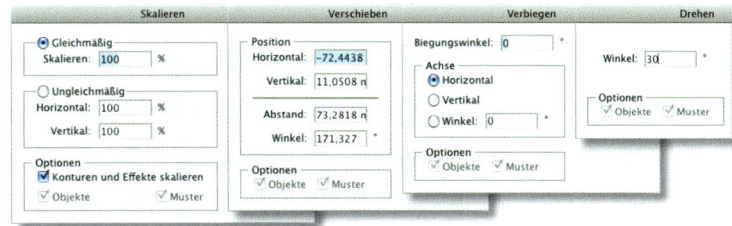

▲ **Abbildung 22.36**
In Illustrator hat jedes Transformieren-Werkzeug eine eigene Dialogbox.

Zusätzlich zu den Transformations-Werkzeugen bietet Illustrator Ihnen den Befehl OBJEKT • TRANSFORMIEREN • EINZELN TRANSFORMIEREN, mit dem mehrere Objekte jeweils um ihren eigenen Referenzpunkt – die Mitte des Objekt-Begrenzungsrahmens – verformt werden statt um einen gemeinsamen Bezugspunkt.

Die Option, gleichzeitig mit einer Transformation nicht nur eine, sondern eine beliebige Anzahl von Kopien des transformierten Objekts herzustellen, besteht in Illustrator nur, wenn Sie die Transformation als Live-Effekt anwenden. Die entstehenden Kopien sind zunächst keine eigenständigen Objekte, sondern eine Objekteigenschaft des Ursprungselements. Verwenden Sie den Befehl OBJEKT • AUSSEHEN UMWANDELN, um auf die Kopien als Objekte zugreifen zu können (siehe Abschnitt 13.2, »Allgemeines zu Effekten«).

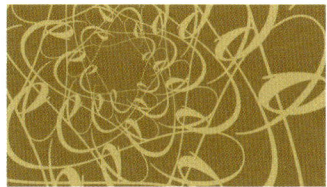

▲ **Abbildung 22.37**
Mit dem Transformieren-Effekt erstelltes grafisches Muster

### Transformationsgriffe

Die Transformationsgriffe, die Sie in FreeHand mit einem Doppelklick auf das Objekt anzeigen, werden in Illustrator als »Begrenzungsrahmen« bezeichnet. Mit dessen Hilfe lassen sich die Transformationen Drehen und Skalieren anwenden. Die Anzeige des Begrenzungsrahmens aktivieren Sie im Menü ANSICHT. Alternativ zum Begrenzungsrahmen verwenden Sie das Frei-transformieren-Werkzeug – Shortcut E.

▲ **Abbildung 22.38**
Transformationsgriffe und Begrenzungsrahmen

### Einrasten, Positionierungshilfe

In Illustrator zeigt der Cursor immer an, wenn er sich über einem Ankerpunkt befindet. Das Einrasten an Punkten aktivieren Sie im Menü ANSICHT.

Um FreeHands Einrasten am Objekt zu emulieren, aktivieren Sie die magnetischen Hilfslinien – Shortcut ⌘/Strg+U. Die Menge der Anzeigen und Positionierungshilfen der Funktion

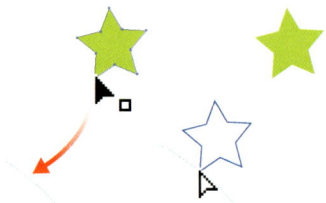

▲ **Abbildung 22.39**
»Fassen« Sie ein Objekt beim Verschieben an dem Punkt, der an der Hilfslinie einrasten soll.

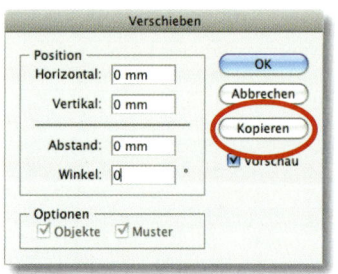

▲ **Abbildung 22.40**
Klonen via Verschieben

▲ **Abbildung 22.41**
FreeHands Pfadoperation-XTras und das Pathfinder-Bedienfeld

▲ **Abbildung 22.42**
Verdeckte Fläche entfernen

wurde in Illustrator CS4 noch erweitert und ist in den Voreinstellungen konfigurierbar.

Eingerastet wird normalerweise die Position des Cursors, nicht die der Objektbegrenzung – es sei denn, Sie arbeiten mit magnetischen Hilfslinien.

Der Begrenzungsrahmen macht das Verschieben eines Objekts an einem seiner Eckpunkte oft unmöglich – verstecken Sie ihn in diesen Fällen unter Ansicht • Begrenzungsrahmen ausblenden.

### Objekte klonen

Illustrator besitzt keinen spezifischen Klonen-Befehl. Sie können jedoch zu diesem Zweck ein Objekt kopieren und es anschließend Davor bzw. Dahinter einfügen. Alternativ verwenden Sie den Befehl Objekt • Transformieren • Verschieben – Shortcut ⏎ – mit einem Versatz von 0 und der Option Kopieren, oder Sie duplizieren das gewünschte Objekt mithilfe des Ebenen-Bedienfelds.

### Objekte ausrichten und verteilen

Das Ausrichten von Objekten gestaltet sich in Illustrator etwas unkomplizierter als in FreeHand: Ein Klick auf den gewünschten Button im Ausrichten-Bedienfeld löst sofort die Aktion aus. Lesen Sie in Kapitel 5 nach, wie Sie das Ausrichten-Bedienfeld einsetzen, z. B. ein Bezugsobjekt definieren.

### Pfade zusammenfassen und Pathfinder-Operationen

Ein wesentlicher Unterschied zwischen FreeHand und Illustrator besteht beim Zusammenfassen von Pfaden (Verbinden, Stanzloch, Schnittmenge etc.). Diese Operationen können Sie in Illustrator auch so anwenden, dass Zusammengesetzte Formen entstehen, in denen im Gegensatz zu den vergleichbaren FreeHand-Funktionen die Originalpfade erhalten bleiben (dazu drücken Sie ⌥/Alt beim Klicken des Formmodus-Buttons in der oberen Reihe des Pathfinder-Bedienfelds). Die kombinierte Form entsteht dann zunächst »virtuell«. Erst bei der gezielten Umwandlung der zusammengesetzten Form werden die Originalpfade zerschnitten und neu zusammengefügt (zu Formmodi siehe Seite 292).

Einige weitere Operationen stehen Ihnen mit den »Pathfindern« zur Verfügung. Diese wenden Operationen direkt auf Pfade an. Es handelt sich hier um sehr mächtige Funktionen, die z. B. einen Objektstapel auf der Basis der jeweiligen Füllfarben automatisch verflachen, das heißt, in nebeneinanderliegende Objekte umwandeln können (zu Pathfinder-Funktionen siehe Abschnitt 10.2).

### Und wo finde ich »Innen einfügen«?

Illustrator kennt keine innen eingefügten Objekte. Die entsprechende Funktion ist die Schnittmaske. Schnittmasken können nicht nur auf Objekte, sondern auch auf Ebenen angewendet werden (zu Schnittmasken siehe Kapitel 11).

Weiterführende Freistellmöglichkeiten bieten Deckkraftmasken, die wie Alpha-Kanäle bzw. die aus Photoshop bekannten Ebenenmasken funktionieren. Sie können in Illustrator sowohl mit Pixeldaten als auch mit Vektorobjekten erstellt werden (zu Transparenz siehe Kapitel 12). Deckkraftmasken sind vergleichbar mit FreeHands Verlaufsmasken-Effekt, aber wesentlich flexibler.

▲ **Abbildung 22.43**
Mit Deckkraftmasken lassen sich z. B. Spiegelungen erzeugen.

### Konturen in Flächen umwandeln

Möchten Sie eine Kontur in eine Fläche umwandeln, wählen Sie Objekt • Pfad • Konturlinie. Anders als FreeHand bietet Ihnen Illustrator keine weiteren Optionen – es verwendet die im Kontur-Bedienfeld eingestellte Linienstärke. So ist es auch möglich, mehrere Konturen unterschiedlicher Stärke »in einem Rutsch« in die jeweils passenden Flächen umzuwandeln.

**Überlappungen entfernen** | Beim Umwandeln von Konturen in Flächen entstehen häufig Überlappungen, die beseitigt und dabei in einen zusammengesetzten Pfad umgewandelt werden müssen, um eine problemlose Weiterverarbeitung zu gewährleisten. In Illustrator steht Ihnen für diese Aufgabe die Funktion Verdeckte Fläche entfernen im Pathfinder-Bedienfeld zur Verfügung.

▲ **Abbildung 22.44**
Überlappungen entfernen mit der Pathfinder-Funktion Verdeckte Fläche entfernen

### Pfade aufräumen – Vereinfachen

Beim Vereinfachen von Pfaden – Objekt • Pfad • Vereinfachen – bietet Ihnen Illustrator neben der Stärke der Vereinfachung weitere Optionen, mit denen Sie sehr gezielt auf die Genauigkeit der Umwandlung und die Behandlung von Eckpunkten Einfluss nehmen können.

 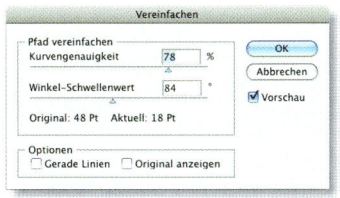

◄ **Abbildung 22.45**
Pfad vereinfachen in FreeHand (links) und Illustrator (rechts)

### Umwandeln

Als Umwandeln wird in Illustrator die Auslösen-Operation bezeichnet, bei der Live-Effekte in Objekte umgerechnet oder Aussehen-Eigenschaften auf separate Objekte verteilt werden. Je nachdem, welches Objekt umgewandelt werden soll, finden Sie den Befehl im zugehörigen Bedienfeld oder im Menü.

## 22.7 Füllungen, Konturen, Eigenschaften

### Objekt-Eigenschaften/Aussehen

In Illustrator CS4 können Sie Objekteigenschaften ähnlich wie in FreeHand in nur einem Bedienfeld verwalten, zuweisen und ändern. Das Aussehen-Bedienfeld ist ein wichtiges Werkzeug in Illustrators Arsenal – Sie sollten es immer parat haben.

Das kontextsensitive Steuerungsbedienfeld vereinigt darüber hinaus viele Funktionen, die vorher auf einzelne Spezial-Bedienfelder verteilt waren.

> **Aussehen-Eigenschaften für Gruppen und Ebenen**
>
> Aussehen-Eigenschaften können Sie nicht nur Objekten, sondern auch Gruppen und Ebenen zuweisen.

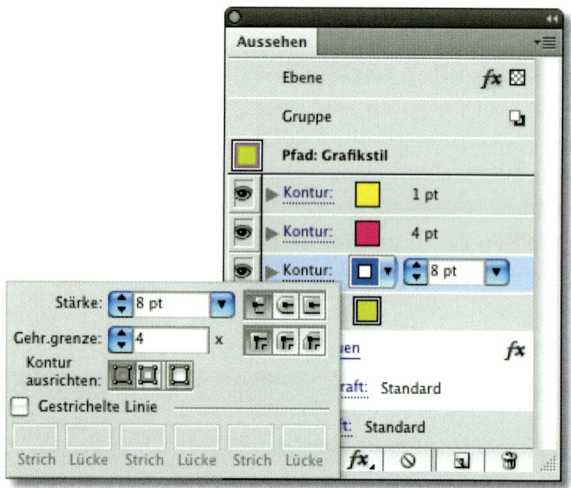

▲ **Abbildung 22.46**
FreeHands Objekt-Bedienfeld und Illustrators Aussehen-Bedienfeld. Achten Sie auf die unterschiedliche Hierarchie von Effekten und Konturen bzw. Flächen und Füllungen.

Regler und Optionen zum Editieren der Attribute erscheinen, wenn Sie einen Eintrag im Aussehen-Bedienfeld aktivieren oder auf einen (blau unterstrichenen) Link klicken.

Um eine Gruppe von Eigenschaften einfacher auf weitere Objekte anzuwenden, können Sie die Eigenschaften wie in FreeHand als Grafikstil speichern.

### Effekte

Verformungs-Effekte sind in FreeHand jeweils Eltern-Element für die zugeordneten Konturen und Füllungen. Dies ist in Illustrator genau umgekehrt – hier sind Effekte Kind-Elemente der Konturen oder Flächen (sofern sie nicht dem ganzen Objekt zugewiesen sind). Das bedeutet: Wenn ein Effekt mehreren (aber nicht allen) Flächen zugewiesen werden soll, müssen Sie diesen Effekt den betroffenen Flächen einzeln zuweisen. Einfacher als in FreeHand ist es dagegen, eine Kontur mit mehreren Effekten zu versehen. Sehen Sie sich dazu das Beispiel in Abbildung 22.77 an.

## Kalligrafische Pfade

Wenn Sie Pfade mit variabler Konturstärke durch freihändige Eingabe (z. B. mit einem Grafiktablett) erzeugen, verwenden Sie dafür das Pinsel-Werkzeug zusammen mit einem Kalligrafie-Pinsel oder (neu in Illustrator CS4) das Tropfenpinsel-Werkzeug. Im Kalligrafie- sowie im Tropfenpinsel entsteht die Kontur-Variation nicht nur durch Änderung des Durchmessers, sondern anhand dreier Merkmale werden traditionelle Schreibwerkzeuge simuliert (siehe Abbildung 22.47).

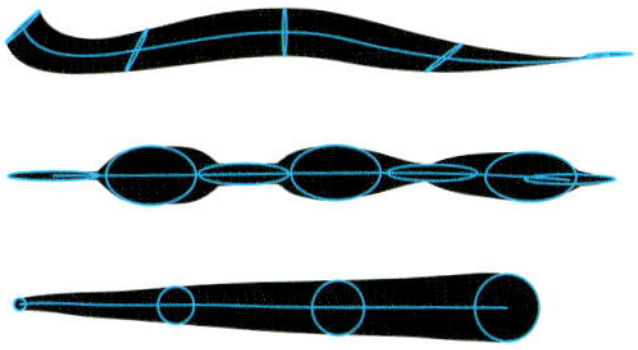

▲ **Abbildung 22.47**
Die Konturstärke können Sie durch Neigung, Rundheit und/oder Größe der kalligrafischen Pinselspitze beeinflussen.

Das Tropfenpinsel-Werkzeug ist eher mit FreeHands Variabler-Strich-Stift- bzw. dem Kalligrafiestift-Werkzeug vergleichbar als der Kalligrafie-Pinsel, da es gleich Vektorflächen aus gezeichneten Linien erzeugt (zum Tropfenpinsel-Werkzeug siehe Kapitel 7) und nicht die Kontureigenschaften »live« am Pfad anwendet.

In einem mit dem Pinsel-Werkzeug gezeichneten Pfad werden die mit dem Stift auf dem Grafiktablett weitergegebenen Eigenschaften wie Druck oder Stiftneigung gespeichert, sodass Sie zu einem späteren Zeitpunkt auf Basis dieser Merkmale die Pinsel-Einstellung variieren können.

▲ **Abbildung 22.48**
Bildpinsel und Musterpinsel

## Pinsel

Wie in FreeHand können Sie auch in Illustrator Pfade mit grafisch gestalteten Konturen versehen. In Illustrator finden Sie diese Option im Pinsel-Bedienfeld. Die vier verschiedenen Arten von Pinselkonturen können nicht nur mit dem Pinsel-Werkzeug verwendet werden, sondern lassen sich jedem Pfad zuweisen. Sie dienen nicht nur dazu, kunstvolle Bordüren und Rahmen herzustellen oder analoge Malwerkzeuge nachzubilden, sondern können auch für Konstruktionszwecke eingesetzt werden, also z. B. für eine Kontur, die vom Anfangs- zum Endpunkt stärker wird.

▲ **Abbildung 22.49**
Umgewandelte Pinselkontur

Die Optionen eines Pinsels richten sich nach seiner Art. Den Einstellungsdialog öffnen Sie mit einem Doppelklick auf das Pinsel-Symbol im Bedienfeld.

Mit Pinselkonturen versehene Pfade lassen sich in Outlines umwandeln.

## Pfeilspitzen

Anders als in FreeHand sind Pfeilspitzen keine Linien-Eigenschaft, sondern werden als Effekt auf einen Pfad angewendet – unter Effekt • Stilisierungsfilter • Pfeilspitzen. Es steht eine Auswahl an Pfeilspitzen zur Verfügung, die jedoch nicht um eigene

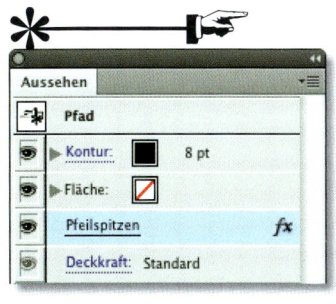

▲ **Abbildung 22.50**
Pfeilspitzen als Effekt

22.7 Füllungen, Konturen, Eigenschaften | **725**

Formen erweitert werden kann. Die Anwendung als Effekt entspricht dem aus FreeHand gewohnten Verhalten einer Linieneigenschaft, denn die per Effekt erzeugten Spitzen passen sich auch nach dem Verschieben einzelner Punkte dem neuen Linienverlauf automatisch an.

### Farbe editieren

Ein bedeutender Unterschied zwischen den beiden Programmen ist die Handhabung von Objektfarben und Farbdefinitionen mit dem Farbe-Bedienfeld bzw. dem Bedienfeld Mischer.

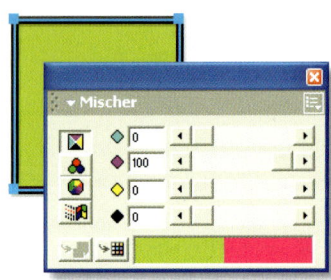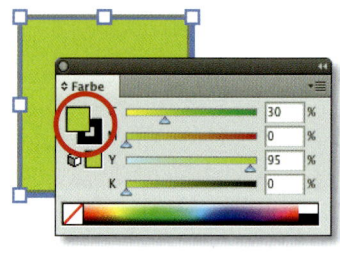

**Abbildung 22.51** ▶
Farbmischer (FreeHand) und Farbe-Bedienfeld (Illustrator) mit dem Auswahlfeld für Flächen- und Konturfarbe

▲ **Abbildung 22.52**
Mit dem Pipette-Werkzeug übertragen Sie Eigenschaften von einem Objekt auf ein anderes.

In FreeHands Mischer können Sie bei aktiviertem Objekt die Farbregler verschieben. Die Farbe erscheint erst am Objekt, wenn Sie sie – z. B. über das Bedienfeld Objekt – zuweisen.

Illustrators Farbe-Bedienfeld ist sehr viel enger an Objektfarben gekoppelt. Dies erkennen Sie schon am Auswahlfeld für die Flächen- und Konturfarbe, in dem jeweils die Farben des aktivierten Objekts angezeigt werden. Wenn Sie die Farbdefinition ändern, dann geschieht dies nicht nur im Bedienfeld, sondern immer am aktivierten Objekt.

Das Verhalten des Bedienfelds bedeutet auch, dass eine Farbdefinition, die Sie dort vorgenommen haben, nicht erhalten bleibt, wenn Sie ein anderes Objekt aktivieren, sondern durch die Farbe dieses Objekts ersetzt wird.

#### Achtung bei Farbfeldern!

Die meisten Farbfelder in einer auf den Standard-Dokumentprofilen basierenden Datei sind lokale Farbfelder. Auch wenn sie zur sofortigen Anwendung verführen, denken Sie daran, dass die Farbfelder sich nicht so verhalten, wie Sie es von FreeHand gewohnt sind.

### Farbfelder: global, lokal

In FreeHand sind alle angelegten Farbfelder »global«. Das heißt, wenn Sie Änderungen an einer Farbfelddefinition vornehmen, werden alle Objekte aktualisiert, die dieses Farbfeld verwenden. Illustrator unterscheidet zwischen globalen und lokalen Farbfeldern. Lokale Farbfelder verlieren die Verbindung zum Objekt, nachdem Sie das Objekt mit der Farbe versehen haben, und globale Farbfelder verhalten sich wie FreeHands Farbfelder. Sie erstellen ein globales Farbfeld, indem Sie die gleichnamige Option im Dialog Neues Farbfeld ankreuzen.

Damit das Farbfeld wie beabsichtigt funktioniert, müssen Sie die Option GLOBAL gleich beim Definieren des Farbfelds setzen. Beim nachträglichen Umwandeln besteht die Verbindung zwischen Objektfarbe und Farbfeld nur für die Objekte, denen das Farbfeld seit der Umwandlung zugewiesen wurde.

Wenn Sie ein Volltonfarbfeld erzeugen, wird dieses immer als globales Farbfeld definiert. Globale Farbfelder erkennen Sie im Farbfelder-Bedienfeld an dem »Eselsohr« ◨ bzw. in der Listenansicht an dem Symbol ▩.

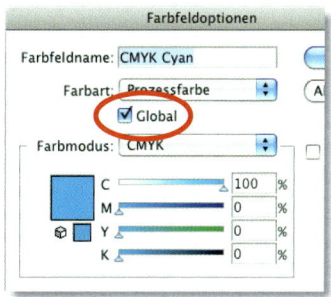

▲ **Abbildung 22.53**
Dialogbox FARBFELD-OPTIONEN mit Einstellung GLOBALES FARBFELD

### Farbton

Von globalen Farbfeldern lassen sich Abstufungen (Farbtöne) erzeugen. Für die Einstellung von Farbtönen gibt es kein eigenes Bedienfeld. Sie verwenden dafür ebenfalls das Farbe-Bedienfeld, das sich automatisch anpasst, sobald ein globales Farbfeld im Farbfelder-Bedienfeld angeklickt oder ein Objekt mit einer globalen Farbe ausgewählt wurde. Auch Farbtöne können Sie als Farbfeld speichern.

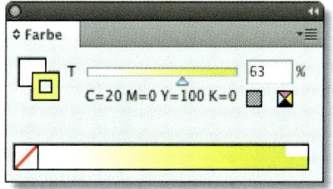

▲ **Abbildung 22.54**
Einstellen von Tonwerten

### Kachelfüllungen

Um ein Objekt mit einer Kachelfüllung zu versehen – Illustrator bezeichnet diese Füllung als »Muster« –, müssen Sie zunächst den Rapport erstellen und ein Farbfeld daraus erzeugen (siehe Kapitel 16). Dieses lässt sich anschließend Objekten sowohl als Füllung als auch als Kontur zuweisen. Als Musterfüllung können Sie Vektor- oder Bitmap-Objekte verwenden.

Die Speicherung im Farbfelder-Bedienfeld ermöglicht die Erstellung von Mustern unabhängig von Objekten sowie den Austausch von Mustern zwischen Dokumenten.

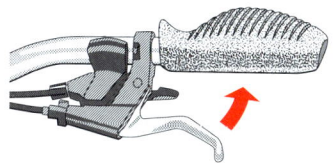

▲ **Abbildung 22.55**
Musterfüllungen

### Verläufe

Im Gegensatz zu FreeHand kennt Illustrator nur zwei Arten von Verläufen: lineare und kreisförmige Verläufe. Nur diese werden auch beim Konvertieren von FreeHand-Dateien korrekt interpretiert. Alle anderen Arten von Verläufen müssen Sie entweder mithilfe von Mischungen (bzw. »Angleichungen«, wie sie in Illustrator genannt werden) oder Verlaufsgittern erzeugen (zu Angleichungen siehe Kapitel 10, »Vektorobjekte bearbeiten und kombinieren«).

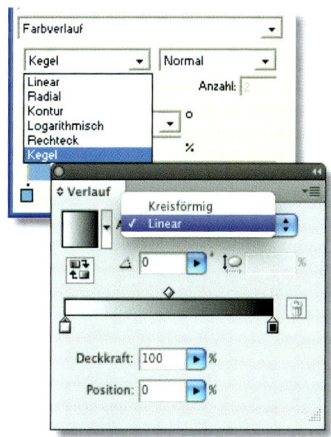

▲ **Abbildung 22.56**
Von FreeHands Vielfalt (oben und links) bleiben in Illustrator nur lineare und radiale Verläufe.

22.7 Füllungen, Konturen, Eigenschaften | **727**

## 22.8 Spezial-Objekte und -Effekte

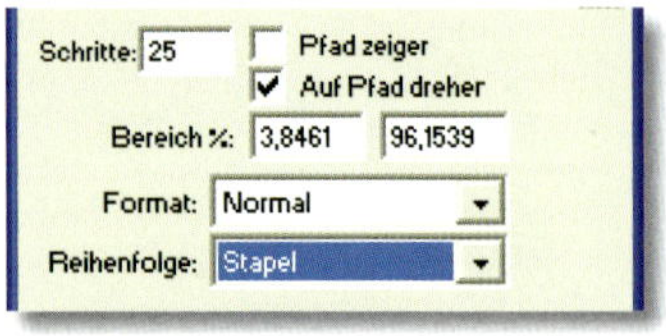

### Mischungen/Angleichungen

Eine Mischung – in Illustrator als »Angleichung« bezeichnet – aus zwei Objekten erstellen Sie wie in FreeHand entweder mit dem Angleichen-Werkzeug  oder mit dem Menübefehl OBJEKT • ANGLEICHEN • ERSTELLEN. Die Optionen der Überblendung rufen Sie aus dem Menü auf (zu Angleichungen siehe Kapitel 10).

Wie in FreeHand ist es möglich, die Achse zu ersetzen. Das Ersetzen der Achse durch eine geschlossene Form führt in Illustrator häufig nicht zum gewünschten Ergebnis. Die einfachste Lösung ist, den Pfad an einer Stelle aufzutrennen.

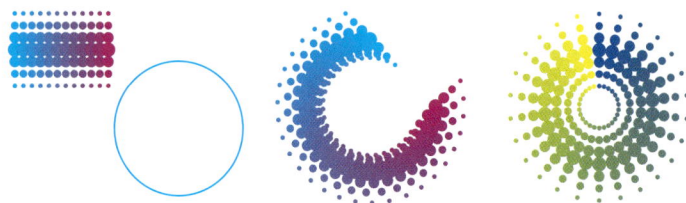

### Verzerren

Verzerrungen erstellen Sie mit den Verflüssigen-Werkzeugen, die allerdings die Vektorpfade direkt verformen. Neben der Stärke lassen sich weitere Optionen einstellen. Illustrators Verflüssigen-Werkzeuge können Sie mit dem drucksensitiven Stift eines Grafiktabletts variabel steuern.

### Hüllenobjekte

Die Verwendung von (nichtdestruktiven) Verzerrungshüllen ist dem Verformen der Vektorpfade vorzuziehen. Sie können diese als »Verkrümmung« auf Objekte anwenden. Wählen Sie entweder aus den verschiedenen vorgegebenen Hüllenformen unter OBJEKT • VERZERRUNGSHÜLLE oder EFFEKT • VERKRÜMMUNGSFILTER. Die Formen sind in Stärke und Ausrichtung variabel. Darüber hinaus können Sie auch aus eigenen Formen Verzerrungshüllen erzeugen.

Wenn Sie die Verzerrungshülle über das Objekt-Menü erzeugt haben, lässt sich die Hüllenform individuell nachbearbeiten.

### Live-Effekte

Wenn Sie einem Pfad wie in FreeHands Objekt-Bedienfeld eine Eigenschaft »live« zuweisen wollen (sodass sie sich auch wieder entfernen lässt), benutzen Sie dafür einen Effekt. Sie finden Effekte im gleichnamigen Menü und seit Version CS4 auch unter dem Button NEUEN EFFEKT ZUWEISEN im Aussehen-Bedienfeld.

▲ Abbildung 22.57
Optionen für eine Mischung – nicht alle Einstellungen haben Sie auch in Illustrator.

Abbildung 22.58 ▶
Das Ersetzen der Achse durch einen geschlossenen Pfad (links und Mitte) kann zu unerwarteten Resultaten führen. Öffnen Sie den Pfad an einer Stelle durch einen Schnitt.

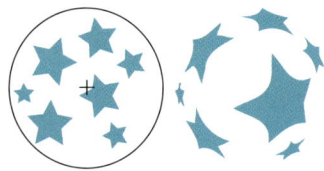

▲ Abbildung 22.59
Verflüssigen-Werkzeuge

▲ Abbildung 22.60
Aufblasen-Werkzeug

▲ Abbildung 22.61
Live-Effekte

Die zugeordneten Effekte verwalten Sie ebenfalls mit dem Aussehen-Bedienfeld.

Als Effekte können Sie auch viele Operationen anwenden, die in der normalen Anwendung bereits »live« sind, wie Verzerrungshüllen oder die Formmodi der zusammengesetzten Formen. Der Sinn dieser Option ergibt sich u. a. aus der Zusammenfassung von Effekten und anderen Aussehen-Eigenschaften in Grafikstilen.

Zwischen unterschiedlichen Einstellungen von Effekten lassen sich mit der Angleichen-Funktion Zwischenstufen generieren.

▲ **Abbildung 22.62**
Aussehen-Eigenschaften und Effekte ermöglichen Ihnen eine weitgehende Flexibilität in der Editierbarkeit der Objekte.

## 3D

Mit den seit Illustrator CS bestehenden 3D-Effekten richten Sie Ihre Objekte im dreidimensionalen Raum aus. Es ist möglich, isometrische oder perspektivische Ansichten zu generieren und dabei unterschiedliche Kamerabrennweiten zu simulieren.

▲ **Abbildung 22.63**
Illustrators 3D-Effekte Extrudieren, Kreiseln und Drehen

Eine dreidimensionale Extrusion wenden Sie in Illustrator ebenso wie in FreeHand »live« an, d.h., die Attribute der Extrusion lassen sich zu einem späteren Zeitpunkt weiter editieren. Zusätzlich zu Extrusionskörpern können Sie Rotationskörper erstellen (Kreiseln) und Objekte im dreidimensionalen Raum drehen – Letzteres entspricht FreeHands 3D-Rotations-Werkzeug.

Illustrators 3D-Objekte können Sie mit Oberflächen-Mapping versehen, um z. B. Packungsdesigns zu visualisieren.

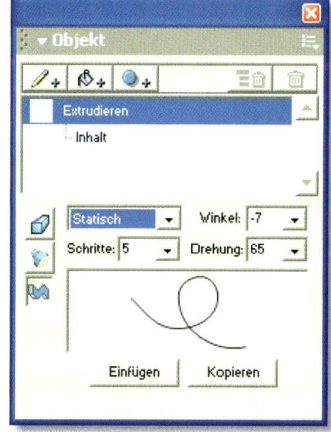

▲ **Abbildung 22.64**
Ein 3D-Objekt kann mit Vektor- oder Raster-Objekten gemappt werden.

▲ **Abbildung 22.65**
FreeHands Drehung von Objekten entlang der Extrusionsachse und eigene Extrusionspfade finden Sie in Illustrator nicht.

▲ **Abbildung 22.66**
Einige der Grafikstile von Illustrator

▲ **Abbildung 22.67**
Darstellung einer Deckkraftmaske im Transparenz-Bedienfeld

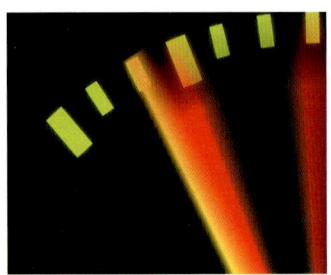

▲ **Abbildung 22.68**
Vektorobjekte mit Transparenz

Möchten Sie Ihre Extrusionskörper mit eigenen Profilkanten (damit wurde die Keksdose in Abbildung 22.64 realisiert) versehen, legen Sie diese vorher in der Datei »Abgeflachte Kanten.ai« bzw. »Bevels.ai« an (dieses Dokument ist gut versteckt – mehr dazu in Kapitel 17). Die Option, Objekte entlang einem Pfad zu extrudieren oder sie um den Extrusionspfad zu drehen, finden Sie in Illustrator nicht.

### Prägung

Durch die Kombination von Effekten, Transparenzen und Füllungen können Sie sehr komplexe Aussehen-Eigenschaften für Ihre Objekte zusammenstellen. Die mitgelieferten Grafikstil-Bibliotheken – FENSTER • GRAFIKSTIL-BIBLIOTHEKEN – beweisen es. Mit den Stilen in diesen Bibliotheken können Sie Formen bauen, die mit FreeHands Prägeeffekten vergleichbar sind.

Als pixelbasierte Effekte stehen Ihnen darüber hinaus für diese und ähnliche Zwecke viele Photoshop-Filter zur Verfügung.

### Transparenz

Die produktionssichere Verarbeitung von Transparenz ist einer der großen Trümpfe von Illustrator – dies nicht nur im RGB-, sondern auch im CMYK-Farbmodus sowie in Verbindung mit Sonderfarben. Es steht eine große Anzahl der z. B. aus Photoshop bekannten Füllmethoden zur Verfügung, mit denen Vektorobjekte versehen werden können. Die Zuweisung von Füllmethoden und Deckkrafteinstellungen nehmen Sie mithilfe des Transparenz-Bedienfelds für ein ganzes Objekt oder getrennt für dessen einzelne Konturen und Flächen vor.

Ebenfalls mit dem Transparenz-Bedienfeld lassen sich die bereits erwähnten Deckkraftmasken (sie funktionieren wie Alpha-Kanäle in der Bildbearbeitung) für Objekte anlegen.

Schlagschatten, Schein und weiche Kanten sind Live-Effekte mit Transparenzwirkung, die mit den Objekten skalieren.

Bei der Ausgabe von Transparenz muss diese »gerastert« und damit teilweise auch in Pixeldaten umgerechnet werden. Dies sollte möglichst spät im Prozess geschehen. Falls Sie Transparenz in Ihren Grafiken verwenden möchten, beschäftigen Sie sich ausgiebig mit den Zusammenhängen, erst dann können Sie alle Möglichkeiten voll ausschöpfen (siehe Kapitel 12).

> **Keine Angst vor Transparenz**
>
> Transparenz können Sie in Illustrator – im Gegensatz zu FreeHand – sicher verwenden. In sehr engem Zusammenhang mit dem Einsatz von Transparenz steht die Vermeidung von EPS als Austauschformat: Es unterstützt keine Transparenz.

## 22.9 Text

Der Umgang mit Text wird Ihnen ähnlich wie das Zeichnen und das Auswählen gewöhnungsbedürftig und etwas umständlich vorkommen (6 Text-Werkzeuge … keine Angst, Sie brauchen nur eins davon). Dafür bekommen Sie aber sehr ausgereifte Textsatzfunktionen und OpenType-Fähigkeit.

### Textobjekte, Pfadtexte, Textfelder

Illustrator kennt drei Arten von Textobjekten: Punkttext, Pfadtext und Flächentext. Sie lassen sich nicht ineinander umformen.

- **Flächentexte** verhalten sich wie FreeHands Texte, deren Inhalt sich an die Größe des Rahmens anpasst. Die Größe des Flächentexts können Sie zu einem späteren Zeitpunkt durch Skalieren seines Begrenzungsrahmens verändern. Es ist nicht möglich, Flächentexte so einzustellen, dass sie sich an die Textlänge automatisch anpassen. Um einen Flächentext zu erzeugen, klicken Sie nicht einfach auf die Zeichenfläche, sondern erzeugen per Klicken und Ziehen einen Textrahmen, in den Sie anschließend den Text einfügen oder eingeben.
Sie können auch freigeformte Pfade in Flächentexte umwandeln, indem Sie mit dem Text-Werkzeug hineinklicken.
- Ein einfacher Klick mit dem Text-Werkzeug erzeugt einen **Punkttext**, der nur bedingt zum Setzen von Textpassagen geeignet ist, die länger als eine Zeile sind. Die Länge des Textobjekts passt sich jedoch immer der Anzahl der Zeichen an.
- Um einen **Pfadtext** zu erstellen, zeichnen Sie zunächst den Pfad und wandeln diesen durch einen Klick mit dem Pfadtext-Werkzeug in ein Pfadtext-Objekt um. Erst dann geben Sie den Text ein. Den sehr gefragten, ober- und unterhalb des Objekts laufenden Pfadtext können Sie nicht wie in FreeHand mit einer Zeilenschaltung erzeugen. Sie benötigen stattdessen 2 Pfade.

Flächentexte und Textpfade können Sie miteinander verketten, sodass ein längerer Text über mehrere Rahmen bzw. Pfade fließt.

Illustrator kann Texte sowohl in horizontaler Leserichtung als auch in vertikaler Richtung setzen. Die Textausrichtung lässt sich darüber hinaus jederzeit per Menübefehl wechseln. Beim vertikalen Satz werden die Spalten von rechts nach links angeordnet. Falls Sie Texte für den japanischen Sprachraum setzen, haben Sie die Möglichkeit, in den Voreinstellungen weitere Text-Optionen zu aktivieren.

Ein großer Pluspunkt von Illustrator ist seine Fähigkeit, OpenType-Schriften zu nutzen. Mit diesen Schriften wird der Austausch von Dateien zwischen Mac OS und Windows einfacher. Darüber

> **Übersatz erkennen**
>
> Achten Sie in Illustrator immer auf das rote Pluszeichen ⊞ am Ende eines Flächen- oder Pfadtexts. Es signalisiert Übersatz.

▲ Abbildung 22.69
Einen Flächentext erzeugen Sie wie in einem Layoutprogramm per Click & Drag.

▲ Abbildung 22.70
Für diese Konstruktion benötigen Sie in Illustrator zwei Kreishälften, an die jeweils ein Text gesetzt wird.

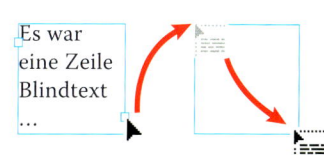

▲ Abbildung 22.71
Verkettung zweier Flächentexte

hinaus haben Sie – im Fall gut ausgebauter OpenType-Pro-Schriften – Zugriff auf eine Vielzahl alternativer Glyphen und Sonderzeichen.

Mit den Optionen von Illustrators Textsatz-Engine lassen sich Texte sehr gut ausgleichen. Die Einstellungen für den Umbruch finden Sie im Bedienfeldmenü des Absatz-Bedienfelds.

Regelmäßig verwendete Text- und Absatzformatierungen lassen sich wie in FreeHand als Formate in der Datei speichern und dadurch schnell aufrufen.

Sehr komplex kann sich die Anwendung von Füllungen, Effekten und anderen Aussehen-Eigenschaften gestalten, da Sie diese nicht nur einzelnen Zeichen, sondern den Objekten insgesamt zuweisen können (zu Text siehe Kapitel 14).

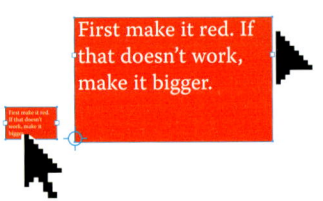

▲ Abbildung 22.72
Buttonform und -aussehen entstehen hier nur durch die zugewiesenen Aussehen-Eigenschaften.

**Flächentexte transformieren |** Einen Flächentext können Sie in Illustrator an allen Anfassern seines Begrenzungsrahmens ziehen, um die Fläche zu skalieren. Die Schrift wird dabei nicht verzerrt. Möchten Sie die Schrift mit dem Rahmen skalieren, verzerren oder drehen, verwenden Sie die entsprechenden Werkzeuge bzw. das Frei-transformieren-Werkzeug.

▲ Abbildung 22.73
Skalieren von Flächentexten mit dem Skalieren-Werkzeug

## 22.10 Ausgabe

Der Umstieg auf Illustrator wird große Auswirkungen auf Ihren Print-Workflow haben. Zum einen bedeutet er in den meisten Fällen den Abschied von EPS als Austauschformat und zum anderen einen wesentlich einfacheren Einsatz von PDF.

### Softproof
Die Auswirkungen von Überdrucken-Einstellungen und Transparenz-Optionen sowie eine an den Lab-Werten orientierte Vorschau von Schmuckfarben simulieren Sie mit der Überdruckenvorschau, erreichbar unter Ansicht • Überdruckenvorschau.

Ist Ihr System farbkalibriert und das Farbmanagement von Illustrator Ihrem Workflow entsprechend eingerichtet, können Sie durch das Aktivieren von Ansicht • Farbproof zumindest einen ungefähren Eindruck vom (Druck-)Ergebnis erhalten.

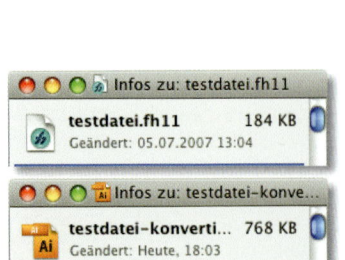

▲ Abbildung 22.74
Die Größen der nativen Dokumente unterscheiden sich erheblich.

### Für Ausgabe sammeln
Diesen äußerst praktischen Befehl werden Sie in Illustrator vergeblich suchen. Stattdessen können Sie das mitgelieferte Skript oder (allerdings nur am Mac) das Plug-in Scoop verwenden. Da die Herausgabe offener Daten an Druckereien und Vorstufenbetriebe inzwischen jedoch mehr und mehr vermieden wird und

stattdessen PDF zum Einsatz kommt, werden Sie das Sammeln nicht mehr so oft benötigen.

Schriften können in Illustrator-Dokumente eingebettet werden, damit sie zur Verfügung stehen, wenn die Datei in einem Layoutprogramm platziert wird. Wird das Dokument in Illustrator geöffnet, muss die Schrift jedoch auf dem Computer installiert sein (siehe Kapitel 19).

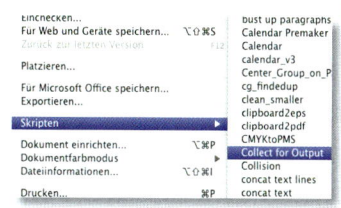

▲ **Abbildung 22.75**
Für Ausgabe sammeln per Skript

### PDF
Sie haben in Illustrator zwei Möglichkeiten, ein PDF zu erzeugen: über den Drucken-Dialog/Acrobat sowie durch Speichern (nur bei Letzterem bleibt Transparenz »live« erhalten). Beide Methoden haben ihre Berechtigung und führen mit geeigneten Optionen zu drucktauglichen Ergebnissen. Um Ihr PDF auf die jeweiligen Anforderungen zuzuschneiden, steht eine Vielzahl an Optionen zur Verfügung (siehe Abschnitt 12.5, »Transparenz speichern«).

> **EPS?**
>
> Der Datei-Austausch über EPS ist nur noch in Ausnahmefällen anzuraten.

### PSD speichern
Beim Speichern als Photoshop-Datei besteht neben der Option, Textebenen in Photoshop weiterzubearbeiten, die Möglichkeit, Vektorformen nicht zu rastern, sondern als Pfade in der Datei zu erhalten.

> **Farbeinstellungen angleichen**
>
> Die Farbeinstellungen in Illustrator und Photoshop müssen einheitlich sein, damit Farben nicht umgewandelt werden.

### Flash und SWF
Ihre Dateien können Sie entweder als AI in Flash importieren oder als SWF aus Illustrator exportieren. Die Option SWF wählen Sie vor allem, wenn Sie Animationen erstellen (siehe Kapitel 20).

## 22.11 FreeHand-Dateien migrieren

Um Ihre FreeHand-Dateien in Illustrator weiterzubearbeiten, sind keine Umwege über Austauschformate nötig. Illustrator CS3 und CS4 unterstützen Dateiversionen von FreeHand 4 bix MX.

### Vorbereitung in FreeHand
Da nicht alle Objekte voll editierbar übernommen werden, können Sie Vorkehrungen für eine einfachere Rekonstruktion dieser Objekte bereits in FreeHand treffen. Die Vorgehensweisen basieren auf der Annahme, dass bei allen genannten Objekten die größtmögliche Editierbarkeit gewährleistet werden soll. Ist dies nicht der Fall, können Sie bei den meisten Objekten den Dingen ihren Lauf lassen und sie beim Öffnen umwandeln lassen.

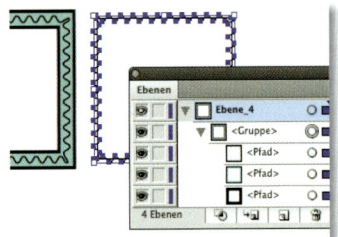

▲ **Abbildung 22.76**
Umwandlung von Objekteigenschaften in separate Objekte nach direktem Import der FH-Datei

**Grafikstile, Formate** | Komplexe Objekteigenschaften mit mehreren Konturen und Flächen sowie Effekten können zumindest derzeit nicht konvertiert werden, sodass sie in Illustrator editierbar bleiben. Möchten Sie auch in Illustrator die Originalpfade mit editierbaren Effekten versehen, gehen Sie wie folgt vor:

1. Erstellen Sie zusätzliche Objekte in der Datei, an denen Sie die Stile oder Eigenschaften anwenden, die Sie übertragen möchten. Die Eigenschaften dieser Objekte werden beim Öffnen der Datei umgewandelt, d.h. auf einzelne Objekte separiert und in Pfade umgerechnet.
2. Entfernen Sie die Eigenschaften von den Originalpfaden, und weisen Sie diesen jeweils individuelle Konturen oder Füllungen zu, damit Sie sie unterscheiden können.

| Merkmal | Illustrator CS2 | Illustrator CS3 | Illustrator CS4 |
|---|---|---|---|
| Dateiformate | FH4–9 | FH7–11, FT11 | FH7–11, FT11 |
| Mehr Seiten | Auswahl; bei Import aller Seiten: Dokumentgröße über alle | Auswahl; bei Import aller Seiten: Schnittbereiche | Auswahl: bei Import aller Seiten: Zeichenflächen |
| Farben | alle verwendeten Farben als globale Farbfelder | nur bereits vorhandene Farbfelder | nur bereits vorhandene Farbfelder |
| Farbfeld Schwarz | wird buntes Schwarz | 100 K | 100 K |
| Registrierungsfarbe | wird buntes Schwarz | 100/100/100/100 | 100/100/100/100 |
| nicht benutzte Farbfelder | werden gelöscht | bleiben erhalten | bleiben erhalten |
| Verläufe | lineare und radiale, keine logarithmischen Verläufe | lineare und radiale Verläufe, logarithmische Verläufe werden gleichmäßige Verläufe | lineare und radiale Verläufe, logarithmische Verläufe werden gleichmäßige Verläufe |
| Kacheln | bleiben als undefinierte Musterfelder am Objekt | werden gelöscht | werden gelöscht |
| Pixeleffekte | nicht in FH9 | nur Schlagschatten, andere Effekte werden entfernt | Schlagschatten, Schein nach außen, Weichzeichnen; andere Effekte werden in Pixel umgewandelt |
| Pinsel | nicht in FH9 | in Pfade konvertiert | in Pfade konvertiert |
| reduzierte Deckkraft | nicht in FH9 | bleibt erhalten | bleibt erhalten |
| Mischungen | bleibt erhalten | in Einzelobjekte | in Einzelobjekte |
| Symbole | werden gelöscht | bleiben erhalten | bleiben erhalten |
| nicht platzierte Symbole | werden gelöscht | bleiben erhalten | bleiben erhalten |
| Blocksatz wird zu | letzte Zeile linksbündig | letzte Zeile linksbündig | erzwungener Blocksatz |

▲ **Tabelle 22.1**
Versionsunterschiede: Wenn Sie viele FreeHand-Dateien migrieren möchten, kann es sich lohnen, ältere Illustrator-Versionen dafür einzusetzen. In Illustrator CS2 bis CS4 werden einige FreeHand-Merkmale unterschiedlich konvertiert.

3. Öffnen Sie die Datei in Illustrator, und konstruieren Sie dort die Objekteigenschaften mit Effekten neu anhand der umgewandelten Extra-Objekte aus Schritt 1.

**Pinsel |** Die meisten Optionen der Pinsel von FreeHand stehen Ihnen in Illustrator ebenfalls zur Verfügung. Um einen Pinsel in Illustrator nachzubauen, gehen Sie so vor:
1. Platzieren Sie eine Instanz seines Symbols aus der Bibliothek auf der Zeichenfläche.
2. Duplizieren Sie das Objekt, an dem der Pinsel angewendet wurde. Die Kopie wird beim Öffnen in Illustrator in Pfade umgewandelt.
3. Entfernen Sie den Pinsel vom Originalpfad, und weisen Sie diesem eine einfache Kontur zu.
4. Öffnen Sie die Datei in Illustrator, erstellen Sie dort einen Pinsel aus der in Schritt 1 platzierten Symbolinstanz, und weisen Sie diese dem Originalpfad zu. Bearbeiten Sie die Pinsel- oder Konturoptionen, sodass das Objekt so aussieht wie die in Schritt 2 erstellte Kopie des Pinselobjekts.

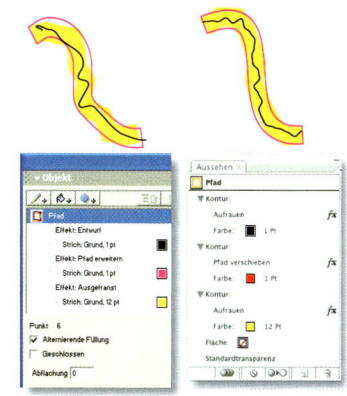

▲ **Abbildung 22.77**
Konstruktion eines vergleichbaren Objektstils in FreeHand und Illustrator

**Kachelfüllungen |** Illustrator CS4 kann – anders als Version CS2 – leider keine Kachelfüllungen interpretieren, die Füllungen gehen (anders als Musterfüllungen) einfach verloren. Daher müssen Sie auch hier vorbeugen.
1. Kopieren Sie den Rapport mithilfe des Objekt-Bedienfelds, und fügen Sie ihn auf der Zeichenfläche ein.
2. Wenn Sie den exakten Stand der Kachelfüllung ebenfalls nachbauen müssen, duplizieren Sie das gefüllte Objekt und wählen Modifizieren • In Bild konvertieren.
3. Öffnen Sie die Datei in Illustrator, erzeugen Sie ein Musterfarbfeld aus dem Rapport, und weisen Sie dieses dem Objekt zu. Passen Sie, falls nötig, den Stand der Musterfüllung an die in Schritt 2 erzeugte Kopie an.

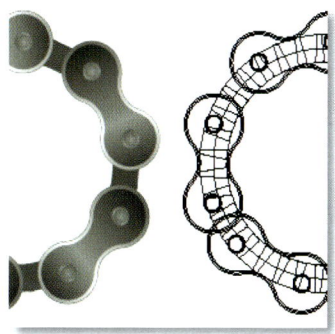

▲ **Abbildung 22.78**
Umgewandelter Pinselstrich nach direktem Import der FH-Datei

**PostScript-Füllungen |** Diese Art Füllungen geht beim Konvertieren ebenfalls verloren.
1. Kopieren Sie nur die mit PostScript-Füllungen versehenen Objekte in eine neue FreeHand-Datei.
2. Exportieren Sie diese Datei als Generisches oder Macintosh EPS.
3. Das EPS öffnen Sie anschließend in Illustrator und kopieren die Elemente in die Hauptdatei.

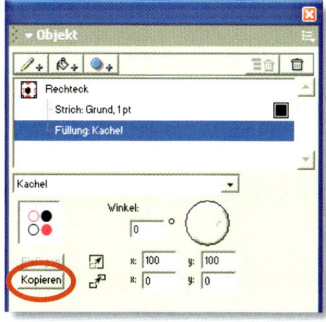

▲ **Abbildung 22.79**
Kopieren des Grundmusters einer Kachelfüllung

**Umhüllungen** | Die Hüllenverformungen werden in den meisten Fällen freigegeben, das heißt, auf das Objekt angewendet. Um die Umwandlung zu vermeiden, gehen Sie wie folgt vor:
1. Duplizieren Sie das Hüllenobjekt. Die Kopie verwenden Sie als Vorlage für den Nachbau.
2. Rufen Sie in FreeHand Modifizieren • Umhüllung • Als Pfad kopieren auf, und fügen Sie die Hülle auf der Seite ein.
3. Entfernen Sie die Hülle vom Objekt.
4. Öffnen Sie die Datei in Illustrator, und verwenden Sie die in Schritt 2 kopierte Hüllenform, um die Hülle neu anzuwenden.

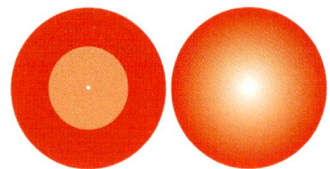

▲ Abbildung 22.80
In FreeHand reduzierte Mischungsstufen; aus den Grundobjekten kann die Mischung in Illustrator als Angleichung neu erstellt werden.

**Mischungen** | Anders als noch Illustrator CS2 kann Version CS4 Mischungen nur in Einzelobjekte umwandeln. Möchten Sie jedoch Ihre FreeHand-Mischungen als Illustrator-Angleichungen auch bearbeiten können (und nebenbei Speicherplatz sparen), ist Vorarbeit erforderlich.
1. Reduzieren Sie die Anzahl der Stufen in FreeHand auf 1.
2. Öffnen Sie die Datei in Illustrator, heben Sie die Gruppierung auf, und löschen Sie die Zwischenstufe der Mischung.
3. Bauen Sie eine Angleichung in Illustrator aus den verbliebenen Ausgangsobjekten neu auf. Es stehen allerdings nicht alle gewohnten Optionen zur Verfügung.

> **»Ausbetten«**
> Einen Trick zum Ausbetten von Bildern aus Illustrator-Dateien finden Sie in Kapitel 18, Seite 582.

**Eingebettete Bilder** | Das »Ausbetten« von Bilddateien aus Illustrator-Dateien (z. B. zum Zweck der Nachbearbeitung) ist möglich, aber umständlich. Es ist in den meisten Fällen zu empfehlen, Bilddaten in Illustrator gar nicht erst einzubetten. Für die Vorbereitung Ihrer FreeHand-Daten gehen Sie wie folgt vor:
1. Rufen Sie Bearbeiten • Verknüpfungen auf.
2. Aktivieren Sie ein Bild, und klicken Sie auf Extrahieren.
3. Öffnen Sie die FreeHand-Datei in Illustrator. Die Bilder werden als verknüpfte Dateien importiert. Wenn Sie die Pixeldaten bearbeiten möchten, verwenden Sie das Verknüpfungen-Bedienfeld.

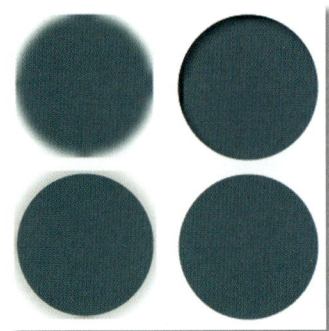

▲ Abbildung 22.81
Einige FreeHand-Effekte werden sehr kreativ mit Live-Effekten konvertiert: Weichzeichnung, innerer Schatten, Glühen; Reliefprägung (rechts unten) wird vom Objekt entfernt.

**Pixeleffekte** | Viele pixelbasierende FreeHand-Effekte werden beim Import in Pixelbilder umgewandelt und sind dann nicht mehr editierbar. Sie lassen sich in Illustrator jedoch meist gar nicht nachbauen. Ein möglicher Weg besteht in der Nutzung von Photoshop:
1. Löschen Sie die Effekte von den Objekten.
2. Öffnen Sie die Datei in Illustrator, und kopieren Sie ein Vektorobjekt in die Zwischenablage.
3. Fügen Sie das Objekt in Photoshop in eine neue Datei als Formebene ein, und bilden Sie den Effekt mit Photoshops

Ebenenstilen nach. Löschen Sie die Hintergrundebene der Photoshop-Datei, und platzieren Sie sie in Illustrator.

**Öffnen der Datei**
Ihre Dateien öffnen Sie einfach über den Dialog Öffnen oder – dies funktioniert erst in Illustrator CS4 – ziehen sie über das Programm-Icon auf der Betriebssystemoberfläche.

In einem ersten Schritt entscheiden Sie, welche Seiten importiert werden sollen. Importieren Sie entweder nur eine bestimmte Seite oder das gesamte Dokument (nur mit dieser Option importiert Illustrator auch Elemente, die neben den Seiten liegen). Für jede Seite wird dabei eine Zeichenfläche angelegt.

Darüber hinaus ist es möglich, Texte in Outlines umzuwandeln – mit dieser Option erhalten Sie das Aussehen der Texte, d. h. vor allem die Kerning-Einstellungen.

Da Illustrator-Dokumente nur entweder im RGB- oder im CMYK-Modus vorliegen können, müssen Sie danach entscheiden, in welchem Modus Sie arbeiten möchten. Alle nicht in diesem Modus vorliegenden Farben werden entsprechend konvertiert.

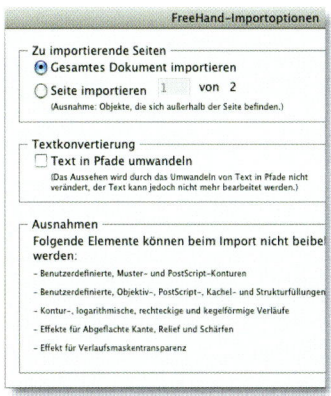

▲ Abbildung 22.82
Importoptionen für FreeHand-Dokumente: Im unteren Teil der Dialogbox werden Objekte und Eigenschaften aufgelistet, die umgewandelt oder entfernt werden müssen.

**Texte |** In FreeHand eingestellte Schriftformatierungen bleiben erhalten. Auch die Einteilung von Textfeldern in Spalten sowie Einzüge und Absatzabstände übernimmt Illustrator – Illustrator CS4 wandelt jedoch leider Blocksatz in »erzwungenen Blocksatz« um. Es kann auch vorkommen, dass Illustrator Schriftnamen nicht erkennt. In diesem Fall weisen Sie die Schriften mit Schrift • Schriftart suchen neu zu. Bei Pfadtexten kann erheblicher Nachbearbeitungsbedarf bestehen.

> **Textrahmen anpassen**
>
> Wenn Flächentext»rahmen« in Illustrator an die Textlänge angepasst werden müssen, hilft das Skript FitToTextContent (version 2) von www.kelsocartography.com

**Farbfelder |** Seit der Version CS3 wird das FreeHand-Farbfeld Schwarz korrekt importiert.

Nicht korrekt konvertiert wird dagegen das Farbfeld Passfarbe. Haben Sie dieses in Ihrem Dokument verwendet, weisen Sie in Illustrator stattdessen das Farbfeld [Passermarken] zu. Wenn Sie eine möglichst optimale Darstellung von Schmuckfarben auf einem kalibrierten Monitor erreichen wollen, sollten Sie Pantone- und HKS-Farbfelder (sowie Buchfarben anderer Farbsysteme) neu aus Illustrators Farbbibliotheken auswählen und den Objekten zuweisen.

> **Schwarz beim Import in ältere Illustrator-Versionen**
>
> Wenn Sie mit einer älteren Illustrator-Version arbeiten, ist es erforderlich, die Definition des importierten Farbfelds Schwarz zu überprüfen und gegebenenfalls zu korrigieren.

Das Farbfelder-Bedienfeld verwenden Sie auch, um in Illustrator Ihre Kachelfüllungen neu anzulegen.

**Verläufe |** Illustrator wandelt radiale und lineare Verläufe in entsprechende Formen um. Falls Sie in FreeHand einen logarithmischen Verlauf eingestellt hatten, müssen Sie diesen in Illustrator durch Verschieben des Mittelpunkts nachbilden.

**Pfeilspitzen** | Pfeilspitzen legt Illustrator nicht als Kontur-Eigenschaft an, sondern wandelt sie beim Öffnen der Datei in Pfade um. Falls Sie den Verlauf der mit Pfeilspitzen versehenen Linien zu einem späteren Zeitpunkt verändern wollen, löschen Sie die Pfeilspitzen und weisen den Pfaden in Illustrator den Pfeilspitzen-Effekt zu (EFFEKT • STILISIERUNGSFILTER • PFEILSPITZEN). Pfeilspitzen, die nicht im Effekt vorhanden sind, können Sie mithilfe von Musterpinseln und den umgewandelten Formen nachbilden.

**Monitordarstellung** | Wahrscheinlich sehen die Farben Ihrer Grafik in Illustrator anders aus als in FreeHand, vor allem, wenn Sie das eher umständliche Farbmanagement von FreeHand bisher nicht benutzt haben. Beschäftigen Sie sich daher mit den Farbeinstellungen in Illustrator, falls Sie bisher nicht mit Farbmanagement vertraut sind, und richten Sie das Farbmanagement ein.

### Über die Zwischenablage importieren
Objekte, die Sie über die Zwischenablage von FreeHand in Illustrator holen möchten, kopieren Sie in FreeHand mit BEARBEITEN • SPEZIELL • KOPIEREN SPEZIAL. Wählen Sie das Format EPS.

> **Testdatei**
> Eine FreeHand-Testdatei zum Ausprobieren der Importfunktion finden Sie auf der Buch-DVD: »FH-Testdatei.fh11«.

| FreeHand | Illustrator |
| --- | --- |
| Alternierende Füllung | Füllregel Gerade-Ungerade |
| Anschlusspunkt (alt: Verbindungspunkt) | kein Äquivalent |
| Ausgabebereichswerkzeug | Zeichenflächen-Werkzeug |
| Auslösen | Aussehen umwandeln |
| Bedienfelder | Bedienfelder (alt: Paletten) |
| Bedienfeld Objekt | Aussehen-Bedienfeld |
| Bedienfeld Mischer | Farbe-Bedienfeld |
| Bezigonwerkzeug | kein Äquivalent |
| Eckpunkt | Eckpunkt |
| Einfügeablage | Montagefläche |
| Einfügepfad, Innen einfügen | Schnittmaske |
| Extrudieren | 3D-Effekt |
| Freiformwerkzeug | Verkrümmen-Werkzeug |
| Freigeben | Umwandeln |
| Füllung | Fläche |
| Grafiksprühdose | Symbol-aufsprühen-Werkzeug |
| Griff (alt: Anfasser) | Grifflinie, Griff(punkt) |

| FreeHand | Illustrator |
|---|---|
| Grobansicht | Pfadansicht |
| Importieren | Platzieren |
| Kachel, Kachelfüllung | Muster, Musterfeld |
| Kalligrafiestift-Werkzeug | Tropfenpinsel-Werkzeug |
| Kalligrafiestrich (Attribut) | Kalligrafie-Pinsel |
| Kurvenpunkt | Übergangspunkt |
| Live-Vektoreffekte | Effekte |
| Messer-Werkzeug | Schere-Werkzeug |
| Mischung (alt: Elemente vereinigen) | Angleichung |
| Nachzeichnungswerkzeug | Pausstift (alt), Interaktiv nachzeichnen |
| Neigungswerkzeug | Verbiegen-Werkzeug |
| Öffnung (Stanzloch) | Subtrahieren |
| Pfad (alt: Zeichenweg) | Pfad |
| Pfad zoomen | Pfad verschieben |
| Pinsel/Malen | Bild-Pinsel |
| Pinsel/Sprühen | Muster-Pinsel |
| Punkt | Ankerpunkt |
| Reflexionswerkzeug | Spiegeln-Werkzeug |
| Rotationswerkzeug | Drehen-Werkzeug |
| Skalierungswerkzeug | Skalieren-Werkzeug |
| Standardvorlage | Startdatei (alt), Dokumentprofil |
| Stiftwerkzeug | Zeichenstift-Werkzeug |
| Strich | Kontur |
| Strich erweitern | Konturlinie |
| Teilauswahlwerkzeug | Direktauswahl-Werkzeug |
| Transformationsgriffe | Begrenzungsrahmen |
| Teilauswahlwerkzeug | Direktauswahl-Werkzeug |
| Trennen | Fläche aufteilen |
| Überschneidung | Schnittmenge |
| Umhüllung | Verzerrungshülle |
| Variabler-Strich-Stiftwerkzeug | Tropfenpinsel-Werkzeug |
| Vereinigen | Hinzufügen |
| Winkelgrenze | Gehrungsgrenze |
| Winkelverbindung | Gehrungsecke |
| Zeiger | Auswahlwerkzeug |
| Zusammengesetzte Pfade | Zusammengesetzte Pfade |
| Zuschneiden | Schnittmengenfläche |

▲ **Tabelle 22.2**
Begriffe entsprechender Objekte, Werkzeuge und Befehle in FreeHand und Illustrator

# 23 Werkzeuge und Kurzbefehle

## 23.1 Die Werkzeugpalette

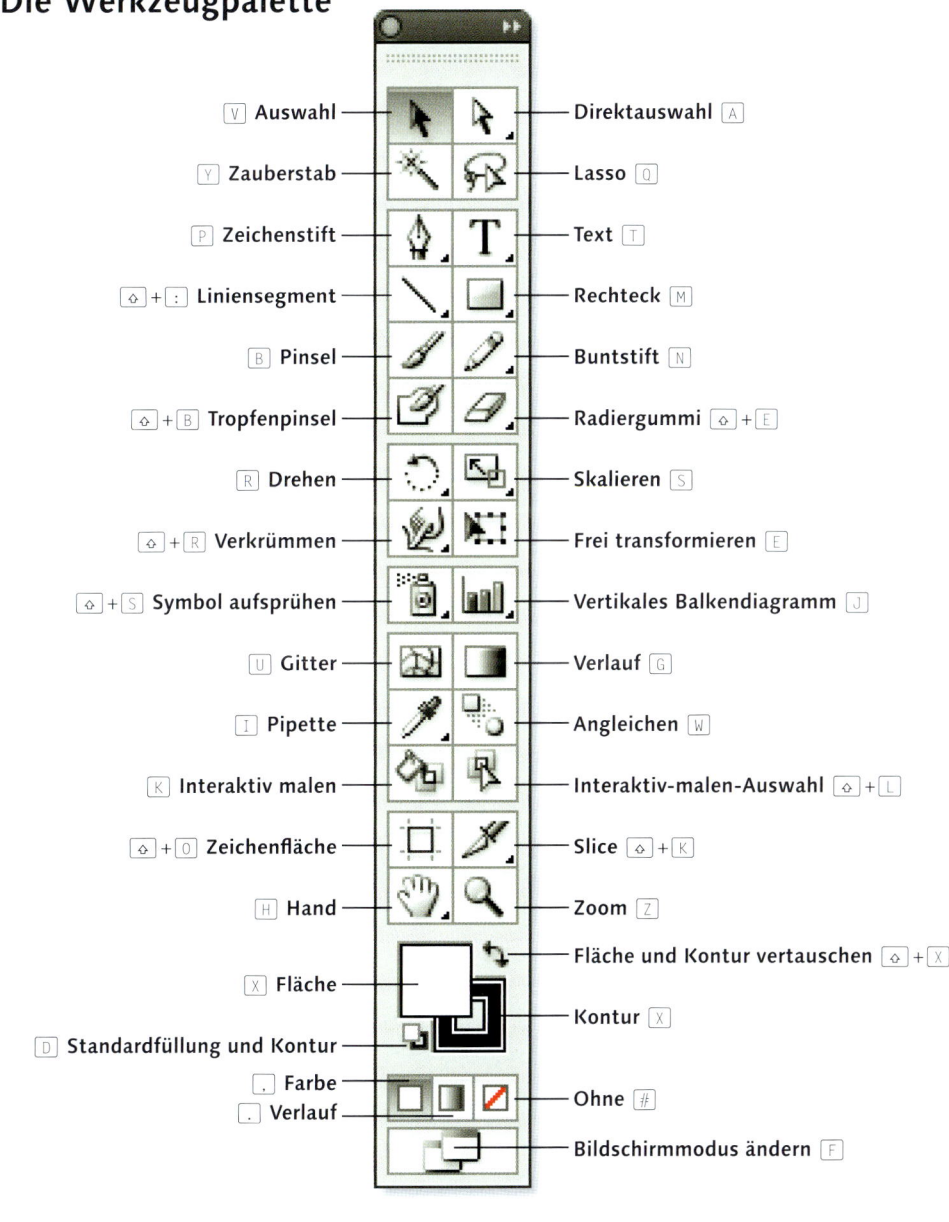

## 23.2 Verborgene Werkzeuge

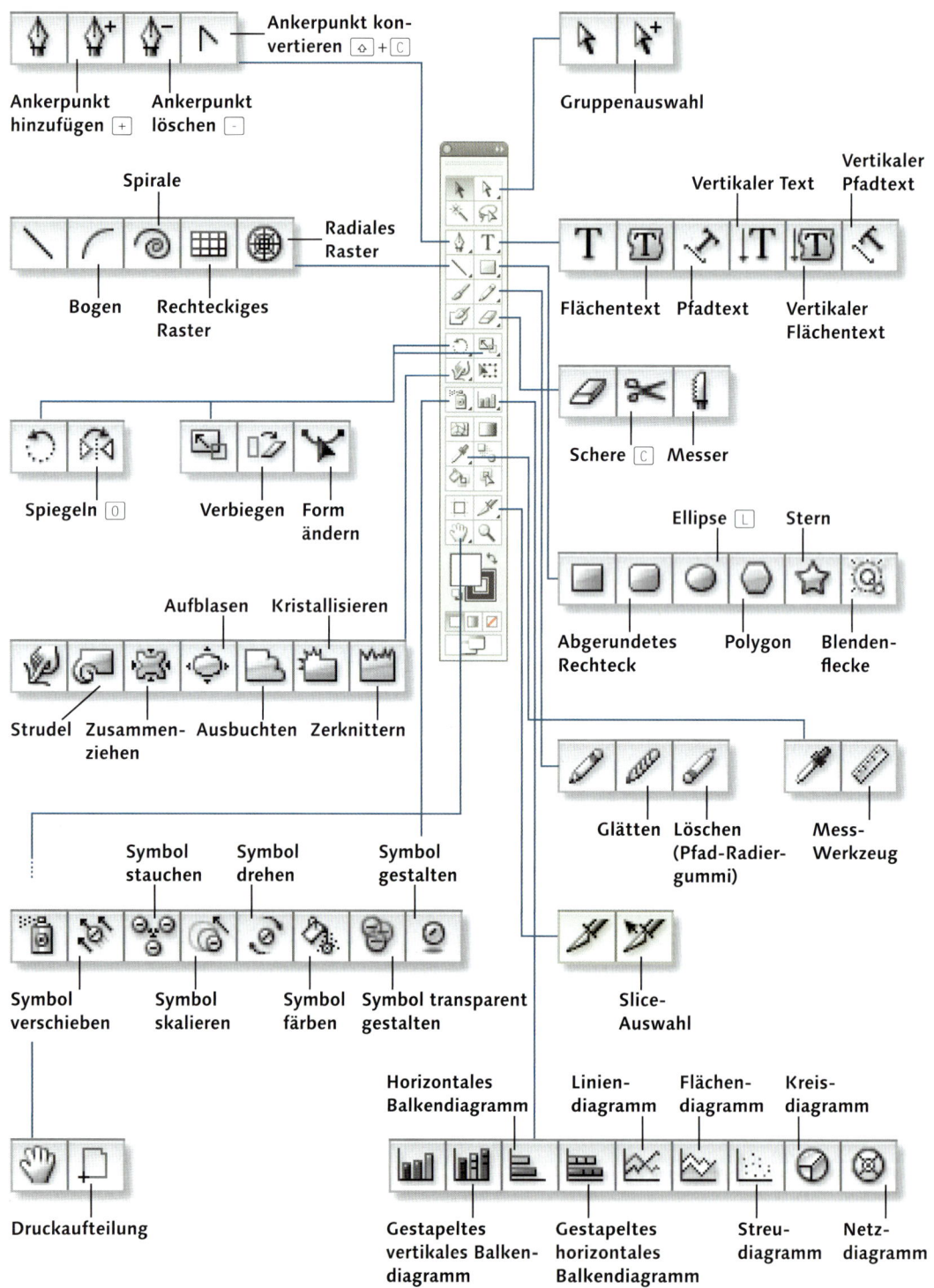

## 23.3 Tastatur-Kurzbefehle

**Menübefehle**

| Datei | Mac-Shortcut | Windows-Shortcut |
|---|---|---|
| Neu… | ⌘+N | Strg+N |
| Neu mit gleichen Einstellungen (ohne Dialog) | ⌘+⌥+N | Strg+Alt+N |
| Neu aus Vorlage… | ⌘+⇧+N | Strg+⇧+N |
| Öffnen… | ⌘+O | Strg+O |
| Bridge durchsuchen… | ⌘+⌥+O | Strg+Alt+O |
| Schließen | ⌘+W | Strg+W |
| Alle schließen | ⌘+⌥+W | Strg+Alt+W |
| Speichern | ⌘+S | Strg+S |
| Speichern unter… | ⌘+⇧+S | Strg+⇧+S |
| Kopie speichern unter… | ⌘+⌥+S | Strg+Alt+S |
| Für Web und Geräte speichern… | ⌘+⌥+⇧+S | Strg+Alt+⇧+S |
| Zurück zur letzten Version | F12 | F12 |
| **Skripten** | | |
| Anderes Skript… | ⌘+F12 | Strg+F12 |
| Dokument einrichten… | ⌘+⌥+P | Strg+Alt+P |
| Dateiinformationen… | ⌘+⌥+⇧+I | Strg+Alt+⇧+I |
| Drucken… | ⌘+P | Strg+P |
| Beenden | | Strg+Q |

| Bearbeiten | Mac-Shortcut | Windows-Shortcut |
|---|---|---|
| Rückgängig | ⌘+Z | Strg+Z |
| Wiederholen | ⌘+⇧+Z | Strg+⇧+Z |
| Ausschneiden | ⌘+X oder F2 | Strg+X oder F2 |
| Kopieren | ⌘+C oder F3 | Strg+C oder F3 |
| Einfügen | ⌘+V oder F4 | Strg+V oder F4 |
| Davor einfügen | ⌘+F | Strg+F |
| Dahinter einfügen | ⌘+B | Strg+B |
| Rechtschreibprüfung | ⌘+I | Strg+I |
| Farbeinstellungen… | ⌘+⇧+K | Strg+⇧+K |
| Tastaturbefehle… | ⌘+⌥+⇧+K | Strg+Alt+⇧+K |
| Voreinstellungen Allgemein | | Strg+K |

| Objekt | Mac-Shortcut | Windows-Shortcut |
|---|---|---|
| **Transformieren** | | |
| Erneut transformieren | ⌘+D | Strg+D |
| Verschieben… | ⌘+⇧+M | Strg+⇧+M |
| Einzeln transformieren… | ⌘+⌥+⇧+D | Strg+Alt+⇧+D |
| **Anordnen** | | |
| In den Vordergrund | ⌘+⇧+9 | Strg+⇧+9 |
| Schrittweise nach vorne | ⌘+⌥+⇧+V | Strg+Alt+⇧+V |
| Schrittweise nach hinten | ⌘+⌥+⇧+R | Strg+Alt+⇧+R |
| In den Hintergrund | ⌘+⇧+8 | Strg+⇧+8 |
| Gruppieren | ⌘+G | Strg+G |
| Gruppierung aufheben | ⌘+⇧+G | Strg+⇧+G |
| Sperren-Auswahl | ⌘+2 | Strg+2 |
| Andere sperren | ⌘+⌥+⇧+2 | Strg+Alt+⇧+2 |
| Alle entsperren | ⌘+⌥+2 | Strg+Alt+2 |
| Ausblenden-Auswahl | ⌘+3 | Strg+Num 3 |
| Andere ausblenden | ⌘+⌥+⇧+4 | Strg+Alt+⇧+4 |
| Alles einblenden | ⌘+⌥+3 | Strg+Alt+Num 3 |
| **Pfad** | | |
| Zusammenfügen | ⌘+J | Strg+J |
| Durchschnitt berechnen | ⌘+⌥+J | Strg+Alt+J |
| Durchschnitt berechnen und zusammenfügen | ⌘+⌥+⇧+J | Strg+Alt+⇧+J |
| **Angleichen** | | |
| Erstellen | ⌘+⌥+B | Strg+Alt+B |
| Zurückwandeln | ⌘+⌥+⇧+B | Strg+Alt+⇧+B |
| **Verzerrungshülle** | | |
| Mit Verkrümmung erstellen… | ⌘+⌥+⇧+W | Strg+Alt+⇧+W |
| Mit Gitter erstellen… | ⌘+⌥+M | Strg+Alt+M |
| Mit oberstem Objekt erstellen | ⌘+⌥+C | Strg+Alt+C |
| Inhalt bearbeiten | ⌘+⇧+V | Strg+⇧+V |
| **Interaktiv malen** | | |
| Erstellen | ⌘+⌥+X | Strg+Alt+X |
| **Schnittmaske** | | |
| Erstellen | ⌘+7 | Strg+7 |
| Zurückwandeln | ⌘+⌥+7 | Strg+Alt+7 |
| **Zusammengesetzter Pfad** | | |
| Erstellen | ⌘+8 | Strg+8 |
| Zurückwandeln | ⌘+⌥+⇧+8 | Strg+Alt+⇧+8 |

| Schrift | Mac-Shortcut | Windows-Shortcut |
|---|---|---|
| In Pfade umwandeln | ⌘+⇧+O | Strg+⇧+O |
| Verborgene Zeichen einblenden | ⌘+⌥+I | Strg+Alt+I |

| Auswahl | Mac-Shortcut | Windows-Shortcut |
|---|---|---|
| Alles auswählen | ⌘+A | Strg+A |
| Alles auf der aktiven Zeichenfläche | ⌘+⌥+A | Strg+Alt+A |
| Auswahl aufheben | ⌘+⇧+A | Strg+⇧+A |
| Erneut auswählen | ⌘+6 | Strg+Num 6 |
| Nächstes Objekt darüber | ⌘+⌥+9 | Strg+Alt+9 |
| Nächstes Objekt darunter | ⌘+⌥+⇧+8 | Strg+Alt+⇧+8 |

| Effekt | Mac-Shortcut | Windows-Shortcut |
|---|---|---|
| Letzten Effekt anwenden | ⌘+⇧+E | Strg+⇧+E |
| Letzter Effekt | ⌘+⌥+⇧+E | Strg+Alt+⇧+E |

| Ansicht | Mac-Shortcut | Windows-Shortcut |
|---|---|---|
| Vorschau | ⌘+Y | Strg+Y |
| Überdruckenvorschau | ⌘+⌥+⇧+Y | Strg+Alt+⇧+Y |
| Pixelvorschau | ⌘+⌥+Y | Strg+Alt+Y |
| Einzoomen | ⌘+⇧+= | 1) |
| Auszoomen | ⌘+- | Strg+- |
| In Fenster einpassen | ⌘+0 | Strg+0 |
| Alle in Fenster einpassen | ⌘+⌥+0 | Strg+Alt+0 |
| Originalgröße | ⌘+1 | Strg+1 |
| Ecken ausblenden/Begrenzung einblenden | ⌘+H | Strg+H |
| Zeichenfläche ein-ausblenden | ⌘+⇧+H | Strg+⇧+H |
| Vorlage ein-/ausblenden | ⌘+⇧+W | Strg+⇧+W |
| Lineale ein-/ausblenden | ⌘+R | Strg+R |
| Zeichenflächenlineale ein-/ausblenden | ⌘+⌥+R | Strg+Alt+R |
| Begrenzungsrahmen ein-/ausblenden | ⌘+⇧+B | Strg+⇧+B |
| Transparenzraster ein-/ausblenden | ⌘+⇧+D | Strg+⇧+D |
| Textverkettungen ein-/ausblenden | ⌘+⇧+Y | Strg+⇧+Y |
| Verlaufsanmerkungen ein-/ausblenden | ⌘+⌥+G | Strg+Alt+G |
| **Hilfslinien** | | |
| Hilfslinien ein-/ausblenden | ⌘+, | Strg+, |
| Hilfslinien sperren | ⌘+⌥+, | Strg+Alt+, |

1) Der im Menü angegebene Windows-Tastaturbefehl funktioniert nicht. Sie müssen diesen mit BEARBEITEN • TASTATURBEFEHLE neu definieren.

| Ansicht | Mac-Shortcut | Windows-Shortcut |
|---|---|---|
| Hilfslinien erstellen | ⌘+5 | Strg+Num 5 |
| Hilfslinien zurückwandeln | ⌘+⌥+5 | Strg+Alt+Num 5 |
| Magnetische Hilfslinien | ⌘+U | Strg+U |
| Raster ein-/ausblenden | ⌘+< | Strg+ + |
| Am Raster ausrichten | ⌘+⇧+< | Strg+⇧+ + |
| An Punkt ausrichten | ⌘+⌥+< | Strg+Alt+ + |

| Fenster | Mac-Shortcut | Windows-Shortcut |
|---|---|---|
| Attribute | ⌘+F11 | Strg+F11 |
| Ausrichten | ⇧+F7 | ⇧+F7 |
| Aussehen | ⇧+F6 | ⇧+F6 |
| Ebenen | F7 | F7 |
| Farbe | F6 | F6 |
| Farbhilfe | ⇧+F3 | ⇧+F3 |
| Grafikstile | ⇧+F5 | ⇧+F5 |
| Info | ⌘+F8 | Strg+F8 |
| Kontur | ⌘+F10 | Strg+F10 |
| Pathfinder | ⌘+⇧+F9 | Strg+⇧+F9 |
| Pinsel | F5 | F5 |
| **Schrift** | | |
| Absatz | ⌘+⌥+T | Strg+Alt+T |
| OpenType | ⌘+⌥+⇧+T | Strg+Alt+⇧+T |
| Tabulatoren | ⌘+⇧+T | Strg+⇧+T |
| Zeichen | ⌘+T | Strg+T |
| Symbole | ⌘+⇧+F11 | Strg+⇧+F11 |
| Transformieren | ⇧+F8 | ⇧+F8 |
| Transparenz | ⌘+⇧+F10 | Strg+⇧+F10 |
| Verlauf | ⌘+F9 | Strg+F9 |

| Hilfe | Mac-Shortcut | Windows-Shortcut |
|---|---|---|
| Illustrator-Hilfe | F1 | F1 |
| Debugging-Bedienfeld | ⌘+⌥+⇧+F12 | Strg+Alt+⇧+F12 |

| Illustrator | Mac-Shortcut |
|---|---|
| Voreinstellungen Allgemein | ⌘+K |
| Andere ausblenden | ⌘+⌥+H |
| Illustrator beenden | ⌘+Q |

## Bedienfelder-Funktionen

| Aussehen-Bedienfeld | Mac-Shortcut | Windows-Shortcut |
|---|---|---|
| Neue Fläche hinzufügen | ⌘ + ⇧ + 7 | Strg + ⇧ + 7 |
| Neue Kontur hinzufügen | ⌘ + ⌥ + ⇧ + 7 | Strg + Alt + ⇧ + 7 |

| Ebenen-Bedienfeld | Mac-Shortcut | Windows-Shortcut |
|---|---|---|
| Neue Ebene | ⌘ + L | Strg + L |
| Neue Ebene mit Dialog | ⌘ + ⌥ + L | Strg + Alt + L |

| Pathfinder-Bedienfeld | Mac-Shortcut | Windows-Shortcut |
|---|---|---|
| Formmodus od. Pathfinder erneut anwenden | ⌘ + 4 | Strg + 4 |

| Symbole-Bedienfeld | Mac-Shortcut | Windows-Shortcut |
|---|---|---|
| Neues Symbol | F8 | F8 |

| Absatz-Bedienfeld | Mac-Shortcut | Windows-Shortcut |
|---|---|---|
| Text linksbündig ausrichten | ⌘ + ⇧ + L | Strg + ⇧ + L |
| Text zentrieren | ⌘ + ⇧ + C | Strg + ⇧ + C |
| Text rechtsbündig ausrichten | ⌘ + ⇧ + R | Strg + ⇧ + R |
| Blocksatz, letzte Zeile linksbündig | ⌘ + ⇧ + J | Strg + ⇧ + J |
| Absoluter Blocksatz | ⌘ + ⇧ + F | Strg + ⇧ + F |
| Auto-Silbentrennung aktivieren/deaktivieren | ⌘ + ⌥ + ⇧ + H | Strg + Alt + ⇧ + H |
| Zeilen-Setzer aktivieren/deaktivieren | ⌘ + ⌥ + ⇧ + C | Strg + Alt + ⇧ + C |

| Zeichen-Bedienfeld | Mac-Shortcut | Windows-Shortcut |
|---|---|---|
| Schrift um 2 Pt vergrößern | ⌘ + ⇧ + . | Strg + ⇧ + . |
| Schrift um 2 Pt verkleinern | ⌘ + ⇧ + , | Strg + ⇧ + , |
| Schrift um 10 Pt vergrößern | ⌘ + ⌥ + ⇧ + . | Strg + Alt + ⇧ + . |
| Schrift um 10 Pt verkleinern | ⌘ + ⌥ + ⇧ + , | Strg + Alt + ⇧ + , |
| Kerning um 20 Einheiten vergrößern | ⌘ + ⌥ + ⇧ + 9 | Strg + Alt + ⇧ + 9 |
| Kerning um 20 Einheiten verkleinern | ⌘ + ⌥ + ⇧ + 8 | Strg + Alt + ⇧ + 8 |
| Laufweite um 20 Einh. vergrößern/verkleinern | ⌥ + → / ← | Alt + → / ← |
| Laufweite um 100 Einh. vergrößern/verkleinern | ⌘ + ⌥ + → / ← | Strg + Alt + → / ← |
| Fokus auf Laufweite | ⌘ + ⌥ + K | Strg + Alt + K |
| Laufweite löschen | ⌘ + ⌥ + Q | Strg + Alt + Q |
| Zeilenabstand vergrößern/verkleinern | ⌥ + ↓ / ↑ | Alt + ↓ / ↑ |
| Zeilenabstand vergr./verkl. (vertikaler Text) | ⌥ + → / ← | Alt + → / ← |
| Fokus auf Schrift | ⌘ + ⌥ + ⇧ + F | Strg + Alt + ⇧ + F |
| Horizontale Skalierung 100 % | ⌘ + ⇧ + X | Strg + ⇧ + X |

# Textbearbeitung

| Cursor in Texten bewegen | Mac-Shortcut | Windows-Shortcut |
|---|---|---|
| An den Anfang des Textobjekts | ⌘ + ↑ | Strg + ↑ |
| Ans Ende des Textobjekts | ⌘ + ↓ | Strg + ↓ |
| An den Anfang des Textobjekts (vertikaler Text) | ⌘ + → | Strg + → |
| Ans Ende des Textobjekts (vertikaler Text) | ⌘ + ← | Strg + ← |
| An den Zeilenanfang | ↖ | Pos1 |
| Ans Zeilenende | ↘ | Ende |
| Gleiche Position in nächster Zeile | ↓ | ↓ |
| Gleiche Position in voriger Zeile | ↑ | ↑ |
| Gleiche Position in nächster Zeile (vertikal) | ← | ← |
| Gleiche Position in voriger Zeile (vertikal) | → | → |
| Ein Wort vor | ⌘ + → | Strg + → |
| Ein Wort zurück | ⌘ + ← | Strg + ← |
| Ein Wort vor (vertikaler Text) | ⌘ + ↓ | Strg + ↓ |
| Ein Wort zurück (vertikaler Text) | ⌘ + ↑ | Strg + ↑ |
| Ein Zeichen vor | → | → |
| Ein Zeichen zurück | ← | ← |
| Ein Zeichen vor (vertikaler Text) | ↓ | ↓ |
| Ein Zeichen zurück (vertikaler Text) | ↑ | ↑ |
| Eingabe beenden und zum Auswahl-Werkzeug | esc | Esc |

| Texteingabe | Mac-Shortcut | Windows-Shortcut |
|---|---|---|
| Bedingter Trennstrich | ⌘ + ⇧ + - | Strg + ⇧ + - |
| Zeilenumbruch | ⇧ + ↵ | ⇧ + ↵ |
| „ (öffnende Anführungszeichen) | ⌥ + ⇧ + W | Alt + Num 0 1 3 2 |
| " (schließende Anführungszeichen) | ⌥ + 2 | Alt + Num 0 1 4 7 |
| ‚ (öffnende einfache Anführungszeichen) | ⌥ + S | Alt + Num 0 1 3 0 |
| ' (schließende einfache Anführungszeichen) | ⌥ + # | Alt + Num 0 1 4 5 |
| ' (Apostroph) | ⌥ + ⇧ + # | Alt + Num 0 1 4 6 |
| » (öffnende Guillemets) | ⌥ + ⇧ + Q | Alt + Num 0 1 8 7 |
| « (schließende Guillemets) | ⌥ + Q | Alt + Num 0 1 7 1 |
| › (öffnende einfache Guillemets) | ⌥ + ⇧ + N | Alt + Num 0 1 5 5 |
| ‹ (schließende einfache Guillemets) | ⌥ + ⇧ + B | Alt + Num 0 1 3 9 |
| © (Copyright) | ⌥ + G | Alt + Num 0 1 6 9 |
| ® (eingetragene Marke) | ⌥ + R | Alt + Num 0 1 7 4 |
| • (Listenpunkt) | ⌥ + Ü | Alt + Num 0 1 4 9 |
| … (Auslassungspunkte) | ⌥ + . | Alt + Num 0 1 3 3 |

## Objektbearbeitung

| Werkzeug-Bedienfeld | Mac-Shortcut | Windows-Shortcut |
|---|---|---|
| Auswahl-Werkzeuge wechseln | ⌘ und/oder ⌥ halten | Strg + ⇆ |
| Vertauschen von Kontur- und Flächenfarbe des aktivierten Objekts | ⇧ + X | ⇧ + X |

| Objekte bewegen | Mac-Shortcut | Windows-Shortcut |
|---|---|---|
| nach oben, unten, links, rechts verschieben | ↑, ↓, ←, → | ↑, ↓, ←, → |
| um das Zehnfache verschieben | ⇧ + ↑, ↓, ←, → | ⇧ + ↑, ↓, ←, → |

Den Abstand, um den Sie Objekte mit den Pfeiltasten verschieben, stellen Sie ein unter VOREINSTELLUNGEN • ALLGEMEIN • SCHRITTE PER TASTATUR.

| Symbol-Werkzeuge | Mac-Shortcut | Windows-Shortcut |
|---|---|---|
| Durchmesser erhöhen | ⇧ + < | ⇧ + < |
| Durchmesser verringern | < | < |
| Intensität erhöhen | ⇧ + ) | ⇧ + ) |
| Intensität verringern | ⇧ + ( | ⇧ + ( |

| Tropfenpinsel-, Radiergummi-Werkzeug | Mac-Shortcut | Windows-Shortcut |
|---|---|---|
| Durchmesser erhöhen | ⇧ + < | ⇧ + < |
| Durchmesser verringern | < | < |

## Sonstige

|  | Mac-Shortcut | Windows-Shortcut |
|---|---|---|
| Maßeinheiten wechseln | ⌘ + ⌥ + ⇧ + U | Strg + Alt + ⇧ + U |
| Alle Bedienfelder ausblenden | ⇆ | ⇆ |
| Alle außer Werkzeug-Bedienfeld ausblenden | ⇧ + ⇆ | ⇧ + ⇆ |
| Werkzeug-Spitze als Fadenkreuz-Cursor | ⇧ | ⇧ |
| Zu nächstem Dokument wechseln | ⌘ + ⇧ + ´ | Strg + ⇧ + ´ |
| Zu nächster Dokumentgruppe wechseln | ⌘ + ⌥ + ⇧ + ´ | Strg + Alt + ⇧ + ´ |
| **Zeichenflächenmodus** | | |
| Zu nächster Zeichenfläche blättern | ⌥ + →, ⌥ + ↓ | Alt + →, Alt + ↓ |
| Zu voriger Zeichenfläche blättern | ⌥ + ←, ⌥ + ↑ | Alt + ←, Alt + ↑ |

## Bedienfeldsymbole im Dock

| Bedienfeld | | Bedienfeld | |
|---|---|---|---|
| Absatz | | OpenType | |
| Absatzformate | | Pathfinder | |
| Aktionen | | Pinsel | |
| Attribute | | Pinsel-Bibliotheken | |
| Ausrichten | | Reduzierungsvorschau | |
| Aussehen | | Separationenvorschau | |
| Dokumentinformationen | | SVG-Interaktivität | |
| Ebenen | | Symbole | |
| Farbe | | Symbol-Bibliotheken | |
| Farbfelder | | Tabulatoren | |
| Farbfelder-Bibliotheken | | Transformieren | |
| Farbhilfe | | Transparenz | |
| Flash-Text | | Variablen | |
| Glyphen | | Verbindungen | |
| Grafikstile | | Verlauf | |
| Grafikstil-Bibliotheken | | Verknüpfungen | |
| Info | | Zauberstab | |
| Kontur | | Zeichen | |
| kuler | | Zeichenformate | |
| Navigator | | | |

# 24 Glossar

**9-Slice-Skalierung**
Eine Skalierungsmethode von Adobe Flash und Fireworks, die selbst bei nichtproportionaler Skalierung eines rechteckigen Objekts die Integrität der Ecken erhält. Dies wird erreicht durch die Einteilung der Objekte in neun Zonen, die jeweils entweder gar nicht, nur horizontal, nur vertikal oder angepasst skaliert werden. 9-Slice-Skalierung ist nur im Flash Player und in Fireworks wirksam.

**Abpaus-Objekt**
→ Interaktiv abpausen

**Absatz**
Text, der sich zwischen zwei Zeilenschaltungen (Wagenrückläufen, Carriage Returns) befindet.

**ActionScript**
Die Skriptsprache von → Flash. ActionScript ermöglicht das Erstellen interaktiver Elemente sowie die Kommunikation mit Datenbanken.

**AICB**
Adobe Illustrator ClipBoard. Seit Illustrator 10 wird der Inhalt der Zwischenablage im PDF-Format gespeichert. AICB ist die Bezeichnung für das alte Format der Zwischenablage.

**Aktion**
Aufgenommene Abfolge von Bearbeitungsschritten. Aktionen können gespeichert und an anderen Objekten oder Dateien erneut angewendet sowie in → Stapelverarbeitungen automatisiert werden. Darüber hinaus ist es möglich, sie an andere Nutzer weiterzugeben.

**Aktivieren**
→ Auswählen

**Alpha-Kanal**
Bildkanal in Rastergrafiken mit zusätzlichen Informationen über die Transparenz der einzelnen Pixel. Üblicherweise steht Weiß für vollkommen opake und Schwarz für vollkommen transparente Bereiche. Semi-Transparenz wird durch Graustufen erzielt.

**Anfasser**
→ Grifflinien

**Angleichung**
Da Pfade auf geometrischen Algorithmen basieren, ist es möglich, dass ein Vektorgrafik-Programm interpolierte Formen zwischen zwei geometrischen Figuren berechnet. In Illustrator wird diese Funktion »Angleichen« genannt.

**Anker, Ankerpunkt**
Das kleinste Objekt in einer Vektorgrafik. In Illustrator gibt es zwei Arten von Punkten: Eckpunkte, an denen ein Pfad seine Richtung abrupt ändert, sowie Kurvenpunkte, an denen ein allmählicher Übergang erfolgt. Ein Kurvenverlauf wird durch Grifflinien gesteuert.

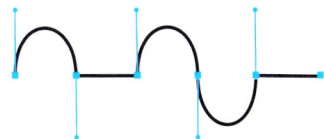

**Anschnitt**
Bereich, um den ein Layout größer angelegt wird, damit beim Zuschneiden auf das Endformat keine Blitzer an → randabfallenden Objekten entstehen.

**Anti-Aliasing**
Die Kantenglättung in Pixelbildern, um einen Treppcheneffekt zu vermeiden. → Supersampling, → Hinting

**Anwendungsrahmen**
Auch: Applikationsrahmen. Auf dem Mac Zusammenfassung aller Bedienelemente und Dokumentfenster von Illustrator (und anderen Adobe-Anwendungen) in einem gemeinsamen übergeord-

neten Fenster. Damit können alle Elemente als Einheit behandelt werden.

### Appearance
→ Aussehen

### AppleScript
→ JavaScript

### Auflösung
Die Auflösung legt fest, wie viele Bildpunkte sich auf einer definierten Strecke befinden. Bezeichnet wird die Auflösung mit ppi (Pixel per Inch) und dpi (Dots per Inch). Mit der Angabe ppi soll die Auflösung von Bilddateien benannt werden; der Wert meint also die in einer Bilddatei zur Verfügung stehende Informationsmenge. dpi bezeichnet die Auflösung von Eingabe- und Ausgabegeräten, also von Scannern, digitalen Kameras oder Druckern. In der Praxis werden die Begriffe nicht mehr so sauber getrennt – dpi hat sich längst als universale Maßeinheit eingeschlichen.

### Ausrichten
Automatisches Anordnen mehrerer Objekte oder Punkte zueinander und zur Zeichenfläche nach festen Regeln.

### Aussehen
Hierarchisch geordnete editierbare Eigenschaften wie Füllung, Kontur, Effekte, die zusammen das Erscheinungsbild eines Objekts bestimmen, ohne seine Struktur zu verändern.

### Aussparungsgruppe
Mit dieser Option lassen sich die Objekte innerhalb einer Gruppe von der Berechnung von Deckkraft und Füllmethode ausschließen, d. h., nur Objekte außerhalb der Gruppe sind betroffen.

### Auswählen
Das Aktivieren eines Objekts auf der Zeichen- oder Montagefläche, um es zu bearbeiten. Objekte können nur dann verändert werden, wenn sie ausgewählt sind. Für Auswahlen stehen fünf Werkzeuge zur Verfügung: das Auswahl-Werkzeug zur Aktivierung ganzer Objekte, das Direktauswahl- und das Lasso-Werkzeug für die Auswahl von Punkten, Pfadsegmenten (aber ebenfalls ganzer Objekte), das Gruppenauswahl-Werkzeug für das Selektieren der Bestandteile von Gruppen sowie das Zauberstab-Werkzeug zur Auswahl von Objekten basierend auf ihren Aussehen-Eigenschaften.

### Autotrace
→ Interaktiv nachzeichnen

### Banding
Abstufungen, die beim Drucken oder in der Bildschirmdarstellung eines generierten Verlaufs entstehen. Die »Smooth Shading«-Technologie in PostScript3-RIPs verhindert die Entstehung von Banding.

### Batch
→ Stapelverarbeitung

### Bedienfeld
In den Bedienfeldern sind wichtige Kontroll- und Hilfsinstrumente untergebracht. → Palette

### Begrenzungsrahmen
Der Begrenzungsrahmen ist ein gedachtes Rechteck, das die äußersten Punkte eines oder mehrerer aktivierter Objekte umschließt. Je nach Voreinstellung sind formverändernde Objekteigenschaften (wie die Linienstärke) ebenfalls eingeschlossen. Auf Basis des Begrenzungsrahmens erfolgen Maßangaben, und er kann zum Transformieren von Objekten benutzt werden.

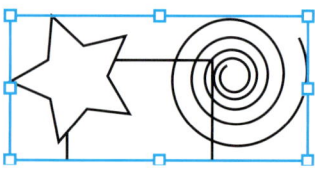

### Beschnitt
1. Teil einer Grafik, der im Layout über den Seitenrand ragt, aber beim fertigen Druckobjekt weggeschnitten wird. Der in der Regel verlangte Überstand beläuft sich auf 3 mm.
2. Teil des Druckbogens, der beim Schneiden nach dem Falzen wegfällt.

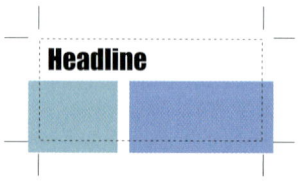

### Beschnittmarken
5 bis 10 mm lange feine Linien außerhalb des Endformates einer Drucksache, die die Verlängerung der Endformatkanten darstellen und bei → randabfallendem oder angeschnittenem Druck auf dem größeren unbeschnittenen Format als Markierung für den Stapelschnitt mitgedruckt werden.

### Bevel
Profilkante (»abgeflachte Kante«), mit der ein Objekt bei einer 3D-Extrusion versehen werden kann.

### Bézierkurve
Als Vektoren definierte Kurvenzüge zur Anlage von → Pfaden. Eine Bézierkurve wird immer durch die Koordinaten von vier Punkten definiert. Die Bézierkurven erhielten ihren Namen von dem französischen Ingenieur

Pierre Bézier, der sie für das Karosseriedesign im Automobilbau entwickelte.

**Bibliothek**
Ein als Datei gespeicherter Bestand an Farbfeldern, → Pinseln, → Grafikstilen oder → Symbolen

**Blend Modes**
→ Füllmethoden

**Blitzer**
Weiße Zwischenräume bei übereinanderliegenden farbigen Elementen auf dem Ausdruck, die durch kleine Ungenauigkeiten der Druckmaschine entstehen können, oder weiße Zwischenräume an den Schnittkanten.

**Boole'sche Operationen**
In der Computergrafik: die Anwendung der logischen Operatoren wie AND, OR, NOT auf geometrische Formen. Dabei entstehen z. B. Schnitt- oder Vereinigungsmengen. In Illustrator werden diese Funktionen als Formmodi und Pathfinder angewendet.

**Brush**
→ Pinsel

**Buchfarbe**
Eine → Sonderfarbe, die sowohl → CMYK- als auch → L*a*b-Definitionen des Farbtons enthält. Diese Werte werden für die Darstellung und Berechnungen mit der Farbe verwendet, wenn der Vollton nicht anwendbar ist, z. B bei der Darstellung am Bildschirm oder der Umrechnung bei Transparenz-Interaktionen der Farbe.

**Click & Drag**
(Mit dem Cursor) anklicken und ziehen.

**CMYK**
Die vier Druckfarben Cyan, Magenta, Gelb (Yellow) und Schwarz (Key) des Vierfarbdrucks. Die drei farbigen Komponenten CMY ermöglichen die Darstellung von Farben durch autotypische Farbmischung, wobei jedoch das hundertprozentige Übereinanderdrucken der drei Farben kein reines Schwarz ergibt, sodass zusätzlich als vierte Druckfarbe Schwarz verwendet wird.

**Composite-Datei**
Druckdatei, bei der im Gegensatz zur separierten Ausgabe mit Farbauszügen die Farben nicht seitenweise voneinander in die → Prozessfarben aufgeteilt sind, sondern alle Farben einer Seite als Einheit behandelt werden. Der Ausdruck auf Farbdruckern erfolgt beispielsweise immer als Composite-Datei. Die Aufteilung auf die Druckfarben erfolgt dann erst im Gerät.

**Copy & Paste**
Kopieren eines Elements in die Zwischenablage und Einfügen in dasselbe oder ein anderes Dokument.

**DCS**
Desktop Color Separation. Dateiformat für vorseparierte Bilder. Das Dateiformat umfasst je eine Datei für jeden → Farbauszug (CMYK sowie Schmuckfarben) und ein Vorschaubild für die Platzierung im Layoutprogramm.

**Deckkraft**
Die Transparenz einer Ebene. Bei 100 % sind die Objekte deckend, bei 0 % durchsichtig. Reduziert werden kann die Deckkraft ganzer Objekte, einzelner Konturen oder Flächen sowie einzelner Verlaufsfarben (→ Verlauf).

**Deckkraftmaske**
Die Hell-Dunkel-Werte einer Grafik werden als Alpha-Transparenz für eine zweite Grafik verwendet. Idealerweise wird eine Deckkraftmaske in Grautönen angelegt. Dabei erzeugen schwarze Bereiche einen vollständig transparenten Bereich, weiße Bereiche dagegen 100 % Deckung. → Alpha-Kanal

**DeviceN**
Ein Farbraum, der im Gegensatz zu RGB oder CMYK (3 bzw. 4 Farbkanäle) bis zu 31 Farbkanäle enthalten kann. DeviceN kommt für Hexachrome oder für die Speicherung anderer Schmuckfarben-Dateien zum Einsatz.

**Diagramm**
Grafische Visualisierung von Daten, Sachverhalten oder Zusammenhängen. Die Diagramm-Werkzeuge in Illustrator dienen zur Darstellung voneinander abhängiger Werte.

**Digitalproof**
Hochwertiger Farbdruck, der das spätere Druckergebnis simuliert, ohne vorherige Herstellung der Filmvorlagen. Nachteil des Digitalproofs gegenüber den herkömmlichen Proofverfahren oder einem Andruck ist, dass Fehler durch falsche Rasterung (z. B. Moiré) nicht erkannt werden können.

**Dokumentfarbmodus**
Der für eine Datei definierte Farbmodus (RGB oder CMYK) legt fest, auf welche Art Objektfarben angelegt werden können. Darüber hinaus bestimmt der Dokumentfarbmodus die Wirkweise von → Füllmethoden und den Farbmodus eingebetteter Bilder.

**Dokumentprofil**
Sammlung von Vorgaben und Eigenschaften neuer Dateien für gebräuchliche Einsatzzwecke wie Druck, Web, Video und Film. Dokumentprofile enthalten Meta-Informationen, Pinsel, Stile, Ansichtsoptionen etc.

**Dokument-Rastereffekt-Einstellungen**
In den Optionen wird definiert, wie auf Vektorobjekte angewendete pixelbasierte Effekte, z. B. Schein nach aussen, in Pixel umgerechnet werden. Wichtig ist vor allem die Einstellung der → Auflösung.

**Drag & Drop**
Ziehen und fallen lassen. Ein Objekt wird mit der linken Maustaste angeklickt, wobei die Taste gedrückt bleibt. Nun kann das Objekt auf der Arbeitsoberfläche des Computers verschoben (transportiert) werden. Dort, wo die Maustaste losgelassen wird, bleibt das Objekt liegen.

**Dynamisch**
Elemente in einer Datei, die durch äußere Einflüsse geändert werden können, werden als dynamisch bezeichnet. In Illustrator zählen dazu z. B. → Variablen oder → Live-Effekte. Auch Textfelder können zur Weiterverwendung in Flash bereits in Illustrator als dynamisch definiert werden.

**Ebene**
Schicht in einem Dokument, auf der einzelne oder mehrere Objekte liegen. Illustrator-Dokumente enthalten mindestens eine Ebene. Jeder Ebene können weitere Ebenen untergeordnet werden.

**Eckenradius**
Bei der Ecke eines abgerundeten Rechtecks die Distanz zwischen der Viertelkreislinie und deren gedachtem Mittelpunkt.

**Effekt**
Operation, die das Aussehen eines Pfads oder Objekts verändert, ohne den Pfadverlauf zu beeinflussen. Auf ein Objekt angewandte Effekte gehören zu seinen Aussehen-Eigenschaften und können editiert und wieder entfernt werden.

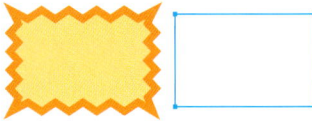

**EPS**
Encapsulated PostScript. Dateiformat für Bilder, Vektorgrafiken und einseitige Layouts, das intern PostScript verwendet und in der Regel für die Bildschirmdarstellung zusätzlich eine niedrig auflösende (72 dpi) Voransicht umfasst. EPS-Daten lassen sich nur auf Geräten ausgeben, die PostScript-Befehle verarbeiten können, alle anderen Ausgabegeräte stellen nur die Bildschirmansicht dar.

**Expand**
→ Umwandeln

**Extrusion**
Erzeugung einer dreidimensionalen Form durch Parallelverschiebung der Grundform im Raum.

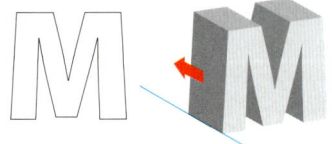

**Farbauszug**
Bildanteil einer Farbe auf einer Dokumentseite. Für den Farbdruck werden alle in einem Dokument vorkommenden Farben in die auf dem Ausgabegerät verwendeten Farben seitenweise aufgetrennt (separiert). Je Auszug entsteht dann ein Film für die Belichtung der Druckplatten, oder die Druckplatten werden direkt belichtet. Durch den Zusammendruck der Prozessfarben entsteht im fertigen Ausdruck wieder der eigentliche Farbeindruck.
→ Separation

**Farbharmonie**
Beziehungen mehrerer Farbtöne und -nuancen untereinander und deren Einordnung in Gesetzmäßigkeiten.

**Farbmanagement**
Die Soft- und Hardware-Funktionen sowie Arbeitsmethoden, mit denen über verschiedene Medien hinweg vorhersagbare Farbeindrücke erzielt werden sollen.

**Farbmodus**
Die Farben von Bildern und Grafiken können in unterschiedlichen Farbsystemen (Farbmodi) dargestellt werden, denen jeweils ein anderer Farbraum zugrunde liegt. Die gebräuchlichsten Farbmodi basieren auf → RGB, → CMYK, L*a*b, Graustufen und Bitmap (Schwarzweiß).

**Fattening**
Das Ersetzen der niedrig aufgelösten Layoutbilder durch die hochaufgelöste Version in OPI-Workflows. Muss vor der Transparenzreduzierung vorgenommen werden.

### Filter
Operationen, die das Aussehen eines Pfads oder Objekts verändern, indem sie den Pfadverlauf oder andere Objekt-Eigenschaften direkt bearbeiten. In Illustrator CS4 ist das Filter-Menü nicht mehr vorhanden.

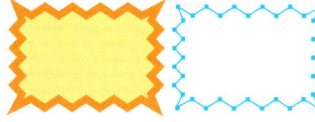

### Fläche
Die Farbe, der Verlauf oder das Muster, das dem von einem Pfad umschlossenen Bereich zugewiesen wurde.

### Flash
Eine Entwicklungsumgebung, mit der multimediale interaktive Inhalte erstellt werden. Da das Dateiformat SWF vektorbasiert ist, sind die Dateien gut zu komprimieren. → ActionScript

### Flattening
→ Reduzieren, → Umwandeln

### Font
1. Schriftschnitt einer Schriftart.
2. Digitale Umsetzung eines Schriftdesigns als Datei.

### Format
→ Stil

### Formbereich
Die bei einer → zusammengesetzten Form durch Kombination mittels eines → Formmodus entstehende Fläche.

### Formmodus
Die Art, in der verschiedene Objekte in einer → zusammengesetzten Form kombiniert werden, z. B. Schnittmenge oder Subtraktion. Der Formmodus wird mit ⌥/Alt+Klick auf die Buttons der oberen Reihe im Pathfinder-Bedienfeld bestimmt.

### Füllmethode
Auch: Modus. Die Farbe eines mit einer von NORMAL abweichenden Füllmethode versehenen Objekts wird entsprechend der gewählten Füllmethode mit der Farbe der darunterliegenden Objekte verrechnet. Die Wirkungsweise einiger Füllmethoden ist vom → Dokumentfarbmodus abhängig.

### Füllregel
Auch: Windungsregel. Mit der Füllregel wird bestimmt, welche Bereiche komplexer Objekte (sich selbst überschneidender oder zusammengesetzter Pfade) mit einer Fläche versehen werden. Zur Wahl stehen Gerade-Ungerade und Nicht-Null.

### Füllung
→ Fläche

### FXG
Flash XML Graphics Format. Ein auf einem Teilsatz der Nutzer-Interface-Auszeichnungssprache MXML basierendes Austauschformat für die Flash-Plattform, das als Open Source zur Verfügung steht. FXG dient vor allem zur Weiterbearbeitung von Grafik in Flex Builder.

### Gitterobjekt
Ein mehrfarbiges vektorbasiertes Spezialobjekt, das vor allem in fotorealistischen Illustrationen zur Anwendung kommt. Auch Verlaufsgitter genannt

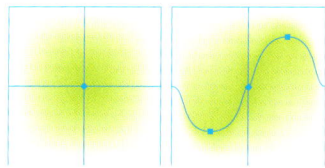

### Glyphe
Die grafische Darstellungsform eines Schriftzeichens – Buchstabe, Satzzeichen oder grafisches Element.

### Grafikstil
→ Stil

### Grafiktablett
Alternatives Eingabegerät, bestehend aus einer drucksensitiven Unterlage und verschieden geformten und ausgestatteten Stiften. Von der Treibersoftware ausgewertet werden können: Position des Stifts, Druck, Neigung, Drehrichtung und das Betätigen von zusätzlichen Knöpfen oder Rädchen am Stift.

### Griffe, Grifflinien
Tangenten, die aus jedem → Ankerpunkt gezogen werden können und deren Lage und Länge den Verlauf des Kurvensegments zwischen zwei Punkten bestimmen.

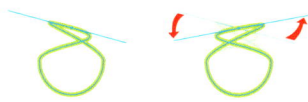

### Griffpunkt
Endpunkt der Grifflinie. Durch Klicken und Ziehen des Griffpunkts wird die Grifflinie verändert. Griffpunkte ziehen magnetische Hilfslinien an.

### Gruppe
Eine Verbindung mehrerer (verschiedenartiger) Einzelobjekte, die sich nicht gegenseitig beeinflussen. Gruppierte Objekte können

gemeinsam → transformiert werden und lassen sich jederzeit wieder voneinander trennen.

### Hilfslinie
Ein nicht-druckendes Vektorobjekt, an dem andere Objekte ausgerichtet werden. Hilfslinien haben in → Diagrammen und bei der → 9-Slice-Skalierung weitergehende Funktionen für die Konstruktion.

### Hinting
Methode für das → Rastern von Schrift, bei der zunächst die Buchstaben selbst gerastert und dieses Ergebnis dann in einem zweiten Schritt auf das vorhandene Pixelraster optimiert wird. → Anti-Aliasing

### HKS
→ Sonderfarbe

### HTML
HyperText Markup Language. Auf XML basierende Strukturierungs- und Auszeichnungssprache – keine Seitenbeschreibungs- bzw. Layoutsprache – für webbasierte Dokumente.

### Hülle
Ein Spezialobjekt, das zur Verformung anderer Objekte verwendet wird. Die umhüllten Objekte passen sich der Form der Hülle an. Sowohl Hülle als auch Inhalt bleiben als Vektorobjekte editierbar und lassen sich wieder voneinander lösen.

### ICC
Damit nicht jeder Hersteller eigene Geräteprofile verwendet, die nicht kompatibel zueinander wären, haben 1993 Firmen wie Agfa, Apple, Adobe, Kodak, Linotype und Microsoft sowie die FOGRA (Forschungsgesellschaft Druck e. V.) das International Color Consortium (ICC) gegründet und Richtlinien ausgearbeitet, wie ein Geräteprofil aufgebaut sein muss. Alle aktuellen Versionen von Windows sowie das Mac OS unterstützen das ICC-Format ebenso wie professionelle Layout-, Grafik und Bildbearbeitungsprogramme.

### Innen einfügen
→ Schnittmaske

### Instanz
Auf einer Zeichen- oder der Montagefläche platzierter Verweis auf die Originalgrafik eines → Symbols.

### Interaktiv abpausen
Alte Bezeichnung des Befehls → Interaktiv nachzeichnen.

### Interaktiv malen
Eine Funktion, mit deren Hilfe Bereiche einer Grafik gefüllt werden können, die voneinander unabhängigen Pfaden begrenzt sind.

### Interaktiv nachzeichnen
Mit dieser Funktion ist es möglich, eine Vorlage zu vektorisieren. Solange das Nachzeichnerobjekt nicht in Pfade umgewandelt wird, bleibt die Verbindung zwischen der Vorlage und dem Nachzeichnerergebnis bestehen, sodass Änderungen am Originalbild oder den Nachzeichneroptionen in der Nachzeichnung ausgeführt werden.

### Interaktive Farbe
Eine Reihe von Funktionen, die den Umgang mit Farbe im Dokument – vor allem das Umfärben und Reduzieren der Anzahl verwendeter Farben – vereinfachen.

### Inverse Kinematik
Funktion u. a. in Flash oder 3D-Animationssoftware. Mehrere Objekte werden so miteinander verkettet, dass sich alle logisch mitbewegen, wenn ein Glied der Kette verschoben wird.

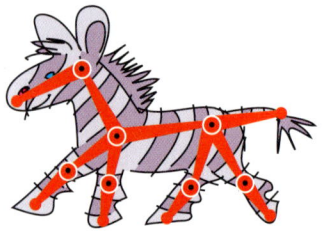

### Isolationsmodus
Bearbeitungsmodus, in dem zwar alle Dateiinhalte sichtbar sind, jedoch nur eine ausgewählte → Gruppe, ein → Symbol, eine → Schnittmaske oder ein anderes Objekt bearbeitbar ist.

### Isometrie
Eine einfache Form der perspektivischen Darstellung, in der alle drei Achsen gleich verkürzt erscheinen. Der Winkel zwischen zwei Achsen beträgt jeweils 120°.

### JavaScript
Plattformunabhängige Programmiersprache, mit deren Hilfe Illustrator automatisiert werden kann. Auch Funktionen anderer Programme lassen sich in Skripten aufrufen und so in Illustrator integrieren. Neben JavaScript können auch die proprietären Sprachen Visual Basic Script und Apple Script verwendet werden. JavaScript dient außerdem dazu, Interaktivität in SVG-Dateien zu programmieren.

### Kontextmenü
Liste von möglichen Anweisungen, die durch einen Rechtsklick (Windows) bzw. einen

Mausklick bei gedrückter `ctrl`-Taste (Macintosh) zugänglich gemacht wird. Das Kontextmenü ist je nach Werkzeugwahl und Ort der Aktivierung (kontextabhängig) unterschiedlich bestückt.

**Kontur**
Die einem Pfad zugewiesenen Eigenschaften Farbe bzw. Muster, Stärke, Strichelung, Ecken- und Endenformen oder Pinsel.

**Kreiseln**
Erzeugung einer dreidimensionalen Form durch Rotieren der Grundform um die y-Achse.

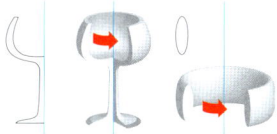

**Kuler**
Eine Online-Community um das Thema Farben und → Farbharmonien. In kuler veröffentlichte Farbharmonien können in einige Versionen von Illustrator direkt übernommen oder als kompatible Farbbibliothek gespeichert werden.

**Kurvenpunkt**
EIn Ankerpunkt mit einer oder zwei Grifflinien, der Kurvenschwünge definieren kann.

**L*a*b**
Geräteunabhängiges Farbmodell, in dem alle wahrnehmbaren Farben definiert sind. Daher sind Konvertierungen aus dem und in den L*a*b-Farbraum verlustfrei.

**Layer**
→ Ebene

**Legacy**
Bezeichnung für Illustrator-Versionen vor CS. Vor allem Text, der in alten Illustrator-Versionen gesetzt wurde (Legacy-Text), kann Probleme verursachen.

**Live Color**
→ Interaktive Farbe

**Live-Effekt**
→ Effekt

**Live-Funktionen**
Reversible Operationen, die das Erscheinungsbild eines Objekts verändern, z. B. → Effekte, → Interaktiv malen und → Interaktiv nachzeichnen, → Zusammengesetzte Form. Trotz seines Namens gehört → Interaktiv malen nicht dazu.

**Live Paint**
→ Interaktiv malen

**Live Trace**
→ Interaktiv abpausen

**Magnetische Hilfslinien**
Diese Funktion ermöglicht es, alle Objekte und deren Punkte als Hilfsmittel zum Ausrichten von Objekten zu verwenden.

**Mesh**
→ Gitterobjekt

**Metadaten**
In den Metainformationen von Dateien sind zusätzliche Informationen über den Dateiinhalt, -autor oder Nutzungsrechte gespeichert, um die Katalogisierung zu vereinfachen.

**Metafile-Datenformate**
Zum Beispiel WMF/EMF, PICT. Die Speicherung von Daten erfolgt als eine Sammlung von Befehlen an das Graphic Device Interface eines bestimmten Betriebssystems – z. B. QuickDraw auf Mac OS. Auf anderen Systemen können diese Formate nicht oder nur stark eingeschränkt genutzt werden.

**Mischung**
→ Angleichung

**Modifizierungstasten**
Bezeichnung für die Tasten `⇧`, `⌘`/`Strg`, `⌥`/`Alt`, `ctrl`.

**Moiré**
Durch die Überlagerung unterschiedlicher Raster entstehendes Muster. Die Moirébildung beim Farbdruck wird dadurch weitgehend vermieden, dass die Farben mit bestimmten Rasterwinkeln gedruckt werden.

**Montagefläche**
Der Bereich des Dokuments außerhalb von → Zeichenflächen. Hier können Elemente erstellt oder bis zu ihrer Verwendung »zwischengelagert« werden – auch Hilfslinien lassen sich auf der Montagefläche anlegen. Die Elemente auf der Montagefläche werden jedoch nicht gedruckt.

**Nachzeichnerobjekt**
→ Interaktiv nachzeichnen

**Objekt**
Ein einzelner Bestandteil einer Vektorgrafik. Als Objekte werden Pfade, Gruppen, platzierte Bilder sowie besondere Elemente wie Gitter, Hüllen oder interaktive Malgruppen bezeichnet – das kleinste mögliche Objekt ist ein einzelner Punkt. Jedes Objekt verfügt über einen eigenen Eintrag im Ebenen-Bedienfeld. Übereinanderliegende Objekte kombinieren sich nicht automatisch miteinander, sondern bleiben wie einzelne Formen in einem Papierstapel übereinander liegen. Jede Kombination von Objekten muss durch einen Befehl ausgelöst werden.

**OpenType**
Von Adobe und Microsoft entwickeltes, plattformunabhängiges

und unicodefähiges Dateiformat für Schriften, das auch erweiterte Zeichensatzbelegungen unterstützt. Zur Beschreibung der einzelnen Zeichen verwendet OpenType entweder PostScript oder TrueType.

**OPI**
Open Prepress Interface. Ein Schnittstellenprotokoll, das den Einsatz von Servern erlaubt, die für Layoutzwecke eine niedrigaufgelöste Version eines Bildes bereitstellen und dieses dann automatisch bei der Druckausgabe durch die hochaufgelöste Version ersetzen. OPI ist nicht kompatibel mit → Transparenz.

**Palette**
In Adobe-Software: alte Bezeichnung für → Bedienfeld.

**Pantone**
→ Sonderfarbe

**Pathfinder**
Die Funktionen in der unteren Reihe des Pathfinder-Bedienfelds wie z. B. Fläche aufteilen, Überlappung entfernen, Schnittmengenfläche. Die Funktionen erzeugen nebeneinanderliegende Flächen aus zuvor gestapelten Objekten. Die entstandenen Objekte lassen sich nicht in den Ursprungszustand zurückwandeln, Sie können den Befehl nur direkt widerrufen.

**PDF**
Portable Document Format. Ein von Adobe auf der PostScript-Basis entwickeltes Dateiformat, das den plattformübergreifenden Austausch von Dokumenten bei gleichzeitiger Beibehaltung aller Gestaltungsmerkmale erleichtern soll, was unter anderem durch die Einbettung der Schriften möglich ist. PDF-Dateien sind durch die Komprimierungsmöglichkeiten für Bilder und Schriften vergleichsweise klein. Ursprünglich nicht mit Blick auf die Druckindustrie entwickelt, ist PDF inzwischen zu einem Standardaustauschformat in der Druckvorstufe geworden.

**Pfad**
Eine durch mehrere Ankerpunkte definierte → Bézierkurve, die die Grundform vieler Illustrator-Objekte darstellt. Der Kurvenabschnitt zwischen zwei Ankerpunkten wird als Kurvensegment bezeichnet. Ein Pfad besitzt immer einen Anfangs- und einen Endpunkt und hat eine Richtung. Ist ein Pfad geschlossen, umschließt er eine Fläche komplett, und Anfangs- und Endpunkt sind identisch.

**Pfadansicht**
Bildschirmansichtsmodus, der nur die tatsächlich vorhandenen Vektorpfade darstellt.

**Pinsel**
Über Standardkonturen hinausgehende grafische Eigenschaften von Pfaden. Während die Kalligrafie-Pinsel ein virtuelles Schreibwerkzeug verwenden, um eine Linienform zu bestimmen, formen Bild-, Muster- und Spezialpinsel die Kontur, indem sie Vektorelemente auf unterschiedliche Art am Pfad entlang legen.
Pinsel können jedem Pfad zugewiesen oder mit dem Pinsel-Werkzeug direkt gezeichnet werden. Nur das Pinsel-Werkzeug kann die mit einem → Grafiktablett erzeugten Eigenschaften (wie Druck des Stifts) an den Pfad weitergeben.

**Pixel**
Kurzform von Picture Element. Bezeichnet die Punkte einer digital gespeicherten Grafik. Jeder dieser Punkte ist bei der Darstellung auf dem Computermonitor quadratisch und hat einen eindeutig definierten Farbwert. Ein Pixel ist die kleinste Informationseinheit einer Bitmap und nicht weiter unterteilbar.

**Pixelseitenverhältnis, Pixel Aspect Ratio (PAR)**
Bedingt durch die Fernseh-Spezifikationen sind Bildpunkte im Video- und speziell Digitalvideobereich nicht quadratisch, sondern in unterschiedlichsten Seitenverhältnissen rechteckig. Die Beziehung der x- und y-Längen zueinander bezeichnet man als Pixelseitenverhältnis.

**Plotter**
Ursprünglich ein »Kurvenschreiber«, der Vektorzeichnungen druckt oder in Folie schneidet, indem ein Stift oder Messer dem Pfadverlauf folgt.
Später auch als Bezeichnung für (vor allem großformatige) Tintenstrahldrucker verwendet.

**Polygon**
Ein Vieleck, das durch Verbinden von mindestens drei Punkten mit geraden Linien (Strecken) entsteht. In einem regelmäßigen Polygon haben alle Strecken dieselbe Länge.

**PostScript**
Programmiersprache zur Beschreibung von Text, Grafik und Bildern in einem Layout, weshalb man PostScript auch als Seitenbeschreibungssprache bezeichnet. Der Vorteil von PostScript besteht darin, dass bis auf die Pixelbilder alle Elemente rein mathematisch definiert und deshalb auflösungsunabhängig sind. Erst bei der Ausgabe wird eine PostScript-Datei entsprechend dem Auflösungsvermögen des Ausgabegerätes im → RIP aufgerastert.

**PPD**
Postscript Printer Description. Auch als Druckerbeschreibung bezeichnete Datei, die die Informationen zu den Spezifikationen eines PostScript-Ausgabegerätes beinhaltet.

**Prozessfarben**
Die vier Farben Cyan, Magenta, Gelb und Schwarz, aus denen im Vierfarbdruck alle anderen Farben erzeugt werden. Für den Sechsfarbdruck (Hexachrome) werden die vier Druckfarben leicht verändert und durch Orange und Grün ergänzt. → CMYK, → Separation

**PSD**
Das »hauseigene« Photoshop-Format. Es unterstützt Ebenen und Transparenzen und zeigt seine Stärken hauptsächlich im Workflow mit der Creative Suite. Photoshop-Dateien lassen sich in die Anwendungen dieses Bundles problemlos integrieren.

**Punkt**
→ Ankerpunkt

**QuickInfo**
Ein erklärender Werkzeugtipp oder Hinweis zu einer Funktion, der eingeblendet wird, sobald der Cursor sich länger über einem Button oder anderem aktiven Bereich befindet.

**Randabfallende Objekte**
Elemente, die in einem Layout bis zur Schnittkante des Blattes reichen.

**Rapid Web Prototyping**
Bezeichnung für die Funktionen und Bibliotheken in Adobe Fireworks CS3, die es Designern ermöglichen, aus Illustrator- oder Photoshop-Dateien in kurzer Zeit mehrseitige klickbare Demo-Versionen zu erstellen.

**Rastern**
Umwandeln von Vektor- in Pixeldaten (in Illustrator oder im → RIP)
oder: Auflösen einer Farbtonfläche in Rasterpunkte im Druck
oder (als Stilmittel): Umwandeln von Halbtonvorlagen in (übertrieben grobe) Druckraster.

**Reduzieren**
→ Umwandeln

**RGB**
RGB ist ein Farbmodus, der im Zusammenhang mit Lichtfarben und additiver Farbmischung eingesetzt wird, also zum Beispiel auf Bildschirmen, bei Scannern und Digicams. Das Bild setzt sich dort aus Anteilen von Rot, Grün und Blau zusammen. Alle drei additiven Grundfarben ergeben zusammen reines Weiß. Ist keine der drei Farben vorhanden, liegt reines Schwarz vor.

**RIP**
Raster Image Processor. Gerät bzw. Software, mit dem Daten aus einer Seitenbeschreibungssprache, z. B. → PostScript oder → PDF, in pixelbasierte Daten umgerechnet werden.

**Schmuckfarbe**
→ Sonderfarbe

**Schnittmarken**
→ Beschnittmarken

**Schnittmaske**
Ein Objekt, das ein oder mehrere andere Objekte beschneidet, sodass von den beschnittenen Objekten nur die Teile sichtbar sind, die in seinem Inneren liegen. Die beschnittenen Objekte und die Maskenform werden zusammen als Schnittsatz bezeichnet. Die Struktur der beteiligten Objekte bleibt unverändert, und der Schnittsatz kann wieder zurückgewandelt werden.

**Seite**
→ Zeichenfläche

**Separation**
Erzeugung der → Farbauszüge. Die Separation kann entweder durch das jeweilige Grafik- oder Layoutprogramm erfolgen oder bei modernen Geräten auch direkt im RIP (In-RIP-Separation).

**Skalenfarben**
→ Prozessfarben

**Slicing**
Aufteilen einer Grafik in rechteckige Bereiche, denen beim Für Web und Geräte speichern jeweils eigene Komprimierungseinstellungen zugewiesen werden können. Aus jedem Slice entsteht eine Bilddatei bzw. ein Textbereich. Das Slicen verändert die Vektorobjekte nicht.

**Smart Guides**
→ Magnetische Hilfslinien

**Smart-Objekt**
Ein Container (wie ein Rahmen eines Layoutprogramms), in dem Raster- oder Vektordaten in Photoshop-Dateien eingebettet werden können. Die Originaldaten bleiben editierbar.

**Sonderfarbe**
Auch als Schmuckfarbe oder Volltonfarbe bezeichnet. Diese Farben werden als gesonderte, vorgemischte Farben über ein separates Farbwerk aufgetragen. Man benötigt sie, um Farben zu erzeugen, die sich nicht durch den Zusammendruck der → Prozessfarben darstellen lassen. Es gibt standardisierte Sonderfarbensysteme wie HKS und Pantone.

**Stanzen**
Bezeichnung für den Formmodus VOM FORMBEREICH SUBTRAHIEREN.

**Stapelreihenfolge**
Die Abfolge, in der Ebenen, einzelne Objekte in einer Grafik oder die Attribute (Konturen, Flächen) eines Objekts übereinanderliegen.

**Stapelverarbeitung**
Automatisierte Anwendung einer → Aktion auf mehrere Dateien.

**Statusleiste**
Die Statusleiste, die Sie unterhalb jedes Dokumentfensters finden, liefert wichtige Informationen zur Datei und hilft, sich im Programm zu orientieren.

**Stil**
Ein Satz von Aussehen-Eigenschaften, eine Kombination von Zeichen- bzw. Absatz-Attributen wird als Grafikstil bezeichnet und über das Grafikstil-, das Absatzformate- bzw. Zeichenformate-Bedienfeld verwaltet und angewendet.

**Stonebug (Steinlaus)**
Auch: StoneWorm_Loriot. Ein possierlicher kleiner Dokumentenparasit, der sich von Musterfeldern und PostScript-Füllungen ernährt. Steintexturen, die seine bevorzugte Nahrungsquelle darstellen, werden von ihm zuweilen vollständig aus Dokumenten herausgefressen.

**Stroke**
→ Kontur

**Supersampling**
Hochrechnung. Eine Methode des → Anti-Aliasing.

**SVG**
Scalable Vector Graphics. Ein → XML-basierter Standard zur Beschreibung zweidimensionaler Vektorgrafiken.

**SWF**
Shockwave Flash. Ein vor allem im Web eingesetztes vektorbasiertes Speicherformat für Grafik und Animation.

**Symbol**
Einmal in der Datei gespeichertes, replizierbares Objekt, von dem Instanzen – Verweise auf die Originalgrafik – auf der Zeichenfläche platziert werden. Dadurch kann die Dateigröße klein gehalten und der Aufwand für Aktualisierungen an der Grafik reduziert werden. Nicht nur einzelne Instanzen, sondern auch Kombinationen von Instanzen unterschiedlicher Symbole sind möglich. Diese werden als Symbolsätze bezeichnet. Instanzen sowie Symbolsätze lassen sich mit den Symbol-Werkzeugen bearbeiten.

**Tiefschwarz**
Tiefschwarz ist 100%iges Schwarz mit CMY-Beimischungen. Je nachdem, welche Farbe zugegeben wird, wirkt Tiefschwarz eher kalt, warm oder neutral.

**Tooltipp**
→ QuickInfo

**Tonwert**
Abstufung der Intensität einer Volltonfarbe oder globalen Farbe.

**Tonwertzuwachs**
Durch Farbquetschung, Diffundierung der Druckfarbe in die Papierstruktur und vor allem durch den optischen Effekt des Lichtfangs (Unterstrahlung eines Rasterpunkts) hervorgerufene Verdunklung eines gerasterten Farbtons. Der Tonwertzuwachs muss bei der Separation oder Belichtung durch invertierte Berechnung (Aufhellung) kompensiert werden, damit der Druck die Tonwerte in der vorgesehenen Helligkeit und Farbe wiedergibt.

**Tracen**
→ Vektorisieren

**Transformieren**
Oberbegriff für die Operationen Bewegen, Skalieren, Drehen, Spiegeln, Verschieben und Angleichen.

**Transparenz**
Eine Objekt-Eigenschaft, die die in der Stapelreihenfolge darunter liegenden Objekte durch das transparente Objekt scheinen lässt. Die Transparenz von Objekten bleibt in der Creative Suite erhalten, wenn Dateien ausgetauscht werden. Transparenz entsteht in Illustrator u. a. bei der Reduktion der Deckkraft eines Objekts, beim Anwenden von

Füllmethoden oder Deckkraftmasken sowie bei der Verwendung von Live-Effekten wie Schatten, Schein und Weiche Kante.

**Transparenzreduzierung**
Live-Transparenz kann derzeit nur von wenigen → RIPs verarbeitet werden. Daher ist es nötig, unter Erhaltung des optischen Eindrucks die transparenten in opake Flächen umzuwandeln. Diesen Prozess nennt man (Transparenz-) Reduzierung oder -Verflachung.

**Trapping**
→ Überfüllen

**Überdrucken**
Normalerweise muss ein in einer bestimmten Farbe definiertes Gestaltungselement einer Drucksache aus einem Untergrund, der mit von dem Element nicht benutzten Farben definiert wurde, ausgespart werden, damit die Farbe des Elements nicht durch die Farbe des Untergrunds verfälscht wird. Es gibt jedoch Fälle, wo dies nicht sinnvoll ist, beispielsweise bei schwarzer Schrift vor einem farbigen Hintergrund. Hier spricht man davon, dass das Objekt den Hintergrund überdrucken muss, also aus diesem nicht ausgespart wird, denn Schwarz kann durch einen hinterlegten Grund nicht mehr nennenswert verändert werden.

**Überdrucken simulieren**
Eine Option in diversen Export- und Ausgabedialogboxen, die vor allem gedacht ist für das Proofen auf Geräten, die den Überdrucken-Befehl nicht unterstützen (Composite-Proofs). Beim Überdrucken-Simulieren werden für die Umrechnung von → Buchfarben deren Lab-Werte benutzt.

**Überfüllen**
Um zwischen angrenzenden Farben → Blitzer zu vermeiden, die durch Ungenauigkeiten beim Druck entstehen können, lässt man die Objekte sich etwas überlagern. Dann entsteht zwar ein farbiger Saum, der vom Auge aber weniger wahrgenommen wird als das durchscheinende weiße Papier.

**Übergangspunkt**
→ Kurvenpunkt

**Umwandeln**
Das Auflösen der durch → Effekte erzeugten Attribute einer Form in reale Objekte.
Oder: Die endgültige Anwendung von Live-Funktionen wie → Interaktiv malen oder nachzeichnen, → Hüllen oder → zusammengesetzten Formen.

**Unicode**
Ein international standardisiertes Zeichensystem, in dem auf lange Sicht für jedes sinntragende Zeichen jeder Schriftkultur ein digitaler Code definiert werden soll. Im Gegensatz zu ASCII, das 128 Zeichenpositionen enthält, kann der aktualisierte Unicode-Standard bis zu 1,1 Millionen Zeichen darstellen.

**Variablen**
Mithilfe von Variablen kann die Sichtbarkeit von Objekten, Textinhalten, verknüpften Dateien oder Diagramminhalten in einer Illustrator-Datei gesteuert werden. Variablen können als Basis für eine → Stapelverarbeitung dienen.

**Vektorgrafik**
Ein Bild, das mit Hilfe von grafischen Grundelementen wie Linie, Polygon und Kreis erzeugt wurde. Hauptmerkmal dieser Art von Grafik ist jedoch der objektorientierte Ansatz. Jedes Element bleibt unabhängig, solange es nicht explizit mit einem anderen Objekt verbunden wird.

**Vektorisieren**
Automatische oder manuelle Umwandlung von Pixel- in Vektordaten mit Hilfe der Zeichenwerkzeuge, der Funktion → Interaktiv nachzeichnen oder einer Kombination aus beiden.

**Verflachung**
→ Transparenzreduzierung

**Verflüssigen**
Oberbegriff für die Operationen mit den Werkzeugen Verkrümmen, Strudel, Zusammenziehen, Aufblasen, Ausbuchten, Kristallisieren und Zerknittern. Diese Werkzeuge werden freihändig auf Pfade angewendet – sie erzeugen selbstständig neue Ankerpunkte und Grifflinien nach Bedarf.

**Verlauf**
Objektfüllung in Form eines fließenden Übergangs von einer Farbe in eine andere. Die Mitte des Verlaufs sowie Zwischenstufen lassen sich definieren. Verläufe können linear oder radial (kreisförmig von der Mitte nach außen) angelegt werden.

**Verlaufsgitter**
→ Gitterobjekt

**Version Cue**
Ein mehrbenutzerfähiges Werkzeug der Creative Suite, mit dem sich die Änderungen an einzelnen Dateien eines Projekts sowie dessen alternative Versionen verwalten und nachvollziehen lassen.

**Verzerrungshülle**
→ Hülle

**Video-Safe Areas**
Röhrenmonitore zeigen nicht das komplette Videobild an. Daher werden Bereiche definiert, innerhalb derer sich wichtige Details befinden sollten, damit sie unter allen Umständen dargestellt werden. Man unterscheidet zwischen der Title-Safe Area (titelsicherer Bereich) und der Action-Safe Area (aktionssicherer Bereich).
Die Safe-Areas können in den Zeichenflächenlinealen angezeigt werden.

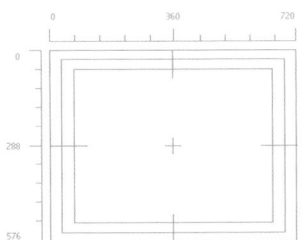

**Virtuelle Form**
Durch einen Formmodus, Live-Funktionen (Verzerrungshüllen) oder Aussehen-Eigenschaften erzeugte Form.

**Visual Basic Script**
→ JavaScript

**Volltonfarbe**
→ Sonderfarbe

**XML**
Extensible Markup Language. Mit dieser Auszeichnungssprache lassen sich hierarchisch strukturierte Daten im Textformat darstellen. XML ist die Basis für → XMP, → SVG und den Export von → Variablen-Tabellen.

**XMP**
Extensible Metadata Platform. Mithilfe dieser Technologie lassen sich → Metadaten in die Binärdaten aus den Creative-Suite-Applikationen integrieren.

**ZAB**
Zeilenabstand – die Distanz zwischen zwei Schriftgrundlinien.

**Zeichenfeder, Zeichenstift**
Werkzeug zum Konstruieren von → Pfaden durch Setzen der einzelnen → Ankerpunkte.

**Zeichenfläche**
Zeichenflächen sind Bereiche in einer Illustrator-Datei, die druckbare Objekte enthalten. Die Zeichenflächen eines Dokuments besitzen nicht jeweils ein eigenes, sondern ein gemeinsames Koordinatensystem.

**Zeichenweg**
→ Pfad

**Zurückwandeln**
Zurückgewinnung der Ausgangsobjekte, die mit → Live-Funktionen bearbeitet wurden, wie → Verzerrungshüllen, → zusammengesetzten Pfaden und Formen oder → Schnittmasken. Dies kann zu einem beliebigen späteren Zeitpunkt erfolgen, solange das Objekt noch nicht → umgewandelt ist.

**Zusammengesetzte Form**
In einer zusammengesetzten Form fügen Sie mehrere → Objekte (reversibel) zu einer → virtuellen Form zusammen. Die Form wird nur für die Anzeige auf dem Bildschirm bzw. für den Druck in Echtzeit berechnet. Bei Veränderungen der Teil-Objekte passt sich die zusammengesetzte Form an.

**Zusammengesetzter Pfad**
Zwei oder mehr offene oder geschlossene Pfade bilden zusammen ein → Objekt. Ob das Objekt an Stellen, an denen sich die Pfade überlappen, eine Füllung besitzt, wird durch die → Füllregel definiert. Zusammengesetzte Pfade können wieder getrennt werden.

# 25 Die DVD zum Buch

Die DVD zum Buch ist eine wahre Fundgrube, die Ihnen viel Freude bei der Arbeit mit Illustrator bereiten wird. Sie setzt sich aus folgenden Verzeichnissen zusammen:

- Beispieldateien
- Demoversionen_Plugins
- Testversion_Adobe
- Video-Training

Damit Sie einen Überblick über die einzelnen Ordner bekommen, möchte ich Ihnen die Inhalte kurz vorstellen.

## Beispieldateien

In diesem Ordner finden Sie – nach Kapiteln geordnet – Materialien zum Buch, z. B. Beispieldateien der Abbildungen, deren Aufbau Sie studieren können. Darüber hinaus sind die Übungsdateien für die Schritt-für-Schritt-Anleitungen dort abgelegt.

## Demoversionen_Plugins

Illustrators Funktionsumfang lässt sich durch Plug-ins erweitern. Einige interessante Plug-ins möchte ich Ihnen vorstellen, und ich konnte Demoversionen für Sie beschaffen. Vollversionen aller Plug-ins können Sie direkt bei den Herstellern unter den jeweils angegebenen URLs erwerben. Dort finden Sie auch weiterführende Informationen. Bitte beachten Sie die Nutzungsvereinbarungen – selbstverständlich ist das Dekompilieren der Software nicht zulässig.

Für den Macintosh werden einige Plug-ins in verschiedenen Versionen ausgeliefert. Auf einem Intel-basierten Mac benötigen Sie die Universal-Binary-Version des jeweiligen Plug-ins, während Sie auf einem PPC auch die normale Version installieren können.

Alle Plug-ins liegen in englischer Sprache vor.

▲ **Abbildung 25.1**
Plug-in-Icon

**Plug-ins auf der DVD**

Bei den Plug-ins auf der DVD handelt es sich um Demoversionen. Die Vollversionen sind **nicht** im Preis dieses Buches enthalten.

Von den meisten Plug-ins gibt es auch Versionen für Illustrator CS3 oder ältere Versionen. Bitte sehen Sie dies unter den angegebenen URLs nach.

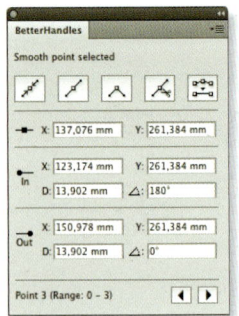

▲ **Abbildung 25.2**
BetterHandles

▼ **Abbildung 25.3**
CADTools: z. B. Bemaßungswerkzeuge (links), Text-Bedienfeld, Arbeiten mit Erstellungswerkzeug (Mitte), Concatenate (rechts)

### Arrowheads
Erzeugt eine Pfeilspitze, passend zu Text in der Größe 7 Punkt, fakultativ mit weißem Hintergrund (Halo).
http://rj-graffix.com/software/plugins.html
▶ Mac (Windows-CS4-Version in Arbeit)

### BetterHandles
Ermöglicht eine bessere Handhabung der Griffe, unter anderem deren numerische Positionierung.
http://www.nineblock.com
▶ Windows und Mac

### CADtools
Werkzeuge für das Erstellen von 2D-CAD-Zeichnungen und Isometrien sowie für die Bearbeitung und Bemaßung von Zeichnungen.
http://www.hotdoor.com/cadtools
▶ Windows und Mac

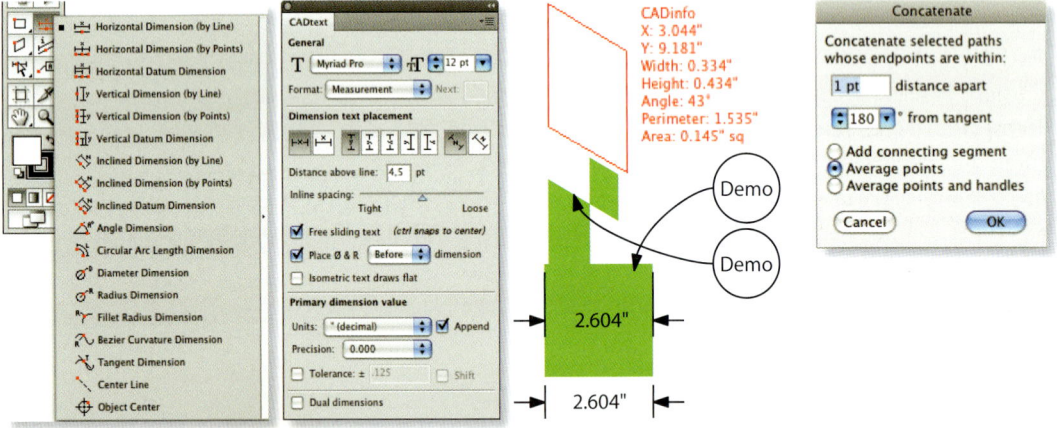

**Filter anwenden**

Plug-ins wie z. B. Concatenate sind Filter. Diese finden Sie im Menü unter Objekt • Filter.

### Concatenate
Drei Filter, die vor allem für das »Aufräumen« konvertierter CAD-Dateien nützlich sind, indem zusammengehörige Pfade nach bestimmten Regeln zu einem Pfad zusammengeführt werden.
http://rj-graffix.com/software/plugins.html
▶ Mac (Windows-CS4-Version in Arbeit)

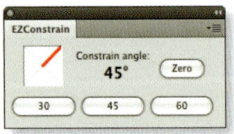

▲ **Abbildung 25.4**
Das EZConstrain-Bedienfeld

### EZ Constrain
Erzeugt eine Palette, in der Sie die Bildachse (Constrain angle) einstellen können, sodass der Weg über die Voreinstellungen nicht mehr nötig ist.
http://www.nineblock.com
▶ Mac

## Isometric Line Tool

Fügt der Werkzeugpalette ein Linien-Werkzeug zur Erzeugung von Geraden in 60°-Winkelungen hinzu.
http://rj-graffix.com/software/plugins.html
▶ Mac (Windows-CS4-Version in Arbeit)

## Kartografie-Funktionen

Die Plug-ins des Instituts für Kartografie der ETH Zürich erweitern Illustrator um speziell auf die Bedürfnisse von Kartografen zugeschnittene Funktionen.
http://www.ika.ethz.ch/plugins/index.html
▶ Windows

## NudgePalette

Mithilfe dieser Palette lassen sich Musterfüllungen von Objekten positionieren und gestrichelte Konturen am Pfad entlangschieben.
http://rj-graffix.com/software/plugins.html
▶ Mac (Windows-CS4-Version in Arbeit)

## PathStyler Pro

Versieht Pfade und zusammengesetzte Pfade mit Präge-, Glanz-, Transparenz- und Beleuchtungseffekten sowie prozeduralen Texturen und Reflexionen.
http://www.shinycore.com/products/pathstyler/
▶ Windows und Mac

▲ **Abbildung 25.5**
Einige Kartografie-Funktionen: CLOSEPATHS (oben), RECTIFY CLOSED PATH (Mitte und unten)

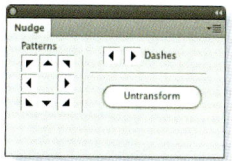

▲ **Abbildung 25.6**
NUDGEPALETTE

▲▼ **Abbildung 25.7**
PATHSTYLER PRO: Beispiele (oben), Dialogbox (unten)

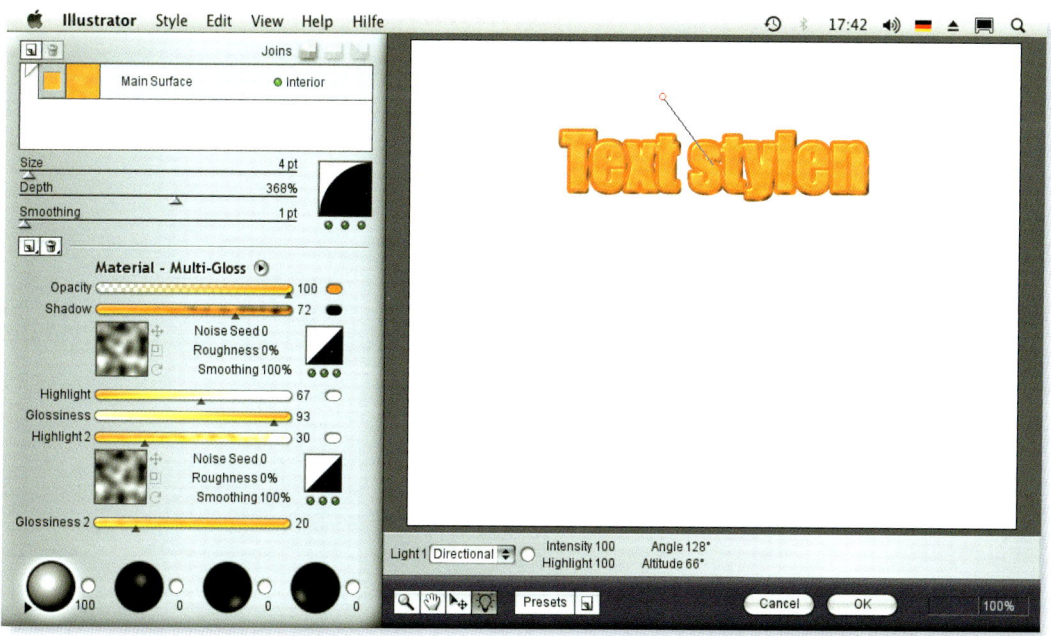

### Phantasm CS

Die aus Photoshop bekannten Farbkorrekturwerkzeuge Tonwertkorrektur, Gradationskurven, Farbton/Sättigung und andere können Sie mit diesem Plug-in als Live-Effekte auf Vektorobjekte anwenden. Die Studio-Version enthält ein Werkzeug zur Umwandlung von Grafik in Vektor-Halbtöne sowie eine Separationsvorschau und eine Farbdeckungsanalyse. Auf der DVD finden Sie auch eine Dokumentation in deutscher Sprache.
http://www.phantasmcs.com
▶ Windows und Mac

▼ **Abbildung 25.8**
Phantasm CS – Module aus der Vollversion: Gradationskurven (links), Halbton (rechts)

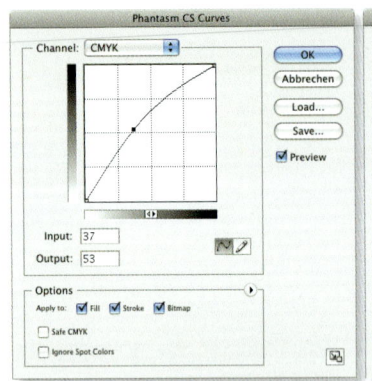
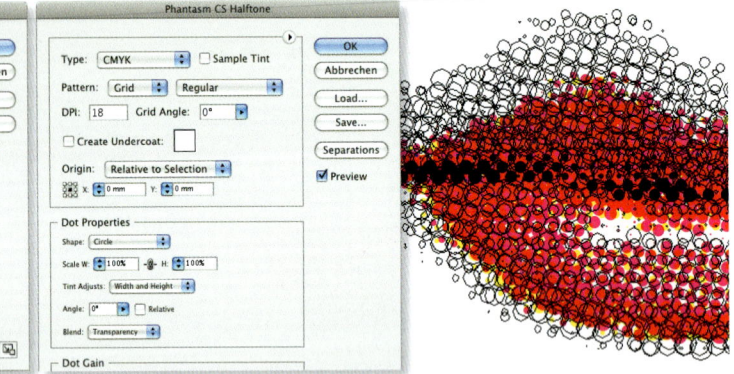

### PointControl

Erweiterte Funktionen zur Pfad- und Punkt-Bearbeitung – z. B. Veränderung von Konturstärken, Löschen und Umwandeln von Punkten.
http://worker72a.com
▶ Mac

### QuickCarton

Erzeugt eine Karton-Stanzform nach Eingabe einiger Parameter.
http://worker72a.com
▶ Mac

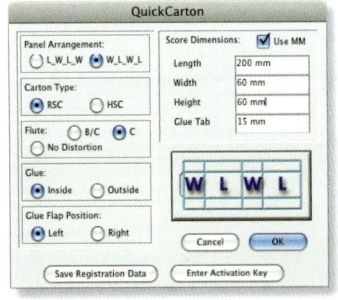

▲ **Abbildung 25.9**
QuickCarton

### Select Menu

Ergänzt das Auswahl-Menü um etliche Objekt-Typen, die mithilfe des Plug-ins automatisch gesucht werden können, z. B. offene oder konturierte Pfade.
http://rj-graffix.com/software/plugins.html
▶ Mac (Windows-CS4-Version in Arbeit)

▲ **Abbildung 25.10**
Select

## SelectEffects

Wenn im Dokument Effekte und Transparenz angewendet sind, können Sie betroffene Objekte mit diesen Funktionen filtern.
*http://worker72a.com*
▶ Mac

## Sep Preview

Mit Sep Preview ist eine Vorschau einzelner Farbauszüge direkt in Illustrator ohne Umweg über andere Programme möglich.
*http://worker72a.com*
▶ Mac

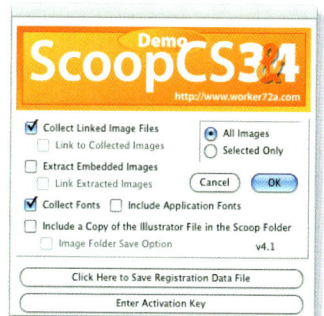

▼ **Abbildung 25.11**
SELECTEFFECTS (oben Mitte), SEPPREVIEW (unten links) und SCOOP (rechts)

## Scoop

Scoop sammelt die für die Ausgabe benötigten Dateien wie Fonts und platzierte Bilder und speichert sie mit der Illustrator-Datei.
*http://worker72a.com*
▶ Mac

## Scriptographer

Scriptographer ist eine Schnittstelle, mit deren Hilfe JavaScripts in Illustrator interaktiv ausgeführt werden können, d. h. zum Beispiel an Mausbewegungen gekoppelt. Die Dokumentation, eine Beispiel-Galerie und Nutzerforen sowie den Download des Plug-ins finden Sie unter *http://www.scriptographer.com*.
▶ Windows und Mac

▲ **Abbildung 25.12**
Ein Zusatzmodul des Scriptographers verteilt Objekte entlang von Pfaden.

## Snap Measure

Snap Measure ist ein Messwerkzeug mit sehr vielen Anzeige-Optionen, das an Punkten, Griffen und Pfaden einrastet.
*http://www.nineblock.com*
▶ Windows und Mac

▲ **Abbildung 25.13**
SNAP MEASURE

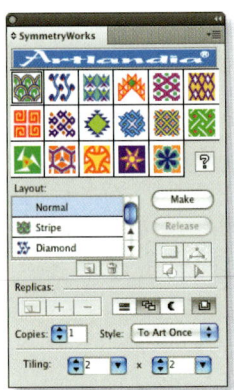

▲ **Abbildung 25.14**
SymmetryWorks

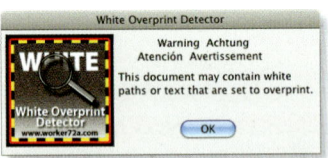

▲ **Abbildung 25.15**
WhiteOPDetector

**Square Up**
Richtet Objekte exakt horizontal und/oder vertikal aus.
*http://rj-graffix.com/software/plugins.html*
▶ Mac (Windows-CS4-Version in Arbeit)

**SymmetryWorks**
Erstellung von Endlos-Mustern nach verschiedenen Regeln aus einfachen Grundformen und Generieren des Rapports für die Musterfelder.
*http://artlandia.com/products/SymmetryWorks/*
▶ Windows und Mac

**Trackplan**
Ergänzt Illustrator durch Werkzeuge und Standard-Elemente zur Planung von Modelleisenbahn-Anlagen.
*http://rj-graffix.com/software/plugins.html*
▶ Mac (Windows-CS4-Version in Arbeit)

**WhiteOPDetector und WhiteOP2KO**
WhiteOPDetector sucht überdruckende weiße Objekte. WhiteOP2KO wandelt die Überdrucken-Eigenschaft in Aussparen um.
*http://worker72a.com*
▶ Mac

**Zoom**
Die Ansicht in Bezug auf ausgewählte Objekte zoomen.
*http://worker72a.com*
▶ Mac

## Testversionen_Adobe

Das Verzeichnis enthält 30-Tage-Vollversionen von
▶ Adobe Illustrator CS4
▶ Adobe Photoshop CS4

Die Testversionen liegen für Mac und Windows vor und sind in deutscher Sprache.
   Zur fehlerfreien Installation der Demoversionen sollten Sie den kompletten Ordner zunächst auf Ihre Festplatte kopieren. Doppelklicken Sie auf die .exe-Datei (Windows) bzw. auf das dmg-Archiv (Mac). Wenn Sie schon einmal eine Demoversion eines der Programme auf Ihrem Rechner installiert hatten, so ist die erneute Installation einer Testversion nicht mehr möglich.

# Video-Training

In diesem Ordner finden Sie ein attraktives Special: Als Ergänzung zum Buch möchten wir Ihnen relevante Lehrfilme zur Verfügung stellen. So haben Sie die Möglichkeit, dieses neue Lernmedium kennenzulernen und gleichzeitig Ihr Wissen um Illustrator CS4 zu vertiefen. Sie schauen dem Trainer bei der Arbeit zu und verstehen intuitiv, wie man die erklärten Funktionen anwendet.

## Training starten

Um das Training zu starten, gehen Sie auf der Buch-DVD in den Ordner VIDEO-TRAINING und klicken dort auf der obersten Ebene als Mac-Anwender die Datei »Start.app« an (als Windows-Benutzer wählen Sie die Datei »Start.exe«). Alle anderen Dateien können Sie ignorieren.

Das Video-Training startet, und Sie finden sich auf der Oberfläche wieder.

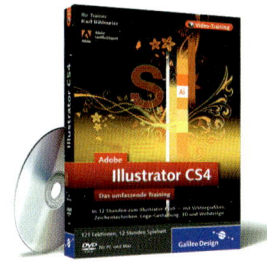

▲ Abbildung 25.16
Die Video-Lektionen sind ein Auszug aus dem Video-Training »Adobe Illustrator CS4« von Karl Bihlmeier, erschienen ebenfalls bei Galileo Design (ISBN 978-3-8362-1276-2).

## Inhalt des Trainings

Die ausgewählten Video-Lektionen führen Sie durch die neue Oberfläche von Illustrator CS4 und geben Tipps zum Zeichnen und Illustrieren. Die Filme sind in drei Kapiteln sortiert. Um eine Lektion zu starten, klicken Sie im rechten Bereich des Menüs auf den Namen der Lektion. Diese Filme finden Sie auf der DVD:

### Kapitel 1: Einstieg in Illustrator CS4
1.1 Die grundlegende Bedienung (11:10 Min.)
1.2 Der Dokumentfarbraum (5:33 Min.)
1.3 Fenster & Arbeitsbereiche (7:23 Min.)

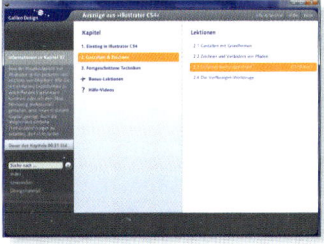

▲ Abbildung 25.17
Die Benutzeroberfläche des Video-Trainings

### Kapitel 2: Gestalten & Zeichnen
2.1 Gestalten mit Grundformen (02:35 Min.)
2.2 Zeichnen und Verändern von Pfaden (05:16 Min.)
2.3 Einfaches Freihandzeichnen (17:10 Min.)
2.4 Die Verflüssigen-Werkzeuge (06:18 Min.)

### Kapitel 3: Fortgeschrittene Techniken
3.1 Fotos nachzeichnen (11:30 Min.)
3.2 Illustrationen mit dem Gitter-Werkzeug (10:11 Min.)
3.3 Schnitt- & Transparenzmasken (10:03 Min.)

Viel Spaß beim Lernen am Bildschirm!

**Probleme**

Sollten Sie Probleme bei der Verwendung des Video-Trainings haben, so finden Sie Hilfe unter *www.galileodesign.de/hilfe/Videotrainings_FAQ*.

# Beispiel- und Übungsdateien

| Kapitel 3 | | |
|---|---|---|
| Fisch-falsch.ai | Beispieldatei »Nicht sinnvoll angelegt« | 54 |
| Fisch-fertig.ai | Fertiggestellte Schritt-für-Schritt-Anleitung | 55 |
| Fisch-Start.ai | Schritt-für-Schritt-Anleitung »Objekte sinnvoll anlegen« | 54 |

| Kapitel 5 | | Seite |
|---|---|---|
| Ausrichten.ai | Schritt-für-Schritt-Anleitung »Objekte ausrichten« | 122 |
| Ausrichten-fertig.ai | Fertiggestellte Schritt-für-Schritt-Anleitung | 123 |
| Dalapferdchen-fertig.ai | Fertiggestellte Schritt-für-Schritt-Anleitung | 100 |
| Isometrie.ai | Schritt-für-Schritt-Anleitung »Isometrie eines Packungsdesigns« | 115 |
| Isometrie-fertig.ai | Fertiggestellte Schritt-für-Schritt-Anleitung | 117 |
| Objektstapel.ai | Schritt-für-Schritt-Anleitung »Stapelreihenfolge« | 102 |
| Objektstapel-fertig.ai | Fertiggestellte Schritt-für-Schritt-Anleitung | 104 |

| Kapitel 6 | | Seite |
|---|---|---|
| Arbeiten-mit-Grundformen.ai | Beispiel zur Verwendung der Form-Werkzeuge | 135 |
| Briefmarke.ai | Übungsdatei zum Form-ändern-Werkzeug | 152 |
| Eck-Kurven-zeichnen.ai | Übungsblatt zum Zeichenstift | 132 |
| Endpunkte-zusammenfuegen.ai | Beispieldatei | 157 |
| Fuellregel.ai | Anwendung der Füllregel bei sich selbst überschneidenden Pfaden | 158 |
| Geraden-zeichnen.ai | Übungsblatt zum Zeichenstift | 130 |
| Geschlossene-Formen-zeichnen.ai | Übungsblatt zum Zeichenstift | 131 |
| Kurven-zeichnen.ai | Übungsblatt zum Zeichenstift | 131 |
| Punkte-gemeinsam-transformieren.ai | Beispieldatei »Abgeknicktes Bein« | 147 |
| Vergleich durchgehende Pfade.ai | Strategien zum Zeichnen von Vektoren | 161 |
| Vorlage-Vogel.ai | Schritt-für-Schritt-Anleitung »Eine Form konstruieren« | 134 |

| Kapitel 7 | | Seite |
|---|---|---|
| Aquarell-Ölflaschen.ai | Beispieldatei Kalligrafiepinsel | 172 |

| | | |
|---|---|---|
| Face.ai | Beispieldatei Kalligrafiepinsel | 171 |
| Lassoauswahl.ai | Beispieldatei für die Auswahl von Objekten mit dem Lasso | 183 |
| Nachzeichnen.ai | Übungsdatei zum Buntstift | 166 |
| Objekte zusammenfügen.ai | Arbeitsweise des Tropfenpinsels | 177 |
| Quelllogo.ai | Beispieldatei Buntstift | 166 |
| Radierer.ai | Beispieldatei Radiergummi | 181 |
| Sizilienkarte.ai | Beispieldatei Buntstift | 166 |
| Skizze.ai | Beispieldatei Eisbär | 165 |
| Vereinfachen.ai | Beispielform für die Funktion Objekt • Pfad • Vereinfachen | 180 |

| Kapitel 8 | | Seite |
|---|---|---|
| Farbenblindheit.ai | Beispieldatei Farbproof Farbenblindheit | 206 |
| Farbfelder-global.ai | Umfärben eines Objekts mithilfe globaler Farbfelder | 213 |
| Farbschema.ai | Schritt-für-Schritt-Anleitung »Farbschema finden und anwenden« | 204 |
| Farbschema-fertig.ai | Fertiggestellte Schritt-für-Schritt-Anleitung | 205 |
| Livecolor.ai | Schritt-für-Schritt-Anleitung »Farben reduzieren« | 237 |
| Livecolor-fertig.ai | Fertiggestellte Schritt-für-Schritt-Anleitung | 238 |
| Livecolor-Material.ai | Übungsdatei »Farben reduzieren« | 238 |

| Kapitel 9 | | Seite |
|---|---|---|
| Buntstift-Vorlage.ai | Schritt-für-Schritt-Anleitung »Illustration mit Verläufen« | 272 |
| Buntstift-fertig.ai | Fertiggestellte Schritt-für-Schritt-Anleitung | 274 |
| DNA.ai | Beispieldatei Musterpinsel | 252 |
| Doublestroke.ai | Beispieldatei Musterpinsel | 256 |
| Glas Drink.ai | Beispieldatei transparente Verläufe | 265 |
| Gummibärchen-fertig.ai | Fertiggestellte Schritt-für-Schritt-Anleitung | 285 |
| Gummibärchen-Start.ai | Schritt-für-Schritt-Anleitung »Verlaufsgitter« | 280 |
| Kette.ai | Beispieldatei Musterpinsel mit Grundelementen | 257 |
| konischer-Verlauf.ai | Fertiggestellte Schritt-für-Schritt-Anleitung »Konischer Verlauf« | 286 |
| Kreissaege.ai | Beispieldatei Musterpinsel | 245 |
| Linsenpinsel.ai | Beispieldatei »Fade-in und Fade-out« | 259 |
| Musterpinsel.ai | Beispieldatei Musterpinsel | 245 |
| Paprika.ai | Beispieldatei Verlaufsgitter | 275 |
| Spirale.ai | Beispieldatei Bildpinsel | 259 |
| Strichelung.ai | Fertiggestellte Schritt-für-Schritt-Anleitung »Strichelung mit sauberen Ecken« | 257 |
| Verlauf Münze.ai | Beispieldatei Verläufe | 263 |
| Wellenformen.ai | Beispieldatei Bildpinsel | 259 |
| Zopf.ai | Beispieldatei Musterpinsel | 257 |

| Kapitel 10 | | Seite |
|---|---|---|
| Angleichen-Drehen.ai | Beispieldatei Angleichung 180°-Drehung | 309 |
| Basketball-fertig.ai | Fertiggestellte Schritt-für-Schritt-Anleitung | 307 |
| Basketball-Start.ai | Schritt-für-Schritt-Anleitung »Reinzeichnung eines Logos« | 303 |
| Eisvogel-skizze.ai | Übungsdatei zu Interaktiv malen | 314 |
| Eisvogel-fertig.ai | Beispieldatei zu Interaktiv malen | 314 |
| guilloche.ai | Komplexere Guilloche | 307 |
| Komplexe-zusammengesetzte-Form.ai | Beispieldatei »Birne« | 291 |
| Loch-Vergleich.ai | Wie stanze ich in Illustrator ein Loch? | 299 |
| mauer.ai | Beispieldatei | 292 |
| Nicht-Null.ai | Übungsdatei Füllregel »Nicht-Null« | 290 |
| Paperzebra.pdf | Bastelbogen Zebra | 322 |
| Pathfinder-Funktionen.ai | Anwendung aller Pathfinder-Funktionen | 295 |
| Rinne.ai | Schritt-für-Schritt-Anleitung »Mit Überblendungen illustrieren« | 311 |
| Rinne-fertig.ai | Fertiggestellte Schritt-für-Schritt-Anleitung | 313 |
| Rinne.tif | Unterstützendes Element »Überblendungen« | 311 |
| Text-gewellt.ai | Beispiel Verzerrungshülle für Text | 324 |
| Text-Rund.ai | Beispiel Verzerrungshülle für Text | 324 |
| Text-verzerrt.ai | Beispiel Verzerrungshülle für Text | 324 |
| Vogel-Angleichung.ai | Beispieldatei »Angleichung von Gruppen« | 310 |
| Wappen Entwurf sw.ai | Beispieldatei Ausgangsdatei vor Reinzeichnung | 289 |
| ZebranurPfad.ai | Schritt-für-Schritt-Anleitung »Interaktiv malen« | 318 |
| Zebra-fertig.ai | Fertiggestellte Schritt-für-Schritt-Anleitung | 322 |
| Zusammengesetzte-Formen.ai | Anwendung aller Formmodi | 293 |
| zusammengesetzter-Pfad.ai | Beispieldatei zusammengesetzter Pfad | 290 |

| Kapitel 11 | | Seite |
|---|---|---|
| Aussehen-fuer-Schrift.ai | Beispieldatei für die Anwendung von Aussehen-Eigenschaften auf Textobjekte | 347 |
| Aussehen-Gruppe.ai | Beispieldatei für die Anwendung von Aussehen-Eigenschaften auf gruppierte Objekte | 352 |
| Doppelkontur.ai | Skalieren einer Doppelkontur | 349 |
| Ebenen-fuer-Objekte-erstellen.ai | »Bremer Stadtmusikanten« | 336 |
| Fernglas.ai | Beispieldatei Schnittmaske | 343 |
| Lineal.ai | Beispieldatei Aussehen-Eigenschaften | 347 |
| Outlines.ai | Beispieldatei Aussehen-Eigenschaften | 347 |
| Schnittmaske-erstellen.ai | Beispieldatei für Schnittmasken | 343 |
| Strassenplan-Vorlage.psd | Schritt-für-Schritt-Anleitung »Ein Anfahrtsplan« | 359 |
| Strassenplan-fertig.ai | Fertiggestellte Schritt-für-Schritt-Anleitung | 363 |

| Kapitel 12 | | Seite |
|---|---|---|
| Aussparungsgruppe.ai | Beispieldatei »Option Aussparungsgruppe« | 371 |
| Busdesign-start.ai | Schritt-für-Schritt-Anleitung »Umfangreichere Aussparungsgruppen« | 379 |
| Busdesign-fertig.ai | Fertiggestellte Schritt-für-Schritt-Anleitung | 380 |
| Fuellmethode-isoliert.ai | Beispieldatei »Option Füllmethode isolieren« | 371 |
| Fuellmethoden_CMYK | Füllmethoden angewandt | 367 |
| Fuellmethoden_RGB | Füllmethoden angewandt | 367 |
| Füllmethode 100 K.ai | Beispieldatei »Prozessschwarz und Füllmethoden« | 370 |
| Mikado.ai | Beispieldatei für die Deckkraftmaske | 374 |
| Roentgen.ai | Beispieldatei »Option Aussparungsgruppe und Deckkraft definiert Aussparung« | 380 |
| Schwarzweiss-Verlauf-RGB.ai | Unterschied Graustufen-Schwarz und RGB-Schwarz in Maske | 377 |
| Speedometer.ai | Beispieldatei für Deckkraftmasken, Transparenzen in Angleichungen | 374 |
| T-Shirt-start.ai | Schritt-für-Schritt-Anleitung »Aussparungsgruppe« | 372 |
| T-Shirt-final.ai | Fertiggestellte Schritt-für-Schritt-Anleitung | 374 |
| T-Shirt-final.pdf | Fertiggestellte Schritt-für-Schritt-Anleitung | 374 |
| tesa.psd | Unterstützendes Element »Transparenzreduzierung« | 387 |
| Transparenzinteraktion.ai | Beispieldatei für die Transparenzreduzierung | 387 |
| Transparenztest.eps | Unterstützendes Element »Transparenzreduzierung« | 387 |
| Transprarenztest.tif | Unterstützendes Element »Transparenzreduzierung« | 387 |

| Kapitel 13 | | Seite |
|---|---|---|
| 3D-Schatten.ai | Beispieldatei Frei-verzerren- und Weiche-Kante-Effekt | 400 |
| Aufrauen.ai | Beispieldatei Aufrauen-Effekt | 408 |
| Auge.ai | Beispieldatei für komplexe Aussehen-Eigenschaften | 423 |
| Blendenflecke.ai | Beispieldatei Blendenflecke | 393 |
| Blumen.ai | Beispieldatei Zickzack- und Tweak-Effekt | 414 |
| Bogenstick.ai | Beispieldatei Verkrümmen- und Scribble-Effekt | 410 |
| Button.ai | Durch Effekte ausgestalteter Button aus einem Textobjekt | 399 |
| Colascribble.ai | Beispieldatei »Anwendung des Scribble-Effekts« | 405 |
| Doppeloutline-fertig.ai | Fertiggestellte Eigenschaften aus Schritt-für-Schritt-Anleitung | 404 |
| Eckenabrundenaufrauen.ai | Beispieldatei Ecken abrunden an gebogenen Pfaden | 399 |
| Glyphenmuster.ai | Beispieldatei Transformieren-Effekt | 400 |
| Graffiti.ai | Beispieldatei Photoshop-Effekte | 412 |
| Grungezufall.ai | Beispieldatei Effekt-Reihenfolge | 396 |
| Konturierte-PSD.ai | Beispieldatei Kontur-nachzeichnen-Effekt | 401 |
| Konturlinie.ai | Beispieldatei »Anwendung des Konturlinie-Effekts« | 401 |
| Konturlinie-Pfad mit Verlaufsfuellung.ai | Beispieldatei Verlaufsfüllung für eine Kontur | 402 |
| Kreuzschraffur.ai | Beispieldatei Kreuzschraffur mit dem Scribble-Effekt | 406 |

| | | |
|---|---|---|
| Kreuzung.ai | Beispieldatei »Außenlinien für untergeordnete Ebenen« | 402 |
| Landkartensymbole.ai | Beispieldatei In-Form-umwandeln-Effekt | 398 |
| Mehrfarbige Dingbats.ai | Beispieldatei Pathfinder-Effekte | 403 |
| Molekül.ai | Beispieldatei Komplexe Transformation | 393 |
| Orden-fertig.ai | Fertiggestellte Schritt-für-Schritt-Anleitung | 423 |
| Pathfinder-hinzufügen.ai | Beispieldatei Pathfinder-Effekt | 403 |
| Pfad verschieben.ai | Beispieldatei mit offenen und geschlosssenen Pfaden | 402 |
| Pinsel-Aufrauen-cs3.ai | Beispieldatei Reihenfolge von Effekten | 397 |
| Pinsel-Aufrauen-cs4.ai | Beispieldatei Reihenfolge von Effekten | 397 |
| Pre-Post-Effekt.ai | Beispieldatei Reihenfolge von Effekten | 397 |
| Punktraster.ai | Beispieldatei Mosaik in Punktraster umwandeln | 428 |
| Rahmen-Textbox.ai | Beispieldatei Rahmen für einen Flächentext aus verschiedenen Effekten | 400 |
| Referenzpunkt-beim-Transformieren.ai | Beispieldatei Transformieren-Effekt | 411 |
| Reihenfolge.ai | Beispieldatei »Reihenfolge der Anwendung von Effekten« | 396 |
| Schatten drehen.ai | Beispieldatei »Schattiertes Objekt drehen« | 418 |
| Schein-nach-innen.ai | Beispieldatei Schein-nach-innen-Effekt | 419 |
| Schneeflocken.ai | Beispieldatei Transformieren-Effekt | 400 |
| Tentakel.ai | Beispieldatei Komplexe Pinsel-Effekte | 393 |
| Transformieren.ai | Beispieldatei »Anwendung des Transformieren-Effekts« | 400 |
| Transformieren+verkruemmen.ai | Beispieldatei »Transformieren- und Verkrümmen-Effekt« | 400 |
| Tweak.ai | Beispieldatei Tweak-Effekt | 409 |
| Wappenform-Symmetrie.ai | Beispieldatei Konstruktion einer Symmetrie | 401 |
| Wellen-Punkte.ai | Beispieldatei Positionierung Wellen-Effekt | 408 |
| Wirbel.ai | Beispieldatei Wirbel-Effekt | 409 |
| Zusammenziehenaufblasen.ai | Beispieldatei Zusammenziehen-aufblasen-Effekt | 410 |

| Kapitel 14 | | Seite |
|---|---|---|
| Bogen unten.ai | Beispieldatei Text mit Verzerrungshülle | 486 |
| Buch.ai | Schritt-für-Schritt-Anleitung »Pfadtext« | 445 |
| Button.ai | Beispieldatei Button aus einem Textobjekt | 486 |
| Grunge-Struktur.ai | Beispieldatei Grunge-Effekt | 487 |
| **Grunge-Vorlagen** | Drei Bilder zum Experimentieren mit dem Grunge-Stil | 487 |
| Legacy-Testtext.ai | Illustrator-9-Datei mit einem Textobjekt | 450 |
| Pfadtext-fertig.ai | Fertiggestellte Schritt-für Schritt-Anleitung | 446 |
| Programm.ai | Schritt-für-Schritt-Anleitung »Tabulatoren einsetzen« | 478 |
| Programm fertig.ai | Fertiggestellte Schritt-für-Schritt-Anleitung | 480 |
| Textmaske.ai | Beispieldatei Textobjekt als Maske für ein Bild | 487 |
| Textpfad-gestaltet.ai | Beispieldatei Textpfad mit Aussehen-Eigenschaften | 485 |
| Torbogen.ai | Beispieldatei Text mit Verzerrungshülle | 486 |

| | | |
|---|---|---|
| Transparentes-Textobjekt.ai | Beispieldatei Flächentext überlagert Bildelemente | 488 |
| Umfließen.ai | Beispieldatei Text umfließt Bild | 441 |
| Verlauf.ai | Beispieldatei Verlaufsfüllung für Text | 487 |
| Warichu.ai | Beispieldatei Asiatische Textoptionen | 467 |

| Kapitel 15 | | Seite |
|---|---|---|
| Balken-Streifen.ai | Schritt-für-Schritt-Anleitung »Ein Balkendesign erstellen« | 505 |
| Block-Grafik.ai | Schritt-für-Schritt-Anleitung »Ein Balkendesign erstellen« | 505 |
| Block-Diagramm-fertig.ai | Fertiggestellte Schritt-für-Schritt-Anleitung »Balkendesign« | 509 |
| Daten.txt | Schritt-für-Schritt-Anleitung »Ein Balkendesign erstellen« | 505 |
| Energieverbrauch.txt | Schritt-für-Schritt-Anleitung »3D-Tortendiagramm« | 518 |
| Euro.ai | Euro-Grafik | 512 |
| Euro-Diagramm.ai | Diagramm mit Punkte-Design »Euro« | 512 |
| Füllungen.ai | Beispieldatei Diagramm mit Füllmuster | 497 |
| Geld-Design.ai | Geld-Grafik | 503 |
| Geld.ai | Beispieldatei mit Balken-Design »Geld« | 503 |
| Stapeln.ai | Beispieldatei Begrenzungsrahmen für Balkendesign | 504 |
| Streudiagramm.ai | Beispieldiagramm »Streudiagramm« | 515 |
| Torte-3d-fertig.ai | Fertiggestellte Schritt-für-Schritt-Anleitung »3D-Tortendiagramm« | 520 |
| Zoo-Grafik.ai | Beispieldatei Diagramm-Designs | 504 |

| Kapitel 16 | | Seite |
|---|---|---|
| Baum.ai | Schritt-für-Schritt-Anleitung »Mit den Symbol-Werkzeugen arbeiten« | 551 |
| Burger.ai | Beispieldatei Muster | 521 |
| Einfache Muster.ai | Beispieldatei einfache, geometrische Muster | 526 |
| Florales-Muster-fertig.ai | Fertiggestellte Schritt-für-Schritt-Anleitung »komplexe Muster« | 534 |
| Gestreifte Fläche.ai | Fertiggestellte Schritt-für-Schritt-Anleitung »einfaches Muster« | 529 |
| Grafikstil+Symbol.ai | Beispieldatei Grafikstile für Symbolinstanzen | 550 |
| Grafikstil-auf-Symbol.ai | Vergleich der Anwendung von Grafikstilen auf Symbole per Grafikstil-Palette und mit dem Symbol-gestalten-Werkzeug | 550 |
| Grafikstil-auf-Symbol-2.ai | Vergleich der Anwendung von Grafikstilen auf Symbole per Grafikstil-Palette und mit dem Symbol-gestalten-Werkzeug | 550 |
| Grunge-Grafikstil-für-Symbole.ai | Beispieldatei Grunge-Grafikstil | 550 |
| Kontur-für-Symbol.ai | Beispieldatei Skalierte Symbole und Konturstärke | 551 |
| Lenker.ai | Beispieldatei Muster | 521 |
| Teddy.ai | Muster-Teddy – Beispieldatei »Verschiedene Musterfelder« | 525 |
| Transformieren.ai | Beispieldatei Kachelung mit Transformieren-Effekt | 535 |
| Unregelmaessiges-Muster-Beispiel.ai | Beispieldatei komplexes Muster | 534 |

| Kapitel 17 | | Seite |
|---|---|---|
| 3-D-Buch-fertig.ai | Fertiggestellte Schritt-für-Schritt-Anleitung »3-D-Mapping« | 574 |
| 3-D-Buch.ai | Schritt-für-Schritt-Anleitung »3-D-Mapping« | 571 |
| 3D-Band.ai | Beispieldatei Unsichtbare Geometrie, Konstruktion des Rapports von 3D-Bildmaterial | 569 |
| 3D-Spiegelung.ai | Beispieldatei perspektivische Spiegelung | 562 |
| Bildmaterial schattieren.ai | Beispieldatei »Bildmaterial schattieren« | 570 |
| Buch.ai | Beispieldatei 3D mit Verläufen | 574 |
| Diagramm-mit-Kontur.ai | Fehldarstellung durch die Kontur | 556 |
| Flaechenaufteilung.ai | Beispieldatei zur Flächenaufteilung bei unterschiedlich positionierten, ansonsten identischen Objekten | 568 |
| Karte.ai | Schritt-für-Schritt-Anleitung »Eine 3D-Grafik erstellen« | 566 |
| Karte-fertig.ai | Fertiggestellte Schritt-für-Schritt-Anleitung | 567 |
| Kreiseln.ai | Beispieldatei Achseneinstellungen für den Kreiseln-Effekt | 559 |
| Mapping-Rückseite.ai | Beispieldatei Bildmaterial auf Rückseite eines Objekts | 571 |
| Spitzlicht-Vergleich.ai | Beispieldatei zu unterschiedlichen Spitzlicht-Einstellungen | 564 |
| Szene.ai | Beispieldatei 3D-Objekte zu einer Szene kombiniert | 555 |

| Kapitel 18 | | Seite |
|---|---|---|
| Ausbetten.ai | Beispieldatei »Ausbetten von Bilddateien« | 582 |
| Bild als Deckkraftmaske.ai | Beispieldatei »Bild als Deckkraftmaske« | 589 |
| Bilder-maskieren.ai | Beispieldatei Bilder mit Schnitt- und Deckkraftmaske maskieren | 591 |
| Bildrahmen.ai | Fertiggestellte Schritt-für-Schritt-Anleitung »Einrahmen« | 593 |
| Bitmap.tif | Schritt-für-Schritt-Anleitung »Bilder mehrfarbig kolorieren« | 589 |
| Bitmap-Mehrfarbig.ai | Fertiggestellte Schritt-für-Schritt-Anleitung | 590 |
| Cola.tif | Beispieldatei »Interaktiv nachzeichnen« | 593 |
| Comic.tif | Beispieldatei »Interaktiv nachzeichnen« | 594 |
| Don_quichotte.tif | Beispieldatei »Interaktiv nachzeichnen« | 599 |
| Ebenenkomposition.psd | Photoshop-Beispieldatei mit gespeicherten Ebenenkompositionen | 581 |
| hafen.tif | Foto Hafenkräne zum interaktiv Nachzeichnen | 594 |
| Logo-Abpausen.psd | Schritt-für-Schritt-Anleitung »Logo vektorisieren mit Interaktiv nachzeichnen« | 603 |
| Logo-fertig.ai | Fertiggestellte Schritt-für-Schritt-Anleitung »Logo vektorisieren mit Interaktiv nachzeichnen« | 605 |
| Mohn.tif | Unterstützendes Element »Bilder maskieren« | 591 |
| Mohn-kalif.tif | Unterstützendes Element »Bilder maskieren« | 591 |
| Portrait.psd | Schritt-für-Schritt-Anleitung »Platzierte Bilder einrahmen« | 592 |
| tesa.psd | Unterstützendes Element »Ebenentransparenz« | 580 |
| Transparente-Bilder.ai | Beispieldatei »Photoshop-Ebenentransparenz in Illustrator« | 580 |
| Tritone.ai | Beispiel Mehrkanalbilder als EPS und transparentes PSD | 579 |

| | | |
|---|---|---|
| Tritone.eps | Mehrkanal-EPS | 579 |
| Tritone.pdf | Beispiel Mehrkanalbilder als EPS und transparentes PSD | 579 |
| Tritone.psd | Mehrkanal-PSD | 579 |
| Vergleich-Auto-Trace-manuell.ai | Beispieldatei »Cola-Dose« | 593 |

| Kapitel 19 | | Seite |
|---|---|---|
| Krimi-Titel.ai | Beispieldatei »Schwarzdefinition korrigieren« | 632 |
| mehrseiten.ai | Beispieldatei »Mehrere Zeichenflächen« | 610 |
| Mehrseitiges-PDF.ai | Beispieldatei für die Ausgabe eines mehrseitigen PDFs in alten Illustrator-Versionen | 617 |
| Plotten.ai | Vergleich Logo für den Folienplot | 635 |
| Verlauf-ueberdrucken.ai | Ausgangsdatei für die Überfüllung eines Verlaufs | 627 |
| Verlauf-ueberdrucken-fertig.ai | Fertiggestellte Verlaufsüberfüllung | 627 |

| Kapitel 20 | | Seite |
|---|---|---|
| 1-pixel-Linie.ai | Exakte 1-Pixel-Linie für Webdesigns dank Effekten | 648 |
| 9-Slice-Skalierung.ai | Grafik zum Ausprobieren der 9-Slice-Skalierung | 669 |
| **Bilder-Serie** | Bilder für Anwendung der Automation in Bridge | 680 |
| **Flash-Biene** | Projektdateien Flash-Animation | 673 |
|    Biene-Flug.fla bzw. Biene-Flug.swf | Flash-Szene – andere Dateien sind unterstützende Elemente | 673 |
| **GIF-PNG-Transparenz** | Vergleich GIF- und PNG-Transparenz | 659 |
|    transparente-GIF.html | GIF mit unterschiedlichen Hintergrundeinstellungen | 659 |
|    transparente-PNG.html | Transparentes PNG in einer HTML-Datei | 661 |
| Imagemap.ai | Beispieldatei für die Erstellung einer Imagemap | 661 |
| PNG-JPG-GIF-Transparenz.ai | Quelldatei für die Erstellung der GIF- und PNG-Dateien | 659 |
| PNG-Transparenz.ai | Beispieldatei »transparentes PNG« | 661 |
| Webdesign.ai | Schritt-für-Schritt-Anleitung »Für Web speichern« | 654 |
| **Beispiel Illustrator-HTML** | Fertiggestellte Images aus Schritt-für-Schritt-Anleitung in einer HTML-Datei aus Dreamweaver-Template | 658 |
| **Video-Serie** | Projektdateien für die Erstellung eines Videos aus Illustrator-Dateien in After Effects | 680 |
| Wuerfel-Ani.ai | Fertiggestellte Schritt-für-Schritt-Anleitung »Eine 3D-Animation erstellen« | 671 |
| Wuerfel-Ani.swf | Fertiggestellte Schritt-für-Schritt-Anleitung »Eine 3D-Animation erstellen« | 672 |

| Kapitel 21 | | Seite |
|---|---|---|
| **Aktion** | Schritt-für-Schritt-Anleitung »Aufzeichnung einer Aktion und Stapelverarbeitung« | 696 |
| Farbumwandlung.aia | Fertiggestellte Aktion aus Schritt-für-Schritt-Anleitung | 699 |
| **Variablen** | Unterstützende Dateien »Variablen« | 705 |

| | | |
|---|---|---|
| Variablen.aia | Aktion für den Export auf der Basis von Variablen | 705 |
| variablen-start.xml | Beispiel Visitenkarte: Export eines Datensatzes | 705 |
| variablen-fertig.xml | Beispiel Visitenkarte: Ergänzte XML-Datei für den Re-Import | 705 |
| Visitenkarte-start.ai | Vorlage für eine Visitenkarte auf der Basis von Variablen | 705 |
| Visitenkarte-fertig.ai | Fertiggestellte Visitenkarte | 705 |

| Kapitel 22 | | Seite |
|---|---|---|
| Apfel-J.ai | Vergleich der Funktion »Pfade zusammensetzen« in FreeHand und Illustrator | 719 |
| Briefmarke.ai | Beispieldatei »Musterpinsel« | 725 |
| FH-Testdatei.fh11 | Beispieldatei FreeHand-MX-Import | 733 |
| Foliage.ai | Beispieldatei »Bild- und Musterpinsel« | 725 |
| **FreeHand-Testdatei-Vergleich** | Referenzdateien für FH-Testdatei.fh11 (PSD und PDF) | 733 |
| Musterseiten mit Symbolen.ai | Beispieldatei Musterseiten in Illustrator | 711 |
| oben-unten.ai | Beispieldatei »Text an einem Kreis« | 731 |
| Schnörkel.ai | Beispieldatei »Bild- und Musterpinsel« | 725 |
| Web-2-0-Schatten.ai | Beispieldatei »Transparenz und Effekte« | 723 |

1-Pixel-Linien  648
3D  559
  Abschluss  557
  Animationen  555
  Ausrichtung der Objekte im Raum  561
  Beleuchtung  563, 564
  Bildmaterial zuweisen  568
  diffuse Schattierung  563
  Drahtmodell  563
  Drahtmodelldarstellung  563
  drehen  561
  eigene Kantenprofile  558
  extrudieren  556
  Extrusionsobjekt  566
  Fehldarstellungen  566
  Grundformen  556
  Gruppen  556
  in Vektorpfade umrechnen  574
  Kantenprofile hinzufügen  558
  kreiseln  559
  Kunststoffschattierung  563
  Lichtintensität  563
  lokale und globale Achsen  560
  Mapping  568
  Oberfläche  563, 568
  Objekte erzeugen  556
  Perspektive  562
  Rotationsobjekt  567
  Schattierung  563
  Spiegelung  562
  Spitzlicht  564
  Spotlicht  564
  Transparenz  556
  Umgebungslicht  563
3D-Grafik erstellen  566
3D-Live-Effekte  555
9-Slice-Skalierung  669

## A

Abdunkeln  368
Abgeflachte Kante (3D)  557
Abgeflachte Linienecken  244
Abgeflachte Linienenden  244
Abgerundete Linienecken  244
Abgerundete Linienenden  244
Abgerundetes-Rechteck-Werkzeug  94
Abpausen  594
Absätze  459
  Abstand  471
  Ausrichtung  470
  Ausrichtung (Dialogbox)  475
  Einzug  471
  Format  480
  formatieren  469
  hängender Einzug  471
Absatzmarken  451
Absatz-Bedienfeld  469
Abspieloptionen (Aktion)  690
Abstände messen  72
Abstand verteilen  125, 126
Achse ersetzen  311
Achse umkehren  311
Additive Farbmischung  189
Adobe AIR  700
Adobe Bridge  43
Adobe Dimensions  555
Adobe Einzeilen- und Alle-Zeilen-Setzer  472
Adobe Illustrator ClipBoard  614
Adobe-Plug-ins und Services aktualisieren  706
Adobe Streamline  595
AfterEffects  677
  Wichtige Einstellungen  681
AICB  614
AI-Ebenen in SWF-Frames  667
Aktionen  688
  abspielen  689
  Aufgaben per Menü hinzufügen  692
  aufzeichnen  690
  editieren  691
  erstellen  690
  Fehlersuche  690
  Optionen  693
  verwalten  694
Aktionen-Bedienfeld  688
  Aktionen ersetzen  694
  Schaltflächenmodus  689
  zurücksetzen  694
Aktivierung (s. Auswahl)  140
Algorithmen  52
Alles einblenden  105
Alpha-Kanal  325
Alter Text  450
  Ganzen alten Text aktualisieren  450
An der gleichen Position einfügen  105
Andockbereich  38
Anfahrtspläne  301
Anführungszeichen  452
Angleichen  307
Angleichen-Werkzeug  308
Angleichung  307, 309, 311
  Achse  308
  Drehen  309
  Effekte überblenden  309
  Gruppen überblenden  309
  Optionen  310
  Symbole überblenden  309
  Transparenzen überblenden  309
  umwandeln  311
Angleichungsfarbe (Transparenz)  367
Ankerpunkte  53, 127
  Arten  129
  auswählen  143
  automatisch hinzufügen  154
  bewegen  145
  Gitter  275
  hinzufügen (Verlaufsgitter)  279
  horizontal und/oder vertikal zentrieren  147
  im 45°-Winkel verschieben  146
  konvertieren  148
  löschen  158
  Position  162
  transformieren  146
  unter Mauszeiger hervorheben  129
Ankerpunkt-hinzufügen-Werkzeug  153
Ankerpunkt-konvertieren-Werkzeug  148
Ankerpunkt-löschen-Werkzeug  158
Anordnen  102
An Pixel ausrichten  65, 648
Anschnitt  59
Anti-Aliasing (Verzerrungshülle)  325
Anti-Aliasing-Methode  489
Anwendungsrahmen  41
An Zeichenfläche ausrichten  122
AppleScript  699
Arbeitsbereich  683
  aufrufen  684
  speichern  683
  verwalten  684
Arbeitsfarbräume  193
Arbeitsumgebung  33
Art Box (PDF)  583
Asiatische Optionen  467
Attribute-Bedienfeld  108, 159, 291, 661
Aufblasen-Werkzeug  184

Auf Grundform reduzieren 352
Aufhellen 368
Aufrauen-Effekt 407
Ausbuchten-Werkzeug 184
Ausgewählte Gruppe isolieren 320
Auslassungszeichen 453
Ausrichten 121
 an Referenzobjekt 123
 Schnittmasken 125
Ausrichten-Bedienfeld 121, 126, 147
Ausrichtung (Formatlage) 58
Ausrichtungslinien (magnetische Hilfslinien) 76
Ausschluss (Füllmethode) 369
Aussehen 346
 Gruppen, Ebenen, Symbole 351
 umwandeln 352
 Vergleich Illustrator-FreeHand 724
Aussehen-Eigenschaften 346
 anordnen 351
 aufnehmen 353
 ausdrucken 352
 auswählen 262, 349
 bearbeiten 350
 duplizieren 349
 Ebenen 341
 löschen 353
 Sichtbarkeit 351
 speichern 355
 Stapelreihenfolge 351
 übertragen 353, 354
 und Gruppen 352
 vom Objekt entfernen 352
 zuordnen 350
Aussehen-Bedienfeld 347
 anzeigen 347
 Darstellung 347
 Flächen anlegen 348
 Konturen anlegen 348
 Sichtbarkeit 348
Aussehen von Schwarz 629
Aussparungsgruppe 371
Austausch 609
Auswahl
 Alle Ankerpunkte eines Objekts 143
 Alle Objekte 101
 Ankerpunkt 143
 auf Farb- und Objektbasis 260
 aufheben 102
 aus der Auswahl herausnehmen 101

Aussehen-Attribute 262, 349
Auswahlrechteck 101
 bearbeiten 102
 Darstellung 141
 darunter-/darüberliegende 101
 Deckkraft oder Füllmethode 370
 erneut auswählen 263
 Freihand (Lasso) 182
 Gleich 262
 Instanzen eines Symbols 538
 mehrere Objekte 101
 Pfade und Punkte ausblenden 144
 Pfadsegmente 140
 Punkte 140
 speichern 102
 Texte 435
 Textobjekt 437
 Textpfad 437
 umkehren 101
 Zeichen 436
 Ziel 339
Auswahlrechteck 143
Auswahl-Werkzeug 100
 Cursor-Anzeige 140
 Modifikationstasten 145
 temporär aufrufen 146
Auswahl-Werkzeuge wechseln 101
Auszoomen 64
Automatisieren 688
Autotrace 593

# B

Balkendiagramm 502
Banding 633
Barrierefreiheit
 Farbkombinationen 205
Batch 695
Bearbeitungsspalte 330
Bedienfelder 35
 abreißen 35
 aktiv 36
 alle ausblenden 37
 andocken 37
 aufrufen 35
 bewegen 36
 Größe 36
 Gruppen 36
 Helligkeit 39
 schließen 36
Begrenzung einblenden 144

Begrenzungsrahmen 108
 einblenden 108
Benutzerdefinierte Arbeitsbereiche 683
Beschnittzugabe 59, 628, 638
Bevel (3D) 556
Bézier, Pierre 52
Bézier-Kurve 52, 127
Bildachse 71
Bilder
 Auflösung 576
 ausbetten 582
 beschneiden 588
 einbetten 587
 einrahmen 592
 mehrfarbig kolorieren 589
 Print 622
Bildbearbeitungsfilter 412
Bildmaterial zuweisen (3D) 569
Bildpinsel 170, 248
 Grundform erstellen 258
 und Füllregeln 259
Bildschirm teilen 45
Bildschirmaufbau beschleunigen 338
Bildschirmpräsentation 196
Bitmaps kolorieren 589
Bleed Box (PDF) 583
Blendenflecke 415
 Optionen 416
 Umwandeln 416
Blendenflecke-Werkzeug 415
Blend Modes 366
Blitzer 485, 623
Blob-Brush 175
Bogensegment 91
Bogen (Verzerrungshülle) 323
Bogen-Werkzeug 91
 Basisachse 91
 Referenzpunkt 91
Bounding Box (PDF) 583
Buchfarben 209
 Optionen 222
Buchstabenpaare 463
Buntstift-Werkzeug 166
 Genauigkeit 169
 geschlossenen Pfad zeichnen 168
 Glättung 169
 korrigieren 167
 Pfade ergänzen 168
 Pfade verbinden 167
 Schraffuren 170

Button
　erstellen 399, 486

## C

Carriage Return 469
Casteljau, Paul de 53
CCITT 620
CMYK-Farbe 209
Color Burn 368
Color Dodge 368
Color (Füllmethode) 368
Color Management Modul 195
ColorSync 195
Comic
　Tropfenpinsel 175
　Vektorisieren 594
Composite (Drucken) 639
Composite (Schriftformat) 459
Condensed (Schriftschnitt) 464
ConnectNow 45
Copy & Paste 104
CorelDraw
　Export 613
　Importieren 583
CR (Carriage Return) 469
Crop Box (PDF) 583

## D

Dahinter/Davor einfügen 104
Darken (Füllmethode) 368
Darstellungsmodus 65
Darunter liegende Objekte
　teilen 299
Datei
　erstellen 57
　öffnen (AI) 59
　öffnen (Fremdformate) 578
Dateiformat 82
　Auswahl 621
　nativ 82
　nicht nativ 82
Dateiinformationen 85
Datensatz 703
　aktualisieren 704
　erfassen 703
　laden 704
　speichern 704
Daumennagel-Skizze 159
DCS 585
Deckkraft 366
　definiert Aussparung 378

Deckkraftmasken 374
　Alpha-Kanal 374
　bearbeiten 377
　deaktivieren 378
　Deckkraftmaskenverknüpfung 376
　Ebenen 375
　erstellen 374
　Freistellung 376
　invertieren 377
　leere Maske erstellen 375
　Maskengruppe bearbeiten 377
　Maskengruppe ergänzen 377
　Objekt in Maske umwandeln 374
　Schnittmasken 376
　Verknüpfung mit Objekt 376
　vom Objekt entfernen 378
Dem Formbereich hinzufügen (Formmodus) 293
Details 160
Device Central 647
DeviceN
　In Pixelbild umwandeln 426
　Verläufe 270
Diagramme 491
　3D 518
　Balkendesign 503
　bearbeiten 517
　Daten ändern 494
　Dateneingabe 493
　Daten-Eingabefeld 491
　Daten importieren 494
　Dezimalzahlen 493
　Diagrammdesign laden 509
　Diagrammdesigns ändern 509
　Elemente 495
　erstellen 491
　Farben und Schriften ändern 497
　Kategorien 493
　kombinieren 513
　Legenden 493
　Punkte-Design 512
　skalieren 518
　Teilstriche 500
　umwandeln 520
　Werkzeuge 491
　Zeilen und Spalten vertauschen 494
Difference (Füllmethode) 368
Differenz (Füllmethode) 369

Direktauswahl-Werkzeug 140
　Auswahlrechteck 143
　Objekte auswählen 144
Distanz (messen) 72
Dock 37
Dokumentansicht
　aufrufen 66
　löschen 66
　speichern 66
　verwalten 66
Dokumente 57
　in Dokumenten navigieren 62
　Neu aus Vorlage 59
　neu erstellen 57
　öffnen 59
Dokumenteinstellungen 60
Dokumentfarbmodus 59, 196
　wechseln 196
Dokumentfenster 33
　anordnen 42
　Objekte kopieren 43
　zusammenführen 43
Dokumentprofile 58, 685
　anpassen 685
Dokumentraster 73
Dokument-Rastereffekt-Einstellungen 424
Doppel-Kontur 256
Downsampling 619
Drag & Drop 578
Drehen (3D) 561
Drehen-Werkzeug 111
Drehung (Stifteingabe) 175
Drehwinkel (messen) 72
Dreipunkt 453
Druck 174, 196
Druckbare Fläche anzeigen 62
Drucken 635
　Allgemeine Optionen 635
　Anschnitt 638
　auf mehrere Seiten aufteilen 637
　Dokumentdruckfarbe-Optionen 640
　Farbmanagement Optionen 642
　Grafiken Optionen 640
　Kurvennäherung 641
　Marken und Anschnitt Optionen 638
　Pfade 641
　Probleme 644
　Schwarz überdrucken 625
　seitenrichtig 639

seitenverkehrt 639
Skalierung 637
Überdrucken-Eigenschaft 643
Volltonfarben 639
Druckermarken 633
Druckerprofil 642
Druckerweiterung 628, 638
Druckfarben 639
Druckmarkentyp 638
Druckvorgabe 635
Duplex- oder Mehrkanal-Bilder 579
Durchschnitt berechnen 147, 156
Durchschuss 460
Durchsuchen 60

# E

Ebenen 336
   AfterEffects 336
   alternative Versionen 338
   Animation 337
   beim Einfügen merken 337
   Bilder abblenden 334
   Drucken 334
   erstellen 333
   für Objekte erstellen 336
   Gruppen 332
   Hilfslinien 338
   Hintergrund/Vordergrund-trennung 338
   Optionen 333
   Reinzeichnungselemente 338
   Schnittmaske für 343
   verschieben 337
   zusammenfügen 335
Ebenenkompositionen 66
Ebenen-Bedienfeld 329
   Alle Objekte einer Ebene auswählen 340
   Aufbau 330
   Auge-Symbol 330
   Aussehen verschieben 341
   Auswahlspalte 339
   Auswahl-Symbol 339
   Ebenen und Elemente verschieben 337
   Elemente auswählen 335
   Elemente duplizieren 335
   Elemente löschen 337
   fixieren 330
   Gruppen 345
   neue Ebene 333
   neue Unterebene 333
   Objekt- und Ziel-Auswahl 339
   Bedienfeld-Optionen 331
   Quadrate 339
   Schloss-Symbol 330
   Sichtbarkeit 330
   sperren 330
   untergeordnete Objekte 332
   Vorlagen-Symbol 332
   Ziel-Auswahl 340
   Ziel-Symbol 340
Ecken abrunden 399
Ecken ausblenden 144
Ecken einblenden 144
Eckenradius 95
Eckpunkte 127
   umwandeln 149
Effekt 393
   Anwendbarkeit auf Vektor- und Pixelobjekte 394
   anwenden 394
   Aussehen-Bedienfeld 395
   editieren 350, 396
   erneut anwenden 395
   Reihenfolge 395
   Reihenfolge (Fortgeschrittene) 397
   umwandeln 398
   vom Objekt löschen 398
Effekte-Galerie 413
Eigenschaften 346
Einbetten 577
Einchecken 85
Einfache Leerzeichen 453
Einfärbe-Methode 235
Einfärben (Objekt) 114
Einfügemarke 436
Einheiten und Anzeigeleistung 70
Einrasttoleranz 76
Einzeln transformieren 120
Einzoomen 64
Ellipse-Werkzeug 94
Encapsulated PostScript 611
Endpunkte 127
EPS
   Importieren 583
   Schriften einbetten 612
   speichern 611
   Transparenz 390, 612
   veraltet 610
   verknüpfen 583
   verknüpfte Dateien 612
   Version 611
   Vorschau 612
Ergebnisfarbe (Transparenz) 367
Erneut transformieren 119
Erneut verbinden 585
Erste Grundlinie 440
Erstellungsfilter 394
Exclusion (Füllmethode) 368
Exportieren
   AutoCAD 613
   Bildbearbeitung 610
   BMP 616
   DWG/DXF 613
   EPS 611
   FXG 676
   GIF 659
   InDesign 613
   JPG 660
   Macintosh PICT 616
   Microsoft Office 616
   Photoshop 614
   PNG 661
   PSD 614
   PSD-Exportoptionen 615
   SVG 662
   SWF 672
   TARGA 616
   TIFF 615
   TXT 616
   Video und Film 677
   Web (Workshop) 654
   WBMP 658
   WMF/EMF 613
Externe Dateien integrieren 577
Extrudieren und abgeflachte Kante 556, 566

# F

Farbart 215
Farbe 189, 243
   Fläche 198
   Füllung 198
   Kontur 198
   nummerisch definieren 200
   per Click&Drag zuweisen 201
   speichern 208
   überdrucken 625
   verwenden 197
   websichere 200
Farbe-Bedienfeld 200
   anzeigen 200
   Farben einstellen 201
   schnell aufrufen 201

Vergleich Illustrator-FreeHand 726
Farbe (Füllmethode) 369
Farbeinstellungen 192
   Synchronisierung 193
   Farbbalance einstellen 240
   Farben invertieren 242
Farben bearbeiten 240
   Horizontal, Vertikal, Vorne-> Hinten angleichen 242
   in CMYK/RGB konvertieren 242
   in Graustufen konvertieren 241
   Sättigung erhöhen 241
   Sättigung verändern 241
Farbfeld-Arten 209
   Buchfarbe 209
   CMYK-Farbe 209
   Ohne 209
   Prozessfarbe 209
   Volltonfarbe 209
Farbfelder 208
   aus anderen Dokumenten laden 223
   aus Bibliotheken übernehmen 222
   aus verwendeten Farben erstellen 218
   duplizieren 219
   ersetzen 219
   finden 212
   global 215
   Graustufen definieren 217
   in der CreativeSuite 4 austauschen 224
   lokal 215
   löschen 220
   mehrere aktivieren 221
   neu 213
   nicht benutzte löschen 220
   nicht vorhanden 212
   Optionen 214
   sortieren 212
   Suchfeld 212
   Tonwert definieren 217
   Verlauf anlegen 218
   Volltonfarbe definieren 216
   zusammenfügen 219
   zuweisen 218
Farbfelder-Bedienfeld 208
   Kennzeichnungen 210
Farbfelder-Bibliotheken 221
   aufzurufen 221
   durchblättern 222

laden 221
Nachzeichner-Objekte 597
selbst erstellen 223
Farbfeld-Konflikt 223
Farbfeld-Optionen 214
Farbfilter 240
Farbgruppen
   auflösen 221
   erstellen 220
   Farbfeld hinzufügen 220
Farbharmonien 203
   generieren 203
Farbhilfe-Bedienfeld 202
Farbig abwedeln 368
Farbiges Papier simulieren 60, 61
Farbig nachbelichten (Füllmethode) 368
Farbkontrollstreifen 633, 638
Farbmanagement 190
   drucken 642
   Rendermethode 195
Farbmanagement-Richtlinien 193
Farbmetrisch 195, 642
Farbmodelle 189
   CMYK 190
   HSB/HLS 199
   L*a*b 189
   RGB 189
Farbmodus 59
Farbmusterbücher 209
Farbprofil 61
   ändern 62
   eingebettetes Profil löschen 61
   eingebettetes Profil verwenden 61
   Farbprofil-Konflikt 61
   in den Arbeitsfarbraum konvertieren 61
   zuweisen 196
Farbrad 226
Farbrichtung umkehren 311
Farbschemata 202
Farbspektrumleiste 201
Farbton (Füllmethode) 369
Farbwähler 199
   Farben einstellen 199
Farbwerteatlas 209
Filter 393
   anwenden 395
Fischauge 323
Fläche aufteilen (Pathfinder) 295
Flächendiagramm 513
Flächenfarbe 54

Flächentext 433
   Abstand der ersten Zeile 440
   erstellen 434
   Form bearbeiten 438
   Randabstände 439
   Spalten und Zeilen 440
   Textbereich skalieren 438
   transformieren 437
   transparente Fläche 488
Fläche- und Kontur-Feld 198
Flagge (Verkrümmung) 323
Flash 666
   angleichen 671
   Datei vorbereiten 666
   Flash-Text 669
   importieren 584
   Kontur-Strichelungen 666
   Rendering Art 670
   Symbole 668
Flatness 623
Flattener 382
Flattening (Ebenen) 336
Flattening (Transparenz) 382
Folienplot 302
Font 459
   Fehlende 462
Font-Vorschau 462
Form-ändern-Werkzeug 151
Format 58
Formatlage 58
Formmodus 292
Form-Werkzeuge 89, 160
Fotorealistische Illustration
   Details 160
   vektorisieren 594
   Vorlagen 159
Fotos
   vektorisieren 594
Fräsen 302
FreeHand 707
   Äquivalente Begriffe 738
   Auswahl-Werkzeuge 140
   Dateien migrieren 733
   Export 613
   importieren 583
   Versionsunterschiede beim Import 734
Freihand-Werkzeuge 165
Frei-transformieren-Werkzeug 117
Frei verzerren (Effekt) 400
Fülleimer 315

Füllmethoden 366
　Aussparungsgruppe auf Seite 371
　isolieren 371
　isolierte Füllmethode auf Seite 371
　per Tastatur zuweisen 366
　Schlagschatten 417
　Schwarz 370
　Volltonfarben 369
Füllmuster 521
Füllregel 291
Füllregel-Eigenschaft 158
Füllung 198
Für Web und Geräte speichern 652
　Bild zu groß 660
FXG 676
　Optionen 677

## G

Ganze Zeichenfläche
　exportieren 650
Geglättetes Bildmaterial 576
Gehe zu Verknüpfung 586
Gehrungsecken 244
Geometrische Objekte
　erstellen 89
Gepunktete Linie 245
Gerade 90
Gerade-Ungerade (Füllregel) 291
Gesamt-Farbauftrag 630
Geschlossene-Form-Werkzeuge
　Tastaturbefehle 98
Gestapeltes horizontales
　Balkendiagramm 502
Gestapeltes vertikales
　Balkendiagramm 501
Gestrichelte Linie 245
　mit sauberen Ecken 255
Geviert-, Halbgeviertstriche 453
GIF 659
　Dither 659
　Farbpalette bearbeiten 653
　Interlaced 660
　Optionen 659
　Transparenz 659
Gitterfeld 275
　bearbeiten 279
Gitterlinien 275
　hinzufügen 278
Gitterobjekte 275

Gitterpunkte 275
　bearbeiten 278
　hinzufügen 278
　löschen 279
Gitter-Werkzeug 277
Glätten-Werkzeug 179
　Voreinstellungen 179
Gleiche Eigenschaften suchen 262
Globale Farbfelder 197
Glyphen-Bedienfeld 453
Glyphenschutz 451
Grafikattribute-Bedienfeld 625
Grafikdaten verwalten 584
Grafiken für den Druck
　vorbereiten 622
Grafik sichtbar machen 63
Grafikstil-Bibliotheken 358
　aufrufen 358
　erstellen 358
Grafikstile 355
　Attribute ändern 357
　auf Objekte anwenden 355
　auf Symbole anwenden 550
　duplizieren 357
　durch Grafikstil ersetzen 357
　einrichten 361
　erstellen 356
　kombinieren 357
　löschen 358
　neu definieren 357
　Verbindung lösen 356
　vom Objekt entfernen 356
　Vorschau 356
　zuweisen 356
Grafikstile-Bedienfeld 355
Grafiktablett 165
Graustufen 210
　in Graustufen umwandeln 241
　kolorieren 589
Gravieren 634
Grifflinien 127
　aller ausgewählten Punkte 142
　Kurvenverlauf anpassen 148
　optimal 163
　optimale Länge 163
Griffpunkte 127
Grundfarbe (Transparenz) 367
Gruppe 106
　aufheben 107
　Aussehen 351
　gruppieren 106
　hierarchisch verschachtelt 106

　im Isolationsmodus
　　bearbeiten 345
　Objekte auswählen 106
　Objekt hinzufügen 107
Gruppenauswahl-Werkzeug 106
Guillochen 307
Gummiband 133

## H

Haarlinie 245, 296
Handskizzen 159
Hand-Werkzeug 64
　temporär 64
Handy-Modelle 648
Hard Light (Füllmethode) 368
Harmonieregeln 202
Hartes Licht (Füllmethode) 368
Hart mischen 381
Hervorstehende Linienenden 244
Hexadezimalwerte 200
Hierarchische Struktur 329
Hilfslinien 73
　an Linealunterteilungen
　　einrasten 74
　duplizieren 75
　fixieren 75
　generieren 74
　horizontal 74
　löschen 75
　lösen 75
　sperren 75
　und Ebenen 74
　vertikal 74
Hilfslinien und Raster 73
Hinteres Objekt abziehen
　(Pathfinder) 296
Hochgestellt 466
Horizontales Balkendiagramm 502
Hue (Füllmethode) 368
Hüllen 323
Hüllen-Optionen 325

## I

ICC-Profile einbetten 83
ICC-Profil speichern 196
Imagemaps 661
　erstellen 661
　Hotspot 661
Importieren 448, 577
　CorelDraw 583
　DOC 448

Drag & Drop 578
EPS 583
Flash 584
FreeHand 583
PDF 582
Photoshop 580
platzieren 578
RTF 448
TXT 449
über die Zwischenablage 578
In den Hintergrund 103
In den Vordergrund 103
Indexziffern 466
Ineinander kopieren
(Füllmethode) 368
In Fenster einpassen 64
Info-Bedienfeld 72
In Form umwandeln 394, 398
Optionen 399
Innen einfügen 723
In Pixelbild umwandeln 394, 426, 489
In Raster teilen 79
Instanzen 536
neues Symbol zuordnen 538
Interaktiv Abpausen 594
Interaktive Farbe 224
Farben reduzieren (Workshop) 237
Farben verschieben 232
Farbreduktionsoptionen 234
in neuer Zeile zusammenfassen 232
Muster 524
neue Farbe einstellen 233
Sortierung 231
Symbole 540
vom Umfärben ausschließen 234
zurücksetzen 237
zuweisen 228
Interaktiv malen 314
Flächen und Konturen kolorieren 316
Lücken mit Pfaden schließen 315
Lückensuche 315
Lückenvorschau 315
Malgruppe 314
Malgruppe erstellen und bearbeiten 316
Mallücken einblenden 315
umwandeln 318

Zurückwandeln 318
Interaktiv-malen-Auswahlwerkzeug 317
Interaktiv nachzeichnen 595
Interpolieren (Angleichen) 307
Inverse Kinematik 127
Invertieren 202
Isolationsmodus 345, 539
aufrufen 345
Hierarchien navigieren 346
im Isolationsmodus arbeiten 346
Isometrie 114
Isometrische Extrusion 558

## J

Japanische Postersonne 93
JavaScript 699
Joint Photographic Expert Group 660
JPG 660
Baseline-optimiert 660
Optionen 660
Qualität 660

## K

Kachelfüllungen 727
Kalligrafiepinsel 170
Optionen 172
Kanten (Interaktiv malen) 315
Kapitälchen 465
Kategorienachse 501
Kerning 460, 461, 463
Klonen 722
Knuth, Donald E. 473
Kompatibel 82
Komplementär 202
Komplexe Bereiche beschneiden 389
Komplexität 622
Konischer Verlauf 286
Konstruktionsfilter und -effekte 398
Konstruktionshilfe 73
Konstruktionslinien 76
Kontextmenü 40
Kontur 243
ausrichten 245
Eckenform 244
Flash 666
Gehrungsgrenze 244
Linienende 244

Kontur aufteilen (Pathfinder) 296
Kontur-Bedienfeld 243
Konturierter Text 403
Konturlinie (Funktion) 300
mehrere Konturen 301
Konturlinie (Effekt) 401
Kontur nachzeichnen
(Effekt) 401, 489
Kontur-Optionen 248
Konturschrift 485
Kreis 94
Kreisdiagramm 495
Diagrammattribute 496
Kreiseln 559
Kreuzende Formen 161
Kreuzschraffur 406
Kristallisieren-Werkzeug 185
Krümmung 52
Kuler 206
in Kuler veröffentlichen 207
Kuler-Bedienfeld 206
Kurvenpunkte 127
Kurventangenten 127
Kurvenverlauf 52

## L

Lasso-Werkzeug 182
Layout-Features (OpenType) 458
Layoutraster erstellen 79
Leere Fläche 63
Leerzeichen 451
Legacy Text 450
Legende 496
Letzte Dateien öffnen 60
Letzte Version 81
Ligaturen 453
Lighten (Füllmethode) 368
Limitcheck 622, 641
Lineale
einblenden 71
Standard-Nullpunkt 71
Lineal-Nullpunkt 711
Linie füllen 91
Liniendiagramm 510
Linien in Flächen umwandeln 300
Liniensegment-Werkzeug 90
Linien-Werkzeuge 89
Live Color 224
Live Paint 314
Live Trace 595
Löcher stanzen 299
Logo-Vektorisierung 594, 606
Lokale Farbfelder 197

Löschen-Werkzeug 182
Lückenoptionen 315
Luminanz (Füllmethode) 369
Luminosity (Füllmethode) 368
LZW 659

# M

Magnetische Hilfslinien 76, 144
Mapping (3D)
  auf der Rückseite 571
  Bildmaterial passend anlegen 569
  Flächenaufteilung 568
  Symbol-Auswahl 570
Maskenobjekt 342
  Aussehen-Eigenschaften 343
Maßeinheiten 40, 58
  Abkürzungen 40
  Dialogboxen 58
  Dokument 70
  Konturstärken 70
  Lineale 70
  Option (neue Datei) 58
  Voreinstellungen 70
Media Box (PDF) 583
Media-Unterlagen 630
Mehrere Dokumentfenster 66
Meinen Bildschirm freigeben 45
Messer-Werkzeug 181
Mess-Werkzeug 72
Metadaten 85
  Autor 85
  Bearbeitungsverlauf 86
  Copyright-Status 85
  Dokumentinhalt 85
  Nutzungsrechte 85
  speichern 86
Mischung 728
Mit anderem GItter erstellen 326
Mit anderer Verkrümmung erstellen 326
Mit dem obersten Objekt verzerren 325
Mittelpunkt 108
Mobile Medien 647
Modifizierungstasten 90
Moirée 639
Monitorkalibrierung 191
Montagefläche 34, 62
  verschieben 64
Mosaik (Filter) 427
Multiple Master 459
Multiplizieren (Füllmethode) 368

Multiply (Füllmethode) 368
Muster 521
  anwenden 522
  Ausrichtung der Kachelung 522
  bearbeiten 524
  ergänzen 531
  erstellen 526
  Farbfelder-Bedienfeld 528
  Foliage 529
  Lücken in gemusterten Flächen 526
  mit Objekten transformieren 522
  Pinsel 257, 529
  planen 525
  transformieren 523
  umfärben 524
  umwandeln 534
  unregelmäßige 529
  Verzerrungen 523
  weiße Linien 529
  zurücksetzen 523
Musterfelder
  laden 524
  Optimierung 525
Musterpinsel 251, 257, 529
  Musterelemente vorbereiten 255
  schneller erstellen 253
Musterseiten anlegen 711

# N

Nächstes Objekt darunter/darüber 101
Nachzeichnen 593
  Aufbereitung der Bilder 602
Nachzeichner-Objekte 595
  erstellen 595
  Farbfelder-Bibliothek 597
  Interaktiv Malen 603
  Live-Verknüpfung lösen 602
  Optionen 596
  Original bearbeiten 601
  Schwarz-Weiß-Umsetzung 595
  umwandeln 602
Nachzeichneroptionen 596
Nachzeichnervorgabe 601
  löschen 601
  speichern 601
Natürliches Farbsystem 202
Navigator-Bedienfeld 64
Negativ multiplizieren 368
Neigung (Stifteingabe) 175

Netzdiagramm 516
Neue Ansicht 66
Neues Farbfeld 214
Nicht-Null 290
Normal (Füllmethode) 368
Nullpunkt
  verschieben 71
  zurücksetzen 71

# O

Oberflächen-Mapping (3D) 568
Objektauswahl nur durch Pfad 102
Objekte 53
  Abstände 72
  aktivieren 100
  an Hilfslinien ausrichten 76
  an Punkten ausrichten 76
  ausblenden 105
  ausrichten 121
  ausschneiden 104
  auswählen 100, 339
  beschneiden 363
  drehen 111
  duplizieren 105
  Eigenschaften 54
  einfügen 104
  Farbe 197
  Farbfelder zuweisen 218
  fixieren/lösen 105
  gleichmäßig nach allen Seiten skalieren 113
  gleichmäßig verteilen 124
  gruppieren 106
  kombinieren 289
  kopieren 104
  löschen 104
  manuell transformieren 109
  mit Text umfließen 441
  skalieren 112
  spiegeln 111
  suchen 337
  transformieren 107
  überblenden 307
  verbiegen 113, 117
  verdeckt 101
  verschieben 110
  verteilen 121
  verzerren 323
  zerteilen (Pathfinder) 295
Objektinformationen 72
Objektschnittmarken 638
Offene-Form-Werkzeuge
  Tastaturbefehle 96

Öffnen
  Dateien (AI)  59
  Textdateien  449
Ohne (Farbfeld)  198
Online-Zusammenarbeit  45
OpenType  458
  bedingte Ligaturen  458
  Brüche  458
  Formatvarianten  458
  kontextbedingte Varianten  458
  Ordinalzeichen  458
  Position  458
  Schwungschriften  458
  Standardligaturen  458
  stilistische Varianten  458
  Tabellenziffern  458
  Titelschriftvarianten  458
OPI
  und Transparenz  384
Optischer Randausgleich  472
Organische Formen  166
Original bearbeiten  586
Ortung (Stifteingabe)  175
Oval  94
Overlay (Füllmethode)  368
Override  482

## P

Packungsdesign  114
Paletten  35
Papierfarbe simulieren  60
Papierformat  636
Passermarken  210, 638
  Tiefschwarz  210
Passerungenauigkeit  623
Patchpanel  700
Pathfinder (Funktionen)  295
  Anwendungen  297
  Optionen  297
Pathfinder-Bedienfeld  295
Pathfinder (Effekt)  298, 403
  Als Funktion oder als Effekt?  403
Pausstift-Werkzeug  595
PDF
  Allgemeine Optionen  618
  Ausgabe-Optionen  620
  Bearbeitungsfunktionen beibehalten  618
  Druckvorstufe  617
  erstellen  617
  Farbmanagement  620
  importieren  582

JPEG2000  619
  Komprimierung-Optionen  619
  Transparenz  390
PDF-kompatible Datei
  erstellen  83
Perspektive (3D)  562
Perspektivisch verzerren  117
Perzeptiv  195, 642
Pfadansicht  64, 141
  Bilder  584
Pfade  127
  Ankerpunkte hinzufügen  152
  Deformieren  185
  Endpunkte zusammenfügen  156
  füllen  92
  geschlossen  127
  glätten  179
  nachbearbeiten  152
  offen  127, 155
  schließen  155
  selbst überschneidend  158
  verbinden  154
  vereinfachen  179
  verformen  185
  verlängern  154
  zerschneiden  157, 181
  zusammenfassen  722
Pfad-Effekte  394
Pfade vereinfachen
  Print  622
Pfadrichtung  127
  umkehren  154
Pfadsegment  127
  auswählen  142
  löschen  158
  verschieben  151
Pfadtext  434
  erstellen  435
  Laufweite  443
  mit Verzerrung  445
  Optionen  443
  Text am Pfad verschieben  442
  Textpfad Aussehen-Eigenschaften  485
  Text um den Pfad spiegeln  443
  transformieren  437
  vertikale Position  443
Pfadtext-Werkzeug  435
Pfad verschieben (Funktion)  113
Pfad verschieben (Effekt)  402
Pfeilspitzen  260
Photoshop
  Ebenenkomposition  581

Filter  412
  importieren  580
  platzieren  604
  Smart-Objekt  614
  weiße Randsäume  630
  Zwischenablage  613
Photoshop-Ebenen
  in Objekte konvertieren  581
  zu einzelnem Bild reduzieren  581
Photoshop-Effekte  394
  anwenden  414
  Rastereffekt-Auflösung  412
Photoshop-Filter  394
Pinsel  245
  duplizieren  254
  nicht verwendete Pinsel  247
  umfärben  253
Pinselarten  246
Pinsel-Bedienfeld  246
Pinsel-Bibliotheken  253
Pinselkontur  245
  einfärben  249
  entfernen  247
  in Pfade umwandeln  259
  und Konturstärke  247
  zuweisen  247
Pinsel-Optionen  247
Pinsel-Bedienfeld  170
Pinselspitze
  Kalligrafiepinsel  170
  selbst erstellen  254
Pinsel-Werkzeug  170
  Pfad erstellen  171
Pipette-Werkzeug  353, 467
  Farbe aufnehmen  354
  Genauigkeit  354
  Optionen  354
Pixel  51
Pixelbild-Vektor-Abgleich  385
  Beispiel  389
Pixeldaten  575
  als Deckkraftmasken  589
  bearbeiten  588
  beschneiden  591
  Freiform-Masken  591
  maskieren  591
  vektorisieren  593
Pixeleffekt  576
Pixelgrafik  51
Pixelseitenverhältnis  69, 678
Pixelvorschau  65, 648
Place-Gun  67

Pläne
    vektorisieren 594
Platzieren
    Farbprofil 577
    Schmuckfarben 579
Platzierungscursor 67
Platzierungs-Optionen 586
Plug-ins 705
    anwenden 705
    installieren 705
    programmieren 705
PNG 661
    Optionen 661
    Transparenz 661
Polygon
    Mittelpunkt 95
Polygon-Werkzeug 95
Portable Network Graphics 661
Positionieren 73
PostScript 56
PostScript Type 1 459
PPD 635
Prägung 730
Premiere 677
Pre- und Post-Effekte 397
Print
    Bildauflösung 622
    Effekte, Filter 633
    Registerungenauigkeit 623
    Transparenzen 633
    Verläufe 633
Priorität 195
Private Data 618
Profil-Abweichungen 194
Profil zuweisen 61, 62, 196
Programmvorgaben anpassen 687
Proof einrichten 631
Protokoll-Bedienfeld 81
Proximity 473
Prozessfarbe 209
Prozessfarbe definieren 216
Punkt 127
    Merkmale 134
Punktdiagramm 515
Punkte
    ausrichten 147
Punktraster 428
Punkttext 433
    erstellen 434
    transformieren 437

## Q
Quadrat 94

## R
Radardiagramm 516
Radiales-Raster-Werkzeug 93
Radiergummi 181
Rapport 527
Raster 73
    am Raster ausrichten 73
    definieren 73
    einblenden 73
    Unterteilungen 73
Rasterwinkelung 639
Rechteckiges-Raster-Werkzeug 93
Rechteck-Werkzeug 94
Rechtschreibprüfung 451, 455
Reduzieren-Vorschau 386
    hervorheben 387
Reduziertes Bild 615
Referenzpunkt 108
Registerungenauigkeit 623
Reinzeichnung eines Logos 303
Rendermethode 642
Renderpriorität 642
Rückgängig 81
Rundheit 173
Run-Length 620

## S
Sämtliches Bildmaterial darüber
    ausblenden 105
Sättigung (Füllmethode) 369
Sättigung (Priorität) 195
Saturation (Füllmethode) 368
Satzzeichen 452
Säulendiagramm 498
Scalable Vector Graphics 662
Schattierung (3D) 563
Schattierungsfarbe (3D) 565
Schein nach außen 418
Schein nach innen 419
Scheren 114
Schere-Werkzeug 157
Schichtseite 639
Schlagschatten 416
    Füllmethode 417
    Objekt drehen 418
Schneid-Plotten 634
Schnittmarken 633, 638
Schnittmarken (Effekt) 402
Schnittmasken 342
    endgültig umwandeln 345
    erstellen (Workshop) 313
    erstellen 343

    mit Schnittmasken arbeiten 344
    zurückwandeln 345
Schnittmengenfläche (Pathfinder)
    296
Schnittmenge von Formbereichen
    (Formmodus) 293
Schnittsatz 342
    editieren 343
Schraffur
    mit Mustern 521
    mit Scribble-Effekt 406
Schreibschutz-Symbol 335
Schrift
    als Maske 487
    Darstellung am Bildschirm
        verbessern 466
    Drehung 465
    durchgestrichen 465
    Effekt 482
    Füllung 482
    Größe 461
    Grundlinienversatz 465
    Grunge-Look 487
    Hinting 489
    Kontur 482
    Laufweite 464
    Proportionalschriften 476
    suchen 467
    überdrucken 485
    Umbruch verhindern 467
    unterstrichen 465
    Verläufe 487
Schriftart 459, 461
Schriften
    druckerresident 641
    einbetten 83
    Untergruppe 641
Schriftfamilie 462
Schriftgrad 461, 463
Schriftkegel 460
Schriftschnitte 461
    Buchstabenbreite 462
    italic 462
    kursiv 462
    Strichstärke 462
Schwarzdefinitionen korrigieren
    632
Schwarz überdrucken 625, 639
Schwarz-überdrucken-Filter 625
Schwungvoll 161
Screendesign 648
    stufige Linien 649
Screen (Füllmethode) 368

Scribble-Effekt 405
   Optionen 405
   umwandeln 407
Seitenaufteilung 62
Seitenbeschreibung 56
Seiteninformationen 638
Seitenminiaturen einbetten 618
Separationen 639
Separationenvorschau 631
Shortcut 41, 686
Sicherer CMYK-Workflow 194
Sichtbarkeitsspalte 330
Silbentrennung 473
Skalieren-Werkzeug 112
Skripte 699
   Entscheidungsfindung 701
   erstellen 700
Slices 649
   Anzeige 649
   Ausrichten-Bedienfeld 651
   auswählen 650
   Auto-Slices 650
   Bild 651
   HTML-Text 651
   importieren 582
   kein Bild 651
   kombinieren 652
   löschen 652
   Optionen 651
   Stapelreihenfolge 652
   Unter-Slices 650
   zurückwandeln 652
Slice-Werkzeug 650
Smart Guides 76
Soft Light (Füllmethode) 368
Soft-Proof 631
Software Development Kit 706
Sonderzeichen 452
Spanne (Flächentext) 440
Special Effects 414
Speichern 82
   ältere Illustrator-Formate 83
   EPS 611
   Kopie speichern unter 82
   Metadaten 86
   PDF 617
   Speichern unter 82
   SVG 662
   zwischenspeichern 84
   Vorlagen 685
Spezialpinsel 250
   Drehung 251
   Streuung 251

Spiegeln-Werkzeug 111
Spiegelungswinkel 72
Spirale
   Dichte der Windungen 92
   Verjüngung 92
Spirale-Werkzeug 92
Spitzlicht 368
Spotlicht (3D) 564
Sprachen 451
Sprühdose 543, 720
Standardschriftart 480
Standardvorgaben 57
Stanzen (Formmodus) 293
Stanzen (zusammengesetzter Pfad) 290
Stapelreihenfolge 102
   ändern 102
Stapelverarbeitung 695
   Optionen 695
   Umfärben von Objekten 696
Statusleiste 63
Stauchen 464
Stern-Werkzeug 95
Steuerungsbedienfeld 39
   Anzeige der Grifflinien 142
   Farben zuweisen 219
   interaktiv nachzeichnen 595
   Interaktive Farbe 225
   platzierte Dateien 584
   Punkte konvertieren 148
Stiftsteuerung 174
Stilisierungsfilter 394
Straßenkreuzungen 362
Strecken 464
Streifenmuster 527
Streudiagramm 515
   Dateneingabe 515
Strichstärke 243
Strudel-Werkzeug 184
Stylus-Rad 174
Subset-Schriften 83
Subtraktive Farbmischung 190
Suchen und ersetzen 456
Supersampling 489
SVG
   Datei einrichten 662
   JavaScript 664
   Objekt-ID 663
   Optionen 664
   SVG-Filter 663
SVG-Filter 394, 428
SVG-Interaktivität 664
SWF 672

Frames 667
   Optionen 673
SwitchBoard 700
Symbol-aufsprühen-Werkzeug 543, 552
Symbol-Bibliotheken
   laden 540
   speichern 541
   Symbol in das Symbole-Bedienfeld übernehmen 541
Symbol-drehen-Werkzeug 547, 552
Symbole 535
   auf der Zeichenfläche platzieren 537
   aus platzierten Bildern 539
   auswählen 537
   bearbeiten 539
   Deckkraft 549
   Dichte 545
   duplizieren 537
   erstellen 539, 551
   gemischter Symbolsatz 541
   Grafikstile 549
   löschen 537
   Optionen 539
   Skalierbare Konturen 551
   Stapelreihenfolge ändern 545
   Symbolsätze 541
   umfärben 540
   Verknüpfung aufheben 538
   verwenden 536
Symbole-Bedienfeld 536
Symbol-färben-Werkzeug 548, 553
Symbol-gestalten-Werkzeug 549
Symbolinstanz 538
Symbol-rastern-Werkzeug 549
Symbol-skalieren-Werkzeug 546, 552
Symbol-stauchen-Werkzeug 545
Symbol-transparent-gestalten-Werkzeug 549
Symbol-verschieben-Werkzeug 545, 552
Symbol-Werkzeuge 542
   Intensität 543
   Optionen 542
   Werkzeugwechsel 542
Symmetrisch gestalten 401
Systemlayout 466

## T

Tabbing 42
Tabulatoren 476
  einblenden 451
  einsetzen 478
  Einzüge 479
Tabulatoren-Bedienfeld 477
Tangenten-Endpunkte 53
Tastaturbefehle 686
  Aufstellung 743
Tastaturbelegung 686
  ändern 686
  bearbeiten 686
Teilflächen 315
TEX 473
Textausrichtung 434
Text-Cursor 436
Texte
  Abstände 475
  aus alten Illustrator-Dateien 450
  Ausrichtung 470
  Aussehen 482
  Auto-Zeilenabstand 476
  bearbeiten 436
  Blocksatz 470
  editieren 451
  Einzeilen- und Alle-Zeilen-Setzer 472
  Einzelwortausrichtung 476
  Einzug 471
  Fremdsprachentexte 451
  Glättung 489
  Glyphenabstand 475
  Glyphe-Skalierung 475
  Groß- und Kleinschreibung ändern 452
  hängende Interpunktion 472
  importieren 448
  in Pfade umwandeln 488
  Kopieren/Einsetzen 448
  laden 448
  linksbündig 470
  nicht druckbare Zeichen 451
  optische Randausrichtung 472
  Ornament-Schriften 453
  Platzieren 448
  rechtsbündig 470
  Schnittmaske 487
  Silbentrennung 473
  Tabulatoren 476
  Wortabstand 475
  Zeichenabstand 475

Text in Pfade umwandeln 634
Textobjekte 433
  erzeugen 433
  Pathfinder 486
  Vektorobjekte umwandeln 435
  verketten 446
  vertikal Ausrichten 489
  zusätzliche Aussehen-Eigenschaften 484
Textspalten 440
Text-Werkzeug 434
Tiefe der Extrusion 557
Tiefgestellt 466
Tiefschwarz 629
  ausgeben 630
Tonwert 210
Tooltips 35
Tortendiagramm 518
Tortenstücke 495
Transformationsgriffe 721
Transformationswerkzeuge 109
  alternativer Referenzpunkt 110
Transformieren-Bedienfeld 118
Transformieren-Effekt 400
Transparenz 365
  Aussehen-Bedienfeld 369
  Gruppen 370
  Interaktion von Text 383
  pixelbasierte Effekte 384
  reduzieren 381
  Reduzierung: Problemfälle 383
  Schmuckfarben 384
  speichern 390
  transparente Objekte 382
  Transparenzreduzierungsfarbraum 384
  überdrucken 383
  weiße Linien 388
  zurücksetzen 372
  zuweisen 369
Transparenz-Bedienfeld 366
Transparenz-Effekte 381
Transparenzquellen 382
Transparenzraster einblenden 365
Transparenz reduzieren 390
Transparenzreduzierungs-Einstellungen 384
Transparenzreduzierungsvorgaben 386
Trapping 624
Trennregeln 451
Treppeneffekt 51
Trim Box (PDF) 583

Tropfenpinsel-Werkzeug 176
  Arbeitsweise 177
  Grafikstile 178
TrueType 459
Tweak (Verzerrungsfilter) 409
Typografische Anführungszeichen 452

## U

Mit Überblendungen illustrieren 311
Überdrucken 624
Überdruckenvorschau 65, 631
Überfüllen 624
Überfüllen-Effekt 627
Überfüllungen anlegen 626
  umkehren 628
  Volltonfarbe 628
Übergangspunkte 127
  umwandeln 149
Übergangspunkte (Verlauf) 264
Überlappende Formbereiche ausschließen 293
Überlappungsbereich entfernen 295
Übersatz 446
Überschrift einpassen 441
Umfärben 230
  Zufallsprinzip 231
Umfließen
  aufheben 442
  Effekte 441
  Optionen 442
  Pixelbilder 441
  Umfließen-Objekt 442
  und Stapelreihenfolge 441
Umgebungslicht (3D) 563
Umgekehrte Reihenfolge (Ebenen) 337
Umrisslinien 624
Unterfüllen 624
Untermenüs 41
Unterschneiden 460
Unterstreichung 461
Unterteilungen Asymmetrie 93

## V

Variablen 701
  Bedienfeld 702
  Typ 703
  verknüpfen 702

Variation (Kalligrafiepinsel-Option) 173
Variationsschema 204
Vektorbasierte Formate 578
Vektorgrafik 51
   malen 314
   Transparenz 365
Vektorisieren 594
   Comic 594
   fotorealistische Illustration 594
   Fotos 594
   Logos 594, 606
   Pläne 594
   Tipps zum Zeichnen 159
   Vergleich manuell und automatisch 593
   Vorlage 594
Venus 50
Verbiegen-Werkzeug 113
Verbiegungsachse 72
Verborgene Zeichen einblenden 451
Verdeckte Fläche entfernen 296
Vereinigen 293
Verflüssigen-Werkzeuge 183
   Optionen 186
   zusätzliche Optionen 187
Vergrößerung 63
Vergrößerungsfaktor 72
Vergrößerungsstufe 63
Verkettete Textobjekte 446
   anzeigen 446
   dazwischen einfügen 447
   lösen 447
Verknüpfen 577
Verknüpfte Dateien einbeziehen 83
Verknüpfung 585
   aktualisieren 586
   automatisch aktualisieren 588
   Versionen 587
Verknüpfungen-Bedienfeld 584
Verknüpfungsblockreihen 263
Verknüpfungsinformationen 587
Verkrümmen-Werkzeug 184
Verkrümmung 323
   anwenden 323
   Optionen 323
Verkrümmungsfilter 394, 410
Verlauf 210
   auf Konturen 263
   Deckkraft 264
   editieren 269

illustrieren mit Verläufen 272
in die Farbfelder-Bedienfeld übernehmen 270
konisch 286
Seitenverhältnis 264
über mehrere Objekte anlegen 269
umwandeln 271
und Volltonfarben 270
Ursprung 269
von Farbe nach transparent 374
zurücksetzen 269
Verlauf-Bedienfeld 263
   Farbübergang 266
   Verlaufsfarbe ändern 265
   Zwischenfarben 266
Verläufe überfüllen 626
Verlaufsanmerkungen 268
Verlaufsgitter 275
   aus einem Verlauf 278
   aus Verzerrungshülle 277
   automatisch generieren 276
   bearbeiten 278
   Einstiegstipps 280
   Mit Verlaufsgittern illustrieren 280
Verlaufsobjekte verformen 270
Verlaufsregler 264
Verlaufstop 264
Verlaufswinkel 266
   exakt nachbauen 267
Verlauf-Werkzeug 266
Versatzabstand 439
Verschieben 110
Version Cue 84
Versionen 84
Verteilen 121
Vertikaler-Text-Werkzeug 434
Vertikales Balkendiagramm 498
   Diagrammattribute 499
Verzerrungsfilter 394
Verzerrungshülle 323, 324
   als Effekt anwenden 328
   Aussehen verzerren 325
   bearbeiten 326
   eigene Vektorform 324
   Gitter 324
   Gitter einstellen 324
   Hülle nachbearbeiten 327
   Inhalt bearbeiten 327
   Konturen 326
   lineare Verläufe verzerren 326
   Musterfüllungen verzerren 326

   Optionen 325
   Pixelbild 324
   umwandeln 327
   zurückwandeln 327
Verzerrungs- und Transformationseffekte 394
Video 677
Video-Safe-Areas 678
Vielecke 95
VisualBasic 699
Volltonfarbe 209
Volltonfarben beibehalten (3D) 565
Vom Formbereich subtrahieren 293
Voreinstellungen 38, 40, 70, 71, 102, 118, 129, 142, 170, 345, 436, 451, 459, 462, 467, 522, 551, 576, 583, 588, 601, 613, 663, 710
Vorlage
   Vektorisieren 594
Vorlagen 159, 684
   erstellen 684
   öffnen 685
   speichern 685
   Tontrennung 160
Vorlage nachzeichnen 311
Vorlagenebenen 332
   erstellen 332
Vorschau 64
Vorschaubegrenzungen verwenden 72, 124
Vorschaumodus 64, 141

## W

Wacom
   Airbrush 174
   ArtMarker 174
Wagenrücklauf 469
Webentwicklung 647
Webgrafik 647
   Datei einrichten 647
Websafe 200
Weiche Kante 418
Weiches Licht (Füllmethode) 368
Weiche Trennzeichen 455
Weich mischen 381
Weiß ignorieren 600
Weißraum 461
Weiterverarbeitung 609
Welle 323
Wellenlinie 407
Werkzeugbedienfeld 34

Farbe 198
Übersicht 741
verborgene Werkzeuge 35
Werkzeuggruppe
als eigenes Bedienfeld 35
Wertachse 499
Werte eingeben 39
Widerrufen 81
Anzahl der widerrufbaren Arbeitsschritte 81
Wiedergabeabsicht 195
Wiederholen 81
Wie viele Punkte? 162
Winkel 72
Wirbel 409
Wireless Bitmap 658
Wörterbücher 451
bearbeiten 456
WYSIWYG 449

# X

XMP-Informationen 85

# Z

ZAB 460
Zauberstab-Bedienfeld 261
Zauberstab-Werkzeug 261
Einschränkung auf Zeichenfläche 262
Zeichen
auswählen 436
drehen 461
Format 480
formatieren 460
Skalierung 461
Zeichenfarbe überschreiben 356
Zeichenfeder 127
Zeichenfläche 33, 62, 67
anpassen 68
ausblenden 62
blättern 70
duplizieren 68
in der Dokumenthierarchie 712
in InDesign platzieren 84
löschen 69
Modus 67
neu erstellen 67
optionen 69
skalieren 68
verschieben 64
Werkzeug 67

Zeichenflächen exportieren und Speichern 610
Zeichen-Bedienfeld 461
Zeichenstift-Werkzeug 128
Cursor 128
Eckpunkt 129
Eckpunkte mit Kurvensegment 132
Korrektur 133
Modifikationstasten 145
Pfad beenden 129
Pfadsegmente rechtwinklig zeichnen 133
Polygon 129
Übergangspunkte 130
Zeichen- und Absatz-Formate 480, 481
anlegen 480
anwenden 481
editieren 481
löschen 482
Zeichnerische Effekte 404
Zeichnung planen 55
Zeilenabstand 460, 461, 463
Zeilenumbrüche 451
Zerknittern-Werkzeug 185
Zickzack-Effekt 407
Ziel-Auswahl 339
Zoom-Stufe 63
Monitorauflösung 63
Zoom-Werkzeug 63
Auswahlrahmen 63
herauszoomen 63
temporär wechseln 63
Zusammenfügen 155
Zusammengesetzte Form 291
auflösen 294
editieren 294
erstellen 292
umwandeln 294
Photoshop-Export 614
Zusammengesetzter Pfad 290
Aussehen-Eigenschaften 291
erzeugen 290
Füllregel-Eigenschaft 291
Zusammenziehen und aufblasen 410
Zusammenziehen-Werkzeug 184
Zuschneidungspfad 342
Zwischenablage 104

# Photoshop CS4

Maike Jarsetz ist ausgebildete Fotografin, Grafikdesignerin, Beraterin und Trainerin. Sie ist Adobe Certified Expert für Photoshop, InDesign und Illustrator.

Maike Jarsetz

## Das Photoshop-Buch für digitale Fotografie

Aktuell zu Photoshop CS4

- Der Bestseller zur Fotobearbeitung
- Fotos bearbeiten Schritt für Schritt
- Alle Beispielbilder zum Nacharbeiten auf DVD

Lernen Sie in diesem Buch, wie einfach Sie mit Photoshop Ihre Bilder bearbeiten und optimieren können! In 117 Workshops zeigt Ihnen die Fotografin und Adobe-Trainerin Maike Jarsetz die Wege zum perfekten Foto. Ausgehend von den gängigen Bearbeitungs- und Retuscheproblemen erfahren Sie so, welche Werkzeuge und Funktionen Sie zum Ziel führen.

*Das Buch gehört zum Besten, dass je über Photoshop-Techniken geschrieben wurde – geradlinig und informativ.*
Foto Praxis zur Vorauflage

520 S., 2009, komplett in Farbe, mit DVD,
39,90 €, 978-3-8362-1244-1
**www.galileodesign.de/1873**

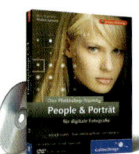

Maike Jarsetz
**Adobe Photoshop für digitale Fotografie: People und Porträt**

DVD, Win und Mac, ca. 70 Lektionen,
7 Stunden Spielzeit, 29,90 €
ISBN 978-3-8362-1270-0, Mai 2009
**www.galileodesign.de/1903**

Maike Jarsetz
**Adobe Photoshop für digitale Fotografie: Landschaft und Natur**

DVD, Win und Mac, ca. 60 Lektionen,
7 Stunden Spielzeit, 29,90 €
ISBN 978-3-8362-1271-7, Mai 2009
**www.galileodesign.de/1904**

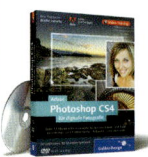

Maike Jarsetz
**Adobe Photoshop CS4 für digitale Fotografie**

DVD, Win und Mac, ca. 105 Lektionen,
12 Stunden Spielzeit, 39,90 €
ISBN 978-3-8362-1269-4
**www.galileodesign.de/1872**

Themenspecial Fotografie » www.galileodesign.de/fotografie

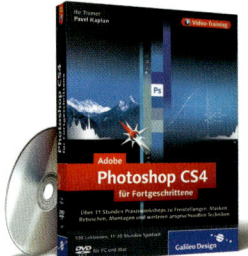

Pavel Kaplun
**Adobe Photoshop CS4 für Fortgeschrittene**

Die Profi-Tipps zur Bildbearbeitung mit Photoshop CS4

Anhand von Beispielbildern aus seiner eigenen Werkstatt zeigt Ihnen Photoshop-Profi Pavel Kaplun die Techniken der Profis. Mit Workshops zu Auswahlen, Digital Workflow, Druckvorstufe, Automatisierung, Vektorlayouts, Pfaden und Collagen.

*Voller praxisnaher Tipps und Tricks!*
chip Foto+Video

DVD, Windows und Mac, 108 Lektionen,
11:30 Stunden Spielzeit, 2009, 39,90 €
ISBN 978-3-8362-1267-0
**www.galileodesign.de/1870**

Pavel Kaplun
**Adobe Photoshop für digitale Fotografie: Compositing & Retusche**

Realistische Bildmontagen und surreale Composings mit viel Herz und Humor – dafür ist der Fotograf und Photoshop-Künstler Pavel Kaplun bekannt. In diesem Training zeigt er Ihnen anhand eigener spektakulärer Arbeiten die Techniken, mit denen auch Sie Bildcollagen auf höchstem Niveau erschaffen können.

DVD, Windows, Mac, Linux, ca. 70 Lektionen,
6 Stunden Spielzeit, 39,90 €
ISBN 978-3-8362-1418-6, Juni 2009
**www.galileodesign.de/2133**

Alexander Heinrichs
**Adobe Photoshop für digitale Fotografie: Kreative Fotomontagen**

Der bekannte Photoshop-Experte, ›Digiartist‹ und fotocommunity-Moderator Alexander Heinrichs verblüfft mit täuschend echten Fotomontagen, surrealen Bilderwelten und fotografischen Spezialeffekten. In diesem Training schauen Sie hinter die Kulissen. Er zeigt Ihnen, mit welchen Techniken aus Ihren Fotos meisterhafte Collagen werden.

DVD, Windows und Mac, ca. 70 Lektionen,
8 Stunden Spielzeit, 39,90 €
ISBN 978-3-8362-1274-8, Mai 2009
**www.galileodesign.de/1908**

**Kostenlose Video-Trailer unter » www.GalileoDesign.de/trailer**

# Photoshop CS4

Sibylle Mühlke
## Adobe Photoshop CS4
Das Praxisbuch zum Lernen und Nachschlagen

- Der Topseller in aktualisierter Neuauflage
- Mit Referenzkarte und DVD mit Video-Lektionen
- Großer Infoteil mit Tastenkürzeln, Insidertipps

Dieses Handbuch hat sich zum Ziel gesetzt, alles nötige Wissen rund um Photoshop CS4 für Sie aufzubereiten und leicht zugänglich zu präsentieren. Komplett in Farbe, mit DVD, Referenzkarte, Infoteil, Glossar und Zusatzinfos im Web – hier finden Sie immer, was Sie brauchen!

ca. 1.050 S., mit DVD und Referenzkarte, 49,90 €
ISBN 978-3-8362-1238-0, Mai 2009
**www.galileodesign.de/1869**

*Wer sich ernsthaft mit Photoshop beschäftigt, sollte diesem Buch unbedingt die benötigten sechs Zentimeter im Bücherschrank einräumen.*
Sammellinse

**Sibylle Mühlke** arbeitet als Photoshop-Tutorin, schreibt für zahlreiche Fachmagazine und entwickelt Online-Trainings. Sie coacht Photoshop-Nutzer aller Niveaus – und kennt daher alle typischen Anwenderprobleme und Stolpersteine.

### Die Themen im Überblick
- » Neu in Photoshop CS4
- » Dateien verwalten, Adobe Bridge CS4
- » Ebenen, Auswahlen, Freistellen
- » Farbe und Schwarzweißbilder
- » Helligkeit und Kontrast
- » Retusche und Reparatur
- » Camera Raw, Werkzeuge für Fotografen
- » Filter, Pfade und Text
- » Ausgabe und Farbmanagement

**Kostenlose Leseproben zu jedem Buch sowie unser Programm zu Bildbearbeitungssoftware, wie Photoshop Elements und GIMP finden Sie auf unserer Website » www.GalileoDesign.de**

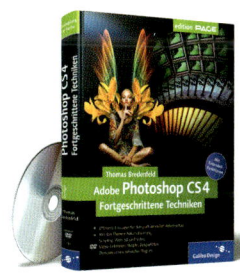

Marc Wolf
## Adobe Photoshop CS4 – Die Grundlagen

Alles über Auswahlen, Ebenen, Effekte, Fotokorrekturen und alle Werkzeuge

Holen Sie sich mit Marc Wolf einen erfahrenen Trainer nach Hause und lassen Sie sich erklären, wie Photoshop funktioniert. Sie lernen Ebenen, Masken, Farben, Effekte und Fotokorrekturen sicher einzusetzen. Schauen Sie einfach Ihrem Trainer zu und probieren Sie die Übungen mit den beigelegten Bildern selbst aus!

DVD, Windows und Mac, 75 Lektionen, 9 Stunden Spielzeit, 2009, 29,90 €
ISBN 978-3-8362-1268-7
**www.galileodesign.de/1871**

Markus Wäger
## Adobe Photoshop CS4 Die Workshops für Einsteiger

- Photoshop im praktischen Einsatz – Schritt für Schritt
- So bekommen Sie ein Gespür für die Software
- Mit Video-Lektionen zu technischem Hintergrundwissen

*Wer als Einsteiger lernen möchte, Adobe Photoshop richtig und sicher zu beherrschen, trifft mit diesem Einsteigerwerk von Markus Wäger die richtige Wahl.*
PrePress

440 S., 2009, komplett in Farbe, mit DVD und Referenzkarte, 39,90 €, ISBN 978-3-8362-1236-3
**www.galileodesign.de/1866**

Thomas Bredenfeld
## Adobe Photoshop CS4 – fortgeschrittene Techniken

- Effiziente Lösungen für den professionellen Arbeitsalltag
- Mit den Themen Automatisierung, Scripting, Web, 3D und Video
- Mit allen Extended-Funktionen

*Das Buch hilft, vom fortgeschrittenen Anwender zum Photoshop-Profi zu werden!*
Publisher

ca. 815 S., mit DVD, 59,90 €
ISBN 978-3-8362-1237-3, Juni 2009
**www.galileodesign.de/1867**

# Webdesign

Manuela Hoffmann arbeitet als Grafikerin und Webdesignerin in Berlin. Ihre Website ist eine der wichtigsten Anlaufstellen in Sachen Webdesign in Deutschland. Zu ihrem Portfolio gehören Fotografie, professionelles Webdesign und Beratung im Bereich Content Management.

» www.pixelgraphix.de

Manuela Hoffmann
## Modernes Webdesign
### Gestaltungsprinzipien, Webstandards, Praxis

- Von der ersten Idee bis zur fertigen Website
- Prinzipien und Grundlagen guten Designs
- Kreativ mit Webstandards, (X)HTML und CSS

Ein Wegweiser für modernes Webdesign, der gleichzeitig Praxis, Anleitung und Inspiration liefert. Die Grafikerin und Webdesignerin Manuela Hoffmann führt Sie von der Idee über erste Entwürfe bis hin zur technischen Umsetzung mit HTML und CSS. Inkl. Vorlagen und Templates für Photoshop und WordPress

*Umfassend und mit viel Praxisbezug!*
InfoWeek.ch

*Ein ideales autodidaktisches Buch gleichermaßen für Einsteiger und für Fortgeschrittene bzw. Profis.*
selbstausbildung.de

368 S., 2008, mit DVD, 39,90 €
ISBN 978-3-8362-1109-3
**www.galileodesign.de/1619**

Nils Pooker
## Der erfolgreiche Webdesigner
### Der Praxisleitfaden für Selbstständige

Nils Pooker vermittelt Techniken, Strategien und Lösungen für Webdesigner, die erfolgreich sein wollen. In diesem Buch erfahren Sie alles über Kundengewinnung, Marketing, SEO, Usability und Konzeption, was Sie für professionelle und effiziente Arbeit wissen sollten.

*Ich kann mir schwer vorstellen, dass es derzeit ein besseres Buch zum Marketing für Webdsigner gibt.*
selbstausbildung.de

*Eine Pflichtlektüre für alle selbstständigen Webdesigner!*
zfamedien.de

559 S., 2008, mit DVD, 39,90 €
ISBN 978-3-8362-1166-6
**www.galileodesign.de/1727**

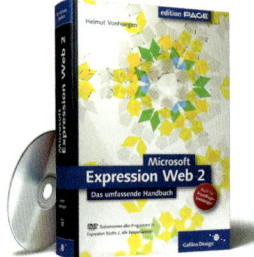

Helmut Vonhoegen
## Microsoft Expression Web 2
### Das umfassende Handbuch

Dieses Lern- und Nachschlagewerk zeigt Ihnen, wie Sie Ihren Webauftritt modern und ausdrucksvoll gestalten. Sie lernen die Arbeit mit Texten, Grafiken, Videos und Animationen sowie den Einsatz von Skripten, Makros und Formularen kennen. Ein Schwerpunkt liegt auf dynamischen Websites und der Nutzung von ASP.NET, XML, PHP, Datenbanken und Ajax.

847 S., 2008, mit DVD, 39,90 €
ISBN 978-3-8362-1170-3
**www.galileodesign.de/1748**

Heiko Stiegert
## CSS-Design – Die Tutorials für Einsteiger

Dieses komplett vierfarbige Buch zeigt Ihnen in ausführlichen Praxisworkshops, wie Sie moderne Webseiten gestalten. Inkl. zahlreicher Tipps und Tricks.

*Hilfreich und interessant für Anfänger und Fortgeschrittene.*
digitalproduction.com

460 S., 2008, mit DVD, 39,90 €
ISBN 978-3-8362-1155-0
**www.galileodesign.de/1704**

Daniel Mies
## Webseiten erstellen für Einsteiger
### Einführung in HTML, CSS und jQuery

In lockerer und verständlicher Sprache werden die Techniken HTML, CSS, JavaScript und Suchmaschinen-Optimierung beschrieben. Dabei wird immer Wert auf aktuelle Standards, Techniken und modernes Design gelegt. Alle Themen werden anhand von Praxisbeispielen veranschaulicht und fürs bessere Nachschlagen in einer Referenz zusammengefasst.

*Das schönste Grundlagenbuch zum Thema!*
photoshop-weblog.de

354 S., 2008, mit CD, 19,90 €, ISBN 978-3-8362-1131-4
**www.galileocomputing.de/1666**

# InDesign CS4

Andrea Forst
## Adobe InDesign CS4
### Die Workshops für Einsteiger

- Mit praktischen Anleitungen Schritt für Schritt zum Ziel
- Lösungen für typische Gestaltungsaufgaben
- Visitenkarten, Briefbögen, Flyer, Anzeigen u.v.m. gestalten
- Inkl. DVD mit allen Workshopdateien zum direkten Nacharbeiten der Workshops

**Andrea Forst** lernte Satz und Layout von der Pike auf: Die Schriftsetzerin und Druckformherstellerin arbeitete viele Jahre für Druckereien, Druckvorstufenbetriebe und Werbeagenturen. Sie kennt InDesign seit der ersten Version und ist Adobe Certified Expert für InDesign. Andrea Forst arbeitet heute als selbständige Trainerin und Beraterin im Grafikbereich.

Dieses Workshopbuch vermittelt Ihnen ein Gespür für die Arbeit mit InDesign CS4, ohne langwierig jede Funktion zu erklären. Denn hier erlernen Sie InDesign CS4 durch die Arbeit an realen Projekten: Visitenkarte, Briefbogen, Flyer, Cover, Plakat, Buch. Lassen Sie sich inspirieren!

*Ein angenehmes Buch zum Erlernen von Adobe InDesign.*
psd-tutorials.de

384 S., 2009, mit DVD, 39,90 €
ISBN 978-3-8362-1252-6,
**www.galileodesign.de/1886**

## Unsere Workshop-Bücher

» Schritt für Schritt zum perfekten Ergebnis
» Workshops vermitteln die Software in konzentrierten Portionen
» Schauen Sie Experten aus der Praxis über die Schulter

Uwe Koch, Dirk Otto, Mark Rüdlin
### Recht für Grafiker und Webdesigner

Verträge, Schutz der kreativen Leistung, Selbstständigkeit, Versicherungen, Steuern

Dieses Buch bietet Antworten für Kreative in Web-Agenturen, Prepress-Betrieben und werbetreibenden Unternehmen. In verständlicher Sprache geht es auf viele Rechtsfragen rund um das Kommunikationsdesign ein.

*Verständlich und auf dem neuesten Stand!*
DOCMA

379 S., 2008, 39,90 €, ISBN 978-3-8362-1318-9
**www.galileodesign.de/1962**

Karsten Geisler
### Einstieg in Adobe InDesign CS4

Dieses Buch richtet sich an professionelle Einsteiger in die Layoutarbeit mit InDesign CS4. Alle wichtigen Themen werden leicht verständlich erläutert: Layout, Mustervorlagen, Formate, Tabellen, Ausgabe. Viele Tipps für Quark-Umsteiger, hilfreiche Workshops und farbige Abbildungen machen es zu einem unverzichtbaren Begleiter.

ca. 450 S., mit Infoklappen, 29,90 €
ISBN 978-3-8362-1249-6, Mai 2009
**www.galileodesign.de/1883**

Gerald Singelmann
### Adobe InDesign CS3 für Fortgeschrittene

Das Lösungsbuch

Dieses Nachschlagewerk beantwortet Fragen, die sich einem fortgeschrittenen Anwender bei der Arbeit mit InDesign CS3 oder CS2 stellen. Die Fragen sind thematisch strukturiert und über einen Index leicht auffindbar. Schwierige Themen werden durch Workshops verdeutlicht.

*Das Buch sollte an keinem InDesign-Arbeitsplatz fehlen!*
DOCMA

480 S., 2007, 59,90 €, ISBN 978-3-89842-884-2
**www.galileodesign.de/1395**

# InDesign CS4

**Hans Peter Schneeberger** ist Geschäftsführer der calibrate Workflow-Consulting GmbH, die sich vor allem mit der Implementierung von Produktionsabläufen für Agenturen, Druckereien und Druckvorstufenbetrieben beschäftigt.

**Robert Feix** arbeitet als Anwendungsentwickler und Trainer. Seit 1999 unterrichtet er als Dozent zum Thema Produktion digitaler Medien.

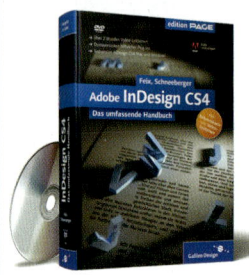

Hans Peter Schneeberger, Robert Feix
## Adobe InDesign CS4
Das umfassende Handbuch

Wenn Sie InDesign CS4 in vollem Umfang nutzen wollen, sollten Sie sich auf dieses umfassende Handbuch verlassen, denn mit seiner Hilfe meistern Sie InDesign CS4 gekonnt. Themen des Buchs: Einstieg in InDesign, Typofunktionen, Formate, Buch, Druckausgabe, XML, Variablen, InCopy.

ca. 850 S., mit DVD und Referenzkarte, 59,90 €
ISBN 978-3-8362-1251-9, Mai 2009
**www.galileodesign.de/1885**

Hans Peter Schneeberger
## PDF in der Druckvorstufe
PDF-Dateien erstellen, prüfen, korrigieren, automatisieren und ausgeben

Dieses Handbuch erläutert die verschiedenen Standards der PDF-Technologie, erklärt die Erzeugungsmethoden für Druckvorstufen-PDFs und zeigt, wie Sie Ihre PDFs prüfen, korrigieren und ausgeben. Themen sind: Farbmanagement, Schriften, Überfüllungen, Softproofs und Preflight-Checks.

*Gehört auf den Schreibtisch eines jeden Content-Produzenten*
MACup

827 S., 2008, mit Farbseiten, 69,90 €
ISBN 978-3-89842-673-2
**www.galileodesign.de/996**

Mit diesem Video-Training holen Sie sich Ihre InDesign-Schulung samt Trainer nach Hause! Schauen Sie dem InDesign-Profi Andreas Kuhn bei der Arbeit über die Schulter, und wiederholen Sie das Gelernte mit dem Übungsmaterial direkt am eigenen Computer. In spannenden Workshops lernen Sie, wie Sie InDesign effektiv einsetzen.

DVD, Windows und Mac, ca. 110 Lektionen, 12 Stunden Spielzeit, 39,90 €
ISBN 978-3-8362-1277-9, Mai 2009
**www.galileodesign.de/1910**

Andreas Kuhn
## Adobe InDesign CS4
Layouts entwerfen und gestalten

▸ Die komplette InDesign-Schulung für zuhause und unterwegs
▸ Broschüren, Flyer, Visitenkarten und Anzeigen gestalten
▸ Design-Tipps vom Profi Andreas Kuhn
▸ Mit 30-Tage Demoversion von InDesign

*Mit dem Live-Modus werden Sie spielend zum InDesign-Experten!*
Publisher

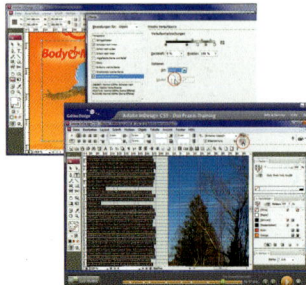

Claudia Runk
## Grundkurs Typografie und Layout
Werten Sie Ihre Printprodukte durch gute Typografie auf

Diese liebevoll gestaltete Einführung zeigt, wie es geht – von der passenden Schriftwahl über Abstände bis hin zu Grundlinienrastern und den optimalen Seitenformaten. Praxisbeispiele aus Print und Internet, umgesetzt mit QuarkXPress und InDesign, vervollständigen das Buch.

*Besonders gut: die Praxistipps und die vielen konkreten Hilfestellungen*
PrePress

320 S., 2. Auflage 2008, mit Infoklappen, 24,90 €
ISBN 978-3-8362-1207-6
**www.galileodesign.de/1813**

## Lernen durch Zuschauen & Mitmachen

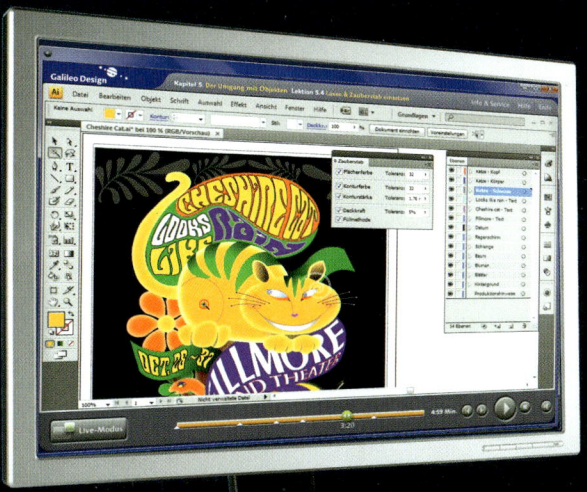

»Hinter unseren Produkten stehen Menschen, mit denen Sie lehrreiche und unterhaltsame Stunden am eigenen PC verbringen werden. Wann und wo immer Sie wollen!«

Thorsten Mücke, Produktmanager Lernsoftware

### ▶ Zuschauen und verstehen

Schauen Sie einem Experten über die Schulter: Sie sehen genau, wie er es macht, und dabei erklärt er Ihnen, warum er es so macht. Den ganzen Lösungsweg, Schritt für Schritt, vom Anfang bis zum fertigen Ergebnis. Unmittelbarer, intuitiver kann man nicht lernen!

### ▶ Ausprobieren und können

Was Sie gesehen haben, können Sie nun gleich auch selbst ausprobieren. Mit dem mitgelieferten Übungsmaterial vollziehen Sie im ›Live-Modus‹ parallel zum Trainer-Video das Gezeigte in Ihrer Anwendung nach. Learning by doing – und Sie kommen sicher zum Ziel.

### ▶ Selbstbestimmt lernen, Lösungen finden

Die übersichtliche Navigation und die intelligente Suche lässt Sie direkt zu dem Thema gelangen, das Sie aktuell interessiert – und mit einem Klick sind Sie an der gewünschten Stelle. Schnell und punktgenau.

**Kostenlose Video-Trailer zu Adobe Illustrator CS4 unter »www.galileodesign.de/trailer**

Der Name Galileo Press geht auf den italienischen Mathematiker und Philosophen Galileo Galilei (1564–1642) zurück. Er gilt als Gründungsfigur der neuzeitlichen Wissenschaft und wurde berühmt als Verfechter des modernen, heliozentrischen Weltbilds. Legendär ist sein Ausspruch *Eppur se muove* (Und sie bewegt sich doch). Das Emblem von Galileo Press ist der Jupiter, umkreist von den vier Galileischen Monden. Galilei entdeckte die nach ihm benannten Monde 1610.

**Lektorat**  Katharina Geißler, Anne Scheibe
**Korrektorat**  Friederike Daenecke, Zülpich
**Herstellung**  Lissy Hamann
**Einbandgestaltung**  Hannes Fuß, www.exclam.de
**Typografie und Layout**  Vera Brauner
**Satz**  Monika Gause, www.mediawerk.de
**Druck**  Himmer AG, Augsburg

Dieses Buch wurde gesetzt aus der Linotype Syntax (9,25 pt/13 pt) in Adobe InDesign CS3. Gedruckt wurde es auf mattgestrichenem Bilderdruckpapier (115 g/m$^2$).

**Gerne stehen wir Ihnen mit Rat und Tat zur Seite:**
*katharina.geissler@galileo-press.de*
bei Fragen und Anmerkungen zum Inhalt des Buches

*service@galileo-press.de*
für versandkostenfreie Bestellungen und Reklamationen

*julia.bruch@galileo-press.de*
für Rezensions- und Schulungsexemplare


Bibliografische Information der Deutschen Bibliothek
Die Deutsche Bibliothek verzeichnet diese Publikation in der Deutschen Nationalbibliografie;
detaillierte bibliografische Daten sind im Internet über *http://dnb.ddb.de* abrufbar.

**ISBN 978-3-8362-1254-0**

© Galileo Press, Bonn 2009
1. Auflage 2009

Das vorliegende Werk ist in all seinen Teilen urheberrechtlich geschützt. Alle Rechte vorbehalten, insbesondere das Recht der Übersetzung, des Vortrags, der Reproduktion, der Vervielfältigung auf fotomechanischem oder anderen Wegen und der Speicherung in elektronischen Medien. Ungeachtet der Sorgfalt, die auf die Erstellung von Text, Abbildungen und Programmen verwendet wurde, können weder Verlag noch Autor, Herausgeber oder Übersetzer für mögliche Fehler und deren Folgen eine juristische Verantwortung oder irgendeine Haftung übernehmen. Die in diesem Werk wiedergegebenen Gebrauchsnamen, Handelsnamen, Warenbezeichnungen usw. können auch ohne besondere Kennzeichnung Marken sein und als solche den gesetzlichen Bestimmungen unterliegen.

In unserem Webshop finden Sie unser aktuelles
Programm mit ausführlichen Informationen,
umfassenden Leseproben, kostenlosen Video-Lektionen –
und dazu die Möglichkeit der Volltextsuche in allen Büchern.

**www.galileodesign.de**

Galileo Design

Know-how für Kreative.